LAROUSSE

DICTIONNAIRE

FRANÇAIS-ALLEMAND • ALLEMAND-FRANÇAIS

WÖRTERBUCH

FRANZÖSISCH-DEUTSCH • DEUTSCH-FRANZÖSISCH

LAROUSSE

Direction éditoriale / *Gesamtleitung*
Ralf Brockmeier

Coordination éditoriale / *Projektleitung*
Cédric Pignon

Rédaction et traduction / *Redaktion und Übersetzung*
Jean Bertrand, Delphine Boisselier, Veronique Cebal, Susanne Gniech,
Klaus Gronau, Sylvie Lebeau, Britta Nord, Marie Ollivier,
Eve Pariente, Iris Plack, Anne-France Poissonnier, Andrea Rattei,
Christina Reinicke, Veronika Schnorr, Sabine Tholen, Marie-Victoire Tousch

Secrétariat d'édition / *Manuskriptbearbeitung*
Anne-Claire Brabant, Paloma Cabot,
Bénédicte Gaillard, Gesa zur Nieden, Petra Niggemann,
Florence Schaeffler, Xavier Truchet

Informatique éditoriale / *Datenverwaltung*
Fabrice Jansen

Direction artistique / *Grafische Gestaltung*
Sophie Compagne

Illustrations / *Zeichnungen*
Jean-Pierre Lamerand, Laurent Blondel, Agathe Bouton

Fabrication / *Herstellung*
Nicolas Perrier

Composition / *Satz*
IGS-CP

ISBN 2-03-540107-0

Distributeur exclusif au Québec: Messageries ADP, 1751 Richardson, Montréal (Québec)

Imprimé en Italie par «La Tipografica Varese S.p.A.» Varese

Préface

Le dictionnaire *Schule* est un ouvrage entièrement nouveau destiné aux collégiens de 6e et de 5e qui débutent dans l'apprentissage de l'allemand. Il est fondé sur un concept pédagogique simple : à chaque mot, ou à chacun des sens d'un mot, sont associés une traduction et un exemple. Ce concept est reflété par une présentation claire en deux couleurs dans laquelle les mots, les sens et les traductions sont nettement mis en évidence.
Par ailleurs, ces mots et ces sens ont été sélectionnés avec soin pour répondre aux besoins des jeunes apprenants. Complétant le lexique, un grand nombre d'informations concernant les faux amis, l'usage des mots et des points de grammaires difficiles sont données sous formes de notes pédagogiques. En outre, parce que l'apprentissage d'une langue ne se limite pas aux mots, mais passe également par la connaissance d'une culture, des encadrés sont consacrés aux particularités culturelles des pays germanophones. Enfin, la spécificité de ce nouveau dictionnaire est la pédagogie par l'image : des illustrations en couleur regroupées par thèmes permettent d'associer une image à un mot ou à une expression.

Vorwort

Dieses Wörterbuch richtet sich an junge Benutzer, die erst seit kurzem Französisch lernen. Jeder Wörterbuchartikel ist klar strukturiert: er besteht aus einem Stichwort, einer Übersetzung pro Bedeutung und einem Anwendungsbeispiel, das auch übersetzt wird. Der Benutzerfreundlichkeit halber abgesetzt vom Artikel stehen idiomatische und andere Wendungen.
Bei der Auswahl der Wörter und Wendungen wurde berücksichtigt, ob diese im Anfängerunterricht häufig gelernt werden. Sprachliche Infoboxen warnen vor Fallen und Schwierigkeiten des französischen Vokabulars; kulturelle Infoboxen geben Aufschluss über landeskundliche Besonderheiten. 32 Bildtafeln erleichtern das Lernen, indem das Wort nicht durch die Übersetzung sondern auch durch die Abbildung erläutert wird.
Wir sind überzeugt, dass dieses Wörterbuch einfach in der Benutzung und hilfreich beim Erlernen der französischen Sprache ist.

Lautschrift — phonétique

Deutsche Vokale		Voyelles françaises
Vitamin	[i]	fille, île
Element	[e]	pays, année
Kern	[ɛ]	bec, aime
machen	[a]	lac, papillon
Melodie	[o]	drôle, aube
Rock	[ɔ]	botte, automne
Schuld	[u]	outil, goût
Büchse, System	[y]	usage, lune
ökologisch	[ø]	aveu, jeu
Köchin	[œ]	peuple, bœuf
Aktie	[ə]	le, je

Deutsche Nasale		Nasales françaises
	[ɛ̃]	timbre, main
Champignon	[ɑ̃]	champ, ennui
Karton	[ɔ̃]	ongle, mon
	[œ̃]	parfum, brun

Halbvokale		Semi-voyelles
	[j]	yeux, lieu
Hardware	[w]	ouest, oui
	[ɥ]	lui, nuit

Lautschrift — phonétique

Konsonanten		Consonnes
Pony	[p]	prendre, grippe
Baby	[b]	bateau, rosbif
Toast	[t]	théâtre, temps
direct	[d]	dalle, ronde
Achse, Käse	[k]	coq, quatre
plegen	[g]	garder, épilogue
Fantasie, vier	[f]	physique, fort
Wagen, Vase	[v]	voir, rive
essen	[s]	cela, savant
Sache, Sonne	[z]	fraise, zéro
Schande	[ʃ]	charrue, schéma
Etage	[ʒ]	rouge, jabot
Material	[m]	mât, drame
November, unfair	[n]	nager, trône
singen	[ŋ]	dancing, smoking
	[ɲ]	agneau, peigner
Alphabet, Laser	[l]	halle, lit
Revue, rot	[r]	arracher, sabre

Die Betonung der deutschen Stichwörter wird mit einem Punkt für einen kurzen betonten Vokal (zum Beispiel **Bẹrg**) und mit einem Strich für einen langen betonten Vokal (zum Beispiel **Ma̲gen**) angegeben.

Das Zeichen ['] markiert das französische „h aspiré" wie zum Beispeil in **hachis** ['aʃi].

Das Zeichen [ˈ] zeigt die Betonung der folgenden Silbe an.

L'accentuation de tous les mots d'entrée allemands est indiquée par un point dans le cas d'une voyelle courte (par exemple, **Bẹrg**) ou par un trait dans le cas d'une voyelle longue (**Ma̲gen**, par exemple).

Le symbole ['] représente le « h aspiré » français, comme par exemple dans **hachis** ['aʃi].

Le symbole [ˈ] indique un accent primaire sur la syllabe qui suit.

Comment utiliser ce dictionnaire

Entrée
Les entrées du dictionnaire sont classées par ordre alphabétique et sont surlignées.

Catégorie grammaticale
La catégorie grammaticale de l'entrée est donnée en toutes lettres.
Certains mots ont plusieurs catégories grammaticales. Celles-ci sont signalées par un carré jaune.

Traduction
La traduction de l'entrée se trouve après un carré gris ou à la ligne.
Les pluriels des noms allemands sont systématiquement indiqués après la traduction.

Sens
Si mot a plus d'un sens et peut se traduire de diférentes façons, les traductions sont numérotées.

Exemples
Les exemples montrent quel sens du mot est illustré et permettent de choisir la bonne traduction.

Expressions
Les expressions importantes se trouvent à la fin des entrées et sont précédées d'une flèche jaune.

Verbes séparables allemands
Une barre indique la séparabilité du verbe et de sa particule.

Sous-entrées
Les mots qui se trouvent dans un encadré jaune sont des sous-entrées. Elles montrent une forme différente du mot d'entrée.

Formes irrégulières
Les formes irrégulières des verbes allemands sont données en entrée avec un renvoi vers la forme infinitive du verbe concerné.

Accent tonique
L'accent du mot allemand est indiqué par un point pour l'accent bref et par un trait pour l'accent long.

Genre des noms allemands
L'article défini placé devant chaque nom allemand indique son genre.

---

devant [dəvɑ̃]
■ *préposition*
vor : devant la porte vor der Tür ; **elle a juré devant ses parents** sie hat vor ihren Eltern geschworen
■ *adverbe*
voraus : passe devant geh voraus

la **casserole** [kasrɔl] ■ der **Topf** *(pluriel* **Töpfe***)* : **une casserole d'eau bouillante** ein Topf kochendes Wasser.

abandonner **[3]** [abɑ̃dɔne] *verbe*
1. **verlassen : ils ont abandonné le village** sie haben das Dorf verlassen
2. **auf|geben : c'est trop dur, j'abandonne !** das ist zu schwer, ich gebe auf!

mal *Adverb*
1. **fois : drei mal drei ist neun** trois fois trois font neuf
2. *familiär* **un de ces jours : ich komme vielleicht mal bei dir vorbei** je ferais peut-être un saut chez toi un de ces jours
➤ **jetzt hör mir mal gut zu!** maintenant, écoute-moi bien !
➤ **schon mal** déjà : **warst du schon mal in Frankreich ?** est-ce que tu es déjà allé en France ?

an|stellen *transitives Verb* ■ **allumer : stell mal die Heizung an** allume le chauffage
sich **anstellen** *reflexives Verb* ■ **faire la queue : für die Karten mussten wir uns drei Stunden anstellen** nous avons dû faire la queue trois heures pour obtenir les billets.

gesessen *Partizip Perfekt* ➤ sitzen.

das **Pferd** *(Plural* Pferde*)* ■ **le cheval** *(pluriel* chevaux*)* : **sie ist vom Pferd gefallen** elle est tombée de cheval.

Hinweise zur Benutzung des Wörterbuchs

Stichwort
In diesem Wörterbuch sind die Stichwörter alphabetisch angeordnet und farblich unterlegt.

Wortart
Die Wortart des Stichworts ist ausgeschrieben. Bei Stichwörtern mit mehreren Wortarten werden letztere mit einem gelben Quadrat angezeigt.

Bedeutung
Bei einem Stichwort mit mehreren Bedeutungen sind die Übersetzungen nummeriert.

Übersetzung
Die Übersetzung steht hinter einer grauen Raute oder am Zeilenanfang. Unregelmäßige französische Pluralformen werden in Klammern angegeben.

Beispiele
Die Beispiele illustrieren die Bedeutung des Stichwortes und helfen so, die richtige französische Übersetzung zu finden.

Redewendungen
Auf wichtige Redewendungen wird am Artikelende mit einem gelben Pfeil hingewiesen.

Konjugationsangaben
Die Nummer im Kasten hinter den französischen Verbeinträgen verweist auf die Konjugationstabellen vor den Bildtafeln.

Fonetische Umschreibung
Die Angaben zur Aussprache der französischen Wörter werden in internationaler Lautschrift wiedergegeben.

Abgeleitete Stichwörter
Wörter, die vom Stichwort abgeleitet sind, sind gelb eingerahmt.

Unregelmäßige Formen
Für unregelmäßige Verb- und Pluralformen ist ein eigener Artikel vorgesehen.

Genus der französischen Substantive
Der bestimmte Artikel vor dem Stichwort gibt das Genus der Substantive an.

---

lose
■ *Adjektiv*
desserré (desserrée) : die Schraube ist lose la vis est desserrée
■ *Adverb*
en vrac : man kann den Tee lose kaufen on peut acheter le thé en vrac.

der **Busch** *(Plural* Büsche*)*
1. le **buisson : er versteckte sich hinter einem Busch** il s'est caché derrière un buisson
2. la **brousse : wir haben eine Safari durch den Busch gemacht** nous avons fait un safari dans la brousse.

das **Pferd** *(Plural* Pferde*)* ■ le **cheval** *(pluriel* chevaux*)* **: sie ist vom Pferd gefallen** elle est tombée de cheval.

mal *Adverb*
1. **fois : drei mal drei ist neun** trois fois trois font neuf
2. *familiär* **un de ces jours : ich komme vielleicht mal bei dir vorbei** je ferais peut-être un saut chez toi un de ces jours
➤ **jetzt hör mir mal gut zu!** maintenant, écoute-moi bien !

débarrasser [3] [debarase] *verbe*
■ **auf|räumen : débarrasse tes affaires** räum deine Sachen auf

se **débarrasser de** *verbe pronominal*
■ **los|werden : je voudrais me débarrasser de mon vieux lit** ich würde gerne mein altes Bett loswerden.

plu [ply]
■ *participe passé*
➤ **plaire : le film t'a plu ?** hat dir der Film gefallen?

la **casserole** [kasrɔl] ■ der **Topf** *(pluriel* **Töpfe***)* **: une casserole d'eau bouillante** ein Topf kochendes Wasser.

Français-Allemand
Französisch-Deutsch

a

a [a] ■ **il a un chat** er hat eine Katze
➤ avoir.

à [a] *préposition (à + le = au* [o], *à + les = aux* [o]*)*
1. *Indique le lieu* **in : Denis est à l'hôpital** Denis ist im Krankenhaus ; **ils sont à l'école** sie sind in der Schule ; **nous nous sommes retrouvés au restaurant** wir trafen uns im Restaurant ; **ils habitent à Paris** sie wohnen in Paris
2. *Indique la direction* **nach, zu : mes copains vont à Londres cet été** meine Freunde fahren diesen Sommer nach London ; **je dois vite partir à l'aéroport** ich muss schnell zum Flughafen ; **on va à la plage tout à l'heure** wir fahren nachher zum Strand
3. *Introduit un complément d'objet indirect* **tu as parlé à Céline ?** hast du mit Céline gesprochen? ; **c'est difficile à dire** das ist schwer zu sagen

> à peut se traduire différemment selon le verbe qu'il suit : je pense souvent à Thomas **ich denke oft an Thomas** ; elle croit encore au Père Noël **sie glaubt immer noch an den Weihnachtsmann.**
> Parfois, à ne se traduit pas : tu devrais téléphoner à Natacha **du solltest Natacha anrufen** ; tu as montré tes photos à Yves ? **hast du Yves deine Fotos gezeigt?**

4. *Indique l'heure, la date* **je t'appelle à onze heures** ich ruf dich um elf Uhr an ; **à Noël,** an Weihnachten ; **au vingt et unième siècle** im einundzwanzigsten Jahrhundert
5. *Dans une description* **mit : une fille aux cheveux longs** ein Mädchen mit langen Haaren ; **le garçon à la casquette rouge** der Junge mit der roten Kappe

> Quand la préposition à sert à qualifier un objet, elle ne se traduit pas en allemand, on crée alors un mot composé :

un verre à vin ein Weinglas
6. *Devant un chiffre* **für : un livre à dix euros** ein Buch für zehn Euro
7. *En relation avec « de »* **bis : un groupe de dix à douze personnes** eine Gruppe von zehn bis zwölf Personen ; **tu es libre de deux à trois ?** hast du Zeit von zwei bis drei?
8. *Indique l'appartenance* **c'est à moi** das gehört mir ; **ce cahier est à toi ?** ist das dein Heft? ; **ce VTT est à Raoul** das Mountainbike gehört Raoul ; **une amie à moi** eine Freundin (von mir)
9. *Pour saluer* **bis : à demain !** bis morgen! ; **à plus tard !** bis später! ; **à lundi !** bis Montag!

➤ **à cheval** zu Pferd
➤ **à deux** zu zweit.

abandonner [3] [abɑ̃dɔne] *verbe*
1. **verlassen : ils ont abandonné le village** sie haben das Dorf verlassen
2. **auf|geben : c'est trop dur, j'abandonne !** das ist zu schwer, ich gebe auf!

abattre [63] [abatr] *verbe*
1. **ein|reißen : les ouvriers ont abattu le mur** die Arbeiter haben die Wand eingerissen
2. **fällen : le jardinier va abattre les arbres** der Gärtner wird die Bäume fällen.

l' **abbaye** [abei] *nom féminin* ■ **das Kloster** *(pluriel* **Klöster***)*.

l' **abeille** [abɛj] *nom féminin* ■ **die Biene** *(pluriel* **Bienen***)*.

abîmer [3] [abime] *verbe* ■ **kaputt machen : n'abîme pas mon livre** mach mein Buch nicht kaputt s' **abîmer** *verbe pronominal* ■ **kaputt gehen : le classeur s'est abîmé dans mon cartable** der Ordner ist in meiner Schultasche kaputt gegangen.

abonné, e [abɔne] *adjectif*
➤ **être abonné à un magazine** eine Zeitschrift abonniert haben
➤ **être abonné au théâtre** ein Theaterabonnement haben.

l' **abonnement** [abɔnmɑ̃] *nom masculin* ■ das **Abonnement** *(pluriel* **Abonnements***)* **: l'abonnement coûte cent euros** das Abonnement kostet hundert Euro.

s' **abonner** [sabɔne] *verbe pronominal*
➤ **s'abonner à quelque chose** etwas abonnieren : **je vais m'abonner à ce nouveau magazine** ich werde diese neue Zeitschrift abonnieren.

d' **abord** [abɔr] *adverbe* ■ **zuerst : je dois d'abord faire mes devoirs** zuerst muss ich meine Hausaufgaben machen.

aboutir **[27]** [abutir] *verbe* ■ **enden : le chemin aboutit à un lotissement** der Weg endet in einer Siedlung.

aboyer **[12]** [abwaje] *verbe* ■ **bellen : le chien a aboyé toute la nuit** der Hund hat die ganze Nacht gebellt.

abréger **[19]** [abreʒe] *verbe* ■ **ab|kürzen : tu peux abréger « Madame » en « Mme »** du kannst „Madame" mit „Mme" abkürzen.

l' **abréviation** [abrevjasjɔ̃] *nom féminin* ■ die **Abkürzung** *(pluriel* **Abkürzungen***)*.

l' **abri** [abri] *nom masculin* ■ das **Schutzdach** *(pluriel* **Schutzdächer***)* **: les enfants ont construit un abri avec des branches** die Kinder haben sich aus Ästen ein Schutzdach gebaut
➤ **se mettre à l'abri** Schutz suchen : **on s'est mis à l'abri du vent** wir suchten Schutz vor dem Wind.

l' **abricot** [abriko] *nom masculin* ■ die **Aprikose** *(pluriel* **Aprikosen***)*.

s' **abriter** **[3]** [sabrite] *verbe pronominal* ■ **sich unter|stellen : ils se sont vite abrités** sie haben sich schnell untergestellt.

l' **absence** [apsɑ̃s] *nom féminin* ■ die **Abwesenheit** *(sans pluriel)* **pendant son absence, nous avons beaucoup avancé** in seiner Abwesenheit haben wir enorme Fortschritte gemacht.

absent, e [apsɑ̃, ɑ̃t] *adjectif* ■ **abwesend : Thomas est absent, il a la grippe** Thomas ist abwesend, er hat Grippe

l' **absent** *nom masculin* ■ der **Abwesende** *(pluriel* **die Abwesenden***)* **: il y a trois absents aujourd'hui** heute gibt es drei Abwesende.

l' **absente** *nom féminin* ■ die **Abwesende** *(pluriel* **die Abwesenden***)*.

s' **absenter** [sapsɑ̃te] *verbe pronominal* ■ **weg|gehen : je me suis absenté deux minutes** ich bin für zwei Minuten weggegangen.

absolument [apsɔlymɑ̃] *adverbe* ■ **unbedingt : il me fallait absolument son adresse** ich brauchte unbedingt seine|ihre Adresse ; **absolument pas !** überhaupt nicht!

accélérer **[17]** [akselere] *verbe* ■ **beschleunigen : la voiture a accéléré** das Auto hat beschleunigt.

l' **accent** [aksɑ̃] *nom masculin* ■ der **Akzent** *(pluriel* **Akzente***)* **: il a l'accent américain** er spricht mit amerikanischem Akzent
➤ **l'accent tonique** die Betonung.

accentuer **[7]** [aksɑ̃tɥe] *verbe* ■ **betonen : accentue la première syllabe** beton die erste Silbe.

accepter **[4]** [aksɛpte] *verbe* ■ **an|nehmen : ils ont accepté ma proposition** sie haben mein Angebot angenommen
➤ **accepter de faire quelque chose** damit einverstanden sein, etwas zu tun : **la prof a accepté de retarder l'interro** die Lehrerin war damit einverstanden, die Klassenarbeit zu verschieben.

l' **accident** [aksidɑ̃] *nom masculin* ■ der **Unfall** *(pluriel* **Unfälle***)* : **les parents d'Audrey ont eu un accident** Audreys Eltern hatten einen Unfall.

l' **accompagnateur** [akɔ̃paɲatœr] *nom masculin* ■ der **Begleiter** *(pluriel* **Begleiter***)*.

l' **accompagnatrice** [akɔ̃paɲatris] *nom féminin* ■ die **Begleiterin** *(pluriel* **Begleiterinnen***)*.

accompagner **[3]** [akɔ̃paɲe] *verbe* ■ **begleiten** : **je t'accompagne encore jusqu'à la gare** ich begleite dich noch bis zum Bahnhof.

accomplir **[27]** [akɔ̃plir] *verbe* ■ **erfüllen** : **il a accompli sa tâche** er hat seine Aufgabe erfüllt.

l' **accord** [akɔr] *nom masculin* ■ das **Einverständnis** *(sans pluriel)* : **mes parents ont donné leur accord** meine Eltern haben ihr Einverständnis gegeben
➤ **d'accord** einverstanden
➤ **tu viens ? – d'accord !** kommst du? – ja, ich komme!
➤ **se mettre d'accord** sich einigen : **ils ont fini par se mettre d'accord** sie haben sich schließlich geeinigt
➤ **être d'accord avec quelqu'un** mit jemandem einverstanden sein : **je suis d'accord avec toi** ich bin mit dir einverstanden
➤ **être d'accord pour faire quelque chose** damit einverstanden sein, etwas zu tun.

accrocher **[3]** [akrɔʃe] *verbe* ■ **auf|hängen** : **il a accroché le tableau** er hat das Bild aufgehängt
➤ **accrocher quelque chose à**
1. etwas aufhängen an : **accroche ta veste au portemanteau** häng deine Jacke an der Garderobe auf
2. etwas an|hängen ; **la caravane est accrochée à la voiture** der Wohnwagen ist am Auto angehängt

s' **accrocher** *verbe pronominal* ■ **sich fest|halten** : **accroche-toi à la rampe** halt dich am Geländer fest.

l' **accueil** [akœj] *nom masculin*
1. der **Empfang** *(pluriel* **Empfänge***)* : **demande à l'accueil** frag am Empfang
2. der **Empfang** *(sans pluriel)* : **un accueil chaleureux** ein herzlicher Empfang.

accueillir **[36]** [akœjir] *verbe* ■ **auf|nehmen** : **ils m'ont accueilli à bras ouverts** sie haben mich mit offenen Armen aufgenommen.

l' **accusation** [akyzasjɔ̃] *nom féminin* ■ die **Beschuldigung** *(pluriel* **Beschuldigungen***)* : **j'en ai assez de tes accusations !** ich habe genug von deinen Beschuldigungen!

accuser **[3]** [akyze] *verbe* ■ **beschuldigen** : **ils m'ont accusé de tricher** sie haben mich beschuldigt zu schummeln ; **il est accusé de meurtre** er wurde des Mordes beschuldigt.

l' **achat** [aʃa] *nom masculin* ■ der **Kauf** *(pluriel* **Käufe***)*
➤ **faire des achats** einkaufen gehen.

acheter **[24]** [aʃte] *verbe* ■ **kaufen** : **j'ai envie d'acheter cette écharpe** ich hätte Lust, mir diesen Schal zu kaufen
➤ **acheter quelque chose à quelqu'un** jemandem etwas kaufen : **je lui ai acheté un CD pour son anniversaire** ich habe ihr/ihm zum Geburtstag eine CD gekauft.

acide [asid] *adjectif* ■ **sauer** : **ces cerises sont acides** diese Kirschen sind sauer.

l' **acier** [asje] *nom masculin* ■ der **Stahl** *(sans pluriel)*.

l' **acné** [akne] *nom féminin* ■ die **Akne** *(sans pluriel)* : **elle a de l'acné** sie hat Akne.

acquérir **[34]** [akerir] *verbe* ■ **erwerben** : **acquérir des connaissances en astrologie** Kenntnisse in Astrologie erwerben.

acquis, e [aki, iz] *participe passé*
➤ acquérir.

l' **acte** [akt] *nom masculin*
1. die **Tat** *(pluriel* **Taten***)* : **un acte de courage** eine mutige Tat ; **assez de paroles, des actes !** genug der Worte, jetzt müssen Taten folgen!

2. der **Akt** *(pluriel* **Akte***)* : **une pièce en cinq actes** ein Stück in fünf Akten.

l' **acteur** [aktœr] *nom masculin* ■ der **Schauspieler** *(pluriel* **Schauspieler***)*.

l' **actrice** [aktris] *nom féminin* ■ die **Schauspielerin** *(pluriel* **Schauspielerinnen***)*.

actif, ive [aktif, iv] *adjectif*
1. **aktiv** : **malgré son grand âge, il est encore très actif** trotz seines hohen Alters ist er noch sehr aktiv
2. **lebhaft** : **c'est une petite fille très active** sie ist ein sehr lebhaftes kleines Mädchen.

l' **action** [aksjɔ̃] *nom féminin* ■ die **Handlung** *(pluriel* **Handlungen***)* : **il y a beaucoup d'action dans ce film** in diesem Film passiert sehr viel
➤ **passer à l'action** zur Tat schreiten.

l' **activité** [aktivite] *nom féminin* ■ die **Aktivität** *(pluriel* **Aktivitäten***)* : **il y a des activités pour les ados au club** im Klub werden Aktivitäten für Jugendliche angeboten.

l' **actualité** [aktɥalite] *nom féminin* ■ das **Zeitgeschehen** *(sans pluriel)* : **il ne s'intéresse pas à l'actualité** er interessiert sich nicht für das Zeitgeschehen.

actuel, elle [aktɥɛl] *adjectif* ■ **gegenwärtig** : **dans la situation actuelle** in der gegenwärtigen Lage ; **à l'heure actuelle** zur Zeit.

actuellement [aktɥɛlmɑ̃] *adverbe*
1. **zur Zeit** : **actuellement, il y a cinq cents élèves dans l'école** zur Zeit sind fünfhundert Schüler an der Schule
2. **heutzutage** : **actuellement, les jeunes sont plus libres qu'avant** heutzutage haben Jugendliche mehr Freiheiten als früher.

s' **adapter** [3] [sadapte] *verbe pronominal* ■ **sich gewöhnen an** : **David s'est facilement adapté à sa nouvelle école** David hat sich schnell an seine neue Schule gewöhnt.

l' **addition** [adisjɔ̃] *nom féminin*
1. die **Addition** *(pluriel* **Additionen***)*
➤ **faire une addition** Zahlen zusammen|zählen
2. die **Rechnung** *(pluriel* **Rechnungen***)*
➤ **l'addition, s'il vous plaît !** zahlen bitte!

adhérer [17] [adere] *verbe* ■ **bei|treten** : **je vais adhérer à son club de tennis** ich werde seinem Tennisverein beitreten.

l' **adieu** [adjø] *nom masculin* ■ der **Abschied** *(pluriel* **Abschiede***)*
➤ **dire adieu à quelqu'un** sich von jemandem verabschieden.

l' **adjectif** [adʒɛktif] *nom masculin* ■ das **Adjektiv** *(pluriel* **Adjektive***)*.

l' **admirateur** [admiratœr] *nom masculin* ■ der **Bewunderer** *(pluriel* **Bewunderer***)* : **c'est un véritable admirateur de l'équipe de France** er ist ein echter Bewunderer der französischen Nationalmannschaft.

l' **admiratrice** [admiratris] *nom féminin* ■ die **Bewunderin** *(pluriel* **Bewunderinnen***)*.

admirer [3] [admire] *verbe* ■ **bewundern** : **je les admire beaucoup** ich bewundere sie sehr.

l' **ado** [ado] *(abréviation de* **adolescent***)* *nom masculin, nom féminin familier* ■ der **Jugendliche** *(pluriel* **Jugendlichen***)*.

l' **adolescence** [adɔlesɑ̃s] *nom féminin* ■ die **Jugend** *(sans pluriel)*.

l' **adolescent** [adɔlesɑ̃] *nom masculin* ■ der **Jugendliche** *(pluriel* **Jugendlichen***)* : **un mensuel pour les adolescents** eine Monatszeitschrift für Jugendliche.

l' **adolescente** [adɔlesɑ̃t] *nom féminin* ■ die **Jugendliche** *(pluriel* **Jugendlichen***)*.

adopter [3] [adɔpte] *verbe*
1. **adoptieren** : **ils ont adopté un petit garçon** sie haben einen kleinen Jungen adoptiert
2. **bei sich auf|nehmen** : **ils ont adopté un petit chien** sie haben einen kleinen Hund bei sich aufgenommen.

adorable [adɔrabl] *adjectif* ■ **reizend** : **c'est une fille adorable** sie ist ein reizendes Mädchen ; **quel village adorable !** was für ein reizendes Dorf!

adorer [3] [adɔre] *verbe* ■ **über alles lieben : elle adore sa grand-mère** sie liebt ihre Großmutter über alles ; **j'adore le chocolat** ich liebe Schokolade über alles
➤ **adorer faire quelque chose** etwas sehr gerne tun : **j'adore faire des promenades dans la neige l'hiver** ich gehe im Winter sehr gerne im Schnee spazieren.

adoucir [adusir] *verbe* ■ **mildern : le prof de maths a adouci la punition qu'il avait donné à Michael** der Mathelehrer hat die Strafe, die er Michael gegeben hatte, gemildert.

l' **adresse** [adrɛs] *nom féminin* ■ **die Adresse** *(pluriel* **Adressen***)* **: je vais noter ton adresse** ich werde mir deine Adresse aufschreiben
➤ **une adresse électronique** eine E-Mail-Adresse.

adresser [adrese] *verbe*
➤ **adresser quelque chose à quelqu'un** etwas an jemanden schicken : **adressez votre demande à la mairie** schicken Sie Ihren Antrag ans Rathaus

s' **adresser** [4] *verbe pronominal*
➤ **s'adresser à quelqu'un** mit jemandem sprechen : **c'est à moi que tu t'adresses ?** sprichst du mit mir?

adroit, e [adrwa, at] *adjectif* ■ **geschickt : il est très adroit** er ist sehr geschickt.

adulte [adylt] *adjectif*
1. **erwachsen : elle fait déjà très adulte pour ses 15 ans** für ihre 15 Jahre wirkt sie schon sehr erwachsen
2. **ausgewachsen : une baleine adulte** ein ausgewachsener Wal

l' **adulte** *nom masculin, nom féminin* ■ **der/die Erwachsene** *(pluriel* **Erwachsenen***)* **: c'est plus cher pour les adultes** für Erwachsene ist es teurer.

l' **adverbe** [advɛrb] *nom masculin* ■ **das Adverb** *(pluriel* **Adverbien***)*.

l' **adversaire** [advɛrsɛr] *nom masculin* ■ **der Gegner** *(pluriel* **Gegner***)* **: il a battu son adversaire en trois sets** er hat seinen Gegner in drei Sätzen geschlagen.

l' **adversaire** [advɛrsɛr] *nom féminin* ■ **die Gegnerin** *(pluriel* **Gegnerinnen***)*.

aérien, enne [aerjɛ̃, ɛn] *adjectif* ■ **Luft- : on annonce une grève des transports aériens** für den Luftverkehr wird ein Streik angekündigt
➤ **une compagnie aérienne** eine Fluggesellschaft.

l' **aéroport** [aeropɔr] *nom masculin* ■ **der Flughafen** *(pluriel* **Flughäfen***)* **: je vais à l'aéroport** ich fahre zum Flughafen ; **nous venons d'atterrir à l'aéroport de Bordeaux** wir sind soeben auf dem Flughafen von Bordeaux gelandet.

l' **affaire** [afɛr] *nom féminin*
1. **die Angelegenheit** *(pluriel* **Angelegenheiten***)* **: c'est une affaire très compliquée** das ist eine sehr komplizierte Angelegenheit
2. **das Schnäppchen** *(pluriel* **Schnäppchen***)* **: dix euros ? tu as fait une affaire !** zehn Euro? da hast du ein Schnäppchen gemacht!
3. **der Fall** *(pluriel* **Fälle***)* **: l'affaire Duroc** der Fall Duroc

les **affaires** *nom féminin pluriel*
1. **die Sachen** *(pluriel)* **: pose tes affaires là** leg deine Sachen da hin
2. **die Geschäfte** *(pluriel)* **: les affaires vont bien** die Geschäfte gehen gut ; **son père est dans les affaires** sein Vater ist Geschäftsmann
➤ **un homme d'affaires** ein Geschäftsmann
➤ **mêle-toi de tes affaires !** kümmer dich um deine eigenen Angelegenheiten!

l' **affection** [afɛksjɔ̃] *nom féminin* ■ **die Zuneigung** *(sans pluriel)* **: elle a besoin d'affection** sie braucht Zuneigung
➤ **avoir de l'affection pour quelqu'un** jemanden lieb haben : **j'ai beaucoup d'affection pour ma grand-mère** ich habe meine Großmutter sehr lieb.

affectueux, euse [afɛktɥø, øz] *adjectif*
1. **liebevoll : elle nous a envoyé une lettre très affectueuse** sie hat uns einen sehr liebevollen Brief geschrieben

2. anhänglich : notre chien est très affectueux, il nous suit partout unser Hund ist sehr anhänglich, er folgt uns überall hin.

l' **affiche** [afiʃ] *nom féminin* ■ **das Plakat** (*pluriel* **Plakate**) : **il aime les vieilles affiches** er mag alte Plakate.

afficher **[3]** [afiʃe] *verbe* ■ **auf|hängen : Marc a affiché sa photo de classe dans sa chambre** Marc hat sein Klassenfoto in seinem Zimmer aufgehängt.

affirmer **[3]** [afirme] *verbe* ■ **behaupten : Sandrine affirme que ce n'est pas de sa faute** Sandrine behauptet, es sei nicht ihre Schuld.

l' **affluent** [aflyɑ̃] *nom masculin* ■ **der Nebenfluss** (*pluriel* **Nebenflüsse**) : **l'Allier est un affluent de la Loire** die Allier ist ein Nebenfluss der Loire.

affoler **[3]** [safɔle] *verbe* ■ **Angst ein|jagen : je ne voulais pas les affoler** ich wollte ihnen keine Angst einjagen

s' **affoler** *verbe pronominal* ■ **in Panik geraten : les gens dans le métro s'affolent** die Leute in der Metro geraten in Panik.

affreux, euse [afrø, øz] *adjectif* ■ **scheußlich : il a fait un temps affreux** es war scheußliches Wetter ; **ce bâtiment est vraiment affreux** dieser Bau ist wirklich scheußlich.

afin [afɛ̃]

➤ **afin de** um zu : **ils sont partis tôt afin d'éviter les embouteillages** sie sind früh abgefahren, um nicht in den Stau zu kommen

➤ **afin que** damit : **donnez-moi votre numéro de téléphone afin que je puisse vous joindre** geben Sie mir ihre Telefonnummer, damit ich Sie erreichen kann.

africain, e [afrikɛ̃, ɛn] *adjectif* ■ **afrikanisch : l'éléphant africain est plus grand que l'éléphant indien** der afrikanische Elefant ist größer als der indische Elefant

l' **Africain** *nom masculin* ■ **der Afrikaner** (*pluriel* **Afrikaner**).

l' **Africaine** *nom féminin* ■ **die Afrikanerin** (*pluriel* **Afrikanerinnen**).

l' **Afrique** [afrik] *nom féminin* ■ **Afrika**

> En général, les noms de pays ne sont pas précédés d'un article en allemand :

l'Afrique du Nord Nordafrika ; **l'Égypte se trouve en Afrique** Ägypten liegt in Afrika ; **je voudrais aller en Afrique** ich würde gerne nach Afrika fahren**l'Afrique du Sud** Südafrika.

agaçant, e [agasɑ̃, ɑ̃t] *adjectif* ■ **ärgerlich : qu'est-ce c'est agaçant de devoir attendre si longtemps ! ;** es ist wirklich ärgerlich, so lange warten zu müssen!

l' **âge** [aʒ] *nom masculin* ■ **das Alter** (*sans pluriel*) : **à son âge, je savais déjà lire** in seinem Alter konnte ich schon lesen ; **une femme d'un certain âge** eine schon etwas ältere Frau

➤ **quel âge as-tu ?** wie alt bist du?

âgé, e [aʒe] *adjectif* ■ **alt : mes grands-parents sont très âgés** meine Großeltern sind sehr alt ; **elle est âgée de douze ans** sie ist zwölf Jahre alt ; **un enfant âgé de trois ans** ein dreijähriges Kind.

l' **agence** [aʒɑ̃s] *nom féminin* ■ **die Agentur** (*pluriel* **Agenturen**) : **une agence de publicité** eine Werbeagentur.

l' **agenda** [aʒɛ̃da] *nom masculin* ■ **der Taschenkalender** (*pluriel* **Taschenkalender**)

➤ **l'agenda électronique** der Organizer.

l' **agent** [aʒɑ̃] *nom masculin* ■ **der Agent** (*pluriel* **Agenten**)

➤ **l'agent de police** der Polizeibeamte.

aggraver [agrave] *verbe* ■ **verschlimmern : tu vas aggraver la situation si tu fais ça** wenn du das tust, verschlimmerst du die Situation noch

s' **aggraver** *verbe pronominal* ■ **sich verschlimmern**.

agir **[27]** [aʒir] *verbe*

1. handeln : nous devons agir vite wir müssen schnell handeln

2. wirken : le médicament a agi tout de suite das Medikament hat sofort gewirkt

➤ **agir sur l'ordre de quelqu'un** in jemandes Auftrag handeln : **ils ont agi sur l'ordre de leur chef** sie haben im Auftrag ihres Chefs gehandelt

s' **agir** *verbe pronominal*

➤ **s'agir de** gehen um : **je voudrais vous parler – de quoi s'agit-il ?** ich muss mit Ihnen sprechen – worum geht es? ; **de quoi s'agit-il dans ce livre ?** worum geht es in diesem Buch?

agité, e [aʒite] *adjectif* ■ **unruhig** : **les élèves sont agités** die Schüler sind unruhig ; **la mer est très agitée aujourd'hui** das Meer ist heute sehr unruhig.

agiter [3] [aʒite] *verbe* ■ **schütteln** : **agiter la bouteille avant d'ouvrir** vor dem Öffnen schütteln

s' **agiter** *verbe pronominal* ■ **unruhig sein** : **arrête de t'agiter comme ça !** sei doch nicht so unruhig!

l' **agneau** [aɲo] *(pluriel* agneaux*) nom masculin* ■ das **Lamm** *(pluriel* **Lämmer***)*.

agrafer [3] [agrafe] *verbe* ■ **zusammen|heften** : **je vais agrafer les feuilles ensemble** ich werde die Blätter zusammenheften.

l' **agrafeuse** [agraføz] *nom féminin* ■ der **Hefter** *(pluriel* **Hefter***)*.

agrandir [27] [agrɑ̃dir] *verbe* ■ **vergrößern** : **il a fait agrandir la photo** er hat das Foto vergrößern lassen.

agréable [agreabl] *adjectif* ■ **angenehm** : **nous avons passé une agréable soirée** wir haben einen angenehmen Abend verbracht.

agresser [4] [agrɛse] *verbe* ■ **überfallen** : **des jeunes l'ont agressé dans le parc** Jugendliche haben ihn im Park überfallen

➤ **se faire agresser** überfallen werden : **elle s'est fait agresser** sie wurde überfallen.

agressif, ive [agrɛsif, iv] *adjectif* ■ **aggressiv**.

l' **agression** [agrɛsjɔ̃] *nom féminin* ■ der **Überfall** *(pluriel* **Überfälle***)* : **elle a été victime d'une agression dans le métro l'année dernière** letztes Jahr wurde sie Opfer eines Überfalls in der Metro.

agricole [agrikɔl] *adjectif* ■ **landwirtschaftlich**.

l' **agriculteur** [agrikyltœr] *nom masculin* ■ der **Landwirt** *(pluriel* **Landwirte***)*.

l' **agricultrice** [agrikyltris] *nom féminin* ■ die **Landwirtin** *(pluriel* **Landwirtinnen***)*.

l' **agriculture** [agrikyltyr] *nom féminin* ■ die **Landwirtschaft** *(sans pluriel)* .

ah [a] *interjection* ■ **oh** : **ah ! qu'est-ce que c'est beau !** oh, ist das schön!

➤ **ah bon ?** ach ja?

➤ **ah non alors !** oh nein!

ai [e] ➤ avoir.

l' **aide** [ɛd] *nom féminin* ■ die **Hilfe** *(pluriel* **Hilfen***)* : **tu as besoin d'aide ?** brauchst du Hilfe?

➤ **à l'aide !** Hilfe! : **à l'aide! je me noie!** Hilfe, ich ertrinke!

➤ **appeler à l'aide** um Hilfe rufen

➤ **à l'aide de** mit Hilfe : **Il a traduit le texte à l'aide d'un dictionnaire** er hat den Text mit Hilfe eines Wörterbuchs übersetzt.

aider [4] [ede] *verbe* ■ **helfen** : **aide-moi, la valise est trop lourde** hilf mir bitte, der Koffer ist zu schwer

➤ **aider quelqu'un à faire quelque chose** jemandem helfen, etwas zu tun : **son père l'a aidée à réparer son vélo** ihr Vater hat ihr geholfen, das Rad zu reparieren.

aie, aies ➤ avoir.

aïe [aj] *interjection* ■ **au!** : **aïe ! ça fait mal !** au! das tut weh!

l' **aigle** [ɛgl] *nom masculin* ■ der **Adler** *(pluriel* **Adler***)*.

l' **aiguille** [egɥij] *nom féminin*

1. die **Nadel** *(pluriel* **Nadeln***)* : **je me suis piqué avec cette aiguille** ich habe mich an der Nadel gestochen
2. der **Zeiger** *(pluriel* **Zeiger***)* : **l'aiguille de la pendule indique presque cinq heures** der Zeiger steht fast auf fünf Uhr.

l' **ail** [aj] *(pluriel* ails ou aulx [o]*) nom masculin* ■ der **Knoblauch** *(sans pluriel)* : **il y a beaucoup d'ail dans les plats italiens** in italienischen Gerichten ist viel Knoblauch.

l' **aile** [ɛl] *nom féminin* ■ der **Flügel** *(pluriel* **Flügel***)* : **l'oiseau a une aile cassée** der Vogel hat einen gebrochenen Flügel.

aille, ailles ➤ aller.

ailleurs [ajœr] *adverbe* ■ **woanders** : **cherche ailleurs** such woanders

➤ **d'ailleurs** außerdem : **je n'ai pas envie d'y aller, et d'ailleurs j'ai des devoirs à faire** ich habe keine Lust, hinzugehen und außerdem muss ich noch Hausaufgaben machen.

aimable [ɛmabl] *adjectif* ■ **freundlich**.

aimer [4] [eme] *verbe*

1. **gefallen** : **tu aimes cette couleur ?** gefällt dir diese Farbe?
2. **lieben** : **Amélie dit qu'elle aime Cédric** Amélie sagt, sie liebt Cédric

➤ **aimer bien quelque chose** etwas mögen : **j'aime bien les amandes grillées** ich mag gebrannte Mandeln

➤ **aimer bien faire quelque chose** etwas gerne tun :

> Pour dire que l'on aime faire quelque chose, il est préférable d'utiliser l'adverbe gern après le verbe conjugué :

Pierre aime bien aller à la pêche Pierre geht gern fischen

➤ **j'aimerais bien**

1. ich würde gern : **j'aimerais bien aller au théâtre** ich würde gern ins Theater gehen
2. ich hätte gern ; **j'aimerais bien que tu m'aides** ich hätte gern, dass du mir hilfst

➤ **aimer mieux**

1. lieber mögen : **le riz est bon, mais j'aime mieux les pâtes** der Reis schmeckt gut, aber ich mag Nudeln lieber ; **j'aime mieux rester ici** ich möchte lieber hier bleiben
2. besser gefallen ; **le bleu n'est pas mal, mais j'aime mieux le vert** Blau ist nicht schlecht, aber Grün gefällt mir besser

s' **aimer** *verbe pronominal* ■ **sich lieben** : **ils s'aiment vraiment** sie lieben sich wirklich.

aîné, e [ene] *adjectif* ■ **älterer|ältere|älteres** : **ma sœur aînée** meine ältere Schwester

l' **aîné** *nom masculin*

1. der **Älteste** *(pluriel* **Ältesten***)* : **l'aîné est étudiant, les deux autres sont encore à l'école** der Älteste studiert, die beiden anderen gehen noch zur Schule
2. der **Ältere** *(pluriel* **Älteren***)* : **ils ont deux fils, l'aîné est avocat** sie haben zwei Söhne, der Ältere ist Anwalt

l' **aînée** *nom masculin*

1. die **Älteste** *(pluriel* **Ältesten***)* : **l'aînée habite à Paris, les deux autres sont encore à Nantes** die Älteste wohnt in Paris, die beiden anderen sind noch in Nantes
2. die **Ältere** *(pluriel* **Älteren***)* : **ils ont deux filles, l'aînée est médecin** sie haben zwei Töchter, die Ältere ist Ärztin.

ainsi [ɛ̃si] *adverbe*

➤ **et ainsi de suite** und so weiter

➤ **ainsi que** sowie : **le directeur ainsi que les professeurs** der Direktor sowie die Lehrer.

l' **air** [ɛr] *nom masculin*

1. die **Luft** *(sans pluriel)* : **l'air est pur ici** hier ist die Luft klar
2. die **Melodie** *(pluriel* **Melodien***)* : **c'est un air connu** diese Melodie ist bekannt

➤ **avoir l'air** aus|sehen : **il a l'air triste** er sieht traurig aus ; **il a l'air de bouder** er sieht aus, als wäre er sauer

➤ **en plein air** im Freien.

l' **aise** [ɛz] *nom féminin*

➤ **à l'aise** wohl : **je me sens à l'aise avec eux** ich fühle mich wohl bei ihnen

➤ **mal à l'aise** unwohl : **ça me met mal à l'aise** ich fühle mich unwohl dabei.

ajouter [3] [aʒute] *verbe* ■ **hinzu|geben** : **n'oublie pas d'ajouter un peu de sucre** vergiss nicht, ein wenig Zucker hinzuzugeben.

l' **alarme** [alarm] *nom féminin*

1. der **Alarm** *(pluriel* **Alarme***)* : **l'alarme s'est déclenchée à l'usine** im Werk ging der Alarm los
2. die **Alarmanlage** *(pluriel* **Alarmanlagen***)* : **l'alarme de la voiture** die Alarmanlage des Autos.

l' **album** [albɔm] *nom masculin* ■ das **Album** (*pluriel* **Alben**) : **Coralie collectionne ses timbres dans un album** Coralie sammelt ihre Briefmarken in einem Album
➤ **un album photos** ein Fotoalbum.

l' **alcool** [alkɔl] *nom masculin*
1. der **Alkohol** (*pluriel* **Alkohole**) : **elle ne boit jamais d'alcool** sie trinkt niemals Alkohol
2. der **Schnaps** (*pluriel* **Schnäpse**) : **de l'alcool de prune** Pflaumenschnaps
➤ **alcool à 90 degrés** 90%iger Alkohol.

alcoolisé, e [alkɔlize] *adjectif* ■ **alkoholisch** : **des boissons alcoolisées** alkoholische Getränke.

les **alentours** [alɑ̃tur] *nom masculin pluriel* ■ die **Umgebung** (*sans pluriel*) : **les alentours de la ville** die Umgebung der Stadt
➤ **aux alentours de** in der Nähe : **il y a des magasins aux alentours du parc** in der Nähe des Parks sind Läden.

l' **alerte** [alɛrt] *nom féminin* ■ der **Alarm** (*pluriel* **Alarme**) : **qui a donné l'alerte ?** wer hat Alarm geschlagen?

l' **Algérie** [alʒeri] *nom féminin* ■ **Algerien**

En général, les noms de pays ne sont pas précédés d'un article en allemand :

elle vit en Algérie sie lebt in Algerien ; **il va en Algérie le mois prochain** er geht nächsten Monat nach Algerien.

algérien, enne [alʒerjɛ̃, ɛn] *adjectif* ■ **algerisch** : **le désert algérien** die algerische Wüste

l' **Algérien** *nom masculin* ■ der **Algerier** (*pluriel* **Algerier**)

l' **Algérienne** *nom féminin* ■ die **Algerierin** (*pluriel* **Algerierinnen**).

l' **aliment** [alimɑ̃] *nom masculin* ■ das **Nahrungsmittel** (*pluriel* **Nahrungsmittel**) : **ce sont des aliments issus de la culture biologique** das sind Nahrungsmittel aus biologischem Anbau.

l' **alimentation** [alimɑ̃tasjɔ̃] *nom féminin* ■ die **Ernährung** (*sans pluriel*) : **une alimentation équilibrée** eine ausgewogene Ernährung.

allé, e [ale] *participe passé* ➤ **aller**.

l' **allée** [ale] *nom féminin*
1. der **Weg** (*pluriel* **Wege**) : **une de ces allées mène au lac** einer dieser Wege führt zum See
2. die **Allee** (*pluriel* **Alleen**) : **cette allée fait partie du château** diese Allee gehört zum Schloss.

l' **Allemagne** [almaɲ] *nom féminin* ■ **Deutschland**

En général, les noms de pays ne sont pas précédés d'un article en allemand :

l'Allemagne est un pays voisin de la France Deutschland ist ein Nachbarland von Frankreich ; **Sandra vit en Allemagne** Sandra lebt in Deutschland ; **Eric va en Allemagne tous les ans** Eric fährt jedes Jahr nach Deutschland.

allemand, e [almɑ̃, ɑ̃d] *adjectif* ■ **deutsch** : **j'aime les saucisses allemandes** ich mag deutsche Würstchen

l' **Allemand** *nom masculin* ■ der **Deutsche** (*pluriel* **Deutschen**)

l' **Allemande** *nom féminin* ■ die **Deutsche** (*pluriel* **Deutschen**).

l' **aller** [26] [ale] *nom masculin*
1. die **Hinfahrt** (*pluriel* **Hinfahrten**) : **l'aller m'a paru plus long que le retour** die Hinfahrt kam mir länger vor als die Rückfahrt
2. die **einfache Fahrt** (*pluriel* **einfachen Fahrten**) : **un aller pour Hambourg, s'il vous plaît** eine einfache Fahrt nach Hamburg bitte
➤ **à l'aller** auf der Hinfahrt : **on s'est arrêtés deux fois à l'aller** auf der Hinfahrt haben wir zweimal angehalten.

aller *verbe*
1. **gehen** : **allez-vous au cinéma ce soir ?** geht ihr heute Abend ins Kino? ; **allons-y !** lasst uns gehen! ; **je suis allé voir le médecin** ich bin zum Arzt gegangen ; **je vais répondre au téléphone** ich gehe ans Telefon ; **va chercher du pain** geh Brot holen ; **comment ça va ? – ça va, merci** wie geht es? – gut, danke ; **Sylvain va mieux** Sylvain geht es besser

après l'expression **aimer bien**, on se contente souvent, en allemand, du verbe de modalité **mögen** au subjonctif II en faisant l'économie de **gehen** qui est alors sous-entendu :

nous aimerions bien aller au concert ce soir heute Abend möchten wir ins Konzert

2. **fahren**

La traduction varie selon le mode de locomotion employé, si on se déplace à pied, on utilisera **gehen**, si on utilise un véhicule, on préfèrera **fahren** :

ce bus va au centre-ville dieser Bus fährt ins Stadtzentrum ; **l'été dernier, on est allés en Pologne** letzten Sommer sind wir nach Polen gefahren

3. *Pour indiquer le futur proche* **werden**

Pour indiquer qu'une action est sur le point de se dérouler, on ne traduit pas **aller** par **gehen**, on se contente de conjuguer le verbe au futur :

je vais acheter un nouveau vélo ich werde ein neues Fahrrad kaufen ; **tu vas être en retard** du wirst zu spät kommen

➤ **allez !** los! : **allez, dépêche-toi!** los, beeil dich!

➤ **vas-y !** nur zu! : **vas-y, Paul, n'aie pas peur!** nur zu, Paul, du brauchst keine Angst zu haben!

➤ **aller à quelqu'un** jemandem stehen : **le vert ne me va pas** Grün steht mir nicht

➤ **aller avec quelque chose** zu etwas passen : **ces chaussures ne vont pas avec cette robe** die Schuhe passen nicht zu diesem Kleid

s' **en aller** *verbe pronominal*

1. **gehen** : **tu t'en vas déjà ?** gehst du schon? ; **va-t-en !** ou **allez-vous-en !** geh! ou geht!
2. **weg|gehen** : **la tache ne veut pas s'en aller** der Fleck will einfach nicht weggehen.

l' **allergie** [alɛrʒi] *nom féminin* ■ **die Allergie** *(pluriel* **Allergien***)*.

allergique [alɛrʒik] *adjectif* ■ **allergisch** : **Sandrine est allergique aux cacahuètes** Sandrine ist allergisch gegen Erdnüsse.

l' **aller-retour** [alerətur] *nom masculin*

1. **die Hin- und Rückfahrt** *(pluriel* **Hin- und Rückfahrten***)* : **ce prix correspond à un aller-retour** das ist der Preis für Hin- und Rückfahrt
2. **die Rückfahrkarte** *(pluriel* **Rückfahrkarten***)* : **un aller-retour pour Chartres** eine Rückfahrkarte nach Chartres.

allô [alo] *interjection* ■ **hallo**.

allongé, e [alɔ̃ʒe] *adjectif*

➤ **être allongé** liegen : **il était allongé par terre** er lag auf dem Boden ; **elle est allongée sur le lit** sie liegt auf dem Bett.

allonger **[16]** [alɔ̃ʒe] *verbe* ■ **aus|strecken** : **allongez vos jambes** strecken Sie Ihre Beine aus

s' **allonger** *verbe pronominal* ■ **sich hin|legen** : **allonge-toi si tu es fatigué** leg dich hin, wenn du müde bist.

allumer **[3]** [alyme] *verbe*

1. **ein|schalten** : **allume la radio** schalt das Radio ein
2. **an|zünden** : **ils ont allumé une bougie à cause de la panne d'électricité** wegen dem Stromausfall haben sie eine Kerze angezündet.

l' **allumette** [alymɛt] *nom féminin* ■ **das Streichholz** *(pluriel* **Streichhölzer***)* : **une boîte d'allumettes** eine Schachtel Streichhölzer.

l' **allure** [alyr] *nom féminin* ■ **der Stil** *(sans pluriel)* : **Patricia a beaucoup d'allure** Patricia hat Stil

➤ **à toute allure** in Windeseile.

l' **allusion** [alyzjɔ̃] *nom féminin*

➤ **faire allusion à** auf etwas an|spielen : **l'auteur fait allusion à son enfance** der Autor spielt auf seine Kindheit an.

alors [alɔr] *adverbe*

1. **also** : **j'étais fatigué, alors j'ai décidé de rester à la maison** ich war müde, also habe ich beschlossen, zu Hause zu bleiben ; **alors, qu'est-ce qu'on fait ?** also, was machen wir jetzt?
2. **damals** : **Paris était alors moins peuplé** in Paris lebten damals weniger Menschen

➤ **et alors ?** na und? : **il va se mettre en colère – et alors ?** er wird sich ärgern – na und?
➤ **alors que** obwohl : **elle est sortie alors que c'était interdit** sie ging aus, obwohl es verboten war.

les **Alpes** [alp] *nom féminin pluriel* ■ **die Alpen** *(pluriel)* : **il a un chalet dans les Alpes** er hat ein Chalet in den Alpen ; **je vais dans les Alpes** ich fahre in die Alpen.

l' **alphabet** [alfabɛ] *nom masculin* ■ **das Alphabet** *(pluriel* **Alphabete***)*.

alphabétique [alfabetik] *adjectif* ■ **alphabetisch** : **par ordre alphabétique** in alphabetischer Reihenfolge.

l' **altitude** [altityd] *nom féminin* ■ **die Höhe** *(pluriel* **Höhen***)* : **voler à basse altitude** auf niedriger Höhe fliegen.

l' **amande** [amɑ̃d] *nom féminin* ■ **die Mandel** *(pluriel* **Mandeln***)* : **le gâteau était décoré avec des amandes** der Kuchen war mit Mandeln verziert.

l' **ambassade** [ɑ̃basad] *nom féminin* ■ **die Botschaft** *(pluriel* **Botschaften***)* : **l'ambassade de France en Allemagne** die französische Botschaft in Deutschland.

l' **ambiance** [ɑ̃bjɑ̃s] *nom féminin* ■ **die Stimmung** *(sans pluriel)* : **il y avait une super ambiance à la soirée** auf dem Fest war eine super Stimmung.

ambitieux, euse [ɑ̃bisjø, øz] *adjectif* ■ **ehrgeizig**.

l' **ambition** [ɑ̃bisjɔ̃] *nom féminin* ■ **das Ziel** *(pluriel* **Ziele***)* : **son ambition est de devenir astronaute** sein Ziel ist es, Astronaut zu werden
➤ **avoir de l'ambition** ehrgeizig sein.

l' **ambulance** [ɑ̃bylɑ̃s] *nom féminin* ■ **der Krankenwagen** *(pluriel* **Krankenwagen***)* : **on est venu le chercher en ambulance** er wurde mit dem Krankenwagen abgeholt.

s' **améliorer** **[3]** [sameljɔre] *verbe pronominal* ■ **besser werden** : **la situation s'est beaucoup améliorée** die Situation ist schon viel besser geworden ; **il s'améliore en anglais** er wird immer besser in Englisch.

l' **amende** [amɑ̃d] *nom féminin* ■ **der Strafzettel** *(pluriel* **Strafzettel***)* : **avoir une amende** einen Strafzettel bekommen.

amener **[18]** [amne] *verbe* ■ **mitbringen** : **amène des copains si tu veux** bring Freunde mit, wenn du willst.

amer, ère [amɛr] *adjectif* ■ **bitter**.

américain, e [amerikɛ̃, ɛn] *adjectif* ■ **amerikanisch** : **le continent américain** der amerikanische Kontinent

l' **Américain** *nom masculin* ■ **der Amerikaner** *(pluriel* **Amerikaner***)*

l' **Américaine** *nom féminin* ■ **die Amerikanerin** *(pluriel* **Amerikanerinnen***)*.

l' **Amérique** [amerik] *nom féminin* ■ **Amerika**
➤ **ils vivent en Amérique** sie leben in Amerika : **elle aimerait aller en Amérique** sie würde gern nach Amerika gehen
➤ **l'Amérique centrale** Mittelamerika
➤ **l'Amérique du Nord** Nordamerika
➤ **l'Amérique du Sud** Südamerika
➤ **l'Amérique latine** Lateinamerika.

l' **ami** [ami] *nom masculin* ■ **der Freund** *(pluriel* **Freunde***)* : **j'ai joué au foot avec mon ami hier** gestern habe ich mit meinem Freund Fußball gespielt
➤ **c'est son petit ami** das ist ihr Freund.

l' **amie** [ami] [ami] *nom féminin* ■ **die Freundin** *(pluriel* **Freundinnen***)* : **ma meilleure amie s'appelle Élodie** meine beste Freundin heißt Élodie
➤ **c'est sa petite amie** das ist seine Freundin.

l' **amitié** [amitje] *nom féminin* ■ **die Freundschaft** *(pluriel* **Freundschaften***)*.

l' **amour** [amur] *nom masculin* ■ **die Liebe**.

amoureux, euse [amurø, øz] *adjectif* ■ **verliebt** : **Lucas est amoureux de Virginie** Lucas ist in Virginie verliebt
➤ **elle est tombée amoureuse de son voisin** sie hat sich in ihren Nachbarn verliebt.

l' **ampoule** [ɑ̃pul] *nom féminin*
1. **die Glühbirne** *(pluriel* **Glühbirnen***)* : **l'ampoule de la cuisine a grillé** die Glühbirne in der Küche ist durchgebrannt

2. die **Blase** *(pluriel* **Blasen***)* : **j'ai des ampoules aux pieds** ich habe Blasen an den Füßen.

amusant, e [amyzɑ̃, ɑ̃t] *adjectif* ■ **lustig** : **il raconte toujours des histoires amusantes** er erzählt immer lustige Geschichten.

s' **amuser** [3] [samyze] *verbe pronominal*
1. **Spaß haben** : **on s'est bien amusés à la soirée d'Arthur** wir hatten auf Arthurs Party viel Spaß
2. **spielen** : **les enfants s'amusent dehors** die Kinder spielen draußen
➤ **s'amuser à faire quelque chose** sich mit etwas die Zeit vertreiben : **elle s'amusait à lancer des cailloux dans l'eau** sie vertrieb sich die Zeit damit, Steine ins Wasser zu werfen.

l' **an** [ɑ̃] *nom masculin* ■ das **Jahr** *(pluriel* **Jahre***)* : **ça fait trois ans que j'apprends l'allemand** ich lerne seit drei Jahren Deutsch ; **il a 14 ans** er ist 14 Jahre alt
➤ **le nouvel an** Neujahr.

l' **analyse** [analiz] *nom féminin* ■ die **Analyse** : **l'analyse d'un texte** die Analyse eines Textes
➤ **une analyse de sang** eine Blutuntersuchung.

l' **ananas** [anana(s)] *nom masculin* ■ die **Ananas** *(pluriel* **Ananas** ou **Ananasse***)*.

ancien, enne [ɑ̃sjɛ̃, ɛn] *adjectif*
1. **alt** : **un bâtiment ancien** ein altes Gebäude
2. **ehemalig** : **c'est mon ancienne école** das ist meine ehemalige Schule.

l' **angine** [ɑ̃ʒin] *nom féminin* ■ die **Mandelentzündung** *(pluriel* **Mandelentzündungen***)* : **Amélie est absente, elle a une angine** Amélie ist nicht da, sie hat eine Mandelentzündung.

anglais, e [ɑ̃glɛ, ɛz] *adjectif* ■ **englisch** : **un film anglais** ein englischer Film

l' **anglais** *nom masculin* ■ das **Englisch** *(sans pluriel)* : **tu parles bien anglais** du sprichst gut Englisch

l' **Anglais** *nom masculin* ■ der **Engländer** *(pluriel* **Engländer***)*

l' **Anglaise** *nom féminin* ■ die **Engländerin** *(pluriel* **Engländerinnen***)*.

l' **angle** [ɑ̃gl] *nom masculin*
1. der **Winkel** *(pluriel* **Winkel***)* : **un angle droit** ein rechter Winkel
2. die **Ecke** *(pluriel* **Ecken***)* : **il y a une boulangerie à l'angle de la rue** an der Ecke ist eine Bäckerei.

l' **Angleterre** [ɑ̃glətɛr] *nom féminin* ■ **England**

> En général, les noms de pays ne sont pas précédés d'un article en allemand :

ils sont allés en Angleterre sie sind nach England gefahren ; **Laurence vit en Angleterre** Laurence lebt in England.

angoisser [3] [ɑ̃gwase] *verbe* ■ **Angst machen** : **ça l'angoisse de parler en public** in der Öffentlichkeit zu sprechen macht ihm Angst.

l' **animal** [animal] *(pluriel* **animaux** [animo]*)* *nom masculin* ■ das **Tier** *(pluriel* **Tiere***)* : **les animaux vivent en liberté dans ce parc national** in diesem Nationalpark laufen die Tiere frei herum
➤ **un animal domestique** ein Haustier
➤ **un animal sauvage** ein wildes Tier.

l' **animateur** [animatœr] *nom masculin*
1. der **Moderator** *(pluriel* **Moderatoren***)* : **il est animateur à la télé** er ist Moderator im Fernsehen
2. der **Animateur** *(pluriel* **Animateure***)* : **les animateurs du club sont très sympas** die Animateure im Club sind sehr nett.

l' **animatrice** [animatris] *nom féminin*
1. die **Moderatorin** *(pluriel* **Moderatorinnen***)*
2. die **Animateurin** *(pluriel* **Animateurinnen***)*.

l' **année** [ane] *nom féminin* ■ das **Jahr** *(pluriel* **Jahre***)* : **la première année de lycée est parfois difficile** das erste Jahr im Lycée ist manchmal schwer
➤ **l'année scolaire** das Schuljahr
➤ **bonne année !** frohes neues Jahr!

ANNÉE SCOLAIRE

In Frankreich beginnt das Schuljahr im September. Es ist in drei **trimestres** unterteilt, die jeweils an Weihnachten, an Ostern und im Juni enden.

l' **anniversaire** [anivɛrsɛr] *nom masculin*
1. der **Geburtstag** (*pluriel* **Geburtstage**) : **demain, c'est mon anniversaire** morgen habe ich Geburtstag
2. der **Jahrestag** (*pluriel* **Jahrestage**) : **à l'occasion du vingt-cinquième anniversaire des Nations Unies** zum 25. Jahrestag der Vereinten Nationen

➤ **joyeux anniversaire !** herzlichen Glückwunsch zum Geburtstag!
➤ **l'anniversaire de mariage** der Hochzeitstag.

l' **annonce** [anɔ̃s] *nom féminin* ■ die **Anzeige** (*pluriel* **Anzeigen**) : **tu pourrais passer une annonce dans le journal** du könntest eine Anzeige in die Zeitung setzen
➤ **une petite annonce** eine Kleinanzeige.

annoncer [15] [anɔ̃se] *verbe* ■ **an|kündigen** : **le gouvernement a annoncé une augmentation des impôts** die Regierung hat eine Steuererhöhung angekündigt
➤ **annoncer à quelqu'un que** jemandem mit|teilen, dass ... : **le proviseur nous a annoncé que notre professeur était absent** der Rektor hat uns mitgeteilt, dass unser Lehrer nicht da ist.

l' **annuaire** [anɥɛr] *nom masculin* ■ das **Telefonbuch** (*pluriel* **Telefonbücher**) : **j'ai trouvé ton numéro dans l'annuaire** ich habe deine Nummer im Telefonbuch gefunden.

annuel, elle [anɥɛl] *adjectif* ■ **Jahres-** : **la moyenne annuelle** der Jahresdurchschnitt.

annuler [3] [anyle] *verbe* ■ **ab|sagen** : **nous avons dû annuler la fête** wir mussten das Fest absagen.

l' **anorak** [anɔrak] *nom masculin* ■ der **Anorak** (*pluriel* **Anoraks**).

antarctique [ɑ̃tarktik] *adjectif* ■ **antarktisch**

l' **Antarctique** *nom masculin*
➤ **l'Antarctique** die Antarktis.

l' **antenne** [ɑ̃tɛn] *nom féminin* ■ die **Antenne** (*pluriel* **Antennen**).

l' **antibiotique** [ɑ̃tibjɔtik] *nom masculin* ■ das **Antibiotikum** (*pluriel* **Antibiotika**) : **elle est sous antibiotiques** sie nimmt Antibiotika.

l' **antiquaire** [ɑ̃tikɛr] *nom masculin* ■ der **Antiquitätenhändler** (*pluriel* **Antiquitätenhändler**).

l' **antiquaire** [ɑ̃tikɛr] *nom féminin* ■ die **Antiquitätenhändlerin** (*pluriel* **Antiquitätenhändlerinnen**).

l' **antivol** [ɑ̃tivɔl] *nom masculin invariable*
➤ **un antivol de vélo** ein Fahrradschloss.

anxieux, euse [ɑ̃ksjø, øz] *adjectif* ■ **ängstlich** : **c'est quelqu'un de très anxieux** er ist ein sehr ängstlicher Mensch.

août [u(t)] *nom masculin* ■ **August** : **je vais à Jolivet en août** ich fahre im August nach Jolivet
➤ **nous sommes le trois août** heute ist der 3. August.

apercevoir [42] [apɛrsəvwar] *verbe* ■ **sehen** : **je l'ai aperçue dans la rue** ich habe sie auf der Straße gesehen

s' **apercevoir** *verbe pronominal*
➤ **s'apercevoir de quelque chose** etwas bemerken : **je ne me suis pas aperçu de mon erreur** Ich habe meinen Fehler nicht bemerkt
➤ **s'apercevoir que** merken, dass.

aperçu, e [apɛrsy] *participe passé*
➤ apercevoir.

ap. J.-C. (*abréviation de* après Jésus-Christ) **n. Chr.** : **en 55 ap. J.-C.** 55 n. Chr.

l' **appareil** [aparɛj] *nom masculin* ■ das **Gerät** (*pluriel* **Geräte**)
➤ **un appareil dentaire** eine Klammer
➤ **un appareil photo** ein Fotoapparat.

l' **appart** [apart] (*abréviation de* appartement) *nom masculin* ■ *familier* die **Wohnung** (*pluriel* **Wohnungen**).

l' **appartement** [apartəmɑ̃] *nom masculin* ■ die **Wohnung** *(pluriel* **Wohnungen***)*.

appartenir [apartənir] *verbe*
➤ **appartenir à quelqu'un** jemandem gehören : **à qui appartient ce sac à dos ?** wem gehört dieser Rucksack? ; **cette broche a appartenu à ma grand-mère** diese Brosche hat meiner Großmutter gehört.

appartenu [apartəny] *participe passé invariable* ➤ appartenir.

apparu, e [apary] *participe passé* ➤ apparaître.

l' **appel** [apɛl] *nom masculin* ■ der **Anruf** *(pluriel* **Anrufe***)* : **il y a eu trois appels pour toi ce matin** heute Morgen kamen drei Anrufe für dich
➤ **faire l'appel** die Namen aufrufen : **la prof a oublié de faire l'appel** die Lehrerin hat vergessen, die Namen aufzurufen.

appeler **[21]** [aple] *verbe*
1. **rufen : je l'ai appelé mais il ne m'a pas entendue** ich habe ihn gerufen, aber er hat mich nicht gehört
2. **an|rufen : je t'appellerai ce soir** *(au téléphone)* ich werde dich heute Abend anrufen
➤ **appeler quelqu'un par son nom** jemanden bei seinem Namen nennen

s' **appeler** *verbe pronominal* ■ **heißen : comment tu t'appelles ?** wie heißt du? ; **elle s'appelle Érica** sie heißt Érica ; **comment s'appelle ce truc ?** wie heißt dieses Ding?

l' **appétit** [apeti] *nom masculin* ■ der **Appetit** *(sans pluriel)*
➤ **bon appétit !** guten Appetit!

applaudir **[27]** [aplodir] *verbe* ■ **klatschen : ils ont applaudi à la fin du discours** nach der Rede haben sie geklatscht.

apporter **[3]** [apɔrte] *verbe*
1. **bringen : apporte-moi le journal** bring mir die Zeitung
2. **mit|bringen : il m'a apporté des fleurs** er hat mir Blumen mitgebracht.

apprendre **[59]** [aprɑ̃dr] *verbe*
1. **lernen : elle apprend le grec** sie lernt Griechisch ; **j'apprends à jouer au tennis** ich lerne Tennis spielen
2. **bei|bringen : ma mère m'a appris cette chanson** meine Mutter hat mir dieses Lied beigebracht ; **il apprend à lire à ses enfants** er bringt seinen Kindern das Lesen bei
➤ **tu dois apprendre ce poème par cœur pour lundi** du musst dieses Gedicht bis Montag auswendig lernen

> La traduction du verbe **apprendre** varie selon le point de vue ; s'il s'agit d'accumuler des connaissances, on choisira **lernen**, s'il s'agit d'enseigner, on optera pour **bei|bringen.**

l' **apprentissage** [aprɑ̃tisaʒ] *nom masculin* ■ die **Lehre** *(pluriel* **Lehren***)*
➤ **être en apprentissage** eine Lehre machen : **Aurélien est en apprentissage dans une boulangerie** Aurélien macht eine Lehre in einer Bäckerei.

appris, e [apri, iz] *participe passé* ➤ apprendre.

approcher **[3]** [aprɔʃe] *verbe*
1. **näher heran|rücken : approche ta chaise de la télé** rück deinen Stuhl näher an den Fernseher heran
2. **näher kommen : approchez, je ne vous vois pas bien** kommen Sie näher, ich kann Sie nicht gut sehen

s' **approcher** *verbe pronominal* ■ **näher kommen : ne t'approche pas !** komm nicht näher!
➤ **s'approcher de** sich nähern : **il s'est approché de moi** er hat sich mir genähert.

approuver **[3]** [apruve] *verbe* ■ **gut finden : ses parents n'approuvent pas son choix** seine Eltern finden seine Wahl nicht gut
➤ **approuver quelqu'un** jemandem zu|stimmen : **tu ne veux pas le dénoncer et je ne peux que t'approuver** du willst ihn nicht verraten und ich kann dir da nur zustimmen.

appuyer **[13]** [apɥije] *verbe* ■ **drücken : appuie plus fort** drück fester

➤ **appuyer sur quelque chose** auf etwas drücken : **appuie sur le bouton vert** drück auf den grünen Knopf

s' **appuyer** *verbe pronominal*

➤ **s'appuyer contre quelque chose** sich an etwas lehnen : **ne t'appuie pas contre le mur, je viens de le peindre** lehn dich nicht an die Wand, ich habe sie gerade gestrichen.

après [aprɛ]

■ *préposition*

nach : on a géographie après le déjeuner nach dem Mittagessen haben wir Erdkunde ; **après avoir travaillé, ils ont joué aux cartes** nach der Arbeit haben sie Karten gespielt

■ *adverbe*

1. **danach : qu'est-ce que tu veux faire après ?** was willst du danach machen?
2. **später : deux jours après, il est revenu** zwei Tage später ist er zurückgekommen

➤ **après tout** schließlich : **après tout, c'est de sa faute** schließlich ist das seine Schuld

➤ **d'après** zufolge : **d'après lui, demain la France va gagner** ihm zufolge wird Frankreich morgen gewinnen

➤ **d'après moi** meiner Meinung nach : **d'après moi, Julie va refuser** meiner Meinung nach wird Julie ablehnen.

après-demain [aprɛdmɛ̃] *adverbe* ■ **übermorgen : je t'appelle après-demain** ich rufe dich übermorgen an.

l' **après-midi** [aprɛmidi] *nom masculin ou féminin* ■ **der Nachmittag** *(pluriel* **Nachmittage***)* : **on a passé l'après-midi à lire** wir haben den Nachmittag mit Lesen verbracht

➤ **de l'après-midi** nachmittags : **j'avais rendez-vous à trois heures de l'après-midi** ich hatte um 3 Uhr nachmittags einen Termin

➤ **lundi après-midi** Montagnachmittag.

l' **aquarium** [akwarjɔm] *nom masculin* ■ das **Aquarium** *(pluriel* **Aquarien***)*.

arabe [arab] *adjectif* ■ **arabisch : les pays arabes** die arabischen Länder

l' **arabe** *nom masculin* ■ das **Arabisch** *(sans pluriel)* : **Leila parle arabe** Leila spricht Arabisch

l' **Arabe** *nom masculin, nom féminin* ■ der **Araber** *(pluriel* **Araber***)*, die **Araberin** *(pluriel* **Araberinnen***)*.

l' **araignée** [areɲe] *nom féminin* ■ die **Spinne** *(pluriel* **Spinnen***)*.

l' **arbitre** [arbitr] *nom masculin, nom féminin* ■ der **Schiedsrichter** *(pluriel* **Schiedsrichter***)*, die **Schiedsrichterin** *(pluriel* **Schiedsrichterinnen***)* : **l'arbitre lui a donné un carton jaune** der Schiedsrichter hat ihm die gelbe Karte gezeigt.

l' **arbre** [arbr] *nom masculin* ■ der **Baum** *(pluriel* **Bäume***)*

➤ **un arbre de Noël** ein Weihnachtsbaum.

l' **arc-en-ciel** [arkɑ̃sjɛl] *(pluriel* arcs-en-ciel*)* *nom masculin* ■ der **Regenbogen** *(pluriel* **Regenbogen***)*.

l' **archéologie** [arkeɔlɔʒi] *nom féminin* ■ die **Archäologie** *(sans pluriel)*.

l' **archéologue** [arkeɔlɔg] *nom masculin, nom féminin* ■ der **Archäologe** *(pluriel* **Archäologen***)*, die **Archäologin** *(pluriel* **Archäologinnen***)*.

l' **architecte** [arʃitɛkt] *nom masculin, nom féminin* ■ der **Architekt** *(pluriel* **Architekten***)*, die **Architektin** *(pluriel* **Architektinnen***)*.

l' **architecture** [arʃitɛktyr] *nom féminin* ■ die **Architektur** *(sans pluriel)*.

arctique [arktik] *adjectif* ■ **arktisch**

l' **Arctique** *nom masculin* ■ **die Arktis**.

l' **arène** [arɛn] *nom féminin* ■ die **Arena** *(pluriel* **Arenen***)*.

l' **arête** [arɛt] *nom féminin* ■ die **Gräte** *(pluriel* **Gräten***)* : **ce poisson est plein d'arêtes** dieser Fisch ist voller Gräten.

l' **argent** [arʒɑ̃] *nom masculin*

1. das **Silber** *(sans pluriel)* : **un bracelet en argent** ein Armband aus Silber
2. das **Geld** *(sans pluriel)* : **il te reste de l'argent ?** hast du noch Geld?

➤ **l'argent de poche** das Taschengeld.

l' **argot** [argo] *nom masculin* ■ der **Slang** *(pluriel* **Slangs***)*.

l' **arme** [arm] *nom féminin* ■ die **Waffe** (*pluriel* **Waffen**)
➤ **une arme à feu** eine Feuerwaffe
➤ **une arme atomique** eine Atomwaffe.

l' **armée** [arme] *nom féminin* ■ die **Armee** (*pluriel* **Armeen**) : **mon frère est dans l'armée** mein Bruder ist bei der Armee
➤ **l'armée de l'air** die Luftwaffe
➤ **l'armée de terre** die Landstreitkräfte.

l' **armoire** [armwar] *nom féminin* ■ der **Schrank** (*pluriel* **Schränke**) : **toutes tes chemises sont dans l'armoire** alle deine Hemden sind im Schrank.

arracher **[3]** [araʃe] *verbe*
1. **ziehen** : **il faut que je me fasse arracher une dent** ich muss mir einen Zahn ziehen lassen
2. **heraus|reißen** : **il a arraché plusieurs pages de son cahier** er hat mehrere Seiten aus seinem Heft herausgerissen.

arranger **[16]** [arɑ̃ʒe] *verbe*
1. **arrangieren** : **elle a arrangé les fleurs dans le vase** sie hat die Blumen in der Vase arrangiert ; **ne t'inquiète pas, j'ai tout arrangé** mach dir keine Sorgen, ich habe alles arrangiert
2. **passen** : **lundi, ça ne m'arrange pas du tout** am Montag passt es mir gar nicht

s' **arranger** *verbe pronominal*
1. **es ein|richten** : **je vais m'arranger, ce n'est pas un problème** ich werde es einrichten, das ist kein Problem
2. **sich regeln** : **ça va s'arranger** das wird sich regeln.

l' **arrêt** [arɛ] *nom masculin* ■ die **Haltestelle** (*pluriel* **Haltestellen**) : **je descends au prochain arrêt** ich steige an der nächsten Haltestelle aus
➤ **l'arrêt d'autobus** die Bushaltestelle
➤ **sans arrêt** ununterbrochen : **il a plu sans arrêt pendant deux jours** es hat zwei Tage lang ununterbrochen geregnet.

arrêter **[4]** [arete] *verbe*
1. **ab|stellen** : **arrête le moteur** stell den Motor ab
2. **fest|nehmen** : **la police a arrêté les voleurs** die Polizei hat die Diebe festgenommen
3. **auf|hören** : **j'ai arrêté de fumer il y a un an** ich habe vor einem Jahr aufgehört zu rauchen ; **arrête de bavarder !** hör auf zu quatschen!

s' **arrêter** *verbe pronominal* ■ **an|halten** : **arrête-toi au supermarché** halt am Supermarkt an.

l' **arrière** [arjɛr] *nom masculin* ■ **der hintere Teil** (*pluriel* **hinteren Teile**) : **l'arrière de la maison donne sur un parc** der hintere Teil des Hauses grenzt an einen Park
➤ **s'asseoir à l'arrière** sich nach hinten setzen
➤ **rester en arrière** zurück|bleiben : **il est resté en arrière** er ist zurückgeblieben.

l' **arrivée** [arive] *nom féminin* ■ die **Ankunft** (*pluriel* **Ankünfte**) : **à mon arrivée, il pleuvait** bei meiner Ankunft regnete es
➤ **le hall des arrivées** die Ankunftshalle.

arriver **[3]** [arive] *verbe*
1. **an|kommen** : **ils sont arrivés à neuf heures** sie sind um 9 Uhr angekommen
2. **kommen** : **le bus arrive** der Bus kommt
➤ **arriver à faire quelque chose** es schaffen, etwas zu tun : **tu es arrivé à la convaincre ?** hast du es geschafft, sie zu überzeugen?
➤ **arriver à** reichen bis : **l'eau m'arrivait aux genoux** das Wasser reichte mir bis zu den Knien.

l' **arrobas, arobas** [arɔbas] *nom féminin* ■ **das at** (*sans pluriel*) : **tu as oublié l'arrobas dans l'adresse e-mail** du hast bei der E-Mail-Adresse das at vergessen.

l' **arrondissement** [arɔ̃dismɑ̃] *nom masculin* ■ der **Bezirk** (*pluriel* **Bezirke**)

ARRONDISSEMENT

Die drei größten französischen Städte, Paris, Marseille und Lyon, sind in nummerierte Bezirke unterteilt. Jedes dieser **arrondissements** hat einen bestimmten Ruf. So ist zum Beispiel in Paris das 16., **le seizième**, ein schickes Viertel, während das 13., **le treizième**, für seine Hochhäuser und den großen chinesischen Bevölkerungsanteil bekannt ist.

arroser [3] [aroze] *verbe* ■ **gießen** : **n'oublie pas d'arroser les plantes** vergiß nicht, die Pflanzen zu gießen.

l' **art** [ar] *nom masculin* ■ **die Kunst** *(pluriel* **Künste***)* : **Marc n'aime pas l'art moderne** Marc mag moderne Kunst nicht
➤ **les arts martiaux** Kampfsportarten.

l' **artichaut** [artiʃo] *nom masculin* ■ **die Artischocke** *(pluriel* **Artischocken***)*.

l' **article** [artikl] *nom masculin* ■ **der Artikel** *(pluriel* **Artikel***)* : **tu as lu l'article sur la Chine ?** hast du den Artikel über China gelesen?

articuler [3] [artikyle] *verbe* ■ **deutlich sprechen** : **articule, je ne comprends pas ce que tu dis !** sprich deutlich, sonst verstehe ich dich nicht!

l' **artisan** [artizɑ̃] *nom masculin* ■ **der Handwerker** *(pluriel* **Handwerker***)*.

l' **artisane** [artizan] *nom féminin* ■ **die Handwerkerin** *(pluriel* **Handwerkerinnen***)*.

l' **artiste** [artist] *nom masculin* ■ **der Künstler** *(pluriel* **Künstler***)*.

l' **artiste** [artist] *nom féminin* ■ **die Künstlerin** *(pluriel* **Künstlerinnen***)* : **c'était une grande artiste** sie war eine bedeutende Künstlerin.

artistique [artistik] *adjectif* ■ **künstlerisch**.

as[1] [a] ➤ avoir.

l' **as**[2] [as] *nom masculin* ■ **das Ass** *(pluriel* **Asse***)*
➤ **l'as de trèfle** das Kreuzass.

l' **ascenseur** [asɑ̃sœr] *nom masculin* ■ **der Fahrstuhl** *(pluriel* **Fahrstühle***)* : **prenons l'ascenseur** nehmen wir doch den Fahrstuhl.

l' **Ascension** [asɑ̃sjɔ̃] *nom féminin* ■ Himmelfahrt.

asiatique [azjatik] *adjectif* ■ **asiatisch** : **la cuisine asiatique** die asiatische Küche

l' **Asiatique** *nom masculin, nom féminin* ■ **der Asiat** *(pluriel* **Asiaten***)*, **die Asiatin** *(pluriel* **Asiatinnen***)*.

l' **Asie** [azi] *nom féminin* ■ **Asien**

> En général, les noms de pays ou de continents ne sont pas précédés d'un article en allemand :

ils ont longtemps vécu en Asie sie haben lange Zeit in Asien gelebt ; **j'aimerais beaucoup aller en Asie** ich würde gern nach Asien fahren.

l' **aspirateur** [aspiratœr] *nom masculin* ■ **der Staubsauger** *(pluriel* **Staubsauger***)*
➤ **passer l'aspirateur** staub|saugen.

aspirer [3] [aspire] *verbe* ■ **ein|atmen** : **plusieurs personnes ont aspiré du gaz** mehrere Personen haben Gas eingeatmet.

l' **aspirine** [aspirin] *nom féminin* ■ **das Aspirin** *(sans pluriel)* : **un cachet d'aspirine** ein Aspirin ; **as-tu pris un cachet d'aspirine ?** hast du ein Aspirin genommen?

l' **assassin** [asasɛ̃] *nom masculin* ■ **der Mörder** *(pluriel* **Mörder***)*, **die Mörderin** *(pluriel* **Mörderinnen***)*.

l' **assassinat** [asasina] *nom masculin* ■ **der Mord** *(pluriel* **Morde***)*.

assassiner [3] [asasine] *verbe* ■ **ermorden**
➤ **se faire assassiner** ermordet werden.

l' **assemblée** [asɑ̃ble] *nom féminin* ■ **die Versammlung** *(pluriel* **Versammlungen***)*
➤ **l'Assemblée nationale** die Nationalversammlung.

s' **asseoir** [51] [saswar] *verbe pronominal* ■ **sich setzen** : **assieds-toi** setz dich ; **il s'est assis sur le canapé** er hat sich auf das Sofa gesetzt.

assez [ase] *adverbe*
1. **genug** : **penses-tu que la pizza est assez grande ?** glaubst du, die Pizza ist groß genug?
2. **ziemlich** : **Benjamin est assez sympa** Benjamin ist ziemlich nett
➤ **assez de** genug : **il y a assez de lait** es ist genug Milch da

➤ **en avoir assez de** genug haben von : **j'en ai assez de tes plaisanteries!** ich habe genug von deinen Scherzen!

l' **assiette** [asjɛt] *nom féminin* ■ der **Teller** *(pluriel* **Teller***)* : **passe-moi ton assiette** reich mir deinen Teller

➤ **une assiette creuse** OU **une assiette à soupe** ein tiefer Teller ODER ein Suppenteller

➤ **une assiette à dessert** ein Dessertteller

➤ **une assiette plate** ein flacher Teller.

assis, e [asi, iz]

■ *participe passé* ➤ asseoir

■ *adjectif*

➤ **être assis** sitzen : **il est assis sur l'herbe** er sitzt im Gras ; **elle était assise** sie saß.

l' **assistant** [asistɑ̃] *nom masculin* ■ der **Assistent** *(pluriel* **Assistenten***)*.

l' **assistante** [asistɑ̃t] *nom féminin* ■ die **Assistentin** *(pluriel* **Assistentinnen***)*

➤ **une assistante sociale** eine Sozialarbeiterin.

assister [3] [asiste] *verbe*

➤ **assister à** anwesend sein bei : **tous les parents ont assisté à la réunion** alle Eltern waren bei der Versammlung anwesend.

l' **association** [asɔsjasjɔ̃] *nom féminin* ■ der **Verband** *(pluriel* **Verbände***)*

➤ **l'association de consommateurs** der Verbraucherverband.

assorti, e [asɔrti] *adjectif* ■ **passend** : **une chemise avec cravate assortie** ein Hemd mit passender Krawatte.

l' **assurance** [asyrɑ̃s] *nom féminin*

1. die **Versicherung** *(pluriel* **Versicherungen***)* : **tu as pris une assurance ?** hast du eine Versicherung abgeschlossen?
2. das **Selbstbewusstsein** *(sans pluriel)* : **elle manque d'assurance** sie ist nicht sehr selbstbewusst.

assurer [3] [asyre] *verbe* ■ **versichern** : **leur maison n'est pas assurée** ihr Haus ist nicht versichert

➤ **je t'assure que c'est vrai** ich versichere dir, dass das wahr ist.

l' **asthme** [asm] *nom masculin* ■ das **Asthma** *(sans pluriel)* : **elle a de l'asthme** sie hat Asthma ; **une crise d'asthme** ein Asthmaanfall.

l' **astrologue** [astrolɔg] *nom masculin, nom féminin* ■ der **Astrologe** *(pluriel* **Astrologen***)*, die **Astrologin** *(pluriel* **Astrologinnen***)*.

l' **astronaute** [astrɔnot] *nom masculin, nom féminin* ■ der **Astronaut** *(pluriel* **Astronauten***)*, die **Astronautin** *(pluriel* **Astronautinnen***)* : **il fut le premier astronaute de l'histoire** er war der erste Astronaut überhaupt.

l' **atelier** [atəlje] *nom masculin*

1. die **Werkstatt** *(pluriel* **Werkstätten***)* : **tu trouveras un marteau et des clous à l'atelier** Hammer und Nägel findest du in der Werkstatt
2. das **Atelier** *(pluriel* **Ateliers***)* : **ce peintre possédait un atelier clair et spacieux** dieser Maler hatte ein helles, geräumiges Atelier.

l' **athlète** [atlɛt] *nom masculin* ■ der **Leichtathlet** *(pluriel* **Leichtathleten***)*.

l' **athlète** [atlɛt] *nom féminin* ■ die **Leichtathletin** *(pluriel* **Leichtathletinnen***)*.

l' **athlétisme** [atletism] *nom masculin* ■ die **Leichtathletik** *(sans pluriel)*.

atlantique [atlɑ̃tik] *adjectif* ■ **Atlantik-** : **la côte atlantique** die Atlantikküste

l' **Atlantique** *nom masculin* ■ **der Atlantik** *(sans pluriel)*.

l' **atlas** [atlas] *nom masculin* ■ der **Atlas** *(pluriel* **Atlanten***)*.

l' **atome** [atom] *nom masculin* ■ das **Atom** *(pluriel* **Atome***)*.

atomique [atɔmik] *adjectif* ■ **Atom-**

➤ **la bombe atomique** die Atombombe

➤ **l'énergie atomique** die Atomkraft.

attacher [3] [ataʃe] *verbe* ■ **binden** : **ils ont attaché leur chien à un poteau** sie haben ihren Hund an einen Pfosten gebunden ; **attends, il faut que j'attache mes lacets** warte, ich muss mir die Schnürsenkel zubinden

➤ **attacher sa ceinture de sécurité** sich an|schnallen

s' **attacher à** *verbe pronominal* ■ **lieb gewinnen : peu à peu, je me suis attachée à lui** langsam habe ich ihn lieb gewonnen.

attaquer [3] [atake] *verbe* ■ **los|gehen auf : ils l'ont attaquée dans la rue** sie sind auf der Straße auf sie losgegangen.

atteindre [8] [atɛ̃dr] *verbe*

1. **kommen an : elle est montée sur une chaise pour atteindre le placard** sie stieg auf einen Stuhl, um an den Schrank zu kommen
2. **erreichen : elle voulait absolument atteindre son but** sie wollte ihr Ziel unbedingt erreichen.

attendre [54] [atɑ̃dr] *verbe* ■ **warten : on a attendu que la pluie s'arrête** wir haben gewartet, bis der Regen aufhörte ; **attendez-moi !** wartet auf mich!

attendu, e [atɑ̃dy] *participe passé* ➤ attendre.

l' **attentat** [atɑ̃ta] *nom masculin* ■ **der Anschlag** (*pluriel* **Anschläge**) **: un attentat à la bombe** ein Bombenanschlag.

l' **attention** [atɑ̃sjɔ̃]

■ *nom féminin*
die **Aufmerksamkeit** (*sans pluriel*) **: il essaie d'attirer leur attention** er versucht, ihre Aufmerksamkeit zu gewinnen

■ *interjection*
Vorsicht : attention, ça glisse ! Vorsicht, hier ist es glatt! ; **attention à la marche** Vorsicht Stufe

➤ **faire attention à**

1. achten auf : **faites attention aux voitures** achtet auf die Autos
2. zu|hören ; **il ne fait pas attention à ce que dit le professeur** er hört nicht zu, wenn der Lehrer spricht.

atterrir [27] [aterir] *verbe* ■ **landen**

> On forme le passé composé d'**atterrir** avec l'auxiliaire **avoir** alors qu'au parfait, **landen** se construit avec l'auxiliaire **sein** :

l'avion a atterri à l'heure das Flugzeug ist pünktlich gelandet.

attirer [3] [atire] *verbe* ■ **an|ziehen : l'aimant attire le fer** der Magnet zieht das Eisen an.

l' **attraction** [atraksjɔ̃] *nom féminin* ■ die **Attraktion** (*pluriel* **Attraktionen**) **: il y a chaque année des attractions nouvelles à la foire** auf dem Jahrmarkt gibt es jedes Jahr neue Attraktionen.

attraper [3] [atrape] *verbe* ■ **fangen : essaie de m'attraper !** fang mich doch!

➤ **attraper un rhume** sich eine Erkältung holen : **j'ai attrapé un rhume** ich habe mir eine Erkältung geholt.

au [o] ➤ à.

l' **auberge** [obɛrʒ] *nom féminin* ■ **das Gasthaus** (*pluriel* **Gasthäuser**)

➤ **une auberge de jeunesse** eine Jugendherberge.

l' **aubergine** [obɛrʒin] *nom féminin* ■ **die Aubergine** (*pluriel* **Auberginen**).

aucun, e [okœ̃, yn]

■ *adjectif*
ne ... aucun kein ; **il n'y a aucune voiture dans la rue** es ist kein Auto auf der Straße

■ *pronom*
keiner, keine, keines : aucun des enfants keines der Kinder ; **aucun des deux** keiner von beiden.

au-dessous [odəsu] *adverbe* ■ **darunter : les assiettes sont là et les bols au-dessous** die Teller stehen hier und die Schalen darunter.

au-dessus [odəsy] *adverbe* ■ **darüber : le piano est contre le mur et il y a une glace au-dessus** das Klavier steht an der Wand und darüber hängt ein Spiegel

➤ **au-dessus de** über : **les enfants au-dessus de douze ans** Kinder über zwölf Jahren ; **ils habitent au-dessus de chez nous** sie wohnen über uns.

augmenter [3] [ogmɑ̃te] *verbe*

1. **zu|nehmen : le nombre d'élèves a augmenté** die Anzahl der Schüler hat zugenommen

2. **erhöhen** : **ils ont encore augmenté les prix** sie haben die Preise schon wieder erhöht.

aujourd'hui [oʒurdɥi] *adverbe* ■ **heute** : **nous sommes le dix-huit aujourd'hui** heute ist der 18.

auquel [okɛl] ➤ lequel.

aurai, auras ➤ avoir.

aussi [osi] *adverbe*

1. **auch** : **est-ce que tu veux aussi de la salade ?** möchtest du auch Salat? ; **j'y vais aussi** ich gehe auch hin ; **je voudrais une glace – moi aussi** ich hätte gerne ein Eis – ich auch
2. **so** : **je n'ai jamais rien vu d'aussi beau** ich habe noch nie so etwas Schönes gesehen

➤ **aussi ... que** genauso ... wie : **il est aussi grand que son père** er ist genauso groß wie sein Vater ; **il danse aussi bien que son frère** er tanzt genauso gut wie sein Bruder.

aussitôt [osito] *adverbe* ■ **gleich** : **il est arrivé aussitôt** er kam gleich.

l' **Australie** [ostrali] *nom féminin* ■ **Australien**

En général, les noms de pays ne sont pas précédés d'un article en allemand :

l'Australie est un pays immense Australien ist ein riesiges Land ; **les kangourous ne vivent qu'en Australie** Känguruhs gibt es nur in Australien ; **ils sont allés en Australie** sie sind nach Australien gefahren.

australien, enne [ostraljɛ̃, ɛn] *adjectif* ■ **australisch** : **le climat australien** das australische Klima.

autant [otɑ̃] *adverbe* ■ **so viel** : **je n'ai jamais autant ri** ich habe noch nie so viel gelacht

➤ **autant de** so viel, so viele ; **normalement, ça ne fait pas autant de bruit** normalerweise macht das nicht so viel Lärm ; **je n'ai jamais vu autant de gens dans la rue** ich habe noch nie so viele Leute auf der Straße gesehen

➤ **autant que** ... genauso viel wie ... : **j'ai mangé autant que Léa** ich habe genauso viel gegessen wie Léa

➤ **autant de ... que** ... soviel ... wie .... : **je n'ai pas autant d'argent que toi** ich habe nicht soviel Geld wie du.

l' **auteur** [otœr] *nom masculin* ■ **der Autor** *(pluriel* **Autoren***)*, **die Autorin** *(pluriel* **Autorinnen***)*

➤ **un auteur à succès** ein Erfolgsautor.

l' **autobus** [otɔbys] *nom masculin* ■ **der Bus** *(pluriel* **Busse***)* : **nous sommes rentrés en autobus** wir sind mit dem Bus nach Hause gefahren.

l' **autocollant** *nom masculin* ■ **der Aufkleber** *(pluriel* **Aufkleber***)* : **son classeur est couvert d'autocollants** sein Ordner ist voll mit Aufklebern.

l' **auto-école** [otɔekɔl] *(pluriel* auto-écoles*)* *nom féminin* ■ **die Fahrschule** *(pluriel* **Fahrschulen***)*.

automatique [otɔmatik] *adjectif* ■ **automatisch**.

l' **automne** [otɔn] *nom masculin* ■ **der Herbst** *(pluriel* **Herbste***)* : **en automne** im Herbst.

l' **automobiliste** [otɔmɔbilist] *nom masculin, nom féminin* ■ **der Autofahrer** *(pluriel* **Autofahrer***)*, **die Autofahrerin** *(pluriel* **Autofahrerinnen***)*.

l' **autorisation** [otɔrizasjɔ̃] *nom féminin* ■ **die Erlaubnis** *(pluriel* **Erlaubnisse***)* : **il a demandé l'autorisation à ses parents** er hat seine Eltern um Erlaubnis gefragt.

autoriser [3] [otɔrize] *verbe* ■ **erlauben** : **la prof nous a autorisés à sortir plus tôt** die Lehrerin hat uns erlaubt, früher zu gehen.

l' **autorité** [otɔrite] *nom féminin* ■ **die Autorität** *(pluriel* **Autoritäten***)* : **il manque d'autorité** er hat keine Autorität

➤ **les autorités** die Behörden.

l' **autoroute** [otɔrut] *nom féminin* ■ **die Autobahn** *(pluriel* **Autobahnen***)*.

l' **auto-stop** [otostɔp] *nom masculin* ■ das **Trampen** *(sans pluriel)* : **l'auto-stop est interdit sur l'autoroute** Trampen auf der Autobahn ist verboten ; **nous sommes allés à la plage en auto-stop** wir sind an den Strand getrampt
➤ **faire de l'auto-stop** trampen.

autour [otur] *adverbe*
➤ **autour de**
1. um : **il y a des arbres autour de la place** um den Platz stehen Bäume ; **elle lui a mis un bandage autour du genou** sie hat ihm eine Binde um das Knie gewickelt
2. gegen ; **on arrivera autour de cinq heures** wir werden gegen fünf Uhr ankommen.

autre [otr]
■ *adjectif*
anderer, andere, anderes : **les autres classes** die anderen Klassen ; **j'ai d'autres amis** ich habe andere Freunde
➤ **l'autre jour** neulich
➤ **un autre, une autre** noch ein|eine|einen : **je voudrais un autre morceau** ich hätte gern noch ein Stück
➤ **autre chose** etwas anderes : **je parlais d'autre chose** ich habe von etwas anderem gesprochen
➤ **ne m'embête pas avec ça, j'ai vraiment autre chose à faire !** lass mich bloß damit zufrieden, ich habe wirklich Besseres zu tun
➤ **une autre fois** ein andermal : **nous verrons cela une autre fois** wir werden das ein andermal besprechen
➤ **autre part** woanders
■ *pronom*
➤ **l'autre** der|die|das andere : **ce livre est ennuyeux, je préfère l'autre** dieses Buch ist langweilig, das andere gefällt mir besser
➤ **les autres** die anderen : **je veux les autres** ich möchte die anderen ; **les autres ne sont pas encore arrivés** die anderen sind noch nicht da
➤ **un autre, une autre** noch eins|eine : **ces gâteaux sont bons, est-ce que je peux en avoir un autre ?** die Kekse sind gut, kann ich noch einen haben?
➤ **d'autres** andere : **il n'y en a pas d'autres** andere gibt es nicht
➤ **personne d'autre** niemand anderes : **personne d'autre n'est venu** es ist niemand anderes gekommen.

autrefois [otrəfwa] *adverbe* ■ **früher** : **autrefois, il n'y avait pas d'électricité** früher gab es keinen Strom.

l' **Autriche** [otriʃ] *nom féminin* ■ **Österreich**

> En général, les noms de pays ne sont pas précédés d'un article en allemand :

j'ai vécu en Autriche ich habe in Österreich gelebt ; **ils ont pris l'avion pour aller en Autriche** sie sind nach Österreich geflogen.

autrichien, enne [otriʃjɛ̃, ɛn] *adjectif* ■ **österreichisch**

l' **Autrichien** *nom masculin* ■ **der Österreicher** *(pluriel* **Österreicher***)*

l' **Autrichienne** *nom féminin* ■ **die Österreicherin** *(pluriel* **Österreicherinnen***)*.

aux [o] ➤ à.

auxquels [okɛl]
➤ **les mots auxquels je pense** die Worte, an die ich denke ➤ lequel.

avaler [3] [avale] *verbe* ■ **schlucken** : **il a avalé le cachet** er hat die Tablette geschluckt.

l' **avance** [avɑ̃s] *nom féminin* ■ **der Vorsprung** *(pluriel* **Vorsprünge***)* : **ils ont deux points d'avance sur l'autre équipe** sie haben zwei Punkte Vorsprung vor der anderen Mannschaft
➤ **avoir une heure d'avance** eine Stunde zu früh dran sein
➤ **à l'avance** im Voraus : **réserver à l'avance** im Voraus reservieren
➤ **d'avance** im Voraus : **vous devez payer d'avance** sie müssen im Voraus zahlen
➤ **en avance** zu früh : **elle arrive toujours en avance** sie kommt immer zu früh ; **en avance de dix minutes** zehn Minuten zu früh.

avancer [15] [avɑ̃se] *verbe*
1. **voran|kommen** : **les voitures avançaient lentement** die Autos kamen langsam voran
2. **fort|schreiten** : **le travail avance** die Arbeit schreitet fort

3. vor|gehen : ta montre avance deine Uhr geht vor ; **avancer de deux minutes** zwei Minuten vorgehen

➤ **avancer au pas** im Schritttempo fahren.

avant [avɑ̃]

■ *préposition & adverbe*

vor : Chris a répondu avant moi Chris hat vor mir geantwortet ; **deux jours avant le début des vacances** zwei Tage vor Ferienbeginn

➤ **quelques jours avant** einige Tage zuvor

➤ **avant de** bevor : **ferme tout à clé avant de partir** schließ alles ab, bevor du gehst

➤ **avant que** bevor : **je dois te parler avant que tu partes** ich muss mit dir sprechen, bevor du gehst

■ *adjectif invariable*

vorderer, vordere, vorderes : la moitié avant de la salle était éclairée die vordere Saalhälfte war beleuchtet

➤ **les roues avant** die Vorderreifen

l' **avant** *nom masculin* ■ **der vordere Teil** (*pluriel* **vorderen Teile**) **: l'avant de la voiture est abîmé** der vordere Teil des Autos ist beschädigt.

l' **avantage** [avɑ̃taʒ] *nom masculin* ■ **der Vorteil** (*pluriel* **Vorteile**) **: cette affaire présente de nombreux avantages** die Sache hat zahlreiche Vorteile.

avant-hier [avɑ̃tjɛr] *adverbe* ■ **vorgestern : j'ai vu Charlotte avant-hier** ich habe Charlotte vorgestern gesehen.

avec [avɛk]

■ *préposition*

mit : tu viens avec nous ? kommst du mit uns?

➤ **et avec ça ?** sonst noch etwas?

■ *adverbe*

damit : tiens mon sac, je ne peux pas courir avec ! halt meine Tasche, ich kann damit nicht rennen!

l' **avenir** [avnir] *nom masculin* ■ **die Zukunft** (*sans pluriel*) **: elle dit qu'elle sait prédire l'avenir** sie sagt, sie kann die Zukunft voraussehen.

l' **aventure** [avɑ̃tyr] *nom féminin* ■ **das Abenteuer** (*pluriel* **Abenteuer**)

➤ **un film d'aventure** ein Abenteuerfilm.

l' **avenue** [avny] *nom féminin* ■ **die Prachtstraße** (*pluriel* **Prachtstraßen**).

l' **avertissement** [avɛrtismɑ̃] *nom masculin* ■ **die Warnung** (*pluriel* **Warnungen**) **: Elsa a déjà eu deux avertissements** Elsa hat schon zwei Warnungen erhalten.

aveugle [avœgl] *adjectif* ■ **blind : elle est aveugle** sie ist blind

l' **aveugle** *nom masculin, nom féminin* ■ **der|die Blinde** (*pluriel* **Blinden**) **: j'ai aidé un aveugle à traverser la rue** ich habe einem Blinden über die Straße geholfen.

l' **avion** [avjɔ̃] *nom masculin* ■ **das Flugzeug** (*pluriel* **Flugzeuge**) **: es-tu venu en train ? – non, j'ai pris l'avion** bist du mit dem Zug gefahren – nein, ich habe das Flugzeug genommen ; **c'est plus rapide en avion** mit dem Flugzeug geht es schneller

➤ **un avion à réaction** ein Düsenflugzeug.

l' **avis** [avi] *nom masculin* ■ **die Meinung** (*pluriel* **Meinungen**) **: j'aimerais connaître ton avis** ich würde gerne deine Meinung hören ; **je ne suis pas de ton avis** ich bin nicht deiner Meinung

➤ **à mon avis** meiner Meinung nach : **à ton avis, est-ce que c'est possible ?** ist das deiner Meinung nach möglich?

➤ **changer d'avis** seine Meinung ändern : **elle a encore changé d'avis** sie hat schon wieder ihre Meinung geändert.

av. J.-C. (*abréviation de* avant Jésus-Christ) **v. Chr. : en 360 av. J.-C.** 360 v. Chr.

l' **avocat** [avɔka] *nom masculin* ■ **der Anwalt** (*pluriel* **Anwälte**).

l' **avocate** [avɔkat] *nom féminin* ■ **die Anwältin** (*pluriel* **Anwältinnen**).

avoir [1] [avwar] *verbe*

1. haben : ils ont deux chiens sie haben zwei Hunde ; **Bertrand a trois frères** Bertrand hat drei Brüder ; **je n'ai pas beaucoup d'amis** ich habe nicht viele Freunde ; **ils avaient une villa, mais ils l'ont vendue** sie hatten eine Villa, doch sie haben sie verkauft ; **Tina a la grippe** Tina hat Grippe ; **elle a les cheveux bruns** sie hat braune Haare

2. *Suivi d'un nom indiquant une sensation et en parlant de l'âge* **sein : j'ai sommeil** ich bin müde ; **il a froid** ihm ist kalt ; **j'ai très faim** ich bin sehr hungrig ; **quel âge as-tu ? – j'ai treize ans** wie alt bist du? – ich bin dreizehn Jahre alt
3. **bekommen : on a eu des places gratuites** wir haben Freikarten bekommen ; **je n'ai pas réussi à avoir ce livre** ich konnte das Buch nicht bekommen
4. **bestehen : il a eu son examen** er hat seine Prüfung bestanden

➤ **j'en ai pour cinq minutes** ich brauche fünf Minuten

➤ **se faire avoir** *familier* sich reinlegen lassen : **dix euros, tu t'es fait avoir!** zehn Euro, da hast du dich reinlegen lassen!

➤ **il y a** ➤ **il.**

avouer **[6]** [avwe] *verbe*

1. **gestehen : le criminel a avoué** der Verbrecher hat gestanden
2. **zulgeben : avoue qu'il te plaît !** gib zu, dass er dir gefällt!

avril [avril] *nom masculin* ■ **April : en avril** im April ➤ Poisson d'avril

➤ **nous sommes le trois avril** heute ist der 3. April.

b

le|la **baby-sitter** [bebisitœr] *(pluriel* baby-sitters*)* ■ der **Babysitter** *(pluriel* **Babysitter***)*.

le **baby-sitting** [bebisitiŋ] ■ das **Babysitten** *(sans pluriel)*

➤ **faire du baby-sitting** babysitten.

le **bac** [bak] ➤ baccalauréat.

le **baccalauréat** [bakalɔrea] ■ das **Abitur** *(sans pluriel)* ➤ Lycée

> **BACCALAURÉAT**
>
> Das **baccalauréat** ist das französische Abitur, eine landesweit einheitliche Prüfung am Ende der letzten Klasse des **lycée**. Je nach Berufswunsch wählen die Schüler für ihr **bac** einen Schwerpunkt, zum Beispiel in Naturwissenschaften, Technik oder Sprachen.

le **bachelier** [baʃəlje] ■ der **Abiturient** *(pluriel* **Abiturienten***)*.

la **bachelière** [baʃəljɛr] ■ die **Abiturientin** *(pluriel* **Abiturientinnen***)*.

le **badge** [badʒ] ■ der **Anstecker** *(pluriel* **Anstecker***)*.

le **badminton** [badmintɔn] ■ das **Badminton** *(sans pluriel)* : **jouer au badminton** Badminton spielen.

les **bagages** [bagaʒ] *nom masculin pluriel* ■ das **Gepäck** *(sans pluriel)*

> Le pluriel français **bagages** se traduit toujours par un neutre au singulier en allemand :

tes bagages sont très lourds dein Gepäck ist sehr schwer

➤ **faire ses bagages** packen : **je dois faire mes bagages** ich muss packen

la **bagarre** [bagar] ■ die **Schlägerei** *(pluriel* **Schlägereien***)*.

se **bagarrer** **[3]** [bagare] *verbe pronominal* ■ **sich raufen : arrêtez de vous bagarrer !** hört auf, euch zu raufen!

la **bague** [bag] ■ der **Ring** *(pluriel* **Ringe***)* : **une bague en or** ein Goldring.

la **baguette** [bagɛt] ■ das **Baguette** *(pluriel* **Baguettes***)* : **une baguette et deux croissants, s'il vous plaît** ein Baguette und zwei Croissants, bitte.

la **baie** [bɛ] ■ die **Bucht** *(pluriel* **Buchten***)* : **on s'est baignés dans une petite baie** wir haben in einer kleinen Bucht gebadet.

se **baigner** [4] [beɲe] *verbe* ■ **baden** : **Nicolas s'est baigné dans la rivière** Nicolas hat im Fluss gebadet.

la **baignoire** [bɛɲwar] ■ die **Badewanne** *(pluriel* **Badewannen***)*.

bâiller [3] [baje] *verbe* ■ **gähnen** : **tu bâilles sans arrêt, tu es fatiguée ?** du gähnst ständig, bist du müde?

le **bain** [bɛ̃] ■ das **Bad** *(pluriel* **Bäder***)* : **le bain est trop chaud** das Bad ist zu heiß
➤ **prendre un bain** baden : **je vais prendre un bain** ich bade jetzt.

le **baiser** [beze] ■ der **Kuss** *(pluriel* **Küsse***)* : **donner un baiser à quelqu'un** jemandem einen Kuss geben.

baisser [4] [bese] *verbe*
1. **herunter|kurbeln** : **baisse la vitre, j'ai chaud** kurbel das Fenster herunter, mir ist heiß
2. **leiser stellen** : **vous pourriez baisser la radio ?** könntet ihr bitte das Radio leiser stellen?
3. **sinken** : **le niveau de l'eau baisse** der Wasserspiegel sinkt

se **baisser** *verbe pronominal* ■ **sich bücken** : **il s'est baissé pour ramasser sa pièce** er bückte sich, um das Geldstück aufzuheben.

le **bal** [bal] ■ der **Ball** *(pluriel* **Bälle***)*
➤ **un bal masqué** ein Maskenball.

la **balade** [balad] ■ *familier* der **Spaziergang** *(pluriel* **Spaziergänge***)* : **faire une balade** einen Spaziergang machen.

se **balader** [3] [səbalade] *verbe pronominal* ■ *familier* **spazieren gehen** : **on s'est baladés dans la forêt** wir sind im Wald spazieren gegangen.

le **baladeur** [baladœr] ■ der **Walkman®** *(pluriel* **Walkmen***)*.

le **balai** [balɛ] ■ der **Besen** *(pluriel* **Besen***)*
➤ **j'ai passé le balai dans l'entrée** ich habe den Flur gefegt.

la **balance** [balɑ̃s] ■ die **Waage** *(pluriel* **Waagen***)*

la **Balance** ■ **Waage** : **je suis Balance** ich bin Waage.

se **balancer** [15] [səbalɑ̃se] *verbe pronominal* ■ **wippen** : **arrête de te balancer sur ta chaise** hör auf, mit dem Stuhl zu wippen.

la **balançoire** [balɑ̃swar] ■ die **Schaukel** *(pluriel* **Schaukeln***)* : **les balançoires du parc** die Schaukeln im Park.

balayer [11] [baleje] *verbe* ■ **fegen** : **qui va balayer la cuisine ?** wer fegt die Küche?

le **balcon** [balkɔ̃] ■ der **Balkon** *(pluriel* **Balkone***)* : **elle a planté des fleurs sur son balcon** sie hat auf ihrem Balkon Blumen gepflanzt.

la **baleine** [balɛn] ■ der **Wal** *(pluriel* **Wale***)*.

la **balle** [bal]
1. der **Ball** *(pluriel* **Bälle***)* : **la balle de ping-pong** der Tischtennisball
2. die **Kugel** *(pluriel* **Kugeln***)* : **il a mis une balle dans le revolver** er hat eine Kugel in den Revolver geladen.

le **ballet** [balɛ] ■ das **Ballett** *(pluriel* **Ballette***)*.

le **ballon** [balɔ̃]
1. der **Ball** *(pluriel* **Bälle***)* : **attrape le ballon !** fang den Ball!
2. der **Luftballon** *(pluriel* **Luftballons***)* : **la salle est décorée avec des ballons** der Raum ist mit Luftballons geschmückt
➤ **un ballon de basket** ein Basketball
➤ **un ballon de foot** ein Fußball.

banal, e [banal] *adjectif* ■ **banal**.

la **banane** [banan]
1. die **Banane** *(pluriel* **Bananen***)* : **un kilo de bananes** ein Kilo Bananen
2. die **Gürteltasche** *(pluriel* **Gürteltaschen***)* : **je porte mon argent dans une banane** ich habe mein Geld in einer Gürteltasche.

le **banc** [bɑ̃] ■ die **Bank** *(pluriel* **Bänke***)* : **il s'est assis sur un banc** er hat sich auf eine Bank gesetzt.

la **bande** [bɑ̃d]

1. die **Binde** *(pluriel* **Binden***)* : **l'infirmière lui a mis une bande au genou** die Krankenschwester hat ihm am Knie eine Binde angelegt
2. die **Gruppe** *(pluriel* **Gruppen***)* : **une bande de jeunes** eine Gruppe Jugendlicher

➤ **la bande dessinée** der Comic

BANDE DESSINÉE

In Frankreich haben Comics (**bande dessinée** oder kurz **BD**) eine lange Tradition. Jugendliche und Erwachsene sind begeisterte Leser von Astérix, Tintin („Tim und Struppi") und anderen Bildergeschichten. Manche gibt es sogar als Videospiele.

la **bande-annonce** [bɑ̃danɔ̃s] *(pluriel* bandes-annonce*)* ■ der **Trailer** *(pluriel* **Trailer***)* : **as-tu vu la bande-annonce de son nouveau film ?** hast du den Trailer für seinen neuen Film gesehen?

la **banlieue** [bɑ̃ljø] ■ der **Vorort** *(pluriel* **Vororte***)* : **la banlieue** die Vororte

➤ **ils habitent en banlieue** sie wohnen in einem Vorort.

la **banque** [bɑ̃k] ■ die **Bank** *(pluriel* **Banken***)* : **je dois aller à la banque** ich muss zur Bank.

le **banquier** [bɑ̃kje] ■ der **Bankier** *(pluriel* **Bankiers***)* : **l'oncle de Bertrand est banquier** Bertrands Onkel ist Bankier.

la **banquière** [bɑ̃kjɛr] ■ die **Bankinhaberin** *(pluriel* **Bankinhaberinnen***)*.

le **baptême** [batɛm] ■ die **Taufe** *(pluriel* **Taufen***)* : **on est invités au baptême** wir sind zur Taufe eingeladen.

baptiser [3] [batize] *verbe* ■ **taufen** : **j'ai été baptisé à l'âge de sept mois** ich wurde im Alter von sieben Monaten getauft.

le **bar** [bar] ■ die **Kneipe** *(pluriel* **Kneipen***)* : **les bars sont pleins le samedi soir** samstagabends sind die Kneipen voll.

la **barbe** [barb] ■ der **Bart** *(pluriel* **Bärte***)* : **il se laisse pousser la barbe** er lässt sich einen Bart stehen

➤ **une barbe à papa** Zuckerwatte.

la **barque** [bark] ■ das **Ruderboot** *(pluriel* **Ruderboote***)* : **on peut louer des barques** man kann Ruderboote leihen.

le **barrage** [baraʒ]

1. der **Staudamm** *(pluriel* **Staudämme***)* : **un barrage sur le Rhin** ein Staudamm am Rhein
2. die **Straßensperre** *(pluriel* **Straßensperren***)* : **il y a un barrage de police plus loin** weiter vorn hat die Polizei eine Straßensperre errichtet.

barrer [3] [bare] *verbe*

1. **sperren** : **l'armée a barré la route** die Armee hat die Straße gesperrt
2. **durch|streichen** : **pourquoi tu as barré ce mot ?** warum hast du das Wort durchgestrichen?

la **barrette** [barɛt] ■ die **Haarspange** *(pluriel* **Haarspangen***)* : **elle a des barrettes dans les cheveux** sie hat Spangen im Haar.

la **barrière** [barjɛr] ■ der **Zaun** *(pluriel* **Zäune***)* : **ils ont installé une barrière entre les deux parcelles** sie haben zwischen den zwei Grundstücken einen Zaun gezogen.

bas, basse [ba, bas] *adjectif*

1. **niedrig** : **une chaise basse** ein niedriger Stuhl
2. **tief** : **l'avion volait très bas** das Flugzeug flog sehr tief
3. **leise** : **on a parlé bas pour ne pas les déranger** wir haben leise gesprochen, um sie nicht zu stören

➤ **en bas** unten : **ils habitent en bas** sie wohnen unten

➤ **en bas de** unten auf : **signez en bas de la page** unterschreiben Sie unten auf dem Blatt

le **bas** ■ der **Strumpf** *(pluriel* **Strümpfe***)* : **elle porte des bas** sie trägt Strümpfe.

la **base** [baz] ■ der **Stützpunkt** *(pluriel* **Stützpunkte***)*

➤ **une base de données** eine Datenbank

➤ **à base de** aus : **une crème à base de noix** eine Creme aus Erdnüssen.

le **basket** [baskɛt] ■ der **Basketball** *(san[s] pluriel)* : **jouer au basket** Basketball spiel[en]

la **basket** [baskɛt] ■ der **Turnschuh** *[(plu]riel* **Turnschuhe***)* : **tes baskets sont sales** deine Turnschuhe sind total sc[hmutzig]

basque [bask] *adjectif* ■ **baskisch**
➤ **le Pays basque** das Baskenland.

basse [bas] *adjectif* ➤ bas.

le **bassin** [basɛ̃] ■ das **Becken** (*pluriel* **Becken**)
➤ **le grand bassin** das Schwimmerbecken
➤ **le petit bassin** das Nichtschwimmerbecken.

le **bateau** [bato] ■ das **Schiff** (*pluriel* **Schiffe**) : **nous irons en Irlande en bateau** wir fahren mit dem Schiff nach Irland
➤ **un bateau à moteur** ein Motorboot
➤ **un bateau de pêche** ein Fischerboot
➤ **un bateau à voile** ein Segelboot.

le **bateau-mouche** [batomuʃ] (*pluriel* bateaux-mouches) ■ der **Ausflugsdampfer** (*pluriel* **Ausflugsdampfer**).

le **bâtiment** [batimɑ̃] ■ das **Gebäude** (*pluriel* **Gebäude**) : **un grand bâtiment** ein großes Gebäude.

bâtir [batir] *verbe* ■ **bauen** : **ils ont bâti leur nouvelle maison entièrement en bois** sie haben ihr neues Haus ganz aus Holz gebaut.

le **bâton** [batɔ̃] ■ der **Stock** (*pluriel* **Stöcke**) : **il m'a donné un coup de bâton** er hat mich mit einem Stock geschlagen.

la **batterie** [batri]
1. die **Batterie** (*pluriel* **Batterien**) : **la batterie est à plat** die Batterie ist leer
2. das **Schlagzeug** (*pluriel* **Schlagzeuge**) : **Romain joue de la batterie** Romain spielt Schlagzeug.

battre [63] [batr] *verbe* ■ **schlagen** : **l'équipe de Toulouse nous a battus** die Mannschaft aus Toulouse hat uns geschlagen ; **battre les œufs en neige** die Eier …umig schlagen

…*verbe pronominal*

…**arrêtez de vous battre !**
…agen!
…**vraiment battu pour**
…**ion** er hat sehr gekämpft,
…ung zu erreichen.

battu, e [baty] *participe passé* ➤ battre.

bavard, e [bavar, ard] *adjectif* ■ **geschwätzig** : **Cyril est très bavard** Cyril ist sehr geschwätzig.

bavarder [3] [bavarde] *verbe* ■ **tratschen** : **elle bavardait avec ses copines** sie tratschte mit ihren Freundinnen.

le **bazar** [bazar] ■ *familier* das **Durcheinander** (*sans pluriel*) : **quel bazar dans cette chambre !** was für ein Durcheinander in diesem Zimmer!

la **BD, bédé** [bede] (*abréviation de* bande dessinée) ■ der **Comic** (*pluriel* **Comics**).

beau, belle [bo, bɛl] (*masculin pluriel* beaux [bo]) *adjectif* (**bel** devant une voyelle ou un « h » muet)
1. **schön** : **une belle femme** eine schöne Frau ; **quel beau temps !** was für ein schönes Wetter!
2. **gut aussehend** : **un beau garçon** ein gut aussehender Junge
➤ **il fait beau** das Wetter ist schön.

beaucoup [boku] *adverbe* ■ **viel** : **il travaille beaucoup** er arbeitet viel ; **elle a beaucoup d'énergie** sie hat viel Energie.

le **beau-fils** [bofis] (*pluriel* beaux-fils)
1. der **Schwiegersohn** (*pluriel* **Schwiegersöhne**) : **sa fille et son beau-fils habitent à Troyes** seine Tochter und sein Schwiegersohn wohnen in Troyes
2. der **Stiefsohn** (*pluriel* **Stiefsöhne**) : **elle habite avec son nouveau mari et son beau-fils** sie lebt mit ihrem neuen Mann und ihrem Stiefsohn zusammen.

le **beau-frère** [bofrɛr] (*pluriel* beaux-frères) ■ der **Schwager** (*pluriel* **Schwager**).

le **beau-père** [bopɛr] (*pluriel* beaux-pères)
1. der **Schwiegervater** (*pluriel* **Schwiegerväter**) : **il s'entend bien avec son beau-père et sa belle-mère** er versteht sich gut mit seinem Schwiegervater und seiner Schwiegermutter

2. der **Stiefvater** *(pluriel* **Stiefväter***)* : **Marina vit avec sa mère et son beau-père** Marina lebt bei ihrer Mutter und ihrem Stiefvater.

les **beaux-parents** [boparɑ̃] *nom masculin pluriel* ■ die **Schwiegereltern** *(pluriel)*.

le **bébé** [bebe] ■ das **Baby** *(pluriel* **Babys***)* : **un gros bébé** ein kräftiges Baby
➤ **un bébé phoque** ein Seehundbaby.

bédé ➤ BD.

bel ➤ beau.

belge [bɛlʒ] *adjectif* ■ **belgisch** : **des chocolats belges** belgische Pralinen

le|la **Belge** ■ der **Belgier** *(pluriel* **Belgier***)*, die **Belgierin** *(pluriel* **Belgierinnen***)*.

la **Belgique** [bɛlʒik] ■ **Belgien**

> En général, les noms de pays ne sont pas précédés d'un article en allemand :

la Belgique a trois langues officielles Belgien hat drei Amtssprachen ; **elle veut faire ses études en Belgique** sie will in Belgien studieren ; **cet été, on va en Belgique** diesen Sommer fahren wir nach Belgien.

le **bélier** [belje] ■ der **Widder** *(pluriel* **Widder***)*

le **Bélier** ■ **Widder** : **je suis Bélier** ich bin Widder.

belle ➤ beau.

la **belle-fille** [bɛlfij] *(pluriel* **belles-filles***)*

1. die **Schwiegertochter** *(pluriel* **Schwiegertöchter***)* : **mon fils et ma belle-fille habitent à Reims** mein Sohn und meine Schwiegertochter leben in Reims
2. die **Stieftochter** *(pluriel* **Stieftöchter***)* : **elle vit avec son nouveau mari et sa belle-fille** sie lebt mit ihrem neuen Mann und ihrer Stieftochter zusammen.

la **belle-mère** [bɛlmɛr] *(pluriel* **belles-mères***)*

1. die **Schwiegermutter** *(pluriel* **Schwiegermütter***)* : **il s'entend bien avec son beau-père et sa belle-mère** er versteht sich gut mit seinem Schwiegervater und seiner Schwiegermutter
2. die **Stiefmutter** *(pluriel* **Stiefmütter***)* : **Marina vit avec son père et sa belle-mère** Marina lebt bei ihrem Vater und ihrer Stiefmutter.

la **belle-sœur** [bɛlsœr] *(pluriel* **belles-sœurs***)* ■ die **Schwägerin** *(pluriel* **Schwägerinnen***)*.

bénévole [benevɔl] *adjectif* ■ **ehrenamtlich** : **un travailleur bénévole** ein ehrenamtlicher Mitarbeiter

le|la **bénévole** ■ der **ehrenamtliche Mitarbeiter** *(pluriel* **ehrenamtlichen Mitarbeiter***)*, die **ehrenamtliche Mitarbeiterin** *(pluriel* **ehrenamtlichen Mitarbeiterinnen***)* : **il a été bénévole pendant des années** er war lange Jahre als ehrenamtlicher Mitarbeiter tätig.

la **béquille** [bekij] ■ die **Krücke** *(pluriel* **Krücken***)* : **il marche avec des béquilles** er geht an Krücken.

le **besoin** [bəzwɛ̃] ■ das **Bedürfnis** *(pluriel* **Bedürfnisse***)* : **un besoin urgent** ein dringendes Bedürfnis
➤ **avoir besoin de quelque chose** etwas brauchen :

> Alors que l'expression **avoir besoin** exige un complément d'objet indirect en français, le verbe **brauchen** est toujours suivi de l'accusatif en allemand :

je n'ai pas besoin d'aide ich brauche keine Hilfe.

bête [bɛt] *adjectif* ■ **dumm** : **qu'est-ce qu'il est bête !** mein Gott, ist der dumm!

la **bête** ■ das **Tier** *(pluriel* **Tiere***)* : **une bête sauvage** ein wildes Tier.

la **bêtise** [betiz] ■ die **Dummheit** *(pluriel* **Dummheiten***)* : **c'était une grosse bêtise** das war eine große Dummheit
➤ **faire des bêtises** Unsinn machen
➤ **dire des bêtises** Unsinn reden : **il dit des bêtises** er redet Unsinn
➤ **est-ce que j'ai dit une bêtise ?** habe ich etwas Falsches gesagt?

le **béton** [betɔ̃] ■ der **Beton** *(sans pluriel)* : **un mur en béton** eine Betonwand.

la **betterave** [betrav] ■ die **Rote Beete** (*pluriel* **Rote Beeten**).

le|la **beur** [bœr] *familier* ■ *in Frankreich geborenes Kind nordafrikanischer Einwanderer.*

le **beurre** [bœr] ■ die **Butter** : **du beurre salé** salzige Butter.

la **bibliothèque** [biblijɔtɛk]
1. die **Bücherei** (*pluriel* **Büchereien**) : **la bibliothèque se trouve dans la rue principale** die Bücherei ist in der Hauptstraße
2. der **Bücherschrank** (*pluriel* **Bücherschränke**) : **une bibliothèque en bois** ein Bücherschrank aus Holz.

la **bicyclette** [bisiklɛt] ■ das **Fahrrad** (*pluriel* **Fahrräder**) : **je vais à l'école à bicyclette** ich fahre mit dem Fahrrad in die Schule
➤ **faire de la bicyclette** Fahrrad fahren.

bien [bjɛ̃]
■ *adjectif invariable*
(*comparatif & superlatif* **meilleur**)
1. **gut** : **il est bien comme prof** er ist ein guter Lehrer ; **il est bien, ce film** der Film ist gut ; **Anna n'est pas très bien en ce moment** Anna geht es im Moment nicht gut
2. **gut aussehend** : **je trouve Vincent plutôt bien** ich finde Vincent ziemlich gut aussehend
3. **richtig** : **c'est bien de l'avoir aidé** es war richtig, ihm zu helfen
4. **wohl** : **je ne me sens pas bien** ich fühle mich nicht wohl
■ *adverbe*
(*comparatif & superlatif* **mieux**)
1. **gut** : **tu as bien dormi ?** hast du gut geschlafen? ; **elle dessine bien** sie kann gut zeichnen ; **on s'est bien amusés** wir haben uns gut amüsiert
2. **richtig** : **la porte n'est pas bien fermée** die Tür ist nicht richtig zu
3. **sehr** : **vous êtes bien aimable** Sie sind sehr freundlich ; **des poires bien mûres** sehr reife Birnen
4. **wesentlich** : **bien plus tard** wesentlich später ; **Bertrand est bien plus sympa que sa sœur** Bertrand ist wesentlich netter als seine Schwester
➤ **tu as bien fait** du hast das Richtige getan
➤ **tu ferais bien d'y aller** du tätest gut daran hinzugehen
➤ **c'est bien fait pour lui !** das geschieht ihm recht!
➤ **bien que** obwohl : **je vais accepter bien que je ne sois pas convaincue** ich werde den Vorschlag annehmen, obwohl ich nicht davon überzeugt bin
➤ **bien sûr** selbstverständlich
■ *interjection*
gut : **bien, où en étions-nous ?** gut, wo waren wir stehen geblieben? ; **bien, alors on se retrouve demain à cinq heures** gut, wir treffen uns also morgen um fünf Uhr

le **bien** ■ das **Gute** (*sans pluriel*) : **le bien et le mal** das Gute und das Böse
➤ **ça me fait du bien** das tut mir gut.

bientôt [bjɛ̃to] *adverbe* ■ **bald** : **le magasin va bientôt fermer** das Geschäft macht bald zu
➤ **à bientôt !** bis bald!

le **bienvenu** [bjɛ̃vny]
➤ **être le bienvenu** willkommen sein
➤ **soyez les bienvenus !** willkommen!

la **bienvenue** [bjɛ̃vny]
➤ **tu seras toujours la bienvenue ici** du bist hier jederzeit willkommen
➤ **bienvenue !** willkommen!
➤ **souhaiter la bienvenue à quelqu'un** jemanden willkommen heißen.

la **bière** [bjɛr] ■ das **Bier** (*pluriel* **Biere**) : **je prendrai une bière** ich bekomme ein Bier
➤ **une bière blonde** ein helles Bier
➤ **une bière brune** ein dunkles Bier.

le **bifteck** [biftɛk] ■ das **Steak** (*pluriel* **Steaks**)
➤ **du bifteck haché** Rindergehacktes.

le **bijou** [biʒu] (*pluriel* **bijoux**) ■ das **Schmuckstück** (*pluriel* **Schmuckstücke**) : **un bijou précieux** ein wertvolles Schmuckstück
➤ **des bijoux** Schmuck : **Dorothée aime les bijoux en or** Dorothea trägt gern Goldschmuck.

la **bijouterie** [biʒutri] ■ der **Schmuckladen** (*pluriel* **Schmuckläden**) : **il y a une bijouterie dans cette rue** in dieser Straße gibt es einen Schmuckladen.

le **bikini** [bikini] ■ der **Bikini** *(pluriel* **Bikinis***)* : **tu oserais porter un bikini à la piscine, toi ?** würdest du dich trauen, im Schwimmbad einen Bikini zu tragen?

bilingue [bilɛ̃g] *adjectif* ■ **zweisprachig** : **il est bilingue** er ist zweisprachig.

la **bille** [bij] ■ die **Murmel** *(pluriel* **Murmeln***)* : **jouer aux billes** Murmeln spielen.

le **billet** [bijɛ]
1. der **Schein** *(pluriel* **Scheine***)* : **un billet de cinquante euros** ein Fünfzigeuroschein
2. die **Karte** *(pluriel* **Karten***)* : **Coralie a trois billets pour le concert** Coralie hat drei Karten für das Konzert ; **un billet de train** eine Zugfahrkarte ; **un billet d'entrée** eine Eintrittskarte

➤ **un billet de loterie** ein Lotterieschein.

bio [bjo] *adjectif invariable* ■ **Bio-** *(préfixe)* : **des légumes bio** das Biogemüse *(sans pluriel)*.

la **biologie** [bjolɔʒi] ■ die **Biologie**.

le **bip** [bip] ■ der **Signalton** *(pluriel* **Signaltöne***)* : **parlez après le bip** sprechen Sie nach dem Signalton.

la **biscotte** [biskɔt] ■ der **Zwieback** *(pluriel* **Zwiebäcke***)*.

le **biscuit** [biskɥi] ■ der **Keks** *(pluriel* **Kekse***)* : **un paquet de biscuits** eine Packung Kekse

➤ **des biscuits salés** das Salzgebäck *(sans pluriel)*.

la **bise** [biz] *familier* ■ das **Küsschen** *(pluriel* **Küsschen***)* : **faire la bise à quelqu'un** jemanden auf die Wange küssen ; **je leur ai fait la bise** ich habe sie auf die Wange geküsst

➤ **grosses bises** viele Grüße.

le **bisou** [bizu] *familier* ■ das **Küsschen** *(pluriel* **Küsschen***)* : **faire un bisou à quelqu'un** jemandem ein Küsschen geben.

le **bistrot** [bistro] ■ die **Kneipe** *(pluriel* **Kneipen***)*.

bizarre [bizar] *adjectif* ■ **komisch** : **c'est bizarre, il n'y a personne ici** das ist komisch, hier ist niemand.

la **blague** [blag] ■ der **Witz** *(pluriel* **Witze***)* : **sans blague !** jetzt mal im Ernst!

blanc, blanche [blɑ̃, blɑ̃ʃ] *adjectif*
1. **weiß** : **un tee-shirt blanc** ein weißes T-shirt
2. **leer** : **donne-moi une feuille blanche** gib mir ein leeres Blatt Papier
3. **bleich** : **tu es tout blanc, tu es malade ?** du bist ganz bleich, bist du krank?

le **blanc** ■ **Weiß** *(neutre, sans pluriel)* : **je ne porte jamais de blanc** ich trage niemals Weiß.

les **Blancs** *nom masculin pluriel* ■ die **Weißen** : **les Blancs et les Noirs** Weiße und Schwarze.

le **blé** [ble] ■ der **Weizen** *(sans pluriel)* : **un champ de blé** ein Weizenfeld.

le **blessé** [blese]
1. der **Verletzte** *(pluriel* **die Verletzten***)* : **il y a eu trois blessés** es gab drei Verletzte
2. der **Verwundete** *(pluriel* **die Verwundeten***)* : **il n'y a eu qu'un blessé dans la bataille** in der Schlacht gab es nur einen Verwundeten.

blesser [4] [blese] *verbe* ■ **verletzen** : **personne n'a été blessé dans l'accident** bei dem Unfall wurde niemand verletzt.

bleu, e [blø] *adjectif* ■ **blau** : **une jupe bleue** ein blauer Rock

➤ **bleu ciel** himmelblau

➤ **bleu marine** dunkelblau

le **bleu**
1. **Blau** *(neutre, sans pluriel)* : **j'aime le bleu** ich mag Blau
2. der **blaue Fleck** *(pluriel* **die blauen Flecken***)* : **elle était couverte de bleus** sie hatte überall blaue Flecken.

blond, e [blɔ̃, blɔ̃d] *adjectif* ■ **blond** : **elle est blonde aux yeux bleus** sie ist blond und hat blaue Augen ; **Kevin a les cheveux blonds** Kevin hat blonde Haare.

bloquer [3] [blɔke] *verbe*
1. **verriegeln** : **j'ai bloqué la porte** ich habe die Tür verriegelt

2. **versperren** : **les manifestants ont bloqué la rue** die Demonstranten haben die Straße vesperrt
➤ **être bloqué** fest|sitzen : **nous sommes bloqués dans un embouteillage** wir sitzen in einem Stau fest.

le **blouson** [bluzɔ̃] ■ die **Jacke** *(pluriel* **Jacken***)*
➤ **un blouson en cuir** eine Lederjacke.

le **bœuf** [bœf] *(pluriel* bœufs [bø]*)*
1. der **Ochse** *(pluriel* **Ochsen***)* : **une charrette tirée par des bœufs** ein Ochsenkarren
2. das **Rindfleisch** *(sans pluriel)* : **depuis la crise de la vache folle, beaucoup de gens ne mangent plus de bœuf** seit der BSE-Krise essen viele Leute kein Rindfleisch mehr.

bof [bɔf] *interjection* ■ *familier* **na ja** : **ça t'a plu le concert ? – bof** hat das Konzert dir gefallen? – na ja.

le **bogue, bug** [bɔg, bʌg] ■ der **Programmierfehler** *(pluriel* **Programmierfehler***)*.

boire [81] [bwar] *verbe*
1. **trinken** : **tu veux boire quelque chose ?** möchtest du etwas trinken? ; **tu viens avec nous boire un verre après le cinéma ?** kommst du nach dem Kino mit uns einen trinken?
2. **aus|trinken** : **on a bu toute la bouteille** wir haben die Flasche ausgetrunken.

le **bois** [bwa]
1. der **Wald** *(pluriel* **Wälder***)* : **on pourrait traverser le bois** wir könnten durch den Wald gehen
2. das **Holz** *(sans pluriel)* : **je vais couper du bois** ich hacke jetzt Holz.

la **boisson** [bwasɔ̃] ■ das **Getränk** *(pluriel* **Getränke***)* : **des boissons chaudes et froides** heiße und kalte Getränke
➤ **les boissons alcoolisées** alkoholische Getränke
➤ **une boisson gazeuse** ein kohlensäurehaltiges Getränk.

la **boîte** [bwat]
1. die **Schachtel** *(pluriel* **Schachteln***)* : **une boîte de chocolats** eine Schachtel Pralinen
2. die **Dose** *(pluriel* **Dosen***)* : **une boîte de petits pois** eine Dose Erbsen
➤ **des légumes en boîte** Dosengemüse *(sans pluriel)*
3. das **Lokal** *(pluriel* **Lokale***)* : **une boîte de nuit** ein Nachtlokal
➤ **sortir en boîte** in die Disko gehen
➤ **une boîte de conserve** eine Konservendose
➤ **la boîte aux lettres** der Briefkasten
➤ **la boîte aux lettres électronique** die Mailbox.

le **bol** [bɔl] ■ das **Schälchen** *(pluriel* **Schälchen***)* : **un bol de céréales** ein Schälchen Haferflocken
➤ **avoir du bol** *familier* Schwein haben *familier*.

bombarder [3] [bɔ̃barde] *verbe* ■ **bombardieren** : **l'aviation a bombardé la ville** die Luftwaffe hat die Stadt bombardiert.

la **bombe** [bɔ̃b] ■ die **Bombe** *(pluriel* **Bomben***)* : **la bombe atomique** die Atombombe.

bon, bonne [bɔ̃, bɔn] *(comparatif & superlatif* meilleur*) adjectif*
1. **gut** : **est-ce que la viande est bonne ?** schmeckt das Fleisch gut? ; **c'est un bon livre** das ist ein gutes Buch ; **Jérémie est bon en allemand** Jérémie ist gut in Deutsch ; **faire de l'exercice, c'est bon pour la santé** Sport ist gut für die Gesundheit
2. **richtig** : **c'est la bonne réponse** das ist die richtige Antwort ; **est-ce que c'est le bon numéro ?** ist das die richtige Nummer?
3. **gültig** : **ton passeport n'est plus bon** dein Reisepass ist nicht mehr gültig
➤ **bonne année !** ein frohes neues Jahr!
➤ **bon anniversaire !** herzlichen Glückwunsch zum Geburtstag!
➤ **bon courage !** viel Erfolg!
➤ **bonne journée !** einen schönen Tag!
➤ **bonne nuit !** gute Nacht!

bon
■ *interjection*
okay! : **bon, je m'en vais** okay, ich gehe jetzt
➤ **bon, d'accord** gut, okay

➤ **ah bon ? ** ach ja? : **le prof de géo est absent – ah bon ?** der Erdkundelehrer ist nicht da – ach ja?

■ *adverbe*

➤ **il fait bon aujourd'hui** heute ist schönes Wetter

➤ **ça sent bon** das riecht gut.

le **bonbon** [bɔ̃bɔ̃] ■ das **Bonbon** (*pluriel* **Bonbons**) : **un bonbon à la fraise** ein Erdbeerbonbon ; **un paquet de bonbons** eine Tüte Bonbons.

le **bond** [bɔ̃] ■ der **Sprung** (*pluriel* **Sprünge**) : **faire un bond** auf|springen ; **elle a fait un bond quand je suis entré** als ich hereinkam, ist sie aufgesprungen.

bondir **[27]** [bɔ̃dir] *verbe*

1. **jemanden|etwas anspringen** : **le chat bondit sur le lézard** die Katze sprang die Eidechse an
2. **sich stürzen auf** : **le policier a bondi sur l'agresseur** der Polizist hat sich auf den Angreifer gestürzt.

le **bonheur** [bɔnœr] ■ das **Glück** (*sans pluriel*) : **le bonheur d'aimer** das Glück zu lieben ; **prends ce trèfle, il te portera bonheur** nimm dieses Kleeblatt, es wird dir Glück bringen.

le **bonhomme** [bɔnɔm] (*pluriel* **bonshommes** [bɔ̃zɔm])

1. der **Typ** (*pluriel* **Typen**) *familier* : **un bonhomme assez bizarre** ein ziemlich komischer Typ
2. das **Männchen** (*pluriel* **Männchen**) : **elle a dessiné un bonhomme dans la marge** sie hat ein Männchen an den Rand gemalt

➤ **un bonhomme de neige** ein Schneemann.

le **bonjour** [bɔ̃ʒur] ■ **Guten Tag**

Alors que la politesse exige en français d'ajouter **madame** ou **monsieur** quand on salue quelqu'un, on se contente en allemand de la traduction **Guten Tag** :

bonjour madame ! Guten Tag! ; **bonjour tout le monde !** guten Tag zusammen!

En allemand, pour dire bonjour le matin on dit **Guten Morgen** ; à partir de 11 heures, on dit **Guten Tag**.

dis bonjour à tes parents de ma part grüße deine Eltern von mir.

bonne [bɔn] ➤ bon.

le **bonnet** [bɔnɛ] ■ die **Mütze** (*pluriel* **Mützen**) : **mets ton bonnet, il fait froid** setz deine Mütze auf, es ist kalt

➤ **un bonnet de bain** eine Bademütze.

le **bonsoir** [bɔ̃swar]

1. **guten Abend** : **bonsoir, ça va ?** guten Abend, wie geht's?
2. **gute Nacht** : **bonsoir, dormez bien** gute Nacht, schlaft gut.

le **bord** [bɔr]

1. die **Kante** (*pluriel* **Kanten**) : **ce verre est trop près du bord de la table** dieses Glas steht zu nah an der Tischkante
2. der **Rand** (*pluriel* **Ränder**) : **il y a du rouge à lèvres sur le bord du verre** da ist Lippenstift am Glasrand
3. das **Ufer** (*pluriel* **Ufer**) : **on s'est promenés au bord de la rivière** wir sind am Flussufer spazieren gegangen

➤ **à bord de** an Bord (+ *G*) : **à bord du ferry** an Bord der Fähre ; **nous sommes montés à bord** wir sind an Bord gegangen

➤ **au bord de la mer** am Meer : **nous avons passé la journée au bord de la mer** wir haben den Tag am Meer verbracht ; **nous sommes allés au bord de la mer** wir sind ans Meer gefahren

➤ **être au bord des larmes** den Tränen nahe sein

➤ **au bord de la route** am Straßenrand.

la **bosse** [bɔs]

1. die **Beule** (*pluriel* **Beulen**) : **Matthias a une grosse bosse sur le front** Matthias hat eine große Beule an der Stirn
2. der **Höcker** (*pluriel* **Höcker**) : **les chameaux ont deux bosses** .

bosser **[3]** [bɔse] *verbe familier* ■ **büffeln** *familier* **j'ai bossé toute l'après-midi pour l'interro** ich habe den ganzen Nachmittag für die Arbeit gebüffelt.

la **botte** [bɔt] ■ der **Stiefel** (*pluriel* **Stiefel**)
➤ **des bottes en cuir** Lederstiefel
➤ **des bottes en caoutchouc** Gummistiefel.

la **bouche** [buʃ] ■ der **Mund** (*pluriel* **Münder**) : **il a une très grande bouche** er hat einen sehr großen Mund
➤ **une bouche de métro** ein U-Bahneingang.

le **boucher** [buʃe] ■ der **Metzger** (*pluriel* **Metzger**) : **le père de Louis est boucher** Louis Vater ist Metzger.

la **bouchère** [buʃɛr] ■ die **Metzgerin** (*pluriel* **Metzgerinnen**).

la **boucherie** [buʃri] ■ die **Metzgerei** (*pluriel* **Metzgereien**) : **ma mère m'a envoyé à la boucherie** meine Mutter hat mich zur Metzgerei geschickt.

le **bouchon** [buʃɔ̃]
1. der **Verschluss** : **où est le bouchon du dentrifice ?** wo ist der Verschluss von der Zahnpasta?
2. der **Korken** (*pluriel* **Korken**) : **il y a des morceaux de bouchon dans le vin** im Wein schwimmt Korken
3. der **Stau** (*pluriel* **Staus**) : **on était bloqués dans un bouchon** wir standen im Stau.

la **boucle** [bukl] ■ die **Locke** (*pluriel* **Locken**) : **Valérie a de longues boucles brunes** Valerie hat lange brünette Locken
➤ **des boucles d'oreille** Ohrringe : **elle porte des boucles d'oreille en or** sie trägt goldene Ohrringe.

bouclé, e [bukle] *adjectif* ■ **gelockt** : **elle a les cheveux bouclés** sie hat gelocktes Haar.

bouder [3] [bude] *verbe* ■ **schmollen** : **arrête de bouder** hör endlich auf zu schmollen.

la **boue** [bu] ■ der **Schlamm** (*sans pluriel*) : **ton pantalon est plein de boue** deine Hose ist voller Schlamm.

la **bouée** [bwe]
1. der **Schwimmreifen** (*pluriel* **Schwimmreifen**) : **elle nage encore avec une bouée** sie schwimmt noch mit einem Schwimmreifen
2. die **Boje** (*pluriel* **Bojen**) : **on a nagé jusqu'à la bouée** wir sind bis zur Boje geschwommen.

la **bouffe** [buf] *familier* ■ das **Essen** (*sans pluriel*) : **la bouffe est vraiment mauvaise ici** das Essen hier ist wirklich schlecht ; **on s'est fait une bouffe entre copains** wir haben uns alle zum Essen getroffen.

bouffer [3] [bufe] *verbe familier* ■ **essen** : **qu'est-ce qu'on bouffe ce soir ?** was essen wir heute abend? ; **il bouffe comme un cochon** er isst wie ein Schwein.

bouger [16] [buʒe] *verbe* ■ **bewegen** : **surtout ne bouge pas, tu as une guêpe sur le bras !** beweg dich nicht, auf deinem Arm ist eine Wespe ; **ne bouge pas, j'arrive** rühr dich nicht vom Fleck, ich komme sofort
➤ **j'ai une dent qui bouge** ich habe einen Zahn, der wackelt.

la **bougie** [buʒi] ■ die **Kerze** (*pluriel* **Kerzen**) : **la pièce était éclairée par des bougies** im Zimmer brannten Kerzen.

bouillant, e [bujɑ̃, ɑ̃t] *adjectif*
1. **kochend** : **remplis la tasse d'eau bouillante** gieß kochendes Wasser in die Tasse
2. **kochend heiß** : **je ne peux pas boire ce café, il est bouillant** ich kann diesen Kaffee nicht trinken, er ist kochend heiß.

bouillir [41] [bujir] *verbe* ■ **kochen** : **est-ce que l'eau bout ?** kocht das Wasser?
➤ **fais bouillir de l'eau pour le thé** koch Wasser für den Tee auf.

le **boulanger** [bulɑ̃ʒe] ■ der **Bäcker** (*pluriel* **Bäcker**) : **Pierre veut devenir boulanger** Pierre möchte Bäcker werden.

la **boulangère** [bulɑ̃ʒɛr] ■ die **Bäckerin** (*pluriel* **Bäckerinnen**).

la **boulangerie** [bulɑ̃ʒri] ■ die **Bäckerei** (*pluriel* **Bäckereien**) : **je vais à la boulangerie acheter du pain** ich gehe in die Bäckerei Brot kaufen
➤ **une boulangerie pâtisserie** eine Bäckerei und Konditorei.

la **boule** [bul]
1. die **Kugel** (*pluriel* **Kugeln**) : **une boule de billard** eine Billiardkugel

2. das **Bällchen** : **je veux une glace à deux boules** ich möchte ein Eis mit zwei Bällchen
➤ **une boule de neige** ein Schneeball
➤ **des boules de pétanque** Boulekugeln
➤ **jouer aux boules** Boule spielen
➤ **avoir les boules** *familier* sauer sein : **il a les boules, Julie l'a plaqué** er ist sauer, Julie hat ihn sitzengelassen

les **boules** *nom féminin pluriel* ➤ pétanque.

la **boulette** [bulɛt] ■ das **Kügelchen** (*pluriel* **Kügelchen**) : **il jette des boulettes de papier** er wirft mit Papierkügelchen
➤ **des boulettes de viande** Frikadellen.

le **boulevard** [bulvar] ■ der **Boulevard** : **le café est sur le boulevard** das Café liegt am Boulevard.

le **boulot** [bulo] *familier*
1. die **Arbeit** (*sans pluriel*) : **on a beaucoup de boulot cette semaine** wir haben diese Woche viel Arbeit
2. der **Job** (*pluriel* **Jobs**) : **un boulot bien payé** ein gut bezahlter Job.

la **boum** [bum] ■ *familier* die **Party** (*pluriel* **Partys**) : **on s'est bien amusés à la boum de Sarah** wir hatten viel Spaß auf Sarahs Party.

le **bouquet** [bukɛ] ■ der **Strauß** (*pluriel* **Sträuße**) : **un bouquet de roses** ein Strauß Rosen ; **un bouquet de persil** ein Strauß Petersilie.

le **bouquin** [bukɛ̃] ■ *familier* das **Buch** (*pluriel* **Bücher**) : **un bouquin super intéressant** ein echt interessantes Buch.

la **Bourgogne** [burgɔɲ] ■ das **Burgund** : **Dijon est en Bourgogne** Dijon liegt im Burgund ; **ils sont allés en Bourgogne en auto-stop** sie sind ins Burgund getrampt.

la **bourse** [burs] ■ das **Stipendium** (*pluriel* **Stipendien**)
➤ **la Bourse** die Börse : **la Bourse de Paris** die Pariser Börse.

bousculer [3] [buskyle] *verbe* ■ **an|rempeln** : **il m'a bousculée et il ne s'est même pas excusé !** er hat mich angerempelt und sich noch nicht einmal dafür entschuldigt!

le **bout** [bu]
1. das **Ende** (*sans pluriel*) : **on voit le bout du tunnel** man sieht das Ende des Tunnels ; **au bout de la rue** am Ende der Straße
2. das **Stück** (*pluriel* **Stücke**) : **un bout de pain** ein Stück Brot ; **un bout de papier** ein Stück Papier
➤ **au bout de dix minutes** nach zehn Minuten.

la **bouteille** [butɛj] ■ die **Flasche** (*pluriel* **Flaschen**) : **une bouteille de lait** eine Flasche Milch ; **une bouteille d'eau minérale** eine Flasche Mineralwasser.

la **boutique** [butik] ■ das **Geschäft** (*pluriel* **Geschäfte**) : **il y a beaucoup de boutiques dans ma rue** in meiner Straße gibt es viele Geschäfte.

le **bouton** [butɔ̃]
1. der **Knopf** (*pluriel* **Knöpfe**) : **il manque un bouton à cette chemise** an diesem Hemd fehlt ein Knopf ; **appuie sur le bouton vert** drück auf den grünen Knopf
2. der **Schalter** (*pluriel* **Schalter**) : **tournez le bouton vers la droite** drehen Sie den Schalter nach rechts
3. der **Pickel** (*pluriel* **Pickel**) : **j'ai plein de boutons !** ich habe überall Pickel!

le **bowling** [buliŋ]
1. das **Kegeln** : **on va faire un bowling ?** gehen wir Kegeln?
2. die **Kegelbahn** (*pluriel* **Kegelbahnen**) : **il y a un nouveau bowling rue Cézanne** in der rue Cézanne gibt es eine neue Kegelbahn.

la **boxe** [bɔks] ■ das **Boxen** (*sans pluriel*) : **Aurélien fait de la boxe** Aurélien boxt.

le **bracelet** [braslɛ] ■ das **Armband** (*pluriel* **Armbänder**) : **un bracelet en argent** ein silbernes Armband.

la **branche** [brɑ̃ʃ] ■ der **Ast** (*pluriel* **Äste**) : **les chauves-souris s'accrochent aux branches des arbres** die Fledermäuse hängen sich an die Äste der Bäume.

branché, e [brɑ̃ʃe] *adjectif*
1. **angeschlossen : est-ce que l'ordinateur est branché ?** ist der Computer angeschlossen?
2. **in** *familier* **un quartier branché** ein Viertel, das in ist.

brancher [3] [brɑ̃ʃe] *verbe* ■ **anschließen : tu as branché la télé ?** hast du den Fernseher angeschlossen?
➤ **ça te branche d'aller au cinéma ?** hättest du Lust, ins Kino zu gehen?

la **brasse** [bras] ■ das **Brustschwimmen** *(sans pluriel)* **: en brasse, elle est particulièrement bonne** im Brustschwimmen ist sie besonders gut.

bravo [bravo] *interjection* ■ **bravo! : les spectateurs criaient « bravo ! »** die Zuschauer riefen "bravo!".

bref, brève [brɛf, brɛv] *adjectif*
■ **kurz : une lettre brève** ein kurzer Brief

bref *adverbe* ■ **kurz und gut : bref, il n'était pas content** kurz und gut, er war nicht zufrieden.

la **Bretagne** [brətaɲ] ■ die **Bretagne : nous allons souvent en Bretagne** wir fahren oft in die Bretagne ; **Céline habite en Bretagne** Céline wohnt in der Bretagne.

breton, onne [brətɔ̃, ɔn] *adjectif*
■ **bretonisch : la côte bretonne** die bretonische Küste

le **Breton** ■ der **Bretone** *(pluriel* **Bretonen***)*

la **Bretonne** ■ die **Bretonin** *(pluriel* **Bretoninnen***)*.

brève ➤ bref.

le **brevet** [brəvɛ] ■ der **Abschluss** *(pluriel* **Abschlüsse***)* **: brevet de secouriste** Erste-Hilfe-Schein
➤ **le brevet des collèges** *Abschlusszeugnis im Alter von 15 Jahren nach vier Jahren „Collège".*

le **bricolage** [brikolaʒ] ■ das **Heimwerken : son hobby, c'est le bricolage** Heimwerken ist ihr Hobby.

la **bricole** [brikɔl] ■ die **Kleinigkeit** *(pluriel* **Kleinigkeiten***)* : ich habe ihm eine Kleinigkeit gekauft.

bricoler [3] [brikole] *verbe* ■ **basteln : mon père aime bricoler le dimanche** mein Vater bastelt gern am Sonntag.

brillant, e [brijɑ̃, ɑ̃t] *adjectif*
1. **glänzend : de beaux cheveux brillants** schöne glänzende Haare
2. **brilliant : Laïla est une élève brillante** Laïla ist eine brilliante Schülerin.

briller [3] [brije] *verbe* ■ **glänzen : ses yeux brillaient de joie** ihre Augen glänzten vor Freude.

la **brioche** [brijɔʃ] ■ die **Brioche** *(pluriel* **Brioches***)*.

la **brique** [brik]
1. der **Backstein** *(pluriel* **Backsteine***)* **: une maison en briques** ein Haus aus Backsteinen
2. die **Packung** *(pluriel* **Packungen***)* **: une brique de jus d'orange** eine Packung Orangensaft.

le **briquet** [brikɛ] ■ das **Feuerzeug** *(pluriel* **Feuerzeuge***)*.

britannique [britanik] *adjectif* ■ **britisch : il a l'accent britannique** er hat einen britischen Akzent

le **Britannique** ■ der **Brite** *(pluriel* **Briten***)*

la **Britannique** ■ die **Britin** *(pluriel* **Britinnen***)*.

la **brocante** [brokɑ̃t] ■ der **Trödelmarkt** *(pluriel* **Trödelmärkte***)*.

la **brochette** [brɔʃɛt] ■ der **Spieß** *(pluriel* **Spieße***)* **: des brochettes d'agneau** Lammspieße.

la **brochure** [brɔʃyr] ■ der **Prospekt** *(pluriel* **Prospekte***)* **: une brochure publicitaire** ein Werbeprospekt.

bronzé, e [brɔ̃ze] *adjectif* ■ **braun gebrannt : elle est toute bronzée** sie ist ganz braun gebrannt.

bronzer [3] [brɔ̃ze] *verbe* ■ **braun werden**

Quand un verbe exprime un changement d'état ou de couleur, cette modification est généralement rendue par l'auxiliaire **werden** en allemand :

je bronze facilement ich werde schnell braun.

la **brosse** [brɔs] ■ die **Bürste** *(pluriel* **Bürsten***)*

➤ **une brosse à cheveux** eine Haarbürste

➤ **une brosse à dents** eine Zahnbürste.

brosser [3] [brɔse] *verbe*

ab|bürsten : brosse ton manteau, il est plein de poils de chat bürste deinen Mantel ab, er ist voller Katzenhaare

➤ **se brosser les cheveux** sich die Haare bürsten : **brosse-toi les cheveux** bürste dir die Haare

➤ **se brosser les dents** sich die Zähne putzen : **tu t'es brossé les dents ?** hast du dir die Zähne geputzt?

le **brouillard** [brujar] ■ der **Nebel** *(plurie/* **Nebel***)* **: un brouillard épais** ein dichter Nebel ; **il y a du brouillard** es ist neblig.

brouillé, e [bruje] *adjectif* ■ **zerstritten : Nadine est brouillée avec Jean** Nadine und Jean sind zerstritten

➤ **il est brouillé avec les rédactions** er steht mit Aufsätzen auf Kriegsfuß.

le **bruit** [brɥi]

1. das **Geräusch** *(pluriel* **Geräusche***)*
2. der **Lärm** *(sans pluriel)* **: je n'arrive pas à travailler avec tout ce bruit** ich kann bei diesem Lärm nicht arbeiten

➤ **j'ai entendu un bruit** ich habe etwas gehört

➤ **il n'y a pas un bruit** es ist vollkommen ruhig

➤ **j'entends un bruit de pas** ich höre Schritte

➤ **faire du bruit** Lärm machen : **ils font un bruit infernal** sie machen einen Heidenlärm.

brûlant, e [brylɑ̃, ɑ̃t] *adjectif* ■ **brennend heiß : cette soupe est brûlante** diese Suppe ist brennend heiß.

brûler [3] [bryle] *verbe*

1. **verbrennen : David a brûlé ses vieux cahiers** David hat seine alten Hefte verbrannt
2. **brennen : la maison brûle !** das Haus brennt!
3. **sehr heiß sein : attention, ça brûle** Vorsicht, das ist sehr heiß!

➤ **brûler un feu rouge** bei Rot über die Ampel fahren

se **brûler** *verbe pronominal* ■ **sich verbrennen : je me suis brûlé** ich habe mich verbrannt ; **je me suis brûlé la main** ich habe mir die Hand verbrannt.

la **brûlure** [brylyr] ■ die **Verbrennung** *(pluriel* **Verbrennungen***)*, die **Brandwunde** *(pluriel* **Brandwunden***)* **: il a une brûlure sur la jambe** er hat eine Verbrennung am Bein.

brun, e [brœ̃, bryn] *adjectif*

1. **dunkelhaarig : elle a les cheveux bruns** ou **elle est brune** sie ist dunkelhaarig ; **c'est un grand brun** er ist groß und dunkelhaarig
2. **braun : un chien au pelage brun** ein brauner Hund.

brusquement [bryskəmɑ̃] *adverbe* ■ **plötzlich : le bus s'est arrêté brusquement** der Bus hat plötzlich angehalten.

brutal, e [brytal] *(masculin pluriel* **brutaux** [bryto]*) adjectif*

1. **brutal : il est très brutal avec les autres enfants** er geht sehr brutal mit den anderen Kindern um
2. **plötzlich : un changement brutal** ein plötzlicher Wechsel.

Bruxelles [bry(k)sɛl] ■ **Brüssel** *(neutre)* **: ma cousine vit à Bruxelles** meine Kusine lebt in Brüssel ; **Clément va à Bruxelles demain** Clément fährt morgen nach Brüssel.

bruyant, e [brɥijɑ̃, ɑ̃t] *adjectif* ■ **laut : ce que vous êtes bruyants !** ihr seid so laut!

bu, e [by] *participe passé* ➤ boire.

la **bûche** [byʃ] ■ das **Holzscheit** *(pluriel* **Holzscheite***)* **: peux-tu s'il te plaît remettre quelques bûches dans le feu pour ne pas qu'il s'éteigne ?** kannst du bitte ein paar Holzscheite nachlegen, damit das Feuer nicht ausgeht?

➤ **une bûche de Noël** *mit Creme gefüllte Biskuitrolle, die man zu Weihnachten isst.*

le **buffet** [byfɛ]

1. das **Büfett** *(pluriel* **Büfetts***)* : **ils ont fait un buffet pour leur mariage** bei ihrer Hochzeit gab es ein Büfett ; **le buffet de la gare** die Bahnhofsgaststätte
2. die **Anrichte** *(pluriel* **Anrichten***)* : **les assiettes sont dans le buffet** die Teller sind in der Anrichte.

bug ➤ bogue.

le **buisson** [bɥisɔ̃] ■ der **Strauch** *(pluriel* **Sträucher***)* : **Luc s'est caché derrière le buisson** Luc hat sich hinter dem Strauch versteckt.

la **bulle** [byl]

1. die **Blase** *(pluriel* **Blasen***)* : **des bulles de savon** Seifenblasen ; **faire des bulles** Blasen schlagen
2. die **Sprechblase** *(pluriel* **Sprechblasen***)* : **les bulles d'une BD** die Sprechblasen in einem Comic.

le **bulletin** [byltɛ̃] ■ das **Zeugnis** *(pluriel* **Zeugnisse***)* : **mon bulletin trimestriel n'est pas terrible** mein Trimesterzeugnis ist nicht besonders gut

➤ **un bulletin d'informations** Nachrichten *(pluriel)*

➤ **le bulletin météo der** Wetterbericht

BULLETIN SCOLAIRE

Nach jedem Trimester bekommen die französischen Schüler ein Zeugnis, das **bulletin scolaire,** in dem für jedes Fach eine Durchschnittsnote sowie Anmerkungen der einzelnen Lehrer zur Leistung und zum Betragen stehen. Das Zeugnis am Ende des Schuljahres ist entscheidend für die Versetzung.

le **bureau** [byro] *(pluriel* bureaux*)*

1. das **Büro** *(pluriel* **Büros***)* : **ma mère travaille dans un bureau** meine Mutter arbeitet in einem Büro
2. der **Schreibtisch** *(pluriel* **Schreibtische***)* : **j'ai un bureau dans ma chambre** ich habe einen Schreibtisch in meinem Zimmer

➤ **le bureau de poste das** Postamt

➤ **le bureau de tabac der** Tabakwarenladen.

le **bus** [bys] ■ der **Bus** *(pluriel* **Busse***)* : **tu prends le bus pour aller à l'école ?** fährst du mit dem Bus zur Schule?

le **but** [byt]

1. das **Ziel** *(pluriel* **Ziele***)* : **leur but est de gagner le championnat** ihr Ziel ist, die Meisterschaft zu gewinnen
2. das **Tor** *(pluriel* **Tore***)* : **Petit a marqué deux buts** Petit hat zwei Tore geschossen.

la **buvette** [byvɛt] ■ der **Erfrischungsstand** *(pluriel* **Erfrischungsstände***)* : **j'ai travaillé à la buvette de la kermesse de la paroisse** auf dem Gemeindefest habe ich am Erfrischungsstand gearbeitet.

C

ça [sa] *pronom*

1. **das : qu'est-ce que ça veut dire ?** was bedeutet das? ; **ça m'énerve** das nervt mich ; **je trouve ça marrant** ich finde das witzig ; **est-ce que ça te plaît ?** gefällt dir das?
2. **das da : donne-moi ça** gib mir das da
3. **dieses hier : tiens, prends ça** hier, nimm dieses hier

➤ **qui ça ?** wer denn?

➤ **où ça ?** wo denn?

➤ **ça y est** endlich : **ça y est, j'ai fini mes devoirs** endlich bin ich mit den Hausaufgaben fertig

➤ **ça va ? – ça va** wie geht's? – es geht so

➤ **c'est ça** genau

➤ **ça alors !** na so was!

➤ **et avec ça ?** kommt noch etwas dazu?

➤ **ça y est !** endlich, so

➤ **ça dépend** das kommt drauf an.

la **cabane** [kaban] ■ die **Hütte** *(pluriel* **Hütten***)* : **ils ont construit une cabane dans la forêt** sie haben eine Hütte im Wald gebaut.

la **cabine** [kabin] ■ die **Kabine** *(pluriel* **Kabinen***)*
➤ **une cabine d'essayage** eine Umkleidekabine
➤ **une cabine téléphonique** eine Telefonzelle.

le **cabinet** [kabinɛ]
➤ **un cabinet médical** eine Arztpraxis
➤ **un cabinet de toilette** eine Toilette.

le **câble** [kabl]
1. das **Kabel** *(pluriel* **Kabel***)* : **un câble électrique** ein elektrisches Kabel
2. das **Kabelfernsehen** *(sans pluriel)* : **ils ont le câble** sie haben Kabelfernsehen.

la **cacahouète, cacahuète** [kakawɛt] ■ die **Erdnuss** *(pluriel* **Erdnüsse***)*.

le **cacao** [kakao] ■ der **Kakao** *(sans pluriel)*.

cache-cache [kaʃkaʃ] *nom masculin invariable*
➤ **jouer à cache-cache** Verstecken spielen.

cacher [3] [kaʃe] *verbe* ■ **verstecken** : **j'ai caché son cadeau** ich habe sein/ihr Geschenk versteckt

se **cacher** *verbe pronominal* ■ **sich verstecken** : **il se cache derrière le garage** er versteckt sich hinter der Garage.

la **cachette** [kaʃɛt] ■ das **Versteck** *(pluriel* **Verstecke***)* : **j'ai trouvé une bonne cachette** ich habe ein gutes Versteck gefunden
➤ **en cachette** heimlich : **ils se voient en cachette** sie sehen sich heimlich
➤ **en cachette de quelqu'un** hinter jemandes Rücken : **Élodie fume en cachette de ses parents** Élodie raucht hinter dem Rücken ihrer Eltern.

le **cadavre** [kadavr] ■ die **Leiche** *(pluriel* **Leichen***)*.

le **Caddie®** [kadi] ■ der **Einkaufswagen** *(pluriel* **Einkaufswagen***)*.

le **cadeau** [kado] *(pluriel* cadeaux*)* ■ das **Geschenk** *(pluriel* **Geschenke***)* : **est-ce qu'on ouvre les cadeaux maintenant ?** machen wir die Geschenke jetzt auf?
➤ **un cadeau d'anniversaire** ein Geburtstagsgeschenk
➤ **faire un cadeau à quelqu'un** jemandem etwas schenken : **ils m'ont fait un cadeau magnifique** sie haben mir etwas Wunderschönes geschenkt ; **mon correspondant m'a fait cadeau d'un livre** mein Brieffreund hat mir ein Buch geschenkt.

le **cadre** [kadr] ■ der **Rahmen** *(pluriel* **Rahmen***)* : **un tableau avec un cadre doré** ein Bild mit einem Goldrahmen.

le **café** [kafe]
1. der **Kaffee** *(sans pluriel)* : **je bois du café le matin** morgens trinke ich Kaffee ; **deux cafés, s'il vous plaît** zwei Kaffee, bitte
2. das **Café** *(pluriel* **Cafés***)* : **on a déjeuné dans un café** wir haben in einem Café Mittag gegessen
➤ **un café crème** ou **un café au lait** ein Milchkaffee
➤ **un café liégeois** ein Eiskaffee
➤ **un café noir** ein schwarzer Kaffee
➤ **un café tabac** ein Café mit Tabakladen.

la **cafétéria** [kafeterja] ■ die **Cafeteria** *(pluriel* **Cafeterias***)*.

la **cage** [kaʒ] ■ der **Käfig** *(pluriel* **Käfige***)* : **je n'aime pas voir les animaux en cage** ich habe es nicht gerne, wenn Tiere im Käfig sind.

le **cahier** [kaje] ■ das **Schreibheft** *(pluriel* **Schreibhefte***)*
➤ **un cahier de brouillon** ein Schmierheft
➤ **un cahier de textes** ein Hausaufgabenheft.

le **caillou** [kaju] *(pluriel* cailloux*)* ■ der **Stein** *(pluriel* **Steine***)*.

la **caisse** [kɛs]
1. die **Kiste** *(pluriel* **Kisten***)* : **toutes nos affaires sont dans des caisses** alle unsere Sachen sind in Kisten
2. die **Kasse** *(pluriel* **Kassen***)* : **elle travaille à la caisse au supermarché** sie arbeitet im Supermarkt an der Kasse.

le **caissier** [kesje] ■ der **Kassierer** *(pluriel* **Kassierer***)* : **il s'est trouvé un petit boulot comme caissier** er hat einen Gelegenheitsjob als Kassierer gefunden.

la caissière [kesjɛr] ■ die **Kassiererin** (*pluriel* **Kassiererinnen**) : **Charlotte est caissière dans un grand magasin** Charlotte ist Kassiererin in einem Kaufhaus.

le calcul [kalkyl] ■ die **Berechnung** (*pluriel* **Berechnungen**) : **tes calculs sont faux** deine Berechnungen sind falsch
➤ **le calcul** das Rechnen : **je suis nul en calcul** im Rechnen bin ich eine Niete
➤ **le calcul mental** das Kopfrechnen.

la calculatrice [kalkylatris] ■ der **Rechner** (*pluriel* **Rechner**) : **la calculatrice de poche** der Taschenrechner.

calculer [3] [kalkyle] *verbe*
1. **rechnen : elle a tout calculé de tête** sie hat alles im Kopf gerechnet
2. **aus|rechnen : j'ai calculé qu'il me faudrait deux heures** ich habe ausgerechnet, dass ich zwei Stunden brauchen würde.

la calculette [kalkylɛt] ■ der **Taschenrechner** (*pluriel* **Taschenrechner**).

le caleçon [kalsɔ̃] ■ die **Boxershorts** (*pluriel*) : **ton caleçon dépasse de ton jean** deine Boxershorts schauen aus deiner Jeans raus.

le calendrier [kalɑ̃drije] ■ der **Kalender** (*pluriel* **Kalender**).

le câlin [kalɛ̃] ■ die **Zärtlichkeit** (*pluriel* **Zärtlichkeiten**)
➤ **fais-moi un câlin** schmuse ein bisschen mit mir.

calme [kalm] *adjectif* ■ **ruhig : c'est un quartier très calme** es ist ein sehr ruhiger Stadtteil ; **restez calmes, il n'y a pas de danger** bleiben Sie ganz ruhig, es besteht keine Gefahr

le calme ■ die **Ruhe** (*sans pluriel*) : **j'ai besoin de calme pour travailler** zum Arbeiten brauche ich Ruhe
➤ **du calme !** Ruhe!

calmer [3] [kalme] *verbe* ■ **lindern : cette pommade va calmer la douleur** diese Salbe wird den Schmerz lindern

se calmer *verbe pronominal* ■ **nach|lassen : la douleur s'est calmée** der Schmerz hat nachgelassen.

le|la camarade [kamarad] ■ der **Kamerad** (*pluriel* **Kameraden**), die **Kameradin** (*pluriel* **Kameradinnen**) : **tous ses camarades sont là** alle seine|ihre Kameraden sind hier
➤ **un camarade de classe** ein Mitschüler
➤ **une camarade de classe** eine Mitschülerin
➤ **un camarade d'école** ein Schulkamerad
➤ **une camarade d'école** eine Schulkameradin.

cambrioler [3] [kɑ̃brijɔle] *verbe* ■ **ein|brechen : l'école a été cambriolée** in der Schule wurde eingebrochen.

le camembert [kamɑ̃bɛr] ■ der **Camembert** (*pluriel* **Camemberts**) : **de tous les fromages français, c'est le camenbert que je préfère !** von den französischen Käsesorten esse ich Camembert am liebsten.

la caméra [kamera] ■ die **Kamera** (*pluriel* **Kameras**) : **une caméra vidéo** eine Videokamera.

le Caméscope® [kameskɔp] ■ der **Camcorder** (*pluriel* **Camcorder**).

le camion [kamjɔ̃] ■ der **Lastwagen** (*pluriel* **Lastwagen**) : **il y avait plein de camions sur la route** auf der Strecke waren viele Lastwagen unterwegs.

la camomille [kamomij]
1. die **Kamille** (*sans pluriel*)
2. der **Kamillentee** (*pluriel* **Kamillentees**) : **après le dîner, j'aime bien prendre une camomille** nach dem Essen trinke ich gerne einen Kamillentee.

le camp [kɑ̃] ■ das **Lager** (*pluriel* **Lager**) : **David part en camp en juillet** David fährt im Juli ins Ferienlager.

la campagne [kɑ̃paɲ]
1. das **Land** (*sans pluriel*) : **ils vivent à la campagne** sie leben auf dem Land
2. die **Landschaft** (*pluriel* **Landschaften**) : **la campagne est belle par ici** die Landschaft ist schön hier in der Gegend
➤ **la campagne électorale** der Wahlkampf
➤ **une campagne publicitaire** eine Werbekampagne.

le **camping** [kɑ̃piŋ]

1. das **Zelten** *(sans pluriel)* : **j'aime bien le camping** ich zelte gern ; **faire du camping** zelten
2. der **Campingplatz** *(pluriel* **Campingplätze***)* : **le camping est au bord de la rivière** der Campingplatz liegt am Flussufer.

le **Canada** [kanada] ■ **Kanada**

> En général, les noms de pays ne sont pas précédés d'un article en allemand :

mon père vit au Canada mein Vater lebt in Kanada ; **tu es déjà allée au Canada ?** warst du schon mal in Kanada?

canadien, enne [kanadjɛ̃, ɛn] *adjectif* ■ **kanadisch** : **il a un accent canadien** er hat einen kanadischen Akzent.

le **canal** [kanal] *(pluriel* **canaux** [kano]*)* ■ der **Kanal** *(pluriel* **Kanäle***)* : **on s'est promenés au bord du canal** wir sind am Kanalufer entlang spazieren gegangen.

le **canapé** [kanape] ■ das **Sofa** *(pluriel* **Sofas***)*, die **Couch** *(pluriel* **Couchs***)* : **assieds-toi sur le canapé** setz dich aufs Sofa|setz dich auf die Couch.

le **canapé-lit** [kanapeli] ■ die **Schlafcouch** *(pluriel* **Schlafcouchs***)*.

le **canard** [kanar] ■ die **Ente** *(pluriel* **Enten***)* : **du canard rôti** gebratene Ente.

le **cancer** [kɑ̃sɛr] ■ der **Krebs** *(sans pluriel)*

> En général, les noms de maladies ne sont pas précédés d'un article en allemand :

M. Lubat a un cancer Herr Lubat hat Krebs

le **Cancer** ■ der **Krebs** *(sans pluriel)* : **je suis Cancer** ich bin Krebs.

le **candidat** [kɑ̃dida] ■ der **Kandidat** *(pluriel* **Kandidaten***)* : **il est candidat aux élections** er ist Wahlkandidat.

la **candidate** [kɑ̃didat] ■ die **Kandidatin** *(pluriel* **Kandidatinnen***)*.

la **canne** [kan] ■ der **Stock** *(pluriel* **Stöcke***)* : **mon grand-père marche avec une canne** mein Großvater geht am Stock.

le **canoë** [kanoe] ■ das **Kanu** *(pluriel* **Kanus***)*

➤ **faire du canoë** Kanu fahren

➤ **le canoë-kayak** das Paddelboot.

le **canon** [kanɔ̃] ■ die **Kanone** *(pluriel* **Kanonen***)* : **l'armée tire au canon** die Armee schießt mit Kanonen.

le **canot** [kano] ■ das **Boot** *(pluriel* **Boote***)*

➤ **canot pneumatique** Schlauchboot.

la **cantine** [kɑ̃tin] ■ die **Kantine** *(pluriel* **Kantinen***)* : **la cantine de l'école est immense** die Schulkantine ist riesig

➤ **manger à la cantine** in der Kantine essen

> CANTINE
>
> Da die französischen Schüler vormittags und nachmittags Unterricht haben, gibt es in jeder Schule (und im Kindergarten) eine Kantine, in der man mittags ein warmes Essen bekommt. Für die meisten Schüler lohnt es sich nicht, in den anderthalb bis zwei Stunden Mittagspause nach Hause zu gehen.

le **caoutchouc** [kautʃu] ■ der|das **Gummi** *(sans pluriel)* : **des gants en caoutchouc** Gummihandschuhe.

le **cap** [kap] ■ der **Kurs** *(pluriel* **Kurse***)*

➤ **le pétrolier a mis le cap sur le port du Havre** der Öltanker hat Kurs auf den Hafen von Le Havre genommen.

capable [kapabl] *adjectif* ■ **fähig** : **tu crois qu'il est capable de lui dire la vérité ?** glaubst du er ist dazu fähig, ihm|ihr die Wahrheit zu sagen?

le **capitaine** [kapitɛn] ■ der **Kapitän** *(pluriel* **Kapitäne***)* : **le capitaine n'abandonne jamais son navire** der Kapitän verlässt niemals sein Schiff.

la **capitale** [kapital] ■ die **Hauptstadt** *(pluriel* **Hauptstädte***)* : **quelle est la capitale de l'Australie ?** was ist die Hauptstadt von Australien?

➤ **en capitales** in Blockschrift|in Großbuchstaben : **écrivez votre nom en capitales** schreiben Sie Ihren Namen in Blockschrift|in Großbuchstaben.

capricieux, euse [kaprisjø, øz] *adjectif* ■ **launisch** : **qu'est-ce que tu es capricieuse !** wie launisch du bist!

le **Capricorne** [kaprikɔrn] ■ der **Steinbock** *(sans pluriel)* : **je suis Capricorne** ich bin Steinbock.

la **capuche** [kapyʃ] ■ die **Kapuze** *(pluriel* **Kapuzen***)* : **mets ta capuche, il pleut** zieh deine Kapuze über, es regnet.

car[1] [kar] *conjonction* ■ **weil** : **il n'y aura pas cours d'informatique car le professeur est malade** der Computerkurs wird ausfallen, weil der Lehrer krank ist.

le **car**[2] [kar] ■ der **Bus** *(pluriel* **Busse***)* : **nous sommes allés à Bruxelles en car** wir sind mit dem Bus nach Brüssel gefahren
➤ **le car scolaire** der Schulbus.

le **caractère** [karaktɛr] ■ der **Charakter** *(pluriel* **Charaktere***)* : **Sophie a un caractère agréable** Sophie hat einen angenehmen Charakter
➤ **avoir bon caractère** einen guten Charakter haben
➤ **avoir mauvais caractère** einen schlechten Charakter haben.

la **carafe** [karaf] ■ die **Karaffe** *(pluriel* **Karaffen***)* : **mets la carafe d'eau sur la table** stell die Wasserkaraffe auf den Tisch.

le **caramel** [karamɛl] ■ der **Karamell** *(sans pluriel)*
➤ **des caramels** Karamellbonbons.

la **caravane** [karavan] ■ der **Wohnwagen** *(pluriel* **Wohnwagen***)* : **nous partons en vacances en caravane** wir fahren mit dem Wohnwagen in den Urlaub.

caresser [4] [karese] *verbe* ■ **streicheln** : **j'aime bien caresser le chat** ich streichle die Katze gern.

le **carnaval** [karnaval] ■ der **Karneval** *(sans pluriel)*, der **Fasching** *(sans pluriel)* : **le carnaval de Cologne** der Kölner Karneval.

le **carnet** [karnɛ]
1. das **Notizbuch** *(pluriel* **Notizbücher***)* : **je vais noter le numéro dans mon carnet** ich werde die Nummer in mein Notizbuch schreiben
2. das **Heft** *(pluriel* **Hefte***)*
➤ **un carnet de chèques** ein Scheckheft
➤ **un carnet de notes** ein Zeugnisheft
➤ **un carnet de timbres** ein Briefmarkenheftchen
➤ **un carnet de tickets de métro** ein Zehnerfahrschein für die U-Bahn
➤ **un carnet d'adresses** ein Adressbuch.

la **carotte** [karɔt] ■ die **Karotte** *(pluriel* **Karotten***)*, die **Möhre** *(pluriel* **Möhren***)* : **des carottes râpées** geriebene Karotten/Möhren.

carré, e [kare] *adjectif* ■ **quadratisch, Quadrat-** : **une pièce carrée** ein quadratischer Raum ; **20 mètres carrés** 20 Quadratmeter

le **carré** ■ das **Quadrat** *(pluriel* **Quadrate***)* : **dessine un carré** zeichne ein Quadrat.

le **carreau** [karo] *(pluriel* **carreaux***)*
1. die **Kachel** *(pluriel* **Kacheln***)* : **il y a des carreaux blancs dans la salle de bains** im Bad sind weiße Kacheln
2. die **Fensterscheibe** *(pluriel* **Fensterscheiben***)* : **ils ont cassé un carreau en jouant au foot** sie haben beim Fußballspielen eine Fensterscheibe kaputtgemacht
3. das **Karo** *(sans pluriel)* : **le trois de carreau** die Karodrei
➤ **à carreaux** kariert : **une jupe à carreaux** ein karierter Rock.

le **carrefour** [karfur] ■ die **Kreuzung** *(pluriel* **Kreuzungen***)* : **nous sommes arrivés à un carrefour** wir sind an einer Kreuzung angelangt.

carrément [karemɑ̃] *adverbe*
1. **geradeheraus** : **Marine lui a carrément dit qu'elle le détestait !** Marine hat ihm geradeheraus gesagt, dass sie ihn hasst
2. **wirklich** : **j'étais carrément en retard** ich war wirklich spät dran.

la **carrière** [karjɛr] ■ die **Karriere** *(pluriel* **Karrieren***)* : **sa carrière est plus importante que ses amis** seine Karriere ist ihm wichtiger als seine Freunde ; **elle a fait carrière dans la finance** sie hat im Finanzgeschäft Karriere gemacht.

le **cartable** [kartabl] ■ der **Schulranzen** *(pluriel* **Schulranzen***)* : **ton cartable est super lourd** dein Schulranzen ist verdammt schwer.

la **carte** [kart] ■ die **Karte** *(pluriel* **Karten***)* : **je vais payer par carte** ich werde mit Kreditkarte zahlen
➤ **jouer aux cartes** Karten spielen
➤ **une carte routière** eine Straßenkarte
➤ **une carte de France** eine Frankreichkarte
➤ **une carte d'anniversaire** eine Geburtstagskarte
➤ **une carte bancaire** eine Kreditkarte
➤ **une carte de crédit** eine Kreditkarte
➤ **une Carte Orange** *Monats- oder Wochenkarte für die Pariser Verkehrsbetriebe*
➤ **une carte postale** eine Postkarte
➤ **la carte d'identité** der Personalausweis.

le **carton** [kartɔ̃]
1. die **Pappe** *(sanspluriel)*
2. der **Karton** *(pluriel* **Kartons***)* : **on a mis toutes nos affaires dans des cartons** wir haben alle unsere Sachen in Kartons getan
➤ **une assiette en carton** ein Pappteller.

la **cartouche** [kartuʃ] ■ die **Patrone** *(pluriel* **Patronen***)* : **une cartouche de fusil** eine Gewehrpatrone ; **un stylo à cartouches** ein Patronenfüller.

le **cas** [ka] ■ der **Fall** *(pluriel* **Fälle***)* : **c'est un cas spécial** das ist ein spezieller Fall
➤ **au cas où ...** für den Fall, dass|falls : **au cas où il pleuvrait** für den Fall, dass es regnet| falls es regnet
➤ **en tout cas** auf jeden Fall|jedenfalls
➤ **en cas d'urgence** im Notfall.

le **casque** [kask]
1. der **Helm** *(pluriel* **Helme***)* : **il met un casque pour faire du vélo** beim Fahrradfahren trägt er einen Helm
2. der **Kopfhörer** *(pluriel* **Kopfhörer***)* : **tu pourrais écouter ta musique au casque** du könntest deine Musik mit Kopfhörern hören.

la **casquette** [kaskɛt] ■ die **Kappe** *(pluriel* **Kappen***)* : **Thomas porte sa casquette à l'envers** Thomas trägt seine Kappe verkehrt herum.

casser [3] [kase] *verbe*
1. **zerbrechen** : **qui a cassé le miroir ?** wer hat den Spiegel zerbrochen?
2. **reißen** : **la corde a cassé** das Seil ist gerissen
➤ **casser les pieds à quelqu'un** *familier* jemandem auf die Nerven gehen

se **casser** *verbe pronominal*
1. **zerbrechen** : **l'assiette s'est cassée** der Teller ist zerbrochen
2. **sich brechen** : **Pierre s'est cassé le bras** Pierre hat sich den Arm gebrochen.

la **casserole** [kasrɔl] ■ der **Topf** *(pluriel* **Töpfe***)* : **une casserole d'eau bouillante** ein Topf kochendes Wasser.

la **cassette** [kasɛt] ■ die **Kassette** *(pluriel* **Kassetten***)* : **une cassette des Beatles** eine Kassette von den Beatles
➤ **une cassette vidéo** eine Videokassette.

le **catalogue** [katalɔg] ■ der **Katalog** *(pluriel* **Kataloge***)*.

la **catastrophe** [katastrɔf] ■ die **Katastrophe** *(pluriel* **Katastrophen***)* : **on a raté le train, quelle catastrophe !** wir haben den Zug verpasst, Schande!

la **cathédrale** [katedral] ■ die **Kathedrale** *(pluriel* **Kathedralen***)*, der **Dom** *(pluriel* **Dome***)*, das **Münster** *(pluriel* **Münster***)* : **la cathédrale de Chartres** die Kathedrale von Chartres ; **la cathédrale de Cologne** der Kölner Dom ; **la cathédrale de Strasbourg** das Straßburger Münster.

catholique [katolik] *adjectif* ■ **katholisch** : **Natacha est catholique** Natacha ist katholisch

le|la **catholique** ■ der **Katholik** *(pluriel* **Katholiken***)*, die **Katholikin** *(pluriel* **Katholikinnen***)*.

le **cauchemar** [koʃmar] ■ der **Alptraum** *(pluriel* **Alpträume***)* : **j'ai fait un cauchemar horrible** ich hatte einen schrecklichen Alptraum.

la **cause** [koz]
1. die **Ursache** *(pluriel* **Ursachen***)* : **personne ne connaît la vraie cause de l'accident** niemand kennt die wahre Ursache für den Unfall

2. der **Grund** *(pluriel* **Gründe***)* : **quelle est la cause de son départ ?** aus welchem Grund ist er weggegangen?

➤ **à cause de** wegen : **je me suis fait punir à cause de toi!** ich wurde wegen dir bestraft!

le **cavalier** [kavalje] ■ der **Reiter** *(pluriel* **Reiter***)*.

la **cavalière** [kavaljɛr] ■ die **Reiterin** *(pluriel* **Reiterinnen***)* : **Anne est une excellente cavalière** Anne ist eine ausgezeichnete Reiterin.

la **cave** [kav] ■ der **Keller** *(pluriel* **Keller***)* : **la table de ping-pong est à la cave** die Tischtennisplatte steht im Keller.

la **caverne** [kavɛrn] ■ die **Höhle** *(pluriel* **Höhlen***)* : **nous avons visité des cavernes** wir haben Höhlen besichtigt.

le **CD** [sede] ■ die **CD** *(pluriel* **CDs***)* : **on a offert un CD à Marianne pour son anniversaire** wir haben Marianne eine CD zum Geburtstag geschenkt.

le **CD-ROM, CD-Rom** [sederɔm] *nom masculin invariable* ■ die **CD-Rom** *(pluriel* **CD-Roms***)*.

ce, cette [sə, sɛt] *(pluriel* **ces** [sɛ]*)*

■ *adjectif (***ce** *devient* **cet** [sɛt] *devant une voyelle ou un « h » muet.)*

1. *pour une personne ou une chose qui est proche* **dieser, diese, dieses** : **il habite dans ce quartier** er wohnt in diesem Viertel ; **cette année, je vais à un cours de judo** dieses Jahr besuche ich einen Judokurs ; **cet arbre a plus de cent ans** dieser Baum ist mehr als hundert Jahre alt ; **ce monsieur ici, c'est mon oncle** dieser Herr hier ist mein Onkel ; **ici, c'est ma chambre** das hier ist mein Zimmer

2. *pour une personne ou une chose éloignée* **dieser da, diese da, dieses da** : **la dame là-bas, c'est ma tante** die Dame dort drüben ist meine Tante ; **d'ici, je n'arrive pas à lire ce panneau** von hier aus kann ich das Schild da nicht lesen

➤ **à cette époque** zu dieser Zeit : **à cette époque, j'habitais à Toulouse** zu dieser Zeit lebte ich in Toulouse

■ *pronom (***c'** *devant une voyelle)*

das : **qu'est-ce que c'est ? – c'est une montre** was ist das? – das ist eine Armbanduhr ; **c'est Estelle qui me l'a dit** Estelle hat es mir gesagt ; **c'était mieux avant** vorher war es besser

> Quand ce s'applique à une personne, il faut utiliser le pronom personnel correspondant en allemand :

c'est une prof très sévère sie ist eine sehr strenge Lehrerin ; **c'est un Américain** er ist Amerikaner ; **ce sont des gens sympas** sie sind nette Leute

➤ **ce qui** was : **raconte-moi ce qui s'est passé** erzähl mir was passiert ist

➤ **ce que** was : **ce que je trouve le plus difficile** was ich am schwierigsten finde

➤ **c'est à qui ? c'est à moi !** wem gehört das? das gehört mir!

➤ **cet été** diesen Sommer, in diesem Sommer

➤ **ces derniers temps** in letzter Zeit

➤ **en ce moment** im Augenblick, zur Zeit

➤ **à ce moment-là** dann.

ceci [səsi] *pronom* ■ **das hier** : **ceci est à moi** das hier ist meins.

la **ceinture** [sɛ̃tyr] ■ der **Gürtel** *(pluriel* **Gürtel***)*

➤ **la ceinture de sécurité** der Sicherheitsgurt

➤ **attachez vos ceintures** schnallen Sie sich an.

cela [səla] *pronom*

1. **das** : **je n'ai pas dit cela** das habe ich nicht gesagt ; **cela l'a beaucoup impressionnée** das hat sie sehr beeindruckt

2. **es** : **cela vaut la peine d'y aller** es lohnt sich hinzugehen.

célèbre [selɛbr] *adjectif* ■ **berühmt** : **Victor Hugo est un écrivain célèbre** Victor Hugo ist ein berühmter Schriftsteller.

célibataire [selibatɛr] *adjectif* ■ **ledig** : **il est célibataire** er ist ledig ; **une mère célibataire** eine allein erziehende Mutter ; **un père célibataire** ein allein erziehender Vater

le|la **célibataire** ■ der **Junggeselle** *(pluriel* **Junggesellen***)*, die **Junggesellin** *(pluriel* **Junggesellinnen***)*.

celle ➤ celui.

celle-ci [sɛlsi] ➤ celui.

celle-là [sɛlla] ➤ celui.

celles ➤ ceux.

celles-ci [sɛlsi] ➤ ceux.

celles-là [sɛlla] ➤ ceux.

celui, celle [səlɥi, sɛl] *pronom* ■ **der, die, das : celui de devant** der vorne ; **celui dont tu parlais** der, von dem du gesprochen hast ; **celui qui a gagné la course** der, der das Rennen gewonnen hat ; **celle qui te va le mieux** die, die dir am besten steht ; **je préfère celle de Théo** ich mag die von Théo lieber
➤ **celui-ci** ou **celle-ci** diesen hier, diese hier, dieses hier ; **je préfère celui-ci** ich mag diesen hier lieber ; **celle-ci n'a rien à voir avec l'autre** diese hier hat mit der anderen gar nichts zu tun
➤ **celui-là** ou **celle-là** der da, die da, das da ; **celui-là est numérique** der da ist digital ; **c'est celle-là qu'elle voulait** sie wollte die da.

celui-ci [səlɥisi] ➤ celui.

celui-là [səlɥila] ➤ celui.

le **cendrier** [sɑ̃drije] ■ der **Aschenbecher** *(pluriel* **Aschenbecher***)*.

cent [sɑ̃] *adjectif numéral* ■ **hundert : il y avait au moins cent personnes** es waren mindestens hundert Leute da ; **deux cent cinquante** zweihundertfünfzig
➤ **pour cent** Prozent : **trente-deux pour cent** zweiunddreißig Prozent ; **cent pour cent** hundert Prozent, hundertprozentig.

la **centaine** [sɑ̃tɛn]
➤ **des centaines de gens** hunderte von Leuten
➤ **il reste une centaine de places** es sind noch um die hundert Plätze frei.

centenaire [sɑ̃tnɛr] *adjectif* ■ **hundertjährig, hundert Jahre alt : un arbre centenaire** ein hundertjähriger Baum ; **ma grand-mère est centenaire** meine Großmutter ist hundert Jahre alt.

le **centime** [sɑ̃tim] ■ der **Cent** *(pluriel* **Cent***)* : **ça fait deux euros et cinquante centimes** das macht zwei Euro und fünfzig Cent.

le **centimètre** [sɑ̃timɛtr] ■ der **Zentimeter** *(pluriel* **Zentimeter***)* : **il fait trois centimètres de long** er ist drei Zentimeter lang.

central, e [sɑ̃tral] *(masculin pluriel* **centraux** [sɑ̃tro]*) adjectif* ■ **zentral : j'habite dans un quartier très central** ich wohne in einem sehr zentral gelegenen Stadtviertel
➤ **le chauffage central** die Zentralheizung.

la **centrale** [sɑ̃tral] ■ das **Kraftwerk** *(plu-riel* **Kraftwerke***)* : **la centrale nucléaire** das Atomkraftwerk.

le **centre** [sɑ̃tr]
1. die **Mitte** *(sans pluriel)* : **la table est au centre de la pièce** der Tisch steht in der Mitte des Zimmers
2. das **Zentrum** *(pluriel* **Zentren***)*
➤ **un centre aéré** ein Freizeitzentrum *(für Kinder)*
➤ **un centre commercial** ein Einkaufszentrum
➤ **le centre équestre** das Reitsportzentrum
➤ **le centre d'entraînement** das Trainingslager
➤ **le centre de recherche** das Forschungszentrum
➤ **le centre sportif** das Sportzentrum.

le **centre-ville** [sɑ̃trəvil] ■ das **Stadtzentrum** *(pluriel* **Stadtzentren***)*, die **Innenstadt** *(sans pluriel)* : **Lise habite à deux minutes du centre-ville** Lise wohnt zwei Minuten von der Innenstadt entfernt.

cependant [səpɑ̃dɑ̃] *conjonction* ■ **dennoch : je suis d'accord avec vous, j'ai une remarque à faire cependant** ich bin mit Ihnen einverstanden, dennoch möchte ich auf eines hinweisen.

le **cercle** [sɛrkl] ■ der **Kreis** *(pluriel* **Kreise***)* : **dessine un cercle au milieu de la page** zeichne einen Kreis auf die Seitenmitte
➤ **un cercle vicieux** ein Teufelskreis.

le **cercueil** [sɛrkœj] ■ der **Sarg** *(pluriel* **Särge***)*.

la **céréale** [sereal] ■ die **Getreideart** *(plu-riel* **Getreidearten***)* : **le riz est une céréale** Reis ist eine Getreideart
➤ **je mange des céréales au petit déjeuner** zum Frühstück esse ich Müsli.

la **cérémonie** [seremɔni] ■ die **Zeremonie** *(pluriel* **Zeremonien***)* : **une cérémonie officielle** eine offizielle Zeremonie.

la **cerise** [səriz] ■ die **Kirsche** *(pluriel* **Kirschen***)* : **de la confiture de cerises** Kirschmarmelade.

certain, e [sɛrtɛ̃, ɛn] *adjectif*
1. **sicher : tu es certain que c'est lui ?** bist du sicher, dass er es ist? ; **je suis certain d'avoir mis mes clés là** ich bin sicher, dass ich meine Schlüssel hierhin gelegt habe
2. **gewisser, gewisse, gewisses : à certains endroits** an gewissen Stellen
➤ **une personne d'un certain âge** eine ältere Person

certains, certaines *pronom*
1. **einige : certains d'entre eux** einige von ihnen
2. **manche : certains pensent que c'est normal** manche halten das für normal.

certainement [sɛrtɛnmɑ̃] *adverbe*
1. **bestimmt : Yacine viendra certainement** Yacine kommt bestimmt
2. **sicher : vous pouvez m'aider ? – oui, certainement !** können Sie mir helfen? – ja, sicher!

le **certificat** [sɛrtifika] ■ die **Bescheinigung** *(pluriel* **Bescheinigungen***)*
➤ **un certificat médical** ein ärztliches Attest.

le **cerveau** [sɛrvo] *(pluriel* **cerveaux***)* ■ das **Gehirn** *(pluriel* **Gehirne***)* : **le cerveau humain** das menschliche Gehirn.

ces [sɛ] *adjectif pluriel*
1. *pour quelque chose de proche* **diese : je n'aime pas ces dessins** diese Zeichnungen gefallen mir nicht ; **à qui sont ces clés ?** wem gehören diese Schlüssel?
2. *pour quelque chose de plus éloigné* **diese da : est-ce que tu connais ces gens ?** kennst du diese Leute da?
➤ **ces jours-ci** zur Zeit
➤ **ces émissions-là** diese Programme.

le **César** [sezar] ■ **les Césars** *französische Filmpreise*

CÉSARS

Die **Césars** sind die französischen Oscars: die Preise, mit denen seit 1976 alljährlich unter anderem der beste Film, der beste Regisseur und der beste Schauspieler ausgezeichnet werden. **Césars** heißen sie nach dem Künstler, der die Trophäen entworfen hat.

cesse [sɛs]
➤ **sans cesse** ständig : **elle pose sans cesse des questions** sie stellt ständig Fragen.

c'est-à-dire [setadir] *conjonction* ■ **das heißt : à l'heure du déjeuner, c'est-à-dire à treize heures** zur Mittagszeit, das heißt um dreizehn Uhr.

cet ➤ **ce.**

ceux, celles [sø, sɛl] *pronom pluriel* ■ **die|diejenigen : celles d'en face** die von gegenüber ; **pour ceux d'entre vous qui veulent venir** für diejenigen von euch, die kommen wollen ; **garde ceux que tu veux** behalte die, die du möchtest ; **celles dont je te parlais** die, von denen ich dir erzählt habe ; **celles que tu portais hier** die, die du gestern anhattest
➤ **ceux-ci** ou **celles-ci** diese hier : **ceux-ci sont meilleurs** diese hier sind besser ; **j'ai choisi celles-ci** ich habe diese hier ausgesucht
➤ **ceux-là** ou **celles-là** die da : **ceux-là sont moins chers** die da sind billiger ; **je voudrais essayer celles-là** ich würde gerne die da anprobieren.

ceux-ci [søsi] ➤ **ceux.**

ceux-là [søla] ➤ **ceux.**

chacun, e [ʃakœ̃, yn] *pronom indéfini* ■ **jeder, jede, jedes : chacun d'entre eux** jeder von ihnen ; **chacun est libre de faire ce qu'il veut** es steht jedem frei das zu tun, was er will ; **trente euros chacun** je dreißig Euro.

le **chagrin** [ʃagrɛ̃] ■ der **Kummer**
➤ **avoir du chagrin** Kummer haben.

la **chaîne** [ʃɛn]
1. die **Kette** *(pluriel* **Ketten***)* : **une chaîne en or** eine Goldkette

2. das **Programm** *(pluriel* **Programme***)* : **sur quelle chaîne est le film ?** auf welchem Programm läuft der Film?

la **chair** [ʃɛr] ■ das **Fleisch** *(sans pluriel)*
➤ **en chair et en os** leibhaftig
➤ **avoir la chair de poule** eine Gänsehaut haben.

la **chaise** [ʃɛz] ■ der **Stuhl** *(pluriel* **Stühle***)* : **une chaise en bois** ein Holzstuhl.

le **chalet** [ʃalɛ] ■ die **Hütte** *(pluriel* **Hütten***)* : **un chalet de montagne** eine Berghütte.

la **chaleur** [ʃalœr] ■ die **Hitze** : **quelle chaleur !** was für eine Hitze!

la **chambre** [ʃɑ̃br] ■ das **Zimmer** *(pluriel* **Zimmer***)* : **on a joué dans la chambre de Léa** wir haben in Léas Zimmer gespielt
➤ **une chambre d'hôtel** ein Hotelzimmer
➤ **une chambre pour une personne** ein Einzelzimmer
➤ **une chambre pour deux personnes** ein Doppelzimmer
➤ **une chambre d'amis** ein Gästezimmer.

le **champ** [ʃɑ̃] ■ das **Feld** *(pluriel* **Felder***)* : **un champ de blé** ein Weizenfeld
➤ **un champ de bataille** ein Schlachtfeld
➤ **un champ de courses** eine Rennbahn.

le **champagne** [ʃɑ̃paɲ] ■ der **Champagner** *(pluriel* **Champagner***)* : **ils ont bu du champagne** sie haben Champagner getrunken.

le **champignon** [ʃɑ̃piɲɔ̃] ■ der **Pilz** *(pluriel* **Pilze***)* : **une omelette aux champignons** ein Pilzomelett
➤ **des champignons de Paris** Champignons.

le **champion** [ʃɑ̃pjɔ̃] ■ der **Meister** *(pluriel* **Meister***)* : **il est champion du monde de natation** er ist Schwimmweltmeister.

la **championne** [ʃɑ̃pjɔn] ■ die **Meisterin** *(pluriel* **Meisterinnen***)*.

le **championnat** [ʃɑ̃pjɔna] ■ die **Meisterschaft** *(pluriel* **Meisterschaften***)* : **le championnat du monde de football** die Fußballweltmeisterschaft.

la **chance** [ʃɑ̃s]
1. das **Glück** *(sans pluriel)*
➤ **bonne chance !** viel Glück!
➤ **avoir de la chance** Glück haben : **tu as de la chance d'aller en Suisse** du hast Glück, in die Schweiz zu fahren
➤ **porter chance à quelqu'un** jemandem Glück bringen
➤ **ne pas avoir de chance** kein Glück haben
➤ **la chance a tourné** das Blatt hat sich gewendet
2. die **Aussicht** *(pluriel* **Aussichten***)* : **il n'a aucune chance de gagner** er hat keinerlei Aussicht zu gewinnen.

le **changement** [ʃɑ̃ʒmɑ̃] ■ die **Veränderung** *(pluriel* **Veränderungen***)* : **il y a eu des changements pendant que je n'étais pas là** in der Zeit, als ich nicht da war, hat sich einiges geändert.

changer **[16]** [ʃɑ̃ʒe] *verbe*
1. **verändern** : **ne change rien, c'est bien comme ça** verändere nichts, es ist gut so
2. **um|steigen** : **on doit changer à Lyon** wir müssen in Lyon umsteigen
3. **um|tauschen** ou **wechseln** : **changer des euros en livres** Euro in Pfund umtauschen ou wechseln
➤ **changer d'avis** seine|ihre Meinung ändern : **elle a encore changé d'avis** sie hat ihre Meinung noch einmal geändert.

la **chanson** [ʃɑ̃sɔ̃] ■ das **Lied** *(pluriel* **Lieder***)* : **une chanson d'amour** ein Liebeslied.

le **chant** [ʃɑ̃]
1. das **Lied** *(pluriel* **Lieder***)* : **un chant religieux** ein Kirchenlied
2. der **Gesang** *(sans pluriel)* : **Serge prend des cours de chant** Serge nimmt Gesangsunterricht
➤ **des chants de Noël** Weihnachtslieder.

chanter **[3]** [ʃɑ̃te] *verbe* ■ **singen** : **elle chante vraiment bien** sie singt wirklich gut.

le **chanteur** [ʃɑ̃tœr] ■ der **Sänger** *(pluriel* **Sänger***)*.

la **chanteuse** [ʃɑ̃tøz] ■ die **Sängerin** *(pluriel* **Sängerinnen***)* : **une chanteuse de rock** eine Rocksängerin.

le **chantier** [ʃɑ̃tje] ■ die **Baustelle** *(pluriel* **Baustellen***)* : **les ouvriers sont encore sur le chantier** die Arbeiter sind noch auf der Baustelle.

la **Chantilly** [ʃɑ̃tiji]
➤ **de la crème Chantilly** Schlagsahne.

le **chapeau** [ʃapo] *(pluriel* chapeaux*)* ■ der **Hut** *(pluriel* **Hüte***)* : **un chapeau de paille** ein Strohhut.

la **chapelle** [ʃapɛl] ■ die **Kapelle** *(pluriel* **Kapellen***)*.

le **chapitre** [ʃapitr] ■ das **Kapitel** *(pluriel* **Kapitel***)*.

chaque [ʃak] *adjectif* ■ **jeder, jede, jedes** : **chaque invité a eu un petit cadeau** jeder Gast hat ein kleines Geschenk bekommen ; **je prends le bus chaque jour** ich fahre jeden Tag mit dem Bus
➤ **à chaque fois que** jedesmal wenn.

le **charbon** [ʃarbɔ̃] ■ die **Kohle** *(pluriel* **Kohlen***)*.

la **charcuterie** [ʃarkytri]
1. die **Fleischerei** *(pluriel* **Fleischereien***)* : **je dois aller à la charcuterie** ich muss zur Fleischerei
2. die **Wurstwaren** *(pluriel)* : **une assiette de charcuterie** eine Wurstplatte.

chargé, e [ʃarʒe] *adjectif*
1. **beladen** : **la voiture est chargée de provisions** das Auto ist mit Vorräten beladen ; **trop chargé** überladen
2. **voll** : **un emploi du temps chargé** ein voller Terminkalender.

charger [16] [ʃarʒe] *verbe* ■ **beladen** : **je vais charger la voiture pendant que vous vous préparez** ich werde das Auto beladen, während ihr euch fertig macht
➤ **être chargé de quelque chose** für etwas zuständig sein : **Marc, tu es chargé des boissons** Marc, du bist für die Getränke zuständig

se **charger** *verbe pronominal*
➤ **se charger de quelque chose** sich um etwas kümmern : **je me charge des boissons** ich kümmere mich um die Getränke
➤ **se charger de faire quelque chose** es übernehmen, etwas zu tun : **je me charge d'envoyer les invitations** ich übernehme es, die Einladungen zu verschicken.

le **chariot** [ʃarjo] ■ der **Einkaufswagen** *(pluriel* **Einkaufswagen***)* : **son chariot est plein de bouteilles** sein|ihr Einkaufswagen ist voll mit Flaschen.

charmant, e [ʃarmɑ̃, ɑ̃t] *adjectif* ■ **reizend**.

le **charme** [ʃarm] ■ der **Charme** *(sans pluriel)* : **elle a beaucoup de charme** sie hat viel Charme.

la **chasse** [ʃas] ■ die **Jagd** *(sans pluriel)* : **la chasse au renard** die Fuchsjagd
➤ **tirer la chasse** die (Wasser)spülung ziehen.

le **chasse-neige** [ʃasnɛʒ] ■ der **Schneepflug** *(pluriel* **Schneepflüge***)* : **le chasse-neige n'est pas encore passé dans la rue** der Schneepflug hat die Straße noch nicht geräumt.

chasser [3] [ʃase] *verbe* ■ **jagen**.

le **chasseur** [ʃasœr] ■ der **Jäger** *(pluriel* **Jäger***)*.

le **chat** [ʃa] *nom masculin* ■ die **Katze** *(pluriel* **Katzen***)*, der **Kater** *(pluriel* **Kater***)* : **le chat m'a griffé** die Katze hat mich gekratzt.

le **château** [ʃato] *(pluriel* châteaux*)* ■ das **Schloss** *(pluriel* **Schlösser***)* : **les châteaux de la Loire** die Loireschlösser.

chatouiller [3] [ʃatuje] *verbe* ■ **kitzeln**.

la **chatte** [ʃat] *nom féminin* ■ die **Katze** *(pluriel* **Katzen***)*.

chaud, e [ʃo, ʃod] *adjectif & adverbe*
1. **warm** : **enfin, il fait plus chaud** endlich wird es wärmer ; **quelqu'un a chaud** jemandem ist warm ; **enlève ton manteau si tu as chaud** wenn dir zu warm ist, zieh deinen Mantel aus ; **il fait chaud ici, on peut ouvrir ?** es ist warm hier drinnen, können wir das Fenster aufmachen?
2. **heiß** : **mon bain est trop chaud** mein Bad ist zu heiß.

le **chauffage** [ʃofaʒ] ■ die **Heizung** *(pluriel* **Heizungen***)*.

chauffer [3] [ʃofe] *verbe* ■ **warm werden** : **l'eau est en train de chauffer** das Wasser ist dabei, warm zu werden ; **faire chauffer quelque chose** etwas warm machen.

le **chauffeur** [ʃofœr] ■ der **Fahrer** (*pluriel* **Fahrer**) : **mon oncle est chauffeur de taxi** mein Onkel ist Taxifahrer.

la **chaussette** [ʃosɛt] ■ die **Socke** (*pluriel* **Socken**) : **il était en chaussettes** er hatte Socken an.

le **chausson** [ʃosɔ̃]
1. der **Hausschuh** (*pluriel* **Hausschuhe**) : **il est en chaussons** er hat Hausschuhe an
2. der **Ballettschuh** (*pluriel* **Ballettschuhe**) : **Sonia a acheté des chaussons pour son cours de danse** Sonia hat Ballettschuhe für ihren Tanzkurs gekauft.

la **chaussure** [ʃosyr] ■ der **Schuh** (*pluriel* **Schuhe**) : **des chaussures en cuir** Lederschuhe.

chauve [ʃov] *adjectif* ■ **glatzköpfig**.

le|la **chef** [ʃɛf]
1. der **Chef** (*pluriel* **Chefs**), die **Chefin** (*pluriel* **Chefinnen**) : **le chef du parti** der Parteichef|die Parteichefin ; **c'est moi le chef ici !** ich bin hier der Chef!
2. der **Chefkoch** (*pluriel* **Chefköche**) : **ce steak est cru, allez me chercher le chef !** dieses Steak ist roh, holen Sie den Chefkoch!
➤ **un chef d'entreprise** ein Firmenchef, eine Firmenchefin
➤ **le chef d'État** das Staatsoberhaupt
➤ **le chef d'orchestre** der Dirigent, die Dirigentin.

le **chef-d'œuvre** [ʃɛdœvr] (*pluriel* **chefs-d'œuvre**) ■ das **Meisterwerk** (*pluriel* **Meisterwerke**) : **ces tableaux sont des chefs-d'œuvre** diese Bilder sind Meisterwerke.

le **chemin** [ʃəmɛ̃] ■ der **Weg** (*pluriel* **Wege**) : **où mène ce chemin ?** wohin führt dieser Weg? ; **c'est le chemin le plus court** das ist der kürzeste Weg
➤ **le chemin de fer** die Eisenbahn
➤ **continuer son chemin** seinen Weg fort|setzen
➤ **demander son chemin à quelqu'un** jemanden nach dem Weg fragen.

la **cheminée** [ʃəmine]
1. der **Schornstein** (*pluriel* **Schornsteine**) : **les cheminées de l'usine** die Schornsteine der Fabrik
2. der **Kamin** (*pluriel* **Kamine**) : **il y a une grande cheminée dans le salon** im Wohnzimmer ist ein großer Kamin.

la **chemise** [ʃəmiz]
1. das **Hemd** (*pluriel* **Hemden**) : **une chemise à manches longues** ein langärmliges Hemd
2. die **Mappe** (*pluriel* **Mappen**) : **la chemise où je mets mes photocopies** die Mappe, in die ich meine Fotokopien stecke
➤ **une chemise de nuit** ein Nachthemd.

le **chemisier** [ʃəmizje] ■ die **Bluse** (*pluriel* **Blusen**) : **un chemisier en soie** eine Seidenbluse.

le **chêne** [ʃɛn] ■ die **Eiche** (*pluriel* **Eichen**) : **une table en chêne** ein Eichentisch.

le **chèque** [ʃɛk] ■ der **Scheck** (*pluriel* **Schecks**) : **faire un chèque** einen Scheck aus|stellen.

cher, chère [ʃɛr] *adjectif*
1. **lieber, liebe, liebes** : **chère Caro, ...** liebe Caro, ... ; **cher Antoine, ...** lieber Antoine, ...
2. **teuer** : **ce restaurant est trop cher** dieses Restaurant ist zu teuer
➤ **coûter cher** teuer sein : **ce manteau coûte très cher** dieser Mantel ist sehr teuer.

chercher [3] [ʃɛrʃe] *verbe* ■ **suchen** : **je cherche mes lunettes, tu les as vues ?** ich suche meine Brille, hast du sie gesehen?
➤ **aller chercher quelqu'un** jemanden ab|holen : **je viendrai te chercher à la gare** ich werde dich vom Bahnhof abholen
➤ **aller chercher quelque chose** etwas holen : **va chercher les verres, s'il te plaît** hol bitte die Gläser.

le **chercheur** [ʃɛrʃœr] ■ der **Forscher** (*pluriel* **Forscher**) : **Pasteur est un célèbre chercheur français** Pasteur ist ein berühmter französischer Forscher.

la **chercheuse** [ʃɛrʃøz] ■ die **Forscherin** (*pluriel* **Forscherinnen**).

le **chéri** [ʃeri] ■ der **Liebling** *(pluriel* **Lieblinge***)* : **oui, chéri** ja, Liebling.

la **chérie** [ʃeri] ■ der **Liebling** *(pluriel* **Lieblinge***)*.

le **cheval** [ʃəval] *(pluriel* chevaux [ʃəvo]*)* ■ das **Pferd** *(pluriel* **Pferde***)* : **un cheval de course** ein Rennpferd
➤ **faire du cheval** reiten : **elle fait du cheval le mercredi** mittwochs geht sie reiten ; **tu sais faire du cheval ?** kannst du reiten?
➤ **aller à cheval** reiten : **elle va à cheval jusqu'à la forêt** sie reitet bis zum Wald.

le **cheveu** [ʃəvø] *(pluriel* cheveux*)* ■ das **Haar** *(pluriel* **Haare***)* : **un cheveu blanc** ein graues Haar ; **Anna a les cheveux roux** Anna hat rote Haare ; **elle s'est fait couper les cheveux** sie hat sich die Haare schneiden lassen.

la **cheville** [ʃəvij] ■ der **Knöchel** *(pluriel* **Knöchel***)* : **je me suis foulé la cheville** ich habe mir den Knöchel verstaucht.

chez [ʃe] *préposition*
➤ **chez moi**
1. zu Hause : **je suis chez moi** ich bin zu Hause
2. nach Hause : **je rentre chez moi** ich gehe nach Hause
➤ **chez soi** zu Hause
➤ **chez quelqu'un**
1. bei jemandem : **je suis chez Marie** ich bin bei Marie
2. zu jemandem : **je vais chez un ami** ich gehe zu einem Freund ; **Bruno est chez le coiffeur** Bruno ist beim Friseur ; **je dois aller chez le médecin** ich muss zum Arzt.

chic [ʃik] *adjectif* ■ **schick** : **tu es très chic aujourd'hui** du siehst heute sehr schick aus.

chiche [ʃiʃ] *interjection* ■ **chiche !** die Wette gilt! ; **tu n'iras pas lui dire – chiche !** sag ihm das bloß nicht – abgemacht!

le **chien** [ʃjɛ̃] ■ der **Hund** *(pluriel* **Hunde***)* : **leur chien s'appelle Caramel** ihr Hund heißt Caramel.

la **chienne** [ʃjɛn] ■ die **Hündin** *(pluriel* **Hündinnen***)* : **leur chienne vient d'avoir trois petits** ihre Hündin hat drei Junge bekommen.

le **chiffre** [ʃifr] ■ die **Ziffer** *(pluriel* **Ziffern***)* : **écris la somme en chiffres** schreib die Summe in Ziffern
➤ **les chiffres arabes** die arabischen Ziffern
➤ **les chiffres romains** die römischen Ziffern.

la **chimie** [ʃimi] ■ die **Chemie** : **nous avons fait une expérience en cours de chimie** in Chemie haben wir ein Experiment gemacht.

le|la **chimiste** [ʃimist] ■ der **Chemiker** *(pluriel* **Chemiker***)*, die **Chemikerin** *(pluriel* **Chemikerinnen***)*.

la **Chine** [ʃin] ■ **China**

> En général, les noms de pays ne sont pas précédés d'un article en allemand :

il a vécu en Chine er hat in China gelebt ; **j'aimerais aller en Chine** ich würde gerne nach China fahren.

chinois, e [ʃinwa, az] *adjectif* ■ **chinesisch** : **la cuisine chinoise** die chinesische Küche

le **chinois** ■ das **Chinesisch** : **Patrick parle chinois** Patrick spricht Chinesisch

le **Chinois** ■ der **Chinese** *(pluriel* **Chinesen***)* : **j'ai rencontré un Chinois** ich habe einen Chinesen kennen gelernt

la **Chinoise** ■ die **Chinesin** *(pluriel* **Chinesinnen***)*.

les **chips** [ʃips] *nom féminin pluriel* ■ die **Chips** *(pluriel)* : **achète un paquet de chips** kauf eine Tüte Chips.

la **chirurgie** [ʃiryrʒi] ■ die **Chirurgie** *(sans pluriel)* : **la chirurgie esthétique** die Schönheitschirurgie.

le **chirurgien** [ʃiryrʒjɛ̃] ■ der **Chirurg** *(pluriel* **Chirurgen***)*.

la **chirurgienne** [ʃiryrʒjɛn] ■ die **Chirurgin** *(pluriel* **Chirurginnen***)*.

le **choc** [ʃɔk]
1. der **Aufprall** *(sans pluriel)* : **le choc a été si violent que la vitre a explosé** der Aufprall war so heftig, dass die Scheibe zersplittert ist
2. der **Schock** *(pluriel* **Schocks***)* : **ça m'a fait un choc !** das war ein Schock für mich!

le **chocolat** [ʃɔkɔla]
1. die **Schokolade** *(pluriel* **Schokoladen***)* : **le gâteau au chocolat** der Schokoladenkuchen ; **l'œuf en chocolat** das Schokoladenei
2. die **Praline** *(pluriel* **Pralinen***)* : **une boîte de chocolats** eine Schachtel Pralinen
➤ **du chocolat au lait** Milchschokolade
➤ **du chocolat noir** bittere Schokolade
➤ **un chocolat liégeois** eine Eisschokolade.

choisir [27] [ʃwazir] *verbe* ■ **aus|suchen** : **Simon a choisi une chemise bleue** Simon hat sich ein blaues Hemd ausgesucht ; **choisir de faire quelque chose** sich entscheiden, etwas zu tun ; **Annie a choisi de passer ses vacances à Paris** Annie hat sich dazu entschieden, ihre Ferien in Paris zu verbringen.

le **choix** [ʃwa] ■ die **Wahl** : **tu as le choix entre le jaune et le bleu** du hast die Wahl zwischen dem Gelben und dem Blauen.

le **chômage** [ʃomaʒ] ■ die **Arbeitslosigkeit** *(sans pluriel)* : **le chômage est en baisse** die Arbeitslosigkeit geht zurück
➤ **être au chômage** arbeitslos sein.

choquer [3] [ʃɔke] *verbe* ■ **schockieren** : **la première fois, ses manières m'ont complètement choquée** zuerst hat mich seine Art völlig schockiert.

la **chose** [ʃoz] ■ das **Ding** *(pluriel* **Dinge***)*, die **Sache** *(pluriel* **Sachen***)* : **j'ai plusieurs choses à faire** ich habe mehrere Dinge/Sachen zu erledigen.

le **chouchou** [ʃuʃu] *familier* ■ der **Liebling** *(pluriel* **Lieblinge***)* : **c'est le chouchou de la prof de biologie** er ist der Liebling der Biologielehrerin.

la **chouchoute** [ʃuʃut] *familier* ■ der **Liebling** *(pluriel* **Lieblinge***)*.

chouette[1] [ʃwɛt] *adjectif familier* ■ **toll** : **elles sont chouettes tes baskets** deine Turnschuhe sind toll.

la **chouette**[2] ■ die **Eule** *(pluriel* **Eulen***)* : **la chouette est un oiseau rapace** die Eule ist ein Raubvogel.

le **chou-fleur** [ʃuflœr] *(pluriel* choux-fleurs*)* ■ der **Blumenkohl** *(sans pluriel)*.

chrétien, enne [kretjɛ̃, ɛn] *adjectif* ■ **christlich** : **la foi chrétienne** der christliche Glaube

le **chrétien** ■ der **Christ** *(pluriel* **Christen***)* : **il est chrétien** er ist Christ

la **chrétienne** ■ die **Christin** *(pluriel* **Christinnen***)*.

le **Christ** [krist] ■ **Christus**.

chuchoter [3] [ʃyʃɔte] *verbe* ■ **flüstern** : **Amélie m'a chuchoté la réponse** Amélie hat mir die Antwort zugeflüstert.

chut [ʃyt] *interjection* ■ **pst!**

la **chute** [ʃyt] ■ der **Sturz** *(pluriel* **Stürze***)* : **elle a fait une mauvaise chute** sie ist unglücklich gestürzt
➤ **une chute d'eau** ein Wasserfall.

le **cidre** [sidr] ■ der **Cidre** *(sans pluriel)* : **du cidre doux** süßer Cidre ; **du cidre brut** trockener Cidre.

le **ciel** [sjɛl] ■ der **Himmel** *(sans pluriel)* : **le ciel est tout bleu** der Himmel ist strahlend blau.

la **cigale** [sigal] ■ die **Zikade** *(pluriel* **Zikaden***)* : **le soir, on entend les cigales** abends hört man Zikaden.

la **cigarette** [sigarɛt] ■ die **Zigarette** *(pluriel* **Zigaretten***)* : **il fume au moins dix cigarettes par jour** er raucht mindestens zehn Zigaretten am Tag.

le **cimetière** [simtjɛr] ■ der **Friedhof** *(pluriel* **Friedhöfe***)*.

le **ciné** [sine] ■ *familier* das **Kino** *(pluriel* **Kinos***)* : **tu viens au ciné avec nous ?** kommst du mit uns ins Kino?
➤ **le ciné-club** der Filmklub.

le|la **cinéaste** [sineast] ■ der **Filmemacher** *(pluriel* **Filmemacher***)*, die **Filmemacherin** *(pluriel* **Filmemacherinnen***)* : **Agnès Varda est une cinéaste connue** Agnès Varda ist eine bekannte Filmemacherin.

le **cinéma** [sinema] ■ das **Kino** *(pluriel* **Kinos***)* : **on pourrait aller au cinéma** wir könnten ins Kino gehen.

cinq [sɛ̃k] *adjectif numéral* ■ **fünf : il y a cinq garçons dans ma classe** in meiner Klasse sind fünf Jungen ; **elle a cinq ans** sie ist fünf Jahre alt

le **cinq** ■ die **Fünf** *(pluriel* **Fünfen***)*

➤ **le cinq novembre** am fünften November : **Paris, le cinq novembre** Paris, den fünften November

CINQ SUR VINGT

In Frankreich wird nach Punkten benotet. Null ist die schlechteste und Zwanzig die beste Bewertung. Fünf von zwanzig Punkten entsprechen ungefähr der deutschen Note Fünf.

cinquante [sɛ̃kɑ̃t] *adjectif numéral* ■ **fünfzig : cinquante euros** fünfzig Euro

le **cinquante** ■ die **Fünfzig** *(sans pluriel)*.

cinquième [sɛ̃kjɛm] *adjectif numéral* ■ **fünfter, fünfte, fünftes : c'est la cinquième fois que j'essaie** ich probiere es zum fünften Mal

le|la **cinquième** ■ der|die|das **Fünfte** *(pluriel* **Fünften***)* : **Anne est arrivée cinquième** Anne ist Fünfte geworden

le **cinquième** ■ das **Fünftel** *(pluriel* **Fünftel***)* : **un cinquième de la somme totale** ein Fünftel der Gesamtsumme

la **cinquième** ■ **die siebte Klasse : Bertrand est en cinquième** Bertrand ist in der siebten Klasse.

le **cirage** [siraʒ] ■ die **Schuhcreme** *(pluriel* **Schuhcremes***)* : **du cirage noir** schwarze Schuhcreme.

le **circuit** [sirkɥi] ■ die **Rundreise** *(pluriel* **Rundreisen***)* : **on a fait un circuit dans le Tarn** wir haben eine Rundreise im Tarn gemacht.

la **circulation** [sirkylasjɔ̃]

1. der **Verkehr** *(sans pluriel)* : **il y a beaucoup de circulation sur cette route** auf dieser Strecke ist sehr viel Verkehr
2. der **Kreislauf** *(sans pluriel)* : **elle a une mauvaise circulation** sie hat einen schwachen Kreislauf.

circuler [3] [sirkyle] *verbe*

1. **herum|laufen : on peut circuler librement dans l'école** in der Schule können wir herumlaufen, wo wir möchten
2. **fahren : est-ce que le bus numéro 12 circule ?** fährt der Bus Nummer 12?

la **cire** [sir] ■ das **Wachs** *(sans pluriel)* : **les bougies sont faites de cire** Kerzen sind aus Wachs.

le **cirque** [sirk] ■ der **Zirkus** *(pluriel* **Zirkusse***)* : **on va au cirque ce soir** heute Abend gehen wir in den Zirkus.

les **ciseaux** [sizo] *nom masculin pluriel* ■ die **Schere** *(pluriel* **Scheren***)* : **une paire de ciseaux** eine Schere.

la **cité** [site] ■ die **Siedlung** *(pluriel* **Siedlungen***)* : **une cité de banlieue avec beaucoup d'immeubles** eine Vorortsiedlung mit vielen Hochhäusern.

le **citoyen** [sitwajɛ̃] ■ der **Staatsbürger** *(pluriel* **Staatsbürger***)* : **un citoyen français** ein französischer Staatsbürger.

la **citoyenne** [sitwajɛn] ■ die **Staatsbürgerin** *(pluriel* **Staatsbürgerinnen***)*.

le **citron** [sitrɔ̃] ■ die **Zitrone** *(pluriel* **Zitronen***)* : **une tarte au citron** ein Zitronenkuchen

➤ **un citron pressé** ein frisch gepresster Zitronensaft

➤ **un citron vert** eine Limone.

la **citrouille** [sitruj] ■ der **Kürbis** *(pluriel* **Kürbisse***)*.

la **civilisation** [sivilizasjɔ̃] ■ die **Kultur** *(pluriel* **Kulturen***)* : **la civilisation grecque** die griechische Kultur.

le **clafoutis** [klafuti] ■ *Obstkuchen aus Eierkuchenteig* : **la mère de Claire a préparé un délicieux clafoutis aux cerises** Claires Mutter hat einen köstlichen Kirschkuchen gebacken.

clair, e [klɛr] *adjectif*

1. **klar : l'eau est très claire** das Wasser ist ganz klar
2. **hell : une maison très claire** ein sehr helles Haus

➤ **vert clair** hellgrün

clair *adverbe* ■ **mon grand-père ne voit pas très clair** mein Großvater sieht nicht sehr gut.

le **clandestin** [klɑ̃dɛstɛ̃] ■ der **illegale Einwanderer** (*pluriel* die **illegalen Einwanderer**).

la **clandestine** [klɑ̃dɛstin] ■ die **illegale Einwanderin** (*pluriel* die **illegalen Einwanderinnen**).

la **classe** [klas]

1. die **Klasse** (*pluriel* **Klassen**) : **Laetitia est dans ma classe** Laetitia ist in meiner Klasse ; **voyager en première classe** erster Klasse reisen ; **un billet de deuxième classe** eine Fahrkarte zweiter Klasse
2. die **Schule** (*pluriel* **Schulen**) : **il n'y a pas classe demain** morgen ist keine Schule ; **aller en classe** zur Schule gehen

➤ **la classe de neige** das Skilager
➤ **la classe de mer** die Klassenfahrt ans Meer
➤ **le jour de classe** der Schultag
➤ **la classe verte** das Schullandheim
➤ **classes préparatoires** Vorbereitungskurse

CLASSES PRÉPARATOIRES

Nach dem Abitur können besonders gute Schüler **classes préparatoires** besuchen, anspruchsvolle Spezialkurse, die auf Eliteschulen vorbereiten. Die Ausrichtung dieser Kurse (naturwissenschaftlich, geisteswissenschaftlich oder wirtschaftswissenschaftlich) hängt davon ab, auf welche Art von Eliteschule man gehen will. Nach ein oder zwei Jahren **prépa** wird in einem Auswahlverfahren entschieden, wer zur Eliteschule zugelassen wird.

le **classement** [klasmɑ̃] ■ die **Reihenfolge** (*pluriel* **Reihenfolgen**) : **un classement par ordre alphabétique** in alphabetischer Reihenfolge.

classer [3] [klase] *verbe* ■ **ordnen** : **je vais classer ces vieux articles** ich werde diese alten Artikel ordnen ; **les pays sont classés par nombre d'habitants** die Länder sind nach Einwohnerzahl geordnet.

le **classeur** [klasœr] ■ der **Ordner** (*pluriel* **Ordner**) : **mon classeur d'anglais** mein Englischordner.

classique [klasik] *adjectif* ■ **klassisch** : **Julie a un style très classique** Julie hat einen sehr klassischen Stil ; **la musique classique** klassische Musik.

le **clavier** [klavje] ■ die **Tastatur** (*pluriel* **Tastaturen**) : **un clavier d'ordinateur** eine Computertastatur.

la **clé, clef** [kle] ■ der **Schlüssel** (*pluriel* **Schlüssel**) : **j'ai perdu mes clés** ich habe meine Schlüssel verloren

➤ **fermer quelque chose à clé** etwas abschließen : **il a fermé la porte à clé** er hat die Tür abgeschlossen.

le **cliché** [kliʃe]

1. das **Negativ** (*pluriel* **Negative**) : **j'aimerais avoir trois tirages de ce cliché** ich möchte drei Abzüge von diesem Negativ
2. das **Klischee** (*pluriel* **Klischees**) : **à l'étranger, nous avons été confrontés à de nombreux clichés** im Ausland wurden wir mit vielen Klischees konfrontiert.

le **client** [kliɑ̃]

1. der **Kunde** (*pluriel* **Kunden**) : **le client a toujours raison** der Kunde hat immer Recht
2. der **Gast** (*pluriel* **Gäste**) : **les clients de l'hôtel** die Hotelgäste.

la **cliente** [kliɑ̃t]

1. die **Kundin** (*pluriel* **Kundinnen**)
2. der **Gast** (*pluriel* **Gäste**).

le **climat** [klima] ■ das **Klima** (*pluriel* **Klimas**).

la **climatisation** [klimatizasjɔ̃] ■ die **Klimaanlage** (*pluriel* **Klimaanlagen**) : **mets la climatisation** mach die Klimaanlage an.

le **clin d'œil** [klɛ̃dœj] (*pluriel* **clins d'œil**)

➤ **il m'a fait un clin d'œil !** er hat mir zugezwinkert!

la **clinique** [klinik] ■ die **Klinik** (*pluriel* **Kliniken**).

le **clip** [klip] ■ das **Video** (*pluriel* **Videos**).

cliquer [3] [klike] *verbe* ■ **klicken** : **clique d'abord sur « OK »** klick erst auf „OK" ; **cliquer deux fois** doppelklicken.

la **cloche** [klɔʃ] ■ die **Glocke** (*pluriel* **Glocken**) : **on entend les cloches de l'église** man hört die Kirchenglocken.

le **clou** [klu] ■ der **Nagel** (*pluriel* **Nägel**) : **il y a un clou qui dépasse** ein Nagel steht heraus.

le **clown** [klun] ■ der **Clown** (*pluriel* **Clowns**) : **le clown était très drôle** der Clown war sehr komisch
➤ **faire le clown** den Clown spielen : **arrête de faire le clown!** hör auf, den Clown zu spielen!

le **club** [klœb] ■ der **Klub** (*pluriel* **Klubs**) : **je suis membre du club de voile** ich bin Mitglied im Segelklub
➤ **le club de foot** der Fußballverein
➤ **un club photo** ein Fotoklub
➤ **un club d'écriture** eine Schreibwerkstatt.

cm (*abréviation de* centimètre) **cm**.

le **CM** (*abréviation de* cours moyen) ■ **CM1** die vierte Grundschulklasse ; **CM2** die fünfte Klasse.

le **coca** [koka] ■ die **Cola** (*pluriel* **Colas**).

le **cochon** [koʃɔ̃] ■ das **Schwein** (*pluriel* **Schweine**) : **ils élèvent des cochons** sie züchten Schweine ; **manger comme un cochon** wie ein Schwein essen
➤ **un cochon d'Inde** ein Meerschweinchen.

le **cocktail** [kɔktɛl] ■ der **Cocktail** (*pluriel* **Cocktails**)
➤ **le cocktail de bienvenue** der Willkommenscocktail.

le **code** [kɔd] ■ der **Kode** (*pluriel* **Kodes**) : **un code secret** ein Geheimkode
➤ **le code de la route** die Straßenverkehrsordnung
➤ **le code postal** die Postleitzahl
➤ **le code confidentiel** die Geheimzahl.

le **cœur** [kœr] ■ das **Herz** (*pluriel* **Herzen**) : **on l'a opéré du cœur** er wurde am Herz operiert
➤ **avoir bon cœur** ein gutes Herz haben
➤ **apprendre quelque chose par cœur** etwas auswendig lernen
➤ **j'ai mal au cœur** mir ist schlecht.

le **coffre** [kɔfr]
1. der **Kofferraum** (*pluriel* **Kofferräume**) : **les valises sont dans le coffre** die Koffer sind im Kofferraum
2. der **Tresor** (*pluriel* **Tresore**) : **les cambrioleurs ont fait sauter le coffre** die Einbrecher haben den Tresor in die Luft gesprengt.

se **cogner** [3] [səkoɲe] *verbe pronominal* ■ **se cogner contre quelque chose** sich an etwas stoßen ; **elle s'est cognée contre la table** sie hat sich am Tisch gestoßen.

se **coiffer** [3] [səkwafe] *verbe pronominal* ■ **sich frisieren** : **je n'ai pas eu le temps de me coiffer** ich hatte keine Zeit mich zu frisieren.

le **coiffeur** [kwafœr] ■ der **Friseur** (*pluriel* **Friseure**) : **un coiffeur pour dames** ein Damenfriseur ; **un coiffeur pour hommes** ein Herrenfriseur.

la **coiffeuse** [kwaføz] ■ die **Friseurin** (*pluriel* **Friseurinnnen**).

la **coiffure** [kwafyr] ■ die **Frisur** (*pluriel* **Frisuren**) : **j'aime bien ta nouvelle coiffure** deine neue Frisur gefällt mir.

le **coin** [kwɛ̃] ■ die **Ecke** (*pluriel* **Ecken**) : **on va mettre le bureau dans le coin** wir stellen den Schreibtisch in die Ecke.

le **col** [kɔl]
1. der **Kragen** (*pluriel* **Kragen**) : **il l'a saisi par le col** er hat ihn am Kragen gepackt
2. der **Pass** (*pluriel* **Pässe**) : **le col est fermé à cause de la neige** der Pass ist wegen Schneefalls gesperrt.

la **colère** [kolɛr] ■ die **Wut** (*sans pluriel*) : **être en colère** wütend sein ; **se mettre en colère** wütend werden.

le **colis** [koli] ■ das **Paket** (*pluriel* **Pakete**) : **je vais chercher un colis à la poste** ich hole ein Paket von der Post ab.

le **collant** [kolɑ̃]
1. die **Strumpfhose** (*pluriel* **Strumpfhosen**)
2. die **Gymnastikhose** (*pluriel* **Gymnastikhosen**).

la **colle** [kɔl] ■ der **Kleber** (*pluriel* **Kleber**) : **apportez du papier et de la colle** bringt Papier und Kleber mit
➤ **il a eu deux heures de colle** er musste zwei Stunden nachsitzen.

la **collection** [kɔlɛksjɔ̃] ■ die **Sammlung** (*pluriel* **Sammlungen**) : **voilà un timbre pour ta collection** hier ist eine Briefmarke für deine Sammlung
➤ **Aurélie fait collection de cartes postales** Aurélie sammelt Postkarten.

collectionner [3] [kɔlɛksjɔne] *verbe* ■ **sammeln** : **je collectionne les petites autos** ich sammle Spielzeugautos.

le **collège** [kɔlɛʒ] ■ *Mittelschule* : **Irène va au collège en septembre** ab September geht Irène aufs Collège

COLLÈGE

Alle französischen Schüler im Alter von elf bis fünfzehn Jahren besuchen das **collège**, das vier Klassen (**sixième, cinquième, quatrième** und **troisième**) umfasst. Am Ende der **troisième** erwerben die Schüler mit einer zentralen Prüfung das **brevet des collèges**, das ungefähr der Mittleren Reife in Deutschland entspricht.

le **collégien** [kɔleʒjɛ̃] ■ *Schüler eines Collège*.

la **collégienne** [kɔleʒjɛn] ■ *Schülerin eines Collège*.

le **collègue** [kɔlɛg] ■ der **Kollege** (*pluriel* **Kollegen**) : **elle ne s'entend pas avec ses collègues** sie versteht sich nicht mit ihren Kollegen.

la **collègue** [kɔlɛg] ■ die **Kollegin** (*pluriel* **Kolleginnen**).

coller [3] [kole] *verbe* ■ **kleben** : **n'oublie pas de coller ta photo sur le formulaire** vergiss nicht, dein Foto auf das Formular zu kleben ; **ce timbre ne colle pas** diese Briefmarke klebt nicht.

le **collier** [kɔlje] ■ die **Kette** (*pluriel* **Ketten**) : **elle porte un collier en or** sie trägt eine Goldkette.

la **colline** [kɔlin] ■ der **Hügel** (*pluriel* **Hügel**) : **elle est montée sur la colline** sie ist auf den Hügel gestiegen.

colonial, e [kɔlɔnial] (*masculin pluriel* **coloniaux** [kɔlɔnio]) *adjectif* ■ **Kolonial-** : **l'ancien empire colonial** das frühere Kolonialreich.

la **colonie** [kɔlɔni] ■ die **Kolonie** (*pluriel* **Kolonien**)
➤ **une colonie de vacances** ein Ferienlager : **aller en colonie de vacances** ins Ferienlager fahren

COLONIE DE VACANCES

Viele französische Kinder verbringen regelmäßig ihre Sommerferien oder einen Teil davon im Ferienlager, der **colonie de vacances** oder kurz **colo**, wo sie von **moniteurs** bei Spiel und sportlichen Aktivitäten betreut werden.

la **colonne** [kɔlɔn] ■ die **Spalte** (*pluriel* **Spalten**) : **les chiffres sont présentés en deux colonnes** die Zahlen stehen in zwei Spalten
➤ **la colonne vertébrale** die Wirbelsäule.

colorier [9] [kɔlɔrje] *verbe* ■ **aus|malen**.

le **combat** [kɔ̃ba] ■ der **Kampf** (*pluriel* **Kämpfe**) : **les combats continuent au sud** im Süden dauern die Kämpfe an.

combien [kɔ̃bjɛ̃] *adverbe*
1. **wie viel** : **combien valent ces bottes ?** wie viel kosten diese Stiefel?
2. **wie viele** : **combien étiez-vous ?** wie viele wart ihr? ; **combien de jours ça vous a pris ?** wie viele Tage habt ihr dafür gebraucht?
➤ **combien de temps** wie lange : **combien de temps est-ce que ça va durer ?** wie lange wird das dauern?
➤ **nous sommes le combien aujourd'hui ?** der Wievielte ist heute?
➤ **ça fait combien ?** was macht das?

la **comédie** [kɔmedi] ■ die **Komödie** (*pluriel* **Komödien**) : **c'est quel genre de film ? – une comédie** was für eine Art Film ist das? – eine Komödie

➤ **une comédie musicale** ein Musical.

le **comédien** [kɔmedjɛ̃] ■ **der Schauspieler** *(pluriel* **Schauspieler***)*.

la **comédienne** [kɔmedjɛn] ■ **die Schauspielerin** *(pluriel* **Schauspielerinnen***)*.

comique [kɔmik] *adjectif* ■ **komisch** : **c'était trop comique !** das war wirklich zu komisch!
➤ **un acteur comique** ein Komiker
➤ **un film comique** eine Komödie.

la **commande** [kɔmɑ̃d] ■ die **Bestellung** *(pluriel* **Bestellungen***)* : **passer une commande** eine Bestellung auf|geben.

commander [3] [kɔmɑ̃de] *verbe* ■ **bestellen** : **on a commandé un lecteur DVD sur catalogue** wir haben einen DVD-Player aus dem Katalog bestellt ; **j'ai commandé un steak** ich habe ein Steak bestellt.

comme [kɔm]

■ *conjonction*

1. **wie** : **il veut être médecin, comme son père** er möchte Arzt werden wie sein Vater ; **les fêtes comme Halloween** Feste wie Halloween ; **fais comme tu veux** mach es, wie du möchtest ; **comme prévu** wie geplant
2. **als** : **mon frère travaille comme guide touristique** mein Bruder arbeitet als Reiseführer ; **je lui ai offert un billet d'avion comme cadeau** ich habe ihm ein Flugticket geschenkt
3. **da** : **comme il pleut, la sortie est annulée** da es regnet, wird der Ausflug abgesagt

➤ **comme ci comme ça** so lala
➤ **comme si** als ob : **comme s'il allait sauter** als ob er springen würde
➤ **qu'est-ce que tu aimes comme musique ?** welche Art von Musik magst du?
➤ **comme tout** unheimlich : **il est peureux comme tout** er ist unheimlich ängstlich

■ *adverbe*

comme c'est beau ! ist das schön! ; **comme tu as changé !** du hast dich aber verändert!
➤ **comme il faut** wie es sich gehört : **mange comme il faut!** iss, wie es sich gehört!

commencer [15] [kɔmɑ̃se] *verbe* ■ **an|fangen** : **tu as commencé le livre que je t'ai prêté ?** hast du das Buch angefangen, das ich dir geliehen habe? ; **le film a déjà commencé** der Film hat schon angefangen
➤ **par quoi commençons-nous ?** womit fangen wir an ?
➤ **commencer à faire quelque chose** an|fangen, etwas zu tun : **il commence à m'énerver** er geht mir langsam auf die Nerven.

comment [kɔmɑ̃] *adverbe* ■ **wie** : **comment t'appelles-tu ?** wie heißt du? ; **comment ça va ?** wie geht's?
➤ **comment ?** wie bitte? : **comment, qu'est-ce que tu as dit ?** wie bitte, was hast du gesagt?
➤ **comment dit-on ... ?** was heißt ...? : **comment dit-on « ordinateur » en allemand ?** was heißt „ordinateur" auf Deutsch?
➤ **comment ça ?** wieso?

le **commentaire** [kɔmɑ̃tɛr] ■ **der Kommentar** *(pluriel* **Kommentare***)* : **Bertrand n'a fait aucun commentaire** Bertrand hat keinerlei Kommentar abgegeben ; **sans commentaire !** ohne Kommentar!

le **commerçant** [kɔmɛrsɑ̃] ■ **der Händler** *(pluriel* **Händler***)*.

la **commerçante** [kɔmɛrsɑ̃t] ■ **die Händlerin** *(pluriel* **Händlerinnen***)*.

le **commerce** [kɔmɛrs]

1. **der Handel** *(sans pluriel)*
➤ **le commerce extérieur** der Außenhandel
2. **das Geschäft** *(pluriel* **Geschäfte***)* : **le père d'Élodie a un commerçe d'alimentation** Élodies Vater hat ein Lebensmittelgeschäft
➤ **les petits commerces** der Einzelhandel.

commercial, e [kɔmɛrsjal] *(masculin pluriel* **commerciaux** [kɔmɛrsjo]*)* *adjectif* ■ **Handels-** : **une entreprise commerciale** ein Handelsunternehmen
➤ **le centre commercial** das Einkaufszentrum.

commettre [64] [kɔmɛtr] *verbe* ■ **begehen** : **la personne qui a commis ce meurtre** die Person, die diesen Mord begangen hat.

commis, e [kɔmi, iz] *participe passé* ➤ **commettre**.

le **commissaire** [kɔmisɛr] ■ der **Kommissar** *(pluriel* **Kommissare***)*.

la **commissaire** [kɔmisɛr] ■ die **Kommissarin** *(pluriel* **Kommissarinnen***)* : **la commissaire de police a interrogé le témoin** die Polizeikommissarin hat den Zeugen verhört.

le **commissariat** [kɔmisarja] ■ **le commissariat de police** das Polizeirevier.

les **commissions** [kɔmisjɔ̃] *nom féminin pluriel* ■ die **Einkäufe** *(pluriel)*
➤ **faire les commissions** Einkäufe machen.

commode [kɔmɔd] *adjectif* ■ **praktisch** : **c'est commode d'être près du collège** es ist praktisch, in der Nähe der Schule zu wohnen
➤ **il n'est pas commode** mit ihm kommt man schwer aus.

commun, e [kɔmœ̃, yn] *adjectif* ■ **gemeinsam** : **il y a quatre chambres et un salon commun** es gibt vier Schlafzimmer und ein gemeinsames Wohnzimmer.

la **communauté** [kɔmynote] ■ die **Gemeinschaft** *(pluriel* **Gemeinschaften***)* : **la Communauté européenne** die Europäische Gemeinschaft.

la **commune** [kɔmyn] ■ die **Gemeinde** *(pluriel* **Gemeinden***)*.

la **communication** [kɔmynikasjɔ̃] ■ die **Verbindung** *(pluriel* **Verbindungen***)*
➤ **la communication téléphonique** die Telefonverbindung.

la **communion** [kɔmynjɔ̃] ■ die **Kommunion** *(pluriel* **Kommunionen***)*
➤ **faire sa communion** Kommunion haben.

le **communiqué** [kɔmynike] ■ die **Mitteilung** *(pluriel* **Mitteilungen***)* : **un communiqué de presse** eine Pressemitteilung.

le **compact** [kɔ̃pakt] ■ die **CD** *(pluriel* **CDs***)* : **j'ai demandé des compacts pour Noël** zu Weihnachten habe ich mir CDs gewünscht.

la **compagne** [kɔ̃paɲ] ■ die **Lebensgefährtin** *(pluriel* **Lebensgefährtinnen***)* : **Julien a présenté sa nouvelle compagne à ses parents** Julien hat seinen Eltern seine neue Lebensgefährtin vorgestellt.

la **compagnie** [kɔ̃paɲi] ■ die **Gesellschaft** *(pluriel* **Gesellschaften***)* : **une compagnie d'assurances** eine Versicherungsgesellschaft ; **une compagnie aérienne** eine Fluggesellschaft.

le **compagnon** [kɔ̃paɲɔ̃] ■ der **Lebensgefährte** *(pluriel* **Lebensgefährten***)*.

la **comparaison** [kɔ̃parɛzɔ̃] ■ der **Vergleich** *(pluriel* **Vergleiche***)* : **en comparaison avec son frère, elle est très sympa** im Vergleich zu ihrem Bruder ist sie sehr nett.

comparer **[3]** [kɔ̃pare] *verbe* ■ **vergleichen** : **ce n'est pas juste de le comparer avec sa sœur** es ist unfair, ihn mit seiner Schwester zu vergleichen.

le **compas** [kɔ̃pa] ■ der **Zirkel** *(pluriel* **Zirkel***)* : **utilise ton compas pour tracer le cercle** benutze deinen Zirkel, um den Kreis zu zeichnen.

la **compétition** [kɔ̃petisjɔ̃] ■ der **Wettkampf** *(pluriel* **Wettkämpfe***)*
➤ **une compétition d'athlétisme** ein Leichtathletikwettkampf.

la **compilation** [kɔ̃pilasjɔ̃] ■ der **Sampler** *(pluriel* **Sampler***)* : **une compilation de Madonna** ein Sampler von Madonna.

complet, ète [kɔ̃plɛ, ɛt] *adjectif* ■ **ausverkauft** : **c'est complet, je n'ai plus eu de place pour le concert** das Konzert ist ausverkauft, ich habe keine Karten mehr bekommen.

le **complément** [kɔ̃plemɑ̃] ■ das **Objekt** *(pluriel* **Objekte***)*
➤ **le complément d'objet direct** das direkte Objekt
➤ **le complément d'objet indirect** das indirekte Objekt.

complètement [kɔ̃plɛtmɑ̃] *adverbe* ■ **völlig** : **il est complètement fou** er ist völlig verrückt.

compléter **[17]** [kɔ̃plete] *verbe*
1. **ergänzen** : **complétez la phrase suivante** ergänzen Sie den folgenden Satz

2. **aus|füllen : n'oubliez pas de compléter le questionnaire** vergessen Sie nicht, den Fragebogen auszufüllen.

complexe [kɔ̃plɛks] *adjectif* ■ **komplex : le problème devient de plus en plus complexe** das Problem wird immer komplexer.

le **complice** [kɔ̃plis] ■ der **Komplize** (*pluriel* **Komplizen**).

la **complice** [kɔ̃plis] ■ die **Komplizin** (*pluriel* **Komplizinnen**).

le **compliment** [kɔ̃plimɑ̃] ■ das **Kompliment** (*pluriel* **Komplimente**) **: il ne me fait jamais de compliments** er macht mir nie Komplimente.

compliqué, e [kɔ̃plike] *adjectif* ■ **kompliziert : je ne comprends rien, c'est trop compliqué** ich verstehe überhaupt nichts, das ist zu kompliziert.

le **comportement** [kɔ̃pɔrtəmɑ̃] ■ das **Verhalten** (*sans pluriel*) **: je ne comprends pas son comportement** ich verstehe sein Verhalten nicht.

composer [3] [kɔ̃poze] *verbe* ■ **komponieren : qui a composé cette symphonie ?** wer hat diese Sinfonie komponiert?

se **composer de** *verbe pronominal* ■ **bestehen aus : l'équipe se compose uniquement de filles** die Mannschaft besteht ausschließlich aus Mädchen.

le **compositeur** [kɔ̃pozitœr] ■ der **Komponist** (*pluriel* **Komponisten**) **: Mozart est un célèbre compositeur autrichien** Mozart ist ein berühmter österreichischer Komponist.

la **compositrice** [kɔ̃pozitris] ■ die **Komponistin** (*pluriel* **Komponistinnen**).

composter [3] [kɔ̃pɔste] *verbe* ■ **entwerten : il faut composter son billet avant de monter dans le train** man muss seine Fahrkarte entwerten, bevor man in den Zug steigt.

la **compote** [kɔ̃pɔt]
➤ **la compote de pommes** das Apfelmus.

comprendre [59] [kɔ̃prɑ̃dr] *verbe*
1. **verstehen : tu as compris l'exercice ?** hast du die Übung verstanden? ; **je ne comprends pas l'allemand** ich verstehe kein Deutsch
2. **bestehen aus : le concours comprend trois phases** der Wettbewerb besteht aus drei Runden
3. **mit ein|schließen : est-ce que le prix comprend le transport ?** schließt dieser Preis den Transport mit ein?

se **comprendre** *verbe pronominal* ■ **sich verstehen : lui et moi, on se comprend très bien** er und ich, wir verstehen uns sehr gut.

le **comprimé** [kɔ̃prime] ■ die **Tablette** (*pluriel* **Tabletten**) **: est-ce que ce médicament existe aussi sous forme de comprimés ?** gibt es dieses Medikament auch in Tablettenform?

compris, e [kɔ̃pri, iz]
■ *participe passé* ➤ comprendre
■ *adjectif*
inklusive : aller-retour compris inklusive Hin- und Rückfahrt.

la **comptabilité** [kɔ̃tabilite] ■ die **Buchhaltung**.

le **comptable** [kɔ̃tabl] ■ der **Buchhalter** (*pluriel* **Buchhalter**).

le **compte** [kɔ̃t] ■ das **Konto** (*pluriel* **Konten**) **: un compte en banque** ein Bankkonto ; **un compte épargne** ein Sparkonto
➤ **se rendre compte** bemerken : **je ne m'étais pas rendu compte que tu n'étais pas là** ich hatte gar nicht bemerkt, dass du nicht da warst.

compter [3] [kɔ̃te] *verbe* ■ **zählen : le professeur a compté les élèves** der Lehrer hat die Schüler gezählt
➤ **compter sur quelqu'un** auf jemanden zählen : **je compte sur vous!** ich zähle auf euch!

se **concentrer** [3] [kɔ̃sɑ̃tre] *verbe pronominal* ■ **sich konzentrieren : tu vas y arriver si tu te concentres** wenn du dich konzentrierst, wirst du es schaffen.

concerner [3] [kɔ̃sɛrne] *verbe* ■ **betreffen : ça ne te concerne pas** das betrifft dich nicht

➤ **en ce qui concerne ...** was ... betrifft : **en ce qui concerne la réunion de lundi** was die Versammlung am Montag betrifft.

le **concert** [kɔ̃sɛr] ■ das **Konzert** (*pluriel* **Konzerte**) : **un concert de rock** ein Rockkonzert.

conclure [73] [kɔ̃klyr] *verbe* ■ **ab|schließen : Patrice a conclu son exposé par un poème** Patrice hat sein Referat mit einem Gedicht abgeschlossen.

la **conclusion** [kɔ̃klyzjɔ̃] ■ der **Schluss** (*sans pluriel*) : **la conclusion de ta rédaction est un peu courte** der Schluss deines Aufsatzes ist ein bisschen kurz.

le **concombre** [kɔ̃kɔ̃br] ■ die **Gurke** (*pluriel* **Gurken**).

le **concours** [kɔ̃kur]

1. der **Wettbewerb** (*pluriel* **Wettbewerbe**) : **Xavier a gagné le concours de photos** Xavier hat den Fotowettbewerb gewonnen
2. die **Aufnahmeprüfung** (*pluriel* **Aufnahmeprüfungen**) : **Virginie a réussi le concours d'entrée à l'école de commerce** Virginie hat die Aufnahmeprüfung der Handelsschule bestanden.

concrètement [kɔ̃krɛtmɑ̃] *adverbe* ■ **konkret : concrètement, que signifie cette décision ?** was bedeutet diese Entscheidung konkret?

la **concurrence** [kɔ̃kyrɑ̃s] ■ die **Konkurrenz** (*sans pluriel*) : **il y a beaucoup de concurrence dans ce domaine** in diesem Bereich gibt es eine starke Konkurrenz.

condamner [3] [kɔ̃dane] *verbe* ■ **verurteilen**.

la **condition** [kɔ̃disjɔ̃] ■ die **Bedingung** (*pluriel* **Bedingungen**) : **je viens à une condition** ich komme unter einer Bedingung

➤ **à condition de** wenn : **tu peux rester à condition de ne rien dire** du kannst bleiben, wenn du nichts sagst

➤ **à condition que** nur wenn : **d'accord, mais à condition que je puisse partir tôt** einverstanden, aber nur wenn ich früh gehen kann.

le **conditionnel** [kɔ̃disjɔnɛl] ■ der **Konditional** (*pluriel* **Konditionale**) : **ce verbe est au conditionnel** dieses Verb steht im Konditional.

le **conducteur** [kɔ̃dyktœr]

1. der **Fahrer** (*pluriel* **Fahrer**)
2. der **Zugführer** (*pluriel* **Zugführer**)

➤ **un conducteur de T.G.V.** ein T.G.V.-Zugführer.

la **conductrice** [kɔ̃dyktris] ■ die **Fahrerin** (*pluriel* **Fahrerinnen**) : **la conductrice de la voiture ne m'a pas vu** die Fahrerin des Autos hat mich nicht gesehen.

conduire [74] [kɔ̃dɥir] *verbe* ■ **fahren : elle conduit un autobus** sie fährt einen Bus ; **elle n'a jamais conduit en ville** sie ist noch nie in der Stadt gefahren

se **conduire** *verbe pronominal* ■ **sich benehmen : Jean-Paul s'est très mal conduit** Jean-Paul hat sich sehr schlecht benommen.

conduit, e [kɔ̃dɥi, ɥit] *participe passé* ➤ **conduire**.

la **confiance** [kɔ̃fjɑ̃s] ■ das **Vertrauen** (*sans pluriel*) : **avoir confiance en quelqu'un** Vertrauen zu jemandem haben

➤ **faire confiance à quelqu'un** jemandem vertrauen : **tu me fais confiance, j'espère ?** ich hoffe, du vertraust mir?

la **confidence** [kɔ̃fidɑ̃s]

➤ **Stéphanie m'a fait des confidences** Stéphanie hat mir etwas anvertraut.

confier [9] [kɔ̃fje] *verbe* ■ **an|vertrauen : Fabien m'a confié ses clés** Fabien hat mir seine Schlüssel anvertraut

se **confier** *verbe pronominal*

➤ **se confier à quelqu'un** sich jemandem an|vertrauen.

confirmer [3] [kɔ̃firme] *verbe* ■ **bestätigen : le proviseur a confirmé que l'école sera fermée lundi** der Direktor hat bestätigt, dass die Schule am Montag geschlossen sein wird.

la **confiture** [kɔ̃fityr] ■ die **Marmelade** (*pluriel* **Marmeladen**) : **de la confiture de fraises** Erdbeermarmelade.

confondre [55] [kɔ̃fɔ̃dr] *verbe* ■ **verwechseln : elles sont jumelles, je les confonds toujours** sie sind Zwillinge, ich verwechsle sie ständig.

le **confort** [kɔ̃fɔr] ■ der **Komfort** *(pluriel* **Komforts***)*.

confortable [kɔ̃fɔrtabl] *adjectif* ■ **bequem : ce fauteuil est très confortable** dieser Sessel ist sehr bequem.

le **congé** [kɔ̃ʒe] ■ der **Urlaub** *(pluriel* **Urlaube***)* **: j'ai pris une semaine de congé** ich habe eine Woche Urlaub genommen

➤ **être en congé maladie** krank geschrieben sein

➤ **le congé de maternité** der Mutterschaftsurlaub.

le **congélateur** [kɔ̃ʒelatœr] ■ die **Tiefkühltruhe** *(pluriel* **Tiefkühltruhen***)*, der **Gefrierschrank** *(pluriel* **Gefrierschränke***)*.

la **conjugaison** [kɔ̃ʒygɛzɔ̃] ■ die **Konjugation** *(pluriel* **Konjugationen***)*.

conjuguer [3] [kɔ̃ʒyge] *verbe* ■ **konjugieren**.

la **connaissance** [kɔnɛsɑ̃s]

➤ **faire la connaissance de quelqu'un** jemanden kennen lernen

➤ **perdre connaissance** bewusstlos werden.

connaître [70] [kɔnɛtr] *verbe* ■ **kennen : je ne les connais pas** ich kenne sie nicht

➤ **connaître quelque chose comme sa poche** etwas wie seine Westentasche kennen

se **connaître** *verbe pronominal* ■ **sich kennen : vous vous connaissez ?** kennt ihr euch?

se **connecter** [4] [səkɔnɛkte] *verbe pronominal*

➤ **se connecter à Internet** ins Internet gehen : **je me connecte à Internet tous les soirs** ich gehe jeden Abend ins Internet.

la **connexion** [kɔnɛksjɔ̃] ■ die **Verbindung** *(pluriel* **Verbindungen***)* **: une connexion Internet** eine Internetverbindung.

connu, e [kɔny]

■ *participe passé* ➤ **connaître**

■ *adjectif*

bekannt : un écrivain connu ein bekannter Schriftsteller.

la **conscience** [kɔ̃sjɑ̃s] ■ das **Gewissen** *(sans pluriel)* **: j'ai mauvaise conscience** ich habe ein schlechtes Gewissen

➤ **avoir conscience de quelque chose** sich einer Sache bewusst sein : **il n'avait pas conscience du danger** er war sich der Gefahr nicht bewusst.

le **conseil** [kɔ̃sɛj] ■ der **Rat** *(sans pluriel)* **: j'ai besoin de tes conseils** ich brauche deinen Rat.

conseiller [4] [kɔ̃seje] *verbe*

1. **raten : Hubert m'a conseillé d'acheter un appareil numérique** Hubert hat mir geraten, eine Digitalkamera zu kaufen
2. **empfehlen : je te conseille ce dentiste** ich empfehle dir diesen Zahnarzt.

le **conservatoire** [kɔ̃sɛrvatwar] ■ das **Konservatorium** *(pluriel* **Konservatorien***)*

➤ **elle étudie le violon au conservatoire de Paris** sie studiert am Pariser Konservatorium Geige.

conserver [3] [kɔ̃sɛrve] *verbe* ■ **auf|bewahren : il faut conserver les relevés de compte** Kontoauszüge muss man aufbewahren.

considérer [17] [kɔ̃sidere] *verbe*

1. **finden : elle considère que ce n'est pas normal** sie findet, dass das nicht normal ist
2. **betrachten : je considère Charlotte comme ma meilleure amie** ich betrachte Charlotte als meine beste Freundin.

consister [3] [kɔ̃siste] *verbe*

➤ **consister en** bestehen in (+ A) : **en quoi consiste votre travail ?** worin besteht Ihre Arbeit?

la **console** [kɔ̃sɔl] ■ die **Konsole** *(pluriel* **Konsolen***)*

➤ **une console de jeux** ein Videospielgerät.

consoler [3] [kɔ̃sɔle] *verbe* ■ **trösten : Annie a consolé Laure quand elle allait mal** Annie hat Laure getröstet, als es ihr schlecht ging.

la **consommation** [kɔ̃sɔmasjɔ̃]
1. der **Verbrauch** *(sans pluriel)* : **la consommation d'essence** der Benzinverbrauch
2. das **Getränk** *(pluriel* **Getränke***)* : **c'est quatre euros la consommation** ein Getränk kostet vier Euro.

consommer [3] [kɔ̃sɔme] *verbe* ■ **verbrauchen : cette voiture ne consomme pas beaucoup** dieses Auto verbraucht nicht viel.

la **consonne** [kɔ̃sɔn] ■ der **Konsonant** *(pluriel* **Konsonanten***)*.

constamment [kɔ̃stamɑ̃] *adverbe* ■ **ständig : il m'interrompt constamment !** er unterbricht mich ständig!

constater [3] [kɔ̃state] *verbe* ■ **fest|stellen**.

la **construction** [kɔ̃stryksjɔ̃] ■ der **Bau** *(sans pluriel)* : **la construction de la maison a pris deux ans** der Bau des Hauses hat zwei Jahre gedauert.

construire [74] [kɔ̃strɥir] *verbe* ■ **bauen : nous avons fait construire notre maison il y a cinq ans** wir haben unser Haus vor fünf Jahren bauen lassen.

construit, e [kɔ̃strɥi, ɥit] *participe passé* ➤ **construire**.

la **consultation** [kɔ̃syltasjɔ̃] ■ die **Sprechstunde** *(pluriel* **Sprechstunden***)* : **à quelle heure est la consultation du mercredi ?** wann haben Sie mittwochs Sprechstunde?

consulter [3] [kɔ̃sylte] *verbe*
1. **nach|schlagen in : consulter un dictionnaire** in einem Wörterbuch nachschlagen
2. **zu Rate ziehen : tu devrais consulter un spécialiste** du solltest einen Spezialisten zu Rate ziehen.

le **contact** [kɔ̃takt] ■ der **Kontakt** *(pluriel* **Kontakte***)* : **prendre contact avec quelqu'un** mit jemandem Kontakt auf|nehmen
➤ **couper le contact** den Motor ausmachen.

contacter [3] [kɔ̃takte] *verbe* ■ **sich melden bei : je te contacterai la semaine prochaine** ich melde mich nächste Woche bei dir.

contagieux, euse [kɔ̃taʒjø, øz] *adjectif* ■ **ansteckend : une maladie contagieuse** eine ansteckende Krankheit.

le **conte** [kɔ̃t] ■ das **Märchen** *(pluriel* **Märchen***)* : **un conte de fées** ein Märchen
➤ **les contes des Mille et Une Nuits** die Märchen aus Tausendundeiner Nacht.

contenir [35] [kɔ̃tnir] *verbe*
1. **enthalten : cette boisson contient beaucoup de sucre** dieses Getränk enthält viel Zucker
2. **fassen : la bouteille contient deux litres** die Flasche fasst zwei Liter.

content, e [kɔ̃tɑ̃, ɑ̃t] *adjectif*
1. **glücklich : Dorothée n'a pas l'air contente** Dorothée sieht nicht glücklich aus
2. **froh : je suis content que ce soit fini** ich bin froh, dass es vorbei ist
➤ **être content de quelque chose** sich über etwas freuen : **tu es content de ton cadeau ?** freust du dich über dein Geschenk?

le **continent** [kɔ̃tinɑ̃] ■ der **Kontinent** *(pluriel* **Kontinente***)* : **l'Afrique est un continent** Afrika ist ein Kontinent.

continuer [7] [kɔ̃tinɥe] *verbe*
1. **fort|setzen : ils ont continué leur conversation comme si je n'étais pas là** sie haben ihr Gespräch fortgesetzt, als ob ich nicht da wäre
2. **weiter|gehen : la réunion a continué pendant des heures** die Besprechung ging noch Stunden weiter
➤ **continuer à faire quelque chose** weiter etwas tun : **ils ont continué à chanter** sie haben weitergesungen.

le **contraire** [kɔ̃trɛr] ■ das **Gegenteil** *(sans pluriel)* : **elle dit toujours le contraire de ce que disent les autres** sie sagt immer das Gegenteil dessen, was andere sagen
➤ **au contraire** im Gegenteil.

contrarier [9] [kɔ̃trarje] *verbe* ■ **ärgern : ne la contrarie pas, elle pourrait se fâcher** ärger sie nicht, sonst wird sie wütend.

le **contrat** [kɔ̃tra] ■ der **Vertrag** *(pluriel* **Verträge***)*.

la **contravention** [kɔ̃travɑ̃sjɔ̃] ■ die **Geldstrafe** *(pluriel* **Geldstrafen***)* : **avoir une contravention** eine Geldstrafe bekommen.

contre [kɔ̃tr] *préposition*
1. **an** : **ne t'appuie pas contre le mur, la peinture est fraîche** lehn dich nicht an die Wand, sie ist frisch gestrichen
2. **gegen** : **on joue contre Clamart samedi** am Samstag spielen wir gegen Clamart ; **j'ai échangé des magazines contre des timbres** ich habe Zeitschriften gegen Briefmarken getauscht.

la **contrebasse** [kɔ̃trəbas] ■ der **Kontrabass** *(pluriel* **Kontrabässe***)* : **David joue de la contrebasse** David spielt Kontrabass.

se **contredire** **[78]** [səkɔ̃trədir] *verbe pronominal* ■ **sich widersprechen** : **tu te contredis sans arrêt !** du widersprichst dir ständig!

la **contribution** [kɔ̃tribusjɔ̃] ■ der **Beitrag** *(pluriel* **Beiträge***)*
➤ **mettre quelqu'un à contribution** jemanden ein|spannen.

le **contrôle** [kɔ̃trol]
1. der **Test** *(pluriel* **Tests***)* : **on a un contrôle d'allemand cet après-midi** heute Nachmittag schreiben wir einen Deutschtest
2. die **Kontrolle** *(pluriel* **Kontrollen***)* : **un contrôle d'identité** eine Ausweiskontrolle ; **le contrôle des billets** die Fahrkartenkontrolle.

contrôler **[3]** [kɔ̃trole] *verbe* ■ **kontrollieren** : **il a contrôlé nos billets** er hat unsere Fahrkarten kontrolliert.

le **contrôleur** [kɔ̃trolœr] ■ der **Kontrolleur** *(pluriel* **Kontrolleure***)* : **est-ce que le contrôleur est passé ?** war der Kontrolleur schon da?

convaincre **[86]** [kɔ̃vɛ̃kr] *verbe* ■ **überzeugen** : **je n'ai pas réussi à les convaincre** ich habe es nicht geschafft, sie zu überzeugen ; **je ne suis pas convaincu** ich bin nicht überzeugt
➤ **convaincre quelqu'un de faire quelque chose** jemanden überreden, etwas zu tun.

convaincu, e [kɔ̃vɛ̃ky] *participe passé* ➤ convaincre.

convenir **[35]** [kɔ̃vnir] *verbe*
➤ **convenir à** recht sein : **est-ce que lundi te convient ?** ist dir Montag recht?

la **conversation** [kɔ̃vɛrsasjɔ̃] ■ das **Gespräch** *(pluriel* **Gespräche***)* : **on a eu une longue conversation** wir hatten ein langes Gespräch.

convertir **[27]** [kɔ̃vɛrtir] *verbe* ■ **um|rechnen** : **convertir des euros en dollars** Euro in Dollar um|rechnen.

cool [kul] *adjectif familier* ■ **cool** : **c'est vraiment quelqu'un de cool** er ist wirklich ein cooler Typ.

le **copain** [kɔpɛ̃] ■ der **Freund** *(pluriel* **Freunde***)* : **Sylvain est venu avec un copain** Sylvain ist mit einem Freund gekommen ; **c'est le nouveau copain de Lise** das ist Lises neuer Freund.

la **copie** [kɔpi]
1. die **Kopie** *(pluriel* **Kopien***)* : **fais une copie du fichier** mach eine Kopie von der Datei
2. die **Arbeit** *(pluriel* **Arbeiten***)* : **le professeur a distribué les copies** der Lehrer hat die Arbeiten ausgeteilt.

copier **[9]** [kɔpje] *verbe*
1. **kopieren** : **tu peux me copier cette disquette ?** kannst du mir diese Diskette kopieren?
2. **ab|schreiben** : **le prof m'a accusé d'avoir copié sur Benjamin** der Lehrer hat mich beschuldigt, von Benjamin abgeschrieben zu haben
➤ **copier-coller** kopieren und einfügen.

la **copine** [kɔpin] ■ die **Freundin** *(pluriel* **Freundinnen***)* : **Isabelle est venue avec une copine** Isabelle ist mit einer Freundin gekommen ; **c'est la nouvelle copine d'Éric** das ist Érics neue Freundin
➤ **elles sont très copines** sie sind eng befreundet.

le **coq** [kɔk] ■ der **Hahn** *(pluriel* **Hähne***)*.

la **coque** [kɔk] ■ der **Rumpf** *(pluriel* **Rümpfe***)* : **ils ont réparé la coque du bateau** sie haben den Schiffsrumpf repariert
➤ **un œuf à la coque** ein weich gekochtes Ei.

le **coquillage** [kɔkijaʒ] ■ die **Muschel** *(pluriel* **Muscheln***)* : **on a ramassé des coquillages sur la plage** wir haben am Strand Muscheln gesammelt
➤ **manger des coquillages** Muscheln essen.

la **corbeille** [kɔrbɛj] ■ der **Korb** *(pluriel* **Körbe***)* : **une corbeille de fruits** ein Obstkorb ; **la corbeille à papier** der Papierkorb.

la **corde** [kɔrd]
1. das **Seil** *(pluriel* **Seile***)* : **les alpinistes utilisent des cordes** Bergsteiger benützen Seile
2. die **Saite** *(pluriel* **Saiten***)* : **il manque une corde à ta guitare** an deiner Gitarre fehlt eine Saite.

le **cordonnier** [kɔrdɔnje] ■ der **Schuster** *(pluriel* **Schuster***)* : **le frère de Pierre est cordonnier** Pierres Bruder ist Schuster.

le **cornet** [kɔrnɛ] ■ die **Tüte** *(pluriel* **Tüten***)* : **un cornet de frites** eine Tüte Pommes frites ; **un cornet de glace** eine Eistüte.

le **cornichon** [kɔrniʃɔ̃] ■ die **Gewürzgurke** *(pluriel* **Gewürzgurken***)*.

le **corps** [kɔr] ■ der **Körper** *(pluriel* **Körper***)* : **le corps humain** der menschliche Körper.

correct, e [kɔrɛkt] *adjectif* ■ **richtig** : **la réponse n'est pas correcte** die Antwort ist nicht richtig.

la **correction** [kɔrɛksjɔ̃] ■ die **Korrektur** *(pluriel* **Korrekturen***)* : **les corrections du professeur sont dans la marge** die Korrekturen des Lehrers stehen am Rand.

la **correspondance** [kɔrɛspɔ̃dɑ̃s] ■ der **Briefwechsel** *(pluriel* **Briefwechsel***)* : **il entretient une correspondance avec son ancien professeur** er steht mit seinem ehemaligen Lehrer in Briefwechsel.

le **correspondant** [kɔrɛspɔ̃dɑ̃] ■ der **Brieffreund** *(pluriel* **Brieffreunde***)* : **il a un correspondant allemand** er hat einen deutschen Brieffreund.

la **correspondante** [kɔrɛspɔ̃dɑ̃t] ■ die **Brieffreundin** *(pluriel* **Brieffreundinnen***)* : **ma correspondante s'appelle Britta** meine Brieffreundin heißt Britta.

correspondre **[55]** [kɔrɛspɔ̃dr] *verbe* ■ **entsprechen** : **correspondre à quelque chose** einer Sache entsprechen ; **un euro correspond à environ 65 pence** ein Euro entspricht ungefähr 65 Pence
➤ **correspondre avec quelqu'un** mit jemandem in Briefwechsel stehen.

la **corrida** [kɔrida] ■ der **Stierkampf** *(pluriel* **Stierkämpfe***)*.

le **corrigé** [kɔriʒe] ■ die **Musterlösung** *(pluriel* **Musterlösungen***)* : **tu as le corrigé du problème de maths ?** hast du die Musterlösung der Matheaufgabe?

corriger **[16]** [kɔriʒe] *verbe*
1. **verbessern** : **j'ai oublié de corriger les fautes dans mon exercice** ich habe vergessen, die Fehler in meiner Übung zu verbessern
2. **korrigieren** : **le prof va corriger les copies pour mardi** der Lehrer wird die Arbeiten bis Dienstag korrigieren.

corse [kɔrs] *adjectif* ■ **korsisch** : **j'aime le fromage corse** ich mag korsischen Käse

le **corse** ■ das **Korsisch** *(sans pluriel)* : **les gens du village parlent corse** die Leute im Dorf sprechen Korsisch

le **Corse** ■ der **Korse** *(pluriel* **Korsen***)*

la **Corse** ■ die **Korsin** *(pluriel* **Korsinnen***)*

la **Corse** ■ **Korsika**

En général, les noms de pays ne sont pas précédés d'un article en allemand :

ils ont une maison en Corse sie haben ein Haus auf Korsika ; **ils se sont rendus en Corse pour les vacances de Pâques** in den Osterferien sind sie nach Korsika gefahren.

le **costume** [kɔstym]
1. der **Anzug** *(pluriel* **Anzüge***)* : **ton costume est très chic** dein Anzug ist wirklich schick
2. die **Tracht** *(pluriel* **Trachten***)* : **le costume traditionnel breton** die traditionelle bretonische Tracht.

la **côte** [kot]
1. die **Rippe** *(pluriel* **Rippen***)* : **il s'est cassé une côte** er hat sich eine Rippe gebrochen
2. der **Hang** *(pluriel* **Hänge***)* : **cette côte est très raide** dieser Hang ist sehr steil

3. die **Küste** *(pluriel* **Küsten***)* : **on a passé nos vacances sur la côte** wir haben unseren Urlaub an der Küste verbracht
➤ **la Côte d'Azur** die Côte d'Azur
➤ **la côte atlantique** die Atlantikküste
➤ **une côte de bœuf** ein T-Bone-Steak.

le **côté** [kote] ■ die **Seite** *(pluriel* **Seiten***)* : **les trois côtés d'un triangle** die drei Seiten eines Dreiecks ; **le café se trouve de l'autre côté de la place** das Café liegt auf der anderen Seite des Platzes
➤ **à côté** nebenan : **ils habitent juste à côté** sie wohnen gleich nebenan ; **le voisin d'à côté vient d'emménager** der Nachbar von nebenan ist gerade eingezogen
➤ **à côté de** neben : **j'étais assise à côté de Mathias** ich habe neben Mathias gesessen
➤ **d'un côté... de l'autre...** einerseits... andererseits... : **d'un côté je suis contente, de l'autre j'ai peur** einerseits freue ich mich, andererseits habe ich Angst
➤ **Marc met de l'argent de côté pour s'acheter un nouveau vélo** Marc legt Geld beiseite, um sich ein neues Fahrrad zu kaufen.
➤ **de quel côté est-il parti ?** in welche Richtung ist er gegangen?

la **côtelette** [kotlɛt] ■ das **Kotelett** *(pluriel* **Koteletts***)* : **une côtelette d'agneau** ein Lammkotelett.

le **coton** [kɔtɔ̃]
1. die **Baumwolle** *(sans pluriel)* : **un tee-shirt en coton** ein Baumwoll-T-Shirt
2. die **Watte** *(sans pluriel)* : **elle a mis du coton sur sa coupure** sie hat Watte auf ihre Schnittwunde getan.

le **cou** [ku] ■ der **Hals** *(pluriel* **Hälse***)* : **j'ai mal au cou** mir tut der Hals weh.

la **couche** [kuʃ] ■ die **Schicht** *(pluriel* **Schichten***)* : **deux couches de peinture** zwei Farbschichten.

couché, e [kuʃe] *adjectif* ■ **im Bett** : **il est huit heures et elle est déjà couchée** es ist acht Uhr und sie ist schon im Bett
➤ **être couché** liegen : **le chien était couché dans l'herbe** der Hund lag im Gras.

coucher [3] [kuʃe] *verbe*
1. **ins Bett bringen** : **Élise a couché le bébé** Élise hat das Baby ins Bett gebracht
2. **lagern** : **les pompiers ont couché le blessé par terre** die Feuerwehrmänner haben den Verletzten auf dem Boden gelagert
3. **übernachten** : **j'ai couché chez une copine** ich habe bei einer Freundin übernachtet

se **coucher** *verbe pronominal*
1. **sich hin|legen** : **je vais me coucher cinq minutes** ich lege mich fünf Minuten hin
2. **schlafen gehen** : **tu te couches déjà ?** gehst du schon schlafen?
3. **unter|gehen** : **le soleil se couche tôt en hiver** im Winter geht die Sonne früh unter

le **coucher**
➤ **le coucher de soleil** der Sonnenuntergang : **au coucher du soleil** bei Sonnenuntergang.

coucou [kuku] *interjection* ■ **hallo** : **coucou, ça va ?** hallo, wie geht's?

le **coude** [kud] ■ der **Ellbogen** *(pluriel* **Ellbogen***)* : **je me suis fait mal au coude** ich habe mir am Ellbogen wehgetan.

coudre [65] [kudr] *verbe*
1. **an|nähen** : **coudre un bouton** einen Knopf annähen
2. **nähen** : **Claudine coud tous ses vêtements elle-même** Claudine näht alle ihre Kleider selbst.

la **couette** [kwɛt] ■ das **Federbett** *(pluriel* **Federbetten***)* : **il fait chaud sous la couette** unter dem Federbett ist es warm.

couler [3] [kule] *verbe*
1. **fließen** : **l'eau coule lentement** das Wasser fließt langsam
2. **sinken** : **le Titanic a coulé après avoir heurté un iceberg** die Titanic sank, nachdem sie auf einen Eisberg aufgelaufen war
➤ **faire couler un bain** ein Bad einlaufen lassen.

la **couleur** [kulœr] ■ die **Farbe** *(pluriel* **Farben***)* : **quelle est ta couleur préférée ?** was ist deine Lieblingsfarbe?
➤ **en couleurs** Farb- : **il a pris des photos en couleurs** er hat Farbfotos gemacht.

le **couloir** [kulwar] ■ der **Gang** *(pluriel* **Gänge***)*.

le **coup** [ku]

1. der **Schlag** *(pluriel* **Schläge***)* : **Sandrine a reçu un coup sur la tête** Sandrine hat einen Schlag auf den Kopf bekommen ; **donner un coup de poing à quelqu'un** jemanden einen Faustschlag versetzen
2. das **Klopfen** *(sans pluriel)* : **on a entendu des coups** wir hörten ein lautes Klopfen
3. der **Streich** *(pluriel* **Streiche***)* : **ils nous ont fait un mauvais coup** sie haben uns einen bösen Streich gespielt

➤ **un coup de pied** ein Fußtritt : **donner un coup de pied à quelqu'un** jemanden treten

➤ **aller boire un coup** etwas trinken gehen : **viens boire un coup avec nous** komm, wir gehen etwas trinken

➤ **donner un coup de balai** fegen : **il faut donner un coup de balai dans la cuisine** die Küche muss gefegt werden

➤ **un coup de feu** ou **un coup de fusil** ein Schuss oder ein Gewehrschuss : **j'ai entendu un coup de feu** ich habe einen Schuss gehört

➤ **un coup de fil** ou **un coup de téléphone** ein Anruf : **je peux passer un coup de fil ?** kann ich mal telefonieren? ; **passer un coup de téléphone à quelqu'un** jemanden anrufen

➤ **le coup de foudre** Liebe auf den ersten Blick

➤ **donner un coup de main à quelqu'un** jemandem helfen

➤ **jeter un coup d'œil** einen Blick werfen : **je vais jeter un coup d'œil dans la cuisine** ich werfe mal einen Blick in die Küche

➤ **un coup de soleil** ein Sonnenbrand : **prendre un coup de soleil** einen Sonnenbrand bekommen

➤ **d'un coup** ou **d'un seul coup** ou **tout à coup** auf einmal : **Jean-Paul a tout avalé d'un coup** Jean-Paul hat alles auf einmal hinuntergeschluckt ; **elle s'est levée d'un seul coup et elle est partie** auf einmal ist sie aufgestanden und gegangen ; **tout à coup, elle s'est mise à pleurer** plötzlich fing sie an zu weinen

➤ **du premier coup** auf Anhieb : **je ne réussis jamais du premier coup** ich schaffe es nie auf Anhieb.

coupable [kupabl] *adjectif* ■ **schuldig** : **je me sens coupable** ich fühle mich schuldig

le|la **coupable** ■ der|die **Schuldige** *(pluriel* **die Schuldigen***)* : **les coupables n'ont pas été retrouvés** sie haben die Schuldigen nicht gefunden.

la **coupe** [kup]

1. die **Meisterschaft** *(pluriel* **Meisterschaften***)* : **la Coupe du monde** die Weltmeisterschaft
2. das **Glas** *(pluriel* **Gläser***)* : **vous prendrez une coupe de champagne ?** trinken Sie ein Glas Champagner? ; **une coupe à champagne** ein Champagnerglas
3. der **Schnitt** *(pluriel* **Schnitte***)* : **une jolie coupe de cheveux** ein hübscher Haarschnitt.

coupé, e [kupe] *participe passé* ➤ couper.

couper [3] [kupe] *verbe*

1. **schneiden : je coupe la tarte en huit ?** soll ich die Torte in acht Stücke schneiden?
2. **eine Abkürzung nehmen : on peut couper par la rue Montrachet** wir können die Abkürzung über die Rue Montrachet nehmen
3. **fällen : les bûcherons ont coupé le sapin** die Holzfäller haben die Tanne gefällt

se **couper** *verbe pronominal* ■ **sich schneiden : Aurélie s'est coupée avec un couteau** Aurélie hat sich mit einem Messer geschnitten.

le **couple** [kupl] ■ das **Paar** *(pluriel* **Paare***)* : **ils font un beau couple** sie sind ein schönes Paar.

la **coupure** [kupyr] ■ die **Schnittwunde** *(pluriel* **Schnittwunden***)* : **il a mis du désinfectant sur sa coupure** er hat Desinfektionsmittel auf seine Schnittwunde gegeben

➤ **une coupure de courant** ein Stromausfall.

la **cour** [kur]

1. der **Hof** *(pluriel* **Höfe***)* : **la cour du château** der Schlosshof ; **la cour de Louis XIV** der Hof Ludwigs XIV.
2. der **Schulhof** *(pluriel* **Schulhöfe***)* : **les élèves discutent dans la cour** die Schüler unterhalten sich auf dem Schulhof.

le **courage** [kuraʒ] ■ der **Mut** *(sans pluriel)* : **il faut du courage pour faire ça** dafür braucht man Mut.

courageux, euse [kuraʒø, kuraʒøz] *adjectif* ■ **mutig.**

couramment [kuramɑ̃] *adverbe* ■ **fließend** : **Jean parle couramment anglais** Jean spricht fließend Englisch.

courant, e [kurɑ̃, kurɑ̃t] *adjectif* ■ **gängig** : **c'est une expression très courante** das ist ein sehr gängiger Ausdruck

le **courant**
1. der **Strom** *(pluriel* **Ströme***)* : **demain ils vont couper le courant** morgen wird der Strom abgestellt
2. die **Strömung** *(pluriel* **Strömungen***)* **je nageais contre le courant** ich bin gegen die Strömung geschwommen

➤ **un courant d'air** ein Luftzug
➤ **être au courant** Bescheid wissen : **je n'étais pas au courant** ich wusste nicht Bescheid.

le **coureur** [kurœr] ■ der **Läufer** *(pluriel* **Läufer***)* : **un coureur de fond** ein Langstreckenläufer
➤ **un coureur automobile** ein Rennfahrer
➤ **un coureur cycliste** ein Radrennfahrer.

la **coureuse** [kurøz] ■ die **Läuferin** *(pluriel* **Läuferinnen***)*.

la **courgette** [kurʒɛt] ■ die **Zucchini** *(pluriel* **Zucchini***)*.

courir **[39]** [kurir] *verbe* ■ **laufen** : **Stéphanie court très vite** Stéphanie kann sehr schnell laufen
➤ **courir après quelqu'un** jemandem nach|laufen : **le policier a couru après le voleur** der Polizist ist dem Dieb nachgelaufen.

la **couronne** [kurɔn] ■ die **Krone** *(pluriel* **Kronen***)*.

le **courrier** [kurje] ■ die **Post** *(sans pluriel)* : **il y a du courrier pour moi ?** ist Post für mich da?
➤ **un courrier électronique** eine E-Mail.

le **cours** [kur]
1. der **Kurs** *(pluriel* **Kurse** *)* : **je me suis inscrit à un cours d'informatique** ich habe mich zu einem Computerkurs angemeldet
2. der **Unterricht** : **on a cours d'allemand à trois heures** wir haben um drei Uhr Deutschunterricht

➤ **donner des cours** unterrichten : **la mère de Camille donne des cours au lycée** Camilles Mutter unterrichtet am Lycée.

la **course** [kurs]
1. das **Rennen** *(pluriel* **Rennen***)* : **une course cycliste** ein Radrennen ; **la course automobile** das Autorennen
2. die **Besorgung** *(pluriel* **Besorgungen***)* : **j'ai une course à faire** ich muss eine Besorgung machen

les **courses** *nom féminin pluriel* ■ die **Einkäufe** *(pluriel)* : **les courses ont coûté cent euros** die Einkäufe haben hundert Euro gekostet ; **as-tu fait les courses ?** hast du die Einkäufe erledigt?
➤ **faire des courses** ein|kaufen : **il est allé faire des courses** er ist einkaufen gegangen.

court, e [kur, kurt] *adjectif* ■ **kurz** : **cette jupe est un peu courte** dieser Rock ist ein bisschen kurz
➤ **un court de tennis** ein Tennisplatz.

couru, e [kury] *participe passé*
➤ courir.

le **cousin** [kuzɛ̃] ■ der **Cousin** *(pluriel* **Cousins***)* : **un cousin germain** ein Cousin ersten Grades.

la **cousine** [kuzin] ■ die **Cousine** *(pluriel* **Cousinen***)*.

le **coussin** [kusɛ̃] ■ das **Kissen** *(pluriel* **Kissen***)* : **le chat dort sur un coussin** die Katze schläft auf einem Kissen.

cousu, e [kuzy] *participe passé*
➤ coudre.

le **coût** [ku] ■ die **Kosten** *(pluriel)* : **le coût de la vie** die Lebenshaltungskosten.

le **couteau** [kuto] *(pluriel* couteaux*)*
■ das **Messer** *(pluriel* **Messer***)*
➤ **le couteau à pain** das Brotmesser.

coûter **[3]** [kute] *verbe* ■ **kosten** : **ça coûte combien ?** wie viel kostet das? ; **ça coûte 20 euros** das kostet 20 Euro ; **ça m'a coûté 40 euros** das hat mich 40 Euro gekostet

➤ **coûter cher** teuer sein : **ça coûte trop cher** das ist zu teuer.

la **coutume** [kutym] ■ der **Brauch** (*pluriel* **Bräuche**) : **c'est une vieille coutume autrichienne** das ist ein alter österreichischer Brauch.

la **couture** [kutyr] ■ das **Nähen** (*sans pluriel*) : **je n'aime pas du tout la couture** Nähen mag ich überhaupt nicht

➤ **faire de la couture** nähen.

le **couvercle** [kuvɛrkl] ■ der **Deckel** (*pluriel* **Deckel**) : **où est le couvercle du pot de confiture ?** wo ist der Deckel des Marmeladenglases?

couvert, e [kuvɛr, kuvɛrt] *adjectif*

1. **angezogen** : **la petite est-elle assez couverte pour la promenade ?** ist die Kleine für den Spaziergang warm genug angezogen?
2. **bedeckt** : **le ciel est couvert** der Himmel ist bedeckt
3. **überdacht** : **un parking couvert** ein überdachter Parkplatz

le **couvert**

➤ **mettre le couvert** den Tisch decken : **c'est à toi de mettre le couvert** du bist mit Tischdecken dran.

les **couverts** *nom masculin pluriel* ■ das **Besteck** : **où est-ce qu'on range les couverts ?** wohin kommt das Besteck? ; **les couverts sont en argent** das Besteck ist aus Silber.

la **couverture** [kuvɛrtyr] ■ die **Decke** (*pluriel* **Decken**) : **elle a mis une couverture sur le lit** sie hat eine Decke aufs Bett gelegt.

couvrir [29] [kuvrir] *verbe*

1. **bedecken** : **des affiches d'élections couvraient les murs** Wahlplakate bedeckten die Hauswände
2. **ab|decken** : **j'ai couvert le tableau pour le protéger** ich habe das Bild abgedeckt, damit ihm nichts passiert

se **couvrir** *verbe pronominal* ■ **sich etwas an|ziehen** : **couvre-toi bien, il fait très froid dehors** zieh dich warm an, es ist sehr kalt draußen.

cracher [3] [kraʃe] *verbe* ■ **spucken** : **il a craché par terre** er hat auf den Boden gespuckt.

la **craie** [krɛ] die **Kreide** (*pluriel* **Kreiden**) : **il me faut une craie** ich brauche ein Stück Kreide.

craindre [60] [krɛ̃dr] *verbe* ■ **fürchten** : **je crains qu'il ne vienne pas** ich fürchte, er kommt nicht

➤ **craindre quelqu'un** vor jemandem Angst haben : **c'est un professeur que tout le monde craint** vor diesem Lehrer haben alle Schüler Angst.

craint, e [krɛ̃, krɛ̃t] *participe passé* ➤ craindre.

le **crâne** [kran] ■ der **Schädel** (*pluriel* **Schädel**).

craquer [3] [krake] *verbe*

1. **platzen** : **mon jean a craqué quand je me suis assis** beim Hinsetzen ist meine Jeans geplatzt
2. **knarren** : **le plancher craque à cet endroit** hier knarrt der Boden
3. **die Nerven verlieren** : **dans les situations difficiles, elle craque** in schwierigen Situationen verliert sie die Nerven

➤ **craquer pour** *familier* sich verknallen in : **Anna a craqué pour Jérôme** Anna hat sich in Jérôme verknallt

➤ **plein à craquer** *familier* knallvoll : **le théâtre était plein à craquer hier soir** das Theater war gestern Abend knallvoll.

la **cravate** [kravat] ■ die **Krawatte** (*pluriel* **Krawatten**) : **il porte une veste et une cravate** er trägt ein Jackett und eine Krawatte.

le **crawl** [krol] ■ das **Kraul** (*sans pluriel*) : **nager le crawl** kraulen.

le **crayon** [krɛjɔ̃] ■ der **Bleistift** (*pluriel* **Bleistifte**)

➤ **un crayon à papier** ou **crayon noir** ein Bleistift

➤ **un crayon de couleur** ein Buntstift.

le **créateur** [kreatœr] ■ der **Schöpfer** (*pluriel* **Schöpfer**) : **c'est un créateur de mode reconnu dans le monde entier** er ist ein weltbekannter Modeschöpfer.

la **créatrice** [kreatris] ■ die **Schöpferin** *(pluriel* **Schöpferinnen***)*.

la **crèche** [krɛʃ] ■ die **Kinderkrippe** *(pluriel* **Kinderkrippen***)* : **mon petit frère va à la crèche** mein kleiner Bruder geht in die Kinderkrippe.

le **crédit** [kredi] ■ der **Kredit** *(pluriel* **Kredite***)* : **acheter quelque chose à crédit** etwas auf Kredit kaufen.

créer [14] [kree] *verbe*
1. **schaffen** : **il a tout créé de ses propres mains** er hat alles mit eigener Hand geschaffen
2. **gründen** : **elle a créé sa propre entreprise** sie hat ihr eigenes Unternehmen gegründet.

la **crème** [krɛm] ■ die **Creme** *(pluriel* **Cremes***)* : **n'oubliez pas de mettre de la crème solaire à la plage** vergessen sie nicht am Strand Sonnencreme aufzutragen ; **il y avait de la crème à la vanille au dessert** zum Nachtisch gab es Vanillencreme
➤ **de la crème fraîche** Crème fraîche.

la **crêpe** [krɛp] ■ die **Crêpe** *(pluriel* **Crêpes***)* : **j'adore les crêpes au sucre** Crêpes mit Zucker mag ich sehr gerne.

creux, creuse [krø, krøz] *adjectif* ■ **hohl** : **un tronc d'arbre creux** ein hohler Baumstamm.

crevant, e [krəvɑ̃, krəvɑ̃t] *adjectif* ■ *familier* **anstrengend** : **l'endurance, c'est vraiment crevant** Dauerlauf ist höllisch anstrengend.

crevé, e [krəve] *adjectif*
1. *familier* **kaputt** : **j'étais crevé après la piscine** nach dem Schwimmen war ich kaputt
2. **platt** : **ma roue arrière est crevée** mein Hinterreifen ist platt.

crever [18] [krəve] *verbe*
1. **eine Reifenpanne haben** : **c'est la deuxième fois qu'on crève avec cette voiture !** das ist das zweite Mal, dass wir mit diesem Auto eine Reifenpanne haben!
2. *familier* **ein|gehen** : **ma plante a crevé** meine Pflanze ist eingegangen
➤ **je crève de faim** ich sterbe vor Hunger
➤ **il fait une chaleur à crever** es ist mörderisch heiß
➤ **crever de chaud** vor Hitze umkommen
➤ **crever de froid** sich totfrieren.

la **crevette** [krəvɛt] ■ die **Garnele** *(pluriel* **Garnelen***)*.

le **cri** [kri] ■ der **Schrei** *(pluriel* **Schreie***)* : **j'ai entendu un cri** ich habe einen Schrei gehört ; **un cri de joie** ein Freudenschrei
➤ **pousser un cri** einen Schrei ausstoßen.

crier [10] [krije] *verbe* ■ **schreien** : **arrête de crier !** hör auf zu schreien! ; **elle a crié de douleur** sie schrie vor Schmerz.

le **crime** [krim]
1. das **Verbrechen** *(pluriel* **Verbrechen***)* : **un crime contre l'humanité** ein Verbrechen gegen die Menschheit
2. der **Mord** *(pluriel* **Morde***)* : **il a commis un crime** er hat einen Mord begangen.

le **criminel** [kriminɛl] ■ der **Verbrecher** *(pluriel* **Verbrecher***)* : **un criminel de guerre** ein Kriegsverbrecher.

la **criminelle** [kriminɛl] ■ die **Verbrecherin** *(pluriel* **Verbrecherinnen***)*.

la **crise** [kriz]
1. die **Krise** *(pluriel* **Krisen***)* : **une crise économique** eine Wirtschaftskrise ; **le pays est en crise** das Land befindet sich in einer Krise
2. der **Anfall** *(pluriel* **Anfälle***)* : **une crise cardiaque** ein Herzanfall
➤ **piquer une crise** *familier* einen Anfall bekommen : **mon père a piqué une crise quand je lui ai montré mon bulletin** mein Vater bekam einen Anfall, als ich ihm mein Zeugnis zeigte.

le **cristal** [kristal] *(pluriel* **cristaux***)* [kristo] ■ das **Kristall** *(sans pluriel)* : **un verre en cristal** ein Kristallglas.

la **critique** [kritik] ■ die **Kritik** *(sans pluriel)* : **ce n'est pas une critique, c'est juste une remarque** das ist keine Kritik, sondern nur eine Bemerkung ; **ses critiques m'ont blessé** seine Kritik hat mich gekränkt.

critiquer [3] [kritike] *verbe* ■ **kritisieren** : **il n'arrête pas de critiquer les autres** er kritisiert ständig andere Leute.

le **crochet** [krɔʃɛ] ■ der **Haken** *(pluriel* **Haken***)* : **le miroir est suspendu à un crochet** der Spiegel hängt an einem Haken.

le **crocodile** [krɔkɔdil] ■ das **Krokodil** (*pluriel* **Krokodile**).

croire [80] [krwar] *verbe* ■ **glauben : je crois qu'elle est déjà partie** ich glaube, sie ist schon weg ; **je crois que oui** ich glaube ja ; **je crois que non** ich glaube nicht ; **je crois avoir oublié ma clé** ich glaube, ich habe meinen Schlüssel vergessen
➤ **croire quelqu'un** jemandem glauben : **je ne la crois pas** ich glaube ihr nicht
➤ **croire quelque chose** etwas glauben : **croyez-vous cette histoire ?** glauben Sie diese Geschichte
➤ **croire en quelqu'un** an jemandem glauben : **il croit en Dieu** er glaubt an Gott

se **croire** *verbe pronominal* ■ **sich halten für : il se croit intelligent** er hält sich für klug.

croiser [3] [krwaze] *verbe* ■ **treffen : j'ai croisé ta sœur dans la rue** ich habe deine Schwester auf der Straße getroffen
➤ **croiser les bras** die Arme verschränken

se **croiser** *verbe pronominal* ■ **sich treffen : nous nous sommes croisés au supermarché** wir haben uns im Supermarkt getroffen.

la **croisière** [krwazjɛr] ■ die **Kreuzfahrt** (*pluriel* **Kreuzfahrten**) : **faire une croisière** eine Kreuzfahrt machen.

le **croissant** [krwasɑ̃] ■ das **Croissant** (*pluriel* **Croissants**) : **un croissant coûte 90 centimes** ein Croissant kostet 90 Cent.

la **croissanterie** [krwasɑ̃tri] ■ *Geschäft, in dem hauptsächlich Hefegebäck verkauft wird.*

la **croix** [krwa] ■ das **Kreuz** (*pluriel* **Kreuze**).

le **croque-monsieur** [krɔkməsjø] (*pluriel* croque-monsieurs) ■ *überbackener Toast mit Schinken und Käse.*

croquer [3] [krɔke] *verbe* ■ **beißen auf : il ne faut pas croquer les bonbons** auf Bonbons soll man nicht beißen.

le **croquis** [krɔki] ■ die **Skizze** (*pluriel* **Skizzen**) : **son croquis est très réussi** seine Skizze ist sehr gelungen.

la **croûte** [krut] ■ die **Rinde** (*pluriel* **Rinden**) : **Léo ne mange que la croûte du pain** Léo isst nur die Rinde vom Brot.

croyable [krwajabl] *adjectif* ■ **tu as encore oublié ton cahier, ce n'est pas croyable** du hast schon wieder dein Heft vergessen, es ist nicht zu glauben.

cru[1] [kry] *adjectif* ■ **roh**.

cru[2], **e** [kry] *participe passé* ➤ croire.

les **crudités** [krydite] *nom féminin pluriel* ■ der **Salatteller** (*pluriel* **Salatteller**).

cruel, elle [kryɛl] *adjectif* ■ **grausam : elle est cruelle avec son frère** sie ist grausam zu ihrem Bruder.

cueillir [36] [kœjir] *verbe* ■ **pflücken : on a cueilli des fleurs** wir haben Blumen gepflückt.

la **cuillère** [kɥijɛr] ■ der **Löffel** (*pluriel* **Löffel**)
➤ **une cuillère à café** ou **une petite cuillère** ein Teelöffel
➤ **une cuillère à soupe** ein Esslöffel.

le **cuir** [kɥir] ■ das **Leder** (*sans pluriel*) : **une veste en cuir** eine Lederjacke.

cuire [74] [kɥir] *verbe*
1. **kochen : fais cuire les carottes pendant 20 minutes** koch die Karotten 20 Minuten
2. **backen : le gâteau doit cuire à 200 degrés** der Kuchen muss bei 200 Grad backen.

la **cuisine** [kɥizin] ■ die **Küche** (*pluriel* **Küchen**) : **cette cuisine est trop petite** diese Küche ist zu klein ; **la cuisine française** die französische Küche
➤ **faire la cuisine** kochen : **est-ce que tu fais souvent la cuisine ?** kochst du oft?

le **cuisinier** [kɥizinje] ■ der **Koch** (*pluriel* **Köche**).

la **cuisinière** [kɥizinjɛr] ■ die **Köchin** (*pluriel* **Köchinnen**) : **Marie est cuisinière dans un restaurant** Marie ist Köchin in einem Restaurant.

la **cuisse** [kɥis] ■ der **Oberschenkel** (*pluriel* **Oberschenkel**).

cuit, e [kɥi, it] *adjectif* ■ **le gâteau est cuit** der Kuchen ist durch gebacken ; **le chou-fleur est cuit** der Blumenkohl ist gar ; **la viande est bien cuite** das Fleisch ist gut durch ; **les légumes sont trop cuits** das Gemüse ist zerkocht.

la **culotte** [kylɔt] ■ die **Unterhose** (*pluriel* **Unterhosen**) : **une culotte en coton** eine Unterhose aus Baumwolle.

cultivé, e [kyltive] *adjectif* ■ **gebildet** : **c'est quelqu'un de très cultivé** er ist sehr gebildet.

cultiver [3] [kyltive] *verbe* ■ **an|bauen** : **ils cultivent principalement des tomates** sie bauen hauptsächlich Tomaten an.

la **culture** [kyltyr]

1. die **Kultur** (*pluriel* **Kulturen**) : **il s'intéresse à la culture africaine** er interessiert sich für die afrikanische Kultur
2. der **Anbau** (*sans pluriel*) : **la culture biologique** biologischer Anbau

➤ **la culture générale** Allgemeinbildung.

culturel, elle [kyltyrɛl] *adjectif* ■ **Kultur-** : **Arte est une chaîne culturelle franco-allemande** Arte ist ein französisch-deutscher Kultursender.

le **curé** [kyre] ■ der **Pfarrer** (*pluriel* **Pfarrer**).

curieux, euse [kyrjø, øz] *adjectif*

1. **neugierig** : **Coralie est très curieuse, elle pose tout le temps des questions** Coralie ist sehr neugierig, sie stellt ständig Fragen
2. **komisch** : **c'est curieux, je pensais l'avoir mis là** das ist komisch, ich dachte, ich hätte es dort hingelegt.

le **cybercafé** [sibɛrkafe] ■ das **Internet-Café** (*pluriel* **Internet-Cafés**).

le|la **cycliste** [siklist] ■ der **Radfahrer** (*plural* **Radfahrer**), die **Radfahrerin** (*pluriel* **Radfahrerinnen**).

le **cygne** [siɲ] ■ der **Schwan** (*pluriel* **Schwäne**).

les **cymbales** [sɛ̃bal] *nom féminin pluriel* ■ **Becken** (*s'utilise toujours au pluriel*) : **elle joue des cymbales** sie spielt Becken.

d

d'abord ➤ abord.

d'accord ➤ accord.

la **dame** [dam] ■ die **Dame** (*pluriel* **Damen**) : **la dame en rouge là-bas c'est ma tante** die Dame in Rot dort hinten ist meine Tante ; **j'ai la dame de trèfle** ich habe die Kreuzdame

➤ **jouer aux dames** Dame spielen.

le **danger** [dɑ̃ʒe] ■ die **Gefahr** (*pluriel* **Gefahren**) : **ils sont en danger** sie sind in Gefahr.

dangereux, euse [dɑ̃ʒrø, øz] *adjectif* ■ **gefährlich** : **ce virage est dangereux** diese Kurve ist gefährlich.

dans [dɑ̃] *préposition*

1. **in** : **qu'est-ce qu'il y a dans la boîte ?** was ist in der Schachtel? ; **je reviens dans cinq minutes** ich bin in fünf Minuten zurück ; **dans les années quatre-vingt-dix** in den 90er Jahren ; **n'entre pas dans ma chambre !** geh nicht in mein Zimmer! ; **est-ce que je peux m'asseoir dans ce fauteuil ?** kann ich mich in diesen Sessel setzen? ; **Cédric a plongé dans le lac** Cédric hat einen Kopfsprung in den See gemacht
2. **auf** : **il n'y a personne dans la rue** auf der Straße ist niemand

➤ **dans les ...** um die ... : **ça coûte dans les trente euros** das kostet um die dreißig Euro

➤ **dans l'ensemble** insgesamt : **dans l'ensemble, c'est une élève sérieuse** insgesamt ist sie eine fleißige Schülerin.

la **danse** [dɑ̃s] ■ der **Tanz** *(pluriel* **Tänze***)* : **faire de la danse** tanzen
➤ **la danse classique** Ballett : **faire de la danse classique** im Ballett sein.

danser **[3]** [dɑ̃se] *verbe* ■ **tanzen : j'apprends à danser le tango** ich lerne Tango tanzen.

le **danseur** [dɑ̃sœr] ■ der **Tänzer** *(pluriel* **Tänzer***)*.

la **danseuse** [dɑ̃søz] ■ die **Tänzerin** *(pluriel* **Tänzerinnen***)* : **elle est danseuse** sie ist Tänzerin.

la **date** [dat] ■ das **Datum** *(pluriel* **Daten***)* : **quelle est votre date de naissance ?** wie lautet Ihr Geburtsdatum?
➤ **la date limite** die Frist.

dater [date] *verbe*
➤ **sa lettre date de six jours** er hat den Brief vor sechs Tagen geschrieben.

le **dauphin** [dofɛ̃] ■ der **Delfin** *(pluriel* **Delfine***)*.

davantage [davɑ̃taʒ] *adverbe* ■ **mehr : tu devrais travailler davantage** du solltest mehr arbeiten.

de [də] *(***d'** *devant une voyelle ou un « h » muet)*
■ *préposition*
1. **von : la cathédrale de Reims** die Kathedrale von Reims
2. **aus : vous venez de Paris ?** kommt ihr aus Paris? ; **ce café vient de Colombie** dieser Kaffee kommt aus Kolumbien
3. **mit : il l'a simplement touché du doigt** er hat ihn einfach mit dem Finger berührt ; **ils sont armés de couteaux** sie sind mit Messern bewaffnet
4. **pro : dix euros de l'heure** zehn Euro pro Stunde

> Lorsque **de** indique la cause et introduit un sentiment ou une sensation, il se traduit par **vor** en allemand :

Caro tremble de froid Caro zittert vor Kälte ; **le petit chien sautait de joie** der kleine Hund sprang vor Freude umher

> Lorsque **de** indique la cause et suit les verbes **leiden** ou **sterben**, on traduit **de** par **an** :

il est mort d'un cancer er ist an Krebs gestorben

5. **un verre de vin** ein Glas Wein ; **un quart d'heure** eine Viertelstunde ; **la porte du salon** die Wohnzimmertür ; **les clés de la voiture** die Autoschlüssel ; **un billet de dix euros** ein Zehneuroschein ; **le train de 9h30** der 9-Uhr-30-Zug

> Dans de nombreux cas, **de** ne se traduit pas, comme par exemple pour les mots composés.

trois litres d'eau drei Liter Wasser ; **une bouteille d'eau** eine Flasche Wasser

> On ne traduit pas **de** après une unité de mesure.

le frère de Pierre Pierres Bruder ; **le médecin de ma mère** der Arzt meiner Mutter ; **la maison de mes cousins** das Haus meiner Cousins

> Lorsqu'il s'agit d'indiquer l'appartenance, on utilise le génitif saxon en allemand, indiqué par un **s** final lorsque le possesseur est qualifié par un nom propre.

6. **le frère de Pierre** Pierres Bruder ; **le médecin de ma mère** der Arzt meiner Mutter ; **la maison de mes cousins** das Haus meiner Cousins

> Lorsqu'il s'agit d'indiquer l'appartenance, on utilise le génitif en allemand.

➤ **un enfant de dix ans** ein zehnjähriges Kind
➤ **de ... à ...**
1. von ... nach ... : **de Paris à Tokyo** von Paris nach Tokio
2. von ... bis ... ; **de dix heures à midi** von zehn bis zwölf ; **il y avait de dix à quinze personnes** es waren zehn bis fünfzehn Personen da
➤ **de ... en ...** von ... zu ... : **il va de ville en ville pour présenter son nouveau spectacle** er zieht von Stadt zu Stadt, um sein neues Programm vorzustellen

■ *article partitif*
je voudrais du lait ich möchte Milch ; **achète des pommes** kauf Äpfel ; **est-ce que vous avez des devoirs ?** habt ihr Hausaufgaben auf? ; **est-ce que tu veux du thé ?** willst du Tee?

Dans les phrases affirmatives, impératives et interrogatives, l'article partitif n'est jamais traduit en allemand.

➤ **pas de** kein : **ils n'ont pas d'enfants** sie haben keine Kinder ; **je ne veux pas de viande** ich will kein Fleisch.

le **dé** [de] ■ der **Würfel** (*pluriel* **Würfel**) : **c'est à toi de jeter les dés** du bist dran mit Würfeln ; **jouer aux dés est mon passe-temps favori** Würfel spielen ist mein liebster Zeitvertreib.

déballer [3] [debale] *verbe* ■ **aus|packen** : **je n'ai pas encore déballé ma valise** ich habe meinen Koffer noch nicht ausgepackt.

débarrasser [3] [debarase] *verbe* ■ **auf|räumen** : **débarrasse tes affaires** räum deine Sachen auf
➤ **débarrasser la table** den Tisch ab|räumen

se **débarrasser de** *verbe pronominal* ■ **los|werden** : **je voudrais me débarrasser de mon vieux lit** ich würde gerne mein altes Bett loswerden.

le **débat** [deba] ■ die **Debatte** (*pluriel* **Debatten**).

déborder [3] [debɔrde] *verbe* ■ **über|laufen** : **l'évier a débordé** das Spülbecken ist übergelaufen
➤ **le Rhin a débordé** der Rhein ist über die Ufer getreten.

les **débouchés** [debuʃe] *nom masculin pluriel* ■ **Arbeitsplätze** (*pluriel*) : **l'artisanat offre de nombreux débouchés** das Handwerk bietet zahlreiche Arbeitsplätze.

déboucher [3] [debuʃe] *verbe* ■ **auf|machen** : **je n'arrive pas à déboucher cette bouteille de vin** ich kriege diese Weinflasche nicht auf.

debout [dəbu] *adverbe* ■ **auf** : **je suis debout depuis six heures du matin** ich bin seit sechs Uhr früh auf ; **debout, c'est l'heure !** auf, es ist Zeit!
➤ **être debout** stehen : **il était debout sur une chaise** er stand auf einem Stuhl
➤ **se mettre debout** auf|stehen : **mettez-vous debout, s'il vous plaît** stehen Sie bitte auf
➤ **dormir debout** im Stehen ein|schlafen : **Astrid était si fatiguée qu'elle dormait debout** Astrid war so müde, dass sie im Stehen einschlief.

les **débris** [debri] *nom masculin pluriel*
➤ **il y a des débris de verre partout** da sind überall Glasscherben.

se **débrouiller** [3] [debruje] *verbe pronominal*
1. **es schaffen** : **il s'est débrouillé pour partir plus tôt** er hat es geschafft, früher loszukommen
2. **ganz gut zurecht|kommen** : **Sandra se débrouille bien en allemand** Sandra kommt ganz gut in Deutsch zurecht.

le **début** [deby] ■ der **Anfang** (*pluriel* **Anfänge**) : **le début du roman est passionnant** der Anfang des Romans ist spannend ; **au début de l'année** am Anfang des Jahres
➤ **au début** am Anfang : **au début, je ne comprenais rien** am Anfang habe ich nichts verstanden
➤ **dès le début** von Anfang an : **je savais qu'il mentait dès le début** ich wusste von Anfang an, dass er log.

le **débutant** [debytɑ̃] ■ der **Anfänger** (*pluriel* **Anfänger**) : **un cours d'allemand pour débutants** ein Deutschkurs für Anfänger.

la **débutante** [debytɑ̃t] ■ die **Anfängerin** (*pluriel* **Anfängerinnen**).

le **décalage** [dekalaʒ]
➤ **décalage horaire** Zeitunterschied : **n'oublie pas qu'il y a six heures de décalage horaire entre l'Allemagne et le Québec** vergiss nicht die sechs Stunden Zeitunterschied zwischen Deutschland und Québec.

décaler [3] [dekale] *verbe* ■ **verschieben : est-ce qu'on peut décaler la réunion d'une demi-heure ?** können wir die Sitzung um eine halbe Stunde verschieben?

décembre [desɑ̃bʁ] ■ **Dezember : en décembre** im Dezember.

le **décès** [desɛ] ■ der **Tod** (*pluriel* **Tode**) : **on ne connaît pas la cause de son décès** die Ursache seines Todes ist nicht bekannt.

décevoir [42] [desəvwaʁ] *verbe* ■ **enttäuschen : je ne veux pas te décevoir** ich will dich nicht enttäuschen.

les **déchets** [deʃɛ] *nom masculin pluriel* ■ der **Müll** (*sans pluriel*) : **des déchets radioactifs** der Atommüll

Le pluriel **les déchets** se traduit toujours par un collectif au masculin singulier en allemand.

déchirer [3] [deʃiʁe] *verbe* ■ **zerreißen : attention, tu vas déchirer ta jupe !** pass auf, du zerreißt deinen Rock!

décider [3] [deside] *verbe* ■ **beschließen : Bertrand a décidé de partir lundi** Bertrand hat beschlossen, am Montag abzufahren

se **décider** *verbe pronominal* ■ **sich entscheiden : allez, décide-toi !** los, entscheide dich!

la **décision** [desizjɔ̃] ■ die **Entscheidung** (*pluriel* **Entscheidungen**) : **c'est une décision difficile à prendre** das ist eine schwierige Entscheidung.

déclarer [3] [deklaʁe] *verbe* ■ **erklären : déclarer la guerre à un pays** einem Land den Krieg erklären
➤ **rien à déclarer** nichts zu verzollen.

décoller [3] [dekɔle] *verbe*
1. **ab|bekommen : je n'arrive pas à décoller l'étiquette** ich bekomme das Etikett nicht ab
2. **starten : on a regardé les avions décoller** wir haben zugesehen, wie die Flugzeuge gestartet sind

En français, on forme le passé composé de **décoller** avec l'auxiliaire avoir alors qu'au parfait, on conjugue **starten** avec l'auxiliaire **sein**.

décontracté, e [dekɔ̃tʁakte] *adjectif* ■ **entspannt : essaie d'être plus décontracté** versuch, ein bisschen entspannter zu sein.

le **décor** [dekɔʁ] ■ die **Dekoration** (*pluriel* **Dekorationen**) : **le décor du restaurant n'est pas vraiment réussi** die Dekoration in dem Restaurant ist nicht sehr gelungen.

la **décoration** [dekɔʁasjɔ̃] ■ die **Dekoration** (*pluriel* **Dekorationen**) : **les décorations de Noël** die Weihnachtsdekoration.

décorer [3] [dekɔʁe] *verbe* ■ **dekorieren : on a décoré la salle avec des dessins** wir haben den Raum mit Zeichnungen dekoriert.

découper [3] [dekupe] *verbe*
1. **schneiden : qui va découper le gâteau ?** wer schneidet den Kuchen in Stücke?
2. **aus|schneiden : Paul a découpé des photos de stars dans un magazine** Paul hat Starfotos aus einer Zeitschrift ausgeschnitten.

décourager [16] [dekuʁaʒe] *verbe* ■ **entmutigen : ne lui dis pas ça, tu vas le décourager** sag ihm das nicht, sonst entmutigst du ihn

se **décourager** *verbe pronominal* ■ **den Mut verlieren : tu te décourages facilement !** du verlierst aber schnell den Mut!

découvert, e [dekuvɛʁ, ɛʁt] *participe passé* ➤ découvrir.

la **découverte** [dekuvɛʁt] ■ die **Entdeckung** (*pluriel* **Entdeckungen**) : **la découverte de l'Amérique** die Entdeckung Amerikas ; **les enfants sont partis à la découverte du grenier** die Kinder erkunden den Dachboden.

découvrir [29] [dekuvʁiʁ] *verbe* ■ **entdecken : ils ont découvert des ruines romaines** man hat römische Ruinen entdeckt.

décrire [75] [dekrir] *verbe* ■ **beschreiben : tu pourrais me la décrire ?** könntest du sie mir beschreiben?

décrocher [3] [dekrɔʃe] *verbe*
1. **ab|hängen : je vais décrocher ce tableau, il est horrible** ich werde dieses Bild abhängen, es ist scheußlich
2. **ab|nehmen : il refuse de décrocher le téléphone** er weigert sich, den Hörer abzunehmen.

déçu, e [desy] *adjectif* ■ **enttäuscht : Marc est très déçu de ne pas pouvoir aller à Heidelberg** Marc ist sehr enttäuscht, dass er nicht nach Heidelberg fahren kann.

dedans [dədɑ̃] *adverbe* ■ **drinnen : il fait chaud dedans** drinnen ist es warm ; **de dedans, on ne voit rien** von drinnen sieht man nichts.

défaire [82] [defɛr] *verbe*
1. **lösen : je n'arrive pas à défaire le nœud** ich bekomme den Knoten nicht auf
2. **aus|packen : tu as défait ta valise ?** hast du deinen Koffer ausgepackt?

le **défaut** [defo] ■ der **Fehler** *(pluriel* **Fehler***)* **: elle a beaucoup de défauts, mais elle est généreuse** sie hat viele Fehler, aber sie ist großzügig.

défendre [54] [defɑ̃dr] *verbe*
1. **verteidigen : Paul défend son petit frère contre sa sœur** Paul verteidigt seinen kleinen Bruder gegen seine Schwester
2. **verbieten : ma mère m'a défendu de sortir** meine Mutter hat mir verboten rauszugehen

se **défendre** *verbe pronominal* ■ **sich verteidigen : ne le laisse pas t'accuser, défends-toi !** lass dich nicht von ihm beschuldigen, verteidige dich!

la **défense** [defɑ̃s] ■ die **Verteidigung** *(pluriel* **Verteidigungen***)* **: le ministère de la Défense** das Verteidigungsministerium.

le **défi** [defi] ■ die **Herausforderung** *(pluriel* **Herausforderungen***)* **: c'est un défi !** das ist eine Herausforderung! ; **il m'a lancé un défi** er hat mich herausgefordert.

le **défilé** [defile] ■ der **Umzug** *(pluriel* **Umzüge***)* **: un défilé militaire** eine Militärparade.

définir [27] [definir] *verbe* ■ **definieren : définissez ce mot** definieren Sie dieses Wort.

définitif, ive [definitif, iv] *adjectif* ■ **endgültig : sa décision est définitive** seine Entscheidung ist endgültig.

la **définition** [definisjɔ̃] ■ die **Definition** *(pluriel* **Definitionen***)* **: quelle est la définition de ce mot ?** wie lautet die Definition dieses Wortes?

défoncer [15] [defɔ̃se] *verbe* ■ **ein|schlagen : comment ont-ils réussi à défoncer la porte ?** wie haben sie es geschafft, die Tür einzuschlagen?

se **défouler** [3] [sədefule] *verbe pronominal* ■ **sich abreagieren : tu as besoin de te défouler** du musst dich abreagieren.

les **dégâts** [dega] *nom masculin pluriel* ■ der **Schaden** *(pluriel* **Schäden***)* **: l'incendie a fait de gros dégâts** der Brand hat große Schäden verursacht.

dégonfler [3] [degɔ̃fle] *verbe* ■ **Luft heraus|lassen aus : j'ai dégonflé le matelas** ich habe die Luft aus der Matratze herausgelassen

se **dégonfler** *verbe pronominal* ■ **Luft verlieren : le ballon s'est encore dégonflé** der Ball hat wieder Luft verloren.

dégoûtant, e [degutɑ̃, ɑ̃t] *adjectif* ■ **widerlich : arrête, c'est dégoûtant !** hör auf, das ist widerlich!

dégoûter [3] [degute] *verbe* ■ **an|ekeln : ce type me dégoûte** dieser Typ ekelt mich an.

le **degré** [dəgre] ■ das **Grad** *(sans pluriel)* **: l'eau bout à 100 degrés Celsius** Wasser kocht bei 100 Grad Celsius ; **il fait trois degrés** es sind drei Grad.

déguisé [degize] *adjectif* ■ **verkleidet : ils sont tous arrivés déguisés en fantômes** sie kamen alle als Gespenster verkleidet.

le **déguisement** [degizmɑ̃] ■ die **Verkleidung** *(pluriel* **Verkleidungen***)* : **Bruno a gagné le prix du meilleur déguisement** Bruno hat den Preis für die beste Verkleidung bekommen.

se **déguiser** [3] [sədegize] *verbe pronominal* ■ **sich verkleiden** : **tu te déguises pour Halloween ?** verkleidest du dich an Halloween? ; **se déguiser en sorcière** sich als Hexe verkleiden.

dehors [dəɔr] *adverbe* ■ **draußen** : **il fait froid dehors** es ist kalt draußen
➤ **en dehors de** außer : **en dehors de Lucas, il n'a pas d'amis** außer Lucas hat er keine Freunde.

déjà [deʒa] *adverbe* ■ **schon** : **Alice a déjà fini** Alice ist schon fertig ; **tu es déjà allé à Weimar ?** bist du schon einmal in Weimar gewesen?

déjeuner [5] [deʒœne] *verbe*
1. **frühstücken** : **je déjeune avant de me doucher** ich frühstücke vor dem Duschen
2. **zu Mittag essen** : **on a déjeuné chez Lucie samedi** wir waren am Samstag bei Lucie zum Mittagessen

le **déjeuner** ■ das **Mittagessen** *(pluriel* **Mittagessen***)* : **le déjeuner était excellent** das Mittagessen war sehr gut.

le **délai** [delɛ]
1. die **Frist** *(pluriel* **Fristen***)* : **respecter les délais** die Fristen ein|halten
2. der **Aufschub** *(pluriel* **Aufschübe***)* : **j'ai demandé un délai d'une semaine pour payer mon voyage** ich habe für die Bezahlung meiner Reise um eine Woche Aufschub gebeten.

délavé, e [delave] *adjectif* ■ **verwaschen** : **un jean délavé** eine verwaschene Jeans.

le **délégué** [delege] ■ **le délegué de classe** der Klassensprecher.

la **déléguée** [delege] ■ **Sophie est notre déléguée de classe** Sophie ist unsere Klassensprecherin.

délicieux, euse [delisjø, øz] *adjectif* ■ **köstlich** : **ce gâteau est délicieux** dieser Kuchen ist köstlich.

la **délinquance** [delɛ̃kɑ̃s] ■ die **Kriminalität** *(sans pluriel)*.

le **délinquant** [delɛ̃kɑ̃] ■ der **Straftäter** *(pluriel* **Straftäter***)*.

la **délinquante** [delɛ̃kɑ̃t] ■ die **Straftäterin** *(pluriel* **Straftäterinnen***)*.

délivrer [3] [delivre] *verbe* ■ **befreien** : **le jeu consiste à délivrer le prisonnier** bei dem Spiel geht es darum, den Gefangenen zu befreien.

demain [dəmɛ̃] *adverbe* ■ **morgen** : **demain matin** morgen früh ; **à demain !** bis morgen!

demander [3] [dəmɑ̃de] *verbe*
1. **bitten** : **demander quelque chose à quelqu'un** jemanden um etwas bitten ; **Denis m'a demandé dix euros** Denis hat mich um zehn Euro gebeten ; **demander à quelqu'un de faire quelque chose** jemanden bitten, etwas zu tun ; **je t'ai déjà demandé de te taire** ich habe dich schon einmal gebeten, still zu sein
2. **fragen** : **Alice m'a demandé si je viens à sa fête** Alice hat mich gefragt, ob ich zu ihrer Party komme ; **je lui ai demandé ce qu'il en pensait** ich habe ihn gefragt, was er davon hält
➤ **demander son chemin à quelqu'un** jemanden nach dem Weg fragen : **Nicolas a demandé son chemin à une femme** Nicolas hat eine Frau nach dem Weg gefragt
➤ **demander pardon à quelqu'un** sich bei jemandem entschuldigen

se **demander** *verbe pronominal* ■ **sich fragen** : **elle se demande ce qu'elle va faire** sie fragt sich, was sie tun soll ; **je me demande si elle va bien** ich frage mich, ob es ihr gut geht.

démanger [16] [demɑ̃ʒe] *verbe* ■ **ça me démange** mich juckt es.

se **démaquiller** [3] [sədemakije] *verbe pronominal* ■ **sich ab|schminken** : **j'ai oublié de me démaquiller** ich habe vergessen, mich abzuschminken.

démarrer [3] [demare] *verbe*
1. **an|springen : la mobylette ne veut pas démarrer** das Mofa springt nicht an
2. **an|fangen : le stage démarre le 13 janvier** das Praktikum fängt am 13. Januar an.

le **déménagement** [demenaʒmɑ̃] ■ der **Umzug** (*pluriel* **Umzüge**).

déménager [16] [demenaʒe] *verbe* ■ **um|ziehen : quand est-ce que vous déménagez ?** wann zieht ihr um?

la **demeure** [dəmœr] ■ das **Haus** (*pluriel* **Häuser**) : **mon oncle habite une jolie demeure du XVIII**e **siècle** mein Onkel wohnt in einem schönen Haus aus dem 18. Jahrhundert.

demi, e [dəmi] *adjectif* ■ **halb : un demi-sandwich** ein halbes Sandwich ; **un kilo et demi** eineinhalb Kilo ; **il est une heure et demie** es ist halb zwei

la **demie** ■ **halb : je te rappelle à la demie** ich rufe dich um halb zurück.

la **demi-finale** [dəmifinal] (*pluriel* demi-finales) ■ das **Halbfinale** (*pluriel* **Halbfinale**) : **ils sont en demi-finale** sie sind im Halbfinale.

le **demi-frère** [dəmifrɛr] (*pluriel* demi-frères) ■ der **Halbbruder** (*pluriel* **Halbbrüder**).

la **demi-heure** [dəmijœr] (*pluriel* demi-heures) ■ die **halbe Stunde** (*pluriel* **halbe Stunden**) : **dans une demi-heure** in einer halben Stunde ; **toutes les demi-heures** jede halbe Stunde.

la **demi-journée** [dəmiʒurne] (*pluriel* demi-journées) ■ der **halbe Tag** (*pluriel* **die halben Tage**) : **une demi-journée de travail** ein halber Arbeitstag.

la **demi-sœur** [dəmisœr] (*pluriel* demi-sœurs) ■ die **Halbschwester** (*pluriel* **Halbschwestern**).

démissionner [3] [demisjɔne] *verbe* ■ **zurück|treten : le maire a démissionné** der Bürgermeister ist zurückgetreten.

demi-tarif [dəmitarif] (*pluriel* demi-tarifs) *adjectif* ■ **ermäßigt : un billet demi-tarif** eine ermäßigte Karte.

le **demi-tour** [dəmitur] (*pluriel* demi-tours)
➤ **faire demi-tour** um|kehren.

la **démocratie** [demɔkrasi] ■ die **Demokratie** (*pluriel* **Demokratien**).

la **démonstration** [demɔ̃strasjɔ̃] ■ die **Vorführung** (*pluriel* **Vorführungen**) : **une démonstration de judo** eine Judovorführung.

démontrer [3] [demɔ̃tre] *verbe* ■ **beweisen : cette théorie n'a jamais été démontrée** diese Theorie ist nie bewiesen worden.

dénoncer [15] [denɔ̃se] *verbe* ■ **an|zeigen : ils l'ont dénoncé à la police** sie haben ihn bei der Polizei angezeigt.

la **dent** [dɑ̃] ■ der **Zahn** (*pluriel* **Zähne**)
➤ **avoir mal aux dents** Zahnschmerzen haben.

le **dentifrice** [dɑ̃tifris] ■ die **Zahnpasta** (*pluriel* **Zahnpasten**) : **un tube de dentifrice** eine Tube Zahnpasta.

le **dentiste** [dɑ̃tist] ■ der **Zahnarzt** (*pluriel* **Zahnärzte**) : **aller chez le dentiste** zum Zahnarzt gehen.

la **dentiste** [dɑ̃tist] ■ die **Zahnärztin** (*pluriel* **Zahnärztinnen**).

le **déodorant** [deɔdɔrɑ̃] ■ das **Deo** (*pluriel* **Deos**) : **un déodorant en stick** ein Deostick.

dépanner [3] [depane] *verbe* ■ **reparieren : quelqu'un va venir dépanner la télé** es kommt jemand, um den Fernseher zu reparieren.

le **départ** [depar]
1. die **Abfahrt** (*pluriel* **Abfahrten**)
2. der **Abflug** (*pluriel* **Abflüge**) : **le hall des départs** die Abflughalle
3. der **Start** (*pluriel* **Starts**) : **le départ de la course** der Start des Rennens.

le **département** [departəmɑ̃] ■ das **Departement** *(pluriel* **Departements***)* *(Verwaltungsbezirk in Frankreich)*

DÉPARTEMENT

Frankreich ist verwaltungstechnisch in 96 **départements** unterteilt. So gehört Paris zum Departement Ville de Paris, Bordeaux ist die Hauptstadt des Departements Gironde.

dépasser [3] [depase] *verbe*
1. **überholen : la moto nous a dépassés à 150 à l'heure** das Motorrad hat uns mit 150 überholt
2. **größer sein als : Cédric me dépasse de dix centimètres** Cédric ist zehn Zentimeter größer als ich
3. **länger sein als : l'exposé ne peut pas dépasser une demi-heure** das Referat darf nicht länger als eine halbe Stunde sein.

se **dépêcher** [4] [sədepeʃe] *verbe pronominal* ■ **sich beeilen : dépêche-toi, on est en retard !** beeil dich, wir sind spät dran! ; **dépêchez-vous de mettre vos manteaux** zieht euch schnell eure Jacken an.

dépendre [54] [depɑ̃dr] *verbe* ■ **ab|hängen von : dépendre de quelque chose** von etwas abhängen ; **ça dépend des professeurs** das hängt von den Lehrern ab ; **ça dépend** das kommt drauf an.

la **dépense** [depɑ̃s] ■ **Ausgaben** *(s'utilise toujours au pluriel)* **: c'est une grosse dépense** das kostet eine Menge.

dépenser [3] [depɑ̃se] *verbe* ■ **aus|geben : combien tu as dépensé ?** wie viel hast du ausgegeben? ; **Jules a dépensé 10 euros pour déjeuner** Jules hat 10 Euro fürs Mittagessen ausgegeben.

déplacer [15] [deplase] *verbe* ■ **um|stellen : si on déplace la table, il y aura plus de place** wenn wir den Tisch umstellen, haben wir mehr Platz

se **déplacer** *verbe pronominal* ■ **sich fort|bewegen : ma grand-mère a du mal à se déplacer** meine Großmutter kann sich nur mit Mühe fortbewegen.

le **dépliant** [deplijɑ̃] ■ der **Prospekt** *(pluriel* **Prospekte***)*
➤ **un dépliant touristique** ein Reiseprospekt.

déposer [3] [depoze] *verbe*
1. **ab|stellen : dépose tes bagages là** stell dein Gepäck dort ab
2. **ab|legen : elle a déposé le livre sur la table** sie hat das Buch auf dem Tisch abgelegt
3. **ab|setzen : Isa l'a déposé à la gare** Isa hat ihn am Bahnhof abgesetzt.

la **dépression** [depresjɔ̃] ■ die **Depression** *(pluriel* **Depressionen***)* **: faire une dépression** Depressionen haben ; **une dépression nerveuse** ein Nervenzusammenbruch.

déprimé, e [deprime] *adjectif* ■ **deprimiert : je me sens un peu déprimé aujourd'hui** heute bin ich irgendwie deprimiert.

déprimer [3] [deprime] *verbe*
1. **deprimieren : le film nous a déprimés** der Film hat uns deprimiert
2. *familier* **sich entmutigen lassen : Martin déprime facilement** Martin lässt sich leicht entmutigen.

depuis [dəpɥi]

■ *préposition*
1. **seit : je ne l'ai pas vu depuis août** ich habe ihn seit August nicht gesehen ; **Caroline est malade depuis une semaine** Caroline ist seit einer Woche krank
2. **von ... aus : depuis la route, on pouvait voir la mer** von der Straße aus konnte man das Meer sehen

■ *adverbe*
seitdem : nous ne l'avons pas revu depuis wir haben ihn seitdem nicht mehr gesehen
➤ **depuis que** seit : **elle n'a pas téléphoné depuis qu'elle a déménagé** sie hat nicht angerufen, seit sie umgezogen ist
➤ **depuis combien de temps ?** ou **depuis quand ?** seit wann? : **depuis combien de temps fais-tu du cheval ?** seit wann reitest du? ; **depuis quand est-ce que tu le connais ?** seit wann kennst du ihn?

➤ **depuis peu** seit kurzem : **depuis peu, elle refuse de s'alimenter** seit kurzem weigert sie sich zu essen.

le **député** [depyte] ■ der **Abgeordnete** (*pluriel* **die Abgeordneten**) : **les députés socialistes** die sozialistischen Abgeordneten ; **un député européen** ein Europaabgeordneter.

la **députée** [depyte] ■ die **Abgeordnete** (*pluriel* **die Abgeordneten**).

déraciner [derasine] *verbe* ■ **heraus|reißen : son chien a déraciné tous mes rosiers** sein Hund hat alle meine Rosenstöcke herausgerissen.

déranger **[16]** [derɑ̃ʒe] *verbe* ■ **stören : je ne veux pas vous déranger** ich will euch nicht stören

➤ **ça vous dérange si j'ouvre la fenêtre ?** stört es Sie, wenn ich das Fenster öffne?

dernier, ère [dɛrnje, ɛr] *adjectif*

■ **letzte : le dernier nom sur la liste** der letzte Name auf der Liste ; **samedi dernier** letzten Samstag ; **l'année dernière** letztes Jahr

➤ **ces derniers temps** in letzter Zeit : **il a beaucoup plu ces derniers temps** in letzter Zeit hat es sehr viel geregnet

le **dernier** ■ der **Letzte** (*pluriel* **die Letzten**) : **tu veux le dernier ?** möchtest du den Letzten?

➤ **en dernier** zum Schluss : **on fera cet exercice en dernier** wir werden diese Übung zum Schluss machen.

la **dernière** ■ die **Letzte** (*pluriel* **die Letzten**).

se **dérouler** [səderule] *verbe pronominal*

■ **sich ab|spielen : l'incident s'est déroulé près d'ici** der Unfall hat sich hier in der Nähe abgespielt.

derrière [dɛrjɛr] *préposition & adverbe*

■ **hinter : derrière l'école** hinter der Schule

➤ **rester derrière** zurück|bleiben : **les autres sont restés derrière** die anderen sind zurückgeblieben

➤ **regarder derrière** zurück|blicken : **avance au lieu de toujours regarder derrière** geh vorwärts, anstatt ständig zurückzublicken

le **derrière** ■ die **Rückseite** (*pluriel* **Rückseiten**) : **le derrière de la maison** die Rückseite des Hauses

➤ **la porte de derrière** die Hintertür.

des [de]

■ *article*

j'ai acheté des fleurs ich habe Blumen gekauft ; **j'ai des frères et sœurs** ich habe Brüder und Schwestern

> L''article indéfini **des** ne se traduit pas en allemand.

■ *préposition* ➤ **de**.

dès [dɛ] *préposition*

1. **schon : dès demain** schon morgen ; **dès maintenant** schon jetzt
2. **gleich nach : dès son arrivée, il a tout changé** gleich nach seiner Ankunft hat er alles geändert

➤ **dès que** sobald : **j'appellerai dès que j'arriverai** ich werde anrufen, sobald ich ankomme ; **dès que possible** so bald wie möglich.

désagréable [dezagreabl] *adjectif* ■ **unangenehm**

➤ **il a été désagréable avec Bernard** er war unfreundlich zu Bernard.

le **désastre** [dezastr] ■ die **Katastrophe** (*pluriel* **Katastrophen**).

descendre **[54]** [desɑ̃dr] *verbe*

1. **hinunter|gehen : descends à la cave** geh hinunter in den Keller ; **descendre la rue** die Straße hinuntergehen
2. **herunter|kommen : tu peux descendre m'aider, s'il te plaît ?** kannst du bitte herunterkommen und mir helfen? ; **je regardais Samuel descendre l'escalier** ich habe zugesehen, wie Samuel die Treppe herunterkam
3. **fallen : les températures sont encore descendues** die Temperatur ist weiter gefallen
4. **aus|steigen : tu pourras descendre au feu** du kannst an der Ampel aussteigen ; **descendre du bus** aus dem Bus aussteigen ; **descendre de voiture** aus dem Auto aussteigen

➤ **descendre dans un hôtel** in einem Hotel übernachten : **nous sommes descendus deux nuits dans un hôtel** wir haben zwei Nächte in einem Hotel übernachtet
➤ **descendre de vélo** ab|steigen : **descends de vélo pour traverser** steig ab, wenn du die Straße überquerst.

la **descente** [desɑ̃t]
1. der **Abstieg** *(pluriel* **Abstiege***)* : **la descente a été plus facile que la montée** der Abstieg war einfacher als der Aufstieg
2. das **Herunterfahren** *(sans pluriel)* : **quand il neige, la descente est difficile** bei Schnee ist das Herunterfahren schwierig.

la **description** [dɛskripsjɔ̃] ■ die **Beschreibung** *(pluriel* **Beschreibungen***)*.

désert, e [dezɛr, dezɛrt] *adjectif*
1. **einsam : une île déserte** eine einsame Insel
2. **menschenleer : les rues sont désertes dès dix-huit heures** schon ab achtzehn Uhr sind die Straßen menschenleer

le **désert** ■ die **Wüste** *(pluriel* **Wüsten***)* : **le désert de Gobi** die Wüste Gobi.

désespéré, e [dezɛspere] *adjectif*
1. **verzweifelt : la pauvre fille est désespérée** das arme Mädchen ist völlig verzweifelt ; **un regard désespéré** ein verzweifelter Blick
2. **ausweglos : la situation est désespérée** die Lage ist ausweglos.

désespérer [17] [dezɛspere] *verbe* ■ **die Hoffnung auf|geben : il ne faut pas désespérer** man darf die Hoffnung nicht aufgeben.

déshabiller [3] [dezabije] *verbe* ■ **aus|ziehen : Lucille a déshabillé sa petite sœur** Lucille hat ihre kleine Schwester ausgezogen

se **déshabiller** *verbe pronominal* ■ **sich aus|ziehen : elle s'est déshabillée et s'est mise au lit** sie hat sich ausgezogen und ins Bett gelegt.

désigner [3] [deziɲe] *verbe* ■ **ernennen : il a été désigné comme délégué** er ist zum Abgeordneten ernannt worden.

le **désinfectant** [dezɛ̃fɛktɑ̃] ■ das **Desinfektionsmittel** *(pluriel* **Desinfektionsmittel***)*.

désinfecter [4] [dezɛ̃fɛkte] *verbe* ■ **desinfizieren : il faut désinfecter la plaie** die Wunde muss desinfiziert werden.

le **désir** [dezir] ■ der **Wunsch** *(pluriel* **Wünsche***)* : **ils obéissent à tous ses désirs** sie gehen auf alle ihre Wünsche ein.

désirer [3] [dezire] *verbe* ■ **sich wünschen : pour Noël, Marine désire un cédérom** zu Weihnachten wünscht sich Marine eine CD-Rom
➤ **vous désirez ?** Sie wünschen?

désobéir [27] [dezɔbeir] *verbe* ■ **nicht gehorchen : Loïc n'ose pas désobéir à ses parents** Loïc wagt es nicht, seinen Eltern nicht zu gehorchen.

désobéissant, e [dezɔbeisɑ̃, ɑ̃t] *adjectif* ■ **ungehorsam : il est très désobéissant** er ist sehr ungehorsam.

désolé, e [dezɔle] *adjectif*
➤ **je suis désolé** es tut mir Leid : **je suis désolée, je ne peux pas venir** es tut mir Leid, ich kann nicht kommen.

désordonné, e [dezɔrdɔne] *adjectif* ■ **unordentlich : c'est quelqu'un de très désordonné** er ist ein sehr unordentlicher Mensch.

le **désordre** [dezɔrdr] ■ die **Unordnung** *(sans pluriel)* : **quel désordre dans cette chambre !** was für eine Unordnung in diesem Zimmer!

désormais [dezɔrmɛ] *adverbe* ■ **von nun an : désormais tu me demanderas d'abord !** von nun an wirst du mich vorher fragen!

desquels [dekɛl] **les gens au nom desquels je parle** die Leute, in deren Namen ich spreche ➤ **lequel**.

dessécher [17] [deseʃe] *verbe* ■ **aus|trocknen : le vent dessèche la peau** der Wind trocknet die Haut aus se **dessécher** *verbe pronominal* ■ **aus|trocknen : ma peau se dessèche en hiver** im Winter trocknet meine Haut aus.

le **dessert** [desɛr] ■ der **Nachtisch** *(sans pluriel)* : **en dessert, je voudrais une mousse au chocolat** zum Nachtisch hätte ich gern eine Mousse au Chocolat.

le **dessin** [desɛ̃] ■ die **Zeichnung** *(pluriel* **Zeichnungen***)* : **Manu a fait un très beau dessin** Manu hat eine sehr schöne Zeichnung angefertigt

➤ **un dessin animé** ein Zeichentrickfilm.

le **dessinateur** [desinatœr] ■ der **Zeichner** *(pluriel* **Zeichner***)*.

la **dessinatrice** [desinatris] ■ die **Zeichnerin** *(pluriel* **Zeichnerinnen***)*.

dessiner [3] [desine] *verbe* ■ **zeichnen : je vais te dessiner un chien** ich werde dir einen Hund zeichnen ; **tu dessines très bien** du zeichnest sehr gut.

dessous [dəsu] *adverbe* ■ **darunter : il porte un pull sans rien dessous** er trägt einen Pullover und nichts darunter

le **dessous** ■ die **Unterseite** *(pluriel* **Unterseiten***)* : **il y a des chewing-gums collés sur le dessous de la table** an der Unterseite des Tisches kleben Kaugummis.

dessus [dəsy] *adverbe*

1. **darüber : mon manteau est là, tu peux mettre le tien dessus** mein Mantel hängt dort, du kannst deinen darüber hängen
2. **darauf : voici une enveloppe, n'oublie pas d'écrire l'adresse dessus** hier ist ein Umschlag, vergiss nicht, die Adresse darauf zu schreiben

le **dessus** ■ die **Oberseite** *(pluriel* **Oberseiten***)* : **il faut aussi que tu nettoies le dessus de l'armoire** du musst auch die Oberseite des Schranks sauber machen

➤ **les voisins du dessus** die Nachbarn von oben.

la **destruction** [dɛstryksjɔ̃] ■ die **Zerstörung** *(pluriel* **Zerstörungen***)* : **la destruction du dépôt d'armes est l'objectif principal** die Zerstörung des Waffenlagers ist das Hauptziel.

détacher [3] [detaʃe] *verbe*

1. **los|binden : il faut détacher les mains des otages** wir müssen den Geiseln die Hände losbinden
2. **ab|trennen : il faut détacher le coupon et le renvoyer** man muss den Kupon abtrennen und zurückschicken.

le **détail** [detaj] ■ die **Einzelheit** *(pluriel* **Einzelheiten***)*

➤ **en détail** in allen Einzelheiten : **Simon nous a raconté son voyage en détail** Simon hat uns seine Reise in allen Einzelheiten geschildert

➤ **ce n'est qu'un détail** das ist nicht so wichtig.

le **détective** [detɛktiv] ■ der **Detektiv** *(pluriel* **Detektive***)* : **un détective privé** ein Privatdetektiv.

déteindre [61] [detɛ̃dr] *verbe* ■ **aus|bleichen : mon jean a déteint** meine Jeans ist ausgeblichen.

se **détendre** [54] [sədetɑ̃dr] *verbe pronominal* ■ **sich entspannen : j'écoute de la musique pour me détendre** ich höre Musik, um mich zu entspannen.

détendu, e [detɑ̃dy]

■ *participe passé* ➤ détendre

■ *adjectif*

entspannt : tu as l'air très détendue du siehst sehr entspannt aus.

la **détente** [detɑ̃t] ■ die **Entspannung**

➤ **une heure de détente** eine Stunde Pause.

se **détériorer** [3] [sədeterjɔre] *verbe pronominal* ■ **sich verschlimmern : la situation s'est détériorée** die Lage hat sich verschlimmert.

déterminé, e [detɛrmine] *adjectif*

1. **bestimmt : une quantité déterminée d'argent** eine bestimmte Summe Geld
2. **fest entschlossen : Lise est déterminée à quitter son mari** Lise ist fest entschlossen, ihren Mann zu verlassen.

détester [3] [detɛste] *verbe* ■ **hassen : il déteste sa cousine** er hasst seine Kusine ; **je déteste la physique** ich hasse Physik ; **Amélie déteste faire ses devoirs** Amélie hasst es, Hausaufgaben zu machen.

détruire [74] [detrɥir] *verbe* ■ **zerstören : l'incendie a détruit l'immeuble** der Brand hat das Gebäude zerstört.

la **dette** [dɛt] ■ die **Schuld** (*pluriel* **Schulden**) : **le père de Jackie a des dettes** Jackies Vater hat Schulden.

deux [dø] *adjectif numéral* ■ **zwei : Karine a deux frères** Karine hat zwei Brüder ; **elle a deux ans** sie ist zwei Jahre alt

➤ **sur la Deux** im Zweiten : **sur la Deux, il y a des informations à huit heures** im Zweiten kommen um acht Uhr Nachrichten

➤ **nous sommes le deux janvier** heute ist der 2. Januar

➤ **la géographie et toi, ça fait deux** du und Erdkunde, das geht nicht zusammen

➤ **les deux** beide : **finalement j'ai acheté les deux** schließlich habe ich beide gekauft

le **deux** ■ die **Zwei**.

deuxième [døzjɛm] *adjectif numéral* ■ **zweite : c'est la deuxième fois que j'essaie** ich versuche es zum zweiten Mal ; **j'habite au deuxième étage** ich wohne im zweiten Stock ; **Benoît est arrivé deuxième** Benoît ist Zweiter geworden

le **deuxième** ■ der|die **Zweite** (*pluriel* **die Zweiten**).

devant [dəvɑ̃]

■ *préposition*

vor : devant la porte vor der Tür ; **elle a juré devant ses parents** sie hat vor ihren Eltern geschworen

■ *adverbe*

voraus : passe devant geh voraus

➤ **loin devant** weit voraus : **le maillot jaune roulait loin devant** das gelbe Trikot fuhr weit voraus

le **devant** ■ die **Vorderseite** (*pluriel* **Vorderseiten**).

le **développement** [devlɔpmɑ̃] ■ die **Entwicklung** (*pluriel* **Entwicklungen**) : **le développement des photos** die Entwicklung der Fotos

➤ **les pays en voie de développement** die Entwicklungsländer.

développer [3] [devlɔpe] *verbe* ■ **entwickeln : je vais faire développer mes photos** ich werde meine Fotos entwickeln lassen.

devenir [35] [dəvnir] *verbe* ■ **werden : ils sont devenus très riches** sie sind sehr reich geworden

➤ **qu'est-ce que tu deviens ?** was machst du so?

deviner [3] [dəvine] *verbe* ■ **raten : devine ce que j'ai dans la main** rate mal, was ich in der Hand habe.

la **devinette** [dəvinɛt] ■ das **Rätsel** (*pluriel* **Rätsel**).

le **devoir**[1] [dəvwar] ■ die **Pflicht** (*pluriel* **Pflichten**) : **tu dois le faire, c'est ton devoir** du musst es tun, es ist deine Pflicht

les **devoirs** *nom masculin pluriel* ■ die **Hausaufgaben : il est en train de faire ses devoirs d'allemand** er macht gerade seine Deutschhausaufgaben.

devoir[2] [43] [dəvwar] *verbe*

1. **schulden : tu me dois cinq euros** du schuldest mir fünf Euro ; **tu me dois une explication** du schuldest mir eine Erklärung
2. **müssen : tu dois te brosser les dents deux fois par jour** du musst dir zweimal am Tag die Zähne putzen ; **j'ai dû aller avec eux** ich musste mit ihnen mitgehen ; **vous devez avoir faim** ihr müsst Hunger haben
3. **sollen : Alicia doit arriver à six heures** Alicia soll um sechs Uhr ankommen ; **tu devrais faire attention** du solltest vorsichtig sein ; **vous auriez dû m'en parler** ihr hättet mir davon erzählen sollen

➤ **Melissa sait qu'elle ne doit pas fumer** Melissa weiss, dass sie nicht rauchen darf.

devrai, devras ➤ devoir.

le **diable** [djabl] ■ der **Teufel** (*pluriel* **Teufel**).

diabolique [djabɔlik] *adjectif* ■ **teuflisch** : **il a dressé un plan diabolique** er hat einen teuflischen Plan geschmiedet.

le **dialogue** [djalɔg] ■ der **Dialog** (*pluriel* **Dialoge**) : **les dialogues de son dernier film sont très amusants** die Dialoge in seinem letzten Film sind sehr lustig.

le **diamant** [djamɑ̃] ■ der **Diamant** (*pluriel* **Diamanten**) : **un collier de diamants** ein Diamantenkollier.

la **diapositive** [djapozitiv] ■ das **Dia** (*pluriel* **Dias**) : **le professeur nous a montré des diapositives** der Lehrer hat uns Dias gezeigt.

la **dictée** [dikte] ■ das **Diktat** (*pluriel* **Diktate**) : **j'ai fait trois fautes à la dictée** ich habe drei Fehler im Diktat gemacht.

le **dictionnaire** [diksjɔnɛr] ■ das **Wörterbuch** (*pluriel* **Wörterbücher**) : **un dictionnaire bilingue** ein zweisprachiges Wörterbuch.

le **dieu** [djø] (*pluriel* dieux) ■ der **Gott** (*pluriel* **Götter**) : **les dieux grecs** die griechischen Götter

le **Dieu** ■ **Gott** (*sans article*) : **mon Dieu !** mein Gott!

la **différence** [diferɑ̃s] ■ der **Unterschied** (*pluriel* **Unterschiede**) : **il y a une grosse différence entre les deux** es besteht ein großer Unterschied zwischen den beiden.

différent, e [diferɑ̃, ɑ̃t] *adjectif* ■ **verschieden** : **ce modèle existe en différents coloris** dieses Modell gibt es in verschiedenen Farben

➤ **être différent de** sich unterscheiden von : **ce tableau est très différent de l'autre** dieses Bild unterscheidet sich sehr von dem anderen.

difficile [difisil] *adjectif* ■ **schwierig** : **cet exercice est très difficile** diese Übung ist sehr schwierig.

la **difficulté** [difikylte] ■ die **Schwierigkeit** (*pluriel* **Schwierigkeiten**) : **Paul a des difficultés en anglais** Paul hat Schwierigkeiten in Englisch ; **mon grand-père a de la difficulté à marcher** das Gehen bereitet meinem Großvater Schwierigkeiten.

digérer **[17]** [diʒere] *verbe* ■ **verdauen** : **ce plat est difficile à digérer** dieses Gericht ist schwer zu verdauen.

le **dimanche** [dimɑ̃ʃ] ■ der **Sonntag** (*pluriel* **Sonntage**) : **mes copains sont venus dimanche** meine Freunde sind am Sonntag vorbeigekommen ; **qu'est-ce que tu fais dimanche matin ?** was machst du Sonntagmorgen?

> Quand on veut indiquer une habitude, on ajoute un s final au complément de temps :

Thomas joue au foot le dimanche Thomas spielt sonntags Fußball

➤ **dimanche dernier** letzten Sonntag

➤ **dimanche prochain** nächsten Sonntag.

la **dimension** [dimɑ̃sjɔ̃] ■ das **Maß** (*pluriel* **Maße**) : **quelles sont les dimensions de la pièce ?** welche Maße hat das Zimmer?

diminuer **[7]** [diminɥe] *verbe* ■ **sich verringern** : **le nombre d'élèves a diminué** die Schülerzahl hat sich verringert.

la **dinde** [dɛ̃d] ■ die **Pute** (*pluriel* **Puten**) : **on mange de la dinde le jour de Noël** an Weihnachten essen wir Pute.

dîner **[3]** [dine] *verbe* ■ **zu Abend essen** : **mon correspondant anglais dîne à six heures et demie** mein englischer Brieffreund isst um halb sieben zu Abend

le **dîner** ■ das **Abendessen** (*pluriel* **Abendessen**) : **le dîner est à huit heures** um acht gibt es Abendessen.

dingue [dɛ̃g] *adjectif familier* ■ **durchgeknallt** *familier* : **il est complètement dingue !** er ist völlig durchgeknallt!

le **dinosaure** [dinozɔr] ■ der **Dinosaurier** (*pluriel* **Dinosaurier**) : **les dinosaures ont disparu il y a 65 millions d'années** die Dinosaurier sind vor 65 Millionen Jahren ausgestorben.

le **diplôme** [diplom] ■ das **Diplom** (*pluriel* **Diplome**) : **un diplôme d'ingénieur** ein Ingenieursdiplom.

diplômé, e [diplome] *adjectif* ■ **être diplômé de** Absolvent sein ; **Luc est diplômé de l'université de Rennes** Luc ist Absolvent der Universität von Rennes.

dire [77] [dir] *verbe* ■ **sagen** : **dis quelque chose !** sag etwas! ; **Louis a dit oui** Louis hat ja gesagt ; **je ne sais pas s'il dit la vérité** ich weiß nicht, ob er die Wahrheit sagt ; **mes parents m'ont dit de ranger ma chambre** meine Eltern haben mir gesagt, ich soll mein Zimmer aufräumen ; **dis-moi que ce n'est pas vrai !** sag mir, dass das nicht wahr ist! ; **que dis-tu de mon dessin ?** was sagst du zu meiner Zeichnung?
➤ **dis donc** *familier* sag mal : **dis donc, tu n'aurais pas vu Cédric ?** sag mal, du hast nicht zufällig Cédric gesehen?
➤ **on dirait ...** man könnte meinen ... : **on dirait de la soie** man könnte meinen, das sei Seide
➤ **cette musique me dit quelque chose** diese Musik erinnert mich an etwas
➤ **ça te dit d'aller au cinéma ?** hast du Lust, ins Kino zu gehen?
➤ **ça ne me dit rien** dazu habe ich keine Lust

se **dire** *verbe pronominal* ■ **sich sagen** : **je me disais qu'on pourrait appeler Martin** ich sagte mir, dass wir Martin anrufen könnten
➤ **« marteau » se dit « Hammer » en allemand** für „marteau" sagt man auf Deutsch „Hammer".

direct, e [dirɛkt] *adjectif* ■ **direkt** : **un train direct pour Nîmes** eine direkte Verbindung nach Nîmes.

directement [dirɛktəmɑ̃] *adverbe* ■ **direkt** : **on est rentrés directement à la maison** wir sind direkt nach Hause gefahren.

le **directeur** [dirɛktœr]
1. der **Geschäftsführer** (*pluriel* **Geschäftsführer**) : **le directeur du magasin** der Geschäftsführer des Ladens
2. der **Direktor** (*pluriel* **Direktoren**)
➤ **le directeur artistique** der künstlerische Leiter.

la **direction** [dirɛksjɔ̃] ■ die **Richtung** (*pluriel* **Richtungen**) : **ils sont partis dans cette direction** sie sind in diese Richtung gegangen.

la **directrice** [dirɛktris]
1. die **Geschäftsführerin** (*pluriel* **Geschäftsführerinnen**)
2. die **Direktorin** (*pluriel* **Direktorinnen**) : **la directrice de l'école** die Rektorin.

diriger [16] [diriʒe] *verbe* ■ **leiten** : **c'est elle qui dirige l'entreprise** sie leitet das Unternehmen

se **diriger** *verbe pronominal*
➤ **se diriger vers quelque chose** auf etwas zulgehen : **ils se sont dirigés vers la sortie** sie sind auf den Ausgang zugegangen.

la **discipline** [disiplin] ■ die **Disziplin** (*sans pluriel*) : **il y a des problèmes de discipline à l'école** in der Schule herrscht mangelnde Disziplin.

la **discothèque** [diskɔtɛk]
1. das **Musikarchiv** (*pluriel* **Musikarchive**) : **j'ai emprunté ce CD à la discothèque** ich habe diese CD aus dem Musikarchiv ausgeliehen
2. die **Diskothek** (*pluriel* **Diskotheken**) : **ils vont en discothèque tous les samedis soirs** sie gehen jeden Samstagabend in die Diskothek.

le **discours** [diskur] ■ die **Rede** (*pluriel* **Reden**) : **faire un discours** eine Rede halten.

discret, ète [diskrɛ, ɛt] *adjectif* ■ **diskret** : **Sonia est discrète, elle ne pose pas de questions** Sonia ist diskret, sie stellt keine Fragen.

la **discussion** [diskysjɔ̃] ■ das **Gespräch** (*pluriel* **Gespräche**) : **on a eu une discussion très intéressante** wir haben ein sehr interessantes Gespräch geführt.

discuter [3] [diskyte] *verbe*
1. **sich unterhalten** : **nous avons discuté de nos problèmes** wir haben uns über unsere Probleme unterhalten
2. **diskutieren** : **ne discute pas, pose ton livre et viens dîner !** diskutier nicht, leg dein Buch beiseite und komm zum Abendessen.

disparaître [70] [disparɛtr] *verbe*
1. **verschwinden** : **Isa a disparu, personne ne sait où elle est** Isa ist verschwunden, niemand weiß, wo sie ist

2. **aus|sterben** : **cette espèce de papillon a disparu** diese Schmetterlingsart ist ausgestorben

> On forme le passé composé de **disparaître** avec l'auxiliaire **avoir** alors qu'en allemand, on forme le parfait du verbe avec **sein** quelles que soient ses traductions.

la **disparition** [disparisjɔ̃] ■ **das Verschwinden** *(sans pluriel)* : **la mystérieuse disparition du ministre** das geheimnisvolle Verschwinden des Ministers
➤ **être en voie de disparition** vom Aussterben bedroht sein.

disparu, e [dispary] *participe passé* ➤ disparaître

le **disparu** ■ **der Vermisste** *(pluriel* **die Vermissten***)*.

la **disparue** ■ **die Vermisste** *(pluriel* **die Vermissten***)*.

disponible [disponibl] *adjectif* ■ **frei** : **il y a encore des places disponibles** es gibt noch freie Plätze.

la **disposition** [dispozisjɔ̃] ■ **die Anordnung** *(pluriel* **Anordnungen***)* : **je n'aime pas la disposition des meubles** die Anordnung der Möbel gefällt mir nicht
➤ **être à la disposition de quelqu'un** jemandem zur Verfügung stehen : **ma voiture est à votre disposition** mein Auto steht Ihnen zur Verfügung.

la **dispute** [dispyt] ■ **der Streit** *(pluriel* **Streite***)* : **ils ont eu une dispute à propos d'argent** sie hatten Streit wegen Geld.

se **disputer** **[3]** [sədispyte] *verbe pronominal* ■ **(sich) streiten** : **arrêtez de vous disputer !** hört auf (euch) zu streiten!

le **disque** [disk]
1. **die Schallplatte** *(pluriel* **Schallplatten***)* : **un magasin de disques** ein Schallplattengeschäft
2. **der Diskus** *(pluriel* **Disken***)* : **le lancer de disque** das Diskus werfen
➤ **le disque compact** die CD
➤ **le disque dur** die Festplatte.

la **disquette** [diskɛt] ■ **die Diskette** *(pluriel* **Disketten***)* : **tu peux me copier le fichier sur disquette ?** kannst du mir die Datei auf Diskette kopieren?

dissoudre **[66]** [disudr] *verbe* ■ **auf|lösen**

se **dissoudre** *verbe pronominal* ■ **sich auf|lösen** : **le sucre se dissout dans l'eau** Zucker löst sich in Wasser auf.

la **distance** [distɑ̃s] ■ **die Entfernung** *(pluriel* **Entfernungen***)* : **quelle distance y a-t-il entre Meaux et Senlis ?** wie groß ist die Entfernung zwischen Meaux und Senlis? ; **à une distance de 300 mètres** in 300 Metern Entfernung.

distraire **[85]** [distrɛr] *verbe*
1. **ab|lenken** : **on essayait de distraire Laurent pendant qu'il était au tableau** wir haben Laurent abzulenken versucht, während er an der Tafel war
2. **unterhalten** : **ils ont fait venir un magicien pour distraire les enfants** sie haben einen Zauberer engagiert, um die Kinder zu unterhalten

se **distraire** *verbe pronominal* ■ **sich ab|lenken** : **il se distrait en lisant des BD** er lenkt sich ab, indem er Comics liest.

distrait, e [distrɛ, ɛt] *adjectif*
1. **zerstreut** : **Elsa est très distraite** Elsa ist sehr zerstreut
2. **unaufmerksam** : **elle est très distraite en classe** sie ist sehr unaufmerksam im Unterricht.

distribuer **[7]** [distribɥe] *verbe*
1. **verteilen** : **Sarah a distribué des bonbons à tout le monde** Sarah hat an alle Bonbons verteilt
2. **aus|teilen** : **c'est ton tour de distribuer les cartes** du musst jetzt die Karten austeilen.

le **distributeur** [distribytœr]
➤ **un distributeur (automatique) de billets** ein Geldautomat : **je vais prendre de l'argent au distributeur de billets** ich hole Geld aus dem Geldautomaten.

dit [di, dit] *participe passé* ➤ dire.

divers, e [divɛr, ɛrs] *adjectif* ■ **verschieden : pour diverses raisons** aus verschiedenen Gründen.

diviser **[3]** [divize] *verbe* ■ **teilen : 8 divisé par 4 égalent 2** 8 geteilt durch vier ist zwei.

la **division** [divizjɔ̃] ■ die **Division** (*plu-riel* **Divisionen**) **: je ne sais pas faire cette division** ich kann diese Divisionsaufgabe nicht lösen.

le **divorce** [divɔrs] ■ die **Scheidung** (*plu-riel* **Scheidungen**) **: leur divorce a été prononcé** ihre Scheidung ist ausgesprochen worden.

divorcé, e [divɔrse] *adjectif* ■ **geschieden : les parents de Lucas sont divorcés** Lucas' Eltern sind geschieden.

divorcer **[15]** [divɔrse] *verbe* ■ **sich scheiden lassen : les Souchet ont divorcé l'année dernière** die Souchets haben sich letztes Jahr scheiden lassen.

dix [dis] *adjectif numéral* ■ **zehn : il y a dix filles dans ma classe** in meiner Klasse sind zehn Mädchen
➤ **nous sommes le dix juin** heute ist der 10. Juni.

dixième [dizjɛm] *adjectif numéral* ■ **zehnte : le dixième nom sur la liste** der zehnte Name auf der Liste

le **dixième**
1. der **Zehnte** (*pluriel* **Zehnten**)
2. das **Zehntel** (*pluriel* **Zehnten**) **: un dixième de la somme totale** ein Zehntel der Gesamtsumme.

la **dixième** ■ die **Zehnte : Anne est arrivée dixième** Anne ist Zehnte geworden.

dix-huit [dizɥit] *adjectif numéral* ■ **achtzehn : il a dix-huit ans** er ist achtzehn Jahre alt.

dix-huitième [diz'ɥitjɛm] *adjectif numéral* ■ **achtzehnte**.

dix-neuf [diznœf] *adjectif numéral* ■ **neunzehn : il y a dix-neuf élèves dans ma classe** in meiner Klasse sind neunzehn Schüler.

dix-neuvième [diznœvjɛm] *adjectif numéral* ■ **neunzehnte**.

dix-sept [disɛt] *adjectif numéral* ■ **siebzehn**.

dix-septième [disɛtjɛm] *adjectif numéral* ■ **siebzehnte**.

la **dizaine** [dizɛn] ■ **une dizaine de** ungefähr zehn ; **ça m'a pris une dizaine de minutes** ich habe ungefähr zehn Minuten gebraucht.

le **docteur** [dɔktœr] ■ der **Arzt** (*pluriel* **Ärzte**) **: je vais chez le docteur à 10 heures** ich gehe um zehn Uhr zum Arzt ; **Chloé est chez le docteur** Chloé ist beim Arzt.

le **document** [dokymɑ̃] ■ das **Dokument** (*pluriel* **Dokumente**).

le **documentaire** [dokymɑ̃tɛr] ■ der **Dokumentarfilm** (*pluriel* **Dokumentarfilme**).

la **documentation** [dokymɑ̃tasjɔ̃] ■ das **Informationsmaterial** (*pluriel* **Informationsmaterialien**).

se **documenter** **[3]** [sədokymɑ̃te] *verbe pronominal* ■ **sich Informationsmaterial beschaffen : nous nous sommes documentés sur le sujet** wir haben uns Informationsmaterial zu dem Thema beschafft.

le **doigt** [dwa] ■ der **Finger** (*pluriel* **Finger**) **: j'ai les doigts gelés** ich habe eiskalte Finger
➤ **le doigt de pied** die Zehe
➤ **le petit doigt** der kleine Finger.

dois ➤ devoir.

doive ➤ devoir.

le **dollar** [dɔlar] ■ der **Dollar** (*pluriel* **Dollars**).

le **domicile** [dɔmisil] ■ der **Wohnsitz** (*pluriel* **Wohnsitze**)
➤ **travailler à domicile** zu Hause arbeiten
➤ **livrer quelque chose à domicile** etwas ins Haus liefern
➤ **sans domicile fixe** ohne festen Wohnsitz.

dominer [3] [dɔmine] *verbe* ■ **vorne liegen : notre équipe a dominé pendant tout le match** unsere Mannschaft lag das gesamte Spiel über vorne.

le **dommage** [dɔmaʒ] ■ **quel dommage !** wie schade! ; **c'est dommage que tu ne puisses pas venir** es ist schade, dass du nicht kommen kannst.

les **DOM-TOM** [dɔmtɔm] *(abréviation de* **départements d'outre-mer/territoires d'outre-mer***) nom masculin pluriel* ■ *französische Überseedepartements und -territorien*

> **DOM-TOM**
>
> Zu den DOM, den Überseedepartements Frankreichs, gehören die Antilleninseln Martinique und Guadeloupe, Französisch-Guayana und La Réunion. Sie werden genauso wie die Departements Frankreichs verwaltet, während die TOM (Überseeterritorien), nämlich Neukaledonien, Wallis-et-Futuna, Französisch-Polynesien und die „Terres australes et antarctiques", eigenständiger sind.

le **don** [dɔ̃]

1. das **Talent** *(pluriel* **Talente***)* : **Sandra a un don pour les langues** Sandra hat Talent für Sprachen
2. die **Schenkung** *(pluriel* **Schenkungen***)* : **un milliardaire a fait don de ce tableau au musée** ein Milliardär hat dem Museum dieses Gemälde als Schenkung überlassen.

donc [dɔ̃k] *conjonction* ■ **also : donc tu penses que c'est possible ?** du meinst also, das ist möglich?

donner [3] [dɔne] *verbe*

1. **geben : donner quelque chose à quelqu'un** jemandem etwas geben ; **donne-moi le ballon** gib mir den Ball ; **il lui a donné son numéro de téléphone** er hat ihr seine Telefonnummer gegeben
2. **machen : ça m'a donné soif** das hat mich durstig gemacht ; **ça m'a donné envie d'y aller** das hat mir Lust gemacht, dorthin zu gehen

➤ **donner le bonjour à quelqu'un** jemanden grüßen : **tu donneras le bonjour de ma part à M. le Maire** grüß bitte den Bürgermeister von mir

➤ **donner à manger à quelqu'un** jemanden füttern : **la maman donne à manger à son bébé** die Mutter füttert ihr Baby

➤ **se donner la main** sich an der Hand nehmen : **les enfants se donnent la main pour traverser** die Kinder nehmen sich an der Hand, wenn sie die Straße überqueren.

dont [dɔ̃] *pronom relatif*

1. **von dem, von der, von denen : le livre dont je t'ai parlé** das Buch, von dem ich dir erzählt habe ; **il y a trois piscines, dont deux sont couvertes** es gibt zwei Schwimmbäder, von denen zwei Hallenbäder sind
2. **dessen, deren : j'ai un ami dont les parents sont anglais** ich habe einen Freund, dessen Eltern Engländer sind
3. **darunter : plusieurs personnes ont appelé, dont ton frère** es haben mehrere Leute angerufen, darunter dein Bruder

➤ **c'est la fille dont il est amoureux** das ist das Mädchen, in das er verliebt ist.

doré, e [dɔre] *adjectif* ■ **golden : une jolie couleur dorée** eine schöne goldene Farbe.

dorénavant [dɔrenavɑ̃] *adverbe* ■ **von nun an : dorénavant je promets de ne jamais être en retard** ich verspreche, von nun an nie mehr zu spät zu kommen.

dormir [31] [dɔrmir] *verbe* ■ **schlafen : vous avez bien dormi ?** haben Sie gut geschlafen?

➤ **dormir debout** im Stehen ein|schlafen : **mais tu dors debout!** du schläfst ja im Stehen ein!

le **dos** [do]

1. der **Rücken** *(pluriel* **Rücken***)* : **j'ai mal au dos** ich habe Rückenschmerzen
2. die **Rückseite** *(pluriel* **Rückseiten***)* : **au dos de la feuille** auf der Rückseite des Blattes

➤ **le dos crawlé** das Rückenschwimmen : **nager le dos crawlé** rückenschwimmen.

le **dossier** [dosje]

1. die **Rückenlehne** *(pluriel* **Rückenlehnen***)* : **le dossier du fauteuil** die Rückenlehne des Sessels

2. der **Aktenordner** (*pluriel* **Aktenordner**) : **Jérôme a tout un dossier sur les serpents** Jérôme hat einen ganzen Aktenordner voll über Schlangen
3. das **Zeugnis** (*pluriel* **Zeugnisse**) : **Alice a un bon dossier scolaire** Alice hat ein gutes Schulzeugnis.

la **douane** [dwan] ■ der **Zoll** (*pluriel* **Zölle**) : **passer la douane** durch den Zoll gehen.

le **douanier** [dwanje] ■ der **Zollbeamte** (*pluriel* die **Zollbeamten**) : **le frère de Léon est douanier** Léons Bruder ist Zollbeamter.

la **douanière** [dwanjɛr] ■ die **Zollbeamtin** (*pluriel* die **Zollbeamtinnen**).

double [dubl] *adjectif* ■ **Doppel-** : **une double faute** ein Doppelfehler

le **double**
1. das **Doppelte** (*sans pluriel*) : **trente est le double de quinze** dreißig ist das Doppelte von fünfzehn
2. die **Kopie** (*pluriel* **Kopien**) : **fais un double du certificat** mach eine Kopie von der Bescheinigung.

doubler [3] [duble] *verbe*
1. **überholen** : **il est interdit de doubler ici** Überholen ist hier verboten
2. **verdoppeln** : **ils ont double le nombre de policiers** sie haben die Zahl der Polizisten verdoppelt.

douce ➤ doux.

doucement [dusmɑ̃] *adverbe*
1. **vorsichtig** : **pose-le doucement sur la table** leg es vorsichtig auf den Tisch
2. **leise** : **vous pourriez parler plus doucement ?** könnten Sie etwas leiser sprechen?
3. **langsam** : **marche plus doucement, je ne peux pas suivre** geh langsamer, ich komme nicht nach.

la **douche** [duʃ] ■ die **Dusche** (*pluriel* **Duschen**) : **prendre une douche** duschen.

se **doucher** [3] [səduʃe] *verbe pronominal* ■ **duschen** : **je vais me doucher avant de sortir** ich werde duschen, bevor ich ausgehe.

doué, e [dwe] *adjectif* ■ **begabt** : **un chanteur très doué** ein sehr begabter Sänger

➤ **Lucie est douée pour les langues** Lucie hat eine Begabung für Sprachen.

la **douleur** [dulœr] ■ der **Schmerz** (*pluriel* **Schmerzen**) : **j'ai une douleur au bras** ich habe Schmerzen im Arm.

douloureux, euse [dulurø, øz] *adjectif* ■ **schmerzhaft** : **une opération douloureuse** eine schmerzhafte Operation.

le **doute** [dut] ■ der **Zweifel** (*pluriel* **Zweifel**) : **j'ai des doutes sur son honnêteté** ich habe Zweifel an seiner Aufrichtigkeit

➤ **sans doute** sicherlich : **ils sont sans doute arrivés** sie sind sicherlich angekommen.

douter [3] [dute] *verbe*
1. **bezweifeln** : **je doute que ce soit possible** ich bezweifle, dass das möglich ist
2. **zweifeln** : **ils doutent de son honnêteté** sie zweifeln an seiner Aufrichtigkeit

se **douter** *verbe pronominal* ■ **personne ne se doutait de ce qui allait se passer** niemand ahnte, was passieren würde ; **Émilie se doutait que ce serait difficile** Émilie ahnte, dass es schwierig sein würde

➤ **je m'en doutais** das habe ich mir gedacht.

doux, douce [du, duʒ] *adjectif*
1. **weich** : **un tissu très doux** ein sehr weicher Stoff
2. **sanft** : **une voix douce** eine sanfte Stimme.

la **douzaine** [duzɛn] ■ das **Dutzend** (*pluriel* **Dutzende**) : **deux douzaines d'œufs** zwei Dutzend Eier

➤ **une douzaine** ungefähr zwölf : **une douzaine de pages** ungefähr zwölf Seiten.

douze [duz] *adjectif numéral* ■ **zwölf** : **il y avait douze personnes à la réunion** es waren zwölf Personen auf der Versammlung

➤ **nous sommes le douze janvier** heute ist der zwölfte Januar.

douzième [duzjɛm] *adjectif numéral* ■ der **zwölfte**.

draguer [drage] *verbe familier* ■ **anbaggern** *familier* : **Mathieu a dragué Émilie à la soirée** Mathieu hat Émilie auf der Party angebaggert.

dramatique [dramatik] *adjectif* ■ **dramatisch** : **la situation est dramatique** die Lage ist dramatisch

➤ **ce n'est pas dramatique !** das ist nicht so tragisch!

le **drame** [dram] ■ das **Drama** *(pluriel* **Dramen***)* : **il y a eu un drame affreux dans leur famille** in ihrer Familie hat sich ein furchtbares Drama abgespielt.

le **drap** [dra] ■ das **Laken** *(pluriel* **Laken***)* : **le drap de dessus** das obere Laken.

le **drapeau** [drapo] *(pluriel* drapeaux*)* ■ die **Fahne** *(pluriel* **Fahnen***)*
➤ **le drapeau tricolore** die Trikolore.

la **drogue** [drɔg] ■ die **Droge** *(pluriel* **Drogen***)*
➤ **une drogue douce** eine weiche Droge
➤ **une drogue dure** eine harte Droge.

se **droguer** [3] [sədrɔge] *verbe pronominal* ■ **Drogen nehmen** : **il paraît qu'il se drogue** anscheinend nimmt er Drogen.

le **droit**[1] [drwa]
1. das **Recht** *(pluriel* **Rechte***)* : **les droits de l'homme** die Menschenrechte
2. die **Gebühr** *(pluriel* **Gebühren***)* : **droits d'inscription** Einschreibegebühren
➤ **avoir le droit de faire quelque chose** etwas tun dürfen : **nous n'avons pas le droit de sortir** wir dürfen nicht ausgehen.

droit[2]**, e** [drwa, at] *adjectif*
1. **rechte** : **ta main droite** deine rechte Hand
2. **gerade** : **le poster n'est pas droit** das Poster hängt nicht gerade

droit *adverbe* ■ **gerade** : **il ne marche pas droit** er geht nicht gerade
➤ **tout droit** immer geradeaus : **allez tout droit** gehen Sie immer geradeaus.

la **droite** [drwat] ■ die **Rechte** *(sans pluriel)*
➤ **à droite** rechts : **l'école est à droite** die Schule liegt rechts ; **à droite du bureau** rechts vom Schreibtisch ; **il était assis à ma droite** er saß rechts von mir
➤ **de droite** rechte : **un gouvernement de droite** eine rechte Regierung.

droitier, ère [drwatje, ɛr] *adjectif* ■ **rechtshändig** : **Lucie est droitière** Lucie ist Rechtshänderin.

drôle [drol] *adjectif*
1. **lustig** : **un film très drôle** ein sehr lustiger Film
2. **komisch** : **ce type a l'air drôle** dieser Typ sieht komisch aus ; **une drôle de mentalité** eine komische Mentalität.

drôlement [drolmɑ̃] *adverbe*
1. **ganz schön** : **Julie est drôlement grande pour son âge** Julie ist ganz schön groß für ihr Alter
2. **komisch** : **il est drôlement habillé aujourd'hui** er ist heute komisch angezogen.

du ➤ de.

dû [dy] *participe passé* ➤ devoir.

dur, e [dyr]
■ *adjectif*
1. **hart** : **mon lit est dur** mein Bett ist hart
2. **schwierig** : **cet exercice est vraiment dur** diese Aufgabe ist wirklich schwierig
3. **streng** : **il est dur avec ses enfants** er ist streng zu seinen Kindern
➤ **avoir la tête dure** einen Dickkopf haben
■ *adverbe*
hart : **travailler dur** hart arbeiten.

durable [dyrabl] *adjectif* ■ **dauerhaft** : **ils ont construit une amitié durable** sie haben eine dauerhafte Freundschaft aufgebaut.

durant [dyrɑ̃] *préposition* ■ **während** : **ça s'est passé durant la nuit** das ist während der Nacht passiert
➤ **durant des heures** stundenlang : **ils ont parlé durant des heures** sie haben stundenlang geredet.

la **durée** [dyre] ■ die **Dauer** *(sans pluriel)* : **quelle est la durée du film ?** wie lange dauert der Film? ; **un séjour d'une durée d'une semaine** ein einwöchiger Aufenthalt.

durer [3] [dyre] *verbe*
1. **dauern** : **la séance a duré deux heures** die Sitzung hat zwei Stunden gedauert
2. **von Dauer sein** : **ça ne durera pas** das wird nicht von Dauer sein.

dynamique [dinamik] *adjectif* ■ **dynamisch**.

l' **eau** [o] *(pluriel* **eaux***) nom féminin* ■ das **Wasser** *(sans pluriel)* : **un verre d'eau** ein Glas Wasser ; **de l'eau gazeuse** Wasser mit Kohlensäure

➤ **l'eau minérale** das Mineralwasser

EAU

Zum Essen und zwischen den Mahlzeiten trinkt man in Frankreich stilles Wasser, manchmal auch Leitungswasser. In Restaurants wird oft automatisch eine Karaffe mit Wasser auf den Tisch gestellt und auch der **café** wird häufig mit einem Glas Wasser serviert.

l' **écart** [ekar] *nom masculin* ■ der **Abstand** *(pluriel* **Abstände***)* : **l'écart entre les deux arbres** der Abstand zwischen den beiden Bäumen ; **un écart de trois ans** ein Abstand von drei Jahren

➤ **faire le grand écart** einen Spagat machen

➤ **à l'écart de** abseits von : **la maison est à l'écart du village** das Haus liegt abseits des Dorfes.

écarter [3] [ekarte] *verbe* ■ **aus|breiten** : **écartez bien les bras** breitet die Arme weit aus.

l' **échange** [eʃɑ̃ʒ] *nom masculin* ■ der **Tausch** *(pluriel* **Tausche***)* : **je te donne ça en échange** ich gebe dir das in Tausch

➤ **faire un échange de quelque chose** etwas aus|tauschen : **Pierre et Julien ont fait un échange de jeux vidéo** Pierre und Julien haben Videospiele ausgetauscht.

échanger [16] [eʃɑ̃ʒe] *verbe*

1. **aus|tauschen** : **on a échangé nos adresses** wir haben unsere Adressen ausgetauscht
2. **um|tauschen** : **est-ce que je peux échanger la jupe si ce n'est pas la bonne taille ?** kann ich den Rock umtauschen, wenn er nicht passt?

➤ **échanger quelque chose contre quelque chose** etwas gegen etwas tauschen : **je t'échange ce stylo contre ta casquette** ich tausche den Füller gegen deine Kappe.

échapper [3] [eʃape] *verbe* ■ **entkommen** : **le voleur a réussi à échapper à la police** der Dieb konnte der Polizei entkommen

s' **échapper** *verbe pronominal* ■ **aus|brechen** : **ils se sont échappés de prison** sie sind aus dem Gefängnis ausgebrochen.

l' **écharpe** [eʃarp] *nom féminin* ■ der **Schal** *(pluriel* **Schals***)* : **une écharpe en laine** ein Wollschal.

l' **échauffement** [eʃofmɑ̃] *nom masculin* ■ das **Aufwärmen** *(sans pluriel)* : **dix minutes d'échauffement** zehn Minuten Aufwärmen.

l' **échec** [eʃɛk] *nom masculin* ■ der **Fehlschlag** *(pluriel* **Fehlschläge***)* : **un échec terrible** ein furchtbarer Fehlschlag

les **échecs** *nom masculin pluriel* ■ das **Schach** *(sans pluriel)* : **tu sais jouer aux échecs ?** kannst du Schach spielen?

l' **échelle** [eʃɛl] *nom féminin*

1. die **Leiter** *(pluriel* **Leitern***)* : **il est monté sur une échelle pour laver les vitres** er ist auf eine Leiter gestiegen, um die Fenster zu putzen
2. der **Maßstab** *(pluriel* **Maßstäbe***)* : **quelle est l'échelle de la carte ?** welchen Maßstab hat die Karte?

échouer [6] [eʃwe] *verbe* ■ **durch|fallen** : **Aurélie a échoué au permis de conduire** Aurélie ist bei der Führerscheinprüfung durchgefallen.

éclabousser [3] [eklabuse] *verbe* ■ **bespritzen** : **une voiture m'a éclaboussé** ein Auto hat mich bespritzt.

l' **éclair** [eklɛr] *nom masculin* ■ **der Blitz** (*pluriel* **Blitze**) : **as-tu vu l'éclair ?** hast du den Blitz gesehen?
➤ **un éclair au chocolat** ein Schokoladeneclair.

éclaircir **[27]** [eklɛrsir] *verbe* ■ **auf|hellen : elle veut éclaircir ses cheveux** sie möchte ihre Haare aufhellen

s' **éclaircir** *verbe pronominal*
1. **auf|klaren : le ciel s'éclaircit enfin** der Himmel klart endlich auf
2. **heller werden : mes cheveux s'éclaircissent au soleil** meine Haare werden in der Sonne heller.

éclairer **[4]** [eklere] *verbe* ■ **erleuchten : des bougies éclairaient la pièce** Kerzen erleuchteten das Zimmer

s' **éclairer** *verbe pronominal*
1. **sich leuchten : prends la lampe pour t'éclairer** nimm die Lampe, um dir zu leuchten
2. **sich erleuchten : tout à coup les rues se sont éclairées** plötzlich haben sich die Straßen erleuchtet.

l' **éclat** [ekla] *nom masculin* ■ **der Splitter** (*pluriel* **Splitter**) : **des éclats de verre** Glassplitter
➤ **un éclat de rire** ein lautes Auflachen
➤ **rire aux éclats** in schallendes Gelächter ausbrechen.

éclater **[3]** [eklate] *verbe*
1. **platzen : le tuyau a éclaté** der Schlauch ist geplatzt
2. **explodieren : un obus a éclaté** eine Granate ist explodiert
3. **aus|brechen : la Première Guerre mondiale a éclaté en 1914** der Erste Weltkrieg ist 1914 ausgebrochen
➤ **éclater de rire** in schallendes Gelächter ausbrechen

s' **éclater** *verbe pronominal* ■ *familier* **sich köstlich amüsieren : on s'est éclatés chez Samia** wir haben uns bei Samia köstlich amüsiert.

l' **école** [ekɔl] *nom féminin* ■ **die Schule** (*pluriel* **Schulen**) : **aller à l'école** zur Schule gehen ; **une école de danse** eine Tanzschule
➤ **l'école maternelle** der Kindergarten
➤ **l'école primaire** die Grundschule

> **ÉCOLE**
>
> In Frankreich können Kinder ab 3 Jahren die **école maternelle** besuchen. Mit 6 Jahren kommen sie auf die **école primaire**, die fünf Klassen umfasst: **cours préparatoire, cours élémentaire 1, cours élémentaire 2, cours moyen 1** und **cours moyen 2.**

l' **écolier** [ekɔlje] *nom masculin* ■ **der Schüler** (*pluriel* **Schüler**).

l' **écolière** [ekɔljɛr] *nom féminin* ■ **die Schülerin** (*pluriel* **Schülerinnen**).

l' **écolo** (*abréviation de* **écologiste**) [ecolo] *nom masculin, nom féminin* ■ **der Umweltschützer** (*pluriel* **Umweltschützer**) **die Umweltschützerin** (*pluriel* **Umweltschützerinnen**).

l' **écologie** [ecoloʒi] *nom féminin* ■ **die Ökologie** (*sans pluriel*).

écologique [ekoloʒik] *adjectif* ■ **umweltfreundlich : des produits écologiques** umweltfreundliche Produkte.

écologiste [ekoloʒist] *adjectif* ■ **Umwelt-**

l' **écologiste** *nom masculin, nom féminin* ■ **der Umweltschützer** (*pluriel* **Umweltschützer**), **die Umweltschützerin** (*pluriel* **Umweltschützerinnen**).

l' **écomusée** [ekomyze] *nom masculin* ■ **das Völkerkundemuseum** (*pluriel* **Völkerkundemuseen**) : **à l'écomusée, on nous explique la vie à la ferme autrefois** im Völkerkundemuseum wird gezeigt, wie die Menschen früher auf dem Bauernhof lebten.

l' **économie** [ekɔnɔmi] *nom féminin* ■ **die Wirtschaft** (*pluriel* **Wirtschaften**) : **Raoul fait des études d'économie** Raoul studiert Wirtschaft ; **l'économie française** die französische Wirtschaft

les **économies** *nom féminin pluriel* ■ **die Ersparnisse** (*pluriel*) : **elle a dépensé toutes ses économies** sie hat alle ihre Ersparnisse ausgegeben
➤ **faire des économies** sparen.

économique [ekɔnɔmik] *adjectif*
1. **Wirtschafts- : la politique économique du gouvernement** die Wirtschaftspolitik der Regierung
2. **sparsam : ce système de chauffage est très économique** dieses Heizungssystem ist sehr sparsam
➤ **la classe économique** die Economyklasse.

économiser [3] [ekɔnɔmize] *verbe* ■ **sparen : économiser l'électricité** Strom sparen ; **Tatiana économise pour s'acheter un VTT** Tatiana spart auf ein Mountainbike.

écossais, e [ekɔsɛ, ɛz] *adjectif*
1. **schottisch**
2. **mit Schottenmuster**
➤ **Jane est écossaise** Jane ist Schottin
➤ **du tissu écossais** Schotten.

l' **Écosse** [ekɔs] *nom féminin* ■ **Schottland**

En général, les noms de pays ne sont pas précédés d'un article en allemand :

il y a de beaux paysages en Ecosse in Schottland gibt es wunderbare Landschaften.

s' **écouler** [3] [sekule] *verbe pronominal* ■ **ab|laufen : l'eau s'écoule par la gouttière** das Wasser läuft durch die Dachrinne ab.

écouter [3] [ekute] *verbe*
1. **hören : j'aime écouter de la musique** ich höre gern Musik
2. **zu|hören : écoute, ça suffit maintenant !** hör zu, jetzt reicht es aber!

les **écouteurs** [ekutœr] *nom masculin pluriel* ■ der **Kopfhörer** *(pluriel* **Kopfhörer***)* **: les écouteurs d'un baladeur** der Kopfhörer eines Walkmans.

l' **écran** [ekrɑ̃] *nom masculin* ■ der **Bildschirm** *(pluriel* **Bildschirme***)* **: j'ai changé l'écran de mon ordinateur** ich habe den Bildschirm meines Computers ausgetauscht.

écraser [3] [ekraze] *verbe*
1. **zerdrücken : tremper les biscuits dans le lait, puis les écraser** die Kekse in der Milch einweichen und dann zerdrücken
2. **treten auf : aïe, tu m'a écrasé le pied !** au, du bist mir auf den Fuß getreten!
➤ **se faire écraser** überfahren werden : **elle s'est fait écraser par un camion** sie ist von einem Lastwagen überfahren worden

s' **écraser** *verbe pronominal* ■ **zerschellen : l'avion s'est écrasé juste après le décollage** das Flugzeug ist gleich nach dem Abheben zerschollen.

écrire [75] [ekrir] *verbe* ■ **schreiben : tu écris souvent à ton correspondant ?** schreibst du deinem Brieffreund oft? ; **écris donc une carte à ta grand-mère** schreib doch deiner Großmutter eine Karte

s' **écrire** *verbe pronominal* ■ **sich schreiben : comment s'écrit ce mot ?** wie schreibt sich dieses Wort?

écrit, e [ekri, it] *adjectif* ■ **schriftlich : j'ai passé les épreuves écrites du bac hier** ich habe gestern schriftliche Abiturprüfung gehabt

l' **écrit** *nom masculin* ■ die **schriftliche Prüfung** *(pluriel* **schriftlichen Prüfungen***)* **: Benoît a raté l'écrit** Benoît ist bei der schriftlichen Prüfung durchgefallen.

l' **écriture** [ekrityr] *nom féminin* ■ die **Schrift** *(pluriel* **Schriften***)* **: ton écriture est illisible** deine Schrift ist unleserlich.

l' **écrivain** [ekrivɛ̃] *nom masculin* ■ der **Schriftsteller** *(pluriel* **Schriftsteller***)*
➤ **une femme écrivain** eine Schriftstellerin.

s' **écrouler** [3] [sekrule] *verbe pronominal* ■ **ein|stürzen : la maison s'est écroulée** das Haus ist eingestürzt.

l' **écureuil** [ekyrœj] *nom masculin* ■ das **Eichhörnchen** *(pluriel* **Eichhörnchen***)*.

l' **écurie** [ekyri] *nom féminin* ■ der **Stall** *(pluriel* **Ställe***)* **: les chevaux sont à l'écurie** die Pferde stehen im Stall.

EDF *(abréviation de* Électricité de France*) nom féminin* ■ *Französische Elektrizitätsgesellschaft.*

l' **éducation** [edykasjɔ̃] *nom féminin* ■ die **Erziehung** *(sans pluriel)* **: il a reçu une éducation stricte chez lui** er hat zu Hause eine strenge Erziehung genossen ; **le ministère de l'Éducation** das Erziehungsministerium.

éduquer **[3]** [edyke] *verbe* ■ **erziehen**.

effacer **[15]** [efase] *verbe* ■ **löschen** : **efface ce mot, il y a une faute** lösch dieses Wort, es falsch geschrieben.

effectivement [efɛktivmɑ̃] *adverbe* ■ **tatsächlich**.

l' **effet** [efɛ] *nom masculin* ■ die **Wirkung** (*pluriel* **Wirkungen**) : **les cachets ne m'ont fait aucun effet** die Tabletten haben keinerlei Wirkung gezeigt

➤ **ça m'a fait un drôle d'effet** das kam mir komisch vor

➤ **en effet** tatsächlich : **en effet, tu as raison** tatsächlich, du hast Recht.

efficace [efikas] *adjectif*

1. **wirksam** : **une solution efficace** eine wirksame Lösung
2. **tüchtig** : **c'est quelqu'un de très efficace** sie ist sehr tüchtig.

s' **effondrer** **[3]** [sefɔ̃dre] *verbe pronominal* ■ **ein|brechen** : **le plafond s'est effondré** die Decke ist eingebrochen.

l' **effort** [efɔr] *nom masculin*

➤ **faire un effort** sich Mühe geben : **tu pourrais faire un effort!** du könntest dir etwas Mühe geben!

effrayer **[11]** [efreje] *verbe* ■ **erschrecken** : **le bruit du tonnerre l'effraie** das Donnergrollen erschreckt ihn.

égal, e [egal] (*masculin pluriel* égaux [ego]) *adjectif* ■ **gleich** : **en quantités égales** zu gleichen Teilen

➤ **ça m'est égal** das ist mir egal : **tu veux de la viande ou du poisson ? – ça m'est égal** möchtest du Fleisch oder Fisch? – das ist mir egal.

également [egalmɑ̃] *adverbe* ■ **auch** : **ma sœur était là également** meine Schwester war auch da.

l' **égalité** [egalite] *nom féminin* ■ die **Gleichheit** (*sans pluriel*)

➤ **être à égalité** punktgleich stehen : **les deux équipes sont à égalité** die beiden Mannschaften stehen punktgleich.

l' **église** [egliz] *nom féminin* ■ die **Kirche** (*pluriel* **Kirchen**) : **ils vont à l'église tous les dimanches** sie gehen jeden Sonntag in die Kirche.

égoïste [egɔist] *adjectif* ■ **egoistisch** : **tu es vraiment égoïste !** du bist wirklich egoistisch!

l' **égoïste** *nom masculin, nom féminin* ■ der **Egoist** (*pluriel* **Egoisten**), die **Egoistin** (*pluriel* **Egoistinnen**).

l' **Égypte** [eʒipt] *nom féminin* ■ **Ägypten**.

égyptien, enne [eʒipsjɛ̃, ɛn] *adjectif* ■ **ägyptisch** : **les temples égyptiens** die ägyptischen Tempel.

eh [e] *interjection* ■ **he!** : **eh, toi là-bas !** he, du da!

➤ **eh bien** nun ja.

l' **élan** [elɑ̃] *nom masculin* ■ der **Anlauf** (*pluriel* **Anläufe**) : **prends ton élan avant de sauter** nimm Anlauf, bevor du springst.

s' **élancer** **[15]** [selɑ̃se] *verbe pronominal*

1. **s'élancer vers quelqu'un** auf jemanden zu|stürzen ; **Matthieu s'est élancé vers nous** Matthieu ist auf uns zugestürzt
2. **schwingen** : **l'albatros s'est élancé dans les airs** der Albatros schwang sich in die Luft.

élargir **[27]** [elarʒir] *verbe* ■ **verbreitern** : **ils sont en train d'élargir l'avenue** sie verbreitern gerade die Straße

s' **élargir** *verbe pronominal* ■ **breiter werden** : **la route s'élargit ici** hier wird die Straße breiter.

l' **élastique** [elastik] *nom masculin* ■ das **Gummiband** (*pluriel* **Gummibänder**) : **Dorothée attache ses cheveux avec un élastique** Dorothée bindet ihre Haare mit einem Gummiband zusammen.

l' **élection** [elɛksjɔ̃] *nom féminin* ■ die **Wahl** (*pluriel* **Wahlen**) : **l'élection présidentielle** die Präsidentschaftswahl.

l' **électricien** [elɛktrisjɛ̃] *nom masculin* ■ der **Elektriker** (*pluriel* **Elektriker**) : **le père d'Anne est électricien** Annes Vater ist Elektriker.

l' **électricité** [elɛktrisite] *nom féminin*
1. der **Strom** *(sans pluriel)* : **l'électricité a été coupée** der Strom ist ausgefallen
2. die **Elektrizität** *(sans pluriel)* : **au dix huitième siècle, il n'y avait pas encore d'électricité** im achtzehnten Jahrhundert gab es noch keine Elektrizität.

électrique [elɛktrik] *adjectif* ■ **elektrisch : un appareil électrique** ein elektrisches Gerät.

électronique [elɛktrɔnik] *adjectif* ■ **elektronisch**.

élégant [elegɑ̃, ɑ̃t] *adjectif* ■ **elegant : sa robe est très élégante** ihr Kleid ist sehr elegant.

l' **élément** [elemɑ̃] *nom masculin* ■ das **Teil** *(pluriel* **Teile***)* : **les différents éléments d'une machine** die verschiedenen Teile einer Maschine.

l' **éléphant** [elefɑ̃] *nom masculin* ■ der **Elefant** *(pluriel* **Elefanten***)* : **l'éléphant d'Afrique** der afrikanische Elefant.

l' **élevage** [ɛlvaʒ] *nom masculin* ■ die **Zucht** *(pluriel* **Zuchten***)* : **l'élevage du bétail** die Viehzucht ; **faire l'élevage de moutons** Schafzucht betreiben.

élevé, e [ɛlve] *adjectif* ■ **hoch : des prix élevés** hohe Preise
➤ **bien élevé** gut erzogen
➤ **mal élevé** schlecht erzogen.

l' **élève** [elɛv] *nom masculin, nom féminin* ■ der **Schüler** *(pluriel* **Schüler***)*, die **Schülerin** *(pluriel* **Schülerinnen***)* : **tous les élèves de ma classe** alle Schüler aus meiner Klasse.

élever **[18]** [ɛlve] *verbe*
1. **groß|ziehen : ce sont ses grands-parents qui l'ont élevé** seine Großeltern haben ihn großgezogen
2. **züchten : il élève des lapins** er züchtet Kaninchen
3. **an|heben : élever le niveau de la classe** das Klassenniveau anheben

s' **élever** *verbe pronominal* ■ **sich erheben : le ballon s'élève dans les airs** der Ballon erhebt sich in die Lüfte
➤ **s'élever à** sich belaufen auf : **l'addition s'élève à cent euros** die Rechnung beläuft sich auf hundert Euro.

éliminer **[3]** [elimine] *verbe* ■ **être éliminé** aus|scheiden ; **ils ont été éliminés en demi-finale** sie sind im Halbfinale ausgeschieden.

élire **[79]** [elir] *verbe* ■ **wählen : il a été élu président** er ist zum Präsidenten gewählt worden.

elle [ɛl] *pronom*
1. **sie : elle va venir demain** sie kommt morgen ; **est-ce qu'elle était là ?** war sie da? ; **je ne me souviens pas d'elle** ich kann mich nicht an sie erinnern ; **j'ai moins travaillé qu'elle** ich habe weniger gearbeitet als sie
2. **er : la table n'a pas encore été mise, elle doit d'abord être nettoyée** der Tisch ist noch nicht gedeckt, er muss erst abgewischt werden
3. **es : la voiture est au garage, elle est tombée en panne** das Auto ist in der Werkstatt, es hatte eine Panne
4. **ihr : et elle, tu ne l'as pas vue ?** und was ist mit ihr, hast du sie nicht gesehen?
5. **sich : elle ne pense qu'à elle** sie denkt nur an sich
➤ **c'est à elle** das gehört ihr
➤ **elle-même** selbst : **elle a peint sa chambre elle-même** sie hat ihr Zimmer selbst gestrichen

elles *pronom pluriel*
1. **sie : elles sont canadiennes** sie sind Kanadierinnen ; **c'est pour elles** das ist für sie ; **est-ce que tu peux t'occuper d'elles ?** kannst du dich um sie kümmern? ; **tu chantes mieux qu'elles** du singst besser als sie
2. **ihnen : et elles, tu les as invitées aussi ?** und was ist mit ihnen, hast du sie auch eingeladen? ; **et à elles, vous ne leur avez pas dit ?** und ihnen habt ihr es nicht gesagt?
3. **sich : elles peuvent être fières d'elles** sie können stolz auf sich sein
➤ **c'est à elles** das gehört ihnen
➤ **elles-mêmes** selbst : **elles l'ont fait elles-mêmes** sie haben es selbst gemacht.

éloigner **[3]** [elwaɲe] *verbe* ■ **weg|rücken : éloigne le verre du bord de la table** rück das Glas von der Tischkante weg s' **éloigner** *verbe pronominal* ■ **sich entfernen : la voiture s'est éloignée lentement de l'église** das Auto entfernte sich langsam von der Kirche.

élu, e [ely] *participe passé* ➤ élire.

l' **Élysée** [elize] *nom masculin* ■ der **Elyséepalast** *(offizieller Sitz des französischen Präsidenten)*

ÉLYSÉE

Dies ist der offizielle Wohnsitz des Präsidenten der Französischen Republik. Es ist ein Palast aus dem achtzehnten Jahrhundert in der Nähe der **Champs-Élysées** in Paris. Der Begriff **Élysée** bezeichnet davon abgeleitet auch die Präsidentschaft selbst, z. B.: „Das Elysée gibt keinen Kommentar zu den Berichten ab."

l' **e-mail** [imɛl] *(pluriel* e-mails*) nom masculin* ■ die **E-Mail** *(pluriel* **E-Mails***)* **: Lucas m'a envoyé la photo par e-mail** Lucas hat mir das Foto per E-Mail geschickt.

l' **emballage** [ɑ̃balaʒ] *nom masculin* ■ die **Verpackung** *(pluriel* **Verpackungen***)*.

emballer **[3]** [ɑ̃bale] *verbe* ■ **ein|packen : j'ai emballé le cadeau** ich habe das Geschenk eingepackt.

embarquer **[3]** [ɑ̃barke] *verbe* ■ **an Bord gehen : les passagers vont embarquer** die Passagiere gehen an Bord.

l' **embarras** [ɑ̃bara] *nom masculin* ■ die **Verlegenheit** *(sans pluriel)* **: il était dans l'embarras** er war in Verlegenheit

➤ **avoir l'embarras du choix** die Qual der Wahl haben.

embêtant, e [ɑ̃bɛtɑ̃, ɑ̃bɛtɑ̃t] *adjectif* ■ *familier* **nervig : j'ai oublié ma clé, c'est embêtant** ich habe meinen Schlüssel vergessen, das ist nervig.

embêter **[4]** [ɑ̃bete] *verbe familier* ■ **ärgern : arrête d'embêter ton frère !** hör auf, deinen Bruder zu ärgern!

s' **embêter** *verbe pronominal familier* ■ **sich langweilen : on peut partir si tu t'embêtes** wir können gehen, wenn du dich langweilst.

l' **embouteillage** [ɑ̃butɛjaʒ] *nom masculin* ■ der **Stau** *(pluriel* **Staus***)* **: on a été pris dans les embouteillages** wir sind im Stau stecken geblieben.

embrasser **[3]** [ɑ̃brase] *verbe* ■ **küssen : il m'a embrassée sur la joue** er hat mich auf die Wange geküsst

s' **embrasser** *verbe pronominal* ■ **sich küssen : je les ai vus s'embrasser** ich habe gesehen, wie sie sich geküsst haben.

l' **émigration** [emigrasjɔ̃] *nom féminin* ■ die **Auswanderung** *(sans pluriel)* **: l'émigration est presque toujours une des conséquence des guerres** Auswanderung ist fast immer eine der Folgen von Kriegen.

émigrer **[3]** [emigre] *verbe* ■ **aus|wandern : sa famille a émigré aux États-Unis** seine Familie ist nach Amerika ausgewandert.

l' **émission** [emisjɔ̃] *nom féminin* ■ die **Sendung** *(pluriel* **Sendungen***)* **: je l'ai vu dans l'émission d'hier à la télé** ich habe ihn gestern in der Fernsehsendung gesehen.

emmener **[18]** [ɑ̃mne] *verbe* ■ **mit|nehmen, bringen : mon père nous emmène à l'école tous les matins** mein Vater bringt uns jeden Morgen in die Schule.

l' **émotion** [emosjɔ̃] *nom féminin* ■ das **Gefühl** *(pluriel* **Gefühle***)*.

émouvant, e [emuvɑ̃, ɑ̃t] *adjectif* ■ **bewegend : la fin du film est très émouvante** das Ende des Films ist sehr bewegend.

émouvoir **[44]** [emuvwar] *verbe* ■ **bewegen : ce roman m'a profondément ému** dieser Roman hat mich tief bewegt.

s' **emparer** [ɑ̃pare] *verbe pronominal* ■ **weg|reißen : un voleur s'est emparé de mon sac** ein Dieb hat mir die Tasche weggerissen.

empêcher **[4]** [ɑ̃peʃe] *verbe* ■ **hindern**

➤ **empêcher quelqu'un de faire quelque chose** jemanden daran hindern, etwas zu tun : **mes copains m'ont empêché de lui parler** meine Freunde haben mich daran gehindert, mit ihm zu reden s' **empêcher** *verbe pronominal* ■ **ne pas pouvoir s'empêcher de** nicht anders können als ; **je n'ai pas pu m'empêcher de rire** ich konnte nicht anders als lachen.

l' **empereur** [ɑ̃prœr] *nom masculin* ■ der **Kaiser** (*pluriel* **Kaiser**) : **l'empereur du Japon** der japanische Kaiser.

empiler [3] [ɑ̃pile] *verbe* ■ **auf|stapeln : Léa a empilé tous ses livres** Léa hat alle ihre Bücher aufgestapelt.

l' **empire** [ɑ̃pir] *nom masculin* ■ das **Reich** (*pluriel* **Reiche**) : **l'empire romain** das Römische Reich.

empirer [3] [ɑ̃pire] *verbe* ■ **sich verschlimmern : la situation empire** die Lage verschlimmert sich.

l' **emploi** [ɑ̃plwa] *nom masculin* ■ die **Arbeit** (*sans pluriel*) : **Bruno a trouvé un emploi** Bruno hat eine Arbeit gefunden
➤ **l'emploi du temps** der Stundenplan (*pluriel* **Stundenpläne**).

l' **employé** [ɑ̃plwaje] *nom masculin* ■ der **Angestellte** (*pluriel* die **Angestellten**).

l' **employée** [ɑ̃plwaje] *nom féminin* ■ die **Angestellte** (*pluriel* die **Angestellten**).

employer [12] [ɑ̃plwaje] *verbe*
1. **an|wenden : ils ont employé une nouvelle méthode** sie haben eine neue Methode angewendet
2. **beschäftigen : l'usine emploie deux cents personnes** die Fabrik beschäftigt zweihundert Leute.

empoisonner [3] [ɑ̃pwazɔne] *verbe* ■ **vergiften : la sorcière a empoisonné Blanche Neige avec une pomme** die Hexe hat Schneewittchen mit einem Apfel vergiftet.

emporter [3] [ɑ̃pɔrte] *verbe*
1. **mit|nehmen : n'oublie pas d'emporter un parapluie** vergiss nicht, einen Schirm mitzunehmen
2. **mit sich fort|tragen : la rivière a emporté la barque** der Fluss hat das Boot mit sich fortgetragen
➤ **plats à emporter** Speisen zum Mitnehmen.

emprunter [3] [ɑ̃prœte] *verbe*
1. **aus|leihen : emprunter quelque chose à quelqu'un** etwas von jemandem ausleihen
2. **sich leihen : Sally m'a emprunté dix euros** Sally hat sich von mir zehn Euro geliehen.

ému, e [emy] *adjectif* ■ **gerührt : le prof était très ému quand on lui a donné son cadeau** der Lehrer war sehr gerührt, als wir ihm sein Geschenk überreicht haben.

en [ɑ̃]

■ *préposition*
1. **Im : en 2002** 2002 ou im Jahr 2002 ; **en hiver** im Winter ; **en septembre** im September
2. **in : mes amis vivent en Irlande** meine Freunde wohnen in Irland ; **ça fait combien en dollars ?** wieviel macht das in Dollar? ; **elle est bonne en géographie** sie ist gut in Geographie ; **il joue les durs, en vrai il est fragile** er markiert den Draufgänger, aber in Wahrheit ist er sehr empfindsam
3. **nach : elle retourne en Australie** sie kehrt nach Australien zurück
4. **auf : dire quelque chose en allemand** etwas auf Deutsch sagen
5. **aus : cette théière est en porcelaine** diese Teekanne ist aus Porzellan

Dans certains cas, **en** ne se traduit pas :

une table en métal ein Metalltisch ; **une statue en marbre** eine Marmorstatue

6. **mit : on y va en train** wir fahren mit dem Zug dorthin ; **c'est plus rapide en avion** mit dem Flugzeug geht es schneller ; **allons y en métro** lass uns mit der U-Bahn fahren
7. *Devant un participe présent* **je l'ai vu en sortant** ich habe ihn beim Weggehen gesehen ; **en arrivant à Paris, on a été pris dans un embouteillage** bei unserer Ankunft in Paris sind wir in einen Stau geraten ; **tu y arriveras en faisant un effort** es wird dir gelingen, wenn du dich anstrengst ; **ne parle pas en mangeant !** sprich nicht beim Essen! ; **il a monté l'escalier en courant** er ist die Treppe hinaufgerannt ; **elle s'est cassé la jambe en tombant** sie hat sich beim Sturz das Bein gebrochen ; **il a réussi son examen en travaillant très dur** durch harte Arbeit hat er seine Prüfung bestanden

■ *pronom*

1. **je m'en souviens** ich erinnere mich **daran** ; **nous en avons déjà parlé** wir haben schon-**davon** gesprochen ; **j'en suis très fière** ich bin sehr stolz **darauf**

Lorsque **en** est complément d'un verbe ou d'un adjectif, sa traduction dépend de la structure qui régit ce verbe ou cet adjectif.

2. **davon**

Lorsque **en** indique une quantité indivisible, il se traduit par **davon** ou il ne se traduit pas du tout :

il m'en reste davon habe ich noch ; **j'ai du chocolat, tu en veux ?** ich habe Schokolade, möchtest du ein Stück (davon)? ; **je n'en veux plus, merci** ich möchte nichts mehr (davon), danke

En se traduit par **davon** dans les phrases où il est associé à « plusieurs », « beaucoup », « certains » ou un chiffre :

il y en a plusieurs es gibt mehrere davon ; **j'adore le chocolat, j'en mange beaucoup** ich liebe Schokolade, ich esse viel davon ; **j'en voudrais deux** ich hätte gern zwei davon

3. **j'ai besoin d'agrafes, tu en as ?** ich brauche Heftklammern, hast du welche?

Lorsque **en** indique une quantité divisible, il se traduit par **welcher, welche, welches.**

■ *adverbe*

daher : la bibliothèque, j'en viens die Bibliothek, daher komme ich gerade.

encadrer **[3]** [ɑ̃kadre] *verbe* ■ **ein|rahmen : tu devrais encadrer ton diplôme** du solltest dein Zeugnis einrahmen.

enceinte [ɑ̃sɛ̃t] *adjectif* ■ **schwanger : elle est enceinte de quatre mois** sie ist im vierten Monat schwanger.

enchanté, e [ɑ̃ʃɑ̃te] *adjectif* ■ **sehr erfreut : enchanté de faire votre connaissance** sehr erfreut, Sie kennen zu lernen

➤ **enchanté !** sehr erfreut!

encombrant, e [ɑ̃kɔ̃brɑ̃, ɑ̃t] *adjectif* ■ **sperrig : des valises encombrantes** sperrige Koffer.

encombrer **[3]** [ɑ̃kɔ̃bre] *verbe* ■ **voll|stopfen : la chambre est encombrée de vieilles revues** das Schlafzimmer ist mit alten Zeitschriften vollgestopft.

encore [ɑ̃kɔr] *adverbe*

1. **immer noch : elle l'aime encore** sie liebt ihn immer noch
2. **schon wieder : j'ai encore oublié mes clés** ich habe schon wieder meine Schlüssel vergessen
3. **noch : est-ce que tu veux encore des carottes ?** möchtest du noch Karotten? ; **je voudrais encore un peu de sauce** ich möchte noch gern etwas Soße ; **on a encore besoin de deux volontaires** wir brauchen noch zwei Freiwillige
4. **noch : c'est encore plus cher** das ist noch teurer ; **c'est encore mieux** das ist noch besser

➤ **pas encore** noch nicht : **je n'ai pas encore terminé** ich bin noch nicht fertig

➤ **encore une fois** noch einmal : **encore une fois, un grand merci!** noch einmal ganz herzlichen Dank! ; **si tu bavardes encore une fois avec ta voisine, tu seras punie** wenn du noch einmal mit deiner Nachbarin schwatzt, wirst du bestraft

➤ **reste encore un peu** bleib doch noch ein wenig.

encourager **[16]** [ɑ̃kuraʒe] *verbe* ■ **ermutigen : les parents de Pauline l'ont encouragée à faire des études** Paulines Eltern haben sie zum Studium ermutigt.

endormi, e [ɑ̃dɔrmi] *adjectif* ■ **verschlafen : j'ai eu du mal à me lever ce matin, je suis encore à moitié endormi** ich bin heute Morgen nicht aus dem Bett gekommen, ich bin noch ganz verschlafen.

endormir **[31]** [ɑ̃dɔrmir] *verbe*

1. **ein|schlafen : cette musique m'endort** bei dieser Musik schlafe ich ein
2. **betäuben : on m'a endormie pour l'opération** für die Operation hat man mich betäubt

s' **endormir** *verbe pronominal* ■ **ein|schlafen : on s'est endormis sur le canapé** wir sind auf dem Sofa eingeschlafen.

l' **endroit** [ɑ̃drwa] *nom masculin* ■ **der Ort** *(pluriel* **Orte***)* **: c'est l'endroit où j'ai rencontré Theresa** dies ist der Ort, an dem ich Theresa begegnet bin
➤ **à quel endroit ?** wo?
➤ **à l'endroit** auf rechts : **remets ton tee-shirt à l'endroit** zieh dein T-Shirt wieder auf rechts.

l' **énergie** [enɛrʒi] *nom féminin* ■ **die Energie** *(sans pluriel)* **: je suis pleine d'énergie aujourd'hui** heute bin ich voller Energie
➤ **l'énergie nucléaire** die Atomenergie
➤ **l'énergie solaire** die Sonnenenergie.

énergique [enɛrʒik] *adjectif* ■ **energisch : ma grand-mère est une femme énergique** meine Großmutter ist eine energische Frau.

énervant, e [enɛrvɑ̃, ɑ̃t] *adjectif* ■ **nervtötend : elle est énervante avec ses remarques** sie geht einem auf die Nerven mit ihren Bemerkungen.

énerver [3] [enɛrve] *verbe* ■ **auf die Nerven gehen : tu m'énerves avec tes plaisanteries !** du gehst mir mit deinen Scherzen auf die Nerven!

s' **énerver** *verbe pronominal*
1. **sich ärgern : il s'est énervé contre moi** er hat sich über mich geärgert
2. **sich auf|regen : ne t'énerve pas, tu vas y arriver !** reg dich nicht auf, du schaffst das schon!

l' **enfance** [ɑ̃fɑ̃s] *nom féminin* ■ **die Kindheit** *(sans pluriel)* **: mon père a habité là dans son enfance** mein Vater hat in seiner Kindheit dort gewohnt.

l' **enfant** [ɑ̃fɑ̃] *nom masculin, nom féminin* ■ **das Kind** *(pluriel* **Kinder***)* **: ils ont quatre enfants** sie haben vier Kinder
➤ **attendre un enfant** ein Kind erwarten.

l' **enfer** [ɑ̃fɛr] *nom masculin* ■ **die Hölle** *(pluriel* **Höllen***)* **: le paradis et l'enfer** Himmel und Hölle.

enfermé, e [ɑ̃fɛrme] *adjectif* ■ **eingesperrt : le tigre est enfermé dans sa cage** der Tiger ist in seinem Käfig eingesperrt.

enfermer [3] [ɑ̃fɛrme] *verbe* ■ **ein|sperren : Ludo m'a enfermé dans le placard** Ludo hat mich im Schrank eingesperrt

s' **enfermer** *verbe pronominal* ■ **sich ein|schließen : elle s'est enfermée dans sa chambre** sie hat sich in ihrem Zimmer eingeschlossen.

enfin [ɑ̃fɛ̃] *adverbe*
1. **endlich : enfin, te voilà !** da bist du ja endlich!
2. **schließlich : et enfin, je voudrais remercier tout le monde** und schließlich möchte ich allen danken
3. **nun ja : c'est super, enfin, c'est bien** das ist ausgezeichnet, nun ja, es ist in Ordnung.

enflé, e [ɑ̃fle] *adjectif* ■ **geschwollen : sa lèvre est toute enflée** seine Lippe ist ganz geschwollen.

enfler [3] [ɑ̃fle] *verbe* ■ **an|schwellen : sa cheville a beaucoup enflé** sein Knöchel ist stark angeschwollen.

enfoncer [15] [ɑ̃fɔ̃se] *verbe*
➤ **enfoncer quelque chose dans quelque chose** etwas in etwas schlagen.

s' **enfuir** [sɑ̃fɥir] *verbe pronominal* ■ **weg|laufen : elle s'est enfuie de chez elle** sie ist von zu Hause weggelaufen.

engagé, e [ɑ̃gaʒe] *adjectif* ■ **engagiert : il est très engagé dans cette association** er ist in dem Verein sehr engagiert.

engager [ɑ̃gaʒe] *verbe* ■ **ein|stellen : Isabelle a été engagée comme secrétaire** Isabelle ist als Sekretärin eingestellt worden

s' **engager** *verbe pronominal* ■ **sich verpflichten : Pierre s'est engagé à rembourser ses dettes l'année prochaine** Pierre hat sich verpflichtet, seine Schulden nächstes Jahr zurückzuzahlen.

l' **énigme** [enigm] *nom féminin* ■ **das Rätsel** *(pluriel* **Rätsel***)* **: ce meurtre est une énigme** dieser Mord ist ein Rätsel.

enlever [18] [ɑ̃lve] *verbe*
1. **weg|räumen : enlève tes affaires de là** räum deine Sachen da weg
2. **entfernen : j'essaye d'enlever la tache sur le tapis** ich versuche, den Fleck aus dem Teppich zu entfernen
3. **aus|ziehen : j'enlève mon manteau, j'ai trop chaud** ich ziehe meinen Mantel aus, mir ist zu warm
4. **entführen : la femme du ministre a été enlevée** die Frau des Ministers ist entführt worden.

l' **ennemi** [ɛnmi] *nom masculin* ■ **der Feind** *(pluriel* **Feinde***)*.

l' **ennemie** [ɛnmi] *nom féminin* ■ **die Feindin** *(pluriel* **Feindinnen***)*.

l' **ennui** [ɑ̃nɥi] *nom masculin*
1. die **Langeweile** *(sans pluriel)* : **je meurs d'ennui** ich sterbe vor Langeweile
2. die **Schwierigkeit** *(pluriel* **Schwierigkeiten***)* : **Sylvia a bien des ennuis** Sylvia ist ziemlich in Schwierigkeiten.

ennuyer [13] [ɑ̃nɥije] *verbe*
1. **bedrücken : ça m'ennuie de la voir si triste** es bedrückt mich, dass sie so traurig ist
2. **langweilen : ses cours m'ennuient** sein Unterricht langweilt mich
➤ **si ça ne t'ennuie pas** wenn es dir nichts ausmacht

s' **ennuyer** *verbe pronominal* ■ **sich langweilen : je m'ennuie** ich langweile mich.

ennuyeux, euse [ɑ̃nɥijø, øz] *adjectif*
1. **langweilig : c'est le film le plus ennuyeux que j'aie jamais vu** das ist der langweiligste Film, den ich je gesehen habe
2. **ärgerlich : Théo est en retard, c'est ennuyeux** Théo kommt zu spät, das ist ärgerlich.

énorme [enɔrm] *adjectif* ■ **riesig : un bâtiment énorme** ein riesiges Gebäude.

énormément [enɔrmemɑ̃] *adverbe* ■ **unheimlich : ce DVD me plaît énormément** diese DVD gefällt mir unheimlich.

l' **enquête** [ɑ̃kɛt] *nom féminin*
1. die **Ermittlung** *(pluriel* **Ermittlungen***)* : **l'enquête de la police n'avance pas** die polizeilichen Ermittlungen machen keine Fortschritte
2. die **Umfrage** *(pluriel* **Umfragen***)* : **j'ai répondu à une enquête** ich habe an einer Umfrage teilgenommen.

enquêter [4] [ɑ̃kete] *verbe* ■ **ermitteln : enquêter sur un meurtre** in einem Mordfall ermitteln.

enregistrer [3] [ɑ̃rəʒistre] *verbe*
1. **auf|nehmen : n'oublie pas d'enregistrer le documentaire** vergiss nicht, den Dokumentarfilm aufzunehmen
2. **speichern : enregistrer des données sur disquette** Daten auf Diskette speichern.

enrhumé, e [ɑ̃ryme] *adjectif* ■ **erkältet : Mathilde est très enrhumée** Mathilde ist stark erkältet.

s' **enrhumer** [sɑ̃ryme] *verbe pronominal* ■ **sich erkälten : couvre-toi, tu vas t'enrhumer** zieh dir etwas über, du wirst dich erkälten.

s' **enrichir** [sɑ̃riʃir] *verbe pronominal* ■ **reich werden : il s'est enrichi en vendant des terrains** er ist durch den Verkauf von Grundstücken reich geworden.

l' **enseignant** [ɑ̃sɛɲɑ̃] *nom masculin* ■ **der Lehrer** *(pluriel* **Lehrer***)* : **combien y a-t-il d'enseignants dans cet établissement ?** wie viele Lehrer gibt es an dieser Schule?

l' **enseignante** [ɑ̃sɛɲɑ̃t] *nom féminin* ■ **die Lehrerin** *(pluriel* **Lehrerinnen***)*.

l' **enseignement** [ɑ̃sɛɲmɑ̃] *nom masculin*
1. der **Unterricht** *(sans pluriel)* : **l'enseignement primaire** der Grundschulunterricht ; **l'enseignement secondaire** der Unterricht an weiterführenden Schulen
2. das **Unterrichten** *(sans pluriel)* : **l'enseignement est un métier difficile** Unterrichten ist ein schwieriger Beruf
➤ **il est dans l'enseignement** er ist Lehrer.

enseigner [4] [ɑ̃seɲe] *verbe* ■ **unterrichten : ma sœur enseigne en lycée** meine Schwester unterrichtet am Gymnasium ; **Marc enseigne l'informatique à des adultes** Marc gibt Informatikkurse für Erwachsene.

ensemble [ɑ̃sɑ̃bl] *adverbe* ■ **zusammen : Clémence et Yann sont arrivés ensemble** Clémence und Yann sind zusammen angekommen.

ensoleillé, e [ɑ̃sɔleje] *adjectif* ■ **sonnig, strahlend : une journée ensoleillée** ein sonniger Tag.

ensuite [ɑ̃sɥit] *adverbe* ■ **dann : et ensuite, que s'est-il passé ?** und was ist dann passiert?

entasser [3] [ɑ̃tase] *verbe* ■ **stapeln : Nicolas a entassé ses vêtements sur sa chaise** Nicolas hat seine Kleider auf seinem Stuhl gestapelt.

entendre [54] [ɑ̃tɑ̃dr] *verbe* ■ **hören : tu entends le tonnerre ?** hörst du den Donner? ; **je les ai entendus se disputer** ich habe sie streiten gehört

➤ **entendre dire que...** hören, dass : **j'ai entendu dire qu'ils avaient rompu** ich habe gehört, dass sie sich getrennt haben

➤ **entendre parler de** hören von : **je n'avais jamais entendu parler de cet auteur** ich hatte noch nie von diesem Autor gehört

s' **entendre** *verbe pronominal* ■ **sich verstehen : ils s'entendent bien** sie verstehen sich gut ; **Sandrine ne s'entend pas avec ses parents** Sandrine versteht sich nicht mit ihren Eltern.

l' **enterrement** [ɑ̃tɛrmɑ̃] *nom masculin* ■ die **Beerdigung** (*pluriel* **Beerdigungen**).

enterrer [4] [ɑ̃tere] *verbe* ■ **beerdigen**

➤ **être enterré** begraben sein ou liegen : **ma grand-mère est enterrée au cimetière du village** meine Großmutter ist ou liegt auf dem Dorffriedhof begraben.

l' **enthousiasme** [ɑ̃tuzjasm] *nom masculin* ■ die **Begeisterung** (*sans pluriel*) : **il le fait avec beaucoup d'enthousiasme** er ist mit großer Begeisterung bei der Sache.

entier, ère [ɑ̃tje, ɛr] *adjectif* ■ **ganz : la classe entière** die ganze Klasse

➤ **en entier** ganz und gar, vollkommen ; **j'ai refait la rédaction en entier** ich habe den Aufsatz ganz und gar neu geschrieben.

entièrement [ɑ̃tjɛrmɑ̃] *adverbe* ■ **komplett, vollkommen : l'école a été entièrement rénovée** die Schule ist komplett renoviert worden ; **tu as entièrement raison** du hast vollkommen Recht.

entourer [3] [ɑ̃ture] *verbe* ■ **umgeben : les arbres qui entourent la maison** die Bäume, die das Haus umgeben.

l' **entraînement** [ɑ̃trɛnmɑ̃] *nom masculin*

1. das **Training** (*sans pluriel*) : **j'ai entraînement de badminton ce soir** ich habe heute Abend Badmintontraining
2. die **Übung** (*sans pluriel*) : **je n'y arrive pas, je manque d'entraînement** es gelingt mir nicht, mir fehlt die Übung.

entraîner [4] [ɑ̃trene] *verbe*

1. **(mit sich) ziehen : Jean m'a entraînée sur la piste de danse** Jean hat mich (mit sich) auf die Tanzfläche gezogen
2. **trainieren : c'est le cousin d'Anne qui nous entraîne** Annes Cousin trainiert uns

s' **entraîner** *verbe pronominal*

1. **trainieren : l'équipe de foot s'entraîne le vendredi** die Fußballmannschaft trainiert freitags
2. **üben : Simon s'entraîne à jongler avec trois balles** Simon übt mit drei Bällen zu jonglieren.

l' **entraîneur** [ɑ̃trɛnœr] *nom masculin* ■ der **Trainer** (*pluriel* **Trainer**) : **l'entraîneur de l'équipe de basket** der Basketballtrainer.

entre [ɑ̃tr] *préposition*

1. **zwischen : le cinéma est entre la mairie et l'église** das Kino liegt zwischen dem Rathaus und der Kirche
2. **unter : entre nous, ça m'étonnerait** unter uns gesagt, das würde mich überraschen

➤ **entre eux** untereinander : **ils se battent entre eux** sie streiten sich untereinander

➤ **l'un d'entre nous** einer von uns

➤ **entre autres** unter anderem : **il y avait, entre autres, des exercices de calcul** unter anderem gab es Rechenaufgaben.

l' **entrée** [ɑ̃tre] *nom féminin*

1. der **Eingang** (*pluriel* **Eingänge**) : **l'entrée principale du bâtiment** der Haupteingang des Gebäudes

2. die **Eintrittskarte** *(pluriel* **Eintrittskarten***)* : **j'ai trois entrées pour le spectacle** ich habe drei Eintrittskarten für die Vorstellung
3. die **Vorspeise** *(pluriel* **Vorspeisen***)* : **comme entrée, je prendrai la salade** als Vorspeise hätte ich gern einen Salat.

l' **entreprise** [ɑ̃trəpriz] *nom féminin* ■ das **Unternehmen** *(pluriel* **Unternehmen***)* : **une entreprise de transports** ein Transportunternehmen.

entrer [3] [ɑ̃tre] *verbe*
1. **hinein|gehen** : **entre, moi je reste dehors** geh hinein, ich bleibe draußen ; **il est entré dans le supermarché** er ist in den Supermarkt hineingegangen
2. **herein|kommen** : **bonjour, entrez !** guten Tag, kommen Sie herein! ; **le chat est entré par la fenêtre** die Katze ist durch das Fenster hereingekommen ; **faire entrer quelqu'un** jemanden herein|lassen
3. **kommen** : **il m'a souri quand il est entré dans la pièce** er lächelte mir zu, als er in das Zimmer kam ; **elle entre en troisième en septembre** sie kommt im September in die neunte Klasse ; **elle entre au lycée à la rentrée** sie kommt nach den Ferien aufs Gymnasium.

entre-temps [ɑ̃trətɑ̃] *adverbe* ■ **inzwischen**.

l' **entretien** [ɑ̃trətjɛ̃] *nom masculin*
1. die **Pflege** *(sans pluriel)* : **la ville s'occupe de l'entretien des espaces verts** die Stadt sorgt für die Pflege der Grünflächen
2. das **Gespräch** *(pluriel* **Gespräche***)* : **un entretien d'embauche** ein Vorstellungsgespräch.

envahir [27] [ɑ̃vair] *verbe* ■ **ein|marschieren in** : **les troupes ennemies ont envahi le pays** die feindlichen Truppen sind in das Land einmarschiert.

l' **enveloppe** [ɑ̃vlɔp] *nom féminin* ■ der **(Brief)umschlag** *(pluriel* **(Brief)umschläge***)* : **il faut envoyer une enveloppe timbrée** Sie müssen einen frankierten Briefumschlag schicken.

envelopper [3] [ɑ̃vlɔpe] *verbe* ■ **ein|packen** : **vous pouvez me l'envelopper, s'il vous plaît ?** können Sie es mir bitte einpacken?

envers [ɑ̃vɛr] *nom masculin*
➤ **à l'envers** verkehrt herum : **tu as mis tes chaussettes à l'envers** du hast deine Socken verkehrt herum angezogen.

l' **envie** [ɑ̃vi] *nom féminin* ■ die **Lust** *(sans pluriel)*
➤ **avoir envie de quelque chose** Lust auf etwas haben : **j'ai envie d'une glace** ich habe Lust auf ein Eis
➤ **avoir envie de faire quelque chose** Lust haben, etwas zu tun : **elle avait envie de chanter** sie hatte Lust zu singen.

envier [ɑ̃vje] *verbe* ■ **beneiden** : **il l'envie pour sa réussite** er beneidet ihn um seinen Erfolg.

environ [ɑ̃virɔ̃] *adverbe* ■ **ungefähr** : **il y a environ quinze ans** vor ungefähr fünfzehn Jahren.

l' **environnement** [ɑ̃virɔnmɑ̃] *nom masculin* ■ die **Umwelt** *(sans pluriel)* : **en Allemagne, on s'occupe beaucoup de l'environnement** in Deutschland tut man viel für die Umwelt
➤ **la protection de l'environnement** der Umweltschutz.

les **environs** [ɑ̃virɔ̃] *nom masculin pluriel* ■ die **Umgebung** *(sans pluriel)*

> Le pluriel français **environs** se traduit par un féminin singulier en allemand :

les environs d'Albi sont très jolis die Umgebung von Albi ist sehr schön
➤ **aux environs de** in der Nähe von : **ils habitent aux environs de Grenoble** sie wohnen in der Nähe von Grenoble.

s' **envoler** [3] [sɑ̃vɔle] *verbe pronominal* ■ **weg|fliegen** : **l'aigle s'est envolé** der Adler ist weggeflogen.

envoyer [25] [ɑ̃vwaje] *verbe*
1. **schicken** : **mes parents m'ont envoyé un colis lundi dernier** meine Eltern haben mir letzten Montag ein Paket geschickt ; **j'ai envoyé mon frère acheter du pain** ich habe meinen Bruder zum Brotholen geschickt ; **je lui ai envoyé un e-mail** ich habe ihm eine E-Mail geschickt
2. **zu|werfen** : **envoie-moi le ballon** wirf mir den Ball zu.

épais, aisse [epɛ, ɛs] *adjectif* ■ **dick** : **une tranche épaisse** eine dicke Scheibe.

l' **épaule** [epol] *nom féminin* ■ die **Schulter** *(pluriel* **Schultern***)* : **j'ai mal à l'épaule** meine Schulter tut weh.

épeler **[21]** [eple] *verbe* ■ **buchstabieren** : **vous pouvez épeler votre nom ?** könnten Sie bitte Ihren Namen buchstabieren?

l' **épice** [epis] *nom féminin* ■ das **Gewürz** *(pluriel* **Gewürze***)* : **la cannelle et le safran sont des épices** Zimt und Safran sind Gewürze.

épicé, e [epise] *adjectif* ■ **scharf** : **ta sauce est trop épicée** deine Soße ist zu scharf.

l' **épicerie** [episri] *nom féminin* ■ der **Lebensmittelladen** *(pluriel* **Lebensmittelläden***)*
➤ **une épicerie fine** ein Delikatessenladen.

l' **épicier** [episje] *nom masculin* ■ der **Lebensmittelhändler** *(pluriel* **Lebensmittelhändler***)*.

l' **épicière** [episjɛr] *nom féminin* ■ die **Lebensmittelhändlerin** *(pluriel* **Lebensmittelhändlerinnen***)*.

les **épinards** [epinar] *nom masculin pluriel* ■ der **Spinat** *(sans pluriel)*

> Le pluriel français **épinards** se traduit ici par un masculin singulier en allemand.

l' **épingle** [epɛ̃gl] *nom féminin* ■ die **Stecknadel** *(pluriel* **Stecknadeln***)* : **passe-moi les épingles** reich mir bitte die Stecknadeln
➤ **une épingle à nourrice** eine Sicherheitsnadel.

l' **épisode** [epizɔd] *nom masculin* ■ die **Folge** *(pluriel* **Folgen***)* : **j'ai raté le dernier épisode de la série** ich habe die letzte Folge der Serie verpasst.

éplucher **[3]** [eplyʃe] *verbe* ■ **schälen** : **tu n'as pas besoin d'éplucher les courgettes** du brauchst die Zucchini nicht zu schälen.

l' **éponge** [epɔ̃ʒ] *nom féminin* ■ der **Schwamm** *(pluriel* **Schwämme***)*
➤ **passer un coup d'éponge sur quelque chose** etwas abwischen.

l' **époque** [epɔk] *nom féminin* ■ die **Zeit** *(pluriel* **Zeiten***)* : **à cette époque j'habitais Paris** zu dieser Zeit habe ich in Paris gewohnt
➤ **à l'époque où** als : **à l'époque où j'habitais à Aix-la-Chapelle** als ich in Aachen gewohnt habe
➤ **à l'époque de** zu Zeiten von : **à l'époque de Mozart** zu Mozarts Zeiten.

l' **épouse** [epuz] *nom féminin* ■ die **Ehefrau** *(pluriel* **Ehefrauen***)*.

épouser **[3]** [epuze] *verbe* ■ **heiraten** : **Linda a épousé un peintre** Linda hat einen Maler geheiratet.

l' **époux** [epu] *nom masculin* ■ der **Ehemann** *(pluriel* **Ehemänner***)*
➤ **les époux** die Eheleute.

l' **épreuve** [eprœv] *nom féminin*
1. die **Prüfung** *(pluriel* **Prüfungen***)* : **l'épreuve de maths** die Matheprüfung
2. der **Wettkampf** *(pluriel* **Wettkämpfe***)* : **les épreuves d'athlétisme** die Leichtathletikwettkämpfe.

éprouver **[3]** [epruve] *verbe* ■ **empfinden** : **il éprouvait une grande tristesse** er empfand eine große Traurigkeit.

l' **EPS** *(abréviation de* **éducation physique et sportive***)* *nom féminin* ■ der **Sport** *(sans pluriel)* : **nous avons EPS cet après-midi** wir haben heute Nachmittag Sport.

épuisé, e [epɥize] *adjectif* ■ **erschöpft** : **je suis épuisée, je vais me coucher** ich bin erschöpft, ich gehe zu Bett.

l' **équateur** [ekwatœr] *nom masculin* ■ der **Äquator** *(sans pluriel)* : **sous l'équateur** am Äquator.

l' **équerre** [ekɛr] *nom féminin* ■ das **Zeichendreieck** *(pluriel* **Zeichendreiecke***)*.

équestre [ekɛstr] *adjectif*
➤ **un centre équestre** eine Reitschule.

l' **équilibre** [ekilibr] *nom masculin* ■ das **Gleichgewicht** *(sans pluriel)* : **Jonathan a perdu l'équilibre et il est tombé** Jonathan hat das Gleichgewicht verloren und ist hingefallen
➤ **marcher en équilibre** balancieren : **elle marchait en équilibre sur le fil** sie balancierte auf dem Seil.

équilibré, e [ekilibre] *adjectif* ■ **ausgewogen**.

l' **équipe** [ekip] *nom féminin*
1. die **Mannschaft** *(pluriel* **Mannschaften***)* : **l'équipe de hand** die Handballmannschaft
2. das **Team** *(pluriel* **Teams***)* : **on a travaillé par équipes** wir haben in Teams gearbeitet.

l' **équipement** [ekipmɑ̃] *nom masculin* ■ die **Ausrüstung** *(pluriel* **Ausrüstungen***)* : **n'oublie pas ton équipement d'escalade** vergiss deine Kletterausrüstung nicht

les **équipements** *nom masculin pluriel* ■ **des équipements sportifs** Sportanlagen ; **des équipements collectifs** öffentliche Einrichtungen.

l' **équitation** [ekitasjɔ̃] *nom féminin* ■ das **Reiten** *(sans pluriel)* : **faire de l'équitation** reiten.

l' **erreur** [ɛrœr] *nom féminin*
1. der **Fehler** *(pluriel* **Fehler***)* : **il y a beaucoup d'erreurs dans son devoir** in seiner Hausarbeit sind viele Fehler
2. das **Versehen** *(pluriel* **Versehen***)*
➤ **par erreur** aus Versehen : **excuse-moi, j'ai pris ce dossier par erreur** entschuldige, ich habe den Ordner aus Versehen mitgenommen.

l' **éruption** [erypsjɔ̃] *nom féminin* ■ der **Ausbruch** *(pluriel* **Ausbrüche***)* : **la dernière éruption de l'Etna** der letzte Ausbruch des Ätna.

es ➤ être.

l' **escalade** [ɛskalad] *nom féminin* ■ das **Klettern** *(sans pluriel)* : **l'escalade requiert une excellente forme physique** fürs Klettern muss man sehr gut in Form sein
➤ **faire de l'escalade** klettern.

escalader [3] [ɛskalade] *verbe*
1. **hinauf|steigen** : **on a escaladé la montagne** wir sind den Berg hinaufgestiegen
2. **klettern auf** : **on a dû escalader le mur** wir mussten auf die Mauer klettern.

l' **escale** [ɛskal] *nom féminin* ■ die **Zwischenlandung** *(pluriel* **Zwischenlandungen***)* : **un vol avec escale à Amsterdam** ein Flug mit Zwischenlandung in Amsterdam.

l' **escalier** [ɛskalje] *nom masculin* ■ die **Treppe** *(pluriel* **Treppen***)* : **l'escalier est raide** die Treppe ist steil ; **monter l'escalier** die Treppe hinaufsteigen ; **descendre l'escalier** die Treppe hinuntergehen
➤ **un escalier roulant** eine Rolltreppe.

l' **escargot** [ɛskargo] *nom masculin* ■ die **Schnecke** *(pluriel* **Schnecken***)* : **avancer comme un escargot** im Schneckentempo vorwärts kommen.

l' **escrime** [ɛskrim] *nom féminin* ■ das **Fechten** *(sans pluriel)*
➤ **faire de l'escrime** fechten.

l' **espace** [ɛspas] *nom masculin* ■ der **Weltraum** *(sans pluriel)* : **un voyage dans l'espace** eine Weltraumfahrt
➤ **les espaces verts** die Grünflächen.

l' **Espagne** [ɛspaɲ] *nom féminin* ■ **Spanien**

> En général, les noms de pays ne sont pas précédés d'un article en allemand :

ils vivent en Espagne sie leben in Spanien ; **la dernière fois que je suis allée en Espagne** das letzte Mal, als ich in Spanien war.

espagnol, e [ɛspaɲɔl] *adjectif* ■ **spanisch** : **Mercedes est un prénom espagnol** Mercedes ist ein spanischer Vorname

l' **espagnol** *nom masculin* ■ das **Spanisch** *(sans pluriel)* : **Pascale parle bien espagnol** Pascale spricht gut Spanisch.

l' **Espagnol** *nom masculin* ■ der **Spanier** *(pluriel* **Spanier***)*.

l' **Espagnole** *nom féminin* ■ die **Spanierin** *(pluriel* **Spanierinnen***)*.

espérer [17] [ɛspere] *verbe*
1. **hoffen : j'espère que tu pourras venir** ich hoffe, dass du kommen kannst
2. **damit rechnen : ils espèrent déménager en octobre** sie rechnen damit, dass sie im Oktober umziehen.

espionner [3] [ɛspjɔne] *verbe* ■ **bespitzeln : j'ai l'impression qu'elle m'espionne** ich habe den Eindruck, dass sie mich bespitzelt.

l' **espoir** [ɛspwar] *nom masculin* ■ die **Hoffnung** *(pluriel* **Hoffnungen***)* **: cela m'a donné de l'espoir** das hat mir Hoffnung gemacht
➤ **c'est sans espoir** das ist hoffnungslos.

l' **esprit** [ɛspri] *nom masculin*
1. der **Verstand** *(sans pluriel)* **: il a l'esprit vif** er hat einen scharfen Verstand
2. der **Sinn** *(sans pluriel)* **: ça ne m'était pas venu à l'esprit** das war mir gar nicht in den Sinn gekommen
3. der **Geist** *(sans pluriel)* **: l'esprit d'équipe** der Teamgeist.

l' **essai** [esɛ] *nom masculin* ■ der **Versuch** *(pluriel* **Versuche***)* **: Mathias a réussi au premier essai** Mathias war beim ersten Versuch erfolgreich
➤ **les essais nucléaires** die Atomversuche.

essayer [11] [eseje] *verbe*
1. **versuchen : essaie de finir les mots croisés** versuch das Kreuzworträtsel zu Ende zu machen
2. **an|probieren : j'ai essayé la robe mais elle ne m'allait pas** ich habe das Kleid anprobiert, aber es hat mir nicht gepasst.

l' **essence** [esɑ̃s] *nom féminin* ■ das **Benzin** *(sans pluriel)* **: l'essence ne cesse d'augmenter** das Benzin wird immer teurer
➤ **de l'essence sans plomb** bleifreies Benzin
➤ **prendre de l'essence** tanken **: il faut que je m'arrête pour prendre de l'essence** ich muss halten, um zu tanken.

essentiel, elle [esɑ̃sjɛl] *adjectif*
1. **unerlässlich : c'est essentiel de savoir l'anglais** es ist unerlässlich, Englisch zu können
2. **grundlegend : apprends au moins le vocabulaire essentiel** lern wenigstens den grundlegenden Wortschatz
➤ **l'essentiel** die Hauptsache **: l'essentiel, c'est que tu ne sois pas blessé** die Hauptsache ist, dass du nicht verletzt bist.

essentiellement [esɑ̃sjɛlmɑ̃] *adverbe*
■ **im Wesentlichen : c'est essentiellement une question de goût** das ist im Wesentlichen eine Geschmacksfrage.

essuyer [13] [esɥije] *verbe*
1. **ab|trocknen : je n'ai pas envie d'essuyer la vaisselle** ich habe keine Lust abzutrocknen
2. **ab|wischen : essuie la table, elle est sale** wisch den Tisch ab, er ist schmutzig

s' **essuyer** *verbe pronominal* ■ **sich ab|trocknen : je n'ai pas eu le temps de m'essuyer après mon bain** ich hatte keine Zeit, mich nach dem Baden abzutrocknen
➤ **s'essuyer quelque chose** sich etwas abtrocknen **: essuie-toi les mains** trockne dir die Hände ab.

est[1] [ɛst] *adjectif*
1. **Ost- : la côte est des États-Unis** die Ostküste der Vereinigten Staaten
2. **östlich**

l' **est** [ɛst] *nom masculin* ■ der **Osten** *(sans pluriel)* **: le soleil se lève à l'est** die Sonne geht im Osten auf ; **à l'est de Nogent** im Osten von Nogent.

est[2] [ɛ] ➤ être.

est-ce que [ɛskə] *adverbe interrogatif*
➤ **est-ce que ton dessert est bon ?** ist dein Nachtisch gut?
➤ **est-ce que tu aimes le foot ?** magst du Fußball?
➤ **est-ce que vous avez commencé ?** habt ihr angefangen?
➤ **est-ce qu'il vivait en France ?** hat er in Frankreich gelebt?
➤ **est-ce qu'on ira au musée ?** gehen wir ins Museum?

L'adverbe interrogatif **est-ce-que** n'est jamais traduit en allemand, on a toujours recours à une interrogation globale avec le verbe en première position.

l' **estomac** [ɛstɔma] *nom masculin* ■ der **Magen** (*pluriel* **Mägen**) : **j'ai mal à l'estomac** ich habe Magenschmerzen.

et [e] *conjonction*
1. **und : un tee-shirt et une veste** ein T-Shirt und eine Jacke ; **et ensuite ...** und dann ... ; **vingt et un** einundzwanzig ; **j'ai envie de rester, et toi ?** ich würde gern noch bleiben, und du?
2. **il y a deux ans et demi** vor zweieinhalb Jahren ; **à deux heures et demie** um halb drei ; **à trois heures et quart** um viertel nach drei.

l' **étable** [etabl] *nom féminin* ■ der **Stall** (*pluriel* **Ställe**) : **l'hiver, les vaches restent à l'étable** im Winter bleiben die Kühe im Stall.

l' **établissement** [etablismɑ̃] *nom masculin* ■ die **Einrichtung** (*pluriel* **Einrichtungen**) : **c'est un établissement pour malades mentaux** das ist eine Einrichtung für psychisch Kranke
➤ **un établissement scolaire** eine Schule.

l' **étage** [etaʒ] *nom masculin* ■ das **Stockwerk** (*pluriel* **Stockwerke**) : **au premier étage** im ersten Stock ; **un immeuble de quatre étages** ein vierstöckiges Gebäude
➤ **à l'étage** oben.

l' **étagère** [etaʒɛr] *nom féminin*
1. das **Brett** (*pluriel* **Bretter**) : **ton classeur est sur l'étagère du haut** dein Ordner steht auf dem oberen Brett
2. das **Regal** (*pluriel* **Regale**) : **mets le livre sur l'étagère** stell das Buch ins Regal.

étais, était ➤ être.

étaler [3] [etale] *verbe*
1. **aus|breiten : étale le plan par terre, on verra mieux** breite den Stadtplan auf dem Boden aus, dann können wir ihn besser lesen
2. **streichen : elle a étalé du beurre sur son pain** sie hat Butter auf ihr Brot gestrichen.

l' **étang** [etɑ̃] *nom masculin* ■ der **Teich** (*pluriel* **Teiche**).

étant *participe présent* ➤ être.

l' **étape** [etap] *nom féminin* ■ die **Etappe** (*pluriel* **Etappen**) : **on a fait le trajet en trois étapes** wir haben die Strecke in drei Etappen zurückgelegt
➤ **faire étape** Halt machen : **on fera étape à Caen** wir werden in Caen Halt machen.

l' **état** [eta] *nom masculin*
1. der **Zustand** (*pluriel* **Zustände**) : **dans quel état est la voiture ?** in welchem Zustand ist der Wagen?
2. die **Lage** (*pluriel* **Lagen**) : **être en état de faire quelque chose** in der Lage sein, etwas zu tun ; **être hors d'état de faire quelque chose** nicht in der Lage sein, etwas zu tun
➤ **en bon état** in gutem Zustand
➤ **en mauvais état** in schlechtem Zustand
➤ **remettre en état** instand setzen

l' **État** *nom masculin* ■ der **Staat** (*plural* **Staaten**) : **L'Allemagne est un État démocratique** Deutschland ist ein demokratischer Staat.

les **États-Unis** [etazyni] *nom masculin pluriel* ■ **die Vereinigten Staaten : j'aimerais vivre aux États-Unis** ich würde gern in den Vereinigten Staaten leben ; **toute la classe est allée aux États-Unis** die ganze Klasse ist in die Vereinigten Staaten geflogen.

l' **été**[1] [ete] *nom masculin* ■ der **Sommer** (*pluriel* **Sommer**) : **en été** im Sommer.

été[2] [ete] *participe passé* ➤ être.

éteindre [61] [etɛ̃dr] *verbe*
1. **aus|schalten : Loïc n'a pas voulu éteindre la télé** Loïc wollte den Fernseher nicht ausschalten
2. **löschen : ils ont réussi à éteindre l'incendie** es ist ihnen gelungen, den Brand zu löschen.

étendre [54] [etɑ̃dr] *verbe*
1. **aus|breiten : aide-moi à étendre la nappe** hilf mir, die Tischdecke auszubreiten
2. **legen : les infirmières ont étendu le blessé par terre** die Krankenschwestern haben den Verletzten auf den Boden gelegt
➤ **étendre le linge** die Wäsche auf|hängen

s' **étendre** *verbe pronominal* ■ **sich hin|legen : étendez-vous si vous êtes fatigué** legen Sie sich hin, wenn Sie müde sind.

étendu, e [etɑ̃dy]
- *participe passé* ➤ étendre
- *adjectif*
1. **être étendu** liegen ; **Patricia était étendue sur le canapé** Patricia lag auf dem Sofa
2. **ausgebreitet : les bras étendus** mit ausgebreiteten Armen
3. **weit : une plaine étendue** eine weite Ebene.

l' **éternité** [etɛrnite] *nom féminin* ■ **die Ewigkeit** *(pluriel* **Ewigkeiten***)* : **il y a une éternité que je ne t'ai vu** ich habe dich eine Ewigkeit nicht gesehen ; **ça a duré une éternité** das hat ja eine Ewigkeit gedauert.

éternuer [7] [etɛrnɥe] *verbe* ■ **niesen**.

êtes ➤ être.

étiez, étions ➤ être.

étinceler [21] [etɛ̃sle] *verbe* ■ **glitzern : la mer étincelle au clair de lune** das Meer glitzert im Mondschein.

l' **étincelle** [etɛ̃sɛl] *nom féminin* ■ **der Funke** *(pluriel* **Funken***)* : **le feu faisait des étincelles** das Feuer schlug Funken.

l' **étiquette** [etikɛt] *nom féminin* ■ **das Etikett** *(pluriel* **Etiketten***)* : **une étiquette autocollante** ein selbstklebendes Etikett.

s' **étirer** [3] [setire] *verbe pronominal* ■ **sich strecken : le chat s'étire près du feu** die Katze streckt sich am Feuer.

l' **étoile** [etwal] *nom féminin* ■ **der Stern** *(pluriel* **Sterne***)* : **on a regardé les étoiles dans le ciel** wir haben die Sterne am Himmel betrachtet ; **un hôtel trois étoiles** ein Dreisternehotel
➤ **une étoile filante** eine Sternschnuppe
➤ **une étoile de mer** ein Seestern
➤ **dormir à la belle étoile** unter freiem Himmel schlafen.

étonnant, e [etɔnɑ̃, ɑ̃t] *adjectif* ■ **erstaunlich : c'est étonnant qu'il ne t'ait rien dit** es ist erstaunlich, dass er dir nichts gesagt hat.

étonner [3] [etɔne] *verbe* ■ **erstaunen : ça ne m'étonne pas du tout** das erstaunt mich gar nicht ; **ça m'étonnerait !** das würde mich erstaunen!

étouffer [3] [etufe] *verbe* ■ **ersticken : son agresseur a essayé de l'étouffer** der Angreifer hat versucht, ihn zu ersticken ; **j'étouffe, ouvre la fenêtre** ich ersticke, öffne das Fenster.

étourdi, e [eturdi] *adjectif* ■ **zerstreut : elle est étourdie aujourd'hui** heute ist sie sehr zerstreut.

étrange [etrɑ̃ʒ] *adjectif* ■ **komisch : un bonhomme étrange** ein komischer Kerl.

étranger, ère [etrɑ̃ʒe, ɛr] *adjectif*
1. **fremd : les pays étrangers** fremde Länder
2. **ausländisch : j'ai plusieurs amis étrangers** ich habe einige ausländische Freunde

l' **étranger** *nom masculin*
1. der **Ausländer** *(pluriel* **Ausländer***)* : **dans cette ville il y a beaucoup d'étrangers** in dieser Stadt leben viele Ausländer
2. das **Ausland** *(sans pluriel)*
➤ **à l'étranger** im Ausland : **tu es déjà allé à l'étranger ?** warst du schon einmal im Ausland?

l' **étrangère** *nom féminin* ■ **die Ausländerin** *(pluriel* **Ausländerinnen***)*.

s' **étrangler** *verbe pronominal* ■ **sich erdrosseln**.

être [2] [ɛtr] *verbe*
1. **sein : je suis malade** ich bin krank ; **le père de Jeanne est médecin** Jeannes Vater ist Arzt ; **Marc est à Cannes en ce moment** Marc ist zur Zeit in Cannes ; **quelle heure est-il ?** wie spät ist es? ; **il est dix heures dix** es ist zehn nach zehn ; **sois sage !** sei schön artig!
2. *Pour indiquer la provenance* **être de** kommen aus ; **Karin est de Hambourg** Karin kommt aus Hamburg
3. *Pour indiquer la date* **haben : quel jour sommes-nous ?** den Wievielten haben wir heute? ; **nous sommes en 1925** wir schreiben das Jahr 1925
4. *Pour indiquer la possession* **être à quelqu'un** jemandem gehören ; **ce blouson est à Jean-Luc** diese Jacke gehört Jean-Luc

5. *Pour former le passif* **la maison doit être vendue** das Haus soll verkauft werden
6. *Pour former le passé composé* **sein : tu es déjà allé en Chine ?** bist du schon einmal in China gewesen? ; **il n'est pas encore parti** er ist noch nicht gegangen ; **j'ai attendu mais Romain n'est pas venu** ich habe gewartet, doch Romain ist nicht gekommen ; **il est parti il y a une heure** er ist vor einer Stunde gegangen ; **on est allés au cinéma hier** wir sind gestern ins Kino gegangen
7. *Pour former le passé composé d'un verbe réflexif* **haben : elle s'est lavée avant d'aller se coucher** sie hat sich vorm Schlafengehen gewaschen

l' **être** [ɛtr] *nom masculin* ■ das **Wesen** *(pluriel* **Wesen***)* : **les êtres vivants** die Lebewesen ; **les êtres humains** die Menschen.

étroit, e [etrwa, at] *adjectif*
1. **schmal : une rue étroite** eine schmale Straße
2. **eng : ce pull est un peu étroit** dieser Pullover ist etwas eng.

l' **étude** [etyd] *nom féminin*
1. die **Untersuchung** *(pluriel* **Untersuchungen***)* : **une étude sur le comportement des baleines** eine Untersuchung über das Verhalten von Walen
2. die **Hausaufgabenbetreuung** *(sans pluriel)* : **après le cours d'allemand j'ai deux heures d'étude** nach der Deutschstunde habe ich zwei Stunden Hausaufgabenbetreuung

ETUDE

An französischen Schulen gibt es feste Zeiten, in denen die Schüler unter Aufsicht ihre Hausaufgaben machen.

les **études** *nom féminin pluriel* ■ das **Studium** *(pluriel* **Studien***)* : **des études de commerce** ein Betriebswirtschaftsstudium ; **les études supérieures** das Studium
➤ **faire des études** studieren : **Sophie fait des études d'informatique** Sophie studiert Informatik.

l' **étudiant** ([etydjɑ̃]) *nom masculin* ■ der **Student** *(pluriel* **Studenten***)* : **des étudiants en droit** Jurastudenten.

l' **étudiante** ([etydjɑ̃t]) *nom féminin* ■ die **Studentin** *(pluriel* **Studentinnen***)*.

étudier [9] [etydje] *verbe*
1. **lernen : elle étudie le chinois** sie lernt Chinesisch
2. **studieren : Annick étudie le droit à Heidelberg** Annick studiert Jura in Heidelberg.

l' **étui** [etɥi] *nom masculin* ■ das **Etui** *(plural* **Etuis***)*.

eu [y] *participe passé* ➤ avoir.

euh [ø] *interjection* ■ **euh... je ne sais plus** äh... ich weiß nicht mehr.

l' **euro** [øro] *nom masculin* ■ der **Euro** *(pluriel* **Euro***)*

En allemand, **Euro** ne prend jamais de **s** au pluriel :

combien ça fait en euros ? wie viel ist das in Euro?

l' **Europe** [ørɔp] *nom féminin* ■ **Europa**

En allemand, il n'y a pas d'article devant les noms de continents :

une partie de la Turquie se trouve en Europe ein Teil der Türkei liegt in Europa ; **ils sont venus en Europe pour faire leurs études** sie sind zum Studieren nach Europa gekommen.

européen, enne [ørɔpeɛ̃, ɛn] *adjectif* ■ **europäisch : les pays européens** die europäischen Länder

l' **Européen** *nom masculin* ■ der **Europäer** *(pluriel* **Europäer***)*.

l' **Européenne** *nom féminin* ■ die **Europäerin** *(pluriel* **Europäerinnen***)*.

eux [ø] *pronom*
1. **ihnen : elle a peur d'eux** sie hat Angst vor ihnen ; **j'y suis allé avec eux** ich bin mit ihnen dorthin gegangen
2. **sie : Cyril est plus âgé qu'eux** Cyril ist älter als sie ; **ce sont eux qui me l'ont dit** sie haben es mir gesagt ; **qui veut rester ? – eux** wer möchte bleiben? – sie
3. **sich selbst : ils ne pensent qu'à eux** sie denken nur an sich selbst
➤ **c'est à eux** es gehört ihnen

➤ **eux-mêmes** selbst : **ils l'ont fait eux-mêmes** sie haben es selbst gemacht.

s' **évader** [3] [sevade] *verbe pronominal* ■ **aus|brechen : deux prisonniers se sont évadés des Baumettes** zwei Gefangene sind aus dem Gefängnis Les Baumettes ausgebrochen.

s' **évanouir** [27] [sevanwir] *verbe pronominal* ■ **ohnmächtig werden : Lise s'est évanouie au milieu du cours de géo** Lise ist mitten in der Geographiestunde ohnmächtig geworden.

l' **événement** [evɛnmɑ̃] *nom masculin* ■ das **Ereignis** (*pluriel* **Ereignisse**).

éventuellement [evɑ̃tɥɛlmɑ̃] *adverbe* ■ **eventuell : il viendrait éventuellement avec sa sœur** er würde eventuell mit seiner Schwester kommen.

évidemment [evidamɑ̃] *adverbe* ■ **natürlich : tu es sûr ? – évidemment !** bist du sicher? – natürlich!

évident, e [evidɑ̃, ɑ̃t] *adjectif* ■ **offensichtlich : c'est évident que tu lui plais** es ist offensichtlich, dass du ihm gefällst
➤ **pas évident** nicht so einfach : **cet exercice n'est pas évident** diese Übung ist nicht so einfach.

éviter [3] [evite] *verbe*
➤ **éviter de faire quelque chose** etwas möglichst nicht tun : **évitez de manger entre les repas** essen Sie möglichst nichts zwischen den Mahlzeiten ; **ça m'évitera de revenir** dann muss ich nicht noch einmal kommen.

exact, e [ɛgzakt] *adjectif* ■ **genau : vous avez l'heure exacte ?** haben Sie die genaue Uhrzeit?
➤ **c'est exact** das ist richtig.

exactement [ɛgzaktəmɑ̃] *adverbe* ■ **genau**.

exagérer [17] [ɛgzaʒere] *verbe* ■ **übertreiben : tu exagères, ce n'était pas si mauvais que ça** du übertreibst, so schlecht war es auch wieder nicht.

l' **examen** [ɛgzamɛ̃] *nom masculin*
1. die **Prüfung** (*pluriel* **Prüfungen**) **: on a un examen d'allemand lundi** Montag haben wir eine Deutschprüfung ; **je suis en examen tout la semaine prochaine** ich habe die ganze nächste Woche Prüfungen
2. die **Untersuchung** (*pluriel* **Untersuchungen**) **: un examen médical** eine medizinische Untersuchung.

examiner [3] [ɛgzamine] *verbe* ■ **untersuchen : le docteur m'a examiné** der Arzt hat mich untersucht.

excellent, e [ɛkselɑ̃, ɑ̃t] *adjectif* ■ **ausgezeichnet : Martha est excellente en allemand** Martha ist ausgezeichnet in Deutsch.

l' **exception** [ɛksɛpsjɔ̃] *nom féminin* ■ die **Ausnahme** (*pluriel* **Ausnahmen**) **: faire une exception** eine Ausnahme machen.

exceptionnel, elle [ɛksɛpsjɔnɛl] *adjectif* ■ **außergewöhnlich : dans des circonstances exceptionnelles** unter außergewöhnlichen Umständen.

excité, e [ɛksite] *adjectif* ■ **aufgeregt**.

s' **exclamer** [3] [sɛksklame] *verbe pronominal* ■ **aus|rufen**.

exclure [73] [ɛksklyr] *verbe*
1. **aus|schließen : elle ne voulait pas être exclue de la bande** sie wollte nicht aus der Clique ausgeschlossen werden
2. **verweisen von : Philippe a été exclu de l'école** Philippe ist von der Schule verwiesen worden.

l' **excursion** [ɛkskyrsjɔ̃] *nom féminin* ■ der **Ausflug** (*pluriel* **Ausflüge**) **: faire une excursion** einen Ausflug machen.

l' **excuse** [ɛkskyz] *nom féminin* ■ die **Ausrede** (*pluriel* **Ausreden**) **: c'est un peu faible comme excuse !** das ist aber keine sehr überzeugende Ausrede!

les **excuses** *nom féminin pluriel* ■ die **Entschuldigung** (*sans pluriel*)

Ici, le pluriel se traduit toujours par un collectif au féminin singulier ou par un verbe en allemand, jamais par un pluriel :

j'espère qu'il acceptera mes excuses ich hoffe, er nimmt meine Entschuldigung an
➤ **faire des excuses à quelqu'un** sich bei jemandem entschuldigen : **je refuse de lui faire des excuses!** ich denke nicht daran, mich bei ihr zu entschuldigen!

excuser [3] [ɛkskyze] *verbe* ■ **entschuldigen : excusez-moi, où est la gare ?** entschuldigen Sie bitte, wo ist der Bahnhof? ; **excuse-moi, je ne l'ai pas fait exprès** entschuldige bitte, ich habe es nicht mit Absicht getan ; **excuse-moi !** Entschuldigung!

s' **excuser** *verbe pronominal*
1. **sich entschuldigen : il s'est excusé d'être arrivé en retard** er hat sich für sein Zuspätkommen entschuldigt
2. **je m'excuse** es tut mir Leid ; **je m'excuse de ne pas être venu** es tut mir Leid, dass ich nicht gekommen bin.

l' **exemple** [ɛgzɑ̃pl] *nom masculin* ■ das **Beispiel** (*pluriel* **Beispiele**) **: donnez-moi un exemple concret** geben Sie mir ein konkretes Beispiel ; **tu donnes toujours le mauvais exemple** du gehst immer mit schlechtem Beispiel voran
➤ **par exemple** zum Beispiel.

s' **exercer** [15] [sɛgzɛrse] *verbe* ■ **üben : il faut s'exercer tous les jours** man muss jeden Tag üben ; **exerce-toi à chanter en anglais** üb auf Englisch zu singen.

l' **exercice** [ɛgzɛrsis] *nom masculin*
1. die **Übung** (*pluriel* **Übungen**) **: est-ce que tu as fait tes exercices de chimie ?** hast du deine Chemieübungen schon gemacht?
2. die **Bewegung** (*sans pluriel*) **: le médecin lui a recommandé un peu d'exercice** der Arzt hat ihm ein bisschen Bewegung verordnet.

exiger [16] [ɛgziʒe] *verbe* ■ **verlangen : il a exigé d'elle qu'elle l'écoute** er hat verlangt, dass sie ihm zuhört
➤ **exiger le silence** um Ruhe bitten : **le professeur a exigé le silence** der Lehrer hat um Ruhe gebeten.

exister [3] [ɛgziste] *verbe* ■ **existieren : cette coutume n'existe plus** dieser Brauc existiert nicht mehr
➤ **il existe** es gibt : **il n'existe pas de traduction pour ce mot** für dieses Wort gibt e keine Übersetzung.

expédier [9] [ɛkspedje] *verbe* ■ **abschicken : j'ai expédié le colis jeudi** ic habe das Paket Donnerstag abgeschickt.

l' **expéditeur** [ɛkspeditœr] *nom masculi* ■ der **Absender** (*pluriel* **Absender**).

l' **expéditrice** [ɛkspeditris] *nom fémini* ■ die **Absenderin** (*pluriel* **Absenderinnen**).

l' **expérience** [ɛksperjɑ̃s] *nom féminin*
1. die **Erfahrung** (*sans pluriel*) **: avoir de l'expérience** Erfahrung haben ; **est-ce qu vous avez de l'expérience en photographie ?** haben Sie Erfahrung im Fotografie ren? ; **l'expérience professionnelle** die Berufserfahrung
2. der **Versuch** (*pluriel* **Versuche**) **: on a fai des expériences en chimie** in Chemie haben wir Versuche gemacht.

l' **explication** [ɛksplikasjɔ̃] *nom fémini* ■ die **Erklärung** (*pluriel* **Erklärungen**) **: i ne m'a donné aucune explication** er ha mir keinerlei Erklärung gegeben
➤ **l'explication de texte** Textinterpretation.

expliquer [3] [ɛksplike] *verbe*
1. **erklären : explique-moi, je n'ai pas compris** erklär mir das, ich habe es nicht verstanden ; **explique-moi pourquoi tu as fait ç** erklär mir, warum du das gemacht hast
2. **interpretieren : expliquez le texte** interpretieren Sie den Text.

explorer [3] [ɛksplɔre] *verbe* ■ **erforschen : Champlain a exploré les Granc Lacs nord-américains** Champlain hat di Großen Seen in Nordamerika erforscht.

exploser [3] [ɛksploze] *verbe* ■ **explodieren : la bombe a explosé** die Bombe is explodiert.

l' **explosion** [ɛksplozjɔ̃] *nom féminin* ■ die **Explosion** (*pluriel* **Explosionen**) **: o a entendu une grande explosion** wir haben eine laute Explosion gehört.

l' **expo** *(abréviation de* **exposition***)* [ɛkspo] *nom féminin* ■ **die Ausstellung** *(pluriel* **Ausstellungen***)* : **nous avons été voir une expo hier** wir haben gestern eine Ausstellung besucht.

exporter [3] [ɛkspɔrte] *verbe* ■ **exportieren**.

l' **exposé** [ɛkspoze] *nom masculin* ■ **das Referat** *(pluriel* **Referate***)* : **j'ai fait un exposé sur la Révolution** ich habe ein Referat über die französische Revolution gehalten.

l' **exposition** [ɛkspozisjɔ̃] *nom féminin* ■ **die Ausstellung** *(pluriel* **Ausstellungen***)* : **on a été voir une exposition de photos** wir haben eine Fotoausstellung besucht.

exprès [ɛksprɛ] *adverbe* ■ **absichtlich** : **je ne l'ai pas fait exprès** ich habe es nicht absichtlich getan.

l' **expression** [ɛkspresjɔ̃] *nom féminin* ■ **der Ausdruck** *(pluriel* **Ausdrücke***)* : **il a une drôle d'expression sur le visage** er hat einen komischen Gesichtsausdruck.

exprimer [3] [ɛksprime] *verbe* ■ **aus|drücken** : **exprimer ses sentiments** seine Gefühle ausdrücken

s' **exprimer** *verbe pronominal*

1. **sich aus|drücken** : **elle s'exprime bien en français** sie kann sich gut auf Französisch ausdrücken
2. **sich frei entfalten** : **elle peut s'exprimer par la peinture** in der Malerei kann sie sich frei entfalten.

extérieur, e [ɛksterjœr] *adjectif* ■ **äußere** : **c'est dans la poche extérieure de ma veste** es ist in der äußeren Tasche meiner Jacke.

l' **extérieur** [ɛksterjœr] *nom masculin* ■ **die Außenseite** *(pluriel* **Außenseiten***)* : **l'extérieur de la boîte** die Außenseite der Schachtel

➤ **à l'extérieur** draußen : **il fait trop froid pour manger à l'extérieur** es ist zu kalt, um draußen zu essen

➤ **à l'extérieur de** außerhalb : **les toilettes sont à l'extérieur de la maison** die Toilette befindet sich außerhalb des Hauses.

externe [ɛkstɛrn] *adjectif* ■ **extern**

l' **externe** *nom masculin, nom féminin* ■ **der|die Externe** *(pluriel* **Externe***)* : **les externes ne mangent pas à la cantine** die Externen essen nicht in der Kantine.

extra [ɛkstra] *adjectif familier* ■ **spitze** : **ma grand-mère est extra** meine Großmutter ist spitze.

extraordinaire [ɛkstraɔrdinɛr] *adjectif* ■ **außergewöhnlich**.

extrême [ɛkstrɛm] *adjectif* ■ **extrem, Extrem-** : **des sports extrêmes** Extremsportarten

➤ **l'Extrême-Orient** der Ferne Osten.

l' **extrémité** [ɛkstremite] *nom féminin* ■ **das Ende** *(pluriel* **Enden***)* : **à l'extrémité de la rue** am Ende der Straße.

f

la **fable** [fabl] ■ **die Fabel** *(pluriel* **Fabeln***)* : **les fables de La Fontaine** die Fabeln von La Fontaine.

fabriquer [3] [fabrike] *verbe* ■ **machen** : **je l'ai fabriqué moi-même** ich habe es selbst gemacht

➤ **fabriqué en France** in Frankreich hergestellt.

la **fac** [fak] *(abréviation de* **faculté***) familier* ■ die **Uni** *(pluriel* **Unis***) (abréviation de* Universität*)* : **son frère est en fac** ou **son frère est à la fac** sein|ihr Bruder ist an der Uni.

la **face** [fas] ■ die **Seite** *(pluriel* **Seiten***)* : **c'est sur la face B de la cassette** es ist auf der B-Seite der Kassette
➤ **en face** gegenüber : **ils habitent en face** sie wohnen gegenüber
➤ **en face de**
1. gegenüber : **Carole habite en face de la gare** Carole wohnt gegenüber vom Bahnhof
2. nach vorne : **regarde en face de toi** sieh nach vorne
➤ **d'en face** gegenüber : **ils habitaient l'immeuble d'en face** sie haben im Haus gegenüber gewohnt.

fâché, e [faʃe] *adjectif* ■ **böse** : **ma mère était très fâchée** meine Mutter war sehr böse.

se **fâcher** **[3]** [səfaʃe] *verbe pronominal*
1. **sich ärgern** : **ne te fâche pas** ärger dich nicht
2. **sich zerstreiten** : **il s'est fâché avec sa sœur** er hat sich mit seiner Schwester zerstritten.

facile [fasil] *adjectif* ■ **leicht** : **c'est facile à faire** das ist ganz leicht
➤ **avoir la vie facile** ein leichtes Leben haben.

facilement [fasilmɑ̃] *adverbe* ■ **leicht** : **il peut facilement trouver un autre appartement** er kann leicht eine andere Wohnung finden.

la **façon** [fasɔ̃] ■ die **Art** *(pluriel* **Arten***)* : **il y a différentes façons de le faire** man kann es auf verschiedene Art machen
➤ **de toute façon** sowieso : **je n'aurais pas pu venir de toute façon** ich hätte sowieso nicht kommen können.

le **facteur** [faktœr] ■ der **Briefträger** *(pluriel* **Briefträger***)*.

la **factrice** [faktris] ■ die **Briefträgerin** *(pluriel* **Briefträgerinnen***)*.

la **facture** [faktyr] ■ die **Rechnung** *(pluriel* **Rechnungen***)*.

facultatif, ive [fakyltatif, iv] *adjectif* ■ **wahlfrei** : **la participation au stage est facultative** die Teilnahme am Praktikum ist wahlfrei
➤ **une matière facultative** ein Wahlfach.

faible [fɛbl] *adjectif* ■ **schwach** : **je me sens faible** ich fühle mich schwach
➤ **elle est très faible en français** sie ist sehr schwach in Französisch.

faille [faj] ➤ **falloir**.

faillir **[40]** [fajir] *verbe*
➤ **faillir faire quelque chose** etwas beinah machen : **j'ai failli rater mon train** beinah hätte ich meinen Zug verpasst.

la **faillite** [fajit] ■ der **Bankrott** *(pluriel* **Bankrotte***)*
➤ **faire faillite** Bankrott machen : **l'entreprise a fait faillite** die Firma hat Bankrott gemacht.

la **faim** [fɛ̃] ■ der **Hunger** *(sans pluriel)* : **tous les jours, des gens meurent de faim** jeden Tag sterben Menschen vor Hunger
➤ **avoir faim** Hunger haben : **je n'ai pas très faim** ich habe keinen großen Hunger.

fainéant, e ➤ **feignant**.

faire **[82]** [fɛr] *verbe*
1. **machen** : **qu'est-ce que tu fais ?** was machst du? ; **fais ce que tu veux** mach, was du willst ; **je fais des sandwichs pour le pique-nique** ich mache belegte Brote für das Picknick ; **qu'est-ce qu'il fait dans la vie ?** was macht er so im Leben? ; **2 et 2 font 4** 2 und 2 macht 4
2. **tun** : **je lui ai dit de réserver mais il ne l'a pas fait** ich habe ihm gesagt, er soll reservieren, aber er hat es nicht getan
3. **spielen** : **faire du foot** Fußball spielen ; **Alex fait de la clarinette** Alex spielt Klarinette
4. **sein** : **la table fait 2 m de long** der Tisch ist 2 m lang ; **il fait déjà jour** es ist schon hell ; **il fait beau** es ist schönes Wetter ; **il faisait chaud** es war heiß
5. **wiegen** : **Sylvian fait au moins 80 kilos** Sylvian wiegt mindestens 80 Kilo
6. **aus|sehen** : **elle fait très jeune** sie sieht sehr jung aus

7. *En parlant de la durée* **ça fait six mois que je ne l'ai pas vu** ich habe ihn seit sechs Monaten nicht mehr gesehen ; **ça fait une heure que Louise a appelé** Luise hat vor einer Stunde angerufen

➤ **faire la vaisselle** ab|waschen : **je déteste faire la vaisselle** ich wasche überhaupt nicht gern ab ; **ça fait combien ?** was macht das? ; **ça fait trente euros** das macht dreißig Euro ; **le train fait du 350 km/h** der Zug fährt 350 km/h

➤ **ça ne fait rien** das macht nichts

➤ **fais comme chez toi** fühl dich wie zu Hause

➤ **tu ne peux pas me faire ça !** das kannst du mir nicht antun!

➤ **ne faire que ...** nichts tun als ... : **elle ne fait que bavarder** sie tut nichts als reden

➤ **faire faire quelque chose à quelqu'un** jemandem etwas machen lassen :

> Dans l'expression **faire faire** le premier **faire** se traduit toujours par **lassen**, le deuxième par le verbe désignant l'action à réaliser :

on a fait réparer la voiture wir haben das Auto reparieren lassen ; **le professeur d'allemand nous fait beaucoup travailler** der Deutschlehrer lässt uns hart arbeiten

se **faire** *verbe pronominal*

1. **sich etwas machen : je vais me faire un café** ich mache mir jetzt einen Kaffee

2. *Avec un infinitif* **Patou s'est fait opérer** Patou hat sich operieren lassen ; **où est-ce que tu te fais couper les cheveux ?** wo lässt du dir die Haare schneiden?

➤ **ça ne se fait pas** das tut man nicht : **ça ne se fait pas de montrer les gens du doigt** man zeigt nicht mit dem Finger auf Leute

➤ **s'en faire** sich Sorgen machen : **ne t'en fais pas, je vais m'en occuper** mach dir keine Sorgen, ich kümmere mich darum.

fais, fait ➤ faire.

faisons ➤ faire.

fait, e [fɛ, fɛt]

■ *participe passé*

tu as fait tes devoirs ? hast du deine Hausaufgaben gemacht?

➤ faire

■ *adjectif*

gemacht : c'était vite fait das war schnell gemacht

➤ **c'est fait à la main** das ist handgemacht

➤ **c'est bien fait pour lui** das geschieht ihm recht.

le **fait** [fɛ] ■ die **Tatsache** (*pluriel* **Tatsachen**) : **c'est un fait** das ist so

➤ **faits divers** Vermischtes

➤ **au fait** übrigens : **au fait, est-ce que tu l'as revue ?** übrigens, hast du sie noch mal gesehen?

➤ **en fait** tatsächlich : **en fait, je ne m'en souviens même pas** tatsächlich erinnere ich mich nicht einmal mehr daran.

faites ➤ faire.

falloir [53] [falwar] *verbe*

1. *Pour dire ce dont on a besoin* **il me faut plus de temps** ich brauche mehr Zeit ; **il nous faudrait un atlas** wir bräuchten einen Atlas ; **il me faudrait deux kilos de pommes, s'il vous plaît** ich hätte gern zwei Kilo Äpfel

2. *Pour dire ce que l'on doit faire* **il faut que je parte** ich muss gehen ; **il faut les prévenir si tu arrives tard** du musst sie benachrichtigen, wenn du spät ankommst ; **il faudrait que je leur écrive** ich müsste ihnen schreiben

3. *Devant une durée* **il faut deux heures pour aller à Heidelberg** man braucht zwei Stunden bis Heidelberg.

fallu [faly] *participe passé* ➤ falloir.

fameux, euse [famø, øz] *adjectif*

1. **berühmt : c'est lui, le fameux Stefan ?** ist das der berühmte Stefan?

2. *familier* **ausgezeichnet : il est fameux ton gâteau** dein Kuchen ist ausgezeichnet

➤ **pas fameux** *familier* nicht so toll.

familial, e [familjal] (*masculin pluriel* familiaux [familjo]) *adjectif* ■ **Familien- : une réunion familiale** ein Familientreffen.

familier, ère [familje, ɛr] *adjectif*

1. **vertraut : ces lieux me sont familiers** diese Orte sind mir vertraut

2. **umgangssprachlich : c'est un mot familier** das ist ein umgangssprachliches Wort.

la **famille** [famij]
1. die **Familie** *(pluriel* **Familien***)* : **sa famille a déménagé** seine Familie ist umgezogen
2. die **Verwandten** *(pluriel)* : **j'ai de la famille en Autriche** ich habe Verwandte in Österreich
➤ **la famille d'accueil** die Gastfamilie : **j'ai passé l'été à Graz dans une famille d'accueil** ich habe den Sommer bei einer Gastfamilie in Graz verbracht
➤ **une famille monoparentale** eine Einelternfamilie
➤ **une famille nombreuse** eine kinderreiche Familie.

le|la **fan** [fan] ■ der **Fan** *(pluriel* **Fans***)* : **un fan de jazz** ein Jazzfan.

fané, e [fane] *adjectif* ■ **verwelkt** : **les coquelicots sont fanés** die Mohnblumen sind verwelkt.

la **fantaisie** [fɑ̃tezi] ■ die **Fantasie** *(pluriel* **Fantasien***)* : **elle manque de fantaisie** sie hat keine Fantasie
➤ **des bijoux fantaisie** Modeschmuck.

fantastique [fɑ̃tastik] *adjectif*
1. **fantastisch** : **c'était fantastique !** das war fantastisch!
2. **Fantasy-** : **un roman fantastique** ein Fantasyroman.

le **fantôme** [fɑ̃tom] ■ das **Gespenst** *(pluriel* **Gespenster***)* : **tu crois aux fantômes ?** glaubst du an Gespenster?

la **farce** [fars] ■ der **Streich** *(pluriel* **Streiche***)* : **ils ont fait une farce à la prof** sie haben ihrer Lehrerin einen Streich gespielt
➤ **un magasin de farces et attrapes** ein Scherzartikelgeschäft.

la **farine** [farin] ■ das **Mehl** *(pluriel* **Mehle***)* : **de la farine de blé** Weizenmehl.

fasse, fassions ➤ faire.

le **fast-food** [fastfud] *(pluriel* fast-foods*)* ■ das **Fastfoodrestaurant** *(pluriel* **Fastfoodrestaurants***)*.

fatigant, e [fatigɑ̃, ɑ̃t] *adjectif* ■ **anstrengend** : **j'ai eu une journée fatigante** ich hatte einen anstrengenden Tag.

la **fatigue** [fatig] ■ die **Müdigkeit** *(san pluriel)*
➤ **être mort de fatigue** todmüde sein : **aprè la randonnée, nous étions tous morts d fatigue** nach der Wanderung waren wir all todmüde.

fatigué, e [fatige] *adjectif* ■ **müde** **allonge-toi si tu es fatigué** leg dich hin wenn du müde bist.

fatiguer [3] [fatige] *verbe* ■ **an|strengen** : **cette marche l'a fatigué** de Fußmarsch hat ihn angestrengt
➤ **tu me fatigues avec tes questions** d gehst mir auf die Nerven mit deinen Fragen.

faudra ➤ falloir.

faut ➤ faire.

la **faute** [fot]
1. der **Fehler** *(pluriel* **Fehler***)* : **faire une faut** einen Fehler machen ; **tu as fait très peu d fautes** du hast sehr wenige Fehler gemacht
2. die **Schuld** *(sans pluriel)* : **ce n'est pas d ma faute** das ist nicht meine Schuld
3. das **Foul** *(pluriel* **Fouls***)* : **il a commis un faute contre Zidane** er hat Zidane gefoult
➤ **une faute d'orthographe** ein Rechtschreibfehler.

le **fauteuil** [fotœj] ■ der **Sessel** *(plurie* **Sessel***)* : **un fauteuil en cuir** ein Ledersesse
➤ **un fauteuil roulant** ein Rollstuhl.

faux, fausse [fo, fos] *adjectif*
1. **falsch** : **tes calculs sont faux** deine Berechnungen sind falsch ; **le dauphin est un mammifère, vrai ou faux ?** der Delfin is ein Säugetier, richtig oder falsch? ; **une fausse alerte** ein falscher Alarm
2. **unecht** : **des faux diamants** unechte Diamanten
3. **gefälscht** : **des faux billets** gefälschte Banknoten
➤ **un faux ami** ein Faux Ami : **« démontrer » et « demonstrieren » sont des faux amis** „démontrer" und „demonstrieren" sind Faux Amis
➤ **chanter faux** falsch singen

le **faux** ■ die **Fälschung** *(pluriel* **Fälschungen***)* : **ce tableau est un faux** dieses Gemälde ist eine Fälschung.

la **faveur** [favœr] ■ der **Gefallen** *(pluriel* **Gefallen***)* : **peux-tu me faire une faveur ?** kannst du mir einen Gefallen tun?
➤ **être en faveur de quelque chose** für etwas sein : **ils sont en faveur d'une réforme** sie sind für eine Reform.

favorable [favɔrabl] *adjectif* ■ **günstig** : **des conditions favorables** günstige Bedingungen
➤ **être favorable à quelque chose** für etwas sein : **ils sont favorables à une réforme** sie sind für eine Reform.

favoriser [3] [favɔrize] *verbe* ■ **bevorzugen** : **ils ont toujours favorisé son petit frère** sie haben seinen kleinen Bruder immer bevorzugt.

le **fax** [faks] ■ das **Fax** *(pluriel* **Faxe***)* : **envoie-moi un fax** schick mir ein Fax.

la **fée** [fe] ■ die **Fee** *(pluriel* **Feen***)*
➤ **un conte de fées** ein Märchen.

feignant, e [fɛɲɑ̃, ɑ̃t] *adjectif* ■ **faul**

le **feignant, fainéant** [fɛɲɑ̃, fɛ̃neɑ̃] ■ der **Faulpelz** *(pluriel* **Faulpelze***)* : **c'est un feignant** er ist ein Faulpelz.

la **feignante, fainéante** [fɛɲɑ̃t, fɛ̃neɑ̃t] ■ der **Faulpelz** *(pluriel* **Faulpelze***)* : **c'est une feignante** sie ist ein Faulpelz.

les **félicitations** [felisitasjɔ̃] *nom féminin pluriel* ■ der **Glückwunsch** *(pluriel* **Glückwünsche***)* : **toutes mes félicitations !** herzlichen Glückwunsch!

féliciter [3] [felisite] *verbe* ■ **gratulieren** : **ils m'ont félicité** sie haben mir gratuliert.

le **félin** [felɛ̃] ■ die **Raubkatze** *(pluriel* **Raubkatzen***)*.

la **femelle** [fəmɛl] ■ das **Weibchen** *(pluriel* **Weibchen***)* : **une femelle éléphant** ein Elefantenweibchen.

féminin, e [feminɛ̃, in] *adjectif*
1. **weiblich** : **elle est très féminine** sie ist sehr weiblich
2. **Frauen-** : **un nom féminin** ein Frauenname ; **un magazine féminin** eine Frauenzeitschrift

le **féminin** ■ das **Femininum** *(pluriel* **Feminina***)* : **outre le féminin et le masculin, il existe le neutre en allemand** im Deutschen gibt es außer dem Femininum und dem Maskulinum auch noch das Neutrum.

la **femme** [fam] ■ die **Frau** *(pluriel* **Frauen***)* : **une femme de trente ans** eine dreißigjährige Frau ; **je ne connais pas sa femme** ich kenne seine Frau nicht
➤ **une femme d'affaires** eine Geschäftsfrau
➤ **une femme au foyer** eine Hausfrau
➤ **la femme de ménage** die Putzfrau
➤ **la femme de chambre** das Zimmermädchen.

se **fendre** *verbe pronominal* ■ **einen Sprung bekommen** : **le vase s'est fendu** die Vase hat einen Sprung bekommen.

la **fenêtre** [fənɛtr] ■ das **Fenster** *(pluriel* **Fenster***)* : **les voleurs sont entrés par la fenêtre** die Diebe sind durch das Fenster eingestiegen.

le **fer** [fɛr] ■ das **Eisen** *(sans pluriel)* : **un crochet en fer** ein Eisenhaken
➤ **un fer à repasser** ein Bügeleisen.

ferai, feras ➤ faire.

férié, e [ferje] *adjectif* ■ **demain, c'est férié** morgen ist Feiertag
➤ **un jour férié** ein Feiertag : **le premier mai est un jour férié** der Erste Mai ist ein Feiertag.

la **ferme**[1] [fɛrm] ■ der **Bauernhof** *(pluriel* **Bauernhöfe***)* : **ils vivent dans une ferme** sie leben auf einem Bauernhof.

ferme[2] [fɛrm] *adjectif* ■ **entschieden** : **elle s'est montrée très ferme** sie ist sehr entschieden aufgetreten.

fermer [3] [fɛrme] *verbe*
1. **zu|machen** : **ferme les yeux** mach die Augen zu ; **ferme la porte** mach die Tür zu ; **le musée ferme à sept heures** das Museum macht um sieben zu

2. **zu|gehen : cette fenêtre ferme mal** dieses Fenster geht nicht richtig zu ; **ça ne ferme pas** das geht nicht zu

se **fermer** *verbe pronominal* ■ **zu|gehen : cette boîte se ferme comme ça** diese Schachtel geht so zu.

la **fermeture** [fɛrmətyr]

1. die **Schließung** *(pluriel* **Schließungen***)* **: je suis arrivée après la fermeture du magasin** als ich ankam, war der Laden schon geschlossen

2. der **Verschluss** *(pluriel* **Verschlüsse***)*

➤ **une fermeture éclair** ein Reißverschluss.

le **fermier** [fɛrmje] ■ der **Bauer** *(pluriel* **Bauern***)*.

la **fermière** [fɛrmjɛr] ■ die **Bäuerin** *(pluriel* **Bäuerinnen***)*.

la **fesse** [fɛs] ■ die **Pobacke** *(pluriel* **Pobacken***)* **: j'ai mal à la fesse gauche** meine linke Pobacke tut weh

les **fesses** *nom féminin pluriel familier* ■ der **Hintern** *(pluriel* **Hintern***) familier* : **un coup de pied aux fesses** ein Tritt in den Hintern.

la **fessée** [fese] ■ die **Prügel** *(pluriel)* : **donner une fessée à quelqu'un** jemanden den Hintern versohlen.

le **festival** [fɛstival] *(pluriel* **festivals***)* ■ das **Festival** *(pluriel* **Festivals***)* **: le festival de Cannes** das Filmfestival in Cannes

FESTIVAL DE CANNES

Die Stadt an der Côte d'Azur ist Namensgeberin und Veranstaltungsort eines der berühmtesten Filmfestivals der Welt. Jedes Jahr im Mai werden dort von einer internationalen Jury unter anderem der beste Schauspieler, die beste Schauspielerin und der beste Regisseur ausgezeichnet. Der wichtigste Preis ist die **Palme d'Or** („Goldene Palme"), die an den besten Film vergeben wird.

la **fête** [fɛt]

1. das **Fest** *(pluriel* **Feste***)*, **Party** *(pluriel* **Partys***)* **: Matthieu fait une fête samedi** Matthieu macht Samstag eine Party

2. der **Feiertag** *(pluriel* **Feiertage***)* **: les fêtes de fin d'année** die Feiertage an Weihnachten und Neujahr ; **le 14 juillet est la fête nationale en France** der 14. Juli ist der französische Nationalfeiertag

3. der **Namenstag** *(pluriel* **Namenstage***)* **bonne fête** herzlichen Glückwunsch zum Namenstag

➤ **une fête foraine** ein Jahrmarkt

➤ **la fête des Mères** Muttertag

➤ **la fête de la Musique** *Musikfest in Frankreich*

➤ **la fête des Pères** Vatertag

➤ **la fête du Travail** der Tag der Arbeit : **le premier mai, on célèbre la fête du Travail** der erste Mai wird als Tag der Arbeit gefeiert

➤ **faire la fête** *familier* feiern : **ils ont fait la fête toute la nuit** sie haben die ganze Nacht gefeiert

BONNE FÊTE!

In Frankreich feiert man nicht nur seinen Geburtstag, sondern auch seinen Namenstag: den Tag des Heiligen, dessen Namen man trägt. Zu jemandem, der Namenstag hat, sagt man **bonne fête** („Herzlichen Glückwunsch zum Namenstag").

FÊTE DE LA MUSIQUE

Seit 1982 versammelt sich jedes Jahr am 21. Juni ganz Frankreich auf den Straßen, um Musik zu machen und zu hören. Die spontanen Konzerte – von Klassik und Jazz über Pop und Rock bis hin zu Techno und Rap – werden auch im Fernsehen übertragen.

fêter [4] [fete] *verbe* ■ **feiern : quand est-ce que tu fêtes ton anniversaire ?** wann feierst du deinen Geburtstag?

le **feu** [fø] *(pluriel* feux*)*

1. das **Feuer** *(pluriel* **Feuer***)* **: au feu !** Feuer! **il fait froid, je vais faire du feu** es ist kalt, ich mache Feuer ; **est-ce que tu as du feu ?** hast du mal Feuer?

2. die **Ampel** *(pluriel* **Ampeln***)* **: tournez à droite au feu** biegen Sie an der Ampel rechts ab

➤ **le feu d'artifice** das Feuerwerk : **on a été voir le feu d'artifice** wir waren beim Feuerwerk

➤ **le feu rouge** die rote Ampel
➤ **le feu vert** die grüne Ampel
➤ **mettre le feu à** in Brand stecken : **ils ont mis le feu à la grange** sie haben die Scheune in Brand gesteckt
➤ **prendre feu** Feuer fangen : **la paille a immédiatement pris feu** das Stroh hat sofort Feuer gefangen.

la **feuille** [fœj] ■ das **Blatt** (*pluriel* **Blätter**) : **une feuille de chêne** ein Eichenblatt ; **écris-le sur cette feuille** schreib es auf dieses Blatt Papier ; **une feuille de papier** ein Blatt Papier ; **une feuille blanche** ein leeres Blatt.

le **feuilleton** [fœjtɔ̃] ■ die **Serie** (*pluriel* **Serien**) : **un feuilleton télévisé** eine Fernsehserie ; **c'est un nouveau feuilleton** das ist eine neue Serie.

le **feutre** [føtr] ■ der **Filzstift** (*pluriel* **Filzstifte**) : **un feutre vert** ein grüner Filzstift.

la **fève** [fɛv] ■ *kleine Porzellanfigur, die in der Galette des Rois eingebacken wird* ➤ galette des Rois.

février [fevrije] ■ **Februar** : **en février** im Februar
➤ **nous sommes le 3 février** heute ist der 3. Februar.

les **fiançailles** [fjɑ̃saj] *nom féminin pluriel* ■ die **Verlobung** (*pluriel* **Verlobungen**) : **les fiançailles sont prévues pour décembre** die Verlobung ist für Dezember vorgesehen.

fiancé, e [fjɑ̃se] *adjectif*

le **fiancé** ■ der **Verlobte** (*pluriel* **die Verlobten**).

la **fiancée** ■ die **Verlobte** (*pluriel* **die Verlobten**) : **c'est sa fiancée** das ist seine Verlobte.

se **fiancer** [15] [səfjɑ̃se] *verbe pronominal* ■ **sich verloben** : **ils se sont fiancés en juin** sie haben sich im Juni verlobt.

la **ficelle** [fisɛl] ■ der **Bindfaden** (*pluriel* **Bindfäden**) : **est-ce que tu as de la ficelle ?** hast du Bindfaden?

la **fiche** [fiʃ] ■ die **Karteikarte** (*pluriel* **Karteikarten**) : **les fiches sont classées par ordre alphabétique** die Karteikarten sind alphabetisch geordnet.

ficher [3] [fiʃe] *verbe familier* ■ **machen** : **qu'est-ce qu'il fiche ?** was macht er?
➤ **ficher le camp** Leine ziehen : **fiche le camp!** zieh Leine!
➤ **ficher la paix à quelqu'un** jemanden in Ruhe lassen : **fiche-moi la paix!** lass mich in Ruhe!
➤ **ficher quelqu'un dehors** jemanden rausschmeißen : **le gardien de l'immeuble l'a fichu dehors** der Hausmeister hat ihn rausgeschmissen

se **ficher de** *verbe pronominal familier*
1. **auf die Schippe nehmen** : **ils se fichent tout le temps de lui** sie nehmen ihn ständig auf die Schippe
2. **schnurz sein** : **il se fiche de ce que je pense** es ist ihm schnurz, was ich denke ; **je m'en fiche** das ist mir schnurz.

le **fichier** [fiʃje] ■ die **Datei** (*pluriel* **Dateien**) : **n'oublie pas de sauvegarder ton fichier** vergiss nicht, deine Datei zu speichern.

fichu, e [fiʃy] *adjectif familier*
➤ **être fichu** hin sein : **la voiture est fichue** das Auto ist hin.

fidèle [fidɛl] *adjectif* ■ **treu** : **un mari fidèle** ein treuer Ehemann ; **il n'est pas fidèle à sa femme** er ist seiner Frau nicht treu.

fier¹, fière [fjɛr] *adjectif* ■ **stolz** : **je suis fière de toi** ich bin stolz auf dich ; **il est fier de participer à la compétition** er ist stolz, dass er an dem Wettkampf teilnehmen darf.

se **fier²** [9] [səfje] *verbe pronominal*
➤ **se fier à** vertrauen, sich verlassen auf ; **on ne peut pas se fier à lui** man kann ihm nicht vertrauen, man kann sich nicht auf ihn verlassen.

la **fièvre** [fjɛvr] ■ das **Fieber** (*sans pluriel*)

En allemand, il n'y a pas d'article devant les noms de maladies ou d'affections :

avoir de la fièvre Fieber haben ; **il a 40 de fièvre** er hat 40 Grad Fieber.

la **figue** [fig] ■ die **Feige** (*pluriel* **Feigen**).

la **figure** [figyr]
1. das **Gesicht** *(pluriel* **Gesichter***)* : **elle a une figure toute ronde** sie hat ein sehr rundes Gesicht
2. die **Abbildung** *(pluriel* **Abbildungen***)* : **voir figure 4, page 21** siehe Abbildung 4, Seite 21.

le **fil** [fil]
1. der **Faden** *(pluriel* **Fäden***)* : **du fil et une aiguille** Nadel und Faden
2. das **Kabel** *(pluriel* **Kabel***)* : **un fil électrique** ein Stromkabel
3. der **Draht** *(pluriel* **Drähte***)* : **du fil de fer** Draht
➤ **un coup de fil** ein Anruf : **j'ai reçu un coup de fil de Laura** ich haben einen Anruf von Laura bekommen
➤ **passer un coup de fil** an|rufen : **passe-moi un coup de fil demain** ruf mich morgen an
➤ **au bout du fil** *familier* am Telefon : **je viens d'avoir ta sœur au bout du fil** ich hatte gerade deine Schwester am Telefon
➤ **au fil de** im Verlauf : **au fil de la conversation** im Verlauf des Gesprächs.

la **file** [fil]
1. die **Reihe** *(pluriel* **Reihen***)* : **marcher en file** in einer Reihe hintereinander hergehen
2. die **Spur** *(pluriel* **Spuren***)* : **je roulais sur la file de gauche** ich fuhr auf der linken Spur
➤ **la file d'attente** die Warteschlange.

filer [3] [file] *verbe*
1. *familier* **los|sausen** : **je suis en retard, il faut que je file** ich bin spät dran, ich muss lossausen
2. **rasen** : **le train filait à toute vitesse** der Zug raste mit Höchstgeschwindigkeit
3. **eine Laufmasche bekommen** : **mon collant a filé** meine Strumpfhose hat eine Laufmasche.

le **filet** [filɛ]
1. das **Netz** *(pluriel* **Netze***)* : **un filet à papillons** ein Schmetterlingsnetz
2. das **Filet** *(pluriel* **Filets***)* : **des filets de sole** Seezungenfilets.

la **filière** [filjɛr] ■ der **Zweig** *(pluriel* **Zweige***)* : **il a choisi la filière scientifique** er hat den naturwissenschaftlichen Zweig gewählt.

la **fille** [fij]
1. das **Mädchen** *(pluriel* **Mädchen***)*

> Il faut être attentif au genre grammatical de **Mädchen** qui est un nom neutre :

tu es une grande fille maintenant du bis jetzt ein großes Mädchen
2. die **Tochter** *(pluriel* **Töchter***)* : **ils ont deux filles** sie haben zwei Töchter.

la **fillette** [fijɛt] ■ das **kleine Mädchen** *(pluriel* **kleinen Mädchen***)* : **Pauline est encore une fillette** Pauline ist noch ein kleines Mädchen.

le **filleul** [fijœl] ■ das **Patenkind** *(pluriel* **Patenkinder***)*.

la **filleule** [fijœl] ■ das **Patenkind** *(pluriel* **Patenkinder***)*.

le **film** [film] ■ der **Film** *(pluriel* **Filme***)* : **j'ai vu un film génial hier** gestern habe ich einen tollen Film gesehen
➤ **un film d'horreur** ein Horrorfilm
➤ **un film vidéo** ein Videofilm.

filmer [3] [filme] *verbe* ■ **filmen**.

le **fils** [fis] ■ der **Sohn** *(pluriel* **Söhne***)*.

le **filtre** [filtr] ■ der **Filter** *(pluriel* **Filter***)* **un filtre à café** ein Kaffeefilter.

fin, e [fɛ̃, fin] *adjectif*
1. **dünn** : **une tranche fine** eine dünne Scheibe
2. **fein** : **une plage de sable fin** ein Strand mit feinem Sand ; **shampooing pour cheveux fins** Shampoo für feines Haar.

la **fin** [fɛ̃] ■ das **Ende** *(pluriel* **Enden***)* : **Thomas viendra fin mars** Thomas kommt Ende März ; **à la fin de l'histoire, ils se marient** am Ende der Geschichte heiraten sie
➤ **en fin de** am Ende : **en fin d'année** am Ende des Jahres.

final, e [final] *(masculin pluriel* **finals** ou **finaux** [fino]*) adjectif* ■ **End-** : **le score final a été de 2 à 0** der Endstand war 2:0.

la **finale** [final] ■ das **Finale** *(pluriel* **Finale***)* : **ils ont gagné la finale** sie haben das Finale gewonnen ; **nous sommes en finale** wir sind im Finale.

finalement [finalmɑ̃] *adverbe* ■ **schließlich** : **finalement, ils ont décidé de rester** schließlich haben sie beschlossen dazubleiben.

financier, ère [finɑ̃sje, ɛr] *adjectif* ■ **Finanz-** : **une crise financière** eine Finanzkrise.

finir [27] [finir] *verbe*
1. **fertig machen** : **je finis mes devoirs et je vais jouer** ich mache meine Hausaufgaben fertig und dann gehe ich spielen
2. **fertig sein** : **j'ai fini de laver la vaisselle** ich bin mit dem Abwasch fertig
3. **enden** : **comment se finit le film ?** wie endet der Film?
➤ **finir par faire quelque chose** schließlich etwas tun : **j'ai fini par dire oui** schließlich habe ich ja gesagt.

fioul ➤ fuel.

fixe [fiks] *adjectif* ■ **fest** : **des prix fixes** feste Preise
➤ **à heures fixes** zu festen Zeiten.

fixer [3] [fikse] *verbe*
1. **befestigen** : **ils ont fixé la photo avec de la colle** sie haben das Foto mit Kleber befestigt
2. **fest|legen** : **nous avons fixé une date pour la fête** wir haben einen Termin für die Party festgelegt
3. **an|starren** : **il la fixait** er starrte sie an.

le **flacon** [flakɔ̃] ■ das **Fläschchen** (*pluriel* **Fläschchen**) : **un flacon de parfum** ein Parfümfläschchen.

la **flamme** [flam] ■ die **Flamme** (*pluriel* **Flammen**)
➤ **être en flammes** in Flammen stehen : **la maison est en flammes** das Haus steht in Flammen.

le **flan** [flɑ̃] ■ der **Pudding** (*pluriel* **Puddinge**) : **un flan au caramel** ein Karamellpudding.

flâner [3] [flane] *verbe* ■ **schlendern** : **on a flâné dans le parc** wir sind durch den Park geschlendert.

la **flaque** [flak] ■ **une flaque d'eau** eine Pfütze ; **une flaque d'huile** eine Öllache.

le **flash** [flaʃ] ■ das **Blitzlicht** (*pluriel* **Blitzlichter**) : **prends la photo au flash** mach das Foto mit Blitzlicht.

la **flèche** [flɛʃ] ■ der **Pfeil** (*pluriel* **Pfeile**) : **suivez les flèches** folgen Sie den Pfeilen.

flemmard, e [flɛmar, arde] *adjectif* ■ **faul** : **il est devenu flemmard** er ist faul geworden

le **flemmard** *familier* ■ der **Faulpelz** (*pluriel* **Faulpelze**) : **quel flemmard !** was für ein Faulpelz!

la **flemmarde** *familier* ■ der **Faulpelz** (*pluriel* **Faulpelze**).

la **flemme** [flɛm] *familier*
➤ **avoir la flemme** faul sein : **j'ai la flemme de sortir** ich bin zu faul, um aus dem Haus zu gehen.

la **fleur** [flœr]
1. die **Blume** (*pluriel* **Blumen**) : **un bouquet de fleurs** ein Strauß Blumen
2. die **Blüte** (*pluriel* **Blüten**) : **les fleurs du pommier** die Blüten des Apfelbaums
➤ **être en fleurs** blühen : **les roses sont en fleurs** die Rosen blühen.

fleuri, e [flœri] *adjectif*
1. **geblümt** : **un tissu fleuri** ein geblümter Stoff
2. **voller Blüten** : **le parc est très fleuri** der Park ist voller Blüten.

fleurir [27] [flœrir] *verbe* ■ **blühen** : **cette plante fleurit au printemps** diese Pflanze blüht im Frühling.

le|la **fleuriste** [flœrist] ■ der **Blumenhändler** (*pluriel* **Blumenhändler**), die **Blumenhändlerin** (*pluriel* **Blumenhändlerinnen**).

le **fleuve** [flœv] ■ der **Fluss** (*pluriel* **Flüsse**).

le **flic** [flik] *familier* ■ der **Bulle** *familier* (*pluriel* **Bullen**) : **les flics sont arrivés tout de suite** die Bullen sind sofort gekommen.

flirter [flœrte] *verbe* ■ **flirten** : **Louise a flirté avec un garçon de ma classe** Luise hat mit einem Jungen aus meiner Klasse geflirtet.

le **flocon** [flɔkɔ̃] ■ die **Flocke** (*pluriel* **Flocken**)
➤ **un flocon de neige** eine Schneeflocke
➤ **des flocons d'avoine** Haferflocken.

flotter [3] [flɔte] *verbe* ■ **schwimmen** : **un sac plastique flottait sur l'eau** ein Plastikbeutel schwamm auf dem Wasser
➤ *familier* **il flotte** es schüttet.

flou, e [flu] *adjectif* ■ **unscharf** : **la photo est floue** das Foto ist unscharf.

la **flûte** [flyt] ■ die **Flöte** (*pluriel* **Flöten**) : **Lucas joue de la flûte** Lukas spielt Flöte
➤ **une flûte traversière** eine Querflöte
➤ **une flûte à bec** eine Blockflöte.

la **foi** [fwa] ■ der **Glaube** (*sans pluriel*) : **je n'ai pas la foi** ich bin nicht gläubig.

le **foie** [fwa] ■ die **Leber** (*pluriel* **Lebern**)
➤ **du foie gras** *Gänse- oder Entenleber, aus der Pastete hergestellt wird*.

le **foin** [fwɛ̃] ■ das **Heu** (*sans pluriel*) : **le rhume des foins** der Heuschnupfen.

la **foire** [fwar]
1. der **Jahrmarkt** (*pluriel* **Jahrmärkte**) : **j'ai emmené les enfants à la foire** ich bin mit den Kindern auf den Jahrmarkt gegangen
2. die **Messe** (*pluriel* **Messen**) : **la foire du livre** die Buchmesse.

la **fois** [fwa]
1. **mal** : **trois fois** dreimal ; **c'est trois fois plus long** das ist dreimal so lang ; **3 fois 2 égalent 6** 3 mal 2 sind 6
2. das **Mal** (*pluriel* **Male**) : **chaque fois qu'il vient** jedes Mal, wenn er kommt
➤ **une fois** einmal : **une fois par an** einmal im Jahr ; **une fois que tu auras terminé** wenn du einmal fertig bist
➤ **pour une fois** dieses eine Mal
➤ **pour la première fois** zum ersten Mal
➤ **deux fois** zweimal : **il est deux fois plus grand** er ist zweimal so groß ; **deux fois par an** zweimal im Jahr
➤ **à la fois** gleichzeitig : **ils sont tous arrivés à la fois** sie sind alle gleichzeitig angekommen ; **c'est à la fois bon et mauvais** das ist gleichzeitig gut und schlecht
➤ **il était une fois ...** es war einmal ... : **il était une fois une princesse** es war einmal eine Prinzessin.

la **folie** [fɔli] ■ der **Wahnsinn** (*sans pluriel*)
➤ **à la folie** wahnsinnig.

folle ➤ fou.

follement [fɔlmɑ̃] *adverbe* ■ **wahnsinnig** : **elle est follement amoureuse de Sébastien** sie ist wahnsinnig in Sébastien verliebt.

foncé, e [fɔ̃se] *adjectif* ■ **dunkel** : **bleu foncé** dunkelblau.

foncer [15] [fɔ̃se] *verbe familier* ■ **losrennen** : **fonce, tu peux encore l'attraper !** renn los, du kriegst ihn noch!
➤ **foncer dans** rasen gegen : **il a foncé dans un arbre** er ist gegen einen Baum gerast
➤ **foncer sur** sich stürzen auf : **il a foncé sur moi** er hat sich auf mich gestürzt.

la **fonction** [fɔ̃ksjɔ̃] ■ die **Funktion** (*pluriel* **Funktionen**)
➤ **en fonction de** je nach : **on décidera en fonction du temps** wir entscheiden das je nach Wetter.

le **fonctionnaire** [fɔ̃ksjɔnɛr] ■ der **Beamte** (*pluriel* **Beamten**).

la **fonctionnaire** [fɔ̃ksjɔnɛr] ■ die **Beamtin** (*pluriel* **Beamtinnen**).

fonctionner [3] [fɔ̃ksjɔne] *verbe* ■ **funktionieren** : **je ne sais pas comment ça fonctionne** ich weiß nicht, wie das funktioniert
➤ **faire fonctionner quelque chose** etwas in Gang setzen : **je ne sais pas faire fonctionner cette machine** ich kann diese Maschine nicht in Gang setzen.

le **fond** [fɔ̃]
1. der **Boden** (*pluriel* **Böden**) : **le fond de la boîte** der Boden der Schachtel
2. der **hintere Teil** (*pluriel* **hinteren Teile**) : **le fond de la pièce** der hintere Teil des Zimmers

3. der **Hintergrund** *(pluriel* **Hintergründe***)* : **sur fond vert** vor grünem Hintergrund
➤ **au fond** hinten : **au cinéma, j'étais tout au fond** im Kino habe ich ganz hinten gesessen
➤ **au fond de**
1. ganz unten in : **c'est au fond de mon sac** das ist ganz unten in meiner Tasche
2. ganz hinten in ; **au fond du tiroir** ganz hinten in der Schublade ; **il est assis au fond de la salle** er sitzt ganz hinten im Raum
➤ **à fond** *familier*
1. auf volle Lautstärke : **il met toujours la musique à fond** er stellt die Musik immer auf volle Lautstärke
2. gründlich ; **réviser une matière à fond** einen Stoff gründlich wiederholen.

fonder [3] [fɔ̃de] *verbe* ■ **gründen** : **la ville a été fondée en 1504** die Stadt wurde 1504 gegründet.

fondre [55] [fɔ̃dr] *verbe* ■ **schmelzen** : **la neige a déjà fondu** der Schnee ist schon geschmolzen
➤ **faire fondre quelque chose** etwas schmelzen : **faites fondre le chocolat au bain-marie** die Schokolade im Wasserbad schmelzen.

fondu, e [fɔ̃dy] *participe passé* ➤ fondre.

la **fondue** [fɔ̃dy] ■ das **Fondue** *(pluriel* **Fondues***)*
➤ **fondue bourguignonne** Fleischfondue
➤ **fondue savoyarde** Käsefondue.

font ➤ faire.

la **fontaine** [fɔ̃tɛn] ■ der **Brunnen** *(pluriel* **Brunnen***)*.

le **foot** [fut] ➤ football.

le **football** [futbol] ■ der **Fußball** *(sans pluriel)*

En allemand, il n'y a jamais de préposition devant le sport que l'on pratique :

jouer au football Fußball spielen
➤ **le football américain** Football.

le **footballeur** [futbolœr] ■ der **Fußballspieler** *(pluriel* **Fußballspieler***)*.

la **footballeuse** [futboløz] ■ die **Fußballspielerin** *(pluriel* **Fußballspielerinnen***)*.

le **footing** [futiŋ] ■ das **Jogging** *(sans pluriel)* : **faire du footing** joggen.

la **force** [fɔrs] ■ die **Kraft** *(pluriel* **Kräfte***)* : **je n'ai pas la force de courir** ich habe nicht die Kraft zu laufen ; **j'ai tiré de toutes mes forces** ich habe mit voller Kraft gezogen ; **prendre des forces** Kraft schöpfen
➤ **à force de faire quelque chose** indem man etwas tut : **à force d'essayer, j'y arriverai bien** wenn ich es oft genug versuche, dann schaffe ich es schon.

forcément [fɔrsemɑ̃] *adverbe* ■ **notgedrungen** : **elle acceptera forcément** sie wird notgedrungen ja sagen
➤ **pas forcément** nicht unbedingt.

forcer [15] [fɔrse] *verbe* ■ **zwingen** : **ils m'ont forcé à y aller** sie haben mich gezwungen hinzugehen

se **forcer** *verbe pronominal* ■ **sich zwingen** : **je me suis forcé à travailler** ich habe mich gezwungen zu arbeiten.

la **forêt** [fɔrɛ] ■ der **Wald** *(pluriel* **Wälder***)* : **une forêt de chênes** ein Eichenwald ; **la forêt vierge** der Urwald.

la **formalité** [fɔrmalite] ■ die **Formsache** *(pluriel* **Formsachen***)* : **cet examen n'est qu'une simple formalité** diese Prüfung ist eine reine Formsache.

la **formation** [fɔrmasjɔ̃]
1. die **Bildung** *(pluriel* **Bildungen***)* : **la formation des glaciers** die Gletscherbildung
2. die **Ausbildung** *(pluriel* **Ausbildungen***)* : **la formation professionnelle** die Berufsausbildung.

la **forme** [fɔrm] ■ die **Form** *(pluriel* **Formen***)* : **un bijou en forme de cœur** ein Schmuckstück in Herzform
➤ **être en forme** in Form sein.

former [3] [fɔrme] *verbe*
1. **aus|bilden : elle forme de jeunes professeurs** sie bildet junge Lehrer aus
2. **bilden : nous formons une bonne équipe** wir bilden ein gutes Team.

formidable [fɔrmidabl] *adjectif* ■ **toll : c'est une fille formidable** sie ist ein tolles Mädchen.

le **formulaire** [fɔrmylɛr] ■ das **Formular** (*pluriel* **Formulare**) **: remplissez le formulaire** füllen Sie das Formular aus.

la **formule** [fɔrmyl] ■ die **Formel** (*pluriel* **Formeln**) **: une formule chimique** eine chemische Formel ; **une formule toute faite** eine feststehende Formel.

fort, e [fɔr, fɔrt] *adjectif*
1. **stark : Il est fort comme un ours** er ist stark wie ein Bär
2. **laut : la musique est trop forte** die Musik ist zu laut

➤ **être fort en quelque chose** in etwas stark sein : **il est très fort en espagnol** er ist sehr stark in Spanisch

fort *adverbe*
1. **kräftig : le vent souffle fort** der Wind bläst kräftig
2. **laut : tu parles trop fort** du redest zu laut ; **il crie fort quand il s'énerve** wenn er sich aufregt, schreit er laut.

la **fortune** [fɔrtyn] ■ das **Vermögen** (*sans pluriel*) **: ça vaut une fortune** das ist ein Vermögen wert.

le **fossé** [fose] ■ der **Graben** (*pluriel* **Gräben**) **: il s'est retrouvé dans le fossé** er ist im Graben gelandet.

fou, folle [fu, fɔl] *adjectif* (**fou** *devient* **fol** *devant une voyelle ou un « h » muet*)
1. **verrückt : il est devenu fou** er ist verrückt geworden ; **ce bruit va me rendre folle** dieser Lärm macht mich noch verrückt
2. **riesig : avoir un succès fou** riesigen Erfolg haben ; **il y avait un monde fou** da war eine riesige Menschenmenge

➤ **être fou de quelqu'un** nach jemandem verrückt sein : **il est fou d'elle** er ist verrückt nach ihr

le **fou** ■ der **Verrückte** (*pluriel* **Verrückten**)

➤ **comme un fou** ou **comme des fous** wie verrückt : **ils se sont mis à courir comme des fous** sie sind wie verrückt losgerannt.

la **folle** ■ die **Verrückte** (*pluriel* **Verrückten**).

la **foudre** [fudr] ■ der **Blitz** (*pluriel* **Blitze**) **la foudre est tombée tout près de la maison** der Blitz ist ganz nahe beim Haus eingeschlagen.

foudroyer [12] [fudrwaje] *verbe* ■ **être foudroyé** vom Blitz getroffen werden ; **l'arbre a été foudroyé** der Baum wurde vom Blitz getroffen.

le **fouet** [fwɛ] ■ die **Peitsche** (*pluriel* **Peitschen**) **: il l'a menacé d'un fouet** er bedrohte ihn mit einer Peitsche.

fouetter [4] [fwete] *verbe* ■ **peitschen il a fouetté son cheval** er hat sein Pferd gepeitscht.

la **fougère** [fuʒɛr] ■ der **Farn** (*pluriel* **Farne**).

les **fouilles** [fuj] *nom féminin pluriel* ■ die **Ausgrabungen** (*pluriel*) **: des fouilles archéologiques** archäologische Ausgrabungen.

fouiller [3] [fuje] *verbe* ■ **durchsuchen : j'ai fouillé partout** ich habe alles durchsucht

➤ **fouiller dans quelque chose** etwas durchsuchen : **je me suis permis de fouiller dans tes papiers** ich habe mir erlaubt, deine Unterlagen zu durchsuchen.

le **fouillis** [fuji] ■ das **Durcheinander** (*sans pluriel*) **: quel fouillis dans cette chambre** was für ein Durcheinander in diesem Zimmer.

le **foulard** [fular] ■ das **Halstuch** (*pluriel* **Halstücher**) **: elle a un foulard rouge autour du cou** sie trägt ein rotes Halstuch.

la **foule** [ful] ■ die **Menschenmenge** (*pluriel* **Menschenmengen**) **: je l'ai reconnu dans la foule** ich habe ihn in der Menschenmenge erkannt.

se fouler [3] [səfule] *verbe pronominal* ■ **sich verstauchen : je me suis foulé la cheville** ich habe mir den Knöchel verstaucht.

le four [fur] ■ der **Backofen** (*pluriel* **Backöfen**) : **mettez au four 10 minutes** 10 Minuten im Ofen backen
➤ **le four électrique** der Elektroherd
➤ **le four à micro-ondes** die Mikrowelle
➤ **faire cuire un gâteau au four** einen Kuchen backen.

la fourchette [furʃɛt] ■ die **Gabel** (*pluriel* **Gabeln**) : **des couteaux et des fourchettes** Messer und Gabeln.

la fourmi [furmi] ■ die **Ameise** (*pluriel* **Ameisen**) : **des fourmis rouges** rote Waldameisen
➤ **j'ai des fourmis dans les bras** mir sind die Arme eingeschlafen.

fournir [27] [furnir] *verbe* ■ **zur Verfügung stellen : l'école fournit les livres** die Schule stellt die Bücher zur Verfügung
➤ **fournir un effort** sich an|strengen.

le fournisseur [furnisœr] ■ der **Lieferant** (*pluriel* **Lieferanten**)
➤ **un fournisseur d'accès** ein Internetprovider.

la fourrure [furyr] ■ der **Pelz** (*pluriel* **Pelze**) : **un manteau de fourrure** ou **un manteau de fourrure** ein Pelzmantel ; **une fausse fourrure** ein unechter Pelz.

le foyer [fwaje] ■ das **Heim** (*pluriel* **Heime**) : **les refugiés sont logés en foyer** die Flüchtlinge sind in Heimen untergebracht.

la fracture [fraktyr] ■ der **Bruch** (*pluriel* **Brüche**) : **il a une fracture du crâne** er hat einen Schädelbruch.

fragile [fraʒil] *adjectif* ■ **zerbrechlich.**

frais, fraîche [frɛ, frɛʃ]

■ *adjectif*
1. **frisch : du poisson frais** frischer Fisch ; **peinture fraîche** frisch gestrichen ; **un vent frais** ein frischer Wind
2. **kalt**
➤ **des boissons fraîches** kalte Getränke

■ *adverbe*
kühl : il fait frais es ist kühl ; **il commence à faire frais en septembre** im September wird es langsam kühl

le frais
➤ **mettre quelque chose au frais** etwas kalt stellen : **mets le champagne au frais** stell den Champagner kalt.

les frais *nom masculin pluriel* ■ die **Kosten** (*pluriel*)
➤ **les frais de scolarité** das Schulgeld.

la fraise [frɛz] ■ die **Erdbeere** (*pluriel* **Erdbeeren**) : **une glace à la fraise** ein Erdbeereis.

la framboise [frɑ̃bwaz] ■ die **Himbeere** (*pluriel* **Himbeeren**) : **de la confiture à la framboise** Himbeermarmelade.

franc, franche [frɑ̃, frɑ̃ʃ] *adjectif* ■ **offen : il a été très franc avec moi** er war sehr offen zu mir.

le franc [frɑ̃] ■ der **Franc** (*pluriel* **Francs**) : **l'euro a remplacé le franc en 2002** der Franc wurde 2002 durch den Euro ersetzt.

français, e [frɑ̃sɛ, ɛz] *adjectif* ■ **französisch : c'est une tradition française** das ist eine französische Tradition

le français ■ das **Französisch** (*sans pluriel*) : **j'apprends le français** ich lerne Französisch ; **elle parle français** ou **elle parle le français** sie spricht Französisch ; **elle est bonne en français** sie ist gut in Französisch ; **j'ai français tous les lundis** ich habe jeden Montag Französisch.

le Français ■ der **Franzose** (*pluriel* **Franzosen**).

la Française ■ die **Französin** (*pluriel* **Französinnen**) : **je travaille avec une Française** ich arbeite mit einer Französin zusammen.

la France [frɑ̃s] ■ **Frankreich**

> En général, les noms de pays ne sont pas précédés d'un article en allemand :

il habite en France er wohnt in Frankreich ; **elle est allée en France** sie ist nach Frankreich gefahren.

franche ➤ franc.

franchement [frɑ̃ʃmɑ̃] *adverbe*
1. **ehrlich gesagt** : **franchement, je ne sais pas** ehrlich gesagt, ich weiß es nicht
2. **wirklich** : **c'était franchement génial** das war wirklich toll.

franchir [27] [frɑ̃ʃir] *verbe*
1. **überwinden** : **franchir un obstacle** ein Hindernis überwinden
2. **überqueren** : **franchir la frontière** die Grenze überqueren.

franco-allemand, e [frɑ̃koalmɑ̃, ɑ̃d] *adjectif* ■ **deutsch-französisch** : **les relations franco-allemandes sont excellentes** die deutsch-französischen Beziehungen sind ausgezeichnet.

francophone [frɑ̃kofɔn] *adjectif* ■ **französischsprachig** : **les pays francophones** die französischsprachigen Länder.

frapper [3] [frape] *verbe*
1. **schlagen** : **c'est lui qui m'a frappé le premier** er hat mich zuerst geschlagen
2. **beeindrucken** : **ce qui m'a le plus frappé** was mich am meisten beeindruckt hat
➤ **frapper à la porte** an die Tür klopfen : **quelqu'un frappe à la porte** jemand klopft an die Tür.

le **frein** [frɛ̃] ■ die **Bremse** (*pluriel* **Bremsen**) : **frein à main** die Handbremse ; **mets le frein à main** zieh die Handbremse an
➤ **donner un coup de frein** bremsen : **il a donné un grand coup de frein** er hat scharf gebremst.

freiner [4] [frene] *verbe* ■ **bremsen** : **elle a freiné trop tard** sie hat zu spät gebremst.

fréquemment [frekamɑ̃] *adverbe* ■ **oft** : **elle va en Allemagne assez fréquemment** sie fährt ziemlich oft nach Deutschland.

fréquent, e [frekɑ̃, ɑ̃t] *adjectif* ■ **häufig** : **c'est une erreur fréquente** das ist ein häufiger Fehler.

fréquenté, e [frekɑ̃te] *adjectif* ■ **très fréquenté** viel besucht ; **un bar très fréquenté** eine viel besuchte Bar.

le **frère** [frɛr] ■ der **Bruder** (*pluriel* **Brüder**) **mon grand frère** mein großer Bruder.

le **frérot** [frero] *familier* ■ das **Brüderchen** (*pluriel* **Brüderchen**) : **je vais demander mon frérot** ich werde mein Brüderchen fragen.

la **friandise** [frijɑ̃diz] ■ die **Süßigkeit** (*pluriel* **Süßigkeiten**).

le **fric** [frik] *familier* ■ die **Kohle** *familier* (*sans pluriel*) : **je n'ai plus de fric** ich habe keine Kohle mehr ; **elle gagne pas mal de fric** sie verdient ganz schön Kohle.

le **Frigidaire®** [friʒidɛr] ■ der **Kühlschrank** (*pluriel* **Kühlschränke**).

le **frigo** [frigo] ■ der **Kühlschrank** (*pluriel* **Kühlschränke**) : **mets le poulet au frigo** leg das Hähnchen in den Kühlschrank.

frileux, euse [frilø, øz] *adjectif*
➤ **je suis très frileux** ich friere leicht.

frimer [3] [frime] *verbe* ■ *familier* **angeben** : **arrête de frimer !** gib nicht so an!

frisé, e [frize] *adjectif* ■ **kraus** : **il a les cheveux frisés** er hat krauses Haar.

le **frisson** [frisɔ̃] ■ der **Schauer** (*pluriel* **Schauer**) : **ça me donne des frissons** da lässt mich schauern
➤ **avoir des frissons** schauern : **j'ai des frissons** es schauert mich.

frissonner [3] [frisɔne] *verbe* ■ **schauern** : **il frissonne de froid** er schauerte vor Kälte.

frit, e [fri, frit] *participe passé* ➤ **frire**.

la **frite** [frit] ■ **des frites** Pommes frites.

froid, e [frwa, frwad] *adjectif* ■ **kalt** **de l'eau froide** kaltes Wasser

froid *adverbe* ■ **kalt** : **il fait froid** es ist kalt
➤ **avoir froid** frieren : **j'ai froid** ich friere.

le **froid** ■ die **Kälte** *(sans pluriel)* : **cette plante n'aime pas le froid** diese Pflanze verträgt keine Kälte
➤ **il fait un froid de canard** es ist hundekalt.

se **froisser** **[3]** [səfrwase] *verbe pronominal* ■ **knittern** : **cette chemise se froisse facilement** dieses Hemd knittert leicht.

frôler **[3]** [frole] *verbe* ■ **streifen** : **je l'ai à peine frôlé** ich habe ihn nur ganz leicht gestreift.

le **fromage** [frɔmaʒ] ■ **der Käse** *(sans pluriel)* : **du fromage de chèvre** Ziegenkäse
➤ **le fromage blanc** der Quark.

le **front** [frɔ̃] ■ die **Stirn** *(pluriel* **Stirnen***)* : **elle a un grain de beauté sur le front** sie hat einen Leberfleck auf der Stirn.

la **frontière** [frɔ̃tjɛr] ■ die **Grenze** *(pluriel* **Grenzen***)* : **ils ont passé la frontière à pied** sie sind zu Fuß über die Grenze gegangen.

frotter **[3]** [frɔte] *verbe*
1. **ab|reiben** : **tu me frottes le dos ?** reibst du mir den Rücken ab?
2. **reiben** : **frotte toi les mains pour te réchauffer** du musst dir die Hände reiben, dann wird dir warm.

le **fruit** [frɥi] ■ **tu veux un fruit ?** möchtest du ein Stück Obst?

> Le pluriel **les fruits** se traduit toujours par un collectif au neutre singulier en allemand :

les fruits das Obst ; **des fruits secs** Trockenobst
➤ **des fruits de mer** Meeresfrüchte.

la **fugue** [fyg] ■ **faire une fugue** von zu Hause weg|laufen ; **leur fils a fait une fugue** ihr Sohn ist von zu Hause weggelaufen.

fui [fɥi] *participe passé* ➤ fuir.

fuir **[30]** [fɥir] *verbe*
1. **fliehen** : **les voleurs ont fui** die Diebe sind geflohen
2. **tropfen** : **le robinet fuit** der Wasserhahn tropft
➤ **fuir quelque chose** vor etwas fliehen : **ils ont fui le danger** sie sind vor der Gefahr geflohen.

la **fuite** [fɥit] ■ die **Flucht** *(sans pluriel)* : **prendre la fuite** die Flucht ergreifen
➤ **une fuite d'eau** ein Wasserrohrbruch.

la **fumée** [fyme] ■ **der Rauch** *(sans pluriel)* : **il y avait de la fumée qui sortait de la cheminée** aus dem Schornstein kam Rauch.

fumer **[3]** [fyme] *verbe* ■ **rauchen** : **Judith fume dix cigarettes par jour** Judith raucht zehn Zigaretten am Tag ; **il voudrait arrêter de fumer** er möchte aufhören zu rauchen.

le **fumeur** [fymœr] ■ der **Raucher** *(pluriel* **Raucher***)* : **un compartiment fumeur** ein Raucherabteil.

la **fumeuse** [fymøz] ■ die **Raucherin** *(pluriel* **Raucherinnen***)*.

fur [fyr]
➤ **au fur et à mesure** nach und nach : **je règle les problèmes au fur et à mesure** ich löse die Probleme nach und nach.

furieux, euse [fyrjø, øz] *adjectif* ■ **wütend** : **il est furieux contre moi** er ist wütend auf mich.

la **fusée** [fyze] ■ die **Rakete** *(pluriel* **Raketen***)* : **la fusée a décollé** die Rakete hat abgehoben.

le **fusil** [fyzi] ■ das **Gewehr** *(pluriel* **Gewehre***)*.

futur, e [fytyr] *adjectif* ■ **zukünftig** : **sa future femme** seine zukünftige Frau

le **futur**
1. die **Zukunft** *(sans pluriel)* : **personne ne sait ce que l'avenir nous réserve** keiner weiß, was die Zukunft bringen wird
2. das **Futur** *(sans pluriel)* : **mettez cette phrase au futur** setzen Sie diesen Satz ins Futur.

gâcher [3] [gaʃe] *verbe*
1. **verschwenden : je n'aime pas gâcher la nourriture** ich verschwende nicht gern Lebensmittel
2. **verderben : ça nous a gâché la soirée** das hat uns den Abend verdorben.

le **gâchis** [gaʃi] ■ die **Verschwendung** *(sans pluriel)* **: quel gâchis !** was für eine Verschwendung!

le **gadget** [gadʒɛt] ■ die **Spielerei** *(pluriel* **Spielereien***)* **: ma mère adore tous ces gadgets qui ne servent à rien** meine Mutter liebt diese ganzen Spielereien, die zu nichts nütze sind.

la **gaffe** [gaf] *familier* ■ der **Schnitzer** *(pluriel* **Schnitzer***)* **: faire une gaffe** sich einen Schnitzer leisten.

gagnant, e [gaɲɑ̃, ɑ̃t] *adjectif* ■ **siegreich : l'équipe gagnante** die siegreiche Mannschaft

le **gagnant** ■ der **Gewinner** *(pluriel* **Gewinner***)* **: il y a deux gagnants** es gibt zwei Gewinner.

la **gagnante** ■ die **Gewinnerin** *(pluriel* **Gewinnerinnen***)*.

gagner [3] [gaɲe] *verbe*
1. **gewinnen : gagné !** gewonnen! ; **gagner de la place** Platz gewinnen
2. **verdienen : il gagne deux mille euros par mois** er verdient zweitausend Euro im Monat

➤ **gagner du temps** Zeit gewinnen : **ça nous fera gagner du temps** damit gewinnen wir Zeit.

gai, e [gɛ] *adjectif* ■ **fröhlich : c'est quelqu'un de très gai** er ist ein sehr fröhlicher Mensch ; **des couleurs gaies** fröhliche Farben.

galant, e [galɑ̃, ɑ̃t] *adjectif* ■ **zuvorkommend**.

la **galerie** [galri] ■ die **Galerie** *(pluriel* **Galerien***)* **: une galerie d'art** eine Kunstgalerie
➤ **une galerie marchande** ou **une galerie commerciale** eine Einkaufspassage.

la **galette** [galɛt] ■ der **Buchweizenpfannkuchen** *(pluriel* **Buchweizenpfannkuchen***)* **: une galette au fromage** ein Buchweizenpfannkuchen mit Käse
➤ **la galette des Rois** *Blätterteigkuchen mit marzipanähnlicher Füllung*

GALETTE DES ROIS

Die **galette** wird am 6. Januar, dem Dreikönigsfest, gegessen. Wer die darin versteckte kleine Porzellanfigur, die **fève** findet, wird zum König oder zur Königin des Tages gekrönt, bekommt eine Papierkrone aufgesetzt und erwählt eine andere Person zu seinem königlichen Partner, indem er die Figur in ihr Glas fallen lässt.

le **galop** [galo] ■ der **Galopp** *(sans pluriel)* **: le cheval allait au galop** das Pferd lief im Galopp.

galoper [3] [galɔpe] *verbe* ■ **galoppieren : les chevaux galopent dans le champ** die Pferde galoppieren auf dem Feld.

le **gamin** [gamɛ̃] *familier* ■ das **Kind** *(pluriel* **Kinder***)* **: un gamin de huit ans** ein achtjähriges Kind.

la **gamine** [gamin] *familier* ■ das **Mädchen** *(pluriel* **Mädchen***)* **: cette gamine est très effrontée** das Mädchen ist sehr frech.

la **gamme** [gam]
1. das **Sortiment** *(pluriel* **Sortimente***)* **: notre nouvelle gamme de parfums** unser neues Parfümsortiment

2. die **Tonleiter** *(pluriel* **Tonleitern***)* : **faire des gammes au piano** Tonleitern auf dem Klavier spielen.

le **gangster** [gɑ̃gstɛr] ■ der **Gangster** *(pluriel* **Gangster***)* : **la police a arrêté les gangsters après deux jours de cavale** die Polizei hat die Gangster festgenommen, nachdem sie zwei Tage auf der Flucht gewesen waren.

le **gant** [gɑ̃] ■ der **Handschuh** *(pluriel* **Handschuhe***)* : **des gants de boxe** Boxhandschuhe ; **des gants de caoutchouc** Gummihandschuhe
➤ **un gant de toilette** ein Waschlappen.

le **garage** [garaʒ]
1. die **Garage** *(pluriel* **Garagen***)* : **j'ai mis la voiture au garage** ich habe das Auto in die Garage gefahren
2. die **Werkstatt** *(pluriel* **Werkstätten***)* : **y a-t-il un garage ouvert le dimanche ?** gibt es hier eine Werkstatt, die sonntags geöffnet hat?

le **garagiste** [garaʒist] ■ der **Automechaniker** *(pluriel* **Automechaniker***)* : **le garagiste vérifie le moteur** der Automechaniker überprüft den Motor

la **garantie** [garɑ̃ti] ■ die **Garantie** *(pluriel* **Garantien***)* : **une garantie d'un an** ein Jahr Garantie.

garantir **[27]** [garɑ̃tir] *verbe*
1. **Garantie geben auf** : **le fabricant garantit les pièces détachées** der Hersteller gibt Garantie auf die Ersatzteile
2. **versichern** : **je vous garantis qu'il ne m'a rien dit** ich versichere Ihnen, dass er mir nichts gesagt hat.

le **garçon** [garsɔ̃]
1. der **Junge** *(pluriel* **Jungen***)* : **un petit garçon** ein kleiner Junge
2. der **Kellner** *(pluriel* **Kellner***)*.

garder **[3]** [garde] *verbe*
1. **auf|bewahren** : **je l'ai gardé en souvenir** ich habe es als Andenken aufbewahrt
2. **behalten** : **tu peux garder le livre, je n'en ai plus besoin** du kannst das Buch behalten, ich brauche es nicht mehr
3. **auf|passen auf** : **elle garde les enfants tous les week-ends** sie passt jedes Wochenende auf die Kinder auf.

la **garderie** [gardəri] ■ die **Kindertagesstätte** *(pluriel* **Kindertagesstätten***)*.

la **garde-robe** [gardərɔb] *(pluriel* garde-robes*)* ■ die **Kleider** *(pluriel)* : **ma garde-robe d'hiver** meine Winterkleider.

le **gardien** [gardjɛ̃] ■ der **Wächter** *(pluriel* **Wächter***)*
➤ **le gardien d'immeuble** der Hausmeister
➤ **le gardien de but** der Torwart
➤ **le gardien de nuit** der Nachtwächter.

la **gare**[1] [gar] ■ der **Bahnhof** *(pluriel* **Bahnhöfe***)* : **je viendrai te chercher à la gare** ich hole dich vom Bahnhof ab
➤ **la gare routière** der Busbahnhof.

garer **[3]** [gare] *verbe* ■ **parken** : **où as-tu garé la voiture ?** wo hast du das Auto geparkt?

se **garer** *verbe pronominal* ■ **parken** : **il n'y a plus de place pour se garer** hier ist kein Platz mehr zum Parken.

garni, e [garni] *adjectif* ■ **le poisson est garni d'haricots verts** zum Fisch gibt es grüne Bohnen.

le **gars** [ga] *familier* ■ der **Typ** *(pluriel* **Typen***)* *familier* : **c'est un gars plutôt sympa** er ist ein ziemlich netter Typ.

gaspiller **[3]** [gaspije] *verbe* ■ **verschwenden** : **il gaspille son argent de poche** er verschwendet sein Taschengeld.

le **gâteau** [gato] *(pluriel* gâteaux*)* ■ der **Kuchen** *(pluriel* **Kuchen***)* : **un gâteau d'anniversaire** ein Geburtstagskuchen
➤ **des gâteaux apéritif** Knabbergebäck
➤ **des gâteaux secs** ou **des petits gâteaux** Kekse.

gâter **[3]** [gate] *verbe* ■ **verwöhnen** : **ils nous ont gâtés** sie haben uns verwöhnt

se **gâter** *verbe pronominal* ■ **schlecht werden** : **le temps va se gâter dans l'après-midi** heute Nachmittag wird das Wetter schlecht.

gauche [goʃ] *adjectif*

1. **linker, linke, linkes : mon pied gauche** mein linker Fuß
2. **ungeschickt : il a toujours été un peu gauche** er war immer schon ein bisschen ungeschickt

➤ **de gauche** Links- : **un gouvernement de gauche** eine Linksregierung

la **gauche** ■ die **Linke** *(sans pluriel)* : **la gauche a gagné les élections** die Linke hat die Wahlen gewonnen

➤ **à gauche** links : **ça sera la deuxième rue à gauche** dann ist es die zweite Straße links

➤ **à la gauche de quelqu'un** links von jemandem : **Romane est assise à ma gauche** Romane sitzt links von mir

➤ **rouler à gauche** links fahren : **on roule à gauche en Australie** in Australien fährt man links

➤ **tourner à gauche** links abbiegen : **tournez à gauche** biegen Sie links ab.

gaucher, ère [goʃe, ɛr] *adjectif* ■ **linkshändig : les enfants gauchers apprennent à écrire aussi vite que les autres** linkshändige Kinder lernen genauso schnell schreiben wie die anderen.

la **gaufre** [gofr] ■ die **Waffel** *(pluriel* **Waffeln***)*.

le **Gaulois** [golwa] ■ der **Gallier** *(pluriel* **Gallier***)*.

la **Gauloise** [golwaz] ■ die **Gallierin** *(pluriel* **Gallierinnen***)*.

le **gaz** [gaz] ■ das **Gas** *(pluriel* **Gase***)* : **du gaz lacrymogène** Tränengas

➤ **les gaz d'échappement** die Abgase.

le **gazole** [gazɔl] ■ das **Diesel** *(sans pluriel)* : **il faut que je prenne du gazole** ich muss Diesel tanken.

gazeux, euse [gazø, øz] *adjectif* ■ **mit Kohlensäure : je n'aime pas les boissons gazeuses** ich mag keine Getränke mit Kohlensäure ; **de l'eau gazeuse** Sprudel.

le **gazon** [gazɔ̃] ■ der **Rasen** *(pluriel* **Rasen***)* : **tondre le gazon** den Rasen mähen.

géant, e [ʒeɑ̃, ɑ̃t] *adjectif* ■ **riesig : une statue géante** eine riesige Statue

le **géant** ■ der **Riese** *(pluriel* **Riesen***)* **c'est un géant** er ist ein Riese.

la **géante** ■ die **Riesin** *(pluriel* **Riesinnen***)*.

le **gel** [ʒɛl]

1. **das Eis** *(sans pluriel)* : **le terrain est couvert de gel** der Boden ist mit Eis bedeckt
2. **der Frost** *(pluriel* **Fröste***)* : **cette plante ne supporte pas le gel** diese Pflanze verträgt keinen Frost
3. **das Gel** *(pluriel* **Gele***)* : **du gel pour les cheveux** Haargel.

la **gelée** [ʒəle] ■ der **Frost** *(pluriel* **Fröste***)* **des gelées sont annoncées pour le nord de la France** für Nordfrankreich ist Frost angesagt.

geler [22] [ʒəle] *verbe* ■ **erfrieren : les récoltes ont gelé** die Ernte ist erfroren ; **on gèle dans cette maison !** in diesem Haus erfriert man ja!

se **geler** *verbe pronominal familier* ■ **je me gèle** ich friere mir einen ab.

les **Gémeaux** [ʒemo] *nom masculin pluriel* ■ **Zwillinge** *(pluriel)* : **elle est Gémeaux** sie ist Zwilling.

gênant, e [ʒenɑ̃, ɑ̃t] *adjectif* ■ **peinlich : une situation gênante** eine peinliche Situation.

le|la **gendarme** [ʒɑ̃darm] ■ der **Polizist** *(pluriel* **Polizisten***)*, die **Polizistin** *(pluriel* **Polizistinnen***)*.

la **gendarmerie** [ʒɑ̃darməri] ■ die **Polizeiwache** *(pluriel* **Polizeiwachen***)* : **ils l'ont emmené à la gendarmerie** sie haben ihn auf die Polizeiwache gebracht.

le **gendre** [ʒɑ̃dr] ■ der **Schwiegersohn** *(pluriel* **Schwiegersöhne***)*.

gêné, e [ʒene] *adjectif* ■ **verlegen : elle est toujours gênée quand elle voit des inconnus** sie ist immer verlegen, wenn sie fremde Leute trifft.

gêner [4] [ʒene] *verbe*

1. **verlegen machen : ça me gêne de lui demander** es macht mich verlegen, ihn zu fragen

2. **stören : la fumée me gêne** der Rauch stört mich
➤ **ça vous gêne si j'ouvre la fenêtre ?** macht es Ihnen etwas aus, wenn ich das Fenster öffne?

se **gêner** *verbe pronominal* ■ **sich genieren : ne te gêne pas, sers-toi** genier dich nicht, bedien dich ; **je ne vais pas me gêner pour lui dire ce que je pense !** ich werde mich nicht genieren, ihr die Meinung zu sagen!

général, e [ʒeneral] *(masculin pluriel* **généraux** [ʒenero]*) adjectif* ■ **allgemein : c'est un terme très général** das ist ein sehr allgemeiner Ausdruck
➤ **en général** im Allgemeinen : **en général, ça marche** im Allgemeinen funktioniert das

le **général** ■ der **General** *(pluriel* **Generäle***)* **: son père est général dans l'armée** sein Vater ist General in der Armee.

généralement [ʒeneralmɑ̃] *adverbe* ■ **im Allgemeinen : généralement, ce livre plaît aux enfants** im Allgemeinen mögen Kinder dieses Buch.

généraliser [ʒeneralize] *verbe* ■ **verallgemeinern : on ne peut pas généraliser** das lässt sich nicht verallgemeinern.

la **génération** [ʒenerasjɔ̃] ■ die **Generation** *(pluriel* **Generationen***)* **: la nouvelle génération** die junge Generation.

généreux, euse [ʒenerø, øz] *adjectif* ■ **großzügig : elle est très généreuse** sie ist sehr großzügig.

le **générique** [ʒenerik] ■ der **Vorspann** *(pluriel* **Vorspanne***)* **: on est arrivés dans la salle pendant le générique** wir sind in den Kinosaal gekommen, als der Vorspann lief.

génétique [ʒenetik] *adjectif* ■ **genetisch**
➤ **une maladie génétique** eine Erbkrankheit.

Genève [ʒənɛv] *nom propre* ■ **Genf**.

génial, e [ʒenjal] *(masculin pluriel* **géniaux** [ʒenjo]*) adjectif familier* ■ **genial : une idée géniale** eine geniale Idee.

le **génie** [ʒeni] ■ das **Genie** *(pluriel* **Genies***)* **: Einstein était un génie** Einstein war ein Genie
➤ **une idée de génie** eine geniale Idee.

le **genou** [ʒənu] *(pluriel* **genoux***)* ■ das **Knie** *(pluriel* **Knie***)* **: il lavait le sol à genoux** er wischte den Boden auf den Knien
➤ **se mettre à genoux** sich hin|knien : **elle s'est mise à genoux** sie hat sich hingekniet
➤ **s'asseoir sur les genoux de quelqu'un** sich auf jemandes Schoß setzen.

le **genre** [ʒɑ̃r]
1. die **Art** *(pluriel* **Arten***)* **: je n'aime pas ce genre de livres** diese Art Bücher mag ich nicht
2. das **Genus** *(pluriel* **Genera***)* **: les noms français s'accordent en genre et en nombre** französische Substantive werden in Genus und Numerus angeglichen
3. die **Gattung** *(pluriel* **Gattungen***)* **: la poésie et le roman sont deux genres littéraires** Dichtung und Roman sind zwei literarische Gattungen.

les **gens** [ʒɑ̃] *nom masculin pluriel*
1. die **Menschen** *(pluriel)* **: de nos jours les gens vivent plus longtemps** heutzutage leben die Menschen länger
2. die **Leute** *(pluriel)* **: beaucoup de gens ont un téléphone portable** viele Leute haben ein Handy.

gentil, ille [ʒɑ̃ti, ij] *adjectif* ■ **nett : elle a été très gentille avec eux** sie war sehr nett zu ihnen.

gentiment [ʒɑ̃timɑ̃] *adverbe* ■ **freundlicherweise : il a gentiment proposé de me prêter l'argent** er hat freundlicherweise angeboten, mir das Geld zu leihen.

la **géo** *(abréviation de* **géographie***)* [ʒeo] *familier* ■ die **Erdkunde** *(sans pluriel)* **: la géo est ma matière préférée** Erdkunde ist mein Lieblingsfach.

la **géographie** [ʒeografi] ■ die **Erdkunde** *(sans pluriel)*.

la **géométrie** [ʒeometri] ■ die **Geometrie** *(sans pluriel)*.

gérer [17] [ʒere] *verbe* ■ **leiten : il gère une grande entreprise** er leitet ein großes Unternehmen.

le **geste** [ʒɛst] ■ die **Bewegung** (*pluriel* **Bewegungen**) : **il a fait un geste brusque** er hat eine abrupte Bewegung gemacht.

la **gestion** [ʒɛstjɔ̃] ■ die **Betriebswirtschaft** (*sans pluriel*) : **il fait des études de gestion** er studiert Betriebswirtschaft.

la **gifle** [ʒifl] ■ die **Ohrfeige** (*pluriel* **Ohrfeigen**)

➤ **donner une gifle à quelqu'un** jemandem eine Ohrfeige geben : **mon père m'a donné une gifle** mein Vater hat mir eine Ohrfeige gegeben.

gifler [3] [ʒifle] *verbe* ■ **ohrfeigen : elle m'a giflé** sie hat mich geohrfeigt.

gigantesque [ʒigɑ̃tɛsk] *adjectif* ■ **riesig : une statue gigantesque** eine riesige Statue.

le **gilet** [ʒilɛ] ■ die **Jacke** (*pluriel* **Jacken**) : **elle porte un gilet de laine** sie trägt eine Wolljacke.

le **gin** [dʒin] ■ der **Gin** (*sans pluriel*) : **un gin tonic** ein Gin Tonic.

la **girafe** [ʒiraf] ■ die **Giraffe** (*pluriel* **Giraffen**).

le **gitan** [ʒitɑ̃] ■ der **Zigeuner** (*pluriel* **Zigeuner**).

la **gitane** [ʒitan] ■ die **Zigeunerin** (*pluriel* **Zigeunerinnen**).

le **gîte** [ʒit] ■ die **Unterkunft** (*pluriel* **Unterkünfte**) : **gîte rural** *Fremdenzimmer auf dem Land*.

la **glace** [glas]

1. das **Eis** (*sans pluriel*) : **la glace fondait au soleil** das Eis schmolz in der Sonne ; **de la glace à la fraise** Erdbeereis ; **il a mangé deux glaces** er hat zwei Eis gegessen
2. der **Spiegel** (*pluriel* **Spiegel**) : **elle se regarde dans la glace** sie betrachtet sich im Spiegel.

glacé, e [glase] *adjectif* ■ **eiskalt : les boissons sont glacées** die Getränke sind eiskalt.

glacial, e [glasjal] (*masculin pluriel* **glaciaux** [glasjo]) *adjectif* ■ **eisig : un vent glacial** ein eisiger Wind.

le **glacier** [glasje] ■ der **Gletscher** (*pluriel* **Gletscher**).

le **glaçon** [glasɔ̃] ■ der **Eiswürfel** (*pluriel* **Eiswürfel**).

glisser [3] [glise] *verbe*

1. **aus|rutschen : j'ai glissé et j'ai failli tomber** ich bin ausgerutscht und wäre beinahe gefallen
2. **durch|schieben : glisse ce papier sous la porte** schieb das Stück Papier unter der Tür durch
3. **glatt sein : attention, ça glisse !** Vorsicht, es ist glatt!

se **glisser** *verbe pronominal* ■ **schlüpfen : elle s'est glissée dans son lit pour avoir chaud** sie ist in ihr Bett geschlüpft, um sich zu wärmen.

globalement [glɔbalmɑ̃] *adverbe* ■ **im Großen und Ganzen : globalement, ça s'est bien passé** im Großen und Ganzen ist es gut gelaufen.

le **globe** [glɔb] ■ die **Kugel** (*pluriel* **Kugeln**) : **le globe terrestre** die Erdkugel.

le **goal** [gol] ■ der **Torwart** (*pluriel* **Torwarte**).

le **golf** [gɔlf] ■ das **Golf** (*sans pluriel*) : **jouer au golf** Golf spielen ; **un terrain de golf** ein Golfplatz.

la **gomme** [gɔm] ■ der **Radiergummi** (*pluriel* **Radiergummis**).

gommer [3] [gɔme] *verbe* ■ **aus|radieren : n'oublie pas de gommer mes remarques** vergiss nicht, meine Anmerkungen auszuradieren.

gonfler [3] [gɔ̃fle] *verbe*

1. **auf|pumpen : gonfler un pneu** einen Reifen aufpumpen

2. anǀschwellen : mon poignet commence à gonfler mein Handgelenk schwillt langsam an.

la **gorge** [gɔrʒ] ■ der **Hals** (*pluriel* **Hälse**) : **j'ai mal à la gorge** ich habe Halsschmerzen.

le **gorille** [gɔrij] ■ der **Gorilla** (*pluriel* **Gorillas**).

la **gosse** [gɔs] ■ *familier* das **Kind** (*pluriel* **Kinder**) : **ils ont trois gosses** sie haben drei Kinder.

la **gourde** [gurd] ■ die **Feldflasche** (*pluriel* **Feldflaschen**).

gourmand, e [gurmɑ̃, ɑ̃d] *adjectif* ■ **naschhaft, gierig**.

le **goût** [gu] ■ der **Geschmack** (*pluriel* **Geschmäcker**) : **la sauce a très bon goût** die Soße schmeckt ausgezeichnet ; **on n'a pas les mêmes goûts** wir haben nicht denselben Geschmack

➤ **elle a beaucoup de goût** sie hat einen sehr guten Geschmack

➤ **chacun ses goûts** über Geschmack lässt sich nicht streiten

➤ **de bon goût** geschmackvoll : **un décor de bon goût** ein geschmackvolles Dekor

➤ **de mauvais goût** geschmacklos : **une tenue de mauvais goût** geschmacklose Kleidung

➤ **ça n'a aucun goût** das schmeckt nach gar nichts.

goûter [3] [gute] *verbe*

1. **probieren** : **elle n'a pas voulu goûter à ma soupe** sie wollte meine Suppe nicht probieren

2. **einen Nachmittagsimbiss einǀnehmen** : **est-ce que vous avez goûté ?** haben Sie Ihren Nachmittagsimbiss eingenommen?

le **goûter** ■ der **Nachmittagsimbiss** (*pluriel* **Nachmittagsimbisse**) : **c'est l'heure du goûter** es ist Zeit für den Nachmittagsimbiss.

la **goutte** [gut] ■ der **Tropfen** (*pluriel* **Tropfen**) : **une goutte d'eau** ein Wassertropfen.

le **gouvernement** [guvɛrnəmɑ̃] ■ die **Regierung** (*pluriel* **Regierungen**).

la **grâce** [gras] ■ die **Anmut** (*sans pluriel*) : **elle danse avec grâce** sie tanzt voller Anmut

➤ **grâce à** dank, durch ; **grâce à toi** dank dir, durch dich ; **grâce à ce livre** durch dieses Buch.

les **graffitis** [grafiti] *nom masculin pluriel* ■ **Graffiti** (*pluriel*) : **il y a des graffitis sur le mur** die Mauer ist mit Graffiti bedeckt.

le **grain** [grɛ̃] ■ das **Korn** (*pluriel* **Körner**) : **un grain de riz** ein Reiskorn ; **des grains de sable** Sandkörner

➤ **un grain de beauté** ein Muttermal

➤ **un grain de raisin** eine Weintraube.

la **graine** [grɛn] ■ das **Samenkorn** (*pluriel* **Samenkörner**).

la **graisse** [grɛs] ■ das **Fett** (*sans pluriel*) : **enlève la graisse de la viande** entferne das Fett vom Fleisch.

la **grammaire** [gramɛr] ■ die **Grammatik** (*pluriel* **Grammatiken**).

le **gramme** [gram] ■ das **Gramm** (*sans pluriel*) : **quatre cent grammes de sucre** vierhundert Gramm Zucker.

grand, e [grɑ̃, grɑ̃d] *adjectif*

1. **groß** : **une grande maison** ein großes Haus ; **il n'y a pas une grande différence entre eux** es gibt keinen großen Unterschied zwischen ihnen ; **tu es un grand garçon maintenant** du bist jetzt ein großer Junge ; **tu es assez grand pour le faire tout seul** du bist alt genug, um es allein zu machen

2. *taille* **groß** ; **je suis aussi grand que toi** ich bin genauso groß wie du

3. *qui a une importance sociale ou politique* **bedeutend** : **Gandhi était un grand homme** Gandhi war ein bedeutender Mann

➤ **les grandes personnes** die Erwachsenen

➤ **un grand frère** ein großer Bruder

➤ **une grande sœur** eine große Schwester

➤ **le grand huit** die Achterbahn.

grand-chose [grɑ̃ʃoz] *pronom* ■ **pas grand-chose** nicht (so) viel ; **il ne reste plus grand-chose à manger** es ist nicht mehr viel zu essen da ; **je n'ai pas compris grand-chose de ce qu'il a dit** ich habe nicht viel von dem verstanden, was er gesagt hat.

la **Grande-Bretagne** [grɑ̃dbrətaɲ] ■ **Großbritannien**

En allemand, à de rares exceptions près, il n'y a pas d'article devant les noms de pays :

j'habite en Grande-Bretagne ich wohne in Großbritannien ; **je suis allé en Grande-Bretagne** ich bin in Großbritannien gewesen.

la **grandeur** [grɑ̃dœr] ■ die **Größe** (*pluriel* **Größen**) : **des boîtes de toutes les grandeurs** Schachteln in allen Größen
➤ **grandeur nature** Lebensgröße.

grandir **[27]** [grɑ̃dir] *verbe*
1. **wachsen : sa fille grandit vite** ihre Tochter wächst schnell ; **j'ai grandi de dix centimètres en un an** ich bin in einem Jahr zehn Zentimeter gewachsen
2. **auf|wachsen : j'ai grandi en Belgique** ich bin in Belgien aufgewachsen.

la **grand-mère** [grɑ̃mɛr] (*pluriel* **grands-mères**) ■ die **Großmutter** (*pluriel* **Großmütter**).

le **grand-père** [grɑ̃pɛr] (*pluriel* **grands-pères**) ■ der **Großvater** (*pluriel* **Großväter**).

les **grands-parents** [grɑ̃parɑ̃] *nom masculin pluriel* ■ die **Großeltern** (*pluriel*).

la **grappe** [grap] ■ die **Traube** (*pluriel* **Trauben**) : **une grappe de raisin** eine Weintraube.

gras [gra, gras] *adjectif*
1. **fett : c'est une viande très grasse** das ist sehr fettes Fleisch
2. **fettig : shampoing pour cheveux gras** Shampoo für fettiges Haar
➤ **faire la grasse matinée** lange aus|schlafen

le **gras**
1. das **Fett** (*pluriel* **Fette**) : **le gras du jambon** der Fettrand des Schinkens
2. der **Fettdruck** (*sans pluriel*) : **écrit en gras** fett gedruckt.

le **gratin** [gratɛ̃] ■ der **Gratin** (*pluriel* **Gratins**) : **un gratin de chou-fleur** ein Blumenkohlgratin.

le **gratte-ciel** [gratsjɛl] (*pluriel* **gratte-ciel**) ■ der **Wolkenkratzer** (*pluriel* **Wolkenkratzer**).

gratter **[3]** [grate] *verbe*
1. **auf|kratzen : ne gratte pas tes piqûres de moustiques** kratz deine Mückenstiche nicht auf
2. **kratzen : ce pull me gratte** dieser Pullover kratzt ; **ça me gratte partout** es kratzt mich überall

se **gratter** *verbe pronominal* ■ **sich kratzen : arrête de te gratter** hör auf, dich zu kratzen ; **elle se gratte le menton** sie kratzt sich am Kinn.

gratuit, e [gratɥi, it] *adjectif* ■ **kostenlos, gratis : l'entrée est gratuite** der Eintritt ist kostenlos|gratis
➤ **entrée gratuite** Eintritt frei.

gratuitement [gratɥitmɑ̃] *adverbe* ■ **umsonst : on a voyagé gratuitement** wir sind umsonst gereist ; **je suis entré gratuitement** ich bin umsonst reingekommen.

grave [grav] *adjectif*
1. **schwer : une maladie grave** eine schwere Krankheit
2. **tief : elle a une voix grave** sie hat eine tiefe Stimme
➤ **ce n'est pas grave** das ist nicht so schlimm

gravement [gravmɑ̃] *adverbe* ■ **schwer** **il est gravement malade** er ist schwer krank

graver **[3]** [grave] *verbe*
1. **(ein)schneiden, gravieren**
2. **brennen : graver un CD** eine CD brennen.

grec [grɛk] *adjectif* ■ **griechisch : une tradition grecque** ein griechischer Brauch

le **grec** ■ das **Griechisch** (*sans pluriel*) **j'apprends le grec** ich lerne Griechisch ; **le grec ancien** Altgriechisch ; **le grec moderne** Neugriechisch.

le **Grec** ■ der **Grieche** (*pluriel* **Griechen**).

la **Grecque** ■ die **Griechin** (*pluriel* **Griechinnen**).

la **Grèce** [grɛs] ■ **Griechenland : Marie vit en Grèce** Marie lebt in Griechenland

En allemand, il n'y a pas d'article devant les noms de pays, sauf dans certains cas :

la Grèce antique das antike Griechenland.

la **grêle** [grɛl] ■ der **Hagel** *(sans pluriel)*.

grêler [4] [grele] *verbe impersonnel* ■ **hageln** : il grêle es hagelt.

grelotter [3] [grəlɔte] *verbe* ■ **zittern, schlottern** : elle grelotte de froid sie zittert ou schlottert vor Kälte.

la **grenade** [grənad] ■ der **Granatapfel** *(pluriel* **Granatäpfel***)* : j'ai mangé une grenade ich habe einen Granatapfel gegessen.

la **grenadine** [grənadin] ■ der **Grenadinesirup**.

le **grenier** [grənje] ■ der **Dachboden** *(pluriel* **Dachböden***)*, der **Speicher** *(pluriel* **Speicher***)* : le grenier est plein de vieilles malles der Dachboden ist mit alten Koffern vollgestellt.

la **grenouille** [grənuj] ■ der **Frosch** *(pluriel* **Frösche***)* : des cuisses de grenouille Froschschenkel.

la **grève** [grɛv] ■ der **Streik** *(pluriel* **Streiks***)* : faire grève streiken ; une grève de la faim ein Hungerstreik.

la **griffe** [grif] ■ die **Kralle** *(pluriel* **Krallen***)* : les griffes du chat die Krallen der Katze.

griffer [3] [grife] *verbe* ■ **kratzen** : le chat m'a griffé ! die Katze hat mich gekratzt!

la **grillade** [grijad] ■ das **Fleisch vom Rost** *(sans pluriel)* : on a mangé des grillades wir haben Fleisch vom Rost gegessen.

le **grille-pain** [grijpɛ̃] ■ der **Toaster** *(pluriel* **Toaster***)*.

griller [3] [grije] *verbe*

1. **grillen** : du poisson grillé gegrillter Fisch ; faites griller la viande grillt das Fleisch
2. **toasten, rösten** : du pain grillé Toastbrot ; on a fait griller des tartines wir haben Brot getoastet|geröstet
3. **durch|brennen** : l'ampoule de l'entrée a grillé die Glühbirne im Flur ist durchgebrannt

➤ griller un feu rouge über Rot fahren.

la **grimace** [grimas] ■ die **Grimasse** *(pluriel* **Grimassen***)*

➤ faire une grimace eine Grimasse schneiden : il m'a fait une grimace er hat mir eine Grimasse geschnitten.

grimper [3] [grɛ̃pe] *verbe* ■ **klettern** : grimper à un arbre auf einen Baum klettern.

grincer [15] [grɛ̃se] *verbe* ■ **knarren** : la porte grince die Tür knarrt.

la **grippe** [grip] ■ die **Grippe** *(pluriel* **Grippen***)*.

gris, e [gri, griz] *adjectif* ■ **grau** : un chat gris eine graue Katze

le **gris** ■ **Grau** *(neutre, sans pluriel)* : je n'aime pas le gris Grau mag ich nicht.

gronder [3] [grɔ̃de] *verbe* ■ **aus|schimpfen** : ma mère m'a grondé meine Mutter hat mich ausgeschimpft.

gros [gro, gros] *adjectif*

1. **groß** : un gros sac eine große Tasche ; c'est un gros problème das ist ein großes Problem
2. **dick** : leur fils est trop gros ihr Sohn ist zu dick

➤ en gros ungefähr : il y aura en gros cinquante personnes es werden ungefähr fünfzig Leute da sein.

la **groseille** [grozɛj] ■ die **Johannisbeere** *(pluriel* **Johannisbeeren***)*.

grosse [gros] *adjectif* ➤ gros.

grossier, ère [grosje, ɛr] *adjectif* ■ **grob** : il s'est montré grossier envers elle er war grob zu ihr.

grossir [27] [grosir] *verbe* ■ **zu|nehmen** : j'ai beaucoup grossi ich habe stark zugenommen ; Sébastien a grossi de trois kilos Sébastien hat drei Kilo zugenommen.

la **grotte** [grɔt] ■ die **Höhle** *(pluriel* **Höhlen***)* : des grottes préhistoriques prähistorische Höhlen.

le **groupe** [grup]
1. die **Gruppe** (*pluriel* **Gruppen**) : **un groupe d'élèves** eine Schülergruppe
2. die **Band** (*pluriel* **Bands**) : **il joue dans un groupe de rock** er spielt in einer Rockband
➤ **le groupe sanguin** die Blutgruppe
➤ **en groupe** in der Gruppe.

la **guêpe** [gɛp] ■ die **Wespe** (*pluriel* **Wespen**).

guérir **[27]** [gerir] *verbe*
1. *personne* **heilen** : **le médecin m'a guéri** der Arzt hat mich geheilt
2. *blessure* **heilen** : **la blessure ne guérit pas** die Wunde heilt nicht
3. **gesund werden** : **il a guéri vite** er ist schnell wieder gesund geworden.

la **guerre** [gɛr] ■ der **Krieg** (*pluriel* **Kriege**) : **guerre civile** Bürgerkrieg ; **les deux pays sont en guerre depuis deux ans** die beiden Länder befinden sich seit zwei Jahren miteinander im Krieg
➤ **la Première Guerre mondiale** der Erste Weltkrieg
➤ **la Seconde Guerre mondiale** der Zweite Weltkrieg.

la **gueule** [gœl] ■ die **Schnauze** (*pluriel* **Schnauzen**) : **la gueule du chien** die Hundeschnauze.

le **guichet** [giʃɛ] ■ der **Schalter** (*pluriel* **Schalter**) : **veuillez retirer vos places au guichet** bitte holen Sie Ihre Tickets am Schalter ab
➤ **le guichet d'information** der Informationsschalter.

le|la **guide** [gid] ■ der **(Reise)Führer** (*pluriel* **(Reise)Führer**), die **(Reise)Führerin** (*pluriel* **(Reise)Führerinnen**).

guider **[3]** [gide] *verbe* ■ **führen** : **il nous a guidé dans la ville** er hat uns durch die Stadt geführt, er hat uns die Stadt gezeigt.

la **guirlande** [girlɑ̃d]
➤ **la guirlande de Noël** das Lametta ; **ils décorent le sapin avec des guirlandes** sie schmücken die Tanne mit Lametta.

la **guitare** [gitar] ■ die **Gitarre** (*pluriel* **Gitarren**) : **Simon joue de la guitare** Simon spielt Gitarre
➤ **une guitare électrique** eine Elektrogitarre, eine E-Gitarre.

le|la **guitariste** [gitarist] ■ der **Gitarrist** (*pluriel* **Gitarristen**), die **Gitarristin** (*plurie* **Gitarristinnen**).

la **gym** [ʒim] ■ das **Turnen** (*sans pluriel*).

le **gymnase** [ʒimnaz] ■ die **Turnhalle** (*pluriel* **Turnhallen**).

la **gymnastique** [ʒimnastik] ■ das **Turnen** (*sans pluriel*) : **faire de la gymnastique** turnen ; **avoir gymnastique** Turnen haben eine Turnstunde haben.

h

habile [abil] *adjectif* ■ **geschickt** : **ce menuisier est très habile** dieser Tischler ist sehr geschickt.

habiller **[3]** [abije] *verbe* ■ **an|ziehen** **je me charge d'habiller les enfants** ich kümmere mich darum, die Kinder anzuziehen

s' **habiller** *verbe pronominal*
1. **sich an|ziehen** : **elle s'est habillée rapidement** sie hat sich schnell angezogen
2. **sich zurecht|machen** : **est-ce qu'il faut s'habiller pour cette soirée ?** muss man sich für diesen Abend zurechtmachen?

les **habits** [abi] *nom masculin pluriel* ■ **Kleider** *(pluriel)*, die **Kleidung** *(sans pluriel)* : **j'ai besoin de m'acheter de nouveaux habits** ich muss mir ein paar neue Kleider kaufen.

l' **habitant** [abitɑ̃] *nom masculin* ■ der **Einwohner** *(pluriel* **Einwohner***)* : **il y a 59 millions d'habitants en France** Frankreich hat 59 Millionen Einwohner.

l' **habitante** [abitɑ̃t] *nom féminin* ■ die **Einwohnerin** *(pluriel* **Einwohnerinnen***)*.

habiter [3] [abite] *verbe* ■ **wohnen** : **où est-ce que tu habites ?** wo wohnst du? ; **j'habite Paris** ou **j'habite à Paris** ich wohne in Paris ; **j'habite en France** ich wohne in Frankreich.

l' **habitude** [abityd] *nom féminin* ■ die **Gewohnheit** *(pluriel* **Gewohnheiten***)*
➤ **j'ai l'habitude de me lever tôt** ich bin es gewohnt, früh aufzustehen
➤ **d'habitude on se retrouve vers cinq heures** (für) gewöhnlich treffen wir uns gegen fünf Uhr
➤ **comme d'habitude** wie gewöhnlich, wie immer

habituel, elle [abitɥɛl] *adjectif* ■ **gewohnt** : **à l'heure habituelle** zur gewohnten Stunde.

habituer [7] [abitɥe] *verbe* ■ **(daran) gewöhnen** : **habituer quelqu'un à faire quelque chose** jemanden daran gewöhnen, etwas zu tun ; **j'essaie de les habituer à lever le doigt** ich versuche sie daran zu gewöhnen, aufzuzeigen
➤ **être habitué à** gewohnt sein : **je ne suis pas habitué à la chaleur** ich bin Hitze nicht gewohnt

s' **habituer** *verbe pronominal* ■ **sich (daran) gewöhnen** : **s'habituer à quelque chose** sich an etwas gewöhnen ; **il va falloir t'y habituer** du wirst dich daran gewöhnen müssen ; **s'habituer à faire quelque chose** sich daran gewöhnen, etwas zu tun ; **je me suis habitué à me lever tôt** ich habe mich daran gewöhnt, früh aufzustehen.

hacher [3] ['aʃe] *verbe*
1. *légumes* **hacken**
2. *viande* **durch|drehen** : **hachez la viande** drehen Sie das Fleisch durch
➤ **du steak haché** Hacksteak.

la **haie** ['ɛ] ■ die **Hecke** *(pluriel* **Hecken***)* : **une haie de noisetiers** eine Hecke aus Haselnusssträuchern.

la **haine** ['ɛn] ■ der **Hass** *(sans pluriel)*.

haïr [28] ['air] *verbe* ■ **hassen** : **je la hais** ich hasse sie.

la **haleine** [alɛn] ■ der **Atem** *(sans pluriel)* : **je suis hors d'haleine** ich bin außer Atem.

le **hall** ['ol] ■ die **Eingangshalle** *(pluriel* **Eingangshallen***)*, das **Foyer** *(pluriel* **Foyers***)* : **ils se sont retrouvés dans le hall de l'hôtel** sie haben sich im Foyer des Hotels getroffen.

la **halle** ['al] ■ die **Markthalle** *(pluriel* **Markthallen***)*, die **Kaufhalle** *(pluriel* **Kaufhallen***)*.

la **halte** ['alt] ■ die **Rast** *(pluriel* **Rasten***)* : **c'est la dernière halte sur le parcours** das ist die letzte Rast auf der Strecke
➤ **faire une halte** Rast machen : **nous avons fait une halte à Limoux** wir haben in Limoux Rast gemacht.

le **hamburger** ['ɑ̃bœrgœr] ■ der **Hamburger** *(pluriel* **Hamburger***)*.

le **hamster** ['amstɛr] ■ der **Hamster** *(pluriel* **Hamster***)*.

le **handball** ['ɑ̃dbal] ■ *(sans article)* **Handball** *(sans pluriel)* : **jouer au handball** Handball spielen.

handicapé, e ['ɑ̃dikape] *adjectif* ■ **behindert**

le **handicapé** ■ der **Behinderte** *(pluriel* **die Behinderten***)* : **les handicapés** die Behinderten
➤ **un handicapé moteur** ein Körperbehinderter
➤ **un handicapé mental** ein geistig Behinderter.

la **handicapée** ■ die **Behinderte** *(pluriel* **die Behinderten***)*.

hanté, e [ɑ̃te] *adjectif* ■ **heimgesucht, Spuk-** : **une maison hantée** ein Spukhaus.

le **hareng** ['arɑ̃] ■ der **Hering** *(pluriel* **Heringe***)*.

le **haricot** ['ariko] ■ die **Bohne** *(pluriel* **Bohnen***)*
➤ **des haricots verts** grüne Bohnen.

le **harmonica** [armɔnika] ■ die **Mundharmonika** *(pluriel* **Mundharmonikas***)*.

le **hasard** ['azar] ■ der **Zufall** *(pluriel* **Zufälle***)* : **toi ici, quel hasard !** du hier, was für ein Zufall!
➤ **par hasard** zufällig : **je l'ai rencontrée par hasard** ich habe sie zufällig getroffen ; **si par hasard tu passes par là...** falls du zufällig dort vorbeikommst...
➤ **au hasard** aufs Geratewohl : **j'en ai pris un au hasard** ich habe aufs Geratewohl einen davon genommen.

la **hausse** ['os] ■ der **Anstieg** *(pluriel* **Anstiege***)* : **une hausse de 20%** ein Anstieg um 20%.

haut, e [o, ot] *adjectif* ■ **hoch** : **les plafonds sont hauts dans cette maison** in diesem Haus sind die Decken hoch ; **un bâtiment assez haut** ein ziemlich hohes Gebäude

haut *adverbe* ■ **hoch** : **il peut sauter très haut** er kann sehr hoch springen.

le **haut** ■ der **obere Teil** *(pluriel* **oberen Teile***)* : **le haut du mur** der obere Teil der Mauer
➤ **le tiroir du haut** die obere Schublade
➤ **en haut** oben : **papa est en haut** Papa ist oben
➤ **en haut de** oben auf : **en haut de la colline** oben auf dem Hügel

Lorsqu'on indique une dimension, on ne traduit pas **de** devant **haut** :

➤ **la tour fait 50 mètres de haut** der Turm ist 50 Meter hoch.

la **hauteur** ['otœr] ■ die **Höhe** *(pluriel* **Höhen***)* : **la hauteur de la tour Eiffel** die Höhe des Eiffelturms
➤ **quelle est la hauteur du Mont Blanc ?** wie hoch ist der Mont Blanc?

le **haut-parleur** ['oparlœr] *(pluriel* **haut-parleurs***)* ■ der **Lautsprecher** *(pluriel* **Lautsprecher***)*.

hebdomadaire [ɛbdɔmadɛr] *adjectif* ■ **wöchentlich, Wochen-** : **une réunion hebdomadaire** ein wöchentliches Treffen

l' **hebdomadaire** *nom masculin* ■ die **Wochenzeitschrift** *(pluriel* **Wochenzeitschriften***)* : **un hebdomadaire d'information** eine Wochenzeitung.

hein ['ɛ̃] *exclamation familier* ■ **hein ? qu'est-ce que tu as dit ?** hä? was hast du gesagt? ; **tu ne lui diras pas, hein ?** du wirst es ihm nicht sagen, oder?

hélas [elas] *exclamation* ■ **leider** : **je n'ai pas terminé à temps, hélas !** leider bin ich nicht rechtzeitig fertig geworden!

l' **hélicoptère** [elikɔptɛr] ■ der **Hubschrauber** *(pluriel* **Hubschrauber***)*.

l' **herbe** [ɛrb] *nom féminin* ■ das **Gras** *(pluriel* **Gräser***)* : **marcher pieds nus sur l'herbe** barfüßig im Gras laufen
➤ **des mauvaises herbes** Unkraut.

l' **héritage** [eritaʒ] *nom masculin* ■ die **Erbschaft** *(pluriel* **Erbschaften***)* : **elle a fait un gros héritage** sie hat eine große Erbschaft gemacht
➤ **recevoir en héritage** erben : **j'ai reçu des bijoux en héritage** ich habe Schmuck geerbt.

hériter [3] [erite] *verbe* ■ **erben** : **il a hérité d'une maison** er hat ein Haus geerbt

l' **héritier** [eritje] *nom masculin* ■ der **Erbe** *(pluriel* **Erben***)*.

l' **héritière** [eritjɛr] *nom féminin* ■ die **Erbin** *(pluriel* **Erbinnen***)*.

l' **héroïne** [erɔin]
1. die **Heldin** *(pluriel* **Heldinnen***)* : **l'héroïne du roman** die Heldin des Romans

2. das **Heroin** *(sans pluriel)* : **l'héroïne est une drogue dure** Heroin ist eine harte Droge.

le **héros** ['ero] ■ der **Held** *(pluriel* **Helden***)* : **le héros du film est un garçon de 12 ans** der Held des Films ist ein 12-jähriger Junge.

hésiter [3] [ezite] *verbe*
1. **zögern** : **il hésite** er zögert
2. **schwanken** : **j'hésite entre celle-ci et celle-là** ich schwanke zwischen dieser und jener
➤ **hésiter à faire quelque chose** Bedenken haben, etwas zu tun : **n'hésite pas à m'appeler** du kannst mich ohne Bedenken anrufen.

l' **heure** [œr]
1. die **Stunde** *(pluriel* **Stunden***)* : **le film dure deux heures** der Film dauert zwei Stunden ; **j'ai encore une heure de cours** ich habe noch eine Stunde Unterricht
2. die **Zeit** *(pluriel* **Zeiten***)* : **c'est l'heure d'aller à l'école** es ist Zeit, zur Schule zu gehen
3. die **Uhrzeit** *(pluriel* **Uhrzeiten***)* : **demander l'heure à quelqu'un** jemanden nach der Uhrzeit fragen ; **vous avez l'heure exacte ?** haben Sie die genaue Uhrzeit?
➤ **quelle heure est-il ?** wie spät ist es?
➤ **être à l'heure** pünktlich sein
➤ **de bonne heure** früh : **je dois me lever de bonne heure** ich muss früh aufstehen
➤ **c'est l'heure** es wird Zeit

En allemand, on distingue la durée qui se traduit par **Stunde**comme on l'a vu ci-dessus et l'heure qu'il est que l'on traduit par **Uhr** :

➤ **il est deux heures** es ist zwei Uhr
➤ **à quelle heure... ?** um wie viel Uhr...? : **à quelle heure commence le spectacle ?** um wie viel Uhr fängt die Vorstellung an?
➤ **24 heures sur 24** rund um die Uhr : **l'Internet fonctionne 24 heures sur 24** das Internet ist rund um die Uhr nutzbar.

heureusement [œrøzmɑ̃] *adverbe* ■ **zum Glück** : **heureusement, mes parents n'étaient pas là** zum Glück waren meine Eltern nicht da
➤ **heureusement que...** ein Glück, dass... : **heureusement que tu es venu!** ein Glück, dass du gekommen bist!

heureux, euse [œrø, øz] *adjectif* ■ **glücklich** : **il a l'air heureux** er sieht glücklich aus.

heurter [3] ['œrte] *verbe*
1. **stoßen gegen** : **sa tête a heurté la porte** sie ist mit dem Kopf gegen die Tür gestoßen
2. **an|fahren** : **la voiture a heurté le cycliste** das Auto hat den Radfahrer angefahren.

l' **Hexagone** [ɛgzagɔn] *nom masculin* ■ **l'Hexagone** Frankreich.

le **hibou** ['ibu] *(pluriel* hiboux*)* ■ die **Eule** *(pluriel* **Eulen***)*.

hier [ijɛr] *adverbe* ■ **gestern** : **hier matin** gestern Morgen ; **hier soir** gestern Abend.

l' **hippopotame** [ipopotam] *nom masculin* ■ das **Nilpferd** *(pluriel* **Nilpferde***)*.

l' **histoire** [istwar] *nom féminin* ■ die **Geschichte** *(pluriel* **Geschichten***)* : **nous étudions l'histoire de France** wir lernen französische Geschichte ; **une histoire d'amour** eine Liebesgeschichte.

l' **histoire-géo** *(abréviation de* histoire-géographie*)* [istwarʒeo] *nom féminin* ■ *familier* die **Geschichte-Erdkunde** *(sans pluriel)* : **nous avons deux heures d'histoire-géo tous les lundis** wir haben jeden Montag zwei Stunden Geschichte-Erdkunde.

historique [istɔrik] *adjectif* ■ **historisch** : **un roman historique** ein historischer Roman ; **c'est un événement historique !** das ist ein historisches Ereignis!

le **hit-parade** ['itparad] *(pluriel* hit-parades*)* ■ die **Charts** *(pluriel)* : **il est premier au hit-parade** er ist auf Platz Eins in den Charts.

l' **hiver** [ivɛr] *nom masculin* ■ der **Winter** *(pluriel* **Winter***)* : **en hiver** im Winter.

le **HLM** *(abréviation de* habitation à loyer modéré*)* ■ die **Sozialwohnung** *(pluriel* **Sozialwohnungen***)*.

le **hockey** ['ɔkɛ] ■ das **Hockey** *(sans pluriel)* : **ils jouent au hockey** sie spielen Hockey ; **le hockey sur glace** Eishockey.

le **hold-up** ['ɔldœp] ■ der **bewaffnete Raubüberfall** *(pluriel* **bewaffneten Raubüberfälle***)*.

hollandais, e ['ɔlɑ̃dɛ, ɛz] *adjectif* ■ **holländisch : une tradition hollandaise** ein holländischer Brauch

le **hollandais** ■ das **Holländisch** *(sans pluriel)* **: j'aimerais apprendre le hollandais** ich würde gerne Holländisch lernen

le **Hollandais** ■ der **Holländer** *(pluriel* **Holländer***)*

la **Hollandaise** ■ die **Holländerin** *(pluriel* **Holländerinnen***)*.

la **Hollande** ['ɔlɑ̃d] ■ **Holland**

En général, les noms de pays ne sont pas précédés d'un article en allemand :

j'habite en Hollande ich wohne in Holland ; **elle est allée en Hollande** sie ist nach Holland gefahren.

l' **homme** [ɔm]

1. der **Mensch** *(pluriel* **Menschen***)* **: l'homme descend-t-il du singe ?** stammt der Mensch vom Affen ab?
2. der **Mann** *(pluriel* **Männer***)* **: c'est un homme intelligent** er ist ein intelligenter Mann

➤ **un homme d'affaires** ein Geschäftsmann

➤ **un homme politique** ein Politiker.

homosexuel, elle [omosɛksɥɛl] *adjectif* ■ **homosexuell**

l' **homosexuel** *nom masculin* ■ der **Homosexuelle** *(pluriel* **die Homosexuellen***)*

l' **homosexuelle** *nom féminin* ■ die **Homosexuelle** *(pluriel* **die Homosexuellen***)*.

honnête [ɔnɛt] *adjectif* ■ **ehrlich : il a toujours été honnête avec moi** er ist immer ehrlich zu mir gewesen.

honnêtement [onɛtmɑ̃] *adverbe* ■ **ehrlich gesagt : honnêtement, je ne pense pas** ich glaube, ehrlich gesagt, nicht.

la **honte** ['ɔ̃t] ■ die **Scham** *(sans pluriel)*

➤ **avoir honte de quelque chose** ou **de quelqu'un** sich für jemanden ou etwas schämen : **elle a honte de son accent** sie schämt sich für ihren Akzent.

l' **hôpital** [ɔpital] *(pluriel* **hôpitaux** [ɔpito]*) nom masculin* ■ das **Krankenhaus** *(pluriel* **Krankenhäuser***)*.

le **hoquet** ['ɔkɛ] ■ der **Schluckauf** *(sans pluriel)* **: avoir le hoquet** Schluckauf haben.

l' **horaire** [ɔrɛr] *nom masculin* ■ der **Fahrplan** *(pluriel* **Fahrpläne***)* **: avez-vous un horaire des trains ?** haben Sie einen Zugfahrplan?

l' **horloge** [ɔrlɔʒ] *nom féminin* ■ die **Uhr** *(pluriel* **Uhren***)*.

l' **horoscope** [ɔrɔskɔp] *nom masculin* ■ das **Horoskop** *(pluriel* **Horoskope***)* **: elle lit son horoscope dans le journal** sie liest ihr Horoskop in der Zeitung.

l' **horreur** [ɔrœr] *nom féminin* ■ der **Abscheu** *(sans pluriel)*

➤ **avoir horreur de quelque chose** etwas verabscheuen : **j'ai horreur de l'hypocrisie** ich verabscheue Heuchelei

➤ **avoir horreur de faire quelque chose** es hassen, etwas zu tun : **j'ai horreur d'arriver en retard** ich hasse es, zu spät zu kommen

➤ **quelle horreur !** wie schrecklich!

horrible [oribl] *adjectif* ■ **grauenhaft.**

l' **hôtel** [otɛl] *nom masculin* ■ das **Hotel** *(pluriel* **Hotels***)* **: on a dormi dans un hôtel trois étoiles** wir haben in einem Dreisternehotel übernachtet

➤ **l'hôtel de ville** das Rathaus.

l' **hôtesse** [otɛs] *nom féminin* ■ die **Hostess** *(pluriel* **Hostessen***)*

➤ **une hôtesse d'accueil** eine Empfangsdame

➤ **une hôtesse de l'air** eine Stewardess.

le **houx** ['u] ■ die **Stechpalme** *(pluriel* **Stechpalmen***)*.

l' **huile** [ɥil] *nom féminin* ■ das **Öl** *(pluriel* **Öle***)* **: de l'huile d'olive** Olivenöl.

huit ['ɥit] *adjectif numéral* ■ **acht : j'ai huit cousins** ich habe acht Cousins

➤ **nous sommes le huit avril** wir haben den achten April

le **huit** ■ die **Acht**.

huitième ['ɥitjɛm] *adjectif numéral* ■ **achter, achte, achtes : je vais en Allemagne pour la huitième fois** ich fahre zum achten Mal nach Deutschland ; **il est arrivé huitième** er ist Achter geworden

le **huitième**
1. der|die|das **Achte** (*pluriel* **Achten**)
2. das **Achtel**.

humain, e [ymɛ̃, ɛn] *adjectif* ■ **menschlich**
➤ **un être humain** ein Mensch.

humanitaire [ymanitɛr] *adjectif* ■ **humanitär : les associations humanitaires** die humanitären Organisationen.

l' **humeur** [ymœr] *nom féminin* ■ die **Laune** (*pluriel* **Launen**) **: elle est de très bonne humeur** sie hat sehr gute Laune ; **il est toujours de mauvaise humeur** er hat immer schlechte Laune.

humide [ymid] *adjectif* ■ **feucht : la maison est très humide en hiver** das Haus ist im Winter sehr feucht.

l' **humour** [ymur] *nom masculin* ■ der **Humor : elle a de l'humour** ou **elle a le sens de l'humour** sie hat Sinn für Humor.

hurler [3] ['yrle] *verbe* ■ **heulen : les loups se sont mis à hurler** die Wölfe haben angefangen zu heulen.

hydratant, e [idratɑ̃, ɑ̃t] *adjectif* ■ **feuchtigkeitsspendend**.

hygiénique [iʒjenik] *adjectif*
➤ **du papier hygiénique** Toilettenpapier.

l' **hymne** [imn] *nom masculin* ■ die **Hymne** (*pluriel* **Hymnen**) **: la chorale a chanté un hymne** der Chor hat eine Hymne gesungen
➤ **l'hymne national** die Nationalhymne.

l' **hypermarché** [ipɛrmarʃe] *nom masculin* ■ der **große Supermarkt** (*pluriel* **großen Supermärkte**).

i

l' **iceberg** [ajsbɛrg] *nom masculin* ■ der **Eisberg** (*pluriel* **Eisberge**).

ici [isi] *adverbe* ■ **hier**
➤ **j'habite ici** ich wohne hier
➤ **viens ici** komm her
➤ **par ici** hier entlang : **venez par ici** kommt hier entlang
➤ **d'ici là** bis dahin : **d'ici là, je devrais avoir terminé** bis dahin müsste ich fertig sein.

l' **icône** [ikon] *nom féminin* ■ das **Icon** (*pluriel* **Icons**) **: cliquez sur l'icône pour lancer le programme** klicken Sie auf das Icon, um das Programm zu starten.

idéal, e [ideal] (*masculin pluriel* **idéals** ou **idéaux** [ideo]) *adjectif* ■ **ideal : c'est un endroit idéal pour un pique-nique** das ist ein idealer Platz für ein Picknick

l' **idéal** *nom masculin* ■ das **Ideal** (*pluriel* **Ideale**)
➤ **l'idéal, ça serait que ...** das Beste wäre ... : **l'idéal, ça serait que tu viennes à huit heures** das Beste wäre, du kämest um acht Uhr.

l' **idée** [ide] *nom féminin* ■ die **Idee** (*pluriel* **Ideen**) **: c'est une bonne idée** das ist eine gute Idee
➤ **aucune idée !** keine Ahnung!
➤ **je n'en ai pas la moindre idée** ich habe nicht die leiseste Ahnung
➤ **donner de mauvaises idées à quelqu'un** jemanden auf dumme Gedanken bringen : **la violence à la télé peut donner de mauvaises idées aux jeunes** Gewalt im Fernsehen kann Jugendliche auf dumme Gedanken bringen.

identique [idɑ̃tik] *adjectif* ■ **identisch : ces deux photos sont identiques** diese beiden Fotos sind identisch.

idiot, e [idjo, ɔt] *adjectif* ■ **idiotisch : c'est un film complètement idiot** das ist ein völlig idiotischer Film

l' **idiot** *nom masculin* ■ der **Idiot** (*pluriel* **Idioten**) **: quel idiot !** so ein Idiot!
➤ **faire l'idiot** Blödsinn machen

l' **idiote** *nom féminin* ■ die **Idiotin** (*pluriel* **Idiotinnen**) **: elle se conduit comme une idiote** sie führt sich auf wie eine Idiotin.

ignorer [3] [iɲɔre] *verbe*
1. **nicht wissen : j'ignorais qu'elle était aussi actrice** ich wusste nicht, dass sie auch Schauspielerin war
2. **ignorieren : il m'ignore quand il me croise** er ignoriert mich, wenn er mir begegnet.

il [il] *pronom*
1. **er : mon père ? il ne m'a rien dit** mein Vater? er hat mir nichts gesagt ; **il s'appelle Harry** er heißt Harry

> Il se traduit par **er** s'il s'agit d'un homme, par **er**, **sie** ou **es** s'il s'agit d'une chose ou d'un animal et par **es** s'il est utilisé dans les constructions impersonnelles :

2. **er, sie, es : j'ai trouvé ton pull, il était sous le lit** ich habe deinen Pulli gefunden, er lag unter dem Bett ; **le vase ? je crois qu'il est cassé** die Vase? ich glaube, sie ist kaputt ; **l'enfant était beau, il pouvait avoir 5 ans** das Kind war hübsch, es war vielleicht 5 Jahre alt
3. **es : il pleut** es regnet ; **quelle heure est-il ?** wie spät ist es?
➤ **il faut** man muss : **il faut regarder à droite et à gauche avant de traverser une rue** man muss nach links und nach rechts schauen, wenn man eine Straße überquert
➤ **il te reste deux heures pour terminer** du hast zwei Stunden Zeit, um fertig zu werden

il y a *locution impersonnelle*
1. **es gibt : il n'y a pas de palmiers en Allemagne** in Deutschland gibt es keine Palmen ; **il y a un livre sur ce sujet** zu diesem Thema gibt es ein Buch
2. **il y aura des centaines de personnes** e werden Hunderte von Menschen da sein ; **il** **avait beaucoup de bruit** es war sehr laut **il y a deux garçons qui t'attendent** d warten zwei Jungen auf dich warten

> Dans une description, **il y a** se traduit se traduit souvent par un verbe de position tel que **liegen**, **stehen** ou **hängen** en allemand :

il y a des tableaux précieux au mur an de Wand hängen wertvolle Bilder
3. *En parlant d'un moment du passé* **vor : c'est arrivé il y a trois ans** das ist vor dre Jahren passiert ; **il y a longtemps qu'il es parti** er ist schon vor langer Zeit weggegan gen
4. *En parlant d'une durée* **seit : il y a un heure que j'attends** ich warte schon seit ei ner Stunde

ils *pronom pluriel* ■ **sie : ils sont déjà l** sie sind schon da ; **ils sont un peu rayés** si sind ein wenig zerkratzt.

l' **île** [il] *nom féminin* ■ die **Insel** (*pluriel* **In seln**) **: une île déserte** eine einsame Insel
➤ **les îles Britanniques** die Britischen Inseln

illisible [ilizibl] *adjectif* ■ **unleserlich ton devoir est illisible** deine Hausarbeit is unleserlich.

l' **illustrateur** [ilystratœr] *nom mascul* ■ der **Illustrator** (*pluriel* **Illustratoren**) **l'illustrateur de ce livre pour enfants es célèbre** der Illustrator dieses Kinderbuchs is berühmt.

l' **illustratrice** [ilystratris] *nom fémini* ■ die **Illustratorin** (*pluriel* **Illustratorin nen**) **: deux illustratrices ont collaboré à cet ouvrage** an diesem Buch haben zwei Il lustratorinnen mitgewirkt.

l' **illustration** [ilystrasjɔ̃] *nom fémini* ■ die **Abbildung** (*pluriel* **Abbildungen**) **: i y a de belles illustrations dans ce livre** i diesem Buch gibt es schöne Abbildungen.

illustrer [ilystre] *verbe* ■ **illustrieren qui a illustré ce livre ?** wer hat dieses Buch illustriert?

ils ➤ il.

image [imaʒ] *nom féminin* ■ das **Bild** (*pluriel* **Bilder**) : **un livre avec des images** ein Buch mit Bildern.

imagination [imaʒinasjɔ̃] *nom féminin* ■ die **Fantasie** (*sans pluriel*) : **il manque totalement d'imagination** er hat überhaupt keine Fantasie ; **Simone a beaucoup d'imagination** Simone hat viel Fantasie.

imaginer [3] [imaʒine] *verbe* ■ **sich vor|stellen** : **imagine que tu te trouves sur une île déserte** stell dir vor, du bist auf einer einsamen Insel

imaginer *verbe pronominal*
- **sich vor|stellen** : **imagine-toi une salle de bal immense** stell dir einen riesigen Ballsaal vor
- **sich ein|bilden** : **il s'imagine qu'il peut m'appeler n'importe quand** er bildet sich ein, mich zu den unmöglichsten Zeiten anrufen zu können.

imbécile [ɛ̃besil] *nom masculin, nom féminin* ■ der **Idiot** (*pluriel* **Idioten**), die **Idiotin** (*pluriel* **Idiotinnen**) : **quel imbécile !** so ein Idiot!

imiter [imite] *verbe* ■ **imitieren** : **il sait très bien imiter les hommes politiques** er kann sehr gut Politiker imitieren.

immédiat, e [imedja, at] *adjectif* ■ **unmittelbar** : **un danger immédiat** eine unmittelbare Gefahr.

immédiatement [imedjatmɑ̃] *adverbe* ■ **sofort** : **il est venu immédiatement** er ist sofort gekommen.

immense [imɑ̃s] *adjectif* ■ **riesig** : **la Chine est un pays immense** China ist ein riesiges Land.

immeuble [imœbl] *nom masculin* ■ das **Gebäude** (*pluriel* **Gebäude**) : **j'habite dans cet immeuble** ich wohne in diesem Gebäude.

immigré, e [imigre] *adjectif* ■ **eingewandert**

immigré *nom masculin* ■ der **Einwanderer** (*pluriel* **Einwanderer**)

l' **immigrée** *nom féminin* ■ die **Einwanderin** (*pluriel* **Einwanderinnen**).

immobile [imɔbil] *adjectif* ■ **unbeweglich**.

impair, e [ɛ̃pɛr] *adjectif* ■ **ungerade** : **un chiffre impair** eine ungerade Zahl.

l' **impasse** [ɛ̃pas] *nom féminin* ■ die **Sackgasse** (*pluriel* **Sackgassen**).

impatient, e [ɛ̃pasjɑ̃, ɑ̃t] *adjectif* ■ **ungeduldig** : **sei nicht so ungeduldig !** ne soit pas si impatient!

➤ **être impatient de faire quelque chose** kaum erwarten können, etwas zu tun : **il était impatient d'ouvrir les cadeaux** er konnte es kaum erwarten, seine Geschenke zu öffnen.

l' **impératif** [ɛ̃peratif] *nom masculin* ■ der **Imperativ** (*pluriel* **Imperative**) : **mettez les verbes à l'impératif** bildet den Imperativ der Verben.

impératrice [ɛ̃peratris] *nom féminin* ■ die **Kaiserin** (*pluriel* **Kaiserinnen**).

l' **imperméable** [ɛ̃pɛrmeabl] *nom masculin* ■ der **Regenmantel** (*pluriel* **Regenmäntel**).

impoli, e [ɛ̃pɔli] *adjectif* ■ **unhöflich** : **Jules a été très impoli avec le professeur** Jules war sehr unhöflich zu dem Lehrer.

l' **importance** [ɛ̃pɔrtɑ̃s] *nom féminin* ■ die **Wichtigkeit** : **j'attache beaucoup d'importance à la présentation** für mich ist die Präsentation von großer Wichtigkeit

➤ **avoir de l'importance** wichtig sein.

important, e [ɛ̃pɔrtɑ̃, ɑ̃t] *adjectif*
1. **wichtig** : **das darfst du nicht vergessen, das ist sehr wichtig** n'oublie pas cela, c'est très important
2. **bedeutend** : **c'est une femme très importante** sie ist eine sehr bedeutende Frau
3. **beträchtlich** : **il a gagné une somme importante** er hat eine beträchtliche Summe gewonnen.

importer [3] [ɛ̃pɔrte] *verbe*
1. **importieren** : **ils importent des pièces détachées** sie importieren Ersatzteile

2. **zählen : c'est la seule chose qui m'importe** das ist das Einzige, was für mich zählt
➤ **peu importe !** das spielt keine Rolle!
➤ **n'importe comment** einfach irgendwie : **tu ne peux pas faire ça n'importe comment** du kannst das nicht einfach irgendwie machen
➤ **n'importe où** überall : **tu peux trouver la même n'importe où** du kannst die gleiche überall finden
➤ **n'importe quand** immer : **tu peux venir n'importe quand** du kannst immer kommen
➤ **n'importe quel** ou **n'importe quelle** jeder ODER jede beliebige : **n'importe quel étudiant** jeder beliebige Student
➤ **n'importe qui** jeder ODER jede : **n'importe qui peut gagner** jeder kann gewinnen
➤ **n'importe quoi** alles Mögliche : **il pourrait lui arriver n'importe quoi** ihr|ihm könnte alles Mögliche zustoßen
➤ **raconter n'importe quoi** ou **dire n'importe quoi** Unsinn erzählen ODER Unsinn reden : **tu racontes n'importe quoi!** du erzählst Unsinn!

impossible [ɛ̃pɔsibl] *adjectif* ■ **unmöglich : ce mot est impossible à prononcer** dieses Wort kann man unmöglich aussprechen ; **impossible de trouver des billets pour le concert !** es ist unmöglich, Karten für das Konzert zu bekommen.

l' **impôt** [ɛ̃po] *nom masculin* ■ die **Steuer** (*pluriel* **Steuern**) : **je viens de payer mes impôts** ich habe gerade meine Steuern bezahlt.

l' **impression** [ɛ̃presjɔ̃] *nom féminin* ■ der **Eindruck** (*pluriel* **Eindrücke**) : **il a fait bonne impression** er hat einen guten Eindruck gemacht ; **j'avais l'impression qu'elle voulait venir** ich hatte den Eindruck, dass sie kommen wollte.

impressionner [3] [ɛ̃presjɔne] *verbe* ■ **beeindrucken : il cherchait à m'impressionner** er hat versucht, mich zu beeindrucken.

l' **imprimante** [ɛ̃primɑ̃t] *nom féminin* ■ der **Drucker** (*pluriel* **Drucker**) : **une imprimante laser** ein Laserdrucker.

imprimer [3] [ɛ̃prime] *verbe* ■ **ausdrucken : tu peux m'imprimer ce fichier ?** kannst Du diese Datei für mich ausdrucken?

à l'improviste [ɛ̃prɔvist] *adverbe* ■ **unvermutet : il est arrivé à l'improviste** er ist ganz unvermutet aufgetaucht.

imprudent, e [ɛ̃prydɑ̃, ɑ̃t] *adjectif* ■ **unvorsichtig : un conducteur imprudent** ein unvorsichtiger Fahrer.

inattendu, e [inatɑ̃dy] *adjectif* ■ **überraschend : une visite inattendue** ein überraschender Besuch.

l' **inauguration** [inogyrasjɔ̃] *nom féminin* ■ die **Einweihung** (*pluriel* **Einweihungen**).

incapable [ɛ̃kapabl] *adjectif*
➤ **être incapable de faire quelque chose** nicht in der Lage sein, etwas zu tun : **je suis incapable de faire ça** ich bin dazu nicht in der Lage.

l' **incendie** [ɛ̃sɑ̃di] *nom masculin* ■ der **Brand** (*pluriel* **Brände**) : **les pompiers ont réussi à éteindre l'incendie** die Feuerwehrmänner konnten den Brand löschen.

inclus, e [ɛ̃kly, yz] *participe passé* ➤ inclure.

inconnu, e [ɛ̃kɔny] *adjectif* ■ **unbekannt : il ne lit que des auteurs inconnus** er liest nur unbekannte Schriftsteller

l' **inconnu** *nom masculin* ■ der **Fremde** (*pluriel* **Fremden**) : **n'ouvre pas la porte à des inconnus** lass keine Fremden rein

l' **inconnue** *nom féminin* ■ die **Fremde** (*pluriel* **Fremden**).

inconscient, e [ɛ̃kɔ̃sjɑ̃, ɑ̃t] *adjectif* ■ **bewusstlos : il est encore inconscient** er ist immer noch bewusstlos.

l' **inconvénient** [ɛ̃kɔ̃venjɑ̃] *nom masculin* ■ der **Nachteil** (*pluriel* **Nachteile**) : **les avantages et les inconvénients du projet** die Vor- und Nachteile des Projekts
➤ **je n'y vois pas d'inconvénient** für mich spricht nichts dagegen.

incroyable [ɛ̃krwajabl] *adjectif* ■ **unglaublich : il nous a raconté une histoire incroyable** er hat uns eine unglaubliche Geschichte erzählt.

l'Inde [ɛ̃d] *nom féminin* ■ **Indien**

En allemand, il n'y a pas d'article devant les noms de pays à de rares exceptions près :

j'habite en Inde ich lebe in Indien ; **elle est allée en Inde** sie ist in Indien gewesen.

indépendant, e [ɛ̃depɑ̃dɑ̃, ɑ̃t] *adjectif* ■ **unabhängig : c'est quelqu'un de très indépendant** er ist sehr unabhängig.

l'index [ɛ̃dɛks] *nom masculin* ■ **der Zeigefinger** (*pluriel* **Zeigefinger**) **: l'index est à côté du pouce** der Zeigefinger befindet sich neben dem Daumen.

l'indicatif [ɛ̃dikatif] *nom masculin*

1. der **Indikativ** (*pluriel* **Indikative**) **: le présent de l'indicatif** der Indikativ Präsens
2. die **Vorwahl** (*pluriel* **Vorwahlen**) **: quel est l'indicatif du Canada ?** Was ist die Vorwahl von Kanada?.

l'indication [ɛ̃dikasjɔ̃] *nom féminin* ■ die **Anweisung** (*pluriel* **Anweisungen**) **: suivez les indications du professeur** folgt den Anweisungen des Lehrers.

indien, enne [ɛ̃djɛ̃, ɛn] *adjectif*

1. **Indianer- : le chef indien fume le calumet de la paix** der Indianerhäuptling raucht die Friedenspfeife
2. **indisch : un sari indien** ein indischer Sari

l'Indien *nom masculin*

1. der **Indianer** (*pluriel* **Indianer**) **: beaucoup d'Indiens vivent encore dans des réserves en Amérique du Nord** in Nordamerika leben noch viele Indinaner in Reservaten
2. der **Inder** (*pluriel* **Inder**) **: la majorité des Indiens sont hindous** die Mehrheit der Inder sind Hindus

l'Indienne *nom féminin*

1. die **Indianerin** (*pluriel* **Indianerinnen**)
2. die **Inderin** (*pluriel* **Inderinnen**).

indifférent, e [ɛ̃diferɑ̃, ɑ̃t] *adjectif* ■ **gleich(gültig) : cela m'est complètement indifférent** das ist mir völlig gleich(gültig).

l'indigestion [ɛ̃diʒɛstjɔ̃] *nom féminin* ■ die **Magenverstimmung** (*pluriel* **Magenverstimmungen**) **: avoir une indigestion** eine Magenverstimmung haben.

indiquer [3] [ɛ̃dike] *verbe*

1. **sagen : pouvez-vous m'indiquer où se trouve le bureau des réclamations ?** können Sie mir sagen, wo sich die Beschwerdestelle befindet?
2. **zeigen : un policier m'a indiqué le chemin** ein Polizist hat mir den Weg gezeigt
3. **an|zeigen : la lumière verte indique la sortie** das grüne Licht zeigt den Ausgang an.

indiscret, ète [ɛ̃diskrɛ, ɛt] *adjectif*

1. **neugierig : des voisins indiscrets** neugierige Nachbarn
2. **indiskret : une question indiscrète** eine indiskrete Frage.

indispensable [ɛ̃dispɑ̃sabl] *adjectif* ■ **unerlässlich : il est indispensable que vous soyez là** Ihre Anwesenheit ist unerlässlich.

individuel, elle [ɛ̃dividɥɛl] *adjectif* ■ **persönlich**

➤ **une chambre individuelle** ein Einzelzimmer.

l'industrie [ɛ̃dystri] *nom féminin* ■ die **Industrie** (*pluriel* **Industrien**) **: l'industrie automobile** die Automobilindustrie.

industriel, elle [ɛ̃dystrijɛl] *adjectif* ■ **Industrie- : une zone industrielle** ein Industriegebiet

l'industriel [ɛ̃dystrijɛl] *nom masculin* ■ der **Industrielle** (*pluriel* **die Industriellen**) **: son père est un riche industriel** sein Vater ist ein reicher Industrieller.

l'inégalité [inegalite] *nom féminin* ■ die **Ungleichheit** (*pluriel* **Ungleichheiten**) **: les inégalités sociales** die soziale Ungleichheit.

inévitable [inevitabl] *adjectif* ■ **unvermeidlich**.

s'infecter [4] [sɛ̃fɛkte] *verbe pronominal* ■ **sich infizieren : la plaie s'est infectée** die Wunde hat sich infiziert.

inférieur, e [ɛ̃ferjœr] *adjectif*
1. **untere : les étages inférieurs** die unteren Stockwerke
2. **unterste : la marche inférieure** die unterste Treppenstufe
➤ **inférieur à**
1. kleiner als : **X est inférieur à Y** X ist kleiner als Y
2. unter ; **les températures sont inférieures à la moyenne** die Temperaturen liegen unter dem Durchschnitt.

l' **infini** [ɛ̃fini] *nom masculin* ■ **die Unendlichkeit**
➤ **à l'infini** ewig : **on pourrait en discuter à l'infini** wir könnten ewig darüber diskutieren.

l' **infinitif** [ɛ̃finitif] *nom masculin* ■ **der Infinitiv** (*pluriel* **Infinitive**) : **mettez le verbe à l'infinitif** setzt das Verb in den Infinitiv.

l' **infirmerie** [ɛ̃firməri] *nom féminin*
■ **das Krankenzimmer** (*pluriel* **Krankenzimmer**) : **l'infirmerie de l'école** das Krankenzimmer der Schule.

l' **infirmier** [ɛ̃firmje] *nom masculin* ■ **der Krankenpfleger** (*pluriel* **Krankenpfleger**).

l' **infirmière** [ɛ̃firmjɛr] *nom féminin*
■ **die Krankenschwester** (*pluriel* **Krankenschwestern**) : **Natacha veut être infirmière** Natacha will Krankenschwester werden.

l' **influence** [ɛ̃flyɑ̃s] *nom féminin* ■ **der Einfluss** (*pluriel* **Einflüsse**) : **il a une mauvaise influence sur elle** er hat schlechten Einfluss auf sie.

influencer [15] [ɛ̃flyɑ̃se] *verbe*
■ **beeinflussen : tu te laisses trop facilement influencer** du lässt dich zu leicht beeinflussen.

l' **informaticien** [ɛ̃fɔrmatisjɛ̃] *nom masculin* ■ **der Informatiker** (*pluriel* **Informatiker**).

l' **informaticienne** [ɛ̃fɔrmatisjɛn] *nom féminin* ■ **die Informatikerin** (*pluriel* **Informatikerinnen**).

l' **information** [ɛ̃fɔrmasjɔ̃] *nom féminin*
1. **die Information** (*pluriel* **Informationen**) : **des informations** Informationen
2. **die Auskunft** (*pluriel* **Auskünfte**) : **j'ai besoin d'une information** ich brauche eine Auskunft

les **informations** *nom féminin pluriel*
■ **les informations die** Nachrichten (*plurie*

informatique [ɛ̃fɔrmatik] *adjectif*
■ **computer-, Computer- : un système informatique** ein Computersystem

l' **informatique** *nom féminin* ■ **die Informatik : elle travaille dans l'informatique** sie arbeitet auf dem Gebiet der Informatik ; **un cours d'informatique** ein Computerkurs ; **son frère s'y connaît en informatique** sein Bruder kennt sich mit Computern aus.

informer [3] [ɛ̃fɔrme] *verbe* ■ **informieren : je l'ai informé de mon arrivée** ich habe ihn über meine Ankunft informiert.

les **infos** [ɛ̃fo] (*abréviation de* **informations**) *nom féminin pluriel familier* ■ **die Nachrichten** (*pluriel*) : **est-ce que tu as regardé les infos ?** hast du die Nachrichten gesehen? ; **les infos passent à 8 heures** die Nachrichten kommen um 20 Uhr.

l' **infusion** [ɛ̃fyzjɔ̃] *nom féminin* ■ **der Kräutertee** (*pluriel* **Kräutertees**).

l' **ingénieur** [ɛ̃ʒenjœr] *nom masculin*
■ **der Ingenieur** (*pluriel* **Ingenieure**) : **une femme ingénieur** eine Ingenieurin
➤ **un ingénieur du son** ein Toningenieur.

l' **ingrédient** [ɛ̃gredjɑ̃] *nom masculin*
■ **die Zutat** (*pluriel* **Zutaten**) : **je n'ai pas tous les ingrédients pour cette recette** ich habe nicht alle Zutaten für dieses Rezept.

l' **initiative** [inisjativ] *nom féminin* ■ **die Initiative** (*pluriel* **Initiativen**).

l' **injure** [ɛ̃ʒyr] *nom féminin* ■ **das Schimpfwort** (*pluriel* **Schimpfwörter**).

injuste [ɛ̃ʒyst] *adjectif* ■ **ungerecht : c'est injuste** das ist ungerecht.

l' **injustice** [ɛ̃ʒystis] *nom féminin* ■ **die Ungerechtigkeit** (*pluriel* **Ungerechtigkeiten**) : **sa condamnation est une injustice** seine Verurteilung ist eine Ungerechtigkeit.

innocent, e [inɔsɑ̃, ɑ̃t] *adjectif* ■ **unschuldig : elle a été déclarée innocente** sie wurde für unschuldig erklärt.

inondation [inɔ̃dasjɔ̃] *nom féminin* ■ die **Überschwemmung** *(pluriel* **Überschwemmungen***)* : **les récoltes ont été détruites par les inondations** die Ernte wurde durch die Überschwemmungen vernichtet.

inonder [3] [inɔ̃de] *verbe* ■ **überschwemmen : les prairies ont été inondées par les fortes crues** durch das Hochwasser wurden die Wiesen überschwemmt.

inquiet, ète [ɛ̃kjɛ, ɛt] *adjectif* ■ **besorgt : elle est très inquiète pour lui** sie ist sehr besorgt um ihn.

inquiétant, e [ɛ̃kjetɑ̃, ɑ̃t] *adjectif* ■ **Besorgnis erregend : les dernières nouvelles sont inquiétantes** die jüngsten Nachrichten sind Besorgnis erregend.

inquiéter [17] [ɛ̃kjete] *verbe* ■ **beunruhigen : ça m'inquiète** das beunruhigt mich

inquiéter *verbe pronominal* ■ **sich Sorgen machen : ne t'inquiète pas** mach dir keine Sorgen ; **ils s'inquiètent pour mon avenir** sie machen sich Sorgen um meine Zukunft.

inquiétude [ɛ̃kjetyd] *nom féminin* ■ die **Sorge** *(pluriel* **Sorgen***)* : **c'est ma seule inquiétude** das ist meine einzige Sorge.

inscription [ɛ̃skripsjɔ̃] *nom féminin* ■ die **Anmeldung** *(pluriel* **Anmeldungen***)* : **les inscriptions débuteront lundi** die Anmeldung beginnt am Montag.

inscrire [75] [ɛ̃skrir] *verbe*

an|melden : elle m'a inscrit à l'atelier de 15 heures sie hat mich zur AG um 15 Uhr angemeldet

schreiben : inscrivez votre nom en haut de la page schreibt euren Namen oben auf die Seite

inscrire *verbe pronominal* ■ **sich an|melden : je voudrais m'inscrire au cours d'informatique** ich würde mich gerne zum Computerkurs anmelden.

l' **insecte** [ɛ̃sɛkt] *nom masculin* ■ **das Insekt** *(pluriel* **Insekten***)*.

insister [3] [ɛ̃siste] *verbe*

1. **bestehen : il a insisté pour qu'on aille avec lui** er hat darauf bestanden, dass wir ihn begleiten
2. **besonders ein|gehen auf : le prof a insisté sur le dernier chapitre** der Lehrer ist besonders auf das letzte Kapitel eingegangen.

l' **insolation** [ɛ̃sɔlasjɔ̃] *nom féminin* ■ der **Sonnenstich** *(pluriel* **Sonnenstiche***)* : **tu vas attraper une insolation** du wirst dir einen Sonnenstich holen.

insolent, e [ɛ̃sɔlɑ̃, ɑ̃t] *adjectif* ■ **frech : ne sois pas insolent !** werde nicht frech!

l' **insomnie** [ɛ̃sɔmni] *nom féminin* ■ die **Schlaflosigkeit** *(sans pluriel)* : **avoir des insomnies** unter Schlaflosigkeit leiden.

insouciant, e [ɛ̃susjɑ̃, ɑ̃t] *adjectif* ■ **sorglos**.

l' **inspecteur** [ɛ̃spɛktœr] *nom masculin* ■ der **Inspektor** *(pluriel* **Inspektoren***)* : **un inspecteur de police** ein Polizeiinspektor.

l' **inspectrice** [ɛ̃spɛktris] *nom féminin* ■ die **Inspektorin** *(pluriel* **Inspektorinnen***)*.

instable [ɛ̃stabl] *adjectif*

1. **instabil : la situation dans ce pays est très instable** die Lage in diesem Land ist sehr instabil
2. **unbeständig : le temps restera instable jusqu'à jeudi** das Wetter bleibt bis Donnerstag unbeständig.

l' **installation** [ɛ̃stalasjɔ̃] *nom féminin*

1. die **Installation** *(pluriel* **Installationen***)* : **l'installation d'un nouveau système coûte cher** die Installation eines neuen Systems ist teuer
2. die **Anlage** *(pluriel* **Anlagen***)*

➤ **les installations sportives** die Sportanlagen.

installer [3] [ɛ̃stale] *verbe*

1. **installieren : cliquez sur l'icône pour installer le logiciel** klicken Sie auf das Icon, um das Programm zu installieren

2. **auf|stellen : mon père m'a installé des étagères** mein Vater hat mir Regale aufgestellt

s' **installer** *verbe pronominal*

1. **ein|ziehen : de nouveaux voisins viennent de s'installer** es sind gerade neue Nachbarn eingezogen
2. **sich setzen : installe-toi dans le grand fauteuil** setz dich in den großen Sessel ; **installez-vous, j'en ai pour une minute** setzen Sie sich, ich bin in einer Minute für Sie da.

l' **instant** [ɛ̃stɑ̃] *nom masculin* ■ **der Moment** (*pluriel* **Momente**) **: un instant, s'il vous plaît** einen Moment bitte

➤ **à l'instant** gerade : **il vient de partir à l'instant** er ist gerade gegangen

➤ **pour l'instant** im Moment : **pour l'instant, il faut attendre** im Moment bleibt uns nichts anderes übrig als zu warten.

l' **institut** [ɛ̃stity] *nom masculin* ■ **das Institut** (*pluriel* **Institute**) **: un institut de recherche** ein Forschungsinstitut

➤ **un institut de beauté** ein Schönheitssalon.

l' **instituteur** [ɛ̃stitytœr] *nom masculin* ■ **der Grundschullehrer** (*pluriel* **Grundschullehrer**).

l' **institutrice** [ɛ̃stitytris] *nom féminin* ■ **die Grundschullehrerin** (*pluriel* **Grundschullehrerinnen**) **: ma mère est institutrice** meine Mutter ist Grundschullehrerin.

l' **instruction** [ɛ̃stryksjɔ̃] *nom féminin* ■ **die Ausbildung** (*pluriel* **Ausbildungen**)

➤ **l'instruction civique** Staatsbürgerkunde

les **instructions** *nom féminin pluriel*

1. **die Anweisung** (*pluriel* **Anweisungen**) **: il m'a donné des instructions précises** er hat mir genaue Anweisungen gegeben
2. **die Anleitung** (*pluriel* **Anleitungen**) **: lisez bien les instructions** lesen Sie die Anleitung sorgfältig.

l' **instrument** [ɛ̃strymɑ̃] *nom masculin* ■ **das Instrument** (*pluriel* **Instrumente**) **: tu joues d'un instrument ?** spielst du ein Instrument? ; **un instrument de musique** ein Musikinstrument.

insuffisant, e [ɛ̃syfizɑ̃, ɑ̃t] *adjectif*

1. **nicht ausreichend : un nombre insuffisant de professeurs** eine nicht ausreiche[nde] Zahl von Lehrern
2. **nicht zufrieden stellend : un travail insuffisant** eine nicht zufrieden stellende A[r]beit.

insulter [3] [ɛ̃sylte] *verbe* ■ **beleidigen : il n'arrête pas de m'insulter** er beleidigt mich ständig.

insupportable [ɛ̃sypɔrtabl] *adjectif*

1. **unausstehlich : c'est un enfant insupportable** dieses Kind ist unausstehlich
2. **unerträglich : des conditions insupportables** unerträgliche Bedingungen.

s' **intégrer** [17] [sɛ̃tegre] *verbe pronomin[al]* ■ **sich integrieren : elle s'est bien intégrée dans sa nouvelle classe** sie hat sic[h] gut in die neue Klasse integriert.

intellectuel, elle [ɛ̃telɛktɥɛl] *adjectif* ■ **intellektuell**.

l' **intelligence** [ɛ̃teliʒɑ̃s] *nom fémin[in]* ■ **die Intelligenz** (*sans pluriel*) **: l'intelligence artificielle** künstliche Intelligenz.

intelligent, e [ɛ̃teliʒɑ̃, ɑ̃t] *adjec[tif]* ■ **intelligent : c'est une fille très intelligente** sie ist ein sehr intelligentes Mädche[n]

l' **intention** [ɛ̃tɑ̃sjɔ̃] *nom féminin* ■ **d[ie] Absicht** (*pluriel* **Absichten**)

➤ **avoir l'intention de faire quelque cho[se]** vorhaben, etwas zu tun : **il a l'intention de l'inviter au cinéma** er hat vor, sie ins K[i]no einzuladen.

interactif, ive [ɛ̃tɛraktif, iv] *adject[if]* ■ **interaktiv**.

l' **interdiction** [ɛ̃tɛrdiksjɔ̃] *nom fémin[in]* ■ **das Verbot** (*pluriel* **Verbote**) **: l'interdiction de la chasse à la baleine** das Walfan[g]verbot

➤ **'interdiction de fumer'** 'Rauchverbot'

➤ **'interdiction de stationner'** 'Parkverbo[t]'

interdire [78] [ɛ̃tɛrdir] *verbe* ■ **verbieten : ils m'ont interdit de regarder la té[lé]** sie haben mir verboten fernzusehen.

interdit, e [ɛ̃tɛrdi, it]
participe passé ➤ interdire
adjectif
verboten : il est interdit de fumer Rauchen verboten!
➤ **interdit aux mineurs** für Minderjährige verboten.

intéressant, e [ɛ̃terɛsɑ̃, ɑ̃t] *adjectif* ■ **interessant : ce livre est très intéressant** dieses Buch ist sehr interessant.

intéressé, e [ɛ̃terese] *adjectif* ■ **interessiert : il n'avait pas l'air très intéressé par le sujet** er sah nicht so aus, als ob er an dem Thema besonders interessiert wäre.

intéresser [4] [ɛ̃terese] *verbe* ■ **interessieren : ça m'intéresse beaucoup** das interessiert mich sehr

intéresser *verbe pronominal* ■ **sich interessieren : elle s'intéresse surtout à la mode** sie interessiert sich besonders für Mode.

intérêt [ɛ̃terɛ] *nom masculin* ■ **das Interesse** (*pluriel* **Interessen**) **: il écoutait avec intérêt** er hörte mit Interesse zu ; **j'ai agi dans ton intérêt** ich habe in deinem Interesse gehandelt ; **ce livre n'a aucun intérêt** dieses Buch ist von keinerlei Interesse
➤ **quelqu'un a intérêt à faire quelque chose** jemand täte gut daran, etwas zu tun : **on a intérêt à être à l'heure** wir täten gut daran, pünktlich zu sein
➤ **quel intérêt ?** was hat das für einen Sinn?

intérieur, e [ɛ̃terjœr] *adjectif* ■ **Innen- : c'est dans la poche intérieure de ma veste** es ist in der Innentasche meiner Jacke

intérieur *nom masculin* ■ **das Innere** *(sans pluriel)*
➤ **de l'intérieur** von innen
➤ **à l'intérieur** drinnen : **regarde ce qu'il y a à l'intérieur!** schau, was da drinnen ist!
➤ **à l'intérieur de** in : **les clés sont restées à l'intérieur de la maison** die Schlüssel sind noch im Haus.

internat [ɛ̃tɛrna] *nom masculin* ■ **das Internat** (*pluriel* **Internate**) **: j'ai passé deux ans en internat** ich war zwei Jahre im Internat.

international, e [ɛ̃tɛrnasjɔnal] *(masculin pluriel* **internationaux** [ɛ̃tɛrnasjɔno]*) adjectif* ■ **international : des organisations internationales** internationale Organisationen.

l' **interne** [ɛ̃tɛrn] *nom masculin, nom féminin* ■ **der Internatsschüler** (*pluriel* **Internatsschüler**), **die Internatsschülerin** (*pluriel* **Internatsschülerinnen**)
➤ **être interne** im Internat wohnen : **il est interne dans cette école** er ist an dieser Schule und wohnt im Internat.

Internet, internet [ɛ̃tɛrnɛt] *nom masculin* ■ **das Internet**
➤ **sur Internet** im Internet.

l' **Interphone®** [ɛ̃tɛrfɔn] *nom masculin* ■ **die Sprechanlage** (*pluriel* **Sprechanlagen**).

l' **interprète** [ɛ̃tɛrprɛt] *nom masculin, nom féminin* ■ **der Dolmetscher** (*pluriel* **Dolmetscher**), **die Dolmetscherin** (*pluriel* **Dolmetscherinnen**) **: elle est interprète aux Nations unies** sie ist Dolmetscherin bei den Vereinten Nationen.

l' **interrogation** [ɛ̃terɔgasjɔ̃] *nom féminin*
➤ **une interrogation écrite** eine Klassenarbeit
➤ **une interrogation orale** eine mündliche Prüfung.

interroger [16] [ɛ̃terɔʒe] *verbe*
1. **verhören : la police l'a interrogé pendant deux heures** die Polizei hat ihn zwei Stunden lang verhört
2. **ab|fragen : le professeur va nous interroger sur ce chapitre demain** der Lehrer wird uns morgen über dieses Kapitel abfragen.

interrompre [58] [ɛ̃tɛrɔ̃pr] *verbe* ■ **unterbrechen : elle m'a interrompu plusieurs fois** sie hat mich mehrmals unterbrochen.

interrompu, e [ɛ̃tɛrɔ̃py] *participe passé* ➤ interrompre.

l' **interrupteur** [ɛ̃teryptœr] *nom masculin* ■ der **Lichtschalter** *(pluriel* **Lichtschalter***)* : **l'interrupteur est à droite en entrant** der Lichtschalter ist, wenn man reinkommt, rechts.

l' **interruption** [ɛ̃terypsjɔ̃] *nom féminin* ■ die **Unterbrechung** *(pluriel* **Unterbrechungen***)* : **il a travaillé toute la journée sans interruption** er hat den ganzen Tag lang ohne Unterbrechung gearbeitet
➤ **ouvert de 10h à 19h sans interruption** durchgehend von 10–19 Uhr geöffnet.

l' **intervalle** [ɛ̃tɛrval] *nom masculin* ■ der **Abstand** *(pluriel* **Abstände***)* : **à intervalles réguliers** in regelmäßigen Abständen.

intervenir [35] [ɛ̃tɛrvənir] *verbe* ■ **ein|greifen** : **il y a eu une bagarre, mais la police est intervenue** es gab eine Schlägerei, aber die Polizei hat eingegriffen.

intervenu, e [ɛ̃tɛrvəny] *participe passé* ➤ intervenir.

l' **interview** [ɛ̃tɛrvju] *nom féminin* ■ das **Interview** *(pluriel* **Interviews***)* : **cette star ne donne aucune interview** dieser Star gibt keine Interviews.

interviewer [3] [ɛ̃tɛrvjuve] *verbe* ■ **interviewen** : **elle s'est fait interviewer par un journaliste** sie wurde von einem Journalisten interviewt.

intime [ɛ̃tim] *adjectif* ■ **intim** : **des détails intimes** intime Details
➤ **un ami intime** ein enger Freund.

intimider [3] [ɛ̃timide] *verbe* ■ **ein|schüchtern** : **ne te laisse pas intimider** lass dich nicht einschüchtern.

l' **intoxication** [ɛ̃tɔksikasjɔ̃] *nom féminin* ■ die **Vergiftung** *(pluriel* **Vergiftungen***)* : **une intoxication alimentaire** eine Lebensmittelvergiftung.

l' **introduction** [ɛ̃trɔdyksjɔ̃] *nom féminin* ■ die **Einleitung** *(pluriel* **Einleitungen***)* : **l'introduction de la dissertation** die Einleitung des Aufsatzes.

introduire [74] [ɛ̃trɔdɥir] *verbe* ■ **ein|werfen** : **introduire une pièce d'un eu[ro]** einen Euro einwerfen.

introduit, e [ɛ̃trɔdɥi, it] *participe pa[s]sé* ➤ introduire.

inutile [inytil] *adjectif* ■ **nutzlos** : **u[n] renseignement complètement inutile** e[i]ne völlig nutzlose Information ; **c'est inuti[le] d'essayer** es ist nutzlos, es zu versuchen.

l' **invalide** [ɛ̃valid] *nom masculin, nom f[é]minin* ■ der|die **Invalide** *(pluriel* **die Inva[li]den***)*.

l' **invasion** [ɛ̃vazjɔ̃] *nom féminin* ■ die **I[n]vasion** *(pluriel* **Invasionen***)* : **ils cra[i]gnaient une invasion** sie hatten Angst v[or] einer Invasion.

inventer [3] [ɛ̃vɑ̃te] *verbe* ■ **erfinden** : **c'est un Écossais qui a inventé le télé[]phone** ein Schotte hat das Telefon erfunde[n].

l' **inventeur** [ɛ̃vɑ̃tœr] *nom masculin* ■ d[er] **Erfinder** *(pluriel* **Erfinder***)*.

l' **inventrice** [ɛ̃vɑ̃tris] *nom féminin* ■ d[ie] **Erfinderin** *(pluriel* **Erfinderinnen***)*.

l' **invention** [ɛ̃vɑ̃sjɔ̃] *nom féminin* ■ d[ie] **Erfindung** *(pluriel* **Erfindungen***)*.

inverse [ɛ̃vɛrs] *adjectif*
1. **Gegen-** : **en sens inverse** in Gegenrichtun[g]
2. **umgekehrt** : **dans l'ordre inverse** in un[]gekehrter Reihenfolge

l' **inverse** [ɛ̃vɛrs] *nom masculin* ■ das **Ge[]genteil** *(pluriel* **Gegenteile***)*.

inverser [3] [ɛ̃vɛrse] *verbe* ■ **um|stellen** : **inverser les mots d'une phras[e]** die Wörter eines Satzes umstellen.

invisible [ɛ̃vizibl] *adjectif* ■ **unsich[t]bar**.

l' **invitation** [ɛ̃vitasjɔ̃] *nom féminin* ■ d[ie] **Einladung** *(pluriel* **Einladungen***)* : **j'ai reç[u] une invitation à leur mariage** ich habe e[i]ne Einladung zu ihrer Hochzeit bekommen.

l' **invité** [ɛ̃vite] *nom masculin* ■ der **Ga[st]** *(pluriel* **Gäste***)* : **vous attendez combie[n] d'invités ?** wie viele Gäste erwarten Sie?

l' **invitée** [ɛ̃vite] *nom féminin* ■ **der Gast** *(pluriel* **Gäste***)* : **elle est mon invitée** sie ist mein Gast.

inviter [3] [ɛ̃vite] *verbe* ■ **ein|laden : ils m'ont invité à dîner** sie haben mich zum Abendessen eingeladen.

irai, iras ➤ aller.

irlandais, e [irlɑ̃dɛ, ɛz] *adjectif* ■ **irisch : une bière irlandaise** ein irisches Bier

l' **Irlandais** *nom masculin* ■ **der Ire** *(pluriel* **Iren***)*

l' **Irlandaise** *nom féminin* ■ **die Irin** *(pluriel* **Irinnen***)*.

l' **Irlande** [irlɑ̃d] *nom féminin* ■ **Irland**

> En général, les noms de pays ne sont pas précédés d'un article en allemand :

Cork se trouve en Irlande Cork liegt in Irland ; **je suis allé en Irlande cet été** ich bin diesen Sommer in Irland gewesen

➤ **l'Irlande du Nord** Nordirland.

ironique [irɔnik] *adjectif* ■ **ironisch**.

irons, iront ➤ aller.

irrégulier, ère [iregylje, ɛr] *adjectif*

1. **unregelmäßig : un verbe irrégulier** ein unregelmäßiges Verb
2. **nicht konstant : Luc a eu des résultats irréguliers cette année** Lucs Leistungen waren dieses Jahr nicht konstant.

islamique [islamik] *adjectif* ■ **islamisch**.

isolé, e [izɔle] *adjectif* ■ **abgelegen : un village isolé** ein abgelegenes Dorf.

l' **issue** [isy] *nom féminin* ■ **der Ausgang** *(pluriel* **Ausgänge***)* : **fermez toutes les issues !** schließen Sie alle Ausgänge!

➤ **l'issue de secours** der Notausgang.

l' **Italie** [itali] *nom féminin* ■ **Italien**

> En général, les noms de pays ne sont pas précédés d'un article en allemand :

ma tante vit en Italie meine Tante lebt in Italien ; **on a été en Italie avec ma classe** wir sind mit der Klasse nach Italien gefahren.

italien, enne [italjɛ̃, ɛn] *adjectif* ■ **italienisch : j'aime les glaces italiennes** ich mag italienisches Eis

l' **italien** *nom masculin* ■ **das Italienisch** *(sans pluriel)* : **tu parles bien italien** du sprichst gut Italienisch

l' **Italien** *nom masculin* ■ **der Italiener** *(pluriel* **Italiener***)*

l' **Italienne** *nom féminin* ■ **die Italienerin** *(pluriel* **Italienerinnen***)*.

l' **itinéraire** [itinerɛr] *nom masculin* ■ **die Reiseroute** *(pluriel* **Reiserouten***)* : **ils ont regardé la carte pour choisir leur itinéraire** sie haben auf die Karte geschaut, um ihre Reiseroute festzulegen

ivre [ivr] *adjectif* ■ **betrunken : après trois verres de vin, il était ivre** nach drei Gläsern Wein war er betrunken.

j

j' ➤ je.

jaloux, ouse [ʒalu, uz] *adjectif* ■ **eifersüchtig : Éric est jaloux de sa sœur** Éric ist eifersüchtig auf seine Schwester.

jamais [ʒamɛ] *adverbe*

1. *Dans les phrases négatives* **nie : il n'est jamais revenu** er ist nie zurückgekehrt ; **il n'est jamais content** er ist nie zufrieden ; **elle n'en a plus jamais parlé** sie hat nie wieder davon gesprochen

2. *Dans les phrases affirmatives* **je : c'est la plus belle chose que j'ai jamais entendue** das ist das Schönste, was ich je gehört habe

➤ **plus que jamais** mehr denn je : **elle l'aime plus que jamais** sie liebt ihn mehr denn je

➤ **presque jamais** fast nie : **il ne vient presque jamais** er kommt fast nie.

la **jambe** [ʒɑ̃b] ■ das **Bein** (*pluriel* **Beine**) : **j'ai mal aux jambes** mir tun die Beine weh.

le **jambon** [ʒɑ̃bɔ̃] ■ der **Schinken** (*pluriel* **Schinken**) : **du jambon blanc** gekochter Schinken ; **du jambon cru** roher Schinken

➤ **un jambon beurre** ein Schinkenbrot.

janvier [ʒɑ̃vje] ■ **Januar** : **Jonathan est né en janvier** Jonathan ist im Januar geboren.

le **Japon** [ʒapɔ̃] ■ **Japan**

> En général, les noms de pays ne sont pas précédés d'un article en allemand :

au Japon, on boit beaucoup de thé vert in Japan wird viel grüner Tee getrunken ; **il est allé au Japon en avion** er ist nach Japan geflogen.

japonais, aise [ʒapɔnɛ, ɛz] *adjectif* ■ **japanisch : le sushi est un plat japonais** Sushi ist ein japanisches Gericht

le **japonais** ■ das **Japanisch** (*sans pluriel*) : **Daniel apprend le japonais** Daniel lernt Japanisch.

le **jardin** [ʒardɛ̃] ■ der **Garten** (*pluriel* **Gärten**) : **ils ont des arbres dans leur jardin** sie haben Bäume im Garten

➤ **un jardin public** ein Park

➤ **un jardin zoologique** ein Zoo.

le **jardinier** [ʒardinje] ■ der **Gärtner** (*pluriel* **Gärtner**).

la **jardinière** [ʒardinjɛr] ■ die **Gärtnerin** (*pluriel* **Gärtnerinnen**).

jaune [ʒon] *adjectif* ■ **gelb : des chaussettes jaunes** gelbe Socken

le **jaune** ■ **Gelb** (*neutre, sans pluriel*) : **je n'aime pas le jaune** ich mag kein Gelb

➤ **un jaune d'œuf** ein Eigelb.

la **Javel** [ʒavɛl] ■ **l'eau de Javel** da Bleichmittel.

le **jazz** [dʒaz] ■ der **Jazz** (*sans pluriel*) : **u orchestre de jazz** eine Jazzband.

je [ʒə] (**j'** *devant une voyelle ou un « h muet) pronom* ■ **ich : je m'appelle Françoi** ich heiße François ; **j'habite à Nice** ich woh ne in Nizza ; **je suis français** ich bin Franzc se ; **j'ai très faim** ich habe großen Hunger.

le **jean** [dʒin] ■ die **Jeans** (*pluriel* **Jeans**) **mon jean est trop petit** meine Jeans ist m zu klein ; **elle est toujours en jean** sie träg immer Jeans.

jetable [ʒətabl] *adjectif* ■ **Einweg- des rasoirs jetables** Einwegrasierer.

jeter **[23]** [ʒəte] *verbe*

1. **werfen : les manifestants jetaient de pierres** die Demonstranten warfen Steine

2. **zu|werfen : je te jette la balle et tu me l renvoies** ich werfe dir den Ball zu und d wirfst ihn wieder zurück

3. **weg|werfen : tu peux jeter ces vieux magazines** du kannst diese alten Zeitschrifte wegwerfen

➤ **jeter quelqu'un dehors** jemanden raus werfen

se **jeter** *verbe pronominal* ■ **springen : l femme s'est jetée du pont** die Frau ist vo der Brücke gesprungen

➤ **se jeter sur quelqu'un|quelque chos** sich auf jemanden|etwas stürzen : **le cha s'est jeté sur la souris** die Katze hat sich au die Maus gestürzt.

le **jeu** [ʒø] (*pluriel* **jeux**)

1. das **Spiel** (*pluriel* **Spiele**) : **c'est un jeu o on peut jouer à six** das ist ein Spiel für sech Spieler

2. der **Satz** (*pluriel* **Sätze**) : **un jeu de clés** ei Satz Schlüssel

➤ **un jeu de hasard** ein Glücksspiel

➤ **un jeu de mots** ein Wortspiel

➤ **un jeu de rôles** ein Rollenspiel

➤ **un jeu de société** ein Gesellschaftsspiel

➤ **un jeu télévisé** eine Gameshow

➤ **un jeu vidéo** ein Videospiel

➤ **les Jeux olympiques** die Olympische Spiele

sa vie est en jeu sein Leben steht auf dem Spiel.

jeudi [ʒødi] ■ der **Donnerstag** *(pluriel* **Donnerstage***)* : **mes copains sont venus jeudi** meine Freunde sind am Donnerstag gekommen ; **je pars jeudi matin** ich fahre am Donnerstagmorgen los

> Quand on veut indiquer une habitude, on ajoute un s final au complément de temps :

Thomas joue au foot le jeudi donnerstags spielt Thomas Fußball ; **jeudi dernier** letzten Donnerstag ; **jeudi prochain** nächsten Donnerstag.

à jeun [aʒœ̃] *adverbe* ■ **auf nüchternen Magen** : **je dois prendre ces cachets à jeun** ich muss diese Tabletten auf nüchternen Magen nehmen.

jeune [ʒœn] *adjectif* ■ **jung** : **un jeune homme** ein junger Mann ; **une jeune femme** eine junge Frau
➤ **une jeune fille** ein Mädchen

jeune ■ der/die **Jugendliche** *(pluriel* **die Jugendlichen***)*.

jeunesse [ʒœnɛs] ■ die **Jugend** *(sans pluriel)* : **mon père a beaucoup voyagé dans sa jeunesse** mein Vater ist in seiner Jugend viel gereist.

JO *(abréviation de* Jeux Olympiques*)* *nom masculin pluriel* ■ **les JO** die Olympischen Spiele.

jogging [dʒɔgiŋ]
1. das **Joggen** *(sans pluriel)* : **faire du jogging** joggen
2. der **Jogginganzug** *(pluriel* **Jogginganzüge***)* : **Jane portait un jogging bleu** Jane trug einen blauen Jogginganzug.

joie [ʒwa] ■ die **Freude** *(pluriel* **Freuden***)* : **pleurer de joie** vor Freude weinen.

joindre **[62]** [ʒwɛ̃dr] *verbe*
1. **verbinden** : **je ne sais pas comment joindre les deux câbles** ich weiß nicht, wie ich die beiden Kabel verbinden soll
2. **erreichen** : **tu es arrivée à joindre Alex ?** hast du Alex erreicht?

joli, e [ʒɔli] *adjectif* ■ **hübsch** : **une jolie fille** ein hübsches Mädchen.

jongler **[3]** [ʒɔ̃gle] *verbe* ■ **jonglieren**.

la **joue** [ʒu] ■ die **Backe** *(pluriel* **Backen***)* : **ce bébé a de grosses joues** dieses Baby hat dicke Backen.

jouer **[6]** [ʒwe] *verbe* ■ **spielen** : **viens jouer avec nous** komm mit uns spielen ; **il joue le rôle de Cyrano** er spielt die Rolle des Cyrano ; **elle joue super bien dans ce film** in dem Film spielt sie total gut
➤ **jouer à** spielen : **ils jouent au tennis** sie spielen Tennis
➤ **jouer de** spielen : **Natacha joue du violon** Natacha spielt Geige.

le **jouet** [ʒwɛ] ■ das **Spielzeug** *(sans pluriel)*.

le **joueur** [ʒwœr] ■ der **Spieler** *(pluriel* **Spieler***)* : **deux joueurs se sont blessés pendant le match** zwei Spieler haben sich während des Spiels verletzt ; **un joueur de foot** ein Fußballspieler
➤ **être mauvais joueur** ein schlechter Verlierer sein.

la **joueuse** [ʒwøz] ■ die **Spielerin** *(pluriel* **Spielerinnen***)*.

le **jour** [ʒur] ■ der **Tag** *(pluriel* **Tage***)* : **il reste deux jours avant les vacances** bis zu den Ferien sind es noch zwei Tage
➤ **tous les jours** jeden Tag
➤ **huit jours** acht Tage : **on se revoit dans huit jours** wir sehen uns in acht Tagen wieder
➤ **quinze jours** vierzehn Tage : **il revient dans quinze jours** er kommt in vierzehn Tagen zurück
➤ **le jour de l'an** der Neujahrstag
➤ **un de ces jours** in den nächsten Tagen : **on se voit un de ces jours!** wir sehen uns in den nächsten Tagen
➤ **un jour sur deux** jeden zweiten Tag : **elle travaille un jour sur deux** sie arbeitet jeden zweiten Tag
➤ **un jour férié** ein Feiertag

➤ **un jour de fête** ein Feiertag : **Noël est un jour de fête** Weihnachten ist ein Feiertag
➤ **de jour** am Tag : **nous voyagerons de jour** wir werden am Tag reisen
➤ **du jour au lendemain** von einem Tag auf den anderen : **elle l'a quitté du jour au lendemain** sie hat ihn von einem Tag auf den anderen verlassen
➤ **il fait jour** es wird hell

JOURS FÉRIÉS

In Frankreich gibt es dreizehn Feiertage, an denen die meisten Geschäfte und Unternehmen geschlossen haben und keine Schule ist. Wichtige Feiertage in Frankreich sind der 14. Juli (**Le 14 juillet**) und Allerheiligen (**Toussaint**).

le **journal** [ʒurnal, o] *(pluriel* journaux*)*
1. die **Zeitung** *(pluriel* **Zeitungen***)* : **le journal d'aujourd'hui** die Zeitung von heute
2. das **Tagebuch** *(pluriel* **Tagebücher***)* : **Claire tient un journal** Claire führt ein Tagebuch
➤ **un journal intime** ein Tagebuch
➤ **le journal télévisé** die Fernsehnachrichten.

le|la **journaliste** [ʒurnalist] ■ der **Journalist** *(pluriel* **Journalisten***)*, die **Journalistin** *(pluriel* **Journalistinnen***)*.

la **journée** [ʒurne] ■ der **Tag** *(pluriel* **Tage***)* : **on a passé la journée à jouer aux échecs** wir haben den ganzen Tag Schach gespielt.

joyeusement [ʒwajøzmɑ̃] *adverbe* ■ **freudig** : **elle m'a interpellé joyeusement** sie hat mich freudig begrüßt.

joyeux, euse [ʒwajø, øz] *adjectif* ■ **fröhlich** : **il y avait une joyeuse ambiance** es herrschte eine fröhliche Stimmung
➤ **joyeux Noël !** Fröhliche Weihnachten!

le **judo** [ʒydo] ■ das **Judo** *(sans pluriel)* : **faire du judo** Judo machen.

le **juge** [ʒyʒ] ■ der **Richter** *(pluriel* **Richter***)*.

le **jugement** [ʒyʒmɑ̃] ■ das **Urteil** *(pluriel* **Urteile***)* : **le tribunal a prononcé son jugement** das Gericht hat sein Urteil verkündet.

juger [16] [ʒyʒe] *verbe*
1. **urteilen über** : **ne juge pas les gens sar les connaître** du darfst nicht über Leute u teilen, ohne sie zu kennen
2. **das Urteil fällen über** : **l'accusé sera jug demain** das Urteil über den Angeklagte wird morgen gefällt
3. **beurteilen** : **comment juges-tu sa pe formance ?** wie beurteilst du seine Lei tung?

juif, juive [ʒɥif, ʒɥiv] *adjectif* ■ **jüdi ch**

le **Juif** ■ der **Jude** *(pluriel* **Juden***)*

la **Juive** ■ die **Jüdin** *(pluriel* **Jüdinnen***)*.

juillet [ʒɥijɛ] ■ **Juli** : **en juillet, j'irai la mer** im Juli fahre ich ans Meer

LE 14 JUILLET

Der 14. Juli ist der französische Nationalfeiertag. Im Jahre 1789 fand an diesem Tag der Sturm auf die Bastille statt, mit dem die französische Revolution begann. In ganz Frankreich wird gefeiert und es finden öffentliche Bälle mit abschließendem Feuerwerk statt. Am Morgen des 14. Juli wird in Paris auf den Champs-Élysées in Anwesenheit des Staatspräsidenten eine Militärparade abgehalten.

juin [ʒɥɛ̃] ■ **Juni** : **mes cousins vier nent nous voir en juin** meine Cousins kon men uns im Juni besuchen.

jumeau, elle [ʒymo, ʒymɛl] *(mascul pluriel* jumeaux [ʒymo]*)* *adjectif* ■ **Zwi lings-** : **mon frère jumeau** mein Zwillings bruder ; **j'ai une sœur jumelle** ich habe ein Zwillingsschwester

le **jumeau** *(pluriel* jumeaux*)* ■ der **Zwi ling** *(pluriel* **Zwillinge***)*

la **jumelle** ■ der **Zwilling** *(pluriel* **Zwi linge***)* : **Sabrina a eu des jumelles** Sabrin hat Zwillinge bekommen

les **jumelles** *nom féminin pluriel* ■ da **Fernglas** *(pluriel* **Ferngläser***)* : **emporte te jumelles pour observer les oiseaux** brin dein Fernglas mit, damit wir die Vögel beot achten können.

jumelage [ʒymlaʒ] ■ die **Städtepartnerschaft** *(pluriel* **Städtepartnerschaften***)* : **nous avons fêté les dix ans de jumelage entre nos deux villes** wir haben die zehnjährige Partnerschaft zwischen unseren beiden Städten gefeiert.

jumelé, e [ʒymle] *adjectif* ■ **durch eine Partnerschaft verbunden** : **notre ville est jumelée avec Mannheim** unsere Stadt ist durch eine Partnerschaft mit Mannheim verbunden.

junior [ʒynjɔr] *adjectif* ■ **Junior-** : **Samia joue dans l'équipe junior** Samia spielt im Juniorteam

junior ■ der **Junior** *(pluriel* **Junioren***)*, die **Juniorin** *(pluriel* **Juniorinnen***)* : **les juniors ont gagné contre Reims** die Junioren haben gegen Reims gewonnen.

jupe [ʒyp] ■ der **Rock** *(pluriel* **Röcke***)* : **Sylvie portait une jupe longue** Sylvie trug einen langen Rock.

jurer [3] [ʒyre] *verbe* ■ **schwören** : **Laurent a juré qu'il ne recommencerait plus** Laurent hat geschworen, dass er nicht wieder anfängt

jury [ʒyri]

1. die **Geschworenen** *(pluriel)* : **le jury a déclaré l'accusé non coupable** die Geschworenen haben den Angeklagten für unschuldig erklärt
2. die **Prüfer** *(pluriel)* : **le jury a été sympa avec les candidats** die Prüfer waren nett zu den Prüflingen
3. die **Jury** *(pluriel* **Jurys***)* : **le jury a décerné le premier prix à cette œuvre** die Jury hat dieses Werk mit dem ersten Preis ausgezeichnet.

jus [ʒy] ■ der **Saft** *(pluriel* **Säfte***)* : **du jus d'orange** Orangensaft.

jusque [ʒyskə]

■ *préposition*

bis : **tu peux rester jusqu'à jeudi** du kannst bis Donnerstag bleiben ; **les élèves travaillent jusqu'à cinq heures** die Schüler arbeiten bis fünf Uhr ; **jusqu'en 1999** bis 1999 ; **allez jusqu'à la piscine et tournez à gauche** fahrt bis zum Schwimmbad und biegt dann links ab

➤ **jusqu'à présent** ou **jusqu'ici** bis jetzt

➤ **jusqu'au bout** bis zum Ende

➤ **jusque-là** bis dahin : **l'eau montait jusque-là** das Wasser ist bis dahin gestiegen ; **tout allait bien jusque-là** bis dahin war alles gut gegangen

■ *conjonction*

➤ **jusqu'à ce que** bis : **bats les blancs jusqu'à ce qu'ils soient fermes** schlag das Eiweiß, bis es steif wird.

juste [ʒyst]

■ *adjectif*

1. **gerecht** : **ce n'est pas juste, c'est toujours moi qui fais la vaisselle !** das ist nicht gerecht, immer muss ich das Geschirr spülen!
2. **richtig** : **la réponse juste** die richtige Antwort
3. **zu eng** : **ce jean est un peu juste pour moi** diese Jeans ist mir ein bisschen zu eng

■ *adverbe*

1. **genau** : **c'est juste ce qu'il me fallait** das ist genau das, was ich brauchte
2. **nur** : **je voulais juste vous poser une question** ich wollte Sie nur etwas fragen.

justement [ʒystəmɑ̃] *adverbe*

1. **genau** : **c'est justement pour ça que tu dois faire attention** genau deswegen musst du aufpassen
2. **gerade** : **je me disais justement que je devrais t'appeler** gerade habe ich mir gedacht, dass ich dich anrufen sollte.

la **justice** [ʒystis]

1. die **Gerechtigkeit** *(sans pluriel)* : **il n'y pas de justice !** es gibt keine Gerechtigkeit!
2. die **Justiz** *(sans pluriel)* : **il a eu des problèmes avec la justice** er hatte Probleme mit der Justiz.

justifier [9] [ʒystifje] *verbe* ■ **rechtfertigen** : **ça ne justifie pas ce qu'elle a fait** das rechtfertigt nicht, was sie getan hat

se **justifier** *verbe pronominal* ■ **sich rechtfertigen** : **n'essaie pas de te justifier !** versuch nicht, dich zu rechtfertigen!

k

le **kangourou** [kɑ̃guru] ■ das **Känguru** *(pluriel* **Kängurus***)*.

le **karaté** [karate] ■ das **Karate** *(sans pluriel)*.

le **kayak** [kajak] ■ der **Kajak** *(pluriel* **Kajaks***)* : **son kayak s'est retourné** sein|ihr Kajak ist gekentert ; **faire du kayak** Kajak fahren.

la **kermesse** [kɛrmɛs] ■ das **Fest** *(pluriel* **Feste***)* : **la kermesse de l'école** das Schulfest

> KERMESSE
>
> In Frankreich ist eine **kermesse** ein Fest mit Spiel-, Lotterie- und Verkaufsständen im Freien, das zu Gunsten einer Schule oder einer Pfarrgemeinde oder zu einem wohtätigen Zweck veranstaltet wird.

le **ketchup** [kɛtʃœp] ■ der **Ketschup** *(pluriel* **Ketschups***)*.

le **kidnapping** [kidnapiŋ] ■ das **Kidnapping** *(pluriel* **Kidnappings***)* : **il a été accusé de kidnapping** er wurde wegen Kidnapping angeklagt.

le **kilo** [kilo] ■ das **Kilo** *(pluriel* **Kilo***)* : **deux kilos de poires, s'il vous plaît** zwei Kilo Birnen, bitte.

le **kilogramme** [kilogram] ■ das **Kilogramm** *(pluriel* **Kilogramm***)*.

le **kilomètre** [kilomɛtr] ■ der **Kilomet** *(pluriel* **Kilometer***)* : **il faisait du ce kilomètres-heure** ou **il roulait à cent kil mètres à l'heure** er fuhr hundert Stundenk lometer ; **j'habite à deux kilomètres d'i** ich wohne zwei Kilometer von hier entfernt

le **kiwi** [kiwi] ■ die **Kiwi** *(pluriel* **Kiwis***)*.

le **Klaxon®** [klaksɔn] ■ die **Hupe** *(plur* **Hupen***)* : **le Klaxon de cette voiture e très sonore** das Auto hat eine sehr laute H pe

➤ **donner un coup de Klaxon** hupen.

klaxonner [3] [klaksɔne] *verbe* ■ **h pen** : **pourquoi il klaxonne comme ça** warum hupt er so?

K.-O. [kao] *adjectif invariable* ■ **k. o.**

➤ **mettre quelqu'un K.-O.** jemanden k. schlagen : **le boxeur américain a mis so adversaire K.-O.** der amerikanische Box hat seinen Gegner k. o. geschlagen

➤ **être K.-O.** *familier* k. o. sein : **je suis K.-O je vais me coucher** ich bin k. o., ich leg mich hin.

l

l' ➤ le.

la[1] [la] *(l' devant une voyelle ou un « h muet) article défini* ➤ le.

la[2] [la] *(l' devant une voyelle ou un « h muet) pronom*

Pour une personne adulte **sie : tu connais Anne ? – je la connais bien** kennst du Anne? – ich kenne sie gut ; **je l'ai vue hier** ich habe sie gestern gesehen
Pour un objet ou un animal **ihn, sie, es : tu dois avoir la clé, donne-la-moi** du musst den Schlüssel haben, gib ihn mir ; **c'est sa nouvelle cravate, c'est moi qui l'a choisie** das ist seine neue Krawatte, ich habe sie ausgesucht ; **j'aime bien cette maison, je la trouve très spacieuse** ich mag dieses Haus, ich finde es sehr geräumig.

là [la] *adverbe*
1. **dort : à trois kilomètres de là** drei Kilometer von dort
2. **da : allô, est-ce que Guillaume est là ?** hallo, ist Guillaume da? ; **toc ! toc ! – qui est là ?** klopf! klopf! – wer ist da? ; **c'est là que j'ai décidé de ne pas y aller** da habe ich beschlossen, nicht hinzugehen
3. **hier : où es-tu ? – je suis là** wo bist du? – ich bin hier ; **j'avais posé les clés là** ich hatte die Schlüssel hier hingelegt.

là-bas [laba] *adverbe* ■ **da hinten : le garçon qui est là-bas, au fond de la salle** der Junge, der da hinten steht, am anderen Ende des Raumes.

le laboratoire [labɔratwar] ■ **das Labor** (*pluriel* **Labore**) **: le laboratoire de langues** das Sprachlabor.

le lac [lak] ■ **der See** (*pluriel* **Seen**) **: ils possèdent une maison sur le lac Léman** Sie besitzen ein Haus am Genfer See.

le lacet [lasɛ] ■ **der Schnürsenkel** (*pluriel* **Schnürsenkel**) **: mes lacets sont déchirés** meine Schnürsenkel sind gerissen
➤ **mon petit frère ne sait pas faire ses lacets** mein kleiner Bruder kann sich noch nicht seine Schuhe zubinden
➤ **une route en lacet** eine Serpentinenstraße.

lâche [laʃ] *adjectif* ■ **feige : Clémentine est lâche, elle a laissé accuser son amie** Clémentine ist feige, sie hat zugelassen, dass ihre Freundin beschuldigt wird.

lâcher [3] [laʃe] *verbe*
1. **los|lassen : lâche-moi, tu me fais mal** lass mich los, du tust mir weh
2. **fallen lassen : Paul a lâché le verre et il s'est cassé** Paul hat das Glas fallen lassen und es ist zerbrochen.

là-dedans [ladədɑ̃] *adverbe*
1. **da drin : qu'est-ce qu'il y a là-dedans ?** was ist da drin?
2. **da hinein : mets ta valise là-dedans** stell deinen Koffer da hinein.

là-dessous [ladsu] *adverbe* ■ **da drunter : le chat se cache là-dessous** die Katze versteckt sich da drunter.

là-dessus [ladsy] *adverbe*
1. **da drauf : qu'est-ce qu'il y a là-dessus ?** was steht da drauf?
2. **da hinauf : monte là-dessus, tu verras mieux** steig da hinauf, dann siehst du besser.

là-haut [lao] *adverbe*
1. **da oben : là-haut l'air est pur** da oben ist die Luft klar
2. **da hinauf : ils sont montés là-haut** sie sind da hinauf gegangen.

laid, e [lɛ, lɛd] *adjectif* ■ **hässlich : ce bâtiment est vraiment laid** dieses Gebäude ist wirklich hässlich.

la **laine** [lɛn] ■ **die Wolle** (*sans pluriel*) **: un pull en laine** ein Wollpullover
➤ **en laine polaire** aus Fleece.

laïque [laik] *adjectif* ■ **nicht konfessionell gebunden : une école laïque** eine nicht konfessionell gebundene Schule.

la **laisse** [lɛs] ■ **die Leine** (*pluriel* **Leinen**).

laisser [4] [lɛse] *verbe*
1. **lassen : il m'a laissé sa casquette parce qu'elle me plaisait** er hat mir seine Mütze gelassen, weil sie mir gefiel ; **ils m'ont laissé leur chat pour le week-end** sie haben ihre Katze für das Wochenende bei mir gelassen
2. **übrig lassen : laisse du jambon pour ce soir** lass noch etwas Schinken für heute Abend übrig ; **laisse-moi un morceau de gâteau** lass mir ein Stück Kuchen übrig
➤ **je te laisse**
1. *au téléphone* ich muss auflegen : **on sonne, je te laisse** da ist jemand an der Tür, ich muss auflegen

2. *en général* ich gehe ; **il est tard, je te laisse** es ist spät, ich gehe
➤ **laisser quelqu'un faire quelque chose** jemanden etwas tun lassen : **les parents de Luc ne le laissent pas sortir** Lucs Eltern lassen ihn nicht ausgehen ; **laisse-le faire, il va y arriver** lass ihn nur machen, er schafft das schon
➤ **laisser tomber quelqu'un** jemanden fallen lassen : **il m'a laissé tomber au dernier moment** im letzten Augenblick hat er mich fallen lassen
➤ **laisser tomber quelque chose**
1. etw fallen lassen : **ne laisse pas tomber le vase** lass die Vase nicht fallen
2. etwas auf|geben ; **Adrien veut laisser tomber ses études** Adrien möchte sein Studium aufgeben
➤ **laisse tomber !** *familier* vergiss es!
➤ **laisser la parole à quelqu'un** jemandem das Wort erteilen : **il m'a laissé la parole à la fin de son discours** am Ende seiner Rede hat er mir das Wort erteilt

se **laisser** *verbe pronominal*
➤ **se laisser pousser les cheveux** sich die Haare wachsen lassen.

le **lait** [lɛ] ■ die **Milch** *(sans pluriel)* : **du lait de vache** Kuhmilch
➤ **du lait écrémé** Magermilch
➤ **du lait entier** Vollmilch.

le **laitage** [lɛtaʒ] ■ das **Milchprodukt** *(pluriel* **Milchprodukte***)* : **vous ne mangez pas assez de laitages** ihr esst nicht genügend Milchprodukte.

laitier, ère [lɛtje, ɛr] *adjectif* ■ **Milch-** : **des produits laitiers** Milchprodukte.

la **laitue** [lety] ■ der **Kopfsalat** *(sans pluriel)*.

la **lame** [lam] ■ die **Klinge** *(pluriel* **Klingen***)* : **une lame de rasoir** eine Rasierklinge.

la mienne ➤ le mien.

le **lampadaire** [lɑ̃padɛr]
1. die **Stehlampe** *(pluriel* **Stehlampen***)* : **le lampadaire du salon ne marche plus** die Stehlampe im Wohnzimmer tut's nicht mehr
2. die **Straßenlaterne** *(pluriel* **Straßenlate[rnen]***)* : **la voiture est rentrée dans un lar[m]padaire** das Auto ist gegen eine Straßen[la]terne gefahren.

la **lampe** [lɑ̃p] ■ die **Lampe** *(pluriel* **La[m]pen***)* : **allume la lampe** mach die Lampe [an]
➤ **une lampe de chevet** eine Nachttischla[m]pe
➤ **une lampe de poche** eine Taschenlamp[e]

le **lancement** [lɑ̃smɑ̃] ■ der **Start** *(plur[iel]* **Starts***)* : **le lancement de la fusée a é[té] annulé pour cause de mauvais temps** [der] Start der Rakete wurde wegen schlecht[en] Wetters verschoben.

lancer [15] [lɑ̃se] *verbe*
1. **werfen** : **il a lancé sa casquette en l'air** [er] hat seine Kappe in die Luft geworfen
2. **zu|werfen** : **lance-moi le ballon** wirf [mir] den Ball zu ; **il lui a lancé un regard noir** [er] warf ihr einen düsteren Blick zu
3. **bewerfen** : **ils lui ont lancé des caillou[x]** sie haben ihn mit Steinen beworfen
4. **schießen** : **la NASA a lancé une son[de] dans l'espace** die NASA hat eine Sonde i[ns] All geschossen
5. **starten** : **comment fait-on pour lancer [le] programme ?** wie startet man das Pr[o]gramm?

le **landau** [lɑ̃do] ■ der **Kinderwage[n]** *(pluriel* **Kinderwagen***)*.

le **langage** [lɑ̃gaʒ] ■ die **Sprache** *(plur[iel]* **Sprachen***)* : **le langage des dauphins** d[ie] Sprache der Delfine.

la **langue** [lɑ̃g]
1. die **Zunge** *(pluriel* **Zungen***)* : **ma peti[te] sœur me tire tout le temps la langue** me[i]ne kleine Schwester streckt mir immer d[ie] Zunge raus
2. die **Sprache** *(pluriel* **Sprachen***)* : **une lan[gue] étrangère** eine Fremdsprache ; **les lan[gues] vivantes** die lebenden Fremdsprache[n]
➤ **je donne ma langue au chat** ich gebe d[as] Raten auf.

le **lapin** [lapɛ̃] ■ das **Kaninchen** *(plur[iel]* **Kaninchen***)* : **ils ont trois lapins dans le[ur] jardin** sie haben drei Kaninchen im Garten

a **laque** [lak]
1. der **Lack** *(pluriel* **Lacke***)* : **j'ai acheté de la laque pour repeindre mes chaises** ich habe Lack gekauft, weil ich meine Stühle streichen will
2. das **Haarspray** *(pluriel* **Haarsprays***)* : **j'utilise du gel pour les cheveux, jamais de la laque** ich nehme Haargel, nie Haarspray.

laquelle ➤ lequel.

le **lard** [lar] ■ der **Speck** *(sans pluriel)* : **du lard fumé** geräucherter Speck.

large [larʒ] *adjectif* ■ **breit** : **la route est plus large ici** die Straße ist hier breiter

Quand on indique une dimension, **de** ne se traduit pas :

le jardin est large de cinq mètres der Garten ist fünf Meter breit

le **large** [larʒ]
1. **la pièce fait quatre mètres de large** das Zimmer ist vier Meter breit
2. die **offene See** *(sans pluriel)* : **ils pêchent au large** sie fischen auf offener See
➤ **au large de** vor : **au large des côtes françaises** vor der französischen Küste.

largement [larʒəmɑ̃] *adverbe* ■ **reichlich** : **il y aura largement assez de boissons** es ist reichlich zu trinken da
➤ **on aura largement le temps** wir haben reichlich Zeit.

la **largeur** [larʒœr] ■ die **Breite** *(pluriel* **Breiten***)* : **la largeur n'a pas d'importance** die Breite ist unwichtig ; **quelle est la largeur du salon ?** wie breit ist das Wohnzimmer?

la **larme** [larm] ■ die **Träne** *(pluriel* **Tränen***)* : **elle avait des larmes dans les yeux** sie hatte Tränen in den Augen
➤ **fondre en larmes** in Tränen ausbrechen : **en apprenant la nouvelle, elle a fondu en larmes** als sie die Neuigkeit erfuhr, brach sie in Tränen aus.

le **laser** [lazɛr]
■ *nom masculin*
der **Laser** *(pluriel* **Laser***)*
■ *adjectif invariable*
Laser- : **un rayon laser** ein Laserstrahl.

latin, e [latɛ̃, in] *adjectif* ■ **lateinisch**
➤ **les langues latines** die romanischen Sprachen

le **latin** ■ **Latein** *(neutre)* : **je voudrais faire du latin l'année prochaine** nächstes Jahr möchte ich Latein machen.

latino-américain, e [latinoamerikɛ̃, ɛn] *(masculin pluriel* latino-américains, *féminin pluriel* latino-américaines*) adjectif* ■ **lateinamerikanisch**.

le **laurier** [lɔrje] ■ der **Lorbeer** *(pluriel* **Lorbeeren***)* : **il y a du laurier dans cette sauce** in dieser Soße ist Lorbeer.

lavable [lavabl] *adjectif* ■ **waschbar**
➤ **lavable en machine** waschmaschinenfest.

le **lavabo** [lavabo] ■ das **Waschbecken** *(pluriel* **Waschbecken***)*.

la **lavande** [lavɑ̃d] ■ der **Lavendel** *(sans pluriel)* : **eau de Cologne à la lavande** Kölnisch Wasser mit Lavendel.

le **lave-linge** [lavlɛ̃ʒ] ■ die **Waschmaschine** *(pluriel* **Waschmaschinen***)*.

laver **[3]** [lave] *verbe*
1. **waschen** : **peut-on laver la soie ?** kann man Seide waschen?
2. **spülen** : **est-ce que tu as lavé les verres ?** hast du die Gläser gespült?

se **laver** *verbe pronominal* ■ **sich waschen** : **je vais me laver avant d'aller me coucher** bevor ich schlafen gehe, wasche ich mich ; **lave-toi les mains** wasch dir die Hände.

la **laverie** [lavri] ■ **la laverie automatique** der Waschsalon.

le **lave-vaisselle** [lavvesɛl] ■ die **Spülmaschine** *(pluriel* **Spülmaschinen***)*.

le[1] [lə, la] (**l'** *devant une voyelle ou un « h » muet*), *pluriel* **les** [le]) *article défini* ■ **der, die, das** : **le lac est gelé** der See ist zugefroren ; **l'usine est fermée** die Fabrik ist geschlossen ; **tu as fermé la fenêtre ?** hast du das Fenster zugemacht? ; **les clés sont sur la table** die Schlüssel liegen auf dem Tisch ; **vingt euros le mètre carré** zwanzig Euro der Quadratmeter ; **trois euros la douzaine** drei Euro das Dutzend

On ne traduit pas l'article devant les termes abstraits et devant les noms d'espèces :

les hommes et les femmes Männer und Frauen ; **j'aime le chocolat** ich mag gern Schokolade

Quand on décrit le physique d'une personne, on ne traduit pas l'article en allemand :

il a les cheveux blonds er hat blonde Haare ; **elle a les yeux bleus** sie hat blaue Augen

➤ **le lundi** montags : **j'ai cours de violon le lundi** montags habe ich Geigenstunde

➤ **le lundi matin** jeden Montagmorgen : **je vais au marché le lundi matin** ich gehe jeden Montagmorgen auf den Markt.

le² [lə] *(l' devant une voyelle ou un « h » muet) pronom personnel*

1. *Pour une personne* **ihn : tu connais Mathieu ? - je le connais bien** kennst du Mathieu ? - ich kenne ihn gut ; **je l'aime** ich liebe ihn
2. *Pour un objet ou un animal* **ihn, sie, es : ce stylo est à moi, rends-le-moi** dieser Kuli gehört mir, gib ihn mir zurück ; **le soleil s'est caché derrière un nuage, je ne le vois plus** die Sonne hat sich hinter einer Wolke versteckt, ich sehe sie nicht mehr ; **cette maison me plaît beaucoup, je vais l'acheter** das Haus gefällt mir sehr gut, ich werde es kaufen.

lécher **[17]** [leʃe] *verbe* ■ **lecken : le chien m'a léché les mains** der Hund hat mir die Hände geleckt.

la **leçon** [ləsɔ̃] ■ die **Stunde** *(pluriel* **Stunden***)* : **Joanna prend des leçons de conduite** Joanna nimmt Fahrstunden ; **des leçons particulières** Nachhilfestunden

➤ **faire la leçon à quelqu'un** jemandem eine Lektion erteilen.

le **lecteur** [lɛktœr] ■ der **Leser** *(pluriel* **Leser***)* : **beaucoup de lecteurs ont écrit au magazine pour se plaindre** viele Leser haben an die Zeitschrift geschrieben, um sich zu beschweren.

la **lectrice** [lɛktris] ■ die **Leserin** *(pluriel* **Leserinnen***)* : **ce magazine féminin compte de plus en plus de lectrices** diese Frauenzeitschrift hat immer mehr Leserinnen

la **lecture** [lɛktyr]

1. **das Lesen** *(sans pluriel)* : **la lecture me procure de grandes joies** Lesen macht mir großen Spaß
2. **etwas zu lesen : j'emporte toujours de la lecture en vacances** ich nehme in die Ferien immer etwas zu lesen mit.

légal, e [legal] *(masculin pluriel* **légaux** [lego]*)* *adjectif* ■ **legal : ce que j'ai fait était tout à fait légal** was ich getan habe war völlig legal.

la **légende** [leʒɑ̃d] ■ die **Legende** *(pluriel* **Legenden***)* : **une ancienne légende** eine alte Legende ; **la légende de la carte n'est pas très claire** die Legende der Karte ist nicht sehr klar.

léger, ère [leʒe, ɛr] *adjectif*

1. **leicht : un repas léger** eine leichte Mahlzeit
2. **gering : il y a une légère différence entre les deux** es besteht ein geringer Unterschied zwischen den beiden.

le **légume** [legym] ■ das **Gemüse** *(sans pluriel)*

Le pluriel **légumes** se traduit toujours par le singulier **Gemüse** en allemand :

des légumes verts grünes Gemüse.

le **lendemain** [lɑ̃dmɛ̃] ■ der **Tag darauf** *(sans pluriel)* : **le lendemain j'allais déjà mieux** am Tag darauf ging es mir schon besser ; **le lendemain matin** am nächsten Morgen.

lent, e [lɑ̃, ɑ̃t] *adjectif* ■ **langsam : ce que tu es lent !** du bist vielleicht langsam!

lentement [lɑ̃tmɑ̃] *adverbe* ■ **langsam : marche plus lentement, je suis fatiguée** geh langsamer, ich bin müde.

la **lentille** [lɑ̃tij] ■ die **Linse** *(pluriel* **Linsen***)* : **un plat de lentilles** ein Linsengericht **Lionel porte des lentilles de contact** Lionel trägt Kontaktlinsen.

le **léopard** [leɔpar] ■ der **Leopard** *(pluriel* **Leoparden***)*.

lequel, laquelle [ləkɛl, lakɛl] *(masculin pluriel* lesquels [lekɛl], *féminin pluriel* lesquelles [lekɛl]*) pronom*

1. **den, dem, die, der, das, denen : le placard dans lequel se trouvent mes vêtements** der Schrank, in dem meine Kleider sind ; **la femme à laquelle Vincent a écrit une lettre** die Frau, der Vincent einen Brief geschrieben hat ; **les crayons avec lesquels elle dessine** die Bleistifte, mit denen sie zeichnet
2. **welcher, welche, welches : ton ami m'a téléphoné – lequel ?** dein Freund hat mich angerufen – welcher? ; **je peux mettre cette chemise où l'autre, laquelle tu préfères ?** ich kann dieses Hemd anziehen oder das andere, welches gefällt dir besser? ; **je voudrais des gâteaux secs – lesquels voulez-vous ?** ich möchte gern Kekse – welche möchten Sie denn?

les[1] [le] *article défini* ➤ le.

les[2] [le] *pronom personnel* ■ **sie : je les connais bien, ils sont dans ma classe** ich kenne sie gut, sie sind in meiner Klasse ; **il n'y a plus de bananes, je les ai toutes mangées** es sind keine Bananen mehr da, ich habe sie alle aufgegessen.

lesquels *pluriel* ➤ lequel.

la **lessive** [lɛsiv]

1. die **Wäsche** *(pluriel* **Wäschen***)* : **le linge est encore dans la machine** die Wäsche ist noch in der Maschine
2. das **Waschmittel** *(pluriel* **Waschmittel***)* : **une nouvelle marque de lessive** eine neue Waschmittelmarke

➤ **faire la lessive** waschen : **il fait la lessive deux fois par semaine** er wäscht zweimal in der Woche.

la **lettre** [lɛtr]

1. der **Buchstabe** *(pluriel* **Buchstaben***)* : **il manque une lettre dans ce mot** in diesem Wort fehlt ein Buchstabe
2. der **Brief** *(pluriel* **Briefe***)* : **une lettre d'amour** ein Liebesbrief.

leur [lœr]

■ *pronom*

ihnen : elle leur a donné de l'argent sie hat ihnen Geld gegeben ; **rends-le-leur** gib es ihnen wieder ; **je leur en ai parlé** ich habe mit ihnen darüber gesprochen

■ *adjectif*

(pluriel **leurs***)* **ihr, ihre : c'est leur professeur** das ist ihr Lehrer ; **leurs amies voulaient faire ma connaissance** ihre Freundinnen wollten mich kennen lernen

le leur, la leur *(pluriel* les leurs*) pronom* ■ **ihrer, ihre, ihres : mon frère a dix ans, le leur a onze ans** mein Bruder ist zehn Jahre alt, ihrer ist elf ; **notre voiture est grande et la leur petite** unser Auto ist groß und ihres klein ; **nos parents sont venus, mais pas les leurs** unsere Eltern sind gekommen, ihre aber nicht.

lever [18] [ləve] *verbe* ■ **heben : François n'a même pas levé la tête quand je suis entrée** François hat nicht einmal den Kopf gehoben, als ich hereinkam ; **si vous êtes d'accord, levez la main** wenn ihr einverstanden seid, hebt die Hand

le **lever**

➤ **le lever du jour** der Tagesanbruch : **au lever du jour** bei Tagesanbruch

➤ **le lever du soleil** der Sonnenaufgang.

se **lever** *verbe pronominal*

1. **auf|stehen : à quelle heure tu te lèves ?** um wie viel Uhr stehst du auf? ; **on se lève quand le proviseur entre** man steht auf, wenn der Schulleiter hereinkommt
2. **auf|gehen : le soleil se lève à l'est** die Sonne geht im Osten auf.

la **lèvre** [lɛvr] ■ die **Lippe** *(pluriel* **Lippen***)* : **j'ai les lèvres gercées** meine Lippen sind aufgesprungen.

le **lexique** [lɛksik] ■ das **Glossar** *(pluriel* **Glossare***)* : **il y a un lexique à la fin du livre** hinten im Buch ist ein Glossar.

libérer [17] [libere] *verbe* ■ **befreien : les rebelles ont libéré les prisonniers politiques** die Rebellen haben die politischen Gefangenen befreit ; **le pays a été libéré en 1945** das Land wurde 1945 befreit

se libérer *verbe pronominal* ■ **sich frei machen : je vais voir si je peux me libérer mardi** ich sehe mal, ob ich mich Dienstag frei machen kann.

la liberté [libɛrte] ■ die **Freiheit** *(pluriel* **Freiheiten***)* **: liberté d'expression** die Redefreiheit

➤ **le prof nous a laissé deux heures de liberté** der Lehrer hat uns zwei Stunden frei gegeben.

le|la libraire [librɛr] ■ der **Buchhändler** *(pluriel* **Buchhändler***)*, die **Buchhändlerin** *(pluriel* **Buchhändlerinnen***)*.

la librairie [librɛri] ■ die **Buchhandlung** *(pluriel* **Buchhandlungen***)* **: j'ai acheté cette carte à la librairie** diese Karte habe ich in der Buchhandlung gekauft.

libre [libr] *adjectif* ■ **frei : est-ce que cette place est libre ?** ist dieser Platz frei? ; **tu es libre de partir si tu veux** es steht dir frei zu gehen, wenn du willst

➤ **une école libre** eine Privatschule.

le libre-service [librəsɛrvis] ■ der **Selbstbedienungsladen** *(pluriel* **Selbstbedienungsläden***)* **: il y a un libre-service dans la rue principale** in der Hauptstraße ist ein Selbstbedienungsladen.

licencier [9] [lisɑ̃sje] *verbe* ■ **entlassen : l'entreprise a licencié vingt salariés** der Betrieb hat zwanzig Angestellte entlassen.

le liège [ljɛʒ] ■ der **Kork : dans la salle de bains, les murs sont recouverts de liège** im Badezimmer sind die Wände mit Kork verkleidet

➤ **un bouchon en liège** ein Korken.

le lierre [ljɛr] ■ der **Efeu** *(sans pluriel)* **: la maison est couverte de lierre** das Haus ist mit Efeu bewachsen.

le lieu [ljø] *(pluriel* **lieux***)* ■ der **Ort** *(pluriel* **Orte***)* **: le lieu où se retrouvent les élèves** der Ort, wo sich die Schüler treffen

➤ **au lieu de** anstatt : **au lieu d'aller à la plage, ils sont allés au parc** anstatt an den Strand zu gehen, sind sie in den Park gegangen

➤ **avoir lieu** statt|finden : **la cérémonie aura lieu sur la place** die Feier findet auf dem Platz statt.

le lièvre [ljɛvr] ■ der **Hase** *(pluriel* **Hasen***)*.

la ligne [liɲ] ■ die **Zeile** *(pluriel* **Zeilen***)* **: la première ligne n'est pas lisible** die erste Zeile ist unleserlich

➤ **la ligne d'arrivée** die Ziellinie

➤ **en ligne** online : **j'ai commandé ce CD en ligne** ich habe diese CD online bestellt.

la limace [limas] ■ die **Nacktschnecke** *(pluriel* **Nacktschnecken***)*.

la lime [lim] ■ die **Feile** *(pluriel* **Feilen***)* **une lime à ongles** eine Nagelfeile.

la limitation [limitasjɔ̃] ■ **la limitation de vitesse** die Geschwindigkeitsbeschränkung.

limité, e [limite] *adjectif* ■ **begrenzt le choix en tapis est limité dans ce magasin** die Auswahl an Teppichen in diesem Laden ist begrenzt.

limite [limit] *adjectif* ■ **Höchst- : quel est l'âge limite ?** welches ist das Höchstalter?

la limite

1. die **Grenze** *(pluriel* **Grenzen***)* **: n'exagère pas, il y a des limites !** übertreib nicht, es gibt Grenzen!
2. die **Frist** *(pluriel* **Fristen***)* **: la limite pour les inscriptions est le 13 juin** die Einschreibefrist endet am 13. Juni.

limiter [3] [limite] *verbe* ■ **beschränken : ils ont limité le nombre de billets à deux par personnes** sie haben die Anzahl der Eintrittskarten auf zwei pro Person beschränkt.

la limonade [limɔnad] ■ die **Limonade** *(pluriel* **Limonaden***)* **: un verre de limonade** ein Glas Limonade.

le lin [lɛ̃] ■ das **Leinen** *(sans pluriel)* **: un costume en lin** ein Anzug aus Leinen.

le linge [lɛ̃ʒ] ■ die **Wäsche** *(sans pluriel)* **étendre le linge** die Wäsche auf|hängen.

le lion [ljɔ̃] ■ der **Löwe** *(pluriel* **Löwen***)* **: le lion rugissait** der Löwe brüllte

le **Lion** ■ **Löwe : Agnès est Lion** Agnès ist Löwe.

liquide [likid] *adjectif*
1. **flüssig : un corps solide passe à l'état liquide quand on le chauffe** der Festkörper geht in den flüssigen Zustand über, wenn man ihn erhitzt
2. **dünnflüssig : cette sauce est trop liquide** diese Soße ist zu dünnflüssig

le **liquide**
1. die **Flüssigkeit** *(pluriel* **Flüssigkeiten***)* **: un liquide épais** eine zähe Flüssigkeit
2. das **Bargeld** *(sans pluriel)* **: est-ce-que tu as du liquide sur toi ?** hast du Bargeld bei dir?
➤ **payer en liquide** bar zahlen : **je préfère payer en liquide** ich zahle lieber bar.

lire [79] [lir] *verbe* ■ **lesen : est-ce que tu as lu le dernier Harry Potter ?** hast du den letzten Harry Potter gelesen? ; **Mathieu ne sait pas encore lire** Mathieu kann noch nicht lesen.

lisible [lizibl] *adjectif* ■ **leserlich : une écriture lisible** eine leserliche Handschrift.

lisse [lis] *adjectif* ■ **glatt : elle a de beaux cheveux lisses** sie hat schöne glatte Haare.

la **liste** [list] ■ die **Liste** *(pluriel* **Listen***)* **: la liste des courses** die Einkaufsliste ; **le professeur a fait une liste de textes à étudier** der Lehrer hat eine Lektüreliste zusammengestellt
➤ **être sur liste d'attente** auf der Warteliste stehen
➤ **être sur liste rouge** nicht im Telefonbuch stehen.

le **lit** [li] ■ das **Bett** *(pluriel* **Betten***)* **: Amélie va au lit très tôt** Amélie geht sehr früh ins Bett ; **est-ce que tu as fait ton lit ?** hast du dein Bett gemacht?
➤ **un lit à une place** ein Einzelbett
➤ **un lit à deux places** ou **un grand lit** ein Doppelbett
➤ **des lits jumeaux** zwei Einzelbetten
➤ **des lits superposés** ein Etagenbett.

le **litre** [litr] ■ der **Liter** *(pluriel* **Liter***)* **: trois litres d'eau** drei Liter Wasser.

littéraire [literɛr] *adjectif* ■ **literarisch : des œuvres littéraires** literarische Werke
➤ **faire des études littéraires** Geisteswissenschaften studieren.

la **littérature** [literatyr] ■ die **Literatur** *(pluriel* **Literaturen***)* **: la littérature allemande** die deutsche Literatur.

la **livraison** [livrɛzɔ̃] ■ die **Lieferung** *(pluriel* **Lieferungen***)* **: livraison à domicile** Lieferung ins Haus.

le **livre**[1] [livr] ■ das **Buch** *(pluriel* **Bücher***)* **: tu as lu de bons livres récemment ?** hast du in letzter Zeit irgendwelche guten Bücher gelesen?
➤ **un livre de cuisine** ein Kochbuch
➤ **un livre de poche** ein Taschenbuch.

la **livre**[2] [livr] ■ das **Pfund** *(pluriel* **Pfund***)* **: une livre de raisins** ein Pfund Weintrauben ; **la livre sterling est la monnaie britannique** das Pfund Sterling ist die britische Währung.

livrer [3] [livre] *verbe* ■ **liefern : ils m'ont livré l'ordinateur le lendemain matin** sie haben mir den Computer am nächsten Morgen geliefert.

le **livret** [livrɛ] ■ das **Heft** *(pluriel* **Hefte***)*
➤ **un livret de caisse d'épargne** ein Sparbuch
➤ **le livret de famille** das Familienbuch
➤ **le livret scolaire** das Zeugnisheft.

local, e [lɔkal] *(masculin pluriel* **locaux** [lɔko]*)* *adjectif* ■ **lokal : une radio locale** ein lokaler Radiosender

le **local** ■ der **Raum** *(pluriel* **Räume***)* **: nous cherchons un local pour monter un club** wir suchen einen Raum, weil wir einen Klub gründen wollen.

le|la **locataire** [lɔkatɛr] ■ der **Mieter** *(pluriel* **Mieter***)*, die **Mieterin** *(pluriel* **Mieterinnen***)* **: le locataire du premier s'appelle Alex** der Mieter im ersten Stock heißt Alex.

la **location** [lɔkasjɔ̃] ■ die **Vermietung** *(pluriel* **Vermietungen***)* **: la location de chambres aux étudiants est très rentable** die Vermietung von Zimmern an Studenten bringt viel Geld ein ; **un magasin de location de vélos** eine Fahrradvermietung.

la **locomotive** [lokomotiv] ■ die **Lokomotive** *(pluriel* **Lokomotiven***)* : **la locomotive est tombée en panne** die Lokomotive hat eine Panne.

le **loft** [lɔft] ■ der **Loft** *(pluriel* **Lofts***)* : **ils vivent dans un loft immense** sie wohnen in einem riesigen Loft.

la **loge** [lɔʒ] ■ die **Loge** *(pluriel* **Logen***)* : **vous trouverez la concierge dans sa loge** sie finden die Concierge in ihrer Loge.

le **logement** [lɔʒmɑ̃] ■ die **Wohnung** *(pluriel* **Wohnungen***)* : **ils ont trouvé un logement dans un immeuble ancien** sie haben eine Wohnung in einem Altbau gefunden.

loger **[16]** [lɔʒe] *verbe*

1. **wohnen** : **nous avons logé à l'hôtel** wir haben im Hotel gewohnt
2. **bei sich unter|bringen** : **Luc et Sarah n'ont pas pu nous loger** Luc und Sarah konnten uns nicht bei sich unterbringen.

le **logiciel** [lɔʒisjɛl] ■ das **Programm** *(pluriel* **Programme***)* : **un logiciel de traitement de texte** ein Textverarbeitungsprogramm.

logique [lɔʒik] *adjectif* ■ **logisch** : **ce que tu dis n'est pas logique** was du sagst, ist nicht logisch

la **logique** ■ die **Logik** *(pluriel* **Logiken***)* : **il n'y a aucune logique dans son raisonnement** in seinem Gedankengang ist keinerlei Logik erkennbar.

la **loi** [lwa] ■ das **Gesetz** *(pluriel* **Gesetze***)* : **le parlement a voté une loi de bioéthique** das Parlament hat ein Gesetz zur Bioethik verabschiedet

➤ **c'est interdit par la loi** das ist gesetzlich verboten.

loin [lwɛ̃] *adverbe*

1. **weit** : **c'est loin, la mer ?** ist es weit bis zum Meer? ; **tu habites loin de l'école ?** wohnst du weit von der Schule?
2. **lange her** : **c'est déjà loin tout ça !** das ist alles schon lange her
3. **lange hin** : **Noël est encore loin** bis Weihnachten ist es noch lange hin

➤ **au loin** in der Ferne : **j'aperçois de la fumée au loin** in der Ferne sehe ich Rauch

➤ **de loin** von weitem : **je vois mal de loin** von weitem sehe ich schlecht.

le **loisir** [lwazir]

1. die **Freizeit** *(sans pluriel)* : **pendant ses heures de loisir** in seiner Freizeit
2. die **Freizeitaktivität** *(pluriel* **Freizeitaktivitäten***)* : **nous n'avons plus beaucoup de temps pour les loisirs** wir haben nicht mehr viel Zeit für Freizeitaktivitäten.

long, longue [lɔ̃, lɔ̃g] *adjectif* ■ **lang** : **un long morceau de tissu** ein langes Stück Stoff ; **le voyage m'a paru long** die Reise kam mir lang vor

le **long** ■ **faire 4 mètres de long** 4 Meter lang sein

> Quand on indique une dimension, on ne traduit pas **de**.

➤ **marcher de long en large** auf und ab gehen

➤ **le long de** entlang : **on s'est promenés le long de la rivière** wir sind am Fluss entlang spazieren gegangen.

longer **[16]** [lɔ̃ʒe] *verbe*

1. **entlang|gehen** : **nous avons longé la route** wir sind die Straße entlanggegangen
2. **entlang|führen** : **le mur qui longe le jardin** die Mauer, die am Garten entlangführt.

longtemps [lɔ̃tɑ̃] *adverbe* ■ **lange** : **j'ai attendu longtemps** ich habe lange gewartet ; **il y a longtemps que je n'ai pas vu Pierre** ich habe Pierre schon lange nicht mehr gesehen

➤ **depuis longtemps** seit langem : **Cécile habite là depuis longtemps** Cécile wohnt schon seit langem da

➤ **je n'en ai pas pour longtemps** ich brauche nicht lange.

longue ➤ long.

la **longueur** [lɔ̃gœr] ■ die **Länge** *(pluriel* **Längen***)* : **la longueur n'a pas d'importance** die Länge ist nicht wichtig

➤ **quelle est la longueur des rideaux** wie lang sind die Vorhänge ?

le **look** [luk] ■ der **Look** *(pluriel* **Looks***)* **j'aime bien son look** sein Look gefällt mir

➤ **elle a un look d'enfer** sie sieht toll aus.

la **Lorraine** [lɔrɛn] ■ **Lothringen** *(neutre)*

lorsque [lɔrsk (ə)] *conjonction*

- **wenn : appelle-nous lorsque tu seras prêt** ruf uns, wenn du fertig bist
- **als : lorsqu'ils habitaient encore à Paris, on se voyait plus souvent** als sie noch in Paris wohnten, haben wir uns öfter gesehen.

le **lot** [lo] ■ der **Preis** (*pluriel* **Preise**) : **il y avait des lots intéressants à la tombola** bei der Tombola gab es interessante Preise

➤ **le gros lot** das große Los.

la **loterie** [lɔtri] ■ die **Lotterie** (*pluriel* **Lotterien**) : **la Loterie nationale** die staatliche Lotterie.

la **lotion** [lɔsjɔ̃] ■ die **Lotion** (*pluriel* **Lotionen**)

➤ **le lotion après-rasage** das Aftershave.

le **lotissement** [lɔtismɑ̃] ■ die **Siedlung** (*pluriel* **Siedlungen**) : **ils habitent dans un lotissement** sie wohnen in einer Siedlung.

le **Loto** [loto] ■ das **Lotto** (*pluriel* **Lottos**) : **tu joues au Loto** spielst du Lotto?

louche [luʃ] *adjectif* ■ **zwielichtig** : **un individu louche** eine zwielichtige Gestalt.

loucher [3] [luʃe] *verbe* ■ **schielen** : **c'est dommage, elle est jolie mais elle louche un peu** schade, sie ist hübsch, aber sie schielt ein bisschen.

louer [6] [lwe] *verbe*

1. **mieten : on a loué un appartement sur la Côte d'Azur** wir haben ein Appartement an der Côte d'Azur gemietet
2. **reservieren lassen : je peux louer les places pour vous** ich kann die Plätze für euch reservieren lassen.

le **loup** [lu] ■ der **Wolf** (*pluriel* **Wölfe**).

la **loupe** [lup] ■ die **Lupe** (*pluriel* **Lupen**) : **regarder quelque chose à la loupe** etwas durch die Lupe betrachten.

louper [3] [lupe] *verbe familier* ■ **verpassen : vite, on va louper le bus !** schnell, sonst verpassen wir den Bus!

lourd, e [lur, urd] *adjectif* ■ **schwer : ton sac à dos est très lourd** dein Rucksack ist sehr schwer

➤ **il fait lourd** es ist schwül.

le **loyer** [lwaje] ■ die **Miete** (*pluriel* **Mieten**) : **le loyer n'est pas cher** die Miete ist nicht hoch.

le **LP** (*abréviation de* lycée professionnel) ■ *Berufsfachschule*.

lu, e [ly] *participe passé* ➤ lire.

la **luge** [lyʒ] ■ der **Schlitten** (*pluriel* **Schlitten**) : **faire de la luge** Schlitten fahren.

lui [lɥi] *pronom*

1. *Complément d'objet (pour un homme)* **er, ihm, ihn : elle est plus jeune que lui** sie ist jünger als er ; **je lui ai parlé** ich habe mit ihm gesprochen ; **tous ces CD sont à lui** alle diese CDs gehören ihm ; **rends-le-lui** gib es ihm wieder ; **sans lui, je n'y serais pas arrivé** ohne ihn hätte ich das nicht geschafft ; **et lui, tu le connais ?** und ihn kennst du?
2. *Complément d'objet (pour une femme)* **ihr : je lui ai parlé** ich habe mit ihr gesprochen ; **rends-le-lui** gib es ihr wieder
3. *Sujet* **er : lui, il dit que c'est vrai** er sagt, dass es stimmt
4. *Remplaçant soi* **sich : il est content de lui** er ist mit sich zufrieden

➤ **lui-même** selbst : **il l'a décoré lui-même** er hat ihn selbst geschmückt.

la **lumière** [lymjɛr] ■ das **Licht** (*pluriel* **Lichter**) : **allume la lumière** mach das Licht an.

lumineux, euse [lyminø, øz] *adjectif* ■ **hell : cette pièce est très lumineuse** dieses Zimmer ist sehr hell

➤ **une enseigne lumineuse** eine Leuchtreklame.

le **lundi** [lœ̃di] ■ der **Montag** (*pluriel* **Montage**) : **mes copains sont venus lundi** Montag sind meine Freunde gekommen ; **elle part lundi matin** Montagmorgen fährt sie ab ; **lundi dernier** letzten Montag ; **lundi prochain** nächsten Montag

> Pour indiquer une habitude on ajoute un s final au complément de temps :

Bejamin joue au rugby le lundi montags spielt Benjamin Rugby

➤ **le lundi de Pâques** der Ostermontag

➤ **le lundi de Pentecôte** der Pfingstmontag.

la **lune** [lyn] ■ der **Mond** *(pluriel* **Monde***)*
➤ **la pleine lune** Vollmond : **aujourd'hui c'est la pleine lune** heute ist Vollmond
➤ **être dans la lune** nicht bei der Sache sein.

les **lunettes** [lynɛt] *nom féminin pluriel* ■ die **Brille** *(pluriel* **Brillen***)* : **des lunettes noires** eine dunkle Brille
➤ **des lunettes de soleil** eine Sonnenbrille.

le **lustre** [lystr] ■ der **Kronleuchter** *(pluriel* **Kronleuchter***)*.

la **lutte** [lyt] ■ der **Kampf** *(pluriel* **Kämpfe***)* : **la lutte contre le racisme** der Kampf gegen den Rassismus.

lutter **[3]** [lyte] *verbe* ■ **kämpfen** : **le gouvernement lutte contre la pauvreté** die Regierung kämpft gegen die Armut.

le **luxe** [lyks] ■ der **Luxus**
➤ **de luxe** Luxus- : **un appartement de luxe** eine Luxuswohnung.

luxueux, euse [lyksɥø, øz] *adjectif* ■ **luxuriös** : **une chambre d'hôtel luxueuse** ein luxuriöses Hotelzimmer.

le **lycée** [lise] ■ *gymnasiale Oberstufe* : **Arthur entre au lycée en septembre** im September kommt Arthur in die Oberstufe
➤ **un lycée professionnel** eine Berufsfachschule

LYCÉE

Auf das **lycée** gehen Schüler im Alter von fünfzehn bis achtzehn nach dem Abschluss des **collège**. Es umfasst drei Klassenstufen (**seconde, première** und **terminale**), die mit der zehnten, elften und zwölften Klasse des deutschen Gymnasiums vergleichbar sind. Die **terminale** wird mit dem Abitur (**baccalauréat**) abgeschlossen.

le **lycéen** [liseɛ̃] ■ der **Gymnasiast** *(pluriel* **Gymnasiasten***)*.

la **lycéenne** [liseɛn] ■ die **Gymnasiastin** *(pluriel* **Gymnasiastinnen***)*.

M *(abréviation de* Monsieur*)* [ɛm] **Herr**.

m' ➤ me.

ma ➤ mon.

mâcher **[3]** [maʃe] *verbe* ■ **kauen** : **n**
mâche pas si bruyamment kau nicht s
laut.

le **machin** [maʃɛ̃] *familier* ■ das **Ding**
(pluriel **Dinger***)* : **c'est quoi ce machin**
was ist denn das Dings da?

Machin [maʃɛ̃] *familier* ■ der **Ding**
(sans pluriel) : **Machin est venu, tu sais, to**
copain bavarois der Dings ist gekomme
du weißt schon, dein bayrischer Freund.

la **machine** [maʃin] ■ die **Maschine** *(plu*
riel **Maschinen***)*
➤ **une machine à coudre** eine Nähmaschin
➤ **une machine à laver** eine Waschmaschin
➤ **une machine à sous** ein Spielautomat

Machine [maʃin] *familier* ■ die **Ding**
(sans pluriel) : **c'est Machine, la sœur d**
Bruno das ist die Dings, Brunos Schwester.

madame [madam] *(pluriel* **mesdame**
[medam]*)* ■ **Frau** : **madame Dutronc n**
nous a pas donné de devoirs Frau Dutron
hat uns keine Hausaufgaben aufgegeben

En allemand, on n'ajoute pas **madame**
aux salutations :

➤ **bonjour madame !** guten Tag!

En allemand, on ne traduit pas l'apostrophe **madame** :

Madame, je peux sortir, s'il vous plaît ? entschuldigen Sie, darf ich bitte mal rausgehen?

mademoiselle [madmwazɛl] *(pluriel* **mesdemoiselles** [medmwazɛl]*)* ■ **Frau**

Que la femme à laquelle on s'adresse soit mariée ou non, on utilise toujours le terme **Frau** en allemand :

demande à mademoiselle Lainé frag Frau Lainé

En allemand, on ne traduit pas **mademoiselle** devant les salutations :

➤ **Mademoiselle, je peux sortir, s'il vous plaît ?** entschuldigen Sie, darf ich bitte mal rausgehen?

le **magasin** [magazɛ̃] ■ das **Geschäft** *(pluriel* **Geschäfte***)* : **j'ai acheté la lampe dans un magasin de meubles** ich habe die Lampe in einem Möbelgeschäft gekauft

➤ **faire les magasins** einen Einkaufsbummel machen

➤ **un grand magasin** ein Kaufhaus.

le **magazine** [magazin] ■ das **Magazin** *(pluriel* **Magazine***)* : **Lydie est abonnée à un magazine pour les jeunes** Lydie hat ein Jugendmagazin abonniert.

maghrébin, e [magrebɛ̃, in] *adjectif* ■ **nordafrikanisch**

le **Maghrébin** ■ der **Nordafrikaner** *(pluriel* **Nordafrikaner***)*

la **Maghrébine** ■ die **Nordafrikanerin** *(pluriel* **Nordafrikanerinnen***)*.

le **magicien** [maʒisjɛ̃] ■ der **Zauberer** *(pluriel* **Zauberer***)*.

la **magicienne** [maʒisjɛn] ■ die **Zauberin** *(pluriel* **Zauberinnen***)*.

la **magie** [maʒi] ■ die **Zauberei** *(pluriel* **Zaubereien***)*.

magique [maʒik] *adjectif* ■ **Zauber-** : **la baguette magique de la fée** der Zauberstab der Fee.

le **magnétoscope** [maɲetɔskɔp] ■ der **Videorekorder** *(pluriel* **Videorekorder***)* : **enregistrer un film au magnétoscope** einen Film auf Video aufnehmen.

magnifique [maɲifik] *adjectif* ■ **großartig** : **tu es magnifique avec ce costume** in diesem Anzug siehst du großartig aus.

mai [mɛ] ■ **Mai** : **vous viendrez en mai ?** kommt ihr im Mai?

➤ **nous sommes le dix-huit mai** heute ist der achtzehnte Mai

➤ **le premier mai** der Erste Mai.

maigre [mɛgr] *adjectif*

1. **dünn** : **je trouve David trop maigre** ich finde David zu dünn
2. **Mager-** : **un yaourt maigre** ein Magerjoghurt.

maigrir [27] [megrir] *verbe* ■ **ab|nehmen** : **Dorothée voudrait maigrir** Dorothée möchte abnehmen ; **maigrir de trois kilos** drei Kilo abnehmen.

le **maillot** [majo] ■ das **Trikot** *(pluriel* **Trikots***)* : **un maillot de rugby** ein Rugbytrikot

➤ **le maillot de bain**

1. der Badeanzug *(pour une fille)* : **Suzanne a un joli maillot de bain** Susanne hat einen hübschen Badeanzug
2. die Badehose *(pour un garçon)* ; **le maillot de bain de Renaud est un peu petit** Renauds Badehose ist ein bisschen zu klein.

la **main** [mɛ̃] ■ die **Hand** *(pluriel* **Hände***)* : **donne-moi la main pour traverser** gib mir die Hand, wenn wir über die Straße gehen ; **qu'est-ce que tu tiens à la main ?** was hast du da in der Hand?

➤ **se tenir par la main** Händchen halten : **ils se tenaient par la main** sie hielten Händchen

➤ **fait main** handgemacht

➤ **prendre quelqu'un par la main** jemanden bei der Hand fassen : **elle prend son petit frère par la main pour traverser** sie fasst ihren kleinen Bruder bei der Hand, wenn sie die Straße überqueren

➤ **serrer la main à quelqu'un** jemandem die Hand geben : **en partant, elle lui a serré la main** sie gab ihm zum Abschied die Hand.

maintenant [mɛ̃tnɑ̃] *adverbe* ■ **jetzt : et maintenant, qu'est-ce qu'on fait ?** und was machen wir jetzt? ; **maintenant que tu la connais, tu peux lui demander de t'aider** jetzt, wo du sie kennst, kannst du sie bitten, dir zu helfen.

le **maire** [mɛr] ■ der **Bürgermeister** (*pluriel* **Bürgermeister**).

la **mairie** [meri] ■ das **Rathaus** (*pluriel* **Rathäuser**) : **j'habite près de la mairie** ich wohne in der Nähe des Rathauses.

mais [mɛ] *conjonction & adverbe* ■ **aber : j'ai des devoirs mais j'ai quand même envie de sortir** ich habe Hausaufgaben auf, aber ich habe trotzdem Lust auszugehen
➤ **mais bien sûr !** aber sicher!
➤ **mais non !** aber nein!
➤ **mais si !** aber ja doch!

le **maïs** [mais] ■ der **Mais** (*sans pluriel*).

la **maison** [mɛzɔ̃] ■ das **Haus** (*pluriel* **Häuser**) : **ils louent une maison en Ardèche** sie mieten ein Haus in der Ardèche
➤ **à la maison**
1. zu Hause : **je suis restée à la maison toute la journée** ich war den ganzen Tag zu Hause
2. nach Hause ; **je rentre à la maison** ich gehe nach Hause.

le **maître** [mɛtr]
1. der **Grundschullehrer** (*pluriel* **Grundschullehrer**) : **le maître que j'avais l'année dernière était très gentil** der Lehrer, den ich letztes Jahr hatte, war sehr nett
2. das **Herrchen** (*pluriel* **Herrchen**) : **ce chien a perdu son maître** dieser Hund hat sein Herrchen verloren
➤ **un maître nageur** ein Bademeister.

la **maîtresse** [mɛtrs]
1. die **Grundschullehrerin** (*pluriel* **Grundschullehrerinnen**) : **la maîtresse de piano** die Klavierlehrerin
2. das **Frauchen** (*pluriel* **Frauchen**) : **le chien fait tout ce que sa maîtresse lui dit** der Hund macht alles, was ihm sein Frauchen sagt.

majeur, e [maʒœr] *adjectif* ■ **volljährig : il est majeur, il peut faire ce qu'il veut** er ist volljährig, er kann tun was er will.

le **majeur** [maʒœr] ■ der **Mittelfinge**
(*pluriel* **Mittelfinger**) : **Anne porte une ba gue au majeur** Anne trägt einen Ring ar Mittelfinger.

la **majorité** [maʒɔrite] ■ die **Mehrhei** (*pluriel* **Mehrheiten**) : **la majorité des voi** die Mehrheit der Stimmen
➤ **la majorité des gens** die meisten Leute
➤ **atteindre sa majorité** volljährig werden.

majuscule [maʒyskyl] *adjectif* ■ **groß ça s'écrit avec un E majuscule** das schreib man mit einem großen E

la **majuscule** ■ der **Großbuchstab** (*pluriel* **Großbuchstaben**)
➤ **en majuscules** in Großbuchstaben : **écri ton nom en majuscules** schreib deinen Na men in Großbuchstaben.

le **mal** [mal] (*pluriel* **maux** [mo])
1. der **Schmerz** (*pluriel* **Schmerzen**) : **avoi mal aux dents** Zahnschmerzen haben **avoir mal à la gorge** Halsschmerzen ha ben ; **avoir mal à la tête** Kopfschmerzen ha ben ; **avoir mal au ventre** Bauchschmerze haben
2. das **Böse** (*sans pluriel*)
➤ **j'ai mal partout** mir tut alles weh
➤ **j'ai mal au bras** mein Arm tut mir weh
➤ **avoir du mal à faire quelque chose** Mü he haben, etwas zu tun : **j'ai eu du mal trouver une place libre** ich hatte Mühe, ei nen freien Platz zu finden
➤ **ça fait mal** das tut weh
➤ **faire mal à quelqu'un** jemandem we tun : **aïe, tu m'as fait mal!** aua, du has mir weh getan!
➤ **se faire mal** sich weh tun : **tu t'es fait ma ?** hast du dir weh getan ?
➤ **j'ai mal au cœur** mir ist schlecht
➤ **avoir le mal de mer** seekrank sein

mal *adverbe* ■ **schlecht : Nadia parl mal allemand** Nadia spricht schlech Deutsch
➤ **elle va mal, elle a besoin qu'on l'aid** es geht ihr schlecht, sie braucht Hilfe
➤ **tout va mal en ce moment !** im Augen blick geht alles schief!
➤ **prendre mal qqch** etwas übel nehmen **elle a mal pris sa remarque** sie hat sein Bemerkung übel genommen
➤ **se sentir mal** sich schlecht fühlen

pas mal de ziemlich viele : **il y avait pas mal de gens à la réunion** bei der Versammlung waren ziemlich viele Leute.

malade [malad] *adjectif* ■ **krank** : **Édouard est absent, il est malade** Edouard ist nicht da, er ist krank

En allemand, on traduit souvent le changement d'état par l'auxiliaire **werden** :

tomber malade krank werden

a **malade** ■ der|die Kranke (*pluriel* **die Kranken**) : **le médecin passe voir les malades à l'hôpital** der Arzt besucht die Kranken im Krankenhaus.

a **maladie** [maladi] ■ die **Krankheit** (*pluriel* **Krankheiten**) : **une maladie grave** eine schwere Krankheit.

maladroit, e [maladrwa, at] *adjectif* ■ **ungeschickt** : **ce que tu es maladroit !** bist du vielleicht ungeschickt!

e **malaise** [malɛz] ■ das **Unwohlsein**

avoir un malaise sich unwohl fühlen.

a **malchance** [malʃɑ̃s] ■ das **Pech** (*sans pluriel*).

mâle [mal] *adjectif* ■ **männlich**

un éléphant mâle ein Elefantenbulle

e **mâle** ■ das **Männchen** (*pluriel* **Männchen**) : **il est beau, ce chien, c'est un mâle ou une femelle ?** der Hund ist schön, ist das ein Männchen oder ein Weibchen?

e **malentendu** [malɑ̃tɑ̃dy] ■ das **Missverständnis** (*pluriel* **Missverständnisse**) : **il y a eu un malentendu** das war ein Missverständnis.

malgré [malgre] *préposition* ■ **trotz** : **malgré tous ses défauts, je l'aime bien** trotz all seiner Fehler mag ich ihn

malgré tout

1. trotz allem : **elle a réussi malgré tout** trotz allem hat sie es geschafft
2. trotzdem : **c'était un bon film mais malgré tout je me suis ennuyé** der Film war gut, aber ich habe mich trotzdem gelangweilt.

le **malheur** [malœr] ■ das **Unglück** (*plural* **Unglücke**) : **ils n'ont eu que des malheurs** sie haben nur Unglück gehabt

ne dis pas ça, tu vas me porter malheur ! sag das nicht, das bringt mir Unglück!

malheureusement [malœrøzmɑ̃] *adverbe* ■ **leider** : **malheureusement je ne vais pas pouvoir venir** leider werde ich nicht kommen können.

malheureux, euse [malœrø, øz] *adjectif* ■ **unglücklich** : **pauvre Amélie, elle a l'air malheureuse** arme Amélie, sie sieht unglücklich aus.

malhonnête [malɔnɛt] *adjectif* ■ **unehrlich** : **un homme d'affaires malhonnête** ein unehrlicher Geschäftsmann.

malicieux, euse [malisjø, øz] *adjectif* ■ **schelmisch** : **un regard malicieux** ein schelmischer Blick.

malin, igne [malɛ̃, iɲ] *adjectif* ■ **pfiffig** : **tu te crois malin ?** du hältst dich wohl für besonders pfiffig? ; **c'est malin !** das ist pfiffig!

la **maman** [mamɑ̃] ■ die **Mama** (*pluriel* **Mamas**) : **oui, maman** ja, Mama ; **la maman de Valentin** Valentins Mama.

la **mamie** [mami] ■ die **Oma** (*pluriel* **Omas**) : **la mamie de Raphaëlle** Raphaëlles Oma.

le **mammifère** [mamifɛr] ■ das **Säugetier** (*pluriel* **Säugetiere**) : **le chien est un mammifère** der Hund ist ein Säugetier.

le **manche** [mɑ̃ʃ] ■ der **Griff** (*pluriel* **Griffe**) : **le manche du couteau est en ivoire** der Griff des Messers ist aus Elfenbein.

la **manche** [mɑ̃ʃ]

1. der **Ärmel** (*pluriel* **Ärmel**) : **les manches sont trop courtes** die Ärmel sind zu kurz

un tee-shirt à manches longues ein langärmeliges T-shirt

une chemise à manches courtes ein kurzärmeliges Hemd

2. die **Runde** (*pluriel* **Runden**) : **c'est un jeu en trois manches** das ist ein Spiel mit drei Runden.

la **Manche** [mɑ̃ʃ] ■ la Manche der Ärmelkanal.

la **mandarine** [mɑ̃darin] ■ die **Mandarine** *(pluriel* **Mandarinen***)*.

le **manège** [manɛʒ]
1. das **Karussell** *(pluriel* **Karusselle***)* : **un tour de manège coûte deux euros** eine Fahrt mit dem Karussell kostet zwei Euro
2. die **Reitschule** *(pluriel* **Reitschulen***)* : **Élodie va dans un manège pour apprendre à monter à cheval** Élodie geht in eine Reitschule, um reiten zu lernen.

la **manette** [manɛt] ■ der **Hebel** *(pluriel* **Hebel***)* : **appuie sur la manette** drück auf den Hebel
➤ **une manette de jeux** ein Joystick.

manger [16] [mɑ̃ʒe] *verbe* ■ **essen** : **les enfants ont mangé du pain** die Kinder haben Brot gegessen ; **mange, ça va refroidir** iss, sonst wird es kalt.

la **mangue** [mɑ̃g] ■ die **Mango** *(pluriel* **Mangos***)*.

maniaque [manjak] *adjectif* ■ **pingelig** : **il reste une tache là – ce que tu es maniaque !** da ist noch ein Fleck – mein Gott, bist du pingelig!

la **manie** [mani] ■ der **Tick** *(pluriel* **Ticks***)* : **Christophe a la manie d'allumer toutes les lumières** Christophe hat den Tick, überall das Licht anzumachen.

la **manière** [manjɛr]
➤ **de cette manière** so : **et de cette manière ça marche ?** geht es vielleicht so?
➤ **de quelle manière** wie : **de quelle manière avez-vous résolu le problème ?** wie habt ihr das Problem gelöst?
➤ **de toute manière** auf jeden Fall : **de toute manière, il m'énerve** auf jeden Fall geht er mir auf die Nerven
➤ **faire des manières** sich zieren : **ne fais pas de manières, accepte** zier dich nicht, sag ja.

la **manif** *(abréviation de* manifestation*)* [manif] ■ *familier* die **Demo** *(pluriel* **Demos***)* : **une manif contre la guerre** eine Demo gegen den Krieg.

le **manifestant** [manifɛstɑ̃] ■ der **Demonstrant** *(pluriel* **Demonstranten***)*.

la **manifestante** [manifɛstɑ̃t] ■ die **Demonstrantin** *(pluriel* **Demonstrantinnen***)*.

la **manifestation** [manifɛstasjɔ̃] ■ die **Demonstration** *(pluriel* **Demonstrationen***)* : **une manifestation de soutien aux ouvriers** eine Demonstration zur Unterstützung der Arbeiter.

manifester [3] [manifɛste] *verbe* ■ **demonstrieren** : **les étudiants ont manifesté contre l'augmentation des droits d'inscription** die Studenten haben gegen die Erhöhung der Studiengebühren demonstriert.

manipuler [3] [manipyle] *verbe* ■ **manipulieren** : **il a l'impression d'avoir été manipulé** er hat den Eindruck, dass er manipuliert wurde.

le **mannequin** [mankɛ̃]
1. die **Schaufensterpuppe** *(pluriel* **Schaufensterpuppen***)* : **on regardait les mannequins dans la vitrine** wir schauten uns die Schaufensterpuppen an
2. das **Model** *(pluriel* **Models***)* : **Céline rêve d'être mannequin** Céline träumt davon Model zu werden.

le **manque** [mɑ̃k] ■ der **Mangel** *(sans pluriel)* : **le manque de sommeil le rendait grincheux** der Mangel an Schlaf machte ihn grantig.

manqué, e [mɑ̃ke] *adjectif*
1. **misslungen** : **après plusieurs essais manqués** nach mehreren misslungenen Versuchen
2. **verpasst** : **encore une occasion manquée !** noch eine verpasste Gelegenheit!

manquer [mɑ̃ke] *verbe* ■ **verpassen** : **je n'ai jamais manqué un seul cours** ich habe nie auch nur eine einzige Unterrichtsstunde verpasst ; **manquer le bus** den Bus verpassen
➤ **tu me manques** du fehlst mir
➤ **il manque quelqu'un** es fehlt jemand
➤ **il me manque un euro** ich habe einen Euro zuwenig

➤ manquer de
1. nicht genügend haben : **Dorothée manque d'imagination** Dorothée hat nicht genügend Fantasie
2. nicht genug haben ; **on manque de pain** wir haben nicht genug Brot.

le **manteau** [mɑ̃to] *(pluriel* manteaux*)* ■ der **Mantel** *(pluriel* **Mäntel***)* : **un manteau en laine** ein Wollmantel.

manuel, elle [manɥɛl] *adjectif* ■ **Handwerks-** : **un métier manuel** ein Handwerksberuf.

manuscrit, e [manyskri, it] *adjectif* ■ **handgeschrieben** : **une lettre manuscrite** ein handgeschriebener Brief.

la **maquette** [makɛt] ■ das **Modell** *(pluriel* **Modelle***)* : **une maquette d'avion** ein Flugzeugmodell.

le **maquillage** [makijaʒ] ■ das **Make-up** *(pluriel* **Make-ups***)* : **je me suis acheté des produits de maquillage** ich habe mir Make-up gekauft

maquiller [3] [makije] *verbe* ■ **schminken** : **elle a maquillé sa soeur pour Halloween** sie hat ihre Schwester für Halloween geschminkt

se **maquiller** [3] *verbe pronominal* ■ **sich schminken**.

le **marathon** [maratɔ̃] ■ der **Marathon** *(pluriel* **Marathons***)* : **Noémie s'entraîne à courir le marathon** Noémie trainiert für den Marathon.

le **marbre** [marbr] ■ der **Marmor** *(sans pluriel)* : **une salle de bains en marbre** ein Marmorbad.

le **marchand** [marʃɑ̃] ■ der **Händler** *(pluriel* **Händler***)* : **il y a au moins deux cents marchands à la foire** auf der Messe sind mindestens zweihundert Händler vertreten
➤ **le marchand de journaux** der Zeitungshändler.

la **marchande** [marʃɑ̃d] ■ die **Händlerin** *(pluriel* **Händlerinnen***)*.

marchander [3] [marʃɑ̃de] *verbe* ■ **handeln : il faut marchander pour obtenir une réduction** man muss handeln, um Nachlass zu bekommen.

la **marchandise** [marʃɑ̃diz] ■ die **Ware** *(pluriel* **Waren***)* : **la marchandise est de mauvaise qualité** die Ware ist qualitativ schlecht.

la **marche** [marʃ]
1. die **Stufe** *(pluriel* **Stufen***)* : **attention à la marche** Vorsicht Stufe
2. das **Gehen** *(sans pluriel)* : **la marche est bonne pour la santé** Gehen ist gesund
3. der **Gang** *(pluriel* **Gänge***)* : **on a fait une longue marche** wir haben einen langen Gang gemacht
➤ **faire de la marche** gehen
➤ **à deux heures de marche du village** zwei Wegstunden vom Dorf entfernt
➤ **marche arrière** Rückwärtsgang : **en marche arrière** im Rückwärtsgang ; **faire marche arrière** rückwärts fahren
➤ **la marche à pied** der Fußmarsch
➤ **être en marche** laufen : **le moteur est en marche** der Motor läuft.

le **marché** [3] [marʃe] ■ der **Markt** *(pluriel* **Märkte***)* : **ma mère va au marché tous les samedis** meine Mutter geht jeden Samstag auf den Markt
➤ **le marché aux puces** der Flohmarkt
➤ **bon marché** billig : **en été, les fraises sont bon marché** im Sommer sind die Erdbeeren billig.

marcher [3] [marʃe] *verbe*
1. **gehen : on a marché pendant des heures** wir sind stundenlang gegangen
2. **funktionieren : hélas, son idée n'a pas marché** leider hat seine Idee nicht funktioniert
➤ **marcher sur quelque chose** auf etwas treten : **ne marche pas sur mes lunettes** tritt nicht auf meine Brille
➤ **marcher dans qqch** in etwas treten : **ils ont marché dans la boue** sie sind in den Dreck getreten
➤ **faire marcher quelqu'un** *familier* jemanden auf den Arm nehmen : **tu me fais marcher!** du willst mich wohl auf den Arm nehmen!

le **mardi** [mardi] ■ der **Dienstag** *(pluriel* **Dienstage***)* : **mes copains sont venus mardi** am Dienstag sind meine Freunde gekommen ; **je pars mardi matin** ich fahre Dienstagmorgen ab ; **mardi dernier** letzten Dienstag ; **mardi prochain** nächsten Dienstag

Pour indiquer une habitude, on ajoute un s final au complément de temps :

Thomas joue au foot le mardi Thomas spielt dienstags Fußball.

la **mare** [mar] ■ der **Teich** *(pluriel* **Teiche***)*.

la **marée** [mare] ■ die **Gezeiten** *(pluriel)*
➤ **à marée haute** bei Flut
➤ **à marée basse** bei Ebbe
➤ **une marée noire** eine Ölpest.

la **margarine** [margarin] ■ die **Margarine** *(sans pluriel)*.

la **marguerite** [margərit] ■ die **Margerite** *(pluriel* **Margeriten***)* : **un bouquet de marguerites** ein Margeritenstrauß.

le **mari** [mari] ■ der **Mann** *(pluriel* **Männer***)* : **le mari de madame Berger est professeur** Frau Bergers Mann ist Lehrer.

le **mariage** [marjaʒ]
1. die **Ehe** *(pluriel* **Ehen***)* : **Adeline ne croit pas au mariage** Adeline glaubt nicht an die Ehe
2. die **Hochzeit** *(pluriel* **Hochzeiten***)* : **nous sommes invités au mariage de ma cousine** wir sind zur Hochzeit meiner Kusine eingeladen.

marié, e [marje] *adjectif* ■ **verheiratet** : **est-ce que Sacha est marié ?** ist Sascha verheiratet?

le **marié** ■ der **Bräutigam** *(pluriel* **Bräutigame***)* : **le marié est venu nous remercier** der Bräutigam ist gekommen, um sich bei uns zu bedanken

la **mariée** ■ die **Braut** *(pluriel* **Bräute***)* : **vive la mariée !** die Braut lebe hoch!

marier [3] [marje] *verbe* ■ **verheiraten** : **elle a marié sa fille l'été dernier** letzten Sommer hat sie ihre Tochter verheiratet

se **marier** [3] *verbe pronominal* ■ **heiraten**

En allemand, le verbe **se marier** n'est pas pronominal :

Anne et Jean-Luc se marient samedi Anne und Jean-Luc heiraten am Samstag ; **se marier avec quelqu'un** jemanden heiraten.

marin, e [marɛ̃, in] *adjectif* ■ **See-** : **l'air marin** die Seeluft

le **marin** ■ der **Seemann** *(pluriel* **Seeleute***)* : **Yann veut devenir marin** Yann will Seemann werden.

la **marine** *(pluriel)* ■ die **Marine** *(pluriel* **Marinen***)* : **mon grand frère est dans la marine** mein großer Bruder ist bei der Marine.

la **marionnette** [marjɔnɛt] ■ die **Marionette** *(pluriel* **Marionetten***)* : **un spectacle de marionnettes** ein Marionettenspiel.

la **marque** [mark]
1. der **Fleck** *(pluriel* **Flecken***)* : **il y a des marques partout sur les vitres** auf den Fensterscheiben sind überall Flecken
2. die **Marke** *(pluriel* **Marken***)* : **de quelle marque sont tes chaussures ?** von welcher Marke sind deine Schuhe?
➤ **à vos marques, prêts, partez !** auf die Plätze, fertig, los!

marquer [3] [marke] *verbe*
1. **markieren** : **les sites les plus intéressants sont marqués d'une croix** die interessantesten Sehenswürdigkeiten sind mit einem Kreuz markiert
2. **notieren** : **je vais marquer l'adresse sur ce bout de papier** ich notiere die Adresse auf diesem Zettel
3. **zeichnen** : **la guerre a beaucoup marqué mon grand-père** der Krieg hat meinen Großvater stark gezeichnet
4. **schießen** : **qui a marqué le premier but** wer hat das erste Tor geschossen?

le **marqueur** [markœr] ■ der **Marker** *(pluriel* **Marker***)* : **prête-moi ton marqueur fluo** leih mir deinen Leuchtmarker.

la **marraine** [marɛn] ■ die **Patentante** *(pluriel* **Patentanten***)* : **ma marraine m'envoie toujours un cadeau de Noël** meine Patentante schickt mir immer ein Weihnachtsgeschenk.

marrant, e [marɑ̃, ɑ̃t] *adjectif familier* ■ **witzig** : **Hubert nous a raconté une histoire marrante** Hubert hat uns eine witzige Geschichte erzählt.

se **marrer** [3] [səmare] *verbe pronominal* ■ *familier* **sich tot|lachen** : **on s'est bien marrés à la soirée de Frédéric** bei Frédérics Party haben wir uns totgelacht.

marron [marɔ̃] *adjectif invariable* ■ **braun**

le **marron**
1. die **Kastanie** *(pluriel* **Kastanien***)* : **des marrons chauds** geröstete Kastanien
2. das **Braun** *(sans pluriel)* : **je n'aime pas le marron** ich mag kein Braun.

le **marronnier** [marɔnje] ■ der **Kastanienbaum** *(pluriel* **Kastanienbäume***)*.

mars [mars] ■ **März** : **l'anniversaire de Laura est en mars** Laura hat im März Geburtstag ; **nous sommes le dix mars** heute ist der zehnte März.

la **Marseillaise** [marsɛjɛz] ■ die **Marseillaise** : **la Marseillaise est l'hymne national français** die Marseillaise ist die französische Nationalhymne.

le **marteau** [marto] *(pluriel* **marteaux***)* ■ der **Hammer** *(pluriel* **Hämmer***)* : **Olivier s'est donné un coup de marteau sur les doigts** Olivier hat sich mit dem Hammer auf die Finger gehauen.

le **martien** [marsjɛ̃] ■ der **Marsmensch** *(pluriel* **Marsmenschen***)*.

la **martienne** [marsjɛn] ■ der **Marsmensch** *(pluriel* **Marsmenschen***)*.

masculin, e [maskylɛ̃, in] *adjectif* ■ **männlich** : **« magasin » est un nom masculin** „magasin" ist ein männliches Nomen

le **masculin** ■ das **Maskulinum** *(pluriel* **Maskulina***)*.

le **masque** [mask] ■ die **Maske** *(pluriel* **Masken***)* : **les acteurs portaient des masques** die Schauspieler trugen Masken ; **un masque à gaz** eine Gasmaske ; **un masque de plongée** eine Taucherbrille.

le **massage** [masaʒ] ■ die **Massage** *(pluriel* **Massagen***)* : **le médecin m'a prescrit des massages** der Arzt hat mir Massagen verschrieben.

masser [3] [mase] *verbe* ■ **massieren** : **j'aime quand tu me masses le dos** ich mag es gern, wenn du mir den Rücken massierst.

massif, ive [masif, iv] *adjectif* ■ **massiv** : **c'est de l'or massif** das ist massives Gold

le **massif** ■ das **Bergmassiv** *(pluriel* **Bergmassive***)* : **le massif enneigé se dressait devant nous** das verschneite Bergmassiv ragte vor uns in die Höhe
➤ **le Massif central** das Zentralmassiv.

mat, e [mat] *adjectif* ■ **dunkel** : **elle a le teint mat** sie hat dunkle Haut.

le **mât** [ma] ■ der **Mast** *(pluriel* **Masten***)* : **le voilier a perdu un de ces mâts** das Segelschiff hat einen seiner Masten verloren.

le **match** [matʃ] *(pluriel* **matches** ou **matchs***)* ■ das **Spiel** *(pluriel* **Spiele***)* : **un match de foot** ein Fußballspiel
➤ **Marseille et Dortmund ont fait match nul** Marseille und Dortmund haben unentschieden gespielt.

le **matelas** [matla] ■ die **Matratze** *(pluriel* **Matratzen***)* : **ce matelas est trop mou** diese Matratze ist zu weich
➤ **un matelas pneumatique** eine Luftmatratze.

le **matériau** [materjo] *(pluriel* **matériaux***)* ■ das **Material** *(pluriel* **Materialien***)* : **des matériaux de construction** Baumaterial.

le **matériel** [materjɛl]
1. das **Material** *(pluriel* **Materialien***)* : **nous manquons de matériel pour faire des expériences** wir haben kein Material für Experimente

2. die **Hardware** *(sans pluriel)* **: c'est un problème de matériel ou de logiciel ?** ist das ein Problem der Hardware oder der Software?

la **maternelle** [matɛrnɛl] ■ der **Kindergarten** *(pluriel* **Kindergärten***)* **: ma petite sœur est encore en maternelle** meine kleine Schwester ist noch im Kindergarten.

les **mathématiques** [matematik] *nom féminin pluriel* ■ die **Mathematik** *(sans pluriel)* **: les mathématiques sont ma matière préférée** Mathematik ist mein Lieblingsfach.

les **maths** [mat] *nom féminin pluriel familier* ■ **Mathe** *(sans article, nom singulier)* **: les maths sont ma matière préférée** Mathe ist mein Lieblingsfach.

la **matière** [matjɛr]

1. das **Fach** *(pluriel* **Fächer***)* **: quelle est ta matière préférée ?** welches ist dein Lieblingsfach?

2. der **Stoff** *(pluriel* **Stoffe***)* **: des matières premières** Rohstoffe.

le **matin** [matɛ̃] ■ der **Morgen** *(pluriel* **Morgen***)*

➤ **le matin** morgens **: je prends toujours ma douche le matin** morgens dusche ich immer ; **il faisait froid ce matin** heute Morgen war es kalt ; **à trois heures du matin** um drei Uhr morgens

➤ **du matin au soir** von morgens bis abends.

la **matinée** [matine] ■ der **Vormittag** *(pluriel* **Vormittage***)* **: on a passé la matinée à lire des BD** wir haben den ganzen Vormittag Comics gelesen.

mauvais, e [movɛ, ɛz]

■ *adjectif*

1. schlecht : ce couscous n'est pas mauvais das Kuskus ist nicht schlecht ; **j'ai eu de mauvais résultats cette année** in diesem Jahr hatte ich schlechte Noten

2. falsch : c'est la mauvaise réponse das ist die falsche Antwort

■ *adverbe*

il fait mauvais das Wetter ist schlecht.

maux ➤ mal.

le **maximum** [maksimɔm] *(pluriel* maxima*)* ■ das **Maximum** *(pluriel* **Maxima***)*

➤ **au maximum** höchstens **: j'aurai douze sur vingt au maximum** ich werde höchstens zwölf von zwanzig Punkten erreichen

➤ **faire le maximum** sein Bestes tun **: Sylvain a fait le maximum pour se rendre utile** Sylvain hat sein Bestes getan, um sich nützlich zu machen.

la **mayonnaise** [majɔnɛz] ■ die **Majonäse** *(pluriel* **Majonäsen***)*.

me [mə] (**m'** *devant une voyelle ou un « h » muet) pronom*

1. mich : Fred m'a invité à sa soirée Fred hat mich zu seiner Feier eingeladen ; **ne me pousse pas** dräng mich nicht ; **je m'habille** ich ziehe mich an

2. mir : elle me l'a donné sie hat es mir gegeben ; **je me suis fait mal** ich habe mir wehgetan

➤ **me voilà !** hier bin ich!

le **mec** [mɛk] *familier* ■ der **Typ** *(pluriel* **Typen***)* **: il y a un mec qui attend devant la porte** da wartet ein Typ vor der Tür auf dich

le **mécanicien** [mekanisjɛ̃] ■ der **Mechaniker** *(pluriel* **Mechaniker***)* **: le père de Laure est mécanicien** Laures Vater ist Mechaniker.

la **mécanicienne** [mekanisjɛn] ■ die **Mechanikerin** *(pluriel* **Mechanikerinnen***)*

mécanique [mekanik] *adjectif* ■ **mechanisch : un problème mécanique** ein mechanisches Problem

la **mécanique** ■ die **Mechanik** *(pluriel* **Mechaniken***)*.

la **méchanceté** [meʃɑ̃ste] ■ die **Bosheit** *(pluriel* **Bosheiten***)* **: son plus grand défaut, c'est sa méchanceté** sein größter Fehler ist seine Bosheit ; **dire des méchancetés à quelqu'un** jemandem Bosheiten sagen.

méchant, e [meʃɑ̃, ɑ̃t] *adjectif*

1. gemein : Charles est méchant avec sa copine Charles ist gemein zu seiner Freundin

2. böse : si tu es méchant, je le dirai à papa wenn du böse bist, sage ich es Papa.

la **mèche** [mɛʃ] ■ die **Strähne** *(pluriel* **Strähnen***)* **: mon frère a des mèches blondes** mein Bruder hat blonde Strähnen.

médaille [medaj] ■ die **Medaille** *(pluriel* **Medaillen***)* : **elle a gagné une médaille** sie hat eine Medaille gewonnen.

médaillon [medajɔ̃] ■ das **Medaillon** *(pluriel* **Medaillons***)* : **Sandra porte un médaillon en or** Sandra trägt ein goldenes Medaillon.

médecin [medsɛ̃] ■ der **Arzt** *(pluriel* **Ärzte***)* : **je suis malade, il faut appeler un médecin** ich bin krank, es muss ein Arzt kommen
une femme médecin eine Ärztin.

médecine [medsin] ■ die **Medizin** *(sans pluriel)* : **Anaïs voudrait faire des études de médecine plus tard** Anaïs möchte später gerne Medizin studieren.

médias [medja] *nom masculin pluriel* ■ die **Medien** *(pluriel)* : **l'information a été diffusée dans tous les médias** die Nachricht wurde in allen Medien verbreitet.

médiathèque [medjatɛk] ■ die **Mediensammlung** *(pluriel* **Mediensammlungen***)* : **j'ai emprunté cette cassette à la médiathèque** ich habe diese Kassette in der Mediensammlung ausgeliehen.

médical, e [medikal] *(masculin pluriel* médicaux [mediko]*) adjectif*
- **ärztlich** : **un examen médical** eine ärztliche Untersuchung
- **medizinisch** : **d'un point de vue médical, ce voyage est risqué** vom medizinischen Standpunkt aus gesehen ist diese Reise riskant.

médicament [medikamɑ̃] ■ das **Medikament** *(pluriel* **Medikamente***)* : **un médicament contre les allergies** ein Medikament gegen Allergien ; **n'oublie pas de prendre tes médicaments** vergiss nicht, deine Medikamente zu nehmen.

médiocre [medjɔkr] *adjectif* ■ **mittelmäßig** : **des résultats scolaires médiocres** mittelmäßige schulische Leistungen.

Méditerranée [mediterane] ■ das **Mittelmeer** *(sans pluriel)*.

méfiant, e [mefjɑ̃, ɑ̃t] *adjectif* ■ **misstrauisch** : **elle m'a jeté un regard méfiant** sie hat mir einen misstrauischen Blick zugeworfen.

se **méfier** [9] [mefje] *verbe pronominal* ■ **sich in Acht nehmen** : **méfie-toi, c'est un escroc** nimm dich in Acht, das ist ein Betrüger
> **je me suis toujours méfié d'elle** ich habe ihr schon immer misstraut.

meilleur, e [mɛjœr] *adjectif*
1. **besser** : **Carine est meilleure que moi en français** Carine ist in Französisch besser als ich ; **qui est la meilleure cuisinière des deux ?** wer von beiden ist die bessere Köchin?
2. **beste** : **c'est le meilleur joueur de foot anglais** das ist der beste englische Fußballspieler

le **meilleur** *(pluriel* les meilleurs*)*
1. der **Bessere** : **Christian est le meilleur des deux** Christian ist der Bessere von beiden
2. der **Beste** : **Stéphane est le meilleur de tous** Stéphane ist der Beste von allen.

la **meilleure** *(pluriel* les meilleures*)*
1. die **Bessere** : **Chloé est la meilleure des deux** Chloé ist die Bessere von beiden
2. die **Beste** : **Anne est la meilleure de tous** Anne ist die Beste von allen.

le **mélange** [melɑ̃ʒ] ■ die **Mischung** *(pluriel* **Mischungen***)* : **un mélange de jus d'orange et de limonade** eine Mischung aus Orangensaft und Limonade.

mélanger [16] [melɑ̃ʒe] *verbe* ■ **mischen** : **mélange bien les œufs et le sucre** du musst Eier und Zucker gut mischen

se **mélanger** *verbe pronominal* ■ **sich mischen** : **les couleurs se sont mélangées** die Farben haben sich gemischt.

se **mêler** [4] [mele] *verbe pronominal* ■ **sich an|schließen** : **Alex n'a pas voulu se mêler au groupe** Alex wollte sich der Gruppe nicht anschließen
> **elle aime se mêler des affaires des autres** sie mischt sich gerne in die Angelegenheiten anderer Leute ein
> **de quoi je me mêle !** was geht dich|Sie das an?
> **mêle-toi de ce qui te regarde !** kümmere dich um deine eigenen Angelegenheiten!

la **mélodie** [melɔdi] ■ die **Melodie** *(pluriel* **Melodien***)*.

le **melon** [məlɔ̃] ■ die **Melone : un melon bien mûr** eine sehr reife Melone.

le **membre** [mɑ̃br] *adjectif* ■ **Mitglieds- : les pays membres de l'Union européenne** die Mitgliedsländer der Europäischen Union.

même [mɛm]

■ *adjectif*

gleich : il est né le même jour que moi er ist am gleichen Tag wie ich geboren ; **nous avons eu les mêmes résultats** wir hatten die gleichen Ergebnisse

➤ **la même chose** das Gleiche : **il m'est arrivé exactement la même chose** mir ist genau das Gleiche passiert

■ *pronom*

le même, la même der|die|das Gleiche ; **les mêmes** die Gleichen ; **j'ai les mêmes que toi** ich habe die Gleichen wie du

■ *adverbe*

1. *Dans les phrases affirmatives* **sogar : même moi je peux le faire** sogar ich kann das machen
2. *Dans les phrases négatives* **nicht einmal : tu n'as même pas essayé** du hast es nicht einmal versucht

➤ **aujourd'hui même**

1. genau heute : **c'est arrivé aujourd'hui même** das ist genaue heute passiert
2. noch heute ; **il faut envoyer ce paquet aujourd'hui même** das Paket muss noch heute abgeschickt werden

➤ **ici même** genau hier

➤ **même si** auch wenn : **j'irai même s'il ne fait pas beau** ich gehe, auch wenn das Wetter schlecht ist

➤ **quand même**

1. trotzdem : **il veut quand même venir** er will trotzdem kommen
2. wenigstens ; **quand même, tu aurais pu me prévenir!** du hättest mir wenigstens Bescheid sagen können!

la **mémoire** [memwar] ■ das **Gedächtnis** *(pluriel* **Gedächtnisse***)* **: Ludo a une bonne mémoire** ou **Ludo a de la mémoire** Ludo hat ein gutes Gedächtnis.

la **menace** [mənas] ■ die **Bedrohung** *(pluriel* **Bedrohungen***)* **: c'est une menace pour la paix mondiale** das ist eine Bedrohung für den Weltfrieden.

menacé, e [mənase] *adjectif* ■ **bedroht : la plage est menacée par la marée noire** der Strand ist von einer Ölpest bedroht

menacer **[15]** [mənase] *verbe* ■ **bedrohen**.

le **ménage** [menaʒ]

➤ **faire le ménage** den Haushalt machen.

la **ménagère** [menaʒɛr] ■ die **Hausfrau** *(pluriel* **Hausfrauen***)*.

le **mendiant** [mɑ̃djɑ̃] ■ der **Bettler** *(pluriel* **Bettler***)* **: il y a beaucoup de mendiants dans la ville** in der Stadt gibt es viele Bettler.

la **mendiante** [mɑ̃djɑ̃t] ■ die **Bettler**in *(pluriel* **Bettlerinnen***)*.

mendier **[9]** [mɑ̃dje] *verbe* ■ **betteln : ils doivent mendier pour survivre** sie müssen betteln, um zu überleben.

mener **[18]** [məne] *verbe*

1. **leiten : qui mène l'enquête ?** wer leitet die Untersuchung?
2. **führen : Limoges mène 80 à 64** Limoges führt 80 zu 64 ; **ce chemin mène à l'église** dieser Weg führt zur Kirche.

le **mensonge** [mɑ̃sɔ̃ʒ] ■ die **Lüge** *(pluriel* **Lügen***)* **: Corentin ne peut pas s'empêcher de dire des mensonges** Corentin kann es einfach nicht lassen, Lügen zu erzählen.

mensuel, elle [mɑ̃sɥɛl] *adjectif*

■ **Monats- : les résultats mensuels** die Monatsergebnisse

le **mensuel** ■ die **Monatszeitschrift** *(pluriel* **Monatszeitschriften***)* **: je suis abonné à un mensuel d'information** ich habe eine Monatszeitschrift abonniert.

mental, e [mɑ̃tal] *(masculin pluriel* **mentaux** [mɑ̃to]*)* *adjectif* ■ **geistig : son état mental s'est amélioré** sein geistiger Zustand hat sich gebessert

➤ **le calcul mental** das Kopfrechnen.

le **menteur** [mɑ̃tœr] ■ der **Lügner** *(pluriel* **Lügner***)* **: espèce de menteur !** du Lügner

menteuse [mɑ̃tøz] ■ die **Lügnerin** *(pluriel* **Lügnerinnen***)*.

menthe [mɑ̃t] ■ die **Minze** *(pluriel* **Minzen***)* : **du thé à la menthe** Pfefferminztee
une menthe à l'eau *Getränk aus mit Wasser verdünntem Pfefferminzsirup*.

mentir [32] [mɑ̃tir] *verbe* ■ **lügen** : **il ment sans arrêt** er lügt pausenlos
mentir à quelqu'un jemanden anlügen.

menton [mɑ̃tɔ̃] ■ das **Kinn** *(pluriel* **Kinne***)*.

menu, e [məny] *adjectif* ■ **zierlich** : **Louise est menue** Louise ist zierlich

menu

die **Speisekarte** *(pluriel* **Speisekarten***)* : **ils ont un menu très varié dans ce restaurant** die Speisekarte in diesem Restaurant ist sehr vielfältig
das **Menü** *(pluriel* **Menüs***)* : **le menu à dix euros** das Menü für zehn Euro ; **je vais prendre un menu** ich werde ein Menü nehmen.

menuisier [mənɥizje] ■ der **Tischler** *(pluriel* **Tischler***)*.

méprisant, e [meprizɑ̃, ɑ̃t] *adjectif* ■ **verächtlich** : **un sourire méprisant** ein verächtliches Lächeln.

mépriser [3] [meprize] *verbe* ■ **verachten** : **je sais qu'il me méprise** ich weiß, dass er mich verachtet.

mer [mɛr] ■ das **Meer** *(pluriel* **Meere***)* : **la mer est calme aujourd'hui** das Meer ist heute ruhig
la mer du Nord die Nordsee
la mer Méditerranée das Mittelmeer.

merci [mɛrsi] *interjection* ■ **danke** : **merci beaucoup !** vielen Dank!
dire merci à quelqu'un sich bei jemandem bedanken : **il ne m'a même pas dit merci pour les chocolats** er hat sich nicht einmal bei mir für die Schokolade bedankt.

mercredi [mɛrkrədi] ■ der **Mittwoch** *(pluriel* **Mittwoche***)* : **mes copains sont venus mercredi** meine Freunde sind am Mittwoch gekommen ; **il part mercredi matin** er reist Mittwochmorgen ab ; **mercredi dernier** letzten Mittwoch ; **mercredi prochain** nächsten Mittwoch

Pour indiquer une habitude, on ajoute un s final au complément de temps :

Marc joue au foot le mercredi Marc spielt mittwochs Fußball.

la **mère** [mɛr] ■ die **Mutter** *(pluriel* **Mütter***)* : **comment s'appelle ta mère ?** wie heißt deine Mutter?
➤ **une mère célibataire** eine alleinerziehende Mutter.

la **merguez** [mɛrgɛz] ■ *scharf gewürztes nordafrikanisches Bratwürstchen*.

la **meringue** [mərɛ̃g] ■ das **Baiser** *(pluriel* **Baisers***)*.

le **mérite** [merit] ■ **il a du mérite de faire ses études tout en travaillant** er verdient Anerkennung, weil er gleichzeitig studiert und arbeitet.

mériter [3] [merite] *verbe* ■ **verdienen** : **Charlotte mérite d'être punie** Charlotte hat eine Strafe verdient ; **bravo, tu mérites une récompense !** klasse, du hast dir eine Belohnung verdient!

le **merle** [mɛrl] ■ die **Amsel** *(pluriel* **Amseln***)*.

la **merveille** [mɛrvɛj] ■ das **Wunder** *(pluriel* **Wunder***)* : **les sept merveilles du monde** die sieben Weltwunder
➤ **être une merveille** wundervoll sein : **ce tableau est une merveille** dieses Gemälde ist wundervoll.

merveilleux, euse [mɛrvɛjø, øz] *adjectif* ■ **fantastisch** : **Prague est une ville merveilleuse** Prag ist eine fantastische Stadt ; **le monde merveilleux des contes de fée** die fantastische Welt der Märchen.

mes *pluriel* ➤ mon.

mesdames ➤ madame.

mesdemoiselles ➤ mademoiselle.

le **message** [mɛsaʒ] ■ die **Nachricht** *(pluriel* **Nachrichten***)* : **est-ce que je peux lui laisser un message ?** kann ich ihr eine Nachricht hinterlassen?
➤ **un message électronique** eine E-Mail.

la **messagerie** [mɛsaʒri]
➤ **la messagerie électronique** das E-Mail-System
➤ **la messagerie vocale** das Voice-Mail-System.

la **messe** [mɛs] ■ die **Messe** *(pluriel* **Messen***)*.

messieurs ➤ monsieur.

la **mesure** [məzyr]
1. das **Maß** *(pluriel* **Maße***)* : **quelles sont les mesures de la pièce ?** wie sind die Maße des Zimmers?
2. die **Maßnahme** *(pluriel* **Maßnahmen***)* : **quelles sont les mesures en cas d'incendie ?** welches sind die Maßnahmen im Brandfall?

mesurer [3] [məzyre] *verbe* ■ **messen** : **je vais mesurer la hauteur de la porte** ich werde die Türhöhe messen ; **la table mesure 1,50 mètre** der Tisch misst 1,50 Meter.

le **métal** [metal, o] *(pluriel* métaux*)* ■ das **Metall** *(pluriel* **Metalle***)* : **un briquet en métal** ein Metallfeuerzeug.

métallique [metalik] *adjectif* ■ **Metall-** : **un objet métallique** ein Metallgegenstand.

la **météo** [meteo] ■ die **Wettervorhersage** *(pluriel* **Wettervorhersagen***)* : **tu as écouté la météo aujourd'hui ?** hast du heute die Wettervorhersage gehört?

la **méthode** [metɔd]
1. die **Methode** *(pluriel* **Methoden***)* : **une méthode efficace pour apprendre par cœur** eine effiziente Methode, um etwas auswendig zu lernen
2. das **Lehrbuch** *(pluriel* **Lehrbücher***)* : **une méthode d'allemand en cent leçons** ein Deutschlehrbuch mit hundert Lektionen.

le **métier** [metje] ■ der **Beruf** *(pluriel* **Berufe***)* : **quel est votre métier ?** was sind Sie von Beruf? ; **qu'est-ce que vous fait comme métier ?** was machen Sie beruflic

le|la **métis** [metis] ■ der **Mischling** *(plur* **Mischlinge** *)*.

le **mètre** [mɛtr] ■ der **Meter** *(pluriel* **M ter***)* : **le lit fait deux mètres de long** d Bett ist zwei Meter lang
➤ **mètre carré** Quadratmeter
➤ **mètre cube** Kubikmeter.

le **métro** [metro] ■ die **U-Bahn** *(plur* **U-Bahnen***)* : **je vais au travail en mét** ich fahre mit der U-Bahn zur Arbeit

MÉTRO

Die erste Pariser Untergrund-bahnlinie wurde im Jahre 190C gebaut. Heute verkehrt die Metro auf 15 Linien jeden Tag durchgehend von 5.3C Uhr bis 1.00 Uhr. Die zahlreichen Statio-nen in der ganzen Stadt erreicht mar durch die **bouches de métro** genannter Eingänge.

le **metteur en scène** [metœrɑ̃sɛn] ■ der **Regisseur** *(pluriel* **Regisseure***)*.

mettre [64] [mɛtr] *verbe*
1. **hin|legen** : **mets tes affaires là** leg dei Sachen da hin
2. **an|ziehen** : **je mets un pull et j'arrive i** ziehe mir nur schnell einen Pulli an und ko me dann
3. **ein|schalten** : **mets la radio, on va éco ter les infos** schalte das Radio ein, da können wir die Nachrichten hören
4. **schreiben** : **je ne sais pas quoi mettre s la carte postale** ich weiß nicht, was ich a die Postkarte schreiben soll
5. **brauchen** : **Lucie a mis une heure à pr parer le repas** Lucie hat eine Stunde g braucht, um das Essen zuzubereiten ; **mett longtemps pour faire quelque chose** la ge brauchen, um etwas zu tun
➤ **mettre quelqu'un dehors** jemanden rau schmeißen : **si tu continues à être ins lent, je te mets dehors** wenn du weiter frech bist, schmeiße ich dich raus

se **mettre** *verbe pronominal*
1. **hin|kommen** : **où est-ce que ça se met** wo kommt das hin?

werden : se mettre en colère wütend werden
sich setzen : mets-toi au premier rang setze dich in die erste Reihe

Pour déterminer la traduction de **se mettre**, il faut se demander dans quelle position on se place, si on s'asseoit, on opte pour **sich setzen**, si on se met debout, on choisit **sich stellen**, si on se couche, on prend **sich legen**.

sich stellen : les plus grands se sont mis derrière sur la photo die Größten haben sich für das Foto nach hinten gestellt
an|ziehen : je n'ai rien à me mettre ich habe nichts anzuziehen
se mettre debout sich hin|stellen
se mettre à faire quelque chose anfangen, etwas zu tun : **Charlotte s'est mise à pleurer tout à coup** Charlotte fing plötzlich an zu weinen
se mettre au lit ins Bett gehen.

meubles [mœbl] *nom masculin pluriel* ■ die **Möbel** *(pluriel)* : **ces meubles sont très lourds** die Möbel sind sehr schwer
des meubles de jardin Gartenmöbel.

meublé, e [mœble] *adjectif* ■ **möbliert** : **ils louent un appartement meublé** sie mieten eine möblierte Wohnung.

meurtre [mœrtr] ■ der **Mord** *(pluriel* **Morde***)* : **il est accusé de meutre** er ist des Mordes angeklagt.

mi- [mi] *préfixe* ■ **Mitte** : **à la mi-juin** Mitte Juni
à mi-chemin auf halbem Wege : **on s'est arrêtés à mi-chemin** wir haben auf halbem Wege angehalten.

miauler [3] [mjole] *verbe* ■ **miauen**.

micro [mikro] ■ das **Mikro** *(pluriel* **Mikros** *)* : **parlez dans le micro** sprechen Sie ins Mikro.

microbe [mikrɔb] ■ die **Bakterie** *(pluriel* **Bakterien***)* : **ne touche pas ça, il y a plein de microbes !** fass das nicht an, da sind jede Menge Bakterien dran!

le **micro-ondes** [mikroɔ̃d] ■ die **Mikrowelle** *(pluriel* **Mikrowellen***)* : **un four à micro-ondes** ein Mikrowellenherd.

le **micro-ordinateur** [mikroɔrdinatœr] *(pluriel* micro-ordinateurs*)* ■ der **Mikrocomputer** *(pluriel* **Mikrocomputer***)*.

le **microprocesseur** [mikroprɔsesœr] ■ der **Mikroprozessor** *(pluriel* **Mikroprozessoren***)*.

le **microscope** [mikrɔskɔp] ■ das **Mikroskop** *(pluriel* **Mikroskope***)* : **regarder quelque chose au microscope** etwas unter dem Mikroskop betrachten.

le **midi** [midi] ■ der **Mittag** *(pluriel* **Mittage***)* : **il est midi** es ist Mittag ; **est-ce que tu restes à l'école à midi ?** bleibst du über Mittag in der Schule?

le **Midi** [midi] ■ Südfrankreich ; **ils partent en vacances dans le Midi** sie fahren in die Ferien nach Südfrankreich.

la **mie** [mi] ■ die **Krume** : **Anne n'aime pas la croûte du pain, seulement la mie** Anne mag vom Brot nur die Krume, nicht die Rinde

le **miel** [mjɛl] ■ der **Honig** *(sans pluriel)* : **du miel liquide** flüssiger Honig.

le mien [ləmjɛ̃] *(pluriel* les miens [lemjɛ̃]*)* **le mien** meiner, meine, meines ; **Sabine a un chat qui ressemble au mien** Sabines Katze sieht meiner ganz ähnlich ; **ses yeux sont bleus, les miens sont marron** ihre Augen sind blau, meine sind braun.

la mienne [lamjɛn] *(pluriel* les miennes [lemjɛn]*)* **la mienne** meiner, meine, meines ; **leur sœur a deux ans de plus que la mienne** ihre Schwester ist zwei Jahre älter als meine ; **tes mouffles sont plus chaudes que les miennes** deine Handschuhe sind wärmer als meine.

la **miette** [mjɛt] ■ der **Krümel** *(pluriel* **Krümel***)* : **il y a des miettes partout sur le tapis** überall auf dem Teppich sind Krümel ; **des miettes de pain** Brotkrümel

➤ **mettre quelque chose en miettes** etwas völlig zerstören.

mieux [mjø] *adverbe & adjectif* ■ **besser : Jacques joue mieux au foot que Sylvain** Jacques spielt besser Fußball als Sylvain ; **vous vous sentez mieux ?** fühlen Sie sich besser? ; **Sandra est mieux que sa sœur** Sandra sieht besser aus als ihre Schwester

➤ **faire mieux de faire quelque chose** besser daran tun, etwas zu tun : **nous ferions mieux d'attendre** wir täten besser daran zu warten

➤ **le mieux possible** so gut wie möglich : **classe-les le mieux possible** ordne sie so gut wie möglich

➤ **de mieux en mieux** immer besser : **elle va de mieux en mieux** es geht ihr immer besser

le mieux (*pluriel* les mieux)

1. **der Bessere : David est le mieux des deux** David ist der Bessere von beiden
2. **am besten : c'est Antoine qui joue le mieux de toute l'équipe** Antoine spielt von der ganzen Mannschaft am besten

la mieux ■ **die Beste : la mieux de toutes les filles de la classe** die Beste von allen Mädchen in der Klasse.

mignon, onne [miɲɔ̃, ɔn] *adjectif*

1. **süß : ce garçon est mignon comme tout** der Junge ist total süß
2. **lieb : sois mignonne, va me chercher mes lunettes** sei so lieb und hol mir meine Brille.

la **migraine** [migrɛn] ■ die **Migräne** (*pluriel* **Migränen**) : **j'ai la migraine** ich habe Migräne.

mijoter [3] [miʒɔte] *verbe* ■ **garen : la viande doit mijoter pendant deux heures** das Fleisch muss zwei Stunden garen ; **faire mijoter quelque chose** etwas garen lassen.

le **milieu** [miljø] (*pluriel* milieux)

1. die **Mitte** (*sans pluriel*) : **au milieu de la chambre** in der Mitte des Zimmers
2. das **Umfeld** (*pluriel* **Umfelder**) : **le milieu familial est très important** das familiäre Umfeld ist sehr wichtig

➤ **au plein milieu de** mitten in : **au plein milieu du film** mitten im Film.

militaire [militɛr] *adjectif* ■ **Militär** **une école militaire** eine Militärakademie

le **militaire** ■ der **Soldat** (*pluriel* **Solc ten**).

mille [mil] *adjectif invariable* ■ **tausen** **il y avait plus de mille spectateurs** es w ren über tausend Zuschauer da ; **trois mi cinq cents** dreitausendfünfhundert.

le **millénaire** [milenɛr] ■ das **Jahrta send** (*pluriel* **Jahrtausende**) : **au début troisième millénaire** zu Beginn des dritt Jahrtausends.

le **milliard** [miljar] ■ die **Milliarde** (*p riel* **Milliarden**) : **il y a plus d'un millia d'habitants en Inde** Indien hat mehr als ne Milliarde Einwohner ; **il y a six milliar d'habitants sur Terre** auf der Erde leb sechs Milliarden Menschen ; **des milliar d'insectes** Milliarden von Insekten.

milliardaire [miljardɛr] *adjectif* ■ **ê milliardaire** Milliardär sein ; **il a un onc milliardaire** er hat einen Onkel, der Milliarc ist

le|la **milliardaire** [miljardɛr] ■ der **Mi ardär** (*pluriel* **Milliardäre**), die **Milliardä** (*pluriel* **Milliardärinnen**).

le **millier** [milje] ■ das **Tausend** (*plur* **Tausende**) : **des milliers de gens** Tausen von Leuten ; **des oiseaux par milliers** Ta sende von Vögeln

➤ **un millier de** rund tausend : **ça coûte millier d'euros** das kostet rund tausend E ro.

le **millimètre** [milimɛtr] ■ der **Millim ter** (*pluriel* **Millimeter**).

le **million** [miljɔ̃] ■ die **Million** (*plur* **Millionen**) : **dix million d'euros** zehn M lionen Euro ; **des millions de gens** Million von Leuten.

millionnaire [miljɔnɛr] *adjectif* ■ **êt millionaire** Millionär sein

le|la **millionnaire** [miljɔnɛr] ■ der **M lionär** (*pluriel* **Millionäre**), die **Millionär** (*pluriel* **Millionärinnen**).

mimer [3] [mime] *verbe* ■ **nach|ahmen : il aime mimer son professeur** er ahmt gerne seinen Lehrer nach.

mince [mɛ̃s]
adjectif
schlank : elle est très mince sie ist sehr schlank
dünn : une mince couche de sucre eine dünne Zuckerschicht
exclamation familier
Mist : mince, j'ai oublié mon classeur de géo ! Mist, ich habe meinen Erdkundeordner vergessen!
mince alors ! verflixt nochmal!

mincir [27] [mɛ̃siʀ] *verbe* ■ **ab|nehmen : tu as minci, non ?** du hast abgenommen, oder?

mine [min]
die Mine *(pluriel* **Minen***)* **: une mine d'or** eine Goldmine
die Miene *(pluriel* **Mienen***)*
avoir bonne mine gut aus|sehen : **tu as très bonne mine ces temps-ci** du siehst richtig gut aus zur Zeit
avoir mauvaise mine schlecht aus|sehen : **le prof de maths a mauvaise mine** der Mathelehrer sieht schlecht aus.

minéral, e [mineʀal] *(masculin pluriel* **minéraux** [mineʀo]*) adjectif* ■ **Mineral- : de l'eau minérale** Mineralwasser.

mineur, e [minœʀ] *adjectif* ■ **minderjährig : Simon est encore mineur** Simon ist noch minderjährig
mineur ■ **der Minderjährige** *(pluriel* **die Minderjährigen***)* **: les mineurs doivent être accompagnés d'un adulte** Minderjährige müssen in Begleitung eines Erwachsenen sein
mineure ■ **die Minderjährige** *(pluriel* **die Minderjährigen***)*.

miniature [minjatyʀ] *adjectif* ■ **Miniatur- : un train miniature** eine Miniatureisenbahn.

minichaîne [miniʃɛn] ■ **die Kompaktstereoanlage** *(pluriel* **Kompaktstereoanlagen***)*.

la **minijupe** [miniʒyp] ■ **der Minirock** *(pluriel* **Miniröcke***)* **: elle porte une minijupe** sie trägt einen Minirock.

le **minimum** [minimɔm] ■ **das Minimum** *(pluriel* **Minima***)* **: le stricte minimum** das absolute Minimum
➤ **au minimum** mindestens : **il y avait cinquante personnes au minimum** es waren mindestens fünfzig Personen da.

le **ministère** [ministɛʀ] ■ **das Ministerium** *(pluriel* **Ministerien***)* **: le ministère de l'Agriculture** das Landwirtschaftsministerium.

le|la **ministre** [ministʀ] ■ **der Minister** *(pluriel* **Minister***)*, **die Ministerin** *(pluriel* **Ministerinnen***)* **: la ministre de l'Éducation** die Bildungsministerin.

le **Minitel®** [minitɛl] ■ *französisches Bildschirmtextsystem*.

la **minorité** [minɔʀite] ■ **die Minderheit** *(pluriel* **Minderheiten***)* **: malheureusement nous sommes en minorité** leider sind wir in der Minderheit ; **les minorités ethniques** ethnische Minderheiten.

le **minuit** [minɥi] ■ **die Mitternacht** *(sans pluriel)* **: le film finit à minuit** der Film endet um Mitternacht.

minuscule [minyskyl] *adjectif*
1. **winzig : une chambre minuscule** ein winziges Zimmer
2. **klein : un b minuscule** ein kleines B
la **minuscule** ■ **der Kleinbuchstabe** *(pluriel* **Kleinbuchstaben***)* **: mets tout en minuscules** schreibe alles in Kleinbuchstaben.

la **minute** [minyt] ■ **die Minute** *(pluriel* **Minuten***)* **: on a encore cinq minutes avant de rendre les copies** wir haben noch fünf Minuten bis wir die Arbeiten abgeben müssen ; **attends deux minutes** warte zwei Minuten
➤ **d'une minute à l'autre** jeden Moment
➤ **minute !** Moment! : **minute, j'arrive!** Moment, ich komme!

minutieux, euse [minysjø, øz] *adjectif* ■ **gewissenhaft : c'est une élève très minutieuse** sie ist eine sehr gewissenhafte Schülerin.

le **miracle** [mirakl] ■ das **Wunder** *(pluriel* **Wunder***)* : **Arnaud a survécu par miracle** Arnaud hat wie durch ein Wunder überlebt.

le **miroir** [mirwar] ■ der **Spiegel** *(pluriel* **Spiegel***)* : **se regarder dans le miroir** sich im Spiegel betrachten.

mis, mise [mi, miz] *participe passé* ➤ mettre.

la **mise** [miz]
➤ **la mise au point**
1. das Einstellen : **la mise au point est facile avec cet appareil** mit diesem Gerät ist das Einstellen einfach
2. die Klarstellung ; **une mise au point est nécessaire** hier ist eine Klarstellung erforderlich
➤ **la mise en scène** die Inszenierung.

la **misère** [mizɛr] ■ die **Armut** *(sans pluriel)* : **ils vivent dans une grande misère** sie leben in großer Armut.

le **missile** [misil] ■ die **Rakete** *(pluriel* **Raketen***)*.

la **mission** [misjɔ̃] ■ die **Aufgabe** *(pluriel* **Aufgaben***)* : **j'ai pour mission de convaincre Daniel** meine Aufgabe ist es, Daniel zu überzeugen.

la **mi-temps** [mitɑ̃] ■ die **Halbzeit** *(pluriel* **Halbzeiten** *)* : **la première mi-temps était plus intéressant que la seconde** die erste Halbzeit war spannender als die zweite
➤ **à la mi-temps** in der Halbzeit : **on est allés acheter une glace à la mi-temps** in der Halbzeit haben wir uns ein Eis geholt
➤ **à mi-temps** halbtags : **travailler à mi-temps** halbtags arbeiten.

la **mitrailleuse** [mitrajøz] ■ das **Maschinengewehr** *(pluriel* **Maschinengewehre***)*.

le **mixer, mixeur** [miksœr] ■ der **Mixer** *(pluriel* **Mixer***)* : **mettez tous les ingrédients dans le mixer** geben Sie alle Zutaten in den Mixer.

mixte [mikst] *adjectif* ■ **gemischt** : **aujourd'hui presque toutes les écoles sont mixtes** heutzutage sind fast alle Schulen gemischt.

Mlle *(abréviation de* **Mademoisel**[le]*)* ➤ mademoiselle.

MM *(abréviation de* **Messieurs***)* **Herr**[en] *(pluriel)*.

Mme *(abréviation de* **Madame***)* **Fr.**

le **mobilier** [mɔbilje] ■ **Möbel** *(plurie*[l]*)* **un magasin de mobilier de bureau** [e]in Geschäft für Büromöbel.

la **mobylette** [mɔbilɛt] *nom féminin* ■ d[as] **Mofa** *(pluriel* **Mofas***)* : **il va à l'école à mobylette** er fährt mit dem Mofa zur Schule.

moche [mɔʃ] *adjectif familier* ■ **hässlic**[h] **ce tableau est vraiment moche** dieses G[e]mälde ist wirklich hässlich.

la **mode** [mɔd] ■ die **Mode** *(pluriel* **M**[o]**den***)* : **Dorothée suit la mode de près** D[o]rothée geht immer mit der Mode
➤ **à la mode** modisch : **Julie est toujours habillée à la mode** Julie ist immer modisch g[e]kleidet.

le **mode** [mɔd] ■ die **Art** *(pluriel* **Arten***)* : **i**[l] **a plusieurs modes de paiement possib**[les] man kann auf verschiedene Art bezahlen
➤ **le mode d'emploi** die Bedienungsanl[ei]tung.

le **modèle** [mɔdɛl] ■ das **Musterbeisp**[iel] *(pluriel* **Musterbeispiele***)* : **le prof nous** [a] **donné un modèle à suivre** der Lehrer h[at] uns ein Musterbeispiel vorgegeben
➤ **un modèle réduit** ein Modell : **je lui ai offert un modèle réduit de bateau** ich ha[be] ihm ein Schiffsmodell geschenkt.

le **modélisme** [mɔdelism] ■ der **Mode**[ll]**bau** *(sans pluriel)*.

le **modem** [mɔdɛm] ■ das **Modem** *(plur*[iel] **Modems***)* : **pour aller sur Internet, il fa**[ut] **un modem** um ins Internet zu gehe[n] braucht man ein Modem.

moderne [mɔdɛrn] *adjectif* ■ **moder**[n] **j'aime l'architecture moderne** ich m[ag] moderne Architektur.

moderniser [3] [mɔdɛrnize] *ver*[be] ■ **modernisieren** : **ils ont décidé de moderniser l'entreprise** sie haben beschl[os]sen, das Unternehmen zu modernisieren

moderniser *verbe pronominal* ■ **modern umgestaltet werden : le pays s'est modernisé dans les années 1970** das Land wurde in den 1970er Jahren modern umgestaltet.

modeste [mɔdɛst] *adjectif* ■ **bescheiden : ne sois pas si modeste !** sei nicht so bescheiden! ; **un salaire modeste** ein bescheidenes Gehalt.

modification [mɔdifikasjɔ̃] ■ die **Änderung** *(pluriel* **Änderungen***)* : **apporter une modification à un plan** einen Plan ändern.

modifier [9] [mɔdifje] *verbe* ■ **ändern : tu devrais modifier la conclusion** du solltest den Schluss ändern.

moelle [mwal] ■ das **Mark** *(sans pluriel)*
➤ **la moelle osseuse** das Knochenmark
➤ **la moelle épinière** das Rückenmark.

moelleux, euse [mwalø, øz] *adjectif* ■ **weich : un coussin moelleux** ein weiches Kissen.

moi [mwa] *pronom*
1. **mich ; appelle-moi** ruf mich an ; **c'est pour moi ?** ist das für mich? ; **je suis fière de moi** ich bin stolz auf mich
2. **mir : aide-moi** hilf mir ; **donne-le-moi** gib es mir ; **il est arrivé après moi** er ist nach mir gekommen
3. **ich : moi je crois qu'il a tort** ich glaube, er hat Unrecht ; **qui veut venir ? – moi** wer will mitkommen? – ich ; **qui est là ? – c'est moi** wer ist da? – ich bin's ; **j'ai sommeil – moi aussi** ich bin müde – ich auch ; **elle est plus âgée que moi** sie ist älter als ich
➤ **c'est à moi** das gehört mir : **ces CD sont à moi** diese CDs gehören mir

moi-même *pronom* ■ **selbst : je l'ai fait moi-même** das habe ich selbst gemacht.

moindre [mwɛ̃dr] *adjectif superlatif* ■ **mindeste : sans la moindre difficulté** ohne die mindeste Mühe ; **je n'en ai pas la moindre idée** ich habe nicht die mindeste Ahnung
➤ **la moindre des choses** nichts zu danken : **merci de m'avoir aidé – c'est la moindre des choses** danke, dass du mir geholfen hast – nichts zu danken
➤ **dans les moindres détails** bis ins kleinste Detail.

le **moine** [mwan] ■ der **Mönch** *(pluriel* **Mönche***)*.

le **moineau** [mwano] *(pluriel* **moineaux***)* ■ der **Spatz** *(pluriel* **Spatzen***)*.

moins [mwɛ̃]

■ *adverbe*

weniger : tu devrais manger moins du solltest weniger essen
➤ **moins ... que** nicht so ... wie : **elle est moins sympa que Cécile** sie ist nicht so nett wie Cécile ; **Ils habitent moins loin que toi** sie wohnen nicht so weit weg wie du
➤ **moins de** weniger : **j'ai moins de chance que toi** ich habe weniger Glück als du ; **il y a moins de gens que la dernière fois** es sind weniger Leute da als letztes Mal ; **ça va me prendre moins de dix minutes** dafür brauche ich weniger als zehn Minuten
➤ **le moins** ou **la moins** ou **les moins** am wenigsten : **c'est lui qui travaille le moins** er arbeitet am wenigsten ; **c'est le moins grand de tous** er ist der Kleinste von allen

■ *préposition*

1. **minus . dix moins huit font deux** zehn minus acht ist zwei ; **il fait moins vingt degrés** es sind minus zwanzig Grad
2. **vor : il est trois heures moins vingt** es ist zwanzig vor drei ; **il est moins dix** es ist zehn vor
➤ **à moins de** ou **à moins que** es sei denn : **on peut aller au cinéma, à moins que tu ne préfères le théâtre** wir können ins Kino gehen, es sei denn du willst lieber ins Theater
➤ **au moins**
1. mindestens : **il fait au moins trente degrés** es sind mindestens dreißig Grad
2. zumindest ; **tu pourrais au moins dire bonjour!** du hättest zumindest Hallo sagen können!
➤ **celui-ci coûte dix euros de moins que l'autre** das kostet zehn Euro weniger als das andere
➤ **j'ai un an de moins que Justine** ich bin ein Jahr jünger als Justine
➤ **de moins en moins** immer weniger : **de moins en moins d'argent** immer weniger Geld

➤ **en moins** weniger : **maintenant il y a une personne en moins dans la voiture** jetzt sitzt eine Person weniger im Auto
➤ **le moins possible** so wenig wie möglich.

le **mois** [mwa] ■ der **Monat** *(pluriel* **Monate***)* : **Benjamin a passé trois mois en Suisse** Benjamin hat drei Monate in der Schweiz verbracht ; **au mois de mai** im Mai.

moisi, e [mwazi] *adjectif* ■ **schimmelig**
➤ **ça a un goût de moisi** das schmeckt schimmelig
➤ **ça sent le moisi** das riecht schimmelig.

la **moisson** [mwasɔ̃] ■ die **Ernte** *(pluriel* **Ernten***)* : **la moisson a été bonne cette année** die Ernte war dieses Jahr gut ; **ils font la moisson en août** sie ernten im August.

moissonner [3] [mwasɔne] *verbe* ■ **ernten** : **ils ont déjà moissonné le blé** sie haben den Weizen schon geerntet.

moite [mwat] *adjectif* ■ **feucht** : **tu as les mains moites** du hast feuchte Hände.

la **moitié** [mwatje] ■ die **Hälfte** *(pluriel* **Hälften***)* : **tu peux manger la moitié de mon sandwich** du kannst die Hälfte von meinem Brot essen
➤ **moitié rouge, moitié bleu** halb rot, halb blau
➤ **la moitié du temps** fast die ganze Zeit : **il passe la moitié du temps devant son ordinateur** er sitzt fast die ganze Zeit vor dem Computer
➤ **à moitié vide** halb leer
➤ **faire son travail à moitié** halbe Arbeit leisten.

molle ➤ mou.

le **mollet** [mɔlɛ] ■ die **Wade** *(pluriel* **Waden***)* : **j'ai mal aux mollets** meine Waden tun weh.

le **moment** [mɔmɑ̃]
1. der **Moment** *(pluriel* **Momente***)* : **ce n'est pas le moment de plaisanter !** das ist nicht der passende Moment, um Witze zu machen!
2. die **Weile** *(sans pluriel)* : **ça nous a pris un moment** wir haben eine Weile gebraucht
3. die **Zeit** *(pluriel* **Zeiten***)* : **on a passé de bons moments ensemble** wir haben sch ne Zeiten miteinander erlebt
➤ **à ce moment là** in diesem Moment : **à moment là, il est parti** in diesem Mome ging er weg
➤ **à un moment** auf einmal : **à un momer elle s'est mise à pleurer** auf einmal begar sie zu weinen
➤ **au moment de** als : **au moment de l'a cident** als der Unfall passierte ; **au mome de partir, je me suis aperçu que n'avais plus mon portefeuille** als ich g hen wollte, merkte ich, dass mein Geldbeut nicht mehr da war
➤ **au moment où** als : **au moment où le fil commençait** als der Film begann
➤ **dans un moment** gleich : **j'arrive dans u moment** ich bin gleich da
➤ **du moment que** da : **du moment que es d'accord, il n'y a pas de problème** du einverstanden bist, ist alles kein Problen
➤ **en ce moment** im Moment : **je n'ai vra ment pas le temps de m'occuper de ç en ce moment** ich habe im Moment wirkli keine Zeit, mich darum zu kümmern
➤ **pour le moment** im Augenblick : **pour moment, il vit encore chez ses parents** i Augenblick lebt er noch bei seinen Eltern.

mon, ma [mɔ̃, ma] *(pluriel* **mes** [me *adjectif* ■ **mein, meine** : **mon vélo** me Rad ; **mon pantalon rouge** meine rote H se ; **je n'ai pas fini mon histoire** meine G schichte ist noch nicht zu Ende ; **un de me meilleurs amis** einer meiner besten Freu de.

le **monastère** [mɔnastɛr] ■ das **Klost** *(pluriel* **Klöster***)*.

le **monde** [mɔ̃d]
1. die **Welt** *(pluriel* **Welten***)* : **des jeunes d monde entier** junge Leute aus der ganze Welt ; **l'homme le plus riche du mond** der reichste Mann der Welt ; **dans le mond de l'art** in der Welt der Kunst
2. **Leute** *(pluriel)* : **il y a beaucoup de mond ici** es sind viele Leute da
➤ **tout le monde** alle : **tout le monde est** alle sind da.

mondial, e [mɔ̃djal] *(masculin pluri* **mondiaux** [mɔ̃djo]*)* *adjectif* ■ **Welt-** **l'économie mondiale** die Weltwirtschaft.

moniteur [mɔnitœr]
der **Lehrer** (*pluriel* **Lehrer**) : **un moniteur de ski** ein Skilehrer
der **Betreuer** (*pluriel* **Betreuer**) : **les moniteurs du camp de vacances étaient super sympas** die Betreuer im Ferienlager waren total nett.

monitrice [mɔnitris]
die **Lehrerin** (*pluriel* **Lehrerinnen**) : **une monitrice d'auto-école** eine Fahrlehrerin
die **Betreuerin** (*pluriel* **Betreuerinnen**).

monnaie [mɔnɛ]
die **Währung** (*pluriel* **Währungen**) : **la monnaie unique** die gemeinsame Währung ; **la livre sterling est la monnaie britannique** das Pfund Sterling ist die britische Währung
das **Kleingeld** (*sans pluriel*) : **tu as de la monnaie pour le bus ?** hast du Kleingeld für den Bus? ; **vous avez la monnaie de dix euros ?** haben Sie zehn Euro klein?
faire de la monnaie Kleingeld wechseln : **je vais faire de la monnaie chez le boulanger** ich gehe zum Bäcker Kleingeld wechseln
rendre la monnaie herausgeben : **elle a oublié de me rendre la monnaie** sie hat vergessen, mir herauszugeben.

monsieur [məsjø] (*pluriel* **messieurs** [mesjø]) ■ der **Herr** (*pluriel* **Herren**) : **un monsieur demande à te parler** ein Herr will dich sprechen

Lorsque **monsieur** est placé en apostrophe, on ne le traduit pas :

monsieur, je peux sortir s'il vous plaît ? entschuldigen Sie, kann ich kurz rausgehen?

En allemand, on ne traduit pas **monsieur** après des salutations :

bonjour monsieur ! guten Tag! ; **bonjour messieurs !** guten Tag!
messieurs dames, votre attention, s'il vous plaît meine Damen und Herren, darf ich um Ihre Aufmerksamkeit bitten.

monstre [mɔ̃stʀ] ■ das **Monster** (*pluriel* **Monster**) : **j'ai peur des monstres** ich habe Angst vor Monstern.

monstrueux, euse [mɔ̃stʀyø, øz] *adjectif*
1. **riesig** : **une vague monstrueuse** eine riesige Welle
2. **schrecklich** : **une erreur monstrueuse** ein schrecklicher Fehler.

le **mont** [mɔ̃] ■ der **Berg** (*pluriel* **Berge**) : **le mont Sinaï** der Berg Sinai ; **le mont Everest** der Mount Everest.

la **montagne** [mɔ̃taɲ] ■ **Berge** (*pluriel*) : **on voit les montagnes là-bas** da hinten sieht man die Berge ; **aller en vacances à la montagne** in den Ferien in die Berge fahren ; **il aime marcher en montagne** er wandert gerne in den Bergen
➤ **les montagnes russes** die Achterbahn.

le **montant, e** [mɔ̃tɑ̃, ɑ̃t] ■ der **Betrag** (*pluriel* **Beträge**) : **écris le montant sur cette ligne** schreib den Betrag in diese Zeile
➤ **une facture d'un montant de deux cents euros** eine Rechnung in Höhe von zweihundert Euro.

la **montée** [mɔ̃te]
1. der **Aufstieg** (*pluriel* **Aufstiege**) : **la montée était longue et difficile** der Aufstieg war lang und mühsam
2. der **Hang** (*pluriel* **Hänge**) : **attends-moi en haut de la montée** warte oben am Hang auf mich.

monter [3] [mɔ̃te] *verbe*
1. **hoch|gehen** : **monte me chercher mes lunettes, s'il te plaît** geh bitte hoch und hol meine Brille ; **fais attention en montant l'escalier** pass auf, wenn du die Treppe hochgehst
2. **hoch|kommen** : **montez, je suis en haut** kommt hoch, ich bin oben
3. **hoch|tragen** : **vous pouvez monter ces valises, s'il vous plaît ?** können Sie bitte diese Koffer hochtragen?
4. **steigen** : **Claire est montée sur un tabouret** Claire ist auf einen Hocker gestiegen ; **les prix montent toujours** die Preise steigen immer noch
5. **an|steigen** : **la route monte à cet endroit** an dieser Stelle steigt die Straße an
6. **ein|steigen** : **montez vite dans la voiture !** steigt schnell ins Auto ein! ; **plusieurs passagers sont montés à Saint-Sulpice** mehrere Passagiere sind in Saint-Sulpice eingestiegen

7. **auf|bauen** : **on a monté la tente en dix minutes** wir haben das Zelt in zehn Minuten aufgebaut
- **monter le son** lauter stellen : **monte le son de la télé** stell bitte den Fernseher lauter
- **la marée monte** die Flut kommt
- **monter à cheval** reiten : **tu sais monter à cheval ?** kannst du reiten?

la **montgolfière** [mɔ̃gɔlfjɛr] ■ der **Heißluftballon** (*pluriel* **Heißluftballons**).

la **montre** [mɔ̃tr] ■ die **Uhr** (*pluriel* **Uhren**) : **une montre à quartz** eine Quartzuhr.

montrer [3] [mɔ̃tre] *verbe* ■ **zeigen** : **montre-moi ta rédaction** zeig mir deinen Aufsatz
- **montrer du doigt** mit dem Finger zeigen auf : **c'est impoli de montrer les gens du doigt** es ist unhöflich, mit dem Finger auf Leute zu zeigen.

le **monument** [mɔnymɑ̃] ■ das **Denkmal** (*pluriel* **Denkmäler**)
- **les monuments de Berlin** die Sehenswürdigkeiten in Berlin
- **le monument aux morts** das Ehrenmal für die Gefallenen.

monumental, e [mɔnymɑ̃tal] (*masculin pluriel* **monumentaux** [mɔnymɑ̃to]) *adjectif* ■ **kolossal** : **une erreur monumentale** ein kolossaler Fehler.

se **moquer** [3] [mɔke] *verbe pronominal*
1. **sich lustig machen über** (*+ A*) : **ne te moque pas de moi** mach dich nicht über mich lustig
2. **egal sein** : **Agathe se moque de ce que les gens peuvent penser d'elle** Agathe ist es egal, was die Leute von ihr denken.

la **moquette** [mɔkɛt] ■ der **Teppichboden** (*pluriel* **Teppichböden**) : **faire poser de la moquette** Teppichboden verlegen lassen.

moral, e [mɔral] (*masculin pluriel* **moraux** [mɔro]) *adjectif* ■ **moralisch** : **les valeurs morales** moralische Werte

le **moral** ■ die **Stimmung** (*pluriel* **Stimmungen**) : **c'est bon pour le moral** das hebt die Stimmung
- **avoir le moral** zuversichtlich sein
- **ne pas avoir le moral** niedergeschlag[en] sein
- **remonter le moral à quelqu'un** jema[n]den auf|muntern.

la **morale** ■ die **Moral** : **quelle est [la] morale de l'histoire ?** was ist die Moral v[on] der Geschichte?
- **faire la morale à quelqu'un** jemand[em] eine Moralpredigt halten.

le **morceau** [mɔrso] (*pluriel* **morceau[x]**) ■ das **Stück** (*pluriel* **Stücke**) : **un morce[au] de pain** ein Stück Brot ; **couper en mo[r]ceaux** in Stücke schneiden
- **un morceau de sucre** ein Stück Zucker.

mordre [56] [mɔrdr] *verbe*
1. **beißen** : **le chien a mordu le facteur** [d]er Hund hat den Briefträger gebissen ; **se fai[re] mordre** gebissen werden
2. **treten über** : **il a mordu la ligne de d[é]part** er ist über die Startlinie getreten
- **ça mord ?** beißen die Fische an?
- **mordre dans quelque chose** in etw[as] (*+ A*) beißen : **Luc s'est cassé une dent [en] mordant dans une pomme** Luc hat sich [ei]nen Zahn abgebrochen, als er in einen Ap[fel] gebissen hat.

mordu, e [mɔrdy] *participe passé* ➤ mordre.

mort, e [mɔr, mɔrt] *adjectif* ■ **tot** : [un] **chien mort** ein toter Hund
- **mort de fatigue** todmüde
- **mort de peur** zu Tode geängstigt

le **mort** ■ der **Tote** (*pluriel* **die Toten**) : **l'accident a fait trois morts et dix bless[és]** bei dem Unfall gab es drei Tote und zehn Ve[r]letzte

la **mort** ■ der **Tod** (*pluriel* **Tode**)

la **morte** ■ die **Tote** (*pluriel* **die Toten**).

mortel, elle [mɔrtɛl] *adjectif*
1. **tödlich** : **une maladie mortelle** eine töd[li]che Krankheit
2. **sterbenslangweilig** : **le cours de chim[ie] était mortel** die Chemiestunde war ste[r]benslangweilig.

mosaïque [mɔzaik] ■ das **Mosaik** (*pluriel* **Mosaiken**).

mosquée [mɔske] ■ die **Moschee** (*pluriel* **Moscheen**).

mot [mo]
das **Wort** (*pluriel* **Wörter**) : **j'ai appris un nouveau mot en allemand** ich habe ein neues Wort auf Deutsch gelernt
die **Nachricht** (*pluriel* **Nachrichten**) : **Jonathan m'a laissé un mot** Jonathan hat mir eine Nachricht hinterlassen
le mot de passe das Kennwort
avoir le dernier mot das letzte Wort haben
j'ai deux mots à te dire ich habe ein Wörtchen mit dir zu reden.

motard [mɔtar] ■ der **Motorradfahrer** (*pluriel* **Motorradfahrer**) : **les motards doivent porter un casque** Motorradfahrer müssen einen Helm tragen.

moteur [mɔtœr] ■ der **Motor** (*pluriel* **Motoren**)
un moteur de recherche eine Suchmaschine.

motivé, e [mɔtive] *adjectif* ■ **motiviert** : **c'est une élève motivée** sie ist eine motivierte Schülerin.

motiver [3] [mɔtive] *verbe* ■ **motivieren** : **il faut récompenser les élèves pour les motiver** man muss die Schüler belohnen, um sie zu motivieren.

moto [mɔto] ■ das **Motorrad** : **ils sont arrivés à moto** sie sind mit dem Motorrad gekommen ; **faire de la moto** Motorrad fahren.

mou, molle [mu, mɔl] *adjectif*
weich : **ce matelas est trop mou** diese Matratze ist zu weich
lasch : **ce que tu es mou !** du bist vielleicht lasch !

mouche [muʃ] ■ die **Fliege** (*pluriel* **Fliegen**) : **il y a des mouches partout dans la maison** überall im Haus sind Fliegen.

moucher [3] [səmuʃe] *verbe pronominal* ■ **sich die Nase putzen** : **Rose fait une bruit terrible quand elle se mouche** Rose putzt sich immer sehr geräuschvoll die Nase.

le **mouchoir** [muʃwar] ■ das **Taschentuch** (*pluriel* **Taschentücher**).

la **mouette** [mwɛt] ■ die **Möwe** (*pluriel* **Möwen**).

les **moufles** [mufl] *nom féminin pluriel* ■ die **Fäustlinge** (*pluriel*).

mouillé, e [muje] *adjectif* ■ **nass** : **tu as les cheveux mouillés** du hast nasse Haare.

mouiller [3] [muje] *verbe* ■ **nass machen** : **j'ai mouillé ma serviette** ich habe mein Handtuch nass gemacht ; **se faire mouiller** nass werden.

le **moule** [mul] ■ die **Form** (*pluriel* **Formen**) : **la pâte à modeler est difficile à sortir du moule** es ist schwer, die Modelliermasse aus der Form zu bekommen
➤ **un moule à gâteau** eine Kuchenform.

la **moule** [mul] ■ die **Miesmuschel** (*pluriel* **Miesmuscheln**) : **les moules-frites sont une spécialité belge** Miesmuscheln mit Pommes frites sind eine belgische Spezialität.

le **moulin** [mulɛ̃] ■ die **Mühle** (*pluriel* **Mühlen**) : **un ancien moulin à eau** eine alte Wassermühle.

mourant, e [murɑ̃, ɑ̃t] *adjectif*
➤ **il est mourant** er liegt im Sterben.

mourir [37] [murir] *verbe* ■ **sterben** : **on peut mourir de la grippe** man kann an Grippe sterben
➤ **mourir de faim** vor Hunger sterben
➤ **mourir de soif** vor Durst sterben
➤ **je meurs d'envie de lui parler** ich würde liebend gerne mit ihm sprechen
➤ **s'ennuyer à mourir** sich zu Tode langweilen
➤ **c'est à mourir de rire** es ist zum Totlachen.

la **mousse** [mus]
1. das **Moos** (*sans pluriel*) : **la mousse sur les arbres** das Moos auf den Bäumen
2. der **Schaum** (*sans pluriel*) : **der Seifenschaum brennt in den Augen** la mousse de savon irrite les yeux

3. die **Mousse** : **une délicieuse mousse au chocolat** eine leckere Schokoladenmousse.

mousser [3] [muse] *verbe* ■ **schäumen** : **ce savon mousse bien** diese Seife schäumt gut.

la **moustache** [mustaʃ] ■ der **Schnurrbart** (*pluriel* **Schnurrbärte**) : **mon oncle porte la moustache** mein Onkel hat einen Schnurrbart.

moustachu, e [mustaʃy] *adjectif* ■ **mit Schnurrbart**.

le **moustique** [mustik] ■ die **Mücke** (*pluriel* **Mücken**) : **Lise s'est fait piquer par les moustiques** Lise ist von Mücken gestochen worden.

la **moutarde** [mutard] ■ der **Senf** (*sans pluriel*) : **de la moutarde forte** scharfer Senf.

le **mouton** [mutɔ̃] ■ das **Schaf** (*pluriel* **Schafe**) : **un troupeau de soixante moutons** eine Herde mit sechzig Schafen
➤ **le ragoût de mouton** das Lammragout.

le **mouvement** [muvmɑ̃] ■ die **Bewegung** (*pluriel* **Bewegungen**) : **ne faites pas de mouvements brusques** macht keine abrupten Bewegungen.

moyen, enne [mwajɛ̃, ɛn] *adjectif*
1. **mittlere** : **c'est une grande taille ou une taille moyenne ?** ist das eine große oder eine mittlere Größe?
2. **durchschnittlich** : **la température moyenne au mois de mars** die durchschnittliche Temperatur im März.

le **moyen** [mwajɛ̃] ■ das **Mittel** (*pluriel* **Mittel**)
➤ **les moyens de transport** die Transportmittel
➤ **au moyen de** mit Hilfe : **Sabine a tout traduit au moyen d'un dictionnaire** Sabine hat alles mit Hilfe eines Wörterbuchs übersetzt
➤ **employer les grands moyens** zu drastischen Mitteln greifen
➤ **avoir les moyens** es sich leisten könne
laisse-le payer, il a les moyens lass ihn b zahlen, er kann es sich leisten
➤ **je n'ai pas les moyens de m'achet une voiture** ich kann mir kein Auto leiste

le **Moyen Âge** [mwajɛnaʒ] ■ **das Mitt alter** : **au Moyen Âge** im Mittelalter.

la **moyenne** [mwajɛn] ■ der **Durchschn** (*pluriel* **Durchschnitte**) : **ma moyenne l'année est de douze sur vingt** mein Durc schnitt liegt in diesem Jahr bei zwölf von zwa zig Punkten.

muet [mɥɛ, ɛt] *adjectif* ■ **stumm** : **e est muette mais elle se fait comprend** sie ist stumm, aber sie kann sich verständli machen ; **un h muet** ein stummes H ; **j'air les films muets** ich mag Stummfilme

le **muet** ■ der **Stumme** (*pluriel* **die Stum men**) : **les muets communiquent par s gnes** Stumme verständigen sich durch Z chensprache

la **muette** ■ die **Stumme** (*pluriel* **d Stummen**).

le **muguet** [mygɛ] ■ das **Maiglöckch** (*pluriel* **Maiglöckchen**) : **un brin de m guet** ein Maiglöckchen

MUGUET

In Frankreich werden am 1. Mai, dem Tag der Arbeit, kleine Maiglöckchensträuße auf den Straßen verkauft. Man verschenkt sie als Glücksbringer.

multicolore [myltikɔlɔr] *adjectif* ■ **bunt**.

la **multiplication** [myltiplikasjɔ̃] ■ d **Multiplizieren** (*sans pluriel*)
➤ **ils apprennent à faire les multiplica tions** sie lernen multiplizieren.

multiplier [10] [myltiplije] *ver* ■ **multiplizieren** : **multiplie le prix c menu par le nombre de personnes** mul pliziere den Essenspreis mit der Anzahl d Leute ; **3 multiplié par 8 égale 24** 3 mal gleich 24.

municipal, e [mynisipal] *(masculin pluriel* municipaux [mynisipo]*) adjectif* ■ **städtisch : la bibliothèque municipale** die städtische Bibliothek.

municipalité [mynisipalite] ■ die **Stadtverwaltung** *(pluriel* **Stadtverwaltungen***)* : **c'est une municipalité très dynamique** die Stadtverwaltung ist sehr engagiert.

mur [myr]
die **Mauer** *(pluriel* **Mauern***)* : **ne t'appuie pas contre le mur** lehn dich nicht an die Mauer
die **Wand** *(pluriel* **Wände***)* : **j'ai accroché un tableau au mur** ich habe ein Bild an die Wand gehängt.

mûr, e [myr] *adjectif* ■ **reif : les poires ne sont pas encore mûres** die Birnen sind noch nicht reif.

mûre [myr] ■ die **Brombeere** *(pluriel* **Brombeeren***)* : **on a ramassé des mûres pour faire de la confiture** wir haben Brombeeren gepfluckt, um Marmelade zu kochen.

mûrir [27] [myrir] *verbe* ■ **reifen : laisse mûrir les bananes, elles sont vertes** lass die Bananen reifen, sie sind noch grün.

murmurer [3] [myrmyre] *verbe* ■ **murmeln : elle a murmuré mon nom** sie murmelte meinen Namen.

muscle [myskl] ■ der **Muskel** *(pluriel* **Muskeln***)*.

musclé, e [myskle] *adjectif* ■ **muskulös : Roland est très musclé** Roland ist sehr muskulös.

musculation [myskylasjɔ̃] ■ der **Kraftsport : faire de la musculation** Kraftsport machen.

musée [myze] ■ das **Museum** *(pluriel* **Museen***)* : **le musée d'histoire naturelle** das Naturgeschichtsmuseum ; **ce tableau est dans un musée parisien** dieses Bild hängt in einem Pariser Museum.

musical, e [myzikal] *(masculin pluriel* musicaux [myziko]*) adjectif* ■ **musikalisch : un spectacle musical** eine musikalische Darbietung.

musicien, enne [myzisjɛ̃, ɛn] *adjectif* ■ **musikalisch : je ne suis pas très musicien** ich bin nicht sehr musikalisch

le **musicien** ■ der **Musiker** *(pluriel* **Musiker***)*

la **musicienne** ■ die **Musikerin** *(pluriel* **Musikerinnen***)*.

la **musique** [myzik] ■ die **Musik** *(sans pluriel)* : **j'écoute beaucoup de musique** ich höre viel Musik
➤ **la musique de chambre** die Kammermusik
➤ **la musique de film** die Filmmusik.

musulman, e [myzylmɑ̃, an] *adjectif* ■ **moslemisch : les élèves musulmans** die moslemischen Schüler

le **musulman** ■ der **Moslem** *(pluriel* **Moslems***)*

la **musulmane** ■ die **Moslime** *(pluriel* **Moslimen***)*.

muter [3] [myte] *verbe* ■ **versetzen : mon père a été muté à Marseille** mein Vater ist nach Marseille versetzt worden.

myope [mjɔp] *adjectif* ■ **kurzsichtig : Anita porte des lunettes parce qu'elle est myope** Anita trägt eine Brille, weil sie kurzsichtig ist.

la **myrtille** [mirtij] ■ die **Heidelbeere** *(pluriel* **Heidelbeeren***)*.

le **mystère** [mistɛr] ■ das **Rätsel** *(pluriel* **Rätsel***)* : **personne ne comprend, c'est un mystère** niemand versteht das, es ist ein Rätsel ; **la clé du mystère** des Rätsels Lösung.

mystérieux, euse [misterjø, øz] *adjectif* ■ **rätselhaft**.

n' ➤ ne.

la **nage** [naʒ] ■ das **Schwimmen**
➤ **j'aime la nage** ich schwimme gern.

nager **[16]** [naʒe] *verbe* ■ **schwimmen : j'ai nagé un quart d'heure** ich bin eine Viertelstunde geschwommen.

le **nageur** [naʒœr] ■ der **Schwimmer** (*pluriel* **Schwimmer**) **: c'est un bon nageur** er ist ein guter Schwimmer.

la **nageuse** [naʒøz] ■ die **Schwimmerin** (*pluriel* **Schwimmerinnen**).

la **naissance** [nɛsɑ̃s] ■ die **Geburt** (*plu-riel* **Geburten**) **: inscrivez ici votre date de naissance** tragen Sie hier ihr Geburtsdatum ein.

naître **[71]** [nɛtr] *verbe* ■ **geboren werden : je suis né à Paris en 1990** ich wurde 1990 in Paris geboren.

la **nana** [nana] *familier*
1. das **Mädchen** (*pluriel* **Mädchen**) **: deux nanas et trois mecs** zwei Mädchen und drei Typen
2. die **Freundin** (*pluriel* **Freundinnen**) **: tu as vu sa nouvelle nana ?** hast du seine neue Freundin gesehen?

la **nappe** [nap] ■ die **Tischdecke** (*pluriel* **Tischdecken**) **: mets une nappe propre sur la table** leg eine saubere Tischdecke auf den Tisch.

natal, e [natal] (*masculin pluriel* nata *adjectif* ■ **Geburts- : Lyon est sa ville na le** Lyon ist seine Geburtsstadt.

la **natation** [natasjɔ̃] ■ das **Schwimm** (*sans pluriel*) **: le cours de natation** Schwimmunterricht ; **faire de la natati** zum Schwimmtraining gehen ; **je fais de natation tous les jeudis** ich gehe jed Donnerstag zum Schwimmtraining.

la **nation** [nasjɔ̃] ■ die **Nation** (*pluriel* **N tionen**)
➤ **les Nations unies** die Vereinten Natione

national, e [nasjɔnal] (*masculin plur* nationaux [nasjɔno]) *adjectif* ■ **Nati nal- : l'hymne national** die Nationalhymr

la **nationale** [nasjɔnal] ■ die **Nation straße** (*pluriel* **Nationalstraßen**).

la **nationalité** [nasjɔnalite] ■ die **Nati nalität** (*pluriel* **Nationalitäten**) **: vous ê de quelle nationalité ?** welche Nationali haben Sie?
➤ **il est de nationalité canadienne** er kanadischer Staatsbürger.

la **natte** [nat] ■ der **Zopf** (*pluriel* **Zöpfe**) **elle a des nattes** sie trägt Zöpfe.

nature [natyr] *adjectif invariable*
➤ **un yaourt nature** ein einfacher Joghurt

la **nature** ■ die **Natur** (*sans pluriel*) **: protection de la nature** der Naturschut **la nature humaine** die menschliche Natu **le dimanche, on va marcher en plei nature** am Sonntag gehen wir in der frei Natur wandern.

naturel, elle [natyrɛl] *adjectif* ■ **n türlich : c'est tout à fait naturel** das ganz natürlich.

naturellement [natyrɛlmɑ̃] *adver* ■ **natürlich : tu vas à la fête ? - naturell ment !** gehst du zu der Party? - natürlich **ça lui vient naturellement** das macht ganz spontan.

le **naufrage** [nofraʒ] ■ der **Untergang** *(sans pluriel)* : **le naufrage du Titanic** der Untergang der Titanic
➤ **faire naufrage** Schiffbruch erleiden : **plusieurs bateaux ont fait naufrage** mehrere Boote haben Schiffbruch erlitten.

la **nausée** [noze]
➤ **quelqu'un a la nausée** jemandem ist schlecht.

le **navet** [navɛ]
1. die **Rübe** *(pluriel* **Rüben***)* : **faites cuire les navets séparément** die Rüben getrennt garen
2. *familier* **ce film est un navet** der Film ist ein Flop.

la **navette** [navɛt] ■ das **Shuttle** *(pluriel* **Shuttles***)* : **il y a une navette pour aller à l'aéroport** zum Flughafen fährt ein Shuttle
➤ **une navette spatiale** eine Raumfähre
➤ **faire la navette** pendeln : **elle fait tous les jours la navette entre Paris et Rouen** sie pendelt jeden Tag zwischen Paris und Rouen.

naviguer [3] [navige] *verbe* ■ **fahren** : **le bateau a navigué toute la nuit** das Schiff ist die ganze Nacht durch gefahren.

le **navire** [navir] ■ das **Schiff** *(pluriel* **Schiffe***)*.

ne [nə] *(***n'** *devant une voyelle ou un « h » muet) adverbe*
1. **il ne peut pas aller à l'école** er kann nicht in die Schule gehen ; **je n'ai vu personne** ich habe niemanden gesehen

> **Ne** est toujours suivi de **jamais, pas, personne, plus, que, rien** ou **aucun** pour former des phrases négatives.

2. **il est plus grand que je ne croyais** er ist größer, als ich dachte

> **Ne** ne se traduit pas lorsqu'il fait partie d'une comparaison.

né, e [ne] *participe passé* ➤ **naître**
Ludovic est né en 1991 Ludovic ist 1991 geboren ; **elle est née le 17 juin** sie ist am 17. Juni geboren.

nécessaire [nesesɛr] *adjectif* ■ **nötig** : **si nécessaire, je vous envoie les documents par e-mail** wenn nötig, schicke ich Ihnen die Unterlagen per E-mail

le **nécessaire**
➤ **le strict nécessaire** das Allernötigste.

néerlandais, e [neɛrlɑ̃dɛ, ɛz] *adjectif* ■ **niederländisch** : **le parlement néerlandais** das niederländische Parlament

le **néerlandais** ■ **Niederländisch** : **tu parles bien néerlandais** du sprichst gut Niederländisch

le **Néerlandais** ■ der **Niederländer** *(pluriel* **Niederländer***)*

la **Néerlandaise** ■ die **Niederländerin** *(pluriel* **Niederländerinnen***)*.

négatif, ive [negatif, iv] *adjectif* ■ **negativ** : **une réponse négative** eine negative Antwort

le **négatif** ■ das **Negativ** *(pluriel* **Negative***)* : **je ne trouve plus le négatif de cette photo** ich finde das Negativ von diesem Foto nicht mehr.

négligent, e [negliʒɑ̃, ɑ̃t] *adjectif* ■ **nachlässig** : **il s'est montré négligent** er war nachlässig.

la **négociation** [negɔsjasjɔ̃] ■ die **Verhandlung** *(pluriel* **Verhandlungen***)* : **les négociations de paix** die Friedensverhandlungen.

négocier [9] [negɔsje] *verbe* ■ **verhandeln**.

la **neige** [nɛʒ] ■ der **Schnee** *(sans pluriel)*.

neiger [20] [neʒe] *verbe impersonnel* ■ **schneien** : **il neige** es schneit ; **il a neigé la nuit dernière** gestern Nacht hat es geschneit.

le **néon** [neɔ̃] ■ die **Neonröhre** *(pluriel* **Neonröhren***)* : **la salle de classe est éclairée par des néons** im Klassenzimmer hängen Neonröhren.

le **nerf** [nɛr] ■ der **Nerv** (*pluriel* **Nerven**) : **elle me tape sur les nerfs** sie geht mir auf die Nerven
➤ **être à bout de nerfs** mit seinen Nerven am Ende sein
➤ **avoir les nerfs solides** starke Nerven haben.

nerveux, euse [nɛrvø, øz] *adjectif* ■ **nervös : tu me rends nerveux** du machst mich nervös.

n'est-ce pas [nɛspa] *adverbe*
➤ **c'est délicieux, n'est-ce pas ?** das ist lecker, oder?
➤ **tu as un frère, n'est-ce pas ?** du hast einen Bruder, stimmt's?

net [nɛt]
■ *adjectif*
deutlich : une nette amélioration eine deutliche Verbesserung
■ *adverbe*
➤ **s'arrêter net** abrupt anhalten.

le **Net** [nɛt] ■ **le Net** das Internet ; **j'ai trouvé un site là-dessus sur le Net** ich habe dazu eine Seite im Internet gefunden.

nettement [nɛtmɑ̃] *adverbe* ■ **deutlich : on voit nettement les Alpes d'ici** von hier aus kann man die Alpen deutlich sehen ; **c'est nettement mieux** das ist deutlich besser.

le **nettoyage** [netwajaʒ] ■ die **Reinigung** (*pluriel* **Reinigungen**).

nettoyer **[12]** [nɛtwaje] *verbe* ■ **sauber machen : je dois nettoyer le four** ich muss den Ofen sauber machen.

neuf¹, neuve [nœf, nœv] *adjectif* ■ **neu : il est neuf, ton manteau ?** ist dein Mantel neu?
➤ **tout neuf** ou **flambant neuf** nagelneu : **un vélo tout neuf** ou **un vélo flambant neuf** ein nagelneues Fahrrad
➤ **quoi de neuf ?** was gibt's Neues?

neuf² [nœf] *adjectif numéral* ■ **neun : il y a neuf garçons dans ma classe** in meiner Klasse sind neun Jungen

le **neuf** ■ die **Neun**.

neutre [nøtr] *adjectif* ■ **neutral : Suisse est un pays neutre** die Schweiz i ein neutrales Land.

neuve ➤ neuf¹.

neuvième [nœvjɛm] *adjectif numér* ■ **neunte : c'est la neuvième fois que vois ce film** ich sehe diesen Film zum neu ten Mal

le **neuvième**
1. der **Neunte** (*pluriel* **Neunten**)
2. das **Neuntel** (*pluriel* **Neuntel**) : **un neuvième de la somme totale** ein Neuntel der G samtsumme

la **neuvième** ■ die **Neunte** (*plur* **Neunten**) : **Anne est arrivée neuvième** A ne ist Neunte geworden.

le **neveu** [nəvø] (*pluriel* neveux) ■ d **Neffe** (*pluriel* **Neffen**).

le **nez** [ne] ■ die **Nase** (*pluriel* **Nasen**) : **e a un petit nez retroussé** sie hat eine Stup nase.

ni [ni] *conjonction*
➤ **ni ... ni** weder ... noch : **ni Kevin ni s frère n'ont voulu jouer** weder Kevin no sein Bruder wollten spielen
➤ **ni lui ni moi** keiner von uns
➤ **je ne les aime ni l'un ni l'autre** ich m sie beide nicht.

le **nid** [ni] ■ das **Nest** (*pluriel* **Nester**) : **u nid d'oiseau** ein Vogelnest.

la **nièce** [njɛs] ■ die **Nichte** (*pluriel* **Nic ten**).

nier **[9]** [nje] *verbe* ■ **leugnen : il a to nié** er hat alles geleugnet.

n'importe ➤ importer.

le **niveau** [nivo] (*pluriel* niveaux)
1. der **Pegel** (*pluriel* **Pegel**) : **le niveau d l'eau est monté** der Wasserpegel ist gesti gen
2. der **Standard** (*pluriel* **Standards**) : **le n veau de vie** der Lebensstandard
➤ **il a un bon niveau en allemand** se Deutsch ist gut.

e **Noël** [nɔɛl] ■ das **Weihnachten** *(pluriel* **Weihnachten***)* : **à Noël** zu Weihnachten ; **joyeux Noël !** Frohe Weihnachten!

NOËL

Am 24. Dezember gibt es in Frankreich traditionsgemäß Truthahn mit Kastanien und als Nachtisch eine mit Creme gefüllte Biskuitrolle, die **bûche**. Früher stellten die Kinder an diesem Abend ihre Schuhe vor den Kamin, damit sie der Weihnachtsmann, der **père Noël**, mit Geschenken füllt. Heute werden die Geschenke meist am Weihnachtsabend selbst unter den geschmückten Tannenbaum gelegt. Der 26. Dezember ist anders als in Deutschland kein Feiertag.

e **nœud** [nø] ■ der **Knoten** *(pluriel* **Knoten***)* : **faire un nœud** einen Knoten machen
➤ **un nœud papillon** eine Fliege.

noir, e [nwaʀ] *adjectif*
. **schwarz : il porte des chaussures noires** er trägt schwarze Schuhe
. **dunkel : il fait déjà noir** es ist schon dunkel

e **noir**
. **Schwarz** *(neutre, sans pluriel)* : **le noir ne me va pas** Schwarz steht mir nicht
. das **Dunkel** *(sans pluriel)* : **on ne voyait rien dans le noir** im Dunkeln konnten wir nichts sehen
➤ **le travail au noir** die Schwarzarbeit.

e **Noir** ■ der **Schwarze** *(pluriel* **Schwarzen***)*

a **Noire** ■ die **Schwarze** *(pluriel* **Schwarzen***)*.

a **noisette** [nwazɛt] ■ die **Haselnuss** *(pluriel* **Haselnüsse***)*.

a **noix** [nwa] ■ die **Walnuss** *(pluriel* **Walnüsse***)*
➤ **un gâteau aux noix** ein Nusskuchen
➤ **une noix de coco** eine Kokosnuss.

e **nom** [nɔ̃]
. der **Name** *(pluriel* **Namen***)* : **pouvez-vous épeler votre nom, s'il vous plaît ?** können Sie Ihren Namen bitte buchstabieren? ; **un nom commun** ein Gattungsname ; **un nom propre** ein Eigenname
2. das **Substantiv** *(pluriel* **Substantive***)* : **mettez le nom au pluriel** setzt das Substantiv in den Plural
➤ **nom de famille** Familienname : **quel est votre nom de famille ?** wie lautet Ihr Familienname?
➤ **nom de jeune fille** Mädchenname.

le **nombre** [nɔ̃bʀ] ■ die **Zahl** *(pluriel* **Zahlen***)* : **un nombre impair** eine ungerade Zahl ; **un nombre pair** eine gerade Zahl
➤ **un grand nombre de** viele : **j'ai trouvé un grand nombre de fautes** ich habe viele Fehler gefunden.

nombreux, euse [nɔ̃bʀø, øz] *adjectif*
1. **viele : ils ont de nombreux enfants** sie haben viele Kinder
2. **zahlreich : de nombreux supporters attendaient devant le stade** zahlreiche Fans warteten vor dem Stadion
➤ **peu nombreux** nicht viele : **ils étaient peu nombreux** sie waren nicht viele
➤ **une famille nombreuse** eine kinderreiche Familie.

le **nombril** [nɔ̃bʀil] ■ der **Bauchnabel** *(pluriel* **Bauchnabel***)*.

nommer [3] [nɔme] *verbe*
1. **nennen : ils l'ont nommée Christine** sie haben sie Christine genannt
2. **ernennen : il a été nommé président de l'association** er wurde zum Vereinsvorsitzenden ernannt

se **nommer** *verbe pronominal* ■ **heißen : elle se nomme Agathe** sie heißt Agathe.

non [nɔ̃] *adverbe*
1. **nein : elle a dit non** sie hat nein gesagt
2. **nicht : non seulement il ment, mais en plus ça le fait rire** er lügt nicht nur, sondern er findet das auch noch lustig
➤ **c'est une bonne idée, non ?** ist das nicht eine gute Idee?
➤ **moi non plus** ich auch nicht : **il n'a pas faim, moi non plus** er hat keinen Hunger und ich auch nicht.

le **non-fumeur** [nɔ̃fymœʀ] ■ der **Nichtraucher** *(pluriel* **Nichtraucher***)* : **cette partie du restaurant est réservée aux non-fumeurs** dieser Teil des Restaurants ist nur für Nichtraucher

➤ **une zone non-fumeur** eine rauchfreie Zone.

la **non-fumeuse** [nɔ̃fymøz] ■ die **Nichtraucherin** *(pluriel* **Nichtraucherinnen***)*.

nord [nɔr] *adjectif invariable*
1. **Nord- : la côte nord** die Nordküste
2. **nördlich : la banlieue nord** die nördlichen Vororte

le **nord** ■ der **Norden : au nord** im Norden
➤ **au nord de Bonn** nördlich von Bonn
➤ **l'Amérique du Nord** Nordamerika.

nord-africain, e [nɔrafrikɛ̃, ɛn] *adjectif* ■ **nordafrikanisch**

le **Nord-Africain** ■ der **Nordafrikaner** *(pluriel* **Nordafrikaner***)*

la **Nord-Africaine** ■ die **Nordafrikanerin** *(pluriel* **Nordafrikanerinnen***)*.

nord-américain, e [nɔramerikɛ̃, ɛn] *adjectif* ■ **nordamerikanisch**

le **Nord-Américain** ■ der **Nordamerikaner** *(pluriel* **Nordamerikaner***)*.

la **Nord-Américaine** ■ die **Nordamerikanerin** *(pluriel* **Nordamerikanerinnen***)*.

nord-est [nɔrɛst] *adjectif invariable*
1. **Nordost- : la côte nord-est** die Nordostküste
2. **nordöstlich : la banlieue nord-est** die nordöstlichen Vororte

le **nord-est** ■ der **Nordosten** *(sans pluriel)* **: au nord-est** im Nordosten
➤ **au nord-est de Marchenoir** nordöstlich von Marchenoir.

nord-ouest [nɔrwɛst] *adjectif invariable*
1. **Nordwest- : la côte nord-ouest** die Nordwestküste
2. **nordwestlich : la banlieue nord-ouest** die nordwestlichen Vororte

le **nord-ouest** ■ der **Nordwesten** *(sans pluriel)* **: au nord-ouest** im Nordwesten
➤ **au nord-ouest de Foulangues** nordwestlich von Foulangues.

normal, e [nɔrmal] *(masculin plur.* **normaux** [nɔrmo]*) adjectif* ■ **normal**
c'est tout à fait normal das ist ganz nc mal ; **ce n'est pas normal, ils ne sont p. encore arrivés** da stimmt etwas nicht, s sind noch nicht da.

normalement [nɔrmalmɑ̃] *adver.* ■ **normalerweise : normalement il vie déjeuner le mercredi** normalerwei kommt er mittwochs zum Essen.

la **Normandie** [nɔrmɑ̃di] ■ die **Norma die**
➤ **Rouen se trouve en Normandie** Rou liegt in der Normandie
➤ **j'aimerais aller en Normandie** ich wür gerne in die Normandie fahren.

nos *pluriel* ➤ notre.

le|la **notaire** [nɔtɛr] ■ der **Notar** *(pluriel* **N tare***)*, die **Notarin** *(pluriel* **Notarinnen***)*.

la **note** [nɔt]
1. die **Note** *(pluriel* **Noten***)* **: j'ai eu une bor ne note** ich habe eine gute Note bekomme **elle a eu une mauvaise note** sie hat ei schlechte Note bekommen ; **cette note e très aiguë** das ist eine sehr hohe Note
2. die **Notiz** *(pluriel* **Notizen***)* **: prendre d notes** sich Notizen machen.

noter [3] [nɔte] *verbe*
1. **auf|schreiben : est-ce que tu as noté date ?** hast du das Datum aufgeschrieben
2. **benoten : le professeur note parfois l devoirs à la maison** der Lehrer benot manchmal die Hausaufgaben.

la **notice** [nɔtis] ■ die **Anleitung** *(plur* **Anleitungen***)*.

la **notion** [nosjɔ̃]
➤ **avoir des notions de quelque cho** Kenntnisse in etwas haben : **j'ai seuleme quelques notions d'allemand** ich habe n ein paar Grundkenntnisse in Deutsch.

notre [nɔtr] *(pluriel* **nos** [no]*) adjec* ■ **unser, unsere : dans notre classe** in u serer Klasse ; **c'est l'une de nos matièr préférées** das ist eines unserer Lieblingsf cher.

la **nôtre** [lənotr, lanotr] *(pluriel* les nôtres [lenotr]) *pronom* ■ **unserer, unsere, unseres** : **c'est votre chien ? – non, le nôtre est plus petit** ist das euer Hund? – nein, unserer ist kleiner ; **nos parents n'ont pas voulu – les nôtres non plus** unsere Eltern wollten nicht – unsere auch nicht.

les **nouilles** [nuj] *nom féminin pluriel* ■ die **Nudeln** *(pluriel)*.

nourrir [27] [nurir] *verbe* ■ **füttern** : **il nourrit son chien deux fois par jour** er füttert seinen Hund zweimal am Tag

se **nourrir** *verbe pronominal* ■ **sich ernähren** : **ce serpent se nourrit de rongeurs** diese Schlange ernährt sich von Nagetieren.

la **nourriture** [nurityr] ■ das **Essen** *(sans pluriel)* : **la nourriture est délicieuse à la cantine** das Essen in der Kantine ist sehr gut.

nous [nu] *pronom*

1. **wir** : **nous avons une petite sœur** wir haben eine kleine Schwester ; **c'est nous qui y sommes allés finalement** wir sind schließlich hingegangen
2. **uns** : **allez-y sans nous** geht ohne uns hin ; **rends-le-nous** gib es uns zurück ; **et nous, tu nous as comptés ?** was ist mit uns, hast du uns mitgezählt? ; **nous sommes fières de nous** wir sind stolz auf uns ; **dépêchons-nous** wir müssen uns beeilen
3. **einander**

> Lorsque **nous** a une valeur réciproque, il se traduit par **einander** ou ne se traduit pas :

nous nous appelons tous les jours wir rufen einander jeden Tag an ; **nous nous battons souvent** wir kämpfen oft miteinander

➤ **nous voilà !** da sind wir!

➤ **c'est à nous** das gehört uns

nous-mêmes *pronom personnel* ■ **wir selbst** : **nous l'avons fait nous-mêmes** das haben wir selbst gemacht.

nouveau, elle [nuvo, ɛl] *(masculin pluriel* **nouveaux** [nuvo]) (**nouveau** *devient* **nouvel** *devant un nom masculin commençant par une voyelle ou un « h » muet)*

■ *adjectif*

neu : **Gabriel a un nouveau VTT** Gabriel hat ein neues Mountainbike

➤ **le Nouvel An** das Neue Jahr

■ *adverbe*

➤ **à nouveau** ou **de nouveau** wieder : **elle est à nouveau malade** sie ist schon wieder krank

le **nouveau** ■ der **Neue** *(pluriel* **die Neuen**) : **il y a un nouveau dans notre classe** wir haben einen Neuen in der Klasse

la **nouvelle** ■ die **Neue** *(pluriel* **die Neuen**) : **la nouvelle est vraiment sympa** die Neue ist echt nett.

la **nouveauté** [nuvote] ■ die **Neuheit** *(pluriel* **Neuheiten**).

la **nouvelle** [nuvɛl]

1. die **Nachricht** *(pluriel* **Nachrichten**) : **c'est une bonne nouvelle !** das ist eine gute Nachricht!
2. die **Novelle** *(pluriel* **Novellen**) : **j'ai lu deux nouvelles de Maupassant** ich habe zwei Novellen von Maupassant gelesen
3. die **Neue** *(pluriel* **die Neuen**) : **il y a une nouvelle dans notre classe** wir haben eine Neue in der Klasse

les **nouvelles** *nom féminin pluriel* ■ **Nachrichten** *(pluriel)* : **les nouvelles sont à vingt heures** die Nachrichten kommen um acht Uhr

➤ **avoir des nouvelles de quelqu'un** von jemandem hören : **est-ce que tu as eu de leurs nouvelles récemment?** hast du in letzter Zeit von ihnen gehört?

➤ **demander des nouvelles de quelqu'un** nach jemandem fragen.

nouvel, nouvelle ➤ nouveau.

la **Nouvelle-Calédonie** [nuvɛlkaledɔni] ■ **Neukaledonien**

> En général, les noms de pays ne sont pas précédés par un article en allemand.

novembre [nɔvɑ̃br] ■ **November** : **je vais à Munich en novembre** im November fahre ich nach München

➤ **nous sommes le quatre novembre** heute ist der vierte November.

le **noyau** [nwajo] *(pluriel* noyaux*)* ■ der **Kern** *(pluriel* **Kerne***)* : **des noyaux de pêche** Pfirsichkerne.

se **noyer** **[12]** [sənwaje] *verbe pronominal* ■ **ertrinken** : **j'ai failli me noyer** ich wäre fast ertrunken.

nu, e [ny] *adjectif* ■ **nackt** : **elle était nue** sie war nackt ; **il est tout nu** er ist völlig nackt

➤ **pieds nus** barfuß.

le **nuage** [nɥaʒ] ■ die **Wolke** *(pluriel* **Wolken***)*.

nuageux, euse [nɥaʒø, øz] *adjectif* ■ **bewölkt** : **le temps est nuageux** es ist bewölkt.

la **nuance** [nɥɑ̃s] ■ der **Unterschied** *(pluriel* **Unterschiede***)* : **je ne comprends pas la nuance** ich verstehe den Unterschied nicht

➤ **petite nuance** feiner Unterschied.

nucléaire [nykleɛr] *adjectif* ■ **Atom-** : **l'énergie nucléaire** die Atomenergie.

la **nuit** [nɥi] ■ die **Nacht** *(pluriel* **Nächte***)*

➤ **cette nuit**

1. gestern Nacht : **j'ai mal dormi cette nuit** gestern Nacht habe ich schlecht geschlafen
2. heute Nacht ; **je vais bien dormir cette nuit** heute Nacht werde ich gut schlafen

➤ **faire** ou **passer une nuit blanche**

1. eine schlaflose Nacht verbringen : **j'étais tellement stressée que j'ai passé une nuit blanche** ich war so gestresst, dass ich eine schlaflose Nacht verbracht habe
2. die ganze Nacht durchmachen ; **il y avait une fête chez Emilie, on a fait une nuit blanche** wir waren auf einer Party bei Emilie, wir haben die ganze Nacht durchgemacht

➤ **il fait nuit** es ist dunkel.

nul, nulle [nyl] *adjectif familier* ■ **mies** : **le film était nul** der Film war mies

➤ **je suis nulle en français** ich bin eine Null in Französisch

➤ **nulle part** nirgends : **je ne le trouve nulle part** ich kann ihn nirgends finden.

numérique [nymerik] *adjec*
■ **Digital-** : **un appareil photo numériq**
eine Digitalkamera.

le **numéro** [nymero] ■ die **Nummer** *(pl riel* **Nummern***)* : **quel est votre numéro c téléphone ?** wie lautet Ihre Telefonnur mer? ; **Flora habite au numéro 12** Flo wohnt in Nummer 12.

numéroter **[3]** [nymerote] *ver*
■ **nummerieren** : **n'oubliez pas de num roter les pages de votre devoir !** verges nicht, bei eurer Arbeit die Seiten zu numm rieren!

le **Nylon®** [nilɔ̃] ■ das **Nylon** : **une ch mise de nuit en Nylon** ein Nachthemd a Nylon.

O

obéir **[27]** [ɔbeir] *verbe* ■ **gehorcher**
obéir à quelqu'un jemandem gehorcher
le chien refuse d'obéir à son maître d Hund gehorcht seinem Herrchen nicht.

obéissant, e [ɔbeisɑ̃, ɑ̃t] *adjec*
■ **folgsam** : **des élèves obéissants** folgs me Schüler.

objectif, ive [ɔbʒɛktif, iv] *adjec*
■ **objektiv** : **tu dois rester objectif** musst objektiv bleiben

l' **objectif** *nom masculin*

1. das **Ziel** *(pluriel* **Ziele***)* : **il s'est fixé un ok jectif** er hat sich ein Ziel gesetzt
2. das **Objektiv** *(pluriel* **Objektive***)* : **l'objec d'un appareil photo** das Objektiv ein Fotoapparates.

objet [ɔbʒɛ] *nom masculin* ■ das **Ding** *(pluriel* **Dinge***)* : **ça sert à quoi cet objet bizarre ?** wozu ist dieses komische Ding da?

obligation [ɔbligasjɔ̃] *nom féminin* ■ die **Pflicht** *(pluriel* **Pflichten***)* : **tu peux y aller, mais ce n'est pas une obligation** du kannst hingehen, aber du musst nicht.

obligatoire [ɔbligatwar] *adjectif* ■ **Pflicht-** : **la matière obligatoire** das Pflichtfach.

obliger [16] [ɔbliʒe] *verbe*
obliger quelqu'un à faire quelque chose jemanden zwingen, etwas zu tun : **je ne peux pas t'obliger à y aller** ich kann dich nicht zwingen hinzugehen
être obligé de faire quelque chose etwas tun müssen : **je suis obligé de terminer mes devoirs d'abord** ich muss erst meine Hausaufgaben fertig machen.

obscurité [ɔpskyrite] *nom féminin* ■ die **Dunkelheit** *(sans pluriel)* : **la maison était plongée dans l'obscurité** das Haus lag in völliger Dunkelheit

obsédé, e [ɔpsede] *adjectif* ■ **besessen** : **il est obsédé par cette idée** er ist von diesem Gedanken besessen.

observateur, trice [ɔpsɛrvatœr, tris] *adjectif*
il est très observateur er ist ein guter Beobachter.

observer [3] [ɔpsɛrve] *verbe* ■ **beobachten** : **j'observais son expression** ich beobachtete seinen Gesichtausdruck.

obstacle [ɔpstakl] *nom masculin* ■ das **Hindernis** *(pluriel* **Hindernisse***)* : **le cheval est tombé au dernier obstacle** das Pferd stürzte beim letzten Hindernis.

obtenir [35] [ɔptənir] *verbe* ■ **bekommen** : **il a obtenu le premier prix au festival** er hat beim Festival den ersten Preis bekommen.

occasion [ɔkazjɔ̃] *nom féminin* ■ die **Gelegenheit** *(pluriel* **Gelegenheiten***)* : **tu as manqué une bonne occasion** du hast eine gute Gelegenheit verpasst
➤ **d'occasion** gebraucht : **un vélo d'occasion** ein gebrauchtes Fahrrad.

l' **Occident** [ɔksidɑ̃] *nom masculin* ■ **l'Occident** der Westen.

occidental, e [ɔksidɑ̃tal] *(masculin pluriel* **occidentaux** [ɔksidɑ̃to]*)* *adjectif* ■ **westlich** : **les pays occidentaux** die westlichen Länder.

l' **occupation** [ɔkypasjɔ̃] *nom féminin*
1. die **Beschäftigung** *(pluriel* **Beschäftigungen***)* : **il a de nombreuses occupations** er beschäftigt sich mit vielen Dingen
2. die **Besetzung** : **pendant l'Occupation** während der Besetzung Frankreichs

occupé, e [ɔkype] *adjectif*
1. **beschäftigt** : **elle est occupée à faire ses devoirs** sie ist mit ihren Hausaufgaben beschäftigt
2. **besetzt** : **ça sonne occupé** es ist besetzt.

occuper [3] [ɔkype] *verbe*
1. **beschäftigen** : **essaie d'occuper les enfants** versuch die Kinder zu beschäftigen
2. **besetzen** : **l'armée a occupé la capitale** die Armee hat die Hauptstadt besetzt

s' **occuper** *verbe pronominal*
➤ **s'occuper de quelqu'un** sich um jemanden kümmern : **elle s'occupe des enfants** sie kümmert sich um die Kinder
➤ **s'occuper de quelque chose** sich um etwas kümmern : **je m'occupe de la vaisselle** ich kümmere mich um den Abwasch ; **je m'occupe de ses plantes quand elle n'est pas là** ich kümmere mich um ihre Pflanzen, wenn sie weg ist
➤ **je m'en occupe** ich kümmere mich darum
➤ **occupe-toi de tes affaires !** kümmer dich um deine Angelegenheiten!

l' **océan** [ɔseɑ̃] *nom masculin* ■ der **Ozean** *(pluriel* **Ozeane***)*
➤ **l'océan Atlantique** der Atlantik
➤ **l'océan Pacifique** der Pazifik.

octobre [ɔktɔbr] ■ **Oktober** : **mon anniversaire est en octobre** ich habe im Oktober Geburtstag
➤ **nous sommes le cinq octobre** heute ist der fünfte Oktober.

l' **odeur** [odœr] *nom féminin* ■ der **Geruch** *(pluriel* **Gerüche***)*
➤ **quelle bonne odeur !** hier riecht es aber gut!
➤ **quelle mauvaise odeur !** es stinkt!

l' **œil** [œj] *(pluriel* **yeux** [jø]*)* *nom masculin* ■ das **Auge** *(pluriel* **Augen***)* : **elle a les yeux bleus** sie hat blaue Augen ; **une petite fille aux yeux verts** ein kleines Mädchen mit grünen Augen
➤ **un œil au beurre noir** ein blaues Auge.

l' **œuf** [œf] *(pluriel* **œufs** [ø]*)* *nom masculin* ■ das **Ei** *(pluriel* **Eier***)*
➤ **un œuf à la coque** ein weich gekochtes Ei
➤ **un œuf dur** ein hart gekochtes Ei
➤ **un œuf de Pâques** ein Osterei
➤ **un œuf au plat** ou **un œuf sur le plat** ein Spiegelei.

l' **œuvre** [œvr] *nom féminin* ■ das **Werk** *(pluriel* **Werke***)* : **une œuvre d'art** ein Kunstwerk.

l' **office** [ɔfis] *nom masculin*
➤ **l'office du tourisme** das Fremdenverkehrsamt.

officiel, elle [ɔfisjɛl] *adjectif* ■ **offiziell** : **est-ce que la nouvelle est officielle ?** ist das eine offizielle Nachricht?

l' **officier** [ɔfisje] *nom masculin* ■ der **Offizier** *(pluriel* **Offiziere***)*.

l' **offre** [ɔfr] *nom féminin* ■ das **Angebot** *(pluriel* **Angebote***)* : **une offre d'emploi** ein Stellenangebot ; **offre spéciale !** Sonderangebot!

offrir **[29]** [ɔfrir] *verbe*
1. **schenken** : **mes parents m'ont offert des rollers pour mon anniversaire** meine Eltern haben mir Inlineskates zum Geburtstag geschenkt
2. **an|bieten** : **il a offert ses services** er hat seine Dienste angeboten ; **je t'offre un coca ?** kann ich dir eine Cola anbieten?

oh [o] *interjection* ■ **oh** : **oh, comme c'est beau !** oh, ist das schön!
➤ **oh là là** au weia.

l' **oignon** [ɔɲɔ̃] *nom masculin* ■ **die Zwiebel** *(pluriel* **Zwiebeln***)*
➤ **mêle-toi de tes oignons** *familier* kümm[ere] dich um deine Angelegenheiten.

l' **oiseau** [wazo] *(pluriel* **oiseaux***)* *n[om] masculin* ■ der **Vogel** *(pluriel* **Vögel***)* : **un o[i]seau de proie** ein Raubvogel.

O.K. [ɔke] *adjectif & adverbe* ■ **O.K.**, **j'a[r]rive !** o.k., ich komme!

l' **olive** [ɔliv] *nom féminin* ■ **die Olive** *(p[lu]riel* **Oliven***)* : **des olives noires** schwarze [Oli]ven ; **des olives vertes** grüne Oliven.

olympique [ɔlɛ̃pik] *adjectif* ■ **oly[m]pisch** : **les Jeux olympiques** die Olym[pi]schen Spiele.

l' **ombre** [ɔ̃br] *nom féminin* ■ **der Scha[t]ten** *(pluriel* **Schatten***)* : **asseyons-nous [à] l'ombre** setzen wir uns doch in den Scha[t]ten.

l' **omelette** [ɔmlɛt] *nom féminin* ■ **d[as] Omelette** *(pluriel* **Omelettes***)* : **une om[e]lette aux champignons** ein Omelette m[it] Pilzen.

l' **omnibus** [ɔmnibys] *nom masculin* ■ **d[er] Nahverkehrszug** *(pluriel* **Nahverkehrsz[ü]ge***)*.

omnisports [ɔmnispɔr] *adjectif in[va]riable* ■ **Sport-** : **la salle omnisports** [die] Sporthalle.

on [ɔ̃] *pronom*
1. **wir** : **on y va ?** gehen wir? ; **on est arriv[é] trop tard** wir sind zu spät gekommen
2. **jemand** : **on t'a appelé au téléphone [ce] matin** heute Morgen hat jemand für dich a[n]gerufen
3. **man** : **on me dit souvent que je ressem[ble] à mon père** man sagt mir oft, dass ich m[ei]nem Vater ähnlich sehe
➤ **on n'a pas le droit de jouer au foot [ici]** Fußballspielen ist hier nicht erlaubt
➤ **on ne sait jamais** man weiß nie.

l' **oncle** [ɔ̃kl] *nom masculin* ■ **der Onk[el]** *(pluriel* **Onkel***)*.

l' **ongle** [ɔ̃gl] *nom masculin* ■ **der Nag[el]** *(pluriel* **Nägel***)* : **arrête de te ronger les o[n]gles** hör auf, an den Fingernägeln zu kaue[n]

ont ➤ avoir.

ONU, Onu [ɔny] *(abréviation de* **Organisation des Nations unies***) nom féminin*
l'ONU die UNO.

onze [ɔ̃z] *adjectif* ■ **elf : j'ai onze ans** ich bin elf Jahre alt

onze ■ die **Elf**
nous sommes le onze juillet heute ist der elfte Juli.

onzième [ɔ̃zjɛm] *adjectif* ■ **elfter, elfte, elftes : c'est ma onzième médaille** das ist meine elfte Medaille

onzième ■ der|die **Elfte** *(pluriel* **die Elften***)* **: Dimitri est arrivé onzième** Dimitri ist Elfter geworden.

opéra [ɔpera] *nom masculin* ■ die **Oper** *(pluriel* **Opern***)* **: on va à l'opéra samedi** am Samstag gehen wir in die Oper ; **un opéra de Puccini** eine Oper von Puccini.

opération [ɔperasjɔ̃] *nom féminin*
. die **Operation** *(pluriel* **Operationen***)* **: j'ai eu une opération au genou** ich bin am Knie operiert worden
. das **Rechnen** *(sans pluriel)* **: tu as fait une erreur dans ton opération** du hast einen Fehler beim Rechnen gemacht.

opérer **[17]** [ɔpere] *verbe* ■ **operieren : ils l'ont opérée mardi dernier** sie wurde letzten Dienstag operiert
se faire opérer sich operieren lassen : **je me suis fait opérer du genou** ich habe mich am Knie operieren lassen.

opinion [ɔpinjɔ̃] *nom féminin* ■ die **Meinung** *(pluriel* **Meinungen***)* **: l'opinion publique** die öffentliche Meinung.

opposé, e [ɔpoze] *adjectif* ■ **entgegengesetzt : il va dans la direction opposée** er geht in die entgegengesetzte Richtung
être opposé à quelque chose gegen etwas sein.

opposer **[3]** [ɔpoze] *verbe*
un match qui opposera la France à l'Allemagne ein Spiel, bei dem Frankreich gegen Deutschland antritt

opposer *verbe pronominal* ■ **s'opposer à quelque chose** gegen etwas sein ; **ils s'opposent à cette réforme** sie sind gegen die Reform.

l' **opposition** [ɔpozisjɔ̃] *nom féminin*
■ die **Opposition** *(pluriel* **Oppositionen***)* **: l'opposition a voté contre** die Opposition hat dagegen gestimmt.

l' **opticien** [ɔptisjɛ̃] *nom masculin* ■ der **Optiker** *(pluriel* **Optiker***)*.

l' **opticienne** [ɔptisjɛn] *nom féminin*
■ die **Optikerin** *(pluriel* **Optikerinnen***)*.

optimiste [ɔptimist] *adjectif* ■ **optimistisch : tu es bien optimiste !** du bist ganz schön optimistisch!

l' **option** [ɔpsjɔ̃] *nom féminin*
1. das **Wahlfach** *(pluriel* **Wahlfächer***)* **: j'ai pris latin en option** ich habe Latein als Wahlfach genommen
2. das **Extra** *(pluriel* **Extras***)* **: l'airbag est en option** der Airbag ist ein Extra.

l' **or**[1] [ɔr] *nom masculin* ■ das **Gold** *(sans pluriel)* **: un bague en or** ein Ring aus Gold.

or[2] [ɔr] *conjonction* ■ **aber : je pensais que c'était facile, or ce n'était pas le cas** ich dachte, es wäre einfach, aber es war nicht so.

l' **orage** [ɔraʒ] *nom masculin* ■ das **Gewitter** *(pluriel* **Gewitter***)* **: l'orage va éclater** das Gewitter bricht gleich los.

orageux, euse [ɔraʒø, øz] *adjectif*
le temps est orageux es gewittert.

oral, e [ɔral] *(masculin pluriel* **oraux** [ɔro]*) adjectif* ■ **mündlich : une épreuve orale** eine mündliche Prüfung

l' **oral** *nom masculin* ■ **die mündliche Prüfung** *(pluriel* **die mündlichen Prüfungen***)* **: Suzanne passe l'oral demain** Suzanne hat morgen ihr mündliche Prüfung
il est meilleur à l'oral qu'à l'écrit er ist mündlich besser als schriftlich.

orange [ɔrɑ̃ʒ] *adjectif invariable* ■ **orangefarben : Luc porte des chaussures orange** Luc hat orangefarbene Schuhe an

l' **orange** *nom masculin* ■ das **Orange** *(sans pluriel)* **: l'orange ne me va pas** Orange steht mir nicht

l' **orange** *nom féminin* ■ die **Orange** *(pluriel* **Orangen***)* : **un jus d'orange** ein Orangensaft

➤ **une orange pressée** ein frisch gepresster Orangensaft.

l' **orbite** [ɔrbit] *nom féminin* ■ die **Umlaufbahn** *(pluriel* **Umlaufbahnen***)* : **le nouveau satellite est sur orbite** der neue Satellit ist auf seiner Umlaufbahn.

l' **orchestre** [ɔrkɛstr] *nom masculin* ■ das **Orchester** *(pluriel* **Orchester***)* : **un orchestre symphonique** ein Symphonieorchester.

ordinaire [ɔrdinɛr] *adjectif* ■ **normal** : **un repas tout à fait ordinaire** ein ganz normales Essen

➤ **de l'essence ordinaire** Normalbenzin.

l' **ordinateur** [ɔrdinatœr] *nom masculin* ■ der **Computer** *(pluriel* **Computer***)* : **il s'est acheté un nouvel ordinateur** er hat sich einen neuen Computer gekauft

➤ **l'ordinateur portable** der Laptop.

l' **ordonnance** [ɔrdɔnɑ̃s] *nom féminin* ■ das **Rezept** *(pluriel* **Rezepte***)* : **le médecin m'a fait une ordonnance** der Arzt hat mir ein Rezept ausgestellt.

ordonner **[3]** [ɔrdɔne] *verbe* ■ **befehlen**

➤ **ordonner à quelqu'un de faire quelque chose** jemandem befehlen, etwas zu tun : **je t'ordonne d'arrêter ça tout de suite!** du hörst jetzt sofort damit auf!

l' **ordre** [ɔrdr] *nom masculin*

1. die **Reihenfolge** *(pluriel* **Reihenfolgen***)*
2. der **Befehl** *(pluriel* **Befehle***)* : **il aime bien donner des ordres** er gibt sehr gern Befehle

➤ **par ordre alphabétique** in alphabetischer Reihenfolge.

les **ordures** [ɔrdyr] *nom féminin pluriel* ■ der **Müll** *(sans pluriel)* : **ils ramassent les ordures tous les matins** der Müll wird jeden Morgen abgeholt.

l' **oreille** [ɔrɛj] *nom féminin* ■ das **Ohr** *(pluriel* **Ohren***)* : **les lapins ont de longues oreilles** Kaninchen haben lange Ohren.

l' **oreiller** [ɔrɛje] *nom masculin* ■ das **Kopfkissen** *(pluriel* **Kopfkissen***)*.

l' **organe** [ɔrgan] *nom masculin* ■ das **Organ** *(pluriel* **Organe***)* : **les organes intern**[es] die inneren Organe.

organisé, e [ɔrganize] *adjectif* ■ **organisiert** : **il est bien organisé dans son tra**[vail] bei seiner Arbeit ist er sehr methodisch

l' **organisation** [ɔrganizasjɔ̃] *nom féminin* ■ die **Organisation** *(pluriel* **Organisationen***)* : **une organisation humanitai**[re] eine humanitäre Organisation

➤ **il manque d'organisation dans so**[n] **travail** er geht bei seiner Arbeit nicht syst[e]matisch genug vor.

organiser **[3]** [ɔrganize] *verbe* ■ **organisieren** : **il a organisé le colloque** er h[at] die Tagung organisiert ; **Laura organise u**[ne] **soirée samedi prochain** Laura organisie[rt] eine Party für nächsten Samstag

s' **organiser** *verbe pronominal* ■ **etw**[as] **planen** : **il va falloir qu'on s'organise** w[ir] müssen das planen.

l' **organisme** [ɔrganism] *nom masculin*

1. die **Organisation** *(pluriel* **Organisationen***)* : **un organisme international** eine i[n]ternationale Organisation
2. der **Organismus** *(pluriel* **Organismen***)* : **u**[n] **organisme génétiquement modifié** e[in] genetisch manipulierter Organismus.

l' **orgue** [ɔrg] *nom masculin* ■ die **Org**[el] *(pluriel* **Orgeln***)* : **Pierre joue de l'orgue** [à] **l'église** Pierre spielt Orgel in der Kirche.

orgueilleux, euse [ɔrgœjø, øz] *adjectif* ■ **hochnäsig** : **c'est quelqu'un** [de] **très orgueilleux** er ist sehr hochnäsig.

l' **Orient** [ɔrjɑ̃] *nom masculin* ■ **l'Orient** d[er] Orient ; **en Orient** im Orient.

oriental, e [ɔrjɑ̃tal] *(masculin plur*[iel] **orientaux** [ɔrjɑ̃to]*) adjectif* ■ **Ost-** : [la] **côte orientale de la Grèce** die Ostküs[te] Griechenlands.

l' **orientation** [ɔrjɑ̃tasjɔ̃] *nom fémin*[in] ■ die **Orientierung** *(sans pluriel)*

➤ **je n'ai aucun sens de l'orientation** i[ch] habe überhaupt keinen Orientierungssinn.

originaire [ɔriʒinɛr] *adjectif* ■ **être originaire de** stammen aus ; **ses parents sont originaires de Madagascar** ihre Eltern stammen aus Madagaskar.

original, e [ɔriʒinal] *(masculin pluriel* originaux [ɔriʒino]*) adjectif* ■ **originell : une idée très originale** eine sehr originelle Idee

original *(pluriel* originaux*) nom masculin* ■ das **Original** *(pluriel* **Originale***)* : **le tableau est un original** das Gemälde ist ein Original.

origine [ɔriʒin] *nom féminin* ■ die **Herkunft** *(sans pluriel)*.

orphelin, e [ɔrfəlɛ̃, in] *nom masculin, nom féminin* ■ die **Waise** *(pluriel* **Waisen***)* : **il est orphelin** er ist Waise.

orteil [ɔrtɛj] *nom masculin* ■ der **Zeh** ou die **Zehe** *(pluriel* **Zehen***)* : **le gros orteil** der große Zeh.

orthographe [ɔrtɔgraf] *nom féminin* ■ die **Rechtschreibung** *(sans pluriel)* : **une faute d'orthographe** ein Rechtschreibfehler.

os [ɔs] *(pluriel* **os** [o]*) nom masculin* ■ der **Knochen** *(pluriel* **Knochen***)*.

oser **[3]** [oze] *verbe* ■ **sich trauen : oser faire quelque chose** sich trauen, etwas zu tun ; **je n'ose pas l'appeler** ich traue mich nicht, ihn anzurufen.

otage [ɔtaʒ] *nom masculin* ■ die **Geisel** *(pluriel* **Geiseln***)* : **deux journalistes ont été pris en otage** zwei Journalisten wurden als Geiseln genommen.

ou [u] *conjonction* ■ **oder : tu préfères le grand ou le petit ?** willst du das Große oder das Kleine? ; **arrête ou je te frappe !** hör auf oder ich schlag dich!
ou … ou … ou **ou bien … ou bien …** entweder … oder … : **ou tu travailles, ou tu joues** entweder du arbeitest oder du spielst
ou alors sonst : **arrêtez, ou alors je me fâche!** hört auf, sonst werde ich böse!

où [u] *adverbe*

1. *pronom interrogatif* **wo : où habitez-vous ?** wo wohnt ihr? ; **où vas-tu ?** wo gehst du hin? ; **d'où est-elle ?** wo kommt sie her?
2. *pronom interrogatif indirect* **wo : dis-moi où est mon livre** sag mir, wo mein Buch ist ; **elle ne savait pas par où commencer** sie wusste nicht, wo sie anfangen sollte ; **va où tu veux** geh doch, wohin du willst
3. *pronom relatif*

> Quand **où** est pronom relatif, sa traduction varie selon la préposition exigée par le verbe en allemand :

le village où j'habite das Dorf, in dem ich wohne ; **la région d'où je viens** die Region, aus der ich komme ; **le jour où je suis venu** der Tag, an dem ich gekommen bin.

ouais [wɛ] *interjection familier* ■ **ja : tu viens demain ? – ouais** kommst du morgen? – ja!

oublier **[10]** [ublije] *verbe* ■ **vergessen : j'avais complètement oublié !** das hatte ich ganz vergessen! ; **j'ai dû oublier mon portable chez Lucie** ich muss mein Handy bei Lucie vergessen haben
➤ **oublier de faire quelque chose** vergessen, etwas zu tun : **j'ai oublié de lui dire** ich habe vergessen, es ihm zu sagen.

ouest [wɛst] *adjectif invariable*

1. **West- : la côte ouest des États-Unis** die Westküste der USA
2. **westlich : la banlieue ouest** die westlichen Vororte

l' **ouest** *nom masculin* ■ der **Westen** *(sans pluriel)* : **le soleil se couche à l'ouest** die Sonne geht im Westen unter
➤ **le village se trouve à l'ouest de Iéna** das Dorf liegt westlich von Jena.

oui [wi] *adverbe* ■ **ja : tu parles allemand ? – oui** sprichst du Deutsch? – ja
➤ **bien sûr que oui** na, klar
➤ **je crois que oui** ich glaube ja.

l' **ours** [urs] *nom masculin* ■ der **Bär** *(pluriel* **Bären***)* : **un ours en peluche** ein Teddybär ; **un ours polaire** ein Eisbär.

l' **outil** [uti] *nom masculin* ■ das **Werkzeug** *(pluriel* **Werkzeuge***)* : **une boîte à outils** ein Werkzeugkasten.

outre-mer [utrəmɛr] *adverbe* ■ **Übersee- : les départements d'outre-mer** die französischen Überseedepartements.

ouvert, e [uvɛr, uvɛrt]
■ *participe passé* ➤ ouvrir
le magasin a ouvert à neuf heures der Laden hat um neun Uhr aufgemacht
■ *adjectif*
offen : la fenêtre est grande ouverte das Fenster ist sperrangelweit offen ; **les magasins sont ouverts de 9 heures à 19 heures** die Läden haben von 9 bis 19 Uhr offen ; **c'est quelqu'un de très ouvert** er ist sehr offen.

l' **ouverture** [uvɛrtyr] *nom féminin* ■ die **Öffnung** (*pluriel* **Öffnungen**) : **quelles sont les heures d'ouverture ?** wie sind die Öffnungszeiten?

l' **ouvre-boîtes** [uvrəbwat] *nom masculin invariable* ■ der **Dosenöffner** (*pluriel* **Dosenöffner**).

l' **ouvrier** [uvrije] *nom masculin* ■ der **Arbeiter** (*pluriel* **Arbeiter**) : **les ouvriers sont en grève** die Arbeiter streiken.

l' **ouvrière** [uvrijɛr] *nom féminin* ■ die **Arbeiterin** (*pluriel* **Arbeiterinnen**).

ouvrir **[29]** [uvrir] *verbe*
1. **auf|machen : ouvre la porte !** mach die Tür auf! ; **le magasin ouvre à neuf heures** der Laden macht um neun Uhr auf
2. **auf|drehen : ouvrir le robinet** den Hahn aufdrehen.

ovale [ɔval] *adjectif* ■ **oval : une table ovale** ein ovaler Tisch.

l' **OVNI, ovni** [ɔvni] (*abréviation de* objet volant non identifié) *nom masculin* ■ das **Ufo** (*pluriel* **Ufos**).

l' **oxygène** [ɔksiʒɛn] *nom masculin* ■ der **Sauerstoff** (*sans pluriel*).

l' **ozone** [ɔzon] *nom masculin* ■ das **Ozon** (*sans pluriel*) : **la couche d'ozone** die Ozonschicht

p

pacifique [pasifik] *adjectif* ■ **friedlich : une manifestation pacifique** ei friedliche Demonstration

le **Pacifique** ■ **der Pazifik**.

la **pagaille, pagaïe** [pagaj] *fami*
■ das **Chaos** (*sans pluriel*) : **quelle pagai ici !** was ist das für ein Chaos hier?

la **page** [paʒ] ■ die **Seite** (*pluriel* **Seiter** **ouvrez vos livres, page 13** schlagt eure B cher auf Seite 13 auf
➤ **la page d'accueil** die Homepage
➤ **les pages jaunes** die gelben Seiten.

la **paie, paye** [pɛ, pɛj] ■ der **Lohn** (*p riel* **Löhne**) : **toucher sa paie** seinen Lo bekommen.

le **paiement** [pɛmɑ̃] ■ die **Bezahlu** (*pluriel* **Bezahlungen**).

la **paille** [paj]
1. das **Stroh** (*sans pluriel*) : **tu as déjà dor dans la paille ?** hast du schon mal im Str geschlafen?
2. der **Strohhalm** (*pluriel* **Strohhalme**) : **boit son lait avec une paille** er trinkt sei Milch mit dem Strohhalm.

la **paillette** [pajɛt] ■ die **Paillette** (*plur* **Pailletten**) : **un haut à paillettes** ein Pa lettentop.

le **pain** [pɛ̃] ■ das **Brot** (*pluriel* **Brote**) : **il reste plus de pain** es ist kein Brot mehr c
➤ **un petit pain** ein Brötchen

➤ **un pain au chocolat** ein Schokoladencroissant
➤ **du pain complet** Vollkornbrot
➤ **du pain d'épice** Lebkuchen
➤ **du pain de mie** Toastbrot

PAIN

Zu einem warmen Essen wird in Frankreich grundsätzlich Brot gereicht, es ist ein fester Bestandteil jeder Mahlzeit. Im Restaurant wird Brot nicht extra berechnet, und wenn der Brotkorb leer ist, wird er wieder aufgefüllt.

pair, e [pɛr] *adjectif* ■ **gerade** : **un nombre pair** eine gerade Zahl
➤ **la jeune fille au pair** das Aupairmädchen.

paire [pɛr] ■ das **Paar** *(pluriel* **Paare***)* : **une paire de chaussures** ein Paar Schuhe
➤ **une paire de ciseaux** eine Schere
➤ **une paire de lunettes** eine Brille.

paix [pɛ] ■ der **Frieden** *(sans pluriel)* : **un traité de paix** ein Friedensvertrag ; **faire la paix** Frieden schließen
➤ **j'ai enfin la paix !** endlich habe ich meine Ruhe!

palace [palas] ■ das **Luxushotel** *(pluriel* **Luxushotels***)*.

palais [palɛ] ■ der **Palast** *(pluriel* **Paläste***)* : **le palais de la reine** der Palast der Königin.

pâle [pal] *adjectif* ■ **blass** : **tu es tout pâle** du bist ganz blass.

palier [palje] ■ der **Treppenabsatz** *(pluriel* **Treppenabsätze***)* : **les toilettes sont sur le palier** die Toilette ist auf dem Treppenabsatz.

pâlir [27] [palir] *verbe* ■ **blass werden** : **elle a pâli quand elle a vu Lucas** sie wurde blass, als sie Lucas sah.

palme [palm] ■ die **Schwimmflosse** *(pluriel* **Schwimmflossen***)* : **nager avec des palmes** mit Flossen schwimmen
➤ **la Palme d'Or** *Preis für den besten Film beim Filmfestival in Cannes.*

le **pamplemousse** [pɑ̃pləmus] ■ die **Grapefruit** *(pluriel* **Grapefruits***)*.

pan [pɑ̃] *exclamation* ■ **pan !** peng!

pané, e [pane] *adjectif* ■ **paniert** : **du poulet pané** paniertes Hühnchen.

le **panier** [panje] ■ der **Korb** *(pluriel* **Körbe***)* : **un panier en osier** ein Weidenkorb.

la **panique** [panik] ■ die **Panik** *(pluriel* **Paniken***)* : **pas de panique !** keine Panik!

paniquer [3] [panike] *verbe* ■ **in Panik geraten**
➤ **ne paniquez pas** keine Panik!

la **panne** [pan]
➤ **la panne d'électricité** der Stromausfall
➤ **être en panne** kaputt sein : **l'ascenseur est en panne** der Aufzug ist kaputt
➤ **tomber en panne** eine Panne haben
➤ **tomber en panne d'essence** kein Benzin mehr haben.

le **panneau** [pano] *(pluriel* panneaux*)* ■ das **Schild** *(pluriel* **Schilder***)* : **on a raté le panneau pour Chartres** wir haben das Schild nach Chartres verpasst ; **un panneau de signalisation** ein Verkehrsschild
➤ **le panneau d'affichage** das Schwarze Brett.

le **panorama** [panɔrama] ■ das **Panorama** *(pluriel* **Panoramen***)* : **d'ici le panorama est magnifique** von hier aus hat man ein herrliches Panorama.

le **pansement** [pɑ̃smɑ̃]
1. das **Pflaster** *(pluriel* **Pflaster***)* : **je me suis mis un pansement sur le doigt** ich habe mir ein Pflaster auf den Finger geklebt
2. der **Verband** *(pluriel* **Verbände***)* : **il avait un pansement sur la tête** er hatte einen Verband um den Kopf.

le **pantalon** [pɑ̃talɔ̃] ■ die **Hose** *(pluriel* **Hosen***)* : **mon pantalon est trop serré** meine Hose ist zu eng.

la **pantoufle** [pɑ̃tufl] ■ der **Hausschuh** *(pluriel* **Hausschuhe***)* : **une paire de pantoufles** ein Paar Hausschuhe.

le **papa** [papa] ■ der **Papa** *(pluriel* **Papas***)*.

le **pape** [pap] ■ der **Papst** *(pluriel* **Päpste***)*.

la **papeterie** [papɛtri] ■ das **Schreibwarengeschäft** *(pluriel* **Schreibwarengeschäfte***)*.

le **papi** [papi] ■ der **Opa** *(pluriel* **Opas***)* : **à bientôt papi !** bis bald, Opa! ; **le papi de Martin** Martins Opa.

le **papier** [papje] ■ das **Papier** *(pluriel* **Papiere***)* : **un bout de papier** ein Stück Papier ; **l'imprimante n'a plus de papier** im Drucker ist kein Papier mehr
➤ **du papier aluminium** ou **papier alu** *familier* Alufolie
➤ **du papier à lettres** Briefpapier
➤ **du papier hygiénique** ou **papier toilette** Toilettenpapier
➤ **du papier peint** Tapete
➤ **les papiers (d'identité)** die Papiere : **j'ai oublié mes papiers** ich habe meine Papiere vergessen.

le **papillon** [papijɔ̃] ■ der **Schmetterling** *(pluriel* **Schmetterlinge***)*.

les **Pâques** [pak] *nom féminin pluriel* ■ das **Ostern** *(sans pluriel)* : **à Pâques** zu Ostern ; **joyeuses Pâques** Frohe Ostern

> PÂQUES
>
> In Frankreich verschenkt man zum Osterfest Süßigkeiten in Form von Hühnern, Eiern und Glocken. Der Legende nach fliegen die Kirchenglocken zu Ostern nach Rom und lassen dabei die Süßigkeiten vom Himmel herunterfallen. Einen Osterhasen gibt es in Frankreich nicht.

le **paquet** [pakɛ] ■ das **Päckchen** *(pluriel* **Päckchen***)* : **un paquet de chewing-gum** ein Päckchen Kaugummi ; **j'ai deux paquets à envoyer** ich muss zwei Päckchen verschicken.

par [par] *préposition*
1. **von : André a été puni par le prof d'espagnol** André ist vom Spanischlehrer bestraft worden
2. **mit : le spectacle s'est terminé par un feu d'artifice** die Darbietung endete mit einem Feuerwerk ; **par bateau** mit dem Boot ; **p**[...] **avion** mit dem Flugzeug
3. **pro : une heure par semaine** eine Stun[...] pro Woche ; **cent euros par personne** hu[...]dert Euro pro Person
4. **an : il la tenait par la main** er hielt sie [...] der Hand
5. **aus : je l'ai fait uniquement par pitié** i[...] habe es nur aus Mitleid getan ; **regarder p**[...] **la fenêtre** aus dem Fenster schauen
6. **durch : vous devrez passer par Reims** S[...] sollter durch Reims fahren ; **les voleurs so**[...] **entrés par la fenêtre** die Diebe sind dur[...] das Fenster eingestiegen
➤ **par endroits** stellenweise
➤ **par ici**
1. hier entlang : **venez par ici** kommen Sie hi[...] entlang
2. hier in der Nähe ; **mon cousin habite p**[...] **ici** mein Cousin wohnt hier in der Nähe
➤ **par là**
1. dort entlang : **on est passés par là** wir si[...] dort entlang gegangen
2. dort in der Nähe ; **Camille habite quelq**[...] **part par là** Camille wohnt irgendwo dort [...] der Nähe
➤ **par téléphone** telefonisch.

le **parachute** [paraʃyt] ■ der **Fallschir**[...] *(pluriel* **Fallschirme***)* : **sauter en parachu**[...] Fallschirm springen.

le **paradis** [paradi] ■ das **Paradies** *(plur*[...] **Paradiese***)* : **l'enfer et le paradis** die Hö[...] und das Paradies.

le **paragraphe** [paragraf] ■ der **Absa**[...] *(pluriel* **Absätze***)*.

paraître **[70]** [parɛtr] *verbe*
1. **wirken : elle paraît très sûre d'elle** s[...] wirkt sehr selbstsicher
2. **erscheinen : son nouveau roman est pa**[...] **le mois dernier** sein neuer Roman ist letzt[...] Monat erschienen
➤ **il paraît que**
1. anscheinend : **il paraît qu'Amélie so**[...] **avec Nicolas** anscheinend geht Amélie m[...] Nicolas
2. sollen : **il paraît qu'il est très riche** er s[...] sehr reich sein

> On traduit souvent **il paraît que** par le verbe de modalité **sollen**.

parallèle [paralɛl] *adjectif* ■ **parallel** : **deux lignes parallèles** zwei parallele Linien.

paralysé [paralize] *adjectif* ■ **gelähmt**.

parapente [parapɑ̃t] ■ der **Gleitschirm** (*pluriel* **Gleitschirme**) : **faire du parapente** Gleitschirm fliegen.

parapluie [paraplɥi] ■ der **Regenschirm** (*pluriel* **Regenschirme**) : **il a ouvert son parapluie** er öffnete seinen Regenschirm.

parasol [parasɔl] ■ der **Sonnenschirm** (*pluriel* **Sonnenschirme**).

parc [park] ■ der **Park** (*pluriel* **Parks**) : **un parc d'attractions** ein Vergnügungspark ; **un parc à thème** ein Themenpark.

parce que [parskə] *conjonction* ■ **weil** : **elle n'est pas venue parce qu'elle avait du travail** sie ist nicht gekommen, weil sie arbeiten musste ; **pourquoi ? — parce que !** warum? – darum!

parcmètre [parkmɛtr] ■ die **Parkuhr** (*pluriel* **Parkuhren**).

parcourir [39] [parkurir] *verbe* ■ **zurück|legen** : **il a parcouru tout le chemin en une heure** er hat den ganzen Weg in einer Stunde zurückgelegt.

parcouru, e [parkury] *participe passé* ➤ parcourir.

par-derrière [parderjɛr] *adverbe* ■ **hinten herum** : **passez par-derrière** kommen Sie hinten herum.

par-dessous [pardəsu]

préposition
unter ... durch : **passe par-dessous la barrière** geh unter der Schranke durch
adverbe
darunter durch : **il est passé par-dessous** er ist darunter durch gegangen.

par-dessus [pardəsy]

préposition
über : **ils sont passés par-dessus le mur** sie sind über die Mauer geklettert
■ *adverbe*
darüber : **saute par-dessus** spring darüber.

par-devant [pardəvɑ̃] *adverbe* ■ **vorne herum** : **passe par-devant** komm vorne herum.

pardon [pardɔ̃] *exclamation* ■ **Entschuldigung** : **pardon, je peux passer ?** Entschuldigung, darf ich durch? ; **pardon, où sont les toilettes ?** Entschuldigung, wo ist die Toilette?
➤ **pardon ?** wie bitte?

le **pardon**
➤ **demander pardon à quelqu'un** jemanden um Entschuldigung bitten : **tu dois lui demander pardon** du musst ihn um Entschuldigung bitten.

pardonner [3] [pardɔne] *verbe* ■ **verzeihen**
➤ **pardonner quelque chose à quelqu'un** jemandem etwas verzeihen : **je ne lui pardonnerai jamais ce qu'elle a dit** ich werde ihr nie verzeihen, was sie gesagt hat ; **elle ne lui a pas pardonné de lui avoir rayé son CD préféré** sie hat ihm nicht verziehen, dass er ihre Lieblings-CD verkratzt hat.

pareil, eille [parɛj] *adjectif* ■ **das Gleiche** : **ce n'est pas pareil** das ist nicht das Gleiche
➤ **pareil à** genauso wie : **mes chaussures sont exactement pareilles aux tiennes** meine Schuhe sind genauso wie deine
➤ **je n'ai jamais vu une chose pareille** so etwas habe ich noch nie gesehen.

parent, e [parɑ̃, parɑ̃t] ■ **verwandt** : **ils sont parents** sie sind verwandt

le **parent** ■ der **Verwandte** (*pluriel* **die Verwandten**) : **un parent éloigné** ein entfernter Verwandter

la **parente** ■ die **Verwandte** (*pluriel* **die Verwandten**)

les **parents** *nom masculin pluriel* ■ die **Eltern** (*pluriel*) : **mes parents ont le même âge** meine Eltern sind gleich alt.

la **parenthèse** [parɑ̃tɛz] ■ die **Klammer** *(pluriel* **Klammern***)* : **entre parenthèses** in Klammern
➤ **ouvrez la parenthèse** Klammer auf
➤ **fermez la parenthèse** Klammer zu.

paresseux, euse [parɛsø, øz] *adjectif* ■ **faul** : **mon frère est très paresseux** mein Bruder ist sehr faul.

parfait, e [parfɛ, parfɛt] *adjectif* ■ **perfekt** : **ça va comme ça ? – c'est parfait !** geht das so? – das ist perfekt!

parfaitement [parfɛtmɑ̃] *adverbe* ■ **ganz genau** : **elle sait parfaitement de quoi je veux parler** sie weiß ganz genau, worüber ich sprechen will.

parfois [parfwa] *adverbe* ■ **manchmal** : **on va parfois à la campagne le week-end** manchmal fahren wir am Wochenende aufs Land.

le **parfum** [parfœ̃]
1. das **Parfüm** *(pluriel* **Parfüms***)* : **je ne mets pas de parfum** ich nehme kein Parfüm
2. der **Duft** *(pluriel* **Düfte***)* : **ces roses n'ont aucun parfum** diese Rosen duften überhaupt nicht
3. der **Geschmack** *(sans pluriel)* : **tu veux une glace à quel parfum ?** was für ein Eis möchtest du?

parfumé, e [parfyme] *adjectif*
1. **parfümiert** : **du savon parfumé** parfümierte Seife
2. **mit Geschmack** : **un dessert parfumé à la vanille** ein Nachtisch mit Vanillegeschmack.

se **parfumer** [səparfyme] *verbe pronominal* ■ **sich parfümieren** : **je me suis parfumée** ich habe mich parfümiert.

la **parfumerie** [parfymri] ■ die **Parfümerie** *(pluriel* **Parfümerien***)*.

le **pari** [pari] ■ die **Wette** *(pluriel* **Wetten***)*
➤ **on fait un pari ?** wetten wir?

parier [9] [parje] *verbe* ■ **wetten** : **je te parie qu'il ne viendra pas** ich wette, er kommt nicht.

Paris [pari] *nom propre* ■ **Paris** : **j'hab(ite) (à) Paris** ich wohne in Paris ; **je voudrais a(l)ler à Paris** ich würde gerne nach Paris fa(h)ren.

parisien, enne [parizjɛ̃, ɛn] *adje(ctif)* ■ **Pariser**

> Les adjectifs épithètes formés à partir de noms de villes sont invariables en allemand :

les théâtres parisiens die Pariser Theate(r)
la banlieue parisienne die Pariser Voror(t)

le **Parisien** ■ der **Pariser** *(pluriel* **Pa(ri)ser***)*

la **Parisienne** ■ die **Pariserin** *(pluriel* **Pa(ri)serinnen***)* : **c'est une Parisienne** sie (ist) Pariserin.

le **parking** [parkiŋ] ■ der **Parkplatz** *(p(lu)riel* **Parkplätze***)*.

le **parlement** [parləmɑ̃] ■ das **Par(la)ment** *(pluriel* **Parlamente***)* : **le parleme(nt) français** das französische Parlament.

parler [3] [parle] *verbe* ■ **sprechen** : **nous avons parlé de nos projets pour (le) week-end** wir haben über unsere Woche(n)endpläne gesprochen ; **j'étais en train (de) parler avec Anna** ich habe gerade mit An(na) gesprochen ; **est-ce que tu as parlé de (la) soirée à Jérôme ?** hast du mit Jérôme üb(er) die Party gesprochen? ; **pouvez-vous pa(r)ler plus fort ?** können Sie lauter sprechen(?) **elle parle anglais** sie spricht Englisch
➤ **de quoi parle le livre ?** wovon handelt (das) Buch?
➤ **tu parles !** von wegen! **il a dit qu('il) m'écrivait, tu parles!** er hat gesagt, er w(ür)de mir schreiben, von wegen!

se **parler** *verbe pronominal* ■ **miteinand(er) sprechen** : **ils ne se parlent plus dep(uis) leur dispute** seit ihrem Streit sprechen (sie) nicht mehr miteinander.

parmi [parmi] *préposition* ■ **unter** : **il (ne) compte pas parmi les meilleurs** er ist ni(cht) unter den Besten.

parole [parɔl] ■ das **Wort** *(pluriel* **Worte***)* : **des paroles rassurantes** beruhigende Worte
➤ **adresser la parole à quelqu'un** jemanden an|sprechen : **il m'a adressé la parole à la fête** er hat mich auf der Party angesprochen
➤ **couper la parole à quelqu'un** jemandem das Wort abschneiden : **tu me coupes tout le temps la parole !** du schneidest mir immer das Wort ab!
➤ **tenir parole** sein Wort halten : **il a tenu parole** er hat sein Wort gehalten

paroles *nom féminin pluriel* ■ der **Text** *(pluriel* **Texte***)* : **je ne me souviens plus des paroles de la chanson** ich erinnere mich nicht mehr an den Text des Liedes.

parrain [parɛ̃] ■ der **Patenonkel** *(pluriel* **Patenonkel***)*.

part [par] ■ das **Stück** *(pluriel* **Stücke***)* : **une part de gâteau** ein Stück Kuchen
➤ **de la part de quelqu'un**
1. von jemandem : **c'est un cadeau de la part de Daniel** das ist ein Geschenk von Daniel ;
2. **c'est de la part de qui ?** wer ist am Apparat bitte? *(au téléphone)*
➤ **à part**
1. abgesehen von : **à part ça, il va bien** davon abgesehen geht es ihm gut
2. außer : **à part lui, tous viennent de Munich** außer ihm kommen alle aus München
➤ **autre part** anderswo
➤ **d'une part ..., d'autre part** einerseits ..., andererseits.

partager [16] [partaʒe] *verbe transitif* ■ **teilen** : **partage le croissant avec ton frère** teil das Croissant mit deinem Bruder ; **on peut le partager en deux** wir können es in zwei Hälften teilen

se partager *verbe pronominal* ■ **sich** *(+ D)* **teilen** : **ils se sont partagé le gâteau** sie haben sich den Kuchen geteilt.

partenaire [partənɛr] ■ der **Partner** *(pluriel* **Partner***)*, die **Partnerin** *(pluriel* **Partnerinnen***)* : **son partenaire de double** sein Partner|seine Partnerin im Doppel.

parti, e [parti] *participe passé*
➤ partir.

le parti [parti] ■ die **Partei** *(pluriel* **Parteien***)*.

la participation [partisipasjɔ̃]
1. die **Teilnahme** *(pluriel* **Teilnahmen***)* : **sa participation au tournoi est remise en cause** seine Teilnahme am Turnier ist erneut fraglich
2. die **Beteiligung** *(pluriel* **Beteiligungen***)* : **la participation aux frais est facultative** die Beteiligung an den Kosten ist freiwillig.

participer [3] [partisipe] *verbe*
1. **teil|nehmen** : **je ne peux pas participer** ich kann nicht teilnehmen
2. **sich beteiligen** : **on fait un cadeau à Fabien, tu veux participer ?** wir kaufen ein Geschenk für Fabien, willst du dich daran beteiligen?
➤ **participer à quelque chose** an etwas teilnehmen : **je ne peux pas participer au cours** ich kann an dem Kurs nicht teilnehmen.

particulier, ère [partikylje, ɛr] *adjectif* ■ **besonderer, besondere, besonderes** : **sans raison particulière** ohne besonderen Grund ; **ce thé a un arôme très particulier** dieser Tee hat einen ganz besonderen Geschmack
➤ **en particulier** speziell : **je ne pensais pas à lui en particulier** ich habe nicht speziell an ihn gedacht
➤ **des cours particuliers** Nachhilfeunterricht *(singulier)*.

particulièrement [partikyljɛrmɑ̃] *adverbe* ■ **besonders** : **ça te plaît ? – pas particulièrement** gefällt es dir? – nicht besonders.

la partie [parti]
1. der **Teil** *(pluriel* **Teile***)* : **la première partie du film est très drôle** der erste Teil des Films ist sehr lustig
2. die **Partie** *(pluriel* **Partien***)* : **qui veut faire une partie de cartes ?** wer hat Lust auf eine Partie Karten?
➤ **faire partie de** sein in : **il fait partie de la chorale** er ist im Chor
➤ **en partie** teilweise : **c'est en partie vrai** das ist teilweise richtig.

partir **[38]** [partir] *verbe*

1. **weg|gehen** *(à pied)*, **weg|fahren** *(avec un moyen de locomotion)* : **elle est déjà partie** sie ist schon weggegangen ou sie ist schon weggefahren
2. **heraus|gehen** : **est-ce que la tache est partie ?** ist der Fleck herausgegangen?

➤ **partir de**
1. weg|gehen von : **il part du travail à 19 heures** er geht um 19 Uhr von der Arbeit weg
2. beginnen ; **le sentier part de ce moulin** der Weg beginnt an dieser Mühle

➤ **partir à** fahren nach : **je pars à Strasbourg demain** ich fahre morgen nach Straßburg

➤ **à partir de** von ... an : **à partir de lundi** von Montag an ; **à partir de maintenant** von jetzt an

➤ **partir faire quelque chose** etwas tun gehen : **il est parti faire son jogging** er ist joggen gegangen.

partout [partu] *adverbe* ■ **überall** : **j'ai cherché partout** ich habe überall gesucht

➤ **partout dans la maison** überall im Haus

➤ **j'ai mal partout** mir tut es überall weh.

paru, e [pary] *participe passé*

➤ paraître.

le **pas**[1] [pa] ■ der **Schritt** *(pluriel* **Schritte***)* : **fais un pas en avant** mach einen Schritt vorwärts

➤ **faire les cents pas** auf und ab gehen

➤ **c'est à deux pas d'ici** es ist gleich um die Ecke.

pas[2] [pa] *adverbe* ■ **nicht** : **tu l'as vu ou pas ?** hast du ihn gesehen oder nicht? ; **qui veut de la soupe ? – pas moi !** wer will Suppe? – ich nicht! ; **il a décidé de ne pas y aller** er hat beschlossen, nicht hinzugehen ; **ce n'est pas drôle !** das ist nicht lustig! ; **je ne l'ai pas revue** ich habe sie nicht wiedergesehen ; **le film ne finira pas avant dix heures** der Film ist nicht vor zehn Uhr zu Ende ; **pas encore** noch nicht

➤ **pas de** kein : **je n'ai pas de devoirs pour demain** ich habe keine Hausaufgaben für morgen auf.

le **passage** [pasaʒ] ■ der **Weg** *(pluriel* **Wege***)* : **il y a un passage dans les buissons** man kann durch die Büsche gehen ; **« céder le passage »** „Vorfahrt gewähren"

➤ **un passage piéton** ein Fußgängerüberw[eg]

➤ **je suis juste de passage à Paris** ich b[in] nur auf der Durchreise in Paris.

le **passager** [pasaʒe] ■ der **Passagi[er]** *(pluriel* **Passagiere***)* : **les passagers à destination de Francfort** Passagiere nach Frankfurt

➤ **un passager clandestin** ein blinder Passagier.

la **passagère** [pasaɛr] ■ die **Passagier[in]** *(pluriel* **Passagierinnen***)*.

le **passant** [pasɑ̃] ■ der **Passant** *(plur[iel]* **Passanten***)*.

la **passante** [pasɑ̃t] ■ die **Passantin** *(pl[u]riel* **Passantinnen***)* : **j'ai demandé m[on] chemin à une passante** ich fragte eine Passantin nach dem Weg.

la **passe** [pas] ■ der **Pass** *(pluriel* **Pässe***)*

➤ **faire une passe** den Ball abgeben : **il [ne] fait jamais de passes** er gibt den Ball n[ie] ab.

passé, e [pase] *adjectif* ■ **letzter, letzte, letztes** : **la semaine passée** letzte W[o]che

➤ **il est huit heures passées** es ist nach ach[t]

le **passé** [pase] ■ die **Vergangenhe[it]** *(sans pluriel)* : **mettre les verbes au pas[sé]** die Verben in die Vergangenheit setzen.

le **passeport** [paspɔr] ■ der **Pass** *(plur[iel]* **Pässe***)* : **mon passeport n'est plus valid[e]** mein Pass ist nicht mehr gültig.

passer **[3]** [pase] *verbe*

1. **durch|kommen** : **il y a trop de monde, [o]n ne passera pas** hier sind zu viele Leute, w[ir] werden nicht durchkommen
2. **vorbei|gehen** *(à pied)*, **vorbei|fahren** *(av[ec] un moyen de locomotion)* : **quand vous pa[s]serez devant l'église** wenn Sie an der Ki[r]che vorbeigehen ; **le bus passe devant [la] maison** der Bus fährt vor dem Haus vorbei
3. **fahren** : **vous devrez passer par Annec[y]** Sie müssen über Annecy fahren
4. **kommen** : **je passe en cinquième** ich kom[-]me in die siebte Klasse ; **ça passe à la té[lé] en ce moment** das kommt gerade im Fer[n]sehen
5. **vergehen** : **le temps est passé vite** die Ze[it] ist schnell vergangen

verbringen : je vais passer Noël chez mes parents ich werde Weihnachten bei meinen Eltern verbringen ; **ils ont passé leurs vacances en Espagne** sie haben ihre Ferien in Spanien verbracht
geben : passe-moi ton cahier gib mir dein Heft ; **je te passe Camille** ich gebe dir Camille *(au téléphone)* ; **tu peux me passer Fred ?** kannst du mir Fred geben? *(au téléphone)*
strecken : Lucien a passé le bras par la fenêtre Lucien hat seinen Arm aus dem Fenster gestreckt
passer un examen eine Prüfung haben : **mon frère passe son examen aujourd'hui** mein Bruder hat heute seine Prüfung
le facteur n'est pas encore passé der Briefträger war noch nicht da
passer chez quelqu'un bei jemandem vorbeigehen : **je suis passée chez Lucille** ich bin bei Lucille vorbeigegangen ; **je passerai ce soir** ich komme heute Abend bei euch vorbei
on passera te prendre wir holen dich ab
passer à la suite weiter|machen : **si vous ne comprenez pas le premier exercice, passez à la suite** wenn ihr die erste Übung nicht versteht, macht mit der nächsten weiter
laissez-moi passer ! lassen Sie mich durch! ou lassen Sie mich vorbei!
est-ce que ton mal de tête est passé ? ist dein Kopfweh weg?
en passant unterwegs : **arrête-toi en passant** halt unterwegs an

se passer *verbe pronominal*
passieren : qu'est-ce qui s'est passé ? was ist passiert?
laufen : comment ça s'est passé ? wie ist es gelaufen? ; **ça s'est bien passé** es ist gut gelaufen.

le passe-temps [pastɑ̃] ■ der **Zeitvertreib** *(sans pluriel)* : **la lecture est mon passe-temps favori** Lesen ist mein liebster Zeitvertreib.

la passion [pasjɔ̃] ■ die **Leidenschaft** *(pluriel* **Leidenschaften***)* : **il a une réelle passion pour les arts martiaux** Kampfsport ist seine Leidenschaft.

passionnant, e [pasjɔnɑ̃, ɑ̃t] *adjectif* ■ **spannend : le match était passionnant** das Spiel war spannend.

passionné, e [pasjɔne] *adjectif* ■ **elle est passionnée de mythologie grecque** sie interessiert sich sehr für die griechische Mythologie.

se passionner [səpasjɔne] *verbe pronominal* ■ **se passionner pour quelque chose** sich für etwas begeistern ; **il se passionne pour la guitare** er ist ein begeisterter Gitarrenfan.

la pastèque [pastɛk] ■ die **Wassermelone** *(pluriel* **Wassermelonen***)*.

la pastille [pastij] ■ die **Pastille** *(pluriel* **Pastillen***)* : **des pastilles pour la toux** Hustenpastillen.

la patate [patat] *familier* ■ die **Kartoffel** *(pluriel* **Kartoffeln***)*
➤ **une patate douce** eine Süßkartoffel.

la pâte [pat] ■ der **Teig** *(pluriel* **Teige***)* : **de la pâte brisée** Mürbeteig ; **de la pâte feuilletée** Blätterteig ; **elle fait sa propre pâte à pain** sie macht ihren Brotteig selbst
➤ **de la pâte d'amandes** Marzipan
➤ **de la pâte à modeler** Modelliermasse

les pâtes *nom féminin pluriel* ■ die **Nudeln** *(pluriel)* : **ces pâtes aux œufs sont très bonnes** diese Eiernudeln sind sehr gut.

le pâté [pate] ■ die **Pastete** *(pluriel* **Pasteten***)* : **un sandwich au pâté** ein Butterbrot mit Pastete
➤ **un pâté de maisons** ein Häuserblock : **on a fait le tour du pâté de maisons** wir sind um den Block gegangen.

patient, e [pasjɑ̃, ɑ̃t] *adjectif* ■ **geduldig : il est très patient** er ist sehr geduldig

le patient ■ der **Patient** *(pluriel* **Patienten***)* : **les patients du docteur Knock** Dr. Knocks Patienten

la patiente ■ die **Patientin** *(pluriel* **Patientinnen***)*.

le patin [patɛ̃] ■ **des patins à glace** Schlittschuhe ; **faire du patin à glace** Schlittschuh laufen ; **des patins à roulettes** Rollschuhe ; **faire du patin à roulettes** Rollschuh fahren ; **elle vient à l'école en patins** sie kommt mit Rollschuhen zur Schule.

le **patinage** [patinaʒ] ■ das **Eislaufen** *(sans pluriel)* : **le patinage artistique** der Eiskunstlauf.

patiner [3] [patine] *verbe* ■ **Schlittschuh laufen** *(patins à glace)*, **Rollschuh fahren** *(patins à roulettes)* : **l'hiver, on peut faire du patin sur le lac** im Winter kann man auf dem See Schlittschuh laufen.

le **patineur** [patinœr] ■ der **Eisläufer** *(pluriel* **Eisläufer***)*.

la **patineuse** [patinøz] ■ die **Eisläuferin** *(pluriel* **Eisläuferinnen***)*.

la **patinoire** [patinwar] ■ die **Eisbahn** *(pluriel* **Eisbahnen***)*.

la **pâtisserie** [patisri]

1. das **Gebäck** *(sans pluriel)* : **elle mange trop de pâtisseries** sie isst zu viel Gebäck
2. die **Konditorei** *(pluriel* **Konditoreien***)* : **il y a une nouvelle pâtisserie au coin de la rue** an der Ecke ist eine neue Konditorei.

le **patron** [patrɔ̃] ■ der **Chef** *(pluriel* **Chefs***)* : **elle ne s'entend pas avec son patron** sie versteht sich nicht mit ihrem Chef.

la **patronne** [patrɔn] ■ die **Chefin** *(pluriel* **Chefinnen***)*.

la **patte** [pat]

1. die **Pfote** *(pluriel* **Pfoten***)* : **les pattes du chien** die Hundepfoten
2. das **Bein** *(pluriel* **Beine***)* : **les araignées ont huit pattes** Spinnen haben acht Beine

➤ **à quatre pattes** auf allen vieren : **il s'est mis à quatre pattes pour chercher son stylo sous le canapé** er hat auf allen vieren versucht, seinen Kuli unter dem Sofa hervorzuholen.

la **paupière** [popjɛr] ■ das **(Augen)lid** *(pluriel* **(Augen)lider***)*.

la **pause** [poz] ■ die **Pause** *(pluriel* **Pausen***)* : **on va faire une pause de dix minutes** wir machen zehn Minuten Pause.

pauvre [povr] *Adjektiv* ■ **arm** : **ils sont très pauvres** sie sind sehr arm ; **pauvre Anaïs !** arme Anaïs!

le|la **pauvre** der|die Arme *(pluriel* **die Armen***)*.

le **pavé** [pave] ■ das **(Straßen)Pflaster** *(pluriel* **(Straßen)Pflaster***)*.

le **pavillon** [pavijɔ̃] ■ das **Haus** *(pluriel* **Häuser***)* : **nous habitons un pavillon depuis un an** wir wohnen seit einem Jahr in einem Haus.

payant, e [pɛjɑ̃, ɑ̃t] *adjectif* ■ **est-ce que l'entrée est payante ?** kostet das Eintritt?

paye ➤ paie.

payer [11] [peje] *verbe*

1. **zahlen** : **je n'ai pas encore payé** ich habe noch nicht gezahlt
2. **bezahlen** : **payer cher quelque chose** viel für etwas bezahlen ; **elle a payé son ordinateur très cher** sie hat sehr viel für ihren Computer bezahlt

➤ **payer quelque chose à quelqu'un** jemandem etwas aus|geben : **il m'a payé un café** er hat mir einen Kaffee ausgegeben

➤ **faire payer** berechnen : **ils m'ont fait payer vingt euros pour la livraison** sie haben mir zwanzig Euro für die Lieferung berechnet.

le **pays** [pei] ■ das **Land** *(pluriel* **Länder***)* : **l'Australie est un grand pays** Australien ist ein großes Land.

le **paysage** [peizaʒ] ■ die **Landschaft** *(pluriel* **Landschaften***)*

➤ **de beaux paysages** schöne Landschaften

le **paysan** [peizɑ̃] ■ der **Bauer** *(pluriel* **Bauern***)*.

la **paysanne** [peizan] ■ die **Bäuerin** *(pluriel* **Bäuerinnen***)*.

les **Pays-Bas** [peiba] *nom masculin pluriel* ■ **die Niederlande** : **je suis restée un mois aux Pays-Bas** ich war einen Monat in den Niederlanden ; **mes parents vont aller aux Pays-Bas** meine Eltern fahren in die Niederlande.

le **PC** ■ *(abréviation de* Personal Computer*)* der **PC** *(pluriel* **PCs***)*.

la **peau** [po]

1. die **Haut** *(pluriel* **Häute***)* : **elle a la peau très douce** sie hat sehr zarte Haut

- die **Schale** *(pluriel* **Schalen***)* : **je n'aime pas manger les pêches avec la peau** ich mag keinen Pfirsich mit Schale
- **elle se sent bien|mal dans sa peau** sie fühlt sich wohl|nicht wohl in ihrer Haut.

pêche¹ [pɛʃ] ■ der **Pfirsich** *(pluriel* **Pfirsiche***)* : **j'adore les pêches** ich liebe Pfirsiche
- **avoir la pêche** *familier* in Topform sein.

pêche² [pɛʃ]
- das **Fischen** *(sans pluriel)* : **aller à la pêche** fischen gehen
- das **Angeln** *(sans pluriel) (avec une canne)* : **aller à la pêche** angeln gehen.

pêcher [4] [peʃe] *verbe transitif*
- **fischen**
- **angeln** *(avec une canne)* : **il va pêcher tous les dimanches** er geht jeden Sonntag angeln
- **fangen** : **je n'ai pêché que deux petits poissons** ich habe nur zwei kleine Fische gefangen.

pêcheur [pɛʃœr]
- der **Fischer** *(pluriel* **Fischer***)* : **Loïc est pêcheur** Loïc ist Fischer
- der **Angler** *(pluriel* **Angler***) (avec une canne)*.

pêcheuse [pɛʃœz]
- die **Fischerin** *(pluriel* **Fischerinnen***)*
- die **Anglerin** *(pluriel* **Anglerinnen***) (avec une canne)*.

pédale [pedal] ■ das **Pedal** *(pluriel* **Pedale***)* : **la pédale d'accélérateur** das Gaspedal.

pédaler [3] [pedale] *verbe* ■ **in die Pedale treten** : **il pédalait aussi vite qu'il pouvait** er trat so schnell er konnte in die Pedale.

Pédalo® [pedalo] ■ das **Tretboot** *(pluriel* **Tretboote***)*.

peigne [pɛɲ] ■ der **Kamm** *(pluriel* **Kämme***)*
- **donne-toi un coup de peigne** fahr dir noch schnell mit dem Kamm durchs Haar.

peigner [4] [peɲe] *verbe* ■ **kämmen** : **elle aime peigner sa fille** sie kämmt gern ihre Tochter

se **peigner** *verbe pronominal* ■ **sich kämmen** : **je ne me suis pas peigné** ich habe mich nicht gekämmt.

peindre [61] [pɛ̃dr] *verbe* ■ **streichen** : **j'ai peint ma chambre en violet** ich habe mein Zimmer violett gestrichen.

la **peine** [pɛn]
- **avoir de la peine** Kummer haben
- **faire de la peine à quelqu'un** jemandem weh|tun : **ça lui a fait beaucoup de peine** das hat ihm sehr weh getan
- **ce n'est pas la peine** das ist nicht nötig : **ce n'est pas la peine d'y aller** es ist nicht nötig hinzugehen
- **ça vaut la peine** es lohnt sich : **ça ne vaut pas la peine d'en parler** es lohnt sich nicht, darüber zu sprechen
- **la peine de mort** die Todesstrafe
- **à peine** kaum : **je l'ai à peine reconnu** ich habe ihn kaum wiedererkannt.

peint, e [pɛ̃, pɛ̃t] *participe passé* ➤ peindre.

le **peintre** [pɛ̃tr] ■ der **Maler** *(pluriel* **Maler***)* : **Renoir est un célèbre peintre français** Renoir ist ein berühmter französischer Maler.

la **peinture** [pɛ̃tyr]
1. das **Gemälde** *(pluriel* **Gemälde***)* : **une peinture de Picasso** ein Gemälde von Picasso
2. die **Farbe** *(sans pluriel)* **peinture fraîche** frisch gestrichen.

peler [22] [pəle] *verbe*
1. **schälen** : **peler une orange** eine Apfelsine schälen
2. **sich schälen** : **j'ai le nez qui pèle** meine Nase schält sich.

la **pelle** [pɛl] ■ die **Schaufel** *(pluriel* **Schaufeln***)* : **sa mère lui a acheté un seau et une pelle** seine Mutter hat ihm einen Eimer und eine Schaufel gekauft.

la **pellicule** [pelikyl] ■ der **Film** *(pluriel* **Filme***)* : **une pellicule 24 poses** ein Film mit 24 Bildern.

la **pelote** [pəlɔt] ■ das **Knäuel** *(pluriel* **Knäuel***)* : **une pelote de laine** ein Wollknäuel
- **la pelote basque** das Pelotaspiel.

la **pelouse** [pəluz] ■ der **Rasen** *(sans pluriel)* : **il tond la pelouse** er mäht den Rasen.

la **peluche** [pəlyʃ] ■ das **Plüschtier** *(pluriel* **Plüschtiere***)* : **j'ai eu une peluche pour Noël** ich habe ein Plüschtier zu Weihnachten bekommen.

pencher [3] [pɑ̃ʃe] *verbe* ■ **beugen** : **elle a penché la tête en avant** sie hat ihren Kopf nach vorn gebeugt

se **pencher** *verbe pronominal* ■ **sich beugen** : **ne te penche pas à la fenêtre** beug dich nicht aus dem Fenster.

pendant [pɑ̃dɑ̃] *préposition* ■ **während** : **je serai à la maison pendant la journée** ich werde tagsüber zu Hause sein
➤ **pendant que** während : **il me dérange tout le temps pendant que je fais mes devoirs** er stört mich ständig, während ich meine Hausaufgaben mache.

le **pendentif** [pɑ̃dɑ̃tif] ■ der **Anhänger** *(pluriel* **Anhänger***)* : **elle porte un pendentif en jade** sie trägt einen Jadeanhänger.

pendre [54] [pɑ̃dr] *verbe* ■ **hängen** : **j'ai pendu mon manteau au crochet** ich habe meinen Mantel an den Haken gehängt

se **pendre** *verbe pronominal* ■ **sich erhängen** : **il s'est pendu** er hat sich erhängt.

pénétrer [17] [penetre] *verbe* ■ **ein|dringen** : **il a pénétré dans la maison sans bruit** er ist lautlos in das Haus eingedrungen.

pénible [penibl] *adjectif* ■ **anstrengend** : **le voyage a été vraiment pénible** die Reise war wirklich anstrengend
➤ **il est vraiment pénible !** *familier* er ist wirklich unerträglich!

la **péniche** [peniʃ] ■ der **Lastkahn** *(pluriel* **Lastkähne***)*.

le **pénis** [penis] ■ der **Penis** *(pluriel* **Penisse***)*.

penser [3] [pɑ̃se] *verbe intransitif* ■ **glauben** : **je pense qu'elle est déjà rentrée** ich glaube, dass sie schon zurückgekommen ist ; **je pense que oui** ich glaube schon ; **je pense que non** ich glaube nicht
➤ **penser à quelqu'un** ou **à quelque chose** an jemanden ODER etwas denken : **je pensais justement à toi** gerade habe ich an dich g dacht
➤ **penser à faire quelque chose** daran de ken, etwas zu tun : **pense à acheter** c **pain** denk daran, Brot zu kaufen
➤ **ça me fait penser à quelque chose** d erinnert mich an etwas : **ça me fait pens à la Normandie** das erinnert mich an c Normandie
➤ **faire penser quelqu'un à faire quelq chose** jemanden daran erinnern, etwas tun : **fais-moi penser à prendre les cl** erinnere mich daran, die Schlüssel mitzunemen
➤ **penser faire quelque chose** vor|habe etwas zu tun : **je pensais y aller directement** ich hatte vor, direkt dorthin zu gehe
➤ **qu'est-ce que tu en penses ?** was meir du dazu?

la **pension** [pɑ̃sjɔ̃] ■ das **Internat** *(plur* **Internate***)* : **être en pension** im Intern sein
➤ **une pension alimentaire** Alimente *(p. riel)*.

le|la **pensionnaire** [pɑ̃sjɔnɛr] ■ der **Inte natsschüler** *(pluriel* **Internatsschüler***)*, d **Internatsschülerin** *(pluriel* **Internatssch lerinnen***)*.

la **pente** [pɑ̃t] ■ der **Hang** *(pluriel* **Hänge** **la pente est raide** der Hang ist steil
➤ **le chemin est en pente** der Weg ist a schüssig.

la **Pentecôte** [pɑ̃tkot] ■ das **Pfingsten**

le **pépin** [pepɛ̃] ■ der **Kern** *(pluriel* **Kern**

percer [15] [pɛrse] *verbe transitif*
1. **piercen** : **elle s'est fait percer le nomb** sie hat sich den Bauchnabel piercen lassen
2. **bohren** : **il a fallu percer un trou dans mur** wir mussten ein Loch in die Wand bo ren
➤ **je me suis fait percer les oreilles** ich ha mir Löcher in die Ohren machen lassen.

perdant, e [pɛrdɑ̃, ɑ̃t] *adjectif* ■ **Verlierer-** : **l'équipe perdante** die Verl rermannschaft

le **perdant** ■ der **Verlierer** *(pluriel* **Ve lierer***)* : **il est mauvais perdant** er ist e schlechter Verlierer

perdante ■ die **Verliererin** *(pluriel* **Verliererinnen***)*.

perdre **[57]** [pɛrdr] *verbe*
1. **verlieren : j'ai perdu mes lunettes** ich habe meine Brille verloren
2. **verschwenden : perdre du temps et de l'argent** Zeit und Geld verschwenden

perdre *verbe pronominal* ■ **sich verirren : je me suis perdu** ich habe mich verirrt.

perdu, e [pɛrdy]
participe passé ➤ perdre
adjectif
verloren : je me sens perdu sans elle ohne sie fühle ich mich verloren.

père [pɛr] ■ der **Vater** *(pluriel* **Väter***)* : **le père de Jean est médecin** Jeans Vater ist Arzt
le père Noël der Weihnachtsmann
de père en fils vom Vater auf den Sohn : **ils sont notaires de père en fils** Vater und Sohn sind beide Notar.

perfectionner [sәpɛrfɛksjɔne] *verbe pronominal* ■ **se perfectionner en quelque chose** etwas verbessern ; **il a besoin de se perfectionner en allemand** er muss sein Deutsch verbessern.

performance [pɛrfɔrmɑ̃s] ■ die **Leistung** *(pluriel* **Leistungen***)* : **les performances d'un athlète** die Leistungen eines Wettkämpfers.

périmé, e [perime] *adjectif* ■ **abgelaufen : mon passeport est périmé** mein Reisepass ist abgelaufen ; **le lait est périmé** das Haltbarkeitsdatum der Milch ist abgelaufen.

période [perjɔd] ■ der **Zeitraum** *(pluriel* **Zeiträume***)* : **pendant toute cette période** während des gesamten Zeitraums.

périphérique [periferik] ■ die **Ringautobahn** *(pluriel* **Ringautobahnen***)* : **on va prendre le périphérique** wir nehmen die Ringautobahn.

perle [pɛrl] ■ die **Perle** *(pluriel* **Perlen***)* : **un collier de perles** eine Perlenkette.

la **permanence** [pɛrmanɑ̃s] ■ der **Aufsichtsraum** *(pluriel* **Aufsichtsräume***)*
➤ **j'ai deux heures de permanence** ich habe zwei Stunden Hausaufgabenbetreuung

PERMANENCE

Manchmal haben die Schüler am Vormittag oder Nachmittag Freistunden, in denen es sich nicht lohnt, nach Hause zu gehen. Sie nutzen diese Zeit, um unter der Aufsicht eines **surveillant** in der **permanence** ihre Hausaufgaben zu machen.

permettre **[64]** [pɛrmɛtr] *verbe*
1. **erlauben : ma mère ne me permet pas d'aller à cette fête** meine Mutter erlaubt mir nicht, auf diese Party zu gehen ; **ce n'est pas permis** das ist nicht erlaubt
2. **ermöglichen : le séjour à Paris lui a permis d'améliorer son français** der Aufenthalt in Paris hat es ihm ermöglicht, sein Französisch zu verbessern

se **permettre** *verbe pronominal*
1. **sich erlauben : se permettre de faire quelque chose** sich erlauben, etwas zu tun ; **je me suis permis de regarder dans tes papiers** ich habe mir erlaubt, deine Unterlagen durchzusehen
2. **es sich leisten : je ne peux pas me permettre de dîner au restaurant** ich kann es mir nicht leisten, im Restaurant zu Abend zu essen.

permis, e [pɛrmi, iz] *participe passé* ➤ permettre.

le **permis** [pɛrmi]
➤ **le permis de conduire** der Führerschein
➤ **un permis de travail** eine Arbeitserlaubnis.

la **permission** [pɛrmisjɔ̃] ■ die **Erlaubnis** *(pluriel* **Erlaubnisse***)*
➤ **demander la permission** um Erlaubnis fragen : **est-ce que tu as demandé la permission d'y aller ?** hast du um Erlaubnis gefragt, hinzugehen?

perpendiculaire [pɛrpɑ̃dikylɛr] *adjectif* ■ **senkrecht : perpendiculaire à** senkrecht zu.

le **perroquet** [pɛrɔkɛ] ■ der **Papagei** *(pluriel* **Papageien***)*.

le **persil** [pɛrsi] ■ die **Petersilie** *(sans pluriel)*.

le **personnage** [pɛrsɔnaʒ] ■ die **Figur** *(pluriel* **Figuren***)* : **le personnage principal dans le roman** die Hauptfigur des Romans.

la **personnalité** [pɛrsɔnalite] ■ die **Persönlichkeit** *(pluriel* **Persönlichkeiten***)* : **elle a une personnalité très forte** sie hat eine sehr starke Persönlichkeit.

personne [pɛrsɔn] *pronom* ■ **niemand** : **personne n'est venu** niemand ist gekommen ; **personne d'autre** niemand anderes ; **je n'ai vu personne** ich habe niemanden gesehen

la **personne**

1. der **Mensch** *(pluriel* **Leute***)* : **c'est une personne très gentille** sie ist ein sehr netter Mensch ; **les personnes âgées** ältere Leute
2. die **Person** *(pluriel* **Personen***)* : **le groupe est composé de dix personnes** die Gruppe besteht aus zehn Personen

➤ **une grande personne** ein Erwachsener : **les grandes personnes ne peuvent pas comprendre** Erwachsene verstehen das nicht

➤ **en personne** persönlich : **il est venu me voir en personne** er hat mich persönlich aufgesucht.

personnel, elle [pɛrsɔnɛl] *adjectif* ■ **persönlich** : **une lettre personnelle** ein persönlicher Brief

le **personnel** ■ das **Personal** *(sans pluriel)* : **le personnel de l'entreprise** das Personal des Unternehmens.

personnellement [pɛrsɔnɛlmɑ̃] *adverbe* ■ **persönlich**.

persuader [3] [pɛrsɥade] *verbe transitif* ■ **überzeugen** : **je l'ai finalement persuadé de venir** ich habe ihn letztendlich überzeugt zu kommen

➤ **être persuadé que** überzeugt sein, dass : **je suis persuadé qu'il ne l'a pas fait exprès** ich bin überzeugt, dass er es nicht mit Absicht getan hat.

peser [18] [pəze] *verbe* ■ **wiegen** : **pèse quarante kilos** ich wiege vierzig Kil

➤ **peser lourd** schwer sein : **ça pèse lou** das ist schwer

se **peser** *verbe pronominal* ■ **sich wiege** **je ne me pèse pas souvent** ich wiege mi nicht oft.

pessimiste [pesimist] *adjectif* ■ **pesmistisch** : **ne sois pas pessimiste** sei nic so pessimistisch.

le **pétale** [petal] ■ das **Blütenblatt** *(plur* **Blütenblätter***)*.

la **pétanque** [petɑ̃k] ■ das **Boule** *(sa pluriel)*

PÉTANQUE

Boule, wie dieses Spiel au Deutsch heißt, bezeichnet au Französisch nur eine der Metallkugeln mit denen man versucht, möglichst nah an die kleine Kugel, das **cochonne** (Schweinchen), heranzukommen. **Pétanque** wird überall auf Plätzen und in Parks gespielt, aber es gibt auch spezielle **boulodromes**, auf deren feinem Kiesbelag di Kugeln besonders gut rollen.

le **pétard** [petar] ■ der **Knaller** *(plur* **Knaller***)* : **ils ont tiré des pétards toute nuit** sie haben die ganze Nacht Knaller g worfen.

pétiller [3] [petije] *verbe* ■ **sprudel** **de l'eau qui pétille** sprudelndes Wasser.

petit, e [pəti, it] *adjectif* ■ **klein** : **u petite quantité** eine kleine Menge ; **il e petit pour son âge** er ist klein für sein Alte **il est plus petit que toi** er ist kleiner als d **ce jean est trop petit** diese Jeans ist klein ; **une jolie petite maison** ein hübsch kleines Haus ; **quand j'étais petite** als i klein war ; **ma petite sœur est encore maternelle** meine kleine Schwester ge noch in den Kindergarten

➤ **son petit ami** ihr (fester) Freund

➤ **sa petite amie** seine (feste) Freundin

➤ **petit à petit** nach und nach

- le petit déjeuner das Frühstück : **je n'ai pas encore pris mon petit déjeuner** ich habe noch nicht gefrühstückt.

la **petite-fille** *(pluriel* petites-filles*)* [pətitfij] ■ die **Enkelin** *(pluriel* **Enkelinnen***)*.

le **petit-fils** *(pluriel* petits-fils*)* [pətifis] ■ der **Enkel** *(pluriel* **Enkel***)*.

les **petits-enfants** [p(ə)tizɑ̃fɑ̃] *nom masculin pluriel* ■ die **Enkel** *(pluriel)*.

le **petit-suisse** [p(ə)tisɥis] ■ *kleiner runder, sahniger Frischkäse.*

le **pétrole** [petrɔl] ■ das **Erdöl** *(sans pluriel)*.

pétrolier, ère [petrɔlje, jɛr] *adjectif* ■ **Erdöl-** : **les produits pétroliers** Erdölprodukte.

peu [pø] *adverbe*

1. *Avec un verbe* **wenig** : **j'ai peu dormi** ich habe wenig geschlafen ; **Isa mange très peu** Isa isst sehr wenig
2. *Avec un adjectif* **nicht sehr** : **il est peu soigneux** er ist nicht sehr ordentlich

- **peu de**

1. *Avec un nom singulier* wenig : **nous avons peu de travail** wir haben wenig Arbeit
2. *Avec un nom pluriel* wenige ; **il reste peu de jours** es sind nur noch wenige Tage

- **un peu** ein wenig : **j'ai un peu faim** ich habe ein wenig Hunger ; **tu veux du gâteau ? – juste un peu** möchtest du etwas Kuchen? – nur ein wenig
- **un peu de** etwas : **donne-moi un peu de pain** gib mir etwas Brot
- **peu à peu** nach und nach : **tu t'amélioreras peu à peu** du wirst nach und nach besser werden.

le **peuple** [pœpl] ■ das **Volk** *(pluriel* **Völker***)* : **le peuple français** das französische Volk.

la **peur** [pœr] ■ die **Angst** *(pluriel* **Ängste***)* : **c'est la peur qui l'a fait agir** er hat aus Angst gehandelt

- **avoir peur de quelque chose** vor etwas Angst haben : **j'ai peur du noir** ich habe Angst vor der Dunkelheit
- **avoir peur de faire quelque chose** Angst haben, etwas zu tun : **j'ai peur de rentrer seule** ich habe Angst, alleine nach Hause zu gehen
- **j'ai peur qu'il ne vienne pas** ich fürchte, er kommt nicht
- **faire peur à quelqu'un** jemanden erschrecken : **tu m'as fait peur!** du hast mich vielleicht erschreckt!

peut ➤ pouvoir.

peut-être [pøtɛtr] *adverbe* ■ **vielleicht** : **il n'a peut-être pas compris** vielleicht hat er es nicht verstanden ; **peut-être que tu pourrais nous accompagner** du könntest uns vielleicht begleiten.

peux ➤ pouvoir.

le **phare** [far]

1. der **Leuchtturm** *(pluriel* **Leuchttürme***)* : **un gardien de phare** ein Leuchtturmwärter
2. der **Scheinwerfer** *(pluriel* **Scheinwerfer***)* : **allumez vos phares** schalten Sie Ihre Scheinwerfer an.

la **pharmacie** [farmasi] ■ die **Apotheke** *(pluriel* **Apotheken***)* : **je dois aller à la pharmacie** ich muss zur Apotheke.

le **pharmacien** [farmasjɛ̃] ■ der **Apotheker** *(pluriel* **Apotheker***)* : **mon père est pharmacien** mein Vater ist Apotheker.

la **pharmacienne** [farmasjɛn] ■ die **Apothekerin** *(pluriel* **Apothekerinnen***)* : **ma mère est pharmacienne** meine Mutter ist Apothekerin.

le|la **philosophe** [filozɔf] ■ der **Philosoph** *(pluriel* **Philosophen***)*, die **Philosophin** *(pluriel* **Philosophinnen***)*.

la **philosophie** [filozofi] ■ die **Philosophie** : **un cours de philosophie** ein Philosophiekurs.

le **phoque** [fɔk] ■ die **Robbe** *(pluriel* **Robben***)*.

la **photo** *(abréviation de* photographie*)* [foto]

1. die **Fotografie** *(sans pluriel)*

2. das **Foto** *(pluriel* **Fotos***)* : **je n'ai pas pris beaucoup de photos** ich habe nicht viele Fotos gemacht ; **je voulais les prendre en photo** ich wollte ein Foto von ihnen machen
➤ **une photo d'identité** ein Passfoto
➤ **faire de la photo** fotografieren.

la **photocopie** [fotokopi] ■ die **(Foto)Kopie** *(pluriel* **(Foto)Kopien***)* : **je vais faire une photocopie de l'article** ich werde eine Kopie von dem Artikel machen.

photocopier [9] [fotokopje] *verbe* ■ **(foto)kopieren** : **il a photocopié la carte** er hat die Karte kopiert.

la **photocopieuse** [fotokopjøz] ■ der **(Foto)Kopierer** *(pluriel* **(Foto)Kopierer***)*.

le|la **photographe** [fotograf] ■ der **Fotograf** *(pluriel* **Fotografen***)*, die **Fotografin** *(pluriel* **Fotografinnen***)* : **elle est photographe de mode** sie ist Modefotografin.

photographier [9] [fotografje] *verbe* ■ **fotografieren**.

le **Photomaton®** [fotomatɔ̃] ■ der **Passbildautomat** *(pluriel* **Passbildautomaten***)*.

la **phrase** [fraz] ■ der **Satz** *(pluriel* **Sätze***)* : **cette phrase n'a pas de verbe** in diesem Satz fehlt das Verb.

physique [fizik] *adjectif* ■ **körperlich** : **de l'exercice physique** körperliche Ertüchtigung

la **physique** ■ die **Physik** : **la physique est ma matière préférée** Physik ist mein Lieblingsfach.

le|la **pianiste** [pjanist] ■ der **Pianist** *(pluriel* **Pianisten***)*, die **Pianistin** *(pluriel* **Pianistinnen***)* : **Philippe est pianiste** Philippe ist Pianist.

le **piano** [pjano] ■ das **Klavier** *(pluriel* **Klaviere***)* : **jouer du piano** ou **faire du piano** Klavier spielen
➤ **un piano à queue** ein Flügel.

le **pichet** [piʃɛ] ■ der **Krug** *(pluriel* **Krüge***)* : **un pichet d'eau** ein Krug Wasser.

le **pickpocket** [pikpɔkɛt] ■ der **Taschendieb** *(pluriel* **Taschendiebe***)* : **« attention aux pickpockets »** „Achtung Taschendiebe".

la **pièce** [pjɛs]
1. das **Zimmer** *(pluriel* **Zimmer***)* : **il y a des radiateurs dans toutes les pièces** alle Zimmer verfügen über eine Heizung
2. das **Stück** *(pluriel* **Stücke***)* : **une pièce de théâtre** ein Theaterstück ; **une pièce de monnaie** ein Geldstück.

le **pied** [pje] ■ der **Fuß** *(pluriel* **Füße***)* : **elle a de grands pieds** sie hat große Füße
➤ **à pied** zu Fuß : **je vais à l'école à pied** ich gehe zu Fuß zur Schule
➤ **casser les pieds à quelqu'un** *familier* jemandem auf den Geist gehen : **il me casse les pieds avec ses problèmes** er geht mir auf den Geist mit seinen Problemen.

le **piège** [pjɛʒ] ■ die **Falle** *(pluriel* **Fallen***)* : **attention, c'est un piège !** sei vorsichtig, das ist eine Falle! ; **ils étaient pris au piège** sie saßen in der Falle.

la **pierre** [pjɛr] ■ der **Stein** *(pluriel* **Steine***)* : **une pierre précieuse** ein Edelstein.

piéton, onne [pjetɔ̃, ɔn] *adjectif* ■ **Fußgänger-** : **une rue piétonne** eine Fußgängerzone

le **piéton** ■ der **Fußgänger** *(pluriel* **Fußgänger***)*

la **piétonne** ■ die **Fußgängerin** *(pluriel* **Fußgängerinnen***)*.

le **pigeon** [piʒɔ̃] ■ die **Taube** *(pluriel* **Tauben***)*.

pile [pil] *adverbe familier*
➤ **à deux heures pile** um Punkt zwei Uhr

la **pile**
1. der **Stapel** *(pluriel* **Stapel***)* : **une pile de magazines** ein Stapel Zeitschriften
2. die **Batterie** *(pluriel* **Batterien***)* : **ça marche avec des piles** das wird mit Batterien betrieben
➤ **on tire à pile ou face ?** werfen wir eine Münze?

le **pilote** [pilɔt] ■ der **Pilot** *(pluriel* **Piloten***)*, die **Pilotin** *(pluriel* **Pilotinnen***)* : **sa mère est pilote** seine Mutter ist Pilotin.

pilule [pilyl] ■ die **Pille** *(pluriel* **Pillen***)* : **prendre la pilule** die Pille nehmen.

pin [pɛ̃] ■ die **Kiefer** *(pluriel* **Kiefern***)* : **une table en pin** ein Tisch aus Kiefer.

pince [pɛ̃s]
1. die **Zange** *(pluriel* **Zangen***)* : **il n'a pas réussi à sortir le clou du mur sans pince** ohne Zange bekam er den Nagel nicht aus der Wand
2. die **Schere** *(pluriel* **Scheren***)* : **les pinces d'un crabe** die Scheren einer Krabbe

➤ **une pince à épiler** eine Pinzette
➤ **une pince à linge** eine Wäscheklammer.

pinceau [pɛ̃so] *(pluriel* **pinceaux***)* ■ der **Pinsel** *(pluriel* **Pinsel***)*.

pincer **[15]** [pɛ̃se] *verbe* ■ **kneifen** : **il m'a pincé au bras** er hat mich in den Arm gekniffen.

pingouin [pɛ̃gwɛ̃] ■ der **Pinguin** *(pluriel* **Pinguine***)*.

ping-pong [piŋpɔ̃g] ■ das **Tischtennis** : **jouer au ping-pong** Tischtennis spielen.

pion [pjɔ̃]
1. der **(Spiel)Stein** : **avance ton pion de trois cases** rück deinen Stein drei Felder vor
2. *familier männliche Aufsichtsperson, die die Schüler in den Pausen und bei den Hausaufgaben betreut.*

pionne [pjɔn] ■ *familier weibliche Aufsichtsperson, die die Schüler in den Pausen und bei den Hausaufgaben betreut.*

pipe [pip] ■ die **Pfeife** *(pluriel* **Pfeifen***)* : **son père fume la pipe** sein Vater raucht Pfeife.

pipi [pipi] ■ das **Pipi** *(sans pluriel)* : **j'ai besoin de faire pipi** ich muss Pipi machen.

pique [pik] ■ das **Pik** *(sans pluriel)* : **la dame de pique** die Pikdame.

pique-nique [piknik] *(pluriel* **pique-niques***)* ■ das **Picknick** *(pluriel* **Picknicke***)* : **nous allons faire un pique-nique au parc** wir machen ein Picknick im Park.

piquer **[3]** [pike] *verbe*
1. **stechen** : **je me suis fait piquer par une guêpe** ich bin von einer Wespe gestochen worden
2. *familier* **klauen** : **qui m'a piqué mon stylo ?** wer hat mir meinen Füller geklaut?

la **piqûre** [pikyr]
1. die **Spritze** *(pluriel* **Spritzen***)* : **l'infirmière m'a fait une piqûre** die Krankenschwester hat mir eine Spritze gegeben
2. der **Stich** *(pluriel* **Stiche***)* : **une piqûre de moustique** ein Mückenstich.

le **pirate** [pirat] ■ der **Pirat** *(pluriel* **Piraten***)* : **un navire de pirates** ein Piratenschiff
➤ **un pirate de l'air** ein Luftpirat.

pire [pir] *adjectif*
1. **schlimmer** : **c'est pire que ce que je pensais** es ist schlimmer als ich dachte
2. **schlimmste** : **c'était son pire ennemi** er war ihr schlimmster Feind

le **pire** ■ **das Schlimmste** : **le pire c'est que je n'ai pas fini mes devoirs** das Schlimmste ist, dass ich meine Hausaufgaben nicht fertig gemacht habe

la **piscine** [pisin] ■ das **Schwimmbad** *(pluriel* **Schwimmbäder***)* : **on va à la piscine ?** sollen wir ins Schwimmbad gehen?

la **piste** [pist] ■ die **Spur** *(pluriel* **Spuren***)* : **la police est sur la piste des voleurs** die Polizei ist den Dieben auf der Spur
➤ **la piste d'atterrissage** die Landebahn
➤ **une piste cyclable** ein Fahrradweg
➤ **la piste de danse** die Tanzfläche
➤ **la piste de ski** die Skipiste.

le **pistolet** [pistɔlɛ] ■ die **Pistole** *(pluriel* **Pistolen***)* : **il a sorti son pistolet** er hat seine Pistole gezogen.

pistonné, e [pistɔne] *adjectif familier*
➤ **être pistonné** Beziehungen haben.

pistonner [pistɔne] *verbe familier*
➤ **son père l'a pistonné pour obtenir un stage** sein Vater hat ihm durch Beziehungen ein Praktikum verschafft.

la **pitié** [pitje] ■ das **Mitleid** *(sans pluriel)* : **je ne veux pas de ta pitié** ich will dein Mitleid nicht

➤ **avoir pitié de quelqu'un** Mitleid mit jemandem haben
➤ **il me fait pitié** er tut mir Leid.

la **pizza** [pidza] ■ die **Pizza** *(pluriel* **Pizzas***)* : **une pizza aux champignons et aux olives** eine Pizza mit Pilzen und Oliven.

le **placard** [plakar] ■ der **Schrank** *(pluriel* **Schränke***)* : **range les verres dans le placard** stell die Gläser in den Schrank.

la **place** [plas] ■ der **Platz** *(pluriel* **Plätze***)* : **ce livre n'est pas à sa place** dies Buch steht nicht an seinem Platz ; **est-ce qu'il reste des places pour demain soir ?** gibt es noch Plätze für morgen Abend? ; **est-ce qu'il y a assez de place ?** ist genug Platz da? ; **ça prend trop de place** das nimmt zu viel Platz ein
➤ **à ta place** an deiner Stelle : **à ta place, je ne l'inviterais pas** an deiner Stelle würde ich ihn nicht einladen.

placer **[15]** [plase] *verbe*
1. **stellen : elle a placé le vase sur la table** sie hat die Vase auf den Tisch gestellt
2. **setzen : l'enfant a placé le nounours sur le fauteuil** das Kind setzte den Teddy in den Sessel.

le **plafond** [plafɔ̃] ■ die **Decke** *(pluriel* **Decken***)*.

la **plage** [plaʒ] ■ der **Strand** *(pluriel* **Strände***)* : **ils vont à la plage** sie gehen an den Strand ; **nous avons passé la journée à la plage** wir haben den Tag am Strand verbracht.

la **plaie** [plɛ] ■ die **Wunde** *(pluriel* **Wunden***)* : **la plaie s'est infectée** die Wunde hat sich entzündet.

plaindre **[60]** [plɛ̃dr] *verbe* ■ **jemandem leid tun : je la plains** sie tut mir Leid

se **plaindre** *verbe pronominal*
1. **sich beklagen : il n'arrête pas de se plaindre** er beklagt sich ständig ; **elle se plaint de son nouveau travail** sie beklagt sich über ihre neue Arbeit
2. **sich beschweren : il s'est plaint au prof** er hat sich beim Lehrer beschwert.

la **plaine** [plɛn] ■ die **Ebene** *(pluriel* **Ebenen***)* : **une plaine entourée de montagnes** eine von Bergen umgebene Ebene.

plaint, e [plɛ̃, plɛ̃t] *participe passé* ➤ plaindre.

la **plainte** [plɛ̃t] ■ die **Klage** *(pluriel* **Klagen***)* : **porter plainte** Klage erheben.

plaire **[83]** [plɛr] *verbe*
1. **gefallen : ça me plaît** das gefällt mir ; **elle lui plaît beaucoup** sie gefällt ihm sehr
2. **Anklang finden : c'est un modèle qui plaît beaucoup** diese Modell findet großen Anklang
➤ **s'il te plaît** ou **s'il vous plaît** bitte.

plaisanter **[3]** [plɛzɑ̃te] *verbe* ■ **scherzen : arrête de plaisanter !** Schluss mit den Scherzen!

la **plaisanterie** [plɛzɑ̃tri] ■ der **Witz** *(pluriel* **Witze***)* : **je n'aime pas ses plaisanteries de mauvais goût !** ich mag seine geschmacklosen Witze nicht!
➤ **faire des plaisanteries** Witze machen.

le **plaisir** [plezir] ■ das **Vergnügen** *(sans pluriel)* : **il fait ça pour son plaisir** ou **il fait ça pour le plaisir** er macht das zu seinem Vergnügen
➤ **avec plaisir** gern
➤ **ça me fait plaisir que tu sois là** ich freue mich, dass du da bist
➤ **quel plaisir de te revoir !** was für eine Freude, dich wiederzusehen!

le **plan** [plɑ̃]
1. der **Plan** *(pluriel* **Pläne***)* : **un plan de la ville** ein Stadtplan ; **un plan de métro** ein U-Bahn-Plan
2. der **Entwurf** *(pluriel* **Entwürfe***)* : **voilà le plan de la maison** hier ist der Entwurf des Hauses ; **le plan d'un devoir** der Entwurf einer Hausarbeit
➤ **à l'arrière-plan** im Hintergrund
➤ **au premier plan** im Vordergrund.

la **planche** [plɑ̃ʃ] ■ das **Brett** *(pluriel* **Bretter***)* : **il y a des planches clouées en travers dela porte** die Tür ist mit Brettern vernagelt
➤ **une planche à dessin** ein Zeichenbrett
➤ **une planche à repasser** ein Bügelbrett

une planche à voile ein Surfbrett : **faire de la planche à voile** surfen
avoir du pain sur la planche noch viel zu tun haben.

plancher [plɑ̃ʃe] ▪ der **Fußboden** (*pluriel* **Fußböden**) : **le plancher n'est pas très solide** der Fußboden ist nicht sehr stabil.

planète [planɛt] ▪ der **Planet** (*pluriel* **Planeten**) : **il y a neuf planètes dans notre système solaire** es gibt neun Planeten in unserem Sonnensystem.

plante [plɑ̃t] ▪ die **Pflanze** (*pluriel* **Pflanzen**) : **une plante verte** eine Grünpflanze.

planter [3] [plɑ̃te] *verbe*
. **pflanzen** : **mon père a planté un sapin dans le jardin** mein Vater hat eine Tanne im Garten gepflanzt
. **schlagen** : **il suffit de planter un clou dans le mur** man muss nur einen Nagel in die Wand schlagen
. **auf|stellen** : **on pourrait planter la tente ici** wir könnten das Zelt hier aufstellen
▸ **planter** *verbe pronominal familier* ▪ **daneben|hauen** : **je me suis planté en géographie** ich habe in Erdkunde ganz schön danebengehauen.

plaqué, e [plake] *adjectif* ▪ **un bracelet plaqué or** ein vergoldetes Armband ; **des boucles d'oreille plaquées argent** versilberte Ohrringe.

plastique [plastik] ▪ das **Plastik** (*sans pluriel*) : **un jouet en plastique** ein Plastikspielzeug.

plat, e [pla, plat] *adjectif* ▪ **flach** : **le paysage est très plat en Belgique** die Landschaft in Belgien ist sehr flach ; **des chaussures plates** flache Schuhe
➤ **de l'eau plate** stilles Wasser
▸ **plat**
. die **Schüssel** (*pluriel* **Schüsseln**) : **mets les pâtes dans un grand plat** gib die Nudeln in eine große Schüssel
. das **Gericht** (*pluriel* **Gerichte**) : **le plat principal** das Hauptgericht
➤ **un plat cuisiné** ein Fertiggericht
➤ **le plat du jour** das Tagesgericht
➤ **à plat**
1. flach : **mets la carte à plat sur la table** breite die Karte flach auf dem Tisch aus
2. platt ; **le pneu est à plat** der Reifen ist platt
3. kaputt ; **je suis à plat, je vais me coucher** ich bin kaputt, ich gehe ins Bett
➤ **faire un plat** einen Bauchklatscher machen : **Bruno a fait un plat, il ne sait pas plonger** Bruno hat einen Bauchklatscher gemacht, er kann keinen Kopfsprung machen.

le **plateau** [plato] (*pluriel* **plateaux**) ▪ das **Tablett** (*pluriel* **Tabletts**) : **je lui ai apporté son petit-déjeuner sur un plateau** ich habe ihm sein Frühstück auf einem Tablett gebracht
➤ **un plateau de fromages** eine Käseplatte.

la **platine** [platin]
➤ **une platine laser** ein CD-Player.

le **plâtre** [platʀ] ▪ der **Gips** (*sans pluriel*) : **Ludo a le bras dans le plâtre** Ludo hat einen Arm in Gips ; **il y a du plâtre qui tombe du plafond** da fällt Gips von der Decke.

le **play-back** [plɛbak] ▪ das **Playback** (*sans pluriel*) : **chanter en play-back** Playback singen.

plein, e [plɛ̃, plɛn] *adjectif* ▪ **voll** : **la bouteille est presque pleine** die Flasche ist fast voll
➤ **plein à craquer** zum Bersten voll : **ma valise est pleine à craquer** mein Koffer ist zum Bersten voll
➤ **en plein air** unter freiem Himmel : **un marché en plein air** ein Markt unter freiem Himmel
➤ **en plein jour** am helllichten Tag
➤ **en pleine nuit** mitten in der Nacht
➤ **en plein** mitten : **en plein dans la figure** mitten ins Gesicht
➤ **plein de** *familier* eine Menge : **Anne a plein d'amis** Anne hat eine Menge Freunde

le **plein** ▪ **faire le plein** voll tanken ; **le plein, s'il vous plaît** voll tanken, bitte.

pleurer [5] [plœʀe] *verbe* ▪ **weinen** : **ma petite sœur pleure tout le temps** meine kleine Schwester weint ständig
➤ **pleurer de joie** vor Freude weinen.

pleurnicher [3] [plœrniʃe] *verbe* ■ **heulen** : **arrête de pleurnicher, c'est agaçant !** hör auf zu heulen, das geht mir auf die Nerven!

pleuvoir [52] [pløvwar] *verbe impersonnel* ■ **regnen** : **il pleut** es regnet.

pliant, e [plijɑ̃, ɑ̃t] *adjectif* ■ **Klapp-** : **une chaise pliante** ein Klappstuhl.

plier [10] [plije] *verbe*
1. **zusammen|legen** : **tu n'as pas bien plié les tee-shirts** du hast die T-Shirts nicht ordentlich zusammengelegt
2. **sich biegen** : **la branche a plié mais ne s'est pas cassée** der Ast hat sich gebogen, ist aber nicht abgebrochen.

le **plomb** [plɔ̃]
1. das **Blei** *(sans pluriel)* : **le plomb est un métal très lourd** Blei ist ein sehr schweres Metall
2. die **Sicherung** *(pluriel* **Sicherungen***)* : **les plombs ont sauté** die Sicherungen sind durchgebrannt.

le **plombier** [plɔ̃bje] ■ der **Installateur** *(pluriel* **Installateure***)*, die **Installateurin** *(pluriel* **Installateurinnen***)* : **la sœur de Mathias est plombier** Mathias' Schwester ist Installateurin.

la **plongée** [plɔ̃ʒe] ■ das **Tauchen** : **faire de la plongée** tauchen
➤ **la plongée sous-marine** das Sporttauchen.

le **plongeoir** [plɔ̃ʒwar] ■ das **Sprungbrett** *(pluriel* **Sprungbretter***)*.

le **plongeon** [plɔ̃ʒɔ̃] ■ der **Kopfsprung** *(pluriel* **Kopfsprünge***)* : **quel beau plongeon !** was für ein schöner Kopfsprung!

plonger [16] [plɔ̃ʒe] *verbe* ■ **tauchen** : **le maître nageur nous apprend à plonger** der Schwimmlehrer bringt uns das Tauchen bei.

plu [ply]
■ *participe passé* ➤ plaire
le film t'a plu ? hat dir der Film gefallen?
■ *participe passé* ➤ pleuvoir
il a plu toute la semaine es hat die gan Woche geregnet.

la **pluie** [plɥi] ■ der **Regen** : **ne restez p sous la pluie** bleibt nicht im Regen drauße

la **plume** [plym] ■ die **Feder** *(pluriel* **F dern***)* : **une plume d'oiseau** eine Vogelf der.

la **plupart** [plypar]
➤ **la plupart de** die meisten : **la plupart d élèves** die meisten Schüler
➤ **la plupart du temps** meistens.

le **pluriel** [plyrjɛl] ■ der **Plural** *(plur* **Plurale***)* : **ce verbe est au pluriel** dies Verb steht im Plural.

plus [ply, plyz]
■ *adverbe*
1. *Dans les comparatifs et les superlat (***plus** *se prononce* [ply] *lorsqu'il est suivi d'u consonne et* [plys] *lorsqu'il est suivi d'u voyelle ou d'un « h » muet)* **elle est bien pl paresseuse que lui** sie ist viel fauler als e **c'est plus difficile qu'avant** es ist schw riger als vorher ; **le plus|la plus|les pl chic** der|die|das Schickste ; **le cours le pl intéressant** die interessanteste Stunde
2. *Dans une phrase à la forme négati avec* **ne** *(***plus** *se prononce* [ply]*)* **nic mehr** : **Karim ne vient plus nous voir** K rim kommt uns nicht mehr besuchen
3. *Modifiant un verbe (***plus** *se pronon [plys])* **mehr** : **tu devrais travailler plus** solltest mehr arbeiten

➤ **plus ou moins** mehr oder weniger
➤ **plus de**
1. mehr : **Lucas a plus de jeux vidéo que m** Lucas hat mehr Videospiele als ich
2. mehr als : **il y a plus de 15 ans** vor mehr a 15 Jahren
3. *Dans une phrase à la forme négati avec* **ne** *(***plus** *se prononce* [ply]*)* kei keine ... mehr : **il n'y a plus de pain** es kein Brot mehr da

➤ **de plus** mehr : **j'ai un an de plus que Ju tine** ich bin ein Jahr älter als Justine
➤ **en plus**
1. extra : **les boissons sont en plus** Geträn kosten extra
2. außerdem ; **il est gentil, et en plus il est golo** er ist nett, und außerdem ist er lustig

en plus de außer : **j'ai eu un CD en plus des livres** ich habe außer Büchern auch eine CD bekommen
le plus possible so viel wie möglich
de plus en plus immer mehr : **de plus en plus de gens** immer mehr Leute
préposition
plus : trois plus trois font six drei plus drei ist sechs.

plusieurs [plyzjœr] *adjectif & pronom pluriel* ■ **mehrere : plusieurs BD** mehrere Comics ; **plusieurs d'entre eux** mehrere von ihnen.

plutôt [plyto] *adverbe*
ziemlich : elle est plutôt sympa sie ist ziemlich nett
lieber : prends plutôt une bière nimm lieber ein Bier
plutôt que
avec un nom lieber ... als : **je prendrai un chocolat plutôt qu'un café** ich nehme lieber eine heiße Schokolade als einen Kaffee
avec une phrase verbale lieber ... anstatt ; **viens avec nous plutôt que de rester là** komm doch lieber mit, anstatt hier zu bleiben.

pneu [pnø] ■ der **Reifen** (*pluriel* **Reifen**) : **les pneus avant** die Vorderreifen.

poche [pɔʃ] ■ die **Tasche** (*pluriel* **Taschen**) : **Marc a mis le billet dans sa poche** Marc hat den Zettel in die Tasche gesteckt
de poche Taschen- : **de l'argent de poche** Taschengeld ; **un livre de poche** ein Taschenbuch
connaître quelque chose comme sa poche etwas wie seine Westentasche kennen : **il connaît Paris comme sa poche** er kennt Paris wie seine Westentasche.

pochette [pɔʃɛt] ■ die **Hülle** (*pluriel* **Hüllen**) : **où est la pochette du disque ?** wo ist die Plattenhülle? ; **je mets mes photocopies dans des pochettes en plastique** ich stecke meine Fotokopien in Plastikhüllen.

poêle [pwal] ■ die **Pfanne** (*pluriel* **Pfannen**) : **une poêle à frire** eine Bratpfanne.

poème [pɔɛm] ■ das **Gedicht** (*pluriel* **Gedichte**).

la **poésie** [pɔezi]
1. die **Gedichte** (*pluriel*) : **Patricia écrit de la poésie** Patricia schreibt Gedichte
2. das **Gedicht** (*pluriel* **Gedichte**) : **une poésie de Prévert** ein Gedicht von Prévert.

le **poète** [pɔɛt] ■ der **Dichter** (*pluriel* **Dichter**), die **Dichterin** (*pluriel* **Dichterinnen**) : **les grands poètes romantiques** die großen Dichter der Romantik.

le **poids** [pwa] ■ das **Gewicht** (*sans pluriel*) : **perdre du poids** ab|nehmen ; **prendre du poids** zu|nehmen
➤ **un poids lourd** ein Lkw.

la **poignée** [pwaɲe]
1. der **Griff** (*pluriel* **Griffe**) : **la poignée de la valise est cassée** der Griff vom Koffer ist kaputt
2. die **Hand voll** (*sans pluriel*) : **une poignée de bonbons** eine Hand voll Bonbons
➤ **une poignée de main** ein Händedruck : **échanger une poignée de main** sich die Hand geben.

le **poignet** [pwaɲɛ] ■ das **Handgelenk** (*pluriel* **Handgelenke**) : **Sylvia a les poignets fins** Sylvia hat zarte Handgelenke.

le **poil** [pwal] ■ das **Haar** (*pluriel* **Haare**) : **il y a des poils de chat partout dans la maison** im Haus liegen überall Katzenhaare herum
➤ **à poil** *familier* nackt : **il était à poil quand je suis entré** er war nackt, als ich hereingekommen bin.

poilu, e [pwaly] *adjectif* ■ **behaart : des jambes poilues** behaarte Beine.

le **poing** [pwɛ̃] ■ die **Faust** (*pluriel* **Fäuste**) : **les poings serrés** mit geballten Fäusten
➤ **dormir à poings fermés** schlafen wie ein Murmeltier.

le **point** [pwɛ̃] ■ der **Punkt** (*pluriel* **Punkte**) : **il manque le point sur le i** es fehlt der Punkt auf dem i ; **mets un point à la fin de la phrase** setz einen Punkt ans Satzende ; **Bertrand a marqué trois points** Bertrand hat drei Punkte erzielt
➤ **les points cardinaux** die Himmelsrichtungen

- un point de côté Seitenstechen : **aïe, j'ai un point de côté** au, ich habe Seitenstechen
- **un point d'exclamation** ein Ausrufezeichen
- **un point faible** ein Schwachpunkt
- **un point fort** eine Stärke
- **un point d'interrogation** ein Fragezeichen
- **le médecin m'a fait trois points de suture** der Arzt hat mich mit drei Stichen genäht
- **un point de vue**
  1. eine Aussicht : **il y a un beau point de vue d'ici** von hier aus hat man eine schöne Aussicht
  2. eine Meinung ; **quel est ton point de vue sur ce sujet ?** wie ist deine Meinung zu diesem Thema?
- **à point**
  1. genau richtig : **le gâteau est à point** ou **le gâteau est cuit à point** der Kuchen ist genau richtig
  2. medium ; **comment voulez-vous votre steak ? – à point** wie möchten Sie Ihr Steak? – medium
- **avoir des points communs avec quelqu'un** etwas mit jemandem gemeinsam haben
- **être sur le point de faire quelque chose** gerade etwas tun wollen : **j'étais justement sur le point de t'appeler** ich wollte dich gerade anrufen
- **faire le point** Bilanz ziehen.

la **pointe** [pwɛ̃t] ■ die **Spitze** *(pluriel* **Spitzen***)* : **la pointe du couteau** die Messerspitze
- **de pointe** Spitzen- : **une technique de pointe** eine Spitzentechnik
- **sur la pointe des pieds** auf Zehenspitzen.

le **pointillé** [pwɛ̃tije] ■ die **punktierte Linie** *(pluriel* **punktierten Linien***)* : **tracer une ligne en pointillé** eine Linie punktieren.

pointu, e [pwɛ̃ty] *adjectif* ■ **spitz** : **un bâton pointu** ein spitzer Stock.

la **pointure** [pwɛ̃tyr] ■ die **Größe** *(pluriel* **Größen***)* : **quelle est votre pointure ?** welche Schuhgröße haben Sie?

le **point-virgule** [pwɛ̃virgyl] *(plu* **points-virgules***)* ■ der **Strichpunkt** *(p riel* **Strichpunkte***)*.

la **poire** [pwar] ■ die **Birne** *(pluriel* **B nen***)* : **un kilo de poires** ein Kilo Birnen.

le **poireau** [pwaro] *(pluriel* poireau ■ der **Lauch** *(sans pluriel)* : **des poireaux naigrette** Lauch mit Vinaigrette.

le **poirier** [pwarje] ■ der **Birnbaum** *(p riel* **Birnbäume***)* : **nous avons un poir dans le jardin** wir haben einen Birnbaum Garten
- **faire le poirier** einen Kopfstand machen

le **pois** [pwa] ■ der **Tupfen** *(pluriel* **Tu fen***)* : **un chemisier rouge à pois blancs** ne rote Bluse mit weißen Tupfen
- **des petits pois** Erbsen.

le **poison** [pwazɔ̃] ■ das **Gift** *(pluriel* **G te***)*.

le **poisson** [pwasɔ̃] ■ der **Fisch** *(pluriel* **sche***)* : **il y a du poisson à la cantine a jourd'hui** in der Kantine gibt es heute Fisc
- **un poisson rouge** ein Goldfisch
- **poisson d'avril !** April, April!
- **être comme un poisson dans l'eau** seinem Element sein

> POISSON D'AVRIL
>
> In Frankreich ist am 1. April jeder bemüht, anderen einer Streich, einen **poisson d'avril**, zu spielen Einer besteht darin, Freunden oder Unbekannten auf der Straße einen Papierfisch auf den Rücken zu heften.

les **Poissons** *nom masculin pluriel* ■ **Fisch je suis Poissons** ich bin Fisch(e).

la **poissonnerie** [pwasɔnri] ■ das **Fisc geschäft** *(pluriel* **Fischgeschäfte***)* : **je vais la poissonnerie acheter des huîtres** i gehe zum Fischgeschäft und kaufe Austern

la **poitrine** [pwatrin] ■ die **Brust** *(plur* **Brüste***)* : **il l'a frappé en pleine poitrine** hat ihm direkt in die Brust gestochen.

le **poivre** [pwavr] ■ der **Pfeffer** *(sans p riel)*.

le **poivron** [pwavʀɔ̃] ■ die **Paprikaschote** (*pluriel* **Paprikaschoten**) : **des poivrons rouges** rote Paprikaschoten.

le **pôle** [pol] ■ der **Pol** (*pluriel* **Pole**) : **le pôle Nord** der Nordpol ; **le pôle Sud** der Südpol.

poli, e [pɔli] *adjectif* ■ **höflich** : **tu pourrais au moins être poli !** du könntest wenigstens höflich sein!

la **police** [pɔlis] ■ die **Polizei** (*sans pluriel*) : **la police est déjà là** die Polizei ist schon da ; **le frère d'Ahmed est dans la police** Ahmeds Bruder ist bei der Polizei.

policier, ère [pɔlisje, ɛʀ] *adjectif*
- **polizeilich, Polizei-** : **une enquête policière** eine polizeiliche Ermittlung
- **Kriminal-** : **un film policier** ein Kriminalfilm ou ein Krimi ; **un roman policier** ein Kriminalroman ou ein Krimi

le **policier** ■ der **Polizist** (*pluriel* **Polizisten**)

la **policière** ■ die **Polizistin** (*pluriel* **Polizistinnen**).

politique [pɔlitik] *adjectif* ■ **politisch** : **le pouvoir politique** die politische Macht

la **politique** [pɔlitik] ■ die **Politik** (*pluriel* **Politiken**) : **la politique étrangère du gouvernement** die Außenpolitik der Regierung.

pollué, e [pɔlɥe] *adjectif* ■ **verschmutzt** : **cette rivière est très polluée** dieser Fluss ist sehr verschmutzt.

polluer [7] [pɔlɥe] *verbe* ■ **verschmutzen**.

la **pollution** [pɔlysjɔ̃] ■ die **Umweltverschmutzung** (*sans pluriel*) : **il faut réduire la pollution** die Umweltverschmutzung muss reduziert werden.

le **polo** [polo] ■ das **Poloshirt** (*pluriel* **Poloshirts**) : **Patrice porte un polo rouge** Patrice trägt ein rotes Poloshirt.

la **pommade** [pomad] ■ die **Salbe** (*pluriel* **Salben**) : **je vais me passer de la pommade sur le genou** ich werde mein Knie mit Salbe einreiben.

la **pomme** [pɔm] ■ der **Apfel** (*pluriel* **Äpfel**) : **un kilo de pommes** ein Kilo Äpfel
➤ **une pomme de pin** ein Tannenzapfen
➤ **des pommes frites** Pommes frites.

la **pomme de terre** [pɔmdətɛʀ] ■ die **Kartoffel** (*pluriel* **Kartoffeln**) : **des pommes de terre à l'eau** Salzkartoffeln, gekochte Kartoffeln ; **des pommes de terre frites** Pommes frites.

le **pommier** [pɔmje] ■ der **Apfelbaum** (*pluriel* **Apfelbäume**).

la **pompe** [pɔ̃p] ■ die **Pumpe** (*pluriel* **Pumpen**) : **est-ce que tu as une pompe à vélo ?** hast du eine Luftpumpe?
➤ **une pompe à essence** eine Zapfsäule
➤ **les pompes funèbres** das Bestattungsinstitut.

pomper [3] [pɔ̃pe] *verbe* ■ **pumpen** : **on a dû pomper toute l'eau du bateau** wir mussten das ganze Wasser aus dem Boot pumpen.

le **pompier** [pɔ̃pje] ■ der **Feuerwehrmann** (*pluriel* **Feuerwehrmänner** ou **Feuerwehrleute**).

la **ponctuation** [pɔ̃ktɥasjɔ̃] ■ die **Zeichensetzung** (*sans pluriel*) : **des signes de ponctuation** Satzzeichen.

ponctuel, le [pɔ̃ktɥɛl] *adjectif* ■ **pünktlich** : **Nicolas est toujours ponctuel à ses rendez-vous** Nicolas kommt immer pünktlich zu seinen Verabredungen.

pondre [55] [pɔ̃dʀ] *verbe* ■ **legen** : **ces poules pondent beaucoup d'œufs** diese Hennen legen viele Eier.

pondu, e [pɔ̃dy] *participe passé*
➤ pondre.

le **poney** [pɔnɛ] ■ das **Pony** (*pluriel* **Ponys**).

le **pont** [pɔ̃] ■ die **Brücke** (*pluriel* **Brücken**) : **on a traversé le pont** wir haben die Brücke überquert
➤ **faire le pont** einen Brückentag machen.

pop [pɔp] *adjectif* ■ **Pop-** : **la musique pop** die Popmusik *(sans pluriel)*.

populaire [pɔpylɛr] *adjectif*
1. **Arbeiter-** : **un quartier populaire de Paris** ein Arbeiterviertel in Paris
2. **beliebt** : **Adam est très populaire auprès des filles** Adam ist sehr beliebt bei den Mädchen.

la **population** [pɔpylasjɔ̃] ■ die **Bevölkerung** *(sans pluriel)* : **la population mondiale est de 6 milliards environ** die Weltbevölkerung beträgt etwa 6 Milliarden.

le **porc** [pɔr]
1. das **Schwein** *(pluriel* **Schweine***)* : **ils élèvent des porcs** sie züchten Schweine
2. das **Schweinefleisch** *(sans pluriel)* : **une côte de porc** ein Schweinekotelett.

la **porcelaine** [pɔrsəlɛn] ■ das **Porzellan** *(sans pluriel)* : **des petits objets en porcelaine** kleine Porzellangegenstände.

le **port** [pɔr] ■ der **Hafen** *(pluriel* **Häfen***)* : **on s'est promenés près du port** wir sind am Hafen spazieren gegangen.

portable [pɔrtabl] *adjectif*
➤ **un ordinateur portable** ein Laptop
➤ **un téléphone portable** ein Handy

le **portable**
1. der **Laptop** *(pluriel* **Laptops***)* : **j'emporte mon portable pour travailler dans le train** ich nehme meinen Laptop mit, um im Zug zu arbeiten
2. das **Handy** *(pluriel* **Handys***)*, das **Mobiltelefon** *(pluriel* **Mobiltelefone***)* : **tu peux m'appeler sur mon portable** du kannst mich auf meinem Handy anrufen.

le **portail** [pɔrtaj] ■ die **Pforte** *(pluriel* **Pforten***)*, das **Portal** *(pluriel* **Portale***)* : **il est descendu de la voiture pour ouvrir le portail** er ist aus dem Auto gestiegen, um die Pforte zu öffnen.

la **porte** [pɔrt] ■ die **Tür** *(pluriel* **Türen***)* : **je n'arrive pas à ouvrir la porte** ich kann die Tür nicht öffnen ; **Loïc m'a claqué la porte au nez** Loïc hat mir die Tür vor der Nase zugeschlagen
➤ **la porte d'embarquement** das Abfluggate
➤ **la porte d'entrée** die Eingangstür
➤ **mettre quelqu'un à la porte** jemand vor die Tür setzen, jemanden hinaus|werfe

le **porte-bagages** [pɔrtbagaʒ] ■ d **Gepäckträger** *(pluriel* **Gepäckträger***)* : **mets mon sac à dos sur le porte-bagag du vélo** ich packe meinen Rucksack auf d Gepäckträger des Fahrrads.

le **porte-clefs, porte-clés** [pɔrtəkl *invariable* ■ der **Schlüsselanhänger** *(plur* **Schlüsselanhänger***)*.

la **porte-fenêtre** [pɔrtfənɛtr] *(plur* **portes-fenêtres***)* ■ die **Balkontür** *(plur* **Balkontüren***)*, die **Terrassentür** *(plur* **Terrassentüren***)*.

le **portefeuille** [pɔrtəfœj] ■ die **Brieft sche** *(pluriel* **Brieftaschen***)* : **Samuel s'e fait voler son portefeuille** Samuel ist d Brieftasche gestohlen worden.

le **portemanteau** [pɔrtmɑ̃to] *(plur* **portemanteaux***)* ■ die **Garderobe** *(p riel* **Garderoben***)* : **mets ta veste au port manteau** häng dein Jackett an die Garder be.

le **porte-monnaie** [pɔrtmɔnɛ] *invar ble* ■ das **Portmonee** *(pluriel* **Portmonee**

porter [3] [pɔrte] *verbe* ■ **tragen** : **aid moi à porter les bagages** hilf mir, das G päck zu tragen ; **Camille porte un jean n** Camille trägt schwarze Jeans

se **porter** *verbe pronominal* ■ **quelqu'un porte bien|mal** jemandem geht es g schlecht ; **Antoine se porte mieux maint nant** Antoine geht es jetzt besser.

la **portière** [pɔrtjɛr] ■ die **Tür** *(pluriel* **T ren***)* : **tu as mal fermé la portière** du ha die Tür nicht richtig zugemacht.

le **portrait** [pɔrtrɛ] ■ das **Porträt** *(plur* **Porträts***)* : **Rembrandt a fait le portrait beaucoup de femmes** Rembrandt hat vie Frauenporträts gemalt
➤ **c'est tout le portrait de sa mère** er ist s ner Mutter wie aus dem Gesicht geschnitte

portugais, e [pɔrtygɛ, ɛz] *adjec* ■ **portugiesisch** : **Fernando Pessoa es poète portugais** Fernando Pessoa ist e portugiesischer Dichter

portugais ■ **Portugiesisch : Béa apprend le portugais** Béa lernt Portugiesisch

Portugais ■ der **Portugiese** *(pluriel* **Portugiesen***)* : **les Portugais** die Portugiesen

Portugaise ■ die **Portugiesin** *(pluriel* **Portugiesinnen***)*.

Portugal [pɔrtygal] ■ **Portugal**

En général, les noms de pays ne sont pas précédés d'un article en allemand.

poser [3] [poze] *verbe*

. **legen**

Quand on pose un objet à plat, on utilise **legen** :

j'ai posé mes livres sur la table ich habe meine Bücher auf den Tisch gelegt

. **stellen**

Quand on pose un objet en position verticale, on utilise **stellen** :

elle a posé les fleurs sur la table sie hat die Blumen auf den Tisch gestellt

. **an|kleben : poser du papier peint** die Tapeten ankleben ODER tapezieren

. **verlegen : poser une moquette** einen Teppichboden verlegen

➤ **poser une question à quelqu'un** jemandem eine Frage stellen

poser *verbe pronominal*

. **landen : l'avion s'est posé sur l'aéroport de Chicago** das Flugzeug ist auf dem Flughafen von Chicago gelandet

. **sich setzen : la pie s'est posée sur la branche** die Elster hat sich auf den Ast gesetzt

. **sich stellen : un nouveau problème se pose aujourd'hui** heute stellt sich ein neues Problem.

positif, ive [pozitif, iv] *adjectif* ■ **positiv : une réponse positive** eine positive Antwort ; **soyons positifs !** lasst uns positiv denken!

position [pozisjɔ̃] ■ die **Stelle** *(pluriel* **Stellen***)*, der **Platz** *(pluriel* **Plätze***)* : **l'équipe de l'école est en troisième position** die Schulmannschaft steht an dritter Stelle ODER auf dem dritten Platz.

posséder [17] [pɔsede] *verbe* ■ **besitzen : il possède plusieurs maisons** er besitzt mehrere Häuser ; **il possède des connaissances en informatique** er hat Informatikkenntnisse.

possessif, ive [pɔsesif, iv] *adjectif* ■ **besitzergreifend : c'est quelqu'un de très possessif** das ist eine sehr besitzergreifende Person

➤ **« son » est un adjectif possessif** „son" ist ein Possessivpronomen.

la **possibilité** [pɔsibilite] ■ die **Möglichkeit** *(pluriel* **Möglichkeiten***)* : **il y a plusieurs possibilités** es gibt mehrere Möglichkeiten

➤ **cette bourse va lui donner la possibilité d'aller à l'université** dieses Stipendium wird es ihm ermöglichen, zu studieren.

possible [pɔsibl] *adjectif* ■ **möglich : je regrette, ce n'est pas possible** es tut mir Leid, das ist nicht möglich ; **dès que possible** so bald wie möglich

➤ **faire tout son possible** sein Bestes tun : **on fera tout notre possible pour t'aider** wir werden unser Bestes tun, um dir zu helfen.

la **poste** [pɔst] ■ die **Post** *(sans pluriel)* : **j'ai envoyé les photos par la poste** ich habe die Fotos per Post geschickt ; **je vais à la poste** ich gehe zur Post.

le **poste** [pɔst]

1. die **Stelle** *(pluriel* **Stellen***)* : **il a trouvé un nouveau poste dans la communication** er hat eine neue Stelle im Kommunikationsbereich gefunden
2. das **Gerät** *(pluriel* **Geräte***)* : **un poste de radio** ein Radiogerät ; **un poste de télé** ein Fernsehgerät
3. der **Anschluss** *(pluriel* **Anschlüsse***)* : **passez-moi le poste 316, s'il vous plaît** verbinden Sie mich mit dem Anschluss 316, bitte

➤ **le poste de police** die Polizeiwache.

le **poster** [pɔstɛr] ■ das **Poster** *(pluriel* **Poster***)* : **mettre un poster au mur** ein Poster an die Wand hängen.

poster **[3]** [pɔste] *verbe* ■ **ein|werfen, ein|stecken** : **j'ai oublié de poster la lettre** ich habe vergessen, den Brief einzustecken.

le **postier** [pɔstje] ■ der **Postangestellte** *(pluriel* **die Postangestellten***)*.

la **postière** [pɔstjɛr] ■ **Postangestellte** *(pluriel* **die Postangestellten***)* : **Marie est postière à Paris** Marie arbeitet als Postangestellte in Paris.

le **pot** [po]

1. der **Becher** *(pluriel* **Becher***)* : **un pot de yaourt** ein Becher Jogurt
2. das **Glas** *(pluriel* **Gläser***)* : **un pot de confiture** ein Glas Marmelade

➤ **on va prendre un pot, tu viens ?** kommst du noch mit auf ein Glas?

➤ **le pot de fleurs** der Blumentopf.

potable [pɔtabl] *adjectif*

➤ **eau potable** Trinkwasser : **cette eau n'est pas potable** dies ist kein Trinkwasser.

le **potage** [pɔtaʒ] ■ die **Suppe** *(pluriel* **Suppen***)* : **un potage aux légumes** eine Gemüsesuppe.

le **poteau** [pɔto] *(pluriel* poteaux*)* ■ der **Pfahl** *(pluriel* **Pfähle***)*

➤ **un poteau de bois** ein Holzpfahl

➤ **les poteaux de but** die Torpfosten.

la **poterie** [pɔtri] ■ das **Töpfern** *(sans pluriel)*

➤ **Anna fait de la poterie** Anna töpfert.

le **potiron** [pɔtirɔ̃] ■ der **Kürbis** *(pluriel* **Kürbisse***)* : **de la soupe au potiron** Kürbissuppe.

la **poubelle** [pubɛl] ■ der **Mülleimer** *(pluriel* **Mülleimer***)* : **mettre quelque chose à la poubelle** etwas in den Mülleimer werfen.

le **pouce** [pus] ■ der **Daumen** *(pluriel* **Daumen***)* : **tu es trop grande pour sucer ton pouce** du bist zu alt, um am Daumen zu lutschen.

la **poudre** [pudr] ■ das **Pulver**

➤ **du lait en poudre** Milchpulver.

le **poulain** [pulɛ̃] ■ das **Fohlen** *(plur* **Fohlen***)* : **la jument et son poulain** die St te und ihr Fohlen.

la **poule** [pul] ■ die **Henne** *(pluriel* **He nen***)* : **ces poules pondent beaucou d'œufs** diese Hennen legen viele Eier

➤ **poule mouillée** *familier* Hasenfuß.

le **poulet** [pulɛ] ■ das **Hähnchen** *(plur* **Hähnchen***)* : **on a mangé du poulet rô** wir haben Brathähnchen gegessen.

le **poumon** [pumɔ̃] ■ die **Lunge** *(plur* **Lungen***)* : **les poumons** die Lunge.

la **poupée** [pupe] ■ die **Puppe** *(plur* **Puppen***)* : **ma petite sœur adore jouer à poupée** meine kleine Schwester spielt se gern mit Puppen.

pour [pur]

■ *préposition*

1. **für** : **tiens, c'est pour toi** hier, das ist f dich
2. **deswegen**

> Quand **pour** exprime la cause, on le traduit par **deswegen** :

elle est venue pour ça sie ist deswegen g kommen

3. **nach**

> Quand **pour** exprime la destination, le lieu où l'on va, on le traduit par **nach** :

un billet pour Rouen, s'il vous plaît ei Fahrkarte nach Rouen, bitte

4. **um**

> Quand **pour** introduit un verbe à l'infiniti et exprime le but, on le traduit par **um** :

je suis venu pour vous voir ich bin gekor men, um euch zu sehen

■ *adverbe*

dafür : **qui est pour ?** wer ist dafür?

➤ **pour moi** was mich betrifft : **pour moi, n'y a pas de problème** was mich betrifft, das kein Problem

➤ **pour que** damit : **ils se sacrifient po que leurs enfants puissent faire des étu des** sie opfern sich auf, damit ihre Kinder st dieren können.

pourboire [purbwar] ■ das **Trinkgeld** (*pluriel* **Trinkgelder**) : **trois euros de pourboire** drei Euro Trinkgeld

POURBOIRE

In Frankreich ist es nicht unhöflich, kein Trinkgeld zu geben, weil das Entgelt für die Bedienung bereits im Preis inbegriffen ist. Wenn man möchte, kann man aber trotzdem ein paar Münzen auf dem Tisch liegen lassen.

pourquoi [purkwa] *adverbe* ■ **warum** : **pourquoi est-ce qu'elle est triste ?** warum ist sie traurig? ; **je ne comprends pas pourquoi** ich verstehe nicht warum
pourquoi pas ? warum nicht?

pourri, e [puri] *adjectif* ■ **faul** : **cette pomme est pourrie** dieser Apfel ist faul
un temps pourri *familier* ein Mistwetter *familier* : **il a fait un temps pourri** es war ein Mistwetter.

pourrir **[27]** [purir] *verbe* ■ **verfaulen** : **les fruits ont pourri dans le placard** das Obst ist im Wandschrank verfault.

poursuivi, e [pursɥivi] *participe passé* ➤ poursuivre.

poursuivre **[68]** [pursɥivr] *verbe*
. **verfolgen** : **la police a poursuivi les voleurs** die Polizei hat die Diebe verfolgt
. **fort|fahren mit** : **le prof a poursuivi son cours comme si rien ne s'était passé** der Lehrer ist mit seiner Stunde fortgefahren, als wäre nichts gewesen.

pourtant [purtɑ̃] *adverbe* ■ **aber doch** : **et pourtant il avait dit qu'il le ferait** er hat aber doch gesagt, dass er es machen würde.

pourvu que... [purvy kə] *conjonction*
. **vorausgesetzt, dass...** : **mes parents me laissent sortir pourvu que je rentre avant minuit** meine Eltern erlauben mir wegzugehen, vorausgesetzt, dass ich vor Mitternacht zurück bin
. **hoffentlich** : **pourvu qu'ils n'aient pas de problèmes !** hoffentlich haben sie keine Probleme!

pousser **[3]** [puse]
■ *verbe transitif*
stoßen : **Éric l'a poussé et il est tombé** Éric hat ihn gestoßen, und er ist gefallen
■ *verbe intransitif*
wachsen : **cette plante pousse vite** diese Pflanze wächst schnell ; **tu te laisses pousser les cheveux ?** lässt du dir die Haare wachsen?
➤ **ses parents le poussent à faire des études** seine Eltern ermuntern ihn zu studieren

se **pousser** *verbe pronominal* ■ **(zur Seite) rücken** : **pousse-toi, je veux m'asseoir là** rück mal (zur Seite), ich möchte mich dort hinsetzen.

la **poussette** [pusɛt] ■ der **Sportwagen** (*pluriel* **Sportwagen**) (*pour enfants*).

la **poussière** [pusjɛr] ■ der **Staub** (*sans pluriel*) : **il y a de la poussière partout** es liegt überall Staub.

poussiéreux, euse [pusjerø, øz] *adjectif* ■ **staubig** : **des meubles poussiéreux** staubige Möbel.

le **poussin** [pusɛ̃] ■ das **Küken** (*pluriel* **Küken**) : **la poule et ses poussins** die Henne und ihre Küken.

pouvoir **[46]** [puvwar] *verbe transitif*
1. *Pour exprimer la possibilité de faire quelque chose* **können** : **tu peux m'aider ?** kannst du mir helfen? ; **finalement elle a pu y aller** schließlich konnte sie gehen ; **pourriez-vous me dire l'heure, s'il vous plaît ?** könnten Sie mir bitte sagen, wie spät es ist?
2. *Au conditionnel, pour exprimer l'éventualité* **können** : **attention, vous pourriez rater votre train** aufgepasst, Sie könnten Ihren Zug verpassen
3. *Pour exprimer la permission de faire quelque chose* **dürfen** : **je peux prendre la voiture ?** darf ich das Auto nehmen?

se **pouvoir** *verbe impersonnel* ■ **sein können**
➤ **il se peut que ...** es kann sein, dass ... : **il se peut qu'ils arrivent aujourd'hui** es kann sein, dass sie heute kommen

le **pouvoir**
1. die **Macht** *(pluriel* **Mächte***)* : **qui est au pouvoir dans ce pays ?** wer ist in diesem Land an der Macht?
2. die **Kraft** *(pluriel* **Kräfte***)* : **la sorcière a des pouvoirs magiques** die Hexe hat magische Kräfte.

pratique [pratik] *adjectif* ■ **praktisch**

la **pratique** ■ die **Erfahrung** *(pluriel* **Erfahrungen***)* : **tu manques de pratique** dir fehlt es an Erfahrung
➤ **mettre ses idées en pratique** seine Ideen in die Tat um|setzen.

pratiquer [3] [pratike] *verbe*
1. **betreiben** : **est-ce que tu pratiques un sport ?** betreibst du eine Sportart?
2. **an|wenden** : **elle voudrait pratiquer son allemand ici** sie möchte hier ihr Deutsch anwenden.

le **pré** [pre] ■ die **Wiese** *(pluriel* **Wiesen***)*.

le **préau** [preo] *(pluriel* préaux*)* ■ die **Pausenhalle** : **quand il pleut, on reste sous le préau** wenn es regnet, bleiben wir in der Pausenhalle.

la **précaution** [prekosjɔ̃] ■ die **Vorsichtsmaßnahme** *(pluriel* **Vorsichtsmaßnahmen***)* : **prendre des précautions** Vorsichtsmaßnahmen treffen.

précédent, e [presedɑ̃, ɑ̃t] *adjectif* ■ **vorig** : **l'année précédente** im vorigen Jahr.

précéder [17] [presede] *verbe* ■ **voran|gehen** : **le guide nous a précédés dans la cathédrale** der Reiseführer ist uns in der Kathedrale vorangegangen.

précieux, euse [presjø, øz] *adjectif* ■ **kostbar** : **des antiquités précieuses** kostbare Antiquitäten.

se **précipiter** [3] [səpresipite] *verbe pronominal*
➤ **se précipiter dans quelque chose** sich in etwas stürzen : **il s'est précipité dans le vide** er hat sich ins Leere gestürzt
➤ **se précipiter vers quelqu'un** sich auf jemanden zu|stürzen : **ils se sont précipités vers moi pour m'embrasser** sie sind auf mich zugestürzt, um mich zu küssen.

précis, e [presi, iz] *adjectif*
1. **genau** : **ta description n'est pas très précise** deine Beschreibung ist nicht sehr genau
2. **bestimmt** : **ils avaient rendez-vous à un endroit précis** sie hatten sich an einem bestimmten Ort verabredet.

préciser [3] [presize] *verbe*
1. **genau an|geben** : **Benoît n'a pas précisé l'heure** Benoît hat keine genaue Zeit angegeben
2. **präzisieren** : **pourriez-vous préciser votre argument ?** könnten Sie Ihr Argument präzisieren?

la **précision** [presizjɔ̃]
1. das **Detail** *(pluriel* **Details***)* : **c'est une précision technique indispensable** das ist ein unverzichtbares technisches Detail
2. **genauere Angabe** *(pluriel* **genauere Angaben***)* : **tu pourrais nous donner des précisions ?** könntest du uns genauere Angaben geben?
➤ **avec précision** genau : **décrire quelque chose avec précision** etwas genau beschreiben.

prédire [78] [predir] *verbe* ■ **vorhersagen** : **la voyante m'a prédit beaucoup d'enfants** die Wahrsagerin hat mir viele Kinder vorhergesagt.

prédit, e [predi, it] *participe passé* ➤ **prédire**.

préféré, e [prefere] *adjectif* ■ **Lieblings-** : **quelle est ta matière préférée ?** was ist dein Lieblingsfach?

la **préférence** [preferɑ̃s] ■ die **Vorliebe** *(pluriel* **Vorlieben***)* : **je n'ai pas de préférence particulière** ich habe keine besondere Vorliebe
➤ **de préférence** am liebsten : **nous viendrons de préférence samedi** wir kommen am liebsten Samstag.

préférer [17] [prefere] *verbe* ■ **vorziehen** : **je préfère le thé au café** ich ziehe Tee dem Kaffee vor
➤ **préférer faire quelque chose** etwas lieber tun : **je préfère rentrer** ich gehe lieber nach Hause.

préhistorique [preistɔrik] *adjectif*
■ **vorgeschichtlich**.

préjugé [preʒyʒe] ■ das **Vorurteil** (*plu-riel* **Vorurteile**).

premier, ère [prəmje, ɛr] *adjectif*
■ **erste** : **c'est la première fois que je la vois** das ist das erste Mal, dass ich sie sehe ; **prenez la première rue à droite** nehmen Sie die erste Straße rechts

premier
- der **Erste**, das **Erste**
- **als Erster, als Erstes** : **Loïc a terminé premier** Loïc ist als Erster fertig geworden
- **en premier** zuerst : **qu'est-ce qu'on va faire en premier ?** was sollen wir zuerst tun?

première
- die **Erste** : **je préfère la première, celle qui est bleue** ich bevorzuge die Erste, die Blaue
- die **elfte Klasse** (*pluriel* **elfte Klassen**) : **ma grande sœur est en première** meine große Schwester geht in die elfte Klasse
- die **erste Klasse** (*pluriel* **erste Klassen**) : **ils préfèrent voyager en première** sie reisen bevorzugt erste Klasse.

premièrement [prəmjɛrmɑ̃] *adverbe*
■ **als Erstes**.

prendre [59] [prɑ̃dr] *verbe*
- **nehmen** : **il doit prendre des médicaments** er muss Medikamente nehmen ; **prendre l'avion** das Flugzeug nehmen ; **prenez la première à gauche** nehmen Sie die erste Straße links ; **prends un peu de gâteau** nimm ein Stück Kuchen ; **elle a pris allemand en première langue** sie hat Deutsch als erste Fremdsprache genommen
- **mit|nehmen** : **tu devrais prendre ton parapluie** du solltest deinen Regenschirm mitnehmen
- **mit|bringen** : **prends du pain en rentrant** bring auf dem Rückweg Brot mit
- **kosten** : **ça nous a pris des heures** das hat uns Stunden gekostet
- **geschrieben werden** : **le mot « passion » prend deux « s »** das Wort „passion" wird mit zwei „s" geschrieben
- **prendre une décision** eine Entscheidung treffen : **elle a pris la décision d'accepter le poste** sie hat die Entscheidung getroffen, die Stelle anzunehmen
- ➤ **prendre quelqu'un sur le fait** jemanden ertappen : **il l'a prise sur le fait en train de voler un livre** er ertappte sie dabei, wie sie ein Buch stahl
- ➤ **prendre quelque chose à quelqu'un** jemandem etwas weg|nehmen : **il m'a pris mon jeu vidéo** er hat mir mein Videospiel weggenommen
- ➤ **prendre une douche** duschen
- ➤ **prendre son petit déjeuner** frühstücken
- ➤ **prendre pour** halten für : **il m'a prise pour ma sœur** er hat mich für meine Schwester gehalten
- ➤ **qu'est-ce qui te prend ?** was ist los mit dir?
- ➤ **prendre à gauche** links ab|biegen : **prenez à gauche après le prochain carrefour** biegen Sie an der nächsten Kreuzung links ab

se **prendre** *verbe pronominal*
- ➤ **se prendre pour quelqu'un** sich für jemanden halten : **pour qui il se prend ?** für wen hält er sich eigentlich? ; **elle se prend pour une top model** sie hält sich für ein Topmodel.

le **prénom** [prenɔ̃] ■ der **Vorname** (*pluriel* **Vornamen**) : **quel est son prénom ?** wie heißt er mit Vornamen?

préparer [3] [prepare] *verbe*
1. **vorbereiten** : **Fanny a préparé son exposé très soigneusement** Fanny hat ihr Referat sehr sorgfältig vorbereitet
2. **zu|bereiten** : **elle prépare le dîner** sie bereitet das Abendessen zu

se **préparer** *verbe pronominal*
1. **sich zurecht|machen** : **elle met toujours des heures à se préparer** sie braucht immer Stunden, um sich zurechtzumachen
2. **sich vorbereiten** : **tu t'es préparé pour l'interro ?** hast du dich auf den Test vorbereitet?

près [prɛ] *adverbe* ■ **in der Nähe** : **j'habite tout près** ich wohne ganz in der Nähe
➤ **près de**
1. in der Nähe (+ *G*) : **j'habite près de l'école** ich wohne in der Nähe der Schule
2. kurz vor : **mon père est près de la retraite** mein Vater steht kurz vor dem Ruhestand
3. beinahe : **il y a près de cent ans** vor beinahe hundert Jahren

➤ **à peu près** ungefähr : **il est à peu près cinq heures** es ist ungefähr fünf Uhr
➤ **de près** aus der Nähe : **regarder quelque chose de près** etwas aus der Nähe betrachten.

prescrire [75] [prɛskrir] *verbe* ■ **verschreiben : le médecin lui a préscrit des comprimés contre le mal de gorge** der Arzt hat ihm Tabletten gegen Halsschmerzen verschrieben.

la **présence** [prezɑ̃s]
1. die **Anwesenheit** *(personne)*
2. das **Vorhandensein** *(objet)*.

présent, e [prezɑ̃, ɑ̃t] *adjectif* ■ **anwesend : les élèves présents au cours** die in der Stunde anwesenden Schüler

le **présent**
1. die **Gegenwart** *(sans pluriel)* : **tu dois penser au présent, pas au passé** du musst an die Gegenwart denken, nicht an die Vergangenheit
2. das **Präsens** *(sans pluriel)* : **mettez le verbe au présent** setzen Sie das Verb ins Präsens.

le **présentateur** [prezɑ̃tatœr]
1. der **Ansager** *(pluriel* **Ansager***)* *(journal télévisé)*
2. der **Moderator** *(pluriel* **Moderatoren***)* *(émission)*.

la **présentatrice** [prezɑ̃tatris]
1. die **Ansagerin** *(pluriel* **Ansagerinnen***)* : **Noémie veut devenir présentatrice de télévision** Noémie möchte Fernsehansagerin werden
2. die **Moderatorin** *(pluriel* **Moderatorinnen***)*.

la **présentation** [prezɑ̃tasjɔ̃] ■ die **Vorstellung** *(pluriel* **Vorstellungen***)*
➤ **faire les présentations** Menschen einander vorstellen : **venez, je vais faire les présentations** kommen Sie, ich werde Sie einander vorstellen.

présenter [3] [prezɑ̃te] *verbe*
1. **vor|tragen : Camille doit présenter son exposé devant toute la classe** Camille muss ihr Referat vor der ganzen Klasse vortragen
2. **vor|stellen**
➤ **présenter quelqu'un à quelqu'un** jemanden jemandem vor|stellen : **je vais présenter ma sœur** ich werde dir mei[ne] Schwester vorstellen

se **présenter** *verbe pronominal*
1. **sich vor|stellen : je me présente, je m'a[p]pelle Rachel** darf ich mich vorstellen, i[ch] heiße Rachel
2. **sich bieten : si l'occasion se présen[te]** wenn sich die Gelegenheit bietet
➤ **se présenter à une élection** bei den Wa[h]len kandidieren.

le **préservatif** [prezɛrvatif] ■ das **Ko[n]dom** *(pluriel* **Kondome***)*.

le **président** [prezidɑ̃]
1. der **Präsident** *(pluriel* **Präsidenten***)* : **président de la République** der Staatspr[ä]sident
2. der **Vorsitzende** *(pluriel* **die Vorsitze[n]den***)* : **le président du club de foot** d[er] Vorsitzende des Fußballvereins.

la **présidente** [prezidɑ̃t]
1. die **Präsidentin** *(pluriel* **Präsidentinnen***)* **la présidente du tribunal administra[tif]** die Präsidentin des Verwaltungsgerichts
2. die **Vorsitzende** *(pluriel* **die Vorsitze[n]den***)* : **la présidente du Conseil d'adm[i]nistration** die Vorsitzende des Verwaltung[s]rates.

présider [3] [prezide] *verbe* ■ **vo[r]sitzen : présider une réunion** einer Ve[r]sammlung vorsitzen.

presque [prɛsk] *adverbe*
1. **fast : Hakim a presque quinze ans** Hak[im] ist fast fünfzehn
2. **kaum : on n'a presque pas travaillé a[u]jourd'hui** wir haben heute kaum gearbeit[et]

la **presse** [prɛs] ■ die **Presse** *(sans plurie[l])* **la presse nationale** die überregionale Pre[s]se.

pressé, e [prese] *adjectif* ■ **in Eile**
➤ **être pressé** es eilig haben : **je dois y all[er] je suis pressé** ich muss gehen, ich habe eilig.

presser [4] [prese] *verbe* ■ **drücken auf : presse le bouton vert** drück auf den grünen Knopf

presser *verbe pronominal* ■ **sich beeilen : il ne se presse jamais pour aller à l'école** er beeilt sich nie, wenn er in die Schule muss.

pressing [presiŋ] ■ die **Reinigung** *(pluriel* **Reinigungen***)* **: ton pantalon est au pressing** deine Hose ist in der Reinigung.

pression [prɛsjɔ̃] ■ der **Druck** *(sans pluriel)*
la pression atmosphérique der Luftdruck
faire pression sur quelqu'un Druck auf jemanden ausǀüben.

prêt, e [prɛ, prɛt] *adjectif* ■ **fertig : tu es prêt ?** bist du fertig?
être prêt à faire quelque chose bereit sein, etwas zu tun : **ils sont prêts à nous aider** sie sind bereit uns zu helfen
prêt ? partez ! auf die Plätze, fertig, los!

prêt ■ das **Darlehen** *(pluriel* **Darlehen***)* **: la banque leur a accordé un prêt** die Bank hat Ihnen ein Darlehen gewährt.

prétendre [54] [pretɑ̃dr] *verbe* ■ **behaupten : Chloé prétend que Stéphane lui a demandé de sortir avec lui** Chloé behauptet, dass Stéphane sie gebeten hat, mit ihm auszugehen.

prétendu, e [pretɑ̃dy] *participe passé*
➤ prétendre.

prétentieux, euse [pretɑ̃sjø, øz] *adjectif* ■ **eingebildet : il est vraiment prétentieux** er ist wirklich eingebildet.

prêter [4] [prete] *verbe* ■ **leihen**
prêter quelque chose à quelqu'un jemandem etwas leihen : **tu peux me prêter deux euros ?** kannst du mir zwei Euro leihen?

prétexte [pretɛkst] ■ der **Vorwand** *(pluriel* **Vorwände***)* **: ça, c'est un prétexte pour ne pas t'aider** das ist nur ein Vorwand, damit er dir nicht helfen muss.

prêtre [prɛtr] ■ der **Priester** *(pluriel* **Priester***)* **: il est prêtre** er ist Priester.

la **preuve** [prœv] ■ der **Beweis** *(pluriel* **Beweise***)* **: la police a besoin de preuves** die Polizei braucht Beweise
➤ **faire preuve de quelque chose** etwas beweisen : **faire preuve de courage** Mut beweisen.

prévenir [35] [prevnir] *verbe*
1. **warnen : je te préviens, ne refais jamais ça !** ich warne dich, mach das nie wieder!
2. **Bescheid sagen : préviens-moi quand tu auras terminé** sag mir Bescheid, wenn du fertig bist.

prévenu, e [prevny] *participe passé*
➤ prévenir.

la **prévision** [previzjɔ̃] ■ die **Vorhersage** *(pluriel* **Vorhersagen***)*
➤ **les prévisions météorologiques** die Wettervorhersage.

prévoir [50] [prevwar] *verbe*
1. **vorherǀsehen : nous n'avions pas prévu ça** das haben wir nicht vorhergesehen
2. **vorherǀsagen : les experts prévoient une augmentation de la température** die Experten sagen einen Temperaturanstieg vorher
3. **planen : je prévois une grande fête pour mon anniversaire** ich plane eine große Feier zu meinem Geburtstag
4. **einǀplanen : prévoyez vingt euros par personne** planen Sie zwanzig Euro pro Person ein
➤ **comme prévu** wie vorgesehen.

prévu, e [prevy] *participe passé*
➤ prévoir.

prier [10] [prije] *verbe*
1. **beten : Lucas est entré dans l'église pour prier** Lucas ist in die Kirche gegangen, um zu beten
2. **bitten**
➤ **vous êtes priés de ne pas fumer** es wird gebeten, nicht zu rauchen
➤ **je vous en prie** bitte sehr : **je peux m'asseoir ici ? – je vous en prie** kann ich mich hier hinsetzen? – bitte sehr.

la **prière** [prijɛr] ■ das **Gebet** *(pluriel* **Gebete***)*

➤ **prière de** ... bitte ... : **prière de frapper avant d'entrer** bitte vor dem Eintreten anklopfen.

primaire [primɛr] *adjectif* ■ **Grund-schul-** : **l'enseignement primaire** das Grundschulwesen

le **primaire** ■ die **Grundschule** (*pluriel* **Grundschulen**) : **mon petit frère est encore en primaire** mein kleiner Bruder geht noch in die Grundschule.

la **prime** [prim]

1. die **Prämie** (*pluriel* **Prämien**) : **l'agent immobilier reçoit une prime** der Immobilienmakler bekommt eine Prämie
2. die **Zulage** (*pluriel* **Zulagen**) : **les employés reçoivent une prime à Noël** die Beschäftigten erhalten zu Weihnachten eine Zulage.

le **prince** [prɛ̃s] ■ der **Prinz** (*pluriel* **Prinzen**)

➤ **le prince charmant** der Märchenprinz.

la **princesse** [prɛ̃sɛs] ■ die **Prinzessin** (*pluriel* **Prinzessinnen**) : **la princesse Anne** Prinzessin Anne.

principal, e [prɛ̃sipal] (*masculin pluriel* principaux [prɛ̃sipo]) *adjectif* ■ **Haupt-** : **l'événement principal de la saison** das Hauptereignis der Saison

le **principal**

1. das **Wichtigste** : **le principal, c'est que tu ne sois pas blessé** das Wichtigste ist, dass du nicht verletzt bist
2. der **Rektor** (*pluriel* **Rektoren**) : **comment s'appelle le principal de votre collège ?** wie heißt der Rektor eurer Schule?

PRINCIPAL

Principal nennt man den Schulleiter eines **collège**.

principalement [prɛ̃sipalmɑ̃] *adverbe* ■ **vor allem**.

le **principe** [prɛ̃sip] ■ das **Prinzip** (*pluriel* **Prinzipien**) : **cet appareil fonctionne selon un principe très simple** dieser Apparat funktioniert nach einem sehr einfachem Prinzip

➤ **par principe** aus Prinzip : **j'ai refusé p principe** ich habe aus Prinzip abgelehnt

➤ **en principe** im Prinzip : **en principe, devrait arriver vers vingt heures** im Pr zip sollten wir gegen zwanzig Uhr anko men.

le **printemps** [prɛ̃tɑ̃] ■ der **Frühling** (*p riel* **Frühlinge**) : **au printemps** im Frühlin

la **priorité** [prijɔrite]

1. der **Vorrang** (*sans pluriel*) : **pour lui, c'e une priorité absolue** für ihn hat das abso ten Vorrang
2. die **Vorfahrt** (*sans pluriel*) : **sur cette rou tu as la priorité** auf dieser Straße hast Vorfahrt

➤ **priorité à droite** Vorfahrt von rechts.

pris, e [pri, priz]

■ *participe passé* ➤ **prendre**
tu as pris ton maillot de bain ? hast deinen Badeanzug mitgenommen?

■ *adjectif*

1. **besetzt** : **désolée, cette place est prise** tut mir Leid, dieser Platz ist besetzt
2. **beschäftigt** : **si tu n'es pas pris ma** wenn du Dienstag nicht beschäftigt bist

la **prise**

➤ **la prise de courant** ou **la prise élect que**

1. der **Stecker** (*pluriel* **Stecker**) : **la prise l'ordinateur** der Stecker des Computers
2. die **Steckdose** (*pluriel* **Steckdosen**) : **il y plusieurs prises au mur** an der Wand bef den sich mehrere Steckdosen

➤ **la prise femelle** die Steckdose

➤ **la prise mâle** der Stecker

➤ **une prise de sang** eine Blutabnahme

➤ **on m'a fait une prise de sang** man h mir Blut abgenommen

➤ **la prise de la Bastille** der Sturm auf die B stille.

la **prison** [prizɔ̃] ■ das **Gefängnis** (*plur* **Gefängnisse**) : **son frère est en prison** Bruder ist|sitzt im Gefängnis.

le **prisonnier** [prizɔnje] ■ der **Gefang ne** (*pluriel* **die Gefangenen**) : **plusieu prisonniers se sont échappés** mehrere G fangene sind entflohen

➤ **faire quelqu'un prisonnier** jemanden g fangen nehmen.

prisonnière [prizɔnjɛr] ■ die **Gefangene** *(pluriel* **die Gefangenen**).

privé, e [prive] *adjectif* ■ **Privat-** : **une plage privée** ein Privatstrand
➤ **en privé** privat.

priver [3] [prive] *verbe*
➤ **priver quelqu'un de quelque chose** jemandem etwas streichen : **mes parents m'ont privé de télé** meine Eltern haben mir das Fernsehen gestrichen

se priver *verbe pronominal* ■ **sich ein|schränken** : **ils se privent toute l'année pour pouvoir partir en vacances** sie schränken sich das ganze Jahr über ein, um in Urlaub fahren zu können.

privilégié, e [privileʒje] *adjectif* ■ **privilegiert** : **nous sommes privilégiés par rapport à d'autres** im Vergleich mit anderen sind wir privilegiert.

le prix [pri] ■ der **Preis** *(pluriel* **Preise**) : **le prix de l'essence a encore augmenté** der Benzinpreis ist schon wieder gestiegen ; **le prix d'entrée est de trois euros** der Eintritt kostet drei Euro ; **Esther a gagné le premier prix** Esther hat den ersten Preis gewonnen
➤ **à tout prix** um jeden Preis : **tu dois à tout prix réussir** du musst um jeden Preis Erfolg haben.

probable [prɔbabl] *adjectif* ■ **wahrscheinlich** : **il est probable qu'il pleuvra** wahrscheinlich wird es regnen.

probablement [prɔbabləmɑ̃] *adverbe* ■ **wahrscheinlich**.

le problème [prɔblɛm]
1. das **Problem** *(pluriel* **Probleme**) : **Antoine a beaucoup de problèmes** Antoine hat eine Menge Probleme
2. die **(Text)Aufgabe** *(pluriel* **(Text)Aufgaben**)
➤ **un problème de maths** eine Matheaufgabe
➤ **pas de problème !** *familier* kein Problem!

le procès [prɔsɛ] ■ der **Prozess** *(pluriel* **Prozesse**) : **le procès des kidnappeurs commence demain** der Prozess wegen Kindesentführung wird morgen eröffnet.

prochain, e [prɔʃɛ̃, ɛn] *adjectif* ■ **nächste** : **je descends à la prochaine station** ich steige an der nächsten Haltestelle aus
➤ **samedi prochain** nächsten Samstag
➤ **à la prochaine !** *familier* bis dann!

proche [prɔʃ] *adjectif*
1. **nahe** : **où est l'arrêt de bus le plus proche ?** wo ist die nächste Bushaltestelle?
2. **eng** : **ce sont des amis proches** das sind enge Freunde (von uns)
➤ **proche de** in der Nähe *(+ G)* : **la bibliothèque est proche de l'école** die Bibliothek befindet sich in der Nähe der Schule.

procurer [3] [prɔkyre] *verbe* ■ **besorgen**
➤ **procurer quelque chose à quelqu'un** jemandem etwas besorgen : **je peux te procurer des places de cinéma** ich kann dir Kinokarten besorgen

se procurer *verbe pronominal* ■ **sich beschaffen**
➤ **se procurer quelque chose** sich etwas beschaffen : **comment est-ce que tu t'es procuré ce livre ?** wie hast du dir dieses Buch beschafft?

le producteur [prɔdyktœr] ■ der **Hersteller** *(pluriel* **Hersteller**)
➤ **le producteur de céréales** der Getreidebauer.

la productrice [prɔdyktris] ■ die **Herstellerin** *(pluriel* **Herstellerinnen**).

la production [prɔdyksjɔ̃] ■ die **Produktion** *(pluriel* **Produktionen**) : **l'usine va augmenter sa production** die Fabrik wird ihre Produktion erhöhen.

produire [74] [prɔdɥir] *verbe*
1. **her|stellen** : **dans cette usine on produit des voitures** in dieser Fabrik werden Autos hergestellt
2. **an|bauen** : **sur ces collines on produit des vignes** auf diesen Hängen wird Wein angebaut

3. **verfassen : il a produit déjà plusieurs romans** er hat bereits mehrere Romane verfasst
4. **vor|zeigen : il a dû produire sa carte d'identité à la frontière** er musste an der Grenze seinen Ausweis vorzeigen
5. **hervor|rufen : le bruit produit chez moi des maux de tête** Lärm ruft bei mir immer Kopfschmerzen hervor

➤ **produire une forte impression sur quelqu'un** auf jemanden großen Eindruck machen : **notre nouvelle prof a produit une forte impression sur moi** unsere neue Lehrerin hat großen Eindruck auf mich gemacht

se **produire** *verbe pronominal* ■ **passieren : des événements étranges se sont produits dans cette région** in dieser Gegend sind seltsame Dinge passiert.

produit, e [prɔdɥi, ɥit] *participe passé* ➤ produire

le **produit**
1. das **Produkt** *(pluriel* **Produkte***)*
2. die **Substanz** *(pluriel* **Substanzen***)* : **des produits chimiques** chemische Substanzen

➤ **les produits de beauté** Schönheitsprodukte.

le **prof** [prɔfɛsœr] *(abréviation de* professeur*) familier* ■ der **Lehrer** *(pluriel* **Lehrer***)* : **je ne voudrais pas être prof** ich möchte kein Lehrer sein.

la **prof** [prɔfɛsœr] *(abréviation de* professeur*) familier* ■ die **Lehrerin** *(pluriel* **Lehrerinnen***)* : **la prof d'allemand** die Deutschlehrerin.

le|la **professeur** [prɔfɛsœr] ■ der **Lehrer** *(pluriel* **Lehrer***)*, die **Lehrerin** *(pluriel* **Lehrerinnen***)* : **Isabelle fait des études pour être professeur** Isabelle studiert, um Lehrerin zu werden

➤ **le professeur de français** der Französischlehrer

➤ **un professeur d'université** ein Universitätsprofessor.

la **profession** [prɔfɛsjɔ̃] ■ der **Beruf** *(pluriel* **Berufe***)* : **quelle est votre profession ?** was ist Ihr Beruf?

➤ **sans profession** arbeitslos.

professionnel, elle [prɔfɛsjɔnɛl] *adjectif*
1. **professionell : un photographe professionnel** ein professioneller Fotograf
2. **Berufs- : Philippe est sportif professionnel** Philippe ist Berufssportler

➤ **un lycée professionnel** eine Fachoberschule.

le **profil** [prɔfil] ■ das **Profil** *(pluriel* **Profile***)* : **Carmen a un joli profil** Carmen hat ein hübsches Profil.

le **profit** [prɔfi] ■ der **Gewinn** *(pluriel* **Gewinne***)* : **l'entreprise a fait de gros profits** das Unternehmen hat beträchtliche Gewinne erzielt.

profiter [3] [prɔfite] *verbe* ■ **nutzen**

➤ **profiter de quelque chose** etwas nutzen : **il a profité de l'occasion pour faire connaissance** er nutzte die Gelegenheit, um ihre Bekanntschaft zu machen

➤ **profiter à quelqu'un** für jemanden von Nutzen sein : **ses connaissances en langues lui ont profité** ihre Sprachkenntnisse sind ihr von Nutzen gewesen

➤ **profites-en !** mach das Beste daraus!

profond, e [prɔfɔ̃, ɔ̃d] *adjectif* ■ **tief**

profondément [prɔfɔ̃demɑ̃] *adverbe* ■ **tief**

➤ **dormir profondément** tief (und fest) schlafen.

la **profondeur** [prɔfɔ̃dœr] ■ die **Tiefe** *(pluriel* **Tiefen***)* : **quelle est la profondeur du trou ?** wie tief ist das Loch?

le **programme** [prɔgram] ■ das **Programm** *(pluriel* **Programme***)* : **le programme du festival est intéressant** das Programm des Festivals ist interessant

➤ **le programme scolaire** der Lehrplan.

programmer [3] [prɔgrame] *verbe*
1. **planen : qu'est-ce que tu as programmé pour ce soir ?** was hast du für heute Abend geplant?
2. **programmieren : programmer un ordinateur** einen Computer programmieren.

progrès [prɔgrɛ] ■ der **Fortschritt** *(pluriel* **Fortschritte***)* : **faire des progrès** Fortschritte machen.

progresser [4] [prɔgrese] *verbe*
- **Fortschritte machen : Sylvie a bien progressé en anglais ce trimestre** Sylvie hat in diesem Trimester gute Fortschritte in Englisch gemacht
- **sich aus|breiten : l'épidémie progresse rapidement** die Epidemie breitet sich schnell aus.

projet [prɔʒɛ]
- der **Plan** *(pluriel* **Pläne***)* : **vous avez des projets pour les vacances ?** habt ihr Pläne für die Ferien?
- das **Projekt** *(pluriel* **Projekte***)* : **un projet de réaménagement du quartier** ein Projekt zur Neugestaltung des Viertels.

projeter [23] [prɔʃte] *verbe*
- **vor|führen : le prof nous a projeté des diapositives** der Lehrer hat uns Dias vorgeführt
- **planen : elle a projeté d'aller en Espagne** sie hat geplant, nach Spanien zu fahren.

prolonger [16] [prɔlɔ̃ʒe] *verbe* ■ **verlängern : la réunion a été prolongée d'une demi-heure** die Sitzung ist um eine halbe Stunde verlängert worden

se **prolonger** *verbe pronominal* ■ **dauern : la soirée s'est prolongée jusqu'à trois heures du matin** die Feier hat bis drei Uhr morgens gedauert.

promenade [prɔmnad]
- der **Spaziergang** *(pluriel* **Spaziergänge***)* : **faire une promenade** einen Spaziergang machen ; **on va faire une promenade en forêt ?** sollen wir einen Waldspaziergang machen?
- die **Promenade** *(pluriel* **Promenaden***)* : **sur la promenade, il y a toujours beaucoup de monde le dimanche** auf der Promenade sind sonntags immer viele Leute unterwegs
- ➤ **une promenade à vélo** eine Fahrradtour : **on va faire une promenade à vélo** wir werden eine Fahrradtour machen
- ➤ **ils sont allés faire une promenade en voiture** sie haben eine Autotour gemacht.

promener [18] [prɔmne] *verbe* ■ **aus|führen : je vais promener le chien** ich werde den Hund ausführen

se **promener** *verbe pronominal* ■ **spazieren gehen : on pourrait se promener le long du canal** wir könnten am Kanal spazieren gehen
- ➤ **se promener à vélo** eine Fahrradtour machen
- ➤ **se promener en voiture** eine Autotour machen.

le **promeneur** [prɔmnœr] ■ der **Spaziergänger** *(pluriel* **Spaziergänger***)* : **le parc accueille de nombreux promeneurs le dimanche** sonntags sind im Park viele Spaziergänger.

la **promeneuse** [prɔmnøz] ■ die **Spaziergängerin** *(pluriel* **Spaziergängerinnen***)*.

la **promesse** [prɔmɛs] ■ das **Versprechen** *(pluriel* **Versprechen***)* : **tu n'as pas tenu ta promesse** du hast dein Versprechen nicht eingehalten.

promettre [64] [prɔmɛtr] *verbe*
■ **versprechen : mes parents m'ont promis une console de jeux pour Noël** meine Eltern haben mir zu Weihnachten eine Videokonsole versprochen ; **tu promets de ne pas recommencer ?** versprichst du, es nicht wieder zu tun? ; **je te promets que je vais faire un effort** ich verspreche dir, dass ich mich anstrengen werde.

promis, e [prɔmi, prɔmiz] *participe passé* ➤ promettre.

la **promotion** [prɔmɔsjɔ̃]
1. die **Beförderung : il a fait une soirée pour fêter sa promotion** er hat eine Party gegeben, um seine Beförderung zu feiern
2. das **Sonderangebot** *(pluriel* **Sonderangebote***)* : **il y a plein de promotions au supermarché** im Supermarkt gibt es zahlreiche Sonderangebote

➤ **en promotion** im Angebot.

prononcer [15] [prɔnɔ̃se] *verbe* ■ **aus|sprechen : je n'arrive pas à prononcer ce mot** ich kann dieses Wort nicht aussprechen

se **prononcer** *verbe pronominal* ■ **ausgesprochen werden : comment ça se prononce ?** wie wird das ausgesprochen?

la **prononciation** [prɔnɔ̃sjasjɔ̃] ■ die **Aussprache** *(sans pluriel)* : **Aurélie a une bonne prononciation en anglais** Aurélie hat eine gute englische Aussprache.

les **propos** [prɔpo] *nom masculin pluriel* ■ die **Äußerungen** *(pluriel)* : **tenir des propos racistes** rassistische Äußerungen von sich geben

➤ **à propos** übrigens : **à propos, tu as revu Camille ?** übrigens, hast du Camille wiedergesehen?

➤ **c'est à quel propos ?** worum geht es?

➤ **à propos de** wegen : **je vous appelle à propos de l'annonce** ich rufe Sie wegen der Anzeige an.

proposer [3] [prɔpoze] *verbe*

1. **an|bieten** : **Baptiste m'a proposé son vélo pour aller à l'école** Baptiste hat mir sein Fahrrad angeboten, um zur Schule zu fahren ; **ils ont proposé de nous aider** sie haben angeboten, uns zu helfen
2. **vor|schlagen** : **je te propose de faire les courses maintenant** ich schlage vor, wir gehen jetzt einkaufen ; **je propose qu'on parte tout de suite** ich schlage vor, wir fahren sofort los.

la **proposition** [prɔpozisjɔ̃]

1. das **Angebot** *(pluriel* **Angebote***)* : **ils lui ont fait une proposition intéressante mais il a refusé** sie haben ihm ein interessantes Angebot gemacht, doch er hat abgelehnt
2. der **Vorschlag** *(pluriel* **Vorschläge***)* : **ce n'est qu'une proposition** das ist nur ein Vorschlag.

propre [prɔpr] *adjectif*

1. **sauber** : **ce verre n'est pas très propre** dieses Glas ist nicht sehr sauber
2. **eigen** : **chacun doit apporter son propre repas** jeder muss seine eigene Verpflegung mitbringen.

proprement [prɔprəmɑ̃] *adverbe* ■ **anständig** : **mange proprement !** iss anständig!

➤ **à proprement parler** genau genommen

➤ **proprement dit** eigentlich : **l'école proprement dite** die eigentliche Schule.

la **propreté** [prɔprəte] ■ die **Sauberkeit** *(sans pluriel)* : **la maison est d'une propreté éclatante** das Haus blitzt vor Sauberkeit.

le|la **propriétaire** [prɔprijetɛr]

1. der **Besitzer** *(pluriel* **Besitzer***)*, die **Besitzerin** *(pluriel* **Besitzerinnen***)* : **qui est le propriétaire de cette voiture ?** wer ist der Besitzer dieses Wagens?
2. der **(Wohnungs)Eigentümer** *(pluriel* **(Wohnungs)Eigentümer***)*, die **(Wohnungs)Eigentümerin** *(pluriel* **(Wohnungs)Eigentümerinnen***)* : **la propriétaire a encore augmenté le loyer** die Eigentümerin hat erneut die Miete erhöht.

la **propriété** [prɔprijete] ■ der **Besitz** *(sans pluriel)* : **ils ont une grande propriété à la campagne** sie haben einen großen Besitz auf dem Land

➤ **la propriété privée** der Privatbesitz.

le **prospectus** [prɔspɛktys] ■ der **(Werbe)Prospekt** *(pluriel* **(Werbe)Prospekte***)* : **il y a tout le temps des prospectus dans la boîte aux lettres** der Briefkasten ist immer voll mit Werbeprospekten.

la **protection** [prɔtɛksjɔ̃] ■ der **Schutz** : **la protection de l'environnement** der Umweltschutz.

protéger [19] [prɔteʒe] *verbe* ■ **schützen** : **ça protège la peau contre les coups de soleil** das schützt die Haut gegen Sonnenbrand.

protestant, e [prɔtɛstɑ̃, ɑ̃t] *adjectif* ■ **protestantisch**

le **protestant** ■ der **Protestant** *(pluriel* **Protestanten***)* : **les protestants** die Protestanten

la **protestante** ■ die **Protestantin** *(pluriel* **Protestantinnen***)*.

protester [3] [prɔtɛste] *verbe* ■ **protestieren** : **nous avons protesté contre la modification de l'emploi du temps** wir haben gegen die Änderung des Stundenplans protestiert.

prouver [3] [pruve] *verbe* ■ **beweisen** : **tu ne peux rien prouver** du kannst nichts beweisen.

Provence [prɔvɑ̃s] ▪ die **Provence** : **ils ont une villa en Provence** sie haben ein Landhaus in der Provence ; **nous allons en Provence tous les étés** wir fahren jeden Sommer in die Provence.

provenir **[35]** [prɔvnir] *verbe*
➤ **provenir de** stammen aus : **ces produits proviennent d'Espagne** diese Produkte stammen aus Spanien.

province [prɔvɛ̃s] ▪ die **Provinz** *(pluriel* **Provinzen***)* : **ils habitent en province** sie wohnen in der Provinz.

proviseur [prɔvizœr]
der Schulleiter *(pluriel* **Schulleiter***)*
die Schulleiterin *(pluriel* **Schulleiterinnen***)*

PROVISEUR

Proviseur nennt man den Schulleiter eines **lycée**.

provisions [prɔvizjɔ̃] ▪ die **Einkäufe** *(pluriel)* : **on a mis les provisions dans le coffre** wir haben die Einkäufe in den Kofferraum gepackt
➤ **faire des provisions** einkaufen.

provisoire [prɔvizwar] *adjectif* ▪ **Übergangs-** : **c'est une solution provisoire** das ist eine Übergangslösung.

provoquer **[3]** [prɔvɔke] *verbe*
1. **verursachen** : **qu'est-ce qui a provoqué l'accident ?** was hat den Unfall verursacht?
2. **provozieren** : **si tu me provoques, je vais me fâcher** wenn du mich provozierst, werde ich böse.

prudence [prydɑ̃s] ▪ die **Vorsicht** *(sans pluriel)*
➤ **avec prudence** vorsichtig : **elle conduit avec beaucoup de prudence** sie fährt sehr vorsichtig.

prudent, e [prydɑ̃, ɑ̃t] *adjectif* ▪ **vorsichtig** : **sois prudent !** sei vorsichtig!

prune [pryn] ▪ die **Pflaume** *(pluriel* **Pflaumen***)*
➤ **de la confiture de prunes** Pflaumenmarmelade.

le|la **psychiatre** [psikjatr] ▪ der **Psychiater** *(pluriel* **Psychiater***)*, die **Psychiaterin** *(pluriel* **Psychiaterinnen***)* : **Hervé voudrait être psychiatre** Hervé wäre gern Psychiater.

psychologue [psikɔlɔg] *adjectif* ▪ **psychologisch begabt** : **être psychologue** ein Menschenkenner sein ; **tu n'es pas très psychologue !** du bist kein großer Menschenkenner!

le|la **psychologue** ▪ der **Psychologe** *(pluriel* **Psychologen***)*, die **Psychologin** *(pluriel* **Psychologinnen***)* : **elle a une formation de psychologue** sie ist als Psychologin ausgebildet.

pu [py] *participe passé* ➤ pouvoir.

la **pub** [pyb] *familier*
1. der **Werbespot** *(pluriel* **Werbespots***)* : **tu as vu la pub pour cette voiture ?** hast du den Werbespot für dieses Auto gesehen?
2. die **Werbebranche** *(pluriel* **Werbebranchen***)* : **ma mère travaille dans la pub** meine Mutter arbeitet in der Werbebranche.

public, ique [pyblik] *adjectif*
1. **öffentlich** : **dans un lieu public** an einem öffentlichen Ort
2. **staatlich** : **les écoles publiques** die staatlichen Schulen

le **public**
1. die **Öffentlichkeit** : **elle se montre à peine en public** sie zeigt sich kaum in der Öffentlichkeit
2. das **Publikum** : **le public a beaucoup applaudi** das Publikum hat viel Applaus gespendet.

publicitaire [pyblisitɛr] *adjectif* ▪ **Werbe-** : **une campagne publicitaire** eine Werbekampagne.

la **publicité** [pyblisite]
1. der **Werbespot** *(pluriel* **Werbespots***)* : **il y a une publicité très rigolote à la télé en ce moment** im Fernsehen läuft gerade ein sehr lustiger Werbespot
2. die **Werbebranche** *(pluriel* **Werbebranchen***)* : **il travaille dans la publicité** er arbeitet in der Werbebranche.

publier [10] [pyblije] *verbe* ■ **veröffentlichen : quand est-ce que ce livre a été publié ?** wann ist dieses Buch veröffentlicht worden?

la **puce** [pys] ■ der **Floh** (*pluriel* **Flöhe**) : **le chien a des puces** der Hund hat Flöhe
➤ **une puce électronique** ein Elektrochip.

puer [7] [pɥe]
■ *verbe transitif*
stinken nach : ça pue le fromage das stinkt nach Käse
■ *verbe intransitif*
stinken : ça pue ici ! hier stinkt es!

puis [pɥi] *adverbe* ■ **dann : tournez à gauche puis à droite** biegen Sie links ab, dann rechts
➤ **et puis** und danach : **on a pique-niqué et puis on a fait la sieste** wir haben ein Picknick gemacht, und danach einen Mittagsschlaf gehalten.

puisque [pɥiskə] *conjonction* ■ **da (ja) : puisqu'il reste deux jours, je n'ai pas besoin de me dépêcher** da (ja) noch zwei Tage Zeit sind, muss ich mich nicht beeilen.

la **puissance** [pɥisɑ̃s]
1. die **Leistungsfähigkeit** (*sans pluriel*) : **la puissance du moteur** die Leistungsfähigkeit des Motors
2. die **Macht** (*pluriel* **Mächte**)
➤ **les grandes puissances** die Großmächte.

puissant, e [pɥisɑ̃, ɑ̃t] *adjectif*
■ **stark : il a une puissante musculature** er hat eine starke Muskulatur.

puisse, puisses ➤ pouvoir.

le **puits** [pɥi] ■ der **Brunnen** (*pluriel* **Brunnen**) : **allons chercher de l'eau au puits** lasst uns Wasser aus dem Brunnen holen
➤ **un puits de pétrole** eine Ölquelle.

le **pull, pull-over** [pyl, pylɔvɛr] (*pluriel* **pull-overs**) ■ der **Pullover** (*pluriel* **Pullover**)
➤ **un pull en laine** ein Wollpullover.

la **punaise** [pynɛz] ■ die **Heftzwecke** (*pluriel* **Heftzwecken**) : **ils ont accroché le poster avec des punaises** sie haben das Poster mit Heftzwecken angebracht.

punir [27] [pynir] *verbe* ■ **bestrafen : le prof de géo a puni Roland** der Erdkundelehrer hat Roland bestraft.

la **punition** [pynisjɔ̃]
1. die **Strafe** (*pluriel* **Strafen**) : **c'est une punition sévère** das ist eine harte Strafe
2. die **Strafarbeit** (*pluriel* **Strafarbeiten**) : **le prof m'a donné une punition** die Lehrerin hat mir eine Stafarbeit aufgegeben.

pur, e [pyr] *adjectif* ■ **rein : l'air est très pur ici** hier ist die Luft sehr rein.

la **purée** [pyre] ■ das **Püree** (*pluriel* **Pürees**) : **on a mangé de la purée de pommes de terre à midi** wir haben heute Mittag Kartoffelpüree gegessen
➤ **purée de pois** dichter Nebel.

le **puzzle** [pœzl] ■ das **Puzzle** (*pluriel* **Puzzles**) : **on a passé l'après-midi à faire ce puzzle** wir haben den ganzen Nachmittag mit diesem Puzzle verbracht.

le **P-V** [peve] (*abréviation de* **procès-verbal**) ■ der **Strafzettel** (*pluriel* **Strafzettel**) : **Alex a encore attrapé un P-V** Alex hat schon wieder einen Strafzettel bekommen.

le **pyjama** [piʒama] ■ der **Schlafanzug** (*pluriel* **Schlafanzüge**) : **Caro est en pyjama** Caro ist im Schlafanzug.

le **pylône** [pilon] ■ der **Mast** (*pluriel* **Masten**)
➤ **un pylône électrique** ein Leitungsmast.

la **pyramide** [piramid] ■ die **Pyramide** (*pluriel* **Pyramiden**).

les **Pyrénées** [pirene] *nom féminin pluriel* ■ die **Pyrenäen**.

q

qu' ➤ que.

quai [kɛ]
der **Bahnsteig** (*pluriel* **Bahnsteige**) : **le train part du quai 3** der Zug fährt von Bahnsteig 3 ab
die **Anlegestelle** (*pluriel* **Anlegestellen**) : **on est allés sur les quais pour regarder les bateaux** wir sind zu der Anlegestelle gegangen, um die Schiffe zu beobachten.

qualification [kalifikasjɔ̃] ■ die **Qualifikation** (*pluriel* **Qualifikationen**) : **il n'a pas les qualifications nécessaires** er hat nicht die nötigen Qualifikationen.

qualifié, e [kalifje] *adjectif* ■ **qualifiziert** : **est-ce qu'elle est qualifiée pour faire ce travail ?** ist sie qualifiziert für diese Arbeit?
être qualifié pour faire quelque chose dazu befähigt sein, etwas zu tun : **il n'est pas qualifié pour prendre la direction de ce service** er ist nicht dazu befähigt, die Leitung dieser Abteilung zu übernehmen.

qualifier *verbe pronominal* ■ **sich qualifizieren** : **l'équipe de l'école s'est qualifiée** die Schulmannschaft hat sich qualifiziert.

qualité [kalite]
der **Vorzug** (*pluriel* **Vorzüge**) : **Séréna a beaucoup de qualités** Séréna hat viele Vorzüge
2. die **Qualität** (*pluriel* **Qualitäten**) : **un produit de bonne|mauvaise qualité** ein Produkt von guter|schlechter Qualität
➤ **un produit de qualité** ein Qualitätsprodukt.

quand [kɑ̃]
■ *conjonction*
1. *Pour un événement répétitif* **wenn** : **il arrive toujours quand nous sommes à table** er kommt immer herein, wenn wir gerade beim Essen sind ; **quand tu le verras, demande-lui de m'appeler** wenn du ihn siehst, sag ihm, er soll mich anrufen
2. *Pour un événement unique* **als** : **il est arrivé quand nous étions à table** er ist hereingekommen, als wir gerade beim Essen waren
■ *adverbe interrogatif*
wann : **quand est-ce que tu pars ?** wann reist du ab?
➤ **depuis quand** seit wann : **depuis quand êtes-vous là ?** seit wann sind Sie da?
➤ **quand même**
1. trotzdem : **mes parents me l'ont interdit, mais j'irai quand même** meine Eltern haben es mir verboten, aber ich werde trotzdem gehen
2. wirklich ; **quand même, tu exagères !** wirklich, du übertreibst!

la **quantité** [kɑ̃tite] ■ die **Menge** (*pluriel* **Mengen**) : **quelle quantité de farine faut-il ?** welche Menge Mehl braucht man?
➤ **en grosse quantité** in großen Mengen
➤ **une quantité de|des quantités de** eine Menge : **ils ont des quantités de livres** sie haben eine Menge Bücher.

quarante [karɑ̃t] *adjectif numéral* ■ **vierzig** : **il y avait quarante élèves au voyage scolaire** an der Klassenfahrt haben vierzig Schüler teilgenommen

le **quarante** ■ die **Vierzig** (*pluriel* **Vierzigen**) : **elle habite au quarante** sie wohnt unter der Hausnummer Vierzig.

quarantième [karɑ̃tjɛm] *adjectif* ■ **vierzigste** : **c'est le quarantième nom sur la liste** das ist der vierzigste Name auf der Liste ; **il est arrivé quarantième** er ist als Vierzigster angekommen

le|la **quarantième** ■ der|die|das **Vierzigste** *(pluriel* **Vierzigsten***)*.

le **quart** [kar] ■ das **Viertel** *(pluriel* **Viertel***)* : **quel est le quart de 160 ?** wie viel ist ein Viertel von 160?
➤ **un quart d'heure** eine Viertelstunde
➤ **les quarts de finale** das Viertelfinale.

le **quartier** [kartje] ■ das **Viertel** *(pluriel* **Viertel***)* : **les beaux quartiers** die vornehmen Viertel
➤ **un quartier résidentiel** ein Wohnviertel.

quatorze [katɔrz] *adjectif numéral* ■ **vierzehn** : **Ludovic a quatorze ans** Ludovic ist vierzehn Jahre alt
➤ **nous sommes le quatorze mai** heute ist der vierzehnte Mai

le **quatorze**
1. die **Vierzehn** *(pluriel* **Vierzehnen***)*
2. der **Vierzehnte** *(sans pluriel)* : **aujourd'hui nous sommes le quatorze** heute haben wir den Vierzehnten.

quatorzième [katɔrzjɛm] *adjectif* ■ **vierzehnte** : **au quatorzième siècle** im vierzehnten Jahrhundert ; **Manon est arrivée quatorzième** Manon ist als Vierzehnte angekommen

le|la **quatorzième** ■ der|die|das **Vierzehnte** *(pluriel* **die Vierzehnten***)*.

quatre [katr] *adjectif numéral* ■ **vier** : **j'ai quatre frères et sœurs** ich habe vier Geschwister

le **quatre** ■ die **Vier** *(pluriel* **Vieren***)*
➤ **nous sommes le quatre juin** wir haben den vierten Juni
➤ **se mettre en quatre pour quelqu'un** sich für jemanden förmlich zerreißen
➤ **monter l'escalier quatre à quatre** die Treppe hinauf|stürzen.

quatre-vingt ➤ quatre-vingts.

quatre-vingt-dix [katrəvɛ̃dis] *adjectif numéral* ■ **neunzig** : **mon arrière-grand-père a quatre-vingt-dix ans** mein Urgroßvater ist neunzig Jahre alt

le **quatre-vingt-dix** ■ die **Neunzig** *(pluriel* **Neunzigen***)* : **elle habite au quatre-vingt-dix** sie wohnt unter Hausnummer Neunzig.

quatre-vingts, quatre-vingt [katrəvɛ̃] *adjectif numéral* ■ **achtzig** : **grand-mère a quatre-vingts ans** me Großmutter ist achtzig Jahre alt

le **quatre-vingts, quatre-ving** ■ die **Achtzig** *(pluriel* **Achtzigen***)* : **il hab au quatre-vingts** er wohnt unter der Ha nummer Achtzig.

quatrième [katrijɛm] *adjectif* ■ **vi te** : **c'est la quatrième fois que je te dis !** ich sage es dir nun schon zum viert Mal! ; **Anne est arrivée quatrième** Anne als Vierte angekommen

le|la **quatrième** ■ der|die|das **Vierte** *(p riel* **die Vierten***)*

la **quatrième** *nom féminin*
1. **achte Klasse** *(pluriel* **achte Klassen***)* : **B trand est en quatrième** Bertrand geht die achte Klasse
2. **vierter Gang** : **tu dois passer en quatri me** du musst in den vierten Gang schalten.

que [kə] *(***qu'** *devant une voyelle ou un « muet)*

■ *conjonction*
1. **dass**
Romain a dit qu'il viendrait Romain gesagt, dass er kommt ; **j'aimerais que m'aides** ich hätte gerne, dass du mir hilf **j'espère que tu vas bien** ich hoffe, dass dir gut geht, ich hoffe, dir geht es gut.

> La conjonction **que** ou **qu'** introduisan une subordonnée se traduit par **dass** o ne se traduit pas.

2. *Dans les comparatifs de supériorité d'infériorité* **als** : **tu es plus jeune q moi** du bist jünger als ich ; **c'est moins d ficile qu'hier** es ist weniger schwierig gestern
3. *Dans les comparatifs d'égalité* **wie** : **P a la même robe que moi** Pat hat das gl che Kleid wie ich ; **tu es aussi grand q Marc** du bist genauso groß wie Marc
➤ **ne ... que**
1. **nur** : **il ne reste que deux euros** es sind n zwei Euro übrig

Quand la somme ou le nombre qui dépend de **ne ... que** est définitif, on emploie **nur**:

erst ; il n'a que douze ans er ist erst zwölf

Quand la somme ou le nombre qui dépend de **ne ... que** est destiné à évoluer, on utilise **erst**:

pronom relatif
den, die, das : le garçon que tu vois là-bas der Junge, den du dort siehst ; **le chat que tu as caressé** die Katze, die du gerade gestreichelt hast ; **le livre que tu m'as prêté** das Buch, das du mir geliehen hast ; **les enfants que nous avons rencontrés hier** die Kinder, die wir gestern getroffen haben
pronom interrogatif
was : que savez-vous au juste ? was wissen Sie genau?
qu'est-ce que was : **qu'est-ce que tu veux ?** was willst du? ; **qu'est-ce que c'est ?** was ist das?
adverbe exclamatif
qu'est-ce que vielleicht : **qu'est-ce que c'était rigolo !** das war vielleicht lustig! ; **qu'est-ce que tu as changé !** du hast dich vielleicht verändert!
qu'est-ce qui ? was? : **qu'est ce qui se passe ?** was ist los?

Québec [kebɛk] ■ **le Québec** Quebec

En général, les noms de pays ne sont pas précédés d'un article en allemand :

j'ai des cousins au Québec ich habe Cousins in Quebec.

québécois, e [kebekwa, az] *adjectif*
von Quebec : le gouvernement québécois die Regierung von Quebec
aus Quebec : Lucie est québécoise Lucie ist aus Quebec

québécois ■ *Französisch, das in Quebec gesprochen wird* : **elle parle le québécois depuis qu'elle vit à Montréal** sie spricht Französisch, wie es Quebec gesprochen wird, seit sie in Montreal lebt.

Québécois ■ der **Quebecer** (*pluriel* **Quebecer**) : **les Québécois ont un accent charmant** die Quebecer haben einen sympathischen Akzent.

la **Québécoise** ■ die **Quebecerin** (*pluriel* **Quebecerinnen**).

quel [kɛl] (*masculin pluriel* **quels**, *féminin pluriel* **quelles**)
■ *adjectif interrogatif*
1. *En parlant d'une personne* **welche, welcher, welches : quel élève a eu la meilleure note ?** welcher Schüler hat die beste Note bekommen? ; **quelle est ton actrice préférée ?** welches ist deine Lieblingsschauspielerin?
2. *En parlant d'une chose* **welche, welcher, welches, was (für) : je ne sais pas quels sont ses projets** ich weiß nicht, welche Pläne er hat, ich weiß nicht, was für Pläne er hat ; **quel jour sommes-nous aujourd'hui ?** welcher Wochentag ist heute?, was für einen Wochentag haben wir heute?

On emploie **welche, welcher** ou **welches** plutôt que **wer von** ou **was für** lorsqu'on se réfère à un choix entre des choses ou des personnes bien précises :

quel livre veux-tu ? welches Buch möchtest du? ; **quelle jupe tu préfères ?** welcher Rock gefällt dir besser? ; **quelle est la capitale du Japon ?** welches ist die Hauptstadt von Japan?
➤ **quelle heure est-il ?** wie spät ist es?
■ *adjectif exclamatif*
was für

Il ne faut pas oublier l'article **ein** ou **eine** devant le nom qui suit **was für** lorsque celui-ci est un nom singulier dénombrable :

quelle imbécile ! was für ein Idiot! ; **quel mauvais temps !** was für ein schlechtes Wetter!
■ *pronom interrogatif*
wer : de vous trois, quel est le plus jeune ? wer von euch Dreien ist der Jüngste?
➤ **quel que soit** wie ... auch immer : **quel que soit le nombre de candidats** wie viele Kandidaten auch immer.

quelconque [kɛlkɔ̃k] *adjectif* ■ **irgendein, irgendeine : si pour une raison quelconque vous ne pouviez pas venir** wenn Sie aus irgendeinem Grund nicht kommen können.

quelque [kɛlk(ə)] *adjectif indéfini* ■ **einige, einiger, einiges : il a l'air fatigué depuis quelque temps** seit einiger Zeit sieht er müde aus

➤ **quelques** einige : **il me reste quelques timbres** ich habe noch einige Briefmarken

➤ **et quelques** *familier*

1. etwas mehr als : **cent euros et quelques** etwas mehr als hundert Euro
2. kurz nach ; **midi et quelques** kurz nach Mittag.

quelque chose [kɛlkəʃoz] *pronom indéfini* ■ **etwas : tu veux boire quelque chose ?** möchtest du etwas trinken? ; **quelque chose d'autre** etwas anderes.

quelquefois [kɛlkəfwa] *adverbe* ■ **manchmal : je vais quelquefois à la piscine avec mon frère** ich gehe manchmal mit meinem Bruder ins Schwimmbad.

quelque part [kɛlkəpar] *adverbe* ■ **irgendwo : ces lunettes doivent bien être quelque part** diese Brille muss doch irgendwo sein.

quelques-uns, quelques-unes [kɛlkəzœ̃, kɛlkəzyn] *pronom indéfini* ■ **einige : quelques-uns d'entre eux ont refusé** einige von ihnen haben abgelehnt.

quelqu'un [kɛlkœ̃] *pronom indéfini* ■ **jemand : quelqu'un a téléphoné pour toi** es hat jemand für dich angerufen

➤ **c'est quelqu'un de sympathique** er ist ein sympathischer Typ.

qu'est-ce que [kɛskə] ➤ que.

qu'est-ce qui [kɛski] ➤ que.

la **question** [kɛstjɔ̃] ■ die **Frage** (*pluriel* **Fragen**) : **poser une question à quelqu'un** jemandem eine Frage stellen

➤ **il est question de construire une piscine** es ist die Rede davon, ein Schwimmbad zu bauen

➤ **il n'en est pas question** das kommt nicht in Frage.

le **questionnaire** [kɛstjɔnɛr] ■ der **Fragebogen** (*pluriel* **Fragebögen**) : **tu as répondu au questionnaire ?** hast du den Fragebogen ausgefüllt?

la **queue** [kø]

1. der **Schwanz** (*pluriel* **Schwänze**) : **le chi[en] remue la queue** der Hund wedelt mit d[em] Schwanz
2. die **Schlange** (*pluriel* **Schlangen**) : **il y av[ait] au moins cent personnes dans la que[ue]** es standen mindestens hundert Leute in [der] Schlange.

la **queue-de-cheval** [kødʃəval] (*plu[riel]* queues-de-cheval) ■ der **Pferd[e]schwanz** (*pluriel* **Pferdeschwänze**) : **Laë[titia] se fait souvent une queue-de-chev[al]** Laëtitia macht sich oft einen Pferdeschwa[nz]

qui [ki]

■ *pronom relatif*

1. **der, die, das : la fille qui me parlait** [d]... Mädchen, das mit mir sprach ; **le chien q[ui] aboie** der Hund, der bellt ; **les policiers q[ui] m'ont parlé** die Polizisten, die mich ang[e]sprochen haben
2. *Après une préposition suivie de l'acc[u]satif en allemand* **den, die, das : la cop[ai]ne pour qui j'ai enregistré ce CD** [die] Freundin, für die ich diese CD gebrannt ha[be]
3. *Après une préposition suivie du datif [en] allemand* **dem, der : la personne à qui [tu] parlais** die Person, mit der du gesproch[en] hast

■ *pronom interrogatif*

1. *Sujet* **wer : qui a fait ça ?** wer hat das g[e]tan? ; **qui est-ce ?** wer ist das? ; **dis-m[oi] qui sera là** sag mir, wer dort sein wird ; **q[ui] vient à la réunion de demain ?** w[er] kommt zu der morgigen Sitzung?
2. *Complément direct* **wen : qui ont-ils [in]vité ?** wen haben sie eingeladen?

➤ **à qui** wem : **à qui tu vas le donner ?** w[em] wirst du es geben? ; **à qui est ce manteau** wem gehört dieser Mantel?

➤ **c'est à qui de jouer ?** wer ist an der Reih[e]

la **quiche** [kiʃ] ■ die **Quiche** (*pluriel* **Q[ui]ches**) : **une quiche lorraine** eine Quic[he] Lorraine.

la **quincaillerie** [kɛ̃kajri] ■ die **Eisenw[a]renhandlung** (*pluriel* **Eisenwarenhan[d]lungen**).

la **quinzaine** [kɛ̃zɛn]

➤ **une quinzaine de** etwa fünfzehn : **ça [va] durer une quinzaine de minutes** das w[ird] etwa fünfzehn Minuten dauern

En allemand, on prend la semaine pour référence et non le mois, ainsi on considère qu'une quinzaine de jours correspond à deux fois sept jours, soit quatorze :

une quinzaine de jours vierzehn Tage.

quinze [kɛ̃z] *adjectif numéral* ■ **fünfzehn : Alice a quinze ans** Alice ist fünfzehn Jahre alt

En allemand, on prend la semaine pour référence et non le mois, ainsi on considère que quinze jours correspondent à deux fois sept jours, soit quatorze :

dans quinze jours in vierzehn Tage

quinze

die **Fünfzehn** *(pluriel* **Fünfzehnen***)*
der **Fünfzehnte** *(sans pluriel)* **: aujourd'hui nous sommes le quinze** heute haben wir den Fünfzehnten
nous sommes le quinze août wir haben den fünfzehnten August.

quinzième [kɛ̃zjɛm] *adjectif* ■ **fünfzehnte : la quinzième ligne à partir du haut** die fünfzehnte Reihe von oben

quinzième ■ der|die|das Fünfzehnte *(pluriel* **die Fünfzehnten***)*.

quitter [3] [kite] *verbe* ■ **verlassen : il a quitté la maison à 7 heures** er hat das Haus um 7 Uhr verlassen ; **son copain l'a quittée** ihr Freund hat sie verlassen
ne quittez pas ! bleiben Sie am Apparat!

quitter *verbe pronominal* ■ **sich trennen : nous étions tristes quand nous nous sommes quittés** wir waren traurig, als wir uns getrennt haben.

quoi [kwa] *adverbe interrogatif* ■ **was : c'est quoi ?** was ist das? ; **tu lis quoi ?** was liest du gerade? ; **je ne sais pas quoi dire** ich weiß nicht, was ich sagen soll
à quoi
woran : à quoi tu penses ? woran denkst du gerade?
womit ; je ne sais pas à quoi comparer ça ich weiß nicht, womit das vergleichbar ist
quoi ? wie bitte? : **quoi ? qu'est-ce que tu dis ?** wie bitte? was hast du gesagt?
de quoi
1. **etwas zu : tu as de quoi écrire ?** hast du etwas zu schreiben? ; **emportez de quoi boire** bringt etwas zu trinken mit
2. **genug, um ; il y a de quoi nourrir cinquante personnes** das ist genug, um fünfzig Personen satt zu bekommen

➤ **merci ! – il n'y a pas de quoi** danke! – nicht der Rede wert.

quoique [kwakə] *conjonction* ■ **obwohl : je vais y aller quoique je n'en ai pas très envie** ich werde hingehen, obwohl ich keine große Lust dazu habe.

quotidien, enne [kɔtidjɛ̃, ɛn] *adjectif* ■ **täglich : les tâches quotidiennes** die tägliche Arbeit

le **quotidien**

1. der **Alltag** *(sans pluriel)*
2. die **Tageszeitung** *(pluriel* **Tageszeitungen***)* **: quel quotidien est-ce que vous lisez ?** welche Tageszeitung lesen Sie?

r

le **rabais** [rabɛ] ■ der **Rabatt** *(pluriel* **Rabatte***)* **: je vous fais un rabais de dix pour cent** ich gebe Ihnen zehn Prozent Rabatt

➤ **au rabais** zu einem herabgesetzten Preis.

le **rabbin** [rabɛ̃] ■ der **Rabbiner** *(pluriel* **Rabbiner***)* **: il est rabbin** er ist Rabbiner.

raccommoder [3] [rakɔmɔde] *verbe* ■ **flicken : tu peux me raccommoder la manche ?** kannst du mir den Ärmel flicken?

raccompagner [3] [rakɔ̃paɲe] *verbe* ■ **bringen** : **le père de Sandra m'a raccompagné chez moi** Sandras Vater hat mich nach Hause gebracht.

le **raccourci** [rakursi] ■ die **Abkürzung** (*pluriel* **Abkürzungen**) : **on va prendre un raccourci** wir werden eine Abkürzung nehmen.

raccourcir [27] [rakursir]

■ *verbe transitif*
kürzen : **ma mère a dû raccourcir ma jupe** meine Mutter musste meinen Rock kürzen

■ *verbe intransitif*
kürzer werden : **les jours raccourcissent** die Tage werden kürzer.

raccrocher [3] [rakrɔʃe] *verbe* ■ **auf|legen** : **Sandrine m'a raccroché au nez** Sandrine hat einfach aufgelegt.

la **race** [ras]
1. das **Geschlecht** (*pluriel* **Geschlechter**) : **la race humaine** das Menschengeschlecht
2. die **Rasse** (*pluriel* **Rassen**) : **c'est une race de chat très rare** das ist eine sehr seltene Katzenrasse.

racheter [24] [raʃte] *verbe*
1. **neu kaufen** : **tu vas devoir racheter un stylo** du wirst einen neuen Füller kaufen müssen
2. **nach|kaufen** : **rachète du pain, sinon on va en manquer** kauf noch Brot nach, sonst werden wir nicht genug haben

➤ **je te rachète ton VTT cent euros** ich kaufe dir dein Mountainbike für hundert Euro ab.

la **racine** [rasin] ■ die **Wurzel** (*pluriel* **Wurzeln**) : **les racines de l'arbre** die Wurzeln des Baumes.

le **racisme** [rasism] ■ der **Rassismus**.

raciste [rasist] *adjectif* ■ **rassistisch**

le|la **raciste** ■ der **Rassist** (*pluriel* **Rassisten**), die **Rassistin** (*pluriel* **Rassistinnen**).

raconter [3] [rakɔ̃te] *verbe* ■ **erzählen** : **Sophie nous a raconté une histoire super marrante** Sophie hat uns eine wirklich komische Geschichte erzählt.

le **radiateur** [radjatœr] ■ die **Heizu**
(*pluriel* **Heizungen**)

➤ **un radiateur électrique** ein Heizofen.

radin, e [radɛ̃, in] *familier adje*
■ **knauserig** : **elle est vraiment radin**
sie ist wirklich knauserig!

la **radio** [radjo]
1. das **Radio** (*pluriel* **Radios**) : **allume la rac**
schalt das Radio ein
2. die **Röntgenaufnahme** (*pluriel* **Röntge
aufnahmen**) : **faire une radio** eine Rö
genaufnahme machen lassen.

le **radio-réveil** [radjɔrevɛj] (*plu*
radios-réveils) ■ der **Radiowecker** (*p
riel* **Radiowecker**).

le **radis** [radi] ■ das **Radieschen** (*plu*
Radieschen).

rafraîchir [27] [rafrɛʃir] *verbe*
1. **erfrischen** : **cette crème rafraîchit le v
sage** diese Creme erfrischt das Gesicht
2. **auf|frischen** : **ça va te rafraîchir la m
moire** das wird dein Gedächtnis auffrisch

se **rafraîchir** *verbe pronominal*
1. **kühler werden**

> Lorsque le verbe exprime un changemen
> de couleur ou d'état, on utilise souven
> l'auxiliaire **werden** en allemand :

le temps se rafraîchit es wird kühler
2. **sich erfrischen** : **venez vous rafraîch
vous devez avoir soif** kommt her und
frischt euch, ihr seid sicher durstig.

rafraîchissant, e [rafrɛʃisɑ̃, ɑ̃t] *a
jectif* ■ **erfrischend** : **une boisson rafr
chissante** ein erfrischendes Getränk.

le **rafting** [raftiŋ] ■ das **(Wildwa
ser)rafting** : **on a fait du rafting dans
Pyrénées** wir haben (Wildwasser)rafting
den Pyrenäen gemacht.

la **rage** [raʒ] ■ die **Wut** : **il était fou de r
ge** er war blind vor Wut

➤ **rage de dents** heftige Zahnschmerzen.

les **ragots** [rago] *nom masculin pluriel* ■ d
Klatsch (*sans pluriel*) : **ce ne sont que d
ragots** das ist doch nur Klatsch.

raide [rɛd] *adjectif*
glatt : Mélanie a les cheveux raides Mélanie hat glattes Haar
steil : une pente raide ein steiler Abhang.

raie [rɛ]
der **Streifen** *(pluriel* **Streifen***)* **: une chemise blanche à raies bleues** ein weißes Hemd mit blauen Streifen
der **Scheitel** *(pluriel* **Scheitel***)* **: Simon porte la raie à gauche** Simon trägt seinen Scheitel links.

rail [raj] ■ die **Schiene** *(pluriel* **Schienen***)* **: le train est sorti des rails** der Zug ist entgleist.

raisin [rɛzɛ̃] ■ die **Traube** *(pluriel* **Trauben***)* **: j'aime le raisin noir** ich esse gerne blaue Trauben
des raisins secs Rosinen.

raison [rɛzɔ̃]
der **Grund** *(pluriel* **Gründe***)* **: tu n'as aucune raison de t'inquiéter** es gibt keinen Grund zur Beunruhigung für dich
der **Verstand : tu n'as plus toute ta raison !** du bist ja nicht mehr bei Verstand!
die **Vernunft : tu devrais le ramener à la raison** du solltest ihn zur Vernunft bringen
avoir raison Recht haben **: tu vois, j'avais raison!** wie du siehst hatte ich Recht!

raisonnable [rɛzɔnabl] *adjectif*
angemessen : des prix très raisonnables sehr angemessene Preise
vernünftig : elle est très raisonnable pour son âge sie ist sehr vernünftig für ihr Alter.

raisonner [3] [rɛzɔne] *verbe* ■ **zur Vernunft bringen : on a essayé de la raisonner** wir haben versucht, sie zur Vernunft zu bringen.

rajeunir [27] [raʒœnir]
verbe transitif
jünger machen : cette coupe de cheveux te rajeunit dieser Haarschnitt macht dich jünger
verbe intransitif
jünger werden : tu rajeunis jour après jour du wirst jeden Tag jünger.

rajouter [3] [raʒute] *verbe* ■ **hinzugeben : rajoute un peu de sel** gib ein wenig Salz hinzu
➤ **en rajouter** *familier* übertreiben **: ce n'était pas si terrible, tu en rajoutes !** so schlimm war es doch gar nicht, du übertreibst!

le **ralenti** [ralɑ̃ti] ■ die **Zeitlupe** *(sans pluriel)*
➤ **au ralenti** in Zeitlupe **: une scène filmée au ralenti** eine in Zeitlupe gedrehte Szene.

ralentir [27] [ralɑ̃tir] *verbe* ■ **langsamer fahren : ralentis, tu vas trop vite !** fahr langsamer, du bist zu schnell!

râler [3] [rale] *verbe familier* ■ **meckern : arrête de râler !** hör auf zu meckern!

la **rallonge** [ralɔ̃ʒ]
1. die **Ausziehplatte** *(pluriel* **Ausziehplatten***)*
2. das **Verlängerungskabel** *(pluriel* **Verlängerungskabel***)* **: il me faut une rallonge pour brancher l'ordinateur** ich brauche ein Verlängerungskabel, um den Computer anzuschließen.

rallonger [16] [ralɔ̃ʒe]
■ *verbe transitif*
verlängern : on a pu rallonger notre séjour d'une semaine wir konnten unseren Aufenthalt um eine Woche verlängern
■ *verbe intransitif*
länger werden

> Lorsque le verbe exprime un changement de couleur ou d'état, on utilise souvent l'auxiliaire **werden** en allemand :

les jours rallongent die Tage werden länger.

le **rallye** [rali] ■ die **Rallye** *(pluriel* **Rallyes***)*
➤ **un rallye moto** eine Motorradrallye.

le **ramassage** [ramasaʒ] ■ das **Einsammeln**
➤ **le ramassage scolaire** der Schulbusservice.

ramasser [3] [ramase] *verbe*
1. **sammeln : tu viens ramasser les champignons avec moi ?** kommst du mit mir Pilze sammeln?

2. **ein|sammeln : le prof a commencé à ramasser les copies** der Lehrer hat angefangen, die Arbeiten einzusammeln
3. **auf|heben : Sébastien a refusé de ramasser le papier qu'il avait fait tomber** Sébastien wollte das Blatt Papier nicht aufheben, das ihm heruntergefallen war.

la **rame** [ram]

1. das **Ruder** (*pluriel* **Ruder**) **: j'ai laissé tomber la rame dans l'eau** ich habe das Ruder ins Wasser fallen lassen
2. der **Zug** (*pluriel* **Züge**)

➤ **la dernière rame de métro** die letzte U-Bahn.

ramener [18] [ramne] *verbe* ■ **zurück|bringen : je peux te ramener à l'école si tu veux** ich kann dich zur Schule zurückbringen, wenn du willst.

ramer [3] [rame] *verbe* ■ **rudern : rame plus vite !** ruder schneller!

ramollir [27] [ramɔlir] *verbe* ■ **weich werden : il fait chaud, le beurre a ramolli** es ist warm, die Butter ist weich geworden.

la **rampe** [rɑ̃p]

1. das **Geländer** (*pluriel* **Geländer**) **: accroche-toi à la rampe** halt dich am Geländer fest
2. die **Rampe** (*pluriel* **Rampen**) **: il y a une rampe pour les fauteuils roulants** es gibt eine Rampe für Rollstühle.

ramper [3] [rɑ̃pe] *verbe* ■ **hindurch|kriechen : il a rampé sous la clôture** er ist unter dem Zaun hindurchgekrochen.

la **rancune** [rɑ̃kyn] ■ der **Groll** (*sans pluriel*)

➤ **sans rancune !** nichts für ungut!

la **randonnée** [rɑ̃dɔne]

1. die **Wanderung** (*pluriel* **Wanderungen**) **: faire une randonnée** eine Wanderung machen
2. das **Wandern** (*sans pluriel*) **: faire de la randonnée** Wandern gehen

➤ **une randonnée à vélo** eine Fahrradtour.

le **rang** [rɑ̃] ■ die **Reihe** (*pluriel* **Reihen**) **: on était assis au premier rang** wir saßen in der ersten Reihe

➤ **se mettre en rang** sich in einer Reihe au[fstellen]. stellen.

la **rangée** [rɑ̃ʒe] ■ die **Reihe** (*pluriel* **R[ei]hen**)

➤ **une rangée de maisons** eine Häuserrei[he]

ranger [16] [rɑ̃ʒe] *verbe*

1. **auf|räumen : je dois ranger ma chamb[re] avant de pouvoir sortir** ich muss mein Zi[m]mer aufräumen, bevor ich weggehen kann
2. **weg|räumen : j'ai rangé mon agenda** [ich] habe meinen Taschenkalender weggeräum[t]
3. **parken : j'ai rangé ma voiture au gara[ge]** ich habe mein Auto in der Garage geparkt
4. **ordnen : les dossiers sont rangés par [or]dre alphabétique** die Akten sind alphab[e]tisch geordnet.

le **rap** [rap] ■ der **Rap : j'aime le rap** [ich] mag Rap

➤ **un chanteur de rap** ein Rapsänger.

râpé, e [rape] *adjectif* ■ **gerieben : [du] fromage râpé** geriebener Käse.

rapide [rapid] *adjectif*

1. **schnell : un coureur très rapide** ein se[hr] schneller Läufer
2. **rasch : Benoît a fait des progrès rapid[es]** Benoît hat rasche Fortschritte gemacht
3. **reißend : un courant rapide** ein reißend[er] Strom.

rapidement [rapidmɑ̃] *adver[be]* ■ **schnell : nous devons réagir rapide[ment]** wir müssen schnell reagieren.

rapiécé, e [rapjese] *adjectif* ■ **g[e]flickt : son jean est rapiécé** ihre Jeans [ist] geflickt.

le **rappel** [rapɛl]

1. die **Mahnung** (*pluriel* **Mahnungen**) **: on[a] reçu un rappel pour la facture de gaz** w[ir] haben eine Mahnung für die Gasrechnu[ng] bekommen
2. die **Wiederholungsimpfung** (*pluriel* **Wi[e]derholungsimpfungen**) **: le médecin m['a] fait le rappel du tétanos** der Arzt hat b[ei] mir die Wiederholungsimpfung gegen Te[ta]nus durchgeführt.

rappeler [21] [raple] *verbe* ■ **zurück|rufen : je rappellerai cet après-midi** ich werde heute Nachmittag zurückrufen
rappeler quelque chose à quelqu'un jemanden an etwas erinnern : **ça me rappelle mon village** das erinnert mich an mein Dorf
rappeler à quelqu'un de faire quelque chose jemanden daran erinnern, etwas zu tun : **rappelle-moi d'acheter du pain** erinnere mich daran, Brot zu kaufen

rappeler *verbe pronominal* ■ **sich erinnern : tu te rappelles la date de son anniversaire ?** erinnerst du dich daran, wann er Geburtstag hat?

rapport [rapɔr]
der **Zusammenhang** (*pluriel* **Zusammenhänge**) **: je ne vois pas le rapport** ich sehe den Zusammenhang nicht
der **Bericht** (*pluriel* **Berichte**) **: un rapport sur les activités du groupe** ein Bericht über die Tätigkeiten der Gruppe
par rapport à im Vergleich zu : **par rapport à son frère, c'est un génie !** im Vergleich zu seinem Bruder ist er ein Genie!

rapports *nom masculin pluriel* ■ **die Beziehungen** (*au pluriel*) **: nous avons de bons rapports avec nos voisins** wir haben gute Beziehungen zu unseren Nachbarn
avoir des rapports sexuels avec quelqu'un Sex mit jemandem haben.

rapporter [3] [rapɔrte] *verbe*
mit|bringen : tu m'as rapporté quelque chose de ton voyage ? hast du mir von deiner Reise etwas mitgebracht?
zurück|bringen : n'oublie pas de rapporter les livres à la bibliothèque vergiss nicht, die Bücher in die Bibliothek zurückzubringen.

rapprocher [3] [raprɔʃe] *verbe*
näher rücken : il a rapproché sa chaise du feu er hat seinen Stuhl näher ans Feuer gerückt
näher bringen : cette tragédie les a rapprochés diese Tragödie hat sie einander näher gebracht

rapprocher *verbe pronominal*
sich nähern : rapproche-toi, que je te voie mieux komm näher, damit ich dich besser sehen kann
2. **sich näher kommen : nous nous sommes rapprochés après cette aventure** nach diesem Abenteuer sind wir uns näher gekommen.

la **raquette** [rakɛt]
1. der **Schläger** (*pluriel* **Schläger**) **: une raquette de tennis** ein Tennisschläger
2. der **Schneeschuh** (*pluriel* **Schneeschuhe**) **: marcher dans la neige avec des raquettes** mit Schneeschuhen durch den Schnee laufen.

rare [rar] *adjectif*
1. **selten : un objet rare** ein seltener Gegenstand
2. **wenige : les rares personnes qu'ils fréquentent** die wenigen Leute, mit denen sie Kontakt haben.

ras *adverbe* ■ **kurz geschoren : ses cheveux sont coupés ras** sein Haar ist kurz geschoren
➤ **au ras de** dicht über : **au ras de l'eau** dicht über dem Wasserspiegel
➤ **à ras bord** bis zum Rand : **ne remplis pas ton verre à ras bord** füll dein Glas nicht bis zum Rand
➤ **en avoir ras le bol** *familier* die Nase voll haben : **j'en ai ras le bol de ses mensonges !** ich habe die Nase voll von seinen Lügen!

raser [3] [raze] *verbe* ■ **ab|rasieren : Luc a rasé sa barbe** Luc hat sich den Bart abrasiert

se **raser** *verbe pronominal* ■ **sich rasieren : il se rase deux fois par semaine** er rasiert sich zweimal in der Woche.

le **rasoir** [razwar] ■ der **Rasierer** (*pluriel* **Rasierer**)
➤ **des rasoirs jetables** Einwegrasierer
➤ **un rasoir électrique** ein Elektrorasierer.

rassembler [3] [rasɑ̃ble] *verbe*
1. **versammeln : le proviseur a rassemblé les élèves dans la cour** der Schulleiter hat die Schüler auf dem Schulhof versammelt
2. **zusammen|suchen : il a rassemblé ses papiers** er hat seine Unterlagen zusammengesucht

se **rassembler** *verbe pronominal*
1. **sich versammeln : les manifestants se sont rassemblés sur la place** die Demonstranten haben sich auf dem Platz versammelt

2. **zusammen|kommen** : **toute la famille se rassemble pour Noël** die ganze Familie kommt zu Weihnachten zusammen.

se **rasseoir** [51] [səraswar] *verbe pronominal* ■ **sich wieder hin|setzen** : **rasseyez-vous, la projection n'est pas finie** setzt euch wieder hin, die Vorführung ist noch nicht zu Ende.

rassurer [3] [rasyre] *verbe* ■ **beruhigen** : **il a essayé de la rassurer** er hat versucht, sie zu beruhigen.

le **rat** [ra] ■ **die Ratte** *(pluriel* **Ratten***)*.

raté, e [rate] *adjectif* ■ **misslungen** : **oh non, le gâteau est complètement raté !** oh nein, der Kuchen ist völlig misslungen!
➤ **raté !** daneben!

rater [3] [rate] *verbe* ■ **verpassen** : **vite, on va rater le train !** schnell, sonst verpassen wir den Zug!
➤ **j'ai raté la photo** das Foto ist mir misslungen
➤ **rater quelque chose** bei etwas durch|fallen : **Stéphanie a raté son permis de conduire** Stéphanie ist bei der Führerscheinprüfung durchgefallen
➤ **rater une occasion** eine Gelegenheit verpassen.

le **rattrapage** [ratrapaʒ] ■ **die Nachhilfe**
➤ **cours de rattrapage** Nachhilfestunden : **comme j'ai été malade, j'ai dû prendre des cours de rattrapage** da ich krank war, musste ich Nachhilfestunden nehmen.

rattraper [3] [ratrape] *verbe*
1. **ein|holen** : **nous partons, ils nous rattraperont** wir gehen los, sie werden uns einholen
2. **auf|fangen** : **Élise a rattrapé le vase de justesse** Élise hat die Vase gerade noch aufgefangen
3. **auf|holen** : **comment est-ce que je vais faire pour rattraper les cours ?** wie soll ich die versäumten Unterrichtsstunden aufholen?
➤ **rattraper le temps perdu** die verlorene Zeit auf|holen

se **rattraper** *verbe pronominal* ■ **sich fes[t|]halten**
➤ **se rattraper à quelque chose** sich an was fest|halten : **heureusement qu'il s'[est] rattrapé à la rambarde** glücklicherwe[ise] hat er sich am Geländer festgehalten.

rauque [rok] *adjectif* ■ **rauchig** : **u[ne] chanteuse à la voix rauque** eine Sänge[rin] mit rauchiger Stimme.

ravi, e [ravi] *adjectif* ■ **hocherfreut** : [je] **suis ravi de l'avoir trouvé** ich bin hoch[er]freut, es gefunden zu haben
➤ **ravi de vous connaître** es freut mich se[hr,] Ihre Bekanntschaft zu machen.

les **raviolis** [ravjɔli] *nom masculin plu[riel]* ■ **die Ravioli** *(au pluriel)*.

se **ravitailler** [səravitaje] *verbe pronominal*
1. **sich mit Lebensmitteln versorgen** : **on ravitaille au village le plus proche** wir v[er]sorgen uns im nächsten Dorf mit Lebensm[it]teln
2. **auf|tanken** : **l'avion s'est posé à Séo[ul] pour se ravitailler** das Flugzeug ist z[um] Auftanken in Seoul gelandet.

rayé, e [rɛje] *adjectif*
1. **gestreift** : **une chemise rayée** ein gestre[if]tes Hemd
2. **zerkratzt** : **le disque est rayé** die Scha[ll]platte ist zerkratzt.

rayer [11] [rɛje] *verbe*
1. **zerkratzen** : **j'ai rayé mes lunettes** ich h[a]be meine Brille zerkratzt
2. **durch|streichen** : **pourquoi tu as rayé [ce] mot ?** warum hast du dieses Wort durchg[e]strichen?

le **rayon** [rɛjɔ̃]
1. der **Strahl** *(pluriel* **Strahlen***)*
2. die **Abteilung** *(pluriel* **Abteilungen***)*
➤ **un rayon de soleil** ein Sonnenstrahl
➤ **un rayon laser** ein Laserstrahl
➤ **le rayon enfant** die Kinderabteilung.

la **rayure** [rɛjyr] ■ der **Streifen** *(plur[iel]* **Streifen***)* : **du tissu blanc à rayures vert[es]** ein weißer Stoff mit grünen Streifen.

réaction [reaksjɔ̃] ■ die **Reaktion** (*pluriel* **Reaktionen**).

réagir [27] [reaʒir] *verbe* ■ **reagieren** : **comment a-t-elle réagi ?** wie hat sie reagiert?
réagir à quelque chose auf etwas an|sprechen.

réalisateur [realizatœr] ■ der **Filmregisseur** (*pluriel* **Filmregisseure**) : **un grand réalisateur français** ein großer französischer Filmregisseur.

réalisatrice [realizatris] ■ die **Filmregisseurin** (*pluriel* **Filmregisseurinnen**).

réaliser [3] [realize] *verbe*
durchführen : **ce projet sera difficile à réaliser** dieses Projekt wird schwer durchzuführen sein
verwirklichen : **il n'a jamais réalisé son rêve** er hat seinen Traum niemals verwirklicht
drehen : **c'est Chabrol qui a réalisé ce film** diesen Film hat Chabrol gedreht
tu réalises qu'on est déjà en décembre ? bist du dir klar darüber, dass es schon Dezember ist?

réaliser *verbe pronominal* ■ **in Erfüllung gehen** : **mon rêve s'est enfin réalisé !** mein Traum ist endlich in Erfüllung gegangen!

réaliste [realist] *adjectif* ■ **realistisch** : **soyons réalistes !** seien wir realistisch!

réalité [realite] ■ die **Wirklichkeit** (*pluriel* **Wirklichkeiten**) : **c'est la triste réalité** das ist die traurige Wirklichkeit
en réalité in Wirklichkeit.

rebondir [27] [rəbɔ̃dir] *verbe* ■ **springen** : **le ballon a rebondi très haut** der Ball ist sehr hoch gesprungen
faire rebondir quelque chose contre le mur etwas gegen die Wand werfen : **il faisait rebondir une balle de tennis contre le mur** er warf einen Tennisball gegen die Wand.

rebord [rəbɔr] ■ das **Sims** (*pluriel* **Simse**) : **le rebord de la fenêtre** das Fenstersims.

récemment [resamɑ̃] *adverbe* ■ **kürzlich** : **tu as vu Lisa récemment ?** hast du Lisa kürzlich gesehen?

récent, e [resɑ̃, ɑ̃t] *adjectif* ■ **neu** : **c'est un modèle tout récent** das ist ein ganz neues Modell.

la **réception** [resɛpsjɔ̃]
1. der **Empfang** (*sans pluriel*) : **je vais demander à la réception** ich frage am Empfang
2. der **Empfang** (*pluriel* **Empfänge**) : **donner une réception** einen Empfang geben.

le|la **réceptionniste** [resɛpsjɔnist] ■ der **Empfangschef** (*pluriel* **Empfangschefs**), die **Empfangsdame** (*pluriel* **Empfangsdamen**) : **Gabriel est réceptionniste** Gabriel ist Empfangschef.

la **recette** [rəsɛt] ■ das **Rezept** (*pluriel* **Rezepte**) : **la recette du bœuf bourguignon** das Rezept für Rindergulasch in Rotwein.

recevoir [42] [rəsəvwar] *verbe*
1. **bekommen** : **j'ai reçu une lettre de Charles** ich habe von Charles einen Brief bekommen
2. **empfangen** : **recevoir des amis à dîner** Freunde zum Abendessen empfangen
➤ **être reçu à un examen** eine Prüfung bestehen
➤ **nous avons été très bien reçus en Irlande** in Irland sind wir sehr freundlich aufgenommen worden.

le **rechange** [rəʃɑ̃ʒ] *nom masculin*
➤ **de rechange** zum Wechseln : **des vêtements de rechange** Kleider zum Wechseln.

réchauffer [3] [reʃofe] *verbe*
1. **warm machen** : **je réchauffe la soupe** ich mache die Suppe warm
2. **aufwärmen** : **bois ce chocolat, ça te réchauffera** trink diesen Kakao, er wird dich aufwärmen

se **réchauffer** *verbe pronominal*
1. **sich auf|wärmen** : **je n'arrive pas à me réchauffer les pieds** ich kann meine Füße nicht aufwärmen
2. **wärmer werden** : **le temps se réchauffe** es wird wärmer.

la **recherche** [rəʃɛrʃ]
1. die **Suche** *(jamais au pluriel)* : **faire une recherche sur Internet** eine Suche im Internet durchführen
2. die **Forschung** *(pluriel* **Forschungen***)* : **le père de Mathieu fait de la recherche médicale** der Vater von Mathieu betreibt medizinische Forschungen
3. die **Nachforschungen** *(au pluriel)* : **j'ai fait des recherches en bibliothèque pour mon exposé** ich habe für mein Projekt einige Nachforschungen in der Bibliothek angestellt

➤ **partir à la recherche de quelqu'un** sich auf die Suche nach jemandem machen : **il est parti à sa recherche** er hat sich auf die Suche nach ihr gemacht.

réciproque [resiprɔk] *adjectif* ■ **wechselseitig**

➤ **être réciproque** auf Gegenseitigkeit beruhen : **elle m'énerve et je sais que c'est réciproque** sie geht mir auf die Nerven, und ich weiß, dass das auf Gegenseitigkeit beruht.

réciter [3] [resite] *verbe* ■ **auf|sagen** : **il a récité un poème devant la classe** er hat vor der Klasse ein Gedicht aufgesagt.

la **réclamation** [reklamasjɔ̃] ■ die **Beschwerde** *(pluriel* **Beschwerden***)* : **faire une réclamation** eine Beschwerde anmelden.

réclamer [3] [reklame] *verbe* ■ **verlangen** : **je réclame des baskets à ma mère depuis trois mois** seit drei Monaten verlange ich neue Basketballschuhe von meiner Mutter.

se **recoiffer** [3] [sərəkwafe] *verbe pronominal* ■ **sich noch einmal die Haare kämmen** : **je me recoiffe et j'arrive** ich kämme mir noch einmal die Haare und komme dann sofort.

la **récolte** [rekɔlt] ■ die **Ernte** *(pluriel* **Ernten***)* : **la récolte a été bonne cette année** dieses Jahr gab es eine gute Ernte.

récolter [3] [rekɔlte] *verbe* ■ **ernten** : **ils récoltent des tonnes de blé** sie ernten tonnenweise Weizen.

recommandé, e [rəkɔmɑ̃de] *adject*
1. **eingeschrieben** : **une lettre recommandée** ein eingeschriebener Brief
2. **ratsam** : **ce n'est pas très recomman** das ist nicht sehr ratsam

le **recommandé** ■ das **Einschreib** *(pluriel* **Einschreiben***)*

➤ **en recommandé** per Einschreiben.

recommander [3] [rəkɔmɑ̃de] *ve*
■ **empfehlen**

➤ **recommander quelque chose à qu qu'un** jemandem etwas empfehlen : **peux me recommander un bon dentiste** kannst du mir einen guten Zahnarzt empfe len?

➤ **recommander à quelqu'un de fa quelque chose** jemandem empfehlen, was zu tun : **je vous recommande de r server à l'avance** ich empfehle euch, Voraus zu reservieren.

recommencer [15] [rəkɔmɑ̃se] *verb*
1. **wieder anfangen** : **tu ne vas pas recommencer à pleurer !** fang bloß nicht wied an zu weinen!
2. **noch einmal machen** : **je recommen l'introduction, elle est nulle** ich mache Einleitung noch einmal, sie ist miserabel

➤ **je me suis trompé, je dois recommencer à zéro** ich habe mich geirrt, ich m noch einmal von vorn anfangen.

la **récompense** [rekɔ̃pɑ̃s] ■ die **Belo nung** *(pluriel* **Belohnungen***)* : **qu'est-qu'ils t'ont donné en récompense ?** w haben sie dir als Belohnung gegeben?

récompenser [3] [rekɔ̃pɑ̃se] *ver*
■ **belohnen**

➤ **récompenser quelqu'un pour quelq chose** jemanden für etwas belohnen : **tu s ras récompensé pour ta générosité** wirst für deine Großzügigkeit belohnt w den.

se **réconcilier** [9] [sərekɔ̃silje] *verbe pronominal* ■ **sich versöhnen** : **j'espère q vous allez vous réconcilier** ich hoffe, werdet euch versöhnen.

reconnaissant, e [rəkɔnɛsɑ̃, ɑ̃t] *a jectif* ■ **dankbar** : **je vous en suis très r connaissant** dafür bin ich euch sehr dar bar.

reconnaître [70] [rəkɔnɛtr] *verbe*
wiedererkennen : je ne t'avais pas reconnu, tu as changé ! ich hatte dich nicht wiedererkannt, du hast dich verändert!
ein|sehen : reconnais que tu as tort sieh ein, dass du Unrecht hast.

reconnu, e [rəkɔny] *participe passé* ➤ reconnaître.

recopier [9] [rəkɔpje] *verbe* ■ **ab|schreiben : le prof veut qu'on recopie tout le texte** der Lehrer will, dass wir den ganzen Text abschreiben.

record [rəkɔr] ■ der **Rekord** *(pluriel* **Rekorde***)* **: battre un record** einen Rekord brechen ; **il a battu le record du monde** er hat den Weltrekord gebrochen.

recoucher [3] [sərəkuʃe] *verbe pronominal* ■ **sich wieder hin|legen : recouche-toi, il n'est que six heures** leg dich wieder hin, es ist erst sechs Uhr.

recouvert, e [rəkuvɛr, ɛrt] *participe passé* ➤ recouvrir.

recouvrir [29] [rəkuvrir] *verbe*
zu|decken : il a recouvert sa voiture d'une bâche en plastique er hat sein Auto mit einer Plastikplane zugedeckt
bedecken : les champs sont recouverts de neige die Felder sind mit Schnee bedeckt.

récré [rekre] *(abréviation de* récréation*)* *familier* ■ die **Pause** *(pluriel* **Pausen***)* **: on en parlera à la récré** wir sprechen noch mal in der Pause darüber.

récréation [rekreasjɔ̃] ■ die **Pause** *(pluriel* **Pausen***)* **: on se retrouve à la récréation** wir treffen uns in der Pause.

récrire [rekrir] *verbe* ➤ réécrire.

recruter [rəkryte] *verbe* ■ **ein|stellen : la Poste va recruter 10 000 jeunes à la rentrée** die Post stellt nach der Sommerpause 10 000 junge Leute ein.

rectangle [rɛktɑ̃gl] ■ das **Rechteck** *(pluriel* **Rechtecke***)*.

le **recto** [rɛkto] ■ die **Vorderseite** *(pluriel* **Vorderseiten***)* **: au recto** auf der Vorderseite
➤ **recto verso** beidseitig.

reçu, e [rəsy] *participe passé* ➤ recevoir.

recueillir [36] [rəkœjir] *verbe* ■ **auf|nehmen : ils ont recueilli un sans-abri** sie haben einen Obdachlosen aufgenommen.

reculer [3] [rəkyle]
■ *verbe transitif*
1. **zurück|schieben : recule un peu ton fauteuil** schieb deinen Sessel ein bisschen zurück!
2. **zurück|setzen : attention à vous, le bus recule !** passen Sie auf, der Bus setzt zurück!
■ *verbe intransitif*
zurück|treten : reculez, laissez-les passer ! treten Sie zurück, lassen Sie sie vorbei!

> Lorsque le préfixe **re** signifie en français, « revenir sur ses pas » ou « aller en arrière », le verbe allemand commence par la particule séparable ou préverbe **zurück.**

reculons [rəkylɔ̃] *adverbe*
➤ **à reculons** rückwärts ; **marcher à reculons** rückwärts gehen.

récupérer [17] [rekypere] *verbe*
1. **wiederbekommen : tu ne récupéreras jamais ton argent** dein Geld bekommst du nie wieder
2. **finden : j'ai récupéré un vieux fauteuil dans la rue** ich habe auf der Straße einen alten Sessel gefunden.

recycler [3] [rəsikle] *verbe* ■ **recyceln : est-ce que vous recyclez les vieux journaux ?** recycelt ihr alte Zeitungen?

la **rédaction** [redaksjɔ̃] ■ der **Aufsatz** *(pluriel* **Aufsätze***)* **: on a une rédaction à faire pour demain** wir müssen für morgen einen Aufsatz schreiben.

redescendre [54] [rədesɑ̃dr] *verbe* ■ **nochmal herunter|gehen : tu peux redescendre à la cave ?** kannst du nochmal in den Keller heruntergehen?

rédiger [16] [redize] *verbe* ■ **schreiben : on doit rédiger une page sur la Révolution** wir müssen eine Seite über die Revolution schreiben.

redire [77] [rədir] *verbe* ■ **wiederholen : j'ai dû le lui redire trois fois** ich musste es ihm dreimal wiederholen.

redit, e [rədi, it] *participe passé* ➤ redire.

redonner [3] [rədɔne] *verbe*
1. **wieder|geben : tu me redonnes mon classeur ?** gibst du mir meinen Ordner wieder?
2. **noch etwas geben : je te redonne de la soupe si tu veux** ich gebe dir noch etwas Suppe, wenn du willst.

redoubler [3] [rəduble] *verbe* ■ **wiederholen : Sylvain va redoubler sa sixième s'il ne travaille pas** Sylvain muss die sechste Klasse wiederholen, wenn er nicht lernt.

la **réduction** [redyksjɔ̃] ■ **der Preisnachlass** (*pluriel* **Preisnachlässe**) **: il y a 20% de réduction** es gibt 20% Preisnachlass.

réduire [74] [redɥir] *verbe*
1. **ein|schränken : on devrait réduire nos dépenses** wir sollten unsere Ausgaben einschränken
2. **verringern : il faut réduire sa vitesse par mauvais temps** bei schlechtem Wetter muss man seine Geschwindigkeit verringern.

réduit, e [redɥi, it]
■ *participe passé* ➤ réduire
■ *adjectif*
➤ **des tarifs réduits** ermäßigte Preise.

réécrire, récrire [reekrir, rekrir] *verbe* ■ **noch einmal neu schreiben : je ne vais pas réécrire tout le texte !** ich schreibe den ganzen Text nicht noch einmal neu!

réel [reɛl] *adjectif* ■ **echt : elle a une réelle passion pour la physique** sie hat eine echte Leidenschaft für Physik.

réellement [reɛlmɑ̃] *adverbe* ■ **wirklich : il ne m'a pas réellement convain**cu er hat mich nicht wirklich überzeugt.

réessayer [11] [reeseje] *verbe* ■ **noch einmal versuchen : tu veux réessayer ?** willst du es noch einmal versuche**n**

refaire [82] [rəfɛr] *verbe*
1. **noch einmal machen : j'ai dû refaire mes devoirs** ich musste meine Hausaufgaben noch einmal machen
2. *En parlant de choses à manger ou à boire* **noch mehr machen : tu refais de la soupe ?** machst du noch mehr Suppe?
➤ **il refait beau** das Wetter ist wieder schö**n**
➤ **faire refaire quelque chose à quelqu'un** jemanden etwas noch einmal machen lassen : **le prof d'anglais nous a refait traduire le texte** der Englischlehrer hat uns den Text noch einmal übersetzen lassen
➤ **refaire la peinture** etwas neu streichen.

refait, e [rəfɛ, ɛt] *participe pa*ssé ➤ refaire.

le **réfectoire** [refɛktwar] ■ **die Kanti**ne (*pluriel* **Kantinen**) **: le réfectoire de l'éc**ole die Schulkantine.

la **référence** [referɑ̃s] ■ **die Quellena**ngabe (*pluriel* **Quellenangaben**) **: tu as no**té **la référence du livre ?** hast du die Quellenangabe des Buches notiert?

refermer [3] [rəfɛrme] *verbe* ■ **z**u|**machen : refermez vos livres et écoutez** la **cassette** macht die Bücher zu und hört euch die Kassette an

se **refermer** *verbe pronominal* ■ **zu|falle**n **: la porte s'est refermée brusquement** die Tür ist ganz plötzlich zugefallen.

réfléchir [27] [refleʃir] *verbe* ■ **nach**|**denken : réfléchis bien** denk gut nach
➤ **réfléchir à quelque chose** über etwas nach|denken : **j'ai réfléchi à ce que tu m'as dit** ich habe nachgedacht über das, was du mir gesagt hast.

se **refléter** [sərəflete] *verbe pronomi*nal ■ **sich wider|spiegeln : son image se reflète dans le lac** sein Bild spiegelt sich im See wider.

réflexe [reflɛks]
der **Reflex** *(pluriel* **Reflexe***)* : **il a de bons réflexes** er hat gute Reflexe
die **Reaktion** *(pluriel* **Reaktionen***)* : **mon premier réflexe a été de crier** meine erste Reaktion war zu schreien.

réflexion [reflɛksjɔ̃]
die **Bemerkung** *(pluriel* **Bermerkungen***)* : **une réflexion désagréable** eine unangenehme Bemerkung
das **Nachdenken** *(jamais au pluriel)* : **c'est un travail de réflexion** das ist eine Arbeit, die einiges Nachdenken erfordert.

réforme [refɔrm] ■ die **Reform** *(pluriel* **Reformen***)*.

refrain [rəfrɛ̃] ■ der **Refrain** *(pluriel* **Refrains***)* : **tout le monde a chanté le refrain** alle haben den Refrain mitgesungen.

réfrigérateur [refriʒeratœr] ■ der **Kühlschrank** *(pluriel* **Kühlschränke***)* : **remets le lait au réfrigérateur** stell die Milch wieder in den Kühlschrank.

refroidir [27] [rəfrwadir] *verbe*
ab|kühlen : **laisse refroidir la soupe un peu** lass die Suppe ein bisschen abkühlen
kalt werden : **mon thé a refroidi, il n'est plus bon** mein Tee ist kalt geworden, er schmeckt nicht mehr

refroidir *verbe pronominal* ■ **kühler werden** : **le temps se refroidit** es wird kühler

Lorsque le verbe français indique un changement de couleur ou d'état, on traduit généralement par l'auxiliaire **werden** en allemand.

refuge [rəfyʒ]
die **Zuflucht** : **chercher refuge** Zuflucht suchen
die **Schutzhütte** *(pluriel* **Schutzhütten***)* : **un refuge de montagne** eine Schutzhütte im Gebirge.

réfugié [refyʒje] ■ der **Flüchtling** *(pluriel* **Flüchtlinge***)*
un camp de réfugiés ein Flüchtlingslager.

la **réfugiée** [refyʒje] ■ der **Flüchtling** *(pluriel* **Flüchtlinge***)* : Maria ist ein Flüchtling aus Albanien **Maria est une réfugiée d'Albanie**.

se **réfugier** [9] [sərefyʒje] *verbe pronominal* ■ **Zuflucht suchen** : **ils se sont réfugiés à l'ambassade** sie haben in der Botschaft Zuflucht gesucht.

le **refus** [rəfy] ■ die **Ablehnung** *(pluriel* **Ablehnungen***)* : **un refus catégorique** eine kategorische Ablehnung.

refuser [3] [rəfyze] *verbe* ■ **ab|lehnen** : **Martin a refusé mon offre** Martin hat mein Angebot abgelehnt
➤ **refuser de faire quelque chose** es ablehnen, etwas zu tun : **Adeline refuse de parler à Marc** Adeline lehnt es ab, mit Marc zu sprechen
➤ **être refusé à un examen** ein Examen nicht bestehen.

se **régaler** [3] [səregale] *verbe pronominal* ■ **quelqu'un se régale** jemandem schmeckt es ; **quand mamie fait la cuisine on se régale** wenn Oma kocht, schmeckt uns das Essen prima
➤ **on s'est régalé** es war ein Hochgenuss.

le **regard** [rəgar] ■ der **Blick** *(pluriel* **Blicke***)* : **Audrey m'a lancé un regard furieux** Audrey hat mir einen wütenden Blick zugeworfen.

regarder [3] [rəgarde] *verbe*
1. **an|sehen** : **regarde Jean, il a l'air tout triste** sieh Jean an, er sieht sehr traurig aus
2. **sich an|sehen** : **vous avez regardé le match de foot ?** haben Sie sich das Fußballspiel angesehen?
3. **zu|sehen** : **il m'a regardée travailler toute l'après-midi** er hat mir den ganzen Nachmittag bei der Arbeit zugesehen
➤ **regardez, un aigle !** seht mal, ein Adler!
➤ **regarder la télévision** fern|sehen : **Pierre a regardé la télévision toute la soirée** Pierre hat den ganzen Abend ferngesehen
➤ **regarder par la fenêtre** aus dem Fenster schauen : **regarde par la fenêtre si tu le vois arriver** schau aus dem Fenster, ob du ihn siehst
➤ **ça ne te regarde pas** das geht dich nichts an.

le **reggae** [rege] ■ der **Reggae** *(sans pluriel)* : **j'aime bien le reggae** ich mag Reggae.

le **régime** [reʒim]
1. die **Diät** *(pluriel* **Diäten***)* : **Suzanne est au régime** Suzanne macht eine Diät
2. das **Regime** *(pluriel* **Regime***)* : **ce pays est sous un régime militaire** dieses Land wird von einem Militärregime beherrscht.

la **région** [reʒjɔ̃] ■ die **Region** *(pluriel* **Regionen***)* : **c'est une région très riche** das ist eine sehr reiche Region ; **la région parisienne** die Region um Paris

RÉGIONS

Das Festland Frankreichs ist in 20 Regionen unterteilt, mit der Region Korsika sind es 21. Außerdem hat Frankreich vier Regionen in Übersee. Jede Region ist in **départements** unterteilt. Die Regionen haben in der Französischen Politik an Bedeutung gewonnen. Jede wählt einen Regionalrat, der in den Bereichen Erziehung, Kultur, Raumnutzung und Planung Verantwortung trägt.

régional, e [reʒjɔnal] *(masculin pluriel* régionaux [reʒjɔno]*) adjectif* ■ **regional**.

le **réglage** [reglaʒ]
1. die **Einstellung** *(pluriel* **Einstellungen***)* : **le réglage du moteur va prendre un peu de temps** die Einstellung des Motors wird etwas Zeit in Anspruch nehmen
2. die **Regulierung** *(pluriel* **Regulierungen***)* : **le réglage du thermostat** die Regulierung des Thermostats.

la **règle** [rɛgl]
1. die **Regel** *(pluriel* **Regeln***)* : **selon les règles de l'art** nach allen Regeln der Kunst
2. das **Lineal** *(pluriel* **Lineale***)* : **sers-toi d'une règle pour souligner** nimm ein Lineal zum Unterstreichen
➤ **les règles du jeu** die Spielregeln
➤ **en règle** in Ordnung : **mes papiers sont en règle|je suis en règle** meine Papiere sind in Ordnung
➤ **en règle générale** in der Regel

les **règles** *nom féminin pluriel* ■ die Re *(jamais au pluriel)* : **j'ai mes règles** ich h meine Regel.

le **règlement** [rɛgləmɑ̃]
1. die **Vorschriften** *(pluriel)* : **nous devo observer le règlement** wir müssen die V schriften beachten
2. die **Zahlung** *(pluriel* **Zahlungen***)* : **q mode de règlement acceptez-vous ?** w che Art der Zahlung akzeptieren Sie?
➤ **le règlement intérieur** die Schulordnur **c'est interdit par le règlement intéri de l'école** das verbietet die Schulordnung

la **réglementation** [rɛgləmɑ̃tasjɔ̃] ■ die **Vorschriften** *(pluriel)* : **c'est contra à la réglementation** das verstößt gegen Vorschriften.

régler [17] [regle] *verbe*
1. **lösen** : **le problème va être vite réglé** Problem wird bald gelöst sein
2. **ein|stellen** : **le chauffage est mal réglé** Heizung ist falsch eingestellt ; **le garagist réglé le moteur** der Automechaniker den Motor eingestellt
3. **bezahlen** : **n'oublie pas de régler la fe me de ménage** vergiss nicht, die Putzfrau bezahlen.

le **regret** [rəgrɛ] ■ das **Bedauern** : **je n aucun regret** ich verspüre keinerlei Bed ern.

regretter [4] [rəgrɛte] *verbe*
1. **vermissen** : **Jacques regrette son ancie ne école** Jacques vermisst seine früh Schule
2. **bedauern** : **je regrette de ne pas pouv venir** ich bedauere, dass ich nicht komm kann
➤ **je regrette** es tut mir Leid : **non, je regr te, je ne peux pas** nein, es tut mir Leid, kann nicht.

regrouper [3] [rəgrupe] *ve* ■ **zusammen|bringen** : **on a eu du ma regrouper tout le monde** wir hatt Schwierigkeiten, alle zusammenzubringen

se **regrouper** *verbe pronominal* ■ **si versammeln** : **les manifestants se so regroupés sur la place** die Demonstrant haben sich auf dem Platz versammelt.

régulier, ère [regylje, ɛr] *adjectif*
1. **regelmäßig : à intervalles réguliers** in regelmäßigen Abständen
2. **konstant : les résultats de Jérémie sont plus réguliers qu'avant** Jérémies Leistungen sind konstanter als zuvor.

régulièrement [regyljɛrmɑ̃] *adverbe* ■ **regelmäßig : mes grand-parents viennent régulièrement nous voir** meine Großeltern kommen uns regelmäßig besuchen.

le **rein** [rɛ̃] ■ die **Niere** *(pluriel* **Nieren***)* : **on l'a opéré d'un rein** man hat ihm eine Niere entfernt

les **reins** *nom masculin pluriel* ■ der **Rücken** *(pluriel* **Rücken***)* : **avoir mal aux reins** Rückenschmerzen haben.

la **reine** [rɛn] ■ die **Königin** *(pluriel* **Königinnen***)* : **la reine d'Angleterre** die Königin von England
➤ **la reine de carreau** die Karodame.

rejeter [23] [rəʒəte] *verbe* ■ **ab|lehnen : rejeter une offre** ein Angebot ablehnen.

rejoindre [62] [rəʒwɛ̃dr] *verbe* ■ **treffen : dis-moi un endroit où je puisse te rejoindre** sag mir, wo ich dich treffen kann

se **rejoindre** *verbe pronominal* ■ **sich treffen : on se rejoint à 8 heures au café** wir treffen uns um 8 Uhr im Café.

rejoint, e [rəʒwɛ̃, rəʒwɛ̃t] *participe passé* ➤ rejoindre.

relâcher [3] [rəlaʃe] *verbe* ■ **frei|lassen : les otages ont été relâchés** die Geiseln sind freigelassen worden.

le **relais** [rəlɛ] ■ die **Staffel** *(pluriel* **Staffeln***)* : **le relais 4 × 100 mètres** die 4 × 100-Meter-Staffel
➤ **un relais routier** ein Fernfahrerrasthaus
➤ **prendre le relais** jemanden ab|lösen : **je prendrai le relais à cinq heures** ich löse dich um fünf Uhr ab.

relatif, ive [rəlatif, iv] *adjectif* ■ **relativ : tout est relatif** alles ist relativ.

la **relation** [rəlasjɔ̃] ■ die **Beziehung** *(pluriel* **Beziehungen***)* : **il n'y a aucune relation entre ces deux phénomènes** zwischen diesen beiden Erscheinungen besteht keinerlei Beziehung ; **ils ont une relation très tendue** sie haben eine sehr angespannte Beziehung
➤ **mettre quelqu'un en relation avec quelqu'un** jemanden mit jemandem in Verbindung bringen
➤ **avoir des relations sexuelles avec quelqu'un** mit jemandem sexuelle Beziehungen haben
➤ **avoir des relations** Beziehungen haben : **c'est un homme important qui a des relations** das ist ein wichtiger Mann, der Beziehungen hat.

relative ➤ relatif.

relativement [rəlativmɑ̃] *adverbe* ■ **relativ : relativement facile** relativ einfach.

la **relaxation** [rəlaksasjɔ̃] ■ die **Entspannung : des exercices de relaxation** Entspannungsübungen.

relayer [11] [rəlɛje] *verbe* ■ **ab|lösen : tu veux que je te relaie ?** soll ich dich ablösen?

se **relayer** *verbe pronominal* ■ **sich ab|wechseln : on s'est relayés pour compter les points** beim Zählen der Punkte haben wir uns abgewechselt.

le **relevé** [rəlve]
➤ **un relevé de compte** ein Kontoauszug.

relever [18] [rəlve] *verbe*
1. **heben : il n'a même pas relevé la tête quand je suis entrée** er hat nicht mal den Kopf gehoben, als ich reinkam
2. **hoch|krempeln : relève tes manches, sinon tu vas les mouiller** kremple dir die Ärmel hoch, sonst machst du sie nass
3. **ein|sammeln : le prof commence à relever les copies** der Lehrer fängt an, die Arbeiten einzusammeln

se **relever** *verbe pronominal* ■ **auf|stehen : la pauvre dame n'arrivait pas à se relever** die arme Dame konnte nicht aufstehen.

le **relief** [rəljɛf] ■ das **Relief** *(pluriel* **Reliefs***)* : **nous étudions le relief de la région** wir untersuchen das Relief der Gegend.

relier [9] [rəlje] *verbe*
1. **an|schließen : l'imprimante est reliée à l'ordinateur** der Drucker ist an den Computer angeschlossen
2. **verbinden : reliez les deux points par un trait** verbindet die beiden Punkte mit einem Strich.

religieux, euse [rəliʒjø, øz] *adjectif* ■ **religiös : les croyances religieuses** religiöse Überzeugungen

la **religieuse**
1. die **Nonne** *(pluriel* **Nonnen***)* : **ma tante est religieuse** meine Tante ist Nonne
2. *Windbeutel, mit Schokoladen- oder Kaffeepudding gefüllt, obenauf mit einem Guss überzogen und einem Sahnehäubchen verziert.*

la **religion** [rəliʒjɔ̃] ■ die **Religion** *(pluriel* **Religionen***)*.

relire [79] [rəlir] *verbe*
1. **noch einmal lesen : j'ai relu l'article pour être sûr d'avoir tout compris** ich habe den Artikel noch einmal gelesen, um sicher zu gehen, dass ich alles verstanden habe
2. **durch|lesen : est-ce que tu peux relire ma rédaction, s'il te plaît ?** kannst du bitte meinen Aufsatz durchlesen?

se **relire** *verbe pronominal* ■ **noch einmal durch|lesen, was man geschrieben hat : n'oublie pas de te relire** vergiss nicht, noch einmal durchzulesen, was du geschrieben hast.

relu, e [rəly] *participe passé* ➤ relire.

se **remarier** [9] [sərəmarje] *verbe pronominal* ■ **wieder heiraten : mon père ne s'est jamais remarié** mein Vater hat niemals wieder geheiratet.

remarquable [rəmarkabl] *adjectif* ■ **bemerkenswert : il a fait des progrès remarquables** er hat bemerkenswerte Fortschritte gemacht.

la **remarque** [rəmark]
1. die **Bemerkung** *(pluriel* **Bemerkungen***)* **est-ce que quelqu'un a des remarques à faire ?** möchte jemand irgendeine Bemerkung machen?
2. die **Anmerkung** *(pluriel* **Anmerkungen***)* **j'ai oublié de lire les remarques en fin de chapitre** ich habe vergessen, die Anmerkungen am Schluss des Kapitels zu lesen.

remarquer [3] [rəmarke] *verbe* ■ **bemerken : as-tu remarqué comme Nathalie a changé ?** hast du bemerkt, wie Nathalie sich verändert hat?
➤ **c'est Quentin qui m'a fait remarquer la différence** Quentin hat mich auf den Unterschied aufmerksam gemacht
➤ **se faire remarquer** auf sich aufmerksam machen : **elle aime se faire remarquer** sie muss immer auf sich aufmerksam machen.

rembobiner [3] [rɑ̃bobine] *verbe* ■ **zurück|spulen : n'oublie pas de rembobiner la cassette** vergiss nicht, das Band zurückzuspulen.

rembourser [3] [rɑ̃burse] *verbe*
1. **zurück|zahlen : Léon a remboursé tout ce qu'il devait** Léon hat alle seine Schulden zurückgezahlt
2. **zurück|erstatten : ils m'ont remboursé mon billet de train** sie haben mir meine Zugfahrkarte zurückerstattet
➤ **se faire rembourser** etwas zurückerstattet bekommen.

le **remerciement** [rəmɛrsimɑ̃] ■ der **Dank** *(jamais au pluriel)*
➤ **avec tous mes remerciements** mit herzlichem Dank.

remercier [9] [rəmɛrsje] *verbe* ■ **danken : je vous remercie** ich danke Ihnen
➤ **remercier quelqu'un de|pour quelque chose** sich bei jemandem für etwas bedanken : **j'ai voulu les remercier de leur aide** ich wollte mich bei ihnen für ihre Hilfe bedanken.

remettre [64] [rəmɛtr] *verbe*
1. **wieder an|ziehen : elle a remis son manteau** sie hat ihren Mantel wieder angezogen
2. **zurück|legen : il a remis le livre dans le tiroir** er hat das Buch in die Schublade zurückgelegt

remettre à verschieben auf : **la réunion a été remise à lundi** die Sitzung ist auf Montag verschoben worden

remettre *verbe pronominal* ■ **sich erholen : il s'est remis de sa maladie** er hat sich von seiner Krankheit erholt
se remettre à faire quelque chose wieder an|fangen etwas zu tun : **il s'est remis à pleuvoir** es hat wieder angefangen zu regnen.

remis, e [rəmi, iz] *participe passé* ➤ remettre.

remise [rəmiz] ■ der **Rabatt** *(pluriel* **Rabatte***)* : **la vendeuse nous a fait une remise de dix euros** die Verkäuferin hat uns zehn Euro Rabatt gegeben.

remonte-pente [rəmɔ̃tpɑ̃t] *(pluriel* remonte-pentes*)* ■ der **Schlepplift** *(pluriel* **Schlepplifts***)*.

remonter [3] [rəmɔ̃te] *verbe*
- **wieder herauf|kommen : il est remonté nous chercher** er ist wieder heraufgekommen, um uns zu holen
- **wieder hinauf|gehen : remonte, je t'attends dehors** geh wieder hinauf, ich warte draußen auf dich
- **wieder hinauf|bringen : il faut que je remonte les clés** ich muss die Schlüssel wieder hinaufbringen

Notez la différence de traduction selon que la personne qui parle se trouve en bas (**wieder hinaufgehen**) ou en haut (**wieder heraufkommen**).

- **wieder ein|steigen : remonte dans la voiture !** steig wieder ein!
- **wieder steigen : les prix remontent** die Preise steigen wieder
- **hoch|ziehen : remonte tes chaussettes !** zieh dir die Strümpfe hoch!
- **wieder zusammen|bauen : j'ai démonté le moteur mais je n'arrive pas à le remonter** ich habe den Motor zerlegt, aber ich kann ihn nicht wieder zusammenbauen
- **cela remonte à plusieurs années** das liegt mehrere Jahre zurück.

le **remords** [rəmɔr] ■ das **schlechte Gewissen** *(jamais au pluriel)* : **je n'ai aucun remords** ich habe gar kein schlechtes Gewissen.

la **remorque** [rəmɔrk] ■ der **Anhänger** *(pluriel* **Anhänger***)* : **la remorque s'est détachée** der Anhänger hat sich gelöst.

remorquer [3] [rəmɔrke] *verbe* ■ **ab|schleppen : le garagiste nous a remorqués jusqu'au garage** der Automechaniker hat uns bis zur Werkstatt abgeschleppt.

remplaçant, e [rɑ̃plasɑ̃, ɑ̃t] *adjectif* ■ **Ersatz- : le gardien de but remplaçant** der Ersatztorwart

le **remplaçant** ■ der **Vertretungslehrer** *(pluriel* **Vertretungslehrer***)* : **on a eu un remplaçant en histoire** wir hatten einen Vertretungslehrer in Geschichte

la **remplaçante** ■ die **Vertretungslehrerin** *(pluriel* **Vertretungslehrerinnen***)* : **on a eu une remplaçante en français** wir hatten eine Vertretungslehrerin in Französisch.

remplacer [15] [rɑ̃plase] *verbe*
1. **ersetzen : j'ai remplacé toutes les ampoules par des neuves** ich habe alle Glühbirnen durch neue ersetzt
2. **jemanden vertreten : madame Lambert remplace notre prof de maths** Frau Lambert vertritt unseren Mathelehrer.

rempli, e [rɑ̃pli] *adjectif* ■ **voll : un saladier rempli d'eau** eine Schüssel voll Wasser
➤ **une journée bien remplie** ein ausgefüllter Tag.

remplir [27] [rɑ̃plir] *verbe*
1. **füllen : qui a rempli le seau d'eau ?** wer hat den Wassereimer gefüllt?
2. **aus|füllen : on doit remplir ce questionnaire** wir müssen diesen Fragebogen ausfüllen

se **remplir** *verbe pronominal* ■ **sich füllen : la salle de spectacle se remplit** der Zuschauersaal füllt sich.

remporter [3] [rɑ̃pɔrte] *verbe*
1. **wieder mit|nehmen : tu peux remporter ton cadeau, je n'en veux pas** du kannst dein Geschenk wieder mitnehmen, ich will es nicht haben
2. **gewinnen : Metz a remporté le championnat** Metz hat die Meisterschaft gewonnen.

remuer [7] [rəmɥe] *verbe*
1. **bewegen : arrête de remuer les jambes** hör auf, die Beine zu bewegen
2. **um|rühren : remue bien ton café** rühr deinen Kaffee gut um

se **remuer** *verbe pronominal* ***familier*** ■ **sich bewegen : remue-toi un peu !** nun beweg dich mal ein bisschen!

la **Renaissance** [rənɛsɑ̃s] ■ die **Renaissance : j'aime la peinture de la Renaissance** ich mag die Malerei der Renaissance.

le **renard** [rənar] ■ der **Fuchs** (*pluriel* **Füchse**).

la **rencontre** [rɑ̃kɔ̃tr] ■ das **Treffen** (*pluriel* **Treffen**) **: une rencontre d'athlétisme** ein Leichtathletiktreffen
➤ **aller à la rencontre de quelqu'un** jemandem entgegen|gehen : **je suis allée à sa rencontre** ich bin ihm entgegengegangen.

rencontrer [3] [rɑ̃kɔ̃tre] *verbe* ■ **treffen : j'ai rencontré ton frère au bowling** ich habe deinen Bruder beim Bowling getroffen

se **rencontrer** *verbe pronominal* ■ **sich treffen : nous nous sommes rencontrés à la gare** wir haben uns am Bahnhof getroffen.

le **rendez-vous** [rɑ̃devu]
1. der **Termin** (*pluriel* **Termine**) **: j'ai rendez-vous chez le dentiste** ich habe einen Termin beim Zahnarzt
2. die **Verabredung** (*pluriel* **Verabredungen**) **: c'est son premier rendez-vous avec une fille** das ist seine erste Verabredung mit einem Mädchen
➤ **donner rendez-vous à quelqu'un** jemandem einen Termin geben
➤ **prendre rendez-vous avec quelqu'un** sich mit jemandem verabreden
➤ **se donner rendez-vous** ein Treffen vereibaren.

se **rendormir** [31] [sərɑ̃dɔrmir] *verbe pr nominal* ■ **wieder ein|schlafen : je n'arri pas à me rendormir** ich kann nicht wied einschlafen.

rendre [54] [rɑ̃dr] *verbe*
1. **zurück|geben : il m'a rendu mon CD** hat mir meine CD zurückgegeben
2. **zurück|bringen : je dois rendre mes livr à la bibliothèque** ich muss meine Bücher die Bibliothek zurückbringen
3. **ab|geben : je n'ai pas rendu mon devc** ich habe meine Hausaufgabe nicht abgeg ben
4. **machen : ce film m'a rendu triste** dies Film hat mich traurig gemacht

se **rendre** *verbe pronominal*
1. **sich ergeben : les rebelles se sont rend** die Rebellen haben sich ergeben
2. **sich machen : je voudrais me rendre uti** ich möchte mich gern nützlich machen
➤ **se rendre à** gehen zu : **ils se sont rendus la mairie** sie sind zum Rathaus gegangen.

renifler [3] [rənifle] *verbe* ■ **schnü feln**.

renommé, e [rənɔme] *adjectif* ■ **b rühmt : la Brie est renommée pour sc fromage** die Landschaft Brie ist berühmt f ihren Käse

la **renommée** ■ der **Ruf** (*sans pluriel*)
➤ **un artiste de renommée internationa** ein weltberühmter Künstler.

renoncer [15] [rənɔ̃se] *verbe* ■ **au geben : c'est trop dur, je renonce !** das zu schwer, ich gebe auf! ; **il a définitive ment renoncé au tabac** er hat endgült das Rauchen aufgegeben.

renouveler [21] [rənuvle] *verbe* ■ **e neuern : je dois renouveler mon abonn ment** ich muss mein Abonnement erneuer

la **rénovation** [renɔvasjɔ̃] ■ die **Ren vierung** (*pluriel* **Renovierungen**) **: la rén vation de la maison va prendre beau coup de temps** die Renovierung des Haus wird viel Zeit in Anspruch nehmen

les travaux de rénovation die Renovierungsarbeiten.

rénover **[3]** [renɔve] *verbe* ■ **renovieren : le quartier sera rénové peu à peu** das Viertel wird nach und nach renoviert.

renseignement [rɑ̃sɛɲəmɑ̃]

• die **Auskunft** (*pluriel* **Auskünfte**) : **merci du renseignement** danke für die Auskunft

• die **Information** (*pluriel* **Informationen**) : **je cherche des renseignements sur la Grande Barrière** ich suche Informationen über das Barrier-Riff

• **les renseignements** die Auskunft : **appelez les renseignements** rufen Sie die Auskunft an.

renseigner **[4]** [rɑ̃seɲe] *verbe* ■ **informieren : vous pourriez me renseigner sur les horaires de bus ?** könnten Sie mich über die Abfahrtzeiten der Busse informieren?

renseigner *verbe pronominal*

• **sich informieren : je me suis renseigné sur les vols pour Londres** ich habe mich über die Flüge nach London informiert

• **sich erkundigen : attendez ici, je vais me renseigner** Warten Sie hier, ich werde mich erkundigen.

rentable [rɑ̃tabl] *adjectif* ■ **einträglich : une affaire rentable** ein einträgliches Geschäft.

rentrée [rɑ̃tre] ■ **la rentrée des classes|la rentrée scolaire** der Beginn des neuen Schuljahrs

RENTRÉE

Am Tag der **rentrée** Anfang September kehren nicht nur alle Schüler in Frankreich an die Schule zurück, sondern auch für Geschäfte, Unternehmen und Politiker beginnt nach der langen Sommerpause wieder der Alltag.

rentrer **[3]** [rɑ̃tre] *verbe*

1. **zurück|kommen : il est rentré à 3 heures du matin** er ist um drei Uhr morgens zurückgekommen ; **rentrez tout de suite en classe !** kommt sofort zurück ins Klassenzimmer!
2. **herein|kommen : je n'ai pas pu rentrer** ich konnte nicht hereinkommen
3. **herein|bringen : n'oublie pas de rentrer le linge** vergiss nicht, die Wäsche hereinzubringen

➤ **rentrer chez soi** nach Hause gehen : **je rentre chez moi** ich gehe nach Hause

➤ **rentre ton ventre** zieh deinen Bauch ein

➤ **rentrer dans quelque chose**

1. in etwas hinein|passen : **mes affaires ne rentrent pas dans la valise** meine Sachen passen nicht in den Koffer hinein
2. gegen etwas fahren ; **la voiture est rentrée dans l'arbre** das Auto ist gegen den Baum gefahren
3. etwas an|fahren ; **la camionnette nous est rentrée dedans** der Lieferwagen hat uns angefahren.

renverser **[3]** [rɑ̃vɛrse] *verbe*

1. **um|werfen : j'ai renversé le vase** ich habe die Vase umgeworfen
2. **um|fahren : la voiture a renversé un piéton** das Auto hat den Fußgänger umgefahren
3. **verschütten : Thomas a renversé de l'eau partout** Thomas hat überall Wasser verschüttet.

renvoyer **[25]** [rɑ̃vwaje] *verbe*

1. **zurück|schicken : est-ce que je peux renvoyer les livres si je n'en veux pas ?** kann ich die Bücher zurückschicken, wenn ich sie nicht haben will?
2. **zurück|werfen : renvoie-moi la balle** wirf mir den Ball zurück
3. **verweisen : Lise a été renvoyée du collège** Lise ist von der Schule verwiesen worden.

répandu, e [repɑ̃dy] *adjectif* ■ **verbreitet : c'est une maladie très répandue** das ist eine weit verbreitete Krankheit.

la **réparation** [reparasjɔ̃] ■ die **Reparatur** (*pluriel* **Reparaturen**) : **la réparation coûte cinquante euros** die Reparatur kostet fünfzig Euro.

réparer **[3]** [repare] *verbe* ■ **reparieren : je vais faire réparer ma montre** ich lasse meine Uhr reparieren.

repartir [38] [rəpartir] *verbe*

1. **zurück|kehren**

Lorsque le préfixe **re** signifie en français, « revenir sur ses pas » ou « aller en arrière », le verbe allemand commence généralement par la particule séparable ou préverbe **zurück** :

il veut repartir dans son pays er will in sein Land zurückkehren

2. **weiter|fahren : on s'est arrêtés sur l'autoroute pour déjeuner, puis on est repartis** wir haben zum Mittagessen an der Raststätte gehalten, dann sind wir weitergefahren
3. **wieder anspringen : finalement, le moteur est reparti** schließlich ist der Motor wieder angesprungen.

répartir [27] [repartir] *verbe*

1. **auf|teilen : elle a réparti le travail entre les trois groupes** sie hat die Arbeit unter den drei Gruppen aufgeteilt
2. **unterteilen : les élèves sont répartis en quatre niveaux différents** die Schüler sind in vier verschiedene Niveaus unterteilt

se **répartir** *verbe pronominal* ■ **sich teilen : ils se répartissent les tâches ménagères** sie teilen sich die Hausarbeit.

le **repas** [rəpa] ■ **das Essen** *(pluriel* **Essen***)* : **lave-toi les mains avant le repas** wasch dir vor dem Essen die Hände

➤ **un repas d'affaires** ein Geschäftsessen
➤ **le repas de midi** das Mittagessen
➤ **le repas du soir** das Abendessen.

le **repassage** [rəpasaʒ] ■ **das Bügeln** *(ne s'utilise jamais au pluriel)* : **je déteste faire le repassage** ich hasse Bügeln.

repasser [3] [rəpase] *verbe*

1. **bügeln : j'ai une pile de linge à repasser** ich habe einen ganzen Stoß Wäsche zu bügeln
2. **noch einmal vorbei|kommen : les coureurs vont repasser devant la maison** die Radrennfahrer kommen noch einmal an unserem Haus vorbei

Avec les verbes, la notion de « à nouveau », exprimée en français par le préfixe **re-**, est souvent rendue en allemand par l'adverbe **wieder** ou **noch einmal** (refaire = **wieder tun, wieder machen** ; redire = **noch einmal sagen** ; reprendre = **wieder anfangen**).

3. *À la télévision, au cinéma* **wieder laufen : ça repasse à la télé en ce mome[nt]** das läuft gerade wieder im Fernsehen
4. **wiederholen : mon frère repasse s[on] examen aujourd'hui** mein Bruder wiede[r]holt heute seine Prüfung
5. *Au téléphone* **noch einmal geben : [tu] peux me repasser Fred ?** kannst du m[ir] Fred noch einmal geben?

repérer [17] [rəpere] *verbe* ■ **ausfind[ig] machen : j'ai déjà repéré quelques caf[és] sympas en ville** ich habe in der Stadt sch[on] ein paar nette Cafés ausfindig gemacht

se **repérer** *verbe pronominal* ■ **si[ch] zurecht|finden : je ne me repère pas [du] tout dans cette ville** ich finde mich in dies[er] Stadt überhaupt nicht zurecht.

répéter [17] [repete] *verbe*

1. **wiederholen : on apprend la prononci[a]tion en répétant les mots après le profe[s]seur** wir lernen die Aussprache, indem w[ir] die Worte des Lehrers wiederholen
2. **proben : le groupe de théâtre répète to[us] les mardis** die Theatergruppe probt jed[en] Dienstag.

la **répétition** [repetisjɔ̃]

1. die **Wiederholung** *(pluriel* **Wiederholu[n]gen***)* : **le professeur a dit qu'il y avait d[es] répétitions dans ma rédaction** der Lehr[er] hat gesagt, in meinem Aufsatz gebe es Wi[e]derholungen
2. die **Probe** *(pluriel* **Proben***)* : **on a une rép[é]tition tous les lundis soirs** wir haben jed[en] Montagabend Probe.

le **répondeur** [repɔ̃dœr] ■ **der Anrufb[e]antworter** *(pluriel* **Anrufbeantworter***)*.

répondre [55] [repɔ̃dr] *verbe*

1. **antworten : pourquoi tu ne répon[ds] pas ?** warum antwortest du nicht? ; **as-[tu] répondu à toutes les questions ?** hast [du] auf alle Fragen geantwortet?

eine freche Antwort geben : Anne a été punie pour avoir répondu à un professeur Anne ist bestraft worden, weil sie dem Lehrer eine freche Antwort gegeben hat
répondre *(au téléphone)* ans Telefon gehen, (den Hörer) ab|nehmen ; ça ne répond pas es geht keiner ans Telefon, es nimmt niemand ab.

répondu [repɔ̃dy] *participe passé* ➤ répondre.

réponse [repɔ̃s] ■ die **Antwort** *(pluriel* **Antworten***)* : ce n'était pas la bonne réponse das war nicht die richtige Antwort.

reportage [rəpɔrtaʒ] ■ die **Reportage** *(pluriel* **Reportagen***)* : un reportage sur l'Irlande eine Reportage über Irland.

reporter¹ [rəpɔrtɛr] ■ der **Reporter** *(pluriel* **Reporter***)* : il est reporter à la radio er ist Reporter beim Rundfunk.

reporter² [3] [rəpɔrte] *verbe* ■ **verschieben** : la réunion est reportée à mercredi das Treffen ist auf Mittwoch verschoben worden.

repos [rəpo] ■ die **Ruhe** *(jamais au pluriel)* : il te faut du repos du brauchst etwas Ruhe.

reposer [3] [rəpoze] *verbe*
1. **wieder hin|legen** : repose-le où tu l'as trouvé leg es wieder dahin, wo du es gefunden hast
2. **aus|ruhen** : je m'allonge pour reposer mes jambes ich lege mich hin, um meine Beine auszuruhen

reposer *verbe pronominal* ■ **sich aus|ruhen** : allez vous reposer geht euch ausruhen.

repousser [3] [rəpuse] *verbe*
1. **wieder (neu) wachsen** : l'herbe a repoussé das Gras ist wieder (neu) gewachsen
2. **weg|stoßen** : elle a repoussé Jérémie qui essayait de l'embrasser sie hat Jérémie weggestoßen, der versuchte, sie zu küssen
3. **verschieben** : nous devrons repousser notre départ wir müssen unsere Abreise verschieben.

reprendre [59] [rəprɑ̃dr] *verbe*
1. **noch etwas nehmen** : je vais reprendre de la soupe ich nehme noch etwas Suppe
2. **wieder auf|nehmen** : il a décidé de reprendre ses études er hat beschlossen, sein Studium wieder aufzunehmen
3. **wieder an|fangen** : les cours reprennent début septembre der Unterricht fängt Anfang September wieder an

➤ les affaires reprennent das Geschäft läuft wieder an.

le **représentant** [rəprezɑ̃tɑ̃] ■ der **Vertreter** *(pluriel* **Vertreter***)* : son père est représentant sein Vater ist Vertreter.

la **représentante** [rəprezɑ̃tɑ̃t] ■ die **Vertreterin** *(pluriel* **Vertreterinnen***)*.

la **représentation** [rəprezɑ̃tasjɔ̃] ■ die **Vorstellung** *(pluriel* **Vorstellungen***)* : la représentation commence à vingt heures die Vorstellung beginnt um acht Uhr.

représenter [3] [rəprezɑ̃te] *verbe*
1. **dar|stellen** : que représente ce dessin ? was stellt diese Zeichnung dar?
2. **vertreten** : Cédric nous représente aux conseils de classe Cédric vertritt uns auf den Klassenkonferenzen.

repris, e [rəpri, iz] *participe passé* ➤ reprendre.

la **reprise** [rəpriz] ■ die **Wiederaufnahme** *(pluriel* **Wiederaufnahmen***)*

➤ à plusieurs reprises mehrmals.

le **reproche** [rəprɔʃ] ■ der **Vorwurf** *(pluriel* **Vorwürfe***)* : il m'a fait des reproches er hat mir Vorwürfe gemacht.

reprocher [3] [rəprɔʃe] *verbe*
1. **vor|halten** : il m'a reproché de ne pas être venu er hat mir vorgehalten, dass ich nicht gekommen bin
2. **vor|werfen** : il m'a reproché d'avoir cassé le vase er hat mir vorgeworfen, dass ich die Vase zerbrochen hätte

se **reprocher** *verbe pronominal* ■ **sich Vorwürfe machen** : je me reproche de l'avoir laissé partir ich mache mir Vorwürfe, dass ich ihn habe weggehen lassen.

la **reproduction** [rəprɔdyksjɔ̃]
1. die **Reproduktion** *(pluriel* **Reproduktionen***)* : **une reproduction de Chagall** die Reproduktion eines Bildes von Chagall
2. die **Fortpflanzung** : **la reproduction animale** die Fortpflanzung der Tiere.

reproduire [74] [rəprɔdɥir] *verbe* ■ **wieder|geben** : **reproduire un son** einen Ton wiedergeben

se **reproduire** *verbe pronominal*
1. **sich fort|pflanzen** : **les pandas se reproduisent difficilement en captivité** Pandas pflanzen sich in der Gefangenschaft nur schwierig fort
2. **sich wiederholen** : **cette erreur se reproduit plusieurs fois dans le texte** dieser Fehler wiederholt sich mehrere Male im Text.

la **république** [repyblik] ■ die **Republik** *(pluriel* **Republiken***)* : **la République française** die Französische Republik.

la **réputation** [repytasjɔ̃] ■ der **Ruf** *(ne s'utilise jamais au pluriel)* : **Samir a la réputation d'être généreux** Samir steht in dem Ruf, großzügig zu sein
➤ **avoir bonne|mauvaise réputation** einen guten|schlechten Ruf haben.

réputé, e [repyte] *adjectif* ■ **berühmt** : **cette région est réputée pour ses vins** diese Gegend ist berühmt für ihre Weine.

le **requin** [rəkɛ̃] ■ der **Hai** *(pluriel* **Haie***)*.

le **RER** *(abréviation de* **Réseau express régional***)* ■ *Netz von S-Bahnen, die das Zentrum von Paris mit den Vororten und den Flughäfen verbinden.*

le **réseau** [rezo] ■ das **Netz** *(pluriel* **Netze***)*
➤ **le réseau routier** das Straßennetz.

la **réservation** [rezɛrvasjɔ̃] ■ die **Reservierung** *(pluriel* **Reservierungen***)* : **vous avez une réservation ?** haben Sie eine Reservierung?

la **réserve** [rezɛrv] ■ der **Vorrat** *(pluriel* **Vorräte***)* : **les réserves s'épuisent** die Vorräte gehen zur Neige
➤ **les réserves d'énergie** die Energievorräte
➤ **une réserve naturelle** ein Naturschutzgebiet.

réservé, e [rezɛrve] *adjectif*
1. **zurückhaltend** : **c'est quelqu'un de tr… réservé** er ist sehr zurückhaltend
2. **reserviert** : **est-ce que cette table est r… servée ?** ist dieser Tisch reserviert?

réserver [3] [rezɛrve] *verbe* ■ **reservi… ren** : **j'ai réservé trois places pour le co… cert** ich habe drei Eintrittskarten für das Ko… zert reserviert.

le **réservoir** [rezɛrvwar] ■ der **Tank** *(p… riel* **Tanks***)*
➤ **le réservoir d'essence** der Benzintank.

la **résidence** [rezidɑ̃s]
1. der **Wohnsitz** *(pluriel* **Wohnsitze***)* : **leur r… sidence est à Paris** sie haben ihren Woh… sitz in Paris
2. die **Wohnanlage** *(pluriel* **Wohnanlagen***)* **ils habitent dans une résidence en ba… lieue** sie wohnen in einer Wohnanlage in d… Vorstadt
➤ **la résidence principale** der Hauptwoh… sitz
➤ **une résidence secondaire** ein zwei… Wohnsitz.

résidentiel, elle [rezidɑ̃sjɛl] *adjec…* ■ **vornehm** : **les quartiers résidentiels** … vornehmen Wohnviertel.

se **résigner** [3] [sərezine] *verbe prono… nal* ■ **sich damit ab|finden** : **je ne peux p… me résigner à ne plus la voir** ich kann mi… nicht damit abfinden, sie nicht mehr zu s… hen.

la **résistance** [rezistɑ̃s] ■ der **Wide… stand** *(pluriel* **Widerstände***)* : **il s'est lais… arrêter sans résistance** er hat sich ohne W… derstand festnehmen lassen

la **Résistance** [rezistɑ̃s] ■ die **Résista… ce** : **elle était dans la Résistance** sie war b… der Résistance.

résistant, e [rezistɑ̃, ɑ̃t] *adjectif* ■ **r… bust** : **c'est une fille très résistante** sie … ein sehr robustes Mädchen.

résister [3] [reziste] *verbe*
1. **widerstehen** : **je n'ai pas pu résister** i… konnte nicht widerstehen ; **Isa n'a pas … résister à la tentation** Isa hat der Vers… chung nicht widerstehen können

standen|halten : le toit a bien résisté à la tempête das Dach hat dem Sturm standgehalten.

résolu, e [rezɔly] *participe passé* ■ **le problème est résolu** das Problem ist gelöst
➤ résoudre.

résolution [rezɔlysjɔ̃] ■ der **Beschluss** (*pluriel* **Beschlüsse**) : **on a pris la résolution de travailler plus** wir haben den Beschluss gefasst, mehr zu arbeiten.

résoudre [67] [rezudr] *verbe* ■ **lösen** : **je n'ai pas réussi à résoudre le problème** ich habe das Problem nicht lösen können.

respect [rɛspɛ] ■ der **Respekt** : **les élèves ont beaucoup de respect pour ce professeur** die Schüler haben großen Respekt vor diesem Lehrer.

respecter [4] [rɛspɛkte] *verbe* ■ **respektieren** : **tous les élèves le respectent** alle Schüler respektieren ihn
respecter la loi das Gesetz befolgen
faire respecter la loi dem Gesetz Geltung verschaffen.

respiration [rɛspirasjɔ̃]
- die **Atmung**
- der **Atem** : **retenir sa respiration** den Atem an|halten.

respirer [3] [rɛspire] *verbe* ■ **atmen** : **il a du mal à respirer** er atmet mühsam
respirez profondément ! tief einatmen!

responsabilité [rɛspɔ̃sabilite] ■ die **Verantwortung**
prendre ses responsabilités die Verantwortung übernehmen : **il refuse de prendre ses responsabilités** er lehnt es ab, die Verantwortung zu übernehmen.

responsable [rɛspɔ̃sabl] *adjectif* ■ **verantwortlich** : **qui est responsable de ce désastre ?** wer ist für dieses Unglück verantwortlich?

responsable
- der|die **Verantwortliche** (*pluriel* **Verantwortlichen**) : **les responsables de l'attentat** die für das Attentat Verantwortlichen
2. der|die **Zuständige** : **je veux parler au responsable** ich möchte mit dem Zuständigen sprechen
➤ **le responsable syndical** der Gewerkschaftsfunktionär.

ressembler [3] [rəsɑ̃ble] *verbe* ■ **ähnlich sehen**
➤ **ressembler à quelqu'un** jemandem ähnlich sehen : **tu ne ressembles pas du tout à ton frère** du siehst deinem Bruder überhaupt nicht ähnlich

se **ressembler** *verbe pronominal* ■ **sich ähnlich sehen** : **les deux sœurs se ressemblent beaucoup** die beiden Schwestern sehen sich sehr ähnlich.

ressentir [32] [urəsɑ̃tir] *verbe* ■ **verspüren** : **j'ai ressenti une grande angoisse** ich habe große Angst verspürt.

resserrer [4] [rəsere] *verbe* ■ **fest|ziehen** : **tu devrais resserrer un peu le nœud** du solltest den Knoten ein bisschen festziehen.

resservir [33] [rəsɛrvir] *verbe*
1. **noch einmal geben** : **Sarah nous a resservi du poulet** Sarah hat uns noch einmal ein Stück Hähnchen gegeben
2. **noch einmal verwendet werden** : **garde-le, ça peut resservir** bewahr das auf, es kann noch einmal verwendet werden.

le **ressort** [rəsɔr] ■ die **Sprungfeder** (*pluriel* **Sprungfedern**) : **les ressorts du canapé sont abîmés** die Sprungfedern des Sofas sind kaputt.

ressortir [38] [rəsɔrtir] *verbe*
1. **noch mal weg|gehen** : **je dois ressortir, j'ai oublié le pain** ich muss noch mal weggehen, ich habe das Brot vergessen
2. **sich ab|heben von** : **le tableau ressort bien sur le mur blanc** das Bild hebt sich gut von der weißen Wand ab
➤ **faire ressortir quelque chose** etwas gut zur Geltung bringen : **ce pull fait ressortir le bleu de tes yeux** dieser Pullover bringt deine blauen Augen gut zur Geltung.

les **ressources** [rəsurs] *nom féminin pluriel*
1. die **Mittel** (*pluriel*) : **les ressources financières** die finanziellen Mittel

2. die **Fähigkeiten** *(pluriel)* : **les ressources intellectuelles** die geistigen Fähigkeiten
➤ **les ressources naturelles** die Bodenschätze
➤ **les ressources énergétiques** die Energiequellen
➤ **les ressources humaines** die Personalabteilung.

le **restaurant** [rɛstɔrɑ̃] ■ das **Restaurant** *(pluriel* **Restaurants***)* : **un restaurant indien** ein indisches Restaurant.

restaurer [rɛstɔre] *verbe* ■ **restaurieren** : **il restaure des meubles anciens** er restauriert alte Möbel.

le **reste** [rɛst] ■ der **Rest** *(pluriel* **Reste***)* : **je ferai le reste de l'exercice demain** den Rest der Übung mache ich morgen

les **restes** *nom masculin pluriel* ■ die **Reste** *(pluriel)* : **ce soir on mange les restes** heute Abend essen wir Reste.

rester [3] [rɛste] *verbe*
1. **bleiben** : **reste là, j'ai besoin de toi** bleib hier, ich brauche dich ; **restez calmes !** bleiben Sie ruhig!
2. **übrig bleiben** : **c'est tout ce qui reste** das ist alles, was übrig bleibt
➤ **il en reste un peu** ein bisschen ist übrig geblieben
➤ **il te reste de l'argent ?** hast du noch Geld übrig?

le **resto** [rɛsto] ■ *familier* das **Restaurant** *(pluriel* **Restaurants***)* : **un resto grec** ein griechisches Restaurant.

le **résultat** [rezylta] ■ das **Ergebnis** *(pluriel* **Ergebnisse***)* : **les résultats des examens sont affichés sur le panneau** die Ergebnisse der Prüfungen sind an der Tafel angeschlagen.

le **résumé** [rezyme] ■ die **Inhaltsangabe** *(pluriel* **Inhaltsangaben***)* : **on doit faire un résumé du texte pour demain** wir müssen zu morgen eine Zusammenfassung des Textes machen
➤ **en résumé** kurz und gut.

résumer [3] [rezyme] *verbe* ■ **zusammen|fassen** : **est-ce que tu peux résumer l'histoire ?** kannst du die Geschichte zusammenfassen?

rétablir [27] [retablir] *verbe* ■ **wiederherstellen** : **la paix est maintenant rétablie** der Frieden ist jetzt wiederhergestellt

se **rétablir** *verbe pronominal* ■ **sich erholen** : **elle s'est vite rétablie** sie hat sich schnell erholt.

le **retard** [rətar] ■ die **Verspätung** *(plur* **Verspätungen***)* : **un retard d'une demi-heure** eine halbe Stunde Verspätung
➤ **être en retard** ou **avoir du retard** zu spät kommen : **vous êtes encore en retard!** ihr kommt schon wieder zu spät!
➤ **rattraper son retard** seine Verspätung wieder auf|holen
➤ **arriver en retard** zu spät kommen : **Marine est arrivée en retard au cours de français** Marine ist zur Französischstunde zu spät gekommen.

retarder [3] [rətarde]
■ *verbe transitif*
1. **auf|halten** : **désolée, j'ai été retardée** tut mir leid, ich bin aufgehalten worden
2. **verschieben** : **nous envisageons de retarder notre départ** wir fassen ins Auge, unsere Abreise zu verschieben
■ *verbe intransitif*
nach|gehen : **ta montre retarde de trois minutes** deine Uhr geht drei Minuten nach

retenir [35] [rətnir] *verbe*
1. **zurück|halten** : **retiens-moi ou je fais un malheur !** halt mich zurück, oder es geschieht ein Unglück!
2. **reservieren** : **je voudrais retenir une chambre** ich möchte ein Zimmer reservieren
3. **behalten** : **je n'arrive pas à retenir ce poème** ich kann dieses Gedicht nicht behalten
➤ **je pose 7 et je retiens 1** ich schreibe 7 und behalte 1.

retenu, e [rətny] *participe passé* ➤ **retenir**.

retirer [3] [rətire] *verbe*
1. **ab|binden** : **tu peux retirer ta cravate** du kannst deine Krawatte abbinden

- **ab|heben : je vais retirer de l'argent** ich hebe Geld ab
- **zurück|ziehen : les voisins ont retiré leur plainte** die Nachbarn haben ihre Beschwerde zurückgezogen
- **retirer quelque chose à quelqu'un** jemandem etwas ab|nehmen : **la police lui a retiré son permis** die Polizei hat ihm seinen Führerschein abgenommen.

retomber [3] [rətɔ̃be] *verbe* ■ **landen : il est retombé sur le dos** er ist auf dem Rücken gelandet.

retour [rətur]
- **die Rückkehr : tout le monde attend leur retour** alle warten auf ihre Rückkehr
- **die Rückfahrt** (*pluriel* **Rückfahrten**) **: le retour m'a paru plus court que l'aller** die Rückfahrt kam mir kürzer vor als die Hinfahrt
- **à mon retour** bei meiner Rückkehr : **je t'appellerai à mon retour** bei meiner Rückkehr rufe ich dich an
- **être de retour** wieder da sein : **il est de retour à Paris** er ist wieder in Paris.

retourner [3] [rəturne]

verbe transitif

um|drehen : aide-moi à retourner le matelas hilf mir die Matratze umzudrehen

verbe intransitif
- **wieder gehen : elle est retournée au bureau** sie ist wieder ins Büro gegangen
- **wieder zurück|kehren : tu es retourné à Londres depuis l'année dernière ?** bist du seit dem vergangenen Jahr wieder nach London zurückgekehrt?
- **retourner chez soi** (wieder) nach Hause kommen
- **retourner en arrière** wieder um|kehren : **on a dû retourner en arrière** wir mussten wieder umkehren

se retourner *verbe pronominal*
- **sich um|drehen : ne te retourne pas, il est juste derrière nous** dreh dich nicht um, er ist direkt hinter uns
- **kentern : le bateau s'est retourné** das Boot ist gekentert.

le retrait [rətrɛ] ■ die **Abhebung** (*pluriel* **Abhebungen**) **: tous les retraits figurent sur le relevé** alle Abhebungen stehen auf dem Kontoauszug.

la retraite [rətrɛt]
1. der **Ruhestand : retraite anticipée** vorgezogener Ruhestand
2. die **Rente** (*pluriel* **Renten**) **: mes grands-parents touchent une bonne retraite** meine Großeltern beziehen eine gute Rente

➤ **être à la retraite** in Rente sein

➤ **prendre sa retraite** in Rente gehen.

retraité, e [rətrete] *adjectif* ■ **in Rente : ma grand-mère est retraitée** meine Großmutter ist in Rente

le retraité ■ der **Rentner** (*pluriel* **Rentner**) **: il y a beaucoup de retraités dans cette association** in diesem Verein gibt es viele Rentner.

la retraitée ■ die **Rentnerin** (*pluriel* **Rentnerinnen**).

rétrécir [27] [retresir] *verbe* ■ **ein|laufen : mon tee-shirt a rétréci au lavage** mein T-Shirt ist beim Waschen eingelaufen.

retrouver [3] [rətruve] *verbe*
1. **wieder|finden : tu as retrouvé ton portable ?** hast du dein Handy wiedergefunden?
2. **treffen : j'ai retrouvé mes copains pour jouer au foot** ich habe meine Freunde zum Fußballspielen getroffen

se retrouver *verbe pronominal* ■ **sich treffen : on se retrouve à 7 heures devant le cinéma** wir treffen uns um 7 Uhr vor dem Kino.

la réunion [reynjɔ̃] ■ die **Sitzung** (*pluriel* **Sitzungen**) **: ma mère a une réunion ce soir** meine Mutter hat heute Abend eine Sitzung

➤ **une réunion de famille** ein Familientreffen

➤ **une réunion parents-professeurs** ein Elternabend.

réunir [27] [reynir] *verbe* ■ **zusammen|bringen : on essaie de réunir le plus de gens possible** wir versuchen, so viele Leute wie möglich zusammenzubringen

se réunir *verbe pronominal* ■ **sich treffen : on se réunit tous les samedis après-midi** wir treffen uns jeden Samstagnachmittag.

réussi, e [reysi] *adjectif* ■ **gelungen : une soirée très réussie** ein sehr gelungener Abend.

réussir **[27]** [reysir] *verbe*

1. **es schaffen : bravo, tu as réussi !** bravo, du hast es geschafft! ; **il a réussi à me convaincre** er hat es geschafft, mich zu überzeugen
2. **bestehen : mon frère a réussi son permis de conduire** mein Bruder hat seine Fahrprüfung bestanden

➤ **tu as très bien réussi le curry** der Curryreis ist dir sehr gut gelungen

➤ **ça ne me réussit pas** das bekommt mir nicht.

la **réussite** [reysit] ■ der **Erfolg** (*pluriel* **Erfolge**) **: c'est une belle réussite** das ist ein schöner Erfolg.

la **revanche** [rəvɑ̃ʃ]

1. die **Rache**
2. die **Revanche : on fait la revanche ?** gibst du mir eine Revanche?

➤ **prendre sa revanche** sich rächen

➤ **en revanche** dagegen.

le **rêve** [rɛv] ■ der **Traum** (*pluriel* **Träume**) **: j'ai fait un rêve bizarre** ich hatte einen seltsamen Traum

➤ **fais de beaux rêves !** träum was Schönes!

➤ **de rêve** Traum- : **ils ont une maison de rêve** sie haben ein Traumhaus.

le **réveil** [revɛj]

1. das **Aufwachen : le réveil est toujours difficile** Aufwachen ist immer schwierig
2. der **Wecker** (*pluriel* **Wecker**) **: mets le réveil à sonner pour 7 heures** stell den Wecker auf 7 Uhr.

réveiller **[4]** [reveje] *verbe* ■ **wecken : vous pouvez me réveiller à 8 heures ?** können Sie mich um 8 Uhr wecken?

se **réveiller** *verbe pronominal* ■ **auf|wachen : réveille-toi, il est neuf heures !** wach auf, es ist neun Uhr!

le **réveillon** [revɛjɔ̃] ■ *die Feier und insbesondere das Essen am Heiligabend oder am Silvesterabend*

RÉVEILLON

Mit **réveillon** wird sowohl de[r] Abend des 24. Dezember al[s] auch der Silvesterabend bezeichnet. Silvester wird oft mit einem Essen unter Freunden gefeiert. Um Mitternacht umarme[n] sich die Gäste, trinken Champagner un[d] wünschen sich **bonne année**, das heiß[t] ein gutes neues Jahr.

révéler **[17]** [revele] *verbe* ■ **au[f]decken : elle a refusé de révéler ses pr[o]jets** sie hat es abgelehnt, ihre Pläne aufz[u]decken.

revenir **[35]** [rəvənir] *verbe*

1. **zurück|kommen : Roland est revenu c[du] Canada** Roland ist aus Kanada zurückg[e]kommen
2. **wieder ein|fallen : tout d'un coup s[on] nom m'est revenu** plötzlich ist mir sein N[a]me wieder eingefallen

➤ **revenir à** kosten : **ça nous est revenu cent euros** das hat uns hundert Euro geko[s]tet

➤ **revenir cher** teuer sein

➤ **ça revient au même** das kommt auf da[s]selbe heraus

➤ **il n'en revenait pas** er konnte es gar nic[ht] fassen

➤ **faire revenir** an|bräunen : **faites reven[ir] les oignons** bräunen Sie die Zwiebeln an.

le **revenu** [rəvny] ■ das **Einkommen** (*p[lu]riel* **Einkommen**)

➤ **l'impôt sur le revenu** die Einkommenste[u]er.

rêver **[4]** [rɛve] *verbe* ■ **träumen : j'[ai] rêvé de toi** ich habe von dir geträumt ; **je r[ê]ve de partir en voyage** ich träume davon verreisen.

le **réverbère** [revɛrbɛr] ■ die **Straßen[la]terne** (*pluriel* **Straßenlaternen**).

rêveur, euse [rɛvœr, øz] *adjec[tif]* ■ **verträumt : un regard rêveur** ein v[er]träumter Blick.

réviser **[3]** [revize] *verbe* ■ **den Sto[ff] wiederholen : tu as révisé ta géo po[ur] demain ?** hast du den Stoff in Erdkunde f[ür] morgen wiederholt?

révision [revizjɔ̃]
die **Wiederholung** *(pluriel* **Wiederholungen***)* : **les révisions avant l'examen** die Wiederholung des Stoffs vor dem Examen
die **Inspektion** *(pluriel* **Inspektionen***)* : **la voiture est au garage pour une révision** das Auto ist zur Inspektion in der Werkstatt.

revoir **[49]** [rəvwar] *verbe*
wieder|sehen : **tu as revu Caro depuis la soirée chez Luc ?** hast du Caro seit der Fete bei Luc wiedergesehen?
sich noch einmal an|sehen : **le prof a dit que je devais revoir la première partie du devoir** der Lehrer hat gesagt, ich muss mir den ersten Teil der Aufgabe noch einmal ansehen

revoir *verbe pronominal* ■ **sich wieder|sehen** : **on ne s'est jamais revus** wir haben uns nie wiedergesehen
au revoir ! auf Wiedersehen!

révolter **[3]** [revɔlte] *verbe* ■ **empören** : **leur attitude me révolte** ihr Verhalten empört mich

révolter *verbe pronominal* ■ **sich auf|lehnen** : **les paysans se sont révoltés contre le pouvoir** die Bauern haben sich gegen das Regime aufgelehnt.

révolution [revɔlysjɔ̃] ■ die **Revolution** *(pluriel* **Revolutionen***)* : **la Révolution française** die Französische Revolution

LA RÉVOLUTION

Mit **La Révolution** wird die Französische Revolution bezeichnet, eines der zentralen Ereignisse der französischen Geschichte, die auch für den Rest Europas große Bedeutung hatte. Sie begann mit dem Sturm auf die Bastille im Jahre 1789 (der immer noch jedes Jahr am 14. Juli gefeiert wird) und führte unter anderem zur Erklärung der Menschen- und Bürgerrechte.

revolver [revɔlvɛr] ■ der **Revolver** *(pluriel* **Revolver***)*.

revue [rəvy] ■ die **Zeitschrift** *(pluriel* **Zeitschriften***)* : **une revue de mode** eine Modezeitschrift.

le **rez-de-chaussée** [redʃose] ■ das **Erdgeschoss** *(pluriel* **Erdgeschosse***)* : **on habite au rez-de-chaussée** wir wohnen im Erdgeschoss.

le **Rhin** [rɛ̃] ■ der **Rhein**.

le **rhinocéros** [rinɔserɔs] ■ das **Nashorn** *(pluriel* **Nashörner***)*.

le **Rhône** [ron] ■ die **Rhône**.

le **rhum** [rɔm] ■ der **Rum** : **du rhum blanc** weißer Rum.

le **rhume** [rym] ■ der **Schnupfen** *(pluriel* **Schnupfen***)*
➤ **attraper un rhume** sich erkälten
➤ **rhume des foins** Heuschnupfen.

ri [ri] *participe passé* ➤ **rire**.

riche [riʃ] *adjectif* ■ **reich** : **les gens riches** reiche Leute
➤ **riche en quelque chose** reich an etwas : **riche en vitamines** reich an Vitaminen

le|la **riche** ■ der|die **Reiche** *(pluriel* **die Reichen***)* : **les riches** die Reichen.

la **richesse** [riʃɛs] ■ der **Reichtum** *(pluriel* **Reichtümer***)* : **ils aiment étaler leur richesse** sie stellen ihren Reichtum gern zur Schau

les **richesses** *nom féminin pluriel* ■ die **Reichtümer** *(pluriel)*
➤ **des richesses minières** Bodenschätze.

la **ride** [rid] ■ die **Falte** *(pluriel* **Falten***)* : **elle a déjà des rides** sie hat schon Falten.

le **rideau** [rido] *(pluriel* **rideaux***)* ■ der **Vorhang** *(pluriel* **Vorhänge***)* : **tu as fermé les rideaux ?** hast du die Vorhänge zugezogen?
➤ **un rideau de douche** ein Duschvorhang.

ridicule [ridikyl] *adjectif* ■ **lächerlich** : **quelle idée ridicule !** was für ein lächerlicher Einfall!

rien [rjɛ̃] *pronom indéfini*
1. **nichts** : **qu'est-ce que tu fais ? – rien** was machst du? – nichts ; **ne t'en fais pas, ce n'est rien** mach dir nichts draus, es ist nichts
2. **etwas** : **Lise est partie sans rien dire** Lise ist weggegangen, ohne etwas zu sagen

➤ **rien de nouveau** nichts Neues : **il n'y a rien de nouveau depuis hier** seit gestern gibt es nichts Neues
➤ **pour rien** für nichts und wieder nichts : **on a fait tout ça pour rien** wir haben all das für nichts und wieder nichts getan
➤ **ne ... rien** nichts : **ne dis rien** sag nichts ; **il n'y a plus rien dans le frigo** im Kühlschrank ist nichts mehr ; **je ne veux rien du tout** ich möchte gar nichts
➤ **merci ! – de rien !** danke! – nichts zu danken!

rigide [riʒid] *adjectif* ■ **hart : du carton rigide** harter Karton.

rigoler [3] [rigɔle] *verbe familier*
1. **lachen : je ne pouvais plus m'arrêter de rigoler** ich konnte nicht mehr aufhören zu lachen
2. **Spaß haben : on a bien rigolé chez Carine** wir hatten viel Spaß bei Carine
3. **Witze machen : ce n'est pas le moment de rigoler** das ist nicht der Augenblick, um Witze zu machen ; **c'est pas vrai, tu rigoles !** das kann nicht sein, du machst Witze!
➤ **pour rigoler** zum Spaß : **je disais ça pour rigoler** ich hab das nur zum Spaß gesagt.

rigolo, ote [rigolo, ɔt] *adjectif* ■ *familier* **witzig : une histoire très rigolote** eine sehr witzige Geschichte.

la **rime** [rim] ■ der **Reim** (*pluriel* **Reime**).

rimer [3] [rime] *verbe* ■ **sich reimen : « amour » rime avec « toujours »** „amour" reimt sich auf „toujours".

rincer [15] [rɛ̃se] *verbe* ■ **ab|spülen : elle rince les verres** sie spült die Gläser ab

se **rincer** *verbe pronominal* ■ **sich aus|spülen : il se rince les cheveux** er spült sich die Haare aus.

rire [72] [rir] *verbe* ■ **lachen : ne me fais pas rire !** bring mich nicht zum Lachen!

le **rire** ■ das **Lachen : elle a un rire contagieux** sie hat ein ansteckendes Lachen
➤ **j'entendais des rires** ich hörte Gelächter
➤ **pour rire** zum Spaß : **elle a dit ça pour rire** sie hat das zum Spaß gesagt.

le **risque** [risk] ■ das **Risiko** (*pluriel* **Risiken**)
➤ **prendre des risques** Risiken ein|gehen.

risqué, e [riske] *adjectif* ■ **riskant : c'est une entreprise risquée** das ist ein riskantes Unternehmen.

risquer [3] [riske] *verbe* ■ **riskieren : il a risqué sa vie** er hat sein Leben riskiert
➤ **risquer de faire quelque chose** Gefahr laufen, etwas zu tun : **tu risques d'être en retard** du läufst Gefahr, zu spät zu kommen

la **rive** [riv] ■ das **Ufer** (*pluriel* **Ufer**)
➤ **les rives du fleuve** die Flussufer
➤ **la rive droite** *das rechte Ufer der Seine in Paris*
➤ **la rive gauche** *das linke Ufer der Seine in Paris.*

la **rivière** [rivjɛr] ■ der **Fluss** (*pluriel* **Flüsse**) : **l'Oise est une rivière** die Oise ist ein Fluss.

le **riz** [ri] ■ der **Reis : manger du riz** Reis essen.

la **robe** [rɔb] ■ das **Kleid** (*pluriel* **Kleider**) : **Émilie porte une robe verte** Émilie trägt ein grünes Kleid
➤ **une robe de chambre** ein Morgenmantel

le **robinet** [rɔbinɛ] ■ der **Hahn** (*plural* **Hähne**) : **il a ouvert le robinet** er hat den Hahn aufgedreht.

le **robot** [robo] ■ der **Roboter** (*pluriel* **Roboter**).

le **rocher** [rɔʃe] ■ der **Felsen** (*pluriel* **Felsen**).

le **rock** [rɔk] ■ der **Rock**
➤ **un groupe de rock** eine Rockband.

le **roi** [rwa] ■ der **König** (*pluriel* **Könige**) : **le Roi Louis XIV** König Ludwig XIV
➤ **la fête des Rois** der Dreikönigstag.

Roland-Garros [rɔlɑ̃garos] *nom* ■ *Tennisstadion wo das French Open veranstaltet wird*

ROLAND-GARROS

So heißt das Stadion außerhalb von Paris, in dem das wichtigste Tennisturnier Frankreichs ausgetragen wird, die French Open. Auf der Homepage von Roland-Garros kann man Tennisspiele live verfolgen.

rôle [rol] ▪ die **Rolle** *(pluriel* **Rollen***)* : **qui joue le rôle de Hamlet ?** wer spielt die Rolle des Hamlet?

roller [rɔlœr] ▪ die **Rollerblades®** *(pluriel)* : **Denis a des rollers neufs** Denis hat neue Rollerblades
faire du roller Rollerblades fahren.

romain, e [romɛ̃, ɛn] *adjectif* ▪ **römisch**
l'empire romain das Römische Reich

Romain ▪ der **Römer** *(pluriel* **Römer***)* : **les Romains** die Römer

Romaine ▪ die **Römerin** *(pluriel* **Römerinnen***)*.

roman [romɑ̃] ▪ der **Roman** *(pluriel* **Romane***)*
un roman policier ein Kriminalroman.

romantique [romɑ̃tik] *adjectif* ▪ **romantisch** : **c'est une fille très romantique** sie ist sehr romantisch.

rompre [58] [rɔ̃pr] *verbe* ▪ **brechen**
rompre avec quelqu'un mit jemandem Schluss machen : **Céline a rompu avec Timothée** Céline hat mit Timothée Schluss gemacht.

rond, e [rɔ̃, rɔ̃d] *adjectif* ▪ **rund** : **un visage tout rond** ein ganz rundes Gesicht

rond ▪ der **Kreis** *(pluriel* **Kreise***)*
im Kreis en rond : **ils ont dansé en rond** sie haben im Kreis getanzt.

rondelle [rɔ̃dɛl] ▪ die **Scheibe** *(pluriel* **Scheiben***)* : **elle a coupé le citron en rondelles** sie hat die Zitrone in Scheiben geschnitten.

rond-point [rɔ̃pwɛ̃] *(pluriel* ronds-points*)* ▪ der **Kreisverkehr**.

ronfler [3] [rɔ̃fle] *verbe* ▪ **schnarchen** : **mon frère ronfle** mein Bruder schnarcht.

se **ronger** [16] [sərɔ̃ʒe] *verbe pronominal*
▪ **se ronger les ongles** an den Nägeln kauen.

le **rosbif** [rɔsbif] ▪ das **Roastbeef** *(pluriel* **Roastbeefs***)* : **nous avons mangé du rosbif à midi** wir haben zu Mittag Roastbeef gegessen.

rose [roz] *adjectif* ▪ **rosa** : **un foulard rose** ein rosa Schal

la **rose** ▪ die **Rose** *(pluriel* **Rosen***)* : **un bouquet de roses** ein Strauß Rosen

le **rose** ▪ **Rosa** : **j'aime le rose** ich mag Rosa.

roter [3] [rɔte] *verbe familier* ▪ **rülpsen**.

le **rôti** [roti] ▪ der **Braten** *(pluriel* **Braten***)*
➤ **du rôti de porc** Schweinebraten.

la **roue** [ru] ▪ das **Rad** *(pluriel* **Räder***)*
➤ **une roue de secours** ein Ersatzrad
➤ **faire la roue** ein Rad schlagen.

rouge [ruʒ] *adjectif* ▪ **rot** : **une jupe rouge** ein roter Rock

le **rouge** ▪ **Rot** : **le rouge te va bien** Rot steht dir gut
➤ **du rouge à lèvres** Lippenstift

le **rouge-gorge** [ruʒgɔrʒ] *(pluriel* rouges-gorges*)* ▪ das **Rotkehlchen** *(pluriel* **Rotkehlchen***)*.

la **rougeole** [ruʒɔl] ▪ die **Masern** *(pluriel)* : **avoir la rougeole** die Masern haben.

rougir [27] [ruʒir] *verbe* ▪ **erröten** : **je rougis de honte** ich erröte vor Scham.

rouillé, e [ruje] *adjectif* ▪ **verrostet** : **mes clés sont rouillées** meine Schlüssel sind verrostet.

le **rouleau** [rulo] *(pluriel* rouleaux*)* ▪ die **Rolle** *(pluriel* **Rollen***)* : **un rouleau de papier peint** eine Rolle Tapeten
➤ **un rouleau à pâtisserie** eine Teigrolle.

rouler [3] [rule]

▪ *verbe transitif*

1. **auf|rollen** : **ils ont roulé le tapis** sie haben den Teppich aufgerollt
2. **rollen** : **elle roule les « r »** sie rollt das „r"

■ *verbe intransitif*
1. **fahren : on a roulé pendant deux heures** wir sind zwei Stunden gefahren ; **la voiture roulait trop vite** das Auto fuhr zu schnell
2. **rollen : la bille a roulé sous la table** die Murmel ist unter den Tisch gerollt.

la **roulette** [rulɛt] ■ das **Rad** (*pluriel* **Räder**) : **une table à roulettes** ein Tisch mit Rädern.

rouquin, e [rukɛ̃, in] *adjectif* ■ *familier* **rothaarig : un garçon rouquin** ein rothaariger Junge.

rousse ➤ roux.

la **route** [rut]
1. die **Straße** (*pluriel* **Straßen**) : **prenez la première route à droite** biegen Sie rechts in die erste Straße ein
2. der **Weg** (*pluriel* **Wege**) : **c'est sur ma route** das liegt auf meinem Weg
➤ **nous nous sommes arrêtés en route** wir haben unterwegs angehalten
➤ **en route !** auf gehts!
➤ **se mettre en route** sich auf den Weg machen : **elle s'est mise en route tôt le matin** sie hat sich früh morgens auf den Weg gemacht
➤ **prendre la route** los|fahren : **nous prendrons la route après le déjeuner** wir fahren nach dem Mittagessen weiter.

routier, ère [rutje, ɛr] *adjectif*
➤ **une carte routière** eine Straßenkarte.

roux, rousse [ru, rus] *adjectif*
1. **rot : elle a les cheveux roux** ou **elle est rousse** sie hat rote Haare
2. **rothaarig : une jeune fille rousse** ein rothaariges Mädchen.

royal, e [rwajal] (*masculin pluriel* royaux [rwajo]) *adjectif* ■ **königlich : la famille royale** die königliche Familie.

le **Royaume-Uni** [rwajomyni] ■ **das Vereinigte Königreich : sa sœur travaille au Royaume-Uni** seine|ihre Schwester arbeitet im Vereinigten Königreich ; **je vais aller au Royaume-Uni en août** im August fahre ich in das Vereinigte Königreich.

le **ruban** [rybɑ̃] ■ das **Band** (*pluriel* **Bänder**) : **elle attache ses cheveux avec un ruban** sie bindet ihre Haare mit einem Ba[nd] zusammen.

la **rubéole** [rybeɔl] ■ **Röteln**

En allemand, il n'y a pas d'article devan[t] les noms de maladies :

Macha a la rubéole Macha hat Röteln.

la **rue** [ry] ■ die **Straße** (*pluriel* **Straßen**)
la rue Daguerre die Daguerre-Straße
➤ **c'est une rue piétonne** das ist ei[ne] Fußgängerzone.

la **ruelle** [rɥɛl] ■ die **Gasse** (*pluriel* **Ga[ssen]**).

se **ruer** [7] [səʀɥe] *verbe pronominal* ■ **ruer sur** sich stürzen auf : **ils se sont ru[és] sur le gâteau** sie haben sich auf den Kuch[en] gestürzt ; **il s'est rué vers la sortie** er stür[zte] zum Ausgang.

le **rugby** [rygbi] ■ das **Rugby** (*sans pluri[el]*)

En allemand, il n'y a jamais de prépositio[n] devant le sport que l'on pratique :

jouer au rugby Rugby spielen.

rugueux, euse [rygø, øz] *adjec[tif]* ■ **rauh : une peau rugueuse** eine rau[he] Haut.

la **ruine** [rɥin] ■ die **Ruine** (*pluriel* **R[ui]nen**) : **ce château est une vraie ruine** d[as] Schloss ist die reinste Ruine
➤ **tomber en ruine** verfallen
➤ **ce n'est pas la ruine** *familier* das ist ni[cht] die Welt.

ruiner [3] [rɥine] *verbe* ■ **ruinieren**
toutes ces dépenses me ruinent all die Ausgaben ruinieren mich

se **ruiner** *verbe pronominal* ■ **ein Verm[ö]gen aus|geben : je me suis ruinée en je[ux] vidéos** ich habe ein Vermögen für Videosp[ie]le ausgegeben.

le **ruisseau** [rɥiso] (*pluriel* ruisseau[x]) ■ der **Bach** (*pluriel* **Bäche**).

la **rumeur** [rymœr] ■ das **Gerücht** (*plur[iel]* **Gerüchte**) : **ce n'est qu'une rumeur** das [ist] nur ein Gerücht.

rusé, e [ryze] *adjectif* ■ **schlau : elle e[st] très rusée** sie ist sehr schlau.

russe [rys] *adjectif* ■ **russisch** : **une tradition russe** eine russische Tradition

russe ■ das **Russische** *(sans pluriel)* : **ils parlent le russe** ou **ils parlent russe** sie sprechen Russisch.

Russe [rys] ■ der **Russe** *(pluriel* **Russen***)*, die **Russin** *(pluriel* **Russinnen***)*.

Russie [rysi] ■ **Russland**

> En allemand, à de rares exceptions près, il n'y a pas d'article devant les noms de pays :

la Russie est un pays immense Rußland ist ein immens großes Land ; **Saint-Pétersbourg est en Russie** Sankt Petersburg liegt in Russland ; **tu es déjà allé en Russie ?** warst du schon in Russland?

rythme [ritm]

der **Rhythmus** *(pluriel* **Rhythmen***)* : **un rythme entraînant** ein mitreißender Rhythmus

das **Tempo** *(pluriel* **Tempos***)* : **travaille à ton rythme** arbeite in deinem Tempo

elle a le sens du rythme sie hat Rhythmusgefühl.

S

s' ➤ se, si.

sa ➤ son.

sable [sabl] ■ der **Sand** *(sans pluriel)*

une plage de sable ein Sandstrand.

sabot [sabo]

der **Holzschuh** *(pluriel* **Holzschuhe***)*

2. der **Huf** *(pluriel* **Hufe***)* : **les sabots d'un cheval** die Hufe eines Pferdes.

le **sac** [sak] ■ die **Tasche** *(pluriel* **Taschen***)* : **je prends un sac pour aller faire les courses** zum Einkaufen nehme ich eine Tasche

➤ **un sac à main** eine Handtasche

➤ **un sac à dos** ein Rucksack

➤ **un sac de couchage** ein Schlafsack

➤ **un sac plastique** eine Plastiktüte.

sachant *participe présent* ➤ savoir.

sache, saches ➤ savoir.

le **sachet** [saʃɛ] ■ der **Beutel** *(pluriel* **Beutel***)* : **un sachet de sucre** ein Beutel Zucker

➤ **le sachet de thé** der Teebeutel.

le **sac-poubelle** [sakpubɛl] *(pluriel* **sacs-poubelle***)* ■ der **Müllbeutel** *(pluriel* **Müllbeutel***)*.

sacré, e [sakre] *adjectif* ■ **heilig** : **un objet sacré** ein heiliger Gegenstand

➤ **sacrée Marie !** verflixte Marie!

sacrément [sakremɑ̃] *adverbe* ■ **verdammt** *familier* **elle a sacrément grossi !** sie ist verdammt dick geworden!

le **safari** [safari] ■ die **Safari** *(pluriel* **Safaris***)* : **faire un safari** auf Safari gehen.

sage [saʒ] *adjectif* ■ **brav** : **sois sage** sei brav.

sagement [saʒmɑ̃] *adverbe* ■ **brav** : **les enfants jouaient sagement** die Kinder spielten ganz brav.

le **Sagittaire** [saʒitɛr] ■ der **Schütze** *(pluriel* **Schützen***)* : **Paul est Sagittaire** Paul ist Schütze.

saignant, e [sɛɲɑ̃, ɑ̃t] *adjectif* ■ **halb gebraten** : **vous préférez votre steck saignant ou bien cuit ?** möchten Sie Ihr Beefsteak halb gebraten oder durch?

saigner [4] [seɲe] *verbe* ■ **bluten**

➤ **je saigne du nez** meine Nase blutet.

sain, e [sɛ̃, sɛn] *adjectif* ■ **gesund** : **ce climat est très sain** dieses Klima ist gesund
➤ **sain et sauf** gesund und munter.

saint, e [sɛ̃, sɛ̃t] *adjectif* ■ **heilig**

le **saint** ■ der **Heilige** (*pluriel* **Heiligen**) : **saint François** der Heilige Franziskus.

la **sainte** ■ die **Heilige**.

la **Saint-Nicolas** [sɛ̃nikola] ■ der **Nikolaustag** : **demain, c'est la Saint-Nicolas** morgen ist Nikolaus.

sais, sait ➤ savoir : **tu sais bien que ce n'est pas vrai** du weißt genau, dass das nicht stimmt.

saisir [27] [sezir] *verbe*
1. **packen** : **il m'a saisi par le poignet** er hat mich am Handgelenk gepackt
2. **begreifen** : **je n'ai pas bien saisi la différence** ich habe nicht ganz begriffen, worin der Unterschied liegt.

la **saison** [sɛzɔ̃] ■ die **Jahreszeit** (*pluriel* **Jahreszeiten**) : **les quatre saisons** die vier Jahreszeiten.

la **salade** [salad] ■ der **Salat** (*pluriel* **Salate**) : **j'ai fait une salade exotique** ich habe einen exotischen Salat zubereitet
➤ **une salade de fruits** ein Obstsalat
➤ **une salade de riz** ein Reissalat.

le **saladier** [saladje] ■ die **Salatschüssel** (*pluriel* **Salatschüsseln**).

le **salaire** [salɛr] ■ der **Lohn** (*pluriel* **Löhne**).

le **salarié** [salarje] ■ der **Arbeitnehmer** (*pluriel* **Arbeitnehmer**).

la **salariée** [salarje] ■ die **Arbeitnehmerin** (*pluriel* **Arbeitnehmerinnen**).

sale [sal] *adjectif*
1. **schmutzig** : **j'ai les mains sales** meine Hände sind schmutzig
2. *familier* **mies** : **elle a un sale caractère** sie hat einen miesen Charakter ; **quel sale temps !** was für ein mieses Wetter!

salé, e [sale] *adjectif*
1. **gesalzen** : **des cacahuètes salées** gesal ne Erdnüsse
2. **salzig** : **un goût salé** ein salziger (schmack
➤ **trop salé** versalzen.

saler [3] [sale] *verbe* ■ **salzen**.

la **saleté** [salte] ■ der **Schmutz** (*sans p riel*) : **sa cave est d'une saleté inimagir ble** sein|ihr Keller war voller Schmutz.

salir [27] [salir] *verbe* ■ **schmutzig m chen** : **attention, tu vas salir la nap** Achtung, du machst die Decke schmutzig

se **salir** *verbe pronominal* ■ **sich schmut machen** : **tu vas te salir** du wirst d schmutzig machen.

la **salive** [saliv] ■ die **Spucke** (*sans pluri*

la **salle** [sal] ■ der **Saal** (*pluriel* **Säle**) : **le lence régnait dans la salle** es herrschte I he im Saal
➤ **la salle d'attente** das Wartezimmer
➤ **la salle de bains** das Badezimmer
➤ **une salle de cinéma** der Kinosaal
➤ **la salle de classe** das Klassenzimmer
➤ **une salle de concert** ein Konzertsaal
➤ **une salle de conférence** der Konfere raum
➤ **la salle à manger** das Esszimmer
➤ **la salle de séjour** das Wohnzimmer.

le **salon** [salɔ̃]
1. das **Wohnzimmer** (*pluriel* **Wohnzimme** **on a pris le thé au salon** wir haben den T im Wohnzimmer getrunken
2. die **Messe** (*pluriel* **Messen**) : **le Salon l'Agriculture** die Landwirtschaftsmesse
➤ **le Salon du Livre** die Buchmesse
➤ **un salon de coiffure** ein Friseursalon
➤ **un salon de thé** eine Teestube.

la **salopette** [salɔpɛt] ■ die **Latzho** (*pluriel* **Latzhosen**).

saluer [7] [salɥe] *verbe*
1. **grüßen** : **elle ne m'a même pas salué** hat mich noch nicht einmal gegrüßt

sich verabschieden : elle m'a salué et elle est partie sie hat sich von mir verabschiedet und ist gegangen
il m'a salué de la main er winkte mir zu.

salut [saly] *interjection familier*
hallo! : salut, ça va ? hallo, wie geht's?
tschüss! : allez, salut ! na dann tschüss!

samedi [samdi] ■ der **Samstag** (*pluriel* **Samstage**) : **Aude va à la piscine samedi prochain** Aude geht am nächsten Samstag ins Schwimmbad
samedi dernier letzten Samstag

Pour exprimer une habitude, on ajoute un s final au complément de temps :

tous les samedis samstags.

SAMU, Samu [samy] (*abréviation de* Service d'aide médicale d'urgence) ■ der **Rettungsdienst** (*pluriel* **Rettungsdienste**).

sandale [sɑ̃dal] ■ die **Sandale** (*pluriel* **Sandalen**) : **Jean porte des sandales** Jean trägt Sandalen.

sandwich [sɑ̃dwitʃ] (*pluriel* sandwiches ou sandwichs) ■ das **Sandwich** (*pluriel* **Sandwiches**) : **un sandwich au jambon** ein Sandwich mit Schinken.

sang [sɑ̃] ■ das **Blut** (*sans pluriel*).

sanguin, e [sɑ̃gɛ̃, in] *adjectif*
le groupe sanguin die Blutgruppe : **quel est ton groupe sanguin ?** was hast du für eine Blutgruppe?

Sanisette® [sanizɛt] ■ *selbstreinigende öffentliche Toilette*.

sans [sɑ̃] *préposition* ■ **ohne : j'ai réussi sans aucune aide** ich habe es ohne fremde Hilfe geschafft ; **sans rien dire** ohne etwas zu sagen

sans que *conjonction* ■ **ohne, dass : sans qu'il s'en rende compte** ohne, dass er es merkt|merkte.

sans-abri [sɑ̃zabri] ■ der|die **Obdachlose** (*pluriel* **die Obdachlosen**).

la **santé** [sɑ̃te] ■ die **Gesundheit** (*sans pluriel*) : **elle est en bonne santé** sie ist bei guter Gesundheit ; **est-ce que c'est bon ou mauvais pour la santé ?** ist das gut oder schlecht für die Gesundheit?
➤ **à ta santé ! ou à votre santé !** auf dein Wohl! ou auf Ihr Wohl!

saoul ➤ soûl.

saouler ➤ soûler.

le **sapin** [sapɛ̃] ■ die **Tanne** (*pluriel* **Tannen**)
➤ **un sapin de Noël** ein Weihnachtsbaum.

la **sardine** [sardin] ■ die **Sardine** (*pluriel* **Sardinen**) : **j'ai acheté une boîte de sardines** ich habe eine Dose Sardinen gekauft.

Sarrebruck *nom propre* ■ **Saarbrücken : il vit à Sarrebruck** er lebt in Saarbrücken.

le **satellite** [satelit] ■ der **Satellit** (*pluriel* **Satelliten**) : **j'ai la télévision par satellite** ich habe Satellitenfernsehen.

satisfaisant, e [satisfəzɑ̃, ɑ̃t] *adjectif* ■ **zufriedenstellend : ta réponse n'est pas satisfaisante** deine Antwort ist nicht zufriedenstellend.

satisfait, e [satisfɛ, ɛt] *adjectif* ■ **zufrieden : je ne suis pas satisfaite de tes résultats** ich bin mit deinen Ergebnissen nicht zufrieden.

la **sauce** [sos] ■ die **Soße** (*pluriel* **Soßen**)
➤ **de la sauce tomate** Tomatensoße.

la **saucisse** [sosis] ■ die **Wurst** (*pluriel* **Würste**)
➤ **des saucisses de Francfort** Frankfurter.

le **saucisson** [sosisɔ̃] ■ die **Dauerwurst** (*pluriel* **Dauerwürste**).

sauf [sof] *préposition* ■ **außer : ils étaient tous là sauf Mathieu** außer Mathieu waren alle da.

le **saumon** [somɔ̃] ■ der **Lachs** (*pluriel* **Lachse**)
➤ **du saumon fumé** Räucherlachs.

le **sauna** [sona] ■ die **Sauna** *(pluriel* **Saunas**).

saurai, sauras ➤ savoir.

le **saut** [so] ■ der **Sprung** *(pluriel* **Sprünge**) : **faire un saut** einen Sprung machen
➤ **faire du saut en hauteur** Hochsprung machen
➤ **faire du saut en longueur** Weitsprung machen.

sauter **[3]** [sote] *verbe*
1. **springen** : **saute par-dessus la barrière** spring über die Schranke
2. **über|springen** : **il a sauté une classe** er hat eine Klasse übersprungen ; **j'ai sauté une dizaine de pages** ich habe etwa zehn Seiten übersprungen
➤ **les plombs ont sauté** die Sicherungen sind herausgesprungen.

sauvage [sovaʒ] *adjectif*
1. **wild** : **une bête sauvage** ein wildes Tier
2. **scheu** : **sa petite sœur est plutôt sauvage** seine|ihre kleine Schwester ist ziemlich scheu.

sauvegarder **[3]** [sovgarde] *verbe* ■ **sichern** : **j'ai oublié de sauvegarder le fichier** ich habe vergessen, die Datei zu sichern.

sauver **[3]** [sove] *verbe* ■ **retten** : **il m'a sauvé la vie** er hat mir das Leben gerettet

se **sauver** *verbe pronominal* ■ **weg|laufen** : **il s'est sauvé à toute vitesse** er lief weg, so schnell er konnte.

savoir **[47]** [savwar] *verbe*
1. **wissen**

> Lorsqu'on peut remplacer **savoir** par **être au courant**, on choisit la traduction **wissen** :

je ne sais pas comment ça marche ich weiß nicht, wie das geht ; **il sait ce qu'il fait** er weiß, was er tut ; **est-ce que tu sais qui était Galilée ?** weißt du, wer Galilei war? ; **il saurait tout** er wüsste alles
2. **können**

> Lorsque **savoir** signifie **être capable**, on opte pour **können** :

il ne sait pas nager er kann nicht schwimmen ; **est-ce que tu sais jouer aux échecs ?** kannst du Schach spielen?
3. **erfahren**

> Lorque **savoir** signifie **apprendre**, on traduit le verbe par **erfahren** :

je le saurais demain das werde ich morgen erfahren
➤ **je n'en sais rien** ich habe keine Ahnung
➤ **on ne sait jamais** man kann nie wisssen

le **savon** [savɔ̃] ■ die **Seife** *(pluriel* **Seifen**) : **du savon parfumé** Duftseife.

le **saxophone** [saksɔfɔn] ■ das **Saxophon** *(pluriel* **Saxophone**) : **Sophie joue du saxophone** Sophie spielt Saxophon.

le **scandale** [skɑ̃dal] ■ der **Skandal** *(pluriel* **Skandale**)
➤ **faire scandale** einen Skandal verursachen : **son dernier film a fait scandale** sein letzter Film hat einen Skandal verursacht.

scanner **[4]** [skane] *verbe* ■ **einscannen** : **tu peux me scanner cette photo ?** kannst du dieses Foto für mich einscannen?

le **scanner** [skanɛr] ■ der **Scanner** *(pluriel* **Scanner**) : **un ordinateur avec scanner** ein Computer mit Scanner.

la **scène** [sɛn]
1. die **Szene** *(pluriel* **Szenen**) : **acte II, scène 5** zweiter Akt, fünfte Szene
2. die **Bühne** *(pluriel* **Bühnen**)
➤ **mettre en scène une pièce** ein Stück inszenieren.

le **schéma** [ʃema] ■ das **Schema** *(plural* **Schemata**) : **j'ai fait un schéma** ich habe ein Schema angefertigt.

la **scie** [si] ■ die **Säge** *(pluriel* **Sägen**).

la **science** [sjɑ̃s] ■ die **Wissenschaft** *(pluriel* **Wissenschaften**)
➤ **les sciences naturelles** ou **physiques** Naturwissenschaften.

science-fiction [sjɑ̃sfiksjɔ̃] ■ die **Sciencefiction** : **un livre de science-fiction** ein Sciencefiction-Buch.

scientifique [sjɑ̃tifik] *adjectif* ■ **wissenschaftlich** : **une expérience scientifique** ein wissenschaftliches Experiment

scientifique ■ der **Wissenschaftler** (*pluriel* **Wissenschaftler**), die **Wissenschaftlerin** (*pluriel* **Wissenschaftlerinnen**).

scier [9] [sje] *verbe* ■ **sägen** : **le menuisier scie une planche** der Tischler sägt ein Brett.

scolaire [skolɛr] *adjectif*
les vacances scolaires die Schulferien.

scooter [skutœr] ■ der **Motorroller** (*pluriel* **Motorroller**) : **elle est trop jeune pour faire du scooter** sie ist zu jung, um einen Motorroller zu fahren
un scooter des neiges ein Schneeflitzer.

Scorpion [skɔrpjɔ̃] ■ (*pluriel* **Skorpione**) : **Richard est Scorpion** Richard ist Skorpion.

Scotch® [skɔtʃ] ■ der **Tesafilm®** (*pluriel* **Tesafilme**).

scotcher [3] [skɔtʃe] *verbe* ■ **mit Tesafilm zu|kleben**.

scout [skut] ■ der **Pfadfinder** (*pluriel* **Pfadfinder**), die **Pfadfinderin** (*pluriel* **Pfadfinderinnen**) : **Luc est scout** Luc ist Pfadfinder.

sculpteur [skyltœr] ■ der **Bildhauer** (*pluriel* **Bildhauer**) : **Bourdelle était sculpteur** Bourdelle war Bildhauer.

sculptrice [skyltris] ■ die **Bildhauerin** (*pluriel* **Bildhauerinnen**).

sculpture [skyltyr] ■ die **Skulptur** (*pluriel* **Skulpturen**) : **une sculpture en marbre** eine Skulptur aus Marmor.

SDF (*abréviation de* sans domicile fixe) ■ **der|die Obdachlose** (*pluriel* **die Obdachlosen**).

se [sə] (**s'** *devant une voyelle ou un « h » muet*) *pronom* ■ **sich** : **elle s'en souvient** sie erinnert sich daran ; **il s'est fait mal** er hat sich weh getan ; **elles se sont présentées au reste de la classe** sie haben sich der übrigen Klasse vorgestellt ; **il se rase tous les jours** er rasiert sich jeden Tag ; **ils doivent d'abord se laver les mains** sie müssen sich zuerst die Hände waschen ; **ils s'écrivent régulièrement** sie schreiben sich regelmäßig

> Certains verbes pronominaux français se traduisent par un verbe allemand qui n'est pas pronominal :

elle se lève tôt sie steht früh auf ; **elle se ronge tout le temps les ongles** sie kaut ständig an den Nägeln ; **se coucher** schlafen gehen

> Les verbes pronominaux français avec un sens passif se traduisent en allemand par une construction passive avec **werden** :

ce modèle se vend partout dieses Modell wird überall verkauft ; **ça se boit frais** das wird kalt getrunken.

la **séance** [seɑ̃s] ■ die **Vorstellung** (*pluriel* **Vorstellungen**) : **j'irai à la séance de 18 heures** ich gehe in die Vorstellung um 18 Uhr.

sec, sèche [sɛk, sɛʃ] *adjectif*
1. **trocken** : **mon jean n'est pas encore sec** meine Jeans ist noch nicht trocken
2. **getrocknet** : **les figues sèches, c'est très bon** getrocknete Feigen schmecken herrlich.

le **sèche-cheveux** [sɛʃʃəvø] ■ der **Fön** (*pluriel* **Föne**).

sécher [17] [seʃe] *verbe* ■ **trocknen** : **j'ai mis le linge à sécher** die Wäsche muss noch trocknen
➤ **sécher un cours** *familier* den Unterricht schwänzen
➤ **se sécher les cheveux** sich die Haare fönen : **je me suis séché les cheveux** ich habe mir die Haare geföhnt.

la **sécheresse** [sɛʃrɛs] ■ die **Trockenheit** (*pluriel* **Trockenheiten**) : **la sécheresse a duré pendant des mois** die Trockenheit hielt Monate lang an.

second, e [səgɔ̃, ɔ̃d] *adjectif numéral* ■ **zweiter, zweite, zweites : le second tome du roman** der zweite Band des Romans

le **second** ■ der **Zweitbeste** (*pluriel* **die Zweitbesten**) : **le second recevra un prix de consolation** der Zweitbeste bekommt einen Trostpreis

la **seconde** ■ die **Zweitbeste** (*pluriel* **die Zweitbesten**).

secondaire [səgɔ̃dɛr] *adjectif* ■ **zweitrangig**
➤ **l'enseignement secondaire** die Sekundarstufe.

la **seconde** [səgɔ̃d]
1. die **Sekunde** (*pluriel* **Sekunden**) : **cinq minutes et douze secondes** fünf Minuten und zwölf Sekunden
2. die **zehnte Klasse** (*sans pluriel*) : **ma sœur est en seconde** meine Schwester ist in der zehnten Klasse
➤ **une seconde !** ein Augenblick!
➤ **voyager en seconde** ou **voyager en seconde classe** zweiter Klasse reisen.

secouer [6] [səkwe] *verbe* ■ **schütteln** : **secouez la bouteille avant l'emploi** die Flasche vor Gebrauch schütteln.

le **secours** [səkur] ■ die **Hilfe** (*pluriel* **Hilfen**) : **va chercher du secours** geh Hilfe holen ; **au secours !** (zu) Hilfe!
➤ **les premiers secours** Erste Hilfe
➤ **la sortie de secours** der Notausgang.

secret, ète [səkrɛ, ɛt] *adjectif* ■ **geheim** : **une cachette secrète** ein geheimes Versteck
➤ **le code secret** der Geheimcode

le **secret** ■ das **Geheimnis** (*pluriel* **Geheimnisse**) : **je vais te confier un secret** ich werde dir ein Geheimnis anvertrauen ; **sais-tu garder un secret ?** kannst du ein Geheimnis für dich behalten?

le|la **secrétaire** [səkretɛr] ■ der **Sekretär** (*pluriel* **Sekretäre**), die **Sekretärin** (*pluriel* **Sekretärinnen**) : **il a postulé pour la place de secrétaire** er hat sich um die Stelle des Sekretärs beworben ; **elle est secrétaire** sie ist Sekretärin.

la **section** [sɛksjɔ̃] *nom féminin* ■ **Fachrichtung** (*pluriel* **Fachrichtungen**) **Alix a choisi la section allemand** Alix die Fachrichtung Deutsch gewählt.

la **sécurité** [sekyrite] ■ die **Sicherh** (*sans pluriel*)
➤ **la sécurité routière** die Verkehrssicherh
➤ **la Sécurité sociale** *französische Sozialv sicherung*
➤ **être en sécurité** in Sicherheit sein.

séduisant, e [sedɥizɑ̃, ɑ̃t] *adje* ■ **verführerisch : elle est très séduisa** sie ist sehr verführerisch.

le **sein** [sɛ̃] ■ die **Brust** (*pluriel* **Brüste**).

la **Seine** [sɛn] ■ die **Seine**.

seize [sɛz] *adjectif numéral* ■ **sechzeh** **il y avait seize personnes à mon annive saire** zu meinem Geburtstag kamen se zehn Personen

le **seize** ■ die **Sechzehn** (*pluriel* **Sechze nen**)
➤ **nous sommes le seize février** heute ist sechzehnte Februar.

seizième [sɛzjɛm] *adjectif numéral* ■ **sechzehnte : le seizième arrondis ment** der sechzehnte Bezirk

le|la **seizième** ■ der|die **Sechzehnte** (*p riel* **die Sechzehnten**).

le **séjour** [seʒur] ■ der **Aufenthalt** (*plu* **Aufenthalte**) : **bon séjour !** einen an nehmen Aufenthalt!
➤ **il fait un séjour linguistique en Allem gne** er ist für einige Zeit in Deutschland, seine Sprachkenntnisse zu verbessern.

séjourner [seʒurne] *verbe* ■ **sein** **nous avons séjourné deux semaines** **la Côte d'Azur** wir waren zwei Wochen der Côte d'Azur.

le **sel** [sɛl] ■ das **Salz** (*sans pluriel*) : **passe moi le sel** können Sie mir bitte das Salz chen? ; **gros sel** grobkörniges Salz.

sélectionner [3] [selɛksjɔne] *ve* ■ **aus|wählen**.

self [sɛlf] *(abréviation de* self-service*)* *familier* ■ das **Selbstbedienungsrestaurant** *(pluriel* **Selbstbedienungsrestaurants***)* : **je déjeune au self tous les midis** ich esse jeden Mittag im Selbstbedienungsrestaurant.

self-service [sɛlfsɛrvis] *(pluriel* self-services*)* ■ das **Selbstbedienungsrestaurant** *(pluriel* **Selbstbedienungsrestaurants***)*.

selle [sɛl] ■ der **Sattel** *(pluriel* **Sättel***)*.

selon [səlɔ̃] *préposition*
gemäß : **selon la consigne** gemäß den Anweisungen
je nach : **selon le modèle** je nach Modell
selon moi meiner Meinung nach.

semaine [səmɛn] ■ die **Woche** *(pluriel* **Wochen***)* : **je travaille en semaine** ich arbeite unter der Woche ; **je pars dans une semaine** ich fahre in einer Woche weg ; **la semaine dernière** letzte Woche ; **la semaine prochaine** nächste Woche.

semblable [sɑ̃blabl] *adjectif* ■ **ähnlich** : **ta veste est semblable à la mienne** deine Jacke ist so ähnlich wie meine.

semblant [sɑ̃blɑ̃]
faire semblant de faire quelque chose so tun, als ob man etwas tun würde : **elle a fait semblant d'être contente de le voir** sie tat so, als ob sie sich freute, ihn zu sehen.

sembler [3] [sɑ̃ble] *verbe* ■ **scheinen** : **elle semblait assez contente** sie schien recht zufrieden ; **il semble qu'il soit en retard** wie es scheint, kommt er zu spät.

semelle [səmɛl] ■ die **Sohle** *(pluriel* **Sohlen***)*.

semestre [səmɛstr] ■ das **Halbjahr** *(pluriel* **Halbjahre***)*.

Sénat [sena] ■ der **Senat** *(pluriel* **Senate***)*.

sens [sɑ̃s]
1. der **Sinn** *(pluriel* **Sinne***)* : **les cinq sens** die fünf Sinne ; **ça n'a pas de sens** das hat keinen Sinn
2. die **Richtung** *(pluriel* **Richtungen***)* : **dans le sens inverse** in umgekehrter Richtung

➤ **sens interdit** ou **sens unique** Einbahnstraße.

sensible [sɑ̃sibl] *adjectif*
1. **empfindsam** : **Julien est très sensible** Julien ist sehr empfindsam
2. **spürbar** : **une amélioration sensible** eine spürbare Verbesserung

➤ **je suis très sensible au froid** ich bin sehr kälteempfindlich.

le **sentier** [sɑ̃tje] ■ der **Pfad** *(pluriel* **Pfade***)* : **le sentier mène à la rivière** der Pfad führt zum Fluss.

le **sentiment** [sɑ̃timɑ̃] ■ das **Gefühl** *(pluriel* **Gefühle***)*

➤ **un sentiment de bonheur** ein Glücksgefühl.

sentimental, e [sɑ̃timɑ̃tal] *(masculin pluriel* sentimentaux [sɑ̃timɑ̃to]*) adjectif* ■ **gefühlvoll** : **c'est une chanson sentimentale** das ist ein gefühlvolles Lied

➤ **avoir une valeur sentimentale** Gefühlswert haben

➤ **il a des problèmes sentimentaux** er hat Liebeskummer.

sentir [32] [sɑ̃tir] *verbe*
1. **spüren** : **je n'ai rien senti** ich habe nichts gespürt
2. **riechen** : **ça sent bon** das riecht gut ; **j'ai senti une odeur de brûlé** es roch verbrannt
3. **schmecken** : **ça sent la cannelle** das schmeckt nach Zimt

se **sentir** *verbe pronominal* ■ **sich fühlen** : **se sentir bien** sich wohl fühlen ; **se sentir mal** sich unwohl fühlen ; **se sentir en sécurité** sich sicher fühlen.

séparé, e [separe] *adjectif* ■ **getrennt** : **ils dorment dans des chambres séparées** sie schlafen in getrennten Zimmern ; **ses parents sont séparés** seine Eltern leben getrennt.

séparer [3] [separe] *verbe* ■ **trennen** : **elle a voulu séparer les garçons qui se battaient** sie wollte die raufenden Jungen trennen

se **séparer** *verbe pronominal* ■ **sich trennen** : **ses parents se sont séparés il y a deux ans** seine|ihre Eltern haben sich vor zwei Jahren getrennt
➤ **se séparer de** sich trennen von : **elle s'est séparée de Pierre** sie hat sich von Pierre getrennt.

sept [sɛt] *adjectif numéral* ■ **sieben** : **j'ai sept cousins** ich habe sieben Cousinen

le **sept** ■ die **Sieben** (*pluriel* **Siebenen**).

septembre [sɛptɑ̃bʀ] ■ **September** : **l'école recommence en septembre** im September fängt die Schule wieder an
➤ **nous sommes le trois septembre** heute ist der dritte September.

septième [sɛtjɛm] *adjectif numéral* ■ **siebter, siebte, siebtes** : **il a gagné pour la septième fois** er hat schon zum siebten Mal gewonnen

le|la **septième** ■ der|die|das **Siebte** (*pluriel* **Siebten**) : **il est arrivé septième** er ist Siebter geworden.

serai, seras ➤ être.

la **série** [seʀi] ■ die **Reihe** (*pluriel* **Reihen**) : **une série de questions** eine Reihe von Fragen
➤ **une série télé** eine Fernsehserie.

sérieusement [seʀjøzmɑ̃] *adverbe* ■ **ernsthaft** : **il est sérieusement atteint** er ist ernsthaft krank
➤ **je parle sérieusement** ich meine das ernst.

sérieux, euse [seʀjø, øz] *adjectif* ■ **ernst** : **il a l'air très sérieux** er macht ein sehr ernstes Gesicht

le **sérieux**
➤ **prendre quelqu'un|quelque chose au sérieux** jemanden|etwas ernst nehmen
➤ **garder son sérieux** ernst bleiben.

le **serpent** [sɛʀpɑ̃] ■ die **Schlange** (*pluriel* **Schlangen**).

la **serre** [sɛʀ] ■ das **Treibhaus** (*pluriel* **Treibhäuser**) : **des fleurs cultivées sous serre** im Treibhaus gezogene Blumen.

serré, e [seʀe] *adjectif* ■ **eng** : **cette robe est trop serrée pour moi** dieses Kleid mir zu eng.

serrer [4] [seʀe] *verbe*
1. **umklammern** : **elle serre la poignée son sac** sie umklammert den Griff ihrer sche
2. **drücken** : **mes nouvelles chaussures serrent** meine neuen Schuhe drücken
➤ **serrer quelqu'un dans ses bras** jem den in den Arm nehmen

se **serrer** *verbe pronominal* ■ **zusamme rücken** : **serrez-vous un peu** rückt ein bi chen zusammen
➤ **se serrer la main** sich die Hand geben.

la **serrure** [seʀyʀ] ■ das **Schloss** (*plu* **Schlösser**).

le **serveur** [sɛʀvœʀ] ■ der **Kellner** (*plu* **Kellner**).

la **serveuse** [sɛʀvøz] ■ die **Kellnerin** (*p riel* **Kellnerinnen**).

le **service** [sɛʀvis]
1. der **Gefallen** (*pluriel* **Gefallen**) : **je peux demander un service ?** kann ich dich einen Gefallen bitten?
2. die **Abteilung** (*pluriel* **Abteilungen**) : **travaille au service informatique** er ar tet in der EDV-Abteilung
3. der **Aufschlag** (*pluriel* **Aufschläge**) : **il a bon service** er hat einen guten Aufschlag
➤ **rendre service à quelqu'un** jemandem nen Gefallen tun
➤ **hors service** außer Betrieb.

la **serviette** [sɛʀvjɛt]
➤ **la serviette de bain** das Badetuch
➤ **la serviette de table** die Serviette
➤ **la serviette en papier** die Papierserviet
➤ **la serviette de toilette** das Handtuch
➤ **la serviette hygiénique** dieBinde.

servir [33] [sɛʀviʀ] *verbe*
1. **nützlichsein** : **ce guide de voyage m bien servi** dieser Reiseführer war sehr nü lich
2. **bedienen** : **je n'ai pas encore été servi** bin noch nicht bedient worden

servieren : elle nous a servi un excellent couscous sie hat uns ein leckeres Couscous serviert
à quoi ça sert ? wozu soll das gut sein?
ça ne sert à rien *familier* das bringt nichts : **ça ne sert à rien d'y aller** es bringt nichts, dorthin zu gehen
servir à faire quelque chose zu etwas dienen : **le caoutchouc servait à fabriquer des pneus** das Gummi diente zur Herstellung von Autoreifen

servir *verbe pronominal* ■ **sich bedienen : servez-vous** bedienen Sie sich
se servir de quelque chose etwas benutzen : **je me suis servi de ton stylo** ich habe deinen Füller benutzt.

ses *pluriel* ➤ son.

seul, e [sœl] *adjectif*
allein : elle vit seule sie lebt allein
einsam : il se sent seul er fühltsich einsam
tout seul ganzallein : **j'ai réussi à le faire toute seule** ich habe das ganz allein geschafft

seul ■ der|die|das **Einzige : prends ce crayon, c'est le seul que j'ai** nimm den Bleistift, das ist der Einzige, den ich habe ; **achète ce foulard, il n'en reste qu'un seul** kauf das Tuch, es ist das Einzige, das noch da ist.

seule *nom féminin* ■ der|die|das **Einzige : c'est la seule table de libre** das ist der einzige freie Tisch.

seulement [sœlmɑ̃] *adverbe* ■ **nur : il en reste seulement deux** es sind nur noch zwei übrig ; **non seulement il est bête, mais en plus il est méchant !** er ist nicht nur dumm, sondern auch noch gehässig!

sévère [sevɛr] *adjectif* ■ **streng : ses parents sont sévères avec lui** seine|ihre Eltern sind streng zu ihm|ihr.

sexe [sɛks] ■ das **Geschlecht** (*pluriel* **Geschlechter**) **: des jeunes gens des deux sexes** junge Leute beiderlei Geschlechts.

shampooing [ʃɑ̃pwɛ̃] ■ das **Shampoo** (*pluriel* **Shampoos**) **: du shampooing pour cheveux secs** Shampoo für trockenes Haar
➤ **se faire faire un shampooing et une coupe** sich die Haare waschen und schneiden lassen.

le **shopping** [ʃɔpiŋ] ■ der **Einkaufsbummel** (*pluriel* **Einkaufsbummel**) **: je vais faire du shopping avec Leïla** ich mache mit Leïla einen Einkaufsbummel.

le **short** [ʃɔrt] ■ die **kurze Hose** (*pluriel* **kurzen Hosen**) **: Roland porte un short bleu** Roland trägt eine blaue kurze Hose.

si [si]
■ *adverbe*
1. **so : c'est si beau !** es ist so schön! ; **il roulait si vite qu'il a eu un accident** er ist so schnell gefahren, dass er einen Unfall gebaut hat ; **ce n'est pas si facile que ça** das ist gar nicht so einfach
2. **doch : tu n'aimes pas le rap ? – si** magst du Rap nicht? – doch
➤ **je n'y arriverai jamais – mais si !** das schaff ich nie – doch, natürlich!
■ *conjonction*
1. **wenn : si tu triches, je ne joue plus** wenn du schummelst, spiele ich nicht mehr weiter ; **si je pouvais, j'irais vivre en Amérique** wenn ich könnte, würde ich nach Amerika auswandern ; **si seulement tu me l'avais dit avant !** wenn du mir das nur früher gesagt hättest!
2. **ob : dis-moi si c'est possible** sag mir, ob das möglich ist.

le **SIDA, Sida** [sida] (*abréviation de* **syndrome immuno-déficitaire acquis**)
■ das **AIDS** (*sans pluriel*)

> En allemand, il n'y a pas d'article devant les noms de maladies :

la lutte contre le SIDA der Kampf gegen AIDS.

le **siècle** [sjɛkl] ■ das **Jahrhundert** (*pluriel* **Jahrhunderte**) **: au vingt et unième siècle** im einundzwanzigsten Jahrhundert.

le **siège** [sjɛʒ] ■ der **Sitz** (*pluriel* **Sitze**)
➤ **le siège avant** der Vordersitz.

le sien, la sienne [ləsjɛ̃, lasjɛn] *(masculin pluriel* **les siens**, *féminin pluriel* **les siennes** [lesjɛ̃, lesjɛn]*) pronom*
1. *Pour un homme* **seines, seine : j'ai oublié mon stylo alors il m'a prêté le sien** ich habe meinen Kuli vergessen, daraufhin hat er mir seinen geliehen ; **Mickaël m'a dit que cette bicyclette était la sienne** Mickaël sagte mir, das Fahrrad sei seines ; **Jérôme aussi a les yeux bleus – non, les siens sont verts** Jérôme hat auch blaue Augen – nein, seine sind grün
2. *Pour une femme* **ihres, ihre : j'ai perdu mon stylo alors elle m'a prêté le sien** ich habe meinen Kuli verloren, daraufhin lieh sie mir ihren ; **Laura m'a dit que cette bicyclette était la sienne** Laura sagte mir, das Fahrrad sei ihres ; **Fanny aussi a les yeux bleus – non, les siens sont verts** Fanny hat auch blaue Augen – nein, ihre sind grün.

les siens *pluriel* ➤ le sien.

la **sieste** [sjɛst] ■ der **Mittagsschlaf** *(sans pluriel)* **: faire la sieste** Mittagsschlaf halten.

siffler **[3]** [sifle] *verbe* ■ **pfeifen : sais-tu siffler ?** kannst du pfeifen?

le **sifflet** [siflɛ] ■ die **Pfeife** *(pluriel* **Pfeifen***)*
➤ **donner un coup de sifflet** pfeifen.

le **signal** [siɲal] *(pluriel* **signaux** [siɲo]*)* ■ das **Zeichen** *(pluriel* **Zeichen***)* **: il a donné le signal du départ** er gab das Zeichen zur Abfahrt.

signaler **[3]** [siɲale] *verbe* ■ **aufmerksam machen auf : je te signale que c'est moi qui ai gagné** ich mache dich darauf aufmerksam, dass ich gewonnen habe.

la **signature** [siɲatyr] ■ die **Unterschrift** *(pluriel* **Unterschriften***)* **: ta signature est illisible** deine Unterschrift ist unleserlich.

le **signe** [siɲ] ■ das **Zeichen** *(pluriel* **Zeichen***)* **: c'est bon signe** das ist ein gutes Zeichen
➤ **les signes du zodiaque** die Sternzeichen
➤ **faire signe à quelqu'un** jemandem Zeichen geben
➤ **elle m'a fait un signe de tête** sie nic mir zu.

signer **[3]** [siɲe] *verbe* ■ **unterschr ben : n'oublie pas de signer ta lettre** v giss nicht, deinen Brief zu unterschreiben.

signifier **[9]** [siɲifje] *verbe* ■ **bede ten : que signifie ce mot ?** was bedeu dieses Wort?

le **silence** [silɑ̃s] ■ die **Ruhe** *(sans plurie*
j'ai besoin de silence pour travailler brauche Ruhe zum Arbeiten
➤ **silence !** Ruhe!

silencieux, euse [silɑ̃sjø, øz] *adje* ■ **leise : ce motor est particulièrement lencieux** dieser Motor ist besonders leise.

la **silhouette** [silwɛt] ■ die **Gestalt** *(p riel* **Gestalten***)* **: je voyais une silhoue sombre** ich sah eine dunkle Gestalt.

simple [sɛ̃pl] *adjectif* ■ **einfach : u question simple** eine einfache Frage
➤ **un aller simple** eine Hinfahrkarte.

sincère [sɛ̃sɛr] *adjectif* ■ **ehrlich : crois qu'il était sincère ?** glaubst du, war ehrlich?

sincèrement [sɛ̃sɛrmɑ̃] *adverbe* ■ **e lich gesagt : sincèrement, je ne sais p** ehrlich gesagt weiß ich es nicht.

le **singe** [sɛ̃ʒ] ■ der **Affe** *(pluriel* **Affen***)*.

le **singulier** [sɛ̃gylje] ■ der **Singular** *(s pluriel)* **: mettre les noms au singulier** Nomen in den Singular setzen.

sinon [sinɔ̃] *conjonction* ■ **sonst : je d y aller maintenant sinon je vais être retard** ich muss jetzt gehen, sonst kom ich zu spät.

le **sirop** [siro] ■ der **Sirup** *(sans pluriel)*
➤ **le sirop contre la toux** der Hustensaft.

le **site** [sit] ■ die **Site** *(pluriel* **Sites***)* **: un s Web** eine Web-Site.

situation [sitɥasjɔ̃]
die **Situation** *(pluriel* **Situationen***)* : **c'est une situation difficile** das ist eine schwierige Situation
die **Stellung** *(pluriel* **Stellungen***)* : **elle a une bonne situation** sie hat eine gute Stellung.

situer [7] [sitɥe] *verbe* ■ **être situé** gelegen sein ; **la maison est située à deux minutes de la gare** das Haus ist zwei Minuten vom Bahnhof gelegen.

six *([sis] en fin de phrase, , [si] devant consonne ou « h » aspiré, , [siz] devant voyelle ou « h » muet) adjectif numéral* ■ **sechs : il reste six bonbons** es sind noch sechs Bonbons übrig

six ■ die **Sechs** *(pluriel* **Sechsen***)*.

sixième [sizjɛm] *adjectif numéral* ■ **sechster, sechste, sechstes : c'est la sixième fois que j'y vais** ich gehe jetzt zum sechsten Mal dort hin

sixième ■ der|die|das **Sechste** *(pluriel* **Sechsten***)*.

sixième [sizjɛm] ■ die **sechste Klasse : Anaïs est en sixième** Anaïs ist in der sechsten Klasse.

skateboard [skɛtbɔrd] ■ das **Skateboard** *(pluriel* **Skateboards***)* : **faire du skateboard** Skateboard fahren.

sketch [skɛtʃ] *(pluriel* sketches*)* ■ der **Sketch** *(pluriel* **Sketche***)*.

ski [ski] ■ der **Ski** *(pluriel* **Skier***)* : **j'ai loué une paire de skis** ich habe mir ein Paar Skier geliehen
faire du ski Ski fahren
le ski de fond der Langlauf
le ski alpin alpiner Skilauf.

skier [10] [skje] *verbe* ■ **Ski laufen : j'apprends à skier** ich lerne Ski laufen.

skieur [skjœr] ■ der **Skiläufer** *(pluriel* **Skiläuferin***)* : **il est un bon skieur** er ist ein guter Skiläufer.

skieuse [skjøz] ■ die **Skiläuferin** *(pluriel* **Skiläuferinnen***)*.

le **slip** [slip] ■ der **Slip** *(pluriel* **Slips***)*.

le **SMIC** [smik] *(abréviation de* salaire minimum interprofessionnel de croissance*)* ■ der **tariflich festgelegte Mindestlohn**.

le **smiley** [smaılı] ■ der **Smiley** *(pluriel* **Smileys***)*.

le **smoking** [smɔkiŋ] ■ der **Smoking** *(pluriel* **Smokings***)*.

la **SNCF** *(abréviation de* Société nationale des chemins de fer français*)* ■ *französische Eisenbahngesellschaft.*

snob [snɔb] *adjectif* ■ **snobistisch : elle est vraiment snob** sie ist wirklich snobistisch.

social, e [sɔsjal] *(masculin pluriel* sociaux [sɔsjo]*) adjectif* ■ **sozial : les services sociaux** die sozialen Einrichtungen.

la **société** [sɔsjete]
1. die **Gesellschaft** *(pluriel* **Gesellschaften***)* : **la société française** die französische Gesellschaft
2. das **Unternehmen** *(pluriel* **Unternehmen***)* : **mon père travaille dans une société informatique** mein Vater arbeitet in einem IT-Unternehmen.

la **sœur** [sœr] ■ die **Schwester** *(pluriel* **Schwestern***)* : **ma grande sœur** meine große Schester ; **ma petite sœur** meine kleine Schwester.

soi [swa] *pronom personnel* ■ **sich : ne penser qu'à soi** immer nur an sich denken

soi-même *pronom personnel* ■ **sich selbst : se connaître soi-même** sich selbst kennen.

soi-disant [swadizɑ̃]
■ *adjectif*
angeblich : un soi-disant champion de natation ein angeblicher Schwimmweltmeister
■ *adverbe*
angeblich : elle est soi-disant mannequin sie ist angeblich Mannequin.

la **soie** [swa] ■ die **Seide : un foulard en soie** ein Seidenschal.

la **soif** [swaf] ■ der **Durst** : **je meurs de soif** ich komme um vor Durst
➤ **avoir soif** Durst haben : **j'ai soif** ich habe Durst
➤ **ça m'a donné soif** das hat mich durstig gemacht.

soigné, e [swaɲe] *adjectif* ■ **sorgfältig** : **un travail soigné** eine sorgfältige Arbeit.

soigner **[3]** [swaɲe] *verbe*
1. **umsorgen** : **il l'a bien soigné** er hat sie rührend umsorgt
2. **pflegen** : **soignez la présentation** pflegen Sie Ihr Äußeres

se **soigner** *verbe pronominal* ■ **sich pflegen** : **soigne-toi bien** pfleg dich schön.

soigneusement [swaɲøzmɑ̃] *adverbe* ■ **sorgfältig**.

soigneux, euse [swaɲø, øz] *adjectif* ■ **sorgfältig** : **il est très soigneux, il range bien ses affaires** er ist sehr sorgfältig, er räumt seine Sachen ordentlich weg.

le **soin** [swɛ̃] ■ die **Pflege**
➤ **prendre soin de quelque chose** für etwas sorgen : **prends bien soin des plantes** sorge gut für die Pflanzen
➤ **avec soin** sorgfältig

les **soins** *nom masculin pluriel* ■ **Behandlung** (*pluriel* **Behandlungen**) : **les soins médicaux sont gratuits** die ärztliche Behandlung ist kostenlos.

le **soir** [swar] ■ der **Abend** (*pluriel* **Abende**) : **le soir** abends
➤ **ce soir** heute Abend
➤ **demain soir** morgen Abend
➤ **hier soir** gestern Abend
➤ **à onze heures du soir** um elf Uhr abends
➤ **à ce soir !** bis heute Abend!

la **soirée** [sware]
1. der **Abend** (*pluriel* **Abende**) : **il a passé toute la soirée devant la télé** er hat den ganzen Abend vor dem Fernseher gesessen
2. die **Party** (*pluriel* **Partys**).

sois, soit ➤ être.

soit [swa] *conjonction*
➤ **soit ... soit** entweder ... oder ... : **vie chez moi soit mardi soit jeudi** komm e weder Dienstag oder Donnerstag zu mir.

soixante [swasɑ̃t] *adjectif numé* ■ **sechzig** : **ça coûte soixante euros** (kostet sechzig Euro
➤ **les années soixante** die Sechziger Jahre

le **soixante** ■ die **Sechzig** (*pluriel* **Se zigen**).

soixante-dix [swasɑ̃tdis] *adjectif méral* ■ **siebzig** : **il y avait soixante-dix vités** es waren siebzig Leute eingeladen
➤ **les années soixante-dix** die Siebziger J re

le **soixante-dix** ■ die **Siebzig** (*plu* **Siebzigen**).

le **sol** [sɔl] ■ der **Boden** (*pluriel* **Böden**) : **sol de la maison n'est pas régulier** der den des Hauses ist nicht eben ; **il était éte du sur le sol, à côté de son vélo** er lag dem Boden neben seinem Fahrrad.

solaire [sɔlɛr] *adjectif* ■ **Sonnen-** : **de crème solaire** Sonnencreme
➤ **le panneau solaire** der Kollektor.

le **soldat** [sɔlda] ■ der **Soldat** (*pluriel* **S daten**).

le **solde** [sɔld] ■ der **Restbetrag** (*plu* **Restbeträge**)
➤ **en solde** im Schlussverkauf : **j'ai acheté manteau en solde** ich habe diesen Mar im Schlussverkauf erstanden

les **soldes** *nom masculin pluriel* ■ **der Schlu verkauf** (*sans pluriel*) : **faire les soldes** Schlussverkauf einkaufen.

le **soleil** [sɔlɛj] ■ die **Sonne** (*pluriel* **Sc nen**) : **au soleil** in der Sonne.

la **solidarité** [sɔlidarite] ■ die **Solida tät** (*pluriel* **Solidaritäten**) : **ils ont fait g ve par solidarité** sie haben aus Solidari gestreikt.

solide [sɔlid] *adjectif*
1. **stabil** : **le pont est très solide** die Brücke sehr stabil

kräftig : c'est un garçon solide er ist ein kräftiger Junge.

solitude [sɔlityd] ■ die **Einsamkeit : beaucoup de personnes âgées souffrent de la solitude** viele alte Menschen leiden unter Einsamkeit.

solution [sɔlysjɔ̃] ■ die **Lösung** (*pluriel* **Lösungen**) **: elle a trouvé la solution au problème** sie hat eine Lösung für das Problem gefunden.

sombre [sɔ̃br] *adjectif* ■ **dunkel : la pièce est très sombre** das Zimmer ist sehr dunkel ; **il porte un costume sombre** er trägt einen dunklen Anzug.

sommaire [sɔmɛr] ■ das **Inhaltsverzeichnis** (*pluriel* **Inhaltsverzeichnisse**).

somme [sɔm] ■ die **Summe** (*pluriel* **Summen**) **: une grosse somme** eine große Summe.

sommeil [sɔmɛj] ■ der **Schlaf : j'ai besoin de neuf heures de sommeil** ich brauche neun Stunden Schlaf.

sommes ➤ être.

sommet [sɔmɛ] ■ der **Gipfel** (*pluriel* **Gipfel**) **: ils ont atteint le sommet** sie haben den Gipfel erreicht
au sommet de la montagne auf dem Berggipfel.

son[1], sa [sɔ̃, sa] (*pluriel* **ses** [se]) *adjectif*
Possesseur masculin ou neutre **sein, seine : il s'entend bien avec son frère** er versteht sich gut mit seinem Bruder ; **Théo m'a prêté quelques-uns de ses jeux vidéo** Théo hat mir einige seiner Videospiele geliehen
Possesseur féminin **ihr, ihre : son petit frère est déjà plus grand qu'elle** ihr kleiner Bruder ist schon größer als sie ; **Julia et sa sœur sont jumelles** Julia und ihre Schwester sind Zwillinge ; **elle est venue avec ses parents** sie ist mit ihren Eltern gekommen.

son[2] [sɔ̃] ■ der **Klang** (*pluriel* **Klänge**) **: le son de ma voix** der Klang meiner Stimme.

le **sondage** [sɔ̃daʒ] ■ die **Umfrage** (*pluriel* **Umfragen**) **: faire un sondage** eine Umfrage machen.

sonner **[3]** [sɔne] *verbe*
1. **klingeln : quelqu'un a sonné à la porte** es hat an der Tür geklingelt ; **mon réveil n'a pas sonné** mein Wecker hat nicht geklingelt
2. **läuten : le dimanche à 10 heures les cloches sonnent** sonntags um 10 Uhr läuten die Glocken.

la **sonnerie** [sɔnri]
1. das **Klingeln : la sonnerie de la porte** das Klingeln an der Tür
2. das **Läuten : je n'ai pas entendu la sonnerie des cloches** ich habe das Läuten der Glocken nicht gehört.

la **sonnette** [sɔnɛt] ■ die **Klingel** (*pluriel* **Klingeln**).

la **sono** [sɔno] ■ die **Verstärkeranlage** (*pluriel* **Verstärkeranlagen**).

sont ➤ être.

le **sorbet** [sɔrbɛ] ■ das ou der **Sorbet** (*pluriel* **Sorbets**)
➤ **un sorbet au citron** ein Zitronensorbet.

le **sorcier** [sɔrsje] ■ der **Hexenmeister** (*pluriel* **Hexenmeister**).

la **sorcière** [sɔrsjɛr] ■ die **Hexe** (*pluriel* **Hexen**).

la **sorte** [sɔrt]
1. die **Sorte** (*pluriel* **Sorten**) **: plusieurs sortes de pommes** mehrere Sorten Äpfel
2. die **Art** (*pluriel* **Arten**) **: une sorte de gros lézard** eine Art große Echse.

la **sortie** [sɔrti]
1. der **Ausgang** (*pluriel* **Ausgänge**) **: je suis tombée sur Fabien à la sortie** ich habe Fabien zufällig am Ausgang getroffen
2. das **Erscheinen : la sortie de ce livre a provoqué un scandale** das Erscheinen dieses Buchs löste einen Skandal aus
3. der **Ausflug** (*pluriel* **Ausflüge**) **: il y a une sortie au musée organisée par l'école** die Schule hat einen Ausflug ins Museum organisiert.

sortir [38] [sɔrtir] *verbe*
1. **aus|gehen : on pourrait sortir ce soir** wir könnten heute abend ausgehen
2. **gehen mit : Camille sort avec Hubert** Camille geht mit Hubert
3. **heraus|kommen : sors, je veux te dire quelque chose** komm heraus, ich möchte dir etwas sagen ; **quand sort son dernier film ?** wann kommnt sein|ihr neuer Film heraus?
4. **hinaus|gehen : ne sors pas, il fait trop froid dehors** geh nicht hinaus, es ist zu kalt
5. **hinaus|klettern : ils sont sortis par la fenêtre** sie sind durch das Fenster hinausgeklettert
6. **heraus|nehmen : elle a sorti un stylo de sa poche** sie nahm einen Stift aus ihrer Tasche
7. **hinaus|stellen : n'oubliez pas de sortir la poubelle** vergesst nicht, den Mülleimer hinauszustellen
8. **heraus|bringen : ils viennent de sortir un nouvel album** sie haben gerade ein neues Album herausgebracht
➤ **sortir de table** vom Tisch auf|stehen

s' **en sortir** *verbe pronominal*
1. **es schaffen : tu t'en sors ou tu veux que je t'aide ?** schaffst du es oder soll ich dir helfen?
2. **durch|kommen : il est gravement blessé, mais il s'en sortira** er ist schwer verletzt, aber er wird durchkommen.

le **sou** [su] *(pluriel* sous*)* ■ das **Geld** : **donne-moi des sous pour aller acheter du pain** gib mir Geld, damit ich Brot kaufen kann
➤ **je n'ai plus un sou** ich habe keinen Cent mehr.

le **souci** [susi] ■ die **Sorge** *(pluriel* **Sorgen***)*
➤ **se faire du souci** sich Sorgen machen : **ne te fais pas de souci !** mach dir keine Sorgen!
➤ **je me fais du souci pour Linda** ich mache mir Sorgen um Linda.

la **soucoupe** [sukup] ■ die **Untertasse** *(pluriel* **Untertassen***)*
➤ **une soucoupe volante** eine fliegende Untertasse.

soudain, e [sudɛ̃, ɛn] *adverbe* ■ **plötzlich**.

souffert [sufɛr] *participe passé*
➤ souffrir.

le **souffle** [sufl] ■ der **Atem** *(sans plurie*
je suis à bout de souffle ich bin außer At
➤ **retenir son souffle** die Luft an|halten : **tiens ton souffle pendant vingt second** halt zwanzig Sekunden lang die Luft an.

souffler [3] [sufle] *verbe*
1. **wehen : le vent souffle fort** es weht starker Wind
2. **aus|blasen : vas-y, souffle tes bougie** auf, blas die Kerzen aus!
➤ **souffler quelque chose à quelqu'un** mandem etwas zu|flüstern : **elle m'a souf la réponse** sie hat mir die Antwort zugefl tert.

souffrir [29] [sufrir] *verbe* ■ **leiden**
souffre de rhumatismes er leidet an Rh ma ; **il souffre de la solitude** er leidet un Einsamkeit.

le **souhait** [swɛ] ■ der **Wunsch** *(plu* **Wünsche***)* : **son souhait s'est réalisé** se ihr Wunsch hat sich erfüllt
➤ **faire un souhait** sich etwas wünsche **fais un souhait** wünsch dir etwas
➤ **à tes souhaits !** ou **à vos souhaits !** (sundheit!

souhaiter [4] [swete] *verbe* ■ **wü chen : je te souhaite de réussir** ich wü sche dir, dass du Erfolg hast ; **j'ai oublié te souhaiter un joyeux anniversaire** habe vergessen, dir alles Gute zum Gebu tag zu wünschen.

soûl, e ou **saoul, e** [su, sul] *adje* ■ **betrunken**.

soulagé, e [sulaʒe] *adjectif* ■ **erlei tert : je me sens soulagé** ich fühle mich leichtert.

se **soûler** ou **saouler** [3] [sule] *verbe p nominal* ■ **sich betrinken**.

soulever [18] [sulve] *verbe* ■ **hoc heben : je n'arrive même pas à soulev cette valise** ich schaffe es noch nicht einm den Koffer hochzuheben.

souligner **[3]** [suliɲe] *verbe* ■ **unterstreichen : soulignez tous les verbes** unterstreicht alle Verben.

soupçonner **[3]** [supsɔne] *verbe* ■ **den Verdacht haben : je le soupçonne de mentir** ich habe den Verdacht, dass er lügt.

soupe [sup] ■ die **Suppe** (*pluriel* **Suppen**) **: un assiette de soupe à la tomate** ein Teller Tomatensuppe.

soupirer **[3]** [supire] *verbe* ■ **seufzen.**

souple [supl] *adjectif*
gelenkig : je ne suis pas très souple ich bin nicht sehr gelenkig
weich : une brosse à dents souple eine weiche Zahnbürste.

source [surs] ■ die **Quelle** (*pluriel* **Quellen**)
de l'eau de source Quellwasser
la Seine prend sa source sur le plateau de Langres die Seine entspringt in der Hochebene von Langres.

sourcil [sursi] ■ die **Augenbraue** (*pluriel* **Augenbrauen**)
froncer les sourcils die Stirn runzeln.

sourd, e [sur, surd] *adjectif* ■ **taub : il est sourd** er ist taub

sourd ■ der **Taube** (*pluriel* **Tauben**).

sourde ■ die **Taube** (*pluriel* **Tauben**).

sourd-muet [surmɥɛ] (*pluriel* sourds-muets) ■ der **Taubstumme** (*pluriel* **Taubstummen**).

sourde-muette [surdmɥɛt] (*pluriel* sourdes-muettes) ■ die **Taubstumme** (*pluriel* **Taubstummen**).

souriant, e [surjɑ̃, ɑ̃t] *adjectif* ■ **fröhlich : elle est souriante** sie ist fröhlich.

sourire **[72]** [surir] *verbe* ■ **lächeln**
sourire à quelqu'un jemanden an|lächeln : **il m'a souri** er hat mich angelächelt

le **sourire** ■ das **Lächeln**
➤ **faire un sourire à quelqu'un** jemanden an|lächeln : **elle m'a fait un sourire** sie hat mich angelächelt.

la **souris** [suri] ■ die **Maus** (*pluriel* **Mäuse**).

sous [su] *préposition* ■ **unter : le chat est sous le lit** die Katze ist unter dem Bett ; **nager sous l'eau** unter Wasser schwimmen
➤ **sous la pluie** durch den Regen.

le **sous-marin** [sumarɛ̃] ■ das **U-Boot** (*pluriel* **U-Boote**).

le **sous-sol** [susɔl] ■ das **Untergeschoss** (*pluriel* **Untergeschosse**) **: au sous-sol** im Untergeschoss.

le **sous-titre** [sutitr] (*pluriel* sous-titres) ■ der **Untertitel** (*pluriel* **Untertitel**) **: je lis toujours les sous-titres** ich lese immer die Untertitel.

soustraire **[85]** [sustrɛr] *verbe* ■ **ab|ziehen : tu dois soustraire 13 de 47** du musst 13 von 47 abziehen.

les **sous-vêtements** [suvɛtmɑ̃] *nom masculin pluriel* ■ die **Unterwäsche** (*sans pluriel*) **: ces sous-vêtements sont en coton** die Unterwäsche ist aus Baumwolle.

soutenir **[35]** [sutnir] *verbe* ■ **unterstützen : ils ont tous soutenu le projet** sie haben alle das Projekt unterstützt.

souterrain, e [sutɛrɛ̃, ɛn] *adjectif* ■ **unterirdisch : un parking souterrain** ein unterirdisches Parkhaus

le **souterrain** ■ die **Unterführung** (*pluriel* **Unterführungen**).

le **soutien-gorge** [sutjɛ̃gɔrʒ] (*pluriel* soutiens-gorge) ■ der **Büstenhalter** (*pluriel* **Büstenhalter**).

le **souvenir** **[35]** [suvnir]
1. die **Erinnerung** (*pluriel* **Erinnerungen**) **: dans mon souvenir, la chambre était beaucoup plus grande** in meiner Erinnerung war das Zimmer viel größer ; **un souvenir d'enfance** eine Kindheitserinnerung

2. das **Andenken** *(pluriel* **Andenken***)* : **Sandra m'a rapporté un souvenir de Londres** Sandra hat mir aus London ein Andenken mitgebracht

se **souvenir** *verbe pronominal* ■ **sich erinnern : je ne me souviens pas de la fin de l'histoire** ich erinnere mich nicht an das Ende der Geschichte.

souvent [suvɑ̃] *adverbe* ■ **oft**.

souvenu, e [suvny] *participe passé* ➤ souvenir.

soyez ➤ être.

les **spaghettis** [spageti] *nom masculin pluriel* ■ die **Spaghetti** *(pluriel)*.

spatial, e [spasjal] *(masculin pluriel* spatiaux [spasjo]*) adjectif*
➤ **un vaisseau spatial** ein Raumschiff.

spécial, e [spesjal] *(masculin pluriel* spéciaux [spesjo]*) adjectif* ■ **speziell : il a un style un peu spécial** er hat einen etwas speziellen Stil
➤ **une offre spéciale** ein Sonderangebot.

le **spécialiste** [spesjalist] ■ der **Spezialist** *(pluriel* **Spezialisten***)* : **un spécialiste des arts martiaux** ein Spezialist für Kampfsportarten.

la **spécialiste** [spesjalist] ■ die **Spezialistin** *(pluriel* **Spezialistinnen***)*.

la **spécialité** [spesjalite] ■ das **Fachgebiet** *(pluriel* **Fachgebiete***)*.

le **spectacle** [spɛktakl] ■ die **Aufführung** *(pluriel* **Aufführungen***)* : **le spectacle commence à 20 heures** die Aufführung beginnt um 20 Uhr.

spectaculaire [spɛktakylɛr] *adjectif* ■ **überwältigend : un feu d'artifice spectaculaire** ein überwältigendes Feuerwerk.

le **spectateur** [spɛktatœr] ■ der **Zuschauer** *(pluriel* **Zuschauer***)*.

la **spectatrice** [spɛktatris] ■ die **Zuschauerin** *(pluriel* **Zuschauerinnen***)*.

splendide [splɑ̃did] *adjectif* ■ **großartig : la vue du sommet était splendide** Blick vom Gipfel war großartig.

le **sport** [spɔr] ■ der **Sport** *(sans pluriel)* **faire du sport** Sport treiben ; **Sophie ne fait pas assez de sport** Sophie treibt nicht genügend Sport
➤ **les sports d'hiver** der Wintersport : **aux sports d'hiver** Wintersport treiben
➤ **des vêtements de sport** Sportbekleidung

sportif, ive [spɔrtif, iv] *adjectif* ■ **sportlich : elle est très sportive** sie ist sehr sportlich

le **sportif** ■ der **Sportler** *(pluriel* **Sportler***)*

la **sportive** ■ die **Sportlerin** *(pluriel* **Sportlerinnen***)*.

le **square** [skwar] ■ die **Grünanlage** *(pluriel* **Grünanlagen***)*.

le **squash** [skwaʃ] ■ das **Squash**

En allemand, on ne met pas de préposition devant le sport que l'on pratique :

faire du squash ou **jouer au squash** Squash spielen.

le **squelette** [skəlɛt] ■ das **Skelett** *(pluriel* **Skelette***)*.

St *(abréviation de* saint*)* **St. : St Georges** St. Georg.

stable [stabl] *adjectif* ■ **standfest : la table n'est pas stable** der Tisch ist nicht sehr standfest.

le **stade** [stad] ■ das **Stadion** *(pluriel* **Stadien***)* : **ils ont construit un nouveau stade** sie haben ein neues Stadion gebaut.

le **stage** [staʒ]
1. der **Kurs** *(pluriel* **Kurse***)* : **je voudrais faire un stage de voile** ich möchte einen Segelkurs machen
2. das **Praktikum** *(pluriel* **Praktika***)*.

stagiaire [staʒjɛr] ▪ der **Praktikant** (*pluriel* **Praktikanten**).

stagiaire [staʒjɛr] ▪ die **Praktikantin** (*pluriel* **Praktikantinnen**).

stand [stɑ̃d] ▪ der **Stand** (*pluriel* **Stände**) : **elle tient un stand à la kermesse** sie hat einen Stand auf dem Fest
un stand d'exposition ein Messestand.

standardiste [stɑ̃dardist] ▪ der **Telefonist** (*pluriel* **Telefonisten**), die **Telefonistin** (*pluriel* **Telefonistinnen**).

star [star] ▪ der **Star** (*pluriel* **Stars**)
une star du rock ein Rockstar.

station [stasjɔ̃]
die **Station** (*pluriel* **Stationen**) : **rendez-vous à huit heures à la station de métro** Treffpunkt um acht Uhr an der U-Bahn-Station
die **Haltestelle** (*pluriel* **Haltestellen**) : **où est l'arrêt de bus le plus proche ?** wo ist hier die nächste Bushaltestelle?
der **Urlaubsort** (*pluriel* **Urlaubsorte**) : **une station de sports d'hiver** ein Winterurlaubsort
une station de radio ein Radiosender
une station-essence eine Tankstelle.

stationner [3] [stasjɔne] *verbe* ▪ **parken** : **« défense de stationner »** „Parken verboten".

station-service [stasjɔ̃sɛrvis] (*pluriel* stations-service) ▪ die **Tankstelle** (*pluriel* **Tankstellen**).

statistique [statistik] ▪ die **Statistik** (*pluriel* **Statistiken**).

statue [staty] ▪ die **Statue** (*pluriel* **Statuen**)
une statue en marbre eine Marmorstatue
la statue de la Liberté die Freiheitsstatue.

Ste (*abréviation de* sainte) **St.** : **Ste Anne** St. Anna.

steak [stɛk] ▪ das **Steak** (*pluriel* **Steaks**)
du steak haché Hacksteak.

le **steward** [stiwart] ▪ der **Steward** (*pluriel* **Stewards**) : **il est steward chez British Airways** er ist Steward bei British Airways.

stop [stɔp] *interjection* ▪ **stop !** Stopp!

le **stop** ▪ das **Stoppschild** (*pluriel* **Stoppschilder**)
➤ **faire du stop** trampen : **on y est allés en stop** wir sind dorthin getrampt.

le **store** [stɔr] ▪ das **Rollo** (*pluriel* **Rollos**) : **baisse le store** lass das Rollo herunter.

la **stratégie** [strateʒi] ▪ die **Strategie** (*pluriel* **Strategien**) : **nous devons adopter une nouvelle stratégie** wir müssen eine neue Strategie anwenden.

le **stress** [strɛs] ▪ der **Stress** (*sans pluriel*) : **mes maux de tête sont dus au stress** meine Kopfschmerzen kommen vom Stress.

stressé [strɛse] *adjectif* ▪ **gestresst** : **Clara est très stressée par ses examens** Clara ist wegen ihrer Prüfungen sehr gestresst.

strict, e [strikt] *adjectif* ▪ **streng** : **il est très strict avec ses élèves** er ist sehr streng zu seinen Schülern.

le **studio** [stydjo]
1. das **Studio** (*pluriel* **Studios**) : **un studio d'enregistrement** ein Aufnahmestudio
2. die **Einzimmerwohnung** (*pluriel* **Einzimmerwohnungen**) : **ma sœur vit dans un studio** meine Schwester lebt in einer Einzimmerwohnung.

stupéfait, e [stypefɛ, ɛt] *adjectif* ▪ **verblüfft**.

stupide [stypid] *adjectif* ▪ **dumm** : **ne sois pas stupide !** sei nicht dumm!

le **style** [stil] ▪ der **Stil** (*pluriel* **Stile**) : **j'aime leur style** ich mag ihren Stil.

le **stylo** [stilo] ▪ der **Stift** (*pluriel* **Stifte**)
➤ **un stylo à bille** ou **un stylo bille** ein Kugelschreiber
➤ **un stylo plume** ein Füllfederhalter.

su, e [sy] *participe passé* ➤ savoir.

subir [27] [sybir] *verbe* ■ **erleiden** : **l'armée a subi de grosses pertes** die Armee hat schwere Verluste erlitten.

le **subjonctif** [sybʒɔ̃ktif] ■ der **Konjunktiv** *(sans pluriel)* : **au subjonctif** im Konjunktiv.

le **succès** [syksɛ] ■ der **Erfolg** *(pluriel* **Erfolge***)* : **ça a été un grand succès** das war ein großer Erfolg

➤ **avoir du succès** Erfolg haben : **ça n'a pas eu beaucoup de succès** das hatte keinen großen Erfolg.

sucer [15] [syse] *verbe* ■ **lutschen** : **il suce encore son pouce** er lutscht noch am Daumen.

la **sucette** [sysɛt] ■ der **Lutscher** *(pluriel* **Lutscher***)* : **une sucette à la fraise** ein Erdbeerlutscher.

le **sucre** [sykr] ■ der **Zucker** : **tu mets du sucre dans ton thé ?** trinkst du deinen Tee mit Zucker?

➤ **du sucre en poudre** feiner Zucker.

sucré, e [sykre] *adjectif* ■ **süß** : **ces cerises sont très sucrées** diese Kirschen sind sehr süß.

sucrer [3] [sykre] *verbe* ■ **süßen** : **je ne sucre pas mon café** ich süße meinen Kaffee nicht.

les **sucreries** [sykrəri] *nom féminin pluriel* ■ die **Süßigkeiten** *(pluriel)* : **tu manges trop de sucreries** du isst zu viele Süßigkeiten.

sud [syd] *adjectif invariable* ■ **südlich** : **la partie sud de l'île** der südliche Teil der Insel

le **sud** ■ der **Süden** *(sans pluriel)* : **au sud** im Süden ; **au sud de Paris** im Süden von Paris.

sud-africain, e [sydafrikɛ̃, ɛn] *(masculin pluriel* sud-africains, *féminin pluriel* sud-africaines*) adjectif* ■ **südafrikanisch** : **le climat sud-africain** das südafrikanische Klima.

sud-américain, e [sydamerikɛ̃, ɛ… *(masculin pluriel* sud-américains, *féminin pluriel* sud-américaines*) adjectif* ■ **südamerikanisch** : **la musique sud-américaine** die südamerikanische Musik.

le **sud-est** [sydɛst] ■ der **Südosten** *(sans pluriel)*.

le **sud-ouest** [sydwɛst] ■ der **Südwesten** *(sans pluriel)*.

la **sueur** [sɥœr] ■ der **Schweiß** *(sans pluriel)*

➤ **en sueur** schweißgebadet : **il est en sueur** er ist schweißgebadet.

suffire [76] [syfir] *verbe* ■ **reichen** : **ça suffit !** das reicht!

suffisamment [syfizamɑ̃] *adverbe* ■ **genug** : **je n'ai pas suffisamment travaillé** ich habe nicht genug gearbeitet.

suffisant, e [syfizɑ̃, ɑ̃t] *adjectif* ■ **ausreichend** : **une quantité suffisante de nourriture** eine ausreichende Menge Nahrungsmittel.

suggérer [17] [sygʒere] *verbe* ■ **nahelegen** : **c'est lui qui m'a suggéré de lire ce livre** er hat mir nahegelegt, dieses Buch zu lesen.

le **suicide** [sɥisid] ■ der **Selbstmord** *(pluriel* **Selbstmorde***)*.

se **suicider** [3] [səsɥiside] *verbe pronominal* ■ **Selbstmord begehen** : **elle s'est suicidée** sie hat Selbstmord begangen.

suis ➤ être.

suisse [sɥis] *adjectif* ■ **Schweizer** : **j'aime le chocolat suisse** ich mag Schweizer Schokolade

le **Suisse** ■ der **Schweizer** *(pluriel* **Schweizer***)*.

la **Suissesse** ■ die **Schweizerin** *(pluriel* **Schweizerinnen***)*.

Suisse ■ die **Schweiz** : **j'habite en Suisse** ich lebe in der Schweiz ; **on est allés en Suisse à Noël** an Weihnachten sind wir in die Schweiz gefahren.

suite [sɥit]

- die **Fortsetzung** *(pluriel* **Fortsetzungen***)* : **ils vont bientôt sortir la suite du film** bald läuft die Fortsetzung des Films an
- die **Reihe** *(pluriel* **Reihen***)* : **une suite de nombres** eine Zahlenreihe
- **de suite** hintereinander : **il a mangé trois gâteaux de suite** er aß drei Stück Kuchen hintereinander
- **tout de suite** sofort.

suivant, e [sɥivɑ̃, ɑ̃t] *adjectif*
■ **nächster|nächste|nächstes** : **le jour suivant** am nächsten Tag

suivant ■ der **Nächste** *(pluriel* **die Nächsten***)* : **le premier cours était ennuyeux, le suivant plus intéressant** der erste Kurs war langweilig, der Nächste war interessanter ; **au suivant !** der Nächste bitte!

suivante ■ die **Nächste** *(pluriel* **die Nächsten***)*.

suivi, e [sɥivi] *participe passé* ➤ suivre.

suivre **[68]** [sɥivr] *verbe* ■ **folgen** : **suis-moi** folge mir.

sujet [syʒɛ]

- das **Subjekt** *(pluriel* **Subjekte***)* : **le sujet de la phrase** das Subjekt des Satzes
- das **Thema** *(pluriel* **Themen***)*
- **c'est à quel sujet ?** worum geht es?
- **au sujet de** über : **je voulais te parler au sujet du voyage** ich wollte mit dir über die Reise sprechen.

super [sypɛr] *adjectif invariable familier*
■ **toll** : **le concert était super** das Konzert war toll.

superbe [sypɛrb] *adjectif* ■ **herrlich** : **il a fait un temps superbe** es war herrliches Wetter.

supérieur, e [syperjœr] *adjectif*
■ **oberer, obere, oberes** : **les étages supérieurs** die oberen Stockwerke.

le **supermarché** [sypɛrmarʃe] ■ **der Supermarkt** *(pluriel* **Supermärkte***)*.

superstitieux, euse [sypɛrstisjø, øz] *adjectif* ■ **abergläubisch**.

le **supplément** [syplemɑ̃] ■ der **Aufpreis** *(pluriel* **Aufpreise***)* : **il y a un supplément à payer** hier muss man einen Aufpreis bezahlen.

supplémentaire [syplemɑ̃tɛr] *adjectif* ■ **zusätzlich**.

supplier **[10]** [syplije] *verbe* ■ **an|flehen** : **je t'en supplie** ich flehe dich an.

supporter **[3]** [sypɔrte] *verbe* ■ **ertragen** : **il ne supporte pas qu'on le contredise** er erträgt es nicht, wenn man ihm widerspricht ; **je ne peux pas la supporter** ich kann sie nicht ertragen

le **supporter** [sypɔrtɛr] ■ der **Fan** *(pluriel* **Fans***)*.

supposer **[3]** [sypoze] *verbe* ■ **an|nehmen** : **je suppose que tu n'as toujours pas fait tes devoirs** ich nehme an, du hast deine Hausaufgaben immer noch nicht gemacht.

supprimer **[3]** [syprime] *verbe*

1. **streichen** : **il a supprimé plusieurs phrases** er hat mehrere Sätze gestrichen
2. **löschen** : **j'ai supprimé ce fichier par erreur** ich habe versehentlich diese Datei gelöscht.

sur [syr] *préposition*

1. **auf** : **tes lunettes sont sur la table** deine Brille liegt auf dem Tisch
2. **über** : **mets un pull sur ton tee-shirt** zieh einen Pulli über dein T-Shirt ; **il y a des travaux sur dix kilomètres** die Bauarbeiten erstrecken sich über zehn Kilometer ; **un livre sur le Japon** ein Buch über Japan
3. **von** : **neuf élèves sur dix ont choisi le premier sujet** neun von zehn Schülern haben das erste Thema gewählt ; **j'ai eu 14 sur 20** ich habe 14 von 20 Punkten bekommen

4. **mal : la chambre fait trois mètres sur quatre** das Zimmer ist drei mal vier Meter groß

➤ **un jour sur deux** jeden zweiten Tag

➤ **une personne sur deux** jeder/jede Zweite.

sûr, e [syr] *adjectif* ■ **sicher : est-ce que tu es sûr ?** bist du sicher? ; **je suis sûre de t'avoir donné les clés** ich bin sicher, dass ich dir die Schlüssel gegeben habe

➤ **dans un lieu sûr** an einem sicheren Ort

➤ **sûr et certain** absolut sicher : **j'en suis sûre et certaine** da bin ich mir absolut sicher

➤ **elle est très sûre d'elle** sie ist sehr selbstsicher.

surdoué, e [syrdwe] *adjectif* ■ **hoch begabt : les enfants surdoués** hoch begabte Kinder.

sûrement [syrmɑ̃] *adverbe* ■ **bestimmt : il m'a dit qu'il viendrait sûrement** er sagte mir, er würde bestimmt kommen.

le **surf** [sœrf]

1. das **Surfen** *(sans pluriel)*
2. das **Surfbrett** *(pluriel* **Surfbretter***)* : **j'emporte mon surf** ich nehme mein Surfbrett mit

➤ **faire du surf** surfen.

la **surface** [syrfas] ■ die **Oberfläche** *(pluriel* **Oberflächen***)* : **la surface du lac** die Oberfläche des Sees

➤ **une grande surface** ein großer Supermarkt.

surfer [3] [sœrfe] *verbe* ■ **surfen : surfer sur Internet** im Internet surfen.

surgelé, e [syrʒəle] *adjectif* ■ **tiefgefroren : des petits pois surgelés** tiefgefrorene Erbsen

les **surgelés** *nom masculin pluriel* ■ die **Tiefkühlkost** *(sans pluriel)*

> Le pluriel français se traduit ici par un féminin singulier en allemand :

il ne mange que des surgelés er isst nur Tiefkühlkost.

surligner [3] [syrliɲe] *verbe* ■ **markieren : les mots importants sont surlignés en jaune** die wichtigen Wörter sind ge markiert.

le **surnom** [syrnɔ̃] ■ der **Spitzname** *(pl riel* **Spitznamen***)* : **son surnom, c'est Tin tin** sein Spitzname ist Tintin.

surnommer [syrnɔme] *verbe* ■ **de Spitznamen geben : ses copains l'o surnommé « crevette »** seine Freunde h ben ihm den Spitznamen „Garnele" geg ben.

surprendre [59] [syrprɑ̃dr] *verbe* ■ **überraschen : sa réaction a surpris to le monde** seine Reaktion hat alle überrasch

surpris, e [syrpri, iz] *participe pas* ➤ surprendre.

la **surprise** [syrpriz] ■ die **Überr schung** *(pluriel* **Überraschungen***)* : **quel bonne surprise !** was für eine schöne Übe raschung!

sursauter [3] [syrsote] *verbe* ■ **hoch schrecken : Patrick a sursauté quand c est entrés** Patrick ist hochgeschreckt, a wir hereinkamen.

surtout [syrtu] *adverbe*

1. **vor allem : il est sympa, rigolo et surto généreux** er ist nett, witzig und vor allem g oßzügig
2. **bloß : surtout ne leur dis rien !** sag ihne bloß nichts!

➤ **surtout que** besonders, dass.

survécu [syrveky] *participe passé* ➤ survivre.

le **surveillant** [syrvɛjɑ̃] ■ die **Aufsic** *(sans pluriel)* : **le nouveau surveillant e sympa** die neue Aufsicht ist nett

> **SURVEILLANT**
>
> Die **surveillants** beaufsichtigen die Schüler bei Schulbeginn und Schulschluss, in den Pausen und während der Freistunden. Sie sind meistens Studenten, die durch diesen Job ihr Studium finanzieren.

surveillante [syrvɛjɑ̃t] ■ die **Aufsicht** *(sans pluriel)*.

surveiller **[4]** [syrveje] *verbe*
Acht geben auf : **surveille le bébé pendant que je vais à la poste** gib auf das Baby Acht, solange ich auf die Post gehe ; **je dois surveiller mon poids** ich muss auf mein Gewicht Acht geben
Aufsicht haben bei : **deux professeurs surveillent l'examen** zwei Lehrer haben bei der Prüfung Aufsicht.

survêtement [syrvɛtmɑ̃] ■ der **Trainingsanzug** *(pluriel* **Trainingsanzüge***)* : **elle porte un survêtement bleu** sie trägt einen blauen Trainingsanzug.

survivant [syrvivɑ̃] ■ der **Überlebende** *(pluriel* **Überlebenden***)*.

survivante [syrvivɑ̃t] ■ die **Überlebende** *(pluriel* **Überlebenden***)*.

survivre **[69]** [syrvivr] *verbe* ■ **überleben**.

susceptible [sysɛptibl] *adjectif*
■ **empfindlich** : **ne sois pas si susceptible !** sei nicht so empfindlich!

suspect [syspɛ] ■ der **Verdächtige** *(pluriel* **Verdächtigen***)* : **le suspect sera interrogé par la police** der Verdächtige wird von der Polizei verhört.

suspecte [syspɛkt] ■ die **Verdächtige** *(pluriel* **Verdächtigen***)*.

suspendre **[54]** [syspɑ̃dr] *verbe* ■ **aufhängen** : **où vas-tu suspendre le lustre ?** wo wirst du den Leuchter aufhängen?

suspendu, e [syspɑ̃dy] *participe passé*
➤ suspendre.

suspense [syspɛns] ■ die **Spannung** *(sans pluriel)*
plein de suspense spannend
un film à suspense ein Thriller.

SVP *(abréviation de* s'il vous plaît*)*
■ **bitte**.

le **sweat-shirt** [switʃœrt] *(pluriel* sweat-shirts*)* ■ das **Sweatshirt** *(pluriel* **Sweatshirts***)* : **Chloé porte un sweat-shirt rouge** Chloé trägt ein rotes Sweatshirt.

la **syllabe** [silab] ■ die **Silbe** *(pluriel* **Silben***)* : **« magasin » a trois syllabes** „magasin" hat drei Silben.

le **symbole** [sɛ̃bɔl] ■ das **Symbol** *(pluriel* **Symbole***)* : **la colombe est le symbole de la paix** die Taube ist das Symbol des Friedens.

sympa [sɛ̃pa] *(abréviation de* sympathique*) adjectif invariable familier* ■ **nett** : **Ludovic est super sympa** Ludovic ist total nett ; **c'est un endroit sympa** das ist ein netter Ort.

la **sympathie** [sɛ̃pati] ■ **avoir de la sympathie pour quelqu'un** jemanden sympathisch finden ; **je n'ai aucune sympathie pour elle** ich finde sie überhaupt nicht sympathisch.

sympathique [sɛ̃patik] *adjectif*
■ **nett** : **c'est un garçon sympathique** er ist ein netter Junge ; **un café très sympathique** ein nettes Café.

sympathiser **[3]** [sɛ̃patize] *verbe*
■ **sympathiser avec quelqu'un** jemanden sympathisch finden.

la **synagogue** [sinagɔg] ■ die **Synagoge** *(pluriel* **Synagogen***)*.

le **syndicat** [sɛ̃dika] ■ die **Gewerkschaft** *(pluriel* **Gewerkschaften***)* : **le syndicat des enseignants** die Lehrergewerkschaft
➤ **le syndicat d'initiative** das Fremdenverkehrsamt.

synonyme [sinɔnim] *adjectif* ■ **synonym** : **« maison » et « logement » ne sont pas synonymes** „Haus" und „Unterkunft" sind nicht synonym

le **synonyme** ■ das **Synonym** *(pluriel* **Synonyme***)* : **donne-moi un synonyme de « joli »** nenn mir ein Synonym für „hübsch".

la **synthèse** [sẽtɛz] ■ die **Zusammenfassung** *(pluriel* **Zusammenfassungen***)* : **c'est une bonne synthèse du problème** das ist eine gute Zusammenfassung des Problems ; **faire la synthèse de quelque chose** etwas zusammenfassen.

le **système** [sistɛm] ■ das **System** *(pluriel* **Systeme***)*
➤ **le système solaire** das Sonnensystem
➤ **le système nerveux** das Nervensystem.

t

t' ➤ te.

ta ➤ ton.

le **tabac** [taba]
1. der **Tabak** *(sans pluriel)*
2. das **Tabakwarengeschäft** *(pluriel* **Tabakwarengeschäfte***)* : **tu peux acheter tes tickets de métro au tabac** du kannst deine U-Bahn-Fahrkarten im Tabakwarengeschäft kaufen.

la **table** [tabl] ■ der **Tisch** *(pluriel* **Tische***)* : **le journal est sur la table** die Zeitung liegt auf dem Tisch
➤ **mettre la table** den Tisch decken
➤ **une table de chevet** ou **une table de nuit** ein Nachttisch
➤ **la table des matières** das Inhaltsverzeichnis
➤ **les tables de multiplication** das Einmaleins
➤ **à table !** zu Tisch!

le **tableau** [tablo] *(pluriel* **tableaux***)*
1. das **Gemälde** *(pluriel* **Gemälde***)* : **un tableau de Seurat** ein Gemälde von Seurat
2. die **Tafel** *(pluriel* **Tafeln***)* : **la prof m'a encore envoyé au tableau** der Lehrer hat mich schon wieder an die Tafel gerufen
3. die **Tabelle** *(pluriel* **Tabellen***)* : **il y a des tableaux de conjugaison à la fin du dictionnaire** hinten im Wörterbuch sind Konjugationstabellen
➤ **un tableau d'affichage** eine Anzeigetafel

la **tablette** [tablɛt] ■ die **Tafel** *(pluriel* **Tafeln***)* : **une tablette de chocolat aux noisettes** eine Tafel Nussschokolade.

le **tablier** [tablije] ■ die **Schürze** *(pluriel* **Schürzen***)*.

le **tabouret** [taburɛ] ■ der **Hocker** *(pluriel* **Hocker***)*.

la **tache** [taʃ] ■ der **Fleck** *(pluriel* **Flecken***)* : **ton jean est plein de taches** deine Jeans voller Flecken ; **une tache d'encre** ein Tintenfleck
➤ **des taches de rousseur** Sommersprossen

la **tâche** [taʃ] ■ die **Aufgabe** *(pluriel* **Aufgaben***)* : **les tâches administratives** die verwaltungstechnischen Aufgaben.

tacher [3] [taʃe] *verbe* ■ **Flecken machen auf** : **attention à ne pas tacher ton chemisier** pass auf, dass du keine Flecken auf deine Bluse machst.

tâcher [3] [taʃe] *verbe*
➤ **tâcher de faire quelque chose** versuchen etwas zu tun : **tâchez de la convaincre** versuchen Sie, sie zu überzeugen.

le **tact** [takt] ■ der **Takt** *(sans pluriel)* : **il faut un minimum de tact** dazu braucht man ein Mindestmaß an Takt
➤ **avoir du tact** taktvoll sein
➤ **manquer de tact** taktlos sein.

la **taille** [taj]
1. die **Größe** *(pluriel* **Größen***)* : **vous faites quelle taille ?** welche Größe haben Sie? ; **ils n'avaient pas ma taille en bleu** in Blau hatten sie es nicht mehr in meiner Größe

die **Taille** *(pluriel* **Taillen***)*
quelle est la taille de... ? wie groß ist... ? : **quelle est la taille de la pièce ?** wie groß ist das Zimmer?
de taille moyenne mittelgroß.

taille-crayon [tajkrɛjɔ̃] *(pluriel* taille-crayons*)* ■ der **Bleistiftspitzer** *(pluriel* **Bleistiftspitzer***)*.

tailler [3] [taje] *verbe*
schneiden : mon père a taillé la haie le week-end dernier mein Vater hat letztes Wochenende die Hecke geschnitten
spitzen : ce crayon est mal taillé der Bleistift ist nicht richtig gespitzt.

tailleur [tajœr]
der **Schneider** *(pluriel* **Schneider***)* : **le père de Lucas est tailleur** Lucas' Vater ist Schneider
das **Kostüm** *(pluriel* **Kostüme***)* : **Mme Touche portait un tailleur** Frau Touche trug ein Kostüm
s'asseoir en tailleur im Schneidersitz sitzen.

taire [84] [sətɛr] *verbe pronominal*
still sein : tout d'un coup tout le monde s'est tu plötzlich waren alle still
schweigen : je préfère me taire ich ziehe es vor, zu schweigen
taisez-vous ! seid still!

talent [talɑ̃] ■ das **Talent** *(pluriel* **Talente***)* : **ce chanteur a beaucoup de talent** der Sänger hat großes Talent.

talon [talɔ̃]
die **Ferse** *(pluriel* **Fersen***)* : **j'ai mal aux talons** meine Fersen tun weh
der **Absatz** *(pluriel* **Absätze***)*
des talons aiguilles Stöckelabsätze.

tambour [tɑ̃bur] ■ die **Trommel** *(pluriel* **Trommeln***)*.

tampon [tɑ̃pɔ̃] ■ der **Stempel** *(pluriel* **Stempel***)* : **une lettre portant le tampon de l'école** ein Brief mit dem Stempel der Schule
des tampons (hygiéniques) Tampons.

le **tandem** [tɑ̃dɛm] ■ das **Tandem** *(pluriel* **Tandems***)* : **ils se promènent en tandem** sie fahren mit dem Tandem spazieren.

tandis que [tɑ̃dikə] *conjonction* ■ **während : il fait beau à Bochum tandis qu'ici il pleut** in Bochum ist es schön, während es hier regnet ; **Jean attendait dans la voiture tandis que je faisais les courses** Jean wartete im Auto, während ich einkaufen ging.

tant [tɑ̃] *adverbe* ■ **so sehr : il me manque tant !** er fehlt mir so sehr!
➤ **tant de**
1. *Suivi d'un nom singulier* so viel : **j'ai tant de travail que je ne sais pas par où commencer** ich habe so viel Arbeit, dass ich nicht weiß, wo ich anfangen soll
2. *Suivi d'un nom pluriel* so viele ; **si nous n'avions pas eu tant de problèmes...** wenn wir nicht so viele Probleme gehabt hätten...
➤ **tant mieux** um so besser : **finalement je peux venir – tant mieux!** ich kann doch kommen – um so besser!
➤ **tant mieux pour elle** schön für sie
➤ **tant pis** Pech gehabt : **il n'y a plus de pommes – tant pis, je prendrai une orange** es sind keine Äpfel mehr da – Pech gehabt, dann nehme ich eine Orange
➤ **tant pis pour toi** dein Pech : **tant pis pour toi, tu n'avais qu'à faire plus d'efforts !** dein Pech, du hättest dir eben mehr Mühe geben sollen!
➤ **en tant que** als : **ils lui ont demandé son avis en tant qu'expert** sie haben ihn als Fachmann nach seiner Meinung gefragt.

la **tante** [tɑ̃t] ■ die **Tante** *(pluriel* **Tanten***)* : **tante Agathe** Tante Agathe.

tantôt [tɑ̃to] *adverbe*
1. **manchmal : on va tantôt au cinéma, tantôt au théâtre** manchmal gehen wir ins Kino, manchmal ins Theater
2. **später : viens tantôt** komm später vorbei.

taper [3] [tape] *verbe*
1. **schlagen : les volets tapent contre le mur** die Läden schlagen gegen die Wand ; **j'ai tapé sur la planche de toutes mes forces** ich habe mit aller Kraft auf das Brett geschlagen

2. **tippen : tu pourrais me taper cette lettre ?** könntest du diesen Brief für mich tippen?
➤ **taper dans le ballon** gegen den Ball treten : **allez taper dans le ballon pour vous défouler !** kommt her und tretet gegen den Ball, da könnt ihr euch abreagieren.

le **tapis** [tapi]
1. der **Teppich** (*pluriel* **Teppiche**) : **un tapis d'Orient** ein Orientteppich
2. die **Matte** (*pluriel* **Matten**) : **un tapis de gymnastique** eine Gymnastikmatte
➤ **le tapis de souris** das Mauspad.

taquiner [3] [takine] *verbe* ■ **auf|ziehen : arrête de taquiner ce pauvre Kevin !** hör auf, den armen Kevin aufzuziehen!

tard [tar] *adverbe* ■ **spät : il est tard, je rentre** es ist spät, ich gehe nach Hause ; **je finirai plus tard** ich mache das später fertig ; **il est trop tard pour changer d'avis** es ist zu spät, um seine Meinung noch zu ändern ; **lundi au plus tard** spätestens Montag.

tarder [3] [tarde] *verbe* ■ **tarder à faire quelque chose** lange brauchen, um etwas zu tun : **ils tardent à répondre** sie brauchen lange, um zu antworten
➤ **il ne va pas tarder** er wird gleich kommen.

le **tarif** [tarif] ■ der **Preis** (*pluriel* **Preise**) : **payer plein tarif** den vollen Preis zahlen.

la **tarte** [tart] ■ der **Kuchen** (*pluriel* **Kuchen**) : **une tarte aux pommes** ein Apfelkuchen.

la **tartine** [tartin] ■ das **Butterbrot** (*pluriel* **Butterbrote**) : **une tartine de confiture** ein Marmeladebrot
➤ **une tartine grillée** ein Toast.

tartiner [3] [tartine] *verbe* ■ **bestreichen : il a tartiné son pain de beurre** er hat sein Brot mit Butter bestrichen
➤ **du chocolat à tartiner** Nuss-Nugat-Creme
➤ **du fromage à tartiner** Streichkäse.

le **tas** [ta] ■ der **Haufen** (*pluriel* **Haufen**)
➤ **un tas de** ou **des tas de** *familier* ein Haufen :

La locution **un tas de** sert à indiquer une quantité. La préposition **de** ne se traduit pas en allemand, on juxtapose alors directement les deux noms :

il a un tas de problèmes er hat einen Haufen Probleme.

la **tasse** [tas] ■ die **Tasse** (*pluriel* **Tassen**) : **une tasse de café** eine Tasse Kaffee ; **une tasse à café** eine Kaffeetasse.

tasser [3] [tase] *verbe* ■ **fest|stampfen : tasse bien la terre** stampf die Erde gut fest.

se **tasser** *verbe pronominal*
1. **ab|sacken : le sol s'est tassé peu à peu** der Boden ist nach und nach abgesackt
2. **zusammen|rücken : on s'est tous tassés dans la voiture** wir sind im Auto alle zusammengerückt.

la **tata** [tata] *nom féminin* ■ *„Tante" in der Kindersprache.*

tâter [3] [tate] *verbe* ■ **betasten : tâte les kiwis pour voir s'ils sont mûrs** betaste mal die Kiwis, um zu sehen, ob sie reif sind.

le **tatouage** [tatwaʒ] ■ die **Tätowierung** (*pluriel* **Tätowierungen**) : **se faire faire un tatouage** sich tätowieren lassen.

tatouer [6] [tatwe] *verbe* ■ **tätowieren : il a les bras tatoués** er hat tätowierte Arme ; **se faire tatouer** sich tätowieren lassen.

le **taureau** [toro] (*pluriel* **taureaux**) ■ der **Stier** (*pluriel* **Stiere**)

le **Taureau** ■ der **Stier : je suis Taureau** ich bin Stier.

le **taux** [to]
➤ **le taux d'alcool dans le sang** der Alkoholspiegel im Blut
➤ **le taux de change** der Wechselkurs
➤ **le taux de natalité** die Geburtenrate.

la **taxe** [taks] ■ die **Steuer** (*pluriel* **Steuern**) : **la taxe sur la valeur ajoutée** die Mehrwertsteuer
➤ **une boutique hors-taxes** ein Dutyfreeshop.

taxi [taksi] ■ das **Taxi** (*pluriel* **Taxis**) : **on prend un taxi ?** nehmen wir ein Taxi?

te [tə] (**t'** *devant une voyelle ou un « h » muet*) *pronom* ■ **dich, dir** : **je t'entends mal** ich kann dich nicht hören ; **tu te souviens ?** erinnerst du dich? ; **qui te l'a offert ?** wer hat dir das geschenkt? ; **tu t'es lavé les mains ?** hast du dir die Hände gewaschen?

Certains verbes pronominaux français se traduisent par un verbe allemand qui n'est pas pronominal, **te** ne se traduit pas :

va te coucher geh schlafen
te voilà ! da bist du ja!

technicien [tɛknisjɛ̃] ■ der **Techniker** (*pluriel* **Techniker**) : **le technicien est venu réparer la télé** der Techniker kam, um den Fernseher zu reparieren.

technicienne [tɛknisjɛn] ■ die **Technikerin** (*pluriel* **Technikerinnen**).

technique [tɛknik] *adjectif* ■ **technisch** : **c'est trop technique pour moi** das ist zu technisch für mich ; **un lycée technique** eine technische Fachschule

technique ■ die **Technik** (*pluriel* **Techniken**) : **une technique moderne** eine moderne Technik.

techno [tɛkno] *adjectif* ■ **techno**

techno ■ die **Techno** (*sans pluriel*) : **Lionel n'écoute que de la techno** Lionel hört nur Techno.

technologie [tɛknɔlɔʒi] ■ die **Technologie** (*pluriel* **Technologien**) : **des technologies de pointe** Spitzentechnologien.

tee-shirt, T-shirt [tiʃœrt] (*pluriel* **T-shirts** ou **tee-shirts**) ■ das **T-Shirt** (*pluriel* **T-Shirts**) : **un tee-shirt à manches longues** ein langärmeliges T-Shirt.

teindre **[61]** [tɛ̃dr] *verbe* ■ **färben** : **ma grand-mère se fait teindre les cheveux** meine Großmutter lässt sich ihre Haare färben

teindre *verbe pronominal* ■ **se teindre les cheveux** ou **se teindre** sich die Haare färben ; **Isabelle s'est teinte en roux** Isabelle hat sich die Haare rot gefärbt.

teint, e [tɛ̃, tɛ̃t] *participe passé* ➤ teindre.

teinté, e [tɛ̃te] *adjectif* ■ **getönt** : **des verres teintés** getönte Gläser.

la **teinturerie** [tɛ̃tyrri] ■ die **Reinigung** (*pluriel* **Reingungen**) : **je porte ton blouson à la teinturerie** ich bringe deine Jacke in die Reinigung.

tel [tɛl] (*masculin pluriel* **tels**, *féminin pluriel* **telles**) *adjectif* ■ **solcher, solche, solches** : **un tel homme** ein solcher Mann ; **un tel bonheur** ein solches Glück ; **de telles habitudes** solche Gewohnheiten

➤ **tel que** wie : **les matières telles que l'histoire et la géographie** Fächer wie Geschichte und Geographie

➤ **tel quel** so, wie es ist : **apporte-le moi tel quel** bring es mir so, wie es ist

➤ **à tel point que** so sehr, dass

➤ **de telle sorte que** so dass : **ils sont arrivés tôt, de telle sorte qu'on a pu bavarder** sie sind früh gekommen, so dass wir noch quatschen konnten.

tél. (*abréviation de* **téléphone**) **Tel.**

la **télé** [tele] (*abréviation de* **télévision**) *familier* ■ der **Fernseher** (*pluriel* **Fernseher**) : **une télé à écran plat** ein Fernseher mit Flachbildschirm

➤ **à la télé** im Fernsehen : **qu'est ce qu'il y a ce soir à la télé ?** was kommt heute abend im Fernsehen?

➤ **regarder la télé** fern|sehen.

télécharger **[16]** [teleʃarʒe] *verbe* ■ **herunter|laden** : **j'ai mis une heure à télécharger ce programme** ich habe eine Stunde gebraucht, um das Programm herunterzuladen.

la **télécommande** [telekɔmɑ̃d] ■ die **Fernbedienung** (*pluriel* **Fernbedienungen**).

le **téléfilm** [telefilm] ■ der **Fernsehfilm** (*pluriel* **Fernsehfilme**).

le **téléphérique** [teleferik] ■ die **Seilbahn** *(pluriel* **Seilbahnen***)*.

le **téléphone** [telefɔn]
1. das **Telefon** *(pluriel* **Telefone***)* : **le téléphone sonne** das Telefon läutet ; **ils n'ont pas le téléphone** sie haben kein Telefon
2. *familier* die **Nummer** *(pluriel* **Nummern***)* : **tu as noté mon téléphone ?** hast du meine Nummer aufgeschrieben?

➤ **le téléphone à carte** das Kartentelefon
➤ **un téléphone sans fil** ein schnurloses Telefon
➤ **le téléphone portable** das Handy.

téléphoner [3] [telefɔne] *verbe*
1. **an|rufen : téléphoner à quelqu'un** jemanden anrufen ; **téléphone-moi vers cinq heures** ruf mich gegen fünf Uhr an
2. **telefonieren : je peux téléphoner ?** kann ich mal telefonieren?

le **télésiège** [telesjɛʒ] ■ der **Sessellift** *(pluriel* **Sessellifte***)*.

le **téléski** [teleski] ■ der **Skilift** *(pluriel* **Skilifte***)*.

le **téléspectateur** [telespɛktatœr] ■ der **Fernsehzuschauer** *(pluriel* **Fernsehzuschauer***)*.

la **téléspectatrice** [telespɛktatris] ■ die **Fernsehzuschauerin** *(pluriel* **Fernsehzuschauerinnen***)*.

le **téléviseur** [televizœr] ■ das **Fernsehgerät** *(pluriel* **Fernsehgeräte***)*.

la **télévision** [televizjɔ̃] ■ das **Fernsehen** *(sans pluriel)* : **il y a tout le temps de la pub à la télévision** im Fernsehen kommt ständig Werbung

➤ **regarder la télévision** fern|sehen
➤ **la télévision par câble** Kabelfernsehen
➤ **la télévision numérique** Digitalfernsehen
➤ **la télévision par satellite** Satellitenfernsehen.

tellement [tɛlmɑ̃] *adverbe*
1. **so : Sébastien est tellement beau !** Sébastien sieht so gut aus! ; **je ne comprends rien tellement il parle vite** er spricht schnell, dass ich kein Wort verstehe
2. **so viel : j'ai tellement marché que je ne sens plus mes jambes** ich bin so viel gelaufen, dass ich meine Beine nicht mehr spüre ; **tellement plus long** so viel länger ; **tellement mieux** so viel besser

➤ **tellement de** so viele : **Claire a tellement d'amis qu'elle ne peut pas tous les inviter** Claire hat so viele Freunde, dass sie nicht alle einladen kann
➤ **pas tellement** nicht sonderlich.

le **témoignage** [temwaɲaʒ] ■ die **Zeugenaussage** *(pluriel* **Zeugenaussagen***)*.

témoigner [3] [temwaɲe] *verbe*
1. **als Zeuge aus|sagen : la police a demandé à Lucille de témoigner** die Polizei hat Lucille gebeten, als Zeugin auszusagen
2. **bezeugen : j'ai dû témoigner qu'il était avec moi ce soir-là** ich musste bezeugen, dass er an jenem Abend mit mir zusammen war.

le **témoin** [temwɛ̃] ■ der **Zeuge** *(plur.* **Zeugen***)*, die **Zeugin** *(pluriel* **Zeuginnen***)* : **la police interroge les témoins** die Polizei befragt die Zeugen

➤ **être témoin d'un accident** Zeuge|Zeugin eines Unfalls sein.

la **température** [tɑ̃peratyr] ■ die **Temperatur** *(pluriel* **Temperaturen***)* : **la température est basse pour la saison** die Temperatur ist niedrig für die Jahreszeit

➤ **avoir de la température** Fieber haben
➤ **prendre sa température** Fieber messen

la **tempête** [tɑ̃pɛt] ■ der **Sturm** *(plur.* **Stürme***)* : **la tempête a fait beaucoup de dégâts** der Sturm hat große Schäden angerichtet.

le **temple** [tɑ̃pl]
1. der **Tempel** *(pluriel* **Tempel***)* : **un temple grec** ein griechischer Tempel
2. die **Kirche** *(pluriel* **Kirchen***)* : **un temple protestant** eine evangelische Kirche ; **aller au temple** in die Kirche gehen.

temporaire [tɑ̃pɔrɛr] *adjectif* ■ **befristet : un emploi temporaire** eine befristete Stelle.

temps [tɑ̃]

1. die **Zeit** *(pluriel* **Zeiten***)* : **il est temps de partir** es ist Zeit zu gehen ; **pour gagner du temps** um Zeit zu gewinnen ; **ma mère n'a pas beaucoup de temps libre** meine Mutter hat nicht viel freie Zeit ; **les temps du passé** die Zeiten der Vergangenheit
2. das **Wetter** *(sans pluriel)* : **il fait un temps affreux** es ist grauenvolles Wetter

➤ **à temps** rechtzeitig : **vous arrivez juste à temps !** sie kommen gerade rechtzeitig!
➤ **à plein temps** ganztags : **il travaille à plein temps** er arbeitet ganztags
➤ **à temps partiel** halbtags : **elle travaille à temps partiel** sie arbeitet halbtags
➤ **ces temps-ci** in der letzten Zeit : **je ne sors pas beaucoup ces temps-ci** in der letzten Zeit gehe ich nicht viel weg
➤ **de temps en temps** von Zeit zu Zeit
➤ **du temps de** zur Zeit : **du temps de la Révolution** zur Zeit der französischen Revolution
➤ **en même temps** gleichzeitig
➤ **tout le temps** ständig : **elle rit tout le temps** sie lacht ständig
➤ **il était temps !** das wurde aber auch Zeit!
➤ **avoir le temps** Zeit haben : **je passerai te voir si j'ai le temps** ich komme vorbei, wenn ich Zeit habe ; **est-ce qu'on aura le temps de manger ?** haben wir Zeit, etwas zu essen?
➤ **prendre son temps** sich Zeit lassen : **elle prend toujours son temps pour se maquiller** sie lässt sich immer Zeit zum Schminken.

tendance [tɑ̃dɑ̃s] ■ der **Trend** *(pluriel* **Trends***)* : **c'est la dernière tendance** das ist der neueste Trend
➤ **avoir tendance à faire quelque chose** dazu neigen, etwas zu tun : **Roland a tendance à se surestimer** Roland neigt dazu, sich zu überschätzen.

tendre[1] [tɑ̃dr] *adjectif*

1. **zärtlich : un geste tendre** eine zärtliche Geste
2. **zart : cette viande est très tendre** dieses Fleisch ist sehr zart.

tendre[2] [54] [tɑ̃dr] *verbe*

1. **spannen : tends bien la corde** spann die Schnur ordentlich
2. **reichen : elle lui a tendu la clé** sie reichte ihm den Schlüssel.

tendu, e [tɑ̃dy]

■ *participe passé* ➤ **tendre**

■ *adjectif*

1. **gespannt : les cordes de la guitare ne sont pas assez tendues** die Saiten der Gitarre sind nicht genug gespannt
2. **angespannt : j'étais tendue avant l'examen** vor der Prüfung war ich angespannt
3. **spannungsgeladen : une atmosphère tendue** eine spannungsgeladene Atmosphäre.

tenir [35] [tənir]

■ *verbe transitif*

1. **haben : qu'est-ce que tu tiens à la main ?** was hast du in der Hand? ; **elle tenait le bébé dans ses bras** sie hatte das Baby auf dem Arm
2. **halten : utilise des agrafes, sinon ça ne tiendra pas** benutze Heftklammern, sonst hält das nicht ; **tu n'as pas tenu ta promesse** du hast dein Versprechen nicht gehalten
3. **passen : ça ne tiendra jamais dans la valise** das passt nie und nimmer in den Koffer ; **on tient à six dans la voiture** wir passen zu sechst ins Auto
4. **führen : la mère de Patrice tient un restaurant** Patrices Mutter führt ein Restaurant

➤ **tenir le coup** *familier* durch|halten : **j'étais trop fatiguée, je n'ai pas tenu le coup** ich war zu müde, ich habe nicht durchgehalten
➤ **tiens !** ou **tenez !** hier! : **tenez, c'est pour vous** hier, das ist für Sie
➤ **tiens tiens !** sieh mal einer an!

■ *verbe intransitif*

hängen : on voit qu'il tient à elle man sieht, dass er an ihr hängt ; **je tiens beaucoup à ce tableau** ich hänge sehr an diesem Bild

se **tenir** *verbe pronominal*

1. **sich fest|halten : tiens-toi bien pour ne pas tomber** halt dich gut fest, damit du nicht herunterfällst ; **tenez-vous à la rampe** halten Sie sich am Geländer fest
2. **sich halten : ils se tenaient derrière nous** sie hielten sich hinter uns

➤ **bien se tenir** sich gut benehmen : **tu as intérêt à bien te tenir quand les invités seront là !** an deiner Stelle würde ich mich vor den Gästen gut benehmen!
➤ **se tenir droit** sich gerade halten : **tiens-toi droite !** halt dich gerade!
➤ **se tenir par la main** Händchen halten : **je les ai vus qui se tenaient par la main** ich habe gesehen, wie sie Händchen gehalten haben.

le **tennis** [tenis] ■ das **Tennis** *(sans pluriel)*

> En allemand, on ne met pas de préposition devant le sport que l'on pratique :

tu sais jouer au tennis ? kannst du Tennis spielen?
➤ **le tennis de table** Tischtennis

les **tennis** *nom masculin pluriel* ■ die **Tennisschuhe** *(pluriel)* : **des tennis en cuir blanc** Tennisschuhe aus weißem Leder.

la **tension** [tɑ̃sjɔ̃] ■ die **Spannung** *(pluriel* **Spannungen***)* : **il y a des tensions entre eux** es gibt Spannungen zwischen den beiden
➤ **une ligne à haute tension** eine Hochspannungsleitung.

la **tentation** [tɑ̃tasjɔ̃] ■ die **Versuchung** *(pluriel* **Versuchungen***)* : **je n'ai pas pu résister à la tentation** ich konnte der Versuchung nicht widerstehen.

la **tentative** [tɑ̃tativ] ■ der **Versuch** *(pluriel* **Versuche***)*
➤ **une tentative de suicide** ein Selbstmordversuch.

la **tente** [tɑ̃t] ■ das **Zelt** *(pluriel* **Zelte***)* : **on a monté la tente en dix minutes** wir haben das Zelt in zehn Minuten aufgebaut.

tenter [3] [tɑ̃te] *verbe*
1. **reizen : l'offre ne te tente pas ?** reizt dich das Angebot nicht?
2. **versuchen : les prisonniers ont tenté de s'évader** die Gefangenen haben versucht, zu fliehen ; **je suis tentée d'accepter** ich bin versucht, das Angebot anzunehmen.

tenu, e [təny] *participe passé* ➤ **teni**

la **tenue** [təny] ■ die **Kleidung** *(sans pl riel)* : **Adèle porte une tenue extravagan** Adele trägt extravagante Kleidung
➤ **tenue de soirée** Abendgarderobe.

le **terme** [tɛrm]
1. der **Ausdruck** *(pluriel* **Ausdrücke***)* : **c'e un terme de médecine** das ist ein medizir scher Ausdruck
2. die **Frist** *(pluriel* **Fristen***)* : **le prof a fixé u délai pour la remise des exposés** der Le rer hat eine Frist für das Abgeben der Refer te festgesetzt
➤ **un terme technique** ein Fachausdruck
➤ **en d'autres termes** mit anderen Worten.

le **terminal** [tɛrminal] *(pluriel* **term naux** [tɛrmino]*)* ■ das **Terminal** *(plur* **Terminals***)* : **le vol part du terminal 2** d Flug geht von Terminal 2 ab.

la **terminale** [tɛrminal] ■ die **Abitu klasse** *(pluriel* **Abiturklassen***)* : **Marion e en terminale** Marion ist in der Abiturklass

terminer [3] [tɛrmine] *verbe* ■ **fert sein : tu as terminé ton petit déjeuner** bist du fertig mit Frühstücken?

se **terminer** *verbe pronominal* ■ **ender le spectacle se termine par un feu d'art fice** die Aufführung endet mit einem Feue werk.

le **terminus** [tɛrminys] ■ die **Endstatic** *(pluriel* **Endstationen***)* : **le terminus c l'Eurostar à Londres** die Endstation des E rostar in London.

le **terrain** [tɛrɛ̃] ■ das **Grundstück** *(plur* **Grundstücke***)* : **la maison est vendu avec le terrain** das Haus wird mit de Grundstück verkauft
➤ **un terrain de camping** ein Campingpla
➤ **un terrain de football** ein Fußballplatz.

la **terrasse** [tɛras] ■ die **Terrasse** *(plur* **Terrassen***)* : **je prends toujours mon ca en terrasse** ich trinke meinen Kaffee imm auf der Terrasse.

terre [tɛr] ■ die **Erde** *(sans pluriel)* : **la terre est fertile dans cette région** die Erde ist fruchtbar in dieser Gegend ; **la terre est couverte de neige** die Erde ist mit Schnee bedeckt
la Terre die Erde : **la Terre tourne autour du soleil** die Erde dreht sich um die Sonne
terre cuite Terrakotta
par terre auf dem Boden : **on s'est assis par terre pour pique-niquer** zum Picknicken haben wir uns auf den Boden gesetzt
sous terre unterirdisch.

terrible [tɛribl] *adjectif* ■ **schrecklich** : **un accident terrible** ein schrecklicher Unfall
ce n'est pas terrible *familier* das ist nicht besonders schön.

territoire [tɛritwar] ■ das **Gebiet** *(pluriel* **Gebiete***)* : **un territoire d'outre-mer** ein Überseegebiet.

terrorisme [tɛrɔrism] ■ der **Terrorismus** *(sans pluriel)*.

terroriste [tɛrɔrist] *adjectif* ■ **terroristisch**

terroriste ■ der **Terrorist** *(pluriel* **Terroristen***)*, die **Terroristin** *(pluriel* **Terroristinnen***)*.

tes *pluriel* ➤ ton.

test [tɛst] ■ der **Test** *(pluriel* **Tests***)*.

testament [tɛstamɑ̃] ■ das **Testament** *(pluriel* **Testamente***)* : **vous avez fait votre testament ?** haben Sie Ihr Testament gemacht?

tête [tɛt]
der **Kopf** *(pluriel* **Köpfe***)* : **ce bébé a une grosse tête** das Baby hat einen großen Kopf ; **la tête la première** mit dem Kopf zuerst
das **Gesicht** *(pluriel* **Gesichter***)* : **pourquoi tu fais cette tête ?** warum machst du so ein Gesicht?
être en tête in Führung sein : **c'est le coureur espagnol qui est en tête** der spanische Radrennfahrer ist in Führung
tu es vraiment tête en l'air ! du bist wirklich zerstreut!
➤ **faire la tête** schmollen : **arrête de faire la tête** hör auf zu schmollen.

têtu, e [tety] *adjectif* ■ **stur** : **ne sois pas si têtue !** sei nicht so stur!

le **texte** [tɛkst] ■ der **Text** *(pluriel* **Texte***)* : **on doit faire le commentaire de ce texte pour demain** wir müssen bis morgen eine Interpretation dieses Texts machen.

le **texto** [tɛksto] ■ die **SMS** *(pluriel* **SMS***)* : **je t'ai envoyé un texto** ich habe dir eine SMS geschickt.

le **TGV** *(abréviation de* **train à grande vitesse***)* ■ *französischer Hochgeschwindigkeitszug.*

le **thé** [te] ■ der **Tee** *(sans pluriel)* : **je vais prendre une tasse de thé** ich werde eine Tasse Tee trinken ; **un thé au citron** ein Tee mit Zitrone ; **un thé au lait** ein Tee mit Milch.

le **théâtre** [teatr] ■ das **Theater** *(pluriel* **Theater***)* : **on va au théâtre jeudi avec l'école** Donnerstag gehen wir mit der Schule ins Theater.

la **théière** [tejɛr] ■ die **Teekanne** *(pluriel* **Teekannen***)*

le **thème** [tɛm]
1. das **Thema** *(pluriel* **Themen***)* : **quel est le thème du débat ?** wie lautet das Thema der Diskussion?
2. die **Hinübersetzung** *(pluriel* **Hinübersetzungen***)* : **ma sœur est bonne en thème** meine Schwester ist gut in der Hinübersetzung.

la **théorie** [teori] ■ die **Theorie** *(pluriel* **Theorien***)* : **ma théorie, c'est que...** meine Theorie ist, dass... ; **en théorie** theoretisch.

le **thermomètre** [tɛrmomɛtr] ■ das **Thermometer** *(pluriel* **Thermometer***)* : **le thermomètre indique 29°** das Thermometer zeigt 29° an.

le **thon** [tɔ̃] ■ der **Thunfisch** *(pluriel* **Thunfische***)* : **du thon à l'huile** Thunfisch in Öl.

le **ticket** [tikɛ] ■ der **Fahrschein** *(pluriel* **Fahrscheine***)* : **tu dois poinçonner ton ticket** du mußt deinen Fahrschein entwerten

➤ **un ticket de caisse** ein Kassenbon
➤ **un carnet de tickets de métro** eine Zehnerkarte für die U-Bahn.

tiède [tjɛd] *adjectif*
1. **lauwarm** : **ce thé est tiède** der Tee ist lauwarm
2. **lau** : **une bonne brise tiède** eine angenehme laue Brise.

le tien, la tienne [lətjɛ̃, latjɛn] (*masculin pluriel* **les tiens** [letjɛ̃] *féminin pluriel* **les tiennes** [letjɛn]) *pronom* ■ **deiner, deine, deines** : **j'aime bien son collier mais je préfère le tien** ihre Kette ist hübsch, aber deine gefällt mir besser ; **je ne trouve plus ma calculette, est-ce je peux emprunter la tienne ?** ich kann meinen Taschenrechner nicht finden, kann ich deinen nehmen? ; **mes parents ne peuvent pas venir, et les tiens ?** meine Eltern können nicht kommen, und deine?
➤ **à la tienne !** auf dein Wohl!

le **tiers** [tjɛr] ■ das **Drittel** (*pluriel* **Drittel**) : **un tiers de la somme totale** ein Drittel des Gesamtbetrags ; **deux-tiers** zwei Drittel.

le **tiers-monde** [tjɛrmɔ̃d]
➤ **le tiers-monde** die Dritte Welt.

le **tigre** [tigr] ■ der **Tiger** (*pluriel* **Tiger**).

le **timbre** [tɛ̃br] ■ die **Briefmarke** (*pluriel* **Briefmarken**) : **un timbre à 1 euro** eine Briefmarke zu 1 Euro.

timbrer [3] [tɛ̃bre] *verbe* ■ **frankieren** : **n'oublie pas de timbrer la lettre** vergiss nicht, den Brief zu frankieren.

timide [timid] *adjectif* ■ **schüchtern** : **c'est une fille très timide** sie ist ein sehr schüchternes Mädchen.

le **tir** [tir]
1. das **Schießen** (*sans pluriel*) : **le tir est un sport dangereux** Schießen ist ein gefährlicher Sport
2. der **Schuss** : **un magnifique tir de Beckham** ein herrlicher Schuss von Beckham
➤ **le tir à l'arc** das Bogenschießen
➤ **les tirs au but** das Elfmeterschießen.

le **tire-bouchon** [tirbuʃɔ̃] (*pluriel* **tir-bouchons**) ■ der **Korkenzieher** (*plur* **Korkenzieher**).

la **tirelire** [tirlir] ■ die **Sparbüchse** (*plur* **Sparbüchsen**).

tirer [3] [tire] *verbe*
1. **ziehen** : **ne tire pas trop fort sur la pognée** zieh nicht so stark am Griff
2. **zu|ziehen** : **tirer les rideaux** die Vorhär zuziehen
3. **schießen** : **le policier a tiré deux coups feu** der Polizist hat zweimal geschossen
➤ **tirer la langue à quelqu'un** jemand die Zunge heraus|strecken

se **tirer** *verbe pronominal* ■ **sich verziehe** **tire-toi, tu m'énerves !** verzieh dich, gehst mir auf die Nerven!
➤ **s'en tirer**
1. davon|kommen : **elle s'en est tirée avec pied cassé** sie ist mit einem gebrochen Fuß davongekommen
2. es schaffen ; **pourras-tu t'en tirer ?** scha du das?
➤ **s'en tirer bien**
1. gut weg|kommen : **pas de punition ? t'en tires bien cette fois !** keine Strafe? kommst du ja noch einmal gut weg
2. seine Sache gut machen ; **la stagiaire s'tire assez bien** die Praktikantin macht i Sache ganz gut.

le **tiroir** [tirwar] ■ die **Schublade** (*plu* **Schubladen**).

la **tisane** [tizan] ■ der **Kräutertee** (*sa pluriel*).

le **tissu** [tisy] ■ der **Stoff** (*pluriel* **Stoffe**) **du tissu à carreaux** karierter Stoff.

le **titre** [titr]
1. der **Titel** (*pluriel* **Titel**) : **j'ai oublié le ti du livre** ich habe den Titel des Buches v gessen
2. die **Überschrift** (*pluriel* **Überschriften**) : **ne lis que les titres du journal** ich lese den Zeitungen immer nur die Überschrifter

le **toboggan** [tɔbɔgɑ̃] ■ die **Rutschba** (*pluriel* **Rutschbahnen**) : **le toboggan l'aire de jeux** die Rutschbahn auf dem Spi platz.

toi [twa] *pronom*
- **du : j'en ai eu moins que toi** ich habe weniger davon gehabt als du ; **toi non plus, tu ne joues pas ?** spielst du auch nicht? ; **qui est le plus âgé ? – toi** wer ist der Älteste? – du ; **c'est toi qui me l'as dit** du hast es mir gesagt
- **dich : tiens, c'est pour toi** hier, das ist für dich ; **et toi, il t'a invité ?** hat er dich denn eingeladen? ; **tu ne penses qu'à toi** du denkst nur an dich ; **dépêche-toi** beeil dich
- **dir : elle parle tout le temps de toi** sie spricht ständig von dir
- **amuse-toi bien** viel Vergnügen
- **toi-même** selbst : **est-ce que tu l'as préparé toi-même ?** hast du das selbst gemacht?
- **ce livre est à toi** dieses Buch gehört dir.

toile [twal] ■ das **Gemälde** (*pluriel* **Gemälde**) : **une toile de Klimt** ein Gemälde von Klimt
- **un sac en toile** ein Jutesack.

toilette [twalɛt]
- **faire sa toilette** sich fertig machen, sich waschen

toilettes *nom féminin pluriel* ■ die **Toilette** (*pluriel* **Toiletten**)

L'expression **les toilettes** se traduit toujours par un singulier en allemand :

où sont les toilettes ? wo ist die Toilette?

toit [twa] ■ das **Dach** (*pluriel* **Dächer**) :
- **un toit en tuiles** ein Ziegeldach
- **un toit ouvrant** ein Schiebedach.

tolérant, e [tɔlerɑ̃, ɑ̃t] *adjectif* ■ **tolerant : il faut être tolérant et ne pas juger les autres** man muss tolerant sein und nicht über andere urteilen.

tomate [tɔmat] ■ die **Tomate** (*pluriel* **Tomaten**) : **un kilo de tomates** ein Kilo Tomaten ; **de la soupe à la tomate** Tomatensuppe.

tombe [tɔ̃b] ■ das **Grab** (*pluriel* **Gräber**) : **nous sommes allés sur la tombe de mon grand-père** wir haben das Grab meines Großvaters besucht.

la **tombée** [tɔ̃be] ■ **à la tombée de la nuit** bei Einbruch der Dunkelheit.

tomber [3] [tɔ̃be] *verbe*
1. **hin|fallen : attention, tu vas tomber !** pass auf, dass du nicht hinfällst
2. **fallen : Adèle est tombée de sa chaise** Adèle ist vom Stuhl gefallen ; **la température est encore tombée** die Temperatur ist weiter gefallen ; **mon anniversaire tombe un jeudi** mein Geburtstag fällt auf einen Donnerstag

- ➤ **la nuit tombe** die Nacht bricht herein
- ➤ **quelqu'un fait tomber quelque chose** etwas fällt jemandem herunter : **j'ai fait tomber un verre** mir ist ein Glas heruntergefallen
- ➤ **tomber bien** gerade recht kommen : **tu tombes bien, j'ai besoin d'aide** du kommst gerade recht, ich brauche deine Hilfe
- ➤ **tomber mal** in einem ungünstigen Moment kommen : **tu tombes mal, je dois partir** du kommst in einem ungünstigen Moment, ich muss gerade gehen
- ➤ **être bien tombé** es gut getroffen haben : **je suis bien tombé, j'étais au premier rang** ich habe es gut getroffen, ich saß in der ersten Reihe
- ➤ **être mal tombé** es schlecht getroffen haben : **j'ai choisi un film au hasard mais je suis mal tombé** ich habe auf gut Glück einen Film ausgesucht, aber ich habe es schlecht getroffen
- ➤ **tomber amoureux** sich verlieben
- ➤ **tomber malade** krank werden
- ➤ **tomber sur quelqu'un** jemanden zufällig treffen : **je suis tombé sur un de mes anciens profs en sortant du cinéma** ich habe zufällig meinen ehemaligen Lehrer getroffen, als ich aus dem Kino kam.

la **tombola** [tɔ̃bɔla] ■ die **Tombola** (*pluriel* **Tombolas**) : **les billets de tombola valent un euro** die Lose für die Tombola kosten einen Euro.

le **ton**¹ [tɔ̃] ■ der **Ton** (*pluriel* **Töne**) : **ne me parle pas sur ce ton !** sprich nicht in diesem Ton mit mir!

ton², ta [tɔ̃, ta] *(pluriel* **tes** [te]*) adjectif* ■ **dein, deine : ton ordinateur** dein Computer ; **quelle est ton actrice préférée ?** wer ist deine Lieblingsschauspielerin? ; **tu n'as pas fini ta rédaction** du hast deinen Aufsatz nicht zu Ende geschrieben ; **un de tes meilleurs amis** einer deiner besten Freunde.

la **tonne** [tɔn] ■ die **Tonne** *(pluriel* **Tonnen***)* : **deux tonnes de blé** zwei Tonnen Getreide.

le **tonneau** [tɔno] *(pluriel* **tonneaux***)* ■ das **Fass** *(pluriel* **Fässer***)* : **un tonneau de vin** ein Weinfass
➤ **faire un tonneau** sich überschlagen : **la voiture a fait trois tonneaux** das Auto hat sich dreimal überschlagen.

le **tonnerre** [tɔnɛr] ■ der **Donner** *(sans pluriel)* : **tu entends le tonnerre ?** hörst du den Donner? ; **un coup de tonnerre** ein Donnerschlag.

le **tonton** [tɔ̃tɔ̃] ■ der **Onkel** *(pluriel* **Onkel***)* : **regarde ce que tonton m'a apporté** guck mal, was der Onkel dir mitgebracht hat.

la **torche** [tɔrʃ] ■ die **Fackel** *(pluriel* **Fackeln***)*
➤ **une torche électrique** eine Taschenlampe.

le **torchon** [tɔrʃɔ̃] ■ das **Tuch** *(pluriel* **Tücher***)* : **ce torchon sert à essuyer la vaisselle** mit diesem Tuch wird das Geschirr abgetrocknet.

tordre [56] [tɔrdr] *verbe* ■ **um|drehen : Paul m'a tordu le bras** Paul hat mir den Arm umgedreht

se **tordre** *verbe pronominal*
1. **sich verstauchen : mon père s'est tordu la cheville en jouant au squash** mein Vater hat sich beim Squash den Knöchel verstaucht
2. **verrenken : mon frère s'est tordu le bras** mein Bruder hat sich den Arm verrenkt
➤ **se tordre de douleur** sich vor Schmerzen krümmen.

tordu, e [tɔrdy] *participe passé* ➤ **tordre.**

le **torrent** [tɔrɑ̃] ■ der **Wildbach** *(plur* **Wildbäche***)*
➤ **il pleut à torrents** es gießt in Strömen.

le **torse** [tɔrs] ■ der **Oberkörper** *(plur* **Oberkörper***)*
➤ **torse nu** mit nacktem Oberkörper
➤ **bomber le torse** die Brust herausstrecke

le **tort** [tɔr]
➤ **avoir tort** Unrecht haben : **tu as eu tort** **lui parler comme ça** du hattest Unrecht, mit ihm zu sprechen
➤ **à tort** zu Unrecht : **Agnès a été accusée tort** Agnès ist zu Unrecht beschuldigt wo den.

le **torticolis** [tɔrtikɔli] ■ **der steife Hal** **j'ai un torticolis** ich habe einen steifen Ha

la **tortue** [tɔrty] ■ die **Schildkröte** *(plur* **Schildkröten***)* : **elle a une tortue à la ma son** sie hat zu Hause eine Schildkröte.

tôt [to] *adverbe* ■ **früh : c'est un peu t pour partir** es ist noch etwas früh zum G hen
➤ **tôt ou tard** früher oder später
➤ **ce n'est pas trop tôt !** das wurde au Zeit!

total, e [tɔtal] *(masculin pluriel* **totau** [tɔto]*) adjectif* ■ **Gesamt- : la somme tot le** die Gesamtsumme

le **total** ■ der **Gesamtbetrag** *(pluriel* **Gesamtbeträge***)* : **à combien s'élève le total ?** wie hoch ist der Gesamtbetrag?

totalement [tɔtalmɑ̃] *adverbe* ■ **völlig : la ville est totalement détruite** d Stadt ist völlig zerstört.

touchant, e [tuʃɑ̃, ɑ̃t] *adjectif* ■ **rührend : un geste touchant** eine rühren Geste.

la **touche** [tuʃ]
1. die **Taste** *(pluriel* **Tasten***)* : **appuie sur touche « retour »** drück die Returntaste
2. das **Aus** *(sans pluriel)* : **le ballon est en touche** der Ball ist im Aus
➤ **la ligne de touche** die Seitenlinie.

toucher [3] [tuʃe] *verbe*
an|fassen : ne touche pas le radiateur fass den Heizkörper nicht an
rühren : leur accueil nous a beaucoup touchés ihr herzlicher Empfang hat uns sehr gerührt
ein|lösen : il n'a pas encore touché son chèque er hat seinen Scheck noch nicht eingelöst
grenzen an : leur maison touche la nôtre ihr Haus grenzt an unseres.

toujours [tuʒur] *adverbe*
immer : Mathias est toujours en retard Mathias kommt immer zu spät
immer noch : tu es toujours fâché ? bist du immer noch böse?
pour toujours für immer : **elle est partie pour toujours** sie ist für immer fortgegangen.

tour[1] [tur]
c'est mon tour maintenant jetzt bin ich dran ; **c'est le tour de Luc** Luc ist dran
der **Streich** (*pluriel* **Streiche**) : **jouer un mauvais tour à quelqu'un** jemandem einen üblen Streich spielen
le tour de taille der Taillenumfang
faire le tour de quelque chose einen Rundgang durch etwas machen : **le chien a fait trois fois le tour du jardin** der Hund hat drei Runden im Garten gedreht
faire un tour einen Spaziergang machen : **j'aimerais faire un tour mais il pleut** ich würde gern einen Spaziergang machen, aber es regnet
faire un tour en voiture eine Spazierfahrt machen
faire un tour en vélo eine Fahrradtour machen

TOUR DE FRANCE

Das längste und berühmteste Etappenradrennen findet seit 1903 jeden Sommer auf wechselnden Strecken statt. Der Sieger in der Gesamtwertung trägt jeweils das gelbe Trikot, **le maillot jaune.** Die letzte Etappe endet traditionsgemäß am Arc de Triomphe in Paris.

tour[2] [tur]
der **Turm** (*pluriel* **Türme**) : **la tour Eiffel** der Eiffelturm ; **la tour de contrôle** der Kontrollturm
2. das **Hochhaus** (*pluriel* **Hochhäuser**) : **les tours de New York** die Hochhäuser von New York
3. der **Wohnblock** (*pluriel* **Wohnblocks**) : **Marc habite dans une tour en banlieue** Marc wohnt in einem Wohnblock in einem Vorort.

le **tourisme** [turism] ■ der **Fremdenverkehr** (*sans pluriel*) : **le tourisme est la première industrie de la région** der Fremdenverkehr ist der wichtigste Industriezweig der Region
➤ **faire du tourisme** Sightseeing machen.

le|la **touriste** [turist] ■ der **Tourist** (*pluriel* **Touristen**), die **Touristin** (*pluriel* **Touristinnen**).

touristique [turistik] *adjectif*
1. **für Touristen : une brochure touristique** eine Broschüre für Touristen
2. **touristisch : cette ville est très touristique** diese Stadt ist sehr touristisch.

la **tournée** [turne]
1. die **Tournee** (*pluriel* **Tourneen**) : **le groupe part en tournée** die Band geht auf Tournee
2. die **Runde** (*pluriel* **Runden**) : **le facteur fait sa tournée** der Briefträger macht seine Runde ; **je paie une tournée !** *familier* ich gebe eine Runde aus!

tourner [3] [turne] *verbe*
1. **ab|biegen : tournez à droite, puis à gauche** biegen Sie nach rechts ab, dann nach links
2. **drehen : tourne le bouton vers la droite** dreh den Schalter nach rechts ; **le film sera tourné en Italie** der Film wird in Italien gedreht
3. **sich drehen : la Terre tourne autour du soleil** die Erde dreht sich um die Sonne
4. **sauer werden : le lait a tourné** die Milch ist sauer geworden

se **tourner** *verbe pronominal* ■ **sich um|drehen : tourne-toi pendant que je me change** dreh dich um, während ich mich umziehe ; **Marie s'est tournée vers moi** Marie hat sich zu mir umgedreht.

le **tournesol** [turnəsɔl] ■ die **Sonnenblume** *(pluriel* **Sonnenblumen***)* : **de l'huile de tournesol** Sonnenblumenöl.

le **tournevis** [turnəvis] ■ der **Schraubenzieher** *(pluriel* **Schraubenzieher***)*.

le **tournoi** [turnwa] ■ das **Turnier** *(pluriel* **Turniere***)* : **notre collège a gagné le tournoi** unsere Schule hat das Turnier gewonnen.

tous ➤ tout.

la **Toussaint** [tusɛ̃] ■ **Allerheiligen**

TOUSSAINT

Allerheiligen ist in Frankreich ein wichtiger Familienfeiertag, an dem die Leute von weit her anreisen, um Chrysanthemen auf den Gräbern ihrer Angehörigen niederzulegen.

tousser **[3]** [tuse] *verbe* ■ **husten**.

tout, toute [tu, tut] *(masculin pluriel* **tous** [tus], *féminin pluriel* **toutes** [tut]*)*

■ *adjectif*

all : c'est toi qui as fait tout ce travail ? hast du all die Arbeit gemacht? ; **tout ça m'a fait réfléchir** all das hat mich nachdenklich gemacht

➤ **tout l', tout le, toute la** der|die|das ganze : **j'ai lu tout l'après-midi** ich habe den ganzen Nachmittag gelesen ; **vous avez mangé tout le gâteau ?** habt ihr den ganzen Kuchen gegessen? ; **toute ma famille était là** meine ganze Familie war da

➤ **tous les,** ou **toutes les**

1. alle : **toutes les filles de la classe portent des jeans** alle Mädchen in der Klasse tragen Jeans ; **tous les deux ans** alle zwei Jahre
2. jeder, jede, jedes ; **j'ai un cours de dessin tous les mardis** ich habe jeden Dienstag Zeichenkurs ; **tous les jours** jeden Tag

➤ **tous les deux** ou **toutes les deux** (alle) beide : **elle nous a parlé à tous les deux** sie hat mit uns beiden gesprochen ; **vous êtes toutes les deux responsables** ihr seid alle beide verantwortlich

■ *pronom*

1. **alles : je t'ai tout dit** ich habe dir alles gesagt ; **tout ou rien** alles oder nichts ; **tout est bien qui finit bien** Ende gut, alles gut
2. **alle : ils ont tous accepté ma proposit**
alle haben meinen Vorschlag angenomme

➤ **une fois pour toutes** ein für alle Mal

➤ **c'est tout** das wär's : **bon, c'est tout p aujourd'hui** gut, das wär's für heute

➤ **comme tout** unheimlich : **il est ge comme tout** er ist unheimlich nett

➤ **en tout** insgesamt : **en tout, il y a 850 é ves dans notre école** insgesamt sind 8 Schüler an unserer Schule

■ *adverbe*

ganz : Paul est tout seul Paul ist ganz lein ; **c'est tout près d'ici** es ist ganz in Nähe ; **tout en haut du placard** ganz o auf dem Wandschrank ; **tout au début** g am Anfang

➤ **pas du tout** überhaupt nicht : **ça ne plaît pas du tout** das gefällt mir überha nicht ; **je vous dérange ? — non, pas tout!** störe ich Sie? – nein, überhaupt nic

➤ **tout à fait**

1. vollkommen : **tu as tout à fait raison** hast vollkommen Recht
2. genau ; **c'est tout à fait ce que je vou** das ist genau das, was ich wollte

➤ **pas tout à fait** nicht ganz : **ce n'est tout à fait fini** es ist nicht ganz fertig

➤ **tout à l'heure**

1. nachher : **je t'appelle tout à l'heure** ich fe dich nachher an ; **à tout à l'heure!** nachher!
2. vorhin ; **j'ai vu Patrice tout à l'heure** vor habe ich Patrice gesehen

➤ **tout de suite**

1. sofort : **je vais le faire tout de suite** ich r che es sofort
2. gleich ; **à tout de suite!** bis gleich!

la **toux** [tu] ■ der **Husten : un sirop co tre la toux** ein Hustensaft.

le **trac** [trak] ■ das **Lampenfieber**

➤ **avoir le trac** Lampenfieber haben : **c tains acteurs n'ont jamais le trac** man Schauspieler haben niemals Lampenfieber

la **trace** [tras]

1. die **Spur** *(pluriel* **Spuren***)*
2. die **Fährte** *(pluriel* **Fährten***)* : **les chi suivent la trace du renard** die Hunde gen der Fährte des Fuchses

➤ **des traces de doigt** Fingerabdrücke

➤ **des traces de pas** Fußspuren.

tracteur [traktœr] ■ der **Traktor** (*pluriel* **Traktoren**).

tradition [tradisjɔ̃] ■ die **Tradition** (*pluriel* **Traditionen**) : **c'est une vieille tradition écossaise** das ist eine alte schottische Tradition.

traditionnel, elle [tradisjɔnɛl] *adjectif* ■ **traditionell : des chants traditionnels irlandais** traditionelle irische Gesänge.

traducteur [tradyktœr] ■ der **Übersetzer** (*pluriel* **Übersetzer**).

traductrice [tradyktris] ■ die **Übersetzerin** (*pluriel* **Übersetzerinnen**).

traduction [tradyksjɔ̃] ■ die **Übersetzung** (*pluriel* **Übersetzungen**) : **une traduction de l'allemand vers le français** eine Übersetzung aus dem Deutschen ins Französische.

traduire **[74]** [tradɥir] *verbe* ■ **übersetzen : on doit traduire cette phrase en allemand** wir müssen diesen Satz ins Deutsche übersetzen.

trafic [trafik]
der **Handel : le trafic de drogue** der Drogenhandel
der **Verkehr : il y a trop de trafic sur cette route** auf dieser Straße ist zu viel Verkehr.

trafiquant [trafikɑ̃] ■ der **Händler** (*pluriel* **Händler**) : **le trafiquant de drogue** der Drogenhändler.

trafiquante [trafikɑ̃t] ■ die **Händlerin** (*pluriel* **Händlerinnen**).

tragédie [traʒedi] ■ die **Tragödie** (*pluriel* **Tragödien**) : **c'est une véritable tragédie** das ist wirklich eine Tragödie.

tragique [traʒik] *adjectif* ■ **tragisch : un événement tragique** ein tragisches Ereignis.

trahir **[27]** [trair] *verbe*
1. **missbrauchen : trahir la confiance de quelqu'un** jemandes Vertrauen missbrauchen
2. **verraten : ton sourire t'a trahi !** dein Lächeln hat dich verraten

se **trahir** *verbe pronominal* ■ **sich verraten : en riant, tu t'es trahie** mit deinem Lachen hast du dich verraten.

le **train** [trɛ̃] ■ der **Zug** (*pluriel* **Züge**) : **le train à grande vitesse** der Hochgeschwindigkeitszug ; **le train de 14 heures** der Zweiuhrzug ; **voyager en train** mit dem Zug fahren
➤ **être en train de faire quelque chose** gerade etwas tun : **tu ne vois pas que je suis en train de lire ?** siehst du nicht, dass ich gerade lese?

le **traîneau** [trɛno] (*pluriel* **traîneaux**) ■ der **Schlitten** (*pluriel* **Schlitten**) : **les chiens ont du mal à tirer le traîneau** die Hunde haben Mühe, den Schlitten zu ziehen.

traîner **[4]** [trene] *verbe*
1. **nach|ziehen : il traîne la jambe** er zieht das Bein nach
2. **herum|liegen : leurs affaires traînent partout dans la maison** ihre Sachen liegen überall in der Wohnung herum
3. **herum|hängen : il traîne dans la rue avec ses copains** er hängt mit seinen Freunden auf der Straße herum
4. **trödeln : ne traînez pas, on est en retard !** trödelt nicht, wir sind spät dran!
➤ **traîner les pieds** schlurfen.

le **trait** [trɛ] ■ der **Strich** (*pluriel* **Striche**) : **tire un trait sous ce paragraphe** zieh einen Strich unter diesem Absatz
➤ **un trait d'union** ein Bindestrich.

le **traitement** [trɛtmɑ̃] ■ die **Behandlung** (*pluriel* **Behandlungen**) : **mon père est sous traitement pour son cœur** mein Vater ist wegen seines Herzens in Behandlung
➤ **traitement de texte** Textverarbeitung.

traiter **[4]** [trete] *verbe* ■ **behandeln : tu n'as pas honte de traiter ta sœur comme ça ?** schämst du dich nicht, deine Schwester so zu behandeln?
➤ **traiter quelqu'un de** jemanden ... nennen : **il m'a traitée d'imbécile!** er hat mich einen Dummkopf genannt!

➤ **traiter de quelque chose** von etwas handeln : **de quoi traite ce livre ?** wovon handelt dieses Buch?

le **traître** [tʀɛtʀ] ■ der **Verräter** (*pluriel* **Verräter**).

la **traîtresse** [tʀɛtʀɛs] ■ die **Verräterin** (*pluriel* **Verräterinnen**).

le **trajet** [tʀaʒɛ]
1. die **Strecke** (*pluriel* **Strecken**) : **le trajet m'a semblé long** die Strecke ist mir lang vorgekommen ; **j'ai une heure de trajet pour aller à l'école** ich brauche eine Stunde für die Strecke bis zur Schule
2. die **Fahrt** (*pluriel* **Fahrten**) : **sur le trajet du bus** auf der Busfahrt.

le **tram** (*abréviation de* tramway) [tʀam] ■ die **Straßenbahn** (*pluriel* **Straßenbahnen**) : **mon frère va toujours à l'école en tram** mein Bruder fährt immer mit der Straßenbahn zur Schule.

le **tramway** [tʀamwɛ] ■ die **Straßenbahn** (*pluriel* **Straßenbahnen**) : **venez, on va prendre le tramway** kommt, wir nehmen die Straßenbahn.

la **tranche** [tʀɑ̃ʃ] ■ die **Scheibe** (*pluriel* **Scheiben**) : **deux tranches de jambon** zwei Scheiben Schinken.

tranquille [tʀɑ̃kil] *adjectif* ■ **ruhig** : **un endroit tranquille** ein ruhiger Ort ; **restez tranquilles !** bleibt ruhig!
➤ **laisser quelqu'un tranquille** jemanden in Ruhe lassen : **laisse ton petit frère tranquille!** lass deinen kleinen Bruder in Ruhe!

tranquillement [tʀɑ̃kilmɑ̃] *adverbe* ■ **ruhig** : **on jouait tranquillement dans un coin** wir haben ruhig in einer Ecke gespielt.

la **tranquillité** [tʀɑ̃kilite] ■ die **Ruhe** : **la tranquillité du quartier est un avantage** die Ruhe des Viertels ist von Vorteil.

transformer [3] [tʀɑ̃sfɔʀme] *verbe*
1. **um|bauen** : **il veulent complètement transformer la bibliothèque** sie wollen die Bibliothek völlig umbauen ; **on va transformer le grenier en bureau** wir werden d Dachboden zu einem Büro umbauen
2. **verwandeln** : **la sorcière a transformé prince en grenouille** die Hexe hat den Pr zen in einen Frosch verwandelt

se **transformer** *verbe pronominal* ■ **si verwandeln** : **la citrouille s'est transfo mée en carrosse** der Kürbis hat sich in ei Kutsche verwandelt.

la **transfusion** [tʀɑ̃sfyzjɔ̃] ■ die **Tra fusion** (*pluriel* **Transfusionen**) : **une tran fusion sanguine** eine Bluttransfusion ; **lui a fait une transfusion** er hat eine Tra fusion bekommen.

transgénique [tʀɑ̃sʒenik] *adjectif* ■ **genmanipuliert** : **du soja transgéniq** genmanipulierte Sojabohnen.

le **transit** [tʀɑ̃zit] ■ der **Transit** : **les pa sagers en transit** die Transitpassagiere.

transmettre [64] [tʀɑ̃smɛtʀ] *verbe* ■ **übertragen** : **l'émission est transm en direct** die Sendung wird live übertrage

transmis, e [tʀɑ̃smi, iz] *participe pa* ➤ transmettre.

transparent, e [tʀɑ̃spaʀɑ̃, ɑ̃t] *adje* ■ **durchsichtig** : **une feuille de plastiq transparent** eine durchsichtige Plastikfoli

la **transpiration** [tʀɑ̃spiʀasjɔ̃] ■ c **Schwitzen**.

transpirer [3] [tʀɑ̃spiʀe] *verbe* ■ **schwitzen** : **je transpire beauco quand je cours** ich schwitze stark, wenn renne.

le **transport** [tʀɑ̃spɔʀ] ■ der **Transp** (*pluriel* **Transporte**) : **le transport aéri** der Lufttransport ; **les moyens de transp** die Transportmittel
➤ **les transports en commun** die öffen chen Verkehrsmittel.

transporter [3] [tʀɑ̃spɔʀte] *verbe* ■ **transportieren** : **les marchandises so transportées par train** die Güter werd mit dem Zug transportiert.

trapèze [trapɛz] ■ das **Trapez** *(pluriel* **Trapeze***)* : **un numéro de trapèze éblouissant** eine glänzende Trapeznummer.

trapéziste [trapezist] ■ der **Trapezkünstler** *(pluriel* **Trapezkünstler***)*, die **Trapezkünstlerin** *(pluriel* **Trapezkünstlerinnen***)*.

traumatiser [3] [tromatize] *verbe* ■ **in einen Schockzustand versetzen** : **l'accident l'a complètement traumatisée** der Unfall hat sie in einen Schockzustand versetzt.

travail [travaj] ■ die **Arbeit** *(pluriel* **Arbeiten***)* : **c'est un travail difficile** das ist eine schwierige Arbeit ; **ma mère a trouvé un travail à temps partiel** meine Mutter hat eine Teilzeitarbeit gefunden
avoir beaucoup de travail viel zu tun haben : **on a beaucoup de travail en quatrième** in der achten Klasse hat man viel zu tun

travaux *nom masculin pluriel*
die **Renovierungsarbeiten** *(pluriel)* : **ils font faire des travaux dans leur maison** sie lassen ihr Haus renovieren
die **Baustelle** *(pluriel* **Baustellen***)* : **il y a des travaux près du rond point** in der Nähe des Kreisverkehrs ist eine Baustelle
les travaux dirigés Übungen
les travaux manuels Kunst und Werken
les travaux pratiques praktische Übungen
au travail ! an die Arbeit!
se mettre au travail sich an die Arbeit machen.

travailler [3] [travaje] *verbe*
arbeiten : **mon cousin travaille dans l'informatique** mein Cousin arbeitet in der Informatikbranche
mit|arbeiten : **Simon travaille bien à l'école** Simon arbeitet in der Schule gut mit
üben : **Suzanne travaille son piano une heure par jour** Suzanne übt jeden Tag eine Stunde Klavier.

travailleur, euse [travajœr, øz] *adjectif* ■ **fleißig** : **Romain n'est pas très travailleur** Romain ist nicht besonders fleißig

travailleur ■ der **Arbeiter** *(pluriel* **Arbeiter***)*
➤ **les travailleurs immigrés** die ausländischen Arbeitnehmer

la **travailleuse** ■ die **Arbeiterin** *(pluriel* **Arbeiterinnen***)*.

à **travers** [travɛr] *(préposition)* **durch** : **on voit le ciel à travers la lucarne** durch die Dachluke kann man den Himmel sehen ; **les murs sont minces, on entend à travers** die Wände sind dünn, man hört alles durch

de travers *adverbe* ■ **schief** : **ta casquette est de travers** deine Schirmmütze sitzt schief
➤ **aller de travers** schief gehen : **tout va de travers aujourd'hui** heute geht alles schief
➤ **comprendre de travers** falsch verstehen : **il comprend toujours tout de travers** er versteht immer alles falsch

en travers *adverbe* ■ **quer** : **plie la feuille en travers** falte das Blatt quer

en travers de *préposition* ■ **quer über** : **l'arbre est tombé en travers de la route** der Baum ist quer über die Straße gefallen.

la **traversée** [travɛrse] ■ die **Überfahrt** *(pluriel* **Überfahrten***)* : **la traversée est longue** die Überfahrt ist lang.

traverser [3] [travɛrse] *verbe*
1. **überqueren** : **fais attention en traversant la rue** pass auf, wenn du die Straße überquerst ; **il a traversé la rue en courant** er ist über die Straße gerannt
2. **fahren durch** : **on est obligé de traverser Toulouse** wir müssen durch Toulouse fahren
3. **durchschlagen** : **la balle a traversé la cloison** die Kugel hat die Zwischenwand durchschlagen.

le **trèfle** [trɛfl]
1. das **Kleeblatt** *(pluriel* **Kleeblätter***)* : **un trèfle à quatre feuilles** ein vierblättriges Kleeblatt
2. das **Kreuz** *(sans pluriel)* : **le roi de trèfle** der Kreuzkönig.

treize [trɛz] *adjectif numéral* ■ **dreizehn** : **il y a treize garçons dans ma classe** in meiner Klasse sind dreizehn Jungen ; **le treize juin** der 13. Juni le **treize** ■ der **Dreizehnte** *(sans pluriel)*.

treizième [trɛzjɛm] *adjectif numéral* ■ **dreizehnte** : **le treizième nom sur la liste** der dreizehnte Name auf der Liste

le|la **treizième** ■ der|die|das **Dreizehnte** *(pluriel* **die Dreizehnten***)* : **tu es le treizième sur la liste d'attente** du bist der Dreizehnte auf der Warteliste.

le **tréma** [trema] ■ das **Trema** *(pluriel* **Tremas***)* : **e tréma** e mit Trema.

le **tremblement** [trɑ̃bləmɑ̃] ■ das **Beben** *(pluriel* **Beben***)* : **le tremblement de terre** das Erdbeben.

trembler [3] [trɑ̃ble] *verbe*

1. **zittern** : **tu trembles de froid, rentre vite !** du zitterst ja vor Kälte, geh schnell wieder herein! ; **trembler de peur** vor Angst zittern
2. **beben** : **la terre a tremblé ce matin** die Erde hat heute Morgen gebebt.

trempé, e [trɑ̃pe] *adjectif* ■ **völlig durchnässt** : **vous êtes trempés, venez vous sécher** ihr seid völlig durchnässt, kommt euch abtrocknen.

tremper [3] [trɑ̃pe] *verbe* ■ **ein|weichen** : **le linge trempe depuis trois heures** die Wäsche weicht seit drei Stunden ein

➤ **tremper quelque chose dans quelque chose** etwas in etwas tunken : **Nicolas trempe son pain dans son café** Nicolas tunkt sein Brot in seinen Kaffee

➤ **faire tremper quelque chose** etwas ein|weichen : **fais tremper le linge pour enlever les taches de graisse** weich die Wäsche ein, damit die Fettflecken herausgehen.

trente [trɑ̃t] *adjectif numéral* ■ **dreißig** : **il y avait trente élèves pour le voyage scolaire** an dem Schulausflug haben dreißig Schüler teilgenommen

le **trente** ■ der **Dreißigste** *(sans pluriel)* : **le trente septembre** der dreißigste September.

trente et un [trɑ̃teɛ̃] *adjectif numéral* ■ **einunddreißig** : **il y a trente et un jours en janvier** der Januar hat einunddreißig ge.

trentième [trɑ̃tjɛm] *adjectif num* ■ **dreißigste** : **Paul est arrivé trentiè** Paul ist als Dreißigster angekommen

le|la **trentième** ■ der|die|das **Dreißig** *(pluriel* **die Dreißigsten***)* : **tu es la tren me à venir me féliciter** du bist die Dreiß ste, die kommt, um mir zu gratulieren.

très [trɛ] *adverbe* ■ **sehr** : **François très beau** François sieht sehr gut aus ; **je me sens pas très bien** ich fühle mich ni sehr gut ; **j'ai très faim** ich bin sehr hung

le **trésor** [trezɔr] ■ der **Schatz** *(plu* **Schätze***)* : **le trésor est enterré ici** Schatz liegt hier vergraben

➤ **mon trésor** mein Schatz.

le **triangle** [trijɑ̃gl]

1. das **Dreieck** *(pluriel* **Dreiecke***)* : **un trian rectangle** ein rechtwinkliges Dreieck
2. die **Triangel** *(pluriel* **Triangeln***)*.

triangulaire [trijɑ̃gylɛr] *adjectif* ■ **dreieckig**.

la **tribu** [triby] ■ der **Stamm** *(pluriel* **Stä me***)* : **une tribu indienne** ein Indiar stamm.

le **tribunal** [tribynal] *(pluriel* **tribuna** [tribyno]*)* ■ das **Gericht** *(pluriel* **Gericht**

➤ **le tribunal correctionnel** das Strafgeri

les **tribunes** [tribyn] *nom féminin pluriel* ■ die **Tribünen** *(pluriel)* : **les tribunes stade étaient bondées** die Tribünen im S dion waren überfüllt.

tricher [3] [triʃe] *verbe* ■ **schumme** **tu as triché, je t'ai vu !** du hast geschu melt, ich habe es gesehen!

le **tricheur** [triʃœr] ■ der **Schumm** *(pluriel* **Schummler***)* : **espèce de triche** du Schummler!

la **tricheuse** [triʃøz] ■ die **Schummle** *(pluriel* **Schummlerinnen***)*.

tricolore [trikɔlɔr] *adjectif* ■ **dreifarbig** : **un drapeau tricolore** eine dreifarbige Fahne.

tricot [triko] ■ das **Strickzeug** *(sans pluriel)* : **ma grand-mère emporte son tricot partout** meine Großmutter nimmt ihr Strickzeug überallhin mit.

tricoter [3] [trikɔte] *verbe* ■ **stricken** : **ma grand-mère m'a tricoté une écharpe** meine Großmutter hat mir einen Schal gestrickt.

trier [10] [trije] *verbe* ■ **ordnen** : **je dois trier mes affaires avant de partir** ich muss meine Sachen ordnen, bevor ich gehe.

trimestre [trimɛstr] ■ das **Trimester** *(pluriel* **Trimester***)* : **les notes du premier trimestre** die Noten für das erste Trimester.

trimestriel, elle [trimɛstrijɛl] *adjectif*
vierteljährlich : **un magazine trimestriel** eine vierteljährliche Zeitschrift
Trimester- : **le bulletin trimestriel** das Trimesterzeugnis.

trinquer [3] [trɛ̃ke] *verbe* ■ **anlstoßen** : **trinquons aux jeunes mariés !** stoßen wir auf die Jungvermählten an! ; **j'aimerais trinquer à votre succès** ich möchte auf Ihren Erfolg anstoßen.

triomphe [trijɔ̃f]
der **Triumph** *(pluriel* **Triumphe***)* : **ils ont fêté leur triomphe au championnat du monde** bei der Weltmeisterschaft haben sie einen großen Triumph gefeiert
der **Riesenerfolg** *(pluriel* **Riesenerfolge***)* : **le spectacle fait un triomphe** die Vorstellung ist ein Riesenerfolg.

triple [tripl] *adjectif* ■ **dreifach** : **le triple saut** der dreifache Salto

triple ■ das **Dreifache** *(sans pluriel)*
le triple de dreimal so viel wie : **celui-ci vaut le triple de celui-là** der hier kostet dreimal so viel wie der.

triste [trist] *adjectif* ■ **traurig** : **ne sois pas triste, elle va revenir** sei nicht traurig, sie kommt ja wieder.

la **tristesse** [tristɛs] ■ die **Traurigkeit** *(sans pluriel)* : **un regard plein de tristesse** ein Blick voller Traurigkeit.

trois [trwa] *adjectif numéral* ■ **drei** : **Joanna a trois frères** Joanna hat drei Brüder

le **trois** ■ der **Dritte** *(sans pluriel)* : **le trois mars** der dritte März
➤ **trois fois rien** rein gar nichts.

troisième [trwazjɛm] *adjectif numéral* ■ **dritte** : **c'est la troisième fois que je te le dis !** ich sage es dir nun schon zum dritten Mal!

le|la **troisième** ■ der|die|das **Dritte** *(pluriel* **Dritten***)* : **il est le troisième sur la liste** er ist der Dritte auf der Liste.

la **troisième** [trwazjɛm]
1. die **Dritte** *(pluriel* **Dritten***)*
2. die **neunte Klasse** *(sans pluriel)* : **Loïc est en troisième** Loïc geht in die neunte Klasse
3. der **dritte Gang** *(sans pluriel)* : **tu peux passer la troisième maintenant** du kannst jetzt den dritten Gang einlegen.

le **trombone** [trɔ̃bɔn]
1. die **Büroklammer** *(pluriel* **Büroklammern***)* : **les feuilles sont attachées par un trombone** die Blätter sind mit einer Büroklammer zusammengeheftet
2. die **Posaune** *(pluriel* **Posaunen***)* : **Alex joue du trombone** Alex spielt Posaune.

tromper [3] [trɔ̃pe] *verbe* ■ **betrügen** : **elle trompe son mari** sie betrügt ihren Mann

se **tromper** *verbe pronominal*
1. **einen Fehler machen** : **je me suis trompé, je recommence** ich habe einen Fehler gemacht, ich fange noch einmal von vorne an
2. **sich irren** : **non, tu te trompes, c'est en 1999 qu'elle est partie** nein, du irrst dich, sie ist 1999 weggegangen ; **se tromper d'adresse** sich in der Adresse irren

➤ **se tromper de numéro** sich verwählen : **excusez-moi, je me suis trompé de numéro** Entschuldigung, ich habe mich verwählt.

la **trompette** [trɔ̃pɛt] ■ die **Trompete** *(pluriel* **Trompeten***)* : **Emmanuelle joue de la trompette** Emmanuelle spielt Trompete.

le **tronc** [trɔ̃] ■ der **Stamm** *(pluriel* **Stämme***)* : **ils ont gravé leurs initiales sur le tronc de l'arbre** sie haben ihre Initialen in den Baumstamm eingeritzt.

le **trône** [tron] ■ der **Thron** *(pluriel* **Throne***)*.

trop [tro] *adverbe*
1. **zu : il roule trop vite** er fährt zu schnell ; **j'ai trop chaud** mir ist zu heiß
2. **zu viel : il mange trop** er isst zu viel

➤ **trop de**
1. zu viel : **on a trop de travail cette année** dieses Jahr haben wir zu viel zu tun
2. zu viele ; **il y a trop d'élèves dans ma classe** in meiner Klasse sind zu viele Schüler

➤ **en trop** ou **de trop** zu viel : **un euro de trop** ou **un euro en trop** ein Euro zu viel

➤ **se sentir de trop** sich überflüssig vorkommen

➤ **pas trop**
1. nicht besonders : **je n'aime pas trop le chocolat** ich esse nicht besonders gern Schokolade
2. nicht genau ; **je ne sais pas trop** ich weiß nicht genau.

tropical, e [trɔpikal] *(masculin pluriel* tropicaux [trɔpiko]*)* *adjectif* ■ **tropisch** : **les forêts tropicales** die tropischen Regenwälder.

le **trottoir** [trɔtwar] ■ der **Gehweg** *(pluriel* **Gehwege***)*.

le **trou** [tru] ■ das **Loch** *(pluriel* **Löcher***)* : **tu as un trou à ton jean** du hast ein Loch in deiner Jeans

➤ **le trou de la serrure** das Schlüsselloch.

trouer [3] [true] *verbe* ■ **ein Loch in etwas machen : j'ai troué mon collant** ich habe ein Loch in meine Strumpfhose gemacht.

la **troupe** [trup] ■ die **Truppe** *(plu*
Truppen*)* : **les troupes sont arrivées da la ville** die Truppen sind in der Stadt ang langt.

le **troupeau** [trupo] *(pluriel* troupeau ■ die **Herde** *(pluriel* **Herden***)* : **un troupe de moutons** eine Schafherde.

la **trousse** [trus] ■ das **Federmäppch** *(pluriel* **Federmäppchen***)* : **j'ai oublié trousse, tu peux me prêter un stylo ?** habe mein Federmäppchen vergess kannst du mir einen Füller leihen?

➤ **une trousse à outils** eine Werkzeugtasc

trouver [3] [truve] *verbe* ■ **finden : j trouvé exactement les bottes que je vo lais** ich habe genau die Stiefel gefunden, ich gesucht habe ; **tu as trouvé quelq chose à faire ?** hast du etwas gefunden, du machen kannst? ; **je trouve Lucas sy pa** ich finde Lucas nett ; **tu ne trouves p que c'est trop cher ?** findest du nicht, d das zu teuer ist?

se **trouver** *verbe pronominal*
1. **sein : où se trouve le lycée ?** wo ist Schule?
2. **sich finden : il se trouve beau** er findet s schön.

le **truc** [tryk] *familier* ■ das **Ding** *(plu* **Dinge***)* : **c'est quoi ce truc ?** was ist das ein Ding? **le rap ce n'est pas mon truc** R ist nicht mein Ding.

trucage ➤ truquage.

le **truquage, trucage** [trykaʒ] ■ **Trickaufnahme** *(pluriel* **Trickaufnahme** **ce n'est pas une vraie araignée, c'est truquage** das ist keine echte Spinne, das eine Trickaufnahme.

tu', e [ty] *participe passé* ➤ taire.

tu² [ty] *pronom* ■ **du : tu viens ?** komr du?

➤ **comment vas-tu ?** wie geht es dir?

le **tuba** [tyba] ■ der **Schnorchel** *(plu* **Schnorchel***)* : **un masque et un tuba e** Taucherbrille und ein Schnorchel.

tube [tyb]
das **Rohr** *(pluriel* **Rohre***)*
familier der **Hit** *(pluriel* **Hits***)* : **le tube de l'été** der Sommerhit
un tube de rouge à lèvres ein Lippenstift.

tuer **[7]** [tɥe] *verbe* ■ **töten : tuer quelqu'un** jemanden töten

tuer *verbe pronominal*
ums Leben kommen : ils se sont tués dans un accident de voiture sie sind bei einem Autounfall ums Leben gekommen
sich das Leben nehmen : elle s'est tuée par désespoir sie hat sich aus Verzweiflung das Leben genommen.

tueur [tɥœr] ■ der **Mörder** *(pluriel* **Mörder***)* : **le tueur est toujours en liberté** der Mörder ist immer noch auf freiem Fuß
un tueur en série ein Serienmörder.

tueuse [tɥøz] ■ die **Mörderin** *(pluriel* **Mörderinnen***)*.

tuile [tɥil] ■ der **Ziegel** *(pluriel* **Ziegel***)* : **un toit en tuiles** ein Ziegeldach.

tulipe [tylip] ■ die **Tulpe** *(pluriel* **Tulpen***)*.

tunnel [tynɛl] ■ der **Tunnel** *(pluriel* **Tunnel***)* : **le tunnel sous la Manche** der Tunnel unter dem Ärmelkanal.

turbulent, e [tyrbylɑ̃, ɑ̃t] *adjectif* ■ **sehr lebhaft : certains élèves de cette classe sont turbulents** einige Schüler dieser Klasse sind sehr lebhaft.

tutoyer **[12]** [tytwaje] *verbe* ■ **duzen : tu peux me tutoyer** du kannst mich duzen

tutoyer *verbe pronominal* ■ **sich duzen : on se tutoie ?** sollen wir uns duzen?

tuyau [tɥijo] *(pluriel* tuyaux*)* ■ das **Rohr** *(pluriel* **Rohre***)* : **les tuyaux du gaz** die Gasrohre
le tuyau d'arrosage der Gartenschlauch.

type [tip]
das **Modell** *(pluriel* **Modelle***)* : **plusieurs types de raquettes** mehrere Schlägermodelle
2. der **Typ** *(pluriel* **Typen***)* : **c'est qui ce type ?** wer ist dieser Typ? ; **elle a le type nordique** sie ist ein nordischer Typ.

typique [tipik] *adjectif* ■ **typisch : un exemple typique d'architecture gothique** ein typisches Beispiel gotischer Architektur.

u

l' **UE** *(abréviation de* Union européenne*)* *nom féminin* ■ die **EU**.

un, e [œ̃, yn]
■ *article indéfini*
ein, eine : il y a un magasin au coin an der Ecke ist ein Geschäft ; **une pomme** ein Apfel ; **une voiture** ein Auto ➤ **des**
■ *pronom indéfini*
einer, eine, eines : un de mes amis einer von meinen Freunden ; **l'une des plus grandes actrices françaises** eine der berühmtesten französischen Schauspielerinnen
➤ **un par un** einer nach dem anderen
■ *adjectif numéral*
ein, eine : j'ai un frère et deux sœurs ich habe einen Bruder und zwei Schwestern

le **un** ■ die **Eins** *(pluriel* **Einsen***)* : **le un est sorti au Loto** im Lotto ist die Eins gezogen worden.

l' **unanimité** [ynanimite] *nom féminin* ■ die **Einstimmigkeit** *(sans pluriel)*

➤ **à l'unanimité** einstimmig : **les délégués de classe ont été élus à l'unanimité** die Klassensprecher sind einstimmig gewählt worden.

uni, e [yni] *adjectif*
1. **einfarbig** : **du tissu uni** ein einfarbiger Stoff ; **elle porte une robe unie** sie trägt ein einfarbiges Kleid
2. **harmonisch** : **c'est une famille très unie** das ist eine sehr harmonische Familie.

l' **uniforme** [yniform] *nom masculin* ■ die **Uniform** *(pluriel* **Uniformen***)*.

l' **union** [ynjɔ̃] *nom féminin* ■ die **Union** *(pluriel* **Unionen***)* : **l'union monétaire** die Währungsunion
➤ **l'Union européenne** die Europäische Union.

unique [ynik] *adjectif* ■ **einziger, einzige, einziges** : **Patrice a mangé l'unique bonbon qui restait** Patrice hat das einzige Bonbon gegessen, das noch übrig war
➤ **être enfant unique** Einzelkind sein : **elle est fille unique** sie ist Einzelkind
➤ **la monnaie unique** die gemeinsame Währung.

uniquement [ynikmɑ̃] *adverbe* ■ **einzig und allein** : **je viens uniquement pour te faire plaisir** ich komme einzig und allein, um dir eine Freude zu machen.

unir [27] [ynir] *verbe* ■ **zusammen|schließen** : **ils veulent unir les deux partis** sie wollen die beiden Parteien zusammenschließen.

l' **unité** [ynite] *nom féminin* ■ die **Einheit** *(pluriel* **Einheiten***)* : **les unités de mesure** die Maßeinheiten
➤ **l'unité centrale** die Zentraleinheit
➤ **vendu à l'unité** einzeln verkauft.

l' **univers** [yniver] *nom masculin*
1. das **Weltall** *(sans pluriel)* : **l'astronomie étudie l'univers** in der Astronomie wird das Weltall erforscht
2. die **Welt** *(pluriel* **Welten***)* : **l'univers de mode** die Modewelt.

l' **université** [yniversite] *nom féminin* ■ die **Universität** *(pluriel* **Universitäte**[n]*)* : **Cécile voudrait aller à l'université** Cé[cile] möchte auf die Universität gehen.

urbain, e [yrbɛ̃, ɛn] *adjectif* ■ **städt[is]ch** : **les transports urbains** die städtisch[en] Verkehrsmittel.

l' **urgence** [yrʒɑ̃s] *nom féminin*
➤ **d'urgence** sofort : **vous devez venir d'ur[-] gence** ihr müsst sofort kommen
➤ **en cas d'urgence** im Notfall
➤ **les urgences** die Notaufnahme : **on a [...] emmener Cyril aux urgences** wir muss[ten] Cyril in die Notaufnahme bringen.

urgent, e [yrʒɑ̃, ɑ̃t] *adjectif* ■ **dr[in]gend** : **prends ton temps, ce n'est pas [ur]gent** lass dir Zeit, es ist nicht so dringend.

les **USA** *(abréviation de* United States America*)* *nom masculin pluriel* ■ die **U[SA]** *(pluriel)* : **ils rêvent d'émigrer aux USA** [sie] träumen davon, in die USA auszuwandern.

usé, e [yze] *adjectif* ■ **abgetragen** : [ce] **manteau est très usé** der Mantel ist sehr a[b]getragen.

user [3] [yze] *verbe* ■ **ab|tragen** : **tu v[as] user ton jean très vite si tu continue[s à] faire ça** du wirst deine Jeans sehr schnell a[b]tragen, wenn du so weitermachst

s' **user** *verbe pronominal* ■ **sich ab|nutze[n]** : **ces chaussures se sont usées très vite** [di]se Schuhe haben sich sehr schnell abgenu[tzt].

l' **usine** [yzin] *nom féminin* ■ die **Fab[rik]** *(pluriel* **Fabriken***)* : **une usine de chauss[u]res** eine Schuhfabrik ; **le père de Laure t[ra]vaille à l'usine** Laures Vater arbeitet in ei[ner] Fabrik.

l' **ustensile** [ystɑ̃sil] *nom masculin* ■ [das] **Utensil** *(pluriel* **Utensilien***)*
➤ **les ustensiles de cuisine** die Küchen[ge]räte.

utile [ytil] *adjectif* ■ **nützlich : un outil très utile** ein sehr nützliches Werkzeug ; **essaie de te rendre utile** versuch dich nützlich zu machen ; **ces conseils nous ont été très utiles** diese Ratschläge waren sehr nützlich für uns
il n'est pas utile d'en parler à Camille es ist nicht ratsam, Camille davon zu erzählen.

utiliser [3] [ytilize] *verbe* ■ **benutzen : j'utilise beaucoup le dictionnaire** ich benutze viel das Wörterbuch.

V

vacances [vakɑ̃s] *nom féminin pluriel* ■ die **Ferien** *(pluriel)* **: les vacances sont presque finies** die Ferien sind fast vorbei ; **les grandes vacances** die großen Ferien
bonnes vacances ! schöne Ferien!
être en vacances in den Ferien sein
partir en vacances in die Ferien fahren

VACANCES SCOLAIRES

Alle Schüler in Frankreich haben zur gleichen Zeit zwei Monate lang Sommerferien, eine Woche Ferien zu Allerheiligen und zwei Wochen zu Weihnachten. Die jeweils zweiwöchigen Ferien im Februar oder März und im April oder Mai sind von Region zu Region unterschiedlich.

le **vaccin** [vaksɛ̃] ■ der **Impfstoff** *(pluriel* **Impfstoffe***)* **: le vaccin contre la grippe** der Impfstoff gegen Grippe.

vacciner [3] [vaksine] *verbe* ■ **impfen**.

la **vache** [vaʃ] ■ die **Kuh** *(pluriel* **Kühe***)* **: un troupeau de vaches** eine Kuhherde.

vachement [vaʃmɑ̃] *adverbe familier* ■ **wahnsinnig : j'ai vachement travaillé pour cette interro** ich habe wahnsinnig viel für diesen Test gelernt.

la **vague** [vag] ■ die **Welle** *(pluriel* **Wellen***)*.

vaguement [vagmɑ̃] *adverbe* ■ **flüchtig : tu t'en souviens ? - vaguement** erinnerst du dich daran? - flüchtig.

vaincre [86] [vɛ̃kr] *verbe* ■ **besiegen : les Gaulois ont été vaincus par César** die Gallier wurden von Cäsar besiegt.

vaincu, e [vɛ̃ky] *participe passé*
➤ vaincre.

le **vainqueur** [vɛ̃kœr] ■ der **Sieger** *(pluriel* **Sieger***)*, die **Siegerin** *(pluriel* **Siegerinnen***)* **: c'est elle le vainqueur du 100 m** sie ist Siegerin im 100–Meterlauf.

vais ➤ aller.

la **vaisselle** [vɛsɛl] ■ das **Geschirr** *(sans pluriel)* **: ma mère a sorti la vaisselle du dimanche** meine Mutter hat das Sonntagsgeschirr herausgeholt
➤ **faire la vaisselle** das Geschirr spülen.

valable [valabl] *adjectif* ■ **gültig : ton passeport n'est plus valable** dein Reisepass ist nicht mehr gültig.

le **valet** [valɛ] ■ der **Bube** *(pluriel* **Buben***)* **: le valet de cœur** der Herzbube.

la **valeur** [valœr] ■ der **Wert** *(pluriel* **Werte***)* **: personne ne connaît la valeur de ce tableau** niemand kennt den Wert dieses Gemäldes ; **les actions ont pris de la valeur** die Aktien sind im Wert gestiegen
➤ **avoir de la valeur** wertvoll sein : **ce bijou a beaucoup de valeur** dieses Schmuckstück ist sehr wertvoll.

la **valise** [valiz] ■ der **Koffer** *(pluriel* **Koffer***)* : **tu peux m'aider à porter mes valises ?** kannst du mir helfen, meine Koffer zu tragen?

la **vallée** [vale] ■ das **Tal** *(pluriel* **Täler***)* : **la vallée de la Loire** das Loiretal.

valoir **[48]** [valwar] *verbe*
1. **wert sein : cette voiture doit valoir une fortune** dieses Auto muss ein Vermögen wert sein ; **cette bague ne vaut rien** dieser Ring ist nichts wert
2. **kosten : ça vaut combien ?** wie viel kostet das? ; **ça vaut cent euros** das kostet hundert Euro

➤ **ça vaut cher** das ist teuer
➤ **valoir la peine** der Mühe wert sein : **ça ne vaut pas la peine** das ist nicht der Mühe wert
➤ **il vaut mieux que je parte** es ist besser, wenn ich gehe.

la **valse** [vals] ■ der **Walzer** *(pluriel* **Walzer***)*.

valu [valy] *participe passé* ➤ valoir.

le **vampire** [vɑ̃pir] ■ der **Vampir** *(pluriel* **Vampire***)* : **un film de vampires** ein Vampirfilm.

le **vandalisme** [vɑ̃dalism] ■ der **Vandalismus** *(sans pluriel)* : **les actes de vandalisme se multiplient au collège** an der Schule häufen sich die Fälle von Vandalismus.

la **vanille** [vanij] ■ die **Vanille** *(sans pluriel)*.

vantard, e [vɑ̃tar, ard] *adjectif* ■ **angeberisch**
➤ **être vantard** ein Angeber sein : **ce qu'il est vantard!** der ist vielleicht ein Angeber!

se **vanter** **[3]** [səvɑ̃te] *verbe pronominal* ■ **an|geben : arrête de te vanter** gib nicht so an ; **Paul se vante d'être sorti avec Céline** Paul gibt damit an, dass er mit Céline ausgegangen ist.

la **vapeur** [vapœr] ■ der **Dampf** *(pluriel* **Dämpfe***)* : **on ne voit rien avec toute cette vapeur** in dem Dampf sieht man gar nicht
➤ **à la vapeur** gedünstet : **des pommes terre à la vapeur** gedünstete Kartoffeln.

le **vaporisateur** [vaporizatœr] ■ d **Zerstäuber** *(pluriel* **Zerstäuber***)* : **du pa fum en vaporisateur** ein Parfümzerstäub

vaporiser **[3]** [vaporize] *verbe* ■ **ve prühen : tu devrais vaporiser du désod risant dans cette chambre !** du solltest was Raumparfum in diesem Zimn versprühen!

la **varappe** [varap] ■ das **Klettern** *(sa pluriel)* : **on va faire de la varappe cet** wir werden diesen Sommer zum Klettern g hen.

la **varicelle** [varisɛl] ■ die **Windpock** *(pluriel)* : **Thomas est absent parce qu'i la varicelle** Thomas ist nicht da, weil Windpocken hat.

varié, e [varje] *adjectif* ■ **abwec slungsreich : les menus de la cantine so variés** der Speiseplan in der Kantine ist a wechslungsreich.

varier **[9]** [varje] *verbe* ■ **schwanke les températures varient en cette sais** die Temperaturen schwanken zu dieser Ja reszeit.

la **variété** [varjete]
1. die **Abwechslung** *(sans pluriel)*
2. die **Sorte** *(pluriel* **Sorten***)* : **plusieurs variétés de chocolat** verschiedene Schokolade sorten.

vas ➤ aller.

le **vase** [vaz] ■ die **Vase** *(pluriel* **Vasen***)* **un vase en porcelaine** eine Porzellanvas

vaudrait ➤ valoir.

vaut ➤ valoir.

le **veau** [vo] *(pluriel* veaux*)*
1. das **Kalb** *(pluriel* **Kälber***)* : **la vache et s veau** die Kuh und ihr Kalb
2. das **Kalbfleisch** *(sans pluriel)* : **la viande veau est ma viande préférée** ich mag a liebsten Kalbfleisch.

vécu, e [veky]
participe passé ➤ vivre
adjectif
wahr : c'est une histoire vécue das ist eine wahre Geschichte.

vedette [vədɛt] ■ der **Star** (*pluriel* **Stars**) : **les vedettes de Hollywood** die Hollywoodstars.

végétal, e [veʒetal] (*masculin pluriel* **végétaux** [veʒeto]) *adjectif* ■ **Pflanzen- : de l'huile végétale** Pflanzenöl.

végétarien, enne [veʒetarjɛ̃, ɛn] *adjectif* ■ **vegetarisch : le menu végétarien** das vegetarische Menü ; **Caro est végétarienne** Caro ist Vegetarierin

végétarien ■ der **Vegetarier** (*pluriel* **Vegetarier**) : **ce restaurant est recommandé par les végétariens** dieses Restaurant wird von Vegetariern empfohlen

végétarienne ■ die **Vegetarierin** (*pluriel* **Vegetarierinnen**).

veille [vɛj] ■ **la veille** am Vortag ; **la veille de ...** einen Tag vor ... ; **ça s'est passé la veille de mon anniversaire** das ist einen Tag vor meinem Geburtstag passiert
la veille de Noël Heiligabend.

veiller [4] [veje] *verbe* ■ **auf|bleiben : on a veillé jusqu'à trois heures du matin** wir sind bis drei Uhr morgens aufgeblieben
veiller à
achten auf : **veillez à ne pas trop manger** achten Sie darauf, nicht zu viel zu essen
sorgen für ; **je veillerai à ce que Daniel t'appelle** ich werde dafür sorgen, dass Daniel dich anruft.

veinard [vɛnar] *familier* ■ der **Glückspilz** (*pluriel* **Glückspilze**) : **quel veinard !** so ein Glückspilz!

veinarde [vɛnard] *familier* ■ der **Glückspilz** (*pluriel* **Glückspilze**).

veine [vɛn]
die **Vene** (*pluriel* **Venen**) : **les veines de mes jambes sont gonflées** die Venen in meinen Beinen sind geschwollen
2. *familier* das **Glück** (*sans pluriel*) : **avoir de la veine** Glück haben ; **mon pauvre, tu n'as pas eu de veine !** du Ärmster, du hast kein Glück gehabt!

le **vélo** [velo] ■ das **(Fahr)Rad** (*pluriel* **(Fahr)Räder**) : **Lionel ne sait pas encore faire du vélo** Lionel kann noch nicht Rad fahren ; **tu veux qu'on fasse du vélo ?** möchtest du eine Radtour machen? ; **je vais à l'école à vélo** ich fahre mit dem Rad zur Schule
➤ **un vélo de course** ein Rennrad
➤ **un vélo tout-terrain** ein Mountainbike.

le **velours** [vəlur] ■ der **Samt** (*sans pluriel*) : **des coussins en velours** Samtkissen.

la **vendange** [vɑ̃dɑ̃ʒ] ■ die **Weinlese** (*pluriel* **Weinlesen**) : **la vendange sera bonne cette année** die Weinlese wird dieses Jahr gut ausfallen
➤ **faire les vendanges** den Wein lesen.

le **vendeur** [vɑ̃dœr] ■ der **Verkäufer** (*pluriel* **Verkäufer**).

la **vendeuse** [vɑ̃døz] ■ die **Verkäuferin** (*pluriel* **Verkäuferinnen**).

vendre [54] [vɑ̃dr] *verbe* ■ **verkaufen : ils veulent vendre leur voiture** sie wollen ihr Auto verkaufen ; **cette maison est à vendre** diese Haus ist zu verkaufen.

le **vendredi** [vɑ̃drədi] ■ der **Freitag** (*pluriel* **Freitage**) : **mes copains sont venus vendredi** meine Freunde sind am Freitag gekommen ; **je t'appelle vendredi matin** ich rufe dich Freitagmorgen an ; **vendredi dernier** letzten Freitag ; **vendredi prochain** nächsten Freitag

> Pour marquer l'habitude, on ajoute un s final au complément de temps :

Gisela joue au foot le vendredi Gisela spielt freitags Fußball.

vendu, e [vɑ̃dy] *participe passé* ➤ vendre.

vénéneux, euse [venenø, øz] *adjectif* ■ **giftig : un champignon vénéneux** ein giftiger Pilz.

se **venger** **[16]** [səvɑ̃ʒe] *verbe pronominal* ■ **sich rächen : je me vengerai !** ich werde mich rächen!

venimeux, euse [vənimø, øz] *adjectif* ■ **Gift- : un serpent venimeux** eine Giftschlange.

venir **[35]** [vənir] *verbe* ■ **kommen : tu viens avec moi à la piscine ?** kommst du mit mir ins Schwimmbad? ; **Paul vient du Mali** Paul kommt aus Mali

➤ **venir chercher quelqu'un** jemanden abholen : **venez me chercher à quatre heures** holt mich um vier Uhr ab

➤ **venir de faire quelque chose** etwas gerade getan haben :

> Quand le verbe **venir** exprime le passé immédiat, on utilise **gerade** :

je viens d'appeler Carine ich habe Carine gerade angerufen

➤ **venir voir quelqu'un** jemanden besuchen : **Cédric est venu me voir** Cédric hat mich besucht

➤ **faire venir quelqu'un** jemanden kommen lassen : **vous avez fait venir le docteur ?** haben Sie den Arzt kommen lassen?

➤ **où veux-tu en venir ?** worauf willst du hinaus?

le **vent** [vɑ̃] ■ der **Wind** *(pluriel* **Winde***)* **: le vent vient du nord** der Wind weht aus nördlicher Richtung

➤ **il y a du vent** es ist windig.

la **vente** [vɑ̃t] ■ der **Verkauf** *(pluriel* **Verkäufe***)* **: ils ont organisé la vente de la maison** sie haben den Verkauf des Hauses veranlasst

➤ **en vente** zu verkaufen

➤ **la vente par correspondance** der Versandhandel

➤ **une vente aux enchères** eine Versteigerung.

le **ventilateur** [vɑ̃tilatœr] ■ der **Ventilator** *(pluriel* **Ventilatoren***)* **: mets le ventilateur, il fait trop chaud** schalt den Ventilator ein, es ist zu warm hier.

le **ventre** [vɑ̃tr] ■ der **Bauch** *(pluriel* **Bäuche***)* **: j'ai mal au ventre** ich habe Bauchschmerzen

➤ **avoir du ventre** einen Bauch haben

➤ **à plat ventre** auf dem/den Bauch : **mett vous à plat ventre** legen Sie sich auf Bauch.

venu, e [vəny] *participe passé* ➤ v nir.

le **ver** [vɛr] ■ der **Wurm** *(pluriel* **Würme** **il y a un ver dans cette pomme** in dies Apfel ist ein Wurm

➤ **un ver de terre** ein Regenwurm.

le **verbe** [vɛrb] ■ das **Verb** *(pluriel* **V ben***)* **: les verbes irréguliers** die unre mäßigen Verben.

le **verger** [vɛrʒe] ■ der **Obstgarten** *(p riel* **Obstgärten***)*.

le **verglas** [vɛrgla] ■ das **Glatteis** *(s pluriel)*.

vérifier **[9]** [verifje] *verbe* ■ **überp fen : il vérifie toujours que la porte fermée** er überprüft immer, ob die Tür schlossen ist.

véritable [veritabl] *adjectif* ■ **echt : cuir véritable** echtes Leder.

la **vérité** [verite] ■ die **Wahrheit** *(plu* **Wahrheiten***)* **: je crois qu'il dit la vé** ich glaube, er sagt die Wahrheit ; **c'est la rité, je te le jure !** das ist die Wahrheit, schwöre es dir!

le **verlan** [vɛrlɑ̃] ■ *eine Art Geheimspra*

> VERLAN
>
> **Verlan** ist eine besonders b jungen Leuten beliebte „Spra che", in der man die Silben der Wörter i umgekehrter Reihenfolge ausspricht: (à **l'envers** (umgekehrt) wird so zu **verla** Was man oft hört, ist **laisse béton!** (laiss tomber! – vergiss es!), **meuf** (femme), r **pa** (Paris) und **zarbi** (bizarre – komisch).

verni, e [vɛrni] *adjectif* ■ **Lack- :** **chaussures vernies** Lackschuhe.

le **vernis** [vɛrni]

1. der **Lack** *(pluriel* **Lacke***)* **: le vernis de la ble est abîmé** der Lack des Tisches ist schädigt

die **Glasur** (*pluriel* **Glasuren**) : **le vernis du vase en terre cuite** die Glasur der Tonvase
du vernis à ongles Nagellack : **tu te mets souvent du vernis à ongles ?** trägst du häufig Nagellack?

verre [vɛr] ■ das **Glas** (*pluriel* **Gläser**) : **des verres à vin** Weingläser ; **un verre de lait** ein Glas Milch ; **cette table est en verre, l'autre est en bois** dieser Tisch ist aus Glas, der andere aus Holz
boire un verre ou **prendre un verre** einen trinken.

verrou [vɛru] ■ der **Riegel** (*pluriel* **Riegel**) : **mettre le verrou** den Riegel vor|schieben.

verrue [vɛry] ■ die **Warze** (*pluriel* **Warzen**) : **Anne a une verrue sur la main** Anne hat eine Warze an der Hand
des verrues plantaires Warzen am Fuß.

vers[1] [vɛr] ■ der **Vers** (*pluriel* **Verse**) : **un poème en vers** ein Gedicht in Versen.

vers[2] [vɛr] *préposition*
zu : **Pierre s'est tourné vers moi** Pierre hat sich zu mir umgedreht
um (... herum) : **on arrive à Paris vers le 20 juillet** wir kommen um den 20. Juli (herum) in Paris an
gegen : **la fête commence vers huit heures** die Feier fängt gegen acht Uhr an.

à verse [avɛrs] *adverbe*
il pleut à verse es gießt in Strömen.

Verseau [vɛrso] ■ der **Wassermann** (*sans pluriel*) : **je suis Verseau** ich bin Wassermann.

verser [3] [vɛrse] *verbe*
gießen : **il a versé le vin dans un verre** er hat den Wein in ein Glas gegossen
ein|schenken : **verse-moi à boire, s'il te plaît** schenk mir bitte etwas zu trinken ein
ein|zahlen : **je vais verser cet argent sur mon compte** ich werde dieses Geld auf mein Konto einzahlen.

version [vɛrsjɔ̃] ■ die **Übersetzung** (*pluriel* **Übersetzungen**) : **une version allemande** eine Übersetzung aus dem Deutschen.

le **verso** [vɛrso] ■ die **Rückseite** (*pluriel* **Rückseiten**) : **c'est écrit au verso** das steht auf der Rückseite.

vert, e [vɛr, vɛrt] *adjectif* ■ **grün** : **des chaussettes vertes** grüne Socken

le **vert** ■ **Grün** (*sans pluriel*) : **je n'aime pas le vert** Grün gefällt mir nicht
➤ **les Verts** die Grünen.

le **vertige** [vɛrtiʒ] ■ der **Schwindelanfall** (*pluriel* **Schwindelanfälle**) : **ça me donne le vertige** das macht mich schwindelig
➤ **avoir le vertige** nicht schwindelfrei sein : **Suzanne ne peut pas faire d'escalade, elle a le vertige** Suzanne kann nicht klettern gehen, sie ist nicht schwindelfrei.

la **veste** [vɛst] ■ das **Jackett** (*pluriel* **Jacketts**) : **il porte une veste à carreaux** er trägt ein kariertes Jackett.

le **vestiaire** [vɛstjɛr]
1. die **Garderobe** (*pluriel* **Garderoben**) : **on peut laisser nos affaires au vestiaire pendant qu'on visite** wir können unsere Sachen während der Besichtigung an der Garderobe abgeben
2. der **Umkleideraum** (*pluriel* **Umkleideräume**) : **les vestiaires du stade** die Umkleideräume des Stadions.

les **vêtements** [vɛtmɑ̃] *nom masculin pluriel* ■ die **Kleidung** (*sans pluriel*) : **emportez des vêtements chauds** nehmt warme Kleidung mit
➤ **des vêtements de sport** Sportbekleidung.

le|la **vétérinaire** [veterinɛr] ■ der **Tierarzt** (*pluriel* **Tierärzte**), die **Tierärztin** (*pluriel* **Tierärztinnen**) : **Fabrice veut devenir vétérinaire** Fabrice möchte Tierarzt werden.

le **veuf** [vœf] ■ der **Witwer** (*pluriel* **Witwer**).

veuille ➤ vouloir.

veut ➤ vouloir.

la **veuve** [vœv] ■ die **Witwe** (*pluriel* **Witwen**) : **elle est veuve depuis deux ans** sie ist seit zwei Jahren Witwe.

veux ➤ vouloir.

vexé, e [vɛkse] *adjectif* ■ **gekränkt : tu crois que Lisa est vexée ?** glaubst du, dass Lisa gekränkt ist?

vexer [4] [vɛkse] *verbe* ■ **kränken : j'espère que je ne t'ai pas vexé** ich hoffe, ich habe dich nicht gekränkt

se **vexer** *verbe pronominal* ■ **beleidigt sein : ne te vexe pas** sei nicht beleidigt.

la **viande** [vjɑ̃d] ■ das **Fleisch** *(sans pluriel)* **: je ne mange pas de viande** ich esse kein Fleisch.

vicieux, euse [visjø, øz] *adjectif* ■ **pervers**.

la **victime** [viktim] ■ das **Opfer** *(pluriel* **Opfer***)* **: l'accident a fait cinq victimes** der Unfall hat fünf Opfer gefordert.

la **victoire** [viktwar] ■ der **Sieg** *(pluriel* **Siege***)* **: c'est la troisième victoire de l'équipe bordelaise** das ist der dritte Sieg der Mannschaft aus Bordeaux.

vide [vid] *adjectif* ■ **leer : la bouteille est déjà vide** die Flasche ist schon leer.

vidéo [video] *adjectif invariable* ■ **Video- : une cassette vidéo** eine Videokassette

la **vidéo** ■ das **Video** *(pluriel* **Videos***)* **: la vidéo du mariage** das Video von der Hochzeit.

le **vide-ordures** [vidɔrdyr] ■ der **Müllschlucker** *(pluriel* **Müllschlucker***)*.

vider [3] [vide] *verbe*

1. **leeren : il a vidé son verre d'un seul trait** er leerte sein Glas in einem Zug
2. **aus|räumen : tu peux m'aider à vider le placard ?** kannst du mir helfen, den Wandschrank auszuräumen?

se **vider** *verbe pronominal* ■ **sich leeren : le pub se vide vers onze heures** der Pub leert sich gegen elf Uhr.

le **videur** [vidœr] ■ der **Rausschmeißer** *(pluriel* **Rausschmeißer***)* **: les videurs ne veulent pas nous laisser rentrer** die Rausschmeißer wollen uns nicht wieder hereinlassen.

la **vie** [vi] ■ das **Leben** *(pluriel* **Leben***)* **: tu m'as sauvé la vie !** du hast mir das Leben gerettet! ; **elle est entrée très jeune dans la vie active** sie ist sehr jung ins Berufsleben eingetreten

➤ **à vie** lebenslänglich : **être emprisonné à vie** lebenslänglich im Gefängnis sitzen

➤ **être en vie** am Leben sein

➤ **c'est la vie !** so ist das Leben!

vieil ➤ **vieux**.

le **vieillard** [vjɛjar] ■ der **alte Mann** *(pluriel* **alten Männer***)*

➤ **des vieillards** alte Leute.

vieille ➤ **vieux**.

la **vieillesse** [vjɛjɛs] ■ das **Alter** *(sans pluriel)* **: elle est morte de vieillesse** sie ist an Altersschwäche gestorben.

vieillir [27] [vjejir] *verbe*

1. **alt werden**

> Lorsqu'un verbe exprime un changement de couleur ou d'état, on le traduit généralement à l'aide de l'auxiliaire **werden** :

il y a des gens qui ont peur de vieillir es gibt Leute, die Angst haben, alt zu werden

2. **älter machen**

➤ **cette coiffure te vieillit** diese Frisur macht dich älter.

vierge [vjɛrʒ] *adjectif* ■ **leer : une cassette vierge** eine Leerkassette

➤ **être vierge** Jungfrau sein

la **vierge** ■ die **Jungfrau** *(pluriel* **Jungfrauen***)* **: la Vierge** die Jungfrau Maria

la **Vierge** ■ die **Jungfrau** *(sans pluriel)* **: je suis Vierge** ich bin (Sternzeichen) Jungfrau

vieux, vieille [vjø, vjɛj] *(***vieil** *devant un mot commençant par une voyelle ou un « h » muet)* *adjectif* ■ **alt : Catherine est plus vieille que toi** Catherine ist älter als du ; **un vieil homme** ein alter Mann

➤ **se faire vieux** alt werden : **on se fait vieux** wir werden alt

le **vieux** ■ der **alte Mann** *(pluriel* **alten Männer***)* **: un vieux de quatre-vingts ans** ein alter Mann von achtzig Jahren

➤ **les vieux** die alten Leute

vieille ■ die **alte Frau** (*pluriel* **alten Frauen**) : **une pauvre vieille** eine arme alte Frau.

vif, vive [vif, viv] *adjectif*
lebhaft : **des couleurs vives** lebhafte Farben
aufgeweckt : **elle n'est pas très vive** sie ist nicht besonders aufgeweckt.

vigne [viɲ] ■ der **Wein** (*sans pluriel*) : **les vignes poussent bien ici** hier wächst der Wein gut.

vignoble [viɲɔbl] ■ der **Weinberg** (*pluriel* **Weinberge**) : **il y a beaucoup de vignobles dans cette région** In dieser Region gibt es viele Weinberge.

vilain, e [vilɛ̃, ɛn] *adjectif* ■ **ungezogen** : **ne sois pas vilain, ton papa va revenir bientôt** sei nicht ungezogen, dein Papa kommt gleich wieder.

villa [vila] ■ die **Villa** (*pluriel* **Villen**) : **ils ont une villa au bord de la mer** sie haben eine Villa am Meer.

village [vilaʒ] ■ das **Dorf** (*pluriel* **Dörfer**) : **je vais au village chercher du pain** ich gehe ins Dorf, um Brot einzukaufen.

ville [vil] ■ die **Stadt** (*pluriel* **Städte**) : **une petite ville de cinq mille habitants** eine kleine Stadt mit fünftausend Einwohnern ; **les grandes villes** die Großstädte
en ville
. in der Stadt : **Mathieu habite en ville** Mathieu wohnt in der Stadt
. in die Stadt ; **on va en ville cet après-midi ?** gehen wir heute Nachmittag in die Stadt?

vin [vɛ̃] ■ der **Wein** (*sans pluriel*) : **du vin blanc** Weißwein ; **du vin rouge** Rotwein ; **une bouteille de vin** eine Flasche Wein.

vinaigre [vinɛgr] ■ der **Essig** (*sans pluriel*) : **du vinaigre de vin** Weinessig.

vinaigrette [vinɛgrɛt] ■ die **Vinaigrette** (*pluriel* **Vinaigrettes**).

vingt [vɛ̃] *adjectif numéral* ■ **zwanzig** : **Marine a au moins vingt paires de chaussures** Marine besitzt mindestens zwanzig Paar Schuhe

le **vingt** ■ der **Zwanzigste** (*sans pluriel*)
➤ **nous sommes le vingt janvier** heute ist der zwanzigste Januar.

la **vingtaine** [vɛ̃tɛn] ■ **une vingtaine** etwa zwanzig ; **j'ai invité une vingtaine de copains** ich habe etwa zwanzig Freunde eingeladen.

vingt et un [vɛ̃teɛ̃] *adjectif numéral* ■ **einundzwanzig** : **il a vingt et un ans** er ist einundzwanzig Jahre alt

le **vingt et un** ■ der **Einundzwanzigste** (*sans pluriel*) : **nous sommes le vingt et un avril** heute ist der einundzwanzigste April.

vingtième [vɛ̃tjɛm] *adjectif numéral* ■ **zwanzigste** : **Anne est arrivée vingtième** Anne ist als Zwanzigste angekommen

le|la **vingtième** ■ der|die|das **Zwanzigste** (*pluriel* **Zwanzigsten**) : **tu es le vingtième sur la liste d'attente** du bist der Zwanzigste auf der Warteliste.

la **violence** [vjɔlɑ̃s] ■ die **Gewalt** (*sans pluriel*).

violent, e [vjɔlɑ̃, ɑ̃t] *adjectif* ■ **heftig** : **une violente douleur dans les côtes** ein heftiger Schmerz in der Rippengegend.

violet, ette [vjɔlɛ, ɛt] *adjectif* ■ **violett** : **des petites fleurs violettes** kleine violette Blumen

le **violet** ■ **Violett** (*sans pluriel*) : **le violet est la couleur préférée de Samantha** Violett ist Samanthas Lieblingsfarbe

la **violette** ■ das **Veilchen** (*pluriel* **Veilchen**) : **un bouquet de violettes** ein Strauß Veilchen.

le **violon** [vjɔlɔ̃] ■ die **Geige** (*pluriel* **Geigen**) : **Marc apprend à jouer du violon** Marc lernt Geige spielen.

le **violoncelle** [vjɔlɔ̃sɛl] ■ das **Cello** (*pluriel* **Cellos**) : **Clémence joue du violoncelle dans un orchestre** Clémence spielt Cello im Orchester.

le|la **violoniste** [vjɔlɔnist] ■ der **Geiger** (*pluriel* **Geiger**), die **Geigerin** (*pluriel* **Geigerinnen**) : **elle est violoniste** sie ist Geigerin.

la **vipère** [vipɛr] ■ die **Viper** (*pluriel* **Vipern**) : **Jules s'est fait mordre par une vipère** Jules ist von einer Viper gebissen worden.

le **virage** [viraʒ] ■ die **Kurve** (*pluriel* **Kurven**) : **attention, ce virage est dangereux** Achtung, diese Kurve ist gefährlich.

virer [3] [vire] *verbe familier* ■ **feuern** : **ils ont été virés** sie sind gefeuert worden

➤ **se faire virer du collège** von der Schule fliegen.

la **virgule** [virgyl] ■ das **Komma** (*pluriel* **Kommata**) : **tu as oublié la virgule** du hast das Komma vergessen ; **cinq virgule quatre** fünf Komma vier.

le **virus** [virys] ■ der **Virus** (*pluriel* **Viren**) : **le virus de la grippe** der Grippevirus ; **un virus informatique** ein Computervirus.

la **vis** [vis] ■ die **Schraube** (*pluriel* **Schrauben**).

le **visa** [viza] ■ das **Visum** (*pluriel* **Visa**) : **on a fait une demande de visa pour la Russie** wir haben ein Visum für Russland beantragt.

le **visage** [vizaʒ] ■ das **Gesicht** (*pluriel* **Gesichter**) : **une crème pour le visage** eine Gesichtscreme.

visé, e [vize] *adjectif*

➤ **je me suis senti visé quand il a fait cette remarque** ich habe mich angesprochen gefühlt, als er diese Bemerkung gemacht hat.

viser [3] [vize] *verbe*

1. **zielen** : **j'ai mal visé** ich habe nicht richtig gezielt
2. **zielen auf** : **il visait la cible** er zielte auf die Zielscheibe
3. **ab|zielen auf** : **cette remarque ne visait personne en particulier** diese Bemerkung zielte auf niemanden Bestimmten ab.

visible [vizibl] *adjectif* ■ **sichtbar**.

la **visière** [vizjɛr] ■ das **Visier** (*pluriel* **Visiere**) : **la visière d'un casque** das Visier eines Helms.

la **visite** [vizit]

1. der **Besuch** (*pluriel* **Besuche**) : **nous avo[ns] eu la visite de mes cousins** wir haben m[ei]ne Cousins zu Besuch gehabt
2. die **Besichtigung** (*pluriel* **Besichtigu[n]gen**) : **la visite du château dure envir[on] une heure** die Besichtigung des Schloss[es] dauert ungefähr eine Stunde

➤ **avoir de la visite** Besuch haben

➤ **rendre visite à quelqu'un** jemanden b[e]suchen

➤ **une visite guidée** eine Führung

➤ **une visite médicale** eine ärztliche Unt[er]suchung : **on doit tous passer une visi[te] médicale à l'école** wir müssen in der Schu[le] alle zur ärztlichen Untersuchung.

visiter [3] [vizite] *verbe* ■ **besichtige[n]** : **on a visité Bourges dimanche dernier** w[ir] haben letzten Sonntag Bourges besichtigt.

visser [3] [vise] *verbe* ■ **zu|schraube[n]** : **tu n'as pas bien vissé le couvercle** du ha[st] den Deckel nicht richtig zugeschraubt.

vital, e [vital] (*masculin pluriel* **vitau[x]** [vito]) *adjectif* ■ **lebenswichtig**.

la **vitamine** [vitamin] ■ das **Vitam[in]** (*pluriel* **Vitamine**) : **il prend de la vitami[ne] C** er nimmt Vitamin C.

vite [vit] *adverbe* ■ **schnell** : **ne marc[he] pas si vite** geh nicht so schnell

➤ **fais vite !** beeil dich!

la **vitesse** [vitɛs]

1. die **Geschwindigkeit** (*pluriel* **Geschwi[n]digkeiten**) : **à quelle vitesse vous alliez** mit welcher Geschwindigkeit sind Sie gefa[h]ren?
2. der **Gang** (*pluriel* **Gänge**) : **un vélo à d[ix] vitesses** ein Fahrrad mit zehn Gängen ; **changer de vitesse** einen anderen Ga[ng] ein|legen

➤ **à toute vitesse** mit hoher Geschwindigke[it]

➤ **en vitesse** schnell : **je fais mes devoirs [en] vitesse et je viens te voir** ich mache schn[ell] meine Hausaufgaben und komme bei dir vo[r]bei.

le **vitrail** [vitraj] (*pluriel* **vitraux** [vitro]) ■ das **bunte Fenster** (*pluriel* **bunten Fenster**) : **les vitraux de la cathédrale** die bu[n]ten Fenster der Kathedrale.

vitre [vitr] ▪ die **(Fenster)scheibe** *(pluriel* **(Fenster)scheiben***)* : **les enfants ont cassé une vitre** die Kinder haben eine Fensterscheibe zerbrochen.

vitré, e [vitre] *adjectif* ▪ **Glas-** : **une porte vitrée** eine Glastür.

vitrine [vitrin] ▪ das **Schaufenster** *(pluriel* **Schaufenster***)* : **la jupe qui est en vitrine** der Rock aus dem Schaufenster.

vivant, e [vivɑ̃, ɑ̃t] *adjectif* ▪ **lebendig** : **c'est un quartier très vivant** das ist ein sehr lebendiges Viertel
➤ **être vivant** leben : **le moineau était encore vivant** der Spatz lebte noch.

vive [viv] *interjection* ▪ **vive la France !** es lebe Frankreich!

vivement [vivmɑ̃] *interjection* ▪ **vivement les vacances !** wenn doch schon Ferien wären! ; **vivement que l'été arrive !** wenn es doch bald Sommer würde!

vivre **[69]** [vivr] *verbe*
1. **leben** : **le frère de Benoît vit au Canada** Benoîts Bruder lebt in Kanada ; **de quoi est-ce qu'ils vivent ?** wovon leben sie?
2. **durch|machen** : **Isabelle a vécu des moments difficiles** Isabelle hat eine schwierige Zeit durchgemacht
➤ **il est facile à vivre** man kommt gut mit ihm aus.

vocabulaire [vɔkabylɛr] ▪ der **Wortschatz** *(pluriel* **Wortschätze***)* : **Audrey lit beaucoup pour enrichir son vocabulaire** Audrey liest viel, um ihren Wortschatz zu erweitern.

vocation [vɔkasjɔ̃] ▪ die **Berufung** *(pluriel* **Berufungen***)* : **pour faire ce métier, il faut avoir la vocation** für diese Arbeit muss man die Berufung dazu haben.

vœu [vø] *(pluriel* vœux*)* ▪ der **Wunsch** *(pluriel* **Wünsche***)*
➤ **faire un vœu** sich etwas wünschen

vœux *nom masculin pluriel* ▪ die **Wünsche** *(pluriel)* : **tous nos vœux de bonheur** unsere besten Wünsche
➤ **Meilleurs Vœux** alles Gute.

voici [vwasi] *préposition*
1. **hier ist, hier sind**

La conjugaison du verbe dépend de ce qui suit **voici**, s'il s'agit d'un singulier, on utilisera **hier ist**, si c'est un pluriel, on optera pour **hier sind** :

voici l'argent que je te dois hier ist das Geld, das ich dir schulde ; **voici les magazines que tu m'as demandés** hier sind die Zeitschriften, um die du mich gebeten hast
2. **da ist, da sind** : **le|la voici !** da ist er|sie|es! ; **les voici enfin !** da sind sie ja endlich!
3. **nämlich** : **voici ce qui s'est passé** es ist nämlich folgendes passiert.

la **voie** [vwa]
1. die **Spur** *(pluriel* **Spuren***)* : **une route à trois voies** eine dreispurige Straße
2. das **Gleis** *(pluriel* **Gleise***)* : **le train part de la voie six** der Zug fährt aus Gleis sechs ab
➤ **la voie ferrée** das Bahngleis
➤ **les pays en voie de développement** die Entwicklungsländer.

voilà [vwala] *préposition*
1. **da ist, da sind**

La conjugaison du verbe dépend de ce qui suit **voilà**, s'il s'agit d'un singulier, on utilisera **da ist**, si c'est un pluriel, on optera pour **da sind** :

voilà la fille dont je te parlais da ist das Mädchen, von dem ich dir erzählt habe ; **voilà tes valises** da sind deine Koffer ; **le|la voilà !** da ist er|sie|es! ; **les voilà enfin !** da sind sie ja endlich!
2. **also** : **voilà comment ça s'est passé** so ist es also gewesen.

la **voile**[1] [vwal]
1. das **Segel** *(pluriel* **Segel***)* : **l'une des voiles est déchirée** eines der Segel ist zerrissen
2. das **Segeln** *(sans pluriel)* : **faire de la voile** segeln.

le **voile**[2] [vwal] ▪ der **Schleier** *(pluriel* **Schleier***)* : **elle porte le voile** sie trägt einen Schleier.

le **voilier** [vwalje] ▪ das **Segelboot** *(pluriel* **Segelboote***)*.

voir [49] [vwar] *verbe*

1. **sehen : tu vois la maison là-bas ?** siehst du das Haus dort? ; **on ne voit rien ici** hier sieht man gar nichts ; **je l'ai vu tomber** ich habe gesehen, wie er hingefallen ist
2. **sich etwas an|sehen : venez voir, on a trouvé des traces de sanglier !** kommt und seht euch das an, wir haben Wildschweinspuren gefunden!
3. **besuchen : Adrien voit souvent ses copains de Clamart** Adrien besucht oft seine Freunde aus Clamart

➤ **ça n'a rien à voir avec ce qu'on disait tout à l'heure** das hat nichts mit dem zu tun, was wir vorhin gesagt haben

➤ **je vois ...** ich sehe schon ...

se **voir** *verbe pronominal*

1. **sich sehen : je me suis vu dans la vitrine** ich habe mich im Schaufenster gesehen ; **vous vous voyez souvent ?** seht ihr euch oft?
2. **zu sehen sein : la tache ne se voit presque pas** der Fleck ist fast nicht zu sehen.

voisin, e [vwazɛ̃, in] *adjectif*

■ **Nachbar- : les pays voisins** die Nachbarländer

➤ **le voisin de palier** der Flurnachbar

le **voisin** ■ der **Nachbar** (*pluriel* **Nachbarn**) : **nos voisins sont sympa** unsere Nachbarn sind nett

la **voisine** ■ die **Nachbarin** (*pluriel* **Nachbarinnen**).

la **voiture** [vwatyr]

1. das **Auto** (*pluriel* **Autos**) : **mes parents ont deux voitures** meine Eltern haben zwei Autos
2. der **Wagen** (*pluriel* **Wagen**) : **nos places sont dans la voiture de queue** unsere Plätze sind im letzten Wagen

➤ **une voiture de location** ein Mietwagen.

la **voix** [vwa] ■ die **Stimme** (*pluriel* **Stimmen**) : **David a la voix grave** David hat eine tiefe Stimme ; **Natacha a obtenu vingt voix** Natacha hat zwanzig Stimmen erhalten

➤ **à voix basse** leise

➤ **à voix haute** laut : **le professeur m'a fait lire à voix haute** der Lehrer hat mich laut vorlesen lassen.

le **vol** [vɔl]

1. der **Flug** (*pluriel* **Flüge**)
2. der **Diebstahl** (*pluriel* **Diebstähle**) : **il y beaucoup de vols dans ce quartier** in di sem Viertel werden oft Diebstähle bega gen ; **les vols de voitures** Autodiebstähle.

le **volant** [vɔlɑ̃]

1. das **Steuer** (*pluriel* **Steuer**) : **ne lâche pas volant !** lass das Steuer nicht los! ; **au v lant, il faut rester vigilant** am Steuer mu man immer wachsam sein
2. der **Federball** (*pluriel* **Federbälle**) : **on envoyé le volant sur le toit** wir haben d Federball aufs Dach geschossen.

le **volcan** [vɔlkɑ̃] ■ der **Vulkan** (*plur* **Vulkane**) : **un volcan en activité** ein ak ver Vulkan.

voler [3] [vɔle] *verbe*

1. **fliegen : les autruches ne volent p** Strauße können nicht fliegen
2. **stehlen : quelqu'un m'a volé mon port clés** jemand hat mir meinen Schlüsselanhä ger gestohlen.

le **volet** [vɔlɛ] ■ der **Fensterladen** (*plur* **Fensterläden**) : **tu as fermé les volets** hast du die Fensterläden zugemacht?

le **voleur** [vɔlœr] ■ der **Dieb** (*pluriel* **Di be**) : **la police a arrêté les voleurs** die Po zei hat die Diebe festgenommen

➤ **au voleur !** haltet den Dieb!

la **voleuse** [vɔløz] ■ die **Diebin** (*plur* **Diebinnen**).

le **volley-ball** [vɔlɛbol] ■ der **Volle ball : Quentin joue au volley-ball le sa medi** Quentin spielt samstags Volleyball

En allemand, on ne met pas de préposition devant le sport que l'on pratique.

volontaire [vɔlɔ̃tɛr] *adjectif* ■ **freiw lig : elle était volontaire pour le faire** s erklärte sich freiwillig dazu bereit

➤ **je suis désolé, ce n'était pas volontai** es tut mir Leid, das war keine Absicht

le|la **volontaire** ■ der|die **Freiwillige** (*pl riel* **Freiwilligen**) : **j'ai besoin de trois v lontaires** ich brauche drei Freiwillige

se porter volontaire pour faire quelque chose sich freiwillig für etwas melden.

volonté [vɔlɔ̃te] ■ der **Wille** *(sans pluriel)* : **tu n'as aucune volonté !** du hast überhaupt keinen Willen!
la bonne volonté guter Wille : **être plein de bonne volonté** guten Willens sein
à volonté nach Belieben.

volontiers [vɔlɔ̃tje] *adverbe* ■ **gern** : **tu reprendras du gâteau ? – volontiers** möchtest du noch ein Stück Kuchen? – gern.

volume [vɔlym] ■ der **Band** *(pluriel* **Bände***)* : **le premier volume de l'encyclopédie** der erste Band der Enzyklopädie.

vomir **[27]** [vɔmir] *verbe* ■ **sich übergeben** : **Sandrine a vomi sur le bateau** Sandrine hat sich auf dem Schiff übergeben
j'ai envie de vomir mir ist schlecht.

vont ➤ aller.

vos *pluriel* ➤ votre

vote [vɔt] ■ die **Abstimmung** *(pluriel* **Abstimmungen***)* : **je propose d'organiser un vote** ich schlage vor, eine Abstimmung durchzuführen.

voter **[3]** [vɔte] *verbe*
wählen : **on ne peut pas voter avant l'âge de dix-huit ans** man kann erst mit achtzehn Jahren wählen
stimmen : **pour qui as-tu voté ?** für wen hast du gestimmt?

votre [vɔtr] *(pluriel* vos [vo]*) adjectif*
euer, eure : **elle est dans votre classe** sie geht in eure Klasse ; **quels sont vos groupes préférés ?** welches sind eure Lieblingsgruppen?
Ihr, Ihre : **vous avez oublié votre parapluie** Sie haben Ihren Schirm vergessen.

le vôtre, la vôtre [lәvotr, lavotr] *(pluriel* vôtres [levotr]*) pronom*
euer, eure, eures : **notre voiture est là, où est la vôtre ?** unser Auto steht hier, wo steht eures? ; **tous mes amis sont invités, et les vôtres aussi** all meine Freunde sind eingeladen, und eure auch
2. **Ihr, Ihre, Ihres** : **mon ordinateur ne marche plus, est-ce que je peux utiliser le vôtre ?** mein Computer funktioniert nicht mehr, darf ich Ihren benutzen?
➤ **à la vôtre !** auf euer|Ihr Wohl!

vouloir **[45]** [vulwar] *verbe*
1. **wollen** : **je veux partir** ich will gehen ; **tu veux du chocolat ?** willst du ein Stück Schokolade? ; **je veux que tu m'aides** ich will, dass du mir hilfst
2. *Au conditionnel et dans les demandes polies* **Sandra voudrait un nouveau manteau** Sandra möchte einen neuen Mantel ; **je voudrais deux croissants s'il vous plaît** ich möchte bitte zwei Croissants ; **voulez-vous boire quelque chose ?** möchten Sie etwas trinken?
➤ **fais comme tu veux** mach, was du willst
➤ **sans le vouloir** unwillentlich : **j'ai vexé Thomas sans le vouloir** ich habe Thomas unwillentlich gekränkt
➤ **oui, je veux bien** ja, bitte : **un peu plus de gâteau ? – oui, je veux bien** noch ein Stück Kuchen? – ja, bitte
➤ **bien vouloir faire quelque chose** etwas gerne tun wollen : **je veux bien t'aider** ich will dir gerne helfen
➤ **veuillez vous asseoir** setzen Sie sich doch
➤ **vouloir dire**
1. heißen : **que veut dire « storm » ?** was heißt „storm"?
2. meinen ; **qu'est-ce que tu veux dire ?** was meinst du damit?
➤ **en vouloir à quelqu'un** jemandem böse sein
➤ **s'en vouloir** sich ärgern : **je m'en veux d'avoir cédé** ich ärgere mich, dass ich nachgegeben habe.

voulu, e [vuly] *adjectif* ■ **gewollt** : **je ne crois pas que ce soit voulu** ich glaube nicht, dass das gewollt ist.

vous [vu] *pronom personnel*
1. **ihr** : **vous êtes arrivés à quelle heure ?** wann seid ihr angekommen? ; **et vous, qu'est-ce que vous faites ?** und ihr, was macht ihr? ; **vous voilà enfin !** da seid ihr ja endlich!

2. **Sie : Mme Dupont, vous avez oublié vos lunettes** Frau Dupont, Sie haben Ihre Brille vergessen ; **je vous cherchais** ich habe Sie gesucht ; **c'est pour vous** das ist für Sie ; **c'est vous qui avez tout payé** Sie haben alles bezahlt
3. **euch : vous, on vous appellera plus tard** euch werden wir später anrufen ; **dépêchez-vous** beeilt euch ; **vous ne pensez qu'à vous** ihr denkt nur an euch ; **vous vous êtes fait mal ?** habt ihr euch weh getan? ; **est-ce que vous vous voyez souvent ?** seht ihr euch oft?
4. **Ihnen : je vous l'ai envoyé hier** ich habe es Ihnen gestern geschickt
5. **sich : vous ne pensez qu'à vous** Sie denken nur an sich ; **détendez-vous** entspannen Sie sich ; **vous vous souvenez ?** erinnern Sie sich? ; **est-ce que vous vous voyez souvent ?** sehen Sie sich oft?
6. ➤ tu

➤ **être à vous**

1. euch gehören : **est-ce que ces manteaux sont à vous ?** gehören diese Mäntel euch?
2. Ihnen gehören ; **est-ce que ces lunettes sont à vous ?** gehört diese Brille Ihnen?

➤ **vous-même** selbst : **vous l'avez fait vous-même ?** haben Sie das selbst gemacht? ou habt ihr das selbst gemacht?

vouvoyer [12] [vuvwaje] *verbe* ■ **siezen : le prof d'histoire nous vouvoie** unser Geschichtslehrer siezt uns

se **vouvoyer** *verbe pronominal* ■ **sich siezen : Monsieur Duval et madame Tanguy se vouvoient** Herr Duval und Frau Tanguy siezen sich.

le **voyage** [vwajaʒ] ■ die **Reise** (*pluriel* **Reisen**) : **le voyage a été long** es war eine lange Reise ; **comment s'est passé votre voyage en Australie ?** wie war eure Reise nach Australien?

➤ **un voyage d'affaires** eine Geschäftsreise
➤ **le voyage de noces** die Hochzeitsreise
➤ **un voyage organisé** eine Gruppenreise
➤ **bon voyage !** gute Reise!
➤ **partir en voyage** auf Reisen gehen.

voyager [16] [vwajaʒe] *verbe* ■ **reisen : j'adore voyager** ich reise sehr gern ; **voyager en première classe** erster Klasse reisen.

le **voyageur** [vwajaʒœr] ■ der **Reisen**[de] (*pluriel* **Reisenden**).

la **voyageuse** [vwajaʒøz] ■ die **Reis**[en]**de** (*pluriel* **Reisenden**).

voyant, e [vwajɑ̃, ɑ̃t] *adjectif* ■ **a**[uf]**fällig : des couleurs voyantes** auffäll[ige] Farben

la **voyante** ■ die **Hellseherin** (*plu*[*riel*] **Hellseherinnen**) : **Mélanie est allée co**[n]**sulter une voyante** Mélanie ist zu ei[ner] Hellseherin gegangen.

la **voyelle** [vwajɛl] ■ der **Vokal** (*plu*[*riel*] **Vokale**) : **il y a six voyelles en français** [im] Französischen gibt es sechs Vokale.

le **voyou** [vwaju] ■ der **Taugenichts** (*p*[*lu*]*riel* **Taugenichtse**) : **les voyous qui t**[raî]**nent dans le centre commercial** die T[au]genichtse, die sich im Einkaufszentr[um] herumtreiben.

vrai, e [vrɛ] *adjectif*

1. **wahr : une histoire vraie** eine wahre [Ge]schichte ; **ce n'est pas vrai !** das ist ni[cht] wahr!
2. **richtig : la baleine est un mammifè**[re] **vrai ou faux ?** der Wal ist ein Säuget[ier,] richtig oder falsch? ; **ce n'est pas son v**[rai] **nom** das ist nicht sein richtiger Name.

vraiment [vrɛmɑ̃] *adverbe* ■ **wirkli**[ch :] **merci, c'est vraiment sympa** vielen Da[nk,] das ist wirklich nett.

le **VTT** (*abréviation de* **vélo tout-terra**[in]) ■ das **Mountainbike** (*pluriel* **Mountain**[bi]**kes**).

vu, e [vy]

■ *participe passé* ➤ voir

■ *adjectif*

être bien|mal vu gern|nicht gern gese[hen] sein ; **c'est mal vu de fumer** Rauchen w[ird] nicht gern gesehen.

vu [vy] *préposition* ■ **in Anbetracht : **[vu] **tes notes habituelles...** in Anbetracht [dei]ner Noten...

➤ **vu que** da ... ja : **tu pourrais nous aid**[er] **vu que tu n'as rien à faire** du könntest [uns] helfen, da du ja nichts zu tun hast.

vue [vy]
das **Sehvermögen** *(sans pluriel)* : **Paul a des problèmes de vue** Paul hat Probleme mit seinen Augen
die **Aussicht** *(sans pluriel)* : **la vue est magnifique d'ici** von hier hat man eine herrliche Aussicht
à première vue auf den ersten Blick.

vulgaire [vylgɛr] *adjectif* ■ **vulgär** : **ne sois pas si vulgaire !** sei doch nicht so vulgär!

w

wagon [vagɔ̃] ■ der **Wagen** *(pluriel* **Wagen***)* : **un wagon de deuxième classe** ein Wagen zweiter Klasse
un wagon de marchandises ein Güterwagen.

wagon-lit *(pluriel* wagons-lits*)* [vagɔ̃li] ■ der **Schlafwagen** *(pluriel* **Schlafwagen***)*.

wagon-restaurant *(pluriel* wagons-restaurants*)* [vagɔ̃rɛstɔrɑ̃] ■ der **Speisewagen** *(pluriel* **Speisewagen***)*.

Walkman® [wɔkman] ■ der **Walkman®** *(pluriel* **Walkmen***)*.

W.-C. [vese] *(abréviation de* water closet*)* *nom masculin pluriel* ■ das **WC** *(pluriel* **WCs***)* : **où sont les W.-C. ?** wo ist das WC?

Web [wɛb] ■ das **Internet** *(sans pluriel)*.

le **week-end** [wikɛnd] *(pluriel* week-ends*)* ■ das **Wochenende** *(pluriel* **Wochenenden***)* : **bon week-end !** schönes Wochenende! ; **on part en week-end** wir fahren übers Wochenende weg.

le **western** [wɛstɛrn] ■ der **Western** *(pluriel* **Western***)*.

x y

le **xylophone** [gsilɔfɔn] ■ das **Xylophon** *(pluriel* **Xylophone***)* : **Danny joue du xylophone** Danny spielt Xylophon.

y [i] *pronom*
1. *Représente un lieu* **dort** : **on y est restés longtemps** wir sind lange dort geblieben
2. *Représente le mouvement à un lieu* **hin** : **j'y vais demain** ich gehe morgen hin
3. *Représente une chose* **daran** : **je n'y ai pas pensé** ich habe nicht daran gedacht
4. *Représente une chose* **darüber** : **pensez-y** denk darüber nach
5. *Représente une chose* **damit** : **n'y comptez pas** rechnet nicht damit

> La traduction de y dépend de la rection du verbe, c'est-à-dire de la préposition qu'il exige.

le **yaourt, yogourt** ou **yoghourt** [jaurt, jɔgurt] ■ der **Joghurt** *(pluriel* **Joghurts***)* : **un yaourt aux fruits** ein Fruchtjoghurt ; **des yaourts nature** Naturjoghurts.

yeux ➤ œil.

le **yoga** [jɔga] ■ das **Yoga** *(sans pluriel)* : **ma mère fait du yoga** meine Mutter macht Yoga.

yoghourt, yogourt ➤ yaourt.

Z

zapper [3] [zape] *verbe* ■ **zappen**.

le **zèbre** [zɛbr] ■ das **Zebra** *(pluriel* **Zebras***)*.

zéro [zero] *adjectif* ■ **null** : **zéro faute** null Fehler ; **zéro degré** null Grad ; **il fait au-dessous de zéro** es ist unter null Gra **deux buts à zéro** zwei zu null

le **zéro**

1. die **Null** *(pluriel* **Nullen***)*
2. *À l'école* **null Punkte** : **Aurélie a eu zéro anglais** Aurélie hat null Punkte in Engli bekommen.

le **zigzag** [zigzag] ■ der **Zickzack** *(s pluriel)*

➤ **marcher en zigzag** im Zickzack gehen
➤ **une route en zigzag** eine gewund Straße.

le **zodiaque** [zɔdjak] ■ **le signe du zodiaque** das Sternzeichen.

la **zone** [zon] ■ die **Zone** *(pluriel* **Zone**

la zone euro die Eurozone

➤ **une zone commerciale** ein Gewerbeget
➤ **une zone industrielle** ein Industriegebi
➤ **une zone piétonne** ou **une zone piétonnière** eine Fußgängerzone.

le **zoo** [zo‿o] ■ der **Zoo** *(pluriel* **Zoos** **j'emmène mon petit frère au zoo mercredi** ich gehe am Mittwoch mit meinem klein Bruder in den Zoo.

zut [zyt] *exclamation* ***familier*** ■ **verdammt** *familier*.

Conjugaisons des verbes français
Konjugation der französischen Verben

	1 avoir - haben	2 être - sein
ndicatif présent	j'ai tu as il, elle a nous avons vous avez ils, elles ont	je suis tu es il, elle est nous sommes vous êtes ils, elles sont
ndicatif imparfait	il, elle avait	il, elle était
ndicatif passé simple	il, elle eut ils, elles eurent	il, elle fut ils, elles furent
ndicatif futur	j'aurai il, elle aura	je serai il, elle sera
onditionnel présent	j'aurais il, elle aurait	je serais il, elle serait
ubjonctif présent	que j'aie qu'il, elle ait que nous ayons qu'ils, elles aient	que je sois qu'il, elle soit que nous soyons qu'ils, elles soient
ubjonctif imparfait	qu'il, elle eût qu'ils, elles eussent	qu'il, elle fût qu'ils, elles fussent
mpératif	aie ayons, ayez	sois soyons, soyez
articipe présent	ayant	étant
articipe passé	eu, eue	été

	3 chanter - singen	4 baisser - sinken
ndicatif présent	je chante tu chantes il, elle chante nous chantons vous chantez ils, elles chantent	je baisse tu baisses il, elle baisse nous baissons vous baissez ils, elles baissent
ndicatif imparfait	il, elle chantait	il, elle baissait
ndicatif passé simple	il, elle chanta ils, elles chantèrent	il, elle baissa ils, elles baissèrent
ndicatif futur	je chanterai il, elle chantera	je baisserai il, elle baissera
onditionnel présent	je chanterais il, elle chanterait	je baisserais il, elle baisserait
ubjonctif présent	que je chante qu'il, elle chante que nous chantions qu'ils, elles chantent	que je baisse qu'il, elle baisse que nous baissions qu'ils, elles baissent
ubjonctif imparfait	qu'il, elle chantât qu'ils, elles chantassent	qu'il, elle baissât qu'ils, elles baissassent
mpératif	chante chantons, chantez	baisse baissons, baissez
articipe présent	chantant	baissant
articipe passé	chanté, e	baissé, e

	5 pleurer - weinen	6 jouer - spielen
Indicatif présent	je pleure tu pleures il, elle pleure nous pleurons vous pleurez ils, elles pleurent	je joue tu joues il, elle joue nous jouons vous jouez ils, elles jouent
Indicatif imparfait	il, elle pleurait	il, elle jouait
Indicatif passé simple	il, elle pleura ils, elles pleurèrent	il, elle joua ils, elles jouèrent
Indicatif futur	je pleurerai il, elle pleurera	je jouerai il, elle jouera
Conditionnel présent	je pleurerais il, elle pleurerait	je jouerais il, elle jouerait
Subjonctif présent	que je pleure qu'il, elle pleure que nous pleurions qu'ils, elles pleurent	que je joue qu'il, elle joue que nous jouions qu'ils, elles jouent
Subjonctif imparfait	qu'il, elle pleurât qu'ils, elles pleurassent	qu'il, elle jouât qu'ils, elles jouassent
Impératif	pleure pleurons, pleurez	joue jouons, jouez
Participe présent	pleurant	jouant
Participe passé	pleuré, e	joué, e

	7 saluer - grüßen	8 arguer - argumentieren
Indicatif présent	je salue tu salues il, elle salue nous saluons vous saluez ils, elles saluent	j'argue, arguë tu argues, arguës il, elle argue, arguë nous arguons vous arguez ils, elles arguent, arguënt
Indicatif imparfait	il, elle saluait	il, elle arguait
Indicatif passé simple	il, elle salua ils, elles saluèrent	il, elle argua ils, elles arguèrent
Indicatif futur	je saluerai il, elle saluera	j'arguerai, arguërai il, elle arguera, arguëra
Conditionnel présent	je saluerais il, elle saluerait	j'arguerais, arguërais il, elle arguerait, arguërait
Subjonctif présent	que je salue qu'il, elle salue que nous saluions qu'ils, elles saluent	que j'argue, arguë qu'il, elle argue, arguë que nous arguions qu'ils, elles arguent, arguënt
Subjonctif imparfait	qu'il, elle saluât qu'ils, elles saluassent	qu'il, elle arguât qu'ils, elles arguassent
Impératif	salue saluons, saluez	argue, arguë arguons, arguez
Participe présent	saluant	arguant
Participe passé	salué, e	argué, e

	9 copier - kopieren	10 prier - bitten
Indicatif présent	je copie tu copies il, elle copie nous copions vous copiez ils, elles copient	je prie tu pries il, elle prie nous prions vous priez ils, elles prient
Indicatif imparfait	il, elle copiait	il, elle priait
Indicatif passé simple	il, elle copia ils, elles copièrent	il, elle pria ils, elles prièrent
Indicatif futur	je copierai il, elle copiera	je prierai il, elle priera
Conditionnel présent	je copierais il, elle copierait	je prierais il, elle prierait
Subjonctif présent	que je copie qu'il, elle copie que nous copiions qu'ils, elles copient	que je prie qu'il, elle prie que nous priions qu'ils, elles prient
Subjonctif imparfait	qu'il, elle copiât qu'ils, elles copiassent	qu'il, elle priât qu'ils, elles priassent
Impératif	copie copions, copiez	prie prions, priez
Participe présent	copiant	priant
Participe passé	copié, e	prié, e

	11 payer - bezahlen	12 ployer - sich biegen
Indicatif présent	je paie, paye tu paies, payes il, elle paie, paye nous payons vous payez ils, elles paient, payent	je ploie tu ploies il, elle ploie nous ployons vous ployez ils, elles ploient
Indicatif imparfait	il, elle payait	il, elle ployait
Indicatif passé simple	il, elle paya ils, elles payèrent	il, elle ploya ils, elles ployèrent
Indicatif futur	je paierai, payerai il, elle paiera, payera	je ploierai il, elle ploiera
Conditionnel présent	je paierais, payerais il, elle paierait, payerait	je ploierais il, elle ploierait
Subjonctif présent	que je paie, paye qu'il, elle paie, paye que nous payions qu'ils, elles paient, payent	que je ploie qu'il, elle ploie que nous ployions qu'ils, elles ploient
Subjonctif imparfait	qu'il, elle payât qu'ils, elles payassent	qu'il, elle ployât qu'ils, elles ployassent
Impératif	paie, paye payons, payez	ploie ployons, ployez
Participe présent	payant	ployant
Participe passé	payé, e	ployé, e

	13 essuyer - abwischen	14 créer - schaffen
Indicatif présent	j'essuie tu essuies il, elle essuie nous essuyons vous essuyez ils, elles essuient	je crée tu crées il, elle crée nous créons vous créez ils, elles créent
Indicatif imparfait	il, elle essuyait	il, elle créait
Indicatif passé simple	il, elle essuya ils, elles essuyèrent	il, elle créa ils, elles créèrent
Indicatif futur	j'essuierai il, elle essuiera	je créerai il, elle créera
Conditionnel présent	j'essuierais il, elle essuierait	je créerais il, elle créerait
Subjonctif présent	que j'essuie qu'il, elle essuie que nous essuyions qu'ils, elles essuient	que je crée qu'il, elle crée que nous créions qu'ils, elles créent
Subjonctif imparfait	qu'il, elle essuyât qu'ils, elles essuyassent	qu'il, elle créât qu'ils, elles créassent
Impératif	essuie essuyons, essuyez	crée créons, créez
Participe présent	essuyant	créant
Participe passé	essuyé, e	créé, e

	15 avancer - vorankommen	16 manger - essen
Indicatif présent	j'avance tu avances il, elle avance nous avançons vous avancez ils, elles avancent	je mange tu manges il, elle mange nous mangeons vous mangez ils, elles mangent
Indicatif imparfait	il, elle avançait	il, elle mangeait
Indicatif passé simple	il, elle avança ils, elles avancèrent	il, elle mangea ils, elles mangèrent
Indicatif futur	j'avancerai il, elle avancera	je mangerai il, elle mangera
Conditionnel présent	j'avancerais il, elle avancerait	je mangerais il, elle mangerait
Subjonctif présent	que j'avance qu'il, elle avance que nous avancions qu'ils, elles avancent	que je mange qu'il, elle mange que nous mangions qu'ils, elles mangent
Subjonctif imparfait	qu'il, elle avançât qu'ils, elles avançassent	qu'il, elle mangeât qu'ils, elles mangeassent
Impératif	avance avançons, avancez	mange mangeons, mangez
Participe présent	avançant	mangeant
Participe passé	avancé, e	mangé, e

	17 céder - nachgeben	18 semer - säen
ndicatif présent	je cède tu cèdes il, elle cède nous cédons vous cédez ils, elles cèdent	je sème tu sèmes il, elle sème nous semons vous semez ils, elles sèment
ndicatif imparfait	il, elle cédait	il, elle semait
ndicatif passé simple	il, elle céda ils, elles cédèrent	il, elle sema ils, elles semèrent
ndicatif futur	je céderai, cèderai il, elle cédera, cèdera	je sèmerai il, elle sèmera
onditionnel présent	je céderais, cèderais il, elle céderait, cèderait	je sèmerais il, elle sèmerait
ubjonctif présent	que je cède qu'il, elle cède que nous cédions qu'ils, elles cèdent	que je sème qu'il, elle sème que nous semions qu'ils, elles sèment
ubjonctif imparfait	qu'il, elle cédât qu'ils, elles cédassent	qu'il, elle semât qu'ils, elles semassent
mpératif	cède cédons, cédez	sème semons, semez
articipe présent	cédant	semant
articipe passé	cédé, e	semé, e

	19 siéger - tagen	20 déneiger - Schnee räumen
ndicatif présent	je siège tu sièges il, elle siège nous siégeons vous siégez ils, elles siègent	je déneige tu déneiges il, elle déneige nous déneigeons vous déneigez ils, elles déneigent
ndicatif imparfait	il, elle siégeait	il, elle déneigeait
ndicatif passé simple	il, elle siégea ils, elles siégèrent	il, elle déneigea ils, elles déneigèrent
ndicatif futur	je siégerai, siègerai il, elle siégera, siègera	je déneigerai il, elle déneigera
onditionnel présent	je siégerais, siègerais il, elle siégerait, siègerait	je déneigerais il, elle déneigerait
ubjonctif présent	que je siège qu'il, elle siège que nous siégions qu'ils, elles siègent	que je déneige qu'il, elle déneige que nous déneigions qu'ils, elles déneigent
ubjonctif imparfait	qu'il, elle siégeât qu'ils, elles siégeassent	qu'il, elle déneigeât qu'ils, elles déneigeassent
mpératif	siège siégeons, siégez	déneige déneigeons, déneigez
articipe présent	siégeant	déneigeant
articipe passé	siégé	déneigé, e

	21 appeler - rufen	22 peler - schälen
Indicatif présent	j'appelle tu appelles il, elle appelle nous appelons vous appelez ils, elles appellent	je pèle tu pèles il, elle pèle nous pelons vous pelez ils, elles pèlent
Indicatif imparfait	il, elle appelait	il, elle pelait
Indicatif passé simple	il, elle appela ils, elles appelèrent	il, elle pela ils, elles pelèrent
Indicatif futur	j'appellerai il, elle appellera	je pèlerai il, elle pèlera
Conditionnel présent	j'appellerais il, elle appellerait	je pèlerais il, elle pèlerait
Subjonctif présent	que j'appelle qu'il, elle appelle que nous appelions qu'ils, elles appellent	que je pèle qu'il, elle pèle que nous pelions qu'ils, elles pèlent
Subjonctif imparfait	qu'il, elle appelât qu'ils, elles appelassent	qu'il, elle pelât qu'ils, elles pelassent
Impératif	appelle appelons, appelez	pèle pelons, pelez
Participe présent	appelant	pelant
Participe passé	appelé, e	pelé, e

	23 jeter - werfen	24 acheter - kaufen
Indicatif présent	je jette tu jettes il, elle jette nous jetons vous jetez ils, elles jettent	j'achète tu achètes il, elle achète nous achetons vous achetez ils, elles achètent
Indicatif imparfait	il, elle jetait	il, elle achetait
Indicatif passé simple	il, elle jeta ils, elles jetèrent	il, elle acheta ils, elles achetèrent
Indicatif futur	je jetterai il, elle jettera	j'achèterai il, elle achètera
Conditionnel présent	je jetterais il, elle jetterait	j'achèterais il, elle achèterait
Subjonctif présent	que je jette qu'il, elle jette que nous jetions qu'ils, elles jettent	que j'achète qu'il, elle achète que nous achetions qu'ils, elles achètent
Subjonctif imparfait	qu'il, elle jetât qu'ils, elles jetassent	qu'il, elle achetât qu'ils, elles achetassent
Impératif	jette jetons, jetez	achète achetons, achetez
Participe présent	jetant	achetant
Participe passé	jeté, e	acheté, e

	25 envoyer - schicken	26 aller - gehen
Indicatif présent	j'envoie tu envoies il, elle envoie nous envoyons vous envoyez ils, elles envoient	je vais tu vas il, elle va nous allons vous allez ils, elles vont
Indicatif imparfait	il, elle envoyait	il, elle allait
Indicatif passé simple	il, elle envoya ils, elles envoyèrent	il, elle alla ils, elles allèrent
Indicatif futur	j'enverrai il, elle enverra	j'irai il, elle ira
Conditionnel présent	j'enverrais il, elle enverrait	j'irais il, elle irait
Subjonctif présent	que j'envoie qu'il, elle envoie que nous envoyions qu'ils, elles envoient	que j'aille qu'il, elle aille que nous allions qu'ils, elles aillent
Subjonctif imparfait	qu'il, elle envoyât qu'ils, elles envoyassent	qu'il, elle allât qu'ils, elles allassent
Impératif	envoie envoyons, envoyez	va allons, allez
Participe présent	envoyant	allant
Participe passé	envoyé, e	allé, e

	27 finir - enden	28 haïr - hassen
Indicatif présent	je finis tu finis il, elle finit nous finissons vous finissez ils, elles finissent	je hais tu hais il, elle hait nous haïssons vous haïssez ils, elles haïssent
Indicatif imparfait	il, elle finissait	il, elle haïssait
Indicatif passé simple	il, elle finit ils, elles finirent	il, elle haït ils, elles haïrent
Indicatif futur	je finirai il, elle finira	je haïrai il, elle haïra
Conditionnel présent	je finirais il, elle finirait	je haïrais il, elle haïrait
Subjonctif présent	que je finisse qu'il, elle finisse que nous finissions qu'ils, elles finissent	que je haïsse qu'il, elle haïsse que nous haïssions qu'ils, elles haïssent
Subjonctif imparfait	qu'il, elle finît qu'ils, elles finissent	qu'il, elle haït qu'ils, elles haïssent
Impératif	finis finissons, finissez	hais haïssons, haïssez
Participe présent	finissant	haïssant
Participe passé	fini, e	haï, e

	29 ouvrir - öffnen	30 fuir - fliehen
Indicatif présent	j'ouvre tu ouvres il, elle ouvre nous ouvrons vous ouvrez ils, elles ouvrent	je fuis tu fuis il, elle fuit nous fuyons vous fuyez ils, elles fuient
Indicatif imparfait	il, elle ouvrait	il, elle fuyait
Indicatif passé simple	il, elle ouvrit ils, elles ouvrirent	il, elle fuit ils, elles fuirent
Indicatif futur	j'ouvrirai il, elle ouvrira	je fuirai il, elle fuira
Conditionnel présent	j'ouvrirais il, elle ouvrirait	je fuirais il, elle fuirait
Subjonctif présent	que j'ouvre qu'il, elle ouvre que nous ouvrions qu'ils, elles ouvrent	que je fuie qu'il, elle fuie que nous fuyions qu'ils, elles fuient
Subjonctif imparfait	qu'il, elle ouvrît qu'ils, elles ouvrissent	qu'il, elle fuît qu'ils, elles fuissent
Impératif	ouvre ouvrons, ouvrez	fuis fuyons, fuyez
Participe présent	ouvrant	fuyant
Participe passé	ouvert, e	fui, e

	31 dormir - schlafen	32 mentir - lügen
Indicatif présent	je dors tu dors il, elle dort nous dormons vous dormez ils, elles dorment	je mens tu mens il, elle ment nous mentons vous mentez ils, elles mentent
Indicatif imparfait	il, elle dormait	il, elle mentait
Indicatif passé simple	il, elle dormit ils, elles dormirent	il, elle mentit ils, elles mentirent
Indicatif futur	je dormirai il, elle dormira	je mentirai il, elle mentira
Conditionnel présent	je dormirais il, elle dormirait	je mentirais il, elle mentirait
Subjonctif présent	que je dorme qu'il, elle dorme que nous dormions qu'ils, elles dorment	que je mente qu'il, elle mente que nous mentions qu'ils, elles mentent
Subjonctif imparfait	qu'il, elle dormît qu'ils, elles dormissent	qu'il, elle mentît qu'ils, elles mentissent
Impératif	dors dormons, dormez	mens mentons, mentez
Participe présent	dormant	mentant
Participe passé	dormi	menti

Pour les modèles de conjugaisons numérotés de 33 à 86, voir après le cahier d'illustratior
Die Modellverben für die Konjugationsnummern 33 bis 86 finden Sie hinter den Bildtafel

Sommaire		Inhaltsverzeichnis

la maison

les toilettes
die Toilette
l'escalier
die Treppe
la chambre
das Schlafzimmer
le bureau
das
Arbeitszimme
le grenier
der Speicher
la salle
de bains
das
Badezimmer
la cave
der Keller
la cuisine
die Küche
la salle
à manger
das
Esszimmer
le salon
das
Wohnzimmer

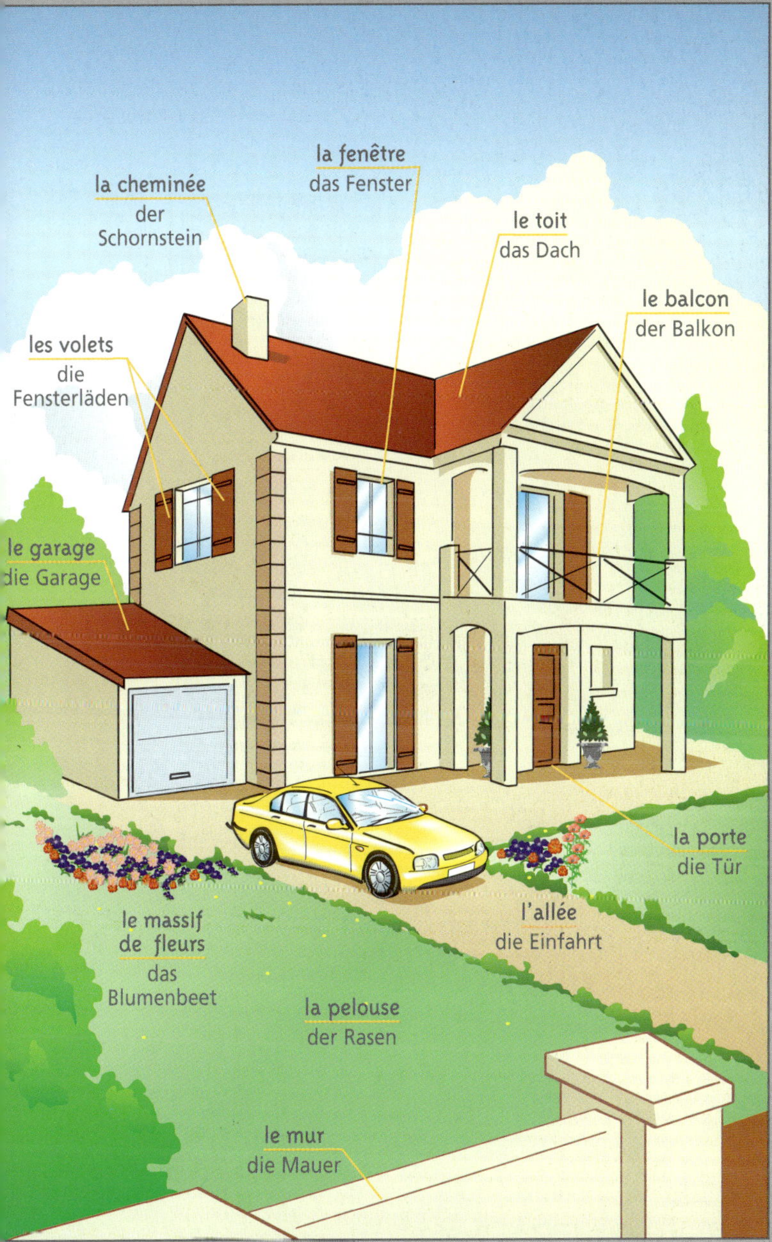
la fenêtre
das Fenster
la cheminée
der Schornstein
le toit
das Dach
le balcon
der Balkon
les volets
die Fensterläden
le garage
die Garage
la porte
die Tür
l'allée
die Einfahrt
le massif de fleurs
das Blumenbeet
la pelouse
der Rasen
le mur
die Mauer

l'école / die Schule

il est professeur
er ist Lehrer

elle est médecin
sie ist Ärztin

elle est coiffeuse
sie ist Friseurin

il est mécanicien
er ist Mechaniker

elle est photographe
sie ist Fotografin

il est pompier
er ist Feuerwehrmann

il est pilote
er ist Pilot

il est facteur
er ist Briefträger

elle est policière
sie ist Polizistin

elle est artiste peintre
sie ist Malerin

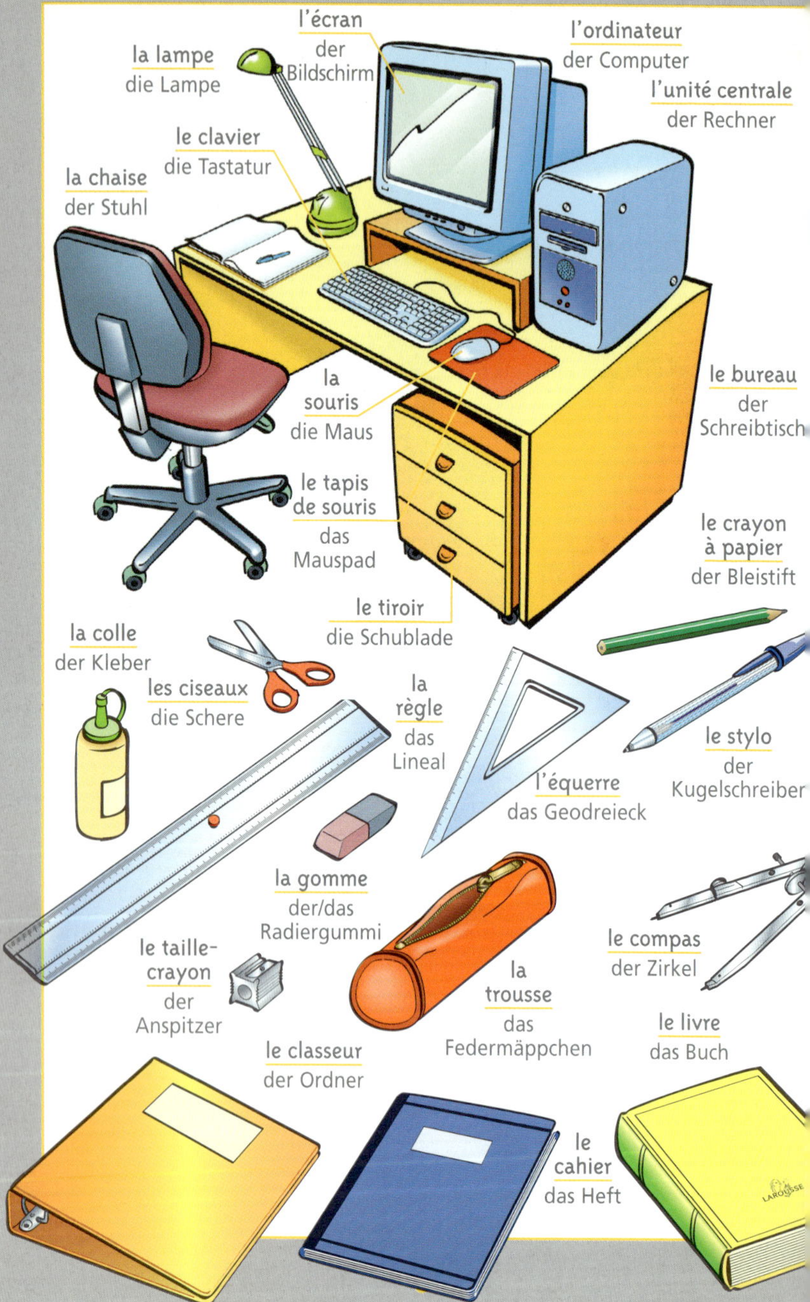
l'écran
der Bildschirm
la lampe
die Lampe
l'ordinateur
der Computer
l'unité centrale
der Rechner
le clavier
die Tastatur
la chaise
der Stuhl
la souris
die Maus
le bureau
der Schreibtisch
le tapis de souris
das Mauspad
le crayon à papier
der Bleistift
le tiroir
die Schublade
la colle
der Kleber
les ciseaux
die Schere
la règle
das Lineal
le stylo
der Kugelschreiber
l'équerre
das Geodreieck
la gomme
der/das Radiergummi
le compas
der Zirkel
le taille-crayon
der Anspitzer
la trousse
das Federmäppchen
le livre
das Buch
le classeur
der Ordner
le cahier
das Heft
LAROUSSE

orange
orangefarben
bleu
blau
marron
braun
rouge
rot
jaune
gelb
blanc
weiß
noir
schwarz
vert
grün

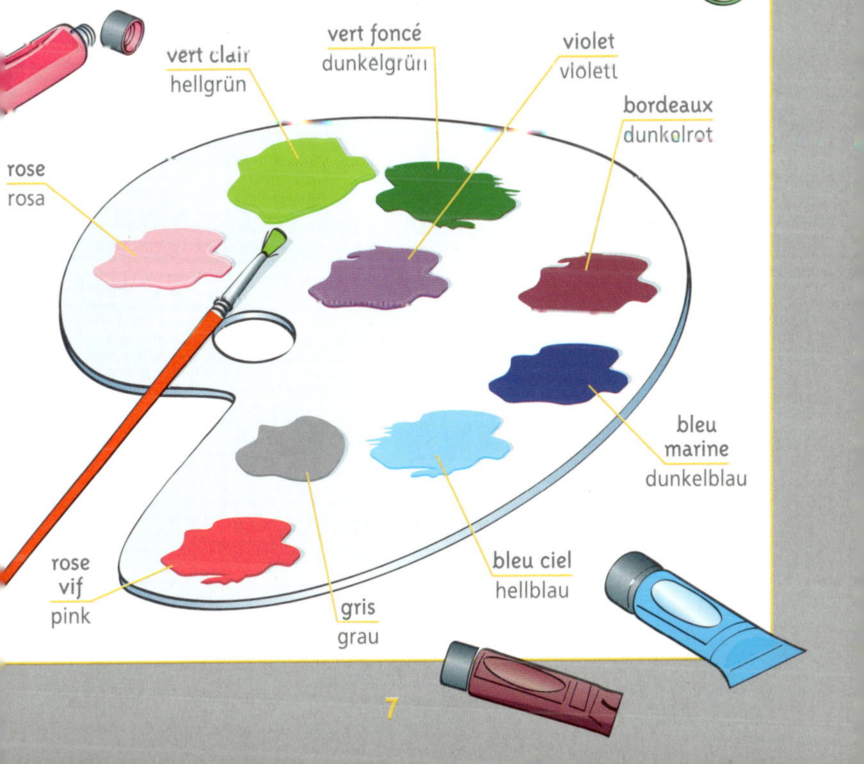
vert clair
hellgrün
vert foncé
dunkelgrün
violet
violett
bordeaux
dunkelrot
rose
rosa
bleu marine
dunkelblau
rose vif
pink
gris
grau
bleu ciel
hellblau

l'arrière-grand-mère
die Urgroßmutter

l'arrière-grand-père
der Urgroßvater

la grand-mère
die Großmutter

le grand-père
der Großvater

la mère
die Mutter

le père
der Vater

la tante
die Tante

l'oncle
der Onkel

la fille / la sœur
die Tochter /
die Schwester

le fils / le frère
der Sohn /
der Bruder

la cousine
die Cousine

le cousin
der Cousin

les sentiments — Gefühle

elle est heureuse,
elle sourit
sie ist glücklich,
sie lächelt

elle est en colère,
elle crie
sie ist wütend,
sie schreit

il est triste,
il pleure
er ist traurig,
er weint

il a peur,
il tremble
er hat Angst,
er zittert

il est fatigué,
il bâille
er ist müde,
er gähnt

elle est timide,
elle rougit
sie ist schüchtern,
sie wird rot

il est surpris,
il a sursauté
er ist überrascht,
er fährt vor Schreck hoch

elle est amoureuse,
elle rêve
sie ist verliebt,
sie träumt

du raisin
Weintrauben

des groseilles
Johannisbeeren

des myrtilles
Heidelbeeren

des airelles
Preiselbeere

des cassis
schwarze Johannisbeeren

la framboise
die Himbeere

la mûre
die Brombee

des cerises
Kirschen

des prunes
Pflaumen

la fraise
die Erdbeere

l'abricot
die Aprikose

la pêche
der Pfirsich

la poire
die Birne

la pomm
der Apf

la pastèque
die Wassermelone

le melon
die Honigmelon

la figue
die Feige

le fruit de la passion
die Passionsfrucht

le citron
die Zitrone

la banane
die Banane

le citron vert
die Limone

le kiwi
die Kiwi

l’orange
die Orange

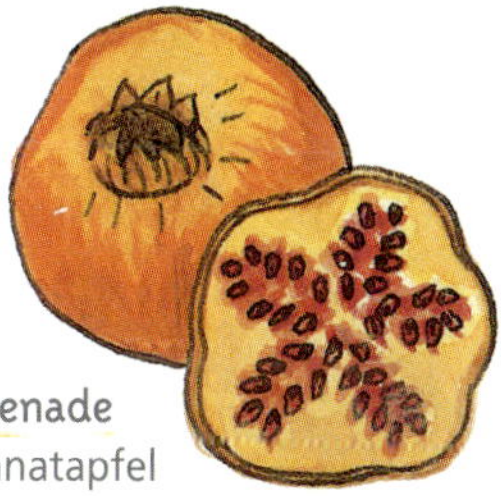

la grenade
der Granatapfel

l’avocat
die Avocado

l’ananas
die Ananas

la goyave
die Guajave

la mangue
die Mango

la noix de coco
die Kokosnuss

les légumes

la laitue
der Kopfsalat

de l'ail
Knoblauch

l'oignon
die Zwiebel

le poireau
der Lauch

des champignons
Pilze

des épinards
Spinat

la courgette
die Zucchini

des poivrons rouge et vert
roter und grüner Paprika

la tomate
die Tomate

l'aubergine
die Aubergine

le concombre
die Gurke

le potiron
der Kürbis

la pomme de terre
die Kartoffel

la patate douce
die Süßkartoffel

tte
öhre

du céleri
Sellerie

des haricots verts
grüne Bohnen

des petits pois
Erbsen

des haricots rouges
Feuerbohnen

des germes de soja
Sojasprossen

le navet
die weiße Rübe

la betterave
die Rote Bete

des radis
Radieschen

des choux de Bruxelles
Rosenkohl

l'artichaut
die Artischocke

des asperges
Spargel

le chou-fleur
der Blumenkohl

du brocoli
Brokkoli

aïs
is

les animaux

l'ours
der Bär
la chauve-souris
die Fledermaus
l'oiseau
der Vogel
l'écureuil
das
Eichhörnchen
la grenouille
der Frosch
le poisson
der Fisch
la tortue
die
Schildkröte
le loup
der Wolf
le serpent
die
Schlange

le chat
die Katze
la souris
die Maus
le canard
die Ente
le mouton
das Schaf
le chien
der Hund
e lapin
das
ninchen
la vache
die Kuh
poule
s Huhn
orc
wein
le cheval
das Pferd

le perroquet
der Papagei
le lion
der Löwe
le singe
der Affe
la girafe
die Giraffe
l'éléphant
der Elefant
le zèbre
das Zebra
le rhinocéros
das Nashorn
l'hippopotame
das Nilpferd

le dauphin
der Delphin
le pingouin
der Pinguin
la baleine
der Wal
le requin
der Hai
la tortue marine
die Meeresschildkröte
le lama
das Lama
le kangourou
das Känguru
le crocodile
das Krokodil

elle saute
sie springt
il se lève
er steht auf
elle s'asseoit
sie setzt sich hin
il est allongé
er liegt
elle est debout
sie steht
il court
er läuft
elle marche
sie geht
elle est à genoux
sie kniet
Il salue de la main
er winkt
il se penche
er beugt sich vor

le sourcil
die Augenbraue
la tête
der Kopf
le front
die Stirn
le cil
die Wimper
l'oreille
das Ohr
l'œil
das Auge
la joue
die Wange
le nez
die Nase
le menton
das Kinn
les cheveux
die Haare
la bouche
der Mund
l'épaule
die Schulter
les dents
die Zähne
le cou
der Hals
la langue
die Zunge
le bras
der Arm
le dos
der Rücken
la poitrine
die Brust
la taille
die Taille
le nombril
der Bauchnabel
le coude
der Ell(en)bogen
la hanche
die Hüfte
le ventre
der Bauch
le poignet
das Handgelenk
les fesses
der Po
le doigt
der Finger
la main
die Hand
la jambe
das Bein
la cuisse
der Oberschenkel
le genou
das Knie
le mollet
die Wade
la cheville
der Knöchel
le talon
die Ferse
l'orteil
der Zeh
le pied
der Fuß

les sports

le hockey sur glace
Eishockey

le basket-ball
Basketball

le rugby
Rugby

le volley-ball
Volleyball

le football
Fußball

football américain
Amerikanischer
Football

le base-ball
Baseball

le tennis
Tennis
le ski
Skilaufen
la natation
Schwimmen
l'équitation
Reiten
le golf
Golf
le judo
Judo
la voile
Segeln
le patinage sur glace
Eislauf
a planche à voile
indsurfen
le kayak
Kajak
l'escrime
Fechten
la course
Laufen

les vêtements

le blouson en cuir
die Lederjacke

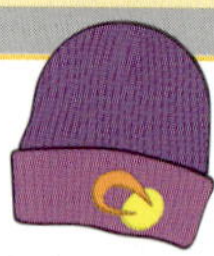

le bonnet
die Mütze

le pull
der Pulli

la chemise
das Hemd

le jean
die Jeans

l'imperméable
der Regenmantel

le tee-shirt
das T-Shirt

le pyjama
der Schlafanzug

le survêtement
der Trainingsanzug

le short
die kurze Hose

des chaussettes
Socken

le slip
der Slip

des chaussures
Schuhe

des tennis
Turnschuhe

le gilet
die Jacke

des gants
Handschuhe

la chemise de nuit
das Nachthemd

l'écharpe
der Schal

e chemisier
die Bluse

le manteau
der Mantel

les lunettes de soleil
die Sonnenbrille

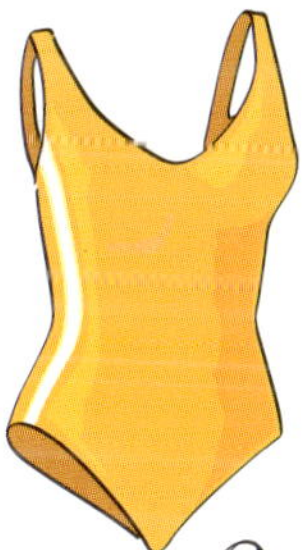

le maillot de bain
der Badeanzug

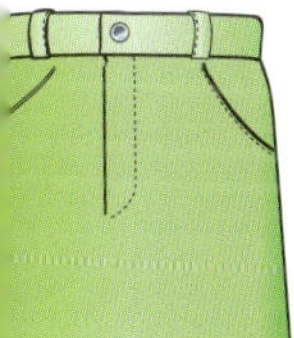

la robe
das Kleid

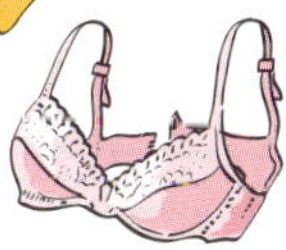

la jupe
der Rock

le soutien-gorge
der Büstenhalter

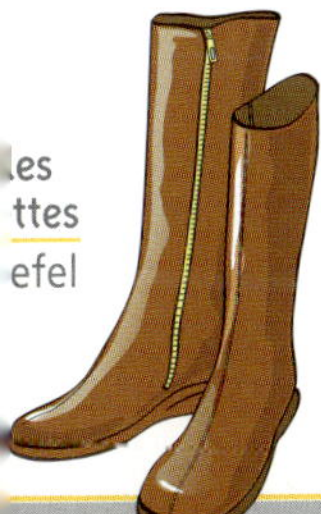

es
ttes
efel

des sandales
Sandalen

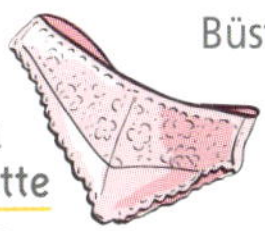

la culotte
die Unterhose

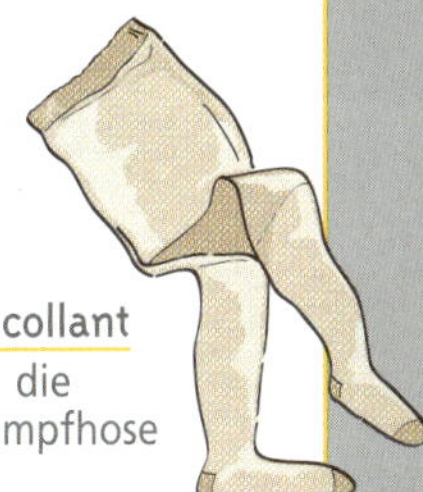

le collant
die Strumpfhose

des pantoufles
Hausschuhe

les instruments de musique — Musikinstrumente

en ville — in der Stadt

la montagne
der Berg
la colline
der Hügel
la vallée
das Tal
la rivière
der Fluss
la forêt
der Wald
les champs
die Felder
le volcan
der Vulkan
la mer
das Meer
la ferme
der Bauernhof
les falaises
die Steilküste
la plage
der Strand
la campagne
das Land
l'île
die Insel

le temps – les saisons das Wetter – die Jahreszeiten

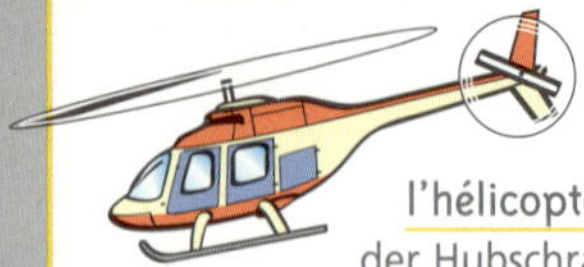

l'hélicoptère
der Hubschrauber

l'avion
das Flugzeug

le camion
der Lastwagen

la camionnette
der Lieferwagen

le monospace
der Van

la moto
das Motorrad

l'autobus
der Bus

les rollers
die Inlineskates

la bicyclette, le vélo
das Fahrrad

la voiture
das Auto

le bateau
das Schiff

le tramway
die Straßenbahn

le train
der Zug

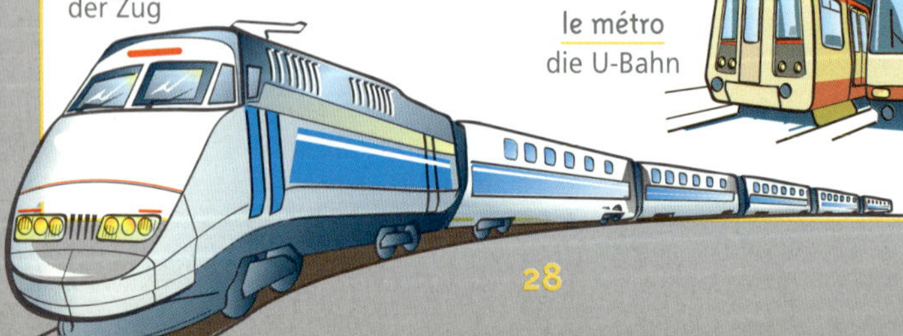

le métro
die U-Bahn

il est
quatre heures dix
es ist zehn nach vier

il est quatre heures et quart
es ist Viertel nach vier

il est quatre heures et demie
es ist halb fünf

il est cinq heures moins le quart
es ist Viertel vor fünf

il est cinq heures moins dix
es ist zehn vor fünf

il est cinq heures
es ist fünf Uhr

il est midi
es ist zwölf Uhr mittags

il est minuit
es ist Mitternacht

■ Capitale
Hauptstadt

● Grande ville
Wichtige Stadt

• Autres villes
Weitere Städte

Superficie *Fläche*	549 000 km²
Habitants *Bewohner*	62 millions *62 Millionen*

— Frontière nationale
Staatsgrenze

Les fleuves ***Flüsse***	longueur *Länge*
La Seine *die Seine*	776 km
La Loire *die Loire*	1020 km
Le Rhône *die Rhône*	522 km en France, 290 km en Suisse *522 km in Frankreich,* *290 km in der Schweiz*

▲ **Les massifs montagneux**
Gebirge

plus haut sommet
höchste Erhebung

Les Alpes - *die Alpen*
Mont Blanc 4810 m
Mont Blanc 4810 m

Les Pyrénées - *die Pyrenäen*
Pic de Vignemale 3298 m
Pic de Vignemale 3298 m

■	Capitale *Hauptstadt*	Superficie *Fläche*	357 000 km²
LA SAXE *SACHSEN*	Land *Bundesland*	Habitants *Bewohner*	82 millions *82 Millionen*
●	Capitale d'un Land *Landeshauptstadt*	——	Frontière nationale *Staatsgrenze*
		—	Frontière d'un Land *Ländergrenze*

200 500 1000 m

100 km

■ Capitale
Hauptstadt

● Capitale d'un Land
Landeshauptstadt

SALZBOURG Land
SALZBURG *Bundesland*

— Frontière d'un Land
Ländergrenze

— Frontière nationale
Staatsgrenze

200
500
1000 m

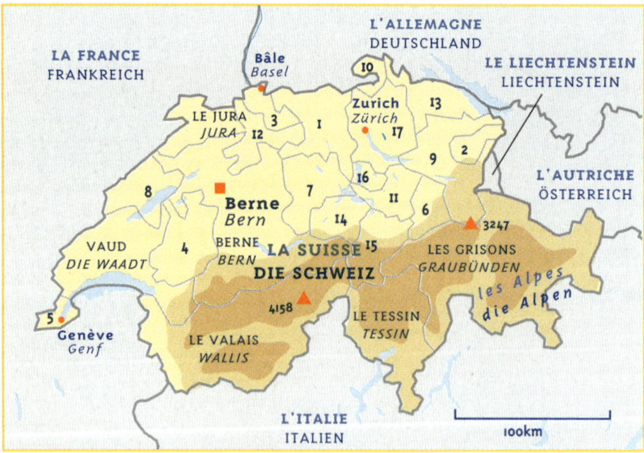

■ Capitale
Bundesstadt

BERNE Canton
BERN *Kanton*

● Capitale d'un canton
Hauptstadt

— Frontière nationale
Staatsgrenze

— Frontière d'un canton
Kantongrenze

Les cantons suisses / *die Schweizer Kantone*

1 l'Argovie / *Aargau*
2 l'Appenzell / *Appenzell*
3 Bâle-Campagne / *Basel-Land*
4 Fribourg / *Freiburg*
5 Genève / *Genf*
6 Glaris / *Glarus*
7 Lucerne / *Luzern*
8 Neuchâtel / *Neuenburg*
9 Saint-Gall / *Sankt Gallen*
10 Schaffhouse / *Schaffhausen*
11 Schwyz / *Schwyz*
12 Soleure / *Solothurn*
13 la Thurgovie / *Thurgau*
14 Unterwald / *Unterwalden*
15 Uri / *Uri*
16 Zoug / *Zug*
17 Zurich / *Zürich*

	33 servir - bedienen	34 acquérir - erwerben
Indicatif présent	je sers tu sers il, elle sert nous servons vous servez ils, elles servent	j'acquiers tu acquiers il, elle acquiert nous acquérons vous acquérez ils, elles acquièrent
Indicatif imparfait	il, elle servait	il, elle acquérait
Indicatif passé simple	il, elle servit ils, elles servirent	il, elle acquit ils, elles acquirent
Indicatif futur	je servirai il, elle servira	j'acquerrai il, elle acquerra
Conditionnel présent	je servirais il, elle servirait	j'acquerrais il, elle acquerrait
Subjonctif présent	que je serve qu'il, elle serve que nous servions qu'ils, elles servent	que j'acquière qu'il, elle acquière que nous acquérions qu'ils, elles acquièrent
Subjonctif imparfait	qu'il, elle servît qu'ils, elles servissent	qu'il, elle acquît qu'ils, elles acquissent
Impératif	sers servons, servez	acquiers acquérons, acquérez
Participe présent	servant	acquérant
Participe passé	servi, e	acquis, e

	35 venir - kommen	36 cueillir - pflücken
Indicatif présent	je viens tu viens il, elle vient nous venons vous venez ils, elles viennent	je cueille tu cueilles il, elle cueille nous cueillons vous cueillez ils, elles cueillent
Indicatif imparfait	il, elle venait	il, elle cueillait
Indicatif passé simple	il, elle vint ils, elles vinrent	il, elle cueillit ils, elles cueillirent
Indicatif futur	je viendrai il, elle viendra	je cueillerai il, elle cueillera
Conditionnel présent	je viendrais il, elle viendrait	je cueillerais il, elle cueillerait
Subjonctif présent	que je vienne qu'il, elle vienne que nous venions qu'ils, elles viennent	que je cueille qu'il, elle cueille que nous cueillions qu'ils, elles cueillent
Subjonctif imparfait	qu'il, elle vînt qu'ils, elles vinssent	qu'il, elle cueillît qu'ils, elles cueillissent
Impératif	viens venons, venez	cueille cueillons, cueillez
Participe présent	venant	cueillant
Participe passé	venu, e	cueilli, e

Pour les modèles de conjugaisons numérotés de 1 à 32, voir avant le cahier d'illustrations.
Die Modellverben für die Konjugationsnummern 1 bis 32 finden Sie vor den Bildtafeln.

	37 mourir - sterben	38 partir - weggehen
Indicatif présent	je meurs tu meurs il, elle meurt nous mourons vous mourez ils, elles meurent	je pars tu pars il, elle part nous partons vous partez ils, elles partent
Indicatif imparfait	il, elle mourait	il, elle partait
Indicatif passé simple	il, elle mourut ils, elles moururent	il, elle partit ils, elles partirent
Indicatif futur	je mourrai il, elle mourra	je partirai il, elle partira
Conditionnel présent	je mourrais il, elle mourrait	je partirais il, elle partirait
Subjonctif présent	que je meure qu'il, elle meure que nous mourions qu'ils, elles meurent	que je parte qu'il, elle parte que nous partions qu'ils, elles partent
Subjonctif imparfait	qu'il, elle mourût qu'ils, elles mourussent	qu'il, elle partît qu'ils, elles partissent
Impératif	meurs mourons, mourez	pars partons, partez
Participe présent	mourant	partant
Participe passé	mort, e	parti, e

	39 courir - laufen	40 faillir - beinahe etwas tun
Indicatif présent	je cours tu cours il, elle court nous courons vous courez ils, elles courent	je faillis, faux tu faillis, faux il, elle faillit, faut nous faillissons, faillons vous faillissez, faillez ils, elles faillissent, faillent
Indicatif imparfait	il, elle courait	il, elle faillissait, faillait
Indicatif passé simple	il, elle courut ils, elles coururent	il, elle faillit ils, elles faillirent
Indicatif futur	je courrai il, elle courra	je faillirai, faudrai il, elle faillira, faudra
Conditionnel présent	je courrais il, elle courrait	je faillirais, faudrais il, elle faillirait, faudrait
Subjonctif présent	que je coure qu'il, elle coure que nous courions qu'ils, elles courent	que je faillisse, faille qu'il, elle faillisse, faille que nous faillissions, faillions qu'ils, elles faillissent, faillent
Subjonctif imparfait	qu'il, elle courût qu'ils, elles courussent	qu'il, elle faillît qu'ils, elles faillissent
Impératif	cours courons, courez	faillis, faux ; faillissons, faillons ; faillissez, faillez
Participe présent	courant	faillissant, faillant
Participe passé	couru, e	failli

	41 bouillir - kochen	42 recevoir - bekommen
Indicatif présent	je bous tu bous il, elle bout nous bouillons vous bouillez ils, elles bouillent	je reçois tu reçois il, elle reçoit nous recevons vous recevez ils, elles reçoivent
Indicatif imparfait	il, elle bouillait	il, elle recevait
Indicatif passé simple	il, elle bouillit ils, elles bouillirent	il, elle reçut ils, elles reçurent
Indicatif futur	je bouillirai il, elle bouillira	je recevrai il, elle recevra
Conditionnel présent	je bouillirais il, elle bouillirait	je recevrais il, elle recevrait
Subjonctif présent	que je bouille qu'il, elle bouille que nous bouillions qu'ils, elles bouillent	que je reçoive qu'il, elle reçoive que nous recevions qu'ils, elles reçoivent
Subjonctif imparfait	qu'il, elle bouillît qu'ils, elles bouillissent	qu'il, elle reçût qu'ils, elles reçussent
Impératif	bous bouillons, bouillez	reçois recevons, recevez
Participe présent	bouillant	recevant
Participe passé	bouilli, e	reçu, e

	43 devoir - sollen	44 émouvoir - bewegen
Indicatif présent	je dois tu dois il, elle doit nous devons vous devez ils, elles doivent	j'émeus tu émeus il, elle émeut nous émouvons vous émouvez ils, elles émeuvent
Indicatif imparfait	il, elle devait	il, elle émouvait
Indicatif passé simple	il, elle dut ils, elles durent	il, elle émut ils, elles émurent
Indicatif futur	je devrai il, elle devra	j'émouvrai il, elle émouvra
Conditionnel présent	je devrais il, elle devrait	j'émouvrais il, elle émouvrait
Subjonctif présent	que je doive qu'il, elle doive que nous devions qu'ils, elles doivent	que j'émeuve qu'il, elle émeuve que nous émouvions qu'ils, elles émeuvent
Subjonctif imparfait	qu'il, elle dût qu'ils, elles dussent	qu'il, elle émût qu'ils, elles émussent
Impératif	dois devons, devez	émeus émouvons, émouvez
Participe présent	devant	émouvant
Participe passé	dû, due, dus, dues	ému, e

	45 vouloir - wollen	46 pouvoir - können
Indicatif présent	je veux tu veux il, elle veut nous voulons vous voulez ils, elles veulent	je peux, puis tu peux il peut nous pouvons vous pouvez ils, elles peuvent
Indicatif imparfait	il, elle voulait	il, elle pouvait
Indicatif passé simple	il, elle voulut ils, elles voulurent	il, elle put ils, elles purent
Indicatif futur	je voudrai il, elle voudra	je pourrai il, elle pourra
Conditionnel présent	je voudrais il, elle voudrait	je pourrais il, elle pourrait
Subjonctif présent	que je veuille qu'il, elle veuille que nous voulions qu'ils, elles veuillent	que je puisse qu'il, elle puisse que nous puissions qu'ils, elles puissent
Subjonctif imparfait	qu'il, elle voulût qu'ils, elles voulussent	qu'il, elle pût qu'ils, elles pussent
Impératif	veux, veuille ; voulons, veuillons ; voulez, veuillez	–
Participe présent	voulant	pouvant
Participe passé	voulu, e	pu

	47 savoir - wissen	48 valoir - wert sein
Indicatif présent	je sais tu sais il, elle sait nous savons vous savez ils, elles savent	je vaux tu vaux il, elle vaut nous valons vous valez ils, elles valent
Indicatif imparfait	il, elle savait	il, elle valait
Indicatif passé simple	il, elle sut ils, elles surent	il, elle valut ils, elles valurent
Indicatif futur	je saurai il, elle saura	je vaudrai il, elle vaudra
Conditionnel présent	je saurais il, elle saurait	je vaudrais il, elle vaudrait
Subjonctif présent	que je sache qu'il, elle sache que nous sachions qu'ils, elles sachent	que je vaille qu'il, elle vaille que nous valions qu'ils, elles vaillent
Subjonctif imparfait	qu'il, elle sût qu'ils, elles sussent	qu'il, elle valût qu'ils, elles valussent
Impératif	sache sachons, sachez	vaux valons, valez
Participe présent	sachant	valant
Participe passé	su, e	valu, e

	49 voir - sehen	50 prévoir - vorhersehen
Indicatif présent	je vois tu vois il, elle voit nous voyons vous voyez ils, elles voient	je prévois tu prévois il, elle prévoit nous prévoyons vous prévoyez ils, elles prévoient
Indicatif imparfait	il, elle voyait	il, elle prévoyait
Indicatif passé simple	il, elle vit ils, elles virent	il, elle prévit ils, elles prévirent
Indicatif futur	je verrai il, elle verra	je prévoirai il, elle prévoira
Conditionnel présent	je verrais il, elle verrait	je prévoirais il, elle prévoirait
Subjonctif présent	que je voie qu'il, elle voie que nous voyions qu'ils, elles voient	que je prévoie qu'il, elle prévoie que nous prévoyions qu'ils, elles prévoient
Subjonctif imparfait	qu'il, elle vît qu'ils, elles vissent	qu'il, elle prévît qu'ils, elles prévissent
Impératif	vois voyons, voyez	prévois prévoyons, prévoyez
Participe présent	voyant	prévoyant
Participe passé	vu, e	prévu, e

	51 asseoir - setzen	52 pleuvoir - regnen
Indicatif présent	j'assieds, j'assois tu assieds, assois il, elle assied, assoit nous asseyons, assoyons vous asseyez, assoyez ils, elles asseyent, assoient	– – il pleut – –
Indicatif imparfait	il, elle asseyait, assoyait	il pleuvait
Indicatif passé simple	il, elle assit ils, elles assirent	il plut –
Indicatif futur	j'assiérai, j'assoirai il, elle assiéra, assoira	– il pleuvra
Conditionnel présent	j'assiérais, j'assoirais il, elle assiérait, assoirait	– il pleuvrait
Subjonctif présent	que j'asseye, j'assoie qu'il, elle asseye, assoie que nous asseyions, assoyions qu'ils, elles asseyent, assoient	– qu'il pleuve – –
Subjonctif imparfait	qu'il, elle assît qu'ils, elles assissent	qu'il plût –
Impératif	assieds, assois ; asseyons, assoyons ; asseyez, assoyez	–
Participe présent	asseyant, assoyant	pleuvant
Participe passé	assis, e	plu

	53 falloir - müssen	54 vendre - verkaufen
Indicatif présent	– – il faut – – –	je vends tu vends il, elle vend nous vendons vous vendez ils, elles vendent
Indicatif imparfait	il fallait	il, elle vendait
Indicatif passé simple	il fallut –	il, elle vendit ils, elles vendirent
Indicatif futur	– il faudra	je vendrai il, elle vendra
Conditionnel présent	– il faudrait	je vendrais il, elle vendrait
Subjonctif présent	– qu'il faille – –	que je vende qu'il, elle vende que nous vendions qu'ils, elles vendent
Subjonctif imparfait	qu'il fallût –	qu'il, elle vendît qu'ils, elles vendissent
Impératif	–	vends vendons, vendez
Participe présent	–	vendant
Participe passé	fallu	vendu, e

	55 répondre - antworten	56 mordre - beißen
Indicatif présent	je réponds tu réponds il, elle répond nous répondons vous répondez ils, elles répondent	je mords tu mords il, elle mord nous mordons vous mordez ils, elles mordent
Indicatif imparfait	il, elle répondait	il, elle mordait
Indicatif passé simple	il, elle répondit ils, elles répondirent	il, elle mordit ils, elles mordirent
Indicatif futur	je répondrai il, elle répondra	je mordrai il, elle mordra
Conditionnel présent	je répondrais il, elle répondrait	je mordrais il, elle mordrait
Subjonctif présent	que je réponde qu'il, elle réponde que nous répondions qu'ils, elles répondent	que je morde qu'il, elle morde que nous mordions qu'ils, elles mordent
Subjonctif imparfait	qu'il, elle répondît qu'ils, elles répondissent	qu'il, elle mordît qu'ils, elles mordissent
Impératif	réponds répondons, répondez	mords mordons, mordez
Participe présent	répondant	mordant
Participe passé	répondu, e	mordu, e

	57 perdre - verlieren	58 rompre - brechen
Indicatif présent	je perds tu perds il, elle perd nous perdons vous perdez ils, elles perdent	je romps tu romps il, elle rompt nous rompons vous rompez ils, elles rompent
Indicatif imparfait	il, elle perdait	il, elle rompait
Indicatif passé simple	il, elle perdit ils, elles perdirent	il, elle rompit ils, elles rompirent
Indicatif futur	je perdrai il, elle perdra	je romprai il, elle rompra
Conditionnel présent	je perdrais il, elle perdrait	je romprais il, elle romprait
Subjonctif présent	que je perde qu'il, elle perde que nous perdions qu'ils, elles perdent	que je rompe qu'il, elle rompe que nous rompions qu'ils, elles rompent
Subjonctif imparfait	qu'il, elle perdît qu'ils, elles perdissent	qu'il, elle rompît qu'ils, elles rompissent
Impératif	perds perdons, perdez	romps rompons, rompez
Participe présent	perdant	rompant
Participe passé	perdu, e	rompu, e

	59 prendre - nehmen	60 craindre fürchten
Indicatif présent	je prends tu prends il, elle prend nous prenons vous prenez ils, elles prennent	je crains tu crains il, elle craint nous craignons vous craignez ils, elles craignent
Indicatif imparfait	il, elle prenait	il, elle craignait
Indicatif passé simple	il, elle prit ils, elles prirent	il, elle craignit ils, elles craignirent
Indicatif futur	je prendrai il, elle prendra	je craindrai il, elle craindra
Conditionnel présent	je prendrais il, elle prendrait	je craindrais il, elle craindrait
Subjonctif présent	que je prenne qu'il, elle prenne que nous prenions qu'ils, elles prennent	que je craigne qu'il, elle craigne que nous craignions qu'ils, elles craignent
Subjonctif imparfait	qu'il, elle prît qu'ils, elles prissent	qu'il, elle craignît qu'ils, elles craignissent
Impératif	prends prenons, prenez	crains craignons, craignez
Participe présent	prenant	craignant
Participe passé	pris, e	craint, e

	61 peindre - malen	62 joindre - verbinden
Indicatif présent	je peins tu peins il, elle peint nous peignons vous peignez ils, elles peignent	je joins tu joins il, elle joint nous joignons vous joignez ils, elles joignent
Indicatif imparfait	il, elle peignait	il, elle joignait
Indicatif passé simple	il, elle peignit ils, elles peignirent	il, elle joignit ils, elles joignirent
Indicatif futur	je peindrai il, elle peindra	je joindrai il, elle joindra
Conditionnel présent	je peindrais il, elle peindrait	je joindrais il, elle joindrait
Subjonctif présent	que je peigne qu'il, elle peigne que nous peignions qu'ils, elles peignent	que je joigne qu'il, elle joigne que nous joignions qu'ils, elles joignent
Subjonctif imparfait	qu'il, elle peignît qu'ils, elles peignissent	qu'il, elle joignît qu'ils, elles joignissent
Impératif	peins peignons, peignez	joins joignons, joignez
Participe présent	peignant	joignant
Participe passé	peint, e	joint, e

	63 battre - schlagen	64 mettre - legen
Indicatif présent	je bats tu bats il, elle bat nous battons vous battez ils, elles battent	je mets tu mets il, elle met nous mettons vous mettez ils, elles mettent
Indicatif imparfait	il, elle battait	il, elle mettait
Indicatif passé simple	il, elle battit ils, elles battirent	il, elle mit ils, elles mirent
Indicatif futur	je battrai il, elle battra	je mettrai il, elle mettra
Conditionnel présent	je battrais il, elle battrait	je mettrais il, elle mettrait
Subjonctif présent	que je batte qu'il, elle batte que nous battions qu'ils, elles battent	que je mette qu'il, elle mette que nous mettions qu'ils, elles mettent
Subjonctif imparfait	qu'il, elle battît qu'ils, elles battissent	qu'il, elle mît qu'ils, elles missent
Impératif	bats battons, battez	mets mettons, mettez
Participe présent	battant	mettant
Participe passé	battu, e	mis, e

	65 coudre - nähen	66 absoudre - Absolution erteilen
Indicatif présent	je couds tu couds il, elle coud nous cousons vous cousez ils, elles cousent	j'absous tu absous il, elle absout nous absolvons vous absolvez ils, elles absolvent
Indicatif imparfait	il, elle cousait	il, elle absolvait
Indicatif passé simple	il, elle cousit ils, elles cousirent	il, elle absolut ils, elles absolurent
Indicatif futur	je coudrai il, elle coudra	j'absoudrai il, elle absoudra
Conditionnel présent	je coudrais il, elle coudrait	j'absoudrais il, elle absoudrait
Subjonctif présent	que je couse qu'il, elle couse que nous cousions qu'ils, elles cousent	que j'absolve qu'il, elle absolve que nous absolvions qu'ils, elles absolvent
Subjonctif imparfait	qu'il, elle cousît qu'ils, elles cousissent	qu'il, elle absolût qu'ils, elles absolussent
Impératif	couds cousons, cousez	absous absolvons, absolvez
Participe présent	cousant	absolvant
Participe passé	cousu, e	absous, oute

	67 résoudre - lösen	68 suivre - folgen
Indicatif présent	je résous tu résous il, elle résout nous résolvons vous résolvez ils, elles résolvent	je suis tu suis il, elle suit nous suivons vous suivez ils, elles suivent
Indicatif imparfait	il, elle résolvait	il, elle suivait
Indicatif passé simple	il, elle résolut ils, elles résolurent	il, elle suivit ils, elles suivirent
Indicatif futur	je résoudrai il, elle résoudra	je suivrai il, elle suivra
Conditionnel présent	je résoudrais il, elle résoudrait	je suivrais il, elle suivrait
Subjonctif présent	que je résolve qu'il, elle résolve que nous résolvions qu'ils, elles résolvent	que je suive qu'il, elle suive que nous suivions qu'ils, elles suivent
Subjonctif imparfait	qu'il, elle résolût qu'ils, elles résolussent	qu'il, elle suivît qu'ils, elles suivissent
Impératif	résous résolvons, résolvez	suis suivons, suivez
Participe présent	résolvant	suivant
Participe passé	résolu, e	suivi, e

	69 vivre - leben	70 paraître - erscheinen
Indicatif présent	je vis tu vis il, elle vit nous vivons vous vivez ils, elles vivent	je parais tu parais il, elle paraît nous paraissons vous paraissez ils, elles paraissent
Indicatif imparfait	il, elle vivait	il, elle paraissait
Indicatif passé simple	il, elle vécut ils, elles vécurent	il, elle parut ils, elles parurent
Indicatif futur	je vivrai il, elle vivra	je paraîtrai il, elle paraîtra
Conditionnel présent	je vivrais il, elle vivrait	je paraîtrais il, elle paraîtrait
Subjonctif présent	que je vive qu'il, elle vive que nous vivions qu'ils, elles vivent	que je paraisse qu'il, elle paraisse que nous paraissions qu'ils, elles paraissent
Subjonctif imparfait	qu'il, elle vécût qu'ils, elles vécussent	qu'il, elle parût qu'ils, elles parussent
Impératif	vis vivons, vivez	parais paraissons, paraissez
Participe présent	vivant	paraissant
Participe passé	vécu, e	paru, e

	71 naître - geboren werden	72 rire - lachen
Indicatif présent	je nais tu nais il, elle naît nous naissons vous naissez ils, elles naissent	je ris tu ris il, elle rit nous rions vous riez ils, elles rient
Indicatif imparfait	il, elle naissait	il, elle riait
Indicatif passé simple	il, elle naquit ils, elles naquirent	il, elle rit ils, elles rirent
Indicatif futur	je naîtrai il, elle naîtra	je rirai il, elle rira
Conditionnel présent	je naîtrais il, elle naîtrait	je rirais il, elle rirait
Subjonctif présent	que je naisse qu'il, elle naisse que nous naissions qu'ils, elles naissent	que je rie qu'il, elle rie que nous riions qu'ils, elles rient
Subjonctif imparfait	qu'il, elle naquît qu'ils, elles naquissent	qu'il, elle rît qu'ils, elles rissent
Impératif	nais naissons, naissez	ris rions, riez
Participe présent	naissant	riant
Participe passé	né, e	ri

	73 conclure - abschließen	74 conduire - fahren
Indicatif présent	je conclus tu conclus il, elle conclut nous concluons vous concluez ils, elles concluent	je conduis tu conduis il, elle conduit nous conduisons vous conduisez ils, elles conduisent
Indicatif imparfait	il, elle concluait	il, elle conduisait
Indicatif passé simple	il, elle conclut ils, elles conclurent	il, elle conduisit ils, elles conduisirent
Indicatif futur	je conclurai il, elle conclura	je conduirai il, elle conduira
Conditionnel présent	je conclurais il, elle conclurait	je conduirais il, elle conduirait
Subjonctif présent	que je conclue qu'il, elle conclue que nous concluions qu'ils, elles concluent	que je conduise qu'il, elle conduise que nous conduisions qu'ils, elles conduisent
Subjonctif imparfait	qu'il, elle conclût qu'ils, elles conclussent	qu'il, elle conduisît qu'ils, elles conduisissent
Impératif	conclus concluons, concluez	conduis conduisons, conduisez
Participe présent	concluant	conduisant
Participe passé	conclu, e	conduit, e

	75 écrire - schreiben	76 suffire - reichen
Indicatif présent	j'écris tu écris il, elle écrit nous écrivons vous écrivez ils, elles écrivent	je suffis tu suffis il, elle suffit nous suffisons vous suffisez ils, elles suffisent
Indicatif imparfait	il, elle écrivait	il, elle suffisait
Indicatif passé simple	il, elle écrivit ils, elles écrivirent	il, elle suffit ils, elles suffirent
Indicatif futur	j'écrirai il, elle écrira	je suffirai il, elle suffira
Conditionnel présent	j'écrirais il, elle écrirait	je suffirais il, elle suffirait
Subjonctif présent	que j'écrive qu'il, elle écrive que nous écrivions qu'ils, elles écrivent	que je suffise qu'il, elle suffise que nous suffisions qu'ils, elles suffisent
Subjonctif imparfait	qu'il, elle écrivît qu'ils, elles écrivissent	qu'il, elle suffît qu'ils, elles suffissent
Impératif	écris écrivons, écrivez	suffis suffisons, suffisez
Participe présent	écrivant	suffisant
Participe passé	écrit, e	suffi

	77 dire - sagen	78 contredire - widersprechen
Indicatif présent	je dis tu dis il, elle dit nous disons vous dites ils, elles disent	je contredis tu contredis il, elle contredit nous contredisons vous contredisez ils, elles contredisent
Indicatif imparfait	il, elle disait	il, elle contredisait
Indicatif passé simple	il, elle dit ils, elles dirent	il, elle contredit ils, elles contredirent
Indicatif futur	je dirai il, elle dira	je contredirai il, elle contredira
Conditionnel présent	je dirais il, elle dirait	je contredirais il, elle contredirait
Subjonctif présent	que je dise qu'il, elle dise que nous disions qu'ils, elles disent	que je contredise qu'il, elle contredise que nous contredisions qu'ils, elles contredisent
Subjonctif imparfait	qu'il, elle dît qu'ils, elles dissent	qu'il, elle contredît qu'ils, elles contredissent
Impératif	dis disons, dites	contredis contredisons, contredisez
Participe présent	disant	contredisant
Participe passé	dit, e	contredit, e

	79 lire - lesen	80 croire - glauben
Indicatif présent	je lis tu lis il, elle lit nous lisons vous lisez ils, elles lisent	je crois tu crois il, elle croit nous croyons vous croyez ils, elles croient
Indicatif imparfait	il, elle lisait	il, elle croyait
Indicatif passé simple	il, elle lut ils, elles lurent	il, elle crut ils, elles crurent
Indicatif futur	je lirai il, elle lira	je croirai il, elle croira
Conditionnel présent	je lirais il, elle lirait	je croirais il, elle croirait
Subjonctif présent	que je lise qu'il, elle lise que nous lisions qu'ils, elles lisent	que je croie qu'il, elle croie que nous croyions qu'ils, elles croient
Subjonctif imparfait	qu'il, elle lût qu'ils, elles lussent	qu'il, elle crût qu'ils, elles crussent
Impératif	lis lisons, lisez	crois croyons, croyez
Participe présent	lisant	croyant
Participe passé	lu, e	cru, e

	81 boire - trinken	82 faire - machen
Indicatif présent	je bois tu bois il, elle boit nous buvons vous buvez ils, elles boivent	je fais tu fais il, elle fait nous faisons vous faites ils, elles font
Indicatif imparfait	il, elle buvait	il, elle faisait
Indicatif passé simple	il, elle but ils, elles burent	il, elle fit ils, elles firent
Indicatif futur	je boirai il, elle boira	je ferai il, elle fera
Conditionnel présent	je boirais il, elle boirait	je ferais il, elle ferait
Subjonctif présent	que je boive qu'il, elle boive que nous buvions qu'ils, elles boivent	que je fasse qu'il, elle fasse que nous fassions qu'ils, elles fassent
Subjonctif imparfait	qu'il, elle bût qu'ils, elles bussent	qu'il, elle fît qu'ils, elles fissent
Impératif	bois buvons, buvez	fais faisons, faites
Participe présent	buvant	faisant
Participe passé	bu, e	fait, e

	83 plaire - gefallen	84 taire - verschweigen
Indicatif présent	je plais tu plais il, elle plaît nous plaisons vous plaisez ils, elles plaisent	je tais tu tais il, elle tait nous taisons vous taisez ils, elles taisent
Indicatif imparfait	il, elle plaisait	il, elle taisait
Indicatif passé simple	il, elle plut ils, elles plurent	il, elle tut ils, elles turent
Indicatif futur	je plairai il, elle plaira	je tairai il, elle taira
Conditionnel présent	je plairais il, elle plairait	je tairais il, elle tairait
Subjonctif présent	que je plaise qu'il, elle plaise que nous plaisions qu'ils, elles plaisent	que je taise qu'il, elle taise que nous taisions qu'ils, elles taisent
Subjonctif imparfait	qu'il, elle plût qu'ils, elles plussent	qu'il, elle tût qu'ils, elles tussent
Impératif	plais plaisons, plaisez	tais taisons, taisez
Participe présent	plaisant	taisant
Participe passé	plu	tu, e

	85 extraire - herausholen	86 vaincre - besiegen
Indicatif présent	j'extrais tu extrais il, elle extrait nous extrayons vous extrayez ils, elles extraient	je vaincs tu vaincs il, elle vainc nous vainquons vous vainquez ils, elles vainquent
Indicatif imparfait	il, elle extrayait	il, elle vainquait
Indicatif passé simple	–	il, elle vainquit ils, elles vainquirent
Indicatif futur	j'extrairai il, elle extraira	je vaincrai il, elle vaincra
Conditionnel présent	j'extrairais il, elle extrairait	je vaincrais il, elle vaincrait
Subjonctif présent	que j'extraie qu'il, elle extraie que nous extrayions qu'ils, elles extraient	que je vainque qu'il, elle vainque que nous vainquions qu'ils, elles vainquent
Subjonctif imparfait	–	qu'il, elle vainquît qu'ils, elles vainquissent
Impératif	extrais extrayons, extrayez	vaincs vainquons, vainquez
Participe présent	extrayant	vainquant
Participe passé	extrait, e	vaincu, e

Einige unregelmäßige deutsche Verben
Quelques verbes irréguliers allemands

Infinitiv infinitif	Präsens présent	Präteritum prétérit	Perfekt parfait
beginnen	beginnt	begann	hat begonnen
beißen	beißt	biss	hat gebissen
biegen	biegt	bog	hat gebogen
bitten	bittet	bat	hat gebeten
bleiben	bleibt	blieb	ist geblieben
brechen	bricht	brach	hat/ist gebrochen
bringen	bringt	brachte	hat gebracht
denken	denkt	dachte	hat gedacht
dürfen	darf	durfte	hat gedurft/dürfen
essen	isst	aß	hat gegessen
fahren	fährt	fuhr	hat/ist gefahren
finden	findet	fand	hat gefunden
fliegen	fliegt	flog	hat/ist geflogen
fließen	fließt	floss	ist geflossen
fressen	frisst	fraß	hat gefressen
geben	gibt	gab	hat gegeben
gehen	geht	ging	ist gegangen
gelten	gilt	galt	hat gegolten
geschehen	geschieht	geschah	ist geschehen
gießen	gießt	goss	hat gegossen
greifen	greift	griff	hat gegriffen
haben	hat	hatte	hat gehabt
halten	hält	hielt	hat gehalten
hängen	hängt	hing/hängte	hat gehangen/ gehängt
heben	hebt	hob	hat gehoben
heißen	heißt	hieß	hat geheißen
helfen	hilft	half	hat geholfen
kennen	kennt	kannte	hat gekannt
kneifen	kneift	kniff	hat gekniffen
kommen	kommt	kam	ist gekommen
können	kann	konnte	hat können/gekonnt
lassen	lässt	ließ	hat gelassen/lassen
laufen	läuft	lief	hat/ist gelaufen
leiden	leidet	litt	hat gelitten
leihen	leiht	lieh	hat geliehen
lesen	liest	las	hat gelesen
liegen	liegt	lag	hat gelegen
lügen	lügt	log	hat gelogen
messen	misst	maß	hat gemessen
mögen	mag	mochte	hat gemocht/mögen
müssen	muss	musste	hat gemusst/müssen
nehmen	nimmt	nahm	hat genommen
nennen	nennt	nannte	hat genannt
quellen	quillt	quoll	ist gequollen
raten	rät	riet	hat geraten
reißen	reißt	riss	hat/ist gerissen
rennen	rennt	rannte	ist gerannt
riechen	riecht	roch	hat gerochen
rufen	ruft	rief	hat gerufen
schießen	schießt	schoss	hat/ist geschossen

Einige unregelmäßige deutsche Verben
Quelques verbes irréguliers allemands

Infinitiv infinitif	Präsens présent	Präteritum prétérit	Perfekt parfait
saufen	säuft	soff	hat gesoffen
schieben	schiebt	schob	hat geschoben
schlafen	schläft	schlief	hat geschlafen
schlagen	schlägt	schlug	hat/ist geschlagen
schließen	schließt	schloss	hat geschlossen
schmeißen	schmeißt	schmiss	hat geschmissen
schneiden	schneidet	schnitt	hat geschnitten
schreiben	schreibt	schrieb	hat geschrieben
schreien	schreit	schrie	hat geschrie(e)n
schwimmen	schwimmt	schwamm	hat/ist geschwommen
sehen	sieht	sah	hat gesehen
sein	ist	war	ist gewesen
senden	sendet	sandte	hat gesendet/gesandt
singen	singt	sang	hat gesungen
sitzen	sitzt	saß	hat gesessen
sprechen	spricht	sprach	hat gesprochen
springen	springt	sprang	hat/ist gesprungen
stehen	steht	stand	hat gestanden
stehlen	stiehlt	stahl	hat gestohlen
sterben	stirbt	starb	ist gestorben
stoßen	stößt	stieß	hat/ist gestoßen
streiten	streitet	stritt	hat gestritten
tragen	trägt	trug	hat getragen
treffen	trifft	traf	hat getroffen
treiben	treibt	trieb	hat/ist getrieben
treten	tritt	trat	hat getreten
trinken	trinkt	trank	hat getrunken
tun	tut	tat	hat getan
verlieren	verliert	verlor	hat verloren
waschen	wäscht	wusch	hat gewaschen
wenden	wendet	wendete/ wandte	hat gewendet/ gewandt
werden	wird	wurde	ist geworden/ worden
werfen	wirft	warf	hat geworfen
wissen	weiß	wusste	hat gewusst
wollen	will	wollte	hat gewollt/wollen

Deutsch-Französisch
Allemand-Français

a

ab *Präposition*

à partir de : die Fahrkarte ist ab heute gültig le billet est valable à partir d'aujourd'hui ; **ab 2005 gibt es neue Reisepässe** à partir de 2005, il y aura de nouveaux passeports

de : wir fliegen ab Düsseldorf nous décollons de Dusseldorf

ab und zu de temps en temps : **ich gehe ab und zu ins Kino** je vais de temps en temps au cinéma

ab sein être parti ; **der Knopf ist ab** le bouton est parti

ab sofort dès à présent : **ab sofort muss das anders werden** il faut que ça change dès à présent.

ab|bekommen *(Perfekt* hat abbekommen*) Verb*

avoir : sie hat ihren Teil schon abbekommen elle a déjà eu sa part

subir : bei dem Unfall hat das Auto einen kleinen Schaden abbekommen la voiture a subi un léger dommage lors de l'accident.

ab|biegen *(Perfekt* ist abgebogen*) Verb* ■ **tourner : das Auto ist nach links abgebogen** la voiture a tourné à gauche

> Bei manchen Bewegungsverben werden die zusammengesetzten Formen anders als im Deutschen mit **avoir** gebildet.

ab|brechen *Verb*

1. **casser : jetzt habe ich meinen Bleistift abgebrochen** et voilà, j'ai cassé mon crayon
2. **démolir : das baufällige Haus wurde abgebrochen** on a démoli la maison délabrée
3. **arrêter : nach einer Woche wurde der Streik abgebrochen** on a arrêté la grève au bout d'une semaine.

das **Abc** ■ **l'alphabet** *(Maskulinum)*.

der **Abend** *(Plural* Abende*)*

1. **le soir : wann kommst du heute Abend nach Hause?** à quelle heure rentres-tu ce soir ? ; **wir gehen morgen Abend ins Kino** nous irons au cinéma demain soir ; **am Abend macht sie immer einen Spaziergang** elle va toujours se promener le soir

> Bei der Angabe des Datums und bestimmter Tageszeiten wird die Präposition **am** nicht übersetzt, sondern es steht nur der bestimmte Artikel **le**.

2. **la soirée : wir verbrachten einen gemütlichen Abend bei meinen Eltern** nous avons passé une agréable soirée chez mes parents

> **Abend** wird mit **soirée** übersetzt, wenn die Dauer oder der Verlauf betont wird.

➤ **guten Abend!** bonsoir !
➤ **zu Abend essen** dîner : **um wie viel Uhr esst ihr zu Abend ?** à quelle heure dînez-vous ?

das **Abendessen** *(Plural* Abendessen*)* ■ **le dîner**.

abends *Adverb* ■ **le soir : abends sehen wir meist fern** en général, nous regardons la télé le soir ; **sie kamen spät abends an ihrem Ziel an** ils sont arrivés à destination tard le soir.

das **Abenteuer** *(Plural* Abenteuer*)* ■ **l'aventure** *(Femininum)*.

aber

■ *Konjunktion*

mais : ich hätte es gern gekauft, aber es war zu teuer j'aurais bien aimé l'acheter, mais c'était trop cher

■ *Adverb*
mais : komm aber nicht so spät nach Hause mais ne rentre pas trop tard.

ab|fahren *(Perfekt* ist abgefahren*)*
Verb ■ **partir : wann ist er abgefahren?** à quelle heure est-il parti ? ; **der Zug fährt gleich ab** le train va partir.

die **Abfahrt** *(Plural* Abfahrten*)*
1. le **départ : Vorsicht bei der Abfahrt des Zuges!** attention au départ du train !
2. la **sortie : bei welcher Abfahrt müssen wir rausfahren?** à quelle sortie devons-nous quitter l'autoroute ?
3. la **descente : diese Abfahrt ist für Anfänger zu schwierig** cette descente est trop difficile pour des débutants.

der **Abfall** *(Plural* Abfälle*)*
1. le **déchet : organische Abfälle kommen in die braune Tonne** il faut mettre les déchets organiques dans la poubelle marron
2. la **poubelle : bring bitte den Abfall raus** sors la poubelle, s'il te plaît.

sich **ab|finden** *reflexives Verb* ■ **accepter : er kann sich nicht damit abfinden, dass er nur Dritter geworden ist** il n'arrive pas à accepter d'être arrivé seulement troisième.

ab|fliegen *(Perfekt* ist abgeflogen*)*
Verb ■ **décoller : das Flugzeug ist schon abgeflogen** l'avion a déjà décollé

> Bei manchen Bewegungsverben werden die zusammengesetzten Formen anders als im Deutschen mit **avoir** gebildet.

der **Abflug** *(Plural* Abflüge*)* ■ le **décollage**.

ab|fragen *Verb* ■ **interroger : meine Mutter fragt mich die Vokabeln ab** ma mère m'interroge sur le vocabulaire.

ab|geben *Verb*
1. **déposer : für dich ist ein Päckchen abgegeben worden** on a déposé un paquet pour toi
2. **laisser : ich habe meinen Mantel an der Garderobe abgegeben** j'ai laissé mon manteau au vestiaire
3. **donner : kannst du mir ein Stück von deinem Kuchen abgeben?** peux-tu me donner un morceau de ton gâteau ?

ab|gehen *(Perfekt* ist abgegange
Verb
1. **se décoller : die Tapete ist abgeganger** papier peint s'est décollé
2. **quitter : Anna ist vom Gymnasium abg gangen** Anna a quitté le lycée.

abgemacht *Adjektiv* **also 5 Euro, a gemacht!** 5 euros, entendu !

der|die **Abgeordnete** *(Plural* die Abgeor neten*)* ■ le **député,** la **députée : sie Abgeordnete für Baden-Württemberg** le est députée du Bade-Wurtemberg.

abgesehen *Adverb*
➤ **abgesehen von** à part : **abgesehen v Franz sind alle dafür** à part Franz, nc sommes tous pour.

ab|gewöhnen *(Perfekt* hat abg wöhnt*)* *Verb* ■ **perdre l'habitude de : solltest dir das laute Sprechen abgewö nen** tu devrais perdre l'habitude de par fort.

abhanden *Adverb*
➤ **abhanden kommen** disparaître : **m Fahrrad ist abhanden gekommen** mon lo a disparu.

ab|hängen *Verb* ■ **dépendre : c Ausflug hängt vom Wetter ab** l'excursi dépend de la météo.

abhängig *Adjektiv*
➤ **von etwas abhängig sein** dépendre quelque chose : **der Ausflug ist vom We ter abhängig** la sortie dépend du tem qu'il fera.

ab|heben
■ *transitives Verb*
retirer : ich habe 100 Euro von meine Konto abgehoben j'ai retiré 100 euros mon compte
■ *intransitives Verb*
1. **décoller : jetzt hebt das Flugzeug ab** maintenant, l'avion décolle
2. **décrocher : ich habe es lange kling lassen, es hat aber niemand abgehob** j'ai laissé sonner longtemps, mais person n'a décroché.

ab|holen *Verb* ■ **venir chercher : ich hole dich von der Schule ab** je viendrai te chercher à la sortie de l'école.

ab|hören *Verb* ■ **interroger sur : einmal pro Woche hört uns unser Lehrer die Vokabeln ab** une fois par semaine, notre professeur nous interroge sur le vocabulaire.

Abitur *(Plural* Abiture*)* ■ le **baccalauréat : Felix macht dieses Jahr Abitur** Felix passe le baccalauréat cette année

ABITUR

Équivalent allemand du baccalauréat, l'**Abitur** est un examen que l'on passe au bout de 12 ou 13 ans de scolarité. Chaque élève choisit une matière principale et des options qu'il présente lors de l'épreuve. Les épreuves sont différentes selon le Land. Environ un tiers des jeunes d'une classe d'âge est titulaire de ce diplôme.

Abiturient *(Plural* Abiturienten*)* ■ le **bachelier**.

Abiturientin *(Plural* Abiturientinnen*)* ■ la **bachelière**.

ab|kaufen *Verb* ■ **racheter : er wollte mir mein Handy abkaufen** il voulait me racheter mon portable.

ab|kriegen *Verb familiär*
avoir sa part : kriege ich vom Gewinn auch etwas ab? est-ce que j'aurai ma part des gains ?
arriver à enlever : ich kriege den Deckel nicht ab je n'arrive pas à enlever le couvercle.

Abkürzung *(Plural* Abkürzungen*)*
le **raccourci : wir sind eine Abkürzung gefahren** nous avons pris un raccourci
l'**abréviation** *(Femininum)* **: Computerleute benützen viele Abkürzungen** les informaticiens utilisent beaucoup d'abréviations.

ab|lehnen *Verb* ■ **refuser : sie hat es abgelehnt, mir zu helfen** elle a refusé de m'aider.

ab|lenken *Verb*
1. **détourner : ich will dich nicht von deinen Schularbeiten ablenken** je ne veux pas te détourner de ton travail scolaire
2. **distraire : versuche doch, sie ein bisschen abzulenken, sie ist nämlich so traurig** essaie de la distraire un peu, elle est si triste.

die **Ablenkung** *(Plural* Ablenkungen*)* ■ la **distraction : ich brauche etwas Ablenkung** j'ai besoin d'un peu de distraction.

ab|lösen *transitives Verb* ■ **relayer : kannst du mich in einer Stunde ablösen?** peux-tu me relayer dans une heure ?

sich **ablösen** *reflexives Verb* ■ **se relayer : wir lösen uns beim Babysitten ab** nous nous relayons pour le baby-sitting.

ab|machen *Verb*
1. **retirer : ich habe den Umschlag abgemacht** j'ai retiré l'enveloppe
2. **convenir de : habt ihr schon einen Termin abgemacht?** avez-vous déjà convenu d'un rendez-vous ?

ab|melden *Verb* ■ **retirer : meine Eltern haben mich im Verein abgemeldet** mes parents m'ont retiré du club.

ab|nehmen
■ *transitives Verb*
1. **décrocher : sie nahm den Hörer ab** elle décrocha le combiné
2. **prendre : der Lehrer hat ihr den Comic abgenommen** le professeur lui a pris sa bande dessinée
3. **perdre : ich will fünf Kilo abnehmen** je veux perdre cinq kilos

■ *intransitives Verb*
1. **maigrir : ich muss dringend abnehmen** il faut absolument que je maigrisse
2. **baisser : im Herbst nehmen die Temperaturen ab** en automne, les températures baissent
3. **décroître : der Mond nimmt ab** la lune décroît.

die **Abreise** *(Plural* Abreisen*)* ■ le **départ**.

ab|reisen *(Perfekt* ist abgereist*) Verb* ■ **partir : wann reist ihr nach Frankreich ab?** quand partez-vous pour la France ?

ab|sagen *Verb* ■ **annuler : das Konzert wurde abgesagt** le concert a été annulé.

der **Absatz** *(Plural* Absätze*)*
1. **le talon : sie trug hohe Absätze** elle portait des talons hauts
2. **le paragraphe : du solltest da einen Absatz im Text machen** tu devrais faire un paragraphe dans le texte à cet endroit.

ab|schaffen *Verb* ■ **abolir : Frankreich hat die Todesstrafe abgeschafft** la France a aboli la peine de mort.

ab|schalten
■ *transitives Verb*
éteindre : schalte doch mal bitte den Fernseher ab éteins donc la télé, s'il te plaît
■ *intransitives Verb*
familiär **décrocher : viele Schüler schalten während des Unterrichts ab** beaucoup d'élèves décrochent pendant le cours.

ab|schicken *Verb* ■ **poster : ich muss den Brief noch heute abschicken** il faut que je poste cette lettre aujourd'hui.

der **Abschied** *(Plural* Abschiede*)* ■ **les adieux** *(Maskulinum Plural)* **: der Abschied von meiner Gastfamilie fiel mir schwer** les adieux avec ma famille d'accueil ont été durs.

ab|schließen *Verb*
1. **fermer à clé : wenn ich aus dem Haus gehe, schließe ich die Tür ab** quand je sors de la maison, je ferme la porte à clé
2. **terminer : sie möchte diese Arbeit noch heute abschließen** elle voudrait encore terminer ce travail aujourd'hui.

der **Abschluss** *(Plural* Abschlüsse*)* ■ **le diplôme de fin d'études**
➤ **zum Abschluss** pour conclure.

das **Abschlusszeugnis** *(Plural* Abschlusszeugnisse*)* ■ **le certificat de fin d'études**.

sich **ab|schnallen** *reflexives Verb* ■ **détacher sa ceinture : bitte schnallen Sie sich ab** nous vous prions de détacher vos ceintures.

ab|schneiden
■ *transitives Verb*
couper : ich habe mir ein Stück Brot abgeschnitten je me suis coupé un morceau de pain
■ *intransitives Verb*
➤ **gut|schlecht abschneiden** bien|mal s'en tirer : **er hat in der Deutscharbeit gut abgeschnitten** il s'en est bien tiré dans le devoir d'allemand.

der **Abschnitt** *(Plural* Abschnitte*)*
1. **le paragraphe : der Text ist in zehn Abschnitte gegliedert** le texte est divisé en paragraphes
2. **le tronçon : auf diesem Abschnitt kommt es häufig zu Staus** il y a souvent des bouchons sur ce tronçon.

ab|schreiben *Verb* ■ **copier : er hat die Lösung von seiner Nachbarin abgeschrieben** il a copié la solution sur sa voisine.

abseits
■ *Präposition (+ G)*
à l'écart de : wir wohnen etwas abseits der Hauptstraße nous habitons un peu à l'écart de la rue principale
■ *Adverb*
à l'écart : er steht bei Partys immer abseits il se tient toujours à l'écart pendant les fêtes.

der **Absender** *(Plural* Absender*)* ■ **l'expéditeur** *(Maskulinum)* **: steht der Absender auf dem Brief?** y a-t-il un expéditeur indiqué sur la lettre ?

die **Absenderin** *(Plural* Absenderinnen*)* ■ **l'expéditrice** *(Femininum)*.

mit **Absicht** ■ **exprès : ich weiß, dass sie das mit Absicht getan hat** je sais qu'elle l'a fait exprès.

absichtlich *Adverb* ■ **exprès : er hat mir das absichtlich nicht gesagt** il ne me l'a pas dit exprès.

ab|spülen
■ *transitives Verb*
1. **laver : heute muss ich das Geschirr abspülen** il faut que je fasse la vaisselle aujourd'hui
2. **rincer : sie spülte die Teller ab** elle rinçait les assiettes
■ *intransitives Verb*
faire la vaisselle.

der **Abstand** *(Plural* Abstände*)* ■ **la distance : Autofahrer bitte Abstand einhalten** automobilistes, respectez la distance, s'il vous plaît.

ab|stellen *Verb*
1. **arrêter** : **wie stellt man den Wecker ab?** comment arrête-t-on le réveil ?
2. **poser** : **ich muss meinen Koffer abstellen** il faut que je pose ma valise
3. **garer** : **er hat sein Auto vor unserer Garage abgestellt** il a garé sa voiture devant notre garage.

ab|stimmen *Verb* ■ **voter** : **wir sollten darüber abstimmen, ob wir das machen** nous devrions voter pour savoir si nous allons le faire.

die **Abstimmung** *(Plural* Abstimmungen*)* ■ **le vote** : **wie ist die Abstimmung ausgegangen?** quelle a été l'issue du vote ?

der **Absturz** *(Plural* Abstürze*)* ■ **le crash** : **beim Absturz des Flugzeugs kamen alle Passagiere ums Leben** tous les passagers ont succombé lors du crash.

ab|stürzen *(Perfekt* ist abgestürzt*)* *Verb*
1. **s'écraser** : **es ist schon wieder ein Flugzeug abgestürzt** il y a encore un avion qui s'est écrasé
2. *familiär* **planter** : **mein Computer ist heute schon zweimal abgestürzt** mon ordinateur a déjà planté deux fois aujourd'hui.

die **Abteilung** *(Plural* Abteilungen*)*
1. **le service** : **in welcher Abteilung der Firma arbeitet er?** dans quel service de l'entreprise travaille-t-il ?
2. **le rayon** : **Sie finden diesen Artikel in der Abteilung für Spielwaren** vous trouverez cet article au rayon jouets.

ab|trocknen *Verb* ■ **essuyer** : **kannst du bitte die Gläser abtrocknen?** peux-tu essuyer les verres, s'il te plaît ?

ab|warten
■ *transitives Verb*
attendre : **wir müssen die Entscheidung abwarten** nous devons attendre la décision
➤ **etwas kaum abwarten können** avoir hâte de quelque chose
■ *intransitives Verb*
patienter : **warte ab, vielleicht kommt er ja noch** patiente, il va peut-être encore arriver.

abwärts *Adverb*
➤ **abwärts gehen** descendre : **der Weg geht abwärts bis zum Dorf** le chemin descend jusqu'au village

Wenn im Deutschen ein Bewegungsverb zusammen mit einem Adverb (zum Beispiel **abwärts**) oder einer Präposition verwendet wird, steht im Französischen häufig nur ein Verb.

ab|waschen *Verb* ■ **faire la vaisselle**.

sich **ab|wechseln** *reflexives Verb* ■ **se relayer** : **wir haben uns beim Autofahren abgewechselt** nous nous sommes relayés au volant

Zusammengesetzte Formen reflexiver Verben werden mit **être** gebildet.

abwechselnd *Adverb* ■ **tour à tour** : **sie wurde abwechselnd rot und blass** elle est devenue tour à tour rouge puis pâle.

die **Abwechslung** *(Plural* Abwechslungen*)* ■ **la distraction**
➤ **zur Abwechslung** pour changer.

ab|ziehen
■ *transitives Verb (Perfekt* hat abgezogen*)*
déduire : **Sie können vom Betrag 3% Rabatt abziehen** vous pouvez déduire 3% de remise sur la somme
■ *intransitives Verb (Perfekt* ist abgezogen*)*
1. **s'échapper** : **mach das Fenster auf, damit der Küchengeruch abzieht** ouvre la fenêtre afin que les odeurs de cuisine s'échappent
2. **se retirer** : **wann werden die Truppen aus diesem Land abziehen?** quand les troupes se retireront-elles de ce pays ?
3. *familiär* **ficher le camp** : **zieh ab, du bist hier nicht erwünscht!** fiche le camp, on ne veut pas de toi ici !

ach *Interjektion* ■ **ah** : **ach, ist das schön!** ah, comme c'est beau !
➤ **ach so** ah bon : **er kommt erst morgen – ach so** il ne vient que demain – ah bon
➤ **ach wirklich?** ah oui ? : **er lebt schon zwanzig Jahre in Berlin – ach wirklich ?** il vit à Berlin depuis vingt ans déjà – ah oui ?

die Achse *(Plural* Achsen*)* ■ **l'axe** *(Maskulinum)* : **die Erde dreht sich um die eigene Achse** la terre tourne autour de son propre axe

Anders als das deutsche Wort **Achse** ist das französische Substantiv **axe** männlich.

die Achsel *(Plural* Achseln*)* ■ **l'aisselle** *(Femininum)* : **ich schwitze furchtbar unter den Achseln** je transpire terriblement sous les aisselles.

acht *Numeral* ■ **huit** ➤ sechs.

achte *Adjektiv* ■ **huitième** ➤ sechste.

das Achtel *(Plural* Achtel*)* ■ le **huitième**.

achten *Verb*

➤ **auf etwas** *(+ A)* **achten** faire attention à quelque chose : **achte genau auf das, was er sagt** fais bien attention à ce qu'il dit.

achthundert *Numeral* ■ **huit cents**.

die Achtung

➤ **Achtung!** attention ! : **Achtung, Lebensgefahr !** attention, danger de mort !

➤ **Achtung, fertig, los!** à vos marques, prêts, partez !

achtzehn *Numeral* ■ **dix-huit** ➤ sechs.

achtzig *Numeral* ■ **quatre-vingts**.

addieren *(Perfekt* hat addiert*)* *Verb* ■ **faire la somme de : du musst alle Ausgaben addieren** il faut que tu fasses la somme de toutes les dépenses.

das Adjektiv *(Plural* Adjektive*)* ■ **l'adjectif** *(Maskulinum)*.

der Adler *(Plural* Adler*)* ■ **l'aigle** *(Maskulinum)*.

adoptieren *(Perfekt* hat adoptiert*)* *Verb* ■ **adopter : sie wurde adoptiert** elle a été adoptée.

die Adresse *(Plural* Adressen*)* ■ **l'adresse** *(Femininum)* : **kannst du mir ihre Adresse geben?** peux-tu me donner son adresse ?

der Advent ■ **l'Avent** *(Maskulinum)*

ADVENT

Il s'agit des quatre semaines qu précèdent Noël. Les Allemand continuent de respecter la tradition : ils se rendent sur les marchés de Noël, fabri quent des objets tels que la couronne de l'Avent, confectionnent des biscuit (**Plätzchen**). C'est une période de forte consommation.

das Adverb *(Plural* Adverbien*)* ■ **l'adverbe** *(Maskulinum)*.

der Affe *(Plural* Affen*)* ■ le **singe**.

Afrika *Neutrum* ■ **l'Afrique** *(Femininum)* **mein Onkel lebt in Afrika** mon oncle vit Afrique.

Ländernamen werden im Französischen oft mit dem bestimmten Artikel verwendet, es sei denn, es steht ein **en** davor.

der Afrikaner *(Plural* Afrikaner*)* ■ **l'Africain** *(Maskulinum)*.

die Afrikanerin *(Plural* Afrikanerinnen*)* ■ **l'Africaine** *(Femininum)*.

afrikanisch *Adjektiv* ■ **africain (africaine)**.

aggressiv *Adjektiv* ■ **agressif (agressive) : er ist schrecklich aggressiv** il est terriblement agressif.

Ägypten *Neutrum* ■ **l'Égypte** *(Femininum)*

Ländernamen werden im Französischen oft mit dem bestimmten Artikel verwendet.

aha *Interjektion* ■ **ah, oui : aha, jetzt verstehe ich!** ah, oui, maintenant je comprends !

ähneln *Verb*

➤ **jemandem ähneln** ressembler à quelqu'un : **sie ähnelt ihrer Schwester sehr** elle ressemble beaucoup à sa sœur.

ahnen *Verb* ■ **se douter : ich habe geahnt, dass er absagen würde** je me suis douté qu'il refuserait.

ähnlich *Adjektiv* ■ **semblable : ich habe ein ähnliches T-Shirt** j'ai un T-shirt semblable
jemandem ähnlich sein ressembler à quelqu'un : **du bist deiner Mutter sehr ähnlich** tu ressembles beaucoup à ta mère.

Ähnlichkeit *(Plural* Ähnlichkeiten*)*
mit jemandem Ähnlichkeit haben avoir des ressemblances avec quelqu'un.

Ahnung *(Plural* Ahnungen*)* ■ **l'idée** *(Femininum)* **: hast du eine Ahnung, wo sie ist?** as-tu une idée de l'endroit où elle se trouve ?
keine Ahnung! aucune idée !

Aids *(Abkürzung für* Acquired Immune Deficiency Syndrome*)* *Neutrum* ■ **le sida : er hat Aids** il a le sida

> Krankheiten werden im Französischen anders als im Deutschen mit dem bestimmten Artikel verwendet.

Akkord *(Plural* Akkorde*)* ■ **l'accord** *(Maskulinum)* **: spiel den Akkord noch mal** rejoue-moi cet accord !

Akkordeon *(Plural* Akkordeons*)* ■ **l'accordéon** *(Maskulinum)* **: Carolin spielt Akkordeon** Caroline joue de l'accordéon.

Akku *(Plural* Akkus*)* ■ **la batterie : der Akku meines Handys ist fast leer** la batterie de mon portable est presque vide.

Akkusativ *(Plural* Akkusative*)* ■ **l'accusatif** *(Maskulinum)*.

Akne ■ **l'acné** *(Femininum)* **: viele Jugendliche haben Akne** beaucoup d'adolescents ont de l'acné.

Aktie *(Plural* Aktien*)* ■ **l'action** *(Femininum)* **: die Aktien fallen** les actions sont en baisse.

Aktion *(Plural* Aktionen*)* ■ **l'opération** *(Femininum)* **: das ist eine schwierige Aktion** c'est une opération difficile.

aktiv *Adjektiv* ■ **actif (active) : sie ist eine aktive Sportlerin** c'est une sportive active
aktiv sein être actif.

Aktiv ■ **l'actif** *(Maskulinum)*.

aktuell *Adjektiv*
1. **d'actualité : die Bekämpfung des Terrorismus ist ein aktuelles Thema** la lutte contre le terrorisme est un sujet d'actualité
2. **actuel (actuelle) : wie ist die aktuelle Lage?** quelle est la situation actuelle ?

der **Akzent** *(Plural* Akzente*)* ■ **l'accent** *(Maskulinum)*.

der **Alarm** *(Plural* Alarme*)* ■ **l'alarme** *(Femininum)*

> Anders als das deutsche Wort **Alarm** ist das französische Substantiv **alarme** weiblich.

albern *Adjektiv*
1. **puéril (puérile) : unser Lehrer findet, dass wir albern sind** notre professeur nous trouve puérils
2. **stupide : sie redet nur albernes Zeug** tout ce qu'elle dit est stupide.

das **Album** *(Plural* Alben*)* ■ **l'album** *(Maskulinum)* **: das neue Album von Bryan Adams** le nouvel album de Bryan Adams.

die **Alge** *(Plural* Algen*)* ■ **l'algue** *(Femininum)*.

die **Algebra** *(Plural* Algebren*)* ■ **l'algèbre** *(Femininum)*.

Algerien *Neutrum* ■ **l'Algérie** *(Femininum)*

> Ländernamen werden im Französischen oft mit dem bestimmten Artikel verwendet.

der **Alkohol** ■ **l'alcool** *(Maskulinum)* **: ich trinke keinen Alkohol** je ne bois pas d'alcool.

alkoholisch *Adjektiv* ■ **alcoolisé (alcoolisée) : auf der Party gab es keine alkoholischen Getränke** à cette fête, il n'y avait pas de boissons alcoolisées.

alle
■ *Determinant*
tous les (toutes les) : alle Schüler waren gekommen tous les élèves étaient venus ; **wir haben alle Fenster geöffnet** nous avons ouvert toutes les fenêtres

■ *Pronomen*
tous (toutes) : alle haben sich gut amüsiert ils se sont tous bien amusés
➤ *familiär* **alle sein** il n'y a plus de : **die Milch ist alle** il n'y a plus de lait
➤ **alle beide** tous les deux : **ich habe alle beide eingeladen** je les ai invités tous les deux

alles *Pronomen* ■ **tout : sie hat alles schon wieder vergessen** elle a encore tout oublié.

allein
■ *Adjektiv*
seul (seule) : lass mich bitte nicht allein je t'en prie, ne me laisse pas seul
➤ **allein sein** être seul (seule) : **ich war gestern Abend allein zu Hause** hier, j'étais seul à la maison
■ *Adverb*
1. **seul (seule) : ich kann das nicht allein entscheiden** je ne peux pas prendre cette décision seul

> **Allein** wird auch als Adverb mit dem französischen Adjektiv **seul** übersetzt.

2. **rien que : das Gerät allein ohne Zubehör kostet 500 Euro** rien que l'appareil, sans les accessoires, coûte 500 euros.

allerdings *Adverb*
1. **et comment ! : hat er sich geärgert? – allerdings!** il s'est fâché ? – et comment !
2. **toutefois : ich würde schon gern mitgehen, da muss ich allerdings erst meine Eltern fragen** j'aimerais bien t'accompagner, toutefois, il faut d'abord que je demande à mes parents.

die **Allergie** *(Plural* Allergien*)* ■ **l'allergie** *(Femininum)* **: sie hat eine Allergie gegen Katzen** elle fait une allergie aux chats.

Allerheiligen *Neutrum* ■ **la Toussaint : an Allerheiligen** à la Toussaint.

alles ➤ alle.

allgemein
■ *Adjektiv*
général (générale) : seine Geschichten erregten allgemeine Heiterkeit ses histoires provoquaient l'hilarité générale
➤ **im Allgemeinen** dans l'ensemble
■ *Adverb*
de tout le monde : sie ist allgemein b[eliebt] elle est aimée de tout le monde.

allmählich *Adverb* ■ **peu à peu : [d]ie Aktienkurse erholen sich allmählich w[ie]der** le cours de la Bourse remonte peu à p[eu].

der **Alltag** ■ **la vie quotidienne : nach d[en] Ferien fängt der Alltag wieder an** après [les] vacances, la vie quotidienne reprend.

die **Alpen** *Plural* ■ **les Alpes** *(Femininum Plural)* **: in den Alpen** dans les Alpes.

das **Alphabet** *(Plural* Alphabete*)* ■ **l'alphabet** *(Maskulinum)*.

als *Konjunktion*
1. **lorsque : als wir in Frankreich waren, h[a]ben wir sehr gut gegessen** lorsque n[ous] étions en France, nous avons très bien man[gé]
2. **de : er verdient mehr als 5 000 Euro [im] Monat** il gagne plus de 5 000 euros par m[ois]

> Bei Vergleichen wird **als** mit **de** übersetzt, wenn danach eine Mengenangabe folgt; in allen anderen Fällen steht **que**.

3. **que : sie ist in der Schule besser als ich** [à] l'école, elle est meilleure que moi
4. **comme : man kann den Computer au[ch] als Rechner benutzen** on peut aussi utili[ser] l'ordinateur comme une calculatrice
➤ **an dem Tag, als** le jour où : **an dem Ta[g], als ich ihn kennen lernte, schien die So[n]ne** le jour où j'ai fait sa connaissance, le so[leil] brillait.

also
■ *Interjektion*
alors : also, kommst du nun mit? alors, [tu] viens ?
➤ **also gut!** bon d'accord !
➤ **na also!** tu vois ! : **na also, was habe [ich] gesagt !** tu vois ! Qu'est-ce que j'avais di[t]
■ *Adverb*
1. **donc : das muss morgen fertig sein, w[ir] müssen es also heute machen** ça doit ê[tre] terminé pour demain, il faut donc le faire [au]jourd'hui
2. **bon alors : also, wenn ich du wäre ...** b[on] alors, si j'étais toi ...

alt *(Komparativ* älter, *Superlativ* älteste*)*
Adjektiv
1. **âgé (âgée) : hier wohnen viele alte Menschen** beaucoup de personnes âgées habitent ici ; **die älteren Schüler wissen das** les élèves plus âgés le savent
2. **vieux (vieille) : er hat einen ziemlich alten Computer** son ordinateur est déjà assez vieux
3. **ancien (ancienne) : ich habe meine alten Mitschüler getroffen** j'ai retrouvé mes anciens camarades de classe
- **10 Jahre alt sein** avoir 10 ans : **meine Schwester ist 10 Jahre alt** ma sœur a dix ans
- **wie alt bist du?** quel âge as-tu ?

Alter
1. **l'âge** *(Maskulinum)* : **in Deutschland kommen Kinder im Alter von 6 Jahren in die Schule** en Allemagne, on scolarise les enfants à l'âge de 6 ans
2. **la vieillesse : das Alter bringt oft viele Beschwerden mit sich** la vieillesse entraîne souvent de nombreux ennuis de santé.

älter *Adjektiv* ■ **d'un certain âge : war die ältere Dame deine Oma?** est-ce que la dame d'un certain âge était ta grand-mère ? ➤ alt.

Alternative *(Plural* Alternativen*)* ■ **l'alternative** *(Femininum)* : **gibt es eine Alternative dazu?** avons-nous une alternative ?

Altersheim *(Plural* Altersheime*)* ■ **la maison de retraite**.

altmodisch *Adjektiv* ■ **démodé (démodée) : meine Eltern haben ziemlich altmodische Vorstellungen** mes parents ont des conceptions assez démodées.

am *(an + dem) Präposition*
1. **ce, cet, cette : am Wochenende will ich ausschlafen** ce week-end, je veux faire la grasse matinée
2. **le : er ist am 9. November geboren** il est né le 9 novembre

> Bei der Angabe des Datums und bestimmter Tageszeiten wird die Präposition **am** nicht übersetzt, sondern es steht nur der bestimmte Artikel **le**.

3. **au bord de : am Meer** au bord de la mer

> Nicht vergessen: **à + le = au** und **à + les = aux !**

4. **sur le (sur la) : sie wohnt in Frankfurt am Main** elle habite à Francfort-sur-le-Main
5. **en train de : ich bin am Arbeiten** je suis en train de travailler.

die **Ameise** *(Plural* Ameisen*)* ■ **la fourmi**.

Amerika *Neutrum* ■ **l'Amérique** *(Femininum)*

> Ländernamen werden im Französischen oft mit dem bestimmten Artikel verwendet.

der **Amerikaner** *(Plural* Amerikaner*)* ■ **l'Américain** *(Maskulinum)*.

die **Amerikanerin** *(Plural* Amerikanerinnen*)* ■ **l'Américaine** *(Femininum)*.

die **Ampel** *(Plural* Ampeln*)* ■ **le feu : die Ampel ist rot** le feu est rouge.

sich **amüsieren** *reflexives Verb* ■ **s'amuser : amüsiert euch gut!** amusez-vous bien !

an
■ *Präposition*
1. *(+ D)* **au, à la, aux : an der Wand hing ein Bild von Chagall** au mur, il y avait un tableau de Chagall
2. *(+ D)* **au bord de : unser Haus liegt an der Bundesstraße** notre maison est située au bord de la nationale
3. *(+ D)* **un, une : das ist an einem Sonntag im Mai gewesen** c'était un dimanche de mai
4. **arrivée à : Stuttgart an 14 Uhr** arrivée à Stuttgart à 14h00
5. *(+ A)* **au, à la, aux : sie hängte das Poster an die Wand über ihrem Bett** elle a accroché le poster au mur au-dessus de son lit

> Nicht vergessen: **à + le = au** und **à + les = aux !**

■ *Adverb*
➤ **an sein** être allumé (allumée) : **das Licht war an** la lumière était allumée
➤ **von ... an** à partir de : **vom nächsten Jahr an haben wir Latein** à partir de l'année prochaine, nous ferons du latin.

die **Ananas** *(Plural* Ananas ODER Ananasse*)* ■ **l'ananas** *(Maskulinum)*

Achtung ! Anders als das deutsche Wort Ananas ist das französische Substantiv ananas männlich.

an|behalten *(Perfekt* hat anbehalten*)* *Verb* ■ **garder : es ist so kalt, dass ich den Pulli lieber anbehalte** il fait si froid que je préfère garder ce pull.

an|bieten *Verb*
1. **proposer : kann ich dir etwas zu trinken anbieten?** puis-je te proposer quelque chose à boire ?
2. **vendre : in dem Geschäft werden Computer angeboten** dans ce magasin, on vend des ordinateurs.

an|binden *Verb* ■ **attacher : sie hat ihren Hund an einen Pfosten angebunden** elle a attaché son chien à un poteau.

an|dauern *Verb* ■ **ne cesser de : der Regen dauert nun schon 5 Tage an** ça fait maintenant 5 jours qu'il ne cesse de pleuvoir.

das **Andenken** *(Plural* Andenken*)* ■ **le souvenir : diese Muschel ist ein Andenken an meine Ferien in Frankreich** ce coquillage est un souvenir de mes vacances en France.

andere
■ *Adjektiv*
autre : hast du schon wieder ein anderes Handy? tu as encore un autre portable ? ; **gibt es auch noch andere Spiele?** est-ce qu'il y a d'autres jeux ?
■ *Pronomen*
d'autres : warum begreifst du das nicht, andere können das doch auch? pourquoi ne le comprends-tu pas alors que d'autres y arrivent ?
➤ **etwas anderes** autre chose : **kann ich bitte etwas anderes zu Essen bekommen ?** pourrais-je avoir autre chose à manger ?
➤ **das ist etwas anderes!** c'est différent !

ändern *Verb* ■ **modifier : wir haben unsere Pläne geändert** nous avons modifié nos projets.

anders *Adverb* ■ **autrement : ich mache das anders als meine Mutter** je fais autrement que ma mère
➤ **anders aussehen** être différent : **er sieht ganz anders aus als sein Bruder** il est très différent de son frère
➤ **das muss anders werden** il faut que ça change.

anderthalb *Numeral* ■ **un et demi (une et demie) : wir haben anderthalb Stunden gewartet** nous avons attendu une heure et demie.

die **Änderung** *(Plural* Änderungen*)*
1. **la modification : ich habe vergessen, die Änderungen abzuspeichern** j'ai oublié d'enregistrer les modifications effectuées
2. **le changement : nach den Wahlen gab es einige Änderungen** après les élections, il y a eu quelques changements.

an|deuten *Verb* ■ **laisser entendre : Werner hat angedeutet, dass er gar gern eingeladen werden würde** Werner a laissé entendre qu'il aimerait beaucoup être invité.

aneinander *Adverb* ■ **l'un à l'autre (l'une à l'autre) : die Geschwister hängen sehr aneinander** ces frères et sœurs sont très attachés les uns aux autres.

der **Anfall** *(Plural* Anfälle*)* ■ **la crise : sie hatte einen epileptischen Anfall** elle a eu une crise d'épilepsie.

an|fallen *Verb* ■ *(Perfekt* hat angefallen*)* **attaquer : ein Schäferhund hat ein Kleinkind angefallen** un berger allemand a attaqué un enfant.

anfällig *Adjektiv* ■ **fragile : sie ist ein sehr anfälliges Kind** c'est une enfant très fragile.

der **Anfang** *(Plural* Anfänge*)* ■ **le début : sie waren rechtzeitig vor Anfang des Matches gekommen** ils étaient arrivés à temps avant le début du match
➤ **am Anfang** au début : **am Anfang war das Buch ziemlich langweilig** au début, le livre était assez ennuyeux
➤ **von Anfang an** dès le début.

an|fangen
intransitives Verb
commencer : wann fängt bei euch morgens die Schule an? le matin, à quelle heure commencent les cours chez vous ?
mit etwas anfangen commencer quelque chose : **wann hast du mit Englisch angefangen ?** quand as-tu commencé l'anglais ?
wieder anfangen recommencer : **nach dem Unglück mussten wir wieder von vorne anfangen** après cette catastrophe, on a dû tout recommencer

Wieder wird häufig mit re- am Anfang eines Verbs übersetzt.

transitives Verb
commencer : er hat den Streit angefangen c'est lui qui a commencé la dispute.
faire : was sollen wir heute Nachmittag anfangen? qu'est-ce qu'on va bien pouvoir faire cet après-midi ?

Anfänger *(Plural* Anfänger*)* ■ le **débutant : dies ist ein Wörterbuch für Anfänger** c'est un dictionnaire pour débutants.

Anfängerin *(Plural* Anfängerinnen*)* ■ la **débutante**.

anfangs *Adverb* ■ **au début : anfangs fand ich Französisch schwierig** au début, j'ai trouvé le français difficile.

an|fassen *Verb* ■ **toucher : bitte fassen Sie die Ware nicht an** prière de ne pas toucher la marchandise
mit anfassen donner un coup de main.

Anforderung *(Plural* Anforderungen*)* ■ l'**exigence** *(Femininum)*.

an|freunden *reflexives Verb* ■ **devenir ami (amie) : die beiden haben sich sehr schnell angefreundet** ces deux-là sont très vite devenus amis.

Anführungszeichen *(Plural* Anführungszeichen*)* ■ le **guillemet**.

an|geben
transitives Verb
indiquer : hier gibt man seine Telefonnummer an ici, on doit indiquer son numéro de téléphone
déclarer : der Zeuge gibt an, den Angeklagten gesehen zu haben le témoin déclare avoir vu l'accusé
■ *intransitives Verb*
➤ **mit etwas angeben** frimer avec quelque chose*familiär* : **er gibt mit dem Geld seiner Eltern an** il frime avec l'argent de ses parents.

angeblich *Adverb* ■ **il paraît que : sie ist angeblich krank** il paraît qu'elle est malade.

das **Angebot** *(Plural* Angebote*)*
1. **l'offre** *(Femininum)* **: er hat mein Angebot angenommen** il a accepté mon offre
2. **le choix : das Kaufhaus hat ein großes Angebot** il y a beaucoup de choix dans ce grand magasin
➤ **im Angebot sein** être en promotion : **Tomaten sind zur Zeit im Angebot** en ce moment, les tomates sont en promotion.

an|gehen
■ *intransitives Verb (Perfekt* ist angegangen*)*
s'allumer : das Licht geht an la lumière s'allume
■ *transitives Verb (Perfekt* hat angegangen*)*
concerner : das geht euch alle an cela vous concerne tous
➤ **das geht dich nichts an** ça ne te regarde pas.

der|die **Angehörige** *(Plural* die Angehörigen*)*
1. le **parent : zur Hochzeit waren nur die nächsten Angehörigen eingeladen** seuls les proches parents étaient invités au mariage
2. le **membre : seit wann ist er Angehöriger dieser Sekte?** depuis quand est-il membre de cette secte ?

der|die **Angeklagte** *(Plural* die Angeklagten*)* ■ l'**accusé** *(Maskulinum)*, l'**accusée** *(Femininum)*.

die **Angel** *(Plural* Angeln*)* ■ la **canne à pêche**.

die **Angelegenheit** *(Plural* Angelegenheiten*)* ■ l'**affaire** *(Femininum)* **: misch dich doch bitte nicht in meine Angelegenheiten** s'il te plaît, ne te mêle pas de mes affaires.

angenehm
- *Adjektiv*
agréable : er ist ein sehr angenehmer Mensch c'est une personne très agréable
- *Adverb*
agréablement : meine Eltern waren angenehm überrascht mes parents ont été agréablement surpris.

der|die **Angestellte** (*Plural* die Angestellten) ■ **l'employé** (*Maskulinum*), **l'employée** (*Femininum*).

die **Angewohnheit** (*Plural* Angewohnheiten) ■ **l'habitude** (*Femininum*) **: er hat die schlechte Angewohnheit, an den Nägeln zu kauen** il a la mauvaise habitude de se ronger les ongles.

an|greifen *Verb* ■ **attaquer : endlich greift die gegnerische Mannschaft an** l'équipe adverse attaque enfin.

der **Angriff** (*Plural* Angriffe) ■ **l'attaque** (*Femininum*) **: das war ein scharfer Angriff gegen die Regierung** il s'agissait d'une attaque virulente contre le gouvernement.

die **Angst** (*Plural* Ängste) ■ la **peur**
➤ **vor jemandem|etwas Angst haben** avoir peur de quelqu'un|quelque chose : **er hat Angst vor seinem Vater** il a peur de son père.

ängstlich
- *Adjektiv*
peureux (peureuse) : meine Mutter ist schrecklich ängstlich ma mère est terriblement peureuse
- *Adverb*
avec crainte : sie sah ihn ängstlich an elle l'a regardé avec crainte.

an|haben *Verb* ■ **porter : sie hatte nur einen Badeanzug an** elle portait juste un maillot de bain.

an|halten
- *intransitives Verb*
1. **s'arrêter : der Bus hielt an** le bus s'est arrêté
2. **durer : wir hoffen, dass das schöne Wetter anhält** nous espérons que le beau temps va durer
- *transitives Verb*
arrêter : er hat versucht, ein Fahrzeug anzuhalten il a essayé d'arrêter un véhicule

an|hören *Verb*
➤ **sich** (*D*) **etwas anhören** écouter quelque chose : **ich habe mir die neue CD angehört** j'ai écouté le nouveau CD.

der **Anker** (*Plural* Anker) ■ **l'ancre** (*Femininum*).

an|klicken *Verb* ■ **cliquer sur : du musst die Schaltfläche anklicken** il faut que tu cliques sur le bouton.

an|kommen (*Perfekt* ist angekommen) *Verb* ■ **arriver : wann kommt ihr in Berlin an?** à quelle heure arrivez-vous à Berlin ?
➤ **es kommt auf jemanden|etwas an** cela dépend de quelqu'un|quelque chose : **bei einem Fußballspiel kommt es auf jeden Spieler an** un match de foot dépend de chaque joueur
➤ **es kommt darauf an** ça dépend.

an|lassen *Verb*
1. **laisser allumé (allumée) : lass den Computer an** laisse l'ordinateur allumé
2. **garder : kann ich die Jeans zur Party anlassen?** est-ce que je peux garder mon jean pour la soirée ?

die **Anleitung** (*Plural* Anleitungen) ■ le **mode d'emploi : ist eine Anleitung dabei?** y a-t-il un mode d'emploi ?

an|lügen *Verb* ■ **mentir à : meine Mutter wird furchtbar wütend, wenn ich sie anlüge** ma mère se met terriblement en colère quand je lui mens.

an|machen *Verb*
1. **allumer : mach mal den Fernseher an** allume la télé
2. *familiär* **draguer : gestern hat mich in der Disko so ein Typ angemacht** hier, un type m'a draguée en boîte.

an|melden *transitives Verb* ■ **inscrire : meine Eltern haben meine Schwester im Kindergarten angemeldet** mes parents ont inscrit ma sœur à la maternelle

anmelden *reflexives Verb*
- **s'inscrire** : **wie viele Teilnehmer haben sich für den Kurs angemeldet?** combien de participants se sont inscrits au cours ?

> Zusammengesetzte Formen reflexiver Verben werden mit **être** gebildet.

- **prendre rendez-vous** : **ich habe mich für morgen beim Friseur angemeldet** j'ai pris un rendez-vous pour demain chez le coiffeur.

an|nehmen *Verb*
- **accepter** : **sie hat die Einladung angenommen** elle a accepté l'invitation
- **supposer** : **ich nehme an, er hatte einfach keine Lust** je suppose qu'il n'avait tout simplement pas envie.

Anorak *(Plural* Anoraks*)* ■ **l'anorak** *(Maskulinum)*.

an|richten *Verb*
- *familiär* **fabriquer** : **was hast du jetzt wieder angerichtet?** qu'est-ce que tu as encore fabriqué ?
- **causer** : **der Sturm hat große Schäden angerichtet** la tempête a causé de gros dégâts.

Anruf *(Plural* Anrufe*)* ■ **l'appel** *(Maskulinum)*.

Anrufbeantworter *(Plural* Anrufbeantworter*)* ■ **le répondeur**.

an|rufen *Verb* ■ **appeler** : **meine Lehrerin hat bei meinen Eltern angerufen** mon professeur a appelé chez mes parents.

ans *Präposition (an + das)* ■ **au bord de** : **wir fahren in den Ferien ans Meer** pour les vacances, nous allons au bord de la mer

> Nicht vergessen: **à + le = au** und **à + les = aux** !

an|schaffen *Verb*
- **sich** *(D)* **etwas anschaffen** s'acheter quelque chose : **ich will mir einen neuen Computer anschaffen** je veux m'acheter un nouvel ordinateur.

an|schalten *Verb* ■ **allumer** : **schalte bitte das Licht an** allume la lumière, s'il te plaît.

an|schließen *transitives Verb* ■ **brancher** : **hast du dein neues Modem schon angeschlossen?** as-tu déjà branché ton nouveau modem ?

der **Anschluss** *(Plural* Anschlüsse*)*
1. la **correspondance** : **in Stuttgart hast du Anschluss nach Tübingen** à Stuttgart, tu auras une correspondance pour Tübingen
2. la **ligne** : **sie haben uns einen zweiten Anschluss eingerichtet** on nous a installé une deuxième ligne
3. la **connexion** : **habt ihr Anschluss ans Internet?** avez-vous une connexion à Internet ?

➤ **kein Anschluss unter dieser Nummer** pas d'abonné à ce numéro

sich **an|schnallen** *reflexives Verb* ■ **attacher sa ceinture** : **wir wurden gebeten, uns anzuschnallen** on nous a priés d'attacher nos ceintures.

die **Ansicht** *(Plural* Ansichten*)*
➤ **meiner Ansicht nach** à mon avis.

die **Ansichtskarte** *(Plural* Ansichtskarten*)* ■ la **carte postale** : **eine Ansichtskarte aus Hamburg** une carte postale de Hambourg.

ansonsten *Adverb* ■ **sinon** : **das Wetter war schlecht, aber ansonsten waren die Ferien toll** il a fait mauvais temps mais sinon, les vacances étaient super.

anständig
- *Adjektiv*
  convenable : **ich bitte euch um anständiges Benehmen** je vous demande d'avoir un comportement convenable
- *Adverb*
  convenablement : **benehmt euch anständig** comportez-vous convenablement.

anstatt
- *Präposition (+ G)*
  à la place de : **anstatt meiner Freundin ist ihr Bruder gekommen** à la place de ma copine, c'est son frère qui est venu
- *Konjunktion*
  au lieu de : **anstatt zu reden, sollten wir handeln** au lieu de parler, nous devrions agir.

an|stecken *Verb* ■ **contaminer : er hat mich angesteckt** il m'a contaminé

➤ **jemanden mit etwas anstecken** passer quelque chose à quelqu'un : **er hat mich mit seiner Grippe angesteckt** il m'a passé sa grippe.

ansteckend *Adjektiv* ■ **contagieux (contagieuse) : Grippe ist ansteckend** la grippe est contagieuse.

an|stellen *transitives Verb* ■ **allumer : stell mal die Heizung an** allume le chauffage

sich **anstellen** *reflexives Verb* ■ **faire la queue : für die Karten mussten wir uns drei Stunden anstellen** nous avons dû faire la queue trois heures pour obtenir les billets.

an|strengen *transitives Verb*

1. **fatiguer : Bildschirmarbeit strengt die Augen an** le travail à l'écran fatigue les yeux
2. **faire travailler : streng mal deinen Kopf an!** fais travailler tes méninges !

sich **anstrengen** *reflexives Verb* ■ **se donner du mal : du solltest dich in der Schule etwas mehr anstrengen** tu devrais te donner plus de mal à l'école.

die **Antenne** *(Plural* Antennen*)* ■ **l'antenne** *(Femininum)*.

an|tun *Verb* ■ **faire : wie kannst du mir das antun?** comment peux-tu me faire ça ?

die **Antwort** *(Plural* Antworten*)* ■ **la réponse : er hat mir keine Antwort gegeben** il ne m'a pas donné de réponse.

antworten *Verb* ■ **répondre : ich habe ihn gefragt, er hat aber nicht geantwortet** je lui ai demandé, mais il n'a pas répondu

➤ **jemandem antworten** répondre à quelqu'un : **wenn ich dich frage, will ich auch, dass du mir antwortest** quand je te pose une question, je veux que tu me répondes

➤ **auf etwas** *(A)* **antworten** répondre à quelque chose : **sie hat auf meinen Brief noch nicht geantwortet** elle n'a toujours pas répondu à ma lettre.

der **Anwalt** *(Plural* Anwälte*)* ■ **l'avocat** *(Maskulinum)*.

die **Anwältin** *(Plural* Anwältinnen*)* ■ **l'av[ocate]** *(Femininum)*.

an|wenden *Verb* ■ **utiliser : welch[es] Programm wendet ihr an?** quel progra[m]me utilisez-vous ?

anwesend *Adjektiv* ■ **présent (prése[n]te) : das Opfer war bei dem Prozess a[n]wesend** la victime était présente au procè[s]

die **Anwesenheit** ■ **la présence : üb[er] solche Dinge reden wir in Anwesenh[eit] von Kindern nicht** on ne parle pas de c[es] choses-là en présence des enfants.

die **Anzahl** ■ **le nombre : die Anzahl d[er] Teilnehmer ist noch nicht bekannt** on [ne] connaît pas encore le nombre des parti[ci]pants.

die **Anzeige** *(Plural* Anzeigen*)*

1. **l'annonce** *(Femininum)* **: die Anzeige e[r]scheint morgen** l'annonce paraîtra dema[in]
2. **la plainte : unsere Nachbarn haben A[n]zeige wegen nächtlicher Ruhestörur[ng] erstattet** nos voisins ont porté plainte p[our] tapage nocturne.

an|zeigen *Verb*

1. **signaler : einen Diebstahl muss man s[o]fort bei der Polizei anzeigen** un vol d[oit] être immédiatement signalé à la police
2. **indiquer : die Tafel zeigt den Spielsta[nd] an** le panneau indique le score.

an|ziehen *transitives Verb*

1. **se mettre : was soll ich bloß zur Party a[n]ziehen?** qu'est-ce que je vais me mettre p[our] la soirée ?
2. **attirer : das Konzert hatte viele Jugendl[i]che angezogen** le concert avait attiré bea[u]coup de jeunes

sich **anziehen** *reflexives Verb*

1. **s'habiller : ich komme gleich, ich mu[ss] mich nur noch anziehen** j'arrive, il faut ju[s]te que je m'habille
2. **s'attirer : Gegensätze ziehen sich an** l[es] contraires s'attirent.

der **Anzug** *(Plural* Anzüge*)* ■ **le costume[:] mein Vater trägt einen Anzug** mon pè[re] porte un costume.

an|zünden *Verb* ■ **allumer : er hat sich eine Zigarette angezündet** il a allumé une cigarette.

Apfel *(Plural* Äpfel*)* ■ **la pomme**.

Apfelsine *(Plural* Apfelsinen*)* ■ **l'orange** *(Femininum)*.

Apostroph *(Plural* Apostrophe*)* ■ **l'apostrophe** *(Femininum)*

Achtung ! Anders als das deutsche Wort **Apostroph** ist das französische Substantiv **apostrophe** weiblich.

Apotheke *(Plural* Apotheken*)* ■ **la pharmacie : dieses Medikament gibt es nur in der Apotheke** ce médicament n'est vendu qu'en pharmacie.

Apparat *(Plural* Apparate*)* ■ **l'appareil** *(Maskulinum)* **: wer ist am Apparat?** qui est à l'appareil ?

Appetit ■ **l'appétit** *(Maskulinum)* **: nach dem Training habe ich immer einen guten Appetit!** après l'entraînement, j'ai toujours un de ces appétits !
guten Appetit! bon appétit !

Aprikose *(Plural* Aprikosen*)* ■ **l'abricot** *(Maskulinum)*.

April ■ **avril : im April** en avril
heute haben wir unsere Chemielehrerin in den April geschickt aujourd'hui, nous avons fait un poisson d'avril à notre prof de chimie.
➤ September

arabisch *Adjektiv* ■ **arabe**.

Arbeit *(Plural* Arbeiten*)*
le travail : die Arbeiten auf der Brücke sind beendet les travaux sur le pont sont finis ; **wann kommt dein Vater abends von der Arbeit?** à quelle heure ton père rentre-t-il du travail le soir ?
le devoir sur table : wir schreiben morgen in Latein eine Arbeit demain, on a un devoir sur table en latin
sich an die Arbeit machen se mettre au travail.

arbeiten *Verb* ■ **travailler : meine Eltern arbeiten viel zu viel** mes parents travaillent beaucoup trop
➤ **an etwas** *(D)* **arbeiten** travailler à quelque chose ou travailler sur quelque chose : **ich arbeite gerade an einem Referat über Solarenergie** je travaille en ce moment à un exposé sur l'énergie solaire.

der **Arbeiter** *(Plural* Arbeiter*)*
1. **l'ouvrier** *(Maskulinum)* **: er ist ungelernter Arbeiter** c'est un ouvrier non qualifié
2. **le travailleur : mein Bruder ist kein großer Arbeiter** mon frère n'est pas un grand travailleur.

die **Arbeiterin** *(Plural* Arbeiterinnen*)*
1. **l'ouvrière** *(Femininum)*.
2. **la travailleuse**.

arbeitslos *Adjektiv* ■ **au chômage : es gibt hier viele arbeitslose Jugendliche** il y a beaucoup de jeunes au chômage ici.

der|die **Arbeitslose** *(Plural* die Arbeitslosen*)*
■ **le chômeur, la chômeuse : die Zahl der Arbeitslosen steigt laufend** le nombre des chômeurs ne cesse d'augmenter.

die **Arbeitslosigkeit** ■ **le chômage : die Arbeitslosigkeit ist ein großes Problem** le chômage est un gros problème.

der **Architekt** *(Plural* Architekten*)* ■ **l'architecte** *(Maskulinum)*.

die **Architektin** *(Plural* Architektinnen*)*
■ **l'architecte** *(Femininum)*.

die **Architektur** ■ **l'architecture** *(Femininum)*.

der **Ärger**
1. **la colère : er machte seinem Ärger Luft** il a laissé libre cours à sa colère
2. **les ennuis** *(Maskulinum Plural)* **: wenn du deine Hausaufgaben nicht machst, bekommst du Ärger** si tu ne fais pas tes devoirs, tu vas avoir des ennuis.

ärgerlich
■ *Adjektiv*
1. **en colère : jetzt werde ich aber ärgerlich** là, je me mets en colère
2. **ennuyeux (ennuyeuse) : das war ein sehr ärgerlicher Fehler** c'était une faute très ennuyeuse

■ *Adverb*
avec colère : mach's doch selber, sagte sie ärgerlich fais-le donc toi-même, dit-elle avec colère.

ärgern *transitives Verb* ■ **énerver : du sollst deine kleine Schwester nicht immer ärgern!** arrête d'énerver sans arrêt ta petite sœur !

sich **ärgern** *reflexives Verb*
➤ **sich über jemanden ärgern** se mettre en colère contre quelqu'un : **ich habe mich über ihn geärgert** je me suis mis en colère contre lui.

arm (*Komparativ* ärmer, *Superlativ* ärmste) *Adjektiv* ■ **pauvre : Kinder aus armen Familien haben oft Nachteile** les enfants de familles pauvres sont souvent désavantagés ; **das arme Mädchen hat beide Beine gebrochen** la pauvre petite fille a les deux jambes cassées

> In der Bedeutung „mittellos" steht **pauvre** nach dem Substantiv, in der Bedeutung „bedauernswert" vor dem Substantiv.

der **Arm** (*Plural* Arme) ■ le **bras : ich habe mir den Arm gebrochen** je me suis cassé le bras.

der **Ärmel** (*Plural* Ärmel) ■ la **manche : ich suche einen Pulli mit langen Ärmeln** je cherche un pull à manches longues.

die **Armut** ■ la **pauvreté : diese Organisation kämpft gegen die Armut** cette organisation lutte contre la pauvreté.

die **Art** (*Plural* Arten)
1. la **façon : auf welche Art bereitet deine Mutter den Braten zu?** de quelle façon ta mère prépare-t-elle le rôti ?
2. la **nature : es ist eigentlich nicht seine Art zu lügen** ce n'est pas dans sa nature de mentir
3. le **genre : ein Discman ist eine Art CD-Spieler** le discman est un genre de lecteur de CD
4. l'**espèce** (*Femininum*) **: vom Aussterben bedrohte Arten sollten geschützt werden** les espèces en voie de disparition devraient être protégées.

der **Artikel** (*Plural* Artikel) ■ **l'article** (*Maskulinum*) **: hast du den Artikel über Jugendarbeitslosigkeit gelesen?** est-ce que tu as lu l'article sur le chômage des jeunes ; **bei abstrakten Substantiven verwendet man den bestimmten Artikel** avec les substantifs abstraits, on utilise l'article défini

der **Arzt** (*Plural* Ärzte) ■ le **médecin : bei welchem Arzt bist du in Behandlung?** par quel médecin es-tu soigné ?

die **Ärztin** (*Plural* Ärztinnen) ■ la **femme médecin : in diesem Krankenhaus gibt es viele Ärztinnen** il y a beaucoup de femmes médecins dans cet hôpital.

die **Asche** (*Plural* Aschen) ■ la **cendre**.

der **Asiat** (*Plural* Asiaten) ■ **l'Asiatique** (*Maskulinum*)

> Namen von Einwohnern werden großgeschrieben.

die **Asiatin** (*Plural* Asiatinnen) ■ **l'Asiatique** (*Femininum*).

asiatisch *Adjektiv* ■ **asiatique**.

Asien *Neutrum* ■ **l'Asie** (*Femininum*) **: ich war zwei Monate in Asien** j'ai passé deux mois en Asie

> Namen von Kontinenten werden im Französischen immer mit dem bestimmten Artikel verwendet, es sei denn, es steht **en** davor.

aß *Präteritum* ➤ essen.

der **Ast** (*Plural* Äste) ■ la **branche : dieser Ast des Apfelbaums muss abgesägt werden** il faut scier cette branche du pommier

das **Asthma** ■ **l'asthme** (*Maskulinum*) **: mein Bruder hat Asthma** mon frère a de l'asthme

der **Atem**
1. la **respiration : die Mutter horchte auf den Atem des Babys** la mère écoutait la respiration de son bébé
2. le **souffle : ich muss erst mal Atem holen** je dois d'abord reprendre mon souffle
➤ **außer Atem sein** être essoufflé : **du bist ja ganz außer Atem, bist du gerannt ?** tu es tout essouflé, est-ce que tu as couru ?

der **Atlantik** ■ **l'Atlantique** *(Maskulinum)*.

der **Atlas** *(Plural* Atlasse ODER Atlanten*)* ■ **l'atlas** *(Maskulinum)* : **sieh mal im Atlas nach, wo das liegt** regarde dans l'atlas où cela se trouve.

atmen *Verb* ■ **respirer : ich bin so erkältet, ich kann kaum atmen** je suis si enrhumée que j'ai du mal à respirer.

die **Atmosphäre** ■ **l'atmosphère** *(Femininum)* : **es herrschte eine gedrückte Atmosphäre** il régnait une atmosphère pesante.

die **Atmung** ■ la **respiration**.

das **Atom** *(Plural* Atome*)* ■ **l'atome** *(Maskulinum)*.

das **Atomkraftwerk** *(Plural* Atomkraftwerke*)* ■ **la centrale nucléaire**.

attraktiv *Adjektiv* ■ **séduisant (séduisante) : sie ist eine sehr attraktive Frau** c'est une femme très séduisante

> Achtung ! **Attraktiv** wird nie mit **attractif** übersetzt.

auch *Adverb*

1. **aussi : fährst du auch nach Frankreich?** toi aussi, tu vas en France ?
2. **même : auch er müsste wissen, dass man das nicht sagt** même lui devrait savoir que cela ne se dit pas
3. **vraiment : hast du das auch wirklich bezahlt?** est-ce que tu l'as vraiment payé ?

➤ **auch das noch!** il ne manquait plus que ça !

auf

■ *Präposition*

1. *(+ A) (+ D)* **sur : das Buch liegt auf meinem Schreibtisch** le livre est sur mon bureau ; **auf seinen Rat hin** sur ses conseils
2. *(+ A) (+ D)* **à : ich muss noch auf die Post** il faut encore que j'aille à la poste ; **Briefmarken bekommst du auf der Post** tu trouveras des timbres à la poste
3. *(+ D)* **dans : ich habe ihn auf einer Party kennen gelernt** je l'ai rencontré dans une soirée
4. *(+ D)* **durant : auf der Reise nach Berlin haben wir viel Interessantes erlebt** nous avons vécu beaucoup de moments intéressants durant notre voyage à Berlin
5. *(+ A)* **en : was heißt das auf Deutsch?** comment on dit ça en allemand ?
6. *(+ A)* **de : in der Nacht auf Dienstag hat es stark geregnet** dans la nuit de mardi, il a beaucoup plu
7. *(+ A)* **pour : auf jeden Gast kommt ein Stück Torte** il y a une part pour chaque invité

■ *Adverb*

➤ **auf sein**

1. être debout : **ich bin schon seit 6 Uhr auf** je suis déjà debout depuis 6 heures
2. être ouvert : **das Fenster ist auf** la fenêtre est ouverte.

auf|bauen *Verb*

1. **monter : wir müssen das Zelt aufbauen** on doit monter la tente
2. **créer : er hat diese Firma aufgebaut** il a créé cette entreprise.

auf|bewahren *Verb* ■ **garder : sie hat alle ihre Liebesbriefe aufbewahrt** elle a gardé toutes ses lettres d'amour.

auf|bleiben *(Perfekt* ist aufgeblieben*) Verb*

1. **veiller : an Silvester bleiben wir lange auf** au réveillon du 31 décembre, nous veillons tard
2. **rester ouvert : die Tür ist aufgeblieben** la porte est restée ouverte.

aufeinander *Adverb*

1. **l'un sur l'autre : die Bücher liegen aufeinander** les livres sont posés les uns sur les autres
2. **mutuellement : die Kinder passen aufeinander auf** les enfants se surveillent mutuellement.

der **Aufenthalt** *(Plural* Aufenthalte*)*

1. **le séjour : unser Aufenthalt in Italien war sehr schön** notre séjour en Italie a été très agréable
2. **l'attente** *(Femininum)* : **du hast in Augsburg eine Stunde Aufenthalt** tu as une heure d'attente à Augsbourg.

auf|essen *Verb* ■ **finir : bitte iss deinen Teller auf** s'il te plaît, finis ton assiette

➤ **ich kann das nicht alles aufessen** je ne peux pas tout manger.

auf|fallen *(Perfekt* ist aufgefallen*)* *Verb*

1. **remarquer : ist dir an ihm etwas aufgefallen?** as-tu remarqué quelque chose chez lui ?
2. **se faire remarquer : die Fans sind wieder einmal durch ihr Gebrüll aufgefallen** les supporters se sont encore fait remarquer par leurs braillements.

auffällig

■ *Adjektiv*

voyant (voyante) : sie trug einen sehr auffälligen Hut elle portait un chapeau très voyant

■ *Adverb*

de façon suspecte : der Täter hat sich auffällig verhalten le coupable s'est comporté de façon suspecte.

auf|fordern *Verb*

1. **inviter : sie hat mich aufgefordert, Platz zu nehmen** elle m'a invité à m'asseoir
2. **ordonner : die Polizei hat den Fahrer aufgefordert anzuhalten** la police a ordonné au conducteur de s'arrêter.

die **Aufgabe** *(Plural* Aufgaben*)*

1. le **problème : in der Mathearbeit konnte ich alle Aufgaben lösen** j'ai réussi à résoudre tous les problèmes dans le contrôle de maths
2. la **tâche : zu Hause sind die Aufgaben klar verteilt** chez nous, les tâches sont clairement réparties

die **Aufgaben** les **devoirs** *(Maskulinum Plural)* **: du darfst erst raus, wenn du deine Aufgaben gemacht hast** tu sortiras quand tu auras fait tes devoirs.

auf|gehen *(Perfekt* ist aufgegangen*)* *Verb*

1. **se lever : der Mond ist heute um 20 Uhr aufgegangen** la lune s'est levée aujourd'hui à 20 heures

> Zusammengesetzte Formen reflexiver Verben werden mit **être** gebildet.

2. **s'ouvrir : die Tür ging auf** la porte s'est ouverte
3. **se défaire : mein Schnürsenkel geht dauernd auf** mon lacet se défait sans arrêt.

auf|haben

■ *transitives Verb*

1. **avoir des devoirs à faire : in Englisch haben wir immer viel auf** en anglais, on toujours beaucoup de devoirs à faire
2. **porter : das sehe ich nicht, wenn ich d Brille nicht aufhabe** je ne le vois pas quar je ne porte pas mes lunettes

■ *intransitives Verb*

être ouvert (ouverte) : sonntags habe die Geschäfte in Deutschland nicht auf Allemagne, les magasins ne sont pas ouver le dimanche.

auf|halten *transitives Verb*

1. **tendre : der Bettler hielt die Hand auf** mendiant tendait la main
2. **arrêter : diese Entwicklung kann nic mehr aufgehalten werden** on ne peut pl arrêter cette évolution

➤ **jemandem die Tür auf|halten** tenir porte à quelqu'un.

auf|hören *Verb*

1. **arrêter : hör auf, dich ständig zu bekla gen** arrête de te plaindre continuellement
2. **s'arrêter : wenn doch endlich der Rege aufhören würde!** si seulement la pluie po vait s'arrêter !

auf|klären *Verb* ■ **élucider : die Poliz hat den Mord noch nicht aufgeklärt** la p lice n'a pas encore élucidé le meurtre

➤ **jemanden über etwas** *(A)* **auf|klären** i former quelqu'un de quelque chose : **d Arzt sollte den Patienten über die Risike aufklären** le médecin devrait informer sc patient des risques.

auf|laden *Verb* ■ **recharger : er h seine Batterie wieder aufgeladen** il a r chargé sa batterie.

auf|lösen *Verb*

1. **dissoudre : die Tablette muss man i Wasser auflösen** il faut dissoudre le compr mé dans de l'eau
2. **disperser : die Polizei hat die Demonstra tion aufgelöst** la police a dispersé la mar festation.

auf|machen

■ *transitives Verb*

ouvrir : kannst du mir bitte die Tür au

machen? peux-tu m'ouvrir la porte, s'il te plaît ? ; **jetzt kannst du die Augen aufmachen** maintenant, tu peux ouvrir les yeux
intransitives Verb
ouvrir la porte : es hat keiner aufgemacht personne n'a ouvert la porte.

aufmerksam
Adjektiv
attentif (attentive) : die Schüler waren heute nicht aufmerksam aujourd'hui, les élèves n'étaient pas attentifs
Adverb
attentivement : die Schüler hörten aufmerksam zu les élèves écoutaient attentivement.

die **Aufmerksamkeit** *(Plural* Aufmerksamkeiten*)* ■ **l'attention** *(Femininum)* : **nach einer halben Stunde lässt die Aufmerksamkeit der Schüler nach** au bout d'une demi-heure, les élèves ont du mal à fixer leur attention.

die **Aufnahme** *(Plural* Aufnahmen*)*
1. **l'accueil** *(Maskulinum)* : **wir haben uns über die herzliche Aufnahme gefreut** nous avons été très contents de l'accueil chaleureux
2. **la photo : hast du Lust, die Aufnahmen aus dem Urlaub anzusehen?** tu as envie de regarder les photos des vacances ?
3. **l'enregistrement** *(Maskulinum)* : **ich habe eine Aufnahme ihres Konzerts gehört** j'ai entendu un enregistrement de son concert.

auf|nehmen *Verb*
1. **accueillir : die neutralen Länder nahmen viele Flüchtlinge auf** les pays neutres ont accueilli beaucoup de réfugiés
2. **prendre en photo : könnten Sie uns beide vor dem Eiffelturm aufnehmen?** pouvez-vous nous prendre en photo tous les deux devant la tour Eiffel ?
3. **enregistrer : ich habe die Sendung auf Video aufgenommen** j'ai enregistré l'émission sur cassette vidéo.

auf|passen *Verb* ■ **être attentif (attentive) : da hast du im Unterricht wohl nicht aufgepasst** tu n'as pas été attentif en cours
➤ **auf jemanden auf|passen** surveiller quelqu'un : **sie muss auf ihre Schwester aufpassen** elle doit surveiller sa sœur
➤ **pass auf!** fais attention !

auf|räumen
■ *transitives Verb*
ranger : kannst du bitte dein Zimmer aufräumen? peux-tu ranger ta chambre, s'il te plaît ?
■ *intransitives Verb*
faire des rangements : ich muss in meinem Zimmer aufräumen il faut que je fasse des rangements dans ma chambre.

aufrecht
■ *Adjektiv*
droit (droite) : unser Turnlehrer legt grossen Wert auf eine aufrechte Haltung notre prof de gym exige qu'on se tienne bien droit
■ *Adverb*
droit : setz dich aufrecht hin! assieds-toi bien droit !

auf|regen *transitives Verb* ■ **énerver : Unordnung regt meine Mutter auf** le désordre énerve ma mère

sich **aufregen** *reflexives Verb* ■ **s'énerver : unser Lehrer regt sich schnell auf** notre professeur s'énerve vite.

aufregend *Adjektiv*
1. **excitant (excitante) : ich habe eine aufregende Neuigkeit** j'ai une nouvelle excitante
2. **passionnant (passionnante) : das war ein aufregendes Spiel** c'était un jeu passionnant.

die **Aufregung** *(Plural* Aufregungen*)* ■ **l'excitation** *(Femininum)* : **die Aufregung war groß** l'excitation était grande.

aufs *Präposition* ■ *(auf + das)* **setz dich zu mir aufs Sofa** assieds-toi à côté de moi sur le canapé ➤ auf.

der **Aufsatz** *(Plural* Aufsätze*)* ■ **la rédaction : wir mussten einen Aufsatz über unsere Ferien schreiben** on a dû faire une rédaction sur nos vacances.

auf|schließen *Verb* ■ **ouvrir : er schloss den Tresor auf** il a ouvert le coffre-fort ; **der Hausmeister hat uns aufgeschlossen** le concierge nous a ouvert.

auf|schreiben *transitives Verb* ▪ **noter :** **das muss ich mir aufschreiben, damit ich es nicht vergesse** il faut que je le note pour ne pas l'oublier.

auf|setzen *Verb*

1. **mettre : da muss ich erst meine Brille aufsetzen** il faut d'abord que je mette mes lunettes
2. **mettre à chauffer : setz schon mal das Wasser auf** mets déjà l'eau à chauffer.

auf|stehen *Verb*

1. *(Perfekt* ist aufgestanden*)* **se lever : wann stehst du morgens auf?** à quelle heure est-ce que tu te lèves le matin ?
2. *(Perfekt* hat aufgestanden*)* **être ouvert (ouverte) : die Tür stand auf** la porte était ouverte.

auf|stellen *transitives Verb*

1. **placer : vor der Botschaft wurden Polizisten aufgestellt** on a placé des policiers devant l'ambassade
2. **dresser : das Gerüst ist schon aufgestellt** on a déjà dressé l'échafaudage

sich **aufstellen** *reflexives Verb* ▪ **se ranger : stellt euch der Größe nach auf** rangez-vous par ordre de taille.

auf|tanken *Verb* ▪ **faire le plein : wir hielten an einer Tankstelle um aufzutanken** on s'est arrêté dans une station-service pour faire le plein.

auf|tauen *Verb* ▪ **décongeler : das Fleisch ist noch nicht aufgetaut** la viande n'est pas encore décongelée.

auf|teilen *Verb* ▪ **répartir : wir haben den Gewinn aufgeteilt** nous avons réparti les bénéfices.

der **Auftrag** *(Plural* Aufträge*)*

1. **la commande : die Firma hat zurzeit keine Aufträge** en ce moment, l'entreprise n'a pas de commandes
2. **l'ordre** *(Maskulinum)* **: ich habe den Auftrag, alle zu benachrichtigen** j'ai l'ordre de mettre tout le monde au courant.

auf|wachen *Verb* ▪ *(Perfekt* ist aufgewacht*)* **se réveiller : ich bin heute um 5 Uhr aufgewacht** je me suis réveillé aujourd'hui à 5 heures du matin.

auf|wachsen *(Perfekt* ist aufgewachsen*)* *Verb* ▪ **grandir : sie ist auf dem Land aufgewachsen** elle a grandi à la campagne

> Bei manchen Verben des Wechsels werden die zusammengesetzten Zeiten anders als im Deutschen mit **avoir** gebildet.

aufwärts *Adverb*

➤ **aufwärts fahren** monter : **wir fahren mit dem Fahrstuhl aufwärts** nous montons en ascenseur

> Wenn im Deutschen ein Bewegungsverb zusammen mit einem Adverb (zum Beispiel **aufwärts**) oder einer Präposition verwendet wird, steht im Französischen häufig nur ein Verb.

auf|wecken *Verb* ▪ **réveiller : meine Mutter weckt mich morgens immer auf** ma mère me réveille tous les matins.

auf|zählen *Verb* ▪ **énumérer : sie hat mir all ihre Geschenke aufgezählt** elle m'a énuméré tous ses cadeaux.

auf|zeichnen *Verb*

1. **faire un dessin : er hat mir genau den Weg aufgezeichnet** il m'a fait un dessin précis de la route à emprunter
2. **enregistrer : das Länderspiel wird aufgezeichnet und später gesendet** le match international est enregistré et sera diffusé plus tard.

auf|ziehen

▪ *transitives Verb (Perfekt* hat aufgezogen*)*

1. **élever : sie wurde von ihren Großeltern aufgezogen** elle a été élevée par ses grands-parents
2. **ouvrir : zieh mal die Vorhänge auf und lass das Licht herein** ouvre les rideaux pour laisser entrer la lumière

▪ *intransitives Verb (Perfekt* ist aufgezogen*)* **se préparer : es zieht ein Gewitter auf** un orage se prépare.

der **Aufzug** *(Plural* Aufzüge*)* ▪ **l'ascenseur** *(Maskulinum)* **: wir sind mit dem Aufzug den 15. Stock gefahren** on est monté au 15e étage en ascenseur.

s **Auge** (*Plural* Augen) ■ **l'œil** (*Maskulinum*) (*Plural* les yeux) : **Felix hat braune Augen** Felix a les yeux marron

> Namen von Körperteilen, die im Plural nach **avoir** stehen, werden im Französischen anders als im Deutschen mit dem bestimmten Artikel verwendet.

r **Augenblick** (*Plural* Augenblicke)
1. **l'instant** (*Maskulinum*) : **einen Augenblick, ich bin gleich fertig** un instant, j'ai bientôt fini
2. le **moment** : **er war im richtigen Augenblick zur Stelle** il était présent au bon moment

➤ **im Augenblick** pour le moment : **sie ist im Augenblick nicht da** elle n'est pas là pour le moment

➤ **jeden Augenblick** d'un moment à l'autre : **es kann jeden Augenblick anfangen zu regnen** il peut se mettre à pleuvoir d'un moment à l'autre.

August ■ **août** ➤ September.

e **Aula** (*Plural* Aulas) ■ **l'auditorium** (*Maskulinum*).

s **Aupairmädchen, Au-pair-Mädchen** ■ **(jeune) fille** (*Femininum*) **au pair**.

aus *Präposition (+ D)*
1. **de** : **sie nahm mir das Buch aus der Hand** elle m'a pris le livre des mains ; **sie kommt aus Japan** elle vient du Japon ; **das ist ein Schlager aus den sechziger Jahren** c'est un tube des années soixante

> Nicht vergessen: **de + le = du und de + les = des !**

2. **en** : **das Haus ist aus Holz gebaut** la maison est en bois
3. **à** : **man kann das aus 30 Meter Entfernung sehen** on peut le voir à une distance de 30 mètres
4. **par** : **er hat sie aus Liebe geheiratet** il l'a épousée par amour

➤ **aus sein**
1. se terminer : **wann ist die Schule aus ?** quand se termine l'école ?
2. être éteint (éteinte) : **der Computer ist aus** l'ordinateur est éteint.

aus|atmen *Verb* ■ **expirer** : **„und jetzt tief ausatmen", sagte der Arzt** « et maintenant, expirez profondément », dit le médecin.

aus|bilden *Verb* ■ **former** : **in diesem Betrieb werden fünf Lehrlinge ausgebildet** cette entreprise forme cinq apprentis

➤ **sich zu etwas ausbilden lassen** suivre une formation : **sie will sich zur Programmiererin ausbilden lassen** elle veut suivre une formation de programmeuse.

die **Ausbildung** (*Plural* Ausbildungen)
1. **l'apprentissage** (*Maskulinum*) : **er macht eine Ausbildung als Automechaniker** il fait un apprentissage de mécanicien auto
2. la **formation** : **die Ausbildung zum Dolmetscher dauert fünf Jahre** la formation d'interprète dure cinq ans

➤ **in der Ausbildung sein** suivre une formation

> **AUSBILDUNG**
>
> Après avoir terminé une école du second cycle, on peut, au lieu de faire des études supérieures, faire une formation professionnelle. L'**Ausbildung** est une formation en alternance entre cours théoriques et stages pratiques. C'est la profession qui décide de ce qui est enseigné dans ces formations, ainsi que des examens.

aus|brechen (*Perfekt* ist ausgebrochen) *Verb*
1. **s'échapper** : **gestern ist ein Verbrecher aus dem Gefängnis ausgebrochen** hier, un criminel s'est échappé de la prison
2. **éclater** : **wann ist der erste Weltkrieg ausgebrochen?** quand la Première Guerre mondiale a-t-elle éclaté ?

ausdauernd *Adjektiv*
1. **endurant (endurante)** : **ein Langstreckenläufer muss ausdauernd sein** un coureur de fond doit être endurant
2. **persévérant (persévérante)** : **sie ist keine besonders ausdauernde Schülerin** ce n'est pas une élève très persévérante.

aus|denken *Verb*

➤ **sich** *(D)* **etwas ausdenken** avoir l'idée de quelque chose : **was habt ihr euch denn als Geschenk ausgedacht ?** quelle idée de cadeau avez-vous eue ?

➤ **da musst du dir schon etwas anderes ausdenken** *familiär* il va falloir te trouver une autre excuse.

der **Ausdruck**

1. *(Plural* Ausdrücke*)* **l'expression** *(Femininum)* : **ich will nicht, dass du so vulgäre Ausdrücke benützt!** je ne veux pas que tu emploies des expressions aussi vulgaires !
2. *(Plural* Ausdrucke*)* **la sortie papier** : **kannst du mir von der Datei einen Ausdruck machen?** tu peux me faire une sortie papier de ce fichier ?

aus|drucken *Verb* ■ **imprimer** : **ich habe den Text ausgedruckt** j'ai imprimé le texte.

aus|drücken *Verb*

1. **exprimer** : **ich weiß nicht, wie man das auf Französisch ausdrückt** je ne sais pas comment on exprime cela en français
2. **presser** : **drück den Schwamm aus, bevor du die Tafel abwischst** presse l'éponge avant d'effacer le tableau.

auseinander *Adverb*

➤ **auseinander gehen** diverger : **in diesem Punkt gehen die Meinungen auseinander** sur ce point, les avis divergent

➤ **auseinander halten** distinguer : **keiner kann die Zwillinge auseinander halten** personne ne peut distinguer les jumeaux

➤ **auseinander liegen** être éloignés (éloignées) : **die beiden Orte liegen nicht weit auseinander** les deux endroits ne sont pas éloignés

➤ **auseinander sein** *familiär*

1. avoir un écart : **meine Schwester und ich sind fünf Jahre auseinander** ma sœur et moi, on a cinq ans d'écart
2. être séparés (séparées) : **meine Eltern sind schon drei Jahre auseinander** mes parents sont séparés depuis déjà trois ans.

die **Auseinandersetzung** *(Plural* Auseinandersetzungen*)* ■ **le conflit** : **es kam es in der Koalition zu heftigen Auseinandersetzungen** il y a eu de violen conflits au sein de la coalition.

die **Ausfahrt** *(Plural* Ausfahrten*)* ■ **la sortie** : **wir müssen bei der nächsten Ausfahrt von der Autobahn runter** il fa qu'on quitte l'autoroute à la prochaine sort

➤ **Ausfahrt freihalten!** sortie de voiture.

aus|fallen *Verb (Perfekt* **ist** ausgefallen*)*

1. **être annulé (annulée)** : **morgen fällt der Unterricht aus** le cours de demain est annulé
2. **tomber en panne** : **ein Triebwerk ist ausgefallen** un réacteur est tombé en panne

➤ **die Englischarbeit ist gut ausgefallen** le contrôle d'anglais a été bon.

der **Ausflug** *(Plural* Ausflüge*)* ■ **l'excursion** *(Femininum)* : **morgen machen wir einen Ausflug nach Freiburg** demain, nou faisons une excursion à Fribourg.

aus|fragen *Verb* ■ **questionner** : **meine Tante fragt mich immer aus, ob ich schon eine Freundin habe** ma tante m questionne toujours pour savoir si j'ai une petite amie.

aus|führen *Verb*

1. **sortir** : **Sebastian führt den Hund der Nachbarin aus** Sebastian sort le chien de voisine
2. **effectuer** : **die Reparatur ist noch nicht ausgeführt** la réparation n'a pas encore ét effectuée.

ausführlich

■ *Adjektiv*

détaillé (détaillée) : **sie hat mir einen ausführlichen Brief geschrieben** elle m' écrit une lettre détaillée

■ *Adverb*

en détail : **er hat mir ausführlich erzählt wie der Urlaub auf Hawaii war** il m'a ra conté ses vacances à Hawaï en détail.

aus|füllen *Verb* ■ **remplir** : **du musst das Formular ausfüllen** tu dois remplir formulaire.

die **Ausgabe** *(Plural* Ausgaben*)*

1. **les dépenses** *(Femininum Plural)* : **wir hatten in letzter Zeit hohe Ausgaben** nous avon eu de grosses dépenses dernièrement

l'édition *(Femininum)* : **ich habe mir die neueste Ausgabe dieses Wörterbuchs gekauft** je me suis acheté la dernière édition de ce dictionnaire.

Ausgang *(Plural* Ausgänge*)*
- **la sortie : ich warte am Ausgang auf dich** je t'attends à la sortie
- **la fin : wir wollten den Ausgang des Spiels abwarten** nous voulions attendre la fin du match.

aus|geben *Verb*
- **dépenser : Felix gibt zu viel Geld aus** Felix dépense trop
- **distribuer : ab 12 Uhr wird in der Kantine Essen ausgegeben** on distribue les repas à la cantine à partir de midi
- ➤ **einen ausgeben** *familiär* payer une tournée.

ausgefallen *Adjektiv* ■ **original (originale) : du hast immer so ausgefallene Ideen** tu as toujours des idées très originales.

ausgeglichen *Adjektiv* ■ **équilibré (équilibrée) : mein Vater ist ein sehr ausgeglichener Mensch** mon père est quelqu'un de très équilibré.

aus|gehen *intransitives Verb (Perfekt* ist ausgegangen*)*
- **sortir : meine Eltern gehen einmal pro Woche aus** mes parents sortent une fois par semaine
- **s'éteindre : das Feuer ist ausgegangen** le feu s'est éteint
- **se terminer : wie ist das Spiel ausgegangen?** comment s'est terminé le match ?
- ➤ **leider ist uns das Geld ausgegangen** nous sommes malheureusement à court d'argent.

ausgerechnet *Adverb* ■ **justement : ausgerechnet heute muss er einen Vokabeltest schreiben lassen** c'est justement aujourd'hui qu'il doit nous faire faire une interrogation de vocabulaire.

ausgeschlossen *Adjektiv* ■ **exclu (exclue) : jeder Irrtum ist ausgeschlossen** toute erreur est exclue.

ausgesprochen *Adjektiv* ■ **vrai (vraie) : es war ausgesprochenes Glück, dass ich alle Fragen beantworten konnte** c'était une vraie chance que j'ai pu répondre à toutes les questions.

ausgezeichnet
- ■ *Adjektiv*
  excellent (excellente) : sie ist eine ausgezeichnete Schülerin c'est une excellente élève
- ■ *Adverb*
  à la perfection : das hat er ganz ausgezeichnet gemacht il l'a fait à la perfection.

aus|gleichen
- ■ *transitives Verb*
  compenser : die schlechte Note in Mathematik kann er durch eine gute in den Sprachen ausgleichen il peut compenser sa mauvaise note en maths par une bonne note en langues
- ■ *intransitives Verb*
  égaliser : die gegnerische Mannschaft glich zum 1:1 aus l'équipe adverse a égalisé à 1 partout.

aus|halten
- ■ *transitives Verb*
  supporter : wie hältst du diesen Lärm bloß aus? comment peux-tu supporter ce bruit ?
- ■ *intransitives Verb*
  tenir : meinst du, er hält so lange aus? tu crois qu'il va tenir si longtemps ?

sich **aus|kennen** *reflexives Verb* ■ **s'y connaître**
- ➤ **sich mit etwas auskennen** s'y connaître en quelque chose : **Bernhard kennt sich mit Computern aus** Bernhard s'y connaît en informatique.

aus|kommen *(Perfekt* ist ausgekommen*) Verb* ■ **s'en sortir : Maximilian kommt nie mit seinem Taschengeld aus** Maximilian ne s'en sort jamais avec son argent de poche
- ➤ **gut mit jemandem auskommen** bien s'entendre avec quelqu'un : **ich komme gut mit meinen Eltern aus** je m'entends bien avec mes parents.

die **Auskunft** *(Plural* Auskünfte*)*
1. **le renseignement : ich brauche eine Auskunft** j'ai besoin d'un renseignement
2. **les renseignements** *(Maskulinum Plural)* : **ich habe bei der Auskunft angerufen** j'ai appelé les renseignements.

aus|laden *Verb*
1. **décharger : hilfst du mir bitte, das Auto auszuladen?** tu peux m'aider à décharger la voiture, s'il te plaît ?
2. **décommander : ich musste alle Gäste wieder ausladen** j'ai dû décommander tous les invités.

das **Ausland** ■ **l'étranger** *(Maskulinum)* **: sie hat lange im Ausland gelebt** elle a vécu longtemps à l'étranger.

der **Ausländer** *(Plural Ausländer)* ■ **l'étranger** *(Maskulinum)* **: Ausländer haben es hier nicht immer leicht** ce n'est pas toujours facile ici pour les étrangers.

die **Ausländerin** *(Plural Ausländerinnen)* ■ **l'étrangère** *(Femininum)*.

ausländisch *Adjektiv* ■ **étranger (étrangère) : er fährt ein ausländisches Auto** il a une voiture étrangère.

aus|lassen *Verb*
1. **sauter : ihr könnt die zweite Frage auslassen** vous pouvez sauter la deuxième question
2. **rater : er lässt keine Gelegenheit aus, seine Schwester zu ärgern** il ne rate pas une occasion d'ennuyer sa sœur.

aus|laufen *(Perfekt ist ausgelaufen)* *Verb*
1. **fuir : mein Füllfederhalter ist ausgelaufen** mon stylo plume a fui
2. **prendre la mer : das Schiff läuft morgen nach Amerika aus** le bateau prend la mer demain en direction de l'Amérique.

aus|leeren *Verb* ■ **vider : sie hat die Flasche ausgeleert** elle a vidé la bouteille.

aus|leihen *Verb*
➤ **jemandem etwas ausleihen** prêter quelque chose à quelqu'un : **Tobias hat gesagt, er leiht mir seinen Laptop aus** Tobias m'a dit qu'il me prêterait son ordinateur portable
➤ **sich** *(D)* **etwas von jemandem ausleihen** emprunter quelque chose à quelqu'un : **die CD habe ich mir von meiner Freundin ausgeliehen** j'ai emprunté ce CD à ma copine.

aus|machen *Verb*
1. **éteindre : macht jetzt bitte das Licht a[us]** éteins la lumière, s'il te plaît
2. **fixer : wir haben einen Termin ausg[e]macht** nous avons fixé un rendez-vous
➤ **das macht nichts aus** ça ne fait rien
➤ **das macht mir doch nichts aus** j'en rien à faire.

die **Ausnahme** *(Plural Ausnahmen)* ■ **l'e[x]ception** *(Femininum)* **: mit Ausnahme v[o]n Frank hatten alle eine schlechte Note** l'exception de Frank, tout le monde a eu u[ne] mauvaise note
➤ **eine Ausnahme machen** faire une exce[p]tion.

ausnahmslos *Adverb* ■ **sans exce[p]tion : ihr bekommt ausnahmslos ei[ne] Strafarbeit** vous allez tous sans excepti[on] avoir une punition.

ausnahmsweise *Adverb* ■ **exceptio[n]nellement : wir durften heute ausnahm[s]weise früher heim** aujourd'hui, exceptio[n]nellement, nous avons pu rentrer plus tôt.

aus|nutzen, ausnützen *Verb*
1. **profiter de : ich will die Gelegenheit au[s]nutzen** je veux profiter de l'occasion ; [er] **nützt seine Freundin aus** il profite de sa c[o]pine
2. **abuser de : ich habe den Eindruck, da[ss] ihr meine Gutmütigkeit ausnutzt** j'ai l'i[m]pression que vous abusez de ma gentillesse

aus|packen *Verb*
1. **défaire : hast du deinen Koffer sch[on] ausgepackt?** est-ce que tu as déjà défait [ta] valise ?
2. **ouvrir : dürfen wir jetzt die Geschen[ke] auspacken?** est-ce qu'on peut ouvrir les c[a]deaux ?

aus|probieren *Verb* ■ **essayer : ha[st] du das neue Spiel ausprobiert?** tu as e[s]sayé le nouveau jeu ?

aus|rechnen *Verb* ■ **calculer : wir ha[]ben ausgerechnet, wie viel das koste[n] würde** nous avons calculé combien cela co[û]terait.

e **Ausrede** *(Plural Ausreden)* ■ **l'excuse** *(Femininum)* : **ich kann deine ständigen Ausreden nicht mehr hören** je ne supporte plus tes sempiternelles excuses.

aus|reichen *Verb* ■ **suffir : meinst du, das reicht aus?** tu crois que ça suffit ?

ausreichend

■ *Adjektiv*

1. **suffisant (suffisante) : eine ausreichende Zahl an Interessenten** un nombre suffisant d'intéressés
2. **passable : die Arbeit wurde mit der Note ausreichend zensiert** le devoir a obtenu la note « passable »

■ *Adverb*

suffisamment : wir hatten nicht ausreichend Geld nous n'avions pas suffisamment d'argent.

aus|richten *Verb* ■ **transmettre : richte bitte deinen Eltern liebe Grüße aus** transmets mes amitiés à tes parents.

s **Ausrufezeichen** *(Plural Ausrufezeichen)* ■ **le point d'exclamation : da muss ein Ausrufezeichen stehen** ici, il faut mettre un point d'exclamation.

h **aus|ruhen** *reflexives Verb* ■ **se reposer : jetzt ruhe ich mich mal aus** maintenant, je vais me reposer.

aus|rüsten *Verb* ■ **équiper : alle Polizisten sind mit einer Waffe ausgerüstet** tous les policiers sont équipés d'une arme.

e **Ausrüstung** *(Plural Ausrüstungen)* ■ **l'équipement** *(Maskulinum)*.

aus|rutschen *(Perfekt ist ausgerutscht) Verb* ■ **glisser : er ist auf der mit Glatteis bedeckten Straße ausgerutscht** il a glissé sur la chaussée verglacée

> Bei manchen Bewegungsverben werden die zusammengesetzten Zeiten anders als im Deutschen mit **avoir** gebildet.

e **Aussage** *(Plural Aussagen)*

1. la **déposition : der Angeklagte hat die Aussage verweigert** l'accusé a refusé de faire une déposition
2. le **message : wir haben die Aussage des Gedichts im Unterricht besprochen** nous avons étudié le message de ce poème en cours.

aus|schalten *Verb* ■ **éteindre : schalt bitte den Herd aus** éteins la cuisinière, s'il te plaît.

aus|scheiden *(Perfekt ist ausgeschieden) Verb* ■ **être éliminé (éliminée) : unsere Mannschaft ist in der dritten Runde ausgeschieden** notre équipe a été éliminée au troisième tour.

aus|schlafen *Verb* ■ **faire la grasse matinée : in den Ferien will ich erst mal ausschlafen** pendant les vacances, j'ai d'abord l'intention de faire la grasse matinée.

ausschließlich *Adverb* ■ **exclusivement : die Teilnahme ist ausschließlich Schülern vorbehalten** la participation est réservée exclusivement aux lycéens.

aus|sehen *Verb* ■ **avoir l'air : du siehst krank aus** tu as l'air malade

➤ **ihr neuer Freund sieht gut aus** son nouveau copain est mignon

➤ **es sieht nach Regen aus** on dirait qu'il va pleuvoir

➤ **es sieht gut aus** ça s'annonce bien

➤ **wie sieht's aus?** alors ?

außen *Adverb* ■ **à l'extérieur : von außen sieht das Haus schön aus** de l'extérieur, la maison est belle ; **die Tür geht nach außen auf** la porte ouvre sur l'extérieur.

außer *Präposition (+ D)*

1. **à part : außer meinem Bruder waren alle da** à part mon frère, tout le monde était là
2. **en dehors de : außer Englisch haben wir heute noch Sport** en dehors de l'anglais, on a aussi sport aujourd'hui

➤ **außer Betrieb sein** être hors service.

außerdem *Adverb* ■ **en plus : er ist sehr kompetent und außerdem noch sympathisch** il est très compétent et en plus, il est sympathique.

äußere *Adjektiv* ■ **extérieur (extérieure) : äußere Ursachen** des causes extérieures.

außergewöhnlich

■ *Adjektiv*

extraordinaire : sie hat eine außergewöhnliche mathematische Begabung elle a un don extraordinaire pour les maths

■ *Adverb*

particulièrement : er sieht außergewöhnlich gut aus il est particulièrement beau.

außerhalb *Präposition (+ G)*

1. **à l'extérieur de : Schüler dürfen nur außerhalb des Schulgeländes skaten** les élèves n'ont le droit de faire du roller qu'à l'extérieur de l'établissement
2. **en dehors de : außerhalb der Sprechstunde** en dehors des heures de consultation

➤ **Schüler, die von außerhalb kommen** les élèves qui ne sont pas d'ici.

äußern *transitives Verb* ■ **exprimer : ich darf doch wohl noch meine Meinung äußern** je peux quand même exprimer mon opinion

sich **äußern** *reflexives Verb* ■ **s'exprimer : der Minister wollte sich dazu nicht äußern** le ministre n'a pas voulu s'exprimer sur ce sujet.

außerordentlich *Adjektiv* ■ **extraordinaire : sie hat ein außerordentliches Talent** elle a un talent extraordinaire.

äußerst *Adverb* ■ **extrêmement : unser Lehrer war darüber äußerst wütend** notre professeur était extrêmement en colère à cause de ça.

äußerste *Adjektiv*

1. **extrême : er machte das Paket mit äußerster Sorgfalt auf** il a ouvert le paquet avec un soin extrême
2. **dernier (dernière) : 15 Euro ist ihr äußerstes Angebot** sa dernière offre s'élève à 15 euros

➤ **im äußersten Notfall** dans le pire des cas.

die **Äußerung** *(Plural Äußerungen)* ■ **le propos : eine unbedachte Äußerung** un propos inconsidéré.

aus|setzen *Verb* ■ **abandonner : vor den Ferien werden immer wieder Haustiere ausgesetzt** des animaux domestiques sont toujours abandonnés avant les vacances

➤ **meine Mutter hat immer etwas an mir auszusetzen** ma mère a toujours quelque chose à me reprocher.

die **Aussicht** *(Plural Aussichten)*

1. **la vue : von meiner Terrasse habe ich eine tolle Aussicht auf die Stadt** de ma terrasse j'ai une vue superbe sur la ville
2. **la perspective : die Aussichten, eine Arbeit zu bekommen, sind schlecht** les perspectives d'obtenir un emploi sont mauvaises

aussichtslos *Adjektiv* ■ **sans espoir : die Lage auf dem Arbeitsmarkt ist aussichtslos** la situation sur le marché du travail est sans espoir.

aus|spannen *Verb* ■ **se détendre : in den Ferien konnten wir richtig gut ausspannen** pendant les vacances, on a pu vraiment se détendre.

aus|sprechen *Verb* ■ **prononcer : ich weiß nicht, wie man das Wort ausspricht** je ne sais pas comment on prononce ce mot

aus|steigen *(Perfekt ist ausgestiegen) Verb*

1. **descendre : ich sah ihn aus dem Auto aussteigen** je l'ai vu descendre de la voiture
2. **quitter : Franz will aus unserer Band aussteigen** Franz veut quitter notre groupe.

die **Ausstellung** *(Plural Ausstellungen)* ■ **l'exposition** *(Femininum)*.

aus|suchen *Verb* ■ **choisir : Sebastian, du darfst (dir) ein Video aussuchen** Sebastian, tu peux (te) choisir une cassette vidéo.

der **Austausch** *(Plural Austausche)* ■ **l'échange** *(Maskulinum)* **: ich möchte einen Austausch mit einer Französin machen** je voudrais faire un échange avec une Française.

aus|tauschen *Verb*

1. **échanger : nach den Ferien haben wir uns getroffen, um unsere Eindrücke auszutauschen** nous nous sommes retrouvés pour échanger nos impressions après les vacances
2. **changer : ich habe die Festplatte ausgetauscht** j'ai changé le disque dur.

aus|teilen *Verb* ■ **distribuer : teilt bitte die Bücher aus** veuillez distribuer les livres.

aus|tragen *Verb* ■ **distribuer : Maximilan trägt Werbezeitungen aus** Maximilian distribue des journaux publicitaires.

Australien *Neutrum* ■ **l'Australie** *(Femininum)*

Ländernamen werden im Französischen oft mit dem bestimmten Artikel verwendet.

australisch *Adjektiv* ■ **australien (australienne)**.

aus|treten *(Perfekt* ist ausgetreten*)* *Verb*

➤ **aus etwas austreten** quitter quelque chose : **ich bin aus dem Sportverein ausgetreten** j'ai quitté l'association sportive.

der **Ausverkauf** *(Plural* Ausverkäufe*)* ■ **les soldes** *(Maskulinum Plural)* **: zweimal im Jahr ist Ausverkauf** il y a des soldes deux fois par an.

ausverkauft *Adjektiv* ■ **complet (complète) : das Konzert ist ausverkauft** le concert est complet.

die **Auswahl** *(ohne Plural)*

1. **le choix : in dem Kaufhaus hat man eine große Auswahl** dans ce grand magasin, on a beaucoup de choix
2. **la sélection : auf der CD ist eine Auswahl ihrer schönsten Lieder** sur le CD, il y a une sélection de ses plus belles chansons.

aus|wählen *Verb* ■ **choisir : welchen Bewerber haben sie ausgewählt?** quel candidat ont-ils choisi ?

aus|wandern *(Perfekt* ist ausgewandert*)* *Verb* ■ **émigrer : meine Eltern wollen nach Neuseeland auswandern** mes parents veulent émigrer en Nouvelle-Zélande.

aus|wechseln *Verb* ■ **faire remplacer : der Trainer hat den Mittelstürmer ausgewechselt** l'entraîneur a fait remplacer l'avant-centre.

aus|weichen *(Perfekt* ist ausgewichen*)* *Verb*

1. **éviter : er wollte dem Auto ausweichen und landete im Graben** en voulant éviter la voiture, il s'est retrouvé dans le fossé
2. **éluder : warum weichst du auf meine Frage immer aus?** pourquoi éludes-tu toujours ma question ?

der **Ausweis** *(Plural* Ausweise*)*

1. la **carte d'identité : in Deutschland muss man seinen Ausweis immer bei sich haben** en Allemagne, on doit toujours avoir sa carte d'identité sur soi
2. la **carte : hast du einen Ausweis für die Stadtbücherei?** est-ce que tu as une carte de la bibliothèque municipale ?

auswendig *Adverb* ■ **par cœur : ich kann den Text des Songs auswendig** je sais le texte de cette chanson par cœur

➤ **etwas auswendig lernen** apprendre quelque chose par cœur : **wir mussten ein Gedicht von Schiller auswendig lernen** on a dû apprendre par cœur un poème de Schiller.

sich **aus|wirken** *reflexives Verb* ■ **avoir des conséquences : deine Faulheit wird sich auf deine Noten auswirken** ta paresse aura des conséquences sur tes notes.

sich **aus|zahlen** *reflexives Verb* ■ **être payant : Vokabellernen zahlt sich immer aus** apprendre du vocabulaire, c'est toujours payant.

aus|ziehen

■ *transitives Verb (Perfekt* hat ausgezogen*)* **enlever : zieh doch deinen Anorak aus!** enlève donc ton anorak !

■ *intransitives Verb (Perfekt* ist ausgezogen*)* **déménager : unsere Nachbarn sind letzte Woche ausgezogen** nos voisins ont déménagé la semaine dernière

sich **ausziehen** *reflexives Verb* ■ **se déshabiller : zieh dich aus und geh ins Bett!** déshabille-toi et couche-toi !

der|die **Auszubildende** *(Plural* die Auszubildenden*)* ■ **l'apprenti** *(Maskulinum)*, **l'apprentie** *(Feminimum)* **: Oliver ist Auszubildender in einer Bank** Oliver est apprenti dans une banque.

das **Auto** *(Plural* Autos*)* ■ la **voiture** : **wir sind mit dem Auto gekommen** on est venu en voiture.

die **Autobahn** *(Plural* Autobahnen*)* ■ l'**autoroute** *(Femininum)*

AUTOBAHN

Le réseau routier allemand est d'une grande densité. L'Allemagne possède 10 000 km d'autoroutes (ce qui la place au deuxième rang mondial, juste après les États-Unis). Celles-ci ont été construites dès les années 30. Elles sont gratuites et la vitesse n'y est généralement pas limitée.

der **Autofahrer** *(Plural* Autofahrer*)* ■ l'**automobiliste** *(Maskulinum)*.

die **Autofahrerin** *(Plural* Autofahrerinnen*)* ■ l'**automobiliste** *(Femininum)*.

der **Automat** *(Plural* Automaten*)* ■ le **distributeur** : **ich habe mir eine Cola am Automaten geholt** je me suis pris un coca au distributeur.

automatisch *Adverb* ■ **automatiquement** : **die Tür geht automatisch auf** la porte s'ouvre automatiquement.

der **Autor** *(Plural* Autoren*)* ■ l'**auteur** *(Maskulinum)*.

die **Autorin** *(Plural* Autorinnen*)* ■ l'**auteur** *(Femininum)*.

der|die **Azubi** *(Plural* Azubis*)* *familiär* ■ l'**apprenti** *(Maskulinum)*, l'**apprentie** *(Femininum)* : **in meiner Firma gibt es drei Azubis** dans mon entreprise, il y a trois apprentis

AZUBI

C'est l'abréviation de **Auszubildende**, apprenti. Un **Azubi** suit des cours dans un institut professionnel et fait son apprentissage dans une entreprise, à laquelle il est lié par un contrat de travail. À la fin de la formation, il peut obtenir dans cette entreprise un contrat à durée déterminée ou indéterminée.

b

das **Baby** *(Plural* Babys*)* ■ le **bébé**.

der **Bach** *(Plural* Bäche*)* ■ le **ruisseau** : d… **Kinder spielten am Bach** les enfan… jouaient au bord du ruisseau.

die **Backe** *(Plural* Backen*)* ■ la **joue** : s… **hatte rote Backen** elle avait les joues roug…

Namen von Körperteilen, die im Plural nach **avoir** stehen, werden im Französischen anders als im Deutschen mit dem bestimmten Artikel verwendet.

backen *(Perfekt* hat gebacken*)* Ve… ■ **faire** : **Sebastian hat einen Kuchen ge… backen** Sebastian a fait un gâteau.

die **Bäckerei** *(Plural* Bäckereien*)* ■ la **bo…langerie** : **ich kaufe Brot immer in d… Bäckerei** j'achète toujours le pain à la bo… langerie.

der **Backofen** *(Plural* Backöfen*)* ■ le **four** **die Pizza ist schon im Backofen** la pizza e… déjà au four.

das **Bad** *(Plural* Bäder*)*

1. la **salle de bains** : **sie ist im Bad un… schminkt sich** elle est en train de se maqu… ler dans la salle de bains
2. le **bain** : **wenn ich müde bin, nehme ic… ein Bad** quand je suis fatiguée, je prends u… bain
3. la **baignade** : **nach dem Bad im Meer ha… ben wir uns in die Sonne gelegt** après l… baignade dans la mer, nous avons pris le so… leil.

der **Badeanzug** *(Plural* Badeanzüge*)* ■ le **maillot de bain** *(pour femme)*.

die **Badehose** *(Plural* Badehosen*)* ■ le **maillot de bain** *(pour homme)*.

baden *Verb*

1. **prendre un bain : sie hat gestern abend heiß gebadet** hier soir, elle a pris un bain très chaud
2. **se baigner : heute haben wir im Meer gebadet** aujourd'hui, on s'est baigné dans la mer.

Baden-Württemberg *Neutrum* ■ le **Bade-Wurtemberg**

> Namen von Regionen werden im Französischen oft mit dem bestimmten Artikel verwendet.

die **Badewanne** *(Plural* Badewannen*)* ■ la **baignoire**.

das **Badezimmer** *(Plural* Badezimmer*)* ■ la **salle de bains**.

die **Bahn** *(Plural* Bahnen*)*

1. le **train : wir sind mit der Bahn nach Bremen gefahren** on est allé à Brême en train
2. les **chemins de fer** *(Maskulinum Plural)* **: ihr Vater arbeitet bei der Bahn** son père travaille aux chemins de fer
3. la **longueur : ich bin heute zehn Bahnen geschwommen** j'ai fait dix longueurs aujourd'hui.

der **Bahnhof** *(Plural* Bahnhöfe*)* ■ la **gare : wir holen dich am Bahnhof ab** nous venons te chercher à la gare.

die **Bakterie** *(Plural* Bakterien*)* ■ le **microbe : das tötet die Bakterien ab** ça tue les microbes.

bald *Adverb*

1. **bientôt : es ist bald Weihnachten** c'est bientôt Noël
2. **tôt : die Party war langweilig, darum bin ich ziemlich bald gegangen** comme la fête était ennuyeuse, je suis parti assez tôt.

der **Balkan** ■ les **Balkans** *(Maskulinum Plural)* **: auf dem Balkan** dans les Balkans.

der **Balken** *(Plural* Balken*)* ■ la **poutre : die Decke wird von Balken getragen** le plafond est étayé par des poutres.

der **Balkon** *(Plural* Balkons ODER Balkone*)* ■ le **balcon : im Sommer frühstücken wir auf dem Balkon** l'été, nous prenons le petit déjeuner sur le balcon.

der **Ball** *(Plural* Bälle*)*

1. le **ballon : alle Spieler rannten hinter dem Ball her** tous les joueurs couraient après le ballon
2. la **balle : der Tennisspieler brauchte neue Bälle** le joueur de tennis avait besoin de nouvelles balles
3. le **bal : die Tanzstunde endete mit einem Ball** le cours de danse se termina par un bal.

das **Ballett** *(Plural* Ballette*)*

1. le **ballet : wir gehen morgen Abend ins Ballett** demain soir, nous allons voir un ballet
2. la **danse : Clara geht mittwochs zum Ballett** Clara va à la danse le mercredi.

der **Ballon** *(Plural* Ballons*)* ■ le **ballon : ein Schweizer ist mit seinem Ballon um die ganze Welt geflogen** un Suisse a fait le tour du monde en ballon.

das **Ballspiel** *(Plural* Ballspiele*)* ■ le **jeu de balle**.

banal *Adjektiv* ■ **banal (banale)**.

die **Banane** *(Plural* Bananen*)* ■ la **banane**.

band *Präteritum* ➤ binden.

das **Band** [1]*(Plural* Bänder*)*

1. le **ruban : sie hatte ein gelbes Band im Haar** elle avait un ruban jaune dans les cheveux
2. la **chaîne : in den Ferien hat er am Band gearbeitet** pendant les vacances, il a travaillé à la chaîne.

der **Band** [2]*(Plural* Bände*)* ■ le **volume : das Lexikon besteht aus zehn Bänden** le dictionnaire comporte dix volumes.

die **Band** [3][bænt] *(Plural* Bands*)* ■ le **groupe : er ist Schlagzeuger in einer Band** il est batteur dans un groupe.

die **Bande** *(Plural* Banden*)* ■ la **bande : die Polizei hat die Bande der Einbrecher geschnappt** la police a arrêté la bande de cambrioleurs.

die **Bank** [1]*(Plural* Bänke*)* ■ le **banc : die beiden saßen auf einer Bank im Park** ils étaient tous les deux assis sur un banc dans le parc.

die **Bank** [2](*Plural* Banken) ■ la **banque** : **ich muss noch zur Bank Geld holen** il faut encore que je passe à la banque pour retirer de l'argent.

bar *Adverb* ■ **en espèces** : **ich zahle bar** je paie en espèces.

die **Bar** (*Plural* Bars) ■ le **bar** : **er stand an der Bar und trank ein Bier** il buvait une bière au bar

> Achtung ! Anders als das deutsche Wort Bar ist das französische Substantiv **bar** männlich.

der **Bär** (*Plural* Bären) ■ **l'ours** (*Maskulinum*) : **im Zoo haben wir auch Bären gesehen** au zoo, nous avons vu aussi des ours.

barfuß *Adverb* ■ **pieds nus** : **wir sind barfuß am Strand entlanggelaufen** nous avons marché pieds nus le long de la plage.

das **Bargeld** ■ **l'argent liquide** (*Maskulinum*).

der|das **Barock** ■ le **baroque** : **der Barock kommt aus Italien** le baroque vient d'Italie.

der **Barren** (*Plural* Barren) ■ les **barres parallèles** (*Femininum Plural*) : **ich turne am liebsten am Barren** j'aime surtout faire des exercices aux barres parallèles.

der **Bart** (*Plural* Bärte) ■ la **barbe** : **mein Bruder hat einen Bart** mon frère porte la barbe.

die **Basis** (*Plural* Basen) ■ la **base** : **Grammatikkenntnisse sind die Basis für die Beherrschung einer Sprache** les connaissances grammaticales sont la base de la maîtrise d'une langue.

das **Baskenland** ■ le **Pays basque** : **Maider kommt aus dem Baskenland** Maider est originaire du Pays basque.

der **Bass** (*Plural* Bässe) ■ la **basse** : **Karin singt Alt und Micha Bass** Karin est alto et Micha basse ; **er ist ein bekannter Bass** c'est une célèbre basse.

basteln *Verb* ■ **fabriquer soi-même** : **wir haben einen Drachen gebastelt** nous avons fabriqué un cerf-volant nous-mêmes

➤ **an etwas** (*D*) **basteln** bricoler quelque chose : **am Wochenende bastelt er immer an seinem Motorrad** le week-end, il est toujours en train de bricoler sa moto.

bat *Präteritum* ➤ **bitten**.

die **Batterie** (*Plural* Batterien)

1. les **piles** (*Femininum Plural*) : **die Batterien meines Walkman ist leer** les piles de mon walkman sont mortes
2. la **batterie** : **ich muß mir eine neue Batterie für mein Auto kaufen** il faut que je m'achète une batterie neuve pour ma voiture.

der **Bau** [1](*Plural* Bauten)

1. la **construction** : **die Stadt plant den Bau eines neuen Kindergartens** la ville envisage la construction d'une nouvelle école maternelle
2. le **bâtiment** : **der Petersdom ist ein beeindruckender Bau** la cathédrale Saint-Pierre est un bâtiment impressionnant

➤ **im Bau sein** être en construction.

der **Bau** [2](*Plural* Baue) ■ le **terrier** : **der Fuchs verschwand in seinem Bau** le renard a disparu dans son terrier.

die **Bauarbeiten** *Plural* ■ **les travaux** (*Maskulinum Plural*) : **wegen Bauarbeiten** en raison des travaux.

der **Bauch** (*Plural* Bäuche) ■ le **ventre** : **mein Bauch tut weh** j'ai mal au ventre ; **ein dicker Bauch** un gros ventre.

die **Bauchschmerzen** *Plural*

➤ **Bauchschmerzen haben** avoir mal au ventre.

bauen *Verb*

1. **construire** : **hier wird eine neue Straße gebaut** ici, on construit une nouvelle route
2. **faire construire** : **meine Eltern wollen ein Haus bauen** mes parents veulent faire construire une maison
3. **fabriquer** : **in dieser Fabrik werden Autos gebaut** dans cette usine, on fabrique des voitures.

der **Bauer** (*Plural* Bauern)

1. l'**agriculteur** (*Maskulinum*) : **die Bauern bekommen Subventionen** les agriculteurs reçoivent des subventions
2. le **pion** : **beim Schach hat er einen meiner Bauern geschlagen** il a pris un de mes pions aux échecs.

e **Bäuerin** *(Plural* Bäuerinnen*)* ■ **l'agricultrice** *(Femininum)*.

r **Bauernhof** *(Plural* Bauernhöfe*)* ■ **la ferme** : **wir haben Ferien auf dem Bauernhof gemacht** nous avons passé les vacances à la ferme.

r **Baum** *(Plural* Bäume*)* ■ **l'arbre** *(Maskulinum)* : **die Katze ist auf den Baum geklettert** le chat a grimpé à l'arbre.

e **Baumwolle** ■ **le coton**.

e **Baustelle** *(Plural* Baustellen*)*
1. **le chantier** : **der Architekt besichtigt jeden Tag die Baustelle** l'architecte se rend tous les jours sur le chantier
2. **les travaux** *(Maskulinum Plural)* : **auf der Autobahn gab es viele Baustellen** sur l'autoroute, il y avait des travaux à de nombreux endroits.

Bauten *Plural* ➤ Bau.

er **Bayer** *(Plural* Bayern*)* ■ **le Bavarois**

> Namen von Einwohnern werden großgeschrieben.

e **Bayerin** *(Plural* Bayerinnen*)* ■ **la Bavaroise**.

Bayern *Neutrum* ■ **la Bavière**

> Namen von Regionen werden im Französischen oft mit dem bestimmten Artikel verwendet.

bayrisch, bayerisch *Adjektiv* ■ **bavarois (bavaroise)**.

beabsichtigen *Verb*
➤ **beabsichtigen, etwas zu tun** avoir l'intention de faire quelque chose : **wir beabsichtigen, in den Ferien nach Spanien zu fahren** nous avons l'intention de partir en vacances en Espagne.

beachten *Verb*
1. **respecter** : **er hat das Halteverbot nicht beachtet** il n'a pas respecté l'interdiction de stationner
2. **faire attention à** : **beachte ihn einfach nicht!** ne fais pas attention à lui !

der **Beamte** *(Plural* Beamten*)* ■ **le fonctionnaire**

> **BEAMTE**
>
> Le statut de fonctionnaire est régi et garanti par la loi fondamentale. Les fonctionnaires doivent dévouement et fidélité à l'État. Ils ont le droit d'adhérer à un syndicat mais la grève leur est interdite.

die **Beamtin** *(Plural* Beamtinnen*)* ■ **la fonctionnaire**.

beantworten *Verb* ■ **répondre à** : **die dritte Frage konnte ich nicht beantworten** je n'ai pas su répondre à la troisième question.

beaufsichtigen *Verb* ■ **surveiller** : **nachmittags beaufsichtigt eine Lehrerin die Schüler** une prof surveille les élèves l'après-midi.

der **Becher** *(Plural* Becher*)*
1. **le gobelet** : **ich trinke meinen Kaffee immer aus einem Becher** je bois toujours mon café dans un gobelet
2. **le pot** : **bring bitte drei Becher Joghurt mit** rapporte trois pots de yaourt, s'il te plaît.

das **Becken** *(Plural* Becken*)*
1. **le lavabo** : **die Wollsachen wasche ich im Becken** je lave les lainages dans le lavabo
2. **le bassin** : **im Schwimmbad gibt es ein Becken für Nichtschwimmer** à la piscine, il y a un bassin pour ceux qui ne savent pas nager ; **sie hat ein breites Becken** elle a un bassin large.

sich **bedanken** *reflexives Verb*
➤ **sich bei jemandem für etwas bedanken** remercier quelqu'un de quelque chose : **ich möchte mich bei euch für eure Gastfreundschaft bedanken** j'aimerais vous remercier de votre hospitalité.

bedauern *Verb*
1. **plaindre** : **du brauchst mich nicht bedauern!** tu n'es pas obligé de me plaindre !
2. **regretter** : **wir bedauern, dass wir Ihnen erst heute schreiben** nous regrettons de ne vous écrire qu'aujourd'hui.

bedeuten *Verb* ■ **signifier : was bedeutet dieser Ausdruck?** que signifie cette expression ?
➤ **das hat nichts zu bedeuten** cela ne tire pas à conséquence.

bedeutend *Adjektiv* ■ **important (importante) : sie ist eine bedeutende Politikerin** c'est une femme politique importante.

die **Bedeutung** *(Plural* Bedeutungen*)*
1. le **sens : dieses Wort hat mehrere Bedeutungen** ce mot a plusieurs sens
2. l'**importance** *(Femininum)* **: die Bedeutung dieser Erfindung wurde erst später klar** c'est plus tard qu'on a compris l'importance de cette invention.

bedienen
■ *transitives Verb*
faire marcher : weißt du, wie man einen Computer bedient? tu sais comment faire marcher un ordinateur ?
■ *intransitives Verb*
servir : werden Sie schon bedient ? est-ce qu'on vous sert ?

sich **bedienen** *reflexives Verb* ■ **se servir : die Gastgeberin forderte uns auf, uns zu bedienen** la maîtresse de maison nous invita à nous servir.

die **Bedienung** *(Plural* Bedienungen*)*
1. le **service : die Bedienung ist im Preis inbegriffen** le service est compris
2. l'**utilisation** *(Femininum)* **: die Bedienung des Geräts ist nicht schwer** cet appareil n'est pas d'une utilisation difficile
3. le **serveur**, la **serveuse : frag doch die Bedienung, was sie empfehlen kann** demande à la serveuse ce qu'elle nous recommande.

die **Bedingung** *(Plural* Bedingungen*)*
➤ **unter der Bedingung, dass...** à condition que... *(+ Konjunktiv)* **: ich darf mit unter der Bedingung, dass es nichts kostet** je peux venir à condition que ça ne coûte rien

die **Bedingungen** *Plural* ■ **les conditions** *(Femininum Plural)* **: alle Bedingungen sind erfüllt** toutes les conditions sont remplies.

bedrohen *Verb* ■ **menacer : er bedrohte uns mit einer Waffe** il nous a menacés avec une arme.

sich **beeilen** *reflexives Verb* ■ **se dépêcher beeile dich, sonst kommen wir zu spä** dépêche-toi, sinon, on va arriver en retard

beeindrucken *Verb* ■ **impressionner : die Schüler haben ihren Lehrer m ihrem Wissen beeindruckt** les élèves o impressionné leur professeur par leurs co naissances.

beeinflussen *Verb* ■ **influencer : ve suche nicht, mich zu beeinflussen** n'e saie pas de m'influencer.

beenden *Verb*
1. **terminer : sie hat ihre Ausbildung noc nicht beendet** elle n'a pas encore termin sa formation
2. **arrêter : wie beendet man das Pro gramm?** comment arrête-t-on le program me ?

beerdigen *Verb* ■ **enterrer : morge wird mein Opa beerdigt** on enterre mo grand-père demain.

die **Beerdigung** *(Plural* Beerdigunger ■ l'**enterrement** *(Maskulinum)*.

die **Beere** *(Plural* Beeren*)* ■ la **baie : Beere pflücken** cueillir des baies.

das **Beet** *(Plural* Beete*)* ■ le **parterre : ei Beet mit Blumen** un parterre de fleurs.

befahl *Präteritum* ➤ befehlen.

befand *Präteritum* ➤ befinden.

der **Befehl** *(Plural* Befehle*)*
1. l'**ordre** *(Maskulinum)* **: er hat sich gewei gert, den Befehl auszuführen** il a refus d'exécuter l'ordre
2. la **commande : man kann den Befehl di rekt eingeben** on peut taper la command directement.

befehlen *(Präsens* befiehlt, *Präteritu* befahl, *Perfekt* hat befohlen*)*
■ *transitives Verb*
➤ **jemandem etwas befehlen** ordonne quelque chose à quelqu'un : **mein Vater ha mir befohlen, diesen Kurs zu mache** mon père m'a ordonné de suivre ce cours
■ *intransitives Verb*
commander : sie ist ein Mensch, der ger befiehlt c'est une femme qui aime bien com mander.

befiehlt *Präsens* ➤ befehlen.

befinden *(Präteritum* befand, *Perfekt* hat sich befunden*) reflexives Verb* ■ **se trouver : unser Geschäft befindet sich in der Nähe des Bahnhofs** notre magasin se trouve près de la gare.

befohlen *Partizip Perfekt* ➤ befehlen.

befragen *Verb* ■ **interroger : bei der Umfrage wurden 5 000 Jugendliche befragt** au cours de ce sondage, on a interrogé 5 000 jeunes.

befreien *Verb* ■ **libérer : die Geiseln konnten befreit werden** les otages ont pu être libérés.

befreundet *Adjektiv*
mit jemandem befreundet sein être ami (amie) avec quelqu'un : **ich bin mit Ate schon seit unserer Schulzeit befreundet** je suis ami avec Ate depuis l'école.

befriedigend *Adjektiv*
satisfaisant (satisfaisante) : eine befriedigende Lösung une solution satisfaisante
passable : in der letzten Arbeit habe ich die Note „befriedigend" bekommen au dernier contrôle, j'ai eu la note « passable ».

befunden *Partizip Perfekt* ➤ befinden.

befürchten *Verb* ■ **craindre : ich befürchte, dass das nicht möglich sein wird** je crains que cela ne soit pas possible

> Nach Ausdrücken der Willensäußerung wie **craindre que** steht der **Subjonctif**.

begabt *Adjektiv* ■ **doué (douée) : er ist sprachlich begabt** il est doué en langues
für etwas begabt sein être doué pour quelque chose : **Anna ist für Mathe nicht begabt** Anna n'est pas douée pour les maths.

begangen *Partizip Perfekt* ➤ begehen.

begann *Präteritum* ➤ beginnen.

begegnen *intransitives Verb*
jemandem begegnen rencontrer quelqu'un : **ich bin gestern deiner Mutter auf der Straße begegnet** j'ai rencontré ta mère dans la rue hier

sich **begegnen** *reflexives Verb* ■ **se rencontrer : wir sind uns schon begegnet** nous nous sommes déjà rencontrés

> Zusammengesetzte Formen reflexiver Verben werden mit **être** gebildet.

begehen *(Präteritum* beging, *Perfekt* hat begangen*) Verb* ■ **commettre : er hat einen Mord begangen** il a commis un meurtre.

begeistern *transitives Verb* ■ **enthousiasmer, passionner : er begeistert seine Schüler für sein Fach** il sait passionner ses élèves pour sa matière

sich **begeistern** *reflexives Verb*
➤ **seit neuestem begeistert sich Carolin für Pferde** depuis peu, Caroline est passionnée de chevaux.

begeistert *Adjektiv*
➤ **von etwas begeistert sein** être enthousiasmé par quelque chose : **wir waren von der Idee begeistert** nous avons été enthousiasmés par cette idée.

beging *Präteritum* ➤ begehen.

der **Beginn** ■ **le début**
➤ **zu Beginn** au début : **zu Beginn der Stunde besprechen wir immer die Hausaufgaben** au début du cours, on parle toujours des devoirs.

beginnen *(Präteritum* begann, *Perfekt* hat begonnen*) Verb* ■ **commencer : wann beginnt die Vorstellung?** quand commence la représentation ?
➤ **mit etwas beginnen** commencer quelque chose : **ich habe gestern mit meinem Referat begonnen** j'ai commencé mon exposé hier.

begleiten *Verb* ■ **accompagner : er hat seine Freundin zum Bahnhof begleitet** il a accompagné sa copine à la gare.

beglückwünschen *Verb*
➤ **jemanden zu etwas beglückwünschen** féliciter quelqu'un pour quelque chose : **meine Tante hat mich zur bestandenen Prüfung beglückwünscht** ma tante m'a félicité pour ma réussite à l'examen.

begonnen *Partizip Perfekt* ➤ begìnnen.

begraben *(Präsens* begräbt, *Präteritum* begrub, *Perfekt* hat begraben*) Verb* ■ **enterrer : sie ist auf dem Friedhof von Münster begraben** elle est enterrée au cimetière de Münster.

begräbt *Präsens* ➤ begraben.

begreifen *(Präteritum* begriff, *Perfekt* hat begriffen*) Verb* ■ **comprendre : ich habe diese Aufgabe nicht begriffen** je n'ai pas compris ce problème ; **er begreift schnell** il comprend vite.

begriff *Präteritum* ➤ begreifen.

der **Begriff** *(Plural* Begriffe*)* ■ **le terme : das ist ein Begriff aus dem Englischen** c'est un terme qui vient de l'anglais
➤ **im Begriff sein, etwas zu tun** être sur le point de faire quelque chose : **ich war gerade im Begriff zu gehen** j'étais sur le point de partir.

begriffen *Partizip Perfekt* ➤ begreifen.

begrub *Präteritum* ➤ begraben.

die **Begründung** *(Plural* Begründungen*)* ■ la **justification : welche Begründung hat er für sein Fehlen gegeben?** quelle justification a-t-il donnée pour son absence ?

begrüßen *Verb* ■ **accueillir : sie hat ihre Gäste begrüßt** elle a accueilli ses invités.

die **Begrüßung** *(Plural* Begrüßungen*)* ■ **l'accueil** *(Maskulinum)* **: die Begrüßung war herzlich** l'accueil a été cordial.

behält *Präsens* ➤ behalten.

behalten *(Präsens* behält, *Präteritum* behielt, *Perfekt* hat behalten*) Verb* ■ **retenir : ich kann die Vokabeln einfach nicht behalten** je n'arrive pas du tout à retenir le vocabulaire
➤ **etwas für sich behalten** garder quelque chose pour soi : **was ich dir jetzt sage, das behältst du für dich** ce que je te dis là, tu le gardes pour toi.

behandeln *Verb*
1. **traiter : du sollst mich nicht wie ein kleines Kind behandeln** arrête de me trai comme un bébé ; **den Konjunktiv hab wir noch nicht behandelt** on n'a pas en re traité le subjonctif
2. **soigner : Krebs wird oft mit Chemother pie behandelt** on soigne souvent le can par la chimiothérapie.

die **Behandlung** *(Plural* Behandlunge ■ le **traitement : die Behandlung war folgreich** le traitement a été efficace.

behaupten *transitives Verb*
1. **prétendre : wer hat das behauptet?** qu prétendu cela ?
2. **affirmer : ich behaupte das Gegent** j'affirme le contraire.

die **Behauptung** *(Plural* Behauptunge ■ **l'affirmation** *(Femininum)* **: diese B hauptung kannst du doch gar nicht b weisen** tu ne peux absolument pas prou cette affirmation.

beherrschen *Verb* ■ **maîtriser : uns Chemielehrer beherrscht sein Fach** no professeur de chimie maîtrise son sujet

sich **beherrschen** *reflexives Verb* ■ **se co trôler : ich musste mich beherrsche nicht laut zu lachen** il fallait que je me cc trôle pour ne pas éclater de rire.

behielt *Präteritum* ➤ behalten.

behindern *Verb* ■ **gêner : Ihr Auto b hindert den Verkehr** votre voiture gêne circulation.

behindert *Adjektiv* ■ **handicapé (ha dicapée)**
➤ **geistig behindert** handicapé mental
➤ **körperlich behindert** handicapé moteu

der|die **Behinderte** *(Plural* die Behinderte ■ le **handicapé**, la **handicapée**.

die **Behörde** *(Plural* Behörden*)* ■ **l'admi stration** *(Femininum)*.

bei *Präposition (+ D)*
1. **près : wir wohnen gleich bei der Schu** nous habitons tout près de l'école
2. **chez : ich war heute beim Friseur** je suis lée chez le coiffeur aujourd'hui ; **er arbeit bei Porsche** il travaille chez Porsche

avec : **bleib bitte bei mir** reste avec moi, s'il te plaît
sous : wir kamen bei strömendem Regen an nous sommes arrivés sous une pluie battante
en : er ist beim Fernsehen eingeschlafen il s'est endormi en regardant la télé
bei sich sur soi : **du hast wahrscheinlich wieder kein Geld bei dir** tu n'as encore pas d'argent sur toi, je suppose.

bei|behalten *(Perfekt* hat beibehalten*) Verb* ■ **conserver : wir werden diese Regelung beibehalten** nous allons conserver ce règlement.

bei|bringen *Verb*
jemandem etwas beibringen
apprendre quelque chose à quelqu'un : **mein Vater hat mir das Schwimmen beigebracht** mon père m'a appris à nager
annoncer quelque chose à quelqu'un : **wie soll ich es meinen Eltern nur beibringen ?** comment l'annoncer à mes parents ?

beide
Pronomen
les deux : sind die Bücher gut? – ja, ich habe beide gelesen est-ce que ces livres sont bien ? – oui, j'ai lu les deux
beides les deux : **beides gefällt mir** les deux me plaisent
Adjektiv
deux : hast du die beiden Mädchen gesehen? tu as vu les deux filles ?
les deux : beide Antworten sind richtig les deux réponses sont justes.

Beifall ■ les **applaudissements** *(Maskulinum Plural)*
Beifall klatschen applaudir.

beige *Adjektiv (unveränderlich)* ■ **beige : sie trug einen beige Pullover** elle portait un pull beige.

beim *Präposition (bei + dem)*
ich habe die Brötchen beim Bäcker gekauft j'ai acheté les petits pains chez le boulanger
ich muss meiner Mutter beim Kochen helfen il faut que j'aide ma mère à cuisiner
➤ bei.

Bein *(Plural* Beine*)*
la jambe : er hat sich ein Bein gebrochen il s'est cassé une jambe ; **die Jeans passt gut, nur die Beine sind zu lang** ce jean te va bien, il y a juste les jambes qui sont trop longues
2. **le pied : der Hocker hat drei Beine** le tabouret a trois pieds.

beinah, beinahe *Adverb* ■ **presque : das hat beinahe drei Stunden gedauert** cela a duré presque trois heures.

das **Beispiel** *(Plural* Beispiele*)*
1. **l'exemple** *(Maskulinum)* **: unser Lehrer hat uns das mit einem Beispiel erklärt** notre professeur nous l'a expliqué avec un exemple
2. **le modèle : mein großer Bruder war für mich immer ein Beispiel** mon grand frère a toujours été un modèle pour moi
➤ **zum Beispiel** par exemple.

beißen *(Präteritum* biss*, Perfekt* hat gebissen*) Verb* ■ **mordre : der Hund hat das Kind ins Bein gebissen** le chien a mordu l'enfant à la jambe.

bekam *Präteritum* ➤ bekommen.

bekämpfen *Verb* ■ **combattre : die Polizei versucht, den Drogenhandel zu bekämpfen** la police tente de combattre le trafic de drogue.

bekannt *Adjektiv* ■ **connu (connue) : er ist ein bekannter Politiker** c'est un homme politique connu
➤ **mit jemandem bekannt sein** connaître quelqu'un : **meine Eltern sind mit dem Bürgermeister bekannt** mes parents connaissent le maire.

der|die **Bekannte** *(Plural* die Bekannten*)* ■ une **connaissance : ich habe ein paar Freunde und Bekannte eingeladen** j'ai invité quelques amis et connaissances.

die **Bekanntschaft** *(Plural* Bekanntschaften*)* ■ la **connaissance : er hat viele Bekanntschaften, aber wenige Freunde** il a beaucoup de connaissances, mais peu d'amis.

sich **beklagen** *reflexives Verb*
➤ **sich über jemanden|etwas beklagen** se plaindre de quelqu'un|quelque chose : **euer Lehrer hat sich über euch beklagt** votre professeur s'est plaint de vous.

die **Bekleidung** ■ **les vêtements** *(Maskulinum Plural)*.

bekommen *(Präteritum* bekam, *Perfekt* hat bekommen*) Verb (Perfekt* hat bekommen*)*
1. **recevoir en cadeau : die CD habe ich zum Geburtstag bekommen** j'ai reçu ce CD en cadeau pour mon anniversaire
2. **recevoir : ich habe heute einen Brief bekommen** aujourd'hui, j'ai reçu une lettre
3. **toucher : meine Eltern bekommen Kindergeld** mes parents touchent les allocations familiales
4. **trouver : Handwerkerbedarf bekommen Sie im Baumarkt** vous trouverez des outils au magasin de bricolage
5. **avoir : in der Französischarbeit habe ich eine Zwei bekommen** j'ai eu 15 au contrôle de français

➤ **etwas geschenkt bekommen** recevoir quelque chose en cadeau
➤ **was bekommen Sie?** qu'est-ce que je vous sers ?
➤ **was bekommen Sie dafür?** combien je vous dois ?

beladen *(Präsens* belädt, *Präteritum* belud, *Perfekt* hat beladen*) Verb* ■ **charger : wir beladen das Auto** on charge la voiture.

belädt *Präsens* ➤ beladen.

belästigen *Verb* ■ **importuner : wenn der Mann Sie belästigt, dann rufen Sie doch die Polizei** si cet homme vous importune, appelez donc la police.

belegen *Verb*
1. **s'inscrire à : sie hat einen Italienischkurs belegt** elle s'est inscrite à un cours d'italien
2. **occuper : unsere Mannschaft belegt den zweiten Platz** notre équipe occupe la deuxième place.

beleidigen *Verb* ■ **offenser : mit dieser Bemerkung hast du sie aber sehr beleidigt** tu l'as profondément offensée avec cette remarque

> Nicht vergessen: In zusammengesetzten Zeiten richtet sich das Partizip nach dem direkten Objektpronomen. Ist es weiblich, wird ans Partizip ein **–e** angehängt.

die **Beleidigung** *(Plural* Beleidigunge*)* ■ **l'offense** *(Femininum)*.

Belgien *Neutrum* ■ **la Belgique**

> Ländernamen werden im Französische oft mit dem bestimmten Artikel verwendet.

der **Belgier** *(Plural* Belgier*)* ■ **le Belge**

> Namen von Einwohnern werden großgeschrieben.

die **Belgierin** *(Plural* Belgierinnen*)* ■ **Belge**.

belgisch *Adjektiv* ■ **belge**.

beliebig *Adverb*

➤ **beliebig viel** ODER **viele** autant que l' veut : **sie durfte beliebig viele Leute ei laden** elle avait le droit d'inviter autant personnes qu'elle voulait

> Nach Mengenangaben steht in der Rege nur **de** ohne Artikel.

beliebt *Adjektiv* ■ **aimé (aimée) : sie eine sehr beliebte Lehrerin** c'est une p très aimée

➤ **bei jemandem beliebt sein** être appré de quelqu'un.

bellen *Verb* ■ **aboyer : der Hund h die ganze Nacht gebellt** le chien a abc toute la nuit.

belog *Präteritum* ➤ belügen.

belogen *Partizip Perfekt* ➤ belügen

die **Belohnung** *(Plural* Belohnungen*)* ■ **récompense : er hat eine Belohnung v 100 Euro bekommen** il a touché une réco pense de 100 euros.

belud *Präteritum* ➤ beladen.

belügen *(Präteritum* belog, *Perfekt* h belogen*) Verb* ■ **mentir à : ich will nic dass du mich belügst** je ne veux pas que me mentes.

bemerken *Verb*
1. **remarquer : ich habe seine Nervosi bemerkt** j'ai remarqué sa nervosité

faire remarquer : **ich möchte bemerken, dass ich von eurer Leistung enttäuscht bin** j'aimerais faire remarquer que je suis déçu de vos résultats.

Bemerkung *(Plural* Bemerkungen*)* ■ la **remarque :** **ich habe ihr diese Bemerkung übel genommen** j'ai mal pris sa remarque.

benachrichtigen *Verb* ■ **prévenir :** **wenn ein Schüler krank wird, werden die Eltern benachrichtigt** si un élève tombe malade, ses parents sont prévenus.

benachteiligen *Verb* ■ **désavantager :** **in manchen Berufen werden Frauen noch immer benachteiligt** dans certaines professions, on continue de désavantager les femmes.

benehmen *(Präsens* benimmt, *Präteritum* benahm, *Perfekt* hat sich benommen*)* *reflexives Verb* ■ **se conduire :** **die Schüler haben sich schrecklich benommen** les élèves se sont extrêmement mal conduits

> Zusammengesetzte Formen reflexiver Verben werden mit **être** gebildet.

das **Benehmen** ■ le **comportement :** **was ist das denn für ein Benehmen?** qu'est-ce que c'est que ce comportement ?

benimmt *Präsens* ➤ benehmen.

benommen *Partizip Perfekt* ➤ benehmen.

benoten *Verb* ■ **noter :** **sie benotet streng** elle note sévèrement.

benötigen *Verb* ■ **avoir besoin de :** **wenn Sie Hilfe benötigen, sagen Sie Bescheid** si vous avez besoin d'aide, dites-le.

benutzen, benützen *Verb* ■ **utiliser :** **welche Textverarbeitung benutzt du?** qu'est-ce que tu utilises comme traitement de texte ?

der **Benutzer** *(Plural* Benutzer*)* ■ l'**utilisateur** *(Maskulinum)* **:** **der Benutzer soll die Hotline anrufen** l'utilisateur doit appeler la hotline.

die **Benutzerin** *(Plural* Benutzerinnen*)* ■ l'**utilisatrice** *(Feminimum)*.

das **Benzin** ■ l'**essence** *(Femininum)* **:** **die Autos fahren heute mit bleifreiem Benzin** de nos jours, les voitures roulent à l'essence sans plomb.

beobachten *Verb*

1. **surveiller :** **die Polizei beobachtet das Gebäude** la police surveille le bâtiment
2. **observer :** **er beobachtete, wie der Vogel seine Jungen fütterte** il observait l'oiseau en train de nourrir ses petits.

bequem

■ *Adjektiv*

confortable : **eine bequeme Hose** un pantalon confortable

➤ **es sich** *(D)* **bequem machen** se mettre à l'aise : **machen Sie es sich doch bequem !** mettez-vous donc à l'aise !

■ *Adverb*

confortablement : **sitzen Sie bequem?** est-ce que vous êtes assis confortablement ?

berät *Präsens* ➤ beraten.

beraten *(Präsens* berät, *Präteritum* beriet, *Perfekt* hat beraten*)* *Verb* ■ **conseiller :** **der Verkäufer hat mich sehr gut beraten** le vendeur m'a très bien conseillé.

berechnen *Verb* ■ **calculer :** **wie berechnet man den Kreisumfang?** comment calcule-t-on la circonférence ?

der **Bereich** *(Plural* Bereiche*)*

1. le **secteur :** **der Verkehr im Bereich der Innenstadt kam zum Erliegen** la circulation a été paralysée dans le secteur du centre-ville
2. le **domaine :** **das ist ein Problem aus dem Bereich der EDV** c'est un problème qui relève du domaine de l'informatique.

bereit *Adjektiv*

➤ **bereit sein** être prêt (prête) : **wir sind bereit** nous sommes prêts.

➤ **bereit sein, etwas zu tun** être prêt à faire quelque chose : **meine Mutter ist bereit, mir das Geld zu leihen** ma mère est prête à me prêter l'argent.

bereits *Adverb* ■ **déjà :** **das haben wir bereits letztes Jahr gelernt** on l'a déjà appris l'année dernière.

bereuen *Verb* ■ **regretter :** **ich bereue nichts** je ne regrette rien.

der **Berg** *(Plural* Berge*)* ■ **la montagne**
➤ **die Berge** la montagne : **wir fahren im Sommer in die Berge** l'été, nous partons à la montagne.

das **Bergsteigen** ■ **l'alpinisme** *(Maskulinum)* : **Bergsteigen ist ihr Hobby** son passe-temps, c'est l'alpinisme.

der **Bericht** *(Plural* Berichte*)* ■ **le compte rendu.**

berichten *Verb* ■ **rendre compte : wir haben darüber in unserer gestrigen Ausgabe berichtet** nous en avons rendu compte dans notre édition d'hier.

berichtigen *transitives Verb* ■ **corriger : bitte berichtigt die Fehler in eurem Diktat** veuillez corriger les fautes dans votre dictée.

beriet *Präteritum* ➤ beraten.

Berlin *Neutrum* ■ **Berlin.**

die **Berliner Mauer** ■ le **mur de Berlin**

BERLINER MAUER

Le mur de Berlin a été construit en 1961 pour empêcher les citoyens de RDA de passer à Berlin-Ouest, puis de là en RFA. Les mines, les barbelés et les garde-frontières le rendaient infranchissable. Il divisait la ville de Berlin en deux, et fut le symbole de la division de l'Allemagne. Il a été ouvert en 1989, puis presque entièrement détruit.

der **Beruf** *(Plural* Berufe*)* ■ **le métier : welchen Beruf möchtest du einmal ausüben?** quel métier aimerais-tu exercer ?

die **Berufschule** *(Plural* Berufschulen*)* ■ le **lycée professionnel.**

die **Berufsausbildung** *(Plural* Berufsausbildungen*)* ■ la **formation professionnelle.**

berufstätig *Adjektiv*
➤ **meine Eltern sind beide berufstätig** mes parents exercent tous les deux une activité professionnelle.

beruhigen *transitives Verb* ■ **calmer : die Mutter hat Probleme, das Kind zu beruhigen** la mère a du mal à calmer son e fant

sich **beruhigen** *reflexives Verb* ■ **se calmer : bitte beruhige dich doch** allor calme-toi, je t'en prie.

berühmt *Adjektiv* ■ **célèbre : nennt m fünf berühmte Deutsche** citez-moi cinq A lemands célèbres.

berühren *Verb* ■ **toucher : die Wa bitte nicht berühren!** veuillez ne pas to cher à la marchandise.

besaß *Präteritum* ➤ besitzen.

beschädigen *Verb* ■ **endommage der Sturm hat einige Häuser beschädi** la tempête a endommagé quelques maisor

beschäftigen *transitives Verb*
1. **employer : dieser Verlag beschäfti 1 000 Angestellte** cette maison d'éditi emploie 1 000 salariés
2. **occuper : wir müssen die Kinder beschä tigen, sonst streiten sie sich** il faut occup les enfants, sinon, ils se disputent
3. **préoccuper : das Problem beschäfti mich schon lange** ce problème me préocc pe depuis longtemps

sich **beschäftigen** *reflexives Verb*
➤ **sich mit etwas beschäftigen** étud quelque chose : **in Biologie beschäftig wir uns mit der Fortpflanzung** nous ét dions la reproduction en sciences naturelle

der **Bescheid**
➤ **Bescheid geben** prévenir : **sobald weißt, wann du ankommst, gibst du u Bescheid** dès que tu sais quand tu viens, nous préviens
➤ **Bescheid wissen** être au courant : **ich we Bescheid** je suis au courant.

bescheiden
■ *Adjektiv*
modeste : meine Eltern sind sehr be scheidene Menschen mes parents sont d personnes très modestes
■ *Adverb*
modestement : wir leben ganz besche den nous vivons très modestement.

beschimpfen *Verb* ■ **insulter : unser Nachbar beschimpft uns immer, wenn wir laut sind** notre voisin nous insulte à chaque fois que nous faisons du bruit.

beschleunigen *(Perfekt* hat beschleunigt*) Verb* ■ **accélérer : das Auto hinter mir hat plötzlich beschleunigt** la voiture derrière moi a brusquement accéléré.

beschließen *(Präteritum* beschloss, *Perfekt* hat beschlossen*) Verb*
- **décider de : der Gemeinderat hat den Bau eines neues Schwimmbades beschlossen** le conseil municipal a décidé de la construction d'une nouvelle piscine
- **terminer : und damit beschließen wir unser heutiges Programm** et c'est ainsi que nous terminons notre programme aujourd'hui.

beschloss *Präteritum* ➤ beschließen.

beschlossen *Partizip Perfekt* ➤ beschließen.

beschreiben *(Präteritum* beschrieb, *Perfekt* hat beschrieben*) Verb* ■ **décrire : sie hat mir den Weg beschrieben** elle m'a décrit le chemin.

beschrieb *Präteritum* ➤ beschreiben.

beschrieben *Partizip Perfekt* ➤ beschreiben.

beschuldigen *Verb* ■ **accuser : beschuldigst du etwa mich?** c'est moi que tu accuses ? ; **er wurde des Diebstahls beschuldigt** il a été accusé du vol.

beschützen *Verb*
➤ **jemanden vor etwas** *(D)* **beschützen** protéger quelqu'un de quelque chose : **Eltern wollen ihre Kinder vor solchen Gefahren beschützen** les parents veulent protéger leurs enfants des dangers de ce genre.

beschweren *reflexives Verb*
➤ **sich über jemanden|etwas beschweren** se plaindre au sujet de quelqu'un|de quelque chose : **eure Lehrer beschweren sich über den Lärm in eurer Klasse** vos professeurs se plaignent du bruit que vous faites en classe.

der **Besen** *(Plural* Besen*)* ■ **le balai : sie fegte die Küche mit dem Besen aus** elle passait un coup de balai dans la cuisine.

besessen *Partizip Perfekt* ➤ besitzen.

besetzt *Adjektiv* ■ **occupé (occupée) : ich habe angerufen, aber es war besetzt** j'ai téléphoné, mais c'était occupé ; **die Toilette ist besetzt** les toilettes sont occupées.

besichtigen *Verb* ■ **visiter : was habt ihr in Paris besichtigt?** qu'est-ce que vous avez visité à Paris ?

der **Besitz** ■ **la propriété : dieser Wald ist in staatlichem Besitz** cette forêt est la propriété de l'État.

besitzen *(Präteritum* besaß, *Perfekt* hat besessen*) Verb* ■ **posséder : meine Tante besitzt eine Wohnung in Nizza** ma tante possède un appartement à Nice.

der **Besitzer** *(Plural* Besitzer*)* ■ **le propriétaire : der Besitzer des Autos** le propriétaire du véhicule.

besondere, r, s *Adjektiv* ■ **particulier (particulière) : dafür braucht man eine besondere Ausbildung** il faut une formation particulière pour cela
➤ **nichts Besonderes sein** ne rien avoir d'extraordinaire : **heute ist doch ein Handy nichts Besonderes** aujourd'hui, un téléphone portable, ça n'a rien d'extraordinaire.

besonders *Adverb*
1. **particulièrement : die Tiger haben mir besonders gefallen** les tigres m'ont particulièrement plu
2. **très : Carolin ist in Mathematik besonders gut** Caroline est très bonne en maths
➤ **nicht besonders** pas très bien : **mir geht es nicht besonders** je ne vais pas très bien.

besorgt *Adjektiv*
➤ **um jemanden besorgt sein** se faire du souci pour quelqu'un : **ich bin sehr besorgt um dich** je me fais beaucoup de souci pour toi.

besprach *Präteritum* ➤ besprechen.

bespricht *Präsens* ➤ besprechen.

besprochen *Partizip Perfekt* ➤ besprechen.

besser

■ *Adjektiv*
meilleur (meilleure) : Elke ist die bessere Schülerin von beiden Elke est la meilleure élève des deux ; **ich bin in Französisch besser als in Englisch** je suis meilleur en français qu'en anglais

■ *Adverb*
mieux : Franziska schwimmt besser als ihr Bruder Franziska nage mieux que son frère.

die **Besserung**

➤ **gute Besserung!** bon rétablissement !

bestand *Präteritum* ➤ bestehen.

bestanden *Partizip Perfekt* ➤ bestehen.

bestätigen *Verb* ■ **confirmer : die Jury hat das Ergebnis bestätigt** le jury a confirmé les résultats.

beste, r, s

■ *Adjektiv*
meilleur (meilleure) : Ate ist die beste Schülerin in unserer Klasse Ate est la meilleure élève de la classe

■ *Adverb*
➤ **am besten abschneiden** avoir la meilleure note : **Ursin hat am besten abgeschnitten** Ursin a eu la meilleure note.

das **Besteck** *(Plural* Bestecke*)* ■ **les couverts** *(Maskulinum Plural)*.

bestehen *(Präteritum* bestand, *Perfekt* hat bestanden*)*

■ *intransitives Verb*
subsister : es bestehen immer noch Zweifel des doutes subsistent
➤ **aus etwas bestehen** se composer de : **das Service besteht aus 12 Teilen** le service se compose de 12 pièces

■ *transitives Verb*
réussir : ich habe die Prüfung bestanden j'ai réussi l'examen.

bestellen *Verb*
1. **commander : ich habe das Buch übers Internet bestellt** j'ai commandé ce livre s[ur] Internet
2. **transmettre : bestell deinen Eltern schöne Grüße von mir** transmets mes amitiés [à] tes parents.

bestimmen

■ *transitives Verb*
fixer : du kannst den Termin bestimm[en] tu peux fixer le rendez-vous
➤ **für jemanden|etwas bestimmt sein** ê[tre] destiné à quelqu'un|quelque chose : **d[as] Geld ist für den Urlaub bestimmt** cet a[r]gent est destiné aux vacances

■ *intransitives Verb*
décider : du hast hier gar nicht zu b[e]stimmen ce n'est pas du tout à toi de dé[ci]der.

bestimmt

■ *Adjektiv*
1. **précis (précise) : ich suche ein ganz b[e]stimmtes Buch** je cherche un livre bien pr[é]cis
2. **défini (définie) : bei abstrakten Nam[en] steht der bestimmte Artikel** les noms ab[s]traits prennent l'article défini

■ *Adverb*
certainement : du wirst bestimmt Erfo[lg] haben tu vas certainement réussir
➤ **ganz bestimmt** très certainement.

bestrafen *Verb* ■ **punir : wir wurde[n] fürs Reden bei der Arbeit bestraft** on a é[té] punis pour avoir parlé pendant le contrôle.

der **Besuch** *(Plural* Besuche*)* ■ **la visite : w[ir] haben Besuch aus Frankreich** nous avo[ns] de la visite de France
➤ **bei jemandem zu Besuch sein** rendre vi[si]te à quelqu'un.

besuchen *Verb*
1. **rendre visite à : sonntags besuchen w[ir] unsere Großeltern** le dimanche, nous re[n]dons visite à nos grands-parents
2. **aller à : Klaus besucht das Gymnasiu[m]** Klaus va au lycée.

sich **beteiligen** *reflexives Verb*
➤ **sich an etwas** *(D)* **beteiligen** participer [à] quelque chose : **wir haben uns alle an de[m] Geschenk beteiligt** nous avons tous parti[ci]pé au cadeau.

beten
intransitives Verb
prier : vor dem Essen beten wir avant le repas, nous prions
transitives Verb
dire : wir haben ein Vaterunser gebetet nous avons dit un Notre-Père.

Beton *(Plural* Betons ODER Betone*)* ■ **le béton : moderne Häuser sind aus Beton gebaut** les maisons modernes sont en béton.

betonen *Verb* ■ **accentuer : im Deutschen wird meist die erste Silbe betont** en allemand, on accentue généralement la première syllabe.

betrachten *Verb*
1. **observer : wir haben die Pflanze unterm Mikroskop betrachtet** nous avons observé la plante au microscope
2. **considérer : ich betrachte ihn als meinen Freund** je le considère comme mon ami.

betraf *Präteritum* ➤ betreffen.

betrat *Präteritum* ➤ betreten.

betreffen *(Präsens* betrifft, *Präteritum* betraf, *Perfekt* hat betroffen*) Verb* ■ **concerner : was ich jetzt sage, betrifft euch alle** ce que je dis là vous concerne tous.

betreten *(Präsens* betritt, *Präteritum* betrat, *Perfekt* hat betreten*) Verb*
1. **marcher sur : der Rasen darf nicht betreten werden** défense de marcher sur la pelouse
2. **entrer dans : bevor er das Haus betrat, klingelte er** avant d'entrer dans la maison, il a sonné.

betreuen *Verb* ■ **encadrer : im Ferienlager wurden wir von drei Erwachsenen betreut** au camp de vacances, on était encadrés par trois adultes.

Betrieb *(Plural* Betriebe*)* ■ **l'entreprise** *(Femininum)* **: ein privater Betrieb** une entreprise privée
➤ **es ist viel Betrieb** il y a beaucoup de monde
➤ **außer Betrieb sein** être hors service
➤ **in Betrieb sein** être en service.

betrifft *Präsens* ➤ betreffen.

betritt *Präsens* ➤ betreten.

betrogen *Partizip Perfekt* ➤ betrügen.

betrog *Präteritum* ➤ betrügen.

der **Betrug** ■ **l'escroquerie** *(Femininum)* **: er wurde wegen Betrugs verurteilt** il a été condamné pour escroquerie.

betrügen *(Präteritum* betrog, *Perfekt* hat betrogen*) Verb*
1. **escroquer : in dem Geschäft sind wir betrogen worden** dans ce magasin, on nous a escroqués
2. **tromper : er betrügt seine Freundin** il trompe sa copine.

betrunken *Adjektiv* ■ **ivre : er war gestern betrunken** il était ivre hier.

das **Bett** *(Plural* Betten*)* ■ **le lit : ich gehe jetzt ins Bett** je vais au lit.

betteln *Verb*
➤ **um etwas betteln** mendier quelque chose : **die Kinder bettelten um Brot** les enfants mendiaient du pain.

sich **beunruhigen** *reflexives Verb* ■ **s'inquiéter : es gibt keinen Grund, sich zu beunruhigen** il n'y a pas de raison de s'inquiéter.

beurteilen *Verb* ■ **juger : wie wurde dein Referat beurteilt?** comment a-t-on jugé ton exposé ?

die **Beurteilung** *(Plural* Beurteilungen*)* ■ **l'appréciation** *(Femininum)* **: die Beurteilung fiel sehr gut aus** l'appréciation a été très bonne.

die **Beute** ■ **le butin : die Diebe hatten ihre Beute versteckt** les voleurs avaient caché leur butin.

der **Beutel** *(Plural* Beutel*)* ■ **le sac : für meine Turnsachen habe ich einen speziellen Beutel** j'ai un sac spécial pour mes affaires de gym.

die **Bevölkerung** *(Plural* Bevölkerungen*)* ■ **la population**.

bevor *Konjunktion* ■ **avant que** *(+ Konjunktiv)* : **bevor du mit dem Studium anfängst, solltest du ein Jahr ins Ausland** avant que tu ne commences tes études, tu devrais aller passer un an à l'étranger

In Nebensätzen, die durch **avant que** eingeleitet werden, steht häufig ein **ne** vor dem Verb.

bevorzugen *Verb*
1. **préférer : mein Vater bevorzugt Rotwein aus Frankreich** mon père préfère le vin rouge français
2. **favoriser : ein Lehrer sollte keinen Schüler bevorzugen** un professeur ne doit favoriser aucun élève.

bewachen *Verb* ■ **garder : alle Botschaften werden von der Polizei bewacht** toutes les ambassades sont gardées par la police.

bewarb *Präteritum* ➤ beweren.

bewegen *transitives Verb* ■ **bouger : ich kann mein rechtes Bein nicht bewegen** je ne peux pas bouger ma jambe droite

sich **bewegen** *reflexives Verb* ■ **faire de l'exercice : die Kinder bewegen sich zu wenig** les enfants ne font pas assez d'exercice.

die **Bewegung** *(Plural* Bewegungen*)*
1. **le mouvement : jede Bewegung tut weh** chaque mouvement est douloureux
2. **l'exercice** *(Maskulinum)* **: du hast zu wenig Bewegung** tu ne fais pas assez d'exercice.

der **Beweis** *(Plural* Beweise*)* ■ **la preuve : die Polizei sucht noch nach Beweisen** la police cherche encore des preuves.

beweisen *(Präteritum* bewies, *Perfekt* hat bewiesen*) Verb* ■ **prouver : ich kann beweisen, dass ich das nicht war** je peux prouver que ce n'était pas moi.

sich **bewerben** *(Präsens* bewirbt, *Präteritum* bewarb, *Perfekt* hat sich beworben*) reflexives Verb* ■ **poser sa candicature : mein Bruder hat sich bei einer Softwarefirma beworben** mon frère a posé sa candidature chez un éditeur de logiciels.

die **Bewerbung** *(Plural* Bewerbunge
■ **la candidature : hast du deine Bew bung schon weggeschickt?** tu as déjà voyé ta candidature ?

bewies *Präteritum* ➤ beweisen.

bewiesen *Partizip Perfekt* ➤ beweisen.

bewirbt *Präsens* ➤ bewerben.

bewölkt *Adjektiv* ■ **couvert (couvert** **der Himmel war bewölkt** le ciel était c vert.

beworben *Partizip Perfekt* ➤ bewe ben.

bewundern *Verb* ■ **admirer : mei Mutter hat mein Bild bewundert** ma m a admiré ma photo.

bewusstlos *Adjektiv* ■ **sans conna sance : nach dem Aufprall ist sie b wusstlos geblieben** après le choc, elle restée sans connaissance.

bezahlen
■ *transitives Verb*
payer : meine Eltern bezahlen mein St dium mes parents payent mes études
■ *intransitives Verb*
payer (l'addition) : ich möchte gern b zahlen l'addition, s'il vous plaît.

die **Bezahlung** ■ **la rémunération**.

bezeichnen *Verb* ■ **dire : wie bezeic net man das auf Französisch?** comme dit-on ça en français ?
➤ **jemanden als etwas bezeichnen** trai quelqu'un de quelque chose : **er hat sein Bruder als Dummkopf bezeichnet** il a tr té son frère d'idiot.

die **Beziehung** *(Plural* Beziehungen*)*
1. **la relation : gute Beziehungen zu Fran reich** de bonnes relations avec la France
2. **le rapport : unsere Beziehung zu unsere Klassenlehrer ist prima** nous sommes très bon rapport avec notre prof principal.

beziehungsweise *Konjunktion*
1. **plus précisément : ich habe ein Fahrra beziehungsweise ein Mountainbike** j un vélo, plus précisément un V.T.T.

ou plutôt : du kannst deine Freundin beziehungsweise deinen Freund mitbringen tu peux venir avec ta copine ou plutôt ton copain

respectivement : es gibt zwei Modelle, die kosten 50 beziehungsweise 70 Euro il y a deux modèles qui coûtent respectivement 50 et 70 euros.

bezweifeln *Verb* ■ **douter : ich bezweifle, dass das stimmt** je doute que cela soit juste

> Nach Ausdrücken des Zweifels wie **douter que** steht der **Subjonctif**.

BH *(Plural* BHs*)* *(Abkürzung für* Büstenhalter*)* ■ le **soutien-gorge : sie trägt nie einen BH** elle ne porte jamais de soutien-gorge.

Bibel *(Plural* Bibeln*)* ■ la **Bible**.

Bibliothek *(Plural* Bibliotheken*)* ■ la **bibliothèque**.

biegen *(Präteritum* bog, *Perfekt* ist gebogen*)* *intransitives Verb* ■ **tourner : das Auto ist schnell um die Ecke gebogen** la voiture a tourné vite au coin de la rue

> Bei manchen Bewegungsverben werden die zusammengesetzten Zeiten anders als im Deutschen mit **avoir** gebildet.

Biene *(Plural* Bienen*)* ■ l'**abeille** *(Femininum)*.

Bier *(Plural* Biere*)* ■ la **bière : Bier trinken** boire de la bière

> Achtung ! Anders als das deutsche Wort **Bier** ist das französische Substantiv **bière** weiblich.

> **BIER**
>
> L'Allemagne est connue pour la variété et la qualité de ses bières. Plus de 1 000 brasseurs répartis dans le pays produisent environ 5 000 sortes de bières différentes. La « Loi de la pureté », édictée en 1516 et toujours strictement en vigueur, garantit la qualité de la bière allemande et la distingue des bières importées.

bieten *(Präteritum* bot, *Perfekt* hat geboten*)* *Verb* ■ **offrir : diese Stadt bietet viel Sehenswertes** cette ville offre beaucoup de choses à voir

➤ **jemandem etwas bieten** offrir quelque chose à quelqu'un : **der Kurs bietet mir die Möglichkeit, meine Kenntnisse zu verbessern** ce cours m'offre la possibilité d'améliorer mes connaissances.

der **Bikini** *(Plural* Bikinis*)* ■ le **bikini**.

das **Bild** *(Plural* Bilder*)*
1. le **tableau : wir haben im Louvre viele Bilder angesehen** nous avons regardé beaucoup de tableaux au Louvre
2. la **photo : willst du die Bilder sehen, die ich auf Hawaii gemacht habe?** tu veux voir les photos que j'ai faites à Hawaii ?
3. l'**image** *(Femininum)* **: der Fernseher ist alt und das Bild ist schlecht** la télévision est vieille et l'image est mauvaise.

bilden *transitives Verb* ■ **former : wir haben eine Arbeitsgruppe gebildet** nous avons formé un groupe de travail.

der **Bildschirm** *(Plural* Bildschirme*)* ■ l'**écran** *(Maskulinum)*.

die **Bildung** *(Plural* Bildungen*)*
1. la **culture : ich bin immer wieder über seine Bildung erstaunt** je suis toujours étonnée de sa culture
2. la **formation : wir haben heute die Bildung des Passivs gelernt** nous avons appris aujourd'hui la formation du passif.

billig

■ *Adjektiv*
pas cher (chère) : Computer sind billiger geworden les ordinateurs sont moins chers maintenant

■ *Adverb*
pour pas cher : ich habe das ganz billig bekommen je l'ai eu pour vraiment pas cher.

bin *Präsens* ➤ sein.

binden *(Präteritum* band, *Perfekt* hat gebunden*)* *Verb*
1. **attacher : ich habe den Hund an den Laternenpfahl gebunden** j'ai attaché le chien au réverbère

2. **lier : sie ist vertraglich gebunden** elle est liée par contrat.

der **Bindestrich** *(Plural* Bindestriche*)* ■ le **trait d'union**.

die **Biologie** ■ la **biologie : in Biologie ist Felix gut** Felix est bon en biologie.

die **Birne** *(Plural* Birnen*)*

1. la **poire : sie isst gern Birnen** elle aime bien les poires

2. l'**ampoule** *(Femininum)* : **ich brauche eine Birne für meine Lampe** j'ai besoin d'une ampoule pour ma lampe.

bis

■ *Präposition (+ A)*

1. **jusqu'à : wir bleiben bis Ende nächster Woche** nous restons jusqu'à la fin de la semaine prochaine

2. **d'ici : das muss bis morgen fertig sein** ça doit être prêt d'ici demain

3. **à : wir mussten zwei bis drei Stunden warten** on a dû attendre deux à trois heures

➤ **bis bald!** à bientôt !

➤ **bis gleich!** à tout à l'heure !

■ *Konjunktion*

en attendant que *(+ Konjunktiv)* : **bis du fertig bist, kann ich ja noch fernsehen** en attendant que tu aies fini, je peux encore regarder la télé.

bisher *Adverb* ■ **jusqu'ici : diese Zeit haben wir bisher noch nicht gelernt** jusqu'ici, on n'a pas encore appris ce temps.

biss *Präteritum* ➤ beißen.

der **Biss** *(Plural* Bisse*)* ■ la **morsure : der Biss einer Schlange kann tödlich sein** la morsure d'un serpent peut être mortelle.

bisschen *Adjektiv* ■ **peu de : das bisschen Zeit hat mir nicht gereicht** ce peu de temps ne m'a pas suffit

> Nach Mengenangaben steht in der Regel nur **de** ohne Artikel.

➤ **ein bisschen** un peu : **ich muss mich ein bisschen ausruhen** il faut que je me repose un peu ; **ich kann nur ein bisschen Deutsch** je ne sais qu'un peu d'allemand

➤ **kein bisschen** pas du tout : **ich bin kein bisschen müde** je ne suis pas du tout fatigué.

bist *Präsens* ➤ sein.

bitte

■ *Adverb*

s'il te plaît, s'il vous plaît : Frau Schweikert, darf ich jetzt bitte gehen? Mme Schweikert, je peux partir, s'il vous plaît ?

> **S'il te plaît** sagt man zu Personen, die man duzt, **s'il vous plaît** zu Personen, die man siezt oder wenn man mehrere Personen anspricht.

■ *Interjektion*

1. **je t'en prie, je vous en prie : vielen Dank für deine Hilfe – bitte, gern geschehen** merci beaucoup pour ton aide – je t'en prie, il n'y a pas de quoi

> Als Antwort auf **danke** wird bitte mit **je t'en prie** oder **je vous en prie** übersetzt.

2. **pardon : bitte, was haben Sie gesagt** pardon, qu'est-ce que vous avez dit ?

➤ **wie bitte?** comment ?

> **BITTE**
>
> En allemand, on utilise **bitte** pour demander un service à quelqu'un (s'il vous plaît), lorsqu'on donne quelque chose à quelqu'un (tenez) ou en réponse à **danke** (je vous en prie, de rien). Pour varier, dans ces trois cas, on peut dire **bitte sehr** ou **bitte schön** .

die **Bitte** *(Plural* Bitten*)* ■ la **demande : ich habe eine Bitte an die Behörde gerichtet** j'ai adressé une demande à l'administration

➤ **ich habe da eine Bitte an dich** j'ai quelque chose à te demander.

bitten *(Präteritum* bat, *Perfekt* hat gebeten*)* *Verb* ■ **demander : ich habe ihn gebeten, mir zu helfen** je lui ai demandé de m'aider

➤ **jemanden um etwas bitten** demander quelque chose à quelqu'un : **darf ich euch um etwas mehr Ruhe bitten ?** est-ce que je peux vous demander un peu plus de calme

bitter *Adjektiv* ■ **amer (amère) : der Tee schmeckt bitter** le thé a un goût amer.

blamieren *reflexives Verb* ■ **se ridiculer : ich habe mich blamiert, weil ich keine einzige Antwort wusste** je me suis ridiculisé parce que je ne connaissais aucune réponse

Zusammengesetzte Formen reflexiver Verben werden mit être gebildet.

Blase *(Plural* Blasen*)*
- l'**ampoule** *(Femininum)* : **nach der Wanderung hatte ich Blasen an den Füßen** après la randonnée, j'avais des ampoules aux pieds
- la **vessie** : **die Blase ist ein Teil unserer Anatomie** la vessie est une partie de notre anatomie.

blasen *(Präsens* bläst*, Präteritum* blies*, Perfekt* hat geblasen*) Verb* ■ **souffler : er blies ins Feuer** il soufflait sur le feu ; **heute bläst ein kalter Wind** aujourd'hui, il souffle un vent froid.

blass *(Komparativ* blasser*, Superlativ* blasseste*) Adjektiv* ■ **pâle : du bist so blass, fehlt dir was?** tu es tout pâle, ça ne va pas ?

bläst *Präsens* ➤ blasen.

Blatt *(Plural* Blätter*)* ■ la **feuille** : **im Herbst verlieren die Bäume ihre Blätter** en automne, les arbres perdent leurs feuilles ; **nehmt bitte ein Blatt Papier** veuillez prendre une feuille.

blau *(Komparativ* blauer*, Superlativ* blau(e)ste*)*
- *Adjektiv*
  bleu (bleue) : sie hat blaue Augen elle a les yeux bleus
- *Adverb*
  en bleu : ich habe eine Wand blau gestrichen j'ai peint un mur en bleu.

Blei *(Plural* Bleie*)* ■ le **plomb** : **früher waren Rohre aus Blei** autrefois, les conduites étaient en plomb.

bleiben *(Präteritum* blieb*, Perfekt* ist geblieben*) Verb* ■ **rester : bleibst du heute Abend zum Essen?** tu restes pour dîner, ce soir ? ; **uns bleiben nur noch wenige Tage** il ne nous reste que peu de jours

Die unpersönliche Wendung **il reste** bleibt unverändert, auch wenn ein Substantiv im Plural folgt.

➤ **bei etwas bleiben** s'en tenir à quelque chose : **ich bleibe bei meiner Meinung** je m'en tiens à mon opinion
➤ **es bleibt dabei** ça tient toujours.

der **Bleistift** *(Plural* Bleistifte*)* ■ le **crayon**.

der **Blick** *(Plural* Blicke*)*
1. le **regard** : **sie warf mir einen Blick zu** elle m'a lancé un regard
2. la **vue** : **wir hatten ein Zimmer mit Blick aufs Meer** nous avions une chambre avec vue sur la mer.

blicken *Verb* ■ **regarder : beim Autofahren solltest du auch nach hinten blicken** quand tu conduis, tu dois regarder aussi derrière
➤ **lass dich mal wieder blicken!** repasse donc un de ces jours !
➤ **lass dich hier nicht mehr blicken!** ne remets plus les pieds ici !

blieb *Präteritum* ➤ bleiben.

blies *Präteritum* ➤ blasen.

blind *Adjektiv* ■ **aveugle : Sebastian ist auf einem Auge blind** Sebastian est aveugle d'un œil
➤ **ein blinder Passagier** un passager clandestin.

der **Blitz** *(Plural* Blitze*)*
1. l'**éclair** *(Maskulinum)* : **kurz nach dem Blitz kam der Donner** peu après l'éclair, il y eut un coup de tonnerre
2. *familiär* le **flash** : **hat dein Fotoapparat auch Blitz?** ton appareil photo a aussi un flash ?

der **Block** *(Plural* Blöcke ODER Blocks*)*
1. *(Plural* **Blöcke***)* le **bloc** : **in meiner Tasche habe ich immer einen Block für Notizen** j'ai toujours un bloc dans ma poche pour prendre des notes
2. *(Plural* **Blöcke** ODER **Blocks***)* l'**immeuble** : **mein Freund wohnt in dem Block da drüben** mon ami habite dans l'immeuble en face.

blockieren *Verb* ■ **bloquer : ein umgestürzter Lastwagen blockierte die Straße** un camion renversé a bloqué la rue.

die **Blockschrift** ■ les **caractères d'imprimerie** *(Maskulinum Plural)*.

blöd, blöde *familiär*

■ *Adjektiv*
idiot (idiote) : das ist eine blöde Frage c'est une question idiote

■ *Adverb*
bêtement : lach nicht so blöd arrête de rire bêtement.

der **Blödsinn** ■ *familiär* les **idioties** *(Femininum Plural)* : **erzähl doch nicht so einen Blödsinn** ne raconte pas d'idioties.

blond *Adjektiv* ■ **blond (blonde) : sie hat blonde Haare** elle a les cheveux blonds.

bloß

■ *Adverb*
familiär **seulement : hast du bloß ein T-Shirt mitgenommen?** tu as emporté seulement un T-shirt ? ; **wenn ich doch bloß nichts gesagt hätte!** si seulement je n'avais rien dit !

➤ **was soll ich jetzt bloß machen?** qu'est-ce que je vais faire, maintenant ?

■ *Adjektiv*
nu (nue) : das kann man mit bloßem Auge nicht erkennen on ne peut pas le voir à l'œil nu.

blühen *Verb* ■ **fleurir : im Moment blühen die Rosen** en ce moment, les roses fleurissent.

die **Blume** *(Plural* Blumen*)* ■ la **fleur : wir haben der Gastgeberin Blumen mitgebracht** nous avons apporté des fleurs à la maîtresse de maison.

der **Blumenkohl** ■ le **chou-fleur**.

der **Blumenstrauß** *(Plural* Blumensträuße*)* ■ le **bouquet de fleurs**.

die **Bluse** *(Plural* Blusen*)* ■ le **chemisier : sie trug eine weiße Bluse** elle portait un chemisier blanc.

das **Blut** ■ le **sang : ihm lief das Blut aus der Nase** il saignait du nez

➤ **Blut spenden** donner son sang.

bluten *Verb* ■ **saigner : die Wunde blutete sehr stark** la blessure a beaucoup saigné ; **sie blutet aus der Nase** elle saig[ne] du nez.

der **Boden** *(Plural* Böden*)*

1. le **sol : in dieser Gegend ist der Bod[en] sehr fruchtbar** dans cette région, le sol [est] très fertile
2. le **grenier : wir haben die alten Möbel a[uf] den Boden gebracht** nous avons mis [les] vieux meubles au grenier

➤ **auf dem Boden** par terre : **wir saßen a[uf] dem Boden** nous étions assis par terre.

bog *Präteritum* ➤ biegen.

der **Bogen** *(Plural* Bogen ODER Bögen*)*

1. la **courbe : der Fluss macht dort einen B[o]gen** le fleuve fait une courbe à cet endroit
2. l'**arc** *(Maskulinum)* : **Indianer hatten Pf[eil] und Bogen als Waffe** les Indiens étaient [ar]més d'arcs et de flèches
3. l'**archet** *(Maskulinum)* : **für Streichinstr[u]mente benützt man einen Bogen** pour [les] instruments à cordes, on utilise un archet.

die **Bohne** *(Plural* Bohnen*)* ■ le **haricot**

grüne Bohnen des haricots verts.

bohren

■ *transitives Verb*
percer : er bohrte ein Loch in die Wand [il] a percé un trou dans le mur

■ *intransitives Verb*
passer la roulette : der Zahnarzt h[at] nicht gebohrt le dentiste n'a pas passé [la] roulette.

die **Bombe** *(Plural* Bomben*)* ■ la **bombe**.

der|das **Bonbon** *(Plural* Bonbons*)* ■ le **bonbo[n]**

das **Boot** *(Plural* Boote*)* ■ le **bateau : w[ir] sind mit dem Boot über den See gefahr[en]** nous avons traversé le lac en bateau.

das **Bord** *(Plural* Borde*)* ■ le **bord**

➤ **an Bord** à bord : **an Bord unseres Flu[g]zeugs** à bord de notre avion

➤ **an Bord gehen** embarquer : **alle Passagi[e]re gingen an Bord** tous les passagers o[nt] embarqué.

borgen *Verb* ■ **prêter**

➤ **jemandem etwas borgen** prêter quelq[ue] chose à quelqu'un : **Tobias borgt mir se[i]nen Laptop** Tobias me prête son ordinate[ur] portable.

die **Börse** *(Plural* Börsen*)* ■ la **Bourse : a[n] der Börse spekulieren** spéculer en Bourse

böse
Adjektiv
1. **méchant (méchante) : dieser Verbrecher ist durch und durch böse** ce criminel est extrêmement méchant
2. **mauvais (mauvaise) : das wird eine böse Überraschung** ça va être une mauvaise surprise
- **böse werden** se fâcher : **wenn wir die unregelmäßigen Verben wieder nicht können, wird sie schrecklich böse** si on ne sait toujours pas les verbes irréguliers, elle va drôlement se fâcher
- **auf jemanden böse sein** en vouloir à quelqu'un : **Ingrid ist böse auf mich** Ingrid m'en veut

Adverb
- **ich habe es nicht böse gemeint** je n'ai pas pensé à mal.

Bosnien-Herzegowina *Neutrum* ■ **la Bosnie-Herzégovine**

Ländernamen werden im Französischen oft mit dem bestimmten Artikel verwendet.

bot *Präteritum* ➤ bieten.

die **Botschaft** *(Plural* Botschaften*)* ■ **l'ambassade** *(Femininum)* : **wo ist die deutsche Botschaft in Paris?** où est l'ambassade d'Allemagne à Paris ?

die **Box** *(Plural* Boxen*)* ■ **l'enceinte** *(Femininum)* : **ich habe zwei Boxen an meinen Computer angeschlossen** j'ai branché deux enceintes sur mon ordinateur.

boxen *Verb*
1. **boxer : gegen wen boxt er in der Meisterschaft?** contre qui boxe-t-il au championnat ?
2. **faire de la boxe : er boxt im Verein** il fait de la boxe dans un club.

brach *Präteritum* ➤ brechen.

brachte *Präteritum* ➤ bringen.

der **Brand** *(Plural* Brände*)* ■ **l'incendie** *(Maskulinum)* : **der Brand zerstörte die ganze Lagerhalle** l'incendie a détruit tout l'entrepôt.

Brandenburg *Neutrum* ■ **le Brandebourg**

Namen von Regionen werden im Französischen oft mit dem bestimmten Artikel verwendet.

brannte *Präteritum* ➤ brennen.

brasilianisch *Adjektiv* ■ **brésilien (brésilienne)**.

Brasilien *Neutrum* ■ **le Brésil**

Ländernamen werden im Französischen mit dem bestimmten Artikel verwendet.

brät *Präsens* ➤ braten.

braten *(Präsens* brät, *Präteritum* briet, *Perfekt* hat gebraten*) Verb* ■ **faire cuire : sie hat die Kartoffeln in der Pfanne gebraten** elle a fait cuire les pommes de terre à la poêle.

der **Braten** *(Plural* Braten*)* ■ **le rôti : sonntags gibt es bei uns immer einen Braten** chez nous, il y a toujours du rôti le dimanche.

die **Bratwurst** *(Plural* Bratwürste*)* ■ **la saucisse grillée**.

brauchen
■ *transitives Verb*
avoir besoin de : ich brauche dringend Nachhilfe j'ai grand besoin de cours particuliers
■ *Hilfsverb*
devoir : er braucht heute nicht zu arbeiten il ne doit pas aller travailler aujourd'hui.

braun *Adjektiv*
1. **brun (brune) : sie hat braune Haare** elle a les cheveux bruns
2. **marron** *(unveränderlich)* : **er hat braune Augen** il a les yeux marron.

brav *Adjektiv* ■ **sage : die Kinder waren heute sehr brav** aujourd'hui, les enfants ont été très sages.

bravo *Interjektion* ■ **bravo : bravo, das hast du wirklich gut gemacht!** bravo, c'est vraiment bien !

die **BRD** *(Abkürzung für* Bundesrepublik Deutschland*)* ■ la **RFA**.

brechen *(Präsens* bricht, *Präteritum* brach, *Perfekt* hat/ist gebrochen*)*
■ *transitives Verb (Perfekt* hat gebrochen*)* **casser : Wiltrud hat sich beim Snowboarden den Arm gebrochen** Wiltrud s'est cassé le bras en faisant du snowboard
■ *intransitives Verb*
1. *(Perfekt* ist gebrochen*)* **se casser : als ich mich auf das Brett stellte, ist es gebrochen** quand je me suis mis sur la planche, elle s'est cassée
2. *(Perfekt* hat gebrochen*)* **vomir : mir ist schlecht, ich glaube, ich muss brechen** je me sens mal, je crois que je vais vomir.

breit *Adjektiv* ■ **large : der Fluss ist 50 m breit** le fleuve fait 50 m de largeur

Bei Maßangaben steht im Französischen de.

die **Bremse** *(Plural* Bremsen*)* ■ le **frein : die Bremsen funktionieren nicht richtig** les freins ne fonctionnent pas bien.

bremsen *Verb* ■ **freiner : der Fahrer vor mir hat plötzlich gebremst** le conducteur devant moi a freiné brusquement.

brennen *(Präteritum* brannte, *Perfekt* hat gebrannt*) intransitives Verb*
1. **brûler : im Kamin brannte ein Feuer** un feu brûlait dans la cheminée
2. **être allumé (allumée) : lass bitte das Licht brennen** s'il te plaît, laisse la lumière allumée
3. **piquer : meine Augen brennen** j'ai les yeux qui piquent
➤ **es brennt!** au feu !

das **Brett** *(Plural* Bretter*)* ■ la **planche**.

die **Brezel** *(Plural* Brezeln*)* ■ le **bretzel**.

bricht *Präsens* ➤ brechen.

der **Brief** *(Plural* Briefe*)* ■ la **lettre : heute habe ich einen Brief bekommen** aujourd'hui, j'ai reçu une lettre
➤ **ein blauer Brief** une lettre d'avertissement.

der **Brieffreund** *(pluriel* Brieffreunde*)* ■ le **correspondant : ich suche einen deutschen Brieffreund** je cherche un correspondant allemand.

die **Brieffreundin** *(pluriel* Brieffreundinnen*)* ■ la **correspondante**.

der **Briefkasten** *(Plural* Briefkästen*)* ■ **boîte aux lettres : kannst du diesen Brief bitte zum Briefkasten bringen?** est-ce que tu peux mettre cette lettre à la boîte aux lettres ?

die **Briefmarke** *(Plural* Briefmarken*)* ■ **timbre**.

briet *Präteritum* ➤ braten.

die **Brille** *(Plural* Brillen*)* ■ les **lunettes** *(Feminimum Plural)* **: seit wann trägst du eine Brille?** depuis quand tu portes des lunettes

bringen *(Präteritum* brachte, *Perfekt* hat gebracht*) Verb*
1. **apporter : bring mir doch bitte mal dein Heft** apporte-moi ton cahier, s'il te plaît
2. **raccompagner : nach der Party brachte er seine Freundin nach Hause** après la fête il a raccompagné sa copine chez elle
➤ **das bringt nichts** *familiär* ça ne sert à rien

der **Brite** *(Plural* Briten*)* ■ le **Britannique**

Namen von Einwohnern werden großgeschrieben.

die **Britin** *(Plural* Britinnen*)* ■ la **Britannique**.

britisch *Adjektiv* ■ **britannique**.

die **Brombeere** *(Plural* Brombeeren*)* ■ **mûre**.

die **Bronchitis** ■ la **bronchite : ich habe Bronchitis** j'ai une bronchite

Namen von Krankheiten werden im Französischen anders als im Deutschen mit dem Artikel verwendet.

die **Bronze** *(Plural* Bronzen*)* ■ le **bronze**

Achtung ! Anders als das deutsche Wort **Bronze** ist das französische Substantiv **bronze** männlich.

s **Brot** *(Plural* Brote*)*

. le **pain : kannst du bitte Brot vom Bäcker mitbringen?** tu peux aller chercher du pain à la boulangerie, s'il te plaît ?

> Um eine unbestimmte Menge eines Stoffes zu bezeichnen, verwendet man den partitiven Artikel **du, de la, de l'** vor einem Substantiv im Singular.

. le **sandwich : in der großen Pause esse ich mein Brot** pendant la récréation, je mange mon sandwich

> BROT
>
> Les boulangeries allemandes proposent une grande variété de pains (environ 200 sortes). Les plus typiques sont le pain de seigle, le pain bis ou encore le pain noir qui se dégustent accompagnés de fromage ou de charcuterie au repas du soir (**Abendbrot**). Au petit déjeuner, on sert généralement des petits pains blancs appelés **Brötchen**.

s **Brötchen** *(Plural* Brötchen*)* ■ le **petit pain : sonntags gibt es bei uns frische Brötchen** le dimanche, chez nous, il y a des petits pains frais.

r **Bruch** *(Plural* Brüche*)* ■ la **fracture : sie hat sich beim Skifahren einen Bruch zugezogen** elle s'est fait une fracture au ski.

e **Brücke** *(Plural* Brücken*)*

. le **pont : wir sind über die Brücke über den Rhein gegangen** nous avons traversé le pont sur le Rhin

. le **bridge : der Zahnarzt hat meiner Mutter eine neue Brücke eingesetzt** le dentiste a posé un nouveau bridge à ma mère.

r **Bruder** *(Plural* Brüder*)* ■ le **frère : wie viele Brüder hast du?** combien as-tu de frères ?

brüllen *Verb* ■ **hurler : er war so wütend, dass er den ganzen Tag nur gebrüllt hat** il était tellement furieux qu'il a hurlé toute la journée.

r **Brunnen** *(Plural* Brunnen*)*

. le **puits : sie holt wasser aus dem Brunnen** elle prend de l'eau au puits

. la **fontaine : wir treffen uns vor dem Brunnen im Park** on se retrouve devant la fontaine dans le parc.

die **Brust** *(Plural* Brüste*)*

1. le **torse : mein Vater hat Haare auf der Brust** mon père a des poils sur le torse
2. le **sein : sie gab ihrem Baby die Brust** elle donnait le sein à son bébé.

brutal *Adjektiv* ■ **brutal (brutale) : er ist ein brutaler Schüler** c'est un élève brutal.

das **Buch** *(Plural* Bücher*)* ■ le **livre : schlagt eure Bücher auf** ouvrez vos livres.

buchen *Verb* ■ **réserver : habt ihr den Flug schon gebucht?** vous avez déjà réservé le vol ?

die **Büchse** *(Plural* Büchsen*)* ■ la **boîte**.

der **Buchstabe** *(Plural* Buchstaben*)* ■ la **lettre : das Wort „Brot" endet mit dem Buchstaben „t"** le mot « Brot » se termine par la lettre « t ».

buchstabieren *transitives Verb* ■ **épeler : kannst du das Wort buchstabieren?** est-ce que tu peux épeler ce mot ?

sich **bücken** *reflexives Verb* ■ **se pencher : sie bückte sich, um die Münze aufzuheben** elle s'est penchée pour ramasser la pièce de monnaie

> Zusammengesetzte Formen reflexiver Verben werden mit **être** gebildet.

das **Bügeleisen** *(Plural* Bügeleisen*)* ■ le **fer à repasser**.

bügeln *Verb* ■ **repasser : meine Mutter bügelt immer meine T-Shirts** ma mère repasse toujours mes T-shirts.

die **Bühne** *(Plural* Bühnen*)* ■ la **scène : auf der Bühne** en scène.

Bulgarien *Neutrum* ■ la **Bulgarie**.

bummeln *Verb*

1. *(Perfekt* ist gebummelt*)* **flâner : am Samstag sind wir durch die Stadt gebummelt** samedi, on a flâné dans la ville
2. *(Perfekt* hat gebummelt*)* **traîner : bummel nicht so bei deinen Hausaufgaben!** ne traîne pas tant en faisant tes devoirs !

der **Bụnd**

1. **l'État fédéral** *(Maskulinum)* : **Bund und Länder wollen zusammenarbeiten** l'État fédéral et les Länder veulent collaborer
2. *familiär* **l'armée** *(Femininum)* : **nach dem Abi geht er zum Bund** après le bac, il ira à l'armée.

das **Bụndesland** *(Plural* Bụndesländer*)* ■ **le Land : kennst du die Namen der fünf neuen Bundesländer?** connais-tu les noms des cinq nouveaux Länder ?

BUNDESLAND

L'Allemagne se compose de 16 **Länder**. Chaque **Land** a sa propre Constitution et un gouvernement. Les **Länder** ont beaucoup plus d'autonomie que les régions françaises. Par exemple, ils décident eux-mêmes de la politique d'éducation et de la culture. L'Autriche, quant à elle, se compose de 9 **Länder**.

der **Bụndesrat** ■ le **Bundesrat**

BUNDESRAT

C'est l'une des deux chambres qui forment le Parlement allemand. Elle est composée de représentants des 16 **Länder**. Le **Bundesrat** exerce avant tout une fonction de contrôle : par exemple, on ne peut modifier la loi fondamentale sans son accord. C'est l'assemblée de représentation des **Länder**, qui peuvent ainsi influer sur la politique du gouvernement.

die **Bụndesregierung** *(Plural* Bụndesregierungen*)* ■ le **gouvernement fédéral**.

die **Bụndesrepublik Deutschland** ■ la **République fédérale d'Allemagne**.

der **Bụndestag** ■ le **Bundestag**

BUNDESTAG

Le **Bundestag**, l'une des deux chambres qui composent le Parlement allemand, est l'assemblée nationale de la République fédérale d'Allemagne. Ses membres sont élus au suffrage universel pour quatre ans. Son rôle est de voter les lois, d'élire le chancelier et de contrôler le gouvernement.

bụnt *Adjektiv*

1. **multicolore : sie trug ein buntes Kleid** e portait une robe multicolore
2. **varié (variée) : eine bunte Mischung vo Popsongs** un mélange varié de musiq pop.

der **Buntstịft** *(Plural* Buntstịfte*)* ■ **crayon de couleur**.

die **Bụrg** *(Plural* Bụrgen*)* ■ le **châte (fort) : am Rhein entlang gibt es vie Burgen** le long du Rhin, il y a beaucoup châteaux.

der **Bụ̈rger** *(Plural* Bụ̈rger*)* ■ le **citoyen : d Bürger von Ulm feiern an diesem Tag im mer ein Fest** les citoyens d'Ulm font toujou la fête ce jour-là.

die **Bụ̈rgerin** *(Plural* Bụ̈rgerinnen*)* ■ la **toyenne**.

bụ̈rgerlich *Adjektiv* ■ **bourgeo (bourgeoise) : eine bürgerliche Partei** parti bourgeois.

der **Bụ̈rgermeister** *(Plural* Bụ̈rgermeiste ■ le **maire**.

die **Bụ̈rgermeisterin** *(Plural* Bụ̈rgermesterinnen*)* ■ la **maire**.

der **Bụ̈rgersteig** *(Plural* Bụ̈rgersteige*)* ■ **trottoir**.

das **Büro** *(Plural* Büros*)* ■ le **bureau : me Vater geht um acht Uhr ins Büro** mon pè va au bureau à huit heures.

die **Büroklammer** *(Plural* Büroklammer ■ le **trombone**.

der **Bụs** *(Plural* Bụsse*)*

1. **le bus : ich fahre mit dem Bus zur Schu** je vais à l'école en bus
2. **le car : wir sind mit dem Bus nac Deutschland gefahren** on est allé en All magne en car.

der **Bụsch** *(Plural* Bụ̈sche*)*

1. **le buisson : er versteckte sich hinter e nem Busch** il s'est caché derrière un buiss

. la **brousse** : **wir haben eine Safari durch den Busch gemacht** nous avons fait un safari dans la brousse.

r **Busen** (*Plural* Busen) ■ **les seins** (*Maskulinum Plural*) : **sie hat einen schönen Busen** elle a de jolis seins.

e **Bushaltestelle** (*Plural* Bushaltestellen) ■ **l'arrêt de bus** (*Maskulinum*).

e **Butter** ■ le **beurre**.

C

s **Café** (*Plural* Cafés) ■ **le café, le salon de thé** : **wir gehen manchmal ins Café** on va parfois au café.

e **Cafeteria** (*Plural* Cafeterias) ■ **la cafétéria**.

s **Camping** ■ **le camping** : **in den Ferien wollen wir Camping in der Provence machen** pendant les vacances, nous irons faire du camping en Provence.

e **CD** (*Plural* CDs) (*Abkürzung für* Compactdisc) ■ **le CD**.

r **CD-Spieler** (*Plural* CD-Spieler) ■ **le lecteur de CD**.

s **Cello** (*Plural* Cellos) ■ le **violoncelle** : **Caroline spielt Cello** Caroline joue du violoncelle.

r **Champignon** (*Plural* Champignons) ■ le **champignon de Paris**.

die **Chance** (*Plural* Chancen) ■ **la chance** : **du solltest diese Chance nutzen** tu devrais saisir cette chance.

der **Charakter** (*Plural* Charaktere)
1. le **caractère** : **sie hat einen schwierigen Charakter** elle a un caractère difficile
2. la **personnalité** : **er hat keinen Charakter** il n'a aucune personnalité.

der **Chef** (*Plural* Chefs) ■ le **chef**.

die **Chefin** (*Plural* Chefinnen) ■ la **chef**.

die **Chemie** ■ la **chimie**.

China *Neutrum* ■ la **Chine**

Ländernamen werden im Französischen oft mit dem bestimmten Artikel verwendet.

chinesisch *Adjektiv* ■ **chinois (chinoise)** : **wir mögen chinesisches Essen** nous aimons la cuisine chinoise.

der **Chor** (*Plural* Chöre) ■ **la chorale** : **ich singe im Chor unserer Schule** je chante dans la chorale de notre école.

der **Christ** (*Plural* Christen) ■ le **chrétien**.

die **Christin** (*Plural* Christinnen) ■ la **chrétienne**.

christlich *Adjektiv* ■ **chrétien (chrétienne)**.

clever *Adjektiv* ■ **malin (maligne)** : **das war nicht sehr clever von dir** ce n'était pas très malin de ta part.

der **Clown** (*Plural* Clowns) ■ le **clown**.

die **Cola** (*Plural* Colas) ■ le **Coca**.

der **Computer** (*Plural* Computer) ■ **l'ordinateur** (*Maskulinum*) : **er sitzt seit Stunden am Computer und spielt** ça fait des heures qu'il est en train de jouer à l'ordinateur.

der **Container** (*Plural* Container) ■ **le conteneur** : **ein Container für Altpapier** un conteneur à vieux papiers.

Cornflakes *Plural* ■ **les céréales** (*Maskulinum Plural*).

der **Cousin** (*Plural* Cousins) ■ le **cousin**.

die **Cousine** (*Plural* Cousinen) ■ la **cousine**.

die **Creme** (*Plural* Cremes ODER Cremen) ■ **la crème : eine Creme für trockene Haut** une crème pour peaux sèches.

d

da

■ *Adverb*

1. **là : da liegt deine Tasche** ton sac est là ; **da bist du ja!** te voilà !
2. **à cette heure-là : sie kam um 18 Uhr, aber da war die Vorstellung schon zu Ende** elle est arrivée à 18 heures, mais à cette heure-là, la représentation était déjà terminée

■ *Konjunktion*

puisque : da ich in die Stadt muss, kann ich dir das Buch mitbringen puisque je dois aller en ville, je peux te rapporter le livre.

dabei, dabei *Adverb*

1. **avec : hast du dein Messer dabei?** tu as ton couteau avec toi ?
2. **là : weißt du schon, ob du dabei bist?** tu sais déjà si tu seras là ?
3. **en même temps : er macht gerade seine Hausaufgaben und hört dabei Musik** il est en train de faire ses devoirs et d'écouter de la musique en même temps
4. **pourtant : er ist gefallen, dabei war er so vorsichtig** il est tombé, et pourtant il a fait très attention

➤ **dabei sein** être en train de : **er war dabei, die Koffer zu packen** il était en train de faire les valises.

da|bleiben (*Perfekt* ist dageblieben) *Verb* ■ **rester : kann Hannes zum Abendessen dableiben?** est-ce que Hannes pe rester dîner ?

das **Dach** (*Plural* Dächer)

1. **le toit : ein Dach über dem Kopf habe** avoir un toit pour dormir
2. **la toiture : das Dach musst repariert wer den** il faut réparer la toiture.

der **Dachboden** (*Plural* Dachböden) ■ **grenier : die alten Möbel stehen auf de Dachboden** les vieux meubles sont a grenier.

dachte *Präteritum* ➤ denken.

dadurch, dadurch *Adverb* ■ **ainsi sie bremste scharf und konnte dadurc einen Unfall verhindern** elle pila et put ai si éviter un accident.

dafür, dafür *Adverb*

1. **pour, y : wir sind alle dafür** nous somm tous pour ; **ich interessiere mich scho lange dafür** je m'y intéresse depuis lon temps déjà

> Nicht vergessen: **Y** ersetzt Ergänzungen, die mit **à**, **dans**, **en**, **sur** usw. eingeleitet werden.

2. **par contre : sie ist in Mathematik nic gut, dafür aber sehr gut in Sprachen** el n'est pas bonne en maths, par contre, elle e très bonne en langues.

dafür|können *Verb*

➤ **ich kann doch nichts dafür** je n'y pe rien.

dagegen, dagegen *Adverb*

1. **contre : ich bin dagegen** je suis contre **hast du etwas dagegen, dass mei Freundin auch kommt?** ça te dérange si m copine vient aussi ?
2. **par contre : ihr Bruder ist gut in Chemi sie dagegen hat keine Ahnung** son frè est bon en chimie, elle, par contre, est nulle

daher, daher *Adverb*

1. **de là-bas : er ist aus Stuttgart, komm du auch daher?** il est de Stuttgart, tu vier de là-bas, toi aussi ?

2. donc : er war krank und konnte daher nicht kommen il était malade et n'a donc pas pu venir.

dahin, dahin *Adverb* ■ **y : ich gehe morgen in die Ausstellung, gehst du auch dahin?** je vais à l'exposition demain, tu y vas aussi ?

> Nicht vergessen: **Y** ersetzt Ergänzungen, die mit **à**, **dans**, **en**, **sur** usw. eingeleitet werden.

➤ **bis dahin** d'ici-là.

dahinter *Adverb* ■ **derrière : da ist ein Busch, versteck dich schnell dahinter** voilà un buisson, cache-toi vite derrière.

damals *Adverb* ■ **à cette époque : damals hattest du noch kurze Haare** à cette époque, tu avais encore les cheveux courts.

die Dame *(Plural* Damen*)*
1. **la dame : er ist für die alte Dame aufgestanden** il a laissé sa place à la vieille dame
2. **les dames** *(Femininum Plural)* **: kannst du Dame spielen?** tu sais jouer aux dames ?

damit, damit

■ *Konjunktion*
pour que : ich habe ihn angerufen, damit er den Termin nicht vergisst je l'ai appelé pour qu'il n'oublie pas le rendez-vous

> Nach der Konjunktion **pour que** steht immer der **Subjonctif**.

■ *Adverb*
1. **avec cela : damit will ich nichts zu tun haben** je ne veux rien avoir à faire avec cela
2. **alors : er hat die Schule gewechselt, und damit fingen seine Probleme an** il a changé d'école, et alors les problèmes ont commencé.

der Dampf *(Plural* Dämpfe*)* ■ la **vapeur**.

der Dampfer *(Plural* Dampfer*)* ■ **le bateau à vapeur : ein Ausflug mit dem Dampfer** une excursion en bateau à vapeur.

danach, danach *Adverb* ■ **ensuite : zuerst machen wir die Übung, danach hören wir uns ein Chanson an** on fait d'abord un exercice, ensuite, on écoute une chanson.

daneben *Adverb*
1. **à côté : geh bis zur Hauptpost, unsere Schule ist gleich daneben** va à la poste principale, notre école est juste à côté
2. **en plus : er studiert und hat daneben noch einen Job** il fait des études et en plus, il a un boulot.

Dänemark *Neutrum* ■ **le Danemark**

> Ländernamen werden im Französischen oft mit dem bestimmten Artikel verwendet.

dänisch *Adjektiv* ■ **danois (danoise)**.

der Dank ■ les **remerciements** *(Maskulinum Plural)*

➤ **vielen Dank!** merci beaucoup ! : **vielen Dank für eure Gastfreundschaft !** merci beaucoup pour votre hospitalité !

dankbar *Adjektiv*

➤ **jemandem dankbar sein** être reconnaissant (reconnaissante) à quelqu'un : **ich bin dir ja so dankbar, dass du mir geholfen hast** je te suis très reconnaissant de m'avoir aidé.

danke *Interjektion* ■ **merci : danke, dass du das für mich gemacht hast** merci d'avoir fait ça pour moi ; **willst du noch ein Stück Kuchen? – danke, ich bin satt** tu veux encore une part de gâteau ? – merci, j'ai assez mangé

➤ **danke gleichfalls** merci, toi aussi/vous de même

➤ **danke schön** merci beaucoup

> DANKE
>
> **danke** s'emploie pour remercier quelqu'un, mais aussi pour refuser poliment une proposition (non merci). Pour traduire « merci bien » ou « merci beaucoup », on dit **danke sehr** ou **danke schön**.

danken *Verb*

➤ **jemandem für etwas danken** remercier quelqu'un pour quelque chose : **ich danke dir für die Erklärung** je te remercie pour l'explication

➤ **nichts zu danken** de rien !

dann *Adverb* ■ **ensuite : zuerst mache ich meine Hausaufgaben, dann besuche ich eine Freundin** d'abord, je fais mes devoirs, ensuite, je vais rendre visite à une amie

➤ **bis dann** à bientôt !

daran, daran *Adverb*

1. **y : das waren schöne Ferien, ich denke noch oft daran** c'étaient de belles vacances, j'y pense encore souvent

> Nicht vergessen: **Y** ersetzt Ergänzungen, die mit **à, dans, en, sur** usw. eingeleitet werden.

2. **en : daran wirst du schon nicht sterben** tu ne vas pas en mourir

> Nicht vergessen: **En** ersetzt Ergänzungen, die mit **de** eingeleitet werden.

darauf, darauf *Adverb*

1. **dessus : siehst du den Stuhl dort? darauf kannst du dich setzen** tu vois la chaise là-bas ? tu peux t'asseoir dessus
2. **après : sie kam am 12. November an und ist eine Woche darauf abgefahren** elle est arrivée le 12 novembre et est repartie une semaine après.

daraus, daraus *Adverb* ■ **en : unser Lehrer hatte ein Buch mitgebracht und las uns ein paar Auszüge daraus vor** notre professeur avait apporté un livre et il nous en a lu quelques extraits

> Nicht vergessen: **En** ersetzt Ergänzungen, die mit **de** eingeleitet werden.

➤ **mach dir nichts daraus** ne t'en fais pas.

darf *Präsens* ➤ dürfen.

darin, darin *Adverb* ■ **dedans : das ist aber ein großes Haus, wer wohnt denn darin?** c'est une grande maison, qui habite dedans ?

der **Darm** *(Plural* Därme*)* ■ **l'intestin** *(Maskulinum)*.

dar|stellen *Verb*

1. **représenter : was soll dieses Bild darstellen?** qu'est-ce que ce tableau est censé représenter ?
2. **présenter : unsere Lehrerin hat das völl richtig dargestellt** notre professeur a tr bien présenté cela.

darüber, darüber *Adverb*

1. **y : hast du darüber nachgedacht?** tu y réfléchi ?

> Nicht vergessen: **Y** ersetzt Ergänzungen, die mit **à, dans, en, sur** usw. eingeleitet werden.

2. **en : ich möchte nicht darüber reden** n'ai pas envie d'en parler

> Nicht vergessen: **En** ersetzt Ergänzungen, die mit **de** eingeleitet werden.

➤ **darüber hinaus** en outre.

darum, darum *Adverb*

1. **c'est pour ça que : ich hatte keine Lus darum bin ich nicht gekommen** je n'e avais pas envie, et c'est pour ça que je ne su pas venu
2. **en : ich werde mich darum kümmern** vais m'en occuper

> Nicht vergessen: **En** ersetzt Ergänzungen, die mit **de** eingeleitet werden.

darunter, darunter *Adverb*

1. **par là : was verstehst du darunter?** qu'es ce que tu entends par là ?
2. **parmi ceux-ci, parmi celles-ci : es ware viele Europäer da, darunter auch einig Franzosen** il y avait beaucoup d'Européen et parmi ceux-ci, également quelques Fra çais.

das

■ *Determinant*

le, la : das Buch ist spannend le livre e passionnant ; **das Leben ist schön** la vie e belle

■ *Pronomen*

1. **cela, ça : das ist es, was ich meine** c'est c la que je veux dire ; **das freut mich** ça m fait plaisir
2. **cela : willst du dieses hier oder das da?** t veux ceci ou cela ?
3. **qui : das Kind, das gestern angefahre wurde, ist gestorben** l'enfant qui a é écrasé hier est mort

Ist das Relativpronomen das Subjekt des Relativsatzes, wird es mit **qui** übersetzt; ist es ein direktes Objekt, nimmt man **que**.

.. **que : das Kleid, das du gestern gekauft hast, ist schön** la robe que tu as achetée hier est belle

Ist das Relativpronomen ein direktes Objekt, wird in zusammengesetzten Zeiten das Partizip angeglichen: Ist das Bezugswort weiblich, wird ans Partizip ein **–e** angehängt.

dass *Konjunktion*

1. **que : sie hat gesagt, dass sie kommt** elle a dit qu'elle venait
2. **de : es war dumm, dass wir nicht schon früher gebucht haben** c'était idiot de ne pas avoir réservé plus tôt.

dasselbe

■ *Determinant*
le même, la même : sie hat genau dasselbe Kleid an wie ich elle a exactement la même robe que moi

■ *Pronomen*
la même chose : meine Eltern sagen immer dasselbe mes parents disent toujours la même chose.

da|stehen *Verb*

1. **se tenir là : er stand da und sagte kein Wort** il se tenait là sans rien dire
2. **se retrouver : und da standen wir ohne einen Euro da** et on s'est retrouvé sans un euro.

die Datei *(Plural* Dateien*)* ■ **le fichier : ich habe die Datei gelöscht** j'ai supprimé le fichier

Daten *Plural* ■ les **données** *(Femininum Plural)* **: ich habe alle Daten in den Computer eingegeben** j'ai entré toutes les données dans l'ordinateur.

der Dativ *(Plural* Dative*)* ■ **le datif : bei „aus" steht immer der Dativ** « aus » est toujours suivi du datif.

das Datum *(Plural* Daten*)* ■ **la date : welches Datum haben wir heute?** quelle est la date d'aujourd'hui ?

die Dauer ■ la **durée : die Dauer eures Aufenthalts** la durée de votre séjour.

dauern *Verb* ■ **durer : in Deutschland dauert eine Schulstunde 45 Minuten** en Allemagne, une heure de cours dure 45 minutes ; **das dauert mir zu lange** ça dure trop longtemps pour moi.

der Daumen *(Plural* Daumen*)* ■ **le pouce : das Kind lutscht am Daumen** l'enfant suce son pouce

➤ **jemandem die Daumen drücken** croiser les doigts pour quelqu'un.

davon, davon *Adverb*

1. **en : die Äpfel stehen auf dem Tisch, nimm dir ruhig davon** les pommes sont sur la table, prends-en

Nicht vergessen: **En** ersetzt Ergänzungen, die mit **de** eingeleitet werden.

2. **à cause de cela : davon bekommst du Magenschmerzen** à cause de cela, tu vas avoir mal à l'estomac.

davor, davor *Adverb*

1. **devant : wir wollten durch das Tor, aber es stand eine Wache davor** nous avons voulu passer la porte, mais on montait la garde devant
2. **en : ich fürchte mich davor** j'en ai peur

Nicht vergessen: **En** ersetzt Ergänzungen, die mit **de** eingeleitet werden.

dazu, dazu *Adverb*

1. **en : ich habe keine Lust dazu** je n'en ai pas envie

Nicht vergessen: **En** ersetzt Ergänzungen, die mit **de**eingeleitet werden.

2. **avec cela : wir bekamen ein Steak und dazu gab es Pommes frites** on nous a servi un steak et avec cela, il y avait des frites.

dazu|kommen *(Perfekt* ist dazugekommen*) Verb* ■ **rejoindre : Hannes ist erst später dazugekommen** Hannes nous a rejoints plus tard

➤ **kommt noch etwas dazu?** et avec ça ?

dazwischen *Adverb*
1. **entre les deux : es werden zwei Filme gezeigt, mit einer kurzen Pause dazwischen** on passe deux films avec un court entracte entre les deux
2. **dedans : ich habe die alten Zeitungen durchgesehen und mein Pass lag dazwischen** j'ai fouillé les vieux journaux et mon passeport était dedans.

dazwischen|kommen *(Perfekt* ist dazwischengekommen*) Verb*
➤ **mir ist etwas dazwischengekommen** j'ai eu un contretemps.

das **Deck** *(Plural* Decks*)* ■ le **pont**
➤ **an Deck** sur le pont : **alle Mann an Deck !** tout le monde sur le pont !

die **Decke** *(Plural* Decken*)*
1. la **couverture : bei Gewitter verkrieche ich mich unter der Decke** je me blottis sous ma couverture par temps d'orage
2. le **plafond : an der Decke im Wohnzimmer hängt ein Leuchter** au plafond du salon, il y a un lustre
3. la **nappe : wir haben nie eine Decke auf dem Tisch** nous ne mettons jamais de nappe sur la table.

der **Deckel** *(Plural* Deckel*)* ■ le **couvercle : tu bitte einen Deckel auf den Topf** mets un couvercle sur la casserole, s'il te plaît.

decken *transitives Verb*
➤ **den Tisch decken** mettre la table.

defekt *Adjektiv* ■ **en panne : mein Computer ist schon wieder defekt** mon ordinateur est encore en panne.

definieren *Verb* ■ **définir**.

dein, e *Determinant* ■ **ton, ta, tes**

> Im Französischen richtet sich das Possessivdeterminant nach dem darauf folgenden Substantiv. Vor Substantiven im Singular, die mit einem Vokal oder einem stummen H beginnen, steht immer die männliche Form.

sag deinem Vater, deiner Mutter und deinen Geschwistern einen schönen Gruß transmets mes amitiés à ton père, ta mère et tes frères et sœurs.

deine, r, s *Pronomen* ■ **le tien, la tienne, les tiens : da liegt ein Buch, ist das deins?** il y a un livre là, c'est le tien ?

die **Deklination** *(Plural* Deklinationen*)* ■ la **déclinaison**.

dekorieren *Verb* ■ **décorer**.

der **Delphin** *(Plural* Delphine*)* ■ le **dauphin**.

dem
■ *Determinant (Dativ Singular von der, das)*
au, à la, à l' : ich habe es dem Mann gegeben je l'ai donné à cet homme
■ *Pronomen (Dativ Singular)*
1. **lui : dem erzähle ich nie wieder etwas** je ne lui raconterai plus jamais rien
2. **auquel (à laquelle) : der Mann, dem du das Buch gegeben hast, war mein Vater** l'homme auquel tu as donné le livre, c'était mon père.

demnächst *Adverb* ■ **prochainement**

die **Demokratie** *(Plural* Demokratien*)* ■ la **démocratie**.

demokratisch *Adjektiv* ■ **démocratique**.

die **Demonstration** *(Plural* Demonstrationen*)* ■ la **manifestation : die Gewerkschaften riefen zu einer Demonstration auf** les syndicats ont appelé à une manifestation.

demonstrieren *(Perfekt* hat demonstriert*) Verb* ■ **manifester : die Globalisierungsgegner haben demonstriert** les opposants à la mondialisation ont manifesté.

den
■ *Determinant*
1. *(Akkusativ Singular von der)* **le, la, l' : hast du den Wagen schon in die Garage gefahren?** tu as déjà garé la voiture dans le garage ?
2. *(Dativ Plural von der, die, das)* **aux : sag den Kindern, sie sollen kommen** dis aux enfants qu'ils doivent venir
■ *Pronomen (Akkusativ Singular)*
1. **celui-là : den lade ich nie wieder ein** celui-là, je ne l'inviterai plus jamais !

• **que : der Roman, den ich gerade lese** le roman que je suis en train de lire.

denen *Pronomen (Dativ Plural)*
1. **à ceux-là, à celles-là : denen erzähle ich nie wieder was** je ne leur raconterai plus jamais rien à ceux-là
2. **dont : das sind die Freunde, von denen ich dir erzählt habe** c'est les amis dont je t'ai parlé.

denken *(Präteritum* **dachte**, *Perfekt* **hat gedacht***) Verb* ■ **penser : ich denke, dass wir das schaffen** je pense qu'on va y arriver
▸ **sich** *(D)* **etwas denken** se douter de quelque chose : **ich habe mir schon gedacht, dass er nicht kommt** je me suis douté qu'il ne viendrait pas
▸ **wer hätte das gedacht ?** qui l'eût cru ?

das Denkmal *(Plural* **Denkmäler** ODER **Denkmale***)* ■ **le monument : wir haben in Paris auch viele Denkmäler gesehen** à Paris, nous avons vu aussi beaucoup de monuments.

denn
■ *Konjunktion*
car : ich habe ihn gern, denn er ist nett je l'aime bien, car il est gentil.
■ *Adverb*
1. **donc : ist es denn wahr?** c'est donc vrai ?
2. **mais : bist du denn völlig verrückt?** mais tu es complètement fou !
▸ **was hast du denn?** qu'est-ce que tu as ?

dennoch *Adverb* ■ **pourtant : ich habe es ihm verboten, er hat es dennoch gemacht** je le lui ai interdit, pourtant, il l'a fait.

das Deo *(Plural* **Deos***)* ■ **le déodorant**.

der
■ *Determinant*
1. *(Nominativ)* **le, la, l' : der Mann meiner Englischlehrerin** le mari de ma prof d'anglais ; **der Streit** la dispute ; **der Baum** l'arbre *(Maskulinum)*
2. *(Genitiv Singular von die)* **du, de la, de l' : die Mutter der Schülerin** la mère de l'élève
3. *(Dativ Singular von die)* **au, à la : gib der Frau bitte dein Heft** s'il te plaît, donne ton cahier à la dame
4. *(Genitiv Plural von der, die, das)* **des : die Noten der Schüler haben sich verbesssert** les notes des élèves ont progressé
■ *Pronomen*
1. *(Nominativ)* **lui : der war es!** c'était lui !
2. *(relativ Nominativ)* **qui : das ist der Mann, der mich gefragt hat** voilà l'homme qui m'a posé la question
3. *(relativ Dativ)* **auquel, à laquelle, à qui : das ist die Frau, der ich das Geld gegeben habe** c'est la femme à laquelle j'ai donné l'argent.

derartig *Adjektiv* ■ **tel, telle : eine derartige Frechheit lasse ich mir nicht bieten** je ne tolère pas une telle insolence.

deren *Determinant*
1. *(Genitiv Singular von die)* **dont : das ist Andrea, deren Hund Sebastian ausführt** voici Andrea, dont Sebastian promène le chien
2. *(Genitiv Plural von der, die, das)* **: dort drüben sind Herr und Frau Schulz, deren Mieter wir sind** là-bas, ce sont M. et Mme Schulz, dont nous sommes les locataires.

dermaßen, dass *Konjunktion* ■ **tellement : es hat dermaßen geregnet, dass wir nicht gehen konnten** il a tellement plu qu'on n'a pas pu y aller.

derselbe
■ *Determinant*
le même, la même : ich habe denselben Französischlehrer wie mein Bruder j'ai le même prof de français que mon frère
■ *Pronomen*
le même, la même : es ist immer derselbe, der stört c'est toujours le même qui dérange.

des *Determinant (Genitiv Singular von der, das)* ■ **du, de la, de l' : der Ärger des Lehrers** la colère du professeur.

deshalb *Adverb* ■ **pour cette raison : er ist krank und kann deshalb nicht kommen** il est malade, c'est pour cette raison qu'il ne peut pas venir.

dessen *Pronomen*
1. *(Genitiv Singular von der, das)* **de celui-ci, de celle-ci : nein, dessen Haus habe ich noch nicht gesehen** non, je n'ai pas encore vu la maison de celui-ci

2. *(Relativpronomen von der, das)* **dont : das ist der Mann, dessen Kamera gestohlen wurde** voici l'homme dont l'appareil photo a été volé.

desto *Konjunktion* ➤ je.

deswegen *Adverb* ■ **pour cette raison : er ist krank und kann deswegen nicht kommen** il est malade et c'est pour cette raison qu'il ne peut pas venir.

deutlich

■ *Adjektiv*

clair (claire) : sie hat eine sehr deutliche Schrift elle a une écriture très claire

■ *Adverb*

clairement : ich habe ihm deutlich gesagt, dass mir sein Benehmen nicht gefällt je lui ai dit clairement que son comportement ne me plaisait pas.

deutsch *Adjektiv* ■ **allemand (allemande) : sie hat einen deutschen Mann** elle a un mari allemand.

das **Deutsch** ■ **l'allemand** *(Maskulinum)* **: wir haben Deutsch gesprochen** nous avons parlé allemand ; **in Deutsch hat sie eine gute Note** en allemand, elle a de bonnes notes ; **er übersetzt Romane aus dem Deutschen ins Französische** il traduit des romans de l'allemand vers le français.

> Namen von Sprachen werden kleingeschrieben.

der **Deutsche** *(Plural* die Deutschen*)* ■ **l'Allemand** *(Maskulinum)* **: unsere Lehrerin ist mit einem Deutschen verheiratet** notre professeur est mariée avec un Allemand

> Namen von Einwohnern werden großgeschrieben.

die **Deutsche** *(Plural* die Deutschen*)* ■ **l'Allemande** *(Femininum)* **: er ist mit einer Deutschen verheiratet** il est marié avec une Allemande.

Deutschland *Neutrum* ■ **l'Allemagne** *(Femininum)*

nächste Woche fahre ich nach Deutschland la semaine prochaine, je vais partir en Allemagne.

> Ländernamen werden im Französischen oft mit dem bestimmten Artikel verwendet, es sei denn, es steht ein **en** davor.

der **Deutschunterricht** ■ **le cours d'allemand**.

Dezember ■ **décembre** ➤ September.

das **Dia** *(Plural* Dias*)* ■ **la diapo**

> Achtung ! Anders als das deutsche Wort **Dia** ist das französische Substantiv **diapo** weiblich.

der **Dialekt** *(Plural* Dialekte*)* ■ **le dialecte**

> DIALEKT
>
> En Allemagne, on ne parle pas que la langue standard (**Hochdeutsch**), mais aussi un très grand nombre de patois et de dialectes.

die **Diät** *(Plural* Diäten*)* ■ **le régime : mit dieser Diät hat sie 10 Kilo abgenommen** avec ce régime, elle a perdu 10 kilos.

dich *Pronomen (Akkusativ von du)*

1. **te, t' : Frauke, ich habe dich gestern in der Stadt gesehen** Frauke, je t'ai vue en ville hier

> In zusammengesetzten Zeiten richtet sich das Partizip nach dem direkten Objektpronomen: Ist es weiblich, wird ans Partizip ein –e angehängt.

2. *(reflexiv)* **te, t', toi : beeil dich!** dépêche-toi !

dicht *Adjektiv*

1. **étanche : das Fenster ist nicht richtig dicht** la fenêtre n'est pas vraiment étanche
2. **épais (épaisse) : es herrschte dichter Nebel** il y avait un brouillard épais.

der **Dichter** *(Plural* Dichter*)* ■ **le poète**.

die **Dichterin** *(Plural* Dichterinnen*)* ■ la **poétesse**.

dick *Adjektiv*

1. **gros (grosse) : er ist dick** il est gros
2. **épais (épaisse) : das Brett ist nicht dick genug** la planche n'est pas assez épaisse
3. *familiär* **grand (grande) : die beiden sind dicke Freunde** ces deux-là sont de grands amis.

die

■ *Determinant*

1. *(Nominativ und Akkusativ)* **le, la, l' : die Musik** la musique ; **die Band** le groupe ; **die Achse** l'axe *(Maskulinum)*
2. *(Nominativ und Akkusativ Plural)* **les : die Bücher** les livres

■ *Pronomen*

1. *(Nominativ und Akkusativ Singular)* **celui-là, celle-là : die habe ich noch nie gesehen** celle-là, je ne l'ai encore jamais vue
2. *(Nominativ und Akkusativ Plural)* **ceux-là, celles-là : ja, die gefallen mir** oui, ceux-là me plaisent
3. *(relativ Singular und Plural, Nominativ)*

Ist das Relativpronomen das Subjekt des Relativsatzes, wird es mit **qui** übersetzt; ist es ein direktes Objekt, nimmt man **que**.

qui : das ist die Frau, die mir geholfen hat c'est la femme qui m'a aidé

4. *(relativ Singular und Plural, Akkusativ)* **que : wir haben dieselben Lehrer, die wir letztes Jahr hatten** nous avons les mêmes profs que ceux de l'an dernier.

der **Dieb** *(Plural* Diebe*)* ■ le **voleur**.

die **Diebin** *(Plural* Diebinnen*)* ■ la **voleuse**.

der **Diebstahl** *(Plural* Diebstähle*)* ■ **le vol : sein Freund hat mehrere Diebstähle begangen** son ami a commis plusieurs vols.

der **Dienst** *(Plural* Dienste*)*

1. **la fonction : mein Vater ist im öffentlichen Dienst tätig** mon père travaille dans la fonction publique
2. **la garde : welcher Arzt hat am Wochenende Dienst?** quel médecin est de garde ce week-end ?

der **Dienstag** *(Plural* Dienstage*)* ■ **le mardi** ➤ Samstag.

dienstags *Adverb* ■ **le mardi** ➤ samstags.

diese, r, s

■ *Determinant*

ce, cet, cette : kennst du diesen Mann da hinten? tu connais cet homme là-bas derrière ? ; **wir fahren dieses Jahr nach Spanien** nous allons cette année en Espagne

■ *Pronomen*

celui-ci, celle-ci : dieser hier sagt etwas anderes als der dort drüben celui-ci dit autre chose que celui-là.

dieselbe

■ *Determinant*

le même, la même : das ist dieselbe Frage, die du mir schon einmal gestellt hast c'est la même question que celle que tu m'avais déjà posée

■ *Pronomen*

le même, la même : diese Tasche hast du gekauft? ich habe genau dieselbe! tu as acheté ce sac ? j'ai exactement le même !

diesmal *Adverb* ■ **cette fois-ci : diesmal kannst du zeigen, was du gelernt hast** cette fois-ci, tu peux montrer ce que tu as appris.

das **Diktat** *(Plural* Diktate*)* ■ **la dictée : wir haben heute ein Diktat geschrieben** aujourd'hui, on a fait une dictée

Achtung ! Anders als das deutsche Wort **Diktat** ist das französische Substantiv **dictée** weiblich.

diktieren *Verb* ■ **dicter : schreibt, was ich diktiere** écrivez ce que je vous dicte.

das **Diplom** *(Plural* Diplome*)* ■ **le diplôme : er hat ein Diplom als Elektrotechniker** il a un diplôme d'électrotechnicien.

dir *Pronomen (Dativ von du)* ■ **te, t', toi : ich habe dir doch gesagt, du sollst das nicht tun** je t'ai pourtant dit de ne pas le faire.

direkt

■ *Adjektiv*

direct (directe) : sie ist sehr direkt elle est très directe

■ *Adverb*

1. **directement : sie kaufen ihre Milch direkt beim Bauern** ils achètent leur lait directement chez le paysan
2. **juste : er stand direkt daneben** il était juste à côté.

der **Direktor** (*Plural* Direktoren)

1. le **directeur : Sie sollen zum Direktor kommen** vous devez aller chez le directeur
2. le **principal : in der Schule haben wir einen neuen Direktor** au collège, nous avons un nouveau principal.

die **Direktorin** (*Plural* Direktorinnen)

1. la **directrice**.
2. la **principale**.

der **Dirigent** (*Plural* Dirigenten) ■ le **chef d'orchestre**.

die **Diskette** (*Plural* Disketten) ■ la **disquette**.

die **Disko** (*Plural* Diskos) ■ *familiär* la **boîte : samstags gehen wir immer in die Disko** le samedi, on va toujours en boîte.

die **Diskussion** (*Plural* Diskussionen)

1. le **débat : im Anschluss an den Vortrag gibt es eine Diskussion** après la conférence, il y aura un débat

> Achtung ! Anders als das deutsche Wort **Debatte** ist das französische Substantiv **débat** männlich.

2. la **discussion : die Frage des Gehalts steht noch zur Diskussion** la question des salaires est encore en discussion.

diskutieren

■ *intransitives Verb*

discuter : mit meinen Eltern kann man nicht diskutieren on ne peut pas discuter avec mes parents

■ *transitives Verb*

discuter de : wir haben heute im Unterricht über die Frage des politischen Asyls diskutiert aujourd'hui, en classe, nous avons discuté de la question de l'asile politique.

die **Disziplin** (*Plural* Disziplinen) ■ la **discipline**.

dividieren *Verb* ■ **diviser : was bekommt man, wenn man 100 durch 5 dividiert?** qu'obtient-on quand on divise 1C par 5 ?

doch

■ *Adverb*

1. **pourtant : er hat gesagt, er kommt, un ist dann doch nicht gekommen** il a d qu'il viendrait, et pourtant, il n'est pas venu
2. **voyons : dafür kann sie doch nichts!** el n'y peut rien, voyons !
3. **mais : das habe ich doch schon dreim erklärt!** mais je te l'ai déjà expliqué trois fois

■ *Interjektion*

si : du kommst nicht mit? – doch, ic komme! tu ne viens pas ? – si, je viens !

der **Doktor** (*Plural* Doktoren)

1. le **titulaire d'un doctorat : unser Geschichtslehrer ist Doktor** notre prof d'hi toire est titulaire d'un doctorat
2. *familiär* le **docteur : du solltest mal zu Doktor gehen und dich untersuchen lassen** tu devrais aller chez le docteur pour faire examiner

> **DOKTOR**
>
> En Allemagne, le titre de docteur (en médecine, mais aussi en sciences ou en lettres) est beaucoup plus utilisé qu'en France. On l'indique notamment sur le courrier, la sonnette ou les cartes de visite. On s'adresse à quelqu'un qui possède ce diplôme en employant l'expression **Herr Doktor Schmidt** ou **Frau Doktor Linder**.

die **Doktorin** (*Plural* Doktorinnen) ■ la **titulaire d'un doctorat**.

der **Dollar** (*Plural* Dollars ODER Dollar) ■ le **dollar : er wollte in Dollar bezahlen** il vou lait payer en dollars.

der **Dom** (*Plural* Dome) ■ la **cathédrale : der Kölner Dom** la cathédrale de Cologne.

die **Donau** ■ le **Danube**.

der **Donner** ■ le **tonnerre : kurz nach dem Blitz kam der Donner** peu après l'éclair, il eut un coup de tonnerre.

donnern *Verb* ■ **tonner : es blitzte und donnerte** il y eut un éclair et il tonna.

der **Donnerstag** (*Plural* Donnerstage) ■ le **jeudi** ➤ Samstag.

donnerstags *Adverb* ■ **le jeudi** ➤ samstags.

doof *familiär*
- *Adjektiv*
idiot (idiote) : das ist aber eine doofe Frage ça, c'est vraiment une question idiote
- *Adverb*
bêtement : schau mich nicht so doof an ne me regarde pas bêtement comme ça.

der **Doppelklick** *(Plural* Doppelklicks*)* ■ le **double-clic**.

der **Doppelpunkt** *(Plural* Doppelpunkte*)* ■ le **deux-points**.

doppelt
- *Adjektiv*
double : er hat einen doppelten Whisky bestellt il a commandé un double whisky
- *Adverb*
en double : ich habe diese Briefmarke doppelt j'ai ce timbre en double.

das **Dorf** *(Plural* Dörfer*)* ■ le **village : in einem kleinen Dorf** dans un petit village.

dort *Adverb* ■ **là-bas : bist du schon einmal dort gewesen?** tu es déjà allé là-bas ?

die **Dose** *(Plural* Dosen*)*
1. la **boîte : sie bewahrt den Kaffee in einer Dose auf** elle conserve le café dans une boîte
2. la **canette : ich kaufe kein Bier in Dosen** je n'achète pas de bière en canette.

der **Dosenöffner** *(Plural* Dosenöffner*)* ■ l'**ouvre-boîtes** *(Maskulinum)*.

down|loaden *(Präsens* loadet down, *Präteritum* loadete down, *Perfekt* hat downgeloadet*) Verb* ■ **télécharger : ich habe mir das neue Spiel downgeloadet** j'ai téléchargé le nouveau jeu.

der **Drache** *(Plural* Drachen*)* ■ le **dragon : Drachen kommen nur in Märchen vor** les dragons n'existent que dans les contes

> Wenn Gattungsnamen verallgemeinernd gebraucht werden, steht im Französischen der bestimmte Artikel.

der **Drachen** *(Plural* Drachen*)* ■ le **cerf-volant : im Herbst lassen die Kinder Drachen fliegen** en automne, les enfants font voler leurs cerfs-volants.

der **Draht** *(Plural* Drähte*)* ■ le **fil de fer**.

drang *Präteritum* ➤ dringen.

drängen *intransitives Verb* ■ **presser : die Zeit drängt** le temps presse
➤ **darauf drängen, dass...** insister pour que... : **mein Vater drängt darauf, dass ich den Abschluss mache** mon père insiste pour que j'obtienne mon diplôme de fin d'études

> Nach der Konjunktion **pour que** steht immer der **Subjonctif**.

dran|kommen *(Perfekt* ist drangekommen*) Verb* ■ **être interrogé (interrogée) : heute bin ich beim Vokabelabfragen drangekommen** aujourd'hui, j'ai été interrogée sur le vocabulaire.

draußen *Adverb* ■ **dehors : die Kinder spielen draußen** les enfants jouent dehors
➤ **nach draußen gehen** sortir

> Wenn im Deutschen ein Bewegungsverb zusammen mit einem Adverb (zum Beispiel **nach draußen**) oder einer Präposition verwendet wird, steht im Französischen häufig nur ein Verb.

der **Dreck** ■ *familiär* les **saletés** *(Femininum Plural)* **: es gibt viel Dreck** Il y a beaucoup de saletés.

dreckig *Adjektiv* ■ **sale : deine Schuhe sind ja ganz dreckig** tes chaussures sont toutes sales.

drehen *Verb* ■ **tourner : auf Hawaii wurden schon viele Filme gedreht** on a déjà tourné beaucoup de films à Hawaii

sich **drehen** *reflexives Verb* ■ **tourner : der Wind hat sich gedreht** le vent a tourné.

drei *Numeral* ■ **trois : ich habe mir drei Hosen gekauft** je me suis acheté trois pantalons ➤ sechs.

das **Dreieck** *(Plural* Dreiecke*)* ■ le **triangle**.

dreifach *Adjektiv* ■ **triple : wir brauchen die dreifache Menge** il nous en faut trois fois plus.

dreihundert *Numeral* ■ **trois cents :** **das kostet dreihundert Euro** ça coûte trois cents euros.

dreimal *Adverb* ■ **trois fois : ich habe es dreimal klingeln lassen** je l'ai laissé sonner trois fois.

dreißig *Numeral* ■ **trente** ➤ sechs.

dreizehn *Numeral* ■ **treize** ➤ sechs.

dringen *(Präteritum* drang, *Perfekt* ist|hat gedrungen*) Verb*

1. *(Perfekt* ist gedrungen*)* **pénétrer : der Geruch dringt ins Zimmer** l'odeur pénètre dans la pièce
2. *(Perfekt* hat gedrungen*)*

➤ **darauf dringen, dass ...** insister pour que : **er dringt darauf, dass das möglichst bald gemacht wird** il insiste pour que cela soit fait le plus tôt possible

Nach der Konjunktion **pour que** steht immer der **Subjonctif**.

dringend

■ *Adjektiv*
urgent (urgente) : es ist nicht dringend ce n'est pas urgent

■ *Adverb*
d'urgence : ich muss dich dringend sprechen il faut que je te parle d'urgence.

drinnen *Adverb* ■ **à l'intérieur : Kurt ist drinnen** Kurt est à l'intérieur.

zu **dritt** *Numeral* ■ **à trois : wir wollen zu dritt nach Berlin fahren** nous voulons partir pour Berlin à trois.

dritte, r, s *Adjektiv* ■ **troisième** ➤ sechste.

das **Drittel** *(Plural* Drittel*)* ■ **le tiers** ➤ Sechstel.

drittens *Adverb* ■ **troisièmement**.

die **Droge** *(Plural* Drogen*)* ■ **la drogue**.

drohen *Verb* ■ **menacer**

➤ **jemandem mit etwas drohen** menacer quelqu'un de quelque chose : **mein Vater hat mir mit Streichung des Taschengelds gedroht** mon père m'a menacé de me supprimer mon argent de poche.

drüben *Adverb* ■ **de l'autre côté :** **winkte mir von drüben zu** il me fit signe d l'autre côté.

der **Druck** *(ohne Plural)*

1. **la pression : ich halte den Druck in de Schule nicht mehr aus** je ne supporte plu la pression en classe
2. **l'impression** *(Femininum)* **: das Buch ist i Druck** le livre est en cours d'impression.

drucken *Verb* ■ **imprimer**.

drücken *transitives Verb*

1. **appuyer sur : du musst auf die Ente Taste drücken** tu dois appuyer sur la touch entrée
2. **serrer : diese Schuhe drücken** ces chaussu res me serrent

sich **drücken** *reflexives Verb*

➤ **sich vor etwas** *(D)* **drücken** se défiler d vant quelque chose : **er hat sich schon wie der vor der Mathearbeit gedrückt** il s'e encore défilé devant le contrôle de maths

Zusammengesetzte Formen reflexiver Verben werden mit **être** gebildet.

der **Drucker** *(Plural* Drucker*)* ■ **l'imprimar te** *(Femininum)*.

die **Druckschrift** ■ **les caractères d'im primerie** *(Maskulinum Plural)*.

du *Pronomen*

1. **tu : hast du Hunger?** tu as faim ?
2. **toi : du auch?** toi aussi ?

der **Duft** *(Plural* Düfte*)* ■ **le parfum : dies Rose hat einen besonderen Duft** cette ros a un parfum particulier.

dumm *(Komparativ* dümmer, *Superlat* dümmste*) Adjektiv* ■ **idiot (idiote) : da war aber eine dumme Frage** c'était vra ment une question idiote.

die **Dummheit** *(Plural* Dummheiten*)* ■ **l bêtise : macht keine Dummheiten** ne fa tes pas de bêtises.

dunkel *Adjektiv*

1. **sombre : sie trägt immer dunkle Klei dung** elle porte toujours des vêtements som bres
2. **grave : Veronika hat eine dunkle Stimm** Veronika a une voix grave

➤ **draußen ist es dunkel** dehors, il fait nuit.

e **Dunkelheit** ■ **l'obscurité** *(Femininum)* : **ich habe Angst vor der Dunkelheit** j'ai peur de l'obscurité

➤ **vor Einbruch der Dunkelheit** avant la tombée de la nuit.

dünn *Adjektiv*

1. **mince : das ist aber ein dünnes Büchlein** c'est un petit livre tout mince
2. **léger (légère) : der Kaffee ist mir zu dünn** ce café est trop léger pour moi

➤ **dünner werden** maigrir : **du bist dünner geworden** tu as maigri.

durch

■ *Präposition (+ A)*

1. **à travers : wir sind durch die Innenstadt spazieren gegangen** on s'est promenés à travers le centre-ville
2. **grâce à : er hat seine Noten durch Nachhilfe verbessert** il a amélioré ses résultats grâce à des cours de soutien

➤ **durch etwas gehen** traverser quelque chose : **ich gehe abends nicht gern durch den Wald** je n'aime pas traverser la forêt le soir

> Wenn im Deutschen ein Bewegungsverb zusammen mit einem Adverb oder einer Präposition (zum Beispiel **durch**) verwendet wird, steht im Französischen häufig nur ein Verb.

■ *Adverb*

➤ **es ist zehn Uhr durch** il est dix heures passées

➤ **darf ich mal bitte durch?** est-ce que je peux passer ?

durchaus, durchaus *Adverb* ■ **tout à fait : das ist durchaus möglich** c'est tout à fait possible.

durch|blicken *Verb* ■ *familiär* **piger** : **in Physik blicke ich überhaupt nicht mehr durch** je n'y pige plus rien du tout en physique.

durch|brechen *(Perfekt* ist durchgebrochen*) Verb* ■ **se casser en deux** : **der Ast ist in der Mitte durchgebrochen** la branche s'est cassée en deux au milieu.

durcheinander *Adverb* ■ **pêle-mêle** : **lass deine Papiere bitte nicht so durcheinander liegen!** s'il te plaît, ne laisse pas traîner tes papiers pêle-mêle !

➤ **jemanden durcheinander bringen** perturber quelqu'un : **du bringst mich völlig durcheinander** tu me perturbes complètement

➤ **etwas durcheinander bringen** confondre quelque chose : **er hat alles durcheinander gebracht** il a tout confondu.

das **Durcheinander** ■ **le désordre** : **in so einem Durcheinander kann ich nicht arbeiten!** je ne peux pas travailler dans un tel désordre !

durch|fahren *(Perfekt* ist durchgefahren*) Verb*

1. **traverser : durch diesen Ort bin ich schon mal durchgefahren** j'ai déjà traversé cet endroit
2. **rouler sans s'arrêter : wir sind die ganze Nacht durchgefahren** nous avons roulé toute la nuit sans nous arrêter.

der **Durchfall** *(Plural* Durchfälle*)* ■ **la diarrhée**

➤ **Durchfall haben** avoir la diarrhée : **sie hat seit drei Tagen Durchfall** elle a la diarrhée depuis trois jours

> Namen von Krankheiten werden im Französischen anders als im Deutschen mit dem bestimmten Artikel verwendet.

durch|fallen *(Perfekt* ist durchgefallen*) Verb*

1. **échouer : sie ist bei der Prüfung durchgefallen** elle a échoué à son examen
2. **tomber : der Automat ist kaputt, die Münzen fallen durch** la machine est en panne, les pièces tombent.

durch|halten *Verb* ■ **tenir** : **meinst du, du kannst bis zum Ende durchhalten?** crois-tu que tu tiendras jusqu'à la fin ?

durch|lesen *Verb* ■ **lire en entier** : **den Krimi habe ich in einer Nacht durchgelesen** j'ai lu ce roman policier en entier en une nuit.

der **Durchmesser** *(Plural* Durchmesser*)* ■ **le diamètre**.

durch|nehmen *Verb* ■ **étudier : wir haben heute das Passiv durchgenommen** aujourd'hui, nous avons étudié le passif.

sich **durch|schlagen** *reflexives Verb* ■ **se débrouiller : irgendwie werde ich mich schon durchschlagen** je me débrouillerai bien d'une manière ou d'une autre.

der **Durchschnitt** *(Plural* Durchschnitte*)* ■ **la moyenne**
➤ **Durchschnitt sein** être moyen (moyenne) : **in Mathe ist er Durchschnitt** en maths, il est moyen.

durchsichtig *Adjektiv* ■ **transparent (transparente) : sie hatte eine durchsichtige Bluse an** elle portait un chemisier transparent.

durch|streichen *Verb* ■ **barrer : ich habe den falschen Satz durchgestrichen** j'ai barré la phrase qui était fausse.

durchsuchen *Verb* ■ **fouiller : die Polizei hat das Haus durchsucht** la police a fouillé la maison.

dürfen *(Präsens* darf, *Präteritum* durfte, *Perfekt* hat gedurft ODER dürfen*)*
■ *Hilfsverb (Perfekt* hat dürfen*)*
pouvoir : darf ich jetzt gehen? puis-je partir maintenant ? ; **das darfst du nicht sagen** tu ne peux pas dire une chose pareille
■ *intransitives Verb (Perfekt* hat gedurft*)*
avoir le droit : sie wollte gern mitkommen, aber sie darf nicht elle aurait aimé nous accompagner, mais elle n'a pas le droit
➤ **darf ich? – ja bitte, setzen Sie sich** vous permettez ? – oui, asseyez-vous, je vous en prie
■ *transitives Verb (Perfekt* hat gedurft*)*
familiär **avoir le droit de : darf er das denn?** est-ce qu'il en a le droit ?

durfte *Präteritum* ➤ dürfen.

der **Durst** ■ **la soif : von der Arbeit im Garten habe ich Durst bekommen** le jardinage m'a donné soif
➤ **Durst haben** avoir soif : **hast du Durst ?** tu as soif ?

durstig *Adjektiv*
➤ **durstig sein** avoir soif : **ich bin nicht durstig** je n'ai pas soif.

die **Dusche** *(Plural* Duschen*)* ■ **la douche : ich brauche morgens eine warme Dusch[e]** le matin, il me faut une douche chaude.

duschen *intransitives Verb* ■ **prendr[e] une douche : er duscht jeden Morge[n] kalt** il prend une douche froide tous les ma[tins]

sich **duschen** *reflexives Verb* ■ **se doucher : nach dem Schwimmen dusche ich mich** [je] me douche après avoir nagé.

düster *Adjektiv* ■ **sombre : der Himme[l] ist düster, es regnet sicher bald** le ciel es[t] sombre, il va sans doute bientôt pleuvoir.

Dutzend *(Plural* Dutzend ODER Dutzende*) das* ■ **la douzaine**

> Nach Mengenangaben steht in der Regel nur **de** ohne Artikel.

bring bitte ein Dutzend Eier mit s'il t[e] plaît, apporte-moi une douzaine d'œufs.

sich **duzen** *reflexives Verb* ■ **se tutoyer : manche unserer Lehrer duzen sich** cer[tains] de nos professeurs se tutoient.

e

die **Ebbe** *(Plural* Ebben*)* ■ **la marée basse : bei Ebbe** à marée basse.

eben *Adverb*
1. **justement : eben das wollte ich sage[n]** c'est justement ce que je voulais dire
2. **en vitesse : ich will das eben fertig machen** je veux terminer ça en vitesse

➤ **sie ist eben erst weggegangen** elle vien[t] de partir à l'instant.

Ebene *(Plural* Ebenen*)* ■ la **plaine** : **vom Berg aus konnten wir die ganze Ebene überblicken** de la montagne, on pouvait apercevoir toute la plaine.

ebenfalls *Adverb* ■ **également** : **in Englisch bin ich gut und in Deutsch ebenfalls** je suis bon en anglais et également en allemand.

ebenso *Adverb* ■ **tout autant** : **ich bin darüber ebenso froh wie du** ça me réjouit tout autant que toi.

echt *Adjektiv* ■ **véritable** : **das war echte Liebe** c'était un amour véritable ; **echt gold** en or véritable.

Ecke *(Plural* Ecken*)* ■ le **coin** : **stell den Stuhl in die Ecke** mets la chaise dans le coin
um die Ecke *familiär* au coin de la rue : **mein Freund wohnt gleich um die Ecke** mon ami habite juste au coin de la rue.

Edelstein *(Plural* Edelsteine*)* ■ la **pierre précieuse**.

EDV *(Abkürzung für* elektronische Datenverarbeitung*)* ■ l'**informatique** *(Femininum)*.

effektiv
Adjektiv
efficace : **eine effektive Methode** une méthode efficace
Adverb
de manière efficace : **du müsstest effektiver lernen** tu devrais travailler de manière plus efficace
effectivement : **er hat effektiv nur zwei Fehler gemacht** il n'a effectivement fait que deux fautes

> Achtung ! **Effektiv** wird nur in der Bedeutung 'tatsächlich' mit **effectif** oder **effectivement** übersetzt.

egal *Adjektiv* ■ **égal (égale)** : **es ist mir egal, ob ich das bekomme oder nicht** ça m'est égal de l'obtenir ou non.

Ehe *(Plural* Ehen*)* ■ le **mariage** : **ein Kind aus erster Ehe** un enfant du premier mariage.

ehemalig *Adjektiv* ■ **ancien (ancienne)** : **das ist mein ehemaliger Französischlehrer** c'est mon ancien professeur de français.

eher *Adverb*
1. **plus tôt** : **ich war eher da** j'étais là plus tôt
2. **plutôt** : **ich würde eher verhungern als das zu essen** je préférerais mourir de faim plutôt que de manger ça
3. **plus** : **das ist schon eher möglich** c'est plus vraisemblable.

ehrgeizig *Adjektiv* ■ **ambitieux (ambitieuse)**.

ehrlich *Adjektiv* ■ **franc (franche)** : **gib mir eine ehrliche Antwort** donne-moi une réponse franche
➤ **ehrlich gesagt** à vrai dire : **ehrlich gesagt habe ich keine Lust dazu** à vrai dire, je n'en ai pas envie.

das **Ei** *(Plural* Eier*)* ■ l'**œuf** *(Maskulinum)* : **wir haben zum Frühstück ein Ei bekommen** au petit déjeuner, on nous a servi un œuf.

die **Eiche** *(Plural* Eichen*)* ■ le **chêne**.

das **Eichhörnchen** *(Plural* Eichhörnchen*)* ■ l'**écureuil** *(Maskulinum)*.

der **Eid** *(Plural* Eide*)* ■ le **serment** : **der Zeuge musste unter Eid aussagen** le témoin a dû déposer sous serment.

die **Eidechse** *(Plural* Eidechsen*)* ■ le **lézard**.

eifersüchtig *Adjektiv* ■ **jaloux (jalouse)** : **Carolin ist eifersüchtig auf Bettina** Caroline est jalouse de Bettina.

eigen *Adjektiv* ■ **propre** : **jeder von uns hat ein eigenes Zimmer** chacun d'entre nous a sa propre chambre

> Vor **propre** + Substantiv steht im Französischen ein Possessivpronomen.

die **Eigenschaft** *(Plural* Eigenschaften*)* ■ la **caractéristique** : **dieses Material hat besondere Eigenschaften** ce matériau a des caractéristiques particulières
➤ **die guten|schlechten Eigenschaften** les qualités|les défauts.

eigensinnig *Adjektiv* ■ **têtu (têtue) :** **meine kleine Schwester ist sehr eigensinnig** ma petite sœur est très têtue.

eigentlich
■ *Adverb*
1. **en fait : eigentlich habe ich gar keine Lust dazu** en fait, je n'en ai pas du tout envie
2. **au fait : hast du dich eigentlich schon bedankt?** au fait, as-tu déjà dit merci ?
■ *Adjektiv*
véritable : der eigentliche Grund war, dass er keine Lust dazu hatte la véritable raison, c'est qu'il n'en avait pas envie.

das **Eigentum** *(ohne Plural)* ■ **la propriété : dieses Grundstück ist Eigentum der Stadt** ce terrain est la propriété de la ville.

sich **eignen** *reflexives Verb* ■ **convenir : dieses Wörterbuch eignet sich für Anfänger** ce dictionnaire convient aux débutants.

eilig *Adjektiv* ■ **urgent (urgente) : das ist eine ganz eilige Angelegenheit** c'est une affaire très urgente
➤ **es eilig haben** être pressé (pressée) : **ich habe es eilig** je suis pressé.

der **Eimer** *(Plural Eimer)* ■ **le seau : sie ließ Wasser in den Eimer laufen** elle a fait couler de l'eau dans le seau.

ein, e
■ *Determinant*
1. **un, une : ich habe mir eine neue CD gekauft** je me suis acheté un nouveau CD
2. **un certain, une certaine : da ist eine Frau Schmidt am Apparat** il y a une certaine madame Schmidt au téléphone
■ *Numeral*
un, une : das dauert ein Jahr ça dure un an ; **es ist ein Uhr** il est une heure
■ *Pronomen*
1. **un, une : ich brauche ein Taschentuch, kannst du mir bitte eines geben?** j'ai besoin d'un mouchoir, peux-tu s'il te plaît m'en donner un ?

> Wenn sich **eines** oder **eine** auf etwas bezieht, was vorher bereits erwähnt wurde, muss man im Französischen zusätzlich zu **un** oder **une** das Pronomen **en** einfügen.

2. **l'un, l'une : kann mir eine von euch m[...] helfen?** est-ce que l'une d'entre vous p[...] m'aider ?
3. **vous : bei so vielen Hausaufgaben ka[...] einem die Lust an der Schule vergeh[...]** une telle quantité de devoirs peut vous fa[...] passer l'envie d'aller à l'école.

ein|bilden *Verb*
➤ **sich** *(D)* **etwas einbilden** s'imaginer qu[...] que chose : **ich glaube, du bildest dir di[...]se Krankheit nur ein** je crois que tu t'ima[...]nes tout simplement être malade
➤ **sich** *(D)* **viel auf etwas** *(A)* **einbilden** ê[...] imbu (imbue) de quelque chose : **sie bild[...] sich viel auf ihre Deutschkenntnisse e[...]** elle est imbue de ses connaissances en al[...]mand.

die **Einbildung** *(Plural Einbildunge[...]* ■ **l'imagination** *(Femininum)*.

der **Einbrecher** *(Plural Einbrecher)* ■ **cambrioleur**.

die **Einbrecherin** *(Plural Einbrecheri[...]nen)* ■ **la cambrioleuse**.

der **Einbruch** *(Plural Einbrüche)* ■ **le ca[...]briolage : die meisten Einbrüche find[...] am Tag statt** la plupart des cambriola[...] ont lieu le jour
➤ **vor Einbruch der Nacht** avant la tomb[...] de la nuit.

eindeutig
■ *Adjektiv*
sans équivoque : die Prüfung war e[...] eindeutiger Erfolg l'examen a été une ré[...]site sans équivoque
■ *Adverb*
incontestablement : Max war eindeu[...] besser als seine Schwester Max était inc[...]testablement meilleur que sa sœur.

der **Eindruck** *(Plural Eindrücke)* ■ **l'i[...]pression** *(Femininum)* : **ich habe alle mei[...] Eindrücke in mein Tagebuch geschrieb[...]** j'ai noté toutes mes impressions dans m[...] journal intime
➤ **einen guten|schlechten Eindruck m[...]chen** faire bonne|mauvaise impression : **d[...] macht einen schlechten Eindruck** ça f[...] mauvaise impression.

einerseits *Adverb*
einerseits ... andererseits d'un côté... de l'autre : **einerseits sollte das möglichst schnell entschieden werden, andererseits sollten wir nichts überstürzen** d'un côté, il faudrait prendre la décision le plus vite possible, de l'autre, il ne faudrait rien précipiter.

einfach
Adjektiv
- **simple : es gab ein einfaches Essen** on nous a servi un repas simple
- **facile : die Fragen im Französischtest waren einfach** les questions du contrôle de français étaient faciles

Adverb
- **simplement : ich versuche, das möglichst einfach auszudrücken** j'essaie d'exprimer cela aussi simplement que possible
- **tout simplement : er wollte mir das einfach nicht sagen** il n'a tout simplement pas voulu me le dire.

Einfall *(Plural* Einfälle*)* ■ **l'idée** *(Femininum)* **: manchmal hast du schon tolle Einfälle!** parfois, tu as vraiment des idées géniales !

ein|fallen *Verb (Perfekt* ist eingefallen*)*
- **trouver : mir fällt das richtige Wort nicht ein** je ne trouve pas le mot juste
- **se rappeler : da fällt mir gerade ein, dass ich ihr ja schreiben wollte** je viens de me rappeler que je voulais lui écrire
- **was fällt dir ein?** qu'est-ce qui te prend ?

einfarbig *Adjektiv* ■ **uni (unie) : Katja trägt meist einfarbige Pullis** Katia porte en général des pulls unis.

Einfluss *(Plural* Einflüsse*)* ■ **l'influence** *(Femininum)* **: seine Freundin hat einen guten Einfluss auf ihn** sa copine a une bonne influence sur lui.

ein|frieren *(Perfekt* hat eingefroren*)* *Verb* ■ **congeler : wir können die Reste vom Mittagessen einfrieren** nous pouvons congeler les restes du déjeuner.

ein|fügen *transitives Verb* ■ **insérer : Textabschnitte ausschneiden und woanders einfügen** couper des paragraphes et les insérer ensuite ailleurs.

ein|führen *Verb*
1. **initier à : der Lehrer hat die Klasse in die Grundlagen des Internets eingeführt** le professeur a initié la classe au fonctionnement d'Internet
2. **introduire : es soll eine neue Methode eingeführt werden** une nouvelle méthode doit être introduite.

der **Eingang** *(Plural* Eingänge*)* ■ **l'entrée** *(Femininum)* **: ich warte am Eingang auf dich** je t'attends à l'entrée.

eingebildet *Adjektiv* ■ **prétentieux (prétentieuse) : er ist furchtbar eingebildet** il est terriblement prétentieux.

ein|greifen *Verb* ■ **intervenir : die Polizei musste eingreifen** la police a dû intervenir.

ein|halten *Verb* ■ **respecter : wir müssen diesen Termin unbedingt einhalten** nous devons absolument respecter ce délai.

die **Einheit** *(Plural* Einheiten*)* ■ **l'unité** *(Femininum)*.

einheitlich *Adjektiv* ■ **uniforme : die Häuser in der Siedlung haben einheitliche Farben** les maisons de ce lotissement sont de couleurs uniformes.

einig *Adjektiv*
➤ **sich einig sein** être d'accord : **meine Eltern sind sich einig, dass ich studieren soll** mes parents sont d'accord sur le fait que je dois faire des études.

einige
■ *Determinant*
1. **quelques : einige Schüler haben zu Hause noch keinen PC** quelques élèves n'ont pas encore de PC à la maison
2. **pas mal de : die Ferien werden uns einiges Geld kosten** les vacances vont nous coûter pas mal d'argent

3. **un peu de : mit einigem Fleiß wirst du das schon schaffen** avec un peu d'efforts, tu y arriveras

Nach Mengenangaben steht in der Regel nur **de** ohne Artikel.

■ *Pronomen*
quelques-uns, quelques-unes : einige von euch scheinen das noch nicht verstanden zu haben quelques-uns parmi vous semblent n'avoir pas encore compris cela
➤ **einiges** pas mal de choses.

sich **einigen** *reflexives Verb*
➤ **sich auf etwas** *(A)* **einigen** se mettre d'accord sur quelque chose : **wir haben uns auf Ferien in Griechenland geeinigt** nous nous sommes mis d'accord sur des vacances en Grèce

Zusammengesetzte Formen reflexiver Verben werden mit **être** gebildet.

einigermaßen *Adverb* ■ **relativement : diesmal habe ich eine einigermaßen gute Note bekommen** cette fois-ci, j'ai eu une note relativement bonne.

einiges ➤ einige.

der **Einkauf** *(Plural* Einkäufe*)*
1. **les courses** *(Femininum Plural)* **: ich habe für meine Mutter die Einkäufe gemacht** j'ai fait les courses pour ma mère
2. **les achats** *(Maskulinum Plural)* **: hast du deine Einkäufe für Weihnachten schon erledigt?** as-tu déjà fait tes achats pour Noël ?

ein|kaufen *Verb* ■ **faire les courses : ich gehe nicht gern einkaufen** je n'aime pas faire les courses.

das **Einkommen** *(Plural* Einkommen*)* ■ **les revenus** *(Maskulinum Plural)* **: unser Einkommen ist zurückgegangen** nos revenus ont baissé.

ein|laden *Verb*
1. **inviter : bist du auch zur Geburtstagsfeier von Stefanie eingeladen ?** toi aussi, tu es invité à l'anniversaire de Stéphanie ?
2. **charger : wir müssen nur noch die Koffer ins Auto einladen** nous n'avons plus qu'à charger les valises dans le coffre.

die **Einladung** *(Plural* Einladungen*)* ■ **l'invitation** *(Femininum)* **: ich nehme deine Einladung zur Party gerne an** j'accepte volontiers ton invitation à cette soirée.

ein|leiten *Verb* ■ **commencer : versucht, euren Aufsatz mit einem Zitat einzuleiten** essayez de commencer votre rédaction par une citation.

die **Einleitung** *(Plural* Einleitungen*)* ■ **l'introduction** *(Femininum)* **: hast du die Einleitung des Wörterbuchs gelesen?** as-tu lu l'introduction du dictionnaire ?

sich **ein|loggen** *reflexives Verb* ■ **se connecter : mit welchem Passwort loggst du dich ein?** quel est ton mot de passe pour te connecter ?

einmal *Adverb*
1. **une fois : sie war erst einmal in Bamberg** elle n'a été qu'une fois à Bamberg
2. **un jour : wenn du einmal groß bist, wirst du das verstehen** un jour, quand tu seras grand, tu comprendras
➤ **auf einmal** tout à coup : **er war auf einmal nicht mehr da** tout à coup, il avait disparu
➤ **noch einmal** encore une fois : **kannst du mir das bitte noch einmal erklären ?** s'il te plaît, est-ce que tu peux m'expliquer ça encore une fois ?
➤ **es war einmal** il était une fois
➤ **nicht einmal** même pas : **er hat sich nicht einmal bedankt** il n'a même pas dit merci

einmalig *Adjektiv*
1. **unique : das ist eine einmalige Gelegenheit!** c'est une occasion unique !
2. **formidable : die Ferien in Reims waren einmalig** les vacances à Reims étaient formidables.

sich **ein|mischen** *reflexives Verb* ■ **se mêler de : ich will mich nicht in euren Streit einmischen** je ne veux pas me mêler de votre dispute.

ein|packen *Verb* ■ **emballer : packen Sie mir bitte das Geschenk ein** pourriez-vous m'emballer le cadeau, s'il vous plaît ?

ein|reißen *(Perfekt* ist eingerissen*)* *Verb*
1. **se déchirer : vorsicht, wenn du so ziehst, reißt die Buchseite ein** attention, si tu tires comme ça dessus, la page du livre va se déchirer

s'installer : **ich will nicht, dass das Zuspätkommen in dieser Klasse einreißt** je ne veux pas que l'habitude des retards s'installe dans cette classe.

ein|richten *Verb* ■ **aménager : wir haben das Wohnzimmer als Arbeitszimmer eingerichtet** nous avons aménagé le salon en bureau.

eins

Numeral

un : fünf mal eins ist fünf cinq fois un égale cinq ; **es steht eins zu null** le score est de un à zéro

Pronomen

une seule chose : ich habe nur noch eins zu erledigen, dann bin ich fertig je n'ai plus qu'une seule chose à faire et j'aurai terminé ➤ sechs.

einsam *Adjektiv*

- **seul (seule) : seit dem Tod meiner Oma ist mein Opa sehr einsam** depuis la mort de ma grand-mère, mon grand-père est très seul
- **désert (déserte) : eine einsame Insel** une île déserte
- **isolé (isolée) : in diesem einsamen Gebirgsdorf gibt es keine Schule mehr** dans ce village de montagne isolé, il n'y a plus d'école.

Einsamkeit ■ la **solitude**.

ein|schalten *Verb* ■ **allumer : wie schaltet man dein Notebook ein?** comment allume-t-on ton notebook ?

ein|schenken *Verb* ■ **servir : kann ich Ihnen noch etwas Tee einschenken?** puis-je vous servir encore un peu de thé ?

ein|schlafen *(Perfekt* **ist eingeschlafen***) Verb*

- **s'endormir : ich schlafe immer sofort ein** je m'endors toujours tout de suite
- **s'engourdir : wenn ich so lange im Auto sitze, schlafen mir immer die Füße ein** à chaque fois que je reste assis longtemps en voiture, mes pieds s'engourdissent.

einschließlich

Präposition (+ G)

compris (comprise) : das macht einschließlich Porto 25,50 Euro ça fait 25,50 euros port compris

■ *Adverb*

inclus : wir haben bis einschließlich 31.12. geöffnet nous sommes ouverts jusqu'au 31/12 inclus.

ein|schränken *transitives Verb* ■ **réduire : sie versucht gerade, das Rauchen einzuschränken** elle est en train d'essayer de réduire sa consommation de cigarettes

sich **einschränken** *reflexives Verb* ■ **se restreindre : wir müssen uns einschränken** nous devons nous restreindre.

das **Einschreiben** *(Plural* Einschreiben*)* ■ **le recommandé : als Einschreiben** en recommandé.

ein|schüchtern *Verb* ■ **intimider : die zwei versuchen, die anderen Mitschüler einzuschüchtern** ces deux élèves essaient d'intimider leurs camarades de classe.

ein|setzen

■ *transitives Verb*

placer : setzt das passende Wort in die Lücke ein placez le mot qui convient dans la case

■ *intransitives Verb*

commencer : es blitzte und donnerte, und dann setzte der Regen ein il y a eu des éclairs et du tonnerre, puis la pluie a commencé à tomber

sich **einsetzen** *reflexives Verb*

➤ **sich für jemanden einsetzen** prendre le parti de quelqu'un : **mein Klassenlehrer hat sich für mich eingesetzt** mon professeur principal a pris mon parti.

einst *Adverb* ■ **autrefois : hier wohnte einst ein Fürst** autrefois un prince vivait ici.

ein|stecken *Verb* ■ **prendre** *(avec soi)* **: hast du deinen Geldbeutel eingesteckt?** as-tu pris ton porte-monnaie ?

ein|steigen *(Perfekt* **ist eingestiegen***) Verb*

1. **monter : ich sah, wie sie in den Bus einstieg** je l'ai vue monter dans le bus
2. **entrer : er will bei seinem Vater im Geschäft einsteigen** il veut entrer dans l'entreprise de son père.

ein|stellen *transitives Verb*

1. **embaucher : die Firmen stellen kaum neue Leute ein** les entreprises n'embauchent presque plus personne
2. **régler : auf welchen Sender hast du das Radio eingestellt?** sur quelle station as-tu réglé la radio ?

sich **einstellen** *reflexives Verb*

➤ **sich auf etwas einstellen** se préparer à quelque chose : **ich habe mich schon darauf eingestellt, dass ich etwas länger warten muss** je me suis déjà préparé à devoir attendre un peu plus longtemps

Zusammengesetzte Formen reflexiver Verben werden mit **être** gebildet.

die **Einstellung** *(Plural* Einstellungen*)*

1. le **réglage : dieser Knopf ist für die Einstellung der Lautstärke** ce bouton sert au réglage du volume
2. la **position : du kennst ja meine Einstellung in dieser Frage** tu connais ma position sur cette question.

einstimmig

■ *Adjektiv*

1. **à une seule voix : das Lied ist einstimmig** la chanson est à une seule voix
2. **unanime : es war ein einstimmiger Beschluss** c'était une décision unanime

■ *Adverb*

à l'unanimité : wir haben einstimmig beschlossen, ans Meer zu fahren nous avons décidé à l'unanimité d'aller au bord de la mer.

ein|stürzen *(Perfekt* ist eingestürzt*)* *Verb* ■ **s'effondrer : der Turm ist eingestürzt** la tour s'est effondrée.

eintausend *Numeral* ■ **mille**.

ein|teilen *Verb*

1. **classer : man kann die Verben in mehrere Gruppen einteilen** on peut classer les verbes en plusieurs groupes
2. **répartir : du solltest deine Zeit besser einteilen** tu devrais mieux répartir ton temps.

ein|tragen *transitives Verb* ■ **noter : Felix trägt die Vokabeln immer in sein Vokabelheft ein** Felix note toujours son vocabulaire dans son carnet

sich **eintragen** *reflexives Verb* ■ **s'inscrire : Sie sollen sich bis Freitag auf der Liste eintragen** vous devez vous inscrire sur la liste d'ici vendredi.

ein|treffen *(Perfekt* ist eingetroffen*)* *Verb* ■ **arriver : wann treffen die Gäste aus Nancy ein?** à quelle heure arrivent les invités venus de Nancy ?

ein|treten

■ *intransitives Verb (Perfekt* ist eingetreten*)*

➤ **in etwas** *(A)* **eintreten** adhérer à quelque chose : **ich habe vor, in diese Partei einzutreten** j'ai l'intention d'adhérer à ce parti

■ *transitives Verb (Perfekt* hat eingetreten*)*

enfoncer : die Einbrecher hatten die Tür eingetreten les cambrioleurs avaient enfoncé la porte.

der **Eintritt** *(Plural* Eintritte*)*

1. **l'entrée** *(Femininum)* **: wie viel kostet der Eintritt?** combien coûte l'entrée ?
2. **l'adhésion** *(Femininum)* **: sein Eintritt in die kommunistische Partei** son adhésion au parti communiste.

die **Eintrittskarte** *(Plural* Eintrittskarten*)* ■ le **billet d'entrée**.

einverstanden

■ *Adjektiv*

➤ **mit etwas einverstanden sein** être d'accord avec quelque chose : **ich bin mit diesem Vorschlag einverstanden** je suis d'accord avec cette proposition

■ *Interjektion*

d'accord : sollen wir heute Abend ins Kino gehen? – einverstanden! et si on allait au cinéma ce soir ? – d'accord !

ein|wandern *(Perfekt* ist eingewandert*)* *Verb* ■ **immigrer : seine Eltern sind aus dem Kosovo eingewandert** ses parents ont immigré du Kosovo.

einwandfrei *Adjektiv* ■ **impeccable : das war ein einwandfreier Satz** c'était une phrase impeccable.

ein|weihen *Verb* ■ **inaugurer : gestern haben wir die neue Schule eingeweiht** hier, on a inauguré la nouvelle école

Einwohner *(Plural* Einwohner*)* ■ **l'habitant** *(Maskulinum)* : **wie viele Einwohner hat Bonn?** combien d'habitants y a-t-il à Bonn ?

Einwohnerin *(Plural* Einwohnerinnen*)* ■ **l'habitante** *(Femininum)*.

Einzelheit *(Plural* Einzelheiten*)* ■ **le détail** : **die Einzelheiten unserer Reise werden wir später besprechen** nous parlerons plus tard des détails de notre voyage.

einzeln

Adjektiv

seul (seule) : **auf der Straße lag ein einzelner Schuh** sur la route, il y avait une seule chaussure

Adverb

séparément : **dazu wurden wir alle einzeln befragt** nous avons tous été interrogés séparément sur ce sujet.

einzig

Adjektiv (ohne Komparativ)

- **unique** : **Alexander ist ihr einziges Kind** Alexander est leur fils unique
- **véritable** : **hier herrscht ein einziges Chaos** il règne ici un véritable chaos

Adverb

- **das einzig Richtige** la seule chose à faire.

einzigartig *Adjektiv* ■ **unique** : **der Ausflug nach Disneyland war einzigartig** l'excursion à Disneyland a été unique.

Einzige ■ **le seul, la seule** : **du bist die Einzige, der ich das sagen kann** tu es la seule à qui je puisse dire cela

- **das Einzige** la seule chose : **das Einzige, was ich gelernt habe** la seule chose que j'aie apprise

> In einem **que**-Satz nach **le seul** oder **la seule** steht der Subjonctif.

Eis *(Plural* Eis*)* ■ **la glace** : **auf dem See war eine dicke Schicht Eis** sur le lac, il y avait une épaisse couche de glace ; **wollt ihr zum Nachtisch ein Eis?** voulez-vous de la glace en dessert ?

Eisen *(Plural* Eisen*)* ■ **le fer** : **Eisen rostet** le fer rouille

> Wenn Stoffnamen verallgemeinernd gebraucht werden, steht im Französischen der bestimmte Artikel.

die **Eisenbahn** *(Plural* Eisenbahnen*)*

1. **le train** : **wir sind mit der Eisenbahn hingefahren** nous y sommes allés en train
2. **les chemins de fer** *(Maskulinum Plural)* : **mein Vater arbeitet bei der Eisenbahn** mon père travaille aux chemins de fer.

das **Eishockey** ■ **le hockey sur glace**.

eiskalt *Adjektiv* ■ **glacial (glaciale)** : **heute ist es draußen eiskalt** aujourd'hui, la température dehors est glaciale.

eitel *Adjektiv* ■ *abwertend* **vaniteux (vaniteuse)** : **eitel wie sie ist, schaut sie dauernd in den Spiegel** vaniteuse comme elle est, elle passe son temps à se regarder dans la glace.

der **Eiter** ■ **le pus**.

das **Eiweiß** *(Plural* Eiweiße*)*

1. **le blanc d'œuf** : **das schaumig geschlagene Eiweiß in den Teig geben** ajouter à la pâte le blanc d'œuf battu en neige
2. **les protéines** *(Femininum Plural)* : **Milchprodukte enthalten viel Eiweiß** les produits laitiers contiennent beaucoup de protéines.

ekelhaft *Adjektiv* ■ **infect (infecte)** : **das Essen in der Kantine ist ekelhaft** la nourriture à la cantine est infecte.

sich **ekeln** *reflexives Verb*

- **jemand ekelt sich vor etwas** quelque chose dégoûte quelqu'un : **ich ekle mich vor Spinnen** les araignées me dégoûtent.

die **Elbe** ■ **l'Elbe** *(Femininum)*.

der **Elefant** *(Plural* Elefanten*)* ■ **l'éléphant** *(Maskulinum)*.

elegant *Adjektiv* ■ **élégant (élégante)** : **Gabies Mutter trägt immer elegante Kleider** la mère de Gabie porte toujours des vêtements élégants.

elektrisch *Adjektiv* ■ **électrique** : **wir haben in der Küche viele elektrische Geräte** dans la cuisine, nous avons beaucoup d'appareils électriques.

das **Elektrogerät** *(Plural* Elektrogeräte*)* ■ **l'appareil électrique** *(Maskulinum)*.

die **Elektronik** ■ **l'électronique** *(Femininum)* : **in einem Handy steckt viel Elektronik** il y a beaucoup d'électronique dans un portable.

elektronisch *Adjektiv* ■ **électronique** : **elektronische Musik ist in Mode** la musique électronique est à la mode.

das **Element** *(Plural* Elemente*)* ■ **l'élément** *(Maskulinum)* : **Wasser ist ein Element** l'eau est un élément

➤ **jemand ist in seinem Element** quelqu'un est dans son élément.

elend *Adjektiv* ■ **misérable** : **elende Behausungen** des habitations misérables

➤ **jemandem ist elend** quelqu'un se sent mal : **mir ist so elend** je me sens très mal.

das **Elend** ■ **la misère** : **das Elend dieser Menschen berührte uns zutiefst** la misère de ces gens nous a profondément touchés.

elf *Numeral* ■ **onze** ➤ sechs.

der **Elfmeter** *(Plural* Elfmeter*)* ■ **le penalty**.

elfte, r, s *Adjektiv* ■ **onzième** ➤ sechste.

der **Ellbogen** *(Plural* Ellbogen*)* ■ **le coude** : **er stützte die Ellbogen auf dem Tisch auf** il appuyait ses coudes sur la table.

das **Elsass** ■ **l'Alsace** *(Femininum)*.

der **Elsässer** *(Plural* Elsässer*)* ■ **l'Alsacien** *(Maskulinum)*

Namen von Einwohnern werden großgeschrieben.

➤ **wir trinken am liebsten Elsässer Wein** nous préférons le vin d'Alsace.

die **Elsässerin** *(Plural* Elsässerinnen*)* ■ **l'Alsacienne** *(Femininum)*.

elsässisch *Adjektiv* ■ **alsacien (alsacienne)**.

die **Eltern** *Plural* ■ **les parents** *(Maskulinum Plural)* : **meine Eltern sind geschieden** m[es] parents sont divorcés.

die **E-Mail** *(Plural* E-Mails*)* ■ **l'e-mail** *(Maskulinum)*

Achtung ! Anders als das deutsche Wor[t] E-Mail ist das französische Substantiv e-mail männlich.

ich habe Mathis eine E-Mail geschrieb[en] j'ai envoyé un e-mail à Mathis.

die **E-Mail-Adresse** *(Plural* E-Mail-Adressen*)* ■ **l'adresse e-mail** *(Femininum)*

emotional *Adjektiv* ■ **émotif (émotive)** : **er ist ein sehr emotionaler Mens[ch]** c'est quelqu'un de très émotif.

empfahl *Präteritum* ➤ empfehlen.

empfand *Präteritum* ➤ empfinden

der **Empfang** *(Plural* Empfänge*)*

1. **la réception** : **für unsere Gäste ist e[in] Empfang beim Bürgermeister gepla[nt]** pour nos invités, nous avons prévu une réce[p]tion à la mairie
2. **l'accueil** *(Maskulinum)* : **der Empfang w[ar] sehr herzlich** on nous a réservé un accu[eil] très chaleureux.

empfangen *(Präsens* empfängt, *Präteritum* empfing, *Perfekt* hat empfangen*)* *Verb*

1. **recevoir** : **wir können nur drei Send[er] empfangen** nous ne pouvons recevoir q[ue] trois chaînes
2. **accueillir** : **unsere Freunde haben u[ns] herzlich empfangen** nos amis nous ont a[c]cueillis de manière chaleureuse.

der **Empfänger** *(Plural* Empfänger*)* ■ **[le] destinataire** : **der Empfänger muss hi[er] unterschreiben** le destinataire doit sign[er] ici.

empfängt *Präsens* ➤ empfangen.

empfehlen *(Präsens* empfiehlt, *Präteritum* empfahl, *Perfekt* hat empfohlen*)* *Verb* ■ **conseiller** : **der Arzt hat mir Feri[en] am Meer empfohlen** le médecin m'a co[n]seillé des vacances au bord de la mer.

empfiehlt *Präsens* ➤ empfehlen.

empfinden *(Präteritum* empfand, *Perfekt* hat empfunden*) Verb* ■ **éprouver : ich empfinde Mitleid mit diesen armen Kindern** j'éprouve de la pitié envers ces pauvres enfants.

empfindlich *Adjektiv*
- **sensible : das ist eine Sonnencreme für empfindliche Haut** c'est une crème solaire pour peaux sensibles
- **susceptible : sei doch nicht so empfindlich!** ne sois donc pas si susceptible !
- **fragile : ein Hibiskus ist eine empfindliche Pflanze** l'hibiscus est une plante fragile.

empfing *Präteritum* ➤ empfangen.

empfohlen *Partizip Perfekt* ➤ empfehlen.

empfunden *Partizip Perfekt* ➤ empfinden.

Ende *(ohne Plural)* ■ **la fin : das Ende des Buches ist sehr traurig** la fin du livre est très triste
- **zu Ende sein** être terminé (terminée) : **als das Stück zu Ende war, haben alle geklatscht** quand la pièce fut terminée, tous ont applaudi
- **zu Ende gehen** se terminer : **die Ferien gehen zu Ende** les vacances se terminent
- **am Ende** en fin de compte : **am Ende bin ich dann wieder schuld** et en fin de compte, ce sera encore de ma faute
- **letzten Endes** finalement.

enden *(Perfekt* hat geendet*) Verb* ■ **se terminer : die Straße endet hier** la route se termine ici
- **der Zug endet in Köln** terminus du train à Cologne
- **mit etwas enden** se terminer par quelque chose : **der Streit endete mit einer Schlägerei** la dispute se termina par une bagarre.

endgültig
- *Adjektiv*
définitif (définitive) : wir haben noch keine endgültige Lösung gefunden nous n'avons pas encore trouvé de solution définitive
- *Adverb*
définitivement : jetzt ist endgültig Schluss c'est définitivement terminé.

endlich *Adverb* ■ **enfin : endlich bist du da!** te voilà enfin !

die **Endung** *(Plural* Endungen*)* ■ **la terminaison : welche Endung hat das Wort im Plural?** quelle est la terminaison de ce mot au pluriel ?

die **Energie** *(Plural* Energien*)* ■ **l'énergie** *(Femininum)*.

energisch *Adjektiv* ■ **énergique**.

eng
- *Adjektiv*
1. **étroit (étroite) : in der Altstadt gibt es viele enge Gassen** dans la vieille ville, il y a beaucoup de ruelles étroites
2. **serré (serrée) : enge Hosen gefallen mir nicht** je n'aime pas les pantalons serrés
- *Adverb*
étroitement : Beate und Wilma sind eng befreundet Beate et Wilma sont étroitement liées.

der **Engel** *(Plural* Engel*)* ■ **l'ange** *(Maskulinum)* **: du bist ein Engel, dass du das für mich gemacht hast** tu es un ange d'avoir fait ça pour moi.

England *Neutrum* ■ **l'Angleterre** *(Femininum)*

> Ländernamen werden im Französischen oft mit dem bestimmten Artikel verwendet.

der **Engländer** *(Plural* Engländer*)* ■ **l'Anglais** *(Maskulinum)*

> Namen von Einwohnern werden großgeschrieben.

die **Engländerin** *(Plural* Engländerinnen*)* ■ **l'Anglaise** *(Femininum)*.

englisch *Adjektiv* ■ **anglais (anglaise) : ich habe eine englische Brieffreundin** j'ai une correspondante anglaise.

der **Enkel** *(Plural* Enkel*)* ■ **le petit-fils**.

die **Enkelin** *(Plural* Enkelinnen*)* ■ **la petite-fille**.

enorm *Adjektiv* ■ **énorme : du hast in Deutsch enorme Fortschritte gemacht** tu as fait d'énormes progrès en allemand.

entdecken *Verb* ■ **découvrir : Columbus hat Amerika entdeckt** Christophe Colomb a découvert l'Amérique.

die **Entdeckung** *(Plural* Entdeckungen*)* ■ **la découverte : wann war die Entdeckung Amerikas?** quelle est la date de la découverte de l'Amérique ?

die **Ente** *(Plural* Enten*)* ■ **le canard : wir haben die Enten im Park gefüttert** nous avons nourri les canards au parc.

entfernen *transitives Verb*

1. **enlever : womit kann ich diesen Fleck entfernen?** avec quoi est-ce que je peux enlever cette tache ?
2. **supprimer : wenn du löschen drückst, entfernst du die Datei** si tu appuies sur effacer, tu supprimes le fichier

sich **entfernen** *reflexives Verb* ■ **s'éloigner : ich glaube, wir sollten uns etwas entfernen** je crois que nous devrions nous éloigner un peu.

entfernt *Adjektiv* ■ **éloigné (éloignée) : zwei Kilometer von hier entfernt** à deux kilomètres d'ici.

die **Entfernung** *(Plural* Entfernungen*)* ■ **la distance : die Entfernung beträgt fünf Kilometer** la distance est de cinq kilomètres.

entführen *Verb* ■ **détourner : es ist schon wieder ein Flugzeug entführt worden** on a encore détourné un avion.

entgegengesetzt *Adjektiv* ■ **opposé (opposée) : die entgegengesetzte Richtung** la direction opposée.

enthalten *(Präsens* enthält, *Präteritum* enthielt, *Perfekt* hat enthalten*) transitives Verb* ■ **contenir : man muss angeben, was das Päckchen enthält** il faut déclarer ce que contient le colis

sich **enthalten** *reflexives Verb* ■ **s'abstenir : ich enthalte mich bei der Abstimmung** lors du vote, je m'abstiens.

enthält *Präsens* ➤ enthalten.

enthielt *Präteritum* ➤ enthalten.

entlang

■ *Präposition (+ A)*
le long de : die Straße entlang stande Pappeln il y avait des peupliers le long de route

■ *Präposition (+ D)*
le long de : wir folgten dem Fluss entlar nous marchions le long du fleuve

> Nicht vergessen: **de + le = du** und **de + les = des !**

entlang|gehen *(Perfekt* ist entlang gegangen*)*

■ *intransitives Verb*
➤ **an etwas entlanggehen** longer quelq chose : **wir sind an der Stadtmauer en langgegangen** nous avons longé les rer parts

■ *transitives Verb*
suivre : wenn du die Königstraße en langgehst, kommst du zum Bahnhof si suis la Königstraße, tu arriveras à la gare.

entlassen *(Präsens* entlässt, *Präteritu* entließ, *Perfekt* hat entlassen*) Verb*

1. **libérer : der Dieb ist nach 6 Monaten a dem Gefängnis entlassen worden** le v leur a été libéré après 6 mois de prison
2. **licencier : die Firma wird Leute entlasse müssen** l'entreprise va devoir licencier d gens.

entlässt *Präsens* ➤ entlassen.

die **Entlassung** *(Plural* Entlassungen*)*

1. la **libération : nach seiner Entlassung a dem Gefängnis** après sa libération de prisc
2. le **licenciement : die Arbeiter demor strieren gegen die Entlassungen** les o vriers manifestent contre les licenciements.

entließ *Präteritum* ➤ entlassen.

entmutigen *Verb* ■ **décourager : d schlechten Noten haben meine Tocht entmutigt** les mauvaises notes ont décour gé ma fille.

entscheiden *(Präteritum* entschied, *Perfekt* hat entschieden*)*
intransitives Verb
über etwas *(A)* **entscheiden** se prononcer sur quelque chose : **heute entscheiden unsere Lehrer über unsere Noten** aujourd'hui, nos professeurs se prononcent sur nos notes
transitives Verb
être décisif (décisive) pour : dieser Elfmeter entschied das Spiel ce penalty a été décisif pour le match

entscheiden *reflexives Verb* ■ **se décider : du musst dich entscheiden** il faut que tu te décides
sich für etwas entscheiden se décider pour quelque chose
sich gegen etwas entscheiden se prononcer contre quelque chose

Zusammengesetzte Formen reflexiver Verben werden mit **être** gebildet.

Entscheidung *(Plural* Entscheidungen*)* ■ **la décision : die Entscheidung ist gefallen: wir ziehen um** la décision est prise : on déménage.

entschied *Präteritum* ➤ entscheiden.

entschieden *Partizip Perfekt* ➤ entscheiden.

entschließen *(Präteritum* entschloss, *Perfekt* hat sich entschlossen*) reflexives Verb* ■ **se décider : ich habe mich entschlossen, in Bamberg zu studieren** je me suis décidé à faire mes études à Bamberg

Zusammengesetzte Formen reflexiver Verben werden mit **être** gebildet.

entschloss *Präteritum* ➤ entschließen.

entschlossen
■ *Partizip Perfekt* ➤ entschließen
■ *Adjektiv*
résolu (résolue) : mit entschlossener Miene d'un air résolu
■ *Adverb*
avec détermination : wir müssen entschlossen handeln nous devons agir avec détermination.

der **Entschluss** *(Plural* Entschlüsse*)* ■ **la décision : mein Entschluss steht fest** ma décision est prise.

entschuldigen *transitives Verb* ■ **excuser : meine Eltern werden mich entschuldigen** mes parents m'excuseront
➤ **entschuldige** excuse-moi : **entschuldige, ich wollte dich nicht verletzen** excuse-moi, je ne voulais pas te blesser
➤ **entschuldigen Sie bitte** excusez-moi : **entschuldigen Sie bitte, aber könnten Sie mir sagen, wie ich zum Bahnhof komme?** excusez-moi, pourriez-vous m'indiquer comment aller à la gare ?

sich **entschuldigen** *reflexives Verb* ■ **s'excuser : du solltest dich für dein schlechtes Benehmen entschuldigen** tu devrais t'excuser pour ta mauvaise conduite.

die **Entschuldigung** *(Plural* Entschuldigungen*)*
1. **l'excuse** *(Femininum)* **: was kannst du zu deiner Entschuldigung vorbringen?** quelle est ton excuse ?
2. **le mot d'excuse : seine Mutter hat ihm eine Entschuldigung geschrieben** sa mère lui a fait un mot d'excuse
➤ **jemanden um Entschuldigung bitten** présenter ses excuses à quelqu'un.

entsetzlich *Adjektiv* ■ **épouvantable : das Feuer hat entsetzliche Schäden verursacht** le feu a causé des dégâts épouvantables.

entsetzt
■ *Adjektiv*
catastrophé (catastrophée) : ich bin entsetzt, wie wenig du weißt je suis catastrophé par ton manque de connaissances
■ *Adverb*
avec effroi : sie sah mich entsetzt an elle me regarda avec effroi.

sich **entspannen** *reflexives Verb* ■ **se détendre : ich gehe in die Sauna, um mich zu entspannen** je vais au sauna pour me détendre.

entsprach *Präteritum* ➤ entsprechen.

entsprechen *(Präsens* entspricht, *Präteritum* entsprach, *Perfekt* hat entsprochen*) Verb* ■ **correspondre : unsere Leistungen entsprechen noch nicht den Erwartungen des Lehrers** nos résultats ne correspondent pas encore aux attentes du professeur.

entsprechend

■ *Adjektiv*
correspondant (correspondante) : seine Übung war fehlerlos und er hat die entsprechende Note bekommen son exercice ne comportant pas une seule faute, il a eu la note correspondante

■ *Adverb*
en conséquence : das ist eine schwierige Prüfung, und man sollte sich entsprechend darauf vorbereiten c'est un examen difficile et il faut s'y préparer en conséquence.

entspricht *Präsens* ➤ entsprechen.

entsprochen *Partizip Perfekt* ➤ entsprechen.

entstand *Präteritum* ➤ entstehen.

entstanden *Partizip Perfekt* ➤ entstehen.

entstehen *(Präteritum* entstand, *Perfekt* ist entstanden*) Verb*

1. **être créé (créée) : hier entsteht ein neues Einkaufszentrum** un nouveau centre commercial va être créé ici
2. **occasionner : bei dem Unfall ist ein großer Sachschaden entstanden** l'accident a occasionné des dégâts matériels importants.

enttäuschen *Verb* ■ **décevoir : deine schulischen Leistungen haben mich enttäuscht** tes résultats scolaires m'ont déçu.

die **Enttäuschung** *(Plural* Enttäuschungen*)* ■ la **déception : unsere Enttäuschung war groß** notre déception a été grande.

entwarf *Präteritum* ➤ entwerfen.

entweder... oder *Konjunktion* ■ **ou (bien) ... ou (bien) : entweder du bemühst dich mehr oder du verlässt die Schule** ou bien tu fais plus d'efforts, ou bi tu quittes l'école.

entwerfen *(Präsens* entwirft, *Präte tum* entwarf, *Perfekt* hat entworfen*) Ve* ■ **concevoir : welcher Architekt hat dies Gebäude entworfen?** quel architecte a co çu ce bâtiment ?

entwickeln *(Perfekt* hat entwicke *Verb* ■ **développer : hast du den Fi schon entwickeln lassen?** as-tu déjà f développer la pellicule ?

die **Entwicklung** *(Plural* Entwicklunge

1. le **développement : der Film ist gera bei der Entwicklung** la pellicule est cours de développement
2. la **croissance : Kinder, die noch in d Entwicklung sind, brauchen viele Vit mine** les enfants en pleine croissance ont b soin de beaucoup de vitamines.

entwirft *Präsens* ➤ entwerfen.

entworfen *Partizip Perfekt* ➤ entwe fen.

der **Entwurf** *(Plural* Entwürfe*)*

1. le **plan : der Architekt zeigte uns die En würfe** l'architecte nous a montré les plans
2. l'**ébauche** *(Femininum)* **: den Entwurf f mein Referat habe ich schon fertig** j'ai d jà terminé l'ébauche de mon exposé.

sich **entzünden** *reflexives Verb* ■ **s'enflar mer : die Wunde hat sich entzündet** plaie s'est infectée

> Zusammengesetzte Formen reflexiver Verben werden mit **être** gebildet.

die **Entzündung** *(Plural* Entzündunge ■ l'**infection** *(Femininum)*

> Namen von Krankheiten werden im Französischen anders als im Deutschen mit dem bestimmten Artikel verwendet.

die **Epoche** *(Plural* Epochen*)* ■ **l'époqu** *(Femininum)*.

er *Pronomen*

1. **il : er liebt dich** il t'aime

. **lui : ausgerechnet er muss so etwas sagen** c'est justement lui qui dit une chose pareille.

Erbe [1] ■ **l'héritage** *(Maskulinum)* : **das Erbe wurde unter den Geschwistern aufgeteilt** l'héritage a été partagé entre les frères et sœurs.

Erbe [2] *(Plural* Erben*)* ■ **l'héritier** *(Maskulinum)* : **sie hatte fünf Erben** elle avait cinq héritiers.

erben *Verb* ■ **hériter de : ich habe dieses Haus geerbt** j'ai hérité de cette maison.

Erbin *(Plural* Erbinnen*)* ■ **l'héritière** *(Femininum)*.

erblich *Adjektiv* ■ **héréditaire : diese Krankheit ist erblich** cette maladie est héréditaire.

Erbschaft *(Plural* Erbschaften*)* ■ **l'héritage** *(Maskulinum)* : **meine Eltern haben eine Erbschaft gemacht** mes parents ont fait un héritage.

Erbse *(Plural* Erbsen*)* ■ **le petit pois.**

Erdbeben *(Plural* Erdbeben*)* ■ **le tremblement de terre.**

Erdbeere *(Plural* Erdbeeren*)* ■ **la fraise.**

Erde

. **la terre : die Erde dreht sich um die Sonne** la Terre tourne autour du Soleil

> Terre wird im Französischen großgeschrieben, wenn der Planet Erde gemeint ist.

. **le monde : es gibt viel zu viel Hunger auf der Erde** il y a beaucoup trop de famine dans le monde

. **le sol : die Erde in dieser Gegend ist lehmhaltig** dans cette région, le sol est argileux

➤ **auf die Erde fallen** tomber par terre.

Erdkunde ■ **la géographie.**

Erdnuss *(Plural* Erdnüsse*)* ■ **la cacahuète.**

Erdöl ■ **le pétrole : in der Nordsee wird Erdöl gefördert** en mer du Nord, on extrait du pétrole.

Erdteil *(Plural* Erdteile*)* ■ **le continent.**

sich **ereignen** *reflexives Verb* ■ **se passer : was hat sich in meiner Abwesenheit ereignet?** que s'est-il passé durant mon absence ?

> Zusammengesetzte Formen reflexiver Verben werden mit **être** gebildet.

das **Ereignis** *(Plural* Ereignisse*)* ■ **l'événement** *(Maskulinum)* : **unser jährliches Schulfest ist immer ein tolles Ereignis** notre fête scolaire annuelle est toujours un événement réussi.

erfahren

■ *Verb (Präsens* erfährt, *Präteritum* erfuhr, *Perfekt* hat erfahren*)*
apprendre : das dürfen meine Eltern nicht erfahren il ne faut pas que mes parents apprennent ça

■ *Adjektiv*
expérimenté (expérimentée) : der neue Lehrer ist nicht besonders erfahren le nouveau professeur n'est pas très expérimenté.

erfährt *Präsens* ➤ erfahren.

die **Erfahrung** *(Plural* Erfahrungen*)* ■ **l'expérience** *(Femininum)* : **sie hat viel Erfahrung mit behinderten Schülern** elle a beaucoup d'expérience avec les élèves handicapés.

erfand *Präteritum* ➤ erfinden.

erfinden *(Präteritum* erfand, *Perfekt* hat erfunden*) Verb* ■ **inventer : wer hat die Dampfmaschine erfunden?** qui a inventé la machine à vapeur ?

die **Erfindung** *(Plural* Erfindungen*)* ■ **l'invention** *(Femininum)*.

der **Erfolg** *(Plural* Erfolge*)*

1. **le succès : meine Eltern haben sich über meine Erfolge gefreut** mes parents étaient heureux de mes succès
2. **la réussite : diese Filmfestspiele waren ein großer Erfolg** ce festival de films a été une grande réussite

➤ **Erfolg haben** avoir du succès : **sie hat bei ihren Schülern Erfolg** elle a du succès auprès de ses élèves

➤ **mit Erfolg** avec succès

➤ **viel Erfolg** bonne chance : **viel Erfolg bei deinen Prüfungen !** bonne chance pour tes examens !

erfolglos *Adjektiv* ■ **infructueux (infructueuse) : meine Versuche waren alle erfolglos** mes tentatives ont toutes été infructueuses.

erfolgreich

■ *Adjektiv*
couronné (couronnée) de succès : insgesamt war die Aktion erfolgreich dans l'ensemble, cette action a été couronnée de succès

■ *Adverb*
avec succès : Cordula hat sich erfolgreich um einen Studienplatz in Musik beworben Cordula a postulé avec succès pour des études au conservatoire.

erfrieren (*Präteritum* erfror, *Perfekt* ist erfroren) *Verb* ■ **mourir de froid : in der letzten Nacht ist ein Obdachloser erfroren** la nuit dernière, un sans abri est mort de froid.

erfror *Präteritum* ➤ erfrieren.

erfroren *Partizip Perfekt* ➤ erfrieren.

erfuhr *Präteritum* ➤ erfahren.

erfüllen *transitives Verb* ■ **exaucer : meine Eltern haben meinen Wunsch erfüllt** mes parents ont exaucé mon vœu

sich **erfüllen** *reflexives Verb* ■ **se réaliser : mein Traum hat sich erfüllt** mon rêve s'est réalisé

> Zusammengesetzte Formen reflexiver Verben werden mit **être** gebildet.

erfunden *Partizip Perfekt* ➤ erfinden.

ergab *Präteritum* ➤ ergeben.

ergänzen *Verb* ■ **compléter : ergänzt den Satz mit einem Pronomen** complétez la phrase par un pronom.

ergeben (*Präsens* ergibt, *Präteritum* ergab, *Perfekt* hat ergeben) *transitives Verb* ■ **révéler : die Untersuchung hat ergeben, dass ein Materialfehler vorlag** l'enquête a révélé qu'il y avait un défaut de fabrication

sich **ergeben** *reflexives Verb*
1. **apparaître : es haben sich Probleme ergeben** des problèmes sont apparus
2. **se rendre : der Geiselnehmer hat sich der Polizei ergeben** le preneur d'otages s'est rendu à la police

> Zusammengesetzte Formen reflexiver Verben werden mit **être** gebildet.

das **Ergebnis** (*Plural* Ergebnisse) ■ **le résultat : liegen die Ergebisse schon vor** est-ce que les résultats sont déjà connus ?

ergibt *Präsens* ➤ ergeben.

erhalten (*Präsens* erhält, *Präteritum* erhielt, *Perfekt* hat erhalten) *Verb*
1. **recevoir : Sie werden von uns eine Benachrichtigung erhalten** vous allez recevoir un courrier de notre part
2. **maintenir : es sollen möglichst viele Arbeitsplätze erhalten werden** on devra maintenir le plus d'emplois possible

➤ **gut erhalten** bien conservé (conservée).

erhält *Präsens* ➤ erhalten.

erhielt *Präteritum* ➤ erhalten.

sich **erholen** (*Perfekt* hat erholt) *reflexiv Verb* ■ **se reposer : wir haben uns in den Ferien gut erholt** nous nous sommes bien reposés pendant les vacances

> Zusammengesetzte Formen reflexiver Verben werden mit **être** gebildet.

die **Erholung** ■ **le repos : wir fahren zur Erholung ans Meer** nous partons au bord de la mer pour nous reposer.

erinnern *transitives Verb* ■ **rappeler : du erinnerst mich an deine Mutter** tu me rappelles ta mère

sich **erinnern** *reflexives Verb* ■ **se souvenir : ich kann mich nicht an meine Grundschullehrer erinnern** je suis incapable de me souvenir de mes instituteurs.

die **Erinnerung** (*Plural* Erinnerungen) ■ **le souvenir : die Muschel habe ich als Erinnerung mitgebracht** j'ai rapporté ce coquillage en souvenir.

erkälten *reflexives Verb* ■ **prendre froid : ich habe mich beim Schwimmen erkältet** j'ai pris froid en nageant.

Erkältung *(Plural* Erkältungen*)* ■ **le rhume : sie liegt mit einer Erkältung im Bett** elle est couchée avec un rhume.

erkannt *Partizip Perfekt* ➤ erkennen.

erkannte *Präteritum* ➤ erkennen.

erkennen *(Präteritum* erkannte, *Perfekt* hat erkannt*) Verb* ■ **reconnaître : ich hätte dich beinahe nicht erkannt** j'ai failli ne pas te reconnaître.

erklären *Verb*
- **expliquer : Frau Arnold hat uns heute das Passiv erklärt** aujourd'hui, madame Arnold nous a expliqué le passif
- **déclarer : dieses Gebiet wurde zum Naturschutzgebiet erklärt** cette région a été déclarée réserve naturelle.

Erklärung *(Plural* Erklärungen*)* ■ **l'explication** *(Femininum)* **: ich habe die Erklärungen unserer Englischlehrerin nicht verstanden** je n'ai pas compris les explications de notre professeur d'anglais.

erkundigen *reflexives Verb* ■ **se renseigner : wie viel kostet die Reise ? erkundige dich!** combien coûte le voyage ? renseigne-toi !
➤ **sich nach etwas** *(D)* **erkundigen** se renseigner sur quelque chose
➤ **sich nach jemandem erkundigen** demander des nouvelles de quelqu'un.

erlauben *Verb*
- **autoriser : meine Eltern erlauben nicht, dass ich so spät heimkomme** mes parents ne m'autorisent pas à rentrer si tard
- **permettre : mein Taschengeld erlaubt es mir nicht, oft ins Kino zu gehen** mon argent de poche ne me permet pas d'aller souvent au cinéma
➤ **erlaube mal** tu permets : **erlaube mal, das ist mein Heft, das du da eben zerreißt !** tu permets, c'est mon cahier que tu es en train de déchirer !

Erlaubnis *(Plural* Erlaubnisse*)* ■ **la permission : dafür brauche ich die Erlaubnis meiner Eltern** pour ça, il me faut la permission de mes parents.

erleben *Verb* ■ **vivre : wir haben in den Ferien viel Schönes erlebt** durant les vacances, nous avons vécu plein de belles choses
➤ **dann wirst du was erleben** tu vas voir.

das **Erlebnis** *(Plural* Erlebnisse*)* ■ **les choses que l'on a vécues** *(Femininum Plural)* **: wir haben unseren Eltern alle Erlebnisse erzählt** nous avons raconté à nos parents toutes les choses que nous avions vécues.

erledigen *Verb* ■ **terminer : du darfst erst raus, wenn du deine Hausaufgaben erledigt hast** tu n'auras le droit de sortir que lorsque tu auras terminé tes devoirs.

erleichtert *Adjektiv*
➤ **erleichtert sein** être soulagé (soulagée).

die **Ermäßigung** *(Plural* Ermäßigungen*)* ■ **la réduction : Schüler bekommen eine Ermäßigung** les élèves ont une réduction.

ermorden *Verb* ■ **assassiner : Brutus hat Julius Caesar ermordet** Brutus a assassiné Jules César.

ermutigen *Verb* ■ **encourager : meine Eltern haben mich ermutigt, das Abitur zu machen** mes parents m'ont encouragé à passer le bac.

sich **ernähren** *reflexives Verb* ■ **se nourrir : du kannst dich doch nicht ausschließlich von Hamburgern ernähren** tu ne peux tout de même pas te nourrir exclusivement de hamburgers.

die **Ernährung** ■ **l'alimentation** *(Femininum)* **: eine gesunde Ernährung** une alimentation saine.

ernannt *Partizip Perfekt* ➤ ernennen.

ernannte *Präteritum* ➤ ernennen.

ernennen *(Präteritum* ernannte, *Perfekt* hat ernannt*) Verb* ■ **nommer : er wurde gestern zum Minister ernannt** il a été nommé ministre hier.

ernst *Adjektiv*
1. **sérieux (sérieuse) : mein kleiner Bruder ist immer sehr ernst** mon petit frère est toujours très sérieux

2. **classique : meine Freundin hört lieber ernste Musik als Pop** mon amie préfère la musique classique à la musique pop
➤ **ernst bleiben** garder son sérieux : **ich konnte nicht ernst bleiben** je n'ai pas pu garder mon sérieux
➤ **das Angebot war ernst gemeint** ma proposition était sérieuse
➤ **ich habe den Eindruck, du nimmst mich nicht ernst** j'ai l'impression que tu ne me prends pas au sérieux.

der **Ernst** ■ **les choses sérieuses** *(Femininum Plural)* : **jetzt fängt der Ernst des Lebens an** c'est le début des choses sérieuses dans la vie
➤ **im Ernst?** sérieusement ?

ernsthaft *Adjektiv*
1. **sérieux (sérieuse) : mein Vater ist ein sehr ernsthafter Mensch** mon père est quelqu'un de très sérieux
2. **grave : eine Sechs ist eine ernsthafte Angelegenheit** avoir un 2/20, c'est une affaire grave.

die **Ernte** *(Plural* Ernten*)* ■ **la récolte : die Ernte ist dieses Jahr gut gewesen** cette année, la récolte a été bonne.

ernten *Verb* ■ **récolter : Felix half seinem Vater, die Äpfel zu ernten** Felix a aidé son père à récolter les pommes.

erobern *Verb* ■ **conquérir : das war, als Konstantinopel von den Osmanen erobert wurde** cela s'est passé lorsque les Ottomans ont conquis Constantinople.

erpressen *Verb* ■ **faire chanter : er hat den Schuldigen erpresst** il a fait chanter le coupable.

die **Erpressung** ■ **le chantage : das ist ja Erpressung, da spiele ich nicht mit!** mais c'est du chantage, je ne marche pas !

erreichen *Verb*
1. **joindre : ich habe den ganzen Nachmittag angerufen, dich aber nicht erreicht** j'ai appelé toute l'après-midi mais je n'ai pas pu te joindre
2. **atteindre : dieses Auto erreicht eine Geschwindigkeit von zweihundert Stundenkilometer** cette voiture atteint une vitesse de 200 km à l'heure
3. **obtenir : jetzt hast du erreicht, was du wolltest** à présent, tu as obtenu ce que voulais.

erscheinen *(Präteritum* erschien*, Perfekt* ist erschienen*) Verb*
1. **apparaître : plötzlich erschien ein Flugzeug in der Ferne** soudain, un avion apparut dans le lointain
2. **se présenter : bitte erscheint alle rechtzeitig** veuillez tous vous présenter à l'heur
3. **paraître : wann erscheint das Buch?** le livre paraît quand ?

erschien *Präteritum* ➤ erscheinen.

erschienen *Partizip Perfekt* ➤ erscheinen.

erschießen *(Präteritum* erschoss*, Perfekt* hat erschossen*) transitives Verb* ■ **abattre : als Jäger muss man in der Lage sein, Tiere zu erschießen** en tant que chasseur, il faut être en mesure d'abattre des animaux

sich **erschießen** *reflexives Verb* ■ **se suicider par balle.**

erschöpft *Adjektiv* ■ **épuisé (épuisée) : vor den Ferien sind Schüler und Lehrer erschöpft** avant les vacances, les élèves et les professeurs sont épuisés.

erschoss *Präteritum* ➤ erschießen.

erschossen *Partizip Perfekt* ➤ erschießen.

erschrak *Präteritum* ➤ erschrecken

erschrecken
■ *transitives Verb*
faire peur : jetzt hast du mich aber erschreckt! là, tu m'as fait peur !
■ *intransitives Verb (Präsens* erschrickt*, Präteritum* erschrak*, Perfekt* ist erschrocken*)*
avoir peur : als der Schuss fiel, bin ich furchtbar erschrocken quand le coup a retenti, j'ai eu terriblement peur

sich **erschrecken** *reflexives Verb* ■ *(Präsens* erschrickt*, Präteritum* erschrak*, Perfekt* hat erschrocken*)* **s'effrayer : ich habe mich so erschrocken, dass ich den Teller fallen ließ** je me suis tellement effrayé que j'en ai fait tomber l'assiette.

erschrickt *Präsens* ➤ erschrecken.

erschrocken *Partizip Perfekt* ➤ erschrecken.

ersetzen *Verb* ■ **remplacer : wir müssen die kaputte Birne ersetzen** nous devons remplacer l'ampoule grillée.

e **Ersparnisse** *Plural* ■ **les économies** *(Femininum Plural)* : **für die Ferien habe ich alle meine Ersparnisse aufgebraucht** pour les vacances, j'ai épuisé toutes mes économies.

erst *Adverb*
. **ne ... que : wir sind erst um Mitternacht zu Hause gewesen** nous ne sommes rentrés à la maison qu'à minuit ; **er ist doch erst 10 Jahre alt** il n'a que 10 ans
. **pas plus tard que : erst gestern habe ich euch das erklärt** je vous ai expliqué ça pas plus tard qu'hier
erst einmal
. ne..... qu'une seule fois : **ich war erst einmal in Bamberg** je ne suis allée qu'une seule fois à Bamberg
. d'abord : **mach du erst einmal die Schule fertig !** termine ta scolarité d'abord !

erstaunen *Verb* ■ **étonner : du erstaunst mich immer wieder mit deinen Fragen** tu m'étonnes toujours avec tes questions.

erstaunlich *Adjektiv* ■ **étonnant (étonnante) : er hat erstaunliche Fähigkeiten** il a des capacités étonnantes.

erste, r, s *Adjektiv* ■ **premier (première) : einen ersten Erfolg hatte ich schon** j'ai déjà eu un premier succès ➤ sechste.

e **Erste** [1] *(Plural* die Ersten*)* ■ **le premier, la première : Bettina ist die Erste in ihrer Klasse** Bettina est la première de sa classe.

s **Erste** [2] ■ **la première chose : das Erste, was ich machen werde, ist duschen** la première chose que je vais faire, ce sera de prendre une douche ➤ Sechste.

erstens *Adverb* ■ **premièrement.**

ersticken *(Perfekt* ist erstickt*) Verb* ■ **étouffer : hilfe, ich ersticke!** au secours, j'étouffe !

erstmals *Adverb* ■ **pour la première fois : wann wurde der Rinderwahnsinn erstmals entdeckt?** quand a-t-on découvert la maladie de la vache folle pour la première fois ?

ertragen *(Präsens* erträgt, *Präteritum* ertrug, *Perfekt* hat ertragen*) Verb* ■ **supporter : ich kann seine ewigen Klagen nicht mehr ertragen** je ne peux plus supporter ses perpétuelles jérémiades.

erträgt *Präsens* ➤ ertragen.

ertrank *Präteritum* ➤ ertrinken.

ertrinken *(Präteritum* ertrank, *Perfekt* ist ertrunken*) Verb* ■ **se noyer : sie ist im Meer ertrunken** elle s'est noyée dans la mer

> Zusammengesetzte Formen reflexiver Verben werden mit **être** gebildet.

ertrug *Präteritum* ➤ ertragen.

ertrunken *Partizip Perfekt* ➤ ertrinken.

der|die **Erwachsene** *(Plural* die Erwachsenen*)* ■ **l'adulte** *(Maskulinum* ODER *Femininum)*.

erwähnen *Verb* ■ **mentionner : bitte erwähnen Sie meinen Namen nicht** je vous prie de ne pas mentionner mon nom.

erwarten *Verb* ■ **attendre : ich erwarte einen Brief aus Frankreich** j'attends une lettre de France ; **ich erwarte von dir, dass du dir mehr Mühe gibst** j'attends plus d'efforts de ta part.

erwischen *Verb* ■ **attraper : wir haben die Straßenbahn gerade noch erwischt** nous avons tout juste réussi à attraper le tramway.

erzählen *Verb* ■ **raconter : Manfred kann gut Witze erzählen** Manfred a du talent pour raconter des blagues.

die **Erzählung** *(Plural* Erzählungen*)*
1. le **récit : sie unterhielt uns mit Erzählungen von ihrem Urlaub** elle nous a divertis en nous faisant le récit de ses vacances
2. la **nouvelle : wir lesen zurzeit Erzählungen von Maupassant** en ce moment, nous lisons des nouvelles de Maupassant.

erziehen *(Präteritum* erzog, *Perfekt* hat erzogen*) Verb* ■ **élever : ich wurde von meiner Großmutter erzogen** j'ai été élevée par ma grand-mère.

die **Erziehung** ■ **l'éducation** *(Femininum)* : **meine Eltern halten nichts von autoritärer Erziehung** mes parents ne sont pas partisans d'une éducation autoritaire.

erzog *Präteritum* ➤ erziehen.

erzogen *Partizip Perfekt* ➤ erziehen.

es *Pronomen*
1. *(Nominativ)* **il, elle : das Baby weint, ich glaube, es hat Hunger** le bébé pleure, je crois qu'il a faim
2. *(Akkusativ)* **le, l', la : das Auto ist neu, ich habe es gestern gekauft** la voiture est neuve, je l'ai achetée hier

> In zusammengesetzten Zeiten richtet sich das Partizip nach dem direkten Objektpronomen: Ist es weiblich, wird ans Partizip ein –e angehängt.

3. *(unpersönlich)* **il : es regnet** il pleut ; **es ist zwei Uhr** il est deux heures.

der **Esel** *(Plural* Esel*)* ■ **l'âne** *(Maskulinum)* : **bist du schon mal auf einem Esel geritten?** as-tu déjà monté un âne ?

essen *(Präsens* isst, *Präteritum* aß, *Perfekt* hat gegessen*)*
■ *intransitives Verb*
manger : wir essen mittags warm à midi, on mange chaud
■ *transitives Verb*
manger : ich habe die ganze Tafel Schokolade gegessen j'ai mangé toute la tablette de chocolat.

das **Essen** *(Plural* Essen*)* ■ **le repas : bleib doch zum Essen da** reste donc pour le repas ; **mittags gibt es bei uns warmes Essen** chez nous, il y a un repas chaud à midi.

der **Essig** *(Plural* Essige*)* ■ **le vinaigre**.

Estland *Neutrum* ■ **l'Estonie** *(Femininum)*

> Ländernamen werden im Französischen oft mit dem bestimmten Artikel verwendet.

die **Etage** *(Plural* Etagen*)* ■ **l'étage** *(Maskulinum)* : **unsere Wohnung liegt in der zweiten Etage** notre appartement est au deuxième étage.

etliche, r, s *Determinant* ■ **pas mal de : das hat uns etliches Geld gekostet** ça nous a coûté pas mal d'argent

> Nach Mengenangaben steht in der Regel nur **de** ohne Artikel.

etwa *Adverb*
1. **environ : das kostet etwa 20 Euro** ça coûte environ 20 euros
2. **peut-être : hast du das etwa vergessen?** as-tu peut-être oublié cela ?
3. **tout de même : du findest das doch nicht etwa lustig?** tu ne trouves tout de même pas ça drôle ?

etwas
■ *Pronomen*
1. **quelque chose : hast du etwas gesagt?** tu as dit quelque chose ? ; **ich habe etwas ganz Tolles erlebt** j'ai vécu quelque chose de vraiment super ; **etwas stört mich daran** il y a quelque chose qui me dérange
2. **un peu : könnte ich noch etwas Milch haben?** pourrais-je avoir encore un peu de lait ?

> Nach Mengenangaben steht in der Regel nur **de** ohne Artikel.

➤ **so etwas** une chose pareille : **so etwas habe ich ja noch nie gesehen !** je n'ai encore jamais vu une chose pareille !
■ *Determinant*
un peu de : haben Sie bitte etwas Geduld s'il vous plaît, ayez un peu de patience.

euch *Pronomen (Akkusativ und Dativ von ihr)*
■ **vous : habe ich euch schon zu meiner**

Fest eingeladen? est-ce que je vous ai déjà invités à ma fête ?

In zusammengesetzten Zeiten richtet sich das Partizip nach dem direkten Objektpronomen: Steht es im Plural, wird ans Partizip ein –s angehängt.

benehmt euch! tenez-vous bien !

euer, e *Determinant* ■ **votre, vos : euer Haus gefällt mir** votre maison me plaît bien ; **eure Mutter kocht gut** votre mère cuisine bien.

eure, r, s *Pronomen* ■ **le vôtre, la vôtre, les vôtres : das ist nicht unsere Kamera, das ist eure** ce n'est pas notre appareil photo, c'est le vôtre.

eurer *Pronomen (Genitiv von ihr)* ■ **de vous : sie erinnern sich eurer** ils se souviennent de vous.

Euro *(Plural* Euro*)* ■ **l'euro** *(Maskulinum)* : **das kostet 15 Euro** ça coûte 15 euros.

Europa *Neutrum* ■ **l'Europe** *(Femininum)* : **sie lebt seit zwanzig Jahren in Europa** elle vit en Europe depuis vingt ans.

Namen von Kontinenten werden im Französischen immer mit dem bestimmten Artikel verwendet, es sei denn, es steht ein en davor.

Europäer *(Plural* Europäer*)* ■ **l'Européen** *(Maskulinum)*

Namen von Einwohnern werden großgeschrieben.

Europäerin *(Plural* Europäerinnen*)* ■ **l'Européenne** *(Femininum)*.

europäisch *Adjektiv* ■ **européen (européenne)**.

evangelisch *Adjektiv* ■ **protestant (protestante)**.

ewig

Adjektiv

éternel (éternelle) : er hat ihr ewige Liebe geschworen il lui a juré un amour éternel

Adverb

1. **éternellement : niemand lebt ewig** personne ne vit éternellement
2. **une éternité : das dauert ja ewig!** mais ça dure une éternité !

die **Ewigkeit** *(Plural* Ewigkeiten*)* ■ **l'éternité** *(Femininum)* : **ich warte schon seit einer Ewigkeit** ça fait une éternité que j'attends.

das **Examen** *(Plural* Examen ODER Examina*)* ■ **l'examen** *(Maskulinum)* : **ich habe das Examen bestanden** j'ai réussi l'examen.

das **Exemplar** *(Plural* Exemplare*)* ■ **l'exemplaire** *(Maskulinum)* : **ich habe von der Zeitschrift zwei Exemplare** j'ai deux exemplaires de cette revue.

existieren *Verb* ■ **exister : meine frühere Schule existiert nicht mehr** mon ancienne école n'existe plus.

exotisch *Adjektiv* ■ **exotique**.

das **Experiment** *(Plural* Experimente*)* ■ **l'expérience** *(Femininum)* : **das Experiment hat nicht geklappt** l'expérience n'a pas marché.

explodieren *(Perfekt* ist explodiert*)* *Verb* ■ **exploser : gestern ist in der Innenstadt eine Bombe explodiert** hier, une bombe a explosé dans le centre-ville

Bei manchen Bewegungsverben werden die zusammengesetzten Zeiten anders als im Deutschen mit **avoir** gebildet.

die **Explosion** *(Plural* Explosionen*)* ■ **l'explosion** *(Femininum)*

der **Export** *(Plural* Exporte*)* ■ **l'exportation** *(Femininum)*.

extra *Adverb*

1. **à part : können wir bitte extra zahlen?** pouvons-nous payer à part, s'il vous plaît ?
2. **exprès : ich habe das extra für dich gekauft** j'ai acheté ça exprès pour toi.

extrem *Adjektiv* ■ **extrême : extreme Temperaturen** des températures extrêmes.

die **Fabel** *(Plural* Fabeln*)* ■ **la fable**.

die **Fabrik** *(Plural* Fabriken*)* ■ **l'usine** *(Femininum)*.

das **Fach** *(Plural* Fächer*)*

1. la **matière** : **in welchem Fach bist du besonders gut?** dans quelle matière es-tu particulièrement bon ?
2. le **compartiment** : **die Pullis liegen im zweiten Fach** les pulls sont rangés dans le deuxième compartiment.

der **Fachmann** *(Plural* Fachleute*)* ■ **le spécialiste** : **das muss ein Fachmann reparieren** cela doit être réparé par un spécialiste.

der **Faden** *(Plural* Fäden*)* ■ **le fil** : **ich brauche einen grünen Faden** j'ai besoin d'un fil vert.

fähig *Adjektiv*

➤ **zu etwas fähig sein** être capable de quelque chose : **ich glaube nicht, dass er fähig ist, so etwas zu tun** je ne le crois pas capable de faire une chose pareille.

die **Fähigkeit** *(Plural* Fähigkeiten*)*

1. la **capacité** : **die Schule sollte unsere Fähigkeiten fördern** l'école devrait développer nos capacités
2. l'**aptitude** *(Femininum)* : **ihr fehlt die Fähigkeit, etwas erklären zu können** il lui manque l'aptitude à savoir expliquer quelque chose.

die **Fahne** *(Plural* Fahnen*)* ■ **le drapeau**.

die **Fähre** *(Plural* Fähren*)*

1. le **bac** : **wir sind mit der Fähre auf die Insel gefahren** nous avons pris le bac pour aller sur l'île
2. le **ferry** : **wir sind mit der Fähre nach England gefahren** nous avons pris le ferry po aller en Angleterre.

fahren *(Präsens* **fährt**, *Präteritum* **fuh** *Perfekt* **ist|hat gefahren***)*

■ *intransitives Verb (Perfekt* **ist gefahren***)*

1. **aller** : **wir fahren mit dem Zug nach Rennes** nous allons à Rennes en train
2. **rouler** : **wie schnell fährt dein Auto?** quelle vitesse roule ta voiture ?

> Bei manchen Bewegungsverben werden die zusammengesetzten Zeiten anders als im Deutschen mit **avoir** gebildet.

3. **conduire** : **meine Mutter fährt nicht genachts** ma mère n'aime pas conduire la nu

■ *transitives Verb*

1. *(Perfekt* **hat gefahren***)* **conduire** : **kann du mich zur Schule fahren?** peux-tu m conduire à l'école ?
2. *(Perfekt* **ist gefahren***)* **prendre** : **wir sin diese Strecke schon oft gefahren** no avons déjà souvent pris cette route
3. *(Perfekt* **ist gefahren***)* **faire** : **fährst d Ski?** fais-tu du ski ?

der **Fahrer** *(Plural* Fahrer*)* ■ **le conducteu**

die **Fahrerin** *(Plural* Fahrerinnen*)* ■ **conductrice**.

die **Fahrkarte** *(Plural* Fahrkarten*)* ■ **billet**.

der **Fahrplan** *(Plural* Fahrpläne*)* ■ **l'horare** *(Maskulinum)*.

das **Fahrrad** *(Plural* Fahrräder*)* ■ **le vélo Thomas fährt mit dem Fahrrad in d Schule** Thomas va à l'école à vélo.

der **Fahrstuhl** *(Plural* Fahrstühle*)* ■ **l'acenseur** *(Maskulinum)*.

die **Fahrt** *(Plural* Fahrten*)*

1. le **trajet** : **die Fahrt nach München daue drei Stunden** le trajet jusqu'à Munich du trois heures
2. la **sortie** : **wir machen am Wochenend eine Fahrt in die Berge** ce week-end, no ferons une sortie en montagne

➤ **gute Fahrt!** bonne route !

fährt *Präsens* ➤ fahren.

s **Fahrzeug** *(Plural* Fahrzeuge*)* ■ **le véhicule : die Polizei hat drei Fahrzeuge abgeschleppt** la police a enlevé trois véhicules.

fair *Adverb* ■ **avec fair-play : die anderen haben nicht fair gespielt** les autres n'ont pas joué avec fair-play.

r **Fall** *(Plural* Fälle*)*
1. **le cas : welcher Fall steht nach „durch"?** de quel cas est suivi « durch » ? ; **wir wollen nicht hoffen, dass dieser Fall eintritt** espérons que ce cas ne se présente pas
2. **l'affaire** *(Femininum)* **: die Polizei hat den Fall noch nicht gelöst** la police n'a pas encore élucidé cette affaire

➤ **auf jeden Fall** en tout cas : **ich besuche euch auf jeden Fall** en tout cas, je vous rendrai visite

➤ **auf alle Fälle** de toute façon : **nimm auf alle Fälle einen Schirm mit** de toute façon, prends un parapluie

➤ **auf keinen Fall** en aucun cas : **ich darf auf keinen Fall vergessen, Geld mitzunehmen** je ne dois en aucun cas oublier de prendre de l'argent.

e **Falle** *(Plural* Fallen*)* ■ **le piège : sie haben eine Falle aufgestellt** ils ont posé un piège

➤ **jemandem eine Falle stellen** tendre un piège à quelqu'un.

fallen *(Präsens* fällt, *Präteritum* fiel, *Perfekt* ist gefallen*) Verb*
1. **tomber : sie stolperte und fiel** elle a trébuché et est tombée ; **gestern Nacht ist der erste Schnee gefallen** la première neige est tombée la nuit dernière
2. **chuter : die Computerpreise fallen weiter** le prix des ordinateurs continue à chuter.

fällen *Verb* ■ **abattre : die Tanne vor unserem Haus muss gefällt werden** il va falloir abattre le sapin devant notre maison.

falls *Konjunktion* ■ **si : falls du doch nicht kommen kannst, sag bitte Bescheid** préviens-nous si finalement tu ne peux pas venir.

fällt *Präsens* ➤ fallen.

falsch

■ *Adjektiv*
1. **faux (fausse) : falsche Euroscheine** de faux billets d'euros
2. **mauvais (mauvaise) : wir sind an der falschen Ausfahrt rausgefahren** nous avons pris la mauvaise sortie

■ *Adverb*

mal : du hast das Wort falsch geschrieben tu as mal écrit ce mot

➤ **falsch singen** chanter faux : **Lukas hat furchtbar falsch gesungen** Lucas a chanté terriblement faux.

fälschen *Verb* ■ **falsifier : er hat die Unterschrift seiner Eltern gefälscht** il a falsifié la signature de ses parents.

die **Fälschung** *(Plural* Fälschungen*)* ■ **le faux : das Bild ist eine Fälschung** ce tableau est un faux.

die **Falte** *(Plural* Falten*)*
1. **le pli : das Hemd war voller Falten** la chemise était pleine de plis
2. **la ride : meine Mutter bekommt langsam Falten** ma mère commence à avoir des rides.

die **Familie** *(Plural* Familien*)* ■ **la famille : wir sind eine glückliche Familie** nous sommes une famille heureuse.

der **Familienname** *(Plural* Familiennamen*)* ■ **le nom de famille**.

der **Fan** *(Plural* Fans*)* ■ **le fan, la fan**.

fand *Präteritum* ➤ finden.

fangen *(Präsens* fängt, *Präteritum* fing, *Perfekt* hat gefangen*) Verb*
1. **attraper : der Torwart muss den Ball fangen** le gardien de but doit attraper le ballon ; **die Polizei hat den Dieb gefangen** la police a attrapé le voleur
2. **prendre : wir haben keinen einzigen Fisch gefangen** nous n'avons pas pris un seul poisson.

fängt *Präsens* ➤ fangen.

die **Fantasie, Phantasie** *(Plural* Fantasien*)* ■ **l'imagination** *(Femininum)* **: du hast zu viel Fantasie!** tu as trop d'imagination !

fantastisch, phantastisch

■ *Adjektiv*

fantastique : sie haben ein fantastisches Haus ils ont une maison fantastique

■ *Adverb*

extraordinairement bon (bonne) : das schmeckt fantastisch! c'est extraordinairement bon !

die **Farbe** *(Plural* Farben*)*

1. la **couleur : welche Farbe hat das Buch?** de quelle couleur est le livre ?
2. la **peinture : wir haben einen Eimer Farbe gekauft** nous avons acheté un seau de peinture.

färben *transitives Verb* ■ **teindre : ich habe meine Jeans schwarz gefärbt** j'ai teint mon jean en noir

sich **färben** *reflexives Verb*

➤ **sich** *(D)* **die Haare färben** se teindre les cheveux.

der **Fasching** *(Plural* Faschinge ODER Faschings*)* ■ le **carnaval**.

das **Fass** *(Plural* Fässer*)* ■ le **tonneau : der Wein wird in Fässern gelagert** le vin est entreposé dans des tonneaux

➤ **vom Fass** (à la) pression : **Bier vom Fass** la bière pression.

fassen *Verb*

1. **saisir : er fasste mich am Arm und zog mich weg** il me saisit par le bras et m'entraîna
2. **arrêter : der Mörder ist noch nicht gefasst worden** le meurtrier n'a pas encore été arrêté
3. **arriver à comprendre : ich fasse es nicht** je n'arrive pas à comprendre
4. **pouvoir contenir : die Flasche fasst genau einen Liter** la bouteille peut contenir exactement un litre.

die **Fassung** *(Plural* Fassungen*)*

1. la **douille : ich habe versucht, die neue Birne in die Fassung zu schrauben** j'ai essayé de visser la nouvelle ampoule dans la douille
2. la **version : morgen gebe ich die überarbeitete Fassung meines Aufsatzes ab** demain, je rendrai la version revue et corrigée de ma dissertation

➤ **die Fassung verlieren** perdre son sang-froid.

fast *Adverb* ■ **presque : ich bin fast fertig** j'ai presque fini

➤ **fast hätte ich vergessen, dir das zu sagen** j'ai failli oublier de te le dire

> **Fast** wird im Französischen häufig mit **faillir** + Infinitiv wiedergegeben.

fasten *Verb* ■ **jeûner : um abzunehmen hat sie vier Wochen gefastet** pour maigrir elle a jeûné pendant quatre semaines.

die **Fastnacht** ■ le **carnaval**.

faul

■ *Adjektiv*

1. **pourri (pourrie) : hier riecht es nach faulen Eiern** ça sent les œufs pourris ici
2. **paresseux (paresseuse) : bist du dumm oder nur faul?** es-tu bête ou juste paresseux ?

■ *Adverb*

à ne rien faire : er lag den ganzen Tag faul auf dem Sofa toute la journée, il était couché à ne rien faire sur le canapé.

faulenzen *Verb* ■ **paresser : am Wochenende habe ich nur gefaulenzt** ce week-end, je n'ai fait que paresser.

die **Faulheit** ■ la **paresse**.

die **Faust** *(Plural* Fäuste*)* ■ le **poing : unser Lehrer schlug mit der Faust auf den Tisch** notre professeur a tapé du poing sur la table

➤ **auf eigene Faust** de mon|ton|son|leur propre chef : **ich bin abends auf eigene Faust losgezogen** je suis parti le soir de mon propre chef.

das **Fax** *(Plural* Faxe*)* ■ le **fax : ich schicke euch ein Fax** je vous envoie un fax.

faxen *Verb* ■ **faxer : kannst du mir den Artikel bitte faxen?** peux-tu me faxer l'article, s'il te plaît ?

Februar ■ **février** ➤ September.

Feder *(Plural* Federn*)* die

1. la **plume : mein Füller hat eine goldene Feder** mon stylo a une plume en or

. **le ressort : das Uhrwerk wird mit einer Feder aufgezogen** on remonte le mécanisme de la montre avec un ressort.

fegen *Verb* ■ **balayer : hast su schon die Küche gefegt?** as-tu balayé la cuisine ?

fehlen *Verb*

. **être absent (absente) : wer hat letztes Mal gefehlt?** qui était absent la dernière fois ?

. **manquer de : dir fehlt die Geduld** tu manques de patience

Die unpersönliche Wendung **il manque** bleibt unverändert, auch wenn ein Substantiv im Plural folgt.

➤ **jemandem fehlen** manquer à quelqu'un : **du fehlst mir so !** tu me manques tellement ! : **mir fehlen 10 Euro** il me manque 10 euros

➤ **was fehlt dir?** qu'est-ce qui ne va pas ?

r **Fehler** *(Plural* Fehler*)*

. **la faute : ich habe im Diktat keinen einzigen Fehler gemacht** je n'ai pas fait une seule faute à la dictée

. **l'erreur** *(Femininum)* **: er macht auf Französisch keine Fehler mehr** il ne fait plus d'erreurs en français

. **le défaut : dieser Pulli hat einen Fehler** ce pull a un défaut.

e **Feier** *(Plural* Feiern*)* ■ **la fete : am Schuljahresende machen wir eine Feier** à la fin de l'année scolaire, nous faisons une fête.

r **Feierabend** *(Plural* Feierabende*)* ■ **la fin de la journée de travail : mein Vater hat erst nach Feierabend Zeit** mon père n'a du temps qu'après la fin de sa journée de travail

➤ **Feierabend haben** terminer son travail.

feiern

■ *transitives Verb*

. **fêter : wo feierst du Weihnachten?** où fêtes-tu Noël ?

. **faire la fête à : die siegreiche Mannschaft wurde gefeiert** on a fait la fête à l'équipe victorieuse après son retour

■ *intransitives Verb*

faire la fête : wir haben die ganze Nacht gefeiert on a fait la fête toute la nuit.

der **Feiertag** *(Plural* Feiertage*)* ■ **le jour férié : der 26. Dezember ist in Deutschland ein Feiertag** le 26 décembre est un jour férié en Allemagne.

feige *Adjektiv* ■ **lâche : du bist wohl zu feige, ihr das zu sagen** tu es sans doute trop lâche pour le lui dire

der **Feigling** *(Plural* Feiglinge*)* ■ **le lâche.**

die **Feile** *(Plural* Feilen*)* ■ **la lime : hast du eine Feile für die Nägel?** as-tu une lime à ongles ?

feilen *Verb* ■ **limer : ich feile meine Fingernägel** je me lime les ongles.

feilschen *Verb* ■ **marchander : wir haben versucht, mit dem Händler zu feilschen** nous avons essayé de marchander avec le commerçant.

fein

■ *Adjektiv*

1. **fin (fine) : Esther hat sehr feine Haare** Esther a les cheveux très fins
2. **formidable : fein, dass du da bist** c'est formidable que tu sois là
3. **délicat (délicate) : es gab lauter feine Sachen zu essen** on nous a servi plein de mets délicats

■ *Adverb*

familiär **gentiment : das wirst du fein bleiben lassen!** tu vas gentiment laisser tomber ça !

der **Feind** *(Plural* Feinde*)* ■ **l'ennemi** *(Maskulinum)* **: früher waren Frankreich und Deutschland Feinde** autrefois, la France et l'Allemagne étaient des ennemis

➤ **sich** *(D)* **Feinde machen** se faire des ennemis.

die **Feindin** *(Plural* Feindinnen*)* ■ **l'ennemie** *(Femininum)*.

die **Feindschaft** *(Plural* Feindschaften*)* ■ **l'inimitié** *(Femininum)* **: die Feindschaft zwischen den Nachbarn dauert schon lange an** l'inimitié entre les voisins dure depuis longtemps déjà.

das **Feld** *(Plural* Felder*)*

1. **le champ : der Bauer hat auf seinem Feld Kartoffeln angebaut** l'agriculteur a planté des pommes de terre dans son champ

2. le **domaine** : **der Umweltschutz ist ein weites Feld** la protection de l'environnement est un vaste domaine
3. la **case** : **er stellte die Schachfiguren auf die Felder** il plaça les pièces du jeu d'échecs sur les cases
4. le **terrain** : **ein Spieler musste vom Feld** un joueur a dû évacuer le terrain.

das **Fell** (*Plural* Felle)
1. le **poil** : **unser Hund hat ein schönes Fell** notre chien a un beau poil
2. la **peau** : **er trug eine Mütze aus Fell** il portait une casquette en peau.

der **Fels** (*Plural* Felsen)
1. le **rocher** : **Gibraltar ist ein großer Fels** Gibraltar est un grand rocher
2. la **roche** : **bei ihren Forschungen stießen die Geologen auf Fels** au cours de leurs recherches, les géologues ont découvert de la roche.

der **Felsen** (*Plural* Felsen) ■ le **rocher** : **wir sind auf den Felsen herumgeklettert** nous avons escaladé les rochers.

das **Femininum** (*Plural* Feminina) ■ le **féminin**.

das **Fenster** (*Plural* Fenster) ■ la **fenêtre** : **mach bitte das Fenster auf** s'il te plaît, ouvre la fenêtre ; **bei dem Programm kann man mit Fenstern arbeiten** en utilisant ce programme, on peut travailler avec des fenêtres.

die **Ferien** *Plural* ■ les **vacances** (*Femininum Plural*) : **wir haben sechs Wochen lang Ferien** nous avons six semaines de vacances ; **ich mache schon lang nicht mehr mit meinen Eltern Ferien** ça fait longtemps que je ne pars plus en vacances avec mes parents
➤ **die großen Ferien** les grandes vacances : **in den großen Ferien wollen wir nach Ungarn fahren** pendant les grandes vacances, nous aimerions aller en Hongrie
➤ **in die Ferien fahren** partir en vacances.

fern *Adjektiv* ■ **lointain (lointaine)** : **ferne Länder haben mich schon immer fasziniert** les pays lointains m'ont toujours fasciné.

der **Ferne Osten** ■ **l'Extrême-Orient** (*Maskulinum*).

ferner
■ *Adverb*
en outre : **wir brauchen Geschenkpapier und ferner Briefmarken** nous avons besoin de papier cadeau et en outre de timbres
■ *Adjektiv (Komparativ)*
➤ fern.

das **Ferngespräch** (*Plural* Ferngespräche) ■ la **communication longue distance**.

fern|sehen *Verb* ■ **regarder la télé** : **wir haben den ganzen Abend lang ferngesehen** nous avons regardé la télé toute la soirée.

das **Fernsehen** ■ la **télévision** : **das Fußballspiel wird im Fernsehen übertragen** le match de foot est retransmis à la télévision.

der **Fernseher** (*Plural* Fernseher) ■ la **télévision** : **ich habe einen eigenen Fernseher** j'ai ma propre télévision.

die **Ferse** (*Plural* Fersen) ■ le **talon**.

fertig *Adjektiv*
1. **terminé (terminée)** : **mein Referat ist fertig** mon exposé est terminé
2. **prêt (prête)** : **ich bin fertig, wir können gehen** je suis prêt, nous pouvons partir
3. *familiär*
➤ **völlig fertig sein**
1. être complètement crevé (crevée) : **nach der Bergtour waren wir alle völlig fertig** après la randonnée en montagne, on était tous complètement crevés
2. avoir le moral à zéro : **ich bin völlig fertig, jetzt habe ich schon wieder eine schlechte Note** j'ai le moral à zéro, j'ai encore eu une mauvaise note
➤ **mit jemandem nicht fertig werden** ne pas venir à bout de quelqu'un : **Frau Duss wird mit dieser Klasse nicht fertig** madame Duss ne vient pas à bout de cette classe.

fesseln *Verb*
1. **ligoter** : **sie hatten die Geiseln gefesselt** ils avaient ligoté les otages
2. **captiver** : **die Artisten haben mich am meisten gefesselt** ce sont les acrobates qui m'ont le plus captivé.

fest
- *Adjektiv*
1. **serré (serrée) : mach einen festen Knoten** fais un nœud serré
2. **énergique : er hat einen festen Händedruck** il a une poignée de main énergique
3. **solide : zieh feste Schuhe an** mets des chaussures solides
4. **ferme : eine feste Abmachung** un accord ferme
- **ein fester Freund** un petit ami : **Karin hat einen festen Freund** Karin a un petit ami
- **eine feste Freundin** une petite amie : **Felix hat eine feste Freundin** Felix a une petite amie
- *Adverb*
1. **fort : er schlägt fest zu** il frappe fort
2. **fermement : ich hatte fest mit dir gerechnet** je comptais fermement sur toi
- **fest schlafen** dormir profondément.

das **Fest** *(Plural* Feste*)* ■ **la fête : an meinem Geburtstag mache ich ein Fest** je fais une fête pour mon anniversaire
- **frohes Fest!** joyeuses fêtes ! : **frohes Fest und alles Gute im neuen Jahr** joyeuses fêtes et bonne année !

fest|binden *Verb* ■ **attacher : sie hat ihren Hund an einem Laternenpfahl festgebunden** elle a attaché son chien à un réverbère.

fest|halten *Verb*
1. **tenir : mein Vater hat meine Hand festgehalten** mon père m'a tenu la main
2. **fixer : er hat die Szene auf einem Foto festgehalten** il a fixé la scène sur pellicule.

fest|legen *transitives Verb* ■ **fixer : wir haben schon einen Termin festgelegt** nous avons déjà fixé un rendez-vous

sich **festlegen** *reflexives Verb* ■ **s'engager : er will sich nicht festlegen** il ne veut pas s'engager.

fest|nehmen *Verb* ■ **arrêter : die Polizei hat drei Demonstranten festgenommen** la police a arrêté trois manifestants.

fest|stehen *Verb*
1. **être fixé (fixée) : der Termin für die nächste Arbeit steht schon fest** la date du prochain devoir sur table est déjà fixée
2. **être sûr (sûre) : eines steht fest, dort gehe ich nie wieder hin** une chose est sûre : je ne retournerai jamais là-bas.

fest|stellen *Verb*
1. **déterminer : der Arzt stellte die Todesursache fest** le médecin a déterminé la cause du décès
2. **constater : ich stelle fest, dass ihr eure Hausaufgaben nicht gemacht habt** je constate que vous n'avez pas fait vos devoirs.

die **Feststellung** *(Plural* Feststellungen*)*
■ **la constatation : das ist keine Frage, das ist eine Feststellung** ce n'est pas une question, c'est une constatation
- **die Feststellung machen, dass ...** constater que...

fett
- *Adjektiv*

gras (grasse) : das Essen war mir zu fett le repas était trop gras pour moi
- **fett werden** grossir : **er ist fett geworden** il a grossi
- *Adverb*

gras : sie essen sehr fett ils mangent très gras.

das **Fett** *(Plural* Fette*)* ■ **les matières grasses** *(Femininum Plural)* **: meine Mutter benützt nur pflanzliches Fett** ma mère n'utilise que des matières grasses végétales.

feucht *Adjektiv* ■ **humide : die Wände der Höhle waren feucht** les murs de la grotte étaient humides.

die **Feuchtigkeit** ■ **l'humidité** *(Femininum)*.

das **Feuer** *(Plural* Feuer*)*
1. **l'incendie** *(Maskulinum)* **: in der Innenstadt brach ein Feuer aus** il y a eu un incendie dans le centre-ville
2. **le feu : wir saßen alle ums Feuer und erzählten Geschichten** nous étions tous assis autour du feu à nous raconter des histoires
- **haben Sie Feuer?** avez-vous du feu ?
- **Feuer machen** faire du feu
- **Feuer!** au feu !

die **Feuerwehr** *(Plural* Feuerwehren*)* ■ **les pompiers** *(Maskulinum Plural)* **: alarmieren Sie sofort die Feuerwehr!** prévenez immédiatement les pompiers !

das **Feuerwerk** *(Plural* Feuerwerke*)* ■ le **feu d'artifice**.

das **Feuerzeug** *(Plural* Feuerzeuge*)* ■ le **briquet**.

das **Fieber** ■ la **fièvre** : **ich habe Fieber** j'ai de la fièvre

> Namen von Krankheiten werden im Französischen anders als im Deutschen mit dem bestimmten Artikel verwendet.

fiel *Präteritum* ➤ fallen.

die **Figur** *(Plural* Figuren*)*

1. la **ligne** : **Bettina muss auf ihre Figur achten** Bettina doit faire attention à sa ligne
2. le **personnage** : **Napoleon ist eine historische Figur** Napoléon est un personnage historique
3. la **figure** : **ein Kreis ist eine geometrische Figur** le cercle est une figure géométrique.

der **Film** *(Plural* Filme*)*

1. le **film** : **heute kommt ein toller Film im Fernsehen** aujourd'hui, il y a un super film à la télé
2. la **pellicule** : **ich nehme einen Film für meine Kamera mit** j'emporte une pellicule pour mon appareil photo.

filmen *Verb* ■ **filmer** : **ein Reporter hat die Demonstration gefilmt** un reporter a filmé la manifestation.

der|das **Filter** *(Plural* Filter*)* ■ le **filtre** : **wo sind die Filter für die Kaffeemaschine?** où sont les filtres pour la cafetière électrique ?

der **Filzstift** *(Plural* Filzstifte*)* ■ le **feutre**.

das **Finanzamt** *(Plural* Finanzämter*)* ■ le **fisc**.

finanziell *Adjektiv* ■ **financier (financière)** : **meine Eltern haben finanzielle Probleme** mes parents ont des problèmes financiers.

finanzieren *Verb* ■ **financer** : **die Ferien habe ich selbst finanziert** j'ai financé mes vacances tout seul.

finden *(Präteritum* fand, *Perfekt* hat gefunden*)*

■ *transitives Verb*
trouver : **ich habe heute 20 Euro auf der Straße gefunden** aujourd'hui, j'ai trouvé 20 euros dans la rue ; **ich finde meine Erdkundelehrerin ganz toll** je trouve ma prof de géo formidable

➤ **nichts dabei finden** ne rien voir de mal à : **ich finde nichts dabei, wenn ich mal einen Jungen küsse** je ne vois rien de mal à embrasser un garçon

■ *intransitives Verb*

➤ **zum Bahnhof finden** trouver le chemin de la gare.

fing *Präteritum* ➤ fangen.

der **Finger** *(Plural* Finger*)* ■ le **doigt** : **sie hatte an jedem Finger einen Ring** elle avait une bague à chaque doigt.

der **Fingernagel** *(Plural* Fingernägel*)* ■ l'**ongle** *(Maskulinum)* : **kannst du mir bitte die Fingernägel schneiden?** s'il te plaît, peux-tu me couper les ongles ?

finnisch *Adjektiv* ■ **finlandais (finlandaise)**.

Finnland *Neutrum* ■ la **Finlande**

> Ländernamen werden im Französischen oft mit dem bestimmten Artikel verwendet, es sei denn, es steht ein **en** davor.

finster *Adjektiv* ■ **sombre** : **draußen war es ganz finster** il faisait très sombre dehors.

die **Firma** *(Plural* Firmen*)* ■ l'**entreprise** *(Femininum)*.

der **Fisch** *(Plural* Fische*)* ■ le **poisson** : **ich habe drei Fische in meinem Aquarium** j'ai trois poissons dans mon aquarium ; **freitags gibt es bei uns Fisch** chez nous, on mange du poisson le vendredi

➤ **Fische** les Poissons *(Maskulinum Plural)* : **Rudi ist im Sternzeichen Fische geboren** Rudi est né sous le signe des Poissons.

fit *Adjektiv* ■ **en forme** : **ich bin im Moment überhaupt nicht fit** en ce moment, je ne suis pas du tout en forme.

flach *Adjektiv* ■ **plat (plate)** : **sie trägt lieber flache Schuhe** elle préfère porter des chaussures plates.

die Fläche *(Plural* Flächen*)*
1. la **surface : diese Fläche darf nicht bebaut werden** cette surface est non constructible
2. la **superficie : wie berechnet man die Fläche eines Kreises?** comment calcule-t-on la superficie du cercle ?

die Flagge *(Plural* Flaggen*)* ■ le **pavillon : das Schiff fährt unter deutscher Flagge** le bateau navigue sous pavillon allemand.

flämisch *Adjektiv* ■ **flamand (flamande)**.

die Flamme *(Plural* Flammen*)*
1. la **flamme : die Flammen schlugen aus dem brennenden Haus** les flammes s'échappaient de la maison en feu
2. le **feu : auf kleiner Flamme kochen lassen** faire cuire à feu doux.

die Flasche *(Plural* Flaschen*)* ■ la **bouteille : auf dem Tisch steht eine Flasche Wasser** il y a une bouteille d'eau sur la table

Auf Maßangaben folgt immer **de**.

der Flaschenöffner *(Plural* Flaschenöffner*)* ■ le **décapsuleur**.

der Fleck *(Plural* Flecke ODER Flecken*)* ■ la **tache : du hast da einen Fleck auf der Hose** tu as une tache sur ton pantalon
➤ **ein blauer Fleck** un bleu : **ich habe lauter blaue Flecke** j'ai plein de bleus.

fleckig *Adjektiv* ■ **taché (tachée) : deine Bluse ist fleckig** ton chemisier est taché.

das Fleisch ■ la **viande : wir essen kein Fleisch** nous ne mangeons pas de viande.

die Fleischerei *(Plural* Fleischereien*)* ■ la **boucherie**.

fleißig
■ *Adjektiv*
travailleur (travailleuse) : Cordula ist fleißig Cordula est travailleuse
■ *Adverb*
avec assiduité : wenn du fleißig lernst, bekommst du eine gute Note si tu travailles avec assiduité, tu auras une bonne note.

flicken *Verb* ■ **raccommoder : meine Mutter hat die zerrissene Hose geflickt** ma mère a raccommodé le pantalon déchiré.

der Flieder *(Plural* Flieder*)* ■ le **lilas**.

die Fliege *(Plural* Fliegen*)*
1. la **mouche : auf dem Land gibt es viele Fliegen** à la campagne, il y a beaucoup de mouches
2. le **nœud papillon : im Theater trägt er immer eine Fliege** il met toujours un nœud papillon pour aller au théâtre.

fliegen *(Präteritum* flog*, Perfekt* hat/ist geflogen*)*
■ *intransitives Verb (Perfekt* ist geflogen*)*
1. **voler : die Blätter flogen durch die Luft** les feuilles ont volé à travers les airs

Bei manchen Bewegungsverben werden die zusammengesetzten Zeiten anders als im Deutschen mit **avoir** gebildet.

2. **prendre l'avion pour : Ich fliege morgen nach Hawaii** demain, je prends l'avion pour Hawaii
3. *familiär* **être viré (virée) : wenn du so weitermachst, fliegst du von der Schule** si tu continues comme ça, tu seras viré de l'école
➤ **über etwas** *(A)* **fliegen** survoler quelque chose : **der Hubschrauber flog über die Insel** l'hélicoptère a survolé l'île

Wenn im Deutschen ein Bewegungsverb zusammen mit einem Adverb oder einer Präposition (zum Beispiel **über**) verwendet wird, steht im Französischen häufig nur ein Verb.

■ *transitives Verb*
1. *(Perfekt* hat geflogen*)* **acheminer : die Medikamente wurden nach Afrika geflogen** on a acheminé les médicaments en Afrique
2. *(Perfekt* hat geflogen*)* **piloter : er kann kleine Sportflugzeuge fliegen** il sait piloter de petits avions de tourisme

3. *(Perfekt* ist|hat geflogen*)* **desservir : wir fliegen diese Strecke täglich** nous desservons cette destination tous les jours.

fliehen *(Präteritum* floh, *Perfekt* ist geflohen*) Verb* ■ **s'enfuir : sie sind im Krieg geflohen** ils se sont enfuis pendant la guerre.

fließen *(Präteritum* floss, *Perfekt* ist geflossen*) Verb*

1. **couler : das Wasser fließt im Rinnstein** l'eau coule dans le caniveau
2. **arroser : die Donau fließt durch Ulm** le Danube arrose Ulm.

die **Flocke** *(Plural* Flocken*)* ■ **le flocon : es schneite dicke Flocken** il neigeait de gros flocons.

flog *Präteritum* ➤ fliegen.

floh *Präteritum* ➤ fliehen.

der **Floh** *(Plural* Flöhe*)* ■ **la puce**.

der **Flohmarkt** *(Plural* Flohmärkte*)* ■ **le marché aux puces**.

floss *Präteritum* ➤ fließen.

die **Flosse** *(Plural* Flossen*)*

1. **la nageoire : die Flosse eines Hais wurde sichtbar** on aperçut la nageoire d'un requin
2. **la palme : wir gehen tauchen, also nimm deine Flossen mit** on va faire de la plongée, alors prends tes palmes.

die **Flöte** *(Plural* Flöten*)* ■ **la flûte : sie spielt Flöte** elle joue de la flûte.

flott *Adjektiv*

1. **chic : du hast eine flotte Frisur** tu as une coiffure chic
2. **rapide : die Bedienung war flott** le service était rapide.

fluchen *Verb*

➤ **über jemanden fluchen** pester contre quelqu'un : **über diesen Lehrer fluchen alle Schüler** tous les élèves pestent contre ce professeur.

die **Flucht** ■ **la fuite : seine Flucht war spektalulär** sa fuite a été spectaculaire.

flüchten *(Perfekt* ist geflüchtet*) Verb* ■ **s'enfuir : sie sind nach Deutschland geflüchtet** ils se sont enfuis en Allemagne.

der **Flüchtling** *(Plural* Flüchtlinge*)* ■ **réfugié**.

der **Flug** *(Plural* Flüge*)* ■ **le vol : der Flug hat zehn Stunden gedauert** le vol a duré d heures

➤ **ich habe einen Flug nach Hamburg gebucht** j'ai réservé une place sur un vol po Hambourg.

der **Flügel** *(Plural* Flügel*)*

1. **l'aile** *(Femininum)* **: die Flügel des Voge sind gelb** les ailes de l'oiseau sont jaunes
2. **le piano à queue : in diesem Konzertsa steht ein hervorragender Flügel** dans ce te salle de concert, il y a un excellent piano queue.

der **Flughafen** *(Plural* Flughäfen*)* ■ **l'aéro port** *(Maskulinum)* **: ich hole dich am Flughafen ab** je viens te chercher à l'aéroport.

das **Flugzeug** *(Plural* Flugzeuge*)* ■ **l'avio** *(Maskulinum)*.

der **Flur** *(Plural* Flure*)* ■ **le couloir**.

der **Fluss** *(Plural* Flüsse*)*

1. **le fleuve : dieser Fluss fließt in die Nord see** ce fleuve se jette dans la mer du Nord
2. **la rivière : dieser Fluss fließt in die Saa** cette rivière se jette dans la Sarre.

flüssig *Adjektiv* ■ **liquide : meine Mut ter hat das neue flüssige Waschmitt ausprobiert** ma mère a essayé la nouvel lessive liquide.

die **Flüssigkeit** *(Plural* Flüssigkeiten*)* ■ **l liquide**.

flüstern

■ *intransitives Verb*

chuchoter : warum flüsterst du denn pourquoi chuchotes-tu ?

■ *transitives Verb*

murmurer : er hat ihr etwas ins Ohr geflüstert il lui a murmuré quelque chose l'oreille.

die **Flut** ■ **la marée haute : wann ist Flut** quand sera-t-on à marée haute ?

der **Föhn** *(Plural* Föhne*)* ■ **le sèche cheveux : hast du auch den Föhn eingepackt?** as-tu mis aussi le sèche-cheveu dans la valise ?

die Folge *(Plural* Folgen*)*
1. la **conséquence** : **unser Streich hatte Folgen** notre farce a eu des conséquences
2. l'**épisode** *(Maskulinum)* : **morgen kommt die nächste Folge des Krimis** demain, ils passent le prochain épisode de ce polar.

folgen *(Perfekt* ist gefolgt*) Verb* ■ **suivre** : **wir sind den Schildern gefolgt** nous avons suivi les panneaux ; **ich kann ihm nicht immer folgen** je n'arrive pas toujours à le suivre

Bei manchen Bewegungsverben werden die zusammengesetzten Zeiten anders als im Deutschen mit **avoir** gebildet.

➤ **auf etwas** *(A)* **folgen** succéder à quelque chose : **auf den Regen folgte Sonnenschein** le soleil a succédé à la pluie.

die Folie *(Plural* Folien*)*
1. le **film transparent** : **pack das restliche Fleisch in eine Folie ein** emballe le reste de viande dans un film transparent
2. le **transparent** : **unser Lehrer hat Folien für den Tageslichtprojektor mitgebracht** notre professeur a apporté des transparents pour le rétroprojecteur.

foltern *Verb* ■ **torturer** : **es heißt, dass in diesem Land Gefangene gefoltert werden** il paraît que dans ce pays, on torture les prisonniers.

fordern *Verb*
1. **exiger** : **die Gewerkschaften fordern mehr Lohn** les syndicats exigent de meilleurs salaires
2. **solliciter** : **der Beruf fordert meinen Vater sehr** mon père est très sollicité par son métier.

fördern *Verb*
1. **aider** : **es werden Extrastunden angeboten, um schwache Schüler zu fördern** on propose des heures de soutien pour aider les élèves en difficulté
2. **subventionner** : **die Regierung fördert die Einrichtung von Sprachkursen** le gouvernement subventionne la création de cours de langue.

die Forderung *(Plural* Forderungen*)* ■ l'**exigence** *(Femininum)* : **das sind unsere Forderungen** voici nos exigences.

die Forelle *(Plural* Forellen*)* ■ la **truite**.

die Form *(Plural* Formen*)*
1. la **forme** : **das neue Modell hat eine schöne Form** le nouveau modèle a une jolie forme ; **der Sportler war heute nicht in Form** aujourd'hui, le sportif n'était pas en forme
2. le **moule** : **den Kuchen erst aus der Form nehmen, wenn er kalt ist** ne sortir le gâteau de son moule qu'une fois qu'il aura refroidi.

formatieren *Verb* ■ **formater** : **ist diese Diskette schon formatiert?** est-ce que cette disquette est déjà formatée ?

die Formel *(Plural* Formeln*)* ■ la **formule** : **eine chemische Formel** une formule chimique.

formen *Verb* ■ **façonner** : **ich habe versucht, aus Ton eine Figur zu formen** j'ai essayé de façonner une figurine en argile.

das Formular *(Plural* Formulare*)* ■ le **formulaire** : **hast du das Formular schon ausgefüllt?** as-tu déjà rempli le formulaire ?

formulieren *Verb* ■ **formuler** : **ich weiß nicht, wie ich den Satz formulieren soll** je ne sais pas comment formuler cette phrase.

die Forschung *(Plural* Forschungen*)* ■ la **recherche**.

fort *Adverb* ■ **parti (partie)** : **ist er schon fort?** est-il déjà parti ?

sich fort|bewegen *(Perfekt* hat sich fortbewegt*) reflexives Verb* ■ **se déplacer** : **die Schnecke bewegt sich langsam fort** l'escargot se déplace lentement.

die|der Fortgeschrittene *(Plural* die Fortgeschrittenen*)* ■ le **non débutant**, la **non débutante**.

der Fortschritt *(Plural* Fortschritte*)* ■ le **progrès**
➤ **Fortschritte machen** faire des progrès : **in letzter Zeit hast du in Französisch große Fortschritte gemacht** ces derniers temps, tu as fait de gros progrès en français.

fort|setzen *Verb* ■ **poursuivre** : **wir haben in Nancy einen Tag verbracht, dann haben wir unsere Reise fortgesetzt** nous avons passé une journée à Nancy, puis nous avons poursuivi notre voyage.

die **Fortsetzung** *(Plural* Fortsetzungen*)* ■ la **suite** : **die Fortsetzung des Films kommt morgen** on passe la suite du film demain
➤ **Fortsetzung folgt** à suivre.

das **Foto** *(Plural* Fotos*)* ■ la **photo**

Achtung ! Anders als das deutsche Wort Foto ist das französische Substantiv **photo** weiblich.

der **Fotoapparat** *(Plural* Fotoapparate*)* ■ **l'appareil photo** *(Maskulinum)*.

der **Fotograf** *(Plural* Fotografen*)* ■ **le photographe**.

die **Fotografie** *(Plural* Fotografien*)* ■ **la photo** : **seit wann interessierst du dich für Fotografie?** depuis quand t'intéresses-tu à la photo ?

fotografieren *(Perfekt* hat fotografiert*)*
■ *transitives Verb*
prendre en photo : **kannst du uns bitte mal fotografieren?** s'il te plaît, pourrais-tu nous prendre en photo ?
■ *intransitives Verb*
prendre des photos : **ich habe in den Ferien viel fotografiert** j'ai pris beaucoup de photos pendant les vacances.

die **Fotokopie** *(Plural* Fotokopien*)* ■ **la photocopie**.

fotokopieren
■ *transitives Verb*
photocopier : **ich habe meinen Ausweis fotokopiert** j'ai photocopié ma carte d'identité
■ *intransitives Verb*
faire des photocopies : **wir können in der Schule nicht fotokopieren** nous ne pouvons pas faire de photocopies à l'école.

die **Frage** *(Plural* Fragen*)* ■ **la question** : **ich habe noch eine Frage** j'ai encore une question ; **das ist eine Frage des Geldes** c'est une question d'argent
➤ **eine Frage beantworten** répondre à une question
➤ **jemandem Fragen stellen** poser des questions à quelqu'un
➤ **nicht in Frage kommen** être hors de question : **es kommt nicht in Frage, dass ihr früher geht** il est hors de question que vous partiez plus tôt.

fragen
■ *transitives Verb*
demander : **er hat mich gefragt, ob ich mitkomme** il m'a demandé si je l'accompagnais
■ *intransitives Verb*
poser des questions : **der Lehrer fragt und wir antworten** le professeur pose des questions et nous répondons

sich **fragen** *reflexives Verb* ■ **se demander** : **ich frage mich, ob ich das schaffe** je me demande si je vais y arriver.

das **Fragezeichen** *(Plural* Fragezeichen*)* ■ **le point d'interrogation**.

der **Franken** *(Plural* Franken*)* ■ **le franc** : **mit Schweizer Franken bezahlen** payer en francs suisses.

frankieren *Verb* ■ **affranchir** : **sie hat den Brief nicht frankiert** elle n'a pas affranchi la lettre.

Frankreich *Neutrum* ■ **la France** : **wir fahren in den Ferien nach Frankreich** nous allons en France pour les vacances.

Ländernamen werden im Französischen oft mit dem bestimmten Artikel verwendet, es sei denn, es steht ein **en** davor.

der **Franzose** *(Plural* Franzosen*)* ■ **le Français** : **bei der Demonstration waren auch viele Franzosen dabei** il y avait aussi beaucoup de Français à la manifestation.

Namen von Einwohnern werden großgeschrieben.

die **Französin** *(Plural* Französinnen*)* ■ **la Française** : **unser Physiklehrer ist mit einer Französin verheiratet** notre professeur de physique est marié à une Française.

französisch *Adjektiv* ■ **français (française)** : **ich habe eine französische Brieffreundin** j'ai une correspondante française.

das Französisch ■ le **français** : **in Französisch habe ich eine gute Note bekommen** j'ai eu une bonne note en français ; **sie haben Französisch gesprochen** ils ont parlé français.

Namen von Sprachen werden kleingeschrieben.

das Französische ■ le **français** : **wir haben den Text aus dem Französischen ins Deutsche übersetzt** nous avons traduit le texte du français vers l'allemand.

fraß *Präteritum* ➤ fressen.

die Frau (*Plural* Frauen)
1. la **femme** : **Mittwochs ist die Sauna nur für Frauen geöffnet** le mercredi, le sauna est réservé aux femmes ; **bitte grüßen Sie auch Ihre Frau** transmettez mes salutations à votre femme
2. **madame** : **Frau Müller sagt, wir sollen den Text bis morgen übersetzen** madame Müller dit que nous devons traduire le texte pour demain.

das Fräulein (*Plural* Fräulein)
1. la **demoiselle** : **ein junges Fräulein hat uns den Weg gezeigt** une jeune demoiselle nous a montré le chemin
2. **mademoiselle** : **der Brief war an Fräulein Dümmler adressiert** la lettre était adressée à mademoiselle Dümmler.

frech *Adjektiv* ■ **insolent (insolente)** : **die Schüler der achten Klasse sind besonders frech** les élèves de quatrième sont particulièrement insolents.

frei
■ *Adjektiv*
1. **libre** : **ist der Platz noch frei?** cette place est-elle encore libre ? ; **der Eintritt ist frei** l'entrée est libre
➤ **frei von etwas** dépourvu (dépourvue) de quelque chose : **der Heringssalat ist frei von Konservierungsmitteln** la salade de harengs est dépourvue de conservateurs
➤ **im Freien übernachten** dormir à la belle étoile
■ *Adverb*
1. **librement** : **ich kann über mein Taschengeld frei verfügen** je peux disposer librement de mon argent de poche
2. **en liberté** : **der Mörder läuft noch frei herum** le meurtrier est toujours en liberté.

das Freibad (*Plural* Freibäder) ■ la **piscine découverte**.

die Freiheit (*Plural* Freiheiten) ■ la **liberté**.

frei|machen *Verb* ■ **avoir congé** : **meine Eltern machen eine Woche frei** mes parents ont une semaine de congé.

der Freitag (*Plural* Freitage) ■ le **vendredi**
➤ Samstag.

freitags *Adverb* ■ le **vendredi**
➤ samstags.

freiwillig
■ *Adjektiv*
volontaire : **Tobias ist bei der freiwilligen Feuerwehr** Tobias est pompier volontaire
■ *Adverb*
de son plein gré : **ich mache das freiwillig** je le fais de mon plein gré.

die Freizeit ■ les **loisirs** (*Maskulinum Plural*) : **in seiner Freizeit sitzt er meist am Computer** il passe l'essentiel de ses loisirs derrière son ordinateur.

fremd *Adjektiv*
1. **étranger (étrangère)** : **ich reise gern in fremde Länder** j'aime voyager dans des pays étrangers
2. **d'autrui** : **ich mische mich nie in fremde Angelegenheiten ein** je ne me mêle jamais des affaires d'autrui
3. **inconnu (inconnue)** : **eine fremde Umgebung** un environnement inconnu.

die Fremdsprache (*Plural* Fremdsprachen) ■ la **langue vivante** : **wie viele Fremdsprachen lernt man auf dem Gymnasium?** combien de langues vivantes apprend-on au lycée ?

fressen (*Präsens* frisst, *Präteritum* fraß, *Perfekt* hat gefressen) *Verb*
1. **manger** : **die Katze hat nicht alles gefressen** le chat n'a pas tout mangé
2. *familiär abwertend* **bouffer** : **er frisst dauernd Hamburger** il bouffe tout le temps des hamburgers.

die **Freude** *(Plural* Freuden*)* ■ la **joie**
➤ **jemandem eine Freude machen** faire plaisir à quelqu'un : **ich wollte meiner Mutter eine Freude machen und habe abgewaschen** comme je voulais faire plaisir à ma mère, j'ai fait la vaisselle.

freuen *transitives Verb* ■ **faire plaisir** : **deine guten Noten freuen mich** tes bonnes notes me font plaisir

sich **freuen** *reflexives Verb*
➤ **sich über etwas** *(A)* **freuen** être content (contente) de quelque chose : **ich habe mich über dein Geschenk sehr gefreut** j'ai été très content de ton cadeau
➤ **sich auf etwas** *(A)* **freuen** être heureux (heureuse) à l'idée de quelque chose : **ich freue mich schon auf die Ferien** je suis heureux à l'idée des vacances.

der **Freund** *(Plural* Freunde*)*
1. l'**ami** *(Maskulinum)* : **ich habe alle meine Freunde zu meiner Party eingeladen** j'ai invité tous mes amis à ma fête
2. le **petit ami** : **Magda hat einen neuen Freund** Magda a un nouveau petit ami.

die **Freundin** *(Plural* Freundinnen*)*
1. l'**amie** *(Femininum)* : **morgen gehe ich mit meinen Freundinnen shoppen** demain, je vais faire du shopping avec mes amies
2. la **petite amie** : **Manfreds Freundin heißt Veronika** la petite amie de Manfred s'appelle Veronika.

freundlich *Adjektiv*
1. **aimable** : **vielen Dank für Ihren freundlichen Empfang** merci beaucoup pour votre aimable accueil
2. **agréable** : **das Wetter ist nicht gerade freundlich** le temps n'est pas vraiment agréable.

die **Freundschaft** *(Plural* Freundschaften*)* ■ l'**amitié** *(Femininum)* : **unsere Freundschaft besteht schon seit der ersten Klasse** notre amitié remonte au CP
➤ **sie hat mit Marie Freundschaft geschlossen** elle s'est liée d'amitié avec Marie.

der **Frieden** ■ la **paix** : **in diesem Lan[d] herrscht endlich wieder Frieden** la paix e[st] enfin revenue dans ce pays

> Wenn Abstrakta verallgemeinernd gebraucht werden, steht im Französischen der bestimmte Artikel.

➤ **lass ihn in Frieden!** laisse-le tranquille !

der **Friedhof** *(Plural* Friedhöfe*)* ■ le **cimetière**.

frieren *(Präteritum* fror*, Perfekt* hat|is[t] gefroren*) Verb*
1. *(Perfekt* **hat gefroren***)* **avoir froid** : **ich ha[be] be schrecklich gefroren** j'ai eu terribleme[nt] froid
2. *(Perfekt* **hat gefroren***)* **geler** : **gester[n] Nacht hat es gefroren** il a gelé la nuit de[r]nière
3. *(Perfekt* **ist gefroren***)* **geler** : **das Wasse[r] in der Leitung ist gefroren** l'eau a gel[é] dans la canalisation.

frisch
■ *Adjektiv*
1. **frais (fraîche)** : **ich esse gern frisches Bro[t]** j'aime le pain frais ; **abends wird es ziemlich frisch** le soir, il commence à faire asse[z] frais
2. **propre** : **zieh dir ein frisches Hemd a[n]** mets une chemise propre
■ *Adverb*
➤ **frisch gestrichen** peinture fraîche.

der **Friseur** *(Plural* Friseure*)* ■ le **coiffeur** **du solltest mal wieder zum Friseur** tu de[v]rais aller de nouveau chez le coiffeur.

die **Friseuse** *(Plural* Friseusen*)* ■ la **coiffeuse**.

sich **frisieren** *reflexives Verb* ■ **se coiffer** **frisier dich bitte, bevor du gehst** coiffe-t[oi] avant de partir, s'il te plaît.

frisst *Präsens* ➤ **fressen**.

die **Frist** *(Plural* Fristen*)* ■ le **délai** : **morge[n] läuft die Frist ab** le délai expire demain.

die **Frisur** *(Plural* Frisuren*)* ■ la **coiffure** **hast du eine neue Frisur?** as-tu une nouvelle coiffure ?

froh *Adjektiv* ■ **content (contente) : ich bin froh, dass du wieder da bist** je suis content que tu sois revenu

Nach Ausdrücken des subjektiven Empfindens wie **être content que** steht der Subjonctif.

fröhlich *Adjektiv* ■ **joyeux (joyeuse)**
fröhliche Weihnachten! joyeux Noël !

fror *Präteritum* ➤ frieren.

der Frosch *(Plural* Frösche*)* ■ **la grenouille**
einen Frosch im Hals haben avoir un chat dans la gorge.

der Frost *(Plural* Fröste*)* ■ **le gel : diese Pflanzen vertragen keinen Frost** ces plantes ne résistent pas au gel.

die Frucht *(Plural* Früchte*)* ■ **le fruit : auf Hawaii haben wir lauter exotische Früchte gegessen** nous avons mangé plein de fruits exotiques à Hawaii.

früh
■ *Adjektiv*
am frühen Morgen tôt le matin : **wir sind am frühen Morgen losgefahren** nous sommes partis tôt le matin
am frühen Abend en début de soirée : **können wir uns am frühen Abend treffen ?** est-ce qu'on peut se retrouver en début de soirée ?
■ *Adverb*
tôt : morgen muss ich früh aufstehen demain, il faut que je me lève tôt.

früher
■ *Adverb*
autrefois : früher wohnte sie in Griechenland autrefois, elle vivait en Grèce
■ *Adjektiv*
ancien (ancienne) : das ist unsere frühere Deutschlehrerin c'est notre ancienne prof d'allemand.

frühestens *Adverb* ■ **au plus tôt : ich bin frühestens um fünf Uhr wieder da** je serai de retour à cinq heures au plus tôt.

das Frühjahr *(Plural* Frühjahre*)* ■ **le printemps : im Frühjahr fahren wir nach Nizza** au printemps, nous irons à Nice.

der Frühling *(Plural* Frühlinge*)* ■ **le printemps : im Frühling erwarcht die Natur** au printemps, la nature s'éveille.

das Frühstück *(Plural* Frühstücke*)* ■ **le petit déjeuner : wann gibt es Frühstück?** à quelle heure est le petit déjeuner ?

FRÜHSTÜCK

Le petit déjeuner allemand est un repas complet. On y mange du pain, du beurre et de la confiture, mais aussi de la charcuterie et du fromage, parfois un œuf coque, ou bien encore du muesli, des laitages et des fruits, le tout accompagné d'une boisson chaude (thé, café, chocolat, lait) et quelquefois d'un jus de fruit.

frühstücken *Verb* ■ **prendre son petit déjeuner : sonntags frühstücken wir spät** le dimanche, nous prenons notre petit déjeuner tard.

der Fuchs *(Plural* Füchse*)* ■ **le renard**.

fühlen *Verb*
1. **ressentir : ich habe gar keinen Schmerz gefühlt** je n'ai ressenti aucune douleur
2. **sentir : ich fühle, dass es bald ein Gewitter geben wird** je sens qu'il va bientôt y avoir de l'orage

sich fühlen *reflexives Verb*
1. **se sentir : ich fühle mich nicht wohl** je ne me sens pas bien
2. **s'estimer : ich fühle mich von dir betrogen** je m'estime trahi par toi.

fuhr *Präteritum* ➤ fahren.

führen
■ *transitives Verb*
1. **guider : sie führte uns durch die Stadt** elle nous a guidés à travers la ville
2. **diriger : meine Mutter führt eine Abteilung in ihrer Firma** ma mère dirige un service dans son entreprise
3. **faire : wir führen keine CDs** nous ne faisons pas de CD
■ *intransitives Verb*
mener : Graf führt 30 zu null Graf mène 30 à 0 ; **dieser Weg führt direkt in den Wald** ce chemin mène directement à la forêt.

der **Führerschein** *(Plural* Führerscheine*)* ■ **le permis de conduire**.

füllen *transitives Verb*
1. **remplir : er hat mein Glas noch einmal gefüllt** il a rempli encore une fois mon verre
2. **farcir : heute gibt es gefüllte Paprika** aujourd'hui, on mange des poivrons farcis

sich **füllen** *reflexives Verb* ■ **se remplir : der Raum füllte sich allmählich** la salle se remplissait peu à peu.

der **Füller** *(Plural* Füller*)* ■ **le stylo plume : Briefe schreibe ich immer mit Füller** j'écris toujours mes lettres au stylo plume.

fünf *Numeral* ■ **cinq** ➤ sechs.

fünfhundert *Numeral* ■ **cinq cents : es waren fünfhundert Zuschauer da** il y avait cinq cents spectateurs.

fünfmal *Adverb* ■ **cinq fois : wir mussten den Satz fünfmal schreiben** nous avons dû écrire la phrase cinq fois.

fünfte, r, s *Numeral* ■ **cinquième** ➤ sechste.

das **Fünftel** *(Plural* Fünftel*)* ■ **le cinquième** ➤ Sechstel.

fünfzehn *Numeral* ■ **quinze** ➤ sechs.

fünfzig *Numeral* ■ **cinquante** ➤ sechs.

der **Funke** *(Plural* Funken*)* ■ **l'étincelle** *(Femininum)* **: ein einziger Funke kann einen Waldbrand auslösen** une seule étincelle peut déclencher un incendie de forêt.

funktionieren *Verb* ■ **fonctionner : mein Computer funktioniert wieder** mon ordinateur fonctionne de nouveau.

für *Präposition (+ A)*
1. **pour : ich habe ein Geschenk für dich** j'ai un cadeau pour toi ; **was zahlst du mir für das Handy?** tu me donnes combien pour ce portable ? ; **das ist eine Creme für trockene Haut** c'est une crème pour peaux sèches
2. **favorable à : ich bin für deinen Vorschlag!** je suis favorable à ta proposition !

➤ **was für ein ...** quel, quelle : **was für ein tolles Auto !** quelle voiture super !

die **Furcht** ■ **la crainte : meine Furch dass ihr etwas passiert sein könnte, w unbegründet** ma crainte qu'il lui soit arri quelque chose n'était pas fondée

> Nach Ausdrücken der Willensäußerung wie **la crainte que** steht der Subjonctif.

furchtbar

■ *Adjektiv*

terrible : das war ein furchtbarer Unfa c'était un terrible accident ; **ich hat furchtbare Angst** j'ai eu une peur terrible

■ *Adverb*

énormément : sie hat sich furchtbar ge freut ça lui a fait énormément plaisir.

fürchten *transitives Verb* ■ **craindre ich fürchte, dass er nicht kommen kan** je crains qu'il ne puisse pas venir

> Nach Ausdrücken wie **craindre que** steht der Subjonctif.

sich **fürchten** *reflexives Verb*

➤ **sich vor jemandem fürchten** avoir pe de quelqu'un : **er sagt, er fürchtet sich v dem Direktor** il dit qu'il a peur du directeu

fürchterlich

■ *Adjektiv*

épouvantable : es war eine fürchterlic Hitze il faisait une chaleur épouvantable

■ *Adverb*

terriblement : meine Eltern haben fürc terlich geschimpft mes parents ont terrib ment râlé.

füreinander *Adverb* ■ **l'un (l'un pour l'autre, les uns (les unes) pour l autres : wir sind immer füreinander d** nous sommes toujours là l'un pour l'autre.

fürs *Präposition (für + das)* ➤ für.

der **Fuß** *(Plural* Füße*)* ■ **le pied : Sebastia hat große Füße** Sebastian a de grands pie

➤ **zu Fuß** à pied : **ich gehe zu Fuß zur Schu** je vais à l'école à pied.

der **Fußball** *(Plural* Fußbälle*)*
1. le **ballon de foot : er wünscht sich ein Fußball** il a envie d'un ballon de foot
2. le **football, le foot : er spielt Fußball i Verein** il joue au foot dans un club.

r **Fußgänger** *(Plural* Fußgänger*)* ■ le **piéton**.

e **Fußgängerin** *(Plural* Fußgängerinnen*)* ■ la **piétonne**.

s **Futter** *(Plural* Futter*)* ■ la **nourriture** : **wer besorgt das Futter für den Hund?** qui s'occupe de la nourriture du chien ?

füttern *Verb*
1. **donner à manger à** : **Carolin füttert die Katzen** Caroline donne à manger aux chats
2. **doubler** : **mein Rock ist nicht gefüttert** ma jupe n'est pas doublée.

s **Futur** *(Plural* Future*)* ■ le **futur** : **setzt den Satz ins Futur** mettez cette phrase au futur.

g

gab *Präteritum* ➤ geben.

e **Gabel** *(Plural* Gabeln*)* ■ la **fourchette**.

gähnen *Verb* ■ **bâiller** : **alle Schüler gähnten** tous les élèves bâillaient.

galt *Präteritum* ➤ gelten.

r **Gang** *(Plural* Gänge*)*
1. le **couloir** : **er wartete auf dem Gang** il a attendu dans le couloir
2. la **vitesse** : **wie viel Gänge hat dein Fahrrad?** ton vélo a combien de vitesses ?
3. le **plat** : **es war ein Essen mit fünf Gängen** c'était un repas comprenant cinq plats

➤ **in Gang kommen** démarrer : **so langsam kommt die Party in Gang** la fête démarre tout doucement.

die **Gans** *(Plural* Gänse*)* ■ **l'oie** *(Femininum)* : **Weihnachten isst man traditionsgemäß eine Gans** on mange traditionnellement de l'oie à Noël.

ganz

■ *Adjektiv*
1. **tout (toute)** : **die ganze Klasse ist anwesend** toute la classe est présente
2. **entier (entière)** : **sie hat mich ganze zwei Stunden warten lassen** elle m'a fait attendre deux heures entières

➤ **ganz bleiben** tenir le coup : **die Vase fiel runter, blieb aber ganz** le vase est tombé mais il a tenu le coup

■ *Adverb*
1. **complètement** : **du hast das ganz falsch gemacht** tu t'es complètement trompé
2. **vraiment** : **sie ist ganz verzweifelt** elle est vraiment désespérée
3. **assez** : **das Essen schmeckte ganz gut, nur war es etwas scharf** le repas était assez bon mais plutôt pimenté

➤ **ganz bestimmt** très certainement.

das **Ganze** le **tout** : **das Ganze ist mir sehr peinlich** le tout m'ennuie beaucoup.

die **Ganztagsschule** *(Plural* Ganztagsschulen*)* ■ *école fréquentée le matin et l'après-midi par les élèves*.

gar

■ *Adverb*

➤ **gar nicht** pas du tout : **er hat sich gar nicht gefreut** il n'était pas content du tout

➤ **gar nichts** rien du tout : **ich habe gar nichts verstanden** je n'ai rien compris du tout

➤ **gar kein** aucun (aucune) : **heute habe ich gar keine Lust aufzuräumen** aujourd'hui, je n'ai aucune envie de faire du rangement

■ *Adjektiv*
cuit (cuite) : **das Gemüse ist gar** les légumes sont cuits.

die **Garage** *(Plural* Garagen*)* ■ le **garage** : **nachts steht das Auto in der Garage** la nuit, la voiture est au garage

> Achtung ! Anders als das deutsche Wort **Garage** ist das französische Substantiv **garage** männlich.

garantieren

transitives Verb

garantir : **ich garantiere dir, dass die Feier heute abend ein voller Erfolg wird** je te garantis que la fête de ce soir sera un grand succès

intransitives Verb

➤ **für etwas garantieren** être garant (garante) de quelque chose

unser Name garantiert für Qualität notre nom est garant de qualité.

die **Garderobe** *(Plural* Garderoben*)*

1. le **portemanteau** : **häng deinen Anorak an die Garderobe** accroche ton anorak au portemanteau
2. le **vestiaire** : **wir haben unsere Mäntel an der Garderobe abgegeben** nous avons laissé nos manteaux au vestiaire.

die **Gardine** *(Plural* Gardinen*)* ■ le **rideau** : **zieh bitte die Gardinen zu** s'il te plaît, tire les rideaux.

der **Garten** *(Plural* Gärten*)* ■ le **jardin**

➤ **der botanische Garten** le jardin botanique

➤ **der zoologische Garten** le jardin zoologique.

das **Gas** *(Plural* Gase*)* ■ le **gaz** : **wir heizen mit Gas** nous chauffons au gaz

➤ **Gas geben** accélérer.

der **Gast** *(Plural* Gäste*)*

1. l'**invité** *(Maskulinum)*, l'**invitée** *(Femininum)* : **wir haben Gäste aus Frankreich** nous avons des invités français
2. le **client**, la **cliente** : **das Hotel hat Platz für 200 Gäste** l'hôtel a une capacité de 200 clients

➤ **bei jemandem zu Gast sein** être invité (invitée) chez quelqu'un : **ich war bei einer reizenden Familie zu Gast** j'étais invité chez une famille adorable.

der **Gastgeber** *(Plural* Gastgeber*)* ■ l'**hôte** *(Maskulinum)* : **der Gastgeber hat uns begrüßt** notre hôte nous a accueillis.

die **Gastgeberin** *(Plural* Gastgeberinnen*)* ■ l'**hôtesse** *(Femininum)*.

das **Gasthaus** *(Plural* Gasthäuser*)* ■ l'**auberge** *(Femininum)*.

die **Gaststätte** *(Plural* Gaststätten*)* ■ le **café** : **diese Gaststätte ist sehr gemütlich** ce café est très accueillant.

das **Gebäck** *(Plural* Gebäcke*)* ■ les **petits gâteaux** *(Maskulinum Plural)* : **ich habe Gebäck gekauft** j'ai acheté des petits gâteaux

gebacken *Partizip Perfekt* ➤ backen

das **Gebäude** *(Plural* Gebäude*)* ■ le **bâtiment** : **unsere Schule ist ein altes Gebäude** notre école est un vieux bâtiment.

geben *(Präsens* gibt, *Präteritum* gab, *Perfekt* hat gegeben*) transitives Verb*

1. **donner** : **kannst du mir einen Tipp geben?** peux-tu me donner un conseil ? ; **er hat mir 10 Euro für mein altes Handy gegeben** il m'a donné 10 euros en échange de mon vieux portable ; **im Theater wird ein neues Stück gegeben** on donne une nouvelle pièce au théâtre
2. **accorder** : **sie hat uns zu wenig Zeit gegeben** elle nous a accordé trop peu de temps
3. **mettre** : **meine Deutschlehrerin hat mir für den Aufsatz eine Drei gegeben** mon professeur d'allemand m'a mis 12 sur 20 à ma rédaction
4. **ajouter** : **gib noch etwas Salz in die Suppe** ajoute un peu de sel à la soupe
5. **passer** : **hallo, Tobias, kannst du mir mal deine Mutter geben?** bonjour Tobias, tu peux me passer ta mère ? ; **gib mir mal bitte das Salz** passe-moi le sel, s'il te plaît

➤ **es gibt** il y a : **es gibt Schüler, die nie Hausaufgaben machen** il y a des élèves qui ne font jamais leurs devoirs

➤ **was gibt's?** qu'est-ce qui se passe ?

➤ **das gibt es doch nicht!** c'est pas possible !

➤ **das gibt's bei mir nicht** ça, je ne le fais pas : **abschreiben, das gibt's bei mir nicht !** copier sur le voisin, ça, je ne le fais pas !

➤ **das gibt sich** ça s'arrangera.

das **Gebet** *(Plural* Gebete*)* ■ la **prière** : **wir sprechen vor dem Essen ein Gebet** nous faisons une prière avant le repas.

gebeten *Partizip Perfekt* ➤ bitten.

das **Gebiet** *(Plural* Gebiete*)*

1. la **région** : **in diesem Gebiet gibt es viele Wälder** il y a beaucoup de forêts dans cette région
2. le **domaine** : **er arbeitet auf dem Gebiet der Genforschung** il travaille dans le domaine de la recherche génétique.

gebildet *Adjektiv* ■ **cultivé (cultivée) : meine Eltern sind sehr gebildet** mes parents sont très cultivés.

Gebirge *(Plural* Gebirge*)* ■ la **montagne : wir fahren ins Gebirge** nous allons à la montagne.

gebissen *Partizip Perfekt* ➤ beißen.

geblasen *Partizip Perfekt* ➤ blasen.

geblieben *Partizip Perfekt* ➤ bleiben.

gebogen *Partizip Perfekt* ➤ biegen.

geborgen
Partizip Perfekt ➤ bergen
Adjektiv
en sécurité : ich fühle mich bei meinen Eltern geborgen je me sens en sécurité auprès de mes parents.

geboten *Partizip Perfekt* ➤ bieten.

gebracht *Partizip Perfekt* ➤ bringen.

gebrannt
Partizip Perfekt ➤ brennen
Adjektiv
grillé (grillée) : gebrannte Mandeln des amandes grillées.

gebraten *Partizip Perfekt* ➤ braten.

Gebrauch *(Plural* Gebräuche*)* ■ **l'emploi** *(Maskulinum)* **: vor Gebrauch schütteln!** agiter avant l'emploi !

gebrauchen *Verb*
utiliser : ich habe das Wörterbuch noch nie gebraucht je n'ai encore jamais utilisé le dictionnaire
familiär **avoir bien besoin de : ich könnte jetzt einen Drink gebrauchen** j'aurais bien besoin d'un verre.

Gebrauchsanweisung *(Plural* Gebrauchsanweisungen*)* ■ le **mode d'emploi**.

gebrochen *Partizip Perfekt* ➤ brechen.

Gebühr *(Plural* Gebühren*)*
le péage : in Deutschland zahlt man auf den Autobahnen keine Gebühren il n'y a pas de péage sur l'autoroute en Allemagne
2. **le tarif : wie hoch ist die Gebühr?** quel est le tarif ?

gebunden *Partizip Perfekt* ➤ binden.

die **Geburt** *(Plural* Geburten*)*
➤ **von Geburt an** de naissance : **er ist von Geburt an blind** il est aveugle de naissance.

der **Geburtstag** *(Plural* Geburtstage*)*
1. **l'anniversaire** *(Maskulinum)* **: Christoph hat am 9. November Geburtstag** le 9 novembre, c'est l'anniversaire de Christophe
2. *amtssprachlich* **la date de naissance : im Pass ist der Geburtstag vermerkt** la date de naissance figure sur le passeport
➤ **herzlichen Glückwunsch zum Geburtstag!** joyeux anniversaire !

gedacht *Partizip Perfekt* ➤ denken.

das **Gedächtnis** *(Plural* Gedächtnisse*)* ■ la **mémoire : ich habe ein gutes Gedächtnis** j'ai une bonne mémoire.

der **Gedanke** *(Plural* Gedanken*)* ■ **l'idée** *(Femininum)* **: allein bei dem Gedanken an die Prüfung wird mir ganz schlecht** je me sens mal rien qu'à l'idée de l'examen
➤ **sich** *(D)* **Gedanken machen** s'inquiéter : **mach dir mal keine Gedanken** ne t'inquiète pas.

der **Gedankenstrich** *(Plural* Gedankenstriche*)* ■ le **tiret**.

das **Gedicht** *(Plural* Gedichte*)* ■ le **poème**.

gedrungen *Partizip Perfekt* ➤ dringen.

die **Geduld** ■ la **patience : Andreas hat keine Geduld** Andreas n'a aucune patience.

geduldig
Adjektiv
patient (patiente) : unser Mathematiklehrer ist ein sehr geduldiger Mensch notre professeur de mathématiques est quelqu'un de très patient
Adverb
patiemment : sie hat mir geduldig zugehört elle m'a écouté patiemment.

gedurft *Partizip Perfekt* ➤ dürfen.

die **Gefahr** *(Plural* Gefahren*) die* ■ le **danger : wir sind in Gefahr** nous sommes en danger
➤ **Betreten der Baustelle auf eigene Gefahr** l'accès au chantier est à vos risques et périls.

gefahren *Partizip Perfekt* ➤ fahren.

gefährlich *Adjektiv* ■ **dangereux (dangereuse) : das ist eine gefährliche Kurve** c'est un virage dangereux.

gefallen¹ *Partizip Perfekt* ➤ fallen, gefallen.

gefallen² *(Präsens* gefällt, *Präteritum* gefiel, *Perfekt* hat gefallen*) Verb* ■ **plaire : das Auto gefällt ihm** la voiture lui plaît
➤ **solche Bemerkungen lasse ich mir nicht gefallen!** je n'accepte pas de telles remarques !

der **Gefallen** *(Plural* Gefallen*)* ■ **le service : kannst du mir einen Gefallen tun?** peux-tu me rendre un service ?

gefällt *Präsens* ➤ gefallen.

gefangen *Partizip Perfekt* ➤ fangen
➤ **jemanden gefangen nehmen** faire quelqu'un prisonnier (prisonnière).

der|die **Gefangene** *(Plural* die Gefangenen*)* le **prisonnier,** la **prisonnière**.

das **Gefängnis** *(Plural* Gefängnisse*)* ■ la **prison : er ist im Gefängnis** il est en prison ; **er wurde zu einem Jahr Gefängnis verurteilt** il a été condamné à un an de prison.

gefiel *Präteritum* ➤ gefallen.

geflogen *Partizip Perfekt* ➤ fliegen.

geflohen *Partizip Perfekt* ➤ fliehen.

geflossen *Partizip Perfekt* ➤ fließen.

das **Geflügel** ■ la **volaille : wir essen viel Geflügel** nous mangeons beaucoup de volaille.

gefressen *Partizip Perfekt* ➤ fressen.

gefrieren *Verb* ■ *(Präteritum* gefror, *Perfekt* hat|ist gefroren*)* **geler : das Wasser ist gefroren** l'eau est gelée
➤ **es hat gefroren** il a gelé.

gefror *Präteritum* ➤ gefrieren.

gefroren *Partizip Perfekt* ➤ frieren, gefrieren.

das **Gefühl** *(Plural* Gefühle*)*
1. le **sentiment : sie zeigt ihre Gefühle nic[ht]** elle ne montre pas ses sentiments
2. **l'intuition** *(Femininum)* **: ich habe so e[in] Gefühl, dass wir morgen einen Te[st] schreiben** j'ai l'intuition que nous aurons [un] contrôle demain.

gefunden *Partizip Perfekt* ➤ finden.

gegangen *Partizip Perfekt* ➤ gehen.

gegeben *Partizip Perfekt* ➤ geben.

gegebenenfalls *Adverb* ■ **le c[as] échéant : gegebenenfalls können Sie d[ie] Ware umtauschen** le cas échéant, vo[us] pouvez échanger la marchandise.

gegen *Präposition (+ A)*
1. **contre : meine Eltern sind gegen Ferien [in] Spanien** mes parents sont contre des vaca[n]ces en Espagne ; **hast du Tabletten gege[n] Kopfschmerzen?** as-tu des comprimés co[n]tre les maux de tête ?
2. **vers : ich rufe dich gegen sechs an** je t'a[p]pelle vers six heures
➤ **etwas gegen jemanden haben** av[oir] quelque chose contre quelqu'un.

die **Gegend** *(Plural* Gegenden*)* ■ la **r[é]gion : in dieser Gegend gibt es viele See[n]** il y a beaucoup de lacs dans cette région.

gegeneinander *Adverb* ■ **l'un (l'un[e]) contre l'autre : morgen spielen wir ge[]geneinander** demain, nous jouerons les u[ns] contre les autres.

der **Gegensatz** *(Plural* Gegensätze*)* ■ [la] **différence : die Gegensätze waren z[u] groß** il y avait de trop grandes différences
➤ **im Gegensatz zu** contrairement à : **im Ge[]gensatz zu meiner Schwester finde ic[h] Französisch eine tolle Sprache** contrair[e]ment à ma sœur, je trouve que le français e[st] une langue super.

gegensätzlich *Adjektiv* ■ **contraire[s] : meine Eltern sind in dieser Frage gege[n]sätzlicher Meinung** mes parents ont d[es] avis contraires sur cette question.

gegenseitig *Adverb* ■ **mutuellement : wir helfen uns gegenseitig** nous nous aidons mutuellement.

der **Gegenstand** *(Plural* Gegenstände*)* ■ **l'objet** *(Maskulinum)* **: was war der Gegenstand der Diskussion?** quel était l'objet de cette discussion ?

das **Gegenteil** ■ **le contraire : er behauptet immer das Gegenteil von dem, was ich sage** il affirme toujours le contraire de ce que je dis
➤ **im Gegenteil** au contraire.

gegenüber
■ *Präposition (+ D)*
en face de : unsere Schule liegt gegenüber dem Bahnhof notre école est située en face de la gare
■ *Adverb*
en face : sie wohnen gegenüber ils habitent en face.

die **Gegenwart**
1. **le présent : konjugiert das Verb in der Gegenwart** conjuguez ce verbe au présent
2. **la présence : seine Gegenwart stört mich sehr** sa présence me gêne beaucoup.

gegessen *Partizip Perfekt* ➤ essen.

der **Gegner** *(Plural* Gegner*)* ■ **l'adversaire** *(Maskulinum)* **: sie sind politische Gegner** ce sont des adversaires politiques.

die **Gegnerin** *(Plural* Gegerinnen*)* ■ **l'adversaire** *(Femininum)* **: Steffi Graf war eine harte Gegnerin** Steffi Graf était une adversaire coriace.

gegolten *Partizip Perfekt* ➤ gelten.

gegossen *Partizip Perfekt* ➤ gießen.

gegraben *Partizip Perfekt* ➤ graben.

gegriffen *Partizip Perfekt* ➤ greifen.

das **Gehalt** *(Plural* Gehälter*)* ■ **le salaire : sie muss von ihrem Gehalt die Familie ernähren** elle doit nourrir sa famille avec son salaire.

gehalten *Partizip Perfekt* ➤ halten.

gehangen *Partizip Perfekt* ➤ hängen.

geheim
■ *Adjektiv*
secret (secrète) : damit kannst du dir einen geheimen Wunsch erfüllen avec ça, tu pourras réaliser un rêve secret
■ *Adverb*
➤ **geheim abstimmen** voter à bulletins secrets : **wir haben geheim abgestimmt** nous avons voté à bulletins secrets.

das **Geheimnis** *(Plural* Geheimnisse*)* ■ **le secret : er hat mir sein Geheimnis erzählt** il m'a raconté son secret.

geheißen *Partizip Perfekt* ➤ heißen.

gehemmt *Adjektiv* ■ **inhibé (inhibée) : er ist in Gesellschaft furchtbar gehemmt** il est terriblement inhibé en société.

gehen *(Präteritum* ging, *Perfekt* ist gegangen*)*
■ *intransitives Verb*
1. **marcher : vom Bahnhof gehen Sie fünf Minuten** il faut marcher cinq minutes à partir de la gare ; **mein Wecker geht falsch** mon réveil ne marche plus ; **geht das?** ça marche ?
2. **aller : wir gehen heute ins Theater** nous allons au théâtre aujourd'hui ; **der Schrank geht bis zur Decke** l'armoire va jusqu'au plafond
3. **s'en aller : ich muss jetzt gehen** il faut que je m'en aille
4. **passer : das Klavier geht nicht durch die Tür** le piano ne passe pas par la porte ; **die Brücke geht über den Rhein** le pont passe par-dessus le Rhin
5. **suivre : alles geht seinen gewohnten Gang** tout suit son cours habituel
➤ **wie geht's?** comment ça va ?
➤ **es geht!** ça va !
➤ **mit jemandem gehen** sortir avec quelqu'un : **seit wann geht Felix mit Magdalena ?** depuis quand Felix sort-il avec Magdalena ?
➤ **es geht um etwas** il s'agit de quelque chose : **es geht um deine Gesundheit** il s'agit de ta santé
➤ **es geht jemandem gut|schlecht** quelqu'un va bien|mal : **meiner Mutter geht es gut, aber meinem Vater geht es schlecht** ma mère va bien, mais mon père va mal

➤ **sich gehen lassen** se laisser aller : **seit dem Tod ihres Mannes lässt sie sich gehen** depuis la mort de son mari, elle se laisse aller

■ *transitives Verb*
parcourir : wir sind die ganze Strecke zu Fuß gegangen nous avons parcouru tout ce trajet à pied

Bei manchen Bewegungsverben werden die zusammengesetzten Zeiten anders als im Deutschen mit **avoir** gebildet.

das **Gehirn** *(Plural* Gehirne*)* ■ **le cerveau : man weiß nicht genau, wie das Gehirn funktioniert** on ne sait pas exactement comment fonctionne le cerveau.

gehoben *Partizip Perfekt* ➤ heben.

geholfen *Partizip Perfekt* ➤ helfen.

gehorchen *Verb* ■ **obéir : der Hund gehorcht nicht immer** le chien n'obéit pas toujours.

gehören *intransitives Verb*
1. **appartenir : gehört das Buch dir?** est-ce que ce livre t'appartient ?
2. **se ranger : das Besteck gehört in diese Schublade** les couverts se rangent dans ce tiroir

➤ **zu etwas gehören** faire partie dequelque chose : **gehören Sie zum Kollegium ?** est-ce que vous faites partie de l'équipe enseignante ?

sich **gehören** *reflexives Verb* ■ **se faire : ein solches Benehmen gehört sich nicht!** un tel comportement, ça ne se fait pas !

gehorsam *Adjektiv* ■ **obéissant (obéissante) : unsere Kinder sind eigentlich sehr gehorsam** nos enfants sont finalement très obéissants.

die **Geige** *(Plural* Geigen*)* ■ **le violon : Mathis spielt Geige** Mathis joue du violon.

geil *Adjektiv* ■ *familiär* **d'enfer : das ist eine geile Musik, ich kaufe mir sofort die CD!** c'est une musique d'enfer, je vais tout de suite m'acheter le CD !

die **Geisel** *(Plural* Geiseln*)* ■ **l'otage** *(Maskulinum* ODER *Femininum)* **: der Bankräuber nahm mehrere Geiseln** le braqueur de banque a pris plusieurs personnes en otages.

der **Geist** *(Plural* Geister*)*
1. **l'esprit** *(Maskulinum)* **: sein Geist ist etwas verwirrt** il a l'esprit un peu dérangé
2. **le fantôme : im alten Schloss soll es einen Geist geben** on raconte qu'il y a un fantôme dans le vieux château.

geistig *Adjektiv* ■ **intellectuel (intellectuelle) : geistige Arbeit strengt auch an** le travail intellectuel fatigue également.

der **Geiz** ■ **l'avarice** *(Femininum)* **: sein Geiz regt alle seine Freunde auf** son avarice agace tous ses amis.

geizig *Adjektiv* ■ **avare : nun sei nicht so geizig!** allez, ne sois pas si avare !

gekannt *Partizip Perfekt* ➤ kennen.

geklungen *Partizip Perfekt* ➤ klingen.

gekniffen *Partizip Perfekt* ➤ kneifen.

gekommen *Partizip Perfekt* ➤ kommen.

gekonnt *Partizip Perfekt* ➤ können.

gekrochen *Partizip Perfekt* ➤ kriechen.

geladen *Partizip Perfekt* ➤ laden.

gelähmt *Adjektiv* ■ **paralysé (paralysée) : seit dem Schlaganfall ist er gelähmt** depuis son attaque, il est paralysé.

das **Gelände** *(Plural* Gelände*)* ■ **le terrain : das Gelände neben der Schule soll bebaut werden** il paraît qu'on va construire sur le terrain à côté de l'école.

das **Geländer** *(Plural* Geländer*)* ■ **la rampe**

gelang *Präteritum* ➤ gelingen.

gelaufen *Partizip Perfekt* ➤ laufen.

gelb

■ *Adjektiv*
jaune

■ *Adverb*
en jaune : er hat sein Zimmer gelb gestrichen il a peint sa chambre en jaune.

Geld *(Plural* Gelder*)* **l'argent** *(Maskulinum)* **: ich habe kein Geld mehr** je n'ai plus d'argent.

Geldschein *(Plural* Geldscheine*)* **le billet de banque**.

gelegen
- *Partizip Perfekt*
➤ liegen
- *Adjektiv*
situé (située) : unser Haus ist sehr zentral gelegen notre maison est située tout à fait au centre.

Gelegenheit *(Plural* Gelegenheiten*)* ■ **l'occasion** *(Femininum)* **: du solltest diese Gelegenheit nutzen** tu devrais profiter de cette occasion
- **bei Gelegenheit** à l'occasion.

gelegentlich *Adverb*
- **à l'occasion : ich gebe dir das Geld gelegentlich zurück** je te rendrai l'argent à l'occasion
- **de temps en temps : Max schreibt gelegentlich auch mal eine gute Note** de temps en temps, Max a une bonne note.

Gelenk *(Plural* Gelenke*)* ■ **l'articulation** *(Femininum)*.

gelesen *Partizip Perfekt* ➤ lesen.

geliehen *Partizip Perfekt* ➤ leihen.

gelingen *(Präteritum* gelang, *Perfekt* ist gelungen*) Verb* ■ **réussir : der Kuchen ist mir gelungen** j'ai réussi le gâteau ; **es ist mir nicht gelungen, das herauszufinden** je n'ai pas réussi à trouver cela.

gelitten *Partizip Perfekt* ➤ leiden.

gelogen *Partizip Perfekt* ➤ lügen.

gelten *(Präsens* gilt, *Präteritum* galt, *Perfekt* hat gegolten*) Verb* ■ **être valable : die Wochenkarte gilt von Montag bis Sonntag** la carte hebdomadaire est valable du lundi au dimanche
- **er gilt als Fachmann auf diesem Gebiet** il est considéré comme un spécialiste dans ce domaine
- **etwas gelten lassen** tolérer quelque chose : **du solltest die Meinung anderer gelten lassen** tu devrais tolérer l'opinion des autres
- **das gilt nicht** ça ne compte pas.

gelungen
- *Partizip Perfekt* ➤ gelingen
- *Adjektiv*
réussi (réussie) : das war eine gelungene Überraschung c'était une surprise réussie.

das **Gemälde** *(Plural* Gemälde*)* ■ **le tableau**.

gemein *Adjektiv* ■ **dégoûtant (dégoûtante) : das ist gemein!** c'est dégoûtant !

gemeinsam
- *Adverb*
ensemble : gemeinsam werden wir das schon schaffen ensemble, on y arrivera
- *Adjektiv*
commun (commune) : bei einem gemeinsamen Essen lors d'un repas commun.

die **Gemeinschaft** *(Plural* Gemeinschaften*)* ■ **la communauté : in unserer Klasse haben wir eine gute Gemeinschaft** nous formons une vraie communauté en classe ; **welcher religiösen Gemeinschaft gehört er an?** à quelle communauté religieuse appartient-il ?

gemocht *Partizip Perfekt* ➤ mögen.

das **Gemüse** *(Plural* Gemüse*)* ■ **les légumes** *(Maskulinum Plural)* **: wir essen viel Gemüse** nous mangeons beaucoup de légumes.

gemusst *Partizip Perfekt* ➤ müssen.

gemütlich
- *Adjektiv*
1. **chaleureux (chaleureuse) : sie haben eine gemütliche Wohnung** ils ont un appartement chaleureux
2. **agréable : es war eine ganz gemütliche Reise** c'était un voyage très agréable
- *Adverb*
de manière confortable : Magda hat ihr Zimmer sehr gemütlich eingerichtet Magda a meublé sa chambre de manière très confortable.

genannt *Partizip Perfekt* ➤ nennen.

genau
- *Adjektiv*
1. **exact (exacte) : hast du die genaue Uhrzeit?** as-tu l'heure exacte ?

2. **précis (précise) : eine genaue Überprüfung des Autos ist nötig** il faut effectuer un contrôle précis de la voiture

■ *Adverb*

1. **exactement : es ist genau 10 nach zwei** il est exactement deux heures dix
2. **parfaitement : ich habe das genau gesehen** j'ai parfaitement vu cela
3. **juste : er muss genau dann anrufen, wenn ich gehen will** il faut qu'il appelle juste au moment où je voudrais partir

➤ **genau!** tout à fait !

genauso *Adverb* ■ **tout aussi : er ist in Chemie genauso schlecht wie ich** il est tout aussi mauvais que moi en chimie.

genehmigen *Verb* ■ **autoriser : der Direktor hat die Klassenfahrt genehmigt** le directeur a autorisé le voyage scolaire.

die **Generation** *(Plural* Generationen*)* ■ **la génération : für so etwas hat die ältere Generation kein Verständnis** la génération des anciens ne peut pas comprendre ce genre de choses.

genial *Adjektiv* ■ **génial (géniale) : das ist eine geniale Idee** c'est une idée géniale.

sich **genieren** *reflexives Verb* ■ **avoir honte : ich geniere mich, weil ich das nicht weiß** j'ai honte de ne pas savoir cela.

genießen *(Präteritum* genoss, *Perfekt* hat genossen*) Verb* ■ **prendre du plaisir à : ich habe es sehr genossen, mich mit dir zu unterhalten** j'ai pris beaucoup de plaisir à discuter avec toi.

der **Genitiv** *(Plural* Genitive*)* ■ **le génitif**.

genommen *Partizip Perfekt* ➤ nehmen.

genoss *Präteritum* ➤ genießen.

genossen *Partizip Perfekt* ➤ genießen.

gentechnisch *Adverb* ■ **génétiquement : gentechnisch veränderte Lebensmittel** des aliments génétiquement modifiés.

genug *Adverb* ■ **assez : haben wir genug Geld?** avons-nous assez d'argent ?

Nach Mengenangaben steht in der Regel nur de ohne Artikel.

genügen *Verb* ■ **suffire : eine Vier genügt mir schon** un 8 sur 20 me suffit.

genügend

■ *Adjektiv (unveränderlich)*

assez de : habt ihr genügend Geld dabei? avez-vous pris assez d'argent ?

■ *Adverb*

suffisamment : ich verdiene genügend gagne suffisamment.

das **Genus** *(Plural* Genera*)* ■ **le genre**.

der **Genuss** *(Plural* Genüsse*)*

1. **le plaisir : es ist ein Genuss, ihn Klavier spielen zu hören** c'est un plaisir de l'entendre jouer du piano
2. **la consommation : von dem Genuss dieser Pilze wird abgeraten** on déconseille la consommation de ces champignons.

die **Geografie, Geographie** ■ **la géographie**.

geografisch, geographisch *Adjektiv* ■ **géographique**.

das **Gepäck** ■ **les bagages** *(Maskulinum Plural)* **: ich hatte viel Gepäck** j'avais beaucoup de bagages.

gepfiffen *Partizip Perfekt* ➤ pfeifen

gerade *Adverb*

1. **tout de suite : ich habe gerade keine Zeit** je n'ai pas le temps tout de suite
2. **juste : ich wollte gerade gehen, als das Telefon klingelte** je voulais juste partir quand le téléphone a sonné
3. **droit (droite) : jetzt hängt das Bild gerade** le tableau est droit maintenant
4. **justement : gerade du solltest das wissen** c'est justement toi qui devrais savoir ça

➤ **gerade etwas getan haben** venir de faire quelque chose **: sie ist gerade gegangen** elle vient de partir

➤ **nicht gerade** pas vraiment **: das war nicht gerade nett von Dir** ce n'était pas vraiment gentil de ta part.

geradeaus *Adverb* ■ **tout droit : zum Bahnhof müssen Sie immer geradeaus gehen** pour aller à la gare, c'est toujours tout droit.

gerannt *Partizip Perfekt* ➤ rennen.

gerät *Präsens* ➤ geraten.

s **Gerät** (*Plural* Geräte) ■ **l'appareil** (*Maskulinum*) : **wir haben viele Geräte** nous avons beaucoup d'appareils.

geraten (*Präsens* gerät, *Präteritum* geriet, *Perfekt* ist geraten)

■ *Verb*

se trouver pris (prise) : wir sind auf dem Heimweg in ein Gewitter geraten nous nous sommes trouvés pris dans un orage sur le chemin du retour

■ *Partizip Perfekt*

➤ raten.

s **Geräusch** (*Plural* Geräusche) ■ **le bruit : mein Computer macht so ein merkwürdiges Geräusch** mon ordinateur fait un bruit bizarre.

gerecht *Adjektiv* ■ **juste : unser Klassenlehrer ist sehr gerecht** notre professeur principal est très juste.

s **Gericht** (*Plural* Gerichte)

1. **le plat : mein liebstes Gericht sind Austern** mon plat préféré, ce sont les huîtres
2. **le tribunal : morgen wird ihr Fall vor Gericht verhandelt** son cas sera jugé au tribunal demain
3. **le palais de justice : das Gericht dieser Stadt ist ein historisches Gebäude** le palais de justice de cette ville est classé monument historique.

gerieben *Partizip Perfekt* ➤ reiben.

geriet *Präteritum* ➤ geraten.

gering

■ *Adjektiv*

petit (petite) : nur eine geringe Anzahl von Schülern war gekommen seul un petit nombre d'élèves était venu

■ *Adverb*

faible : wir schätzen unsere Chancen gering nous estimons que nos chances sont faibles.

gerissen

■ *Partizip Perfekt* ➤ reißen

■ *Adjektiv*

familiär **roublard (roublarde) : er ist ein ganz gerissener Bursche** ce type est un vrai roublard.

geritten *Partizip Perfekt* ➤ reiten.

gern, gerne (*Komparativ* lieber, *Superlativ* am liebsten) *Adverb* ■ **sans problème : du kannst gern bei uns übernachten** tu peux passer la nuit chez nous sans problème

➤ **etwas gern machen** aimer faire quelque chose : **ich gehe gern in die Schule** j'aime aller à l'école

➤ **jemanden gern haben** aimer quelqu'un : **ich habe meine Eltern sehr gern** j'aime beaucoup mes parents

➤ **gerne geschehen!** il n'y a pas de quoi !

gerochen *Partizip Perfekt* ➤ riechen.

der **Geruch** (*Plural* Gerüche) ■ **l'odeur** (*Femininum*) : **ein leckerer Geruch** une odeur appétissante.

das **Gerücht** (*Plural* Gerüchte) ■ **la rumeur : das ist nur ein Gerücht** ce n'est qu'une rumeur.

gerufen *Partizip Perfekt* ➤ rufen.

gerungen *Partizip Perfekt* ➤ ringen.

das **Gerüst** (*Plural* Gerüste) ■ **l'échafaudage** (*Maskulinum*).

gesalzen *Partizip Perfekt* ➤ salzen.

gesamt *Adjektiv* ■ **tout (toute) : die gesamte Klasse war dagegen** toute la classe était contre.

die **Gesamtschule** (*Plural* Gesamtschulen) ■ *collège et lycée polyvalents (en Allemagne)*

GESAMTSCHULE

Ces écoles, fréquentées par des jeunes de 10 à 18 ans, proposent des matières principales et secondaires. L'enseignement des matières principales est le même pour tous, alors que pour les matières secondaires, on établit un programme adapté au niveau de chaque élève.

gesandt *Partizip Perfekt* ➤ senden.

der **Gesang** ■ **le chant : er will Gesang studieren** il veut étudier le chant

Wenn Gattungsnamen verallgemeinernd gebraucht werden, steht im Französischen der bestimmte Artikel.

geschaffen *Partizip Perfekt* ➤ schaffen.

das **Geschäft** (*Plural* Geschäfte)
1. **le magasin : wann schließen am Samstag die Geschäfte?** à quelle heure les magasins ferment-ils le samedi ?
2. **l'affaire** (*Femininum*) **: da hast du aber ein schlechtes Geschäft gemacht** alors là, tu as fait une mauvaise affaire.

geschah *Präteritum* ➤ geschehen.

geschehen (*Präsens* geschieht, *Präteritum* geschah, *Perfekt* ist geschehen) *Verb* ■ **se produire : etwas Schreckliches ist geschehen** quelque chose de terrible s'est produit
➤ **das geschieht dir recht** c'est bien fait pour toi.

gescheit *Adjektiv* ■ **intelligent (intelligente) : mein großer Bruder ist sehr gescheit** mon grand frère est très intelligent.

das **Geschenk** (*Plural* Geschenke) ■ **le cadeau : wir müssen noch ein Geschenk für Oma besorgen** nous devons encore acheter un cadeau pour Mamie.

die **Geschichte** (*Plural* Geschichten) ■ **l'histoire** (*Femininum*) **: in Geschichte haben wir einen neuen Lehrer bekommen** nous avons un nouveau professeur d'histoire ; **sie hat den Kindern eine Geschichte erzählt** elle a raconté une histoire aux enfants.

geschickt *Adjektiv* ■ **adroit (adroite) : Felix ist sehr geschickt, er kann fast alles reparieren** Felix est très adroit, il sait presque tout réparer.

geschieden
- *Partizip Perfekt* ➤ scheiden
- *Adjektiv*

divorcé (divorcée) : er hat eine geschiedene Frau geheiratet il a épousé une femme divorcée.

geschieht *Präsens* ➤ geschehen.

geschienen *Partizip Perfekt* ➤ scheinen.

das **Geschirr** ■ **la vaisselle**
➤ **mein Vater spült nicht gern Geschi[rr]** mon père n'aime pas faire la vaisselle.

die **Geschirrspülmaschine** (*Plural* Geschirrspülmaschinen) ■ **le lave-vaisselle.**

geschissen *Partizip Perfekt* ➤ scheißen.

geschlafen *Partizip Perfekt* ➤ schlafen.

das **Geschlecht** (*Plural* Geschlechter)
1. **le sexe : bei Fischen sieht man das Geschlecht nicht** chez les poissons, on ne vo[it] pas le sexe
2. **le genre : welches Geschlecht hat da[s] Wort „Haus"?** quel est le genre du mo[t] « Haus » ?

der **Geschmack** (*Plural* Geschmäcke ODER Geschmäcker) ■ **le goût : Mandeln haben einen bitteren Geschmack** les amandes ont un goût amer ; **meine Mutter hat einen guten Geschmack** ma mère a bo[n] goût.

geschmackvoll *Adverb* ■ **avec goût** **Else kleidet sich sehr geschmackvoll** Els[e] s'habille avec beaucoup de goût.

geschmissen *Partizip Perfekt* ➤ schmeißen.

geschmolzen *Partizip Perfekt* ➤ schmelzen.

geschnitten *Partizip Perfekt* ➤ schneiden.

geschoben *Partizip Perfekt* ➤ schieben.

das **Geschoss** (*Plural* Geschosse)
1. **le projectile : das Geschoss schlug in di[e] Mauer ein** le projectile est entré dans le mu[r]
2. **l'étage** (*Maskulinum*) **: unsere Schule ha[t] drei Geschosse** notre école a trois étages.

geschossen *Partizip Perfekt* ➤ schießen.

geschrieben *Partizip Perfekt* ➤ schreiben.

geschrien *Partizip Perfekt* ➤ schreien.

geschwiegen *Partizip Perfekt* ➤ schweigen.

die **Geschwindigkeit** *(Plural* Geschwindigkeiten*)* ■ la **vitesse** : **mit welcher Geschwindigkeit fliegt die Concorde?** à quelle vitesse le Concorde vole-t-il ?

die **Geschwister** *Plural* ■ les **frères et sœurs** *(Maskulinum Plural)* : **ich habe vier Geschwister, und zwar eine Schwester und drei Brüder** j'ai quatre frères et sœurs, une sœur et trois frères.

geschwommen *Partizip Perfekt* ➤ schwimmen.

gesehen *Partizip Perfekt* ➤ sehen.

die **Gesellschaft** *(Plural* Gesellschaften*)* ■ la **société** : **er hat eine eigene Gesellschaft gegründet** il a fondé sa propre société

jemandem Gesellschaft leisten tenir compagnie à quelqu'un : **willst du uns nicht Gesellschaft leisten ?** tu ne veux pas nous tenir compagnie ?

gesessen *Partizip Perfekt* ➤ sitzen.

das **Gesetz** *(Plural* Gesetze*)*
1. la **loi** : **er hat gegen das Gesetz verstoßen** il a enfreint la loi
2. le **théorème** : **kennst du das Gesetz des Pythagoras?** connais-tu le théorème de Pythagore ?

das **Gesicht** *(Plural* Gesichter*)*
1. le **visage** : **sie hat ein hübsches Gesicht** elle a un joli visage
2. la **mine** : **sie machte ein trauriges Gesicht** elle avait une mine triste.

gespannt *Adjektiv*
1. **curieux (curieuse)** : **ich bin mal gespannt, welche Note ich bekomme** je suis curieux de voir quelle note je vais avoir
2. **tendu (tendue)** : **wir haben ein gespanntes Verhältnis mit den Nachbarn** nous avons des relations tendues avec nos voisins.

das **Gespenst** *(Plural* Gespenster*)* ■ le **fantôme** : **in dem Schloss soll es Gespenster geben** il paraît qu'il y a des fantômes dans le château.

gespien *Partizip Perfekt* ➤ speien.

das **Gespräch** *(Plural* Gespräche*)* ■ la **conversation** : **ich hatte ein interessantes Gespräch mit ihr** j'ai eu une conversation intéressante avec elle.

gesprochen *Partizip Perfekt* ➤ sprechen.

die **Gestalt** *(Plural* Gestalten*)*
1. la **silhouette** : **ich habe durch das Fenster eine Gestalt gesehen** j'ai vu une silhouette par la fenêtre
2. le **personnage** : **Hamlet ist die wichtigste Gestalt im gleichnamigen Drama** Hamlet est le personnage principal dans la pièce du même nom
3. la **forme** : **die Skulptur hat die Gestalt einer Frau** cette sculpture a la forme d'une femme.

gestalten *transitives Verb*
1. **décorer** : **meine Freundin gestaltet Schaufenster** mon amie décore des vitrines
2. **organiser** : **ihr könnt eure Freizeit gestalten wie ihr möchtet** vous pouvez organiser votre temps libre comme vous le souhaitez.

die **Gestaltung** *(Plural* Gestaltungen*)* ■ l'**aménagement** *(Maskulinum)* : **ein Landschaftsgärtner hat die Gestaltung des Gartens übernommen** un paysagiste s'est occupé de l'aménagement du jardin.

gestand *Präteritum* ➤ gestehen.

die **Geste** *(Plural* Gesten*)* ■ le **geste** : **wir haben versucht, uns mit Gesten zu verständigen** nous avons essayé de communiquer par gestes ; **das war eine nette Geste** c'était un geste sympathique

Achtung ! Anders als das deutsche Wort Geste ist das französische Substantiv geste männlich.

gestehen *(Präteritum* gestand, *Perfekt* hat gestanden*) Verb* ■ **avouer : er hat das Verbrechen gestanden** il a avoué le crime ; **ich muss gestehen, dass ich diese Musik nicht besonders mag** je dois avouer que je n'aime pas trop cette musique.

gestern *Adverb* ■ **hier : wir haben gestern eine Klassenarbeit geschrieben** hier, nous avons eu un devoir sur table.

gestiegen *Partizip Perfekt* ➤ steigen.

gestochen *Partizip Perfekt* ➤ stechen.

gestohlen *Partizip Perfekt* ➤ stehlen.

gestorben *Partizip Perfekt* ➤ sterben.

gestoßen *Partizip Perfekt* ➤ stoßen.

gestreift *Adjektiv* ■ **rayé (rayée) : sie hatte einen gestreiften Pulli an** elle portait un pull rayé.

gestritten *Partizip Perfekt* ➤ streiten.

gestunken *Partizip Perfekt* ➤ stinken.

gesund *(Komparativ* gesünder, *Superlativ* gesündeste*) Adjektiv*

1. **en bonne santé : ich bin wieder gesund** je suis de nouveau en bonne santé
2. **bon (bonne) pour la santé : Obst ist gesund** les fruits sont bons pour la santé
3. **sain (saine) : ich habe gesunde Zähne** j'ai les dents saines

➤ **der gesunde Menschenverstand** le bon sens.

die **Gesundheit** ■ **la santé : meine Mutter ist bei bester Gesundheit** ma mère est en très bonne santé

➤ **Gesundheit!** à tes/vos souhaits !

gesundheitlich *Adjektiv* ■ **de santé : ich habe gesundheitliche Probleme** j'ai des problèmes de santé.

gesungen *Partizip Perfekt* ➤ singen.

gesunken *Partizip Perfekt* ➤ sinken.

getan *Partizip Perfekt* ➤ tun.

getragen *Partizip Perfekt* ➤ tragen.

das **Getränk** *(Plural* Getränke*)* ■ **la boisson : es gab nicht nur alkoholische Getränke** il n'y avait pas que des boisso[ns] alcoolisées.

das **Getreide** ■ **les céréales** *(Feminin[um] Plural)*.

getrennt

■ *Adjektiv*

séparé (séparée) : meine Eltern leben g[e]trennt mes parents vivent séparés

■ *Adverb*

séparément : wir möchten gern getren[nt] zahlen nous aimerions payer séparément.

getreten *Partizip Perfekt* ➤ treten.

getrieben *Partizip Perfekt* ➤ treiber[n].

getrunken *Partizip Perfekt* ➤ trinke[n].

gewachsen *Partizip Perfekt* ➤ wachse[n].

die **Gewalt**

1. **la violence : im Fernsehen wird zu vi[el] Gewalt gezeigt** on nous montre trop de vi[o]lence à la télé
2. **le pouvoir : die gesetzgebende Gewalt** [le] pouvoir législatif.

gewaltig

■ *Adjektiv*

énorme : Max macht gewaltige Anstre[n]gungen Max fait d'énormes efforts

■ *Adverb*

énormément : er hat sich gewaltig ve[r]bessert il a fait énormément de progrès.

gewandt

■ *Partizip Perfekt* ➤ wenden

■ *Adverb*

➤ **sich gewandt ausdrücken** s'exprim[er] avec aisance : **er drückt sich sehr gewan[dt] aus** il s'exprime avec beaucoup d'aisance.

gewann *Präteritum* ➤ gewinnen.

gewaschen *Partizip Perfekt* ➤ waschen.

das **Gewässer** *(Plural* Gewässer*)* ■ **les eau[x]** *(Femininum Plural)*.

das **Gewehr** *(Plural* Gewehre*)* ■ **le fusil**.

die **Gewerkschaft** *(Plural* Gewerkscha[f]ten*)* ■ **le syndicat**.

gewesen *Partizip Perfekt* ➤ sein.

das Gewicht *(Plural Gewichte)* ■ le **poids** : **sie wollte mir ihr Gewicht nicht sagen** elle n'a pas voulu me dire son poids
➤ **ins Gewicht fallen** avoir de l'importance : **diese Ausgabe fällt nicht ins Gewicht** cette dépense n'a pas d'importance.

der Gewinn *(Plural Gewinne)*
1. le **bénéfice** : **meine Eltern haben das Haus mit Gewinn verkauft** mes parents ont vendu la maison en faisant un bénéfice
2. le **prix** : **der erste Gewinn ist ein Auto** le premier prix est une voiture.

gewinnen *(Präteritum* gewann, *Perfekt* hat gewonnen*)*
■ *intransitives Verb*
gagner : **unsere Mannschaft hat gewonnen** notre équipe a gagné
■ *transitives Verb*
1. **gagner** : **wer hat die Wette gewonnen?** qui a gagné le pari ?
2. **remporter** : **ich habe bei dem Preisausschreiben den ersten Preis gewonnen** j'ai remporté le premier prix au concours
3. **produire** : **Benzin wird aus Erdöl gewonnen** on produit de l'essence à partir du pétrole.

der Gewinner *(Plural Gewinner)* ■ le **gagnant**.

die Gewinnerin *(Plural Gewinnerinnen)* ■ la **gagnante**.

gewiss
■ *Adjektiv*
certain (certaine) : **gewisse Schüler meinen, es gehe auch ohne Lernen** certains élèves pensent qu'ils y arriveraient aussi sans apprendre

> In der Bedeutung „gewiss" steht **certain** immer vor dem Substantiv.

■ *Adverb*
certainement : **das hat er gewiss vergessen** il a certainement oublié cela.

das Gewissen ■ la **conscience** : **mein Gewissen sagt mir, dass das nicht richtig ist** ma conscience me dit que ça n'est pas bien
➤ **ein gutes|schlechtes Gewissen haben** avoir bonne|mauvaise conscience : **jetzt hast du ein schlechtes Gewissen** maintenant, tu as mauvaise conscience.

das Gewitter *(Plural Gewitter)* ■ l'**orage** *(Maskulinum)* : **wir sind in ein Gewitter gekommen** nous avons été surpris par un orage.

gewogen *Partizip Perfekt* ➤ wiegen.

gewöhnen *Verb* ■ **habituer** : **ich muss meine Katze an die neue Umgebung gewöhnen** il faut que j'habitue mon chat au nouvel environnement

sich gewöhnen *reflexives Verb* ■ **s'habituer** : **ich habe mich an die neue Schule gewöhnt** je me suis habitué à la nouvelle école

> Zusammengesetzte Formen reflexiver Verben werden mit **être** gebildet.

die Gewohnheit *(Plural Gewohnheiten)* ■ l'**habitude** *(Femininum)* : **Nägelkauen ist eine schlechte Gewohnheit** se ronger les ongles est une mauvaise habitude.

gewöhnlich
■ *Adjektiv*
ordinaire : **es war ein ganz gewöhnlicher Tag** c'était une journée tout à fait ordinaire
■ *Adverb*
habituellement : **gewöhnlich stehe ich um 7 Uhr auf** je me lève habituellement à 7 heures
➤ **wie gewöhnlich** comme d'habitude : **er ging wie gewöhnlich morgens aus dem Haus** il est sorti comme d'habitude de la maison le matin.

gewohnt *Adjektiv* ■ **habituel (habituelle)** : **die gewohnte Umgebung** l'environnement habituel
➤ **etwas gewohnt sein** être habitué (habituée) à quelque chose : **diesen Stress bin ich gewohnt** je suis habitué à ce stress.

gewöhnt *Adjektiv*
➤ **an etwas** *(A)* **gewöhnt sein** être habitué (habituée) à quelque chose
wenn er erst mal an die neue Schule gewöhnt ist, wird es schon besser werden une fois qu'il sera habitué à sa nouvelle école, ça ira mieux.

gewonnen *Partizip Perfekt* ➤ gewinnen.

geworben *Partizip Perfekt* ➤ werben.

geworden *Partizip Perfekt* ➤ werden.

geworfen *Partizip Perfekt* ➤ werfen.

das **Gewürz** *(Plural* Gewürze*)* ■ **l'épice** *(Femininum)* : **in der Soße war ein ganz scharfes Gewürz** il y avait une épice très forte dans la sauce.

gewusst *Partizip Perfekt* ➤ wissen.

gezogen *Partizip Perfekt* ➤ ziehen.

gezwungen *Partizip Perfekt* ➤ zwingen.

gibt *Präsens* ➤ geben.

gießen *(Präteritum* goss, *Perfekt* hat gegossen*)*

■ *transitives Verb*

1. **verser** : **soll ich Milch in deinen Kaffee gießen?** dois-je verser du lait dans ton café ?
2. **arroser** : **die Nachbarin gießt die Blumen, wenn wir nicht da sind** la voisine arrose les fleurs durant notre absence

■ *intransitives Verb*

➤ **es gießt schon seit Tagen** ça fait des jours qu'il pleut des cordes.

das **Gift** *(Plural* Gifte*)* ■ le **poison** : **Zyanid ist Gift** le cyanure est un poison.

giftig *Adjektiv*

1. **vénéneux (vénéneuse)** : **das ist ein giftiger Pilz** c'est un champignon vénéneux
2. **toxique** : **giftige Putzmittel sind sehr gefährlich für Kinder** les produits de nettoyage toxiques sont très dangereux pour les enfants.

gilt *Präsens* ➤ gelten.

ging *Präteritum* ➤ gehen.

der **Gipfel** *(Plural* Gipfel*)*

1. le **sommet** : **wir haben fünf Stunden bis zum Gipfel gebraucht** il nous a fallu cinq heures pour atteindre le sommet
2. le **comble** : **das ist der Gipfel der Frechheit!** c'est le comble de l'impudence !

der **Gips** ■ le **plâtre** : **er hat einen Arm in Gips** il a un bras dans le plâtre.

die **Giraffe** *(Plural* Giraffen*)* ■ la **girafe**.

die **Gitarre** *(Plural* Gitarren*)* ■ la **guitare** : **Horst spielt Gitarre** Horst joue de la guitare.

glänzen *Verb* ■ **briller** : **es war so sauber, dass alles glänzte** c'était si propre que tout brillait ; **als er ihr das sagte, glänzte ihre Augen** lorsqu'il lui a dit cela, ses yeux se sont mis à briller.

glänzend

■ *Adjektiv*

brillant (brillante) : **Ludwig ist ein glänzender Schüler** Ludwig est un brillant élève

■ *Adverb*

merveilleusement : **wir haben uns glänzend amüsiert** nous nous sommes merveilleusement amusés.

das **Glas** *(Plural* Gläser*)*

1. le **verre** : **unsere neue Teekanne ist aus Glas** notre nouvelle théière est en verre ; **ich brauche neue Gläser für meine Brille** il me faut de nouveaux verres pour mes lunettes ; **möchtest du ein Glas Wein?** veux-tu un verre de vin ?

> Bei Maßangaben steht im Französischen **de**.

2. le **pot** : **hol bitte ein Glas Marmelade** s'il te plaît, va chercher un pot de confiture.

glatt

■ *Adjektiv*

1. **lisse** : **sie hat eine ganz glatte Haut** elle a la peau très lisse
2. **glissant (glissante)** : **Vorsicht, die Straßen sind glatt** attention, les routes sont glissantes
3. *familiär* **pur (pure)** : **das war eine glatte Lüge** c'était un pur mensonge

■ *Adverb*

familiär **carrément** : **das habe ich glatt vergessen** j'ai carrément oublié.

die **Glatze** *(Plural* Glatzen*)* ■ la **calvitie**.

der **Glaube** ■ la **foi** : **ihr Glaube an Gott hat ihr geholfen** sa foi en Dieu l'a aidée.

glauben

■ *transitives Verb*

croire : **ich glaube nicht, dass wir das schaffen** je ne crois pas que nous y arriverons ; **hast du ihm die Geschichte geglaubt?** tu as cru à son histoire ?

➤ **nicht zu glauben** incroyable : **das ist doch nicht zu glauben !** c'est incroyable !

intransitives Verb
jemandem glauben croire quelqu'un : **ich glaube dir nicht** je ne te crois pas
an jemanden glauben croire en quelqu'un : **sie glaubt an Gott** elle croit en Dieu.

gleich
Adjektiv
même : wir haben in Mathematik den gleichen Lehrer wie in Physik nous avons le même professeur en mathématiques et en physique
égal (égale) : alle Menschen sind gleich tous les hommes sont égaux
es ist mir gleich, ob er kommt oder nicht ça m'est égal qu'il vienne ou pas
Adverb
tout de suite : muss ich das gleich? est-ce que je dois le faire tout de suite ?
aussi : meine Schwester ist in der Schule gleich gut wie ich ma sœur est aussi bonne que moi à l'école
juste : unser Haus ist gleich neben der Post notre maison est juste à côté de la poste
déjà : wie heißt er doch gleich? comment s'appelle-t-il déjà ?
tout aussi bien : wenn ich um zehn zu Hause sein muss, dann kann ich gleich ganz da bleiben s'il faut que je sois de retour à dix heures, alors je peux tout aussi bien rester là
bis gleich à tout de suite.

gleichberechtigt *Adjektiv* ■ **égal (égale) en droits : bei uns sind Mädchen und Jungen gleichberechtigt** chez nous, les filles et les garçons sont égaux en droits.

gleichfalls *Adverb*
danke gleichfalls merci, toi/vous aussi : **amüsier dich gut ! – danke gleichfalls !** amuse-toi bien ! – merci, toi aussi !

Gleichgewicht ■ **l'équilibre** *(Maskulinum)* : **ich habe das Gleichgewicht verloren** j'ai perdu l'équilibre.

gleichgültig
Adjektiv
indifférent (indifférente) : die meisten Schüler sitzen mit einem gleichgültigen Gesichtsausdruck im Unterricht la plupart des élèves assistent aux cours l'air indifférent
Adverb
avec indifférence : er hörte mir gleichgültig zu il m'écoutait avec indifférence.

die **Gleichheit** ■ **l'égalité** *(Femininum)*.

gleichmäßig
■ *Adjektiv*
régulier (régulière) : du musst da gleichmäßige Abstände machen il faut que tu laisses des intervalles réguliers
■ *Adverb*
régulièrement : er schreibt gleichmäßig gute Noten il a régulièrement de bonnes notes.

gleichzeitig *Adverb* ■ **en même temps : ich kann nicht gleichzeitig fernsehen und telefonieren** je ne peux pas regarder la télé et téléphoner en même temps.

das **Gleis** *(Plural* Gleise*)* ■ **le quai : auf welchem Gleis geht der Zug nach Paris?** le train pour Paris part de quel quai ?

die **Glocke** *(Plural* Glocken*)* ■ **la cloche : an Ostern läuten die Glocken aller Kirchen** à Pâques, les cloches de toutes les églises sonnent.

glotzen *Verb* ■ *familiär abwertend* **regarder bêtement : was glotzt du so?** qu'est-ce que tu regardes bêtement comme ça ?

das **Glück**
1. **la chance : wir hatten Glück** nous avons eu de la chance
2. le **bonheur : das Kind war ihr ganzes Glück** cet enfant était tout leur bonheur
➤ **viel Glück!** bonne chance ! : **viel Glück bei deiner Prüfung !** bonne chance pour ton examen !
➤ **zum Glück** heureusement : **zum Glück hat es nicht geregnet** heureusement qu'il n'a pas plu.

glücklich
■ *Adjektiv*
1. **content (contente) : ich bin so glücklich, dass ich die Prüfung bestanden habe** je suis si content d'avoir réussi mon examen
2. **heureux (heureuse) : es war ein glücklicher Zufall** c'était un heureux hasard
■ *Adverb*
1. **heureux (heureuse) : meine Eltern sind glücklich verheiratet** mes parents sont heureux en ménage

2. **bien** : **das Geiseldrama ist glücklich ausgegangen** la prise d'otages s'est bien terminée.

der **Glückwunsch** *(Plural* Glückwünsche*)* ■ la **félicitation** : **Glückwunsch zu deinem Erfolg!** félicitations pour ton succès !
➤ **herzlichen Glückwunsch zum Geburtstag!** joyeux anniversaire !

die **Glühbirne** *(Plural* Glühbirnen*)* ■ **l'ampoule** *(Femininum)*.

das **Gold** ■ **l'or** *(Maskulinum)* : **der Ring ist aus echtem Gold** cette bague est en or véritable.

golden *Adjektiv*
1. **en or** : **Sebastian hat zum Geburtstag eine goldene Uhr bekommen** Sebastian a reçu une montre en or pour son anniversaire
2. **doré (dorée)** : **ihre Haare haben einen goldenen Glanz** ses cheveux ont des reflets dorés.

der **Golf**[1] *(Plural* Golfe*)* ■ le **golfe** : **warst du schon mal am Golf von Mexiko?** as-tu déjà été dans le golfe de Mexico ?

das **Golf**[2] ■ le **golf** : **er spielt leidenschaftlich gern Golf** il adore jouer au golf.

gönnen *transitives Verb*
➤ **jemandem etwas gönnen** souhaiter quelque chose de tout cœur à quelqu'un : **ich gönne dir deinen Erfolg !** je te souhaite ce succès de tout cœur !
➤ **sich** *(D)* **etwas gönnen** s'accorder quelque chose : **wir haben uns dieses Jahr Ferien auf Mauritius gegönnt** nous nous sommes accordé des vacances à l'île Maurice cette année.

goss *Präteritum* ➤ gießen.

gotisch *Adjektiv* ■ **gothique** : **ein gotisches Bauwerk** un édifice gothique.

der **Gott** *(Plural* Götter*)* ■ le **Dieu** : **meine Mutter glaubt an Gott** ma mère croit en Dieu ; **kennst du die römischen Götter?** connais-tu les dieux romains ?
➤ **Gott sei Dank** Dieu merci : **ich habe Gott sei Dank diesmal eine gute Note geschrieben** Dieu merci, cette fois-ci, j'ai obtenu une bonne note
➤ **grüß Gott** bonjour.

das **Grab** *(Plural* Gräber*)* ■ la **tombe**.

graben *(Präsens* gräbt, *Präteritum* grub, *Perfekt* hat gegraben*) Verb*
1. **creuser** : **er hat im Garten ein Loch gegraben** il a creusé un trou dans le jardin
2. **chercher** : **die Kinder haben nach einem Schatz gegraben** les enfants ont cherché un trésor.

der **Graben** *(Plural* Gräben*)* ■ le **fossé** : **ist mit dem Auto im Graben gelandet** il a atterri dans le fossé avec sa voiture.

gräbt *Präsens* ➤ graben.

der **Grad** *(Plural* Grade*)* ■ le **degré** : **wie viel Grad hat es draußen?** Il fait combien de degrés dehors ?

die **Grafik** *(Plural* Grafiken*)* ■ le **graphique** : **wie kann man eine Grafik einbauen?** comment peut-on insérer un graphique ?

das **Gramm** *(Plural* Gramme ODER Gramm*)* ■ le **gramme** : **ich hätte gern 200 Gramm Salami** j'aimerais 200 grammes de salami

> Die Maßeinheit steht im Französischen meistens im Plural.

die **Grammatik** *(Plural* Grammatiken*)* ■ **grammaire** : **in Grammatik bin ich nicht so gut** je ne suis pas très bon en grammaire

grammatikalisch, grammatisch *Adverb* ■ **grammaticalement** : **der Satz war grammatisch korrekt** la phrase était grammaticalement correcte.

die **Grapefruit** *(Plural* Grapefruits*)* ■ **pamplemousse** : **ich finde Grapefruits zu bitter** je trouve les pamplemousses trop amers

> Wenn Gattungsnamen verallgemeinernd gebraucht werden, steht im Französischen der bestimmte Artikel.

das **Gras** *(Plural* Gräser*)* ■ **l'herbe** *(Femininum)* : **er lag im Gras** il était couché dans l'herbe.

die Gräte *(Plural* Gräten*)* ■ **l'arête** *(Femininum)* : **ist der Fisch auch wirklich ohne Gräten?** est-ce que ce poisson n'a vraiment pas d'arêtes ?

gratis

■ *Adjektiv (unveränderlich)*
gratuit (gratuite) : der Eintritt ins Museum ist gratis l'entrée au musée est gratuite

■ *Adverb*
gratuitement : wir stellen Ihnen einen Wagen gratis zur Verfügung nous mettons gratuitement un véhicule à votre disposition.

gratulieren *Verb* ■ **féliciter : hast du ihm schon zum Abitur gratuliert ?** l'as-tu déjà félicité pour son bac ?
➤ **jemandem zum Geburtstag gratulieren** souhaiter son anniversaire à quelqu'un
➤ **ich gratuliere!** félicitations !

grau

■ *Adjektiv*
1. **gris (grise) : der Himmel ist heute grau** le ciel est gris aujourd'hui
2. **morne : es war ein grauer Novembertag** c'était une morne journée de novembre

■ *Adverb*
en gris : er hat die Fensterläden grau gestrichen il a peint les volets en gris.

grausam

■ *Adjektiv*
cruel (cruelle) : das war ein besonders grausamer Mord c'était un meurtre particulièrement cruel

■ *Adverb*
avec cruauté : der Häftling wurde grausam gefoltert le prisonnier a été torturé avec cruauté.

die Grausamkeit *(Plural* Grausamkeiten*)*
1. **la cruauté : die Polizei war von der Grausamkeit des Verbrechens schockiert** la police a été choquée par la cruauté de ce crime
2. **l'atrocité** *(Femininum)* **: es kam zu Grausamkeiten** des atrocités ont été commises.

greifen *(Präteritum* griff*, Perfekt* hat gegriffen*) Verb*
1. **saisir : er griff nach dem Hammer** il a saisi le marteau
2. **mettre la main dans : sie griff in ihre Tasche, um ihren Geldbeutel rauszuholen** elle a mis la main dans son sac pour en sortir son porte-monnaie
➤ **nach etwas greifen** saisir quelque chose : **sie griff nach ihrem Wörterbuch, um das Wort nachzuschlagen** elle a saisi son dictionnaire pour vérifier le mot.

grell *Adjektiv*
1. **cru (crue) : das grelle Licht blendet mich** la lumière crue m'éblouit
2. **criard (criarde) : sie trug ein grell rotes Kleid** elle portait une robe d'un rouge criard.

die Grenze *(Plural* Grenzen*)*
1. **la frontière : die Grenze zwischen Frankreich und Deutschland** la frontière entre l'Allemagne et la France
2. **la limite : die Grenze meiner Geduld ist erreicht** les limites de ma patience sont atteintes
➤ **unsere Begeisterung für diesen Plan hält sich in Grenzen** notre enthousiasme pour ce projet est limité.

grenzen *Verb*
1. **avoir une frontière avec : Frankreich grenzt an Deutschland** la France a une frontière avec l'Allemagne
2. *familiär* **friser : das grenzt an Wahnsinn!** ça frise la folie !

grenzenlos *Adjektiv* ■ **illimité (illimitée) : ich habe grenzenloses Vertrauen in dich** ma confiance en toi est illimitée.

der Grieche *(Plural* Griechen*)* ■ **le Grec**

Namen von Einwohnern werden großgeschrieben.

Griechenland *Neutrum* ■ **la Grèce**

Ländernamen werden im Französischen oft mit dem bestimmten Artikel verwendet.

die Griechin *(Plural* Griechinnen*)* ■ **la Grecque.**

griechisch *Adjektiv* ■ **grec (grecque).**

griff *Präteritum* ➤ greifen.

der **Griff** (*Plural* Griffe)
1. la **poigne** : **er hielt sie mit festem Griff** il la tenait d'une poigne ferme
2. le **manche** : **der Griff des Hammers war abgebrochen** le manche du marteau était cassé.

der **Grill** (*Plural* Grills) ■ le **grill** : **Würstchen vom Grill** des saucisses au grill.

grillen
■ *transitives Verb*
faire griller : **wir haben die Würstchen gegrillt** nous avons fait griller les saucisses
■ *intransitives Verb*
faire un barbecue : **im Sommer grillen wir oft im Garten** l'été, nous faisons souvent un barbecue dans le jardin.

grinsen *Verb* ■ **ricaner** : **grins nicht so, ich meine das ernst** ne ricane pas, je suis sérieux.

die **Grippe** (*Plural* Grippen) ■ la **grippe** : **Gerda liegt mit Grippe im Bett** Gerda a la grippe, et est couchée.

grob (*Komparativ* gröber, *Superlativ* gröbste)
■ *Adjektiv*
1. **grossier (grossière)** : **das war ein grober Fehler** c'était une grossière erreur
2. **rugueux (rugueuse)** : **ein grober Stoff** un tissu rugueux
■ *Adverb*
1. **en gros** : **grob geschätzt brauchen wir noch zwei Tage** en gros, il nous faut encore deux jours.

groß (*Komparativ* größer, *Superlativ* größte)
■ *Adjektiv*
1. **grand (grande)** : **sie haben ein großes Haus** ils ont une grande maison ; **das hat mir meine große Schwester gesagt** c'est ma grande sœur qui me l'a dit ; **wenn ich mal groß bin, will ich Pilot werden** quand je serai grand, je serai pilote
2. **gros (grosse)** : **wir hatten große Angst** nous avons eu une grosse frayeur

> Die Adjektive **grand** und **gros** stehen grundsätzlich vor dem Substantiv.

3. **large** : **Veronika hat einen großen Freundeskreis** Veronika a un large cercle d'amis

➤ **... groß sein** mesurer : **Silke ist 1,70 m groß** Silke mesure 1,70 m
■ *Adverb*
1. **avec de grands yeux** : **sie sah mich groß an** elle m'a regardé avec de grands yeux
2. *familiär* **bien** : **was soll man da schon groß sagen?** que peut-on bien dire en de telles circonstances ?

großartig
■ *Adjektiv*
grandiose : **das ist eine großartige Idee** c'est une idée grandiose !
■ *Adverb*
remarquablement bien : **du hast großartig gespielt** tu as remarquablement bien joué.

Großbritannien *Neutrum* ■ la **Grande-Bretagne**

> Ländernamen werden im Französischen oft mit dem bestimmten Artikel verwendet.

der **Großbuchstabe** (*Plural* Großbuchstaben) ■ la **majuscule**.

die **Größe** (*Plural* Größen)
1. la **superficie** : **ich habe die Größe meines Zimmers gemessen** j'ai mesuré la superficie de ma chambre
2. la **taille** : **Größe 36 ist in Frankreich kleiner als in Deutschland** la taille 36 est plus petite en France qu'en Allemagne
3. la **pointure** : **in welcher Größe sollen die Schuhe sein?** quelle pointure voulez-vous pour ces chaussures ?

die **Großeltern** *Plural* ■ les **grands-parents** (*Maskulinum Plural*).

größer *Adjektiv* (*Komparativ von groß*) ■ **supplémentaire** : **es dürfen keine größeren Ausgaben auf uns zukommen** il ne faudrait pas que nous ayons des dépenses supplémentaires ➤ groß.

die **Großmutter** (*Plural* Großmütter) ■ la **grand-mère**.

groß|schreiben *Verb* ■ **prendre une majuscule** : **im Deutschen werden Substantive großgeschrieben** en allemand, les substantifs prennent une majuscule.

Großstadt *(Plural* Großstädte*)* ■ la **grande ville**.

größtenteils *Adverb* ■ **pour l'essentiel : die Schüler haben das größtenteils verstanden** pour l'essentiel, les élèves l'ont compris.

Großvater *(Plural* Großväter*)* ■ le **grand-père**.

großzügig *Adjektiv* ■ **généreux (généreuse) : meine Eltern sind mit dem Taschengeld großzügig** mes parents sont généreux pour l'argent de poche.

grub *Präteritum* ➤ graben.

grün

■ *Adjektiv*
vert (verte) : Monika hat ein grünes Auto Monika a une voiture verte ; **die Bananen sind ja noch ganz grün!** mais ces bananes sont encore toutes vertes !

■ *Adverb*
en vert : ich habe mein Kleid grün gefärbt j'ai teint ma robe en vert.

Grund *(Plural* Gründe*)*

1. la **raison : was ist der Grund für dein Zuspätkommen?** quelle est la raison de ton retard ?
2. le **fond : man konnte bis auf den Grund des Sees sehen** on pouvait voir jusqu'au fond du lac
3. **im Grunde** au fond : **im Grunde hat er uns nichts Neues gesagt** au fond, il ne nous a rien dit de nouveau.

gründen *Verb* ■ **fonder : Herr Schill hat eine neue Partei gegründet** monsieur Schill a fondé un nouveau parti.

Grundgesetz ■ la **loi fondamentale**

> **GRUNDGESETZ**
>
> La **Grundgesetz** est la Constitution de la République fédérale d'Allemagne, elle date de 1949 et garantit le bon fonctionnement de la démocratie. Elle a été modifiée après la réunification, et le 3 octobre 1990, elle est entrée en vigueur pour l'Allemagne réunifiée.

gründlich

■ *Adjektiv*
approfondi (approfondie) : eine gründliche Vorbereitung une préparation approfondie

■ *Adverb*
à fond : sie hat das ganze Haus gründlich geputzt elle a nettoyé toute la maison à fond.

grundsätzlich

■ *Adjektiv*
important (importante) : es sind da noch ein paar grundsätzliche Fragen zu klären il reste encore quelques points importants à clarifier

■ *Adverb*
en principe : wir machen grundsätzlich keine Ausnahmen en principe, nous ne faisons pas d'exceptions.

der **Grundkurs**

1. le **cours pour débutants**
2. *le tronc commun obligatoire pour tous les élèves*

> **GRUNDKURS**
>
> Ce sont des cours proposés durant le dernier cycle du lycée, qui ont pour but de donner des bases dans une matière donnée. Il faut impérativement choisir deux matières parmi l'allemand, les mathématiques et une langue vivante. Celles-ci seront présentées au bac.

die **Grundschule** ■ **l'école primaire** *(Femininum)*.

die **Gruppe** *(Plural* Gruppen*)* ■ le **groupe : wir arbeiten oft in Gruppen** nous travaillons souvent en groupes

> Achtung ! Anders als das deutsche Wort **Gruppe** ist das französische Substantiv **groupe** männlich.

gruselig *Adjektiv* ■ **à donner le frisson : der Film war gruselig** ce film était à donner le frisson.

der **Gruß** *(Plural* Grüße*)* ■ le **bonjour : sag bitte einen Gruß an deine Eltern** passe le bonjour à tes parents

➤ **herzliche Grüße** meilleurs souvenirs : **herzliche Grüße aus Venedig !** meilleurs souvenirs de Venise

➤ **viele Grüße von uns allen an deine Eltern** un bonjour de nous tous à tes parents.

grüßen

■ *transitives Verb*

saluer : grüß deinen Bruder von mir salue ton frère de ma part

➤ **grüß dich** salut : **grüß dich Ralf !** salut, Ralf !

■ *intransitives Verb*

dire bonjour : neuerdings grüßt er nicht mehr depuis peu, il ne dit plus bonjour.

gucken *Verb familiär* ■ **regarder : wir haben Videos geguckt** nous avons regardé des cassettes vidéo.

gültig *Adjektiv* ■ **valable : mein Pass ist nicht mehr gültig** mon passeport n'est plus valable.

der|das **Gummi** *(Plural* Gummis*)*

1. le **caoutchouc : die Reifen sind aus Gummi** les pneus sont en caoutchouc
2. *familiär* **l'élastique** *(Maskulinum)* **: sie hatte die Briefe mit einem Gummi zusammengemacht** elle avait rassemblé les lettres avec un élastique.

das **Gummiband** *(Plural* Gummibänder*)* ■ **l'élastique** *(Maskulinum)*.

der **Gummistiefel** *(Plural* Gummistiefel*)* ■ la **botte en caoutchouc**.

günstig *Adjektiv*

1. **favorable : da muss ich eine günstige Gelegenheit abwarten** il faut que j'attende une occasion favorable
2. **avantageux (avantageuse) : in diesem Kaufhaus sind die Preise günstig** les prix sont avantageux dans ce grand magasin.

die **Gurke** *(Plural* Gurken*)*

1. le **concombre : im Salat waren Tomaten und Gurken** il y avait des tomates et des concombres dans la salade
2. le **cornichon : ein Brötchen mit Salami und Gurke** un sandwich au salami et aux cornichons.

der **Gurt** *(Plural* Gurte*)* ■ la **ceinture (de sécurité) : auch die Beifahrer müssen den Gurt anlegen** les passagers aussi doivent a tacher leur ceinture.

der **Gürtel** *(Plural* Gürtel*)* ■ la **ceinture**.

gut *(Komparativ* besser, *Superlativ* beste*)*

■ *Adjektiv*

1. **bon (bonne) : ich habe lauter gute Note** je n'ai que des bonnes notes ; **das Wett war gut** la météo était bonne ; **Bettina i eine sehr gute Schülerin** Bettina est u très bonne élève ; **in Englisch ist Felix g** Felix est bon en anglais ; **Ate ist eine gu Freundin von mir** Ate est une de mes bo nes amies

> Das Adjektiv **bon** steht grundsätzlich vor dem Substantiv.

2. **efficace : weißt du ein gutes Mittel gege Akne?** connais-tu un médicament effica contre l'acné ?

➤ **es gut haben** avoir de la chance : **du ha es gut, du musst heute nicht in die Schu le** tu as de la chance, tu ne dois pas aller l'école aujourd'hui

■ *Adverb*

1. **bien : sie spricht sehr gut Deutsch** elle pa le très bien allemand ; **hast du gut geschla fen?** as-tu bien dormi ?

➤ **so gut wie** pour ainsi dire : **ich bin so g wie fertig** j'ai pour ainsi dire terminé

➤ **jemandem geht es gut** quelqu'un bien : **ich hoffe, dir geht es gut** j'espè que tu vas bien

➤ **jemandem gut tun** faire du bien à que qu'un : **das heiße Bad hat mir gut getan** bain chaud m'a fait du bien.

das **Gute** ■ **ein Gutes hat die Sache** cet histoire a au moins ça de bon

➤ **alles Gute!** bonne chance ! : **alles Gute f dein Examen** bonne chance pour t examen.

gutmütig *Adjektiv* ■ **gentil (gentille) unser Mathematiklehrer ist zu gutmüti** notre professeur de mathématiques est tr gentil.

das **Gymnasium** *(Plural* Gymnasien*)* ■ **lycée : ich gehe seit vier Jahren au Gymnasium** je vais au lycée depuis quat ans

GYMNASIUM

Les élèves fréquentent ce type d'établissement de l'âge de 10 ans à l'âge de 19 ans. La dernière année, ils passent le baccalauréat (**Abitur**). On y enseigne des matières générales, deux, parfois trois langues vivantes. Après le **Gymnasium**, on peut entrer à l'université.

e **Gymnastik** ■ la **gymnastique**.

h

as **Haar** *(Plural* Haare*)* ■ le **cheveu** : **Wiltrud hat schwarze Haare** Wiltrud a les cheveux noirs

> Namen von Körperteilen, die im Plural nach **avoir** stehen, werden im Französischen anders als im Deutschen mit dem bestimmten Artikel verwendet.

➤ **an den Haaren herbeigezogen** tiré (tirée) par les cheveux : **diese Entschuldigung ist nun wirklich an den Haaren herbeigezogen** cette excuse est vraiment tirée par les cheveux

➤ **sich in die Haare kriegen** se crêper le chignon : **ich kriege mich immer mit meinem Bruder in die Haare** mon frère et moi, on se crêpe toujours le chignon.

haben *(Präsens* hat, *Präteritum* hatte, *Perfekt* hat gehabt*)*

■ *transitives Verb*

1. **avoir : wir haben kein Auto** nous n'avons pas de voiture ; **Ulla hat braune Augen und braune Haare** Ulla a les yeux marron et les cheveux bruns

> Namen von Körperteilen, die im Plural nach **avoir** stehen, werden im Französischen anders als im Deutschen mit dem bestimmten Artikel verwendet.

sie hat Grippe elle a la grippe

> Namen von Krankheiten werden im Französischen anders als im Deutschen mit dem bestimmten Artikel verwendet.

ich habe Angst j'ai peur ; **ich habe jeden Morgen Schule** j'ai cours tous les matins

2. **disposer de : unsere Schule hat auch einen Musiksaal** notre école dispose également d'une salle de musique

3. **être : welchen Tag haben wir heute?** quel jour sommes-nous aujourd'hui ?

➤ **es eilig haben** être pressé (pressée) : **ich habe es eilig** je suis pressé

➤ **es schwer haben** avoir du mal : **ich weiß, du hast es schwer** je sais, tu as du mal

➤ **etwas bei sich haben** avoir quelque chose sur soi : **hast du genügend Geld bei dir ?** as-tu assez d'argent sur toi ?

➤ **etwas gegen jemanden haben** avoir quelque chose contre quelqu'un

➤ **jemand hat etwas vor sich** *(D)* quelque chose est à venir : **das Schlimmste habe ich noch vor mir** le pire est encore à venir

■ *Hilfsverb*

avoir : hast du das gesehen? tu as vu ça ? ; **er hat lange gebraucht** il lui a fallu beaucoup de temps.

> Die zusammengesetzten Zeiten der meisten Verben werden mit **avoir** + Partizip Perfekt gebildet.

der **Hafen** *(Plural* Häfen*)* ■ le **port : wir haben die Schiffe im Hafen bewundert** nous avons admiré les bateaux dans le port.

der **Hafer** ■ **l'avoine** *(Femininum)*.

die **Haferflocken** *Plural* ■ **les flocons d'avoine** *(Maskulinum Plural)*.

haftbar *Adjektiv* ■ **responsable : Eltern sind für ihre Kinder haftbar** les parents sont responsables de leurs enfants.

haften *Verb* ■ **être responsable : Eltern haften für ihre Kinder** les parents sont responsables de leurs enfants.

der **Häftling** *(Plural* Häftlinge*)* ■ le **détenu**.

die **Haftung** ■ la **responsabilité : für Schäden übernehmen wir keine Haftung** nous n'endossons pas la responsabilité des dégâts.

der **Hagel** ■ la **grêle : der Hagel hat große Schäden angerichtet** la grêle a causé de gros dégâts.

hageln *Verb*

➤ **es hagelt** il grêle.

der **Hahn** *(Plural* Hähne*)*

1. le **coq : um fünf Uhr morgens hat ein Hahn gekräht** un coq a chanté ce matin à cinq heures
2. le **robinet : der Hahn im Bad tropft** le robinet de la salle de bains goutte.

das **Hähnchen** *(Plural* Hähnchen*)* ■ le **poulet : heute Mittag gibt es Hähnchen** il y aura du poulet à midi

> Um eine unbestimmte Menge eines Stoffes zu bezeichnen, verwendet man den partitiven Artikel **du, de la, de l'** vor einem Substantiv im Singular.

der **Hai** *(Plural* Haie*)* ■ le **requin**.

häkeln *Verb* ■ **faire du crochet : ich kann nicht häkeln** je ne sais pas faire de crochet.

der **Haken** *(Plural* Haken*)*

1. le **crochet : häng deine Jacke an den Haken da** accroche ta veste au crochet
2. *familiär* le **hic : das Programm hat nur einen Haken, es stürzt zu oft ab** le programme n'a qu'un hic, il plante trop souvent.

halb

■ *Adjektiv*

1. **demi (demie) : ich habe eine halbe Stunde gewartet** j'ai attendu une demi-heure ; **die Schule fängt um halb acht an** l'école commence à sept heures et demie
2. la **moitié : da hast du aber nur halbe Arbeit gemacht** mais tu n'as fait que la moitié du travail
3. **presque tout (toute) : die halbe Stadt schien unterwegs zu sein** presque toute la ville semblait être de sortie

■ *Adverb*

à moitié : ich habe das nur halb verstanden je n'ai qu'à moitié compris.

halbieren *(Perfekt* hat halbiert*)* *Verb* ■ **partager en deux : ich habe den Apfel halbiert** j'ai partagé la pomme en deux.

das **Halbjahr** *(Plural* Halbjahre*)* ■ le **semestre : im zweiten Halbjahr haben sich meine Noten verbessert** mes notes se sont améliorées au deuxième semestre.

half *Präteritum* ➤ **helfen**.

die **Hälfte** *(Plural* Hälften*)* ■ la **moitié : die Hälfte der Klasse will Latein wählen** la moitié de la classe veut choisir le latin

➤ **zur Hälfte** à moitié : **ich habe das Buch erst zur Hälfte gelesen** je n'ai lu le livre qu'à moitié.

die **Halle** *(Plural* Hallen*)* ■ le **hall : ich treffe dich dann in der Halle des Hotels** je te retrouverai dans le hall de l'hôtel.

hallo *Interjektion*

1. **salut : hallo Tobias, wie gehts?** salut Tobias, comment vas-tu ?
2. **allô : hallo Frau Müller, hier ist Herr Huber** âllo madame Müller, ici monsieur Huber.

der **Hals** *(Plural* Hälse*)*

1. le **cou : Carolin hat einen schlanken Hals** Caroline a un cou gracile

> **Hals** als Körperteil heißt auf Französisch **cou**; **Hals** im Sinne von „Rachen" wird mit **gorge** übersetzt.

2. la **gorge : mein Hals tut weh** j'ai mal à la gorge

➤ **Hals über Kopf** de manière précipitée : **sie sind Hals über Kopf abgereist** ils sont partis de manière précipitée

➤ **jemandem um den Hals fallen** sauter au cou de quelqu'un.

die **Halsschmerzen** *Plural*

➤ **Halsschmerzen haben** avoir mal à la gorge : **ich habe starke Halsschmerzen** j'ai très mal à la gorge.

Halstuch *(Plural* Halstücher*)* ■ **le foulard**.

Halt *(Plural* Halte ODER Halts*)*
1. **l'appui** *(Maskulinum)* : **ich habe in der Straßenbahn einen Halt gesucht** j'ai cherché un appui dans le tramway
2. **l'arrêt** *(Maskulinum)* : **nächster Halt Königstraße** prochain arrêt : Königstraße ; **wir sind ohne Halt bis Lyon gefahren** nous avons roulé sans arrêt jusqu'à Lyon
➤ **können wir mal Halt machen?** pourrions-nous faire une halte ?

haltbar *Adjektiv*
1. **non périssable** : **haltbare Produkte** des produits non périssables
2. **solide** : **das ist ein besonders haltbares Material** c'est un matériau particulièrement solide
➤ **mindestens haltbar bis...** à consommer de préférence avant le...

halten *(Präsens* hält, *Präteritum* hielt, *Perfekt* hat gehalten*)*
■ *transitives Verb*
1. **tenir** : **kannst du mal eben meine Tasche halten?** pourrais-tu tenir mon sac un instant ? ; **ein Versprechen sollte man auch halten** il faut tenir ses promesses
2. **retenir** : **mich hält hier nichts mehr** plus rien ne me retient ici
3. **arrêter** : **der Torwart hat den Ball gehalten** le gardien de but a arrêté le ballon
4. **présenter** : **ich muss morgen ein Referat halten** je dois présenter un exposé demain
5. **avoir** : **wir dürfen keine Tiere halten** nous n'avons pas le droit d'avoir des animaux
➤ **jemanden|etwas für jemanden|etwas halten** prendre quelqu'un|quelque chose pour quelqu'un|quelque chose : **ach Entschuldigung, ich habe Sie für Annes Lehrer gehalten** oh excusez-moi, je vous ai pris pour le professeur d'Anne
➤ **viel|nichts von etwas halten** faire grand cas|ne pas faire grand cas de quelque chose : **meine Eltern halten nichts von dieser Art von Musik** mes parents ne font pas grand cas de ce genre de musique
■ *intransitives Verb*
1. **s'arrêter** : **die Straßenbahn hat gehalten** le tramway s'est arrêté
2. **tenir** : **unsere Freundschaft hat all die Jahre gehalten** notre amitié a tenu toutes ces années
➤ **zu jemandem halten** être aux côtés de quelqu'un : **meine Eltern werden immer zu mir halten** mes parents seront toujours à mes côtés

sich **halten** *reflexives Verb* ■ **se conserver** : **so lange wird sich die Milch nicht halten** le lait ne se conservera pas aussi longtemps
➤ **sich für etwas halten** se prendre pour quelque chose : **er hält sich für sehr schlau** il se prend pour quelqu'un de très intelligent.

die **Haltestelle** *(Plural* Haltestellen*)*
■ **l'arrêt** *(Maskulinum)* : **an der nächsten Haltestelle muss ich aussteigen** il faut que je descende au prochain arrêt.

hält *Präsens* ➤ halten.

die **Haltung** *(Plural* Haltungen*)*
1. la **position** : **du kennst meine Haltung in dieser Frage** tu connais ma position sur cette question
2. la **contenance** : **sie hat die Haltung verloren** elle a perdu sa contenance
➤ **die Haltung von Haustieren ist verboten** il est interdit d'avoir des animaux domestiques.

der **Hammer** *(Plural* Hämmer*)*
1. le **marteau** : **ich habe den Nagel mit einem Hammer in die Wand geschlagen** j'ai enfoncé le clou dans le mur avec un marteau
2. *familiär* l'**horreur** *(Femininum)* : **die Französischarbeit war der Hammer** le devoir de français, ça a été l'horreur.

die **Hand** *(Plural* Hände*)*
la **main** : **zur Begrüßung gibt man sich in Deutschland die Hand** on se serre la main pour se dire bonjour en Allemagne
➤ **Hände hoch!** haut les mains !
➤ **alle Hände voll zu tun haben** avoir plein de choses à faire : **meine Mutter hat alle Hände voll zu tun** ma mère a plein de choses à faire
➤ **eine Hand voll** une poignée : **er zog eine Hand voll Münzen aus der Tasche** il sortit une poignée de pièces de sa poche
➤ **Hand in Hand** main dans la main
➤ **linker|rechter Hand** à gauche |à droite : **rechter Hand sehen Sie das Rathaus** à droite, vous voyez l'hôtel de ville

HAND

En dehors de la famille, les Allemands ne se saluent pas par une bise, mais se serrent la main, que ce soit entre adultes, d'adulte à enfant ou entre enfants. Si l'on est invité chez des Allemands, on serre la main de ses hôtes, sauf chez de bons amis, où l'on peut se contenter d'un « Hallo » plus familier.

hạndeln *intransitives Verb*

1. **marchander : ich habe versucht, mit dem Verkäufer zu handeln** j'ai essayé de marchander avec le vendeur
2. **agir : wir müssen sofort handeln** nous devons agir tout de suite

➤ **von etwas handeln** traiter de quelque chose : **das Buch handelt von einer Frau, die einen Kenianer geheiratet hat** le livre traite d'une femme qui a épousé un Kenyan

sich **handeln** *reflexives Verb* ■ **s'agir : es handelt sich um unsere Reise nach Paris** il s'agit de notre voyage à Paris.

hạndhaben *Verb*

1. **se servir de : ich muss erst noch lernen, wie man dieses Programm handhabt** il faut d'abord que j'apprenne à me servir de ce programme
2. **traiter : Fälle von Schulschwänzen werden bei uns folgendermaßen gehandhabt** voilà comment on traite chez nous les cas d'absentéisme scolaire.

der **Hạ̈ndler** *(Plural* Hạ̈ndler*)* ■ le **commerçant**.

die **Hạ̈ndlerin** *(Plural* Hạ̈ndlerinnen*)* ■ la **commerçante**.

die **Hạndlung** *(Plural* Hạndlungen*)*

1. **l'action** *(Femininum)* **: ich habe die Handlung des Stücks nicht verstanden** je n'ai pas compris l'action de la pièce
2. **le magasin : wo gibt es hier eine Handlung für Aquarienzubehör?** où puis-je trouver un magasin d'accessoires pour aquariums ?

der **Hạndschuh** *(Plural* Hạndschuhe*)* ■ le **gant : ich habe ein Paar Handschuhe bekommen** j'ai reçu une paire de gants.

die **Hạndtasche** *(Plural* Hạndtaschen*)* ■ le **sac à main**.

das **Hạndtuch** *(Plural* Hạndtücher*)* ■ **serviette : ins Freibad nehme ich d[...] große Handtuch mit** j'emporte la gran[...] serviette pour aller à la piscine.

das **Hạndwerk** *(Plural* Hạndwerke*)* ■ **métier : mein Bruder hat das Handwe[...] des Goldschmieds gelernt** mon frère a a[...]pris le métier d'orfèvre.

der **Hạndwerker** *(Plural* Hạndwerker*)* ■ l'a[...]**tisan** *(Maskulinum)* **: wir haben im Mome[...] die Handwerker im Haus** en ce momen[...] nous avons des artisans à la maison.

das **Hạndy** *(Plural* Hạndys*)* ■ le **portable nimm dein Handy mit** emporte ton port[...]ble.

der **Hạng** *(Plural* Hạ̈nge*)* ■ la **pente : ich b[...] den steilen Hang kaum runtergekomme[...]** j'ai à peine réussi à descendre cette pente ra[...]de.

hạ̈ngen[1] *(Präteritum* hạ̈ngte*, Perfe[...]* hat gehạ̈ngt*)*

1. **accrocher : er hängte seine Jacke an d[...] Garderobe** il a accroché sa veste au port[...]manteau
2. **pendre : früher wurden Verbrecher ge[...]hängt** autrefois, on pendait les criminels.

hạ̈ngen[2] *(Präteritum* hịng*, Perfekt* ha[...] gehạngen*) Verb*

1. **être accroché (accrochée) : die Lamp[...] hängt an der Decke** la lampe est accroché[...] au plafond
2. **être attaché (attachée) : ich hänge se[...] an meinen Eltern** je suis très attaché à me[...] parents.

die **Hạnsestadt** *(Plural* Hạnsestädte*)* ■ [...] **ville hanséatique**

HANSESTADT

Entre le XIIe et le XVIIe siècle, des cités marchandes s'associèrent pour former la Hanse. Cette organisation, ainsi que leur puissance économique, leur permirent de se libérer de la tutelle politique impériale. Il s'agit de villes situées au Nord de l'Europe, généralement sur les côtes de la mer du Nord ou de la Baltique, par exemple Brême, Hambourg, Lübeck ou Rostock.

e **Hardware** ■ **le matériel informatique**.

harmlos *Adjektiv*

1. **inoffensif (inoffensive) : das ist eine harmlose Schlange** c'est un serpent inoffensif
2. **innocent (innocente) : ein harmloser Scherz** une plaisanterie innocente.

hart *(Komparativ* härter, *Superlativ* härteste*)*

■ *Adjektiv*

1. **ferme : ich schlafe am liebsten auf einer harten Matratze** je préfère dormir sur un matelas ferme
2. **dur (dure) : das ist harte Arbeit** c'est un travail dur
3. **fort (forte) : wir hatten eine harte Auseinandersetzung** nous avons eu une forte dispute

■ *Adverb*

1. **à la dure : wir haben ziemlich hart gelegen** nous avons plutôt dormi à la dure
2. *familiär* **dur : wenn du hart arbeitest, dann schaffst du die Klasse** si tu travailles dur, tu passeras
3. **sévèrement : sie hat uns hart bestraft** elle nous a sévèrement punis.

ie **Härte** *(Plural* Härten*)* ■ **la sévérité : wer schummelt, wird mit aller Härte bestraft!** les tricheurs seront punis avec beaucoup de sévérité

➤ **das ist die Härte!** *familiär* c'est trop !

er **Hase** *(Plural* Hasen*)* ■ **le lièvre**.

ie **Haselnuss** *(Plural* Haselnüsse*)* ■ **la noisette**.

er **Hass** ■ **la haine : ich habe einen Hass auf den Chef** j'éprouve de la haine à l'égard du patron.

hassen *Verb* ■ **détester : ich hasse es, wenn ich so früh aufstehen muss** je déteste avoir à me lever si tôt

> Bei bestimmten Verben, zum Beispiel **détester**, wird der Infinitiv ohne Präposition angeschlossen.

hässlich

■ *Adjektiv*

1. **laid (laide) : das ist aber ein hässliches Auto** que cette voiture est laide !
2. **détestable : mach nicht immer so hässliche Bemerkungen** arrête de faire des remarques aussi détestables

■ *Adverb*

sans goût : sie war ziemlich hässlich geschminkt elle était plutôt maquillée sans goût.

hast *Präsens* ➤ haben.

hastig *Adverb* ■ **vite : iss nicht so hastig!** ne mange pas si vite !

hat *Präsens* ➤ haben.

hatte *Präteritum* ➤ haben.

hauen *Verb* ■ *familiär* **taper : du sollst deine Schwester nicht hauen!** tu ne dois pas taper ta sœur

sich **hauen** *reflexives Verb*

1. **se bagarrer : die beiden haben sich heute gehauen** ils se sont bagarrés tous les deux aujourd'hui

> Zusammengesetzte Formen reflexiver Verben werden mit **être** gebildet.

2. *familiär* **s'affaler : er kam heim und haute sich aufs Sofa** il est rentré à la maison et s'est affalé sur le canapé.

der **Haufen** *(Plural* Haufen*)* ■ **le tas : Max schmeißt seine Kleider einfach auf einen Haufen** Max met tout simplement ses affaires en tas ; **ich habe einen Haufen Fehler gemacht** j'ai fait un tas de fautes

> Nach Mengenangaben steht in der Regel nur **de** ohne Artikel.

sich **häufen** *reflexives Verb* ■ **se multiplier : in letzter Zeit häufen sich die Probleme** les problèmes se multiplient dernièrement.

häufig

■ *Adjektiv*

fréquent (fréquente) : dein häufiges Fehlen fällt langsam auf tes fréquentes absences commencent à se faire remarquer

■ *Adverb*

fréquemment : sie kommt häufig zu spät elle arrive fréquemment en retard.

die **Häufigkeit** *(Plural* Häufigkeiten*)* ■ la **fréquence : die Häufigkeit ihrer Verspätungen ärgerte ihn** la fréquence de ses retards l'a énervé.

der **Hauptbahnhof** *(Plural* Hauptbahnhöfe*)* ■ la **gare centrale**.

die **Hauptsache** ■ le **principal : Hauptsache, ihr seid wieder gesund zurückgekommen** le principal, c'est que vous soyez rentrés sains et saufs.

hauptsächlich

■ *Adverb*
essentiellement : es sind hauptsächlich die Jungen, die im Unterricht stören ce sont essentiellement les garçons qui dérangent le cours

■ *Adjektiv*
essentiel (essentielle) : die hauptsächliche Frage ist doch, ob wir genügend Geld haben la question essentielle est bien de savoir si nous avons assez d'argent.

der **Hauptsatz** *(Plural* Hauptsätze*)* ■ la **proposition principale : was ist der Hauptsatz?** quelle est la proposition principale ?

die **Hauptschule** *(Plural* Hauptschulen*)* ■ *école secondaire du premier cycle*

> HAUPTSCHULE
>
> Ce type d'établissement scolaire concerne des élèves de 10 à 16 ans. On y dispense un enseignement général mais on met essentiellement l'accent sur la formation pratique. Les élèves issus de ces écoles se destinent surtout à des apprentissages dans des domaines variés tels que l'artisanat, le commerce, la branche économique et sociale ou l'agriculture.

die **Hauptstadt** *(Plural* Hauptstädte*)* ■ la **capitale : Berlin ist die Hauptstadt von Deutschland** Berlin est la capitale de l'Allemagne.

das **Hauptwort** *(Plural* Hauptwörter*)* ■ le **substantif**.

das **Haus** *(Plural* Häuser*)* ■ la **maison : ihr habt ein großes Haus!** vous avez une grande maison ! ; **Frau Morris ist im Moment nicht im Haus** madame Morris n'est pas à l maison pour le moment

➤ **nach Hause** à la maison : **ich muss jetz nach Hause** il faut que je rentre à la maiso maintenant

➤ **zu Hause** à la maison : **macht diese Übun bitte zu Hause** tu feras cet exercice à la mai son, s'il te plaît.

die **Hausaufgabe** *(Plural* Hausaufga ben*)* ■ les **devoirs** *(Maskulinum Plural)* **: wi haben heute keine Hausaufgaben au** nous n'avons pas de devoirs aujourd'hui.

der **Haushalt** *(Plural* Haushalte*)*

1. le **ménage : ich helfe meiner Mutter ir Haushalt** j'aide ma mère pour le ménage
2. le **foyer : fast jeder Haushalt hat mehrer Fernseher** presque tous les foyers sont équi pés de plusieurs télés
3. le **budget : das Parlament berät über de Haushalt für das nächste Jahr** le Parlemen débat du budget de l'année prochaine.

der **Hausschuh** *(Plural* Hausschuhe*)* ■ l **chausson**.

das **Haustier** *(Plural* Haustiere*)* ■ **l'anima domestique** *(Maskulinum)* **: habt ihr ei Haustier?** avez-vous un animal domestique

die **Haustür** *(Plural* Haustüren*)* ■ la **port d'entrée**.

die **Haut** *(Plural* Häute*)* ■ la **peau : viele Ju gendliche haben eine unreine Haut** beau coup d'adolescents ont une peau à problè mes

➤ **aus der Haut fahren** sortir de ses gonds **unser Mathelehrer fährt bei jeder Klei nigkeit aus der Haut** notre professeur d maths sort de ses gonds pour un rien.

der **Hebel** *(Plural* Hebel*)* ■ le **levier : di Maschine wird mit diesem Hebel in Gang gesetzt** on met la machine en marche à l'aide de ce levier

➤ **alle Hebel in Bewegung setzen** mettr tout en œuvre.

heben *(Präteritum* hob*, Perfekt* hat gehoben*) Verb* ■ **lever : wer mitkommen will, soll die Hand heben** que ceux qui veu lent nous accompagner lèvent la main.

die **Hecke** *(Plural* Hecken*)* ■ **la haie : zwischen den zwei Grundstücken steht eine Hecke** il y a une haie entre les deux terrains.

das **Heft** *(Plural* Hefte*)*
1. **le cahier : unser Lehrer sammelt regelmäßig die Hefte ein** notre professeur ramasse régulièrement les cahiers
2. **le numéro : kann ich das letzte Heft deiner Computerzeitschrift haben?** puis-je avoir le dernier numéro de ton magazine informatique.

heftig
■ *Adjektiv*
violent (violente) : es wehte ein heftiger Wind un vent violent soufflait
■ *Adverb*
violemment : er hat sich heftig gewehrt il s'est violemment défendu.

die **Heidelbeere** *(Plural* Heidelbeeren*)* ■ **la myrtille**.

heil *Adjektiv* ■ **guéri (guérie) : das gebrochene Bein ist wieder heil** la jambe cassée est guérie.

heilen
■ *transitives Verb*
guérir : der Arzt konnte den Patienten heilen le médecin a pu guérir le patient
■ *intransitives Verb (Perfekt* ist geheilt*)*
cicatriser : die Wunde ist inzwischen geheilt depuis, la plaie s'est cicatrisée.

heilig *Adjektiv*
1. **saint (sainte) : der heilige Christoph ist Schutzpatron der Reisenden** Saint Christophe est le patron des voyageurs
2. **sacré (sacrée) : der Ganges ist in Indien ein heiliger Fluss** le Gange est un fleuve sacré en Inde
3. **terrible : dann packte mich aber ein heiliger Zorn** une terrible colère s'est alors emparée de moi.

der **Heiligabend** *(Plural* Heiligabende*)* ■ **la veille de Noël : an Heiligabend gibt es die Geschenke** on distribue les cadeaux la veille de Noël.

die **Heilige** *(Plural* die Heiligen*)* ■ **le saint, la sainte**.

heim *Adverb* ■ **à la maison : ich gehe jetzt heim** maintenant, je rentre à la maison.

das **Heim** *(Plural* Heime*)*
1. **la maison : wann zieht ihr ins neue Heim?** quand emménagez-vous dans votre nouvelle maison ?
2. **le foyer : er darf in den Ferien in ein Heim auf Sylt** pendant les vacances, il aura le droit d'aller dans un foyer à Sylt.

die **Heimat** ■ **le pays natal**.

die **Heimkehr** ■ **le retour (chez soi) : bei meiner Heimkehr** à mon retour chez moi.

heim|kommen *(Perfekt* ist heimgekommen*) Verb* ■ **rentrer : wann kommst du heute aus der Schule heim?** à quelle heure rentres-tu de l'école aujourd'hui ?

> Wenn im Deutschen ein Bewegungsverb zusammen mit einem Adverb (zum Beispiel **heim**) oder einer Präposition verwendet wird, steht im Französischen häufig nur ein Verb.

heimlich
■ *Adjektiv*
secret (secrète) : ein heimliches Treffen un rendez-vous secret
■ *Adverb*
en cachette : ich habe dich heimlich beobachtet je t'ai observé en cachette.

der **Heimweg** *(Plural* Heimwege*)* ■ **le chemin du retour**.

das **Heimweh** ■ **le mal du pays : Carolin hatte Heimweh** Caroline avait le mal du pays.

die **Heirat** *(Plural* Heiraten*)* ■ **le mariage**.

heiraten
■ *intransitives Verb*
se marier : die beiden wollen heiraten ils veulent se marier
■ *transitives Verb*
épouser : mein Bruder hat meine Freundin geheiratet mon frère a épousé mon amie.

heiser *Adjektiv* ■ **enroué (enrouée) : ich bin ganz heiser vom vielen Reden** je suis tout enroué à force de parler.

heiß

■ *Adjektiv*

1. **chaud (chaude) : heute war ein heißer Tag** aujourd'hui, la journée fut chaude
2. **animé (animée) : wir hatten heute eine heiße Diskussion** aujourd'hui, nous avons eu une discussion animée

➤ **jemandem ist heiß** quelqu'un a chaud : **ich gehe jetzt schwimmen, mir ist heiß** je vais aller nager, j'ai chaud

■ *Adverb*

chaud (chaude) : morgens dusche ich heiß le matin, je prends une douche chaude.

heißen *(Präteritum* hieß, *Perfekt* hat geheißen*) Verb*

1. **s'appeler : er heißt Fritz** il s'appelle Fritz ; **wie heißt du?** comment t'appelles-tu ?
2. **se dire : wie heißt „Party" auf Französisch?** comment se dit « Party » en français ?
3. **vouloir dire : du willst nicht in die Schule? Was heißt das?** tu ne veux pas aller à l'école ? Qu'est-ce que ça veut dire ?

➤ **das heißt**

1. du moins : **er kommt mit, das heißt, wenn er es sich nicht wieder anders überlegt** il nous accompagne, du moins s'il n'a pas changé d'avis
2. c'est-à-dire : **ich komme am 20. vorbei, das heißt übermorgen** je passerai le 20, c'est-à-dire après-demain.

heiter *Adjektiv*

1. **beau (belle) : morgen soll es heiter werden** il devrait faire beau temps demain

> Das Adjektiv **beau** steht grundsätzlich vor dem Substantiv.

2. **joyeux (joyeuse) : du hast ein heiteres Gemüt** tu es d'un tempérament joyeux.

die **Heiterkeit** ■ **l'hilarité** *(Femininum)* **: der Fehler erregte allgemeine Heiterkeit** cette faute a provoqué l'hilarité générale.

heizen

■ *intransitives Verb*

1. **mettre le chauffage : ab wann wird in der Schule geheizt?** à partir de quand met-on le chauffage à l'école ?
2. **se chauffer : wir heizen mit Gas** nous nous chauffons au gaz

■ *transitives Verb*

chauffer : wir sollten das Bad besser heizen il faudrait mieux chauffer la salle de bains.

die **Heizung** *(Plural* Heizungen*)* ■ **chauffage : die Heizung funktioniert nicht** le chauffage ne fonctionne pas.

hektisch

■ *Adjektiv*

trépidant (trépidante) : das Leben in der Großstadt ist zu hektisch la vie dans une grande ville est trop trépidante

■ *Adverb*

fébrilement : sie suchte hektisch nach ihrem Schlüssel elle cherchait fébrilement sa clé.

der **Held** *(Plural* Helden*)* ■ **le héros : unser Mittelstürmer war der Held des Tages** notre avant-centre a été le héros du jour.

die **Heldin** *(Plural* Heldinnen*)* ■ **l'héroïne** *(Femininum)* **: Johanna von Orleans war eine Heldin** Jeanne d'Arc était une héroïne.

helfen *(Präsens* hilft, *Präteritum* half, *Perfekt* hat geholfen*) Verb*

1. **aider**

> Anders als das deutsche Verb **helfen** hat **aider** ein direktes Objekt.

ich habe ihr bei den Hausaufgaben geholfen je l'ai aidée à faire ses devoirs

> In zusammengesetzten Zeiten richtet sich das Partizip nach dem direkten Objektpronomen: Ist es weiblich, wird ans Partizip ein –e angehängt.

2. **être efficace : meinst du, das hilft gegen meinen Schnupfen?** crois-tu que c'est efficace en cas de rhume ?

hell

■ *Adjektiv*

1. **clair (claire) : ich habe eine sehr helle Wohnung** j'ai un appartement très clair
2. **vif (vive) : am Schreibtisch brauche ich helles Licht** il me faut une lumière vive à ma table de travail
3. **aigu (aiguë) : Bettina hat eine helle Stimme** Bettina a une voix aiguë
4. *familiär* **futé (futée) : er ist ein heller Bursche** c'est un type futé

▶ **es wird hell** le jour se lève

■ *Adverb*

très : wir waren von der Idee hell begeistert nous étions très enthousiastes à cette idée

▶ **das ganze Haus war hell beleuchtet** toute la maison était très éclairée.

der Helm *(Plural* Helme*)* ■ **le casque : man darf ohne Helm nicht Motorrad fahren** on n'a pas le droit de faire de la moto sans casque.

das Hemd *(Plural* Hemden*)*

1. **la chemise : er hatte ein weißes Hemd** il portait une chemise blanche
2. **le maillot de corps : im Winter trägt sie immer ein Hemd unter dem Pullover** l'hiver, elle porte toujours un maillot de corps sous son pull.

die Hemmung *(Plural* Hemmungen*)* ■ **l'inhibition** *(Femininum)* **: Felix hat furchtbare Hemmungen** Felix a de terribles inhibitions.

hemmungslos

■ *Adjektiv*

sans inhibitions : sie ist ein hemmungsloser Mensch c'est une personne sans inhibitions

■ *Adverb*

sans retenue : er hat hemmungslos geweint il a pleuré sans retenue.

die Henne *(Plural* Hennen*)* ■ **la poule.**

her *Adverb* ■ **de, du, de la, d' : der Wind kommt von Norden her** le vent vient du nord

Nicht vergessen: **de + le = du** und **de + les = des** !

▶ **her sein** faire : **es ist jetzt drei Jahre her, dass ich sie kennen gelernt habe** ça fait trois ans que j'ai fait sa connaissance.

heran *Adverb* ■

▶ **komm ganz nah zu mir heran** viens tout près de moi.

heran|ziehen

■ *transitives Verb (Perfekt* hat herangezogen*)*

1. **consulter : wir werden einen Fachmann heranziehen** nous allons consulter un spécialiste
2. **approcher : er zog seinen Stuhl ganz nah an den Tisch heran** il approcha sa chaise tout près de la table

■ *intransitives Verb (Perfekt* ist herangezogen*)*

s'approcher : aus Westen zogen dunkle Wolken heran des nuages sombres s'approchaient par l'ouest.

herauf *Adverb* ■ **vers le haut : der Lärm tönte bis in den 11. Stock herauf** le vacarme résonnait vers le haut jusqu'au 11ᵉ étage.

herauf|kommen *(Perfekt* ist heraufgekommen*) Verb* ■ **monter : komm doch kurz herauf!** monte un instant !

heraus *Adverb* ■ **dehors : heraus aus den Federn!** dehors, sors du lit !

heraus|bekommen *(Perfekt* hat herausbekommen*) Verb*

1. **réussir à trouver : eine Adresse herausbekommen** réussir à trouver une adresse
2. **réussir à sortir : vielleicht bekommst du den Nagel mit einer Zange heraus** peut-être réussiras-tu à sortir le clou avec une pince
3. **rendre : ich bekomme noch Wechselgeld heraus** on va encore me rendre de la petite monnaie.

heraus|finden *transitives Verb* ■ **découvrir : ich habe herausgefunden, wie man das Handy bedient** j'ai découvert comment on se sert du portable.

heraus|fordern *Verb* ■ **défier : nächste Woche fordert er den Weltmeister heraus** la semaine prochaine, il défiera le champion du monde.

die Herausforderung *(Plural* Herausforderungen*)* ■ **le défi : der Titelverteidiger nahm die Herausforderung an** le défenseur du titre a accepté le défi.

heraus|geben *Verb*

1. **rendre : Sie haben mir zu wenig herausgegeben** vous m'avez rendu trop peu
2. **publier : dieses Buch wurde von Larousse herausgegeben** ce livre a été publié par Larousse.

heraus|holen *Verb* ■ **sortir : er holte seinen Geldbeutel heraus** il a sorti son porte-monnaie.

heraus|kommen *(Perfekt* ist herausgekommen*) Verb*
1. **sortir : komm doch heraus und spiel mit uns!** allez, sors et viens jouer avec nous !
2. **arriver : das kommt dabei heraus, wenn man nicht aufpasst** voilà ce qui arrive quand on ne fait pas attention

➤ **groß herauskommen** avoir beaucoup de succès : **mit seiner neuen CD ist er groß herausgekommen** il a eu beaucoup de succès avec son nouveau CD.

heraus|nehmen *Verb* ■ **sortir : nimm das Geld lieber aus dem Umschlag heraus** je te conseille de sortir l'argent de l'enveloppe

➤ **sich** *(D)* **etwas herausnehmen** se permettre quelque chose : **Philip nimmt sich einige Frechheiten heraus** Philippe se permet quelques insolences.

her|bringen *Verb* ■ **apporter : bring mir mal dein Heft her, bitte** apporte-moi ton cahier, s'il te plaît.

der **Herbst** *(Plural* Herbste*)* ■ **l'automne** *(Maskulinum)* **: im Herbst haben wir eine Woche Ferien** nous aurons une semaine de vacances en automne.

der **Herd** *(Plural* Herde*)* ■ **la cuisinière : die Suppe steht auf dem Herd** la soupe est sur la cuisinière.

die **Herde** *(Plural* Herden*)* ■ **le troupeau : der Schäfer treibt seine Herde auf die Alm** le berger conduit son troupeau à l'alpage.

herein

■ *Adverb*

entrez : immer herein in die gute Stube! entrez, venez vous mettre au chaud !

■ *Interjektion*

entrez : als es klopfte rief sie: „Herein!" elle a crié « entrez ! » quand elle a entendu qu'on frappait à la porte.

herein|kommen *(Perfekt* ist hereingekommen*) Verb*
1. **entrer : komm doch herein!** entre donc !
2. **rentrer : morgen kommt neue War[e] herein** on rentre de la nouvelle marchandis[e] demain.

herein|lassen *Verb* ■ **faire entrer sollen wir ihn hereinlassen?** devons-nou[s] le faire entrer ?

die **Herfahrt** *(Plural* Herfahrten*)* ■ **l'alle[r]** *(Maskulinum)* **: auf der Herfahrt sind wir i[n] einen Stau gekommen** à l'aller, nous avon[s] été bloqués dans un bouchon.

der **Hergang** ■ **le déroulement : den Hergang des Unfalls der Polizei schilder[n]** décrire le déroulement des faits à la police.

her|geben *transitives Verb* ■ **donner gib mein Heft her!** donne-moi mon cahier

sich **hergeben** *reflexives Verb* ■ **se prête[r] à : für so ein krummes Ding gebe ic[h] mich nicht her** je ne me prête pas à un parei[l] coup tordu.

der **Hering** *(Plural* Heringe*)*
1. **le hareng : sie isst oft Heringe** elle mang[e] souvent des harengs
2. **le piquet : ohne Heringe können wir da[s] Zelt nicht aufbauen** nous ne pourrons pa[s] monter la tente sans piquets.

her|kommen *(Perfekt* ist hergekommen*) Verb*
1. **venir : komm mal her, ich will dir wa[s] zeigen** viens voir, je veux te montrer quelqu[e] chose
2. **provenir : wo kommt diese Verletzung her?** d'où provient cette blessure ?

die **Herkunft** ■ **l'origine** *(Femininum)* **: di[e] Herkunft der Ware ist angegeben** l'origin[e] de la marchandise est indiquée.

sich **her|machen** *reflexives Verb* ■ *familiär* **s[e] jeter : die Kinder haben sich gierig übe[r] die Pommes hergemacht** les enfants s[e] sont jetés avec voracité sur les frites

Zusammengesetzte Formen reflexiver Verben werden mit **être** gebildet.

Herr *(Plural* Herren*)* ■ **le monsieur : ein Herr hat nach dir gefragt** un monsieur a demandé à te parler.

herrlich
- *Adjektiv*
magnifique : das waren herrliche Ferien c'étaient des vacances magnifiques
- *Adverb*
divinement : es hat herrlich geschmeckt c'était divinement bon.

herrschen *Verb* ■ **régner : dort herrscht eine schreckliche Unordnung** il y règne un terrible désordre.

her|stellen *transitives Verb*
1. **fabriquer : hier werden Autos hergestellt** ici, on fabrique des voitures
2. **instaurer : die Polizei hat Ruhe und Ordnung hergestellt** la police a instauré le calme et l'ordre
3. **poser : stell deinen Stuhl hier her** pose ta chaise ici.

Herstellung *(Plural* Herstellungen*)* ■ **la fabrication**.

herüber *Adverb* ■ **par ici : he, hier herüber!** eh, par ici !

herum *Adverb*
- **um ... herum**
1. autour de : **wir sind einmal um den See herum gelaufen** nous avons fait une fois le tour du lac en courant ; **um das Haus herum stehen Bäume** il y a des arbres autour de la maison
2. dans les environs de : **um Düsseldorf herum** dans les environs de Düsseldorf
3. *familiär* dans les : **er wiegt so um die 80 kg herum** il pèse dans les 80 kg.

herum|drehen *transitives Verb* ■ **tourner : sie dreht den Schlüssel immer zweimal herum** elle tourne toujours deux fois la clé dans la serrure

herumdrehen *reflexives Verb* ■ **se retourner : sie hat sich nicht herumgedreht** elle ne s'est pas retournée

> Zusammengesetzte Formen reflexiver Verben werden mit **être** gebildet.

herum|liegen *Verb* ■ **traîner : in seinem Zimmer liegen die Kleider überall herum** les habits traînent partout dans sa chambre.

herunter *Adverb* ■ **en bas : stell die Vase herunter!** pose le vase en bas !

herunter|holen *Verb* ■ **descendre : ich muss die Koffer vom Speicher herunterholen** je dois descendre les valises du grenier.

hervor|bringen *Verb*
1. **proférer : er hat keinen Ton hervorgebracht** il n'a proféré aucun son
2. **produire : diese Stadt hat viele Künstler hervorgebracht** cette ville a produit beaucoup d'artistes.

hervor|gehen *(Perfekt* ist hervorgegangen*) Verb* ■ **ressortir : aus ihrem Brief geht hervor, dass es ihr dort gut gefällt** il ressort de sa lettre qu'elle s'y plaît.

hervor|heben *Verb*
1. **surligner : der Satz war mit Leuchtstift hervorgehoben** la phrase était surlignée en fluo
2. **souligner : in seiner Rede hat er ihren Mut hervorgehoben** dans son discours, il a souligné leur courage.

hervorragend
- *Adjektiv*
remarquable : Steffi ist eine hervorragende Schülerin Steffi est une élève remarquable
- *Adverb*
remarquablement bien : du hast den Text hervorragend übersetzt tu as remarquablement bien traduit le texte.

das **Herz** *(Plural* Herzen*)* ■ **le cœur : mein Herz klopfte** mon cœur battait
- **ein Herz für jemanden haben** aimer quelqu'un : **sie hat ein Herz für Tiere** elle aime les animaux
- **es nicht übers Herz bringen, etwas zu tun** ne pas avoir le courage de faire quelque chose : **ich habe es nicht übers Herz gebracht, ihr die Wahrheit zu sagen** je n'ai pas eu le courage de lui dire la vérité

➤ **von ganzem Herzen** de tout cœur : **ich danke euch von ganzem Herzen** je vous remercie de tout cœur.

herzlich

■ *Adjektiv*
chaleureux (chaleureuse) : meine Gastfamilie war sehr herzlich ma famille d'accueil était très chaleureuse
■ *Adverb*
du fond du cœur : ich gratuliere dir herzlich je te félicite du fond du cœur.

Hessen *Neutrum* ■ **la Hesse**

Namen von Regionen werden im Französischen oft mit dem bestimmten Artikel verwendet.

hessisch *Adjektiv* ■ **hessois (hessoise).**

hetzen

■ *intransitives Verb*
1. (*Perfekt* ist gehetzt) **se presser : ich hetze jeden Morgen zur Schule** je me presse tous les matins pour aller à l'école
2. (*Perfekt* hat gehetzt) **attiser les haines : er hetzt immer gegen die Ausländer** il attise toujours les haines contre les étrangers
■ *transitives Verb* (*Perfekt* hat gehetzt)
lâcher aux trousses : die Polizei hat gestern die Hunde auf den Einbrecher gehetzt la police a lâché les chiens aux trousses du cambrioleur hier.

das **Heu** ■ **le foin : im Winter bekommen die Kühe Heu** en hiver, on donne du foin à manger aux vaches

Um eine unbestimmte Menge eines Stoffes zu bezeichnen, verwendet man den partitiven Artikel **du, de la, de l'** vor einem Substantiv im Singular.

heucheln *Verb* ■ **feindre : er hat sein Interesse dafür nur geheuchelt** il n'a fait que feindre son intérêt pour la chose.

heulen *Verb*
1. *familiär* **chialer : hör auf zu heulen** arrête de chialer
2. **hurler : bei Vollmond heult der Hund unserer Nachbarn** le chien de nos voisins hurle les nuits de pleine lune.

der **Heuschnupfen** ■ **le rhume des foin**

heute *Adverb*
1. **aujourd'hui : wir haben heute ein Dikt geschrieben** aujourd'hui, nous avons f. une dictée
2. **de nos jours : Großfamilien gibt es heu kaum noch** il n'y a plus beaucoup de fam les nombreuses de nos jours.

heutzutage *Adverb* ■ **de nos jour**
heutzutage hat doch jeder ein Handy nos jours, tout le monde a un portable.

die **Hexe** (*Plural* Hexen) ■ **la sorcière.**

hielt *Präteritum* ➤ halten.

hier

■ *Adverb*
1. **ici : bist du schon lange hier?** ça fait lor temps que tu es ici ?
2. **là : hier täuschst du dich** alors là, tu trompes
➤ **hier bleiben** rester : **willst du zu Abendessen hier bleiben ?** veux-tu rest pour dîner ?

Wenn im Deutschen ein Bewegungsverb zusammen mit einem Adverb (zum Beispiel **hier**) oder einer Präposition verwendet wird, steht im Französischen häufig nur ein Verb.

■ *Interjektion*
tiens : hier, dein Buch tiens, ton livre.

hierauf *Adverb*
1. **là-dessus : stell die Blumenvase hiera** pose le vase là-dessus
2. **à cela : hierauf wusste er keine Antwor** n'avait pas de réponse à cela.

hieraus *Adverb*
1. **dans cela : hieraus kannst du trinken** peux boire dans cela
2. **de ceci : hieraus hat er uns vorgelesen** nous a lu un passage de ceci
3. **en : hieraus können wir ein Puppenkle machen** nous pouvons en faire une robe poupée

Nicht vergessen: **En** ersetzt Ergänzungen die mit **de** eingeleitet werden.

hierbei *Adverb*
1. **c'est ainsi que : er wollte den Berg runterrutschen und hierbei hat er sich das Bein gebrochen** il voulait dévaler la montagne et c'est ainsi qu'il s'est cassé la jambe
2. **pour cela : hierbei ist Konzentration nötig** pour cela, il faut de la concentration.

hierdurch *Adverb*
1. **par ici : das Kaninchen ist hierdurch geschlüpft** le lapin s'est glissé par ici
2. **c'est ainsi que : hierdurch hast du dir deine Chancen kaputtgemacht** c'est ainsi que tu as gâché tes chances.

hierfür *Adverb* ■ **de cela : wer ist hierfür verantwortlich?** qui est responsable de cela ?

hierher *Adverb* ■ **par ici : sofort alle hierher!** tout le monde par ici ! Vite !

hierhin *Adverb* ■ **ici : wie bist du hierhin gekommen?** comment es-tu entré ici ?

hiesig *Adjektiv* ■ **local, locale : das hiesige Freibad ist nicht besonders groß** la piscine locale n'est pas particulièrement grande.

hieß *Präteritum* ➤ heißen

die **Hilfe** *(Plural* Hilfen*)* ■ **l'aide** *(Femininum)* : **vielen Dank für deine Hilfe** merci beaucoup pour ton aide
➤ **Hilfe!** au secours !

hilflos *Adjektiv*
1. **désemparé, désemparée : ohne fremde Hilfe ist sie hilflos** sans aide extérieure, elle est désemparée
2. **impuissant, impuissante : er warf mir einen hilflosen Blick zu** il me jeta un regard impuissant.

hilfreich *Adjektiv* ■ **précieux (précieuse) : deine Erklärungen waren hilfreich** tes explications ont été précieuses.

hilfsbereit *Adjektiv* ■ **serviable : sie sind hilfsbereit** ils sont serviables.

das **Hilfsverb** *(Plural* Hilfsverben*)* ■ **l'auxiliaire** *(Maskulinum)*.

hilft *Präsens* ➤ helfen.

die **Himbeere** *(Plural* Himbeeren*)* ■ **la framboise**.

der **Himmel** ■ **le ciel**
➤ **ach du lieber Himmel!** Bon Dieu !
➤ **um Himmels willen** pour l'amour du ciel.

die **Himmelsrichtung** *(Plural* Himmelsrichtungen*)*
1. **le point cardinal** *(Plural* points cardinaux*)*
2. **le côté : aus welcher Himmelsrichtung kommt der Wind?** de quel côté vient le vent ?

hin *Adverb*
1. **vers : er ging zum Haus hin** il allait vers la maison
2. **sur : über weite Strecken hin scheint die Natur hier unberührt** ici, la nature semble intacte sur de vastes étendues
3. **pendant : über viele Jahre** pendant de nombreuses années
➤ **hin und zurück** aller et retour : **einmal Ulm hin und zurück, bitte** un aller et retour pour Ulm, s'il vous plaît
➤ **hin und wieder** de temps à autre
➤ **er läuft seit einer Stunde hin und her** cela fait une heure qu'il va et vient.

hinab *Adverb* ■ **die Treppe hinab kommt man zum Keller** l'escalier descend à la cave.

hinauf *Adverb* ■ **der Weg hinauf war sehr steil** la montée était très raide.

hinaus *Adverb* ■ **à l'arrière : nach hinten hinaus liegt unser Garten** notre jardin est situé à l'arrière.

hinaus|gehen *(Perfekt* ist hinausgegangen*) Verb* ■ **sortir : geht hinaus, es ist so schönes Wetter** sortez, il fait si beau
➤ **nach ... hinausgehen** être orienté à ... : **das Schlafzimmer geht nach Osten hinaus** la chambre est orientée à l'est.

hinaus|zögern *Verb* ■ **repousser : wir haben unsere Abreise hinausgezögert** nous avons repoussé notre départ.

hindern *Verb* ■ **empêcher : ich kann dich nicht daran hindern** je ne peux pas t'en empêcher

Nicht vergessen: **En** ersetzt Ergänzungen, die mit **de** eingeleitet werden.

das **Hindernis** *(Plural* Hindernisse*)* ■ **l'obstacle** *(Maskulinum)*.

hindurch *Adverb*
1. **sans interruption : ich habe den ganzen Tag hindurch gewartet** j'ai attendu toute la journée sans interruption
2. **à travers : sie haben einen Tunnel durch den Berg hindurch gebaut** ils ont percé un tunnel à travers la montagne.

hinein *Adverb* ■ **dans : hinein ins kühle Meer!** hop, dans l'eau froide !

hinein|gehen *(Perfekt* ist hineingegangen*) Verb*
1. **entrer : gehen Sie ruhig hinein** entrez, je vous en prie
2. **pouvoir rentrer : in meinen Koffer geht nichts mehr hinein** plus rien ne peut rentrer dans ma valise.

die **Hinfahrt** *(Plural* Hinfahrten*)* ■ **l'aller** *(Maskulinum)* **: auf der Hinfahrt müssen wir einmal umsteigen** à l'aller, nous devons changer une fois.

hin|fallen *(Perfekt* ist hingefallen*) Verb* ■ **tomber : pass auf, dass du nicht hinfällst!** fais attention à ne pas tomber.

der **Hinflug** *(Plural* Hinflüge*)* ■ **l'aller** *(en avion) (Maskulinum)*.

hing *Präteritum* ➤ hängen.

hin|gehen *(Perfekt* ist hingegangen*) Verb* ■ **y aller : Klaus macht morgen eine Party, gehst du auch hin?** Klaus organise une fête demain, est-ce que tu y vas aussi ?

hingewiesen *Partizip Perfekt* ➤ hinweisen.

hin|halten *Verb*
1. **tendre : sie hielt ihm ihr leeres Glas hin** elle lui a tendu son verre vide
2. **faire attendre : er wurde wochenlang hingehalten** on l'a fait attendre pendant des semaines.

hinken *(Perfekt* hat gehinkt*) Verb* ■ **boiter : was ist los, du hinkst ja?** mais que se passe-t-il, tu boites ?

hin|kriegen *Verb familiär* ■ **réussir : wie habt ihr das hingekriegt, dass sie euch früher gehen ließ?** comment avez-vous réussi à obtenir qu'elle vous laisse sortir plus tôt ?

hin|legen *transitives Verb*
1. **laisser : sie legte ihm eine kurze Nachricht hin** elle lui a laissé un bref message
2. **coucher : ich lege das Baby jetzt hin** maintenant, je vais coucher le bébé

sich **hinlegen** *reflexives Verb* ■ **s'allonger : nach dem Essen legt sie sich immer hin** après le repas, elle s'allonge toujours.

hin|nehmen *Verb*
1. **accepter : ich nehme eure Frechheit nicht länger hin!** je n'accepterai pas plus longtemps votre impertinence !
2. *familiär* **emmener : ich nehme sie mit zur Party hin** je vais l'emmener à la fête.

die **Hinreise** ■ **l'aller** *(Maskulinum)*.

sich **hin|setzen** *reflexives Verb* ■ **s'asseoir : setz euch alle hin!** asseyez-vous tous !

die **Hinsicht**
➤ **in dieser Hinsicht** sur ce point : **in dieser Hinsicht versteht sie keinen Spaß** sur ce point, elle ne comprend pas la plaisanterie

hin|stellen *transitives Verb*
1. **poser : sein Fahrrad hat er vor die Garage hingestellt** il a posé son vélo devant le garage
2. **présenter : du stellst mich immer als einen Trottel hin** tu me présentes toujours comme un imbécile

sich **hinstellen** *reflexives Verb* ■ **se mettre : stellt euch alle da hin, ich möchte ein Foto von euch machen** mettez-vous tous là, je veux vous prendre en photo.

hinten *Adverb*
1. **à la fin : die Lösung steht hinten im Buch** la solution se trouve à la fin du livre

1. **à l'arrière : sie sitzt im Auto immer hinten** elle s'asseoit toujours à l'arrière en voiture
2. **dans le fond : ich kann ihn ganz da hinten sehen** je le vois là-bas dans le fond.

hinter *Präposition* ■ **derrière : hinter dem Hotel liegt ein See** il y a un lac derrière l'hôtel ; **sie ging hinter das Haus** elle alla derrière la maison.

hintere, r, s *Adjektiv* ■ **du fond : wir saßen in der hinteren Reihe** nous étions assis dans la rangée du fond.

hintereinander *Adverb*
1. **l'un (l'une) derrière l'autre : stellt euch alle hintereinander auf** mettez-vous les uns derrière les autres
2. **de suite : es hat fünf Tage hintereinander geregnet** il a plu cinq jours de suite.

der Hintergrund *(Plural* Hintergründe*)*
1. **le fond : ein roter Punkt auf weißem Hintergrund** un point rouge sur fond blanc
2. **la raison cachée : die Hintergründe dieser Tat** les raisons cachées de cet acte.

hinterhältig *Adjektiv* ■ **sournois (sournoise).**

hinterher **après : hinterher ist man immer schlauer** on est toujours plus malin après.

hinterher|fahren *(Perfekt* ist hinterhergefahren*) Verb* ■ **suivre** *(en véhicule)*.

hinterlassen *(Präsens* hinterlässt, *Präteritum* hinterließ, *Perfekt* hat hinterlassen*) Verb*
1. **léguer : sie hat mir ihren Schmuck hinterlassen** elle m'a légué ses bijoux
2. **laisser : er hat seine künftige Adresse hinterlassen** il a laissé sa nouvelle adresse.

hinterlässt *Präsens* ➤ hinterlassen.

hinterließ *Präteritum* ➤ hinterlassen.

der Hintern *(Plural* Hintern*)* ■ **le derrière, les fesses.**

hinüber *Adverb* ■ **jusqu'à : wir schwammen ans andere Ufer hinüber** nous avons nagé jusqu'à l'autre rive.

hinunter *Adverb* ■ **jusqu'en bas : wir fuhren im Schuss den Berg hinunter** nous sommes descendus jusqu'en bas de la montagne en schuss.

hinunter|schlucken *Verb* ■ **avaler.**

der Hinweg ■ **l'aller** *(Maskulinum)* **: auf dem Hinweg hat mich ein Freund begleitet** un ami m'a accompagné à l'aller.

der Hinweis *(Plural* Hinweise*)* ■ **l'indication** *(Femininum)* **: einen Hinweis geben** donner une indication.

hin|weisen *(Präteritum* wies hin, *Perfekt* hat hingewiesen*) Verb* ■ **signaler : sie hat uns auf dieses Problem hingewiesen** elle nous a signalé ce problème.

hinzu|fügen *Verb* ■ **ajouter : möchtest ein paar Worte hinzufügen?** veux-tu ajouter quelques mots ?

hinzu|kommen *(Perfekt* ist hinzugekommen*) Verb*
1. **se joindre à : nächstes Jahr werden neue Schüler hinzukommen** l'année prochaine, de nouveaux élèves se joindront à nous
2. **venir s'ajouter : diese Summe kommt noch hinzu** cette somme vient s'ajouter au reste.

das Hirn *(Plural* Hirne*)*
1. **le cerveau : der Rinderwahnsinn befällt das Hirn** la maladie de la vache folle attaque le cerveau
2. *familiär* **la cervelle : streng dein Hirn an!** fais marcher ta cervelle !

der Hirsch *(Plural* Hirsche*)* ■ **le cerf.**

historisch *Adjektiv* ■ **historique : wir haben die historische Altstadt besucht** nous avons visité la vieille ville historique.

der Hit *(Plural* Hits*)* ■ **le tube : meine Freundin kennt immer die neuesten Hits** mon amie connaît toujours les derniers tubes.

die Hitze ■ **la chaleur : bei dieser Hitze kann man doch nicht arbeiten** par cette chaleur, on ne peut pas travailler.

hob *Präteritum* ➤ heben.

das Hobby *(Plural* Hobbys*)* ■ **le hobby : hast du ein Hobby?** as-tu un hobby ?

hoch *(Komparativ* höher, *Superlativ* höchste*)*
■ *Adjektiv*
1. **grand (grande) : vor unserer Schule steht eine hohe Tanne** devant notre école se dresse un grand sapin
2. **haut (haute) : sein Vater ist ein hoher Beamter** son père est haut fonctionnaire

> Das Adjektiv **haut** steht grundsätzlich vor dem Substantiv.

3. *(unveränderlich)* **haut : das Zimmer ist zwei Meter hoch** la pièce fait deux mètres de haut
4. **élevé (élevée) : unser Geschichtslehrer stellt hohe Anforderungen** notre professeur d'histoire a des exigences élevées
5. **puissance : was ist zehn hoch zwei?** combien cela fait, dix puissance deux ?

■ *Adverb*
1. **haut : hoch am Himmel** haut dans le ciel ; **du hast zu hoch gesungen** tu as chanté trop haut
2. **gros : wir haben hoch verloren** nous avons perdu gros.

hochdeutsch *Adjektiv* ■ **allemand standard**.

das **Hochhaus** *(Plural* Hochhäuser*)* ■ **la tour : wir wohnen in einem Hochhaus** nous habitons une tour.

hoch|heben *Verb* ■ **soulever : du bist so schwer geworden, dass ich dich nicht mehr hochheben kann** tu es devenu si lourd que je n'arrive plus à te soulever.

hochnäsig *Adjektiv* ■ *abwertend* **prétentieux (prétentieuse)**.

höchstens *Adverb* ■ **au maximum : in Mathematik bekomme ich höchstens eine Vier** en maths, j'aurai au maximum 8 sur 20.

höchstwahrscheinlich *Adverb* ■ **très vraisemblablement : er wird höchstwahrscheinlich mitkommen** il viendra très vraisemblablement avec nous.

das **Hochwasser** ■ **la crue : beim letzten Hochwasser stand Dresden unter Wasser** lors de la dernière crue, Dresde a été inondée.

die **Hochzeit** *(Plural* Hochzeiten*)* ■ **le mariage : bei der Hochzeit meines Bruders war die ganze Verwandtschaft eingeladen** toute la famille était invitée au mariage de mon frère.

hoch|ziehen *Verb*
1. **relever : zieh doch mal die Rollläden hoch!** relève donc les stores !
2. **hausser : wenn ihm etwas nicht gefällt, zieht er die Augenbrauen hoch** quand quelque chose ne lui plaît pas, il hausse les sourcils.

der **Hocker** *(Plural* Hocker*)* ■ **le tabouret**.

der **Hof** *(Plural* Höfe*)*
1. **la cour : in der großen Pause spielen wir auf dem Hof** pendant la récréation, nous jouons dans la cour
2. **la ferme : wir haben einen Bauern auf seinem Hof besucht** nous avons rendu visite à un paysan dans sa ferme.

hoffen *Verb* ■ **espérer : in Französisch hoffe ich auf eine bessere Note** j'espère avoir une meilleure note en français

> Bei bestimmten Verben, zum Beispiel **espérer**, wird der Infinitiv ohne Präposition angeschlossen.

hoffentlich *Adverb* ■ **pourvu que : hoffentlich haben wir schönes Wetter** pourvu que nous ayons beau temps

> Nach der Konjunktion **pourvu que** steht immer der **Subjonctif**.

die **Hoffnung** *(Plural* Hoffnungen*)* ■ **l'espoir** *(Maskulinum)* **: ich habe die Hoffnung, dass ich bessere Noten bekomme** j'ai l'espoir d'avoir de meilleures notes.

hoffnungslos *Adjektiv* ■ **désespéré, désespérée : die Lage ist hoffnungslos** la situation est désespérée.

höflich
■ *Adjektiv*
poli (polie) : er ist ein höflicher Mensch c'est quelqu'un de poli
■ *Adverb*
poliment.

die Höflichkeit ■ la **politesse** : **Höflichkeit hat noch keinem geschadet** la politesse n'a jamais tué personne.

die Höhe *(Plural* Höhen*)*
1. la **hauteur** : **die Höhe und Breite des Schranks** la hauteur et la largeur de l'armoire
2. le **montant** : **das hängt von der Höhe des Einkommens der Eltern ab** ça dépend du montant des revenus des parents

➤ **in die Höhe** en l'air : **sie hob das Dia in die Höhe** elle leva la diapositive en l'air.

der Höhepunkt *(Plural* Höhepunkte*)* ■ le **clou** : **seine kabarettistische Nummer war der Höhepunkt des Abends** son numéro de cabaret était le clou de la soirée.

hohl *Adjektiv* ■ **creux (creuse)** : **die Nuss war hohl** la noix était creuse.

die Höhle *(Plural* Höhlen*)* ■ la **grotte**.

holen *Verb*
1. **aller chercher** : **ich gehe Brötchen holen** je vais chercher des petits pains
2. **faire venir** : **holen Sie bitte einen Krankenwagen** faites venir une ambulance, s'il vous plaît
3. **prendre** : **sie holte ihren Geldbeutel aus der Tasche** elle prit son porte-monnaie dans sa poche

➤ **sich** *(D)* **etwas holen** attraper quelque chose : **du wirst dir eine Erkältung holen** tu vas attraper un rhume.

Holland *Neutrum* ■ la **Hollande**

Ländernamen werden im Französischen oft mit dem bestimmten Artikel verwendet.

holländisch *Adjektiv* ■ **hollandais (hollandaise)**.

die Hölle ■ **l'enfer** *(Maskulinum)* : **wenn du so lügst, dann kommst du in die Hölle** si tu mens comme ça, tu iras en enfer

➤ **die Hölle ist los** c'est l'enfer.

höllisch

■ *Adjektiv familiär*

terrible : **ich habe höllische Angst** j'ai une peur terrible

■ *Adverb familiär*

atrocement : **das tut höllisch weh** cela fait atrocement mal.

das Holz *(Plural* Hölzer*)* ■ le **bois** : **viele Häuser in Amerika sind aus Holz** en Amérique, de nombreuses maisons sont en bois.

die Homepage *(Plural* Homepages*)* ■ la **page d'accueil**.

der Honig ■ le **miel** : **Honig ist gut gegen Husten** le miel est bon contre la toux

Wenn Stoffnamen verallgemeinernd gebraucht werden, steht im Französischen der bestimmte Artikel.

der Hopfen *(Plural* Hopfen*)* ■ le **houblon** : **zur Herstellung von Bier braucht man Hopfen** on utilise du houblon pour faire de la bière

Um eine unbestimmte Menge eines Stoffes zu bezeichnen, verwendet man den partitiven Artikel **du, de la, de l'** vor einem Substantiv im Singular.

horchen *Verb* ■ **écouter** : **er hat an der Tür gehorcht** il a écouté à la porte.

hören

■ *transitives Verb*
1. **entendre** : **hörst du die Glocken läuten?** entends-tu sonner les cloches ?
2. **écouter** : **beim Autobahnfahren hört er immer Kassetten** il écoute toujours des cassettes en conduisant sur l'autoroute

In der Bedeutung „vernehmen" wird **hören** mit **entendre** übersetzt, in der Bedeutung „anhören" mit **écouter**.

➤ **etwas von sich hören lassen** donner de ses nouvelles

■ *intransitives Verb*
1. **entendre** : **mein Opa hört nicht mehr gut** mon papy n'entend plus très bien
2. **écouter** : **hör mal, ich habe da einen Vorschlag** écoute, j'ai une proposition.

der Hörer *(Plural* Hörer*)* ■ **l'auditeur** *(Maskulinum)* : **die Zahl der Hörer dieser Sendung steigt ständig** le nombre d'auditeurs de cette émission ne cesse de croître.

der **Horizont** (*Plural* Horizonte) ■ **l'horizon** (*Maskulinum*) : **das Schiff verschwindet am Horizont** le bateau disparaît à l'horizon.

das **Hormon** (*Plural* Hormone) ■ **l'hormone** (*Femininum*).

das **Horn** (*Plural* Hörner)
1. **la corne : der Stier hat den Torero auf seine Hörner genommen** le taureau a empalé le torero sur ses cornes
2. **le cor : Oliver spielt Horn** Olivier joue du cor.

das **Horoskop** (*Plural* Horoskope) ■ **l'horoscope** (*Maskulinum*).

der **Horror** ■ *familiär* **l'horreur** (*Femininum*) : **die Reise war der totale Horror** le voyage a été l'horreur absolue
➤ **einen Horror vor etwas** (*D*) **haben** avoir horreur de quelque chose : **Felix hat einen Horror vor Französisch** Felix a horreur du français.

die **Hose** (*Plural* Hosen) ■ **le pantalon** : **sie trägt gerne Hosen** elle aime porter des pantalons
➤ **eine kurze Hose** une culotte.

das **Hotel** (*Plural* Hotels) ■ **l'hôtel** (*Masculinum*).

die **Hotline** (*Plural* Hotlines) ■ **la hotline** : **sie haben eine Hotline eingerichtet** ils ont mis en place une hotline.

hübsch *Adjektiv*
1. **joli (jolie) : sie hat ein hübsches Gesicht** elle a un joli visage
2. **beau (belle) : das war ein hübsches Geschenk** c'était un beau cadeau

> Die Adjektive **joli** und **beau** stehen grundsätzlich vor dem Substantiv.

➤ **sich hübsch machen** se faire beau|belle.

der **Hubschrauber** (*Plural* Hubschrauber) ■ **l'hélicoptère** (*Maskulinum*).

der **Huf** (*Plural* Hufe) ■ **le sabot**.

das **Hufeisen** (*Plural* Hufeisen) ■ **le fer à cheval : das Pferd hat ein Hufeisen verloren** le cheval a perdu un fer.

die **Hüfte** (*Plural* Hüften) ■ **la hanche : s**
meint immer, dass sie zu breite Hüfte
hat elle trouve toujours qu'elle a des hanch
trop larges.

der **Hügel** (*Plural* Hügel) ■ **la colline : w**
sind den Hügel im Schuss hinunterge
fahren nous avons descendu la colline to
schuss.

hügelig *Adjektiv* ■ **vallonné (vallo**
née) : die Gegend ist sehr hügelig la r
gion est très vallonnée.

das **Huhn** (*Plural* Hühner) ■ **la poule : d**
Hühner legen im Moment keine Eier l
poules ne pondent pas d'œufs en ce momen

der **Humor** ■ **l'humour** (*Maskulinum*) : **s**
hat viel Humor elle a beaucoup d'humour.

humorvoll *Adjektiv* ■ **plein (plein**
d'humour : sie macht immer so humo
volle Bemerkungen elle fait toujours des r
flexions pleines d'humour.

humpeln *Verb*
1. (*Perfekt* hat gehumpelt) **boiter : waru**
humpelst du? pourquoi boites-tu ?
2. (*Perfekt* ist gehumpelt) **aller en clop**
nant : nach dem Sturz ist sie nach Haus
gehumpelt après sa chute, elle est rentr
chez elle en clopinant.

der **Hund** (*Plural* Hunde) ■ **le chien : Vo**
sicht, bissiger Hund! attention, chien m
chant !

hundert *Numeral* ■ **cent : das kost**
hundert Euro cela coûte cent euros.

die **Hundert** (*Plural* Hunderte) ■ **le nom**
bre cent : sie schrieb eine Hundert a
den Zettel elle écrivit le nombre cent sur u
bout de papier.

Hunderte *Plural*
➤ **Hunderte von** des centaines de : **Hunder**
von Schaulustigen kamen zur Unfal
stelle des centaines de badauds vinrent sur
lieu de l'accident.

hundertprozentig *Adverb* ■ *familiär*
cent pour cent : da bin ich mir hundert
prozentig sicher j'en suis sûr à cent po
cent.

hundertste, r, s *Adjektiv* ■ **le centième, la centième : sie war die hundertste Besucherin** elle était la centième visiteuse ➤ sechste.

r **Hunger** ■ la **faim : ich habe keinen Hunger** je n'ai pas faim.

hungern *Verb* ■ **souffrir de la faim : auf der Welt hungern noch immer zu viele Menschen** trop de gens souffrent encore de la faim dans le monde.

hungrig

■ *Adjektiv*

➤ **hungrig sein** avoir faim : **wenn du hungrig bist, dann kannst du dir ein Brot machen** si tu as faim, fais-toi un sandwich

■ *Adverb*

avec avidité : sie haben sich hungrig auf die Pizza gestürzt ils se sont jetés sur la pizza avec avidité.

e **Hupe** *(Plural* Hupen*)* ■ le **klaxon**.

hupen *Verb* ■ **klaxonner**.

hüpfen *Verb* ■ **sautiller : die Kinder hüpften auf der Wiese** les enfants sautillaient dans le pré.

hurra *Interjektion* ■ **hourra ! : hurra, es sind Ferien!** hourra, c'est les vacances !

husten *Verb* ■ **tousser : du hast heute Nacht stark gehustet** tu as beaucoup toussé cette nuit.

r **Husten** ■ la **toux : gestern hatte ich nur Halsschmerzen, aber heute ist auch noch Husten dazu gekommen** hier je n'avais que mal à la gorge, la toux s'y est ajoutée ce matin

> Namen von Krankheiten werden im Französischen anders als im Deutschen mit dem bestimmten Artikel verwendet.

➤ **Husten haben** tousser : **ich habe schon seit drei Tagen Husten** je tousse déjà depuis trois jours.

r **Hut** *(Plural* Hüte*)* ■ le **chapeau** *(Plural* **chapeaux***)* : **mein Vater trägt nie einen Hut** mon père ne porte jamais de chapeau

➤ **zwei Dinge unter einen Hut bringen** concilier deux choses : **ich weiß nicht, wie ich die Schule und die Schauspielerei unter einen Hut bringen soll** je ne sais pas comment concilier l'école et le théâtre.

hüten *transitives Verb* ■ **garder : abends hüte ich manchmal das Baby unserer Nachbarn** le soir, je garde parfois le bébé de nos voisins

sich **hüten** *reflexives Verb*

➤ **sich hüten, etwas zu tun** se garder de faire quelque chose : **ich werde mich hüten, ihm das zu erzählen** je me garderai de le lui raconter.

die **Hütte** *(Plural* Hütten*)* ■ la **cabane : wir haben in einer Hütte übernachtet** nous avons dormi dans une cabane.

i

ich *Pronomen* ■ **je, j' : ich weiß** je sais

➤ **ich bin's** c'est moi : **wer ist da ? – ich bin's !** qui est là ? – c'est moi !

ideal *Adjektiv* ■ **idéal (idéale) : das ist das ideale Wetter zum Grillen** c'est le temps idéal pour un barbecue.

die **Idee** *(Plural* Ideen*)* ■ **l'idée** *(Femininum)* : **ich habe eine Idee, was wir jetzt machen** j'ai une idée de ce que nous allons faire maintenant.

sich **identifizieren** *reflexives Verb* ■ **s'identifier : er identifiziert sich voll mit den anderen seiner Klasse** il s'identifie totalement à ceux de sa classe.

identisch *Adjektiv* ■ **identique : die Aussagen der beiden Zeugen waren identisch** les dépositions des deux témoins étaient identiques.

der **Idiot** *(Plural* Idioten*)* ■ *familiär abwertend* **l'idiot** *(Maskulinum)* **: du bist ein Idiot, wenn du ihr glaubst** tu es un idiot si tu la crois.

die **Idiotin** *(Plural* Idiotinnen*)* ■ *familiär abwertend* **l'idiote** *(Femininum)*.

idiotisch *Adjektiv* ■ *familiär abwertend* **idiot (idiote)**.

der **Igel** *(Plural* Igel*)* ■ le **hérisson**.

ihm *Pronomen (Dativ von er, es)* ■ **lui** *(Maskulinum)* **: gib ihm das Buch** donne-lui le livre ; **kommst du mit ihm mit?** est-ce que tu viens avec lui ?

ihn *Pronomen (Akkusativ von er)*

1. **le, l' : ich kenne ihn nicht** je ne le connais pas
2. **lui** *(Maskulinum)* **: das Buch ist für ihn** le livre est pour lui.

ihnen *Pronomen (Dativ Plural von sie)*

1. **leur : gib ihnen das Geld zurück** rends-leur l'argent
2. **eux : ich fahre mit ihnen in die Ferien** je pars avec eux en vacances.

Ihnen *Pronomen (Dativ von Sie)* ■ *(Singular)* **vous : kann ich mit Ihnen mitfahren?** puis-je partir avec vous ?

ihr¹ *Pronomen*

1. *(Nominativ)* **vous : habt ihr euch amüsiert?** vous êtes-vous amusés ?
2. *(Dativ Singular)* **lui** *(Femininum)* **: hast du es ihr gesagt?** est-ce que tu lui as dit ?
3. **elle : ich komme mit ihr zusammen** je viens avec elle.

ihr², e *Determinant*

1. **son**

> Im Französischen richtet sich das Possessivdeterminant nach dem darauf folgenden Substantiv. Vor Substantiven im Singular, die mit einem Vokal oder einem stummen H beginnen, steht immer die männliche Form.

das ist ihr Mann c'est son mari

2. **sa : ist das ihre Tochter?** est-ce sa fille ?
3. **ses : ihre Kinder sind besser in der Schu[le] als meine** ses enfants sont meilleurs à l'éc[ole] que les miens.

Ihr, e *Determinant* ■ **votre** *(Plural* **vos***)* **ist das Ihr Auto?** est-ce votre voiture ?

ihre, r, s *Pronomen*

1. **le sien** *(Plural* **les siens***)*, **la sienne** *(Plural* **les siennes***)* **: ist das deine Tasche? – nei[n,] das ist ihre** est-ce que c'est ton sac ? – no[n,] c'est le sien
2. **le leur** *(Plural* **les leurs***)*, **la leur** *(Plural* **les leurs***)* **: unsere Eltern sind streng, ihre au[ch]** nos parents sont sévères, les leurs aussi.

Ihre, r, s *Pronomen*

le vôtre *(Plural* **les vôtres***)*, **la vôtre** *(Plur[al]* **les vôtres***)* **: ist das meine Tasche? – ja, [das] ist Ihre** est-ce mon sac ? – oui, c'est le vôtr[e]

die **Illusion** *(Plural* Illusionen*)* ■ **l'illusi[on]** *(Femininum)* **: du hast Illusionen!** tu te f[ais] des illusions !

im *Präposition*

1. *(in + dem)* **à, au, à la, à l' : wir waren heu[te] im Schwimmbad** aujourd'hui nous étions [à] la piscine
2. *(nicht auflösbar)* **en : im Rechnen war i[ch] schon immer schwach** j'ai toujours été fa[i]ble en calcul ➤ in.

der **Imbiss** *(Plural* Imbisse*)*

1. **l'en-cas** *(Maskulinum)* **: mittags haben w[ir] nur einen Imbiss bekommen** à midi, no[us] n'avons reçu qu'un en-cas
2. le **snack : wir könnten dort am Imbiss e[i]ne Wurst essen** là-bas, nous pourrions ma[n]ger une saucisse au snack.

imitieren *Verb* ■ **imiter : Rudi kan[n] unsere Musiklehrerin imitieren** Rudi s[ait] imiter notre professeur de musique.

immer *Adverb*

1. **toujours : musst du immer stören?** faut[-il] toujours que tu me déranges ?
2. **à chaque fois : immer wenn ich di[ch] sehe, muss ich an Klaus denken** à chaq[ue] fois que je te vois, je pense à Klaus
3. **de plus en plus : in der Klasse wurde [es] immer lauter** il y avait de plus en plus [de] bruit dans la classe

➤ **für immer** pour toujours.

immerhin *Adverb*
. **quand même : er hat sich immerhin bedankt** il a quand même dit merci
. **tout de même : sag lieber nichts, sie ist immerhin deine Lehrerin** ne dis rien, c'est tout de même ton professeur.

immun *Adjektiv* ■ **immunisé (immunisée) : er ist gegen Masern immun** il est immunisé contre la rougeole

Als menschliche Eigenschaft wird **immun** mit **immunisé** übersetzt.

r **Imperativ** *(Plural* Imperative*)* ■ **l'impératif** *(Maskulinum)* **: setzt das Verb in den Imperativ** mettez le verbe à l'impératif.

s **Imperfekt** *(Plural* Imperfekte*)* ■ **l'imparfait** *(Maskulinum)* **: wie heißt das Imperfekt von „chanter"?** quel est l'Imparfait de « chanter » ?

impfen *Verb* ■ **vacciner : bist du gegen Pocken geimpft?** es-tu vacciné contre la variole ?

imponieren *Verb*
➤ **jemandem imponieren** impressionner quelqu'un : **er wollte damit seiner Freundin imponieren** c'est comme ça qu'il a voulu impressionner son amie.

imstande *Adjektiv*
➤ **imstande sein, etwas zu tun** être en mesure de faire quelque chose.

in
■ *Präposition (+ D)*
1. **dans : das Werkzeug liegt im Kofferraum** les outils sont dans le coffre ; **in der Eile habe ich das ganz vergessen** dans la hâte, je l'avais totalement oublié
2. **à : Monika ist in der Schule** Monika est à l'école
3. **en : in Belgien** en Belgique
4. **à : er arbeitet in Japan** il travaille au Japon

Nicht vergessen: **à + le = au** und **à + les = aux** !

5. **de : alle Schüler in dieser Klasse wollen mit nach Frankreich fahren** tous les élèves de la classe veulent aller en France

■ *Präposition (+ A)*
1. **dans : stell bitte die Milch in den Kühlschrank** s'il te plaît, range le lait dans le réfrigérateur ; **wir haben bis spät in die Nacht gefeiert** nous avons fait la fête jusque tard dans la nuit
2. **à : sie geht um sieben Uhr in die Schule** elle va à l'école à sept heures
3. **en : zerlegt den Satz in seine einzelnen Teile** décomposez la phrase en éléments constitutifs
■ *Adjektiv*
➤ **in sein** être branché (branchée).

inbegriffen *Adjektiv* ■ **compris (comprise) : die Bedienung ist im Preis inbegriffen** le service est compris dans le prix.

indem *Konjunktion*
➤ **indem man etwas tut** en faisant quelque chose : **das wirst du am besser verstehen, indem du es selbst mal ausprobierst** tu comprendras mieux en essayant toi-même.

der **Indianer** *(Plural* Indianer*)* ■ **l'Indien** *(d'Amérique du Nord) (Maskulinum)*

Namen von Einwohnern werden großgeschrieben.

die **Indianerin** *(Plural* Indianerinnen*)* ■ **l'Indienne** *(d'Amérique du Nord) (Femininum)*.

Indien *Neutrum* ■ **l'Inde** *(Femininum)*

Ländernamen werden im Französischen oft mit dem bestimmten Artikel verwendet.

der **Indikativ** *(Plural* Indikative*)* ■ **l'indicatif** *(Maskulinum)*.

indirekt *Adjektiv* ■ **indirect (indirecte) : wir haben heute die indirekte Rede durchgenommen** aujourd'hui, nous avons étudié le discours indirect.

indisch *Adjektiv* ■ **indien (indienne)**.

die **Industrie** *(Plural* Industrien*)* ■ **l'industrie** *(Femininum)* **: im Ruhrgebiet gibt es viel Industrie** il y a beaucoup d'industries dans la région de la Ruhr.

industriell *Adverb* ■ **de manière industrielle : hier werden Textilien industriell hergestellt** ici, les textiles sont fabriqués de manière industrielle.

ineinander *Adverb* ■ **l'un de l'autre : sie sind ineinander verliebt** ils sont amoureux l'un de l'autre.

der **Infinitiv** *(Plural* Infinitive*)* ■ **l'infinitif** *(Maskulinum)*.

die **Informatik** ■ **l'informatique** *(Femininum)* **: Ludwig will Informatik studieren** Ludwig veut étudier l'informatique

> Wenn Gattungsnamen verallgemeinernd gebraucht werden, steht im Französischen der bestimmte Artikel.

der **Informatiker** *(Plural* Informatiker*)* ■ **l'informaticien** *(Maskulinum)*.

die **Informatikerin** *(Plural* Informatikerinnen*)* ■ **l'informaticienne** *(Femininum)*.

die **Information** *(Plural* Informationen*)* ■ **l'information** *(Femininum)* **: diese Information ist für mich sehr wichtig** cette information est très importante pour moi.

informieren *transitives Verb* ■ **informer : wenn du das Ergebnis weißt, informiere mich bitte sofort** informe-moi dès que tu auras les résultats

sich **informieren** *reflexives Verb* ■ **se renseigner : ich muss mich über diesen Studiengang informieren** je dois me renseigner sur ce cursus universitaire.

der **Ingenieur** *(Plural* Ingenieure*)* ■ **l'ingénieur** *(Maskulinum)*.

die **Ingenieurin** *(Plural* Ingenieurinnen*)* ■ **la femme ingénieur**.

der **Inhalt** *(Plural* Inhalte*)*

1. **le contenu : der Inhalt des Pakets** le contenu du paquet
2. **le volume : wie berechnet man den Inhalt eines Raumes?** comment calcule-t-on le volume d'une pièce ?

das **Inhaltsverzeichnis** *(Plural* Inhaltsverzeichnisse*)* ■ **la table des matières : vorne im Buch ist ein Inhaltsverzeichnis** la table des matières se trouve au début d livre.

Inlineskates *Plural* ■ **les rollers** *(Ma kulinum Plural)* **: samstags fährt Stefan In neskates** le samedi Stefan fait du roller.

innen *Adverb* ■ **à l'intérieur : d Schachtel war innen ausgekleidet** la boî était tapissée à l'intérieur.

innere, r, s *Adjektiv*

1. **intérieur : die inneren Wände fangen a zu schimmeln** les murs intérieurs comme cent à moisir
2. **interne : das Unfallopfer hatte inne Blutungen** l'accidenté avait une hémorrag interne.

innerhalb *Präposition (+ G)*

1. **en : innerhalb der Stadt gilt Tempo 50** ville, la vitesse est limitée à 50 km/h
2. **dans : wenn er innerhalb dieser Fri nicht zahlt, wird er gepfändet** s'il ne pa pas dans ce délai, il sera saisi.

innerlich

■ *Adjektiv*
intérieur (intérieure) : man hat mir me ne innerliche Aufregung nicht ang merkt on n'a pas remarqué mon excitatic intérieure

■ *Adverb*
intérieurement : ich musste innerlich la chen je riais intérieurement.

inoffiziell *Adjektiv* ■ **officieux (of cieuse) : das war ein inoffizielles Treffe** c'était une rencontre officieuse.

ins *Präposition*

1. *(in + das)* **à, au, à la, à l' : ich gehe jetzt i Bett** je vais au lit maintenant
2. *(nicht auflösbar)* **en : bei dem Test bin ic ins Schwitzen geraten** j'étais en nage pe dant le contrôle.

das **Insekt** *(Plural* Insekten*)* ■ **l'insec** *(Maskulinum)*.

die **Insel** *(Plural* Inseln*)* ■ **l'île** *(Femininum,* **kennst du die Insel Sylt?** connais-tu l'île c Sylt ?

insgesamt *Adverb*

1. **en tout : das kostet insgesamt 30 Euro** cela coûte en tout 30 euros
2. **dans l'ensemble : insgesamt hat es mir in Frankreich gut gefallen** dans l'ensemble, la France m'a bien plu.

der **Instinkt** *(Plural* Instinkte*)* ■ **l'instinct** *(Maskulinum)* : **Tiere haben bessere Instinkte als der Mensch** les animaux ont de meilleurs instincts que l'homme.

instinktiv

■ *Adjektiv*
instinctif (instinctive) : das war eine instinktive Handlung c'était un geste instinctif

■ *Adverb*
instinctivement : ich habe das ganz instinktiv richtig gemacht je l'ai réussi tout à fait instinctivement.

das **Instrument** *(Plural* Instrumente*)* ■ **l'instrument** *(Maskulinum)* : **Bettina spielt mehrere Instrumente** Bettina joue de plusieurs instruments.

intelligent *Adjektiv* ■ **intelligent (intelligente) : ich hätte dich für intelligenter gehalten** je te croyais plus intelligent.

die **Intelligenz** ■ **l'intelligence** *(Femininum)* : **wenn ich das lese, dann zweifle ich an deiner Intelligenz** quand je lis ça, j'ai des doutes sur ton intelligence.

intensiv *Adjektiv*

1. **intense : das Licht ist im Sommer intensiver als im Winter** la lumière est plus intense en été qu'en hiver
2. **intensif (intensive) : nur durch intensives Lernen kannst du deine Noten verbessern** tu n'amélioreras tes notes qu'au prix d'un travail intensif

> Achtung ! **Intensiv** wird nur als Eigenschaft einer Tätigkeit mit **intensif** übersetzt.

interessant

■ *Adjektiv*
intéressant (intéressante) : ich lese gerade ein interessantes Buch je suis en train de lire un livre intéressant

■ *Adverb*
de manière intéressante : er gestaltet den Unterricht sehr interessant il organise son cours de manière très intéressante.

das **Interesse** *(Plural* Interessen*)*

1. **l'intérêt** *(Maskulinum)* : **sie verfolgen meine Fortschritte mit großem Interesse** ils suivent mes progrès avec grand intérêt
2. **le centre d'intérêt : welche Interessen hast du?** quels sont tes centres d'intérêt ?

interessieren *transitives Verb* ■ **intéresser : Politik interessiert mich** la politique m'intéresse

sich **interessieren** *reflexives Verb* ■ **s'intéresser à : Felix interessiert sich seit neuestem für Mädchen** Felix s'intéresse aux filles depuis peu.

international *Adjektiv* ■ **international (internationale) : Greenpeace ist eine internationale Organisation** Greenpeace est une organisation internationale.

das **Internet** ■ **Internet** *(Maskulinum)* : **im Internet** sur Internet.

interpretieren *Verb*

1. **interpréter : wie soll ich seine Absage interpretieren?** comment dois-je interpréter son refus ?
2. **commenter : wir haben heute in Deutsch ein Gedicht interpretiert** aujourd'hui, nous avons commenté un poème allemand

die **Interpunktion** ■ **la ponctuation**.

das **Interview** *(Plural* Interviews*)* ■ **l'interview** *(Femininum)* : **der Kanzler hat ein Interview gegeben** le chancelier a donné une interview

> Achtung ! Anders als das deutsche Wort **Interview** ist das französische Substantiv **interview** weiblich.

interviewen *Verb* ■ **interviewer : unser Reporter in Berlin hat die Gesundheitsministerin interviewt** notre reporter à Berlin a interviewé la ministre de la santé.

intim *Adjektiv* ■ **intime : sie vertraut ihm ihre intimsten Gedanken an** elle lui confie ses pensées les plus intimes.

inwiefern *Adverb* ■ **dans quelle mesure : wir werden überprüfen, inwiefern der Plan geändert werden muss** nous vérifierons dans quelle mesure le plan doit être modifié.

inwieweit *Adverb* ■ **dans quelle mesure : inwieweit werden Zugeständnisse gemacht?** dans quelle mesure des concessions seront-elles faites ?

inzwischen *Adverb*

1. **pendant ce temps : mach du deine Aufgaben, ich spüle inzwischen das Geschirr** toi, fais tes devoirs, pendant ce temps, je lave la vaisselle
2. **maintenant : inzwischen weiß ich, wie man das Programm bedient** maintenant je sais comment on fait fonctionner le programme.

der **Irak** ■ **l'Irak** *(Maskulinum)*.

der **Iran** ■ **l'Iran** *(Maskulinum)*.

der **Ire** *(Plural Iren)* ■ **l'Irlandais** *(Maskulinum)*

> Namen von Einwohnern werden großgeschrieben.

irgend *Adverb*

➤ **irgend so ein** une espèce de : **da hat doch irgend so ein Idiot das Fenster aufgelassen** une espèce d'idiot a laissé la fenêtre ouverte.

irgendein, e *Determinant*

1. **un quelconque, une quelconque : gibt es irgendeinen Grund, warum du nicht mit mir redest?** y a-t-il une raison quelconque pour que tu ne me parles pas ?
2. **n'importe quel, n'importe quelle : bring mir irgendeinen Kaugummi mit** apporte-moi n'importe quel chewing-gum.

irgendeine, r, (e)s *Pronomen*

1. **quelqu'un : irgendeiner hat mir gesagt, dass die CD super ist** quelqu'un m'a dit que ce CD était super
2. **n'importe lequel, n'importe laquelle : welche Schokolade willst du denn? – irgendeine** quel chocolat veux-tu ? – n'importe lequel.

irgendwann *Adverb* ■ **un jour : irgendwann begreife ich das vielleicht** un jour, je comprendrai peut-être ça.

irgendwas *Adverb* ■ **quelque chose : hat er irgendwas gesagt?** a-t-il dit quelque chose ?

irgendwer *Pronomen* ■ *familiär* **quelqu'un : irgendwer hat mein Glas weggenommen** quelqu'un a emporté mon verre.

irgendwie *Adverb* ■ **d'une manière ou d'une autre : wir werden es schon irgendwie schaffen** nous y parviendrons d'une manière ou d'une autre.

irgendwo *Adverb* ■ **quelque part : irgendwo muss mein Füller doch sein** mon stylo doit bien être quelque part.

die **Irin** *(Plural Irinnen)* ■ **l'Irlandaise** *(Femininum)*.

irisch *Adjektiv* ■ **irlandais (irlandaise)**

Irland *Neutrum* ■ **l'Irlande** *(Femininum)*

> Ländernamen werden im Französischen oft mit dem bestimmten Artikel verwendet.

die **Ironie** ■ **l'ironie** *(Femininum)* **: die Ironie war nicht zu überhören** il était impossible de ne pas sentir l'ironie.

sich **irren** *reflexives Verb* ■ **se tromper : ich glaube, ich habe mich in ihr geirrt** je crois que je me suis trompé sur son compte

> Zusammengesetzte Formen reflexiver Verben werden mit **être** gebildet.

der **Irrtum** *(Plural Irrtümer)* ■ **l'erreur** *(Femininum)*.

der **Islam** ■ **l'Islam** *(Maskulinum)*.

islamisch *Adjektiv* ■ **islamique**.

Israel *Neutrum* ■ **Israël** *(Maskulinum)*.

israelisch *Adjektiv* ■ **israélien (israélienne)**.

isst *Präsens* ➤ essen.

ist *Präsens* ➤ sein.

Italien *Neutrum* ■ **l'Italie** *(Femininum)*

> Ländernamen werden im Französischen oft mit dem bestimmten Artikel verwendet.

er **Italiener** *(Plural* Italiener*)* ■ **l'Italien** *(Maskulinum)*

> Namen von Einwohnern werden großgeschrieben.

e **Italienerin** *(Plural* Italinerinnen*)* ■ **l'Italienne** *(Femininum)*.

italienisch *Adjektiv* ■ **italien (italienne)**.

ja *Interjektion*

1. **oui : kommst du mit? – ja, natürlich** tu viens avec nous ? – oui, évidemment
2. *zum Ausdruck von Zweifel* **toujours : ich kann's ja mal versuchen** je peux toujours essayer
3. *zum Ausdruck der Überraschung* **das ist ja toll** mais c'est super
4. *zum Ausdruck der Selbstverständlichkeit* **du kennst ihn ja!** mais tu le connais !
5. *zum Ausdruck einer Drohung* **wage es ja nicht!** n'ose surtout pas !
6. *als Einleitung* **ja, also, was ich sagen wollte ...** bon, ce que je voulais dire ...

ie **Jacke** *(Plural* Jacken*)* ■ **la veste**.

as **Jackett** *(Plural* Jacketts*)* ■ **la veste**.

die **Jagd** *(Plural* Jagden*)* ■ **la chasse : viele Franzosen gehen auf die Jagd** de nombreux Français vont à la chasse.

jagen *(Perfekt* **hat gejagt***) Verb*

1. **chasser : in England werden Füchse gejagt** en Angleterre, on chasse le renard
2. **poursuivre : die Polizei jagte die Bankräuber** la police a poursuivi les auteurs du hold-up.

der **Jäger** *(Plural* Jäger*)* ■ **le chasseur**.

das **Jahr** *(Plural* Jahre*)*

1. **l'an** *(Maskulinum)* **: er ist zehn Jahre alt** il a dix ans
2. **l'année** *(Femininum)* **: es wird Jahre dauern, bevor hier wieder etwas wächst** il faudra des années avant que quelque chose ne repousse ici

> **Jahr** wird mit **année** übersetzt, wenn die Dauer und der Ablauf hervorgehoben werden.

➤ **im Jahre ...** en ... **: das Gebäude wurde im Jahre 1530 gebaut** ce bâtiment a été édifié en 1530

➤ **seit Jahren** depuis des années

➤ **gutes neues Jahr!** bonne année !

die **Jahreszeit** *(Plural* Jahreszeiten*)* ■ **la saison : es ist kalt für die Jahreszeit** il fait froid pour la saison.

das **Jahrhundert** *(Plural* Jahrhunderte*)* ■ **le siècle : die Kirche wurde im 17. Jahrhundert gebaut** l'église a été érigée au XVIIe siècle.

jährlich

■ *Adjektiv*

annuel (annuelle) : bei einer jährlichen Zahlung gibt es einen Rabatt on fait une réduction pour un paiement annuel

■ *Adverb*

➤ **einmal jährlich** une fois par an **: ich gehe einmal jährlich zum Zahnarzt** je vais chez le dentiste une fois par an.

der **Jahrmarkt** *(Plural* Jahrmärkte*)* ■ **la fête foraine**.

jammern *Verb* ■ **se lamenter : hör endlich auf zu jammern** arrête un peu de te lamenter.

Januar ■ **janvier : im Januar** en janvier ➤ September.

Japan *Neutrum* ■ **le Japon**

Ländernamen werden im Französischen oft mit dem bestimmten Artikel verwendet.

japanisch *Adjektiv* ■ **japonais (japonaise)**.

je

■ *Adverb*

1. **chacun, chacune : die Zimmer haben je zwei Betten** les chambres ont chacune deux lits
2. **par : das macht 10 Euro je Person** cela fait 10 euros par personne

➤ **je nach** en fonction de : **das werden wir je nach Wetter entscheiden** nous verrons en fonction du temps

■ *Konjunktion*

➤ **je … desto** plus … plus : **je mehr du lernst, desto besser sind deine Noter** plus tu apprendras, meilleures seront tes notes.

die **Jeans** *(Plural* Jeans*)* ■ **le jeans**.

jede, r, s

■ *Determinant*

chaque : ihr müsst eine Übersetzung für jedes Wort finden vous devez trouver une traduction pour chaque mot

■ *Pronomen*

chacun, chacune : jeder von euch bekommt ein Geschenk chacun d'entre vous recevra un cadeau.

jedenfalls *Adverb* ■ **de toute façon : du weißt jetzt jedenfalls, was du von ihr zu halten hast** de toute façon, tu sais maintenant à quoi t'en tenir à propos d'elle

➤ **jedenfalls nicht** en aucun cas : **ich werde das jedenfalls nicht machen** je ne le ferai en aucun cas.

jederzeit *Adverb* ■ **à tout moment : ihr könnt mich jederzeit fragen** vous pouvez me poser des questions à tout moment.

jedoch

■ *Adverb*

pourtant : ich hatte sie darum gebeten, sie hat es jedoch abgelehnt je le lui avais demandé, pourtant, elle a refusé

■ *Konjunktion*

néanmoins : er kam zu spät, jedoch brachte er alle Unterlagen mit il est arrivé trop tard, néanmoins, il a apporté tous les dossiers.

jemals *Adverb* ■ **jamais : hat er sich eigentlich jemals bedankt?** a-t-il d'ailleurs jamais dit merci ?

jemand *Pronomen* ■ **quelqu'un : jemand hat gestern angerufen** quelqu'un a téléphoné hier.

jetzt *Adverb*

1. **maintenant : ich bin jetzt 18 Jahre alt** maintenant, j'ai 18 ans
2. **alors : das hatte er jetzt also endlich begriffen** il l'avait alors enfin compris

➤ **bis jetzt** jusqu'ici : **bis jetzt hat das immer geklappt** jusqu'ici, cela a toujours marché

➤ **von jetzt an** à partir de maintenant.

jeweils *Adverb* ■ **respectivement : die Spieler bekommen jeweils drei Karten** les joueurs reçoivent respectivement trois cartes

der **Job** *(Plural* Jobs*)*

1. **le petit boulot : ich suche einen Job für die Ferien** je cherche un petit boulot pour les vacances
2. **le métier : Lehrer sein ist ein harter Job** métier de professeur est difficile.

der|das **Joghurt** *(Plural* Joghurt ODER Joghurts*)* ■ **le yaourt**.

der **Journalist** *(Plural* Journalisten*)* ■ **le journaliste**.

die **Journalistin** *(Plural* Journalistinnen*)* ■ **la journaliste**.

jubeln *Verb* ■ **jubiler : alle Schüler jubelten** tous les élèves ont jubilé.

jucken

■ *intransitives Verb*

1. **démanger : meine Nase juckt** mon nez me démange
2. **gratter : der Pulli juckt** ce pull gratte

■ *transitives Verb*

gratter : er sagt, dass ihn der Pulli juckt dit que son pull le gratte.

der **Jude** *(Plural* Juden*)* ■ **le Juif**.

die **Jüdin** *(Plural* Jüdinnen*)* ■ **la Juive**.

jüdisch *Adjektiv* ■ **juif (juive)**.

ie **Jugend** ■ la **jeunesse : in ihrer Jugend reiste sie viel** elle a beaucoup voyagé dans sa jeunesse.

ie **Jugendherberge** *(Plural* Jugendherbergen*)* ■ l'**auberge de jeunesse** *(Femininum)*.

ie **Jugendliche** *(Plural* die Jugendlichen*)* ■ le, la **jeune**.

Jugoslawien *Neutrum* ■ la **Yougoslavie**

Ländernamen werden im Französischen oft mit dem bestimmten Artikel verwendet.

Juli ■ **juillet : im Juli** en juillet
➤ September.

jung *(Komparativ* jünger, *Superlativ* jüngste*)*

■ *Adjektiv*
jeune

Das Adjektiv **jeune** steht grundsätzlich vor dem Substantiv.

auf diesem Foto ist sie noch ganz jung sur cette photo, elle est encore toute jeune
➤ **der jüngere Bruder|die jüngere Schwester** le frère cadet|la sœur cadette

■ *Adverb*
jeune : meine Mutter hat jung geheiratet ma mère s'est mariée jeune.

er **Junge**[1] *(Plural* die Jungen*)* le **garçon : die Jungen in unserer Klasse** les garçons de notre classe.

as **Junge**[2] *(Plural* Jungen*)* ■ le **petit : unsere Katze hat Junge bekommen** notre chatte a eu des petits.

ie **Jungfrau** *(Plural* Jungfrauen*)*

1. la **vierge : sie ist noch Jungfrau** elle est encore vierge
2. la **Vierge : Juliane ist im Zeichen der Jungfrau geboren** Juliane est née sous le signe de la Vierge.

er **Junggeselle** *(Plural* Junggesellen*)* ■ le **célibataire**.

Juni ■ **juin : im Juni** en juin
➤ September.

das **Kabel** *(Plural* Kabel*)* ■ le **câble**.

die **Kabine** *(Plural* Kabinen*)* ■ la **cabine**.

der **Käfer** *(Plural* Käfer*)* ■ le **coléoptère : was ist das für ein Käfer?** quelle espèce de coléoptère est-ce ?

der **Kaffee, Kaffee** *(Plural* Kaffees*)* ■ le **café : ich trinke viel Kaffee** je bois beaucoup de café
➤ **ich habe sie zum Kaffee eingeladen** je les ai invités à prendre le café

KAFFEE

Les Allemands ont l'habitude de prendre autour de seize heures un café accompagné de pâtisseries. On prend le **Kaffee und Kuchen** en famille ou chez des amis, le plus souvent le dimanche, ou bien en semaine dans un **Café** ou **Kaffeehaus**. Dans ces salons de thé, on commande son gâteau au comptoir et sa boisson à table, et on peut consulter les journaux mis à la disposition des clients.

der **Käfig** *(Plural* Käfige*)* ■ la **cage : der Tiger lief in seinem Käfig hin und her** le tigre allait et venait dans sa cage.

kahl *Adjektiv* ■ **chauve : mein Vater ist kahl** mon père est chauve.

der **Kakao** ■ le **chocolat : ich hätte gern eine Tasse Kakao** je prendrais bien une tasse de chocolat.

das **Kalb** *(Plural* Kälber*)* ■ le **veau : eine Kuh mit ihrem Kalb** une vache et son veau.

das **Kalbfleisch** ■ la **viande de veau**.

der **Kalender** *(Plural* Kalender*)*
1. le **calendrier : an der Wand hängt ein Kalender** sur le mur, il y a un calendrier
2. l'**agenda** *(Maskulinum)* **: sie holte ihren Kalender aus der Tasche** elle sortit son agenda de son sac.

der **Kalk** ■ le **calcaire**.

der **Kalkstein** ■ la **pierre calcaire**.

die **Kalorie** *(Plural* Kalorien*)* ■ la **calorie**.

kalt *(Komparativ* kälter, *Superlativ* kälteste*)*

■ *Adjektiv*
froid (froide) : heute ist es sehr kalt il fait très froid aujourd'hui ; **mir ist schrecklich kalt** j'ai terriblement froid

■ *Adverb*
avec froideur : sie hat mich ziemlich kalt begrüßt elle m'a salué avec une certaine froideur.

die **Kälte** ■ le **froid : bei dieser Kälte gehe ich nicht raus** je ne sors pas par ce froid.

kam *Präteritum* ➤ kommen.

das **Kamel** *(Plural* Kamele*)* ■ le **chameau**.

die **Kamera** *(Plural* Kameras*)* ■ la **caméra**.

der **Kamerad** *(Plural* Kameraden*)* ■ le **camarade : wir sind wirklich gute Kameraden** nous sommes de très bons camarades.

die **Kameradin** *(Plural* Kameradinnen*)* ■ la **camarade**.

kameradschaftlich *Adjektiv* ■ **amical (amicale) : in unserer Klasse herrscht eine sehr kameradschaftliche Atmosphäre** dans notre classe règne une ambiance de bonne camaraderie.

die **Kamille** *(Plural* Kamillen*)* ■ la **camomille**.

der **Kamin** *(Plural* Kamine*)* ■ la **cheminée : wir saßen gemütlich am Kamin** nous étions confortablement installés près de la cheminée.

der **Kamm** *(Plural* Kämme*)* ■ le **peigne**.

sich **kämmen** *reflexives Verb* ■ **se peigner : du solltest dich kämmen** tu devrais te peigner.

der **Kampf** *(Plural* Kämpfe*)* ■ le **combat : die Kämpfe im Kriegsgebiet dauern a**[n] les combats persistent dans la région e[n] guerre.

kämpfen *Verb* ■ **lutter : er kämpfte al**[lein] **lein gegen die Mafia** il a lutté seul contre [la] mafia.

Kanada *Neutrum* ■ le **Canada**

> Ländernamen werden im Französischen oft mit dem bestimmten Artikel verwendet.

kanadisch *Adjektiv* ■ **canadien (canadienne)**.

der **Kanal** *(Plural* Kanäle*)* ■ le **canal**.

die **Kanalisation** *(Plural* Kanalisationen*)* ■ la **canalisation : in den Kanalisationen leben viele Ratten** de nombreux rats viven[t] dans les canalisations.

der **Kandidat** *(Plural* Kandidaten*)* ■ l[e] **candidat**.

die **Kandidatin** *(Plural* Kandidatinnen*)* ■ la **candidate**.

das **Kaninchen** *(Plural* Kaninchen*)* ■ l[e] **lapin**.

der **Kanister** *(Plural* Kanister*)* ■ le **jerricane : ich habe immer einen Kanister Benzin im Auto** j'ai toujours un jerricane d'es[-]sence dans la voiture.

kann *Präsens* ➤ können.

kannte *Präteritum* ➤ kennen.

die **Kanone** *(Plural* Kanonen*)* ■ le **canon : in der alten Burg standen Kanonen** il avait des canons dans l'ancienne forteresse

> Achtung ! Anders als das deutsche Wort **Kanone** ist das französische Substantiv **canon** männlich.

die **Kante** *(Plural* Kanten*)* ■ le **bord : die Kante des Tischs** le bord de la table.

die **Kantine** *(Plural* Kantinen*)* ■ la **cantine : das Essen in der Kantine ist gut** l[a] nourriture de la cantine est bonne.

er **Kanton** *(Plural* Kantone*)* ■ le **canton** : **Andreas wohnt im Kanton Zug** Andreas habite dans le canton de Zug.

as **Kanu** *(Plural* Kanus*)* ■ le **canoë**.

ie **Kanzel** *(Plural* Kanzeln*)*
1. la **chaire** : **der Pfarrer predigt von der Kanzel** le prêtre prêche du haut de sa chaire
2. le **cockpit** : **der Pilot sitzt in der Kanzel** le pilote se trouve dans le cockpit.

ie **Kapelle** *(Plural* Kapellen*)*
1. la **chapelle** : **oben auf dem Berg steht eine Kapelle** en haut de la montagne se dresse une chapelle
2. l'**orchestre** *(Maskulinum)* : **die Kapelle spielte einen Walzer** l'orchestre joua une valse.

kapieren *Verb familiär* ■ **piger** : **du kapierst aber auch gar nichts** mais tu ne piges rien.

as **Kapital** *(Plural* Kapitalien ODER Kapitale*)* ■ le **capital**.

er **Kapitän** *(Plural* Kapitäne*)* ■ le **capitaine** : **der Kapitän steuert das Schiff** le capitaine pilote le bateau.

as **Kapitel** *(Plural* Kapitel*)* ■ le **chapitre** : **ich habe erst ein Kapitel gelesen** je n'ai lu qu'un seul chapitre.

kaputt *Adjektiv familiär*
1. **en panne** : **mein Computer ist kaputt** mon ordinateur est en panne
2. **cassé (cassée)** : **meine Uhr ist kaputt** ma montre est cassée
3. **crevé (crevée)** : **nach der Bergtour war ich total kaputt** après la randonnée en montagne, j'étais totalement crevé.

kaputt|gehen *(Perfekt* ist kaputtgegangen*) Verb* ■ *familiär* **se casser**.

ch **kaputt|lachen** *reflexives Verb familiär* ■ **mourir de rire** : **wir haben uns fast kaputtgelacht** nous avons cru mourir de rire.

ie **Kapuze** *(Plural* Kapuzen*)* ■ la **capuche**.

ie **Karies** ■ la **carie** : **dein Zahn ist von Karies befallen** ta dent a une carie.

er **Karneval** *(Plural* Karnevale ODER Karnevals*)* ■ le **carnaval**

> **KARNEVAL**
>
> C'est en Rhénanie que les festivités du carnaval sont les plus nombreuses. Il commence officiellement le 11 novembre à 11 h 11 et se termine le mercredi des cendres. Le grand défilé a lieu la veille du mardi gras. En Bavière, on parle de **Fasching** et en pays souabe de **Fastnacht**.

das **Karo** *(Plural* Karos*)* ■ le **carreau** : **ich habe kein Karo** je n'ai pas de carreau.

die **Karosserie** *(Plural* Karosserien*)* ■ la **carrosserie**.

die **Karotte** *(Plural* Karotten*)* ■ la **carotte**.

die **Karriere** *(Plural* Karrieren*)* ■ la **carrière** : **meine Mutter hat Karriere gemacht** ma mère a fait carrière.

die **Karte** *(Plural* Karten*)*
1. la **carte** : **sie hat mir eine Karte geschickt** elle m'a envoyé une carte ; **wir haben im Zug Karten gespielt** nous avons joué aux cartes dans le train
2. le **carton** : **die gelbe Karte** le carton jaune.

die **Kartoffel** *(Plural* Kartoffeln*)* ■ la **pomme de terre**.

der **Karton** *(Plural* Kartons*)* ■ le **carton**.

das **Karussell** *(Plural* Karussells*)* ■ le **manège** : **wir sind Karussell gefahren** nous avons fait des tours de manège.

der **Käse** *(Plural* Käse*)* ■ le **fromage** : **ich mag französischen Käse** j'aime le fromage français

> Wenn Stoffnamen verallgemeinernd gebraucht werden, steht im Französischen der bestimmte Artikel.

die **Kasse** *(Plural* Kassen*)* ■ la **caisse** : **er hat Geld aus der Kasse genommen** il a pris de l'argent dans la caisse.

die **Kassette** *(Plural* Kassetten*)* ■ la **cassette** : **im Zug höre ich immer Kassetten** dans le train, j'écoute toujours des cassettes.

der **Kassettenrekorder** *(Plural* Kassettenrekorder*)* ■ le **magnétophone**.

die **Kastanie** *(Plural* Kastanien*)*
1. la **châtaigne : auf dem Weihnachtsmarkt gibt es heiße Kastanien** il y a des châtaignes grillées au marché de Noël
2. le **marron : wir haben Kastanien gesammelt** nous avons ramassé des marrons

> Die französische Übersetzung von **Kastanie** hängt davon ab, ob man die Frucht essen kann (**châtaigne, châtaignier**) oder nicht (**marron, marronier**).

der **Kasten** *(Plural* Kästen*)*
1. la **caisse : kannst du mir bitte den Kasten Bier raufholen?** peux-tu s'il te plaît remonter la caisse de bière ?
2. la **boîte (aux lettres) : hast du den Brief in den Kasten geworfen?** as-tu mis la lettre dans la boîte ?

die **Katastrophe** *(Plural* Katastrophen*)* ■ la **catastrophe**.

der **Kater** *(Plural* Kater*)*
1. le **matou : unser Kater ist schwarz** notre matou est noir
2. *familiär* la **gueule de bois : nach der Party hatte ich einen Kater** après la fête, j'ai eu la gueule de bois.

der **Katholik** *(Plural* Katholiken*)* ■ le **catholique**.

die **Katholikin** *(Plural* Katholikinnen*)* ■ la **catholique**.

katholisch *Adjektiv* ■ **catholique**.

die **Katze** *(Plural* Katzen*)* ■ le **chat : Isabelle hat drei Katzen** Isabelle a trois chats.

kauen *intransitives Verb* ■ **mâcher**.

der **Kauf** *(Plural* Käufe*)* ■ **l'achat** *(Maskulinum)* **: der Pulli war ein guter Kauf** ce pull est un bon achat.

kaufen *Verb* ■ **acheter : ich habe mir ein Notebook gekauft** je me suis acheté un notebook.

der **Käufer** *(Plural* Käufer*)* ■ **l'acheteur** *(Maskulinum)*.

die **Käuferin** *(Plural* Käuferinnen*)* ■ **l'acheteuse** *(Femininum)*.

der|das **Kaugummi** *(Plural* Kaugummis*)* ■ l **chewing-gum**.

das **Kaufhaus** *(Plural* Kaufhäuser*)* ■ l **grand magasin : im Kaufhaus gibt es al les** on trouve tout au grand magasin.

kaum *Adverb*
1. **à peine : ich war kaum eingeschlafen, al das Telefon klingelte** j'étais à peine endor mi que le téléphone a sonné
2. **presque pas : er hat kaum Fehler ge macht** il n'a presque pas fait de fautes
3. **probablement pas : das wird sie kaum glauben** elle ne le croira probablement pas

der **Kausalsatz** *(Plural* Kausalsätze*)* ■ l **subordonnée de cause**.

die **Kaution** *(Plural* Kautionen*)* ■ la **cau tion : der Gefangene kommt gegen Kau tion frei** le prisonnier est libéré sous cautior

der **Kegel** *(Plural* Kegel*)*
1. le **cône : die Grundfläche eines Kegels is rund** la base du cône est ronde
2. la **quille : die Kegel mit der Kugel umwer fen** renverser les quilles avec la boule.

die **Kehle** *(Plural* Kehlen*)* ■ la **gorge : ich ha be eine trockene Kehle** j'ai la gorge sèche.

kehrt|machen *Verb* ■ **faire demi tour**.

kein, e *Determinant*
1. **aucun (aucune) ... ne : kein Baum hat de Sturm heil überstanden** aucun arbre n' été épargné par la tempête
2. **ne ... même pas : es hat keine drei Stun den gedauert** cela n'a même pas duré troi heures

➤ **kein ... mehr** ne ... plus de : **ich habe kei Geld mehr** je n'ai plus d'argent

> Die Verneinung wird im Französischen immer mit **ne** und einem zweiten Element ausgedrückt. **Ne** (oder **n'**) steht vor dem Verb bzw. dem Personalpronomen.

keine, r, (e)s *Pronomen* ■ **ne ... per sonne : das darfst du keinem sagen** tu n dois le dire à personne.

keinerlei *Adjektiv (unveränderlich)* ■ **ne ... aucun (aucune)** : **er hat keinerlei Einfluss darauf** il n'a aucune influence là-dessus.

keinesfalls *Adverb* ■ **ne ... en aucun cas** : **du darfst keinesfalls zu spät kommen** tu ne dois en aucun cas arriver en retard.

keineswegs *Adverb* ■ **absolument pas** : **das ist keineswegs übertrieben** ce n'est absolument pas exagéré.

der **Keks** *(Plural* Kekse*)* ■ le **biscuit** : **zum Tee gab es Kekse** avec le thé, il y avait des biscuits.

der **Keller** *(Plural* Keller*)* ■ la **cave** : **mein Fahrrad ist im Keller** mon vélo est à la cave.

der **Kellner** *(Plural* Kellner*)* ■ le **serveur** : **der Kellner brachte uns die Karte** le serveur nous a apporté la carte.

die **Kellnerin** *(Plural* Kellnerinnen*)* ■ la **serveuse**.

Kenia *Neutrum* ■ le **Kenya**.

kennen *(Präteritum* kannte, *Perfekt* hat gekannt*) Verb* ■ **connaître** : **kennst du dieses Wort?** connais-tu ce mot ?

➤ **jemanden kennen lernen** faire la connaissance de quelqu'un : **ich habe Astrid in Hamburg kennen gelernt** j'ai fait la connaissance d'Astrid à Hambourg

➤ **sich kennen lernen** se rencontrer : **wir haben uns bei einer Party kennen gelernt** nous nous sommes rencontrés à une fête.

die **Kenntnis** *(Plural* Kenntnisse*)* ■ la **connaissance** : **seine Kenntnisse sind dürftig** ses connaissances laissent à désirer

➤ **etwas zur Kenntnis nehmen** prendre note de quelque chose.

der **Kerl** *(Plural* Kerle*)* ■ *familiär* le **type** : **Jochen ist ein netter Kerl** Jochen est un type sympa.

der **Kern** *(Plural* Kerne*)* ■ le **noyau** : **sie aß die Kirsche und spuckte den Kern aus** elle a mangé la cerise et recraché le noyau.

das **Kernkraftwerk** *(Plural* Kernkraftwerke*)* ■ la **centrale nucléaire**.

die **Kerze** *(Plural* Kerzen*)* ■ la **bougie**.

die **Kette** *(Plural* Ketten*)* ■ la **chaîne**.

keuchen *Verb* ■ **haleter**.

der **Keuchhusten** ■ la **coqueluche**.

die **Keule** *(Plural* Keulen*)*

1. la **cuisse** : **beim Hähnchen mag ich die Keule am liebsten** c'est la cuisse que je préfère dans le poulet
2. la **massue** : **die Höhlenmenschen werden oft mit Keulen abgebildet** les hommes des cavernes sont souvent représentés armés de massues.

der **Kiefer**[1] *(Plural* Kiefer*)* ■ la **mâchoire**.

die **Kiefer**[2] *(Plural* Kiefern*)* ■ le **pin**.

die **Kieme** *(Plural* Kiemen*)* ■ la **branchie**.

der **Kies** *(Plural* Kiese*)* ■ le **gravier**.

das **Kilo** *(Plural* Kilo ODER Kilos*)* ■ le **kilo** : **zwei Kilo Tomaten** deux kilos de tomates

> Nach Mengenangaben steht in der Regel nur **de** ohne Artikel.

das **Kilogramm** *(Plural* Kilogramm ODER Kilogramme*)* ■ le **kilogramme**.

der **Kilometer** *(Plural* Kilometer*)* ■ le **kilomètre**.

das **Kind** *(Plural* Kinder*)* ■ l'**enfant** *(Maskulinum* ODER *Femininum)* : **meine Tante hat keine Kinder** ma tante n'a pas d'enfants.

der **Kindergarten** *(Plural* Kindergärten*)* ■ la **maternelle** : **mit drei kommt man in den Kindergarten** on entre à la maternelle à trois ans.

kindlich *Adjektiv* ■ **enfantin (enfantine)** : **Jochen hat ein kindliches Gesicht** Jochen a un visage enfantin.

das **Kinn** *(Plural* Kinne*)* ■ le **menton**.

das **Kino** *(Plural* Kinos*)* ■ le **cinéma** : **ich gehe heute mit Werner ins Kino** aujourd'hui, je vais au cinéma avec Werner.

kippen *transitives Verb (Perfekt* hat gekippt*)*

1. **incliner** : **man kann die Fenster kippen** on peut incliner les fenêtres
2. **verser** : **ich habe den Tee in die Toilette gekippt** j'ai versé le thé dans les toilettes.

die **Kirche** *(Plural* Kirchen*)* ■ **l'église** *(Femininum)* **: meine Mutter geht jeden Sonntag in die Kirche** ma mère va à l'église tous les dimanches.

der **Kirchturm** *(Plural* Kirchtürme*)* ■ **le clocher**.

die **Kirmes** *(ohne Plural)* ■ la **kermesse**.

die **Kirsche** *(Plural* Kirschen*)* ■ la **cerise**.

das **Kissen** *(Plural* Kissen*)*
1. le **coussin : auf dem Sofa lagen viele Kissen** il y avait de nombreux coussins sur le canapé
2. **l'oreiller** *(Maskulinum)* **: sie schläft ohne Kissen** elle dort sans oreiller.

die **Kiste** *(Plural* Kisten*)* ■ la **caisse**.

kitzeln *Verb* ■ **chatouiller : ich habe das Baby am Bauch gekitzelt** j'ai chatouillé le bébé sur le ventre.

kitzlig *Adjektiv* ■ **chatouilleux (chatouilleuse) : Maximilian ist sehr kitzlig** Maximilian est très chatouilleux.

die **Kiwi** *(Plural* Kiwis*)* ■ le **kiwi**.

die **Klage** *(Plural* Klagen*)* ■ la **plainte : gegen ihn wird Klage erhoben** une plainte a été déposée contre lui.

klagen *Verb* ■ **se plaindre : die Lehrer klagen alle über euch** tous les professeurs se plaignent de vous
➤ **gegen jemanden klagen** porter plainte contre quelqu'un : **er wird gegen seinen ehemaligen Arbeitgeber klagen** il va porter plainte contre son ancien employeur.

die **Klammer** *(Plural* Klammern*)*
1. la **pince à linge : sie befestigte die Hose mit Klammern an der Leine** elle fixa le pantalon sur le fil avec des pinces à linge
2. la **parenthèse : der Plural steht in Klammern** le pluriel est noté entre parenthèses.

sich **klammern** *reflexives Verb* ■ **s'agripper : das Kind klammerte sich an seine Mutter** l'enfant s'est agrippé à sa mère.

klang *Präteritum* ➤ klingen.

der **Klang** *(Plural* Klänge*)* ■ le **son : der Klang seiner Stimme beruhigte das Kind** le son de sa voix a calmé l'enfant.

klappen
■ *transitives Verb*
rabattre : man kann den Sitz nach ober klappen on peut rabattre le siège vers l haut
■ *intransitives Verb*
marcher : ich hoffe, es klappt mit dem Projekt j'espère que ce projet va marcher.

klappern *Verb* ■ **faire cliqueter : e klapperte mit seinen Schlüsseln** il fit cli queter ses clés.

klar
■ *Adjektiv*
1. **clair (claire) : das Wasser in dem See wa ganz klar** l'eau du lac était très claire
2. **net (nette) : das war ein klarer Sieg** cela été une nette victoire
■ *Adverb*
1. **clairement : kannst du dich bitte etwa klarer ausdrücken?** peux-tu t'exprimer u peu plus clairement, s'il te plaît ?
2. **nettement : unsere Mannschaft hat kla gesiegt** notre équipe a nettement gagné
➤ **alles klar** d'accord
➤ **klar!** évidemment ! : **hast du verstanden – klar !** est-ce que tu as compris ? – évidem ment !

klären *Verb* ■ **clarifier : ich muss da mit deiner Mutter klären** je dois clarifie cela avec ta mère.

klar|stellen *Verb* ■ **mettre au clair eins will ich gleich klarstellen** je veu d'abord mettre ceci au clair.

klasse
■ *Adjektiv*
familiär **génial (géniale) : Frau Weiske is eine klasse Lehrerin** madame Weiske es une prof géniale
■ *Adverb*
super bien : das hast du klasse gemacht tu as fait ça super bien !

die **Klasse** *(Plural* Klassen*)* ■ la **classe : di ganze Klasse musste nachsitzen** toute l classe a été en retenue ; **wir sind erste Klasse gefahren** nous avons voyagé en pre mière classe.

die **Klassenarbeit** *(Plural* Klassenarbeiten*)* ■ le **devoir sur table : wir schreiben morgen eine Klassenarbeit** demain, nous avons un devoir sur table.

das **Klassenbuch** *(Plural* Klassenbücher*)* ■ le **cahier de classe** *(le cahier de textes et le cahier d'absences)*.

der **Klassenlehrer** *(Plural* Klassenlehrer*)* ■ le **professeur principal**.

der **Klassenraum** *(Plural* Klassenräume*)* ■ la **salle de classe**.

klassisch *Adjektiv* ■ **classique**.

klauen

■ *transitives Verb*

familiär **piquer : Ulf hat mir Geld geklaut** Ulf m'a piqué de l'argent

■ *intransitives Verb*

voler : ich habe noch nie geklaut je n'ai encore jamais volé.

das **Klavier** *(Plural* Klaviere*)* ■ le **piano : sie spielt Klavier** elle joue du piano.

kleben

■ *transitives Verb*

coller : Anna hat die Fotos in ihr Album geklebt Anna a collé les photos dans son album

■ *intransitives Verb*

être collé (collée) : an der Wand klebte ein Poster un poster était collé au mur.

klebrig *Adjektiv* ■ **collant (collante)**.

der **Klebstoff** *(Plural* Klebstoffe*)* ■ la **colle**.

der **Klecks** *(Plural* Kleckse*)* ■ la **tache : er hat einen Klecks in sein Heft gemacht** il a fait une tache dans son cahier.

das **Kleid** *(Plural* Kleider*)* ■ la **robe : die Braut trug ein weißes Kleid** la mariée portait une robe blanche

➤ **Kleider** les vêtements *(Maskulinum Plural)* : **ich kaufe mir gern Kleider in diesem Geschäft** j'aime bien m'acheter des vêtements dans cette boutique.

die **Kleidung** *(Plural* Kleidungen*)* ■ la **tenue : Susanne trägt am liebsten sportliche Kleidung** Susanne porte de préférence des tenues sport.

klein

■ *Adjektiv*

petit (petite) Angelika hat kleine Füße Angelika a de petits pieds

> Das Adjektiv **petit** steht grundsätzlich vor dem Substantiv.

■ *Adverb*

➤ **auf klein stellen** mettre à feu doux

➤ **von klein auf** dès son plus jeune âge.

das **Kleingeld** ■ la **monnaie**.

die **Kleinigkeit** *(Plural* Kleinigkeiten*)*

1. la **broutille : unsere Lehrer regt sich wegen jeder Kleinigkeit auf** notre professeur s'énerve pour la moindre broutille
2. un **petit quelque chose : ich will nur schnell eine Kleinigkeit essen** je veux juste manger en vitesse un petit quelque chose.

kleinlich *Adjektiv* ■ *abwertend* **mesquin (mesquine)**.

klein|schreiben *Verb* ■ **écrire avec une minuscule : Adjektive werden kleingeschrieben** les adjectifs s'écrivent avec des minuscules.

klettern *(Perfekt* ist geklettert*) Verb*

1. *familiär* **grimper : Ulf kletterte aufs Fahrrad** Ulf grimpa sur le vélo
2. **gravir : wir sind auf den Berg geklettert** nous avons gravi la montagne.

klicken *Verb* ■ **cliquer : du musst mit der Maus hier drauf klicken** tu dois cliquer là-dessus avec la souris.

das **Klima** *(Plural* Klimas*)* ■ le **climat : das Klima in Schottland hat mir nicht gefallen** le climat de l'Écosse ne m'a pas plu.

die **Klinge** *(Plural* Klingen*)* ■ la **lame**.

die **Klingel** *(Plural* Klingeln*)* ■ la **sonnette**.

klingeln *Verb* ■ **sonner : ich klingle dann bei dir** je sonnerai ensuite chez toi.

klingen *(Präteritum* klang, *Perfekt* hat geklungen*) Verb* ■ **sonner : die Wand klingt hohl** le mur sonne creux.

die **Klinik** *(Plural* Kliniken*)* ■ la **clinique**.

die **Klinke** *(Plural* Klinken*)* ■ la **poignée de porte**.

das **Klo** *(Plural* Klos*)* ■ *familiär* les **toilettes** *(Femininum Plural)* : **aufs Klo gehen** aller aux toilettes.

klopfen *Verb*
1. **frapper : klopf mal an die Tür** frappe à la porte
2. **battre : mein Herz klopft wie verrückt** mon cœur bat la chamade.

der **Kloß** *(Plural* Klöße*)* ■ la **boulette : heute gab es Klöße zum Essen** aujourd'hui, au repas, nous avons eu des boulettes
➤ **einen Kloß im Hals haben** avoir la gorge nouée.

das **Kloster** *(Plural* Klöster*)* ■ le **couvent**, le **monastère**

> Ein **Kloster** für Nonnen heißt auf Französisch **couvent**, eines für Mönche **monastère**.

der **Klub** *(Plural* Klubs*)* ■ le **club : ich bin in keinem Klub** je n'appartiens à aucun club.

klug *(Komparativ* klüger*, Superlativ* klügste*)*
■ *Adjektiv*
1. **intelligent (intelligente) : Anita ist sehr klug** Anita est très intelligente
2. **judicieux (judicieuse) : es wäre klüger, wenn wir jetzt gehen würden** il serait plus judicieux de partir maintenant
■ *Adverb*
intelligemment : du hast sehr klug gehandelt tu as agi très intelligemment.

der **Knall** *(Plural* Knalle*)* ■ la **détonation**.

knallen
■ *intransitives Verb*
1. **retentir : wir hörten einen Schuss knallen** nous avons entendu retentir un coup de feu
2. **taper : die Sonne knallt aufs Dach** le soleil tape sur le toit
■ *transitives Verb*
claquer : er knallte wütend die Tür ins Schloss il claqua la porte avec fureur
➤ **jemandem eine knallen** en coller une à quelqu'un.

knapp
■ *Adjektiv*
petit (petite) : das dauert eine knapp[e] Stunde cela dure une petite heure

> Das Adjektiv **petit** steht grundsätzlich vor dem Substantiv.

➤ **etwas wird knapp** on manque de quelqu[e] chose : **am Monatsende wird das Gel[d] immer knapp** à la fin du mois, on manqu[e] toujours d'argent
■ *Adverb*
de justesse : ich habe das Ziel nur knap[p] verfehlt j'ai manqué le but de justesse.

kneifen *(Präteritum* kniff*, Perfekt* ha[t] gekniffen*) transitives Verb* ■ **pincer : au[a], hör auf, mich zu kneifen!** aïe, arrête de m[e] pincer !

die **Kneipe** *(Plural* Kneipen*)* ■ *familiär* l[e] **bistrot : er geht freitags immer in di[e] Kneipe** il va toujours au bistrot le vendredi

> **KNEIPE**
>
> C'est un bistrot fréquenté par des habitués, où se retrouvent notamment les habitants d'un même quartier ou les étudiants. On y consomme surtout des boissons alcoolisées et de petites collations.

der **Knick** *(Plural* Knicke*)* ■ le **pli : warum ist da ein Knick in dieser Seite?** pourquoi y a-t-il un pli sur cette page ?

knicken *Verb*
1. **plier : den Umschlag bitte nicht knicke[n]** prière de ne pas plier l'enveloppe
2. **casser : der starke Wind hat ein paar Äste geknickt** le vent violent a cassé quelques branches.

das **Knie** *(Plural* Knie*)* ■ le **genou** *(Plural* genoux*)*.

kniff *Präteritum* ➤ kneifen.

knirschen *Verb*
1. **grincer : Helmut knirscht mit den Zähne[n]** Helmut grince des dents
2. **crisser : der Schnee knirschte unter unseren Füßen** la neige crissait sous nos pieds.

knistern *Verb* ■ **crépiter : das Feuer knisterte** le feu crépitait.

der **Knoblauch** ■ **l'ail** *(Maskulinum)*.

der **Knöchel** *(Plural* Knöchel*)* ■ la **cheville : wie hast du dir den Knöchel verstaucht?** comment t'es-tu tordu la cheville ?

der **Knochen** *(Plural* Knochen*)* ■ **l'os** *(Maskulinum)*.

der **Knopf** *(Plural* Knöpfe*)* ■ le **bouton**.

der **Knoten** *(Plural* Knoten*)* ■ le **nœud : sie machte einen Knoten** elle a fait un nœud.

knurren *Verb*
1. **gargouiller : mein Magen knurrt** mon estomac gargouille
2. **grogner : der Hund knurrte ohne Grund** le chien grognait sans raison.

knusprig, knusperig *Adjektiv* ■ **croustillant (croustillante)**.

der **Koch** *(Plural* Köche*)* ■ le **cuisinier**.

kochen
■ *transitives Verb*
préparer : wir wollen heute Spaghettis kochen aujourd'hui, nous allons préparer des spaghettis
■ *intransitives Verb*
1. **bouillir : das Wasser kocht** l'eau bout
2. **faire la cuisine : Sophie kann gut kochen** Sophie sait bien faire la cuisine.

die **Köchin** *(Plural* Köchinnen*)* ■ la **cuisinière**.

der **Kochtopf** *(Plural* Kochtöpfe*)* ■ la **casserole**.

der **Koffer** *(Plural* Koffer*)* ■ la **valise : hast du schon die Koffer gepackt?** as-tu déjà fait les valises ?

der **Kofferraum** *(Plural* Kofferräume*)* ■ le **coffre : bei diesem Auto ist der Kofferraum vorne** le coffre de cette voiture est à l'avant.

der **Kohl** *(Plural* Kohle*)* ■ le **chou** *(Plural* choux*)*.

die **Kohle** *(Plural* Kohlen*)*
1. le **charbon : wir heizen mit Kohle** nous nous chauffons au charbon
2. *familiär* le **fric : ich habe keine Kohle mehr** je n'ai plus de fric.

der **Kollege** *(Plural* Kollegen*)* ■ le **collègue**.

die **Kollegin** *(Plural* Kolleginnen*)* ■ la **collègue**.

komisch *Adjektiv*
1. **comique : das war ein sehr komischer Film** c'était un film très comique
2. **bizarre : du bist heute so komisch** tu es très bizarre aujourd'hui.

das **Komma** *(Plural* Kommas ODER Kommata*)* ■ la **virgule : im Deutschen steht ein Komma vor dem Nebensatz** en allemand, on met une virgule avant une subordonnée.

kommen *(Präteritum* kam, *Perfekt* ist gekommen*)*
■ *intransitives Verb*
1. **venir : kommst du zu meiner Party?** viens-tu à ma fête ? ; **Élodie kommt aus Frankreich** Élodie vient de France
2. **aller : wie kommt man zum Bahnhof?** comment va-t-on à la gare ?
3. **passer : heute kommt ein guter Film im Fernsehen** aujourd'hui, on passe un bon film à la télévision
4. **entrer : er kommt dieses Jahr in die Schule** il entre à l'école cette année
5. **sortir : wann kommst du aus der Schule?** à quelle heure sors-tu de l'école ?
➤ **jemanden kommen lassen** faire venir quelqu'un : **wir müssen den Klempner kommen lassen** nous devons faire venir le plombier
■ *transitives Verb*
familiär **venir : welchen Weg bist du gekommen?** par quel chemin es-tu venu ?

kommend *Adjektiv* ■ **prochain (prochaine) : wir schreiben kommende Woche eine Deutscharbeit** la semaine prochaine, nous aurons un devoir sur table en allemand.

der **Kommentar** *(Plural* Kommentare*)* ■ le **commentaire : dazu gebe ich keinen Kommentar** je n'ai aucun commentaire à faire là-dessus.

der **Kommissar** *(Plural* Kommissare*)* ■ le **commissaire**.

die **Kommissarin** *(Plural* Kommissarinnen*)* ■ la **commissaire**.

die **Kommunikation** *(Plural* Kommunikationen*)* ■ la **communication**.

die **Kommunion** *(Plural* Kommunionen*)* ■ la **communion**
➤ die Kommunion empfangen communier.

der **Kommunismus** ■ le **communisme**.

kommunistisch *Adjektiv* ■ **communiste**.

die **Komödie** *(Plural* Komödien*)* ■ la **comédie** : Molière hat viele Komödien geschrieben Molière a écrit beaucoup de comédies.

der **Komparativ** *(Plural* Komparative*)* ■ le **comparatif**.

der **Kompass** *(Plural* Kompasse*)* ■ la **boussole**.

komplett *Adjektiv* ■ **complet (complète)** : ich habe die komplette Sammlung seiner Platten j'ai la collection complète de ses disques.

das **Kompliment** *(Plural* Komplimente*)* ■ le **compliment**.

kompliziert
■ *Adjektiv*
compliqué (compliquée) : das war eine ganz komplizierte Frage c'était une question très compliquée
■ *Adverb*
de manière compliquée : unser Geschichtslehrer drückt sich immer so kompliziert aus notre professeur d'histoire s'exprime toujours de manière très compliquée.

das **Kondom** *(Plural* Kondome*)* ■ le **préservatif**.

die **Konferenz** *(Plural* Konferenzen*)* ■ la **conférence** : sie ist gerade in einer Konferenz elle est actuellement en conférence.

die **Konfirmation** *(Plural* Konfirmationen*)* ■ la **confirmation**.

konfus *Adjektiv* ■ **confus (confuse)** : seine Erklärung war ziemlich konfus son explication était assez confuse
➤ jemanden konfus machen embrouiller quelqu'un : du machst mich ganz konfus tu m'embrouilles complètement.

der **König** *(Plural* Könige*)* ■ le **roi**
➤ die Heiligen Drei Könige les Rois mages

die **Königin** *(Plural* Königinnen*)* ■ la **reine**.

königlich *Adjektiv* ■ **royal (royale)** : wir haben den königlichen Palast von außen gesehen nous avons vu le palais royal de l'extérieur.

das **Königreich** *(Plural* Königreiche*)* ■ le **royaume**.

die **Konjugation** *(Plural* Konjugationen*)* ■ la **conjugaison**.

konjugieren *Verb* ■ **conjuguer** : ich weiß nicht, wie man dieses Verb konjugiert je ne sais pas comment on conjugue ce verbe.

der **Konjunktiv** *(Plural* Konjunktive*)* ■ le **subjonctif**.

die **Konkurrenz** ■ la **concurrence** : du willst wohl deinem Bruder Konkurrenz machen? tu veux donc faire concurrence à ton frère ?

können *(Präsens* kann, *Präteritum* konnte, *Perfekt* hat können ODER hat gekonnt*)*
■ *Hilfsverb (Perfekt* hat können*)*
1. **savoir** : ich kann nicht gut Französisch sprechen je ne sais pas bien parler français
2. **pouvoir** : kann ich mal dein Handy benutzen? est-ce que je peux utiliser ton portable ?

> **Können** in der Bedeutung „gelernt haben" wird mit **savoir** übersetzt; in der Bedeutung „in der Lage sein" heißt es **pouvoir**.

■ *transitives Verb (Perf* hat gekonnt*)*
savoir : kannst du Italienisch? sais-tu l'italien ?
■ *intransitives Verb*
pouvoir : kann ich jetzt nach Hause? est-ce que je peux rentrer chez moi maintenant

konnte *Präteritum* ➤ können.

konsequent
■ *Adjektiv*
ferme : meine Eltern sind sehr konsequent mes parents sont très fermes

■ *Adverb*
fermement : meine Mutter weigert sich konsequent, mein Bett zu machen ma mère refuse fermement de faire mon lit.

konservativ *Adjektiv* ■ **conservateur (conservatrice) : meine Eltern sind ziemlich konservativ** mes parents sont plutôt conservateurs.

er **Konsonant** *(Plural* Konsonanten*)* ■ la **consonne**.

konstruieren *Verb* ■ **construire : mein Vater hat eine neue Maschine konstruiert** mon père a construit une nouvelle machine.

er **Kontakt** *(Plural* Kontakte*)* ■ le **contact : ich habe mit ihm Kontakt aufgenommen** je suis entré en contact avec lui.

er **Kontinent, Kontinent** *(Plural* Kontinente*)* ■ le **continent**.

as **Konto** *(Plural* Konten*)* ■ le **compte : ich habe ein Konto eröffnet** j'ai ouvert un compte.

ie **Kontrolle** *(Plural* Kontrollen*)* ■ le **contrôle**

Achtung ! Anders als das deutsche Wort **Kontrolle** ist das französische Substantiv **contrôle** männlich.

kontrollieren *Verb* ■ **contrôler : sie kontrolliert regelmäßig die Hefte** elle contrôle régulièrement les cahiers.

konzentrieren *transitives Verb* ■ **concentrer : du solltest deine Anstrengungen auf Mathematik konzentrieren** tu devrais concentrer tes efforts sur les mathématiques

ch **konzentrieren** *reflexives Verb* ■ **se concentrer : halt den Mund, ich muss mich konzentrieren** tais-toi, il faut que je me concentre.

as **Konzert** *(Plural* Konzerte*)*
1. le **concert : wir gehen heute Abend ins Konzert** ce soir, nous allons au concert
2. le **concerto : das ist ein Konzert von Mozart** c'est un concerto de Mozart.

der **Kopf** *(Plural* Köpfe*)*
1. la **tête : ich habe mir den Kopf angeschlagen** je me suis cogné la tête
2. le **cerveau : er ist der Kopf der Bande** c'est le cerveau de la bande

➤ **sich** *(D)* **etwas in den Kopf setzen** se mettre quelque chose en tête : **sie hat sich in den Kopf gesetzt, in allein zu verreisen** elle s'est mise en tête de partir en voyage toute seule

➤ **aus dem Kopf** par cœur : **das Gedicht kann ich aus dem Kopf** je sais le poème par cœur.

der **Kopfhörer** *(Plural* Kopfhörer*)* ■ l'**écouteur** *(Maskulinum)*.

das **Kopfkissen** *(Plural* Kopfkissen*)* ■ l'**oreiller** *(Maskulinum)*.

der **Kopfsalat** *(Plural* Kopfsalate*)* ■ la **laitue**.

die **Kopfschmerzen** *Plural*
➤ **Kopfschmerzen haben** avoir mal à la tête.

das **Kopftuch** *(Plural* Kopftücher*)*
1. le **fichu : meine Oma trägt oft schwarze Kopftücher** ma grand-mère porte souvent un fichu noir
2. le **voile : meine türkische Freundin trägt ihr Kopftuch** mon amie turque porte le voile.

die **Kopie** *(Plural* Kopien*)* ■ la **copie : kannst du mir davon eine Kopie machen?** peux-tu m'en faire une copie ?

kopieren *Verb* ■ **copier : wie kopiert man die Datei?** comment copie-t-on ce fichier ?

der **Kopierer** *(Plural* Kopierer*)* ■ la **photocopieuse**.

der **Koran** *(Plural* Korane*)* ■ le **Coran**.

der **Korb** *(Plural* Körbe*)* ■ le **panier**
➤ *familiär* **einen Korb bekommen** prendre une veste.

der **Korken** *(Plural* Korken*)* ■ le **bouchon : an Silvester lassen wir die Korken knallen** à la Saint-Sylvestre, on fait sauter les bouchons.

der **Korkenzieher** *(Plural* Korkenzieher*)* ■ le **tire-bouchon** *(Plural* tire-bouchons*)*.

das **Korn** *(Plural* Körner*)* ■ le **grain** : **die Vögel picken die Körner auf** les oiseaux picorent les grains.

der **Körper** *(Plural* Körper*)* ■ le **corps** : **er zittert am ganzen Körper** il tremble de tout son corps.

körperlich
■ *Adjektiv*
physique : **Holzhacken ist schwere körperliche Arbeit** couper du bois est un travail physique dur
■ *Adverb*
physiquement : **geistig ist er noch fit, aber körperlich hat er abgebaut** il est bien conservé mentalement, mais diminué physiquement.

korrekt
■ *Adjektiv*
correct (correcte) : **diese Antwort ist korrekt** cette réponse est correcte
■ *Adverb*
correctement : **du hast das Wort nicht korrekt ausgesprochen** tu n'as pas prononcé correctement le mot.

die **Korrektur** *(Plural* Korrekturen*)* ■ la **correction** : **schreibt die Korrekturen in euer Heft** notez les corrections sur votre cahier.

korrigieren *Verb* ■ **corriger** : **meine Mutter hat meine Fehler korrigiert** ma mère a corrigé mes fautes.

Korsika *Neutrum* ■ la **Corse**.

die **Kosmetik** ■ les **produits de beauté** *(Maskulinum Plural)* : **sie gibt viel für Kosmetik aus** elle dépense beaucoup pour les produits de beauté.

kostbar *Adjektiv* ■ **précieux (précieuse)** : **das ist eine kostbare Vase** c'est un vase précieux.

kosten *Verb*
1. **coûter** : **was hat dieser Pulli gekostet?** combien ce pull a-t-il coûté ?
2. **goûter** : **willst du mal ein Stück von dem Kuchen kosten?** veux-tu goûter un morceau de gâteau ?

die **Kosten** *Plural* ■ les **frais** *(Maskulinum Plural)* : **die Reparatur hat hohe Kosten verursacht** la réparation a entraîné des frais élevés.

kostenlos
■ *Adjektiv*
gratuit (gratuite) : **der Eintritt ist kostenlos** l'entrée est gratuite
■ *Adverb*
gratuitement : **das habe ich kostenlos bekommen** je l'ai eu gratuitement.

köstlich
■ *Adjektiv*
1. **délicieux (délicieuse)** : **das Essen war köstlich** le repas était délicieux
2. **amusant (amusante)** : **das war ein köstlicher Film** c'était un film amusant
■ *Adverb*
➤ **köstlich schmecken** être délicieux : **die Suppe hat köstlich geschmeckt** la soupe était délicieuse
➤ **sich köstlich amüsieren** bien s'amuser **wir haben uns köstlich amüsiert** nous nous sommes bien amusés.

das **Kostüm** *(Plural* Kostüme*)*
1. le **costume** : **die Schauspieler hatten wunderschöne Kostüme an** les comédiens avaient des costumes superbes ; **zum Faschingsball trug sie das Kostüm eines Pierrot** elle portait un costume de Pierrot au bal du carnaval
2. le **tailleur** : **wenn sie Vorträge hält, trägt sie ein Kostüm** quand elle donne des conférences, elle porte un tailleur.

kotzen *Verb* ■ *salopp* **dégueuler** : **mir ist schlecht, ich glaube, ich muss kotzen** je me sens mal, je crois que je vais dégueuler.

krabbeln *Verb* ■ **marcher à quatre pattes** : **das Baby hat angefangen zu krabbeln** le bébé a commencé à marcher à quatre pattes.

der **Krach**
1. le **vacarme** : **bei dem Krach verstehe ich kein Wort** je ne comprends pas un mot avec ce vacarme
2. *familiär* la **dispute** : **bis jetzt haben wir uns nach jedem Krach wieder vertragen** jusqu'à présent, on s'est réconcilié après chaque dispute

➤ **mit jemandem Krach haben** être fâché (fâchée) avec quelqu'un : **Oliver hat Krach mit seiner Freundin** Oliver est fâché avec sa petite amie.

die **Kraft** *(Plural* Kräfte*)*
1. **la force : dazu braucht man Kraft** il faut de la force pour cela
2. **l'énergie** *(Femininum)* **: die Schüler kosten mich viel Kraft** les élèves me font dépenser beaucoup d'énergie

➤ **außer Kraft sein** ne plus être en vigueur
➤ **in Kraft treten** entrer en vigueur.

kräftig
■ *Adjektiv*
1. **vigoureux (vigoureuse) : er hat mir einen kräftigen Schlag auf den Kopf versetzt** il m'a donné un vigoureux coup sur la tête
2. **solide : ich brauche jetzt eine kräftige Mahlzeit** j'ai maintenant besoin d'un repas solide

■ *Adverb*
1. **énergiquement : du musst die Flasche kräftig schütteln** il faut que tu agites la bouteille énergiquement
2. **beaucoup : gestern hat es kräftig geregnet** hier, il a beaucoup plu.

das **Kraftwerk** *(Plural* Kraftwerke*)* ■ **la centrale électrique.**

der **Kram** ■ *familiär* **le bazar : räum mal deinen Kram weg!** mais range ton bazar !
➤ **jemandem nicht in den Kram passen** *familiär* ne pas arranger quelqu'un : **das passt mir gar nicht in den Kram** cela ne m'arrange pas du tout.

der **Krampf** *(Plural* Krämpfe*)* ■ **la crampe : ich habe einen Krampf in der Wade** j'ai une crampe au mollet.

krank *(Komparativ* kränker, *Superlativ* kränkste*)* *Adjektiv & Adverb* ■ **malade.**

die **Kranke** *(Plural* die Kranken*)* ■ **le malade, la malade.**

das **Krankenhaus** *(Plural* Krankenhäuser*)* ■ **l'hôpital** *(Maskulinum)* **: ich habe sie gestern im Krankenhaus besucht** je lui ai rendu visite hier à l'hôpital.

die **Krankenschwester** *(Plural* Krankenschwestern*)* ■ **l'infirmière** *(Femininum)*.

die **Krankheit** *(Plural* Krankheiten*)* ■ **la maladie : Masern sind eine ansteckende Krankheit** la rougeole est une maladie contagieuse.

kratzen
■ *intransitives Verb*
gratter : die Katze kratzt an der Tür le chat gratte à la porte
■ *transitives Verb*
1. **griffer : die Katze hat das Kind gekratzt** le chat a griffé l'enfant
2. **racler : du kannst die Reste aus der Schüssel kratzen** tu peux racler les restes du saladier

sich **kratzen** *reflexives Verb* ■ **se gratter : er kratzte sich am Kopf** il se gratta la tête.

kraulen
■ *intransitives Verb (Perfekt* ist gekrault*)*
nager le crawl
■ *transitives Verb (Perfekt* hat gekrault*)*
gratter doucement : Katzen mögen es, wenn man sie krault les chats aiment qu'on les gratte doucement.

kraus *Adjektiv* ■ **frisé (frisée) : er hat krause Haare** il a les cheveux frisés
➤ **die Stirn kraus ziehen** plisser le front.

das **Kraut** ■ **le chou** *(Plural* choux*)*
➤ **Kräuter des** herbes *(Femininum Plural)* : **wir haben Kräuter gesammelt** nous avons cueilli des herbes.

die **Krawatte** *(Plural* Krawatten*)* ■ **la cravate.**

der **Krebs** *(Plural* Krebse*)*
1. **le crabe : am Strand liefen lauter kleine Krebse herum** beaucoup de petits crabes couraient sur la plage
2. **le cancer : meine Großmutter ist an Krebs gestorben** ma grand-mère est morte d'un cancer
3. **le Cancer : Beate ist im Zeichen des Krebses geboren** Beate est née sous le signe du Cancer.

der **Kredit** *(Plural* Kredite*)* ■ **le crédit : meine Eltern haben einen Kredit aufgenommen** mes parents ont pris un crédit.

die **Kreide** *(Plural* Kreiden*)* ■ la **craie** : **Frau Kunze bringt ihre Kreiden immer selbst mit** madame Kunze apporte toujours ses propres craies.

der **Kreis** *(Plural* Kreise*)*
1. le **cercle** : **sie hat mit dem Zirkel einen Kreis gezogen** elle a dessiné un cercle avec le compas
2. la **circonscription** : **Blaubeuren liegt im Kreis Ulm** Blaubeuren est dans la circonscription d'Ulm

➤ **im Kreis** en cercle : **stellt euch alle im Kreis auf** mettez-vous tous en cercle.

kreisen *Verb* ■ *(Perfekt* ist gekreist*)* **tourner** : **die Erde kreist um die Sonne** la Terre tourne autour du Soleil

> Bei manchen Bewegungsverben werden die zusammengesetzten Zeiten anders als im Deutschen mit **avoir** gebildet.

der **Kreislauf** *(Plural* Kreisläufe*)*
1. le **cycle** : **das ist der Kreislauf der Natur** c'est le cycle de la nature
2. la **circulation** : **dieses Medikament regt den Kreislauf an** ce médicament stimule la circulation.

das **Kreuz** *(Plural* Kreuze*)*
1. la **croix** : **macht ein Kreuz vor die richtige Antwort** mettez une croix devant la bonne réponse ; **das Kreuz ist ein wichtiges Symbol für die Christen** la croix est un symbole important pour les chrétiens
2. le **crucifix** : **in Bayern hängt in den Schulzimmern ein Kreuz** en Bavière, il y a un crucifix dans les salles de classe
3. le **dos** : **mir tut mein Kreuz weh** j'ai mal au dos
4. l'**échangeur** *(Maskulinum)* : **am Frankfurter Kreuz kommt es oft zu Staus** il y a souvent des bouchons à l'échangeur de Francfort
5. le **trèfle** : **du musst Kreuz bedienen** tu dois servir en trèfle.

kreuzen

■ *transitives Verb (Perfekt* hat gekreuzt*)*
croiser : **die Straße kreuzt die Bahnlinie** la route croise la ligne de chemin de fer

■ *intransitives Verb (Perfekt* hat/ist gekreuzt*)*
croiser : **vor der Küste kreuzte ein U-Boot** un sous-marin croisait le long de la côte

sich **kreuzen** *reflexives Verb* ■ **se croiser** **hier kreuzen sich die beiden Straßen** les deux routes se croisent ici

> Zusammengesetzte Formen reflexiver Verben werden mit **être** gebildet.

die **Kreuzung** *(Plural* Kreuzungen*)* ■ le **carrefour**.

kriechen *(Präteritum* kroch*, Perfekt* ist gekrochen*) Verb*
1. **ramper** : **auf dem Weg kriecht eine Schnecke** un escargot rampe sur le chemin
2. **passer lentement** : **die Zeit kriecht** le temps passe lentement.

der **Krieg** *(Plural* Kriege*)* ■ la **guerre** : **damals wurde oft Krieg geführt** on faisait souvent la guerre autrefois

> Wenn Abstrakta verallgemeinernd gebraucht werden, steht im Französischen der bestimmte Artikel.

kriegen *Verb* ■ *familiär* **avoir** : **was hast du zum Geburtstag gekriegt?** qu'est-ce que t'as eu pour ton anniversaire ?

der **Krimi** *(Plural* Krimis*)* ■ *familiär* le **polar** **heute kommt ein guter Krimi im Fernsehen** il y a un bon polar aujourd'hui à la télé.

die **Kritik** *(Plural* Kritiken*)* ■ la **critique** **unsere Lehrerin verträgt keine Kritik** notre professeur ne supporte aucune critique.

kritisch

■ *Adjektiv*
critique : **die Lage ist kritisch** la situation est critique

■ *Adverb*
d'un air réprobateur : **sie sah mich kritisch an** elle me regarda d'un air réprobateur.

kritisieren *Verb* ■ **critiquer** : **er kritisiert mich andauernd** il me critique sans arrêt.

Kroatien *Neutrum* ■ la **Croatie**

> Ländernamen werden im Französischen oft mit dem bestimmten Artikel verwendet.

kroch *Präteritum* ➤ kriechen.

das **Krokodil** (*Plural* Krokodile) ■ le **crocodile**.

die **Krone** (*Plural* Kronen) ■ la **couronne** : **wir haben im Tower of London die Kronen gesehen** dans la Tour de Londres, nous avons vu les couronnes.

krumm

■ *Adjektiv*
tordu (tordue) : der Ast ist krumm la branche est tordue

■ *Adverb*
voûté (voûtée) : steh nicht so krumm! ne te tiens pas si voûté !

die **Kruste** (*Plural* Krusten) ■ la **croûte** : **das Brot hat eine leckere Kruste** la croûte de ce pain est délicieuse.

der **Kubikmeter** (*Plural* Kubikmeter) ■ le **mètre cube**.

die **Küche** (*Plural* Küchen) ■ la **cuisine** : **wir essen meist in der Küche** nous mangeons généralement dans la cuisine.

der **Kuchen** (*Plural* Kuchen) ■ le **gâteau** : **Sebastian hat einen Kuchen gebacken** Sébastien a fait un gâteau.

der **Kuckuck** (*Plural* Kuckucke) ■ le **coucou**.

die **Kugel** (*Plural* Kugeln)
1. la **boule** : **er hat mit der Kugel sämtliche Kegel getroffen** il a atteint toutes les quilles avec la boule
2. la **balle** : **die Kugel hat ihn ins Bein getroffen** la balle l'a touché à la jambe.

der **Kugelschreiber** (*Plural* Kugelschreiber) ■ le **stylo-bille**.

die **Kuh** (*Plural* Kühe) ■ la **vache**.

kühl

■ *Adjektiv*
1. **frais (fraîche) : und jetzt ein kühles Bier!** et maintenant, une bière fraîche !
2. **froid (froide) : es war ein ziemlich kühler Empfang** l'accueil a été relativement froid

■ *Adverb*
1. **frais (fraîche) : dieser Wein muss kühl serviert werden** ce vin se sert frais
2. **avec froideur : sie hat mich kühl empfangen** elle m'a accueilli avec froideur.

der **Kühlschrank** (*Plural* Kühlschränke) ■ le **réfrigérateur**.

der **Kuli** (*Plural* Kulis) ■ *familiär* le **stylo-bille : wir dürfen nicht mit Kuli schreiben** nous n'avons pas le droit d'écrire au stylo-bille.

die **Kultur** (*Plural* Kulturen) ■ la **civilisation : die Kultur der Ägypter** la civilisation égyptienne.

kulturell *Adjektiv* ■ **culturel (culturelle) : das kulturelle Angebot ist groß** l'offre culturelle est importante.

der **Kummer** ■ le **chagrin**.

kümmern *transitives Verb* ■ **préoccuper : es kümmert dich anscheinend nicht, wie es mir geht** apparemment, cela ne te préoccupe pas de savoir comment je vais

> An manche Verben kann man nicht direkt einen indirekten Fragesatz anschließen, sondern muss **de savoir** einfügen.

sich **kümmern** *reflexives Verb* ■ **s'occuper : unsere Nachbarin kümmert sich um die Katzen** notre voisine s'occupe des chats.

der **Kumpel** (*Plural* Kumpel) ■ *familiär* le **copain, la copine : Ich gehe heute mit meinen Kumpeln zum Fußball** aujourd'hui, je vais au foot avec mes copains.

der **Kunde** (*Plural* Kunden) ■ le **client**.

kündigen

■ *intransitives Verb*
1. **donner son congé : unser Vermieter hat uns gekündigt** notre propriétaire nous a donné notre congé
2. **donner sa démission : mein Bruder hat gekündigt** mon frère a donné sa démission
3. **licencier : sie haben meinem Bruder gekündigt** ils ont licencié mon frère

■ *transitives Verb*
résilier : du kannst den Vertrag kündigen tu peux résilier le contrat
➤ **eine Wohnung kündigen** donner son préavis pour un appartement.

die **Kündigung** (*Plural* Kündigungen)
1. la **résiliation : die Kündigung des Vertrags** la résiliation du contrat

2. le **licenciement** : **seine Kündigung war nicht gerechtfertigt** son licenciement n'était pas justifié

➤ **seine Kündigung bekommen** recevoir son avis de licenciement.

die **Kụndin** *(Plural* Kụndinnen*)* ■ la **cliente**.

die **Kụndschaft** ■ la **clientèle**.

die **Kụnst** *(Plural* Kụ̈nste*)*

1. les **arts plastiques** *(Maskulinum Plural)* : **in Kunst hat Benjamin eine Zwei** Benjamin a 16 sur 20 en arts plastiques

2. l'**art** *(Maskulinum)* : **er interessiert sich sehr für Kunst** il s'intéresse beaucoup à l'art

> Wenn Abstrakta verallgemeinernd gebraucht werden, steht im Französischen der bestimmte Artikel.

➤ **das ist keine Kunst** ce n'est pas sorcier.

der **Kụ̈nstler** *(Plural* Kụ̈nstler*)* ■ l'**artiste** *(Maskulinum)*.

die **Kụ̈nstlerin** *(Plural* Kụ̈nstlerinnen*)* ■ l'**artiste** *(Femininum)*.

kụ̈nstlerisch *Adjektiv* ■ **artistique** : **Kevin hat ein künstlerisches Talent** Kevin a des dons artistiques.

kụ̈nstlich *Adjektiv* ■ **artificiel (artificielle)**.

das **Kụpfer** ■ le **cuivre** : **die Fünf-Cent-Münze ist aus Kupfer** la pièce de cinq centimes d'euro est en cuivre.

die **Kụrbel** *(Plural* Kụrbeln*)* ■ la **manivelle**.

der **Kụ̈rbis** *(Plural* Kụ̈rbisse*)* ■ le **potiron**.

der **Kụrs** *(Plural* Kụrse*)*

1. le **cours** : **ich mache einen Kurs in der Volkshochschule** je suis un cours à l'université populaire

2. le **cap** : **das Flugzeug ist vom Kurs abgekommen** l'avion a changé de cap.

die **Kụrve** *(Plural* Kụrven*)*

1. le **virage** : **diese Kurve ist gefährlich** ce virage est dangereux

2. la **courbe** : **der Verlauf des Fiebers wird mit einer Kurve dargestellt** l'évolution de la fièvre est représentée par une courbe.

kụrz *(Komparativ* kụ̈rzer, *Superlativ* kụ̈rzeste*)*

■ *Adjektiv*

court (courte) : **Edith hat kurze Haare** Edith a les cheveux courts

■ *Adverb*

juste : **kurz vor der Brücke musst du rechts abbiegen** tu dois tourner à droite juste avant le pont.

die **Kụ̈rze** ■ la **longueur** : **die Kürze meines Minirocks gefällt meiner Mutter nicht** la longueur de ma mini-jupe ne plaît pas à ma mère

➤ **in Kürze** sous peu

➤ **in aller Kürze** brièvement.

kụ̈rzen *Verb*

1. **abréger** : **ich muss meinen Aufsatz kürzen** je dois abréger ma rédaction

2. **diminuer** : **mein Vater hat mein Taschengeld gekürzt** mon père a diminué mon argent de poche.

kụrzfristig

■ *Adjektiv*

de dernière minute : **es gab eine kurzfristige Änderung** il y a eu un changement de dernière minute

■ *Adverb*

à la dernière minute : **er hat ganz kurzfristig abgesagt** il a annulé à la toute dernière minute.

kụ̈rzlich *Adverb* ■ **récemment** : **ich war kürzlich in Straßburg** je suis allé récemment à Strasbourg.

kụrzsichtig *Adjektiv* ■ **myope** : **Tobias ist kurzsichtig** Tobias est myope.

die **Kusine** *(Plural* Kusinen*)* ■ la **cousine**.

der **Kụss** *(Plural* Kụ̈sse*)* ■ le **baiser** : **er hat mir einen Kuss gegeben** il m'a donné un baiser.

kụ̈ssen *intransitives Verb* ■ **embrasser**

sich **kụ̈ssen** *reflexives Verb* ■ **s'embrasser** : **in Frankreich küsst man sich zur Begrüßung auf die Wange** en France, on s'embrasse sur la joue pour se dire bonjour.

die **Kụ̈ste** *(Plural* Kụ̈sten*)* ■ la **côte** : **wir sind die Küste entlang gesegelt** nous avons fait de la voile le long de la côte.

s **Labor** *(Plural* Labors ODER Labore*)* ■ le **laboratoire**.

lächeln *Verb* ■ **sourire**.

s **Lächeln** ■ le **sourire : das Lächeln der Mona Lisa ist berühmt** le sourire de la Joconde est célèbre.

lachen *Verb* ■ **rire : wir haben über seine Witze gelacht** nous avons ri de ses blagues.

s **Lachen** ■ le **rire**.

lächerlich *Adjektiv* ■ **ridicule : das ist eine lächerliche Ausrede** c'est un prétexte ridicule

➤ **sich lächerlich machen** se ridiculiser.

r **Lack** *(Plural* Lacke*)* ■ le **vernis**.

lackieren *Verb* ■ **vernir**.

laden *(Präsens* lädt, *Präteritum* lud, *Perfekt* hat geladen*) Verb* ■ **charger : ich muss mein Handy laden** je dois charger mon portable.

r **Laden** *(Plural* Läden*)* ■ le **magasin : vor Weihnachten sind die Läden länger auf** avant Noël, les magasins restent ouverts plus longtemps.

lädt *Präsens* ➤ laden.

e **Ladung** *(Plural* Ladungen*)*

. le **chargement : der Fernfahrer muss seine Ladung rechtzeitig an das Ziel bringen** le routier doit livrer son chargement à temps

2. la **charge : negative und positive Ladung zieht sich an** les charges positives et négatives s'attirent

3. la **cargaison : die Zöllner kontrollieren die Ladung des Frachters** les douaniers contrôlent la cargaison du cargo.

lag *Präteritum* ➤ liegen.

die **Lage** *(Plural* Lagen*)*

1. la **situation : die wirtschaftliche Lage ist trostlos** la situation économique est désolante

2. la **couche : sie deckte das Beet mit einer Lage Stroh ab** elle couvrit la plate-bande d'une couche de paille

➤ **in der Lage sein, etwas zu tun** être en mesure de faire quelque chose : **Markus ist nicht in der Lage, das zu erklären** Markus n'est pas en mesure de l'expliquer.

das **Lager** *(Plural* Lager*)*

1. l'**entrepôt** *(Maskulinum)* **: das Lager war gleich neben dem Geschäft** l'entrepôt se trouvait juste à côté du magasin

2. le **camp : in den Ferien fahre ich mit den Pfadfindern ins Lager** pendant les vacances, je pars faire un camp scout

➤ **etwas auf Lager haben** avoir quelque chose en stock.

lagern *transitives Verb* ■ **conserver : Butter muss kühl gelagert werden** le beurre doit être conservé au frais.

lahm *Adjektiv*

1. **paralysé (paralysée) : seit dem Unfall hat er ein lahmes Bein** il a une jambe paralysée depuis l'accident

2. *familiär* **mauvais (mauvaise) : das ist doch eine lahme Ausrede** c'est un mauvais prétexte

3. **lent (lente) : der Rhythmus ist zu lahm, spielt schneller** le rythme est trop lent, jouez plus vite.

lähmen *Verb* ■ **paralyser : die vielen Streiks lähmen die Wirtschaft** les nombreuses grèves paralysent l'économie.

das **Laken** *(Plural* Laken*)* ■ le **drap**.

das **Lamm** *(Plural* Lämmer*)* ■ l'**agneau** *(Maskulinum)* **: in der Türkei wird viel Lamm gegessen** en Turquie, on mange beaucoup d'agneau.

die **Lampe** *(Plural* Lampen*)* ■ la **lampe**.

das **Land** *(Plural* Länder*)*
1. le **pays : mein Onkel hat viele Länder bereist** mon oncle a voyagé dans de nombreux pays
2. le **Land : die Bundesrepublik besteht aus 16 Ländern** la République fédérale d'Allemagne se compose de 16 Länder
3. la **campagne : wir ziehen aufs Land** nous déménageons à la campagne
4. la **terre : das ist sehr fruchtbares Land** c'est une terre très fertile

➤ **an Land** sur la terre ferme.

landen
■ *intransitives Verb (Perfekt* ist gelandet*)*
atterrir : wann seid ihr in Sydney gelandet? quand avez-vous atterri à Sydney ?
■ *transitives Verb (Perfekt* hat gelandet*)*
faire atterrir : der Pilot hat das Flugzeug sanft gelandet le pilote a fait atterrir l'avion en douceur
➤ **einen Treffer landen** marquer un but.

die **Landkarte** *(Plural* Landkarten*)* ■ la **carte géographique**.

ländlich *Adjektiv* ■ **rural (rurale) : wir wohnen in einer ländlichen Gegend** nous habitons dans une zone rurale.

die **Landschaft** *(Plural* Landschaften*)* ■ le **paysage**.

die **Landung** *(Plural* Landungen*)* ■ **l'atterrissage** *(Maskulinum)*.

die **Landwirtschaft** *(ohne Plural)* ■ **l'agriculture** *(Femininum)*.

lang *(Komparativ* länger, *Superlativ* längste*)*
■ *Adjektiv*
long (longue) : ich habe ein langes Gespräch mit ihm gehabt j'ai eu une longue conversation avec lui

> Das Adjektiv **long** steht grundsätzlich vor dem Substantiv.

➤ **zwei Meter lang sein** faire deux mètres de long
■ *Adverb*
➤ *familiär* **hier lang!** par ici !
➤ **drei Tage lang** (pendant) trois jours
➤ **den ganzen Tag lang** toute la journée
➤ **seit langem** depuis longtemps.

lange *(Komparativ* länger, *Superlativ* am längsten*) Adverb* ■ **longtemps : wartest du schon lange?** cela fait longtemps que tu attends ?
➤ **lange nicht** loin de : **er ist lange nicht so schnell gefahren wie du** il est loin d'avoir roulé aussi vite que toi
➤ **es ist lange her** cela fait longtemps.

die **Länge** *(Plural* Längen*)* ■ la **longueur : eine Rede von solch einer Länge ist langweilig** un discours d'une telle longueur, c'est ennuyeux.

langen *familiär*
■ *intransitives Verb*
suffire : fünf Tomaten langen für den Salat cinq tomates suffisent pour la salade
➤ **in etwas** *(A)* **langen** fouiller dans quelque chose : **lang mal in meine Tasche und hol den Schlüssel raus** fouille dans ma poche et sors-en la clé
➤ **mir langt's** j'en ai assez
■ *transitives Verb*
➤ **jemandem eine langen** en allonger une à quelqu'un : **weil ich frech war, hat mir mein Vater eine gelangt** mon père m'en a allongé une parce que j'ai été insolent.

die **Langeweile, Langeweile** ■ l'**ennui** *(Maskulinum)*
➤ **Langeweile haben** s'ennuyer.

langfristig *Adjektiv & Adverb* ■ **à long terme**.

längs *Präposition (+ G)*
➤ **längs einer Sache** le long de quelque chose : **längs des Hauses ist ein kleiner Weg** il y a un petit chemin le long de la maison.

langsam
■ *Adjektiv*
lent (lente) : die Schnecke ist ein langsames Tier l'escargot est un animal lent
■ *Adverb*
lentement : meine französische Freundin spricht ganz langsam mit mir mon amie française me parle très lentement.

die **Langsamkeit** ■ la **lenteur**.

längst *Adverb* ■ **depuis longtemps : das habe ich doch längst vergessen** mais je l'ai oublié depuis longtemps
➤ **längst nicht** beaucoup moins : **deine Schwester ist längst nicht so hübsch wie du** ta sœur est beaucoup moins belle que toi.

langweilen *transitives Verb* ■ **ennuyer : der Film hat mich gelangweilt** le film m'a ennuyé

sich **langweilen** *reflexives Verb* ■ **s'ennuyer : Sebastian hat sich gelangweilt** Sebastian s'est ennuyé

Zusammengesetzte Formen reflexiver Verben werden mit **être** gebildet.

langweilig *Adjektiv* ■ **ennuyeux (ennuyeuse) : das ist ein langweiliges Buch** c'est un livre ennuyeux.

der **Lappen** *(Plural* Lappen*)* ■ **le chiffon**.

läppisch *Adjektiv abwertend*
1. **idiot (idiote) : sie hat sich über unsere läppischen Antworten aufgeregt** elle a été agacée par nos réponses idiotes
2. **ridicule : das ist eine läppische Summe** c'est une somme ridicule.

der **Lärm** ■ **le bruit : der Lärm ist unerträglich** le bruit est insupportable.

las *Präteritum* ➤ lesen.

der **Laser** *(Plural* Laser*)* ■ **le laser**.

der **Laserdrucker** ■ **l'imprimante laser** *(Femininum)*.

lassen *(Präsens* lässt, *Präteritum* ließ, *Perfekt* hat gelassen, lassen*)*
■ *Hilfsverb (Perf* hat lassen*)*
1. **laisser : lass mich gehen!** laisse-moi partir ! ; **lass das Telefon einfach klingeln** laisse le téléphone sonner
2. **faire : ich muss das Auto reparieren lassen** je dois faire réparer la voiture

Lassen als Hilfsverb wird nur in der Bedeutung „zulassen" mit **laisser** übersetzt. Meint man „veranlassen", sagt man auf Französisch **faire**.

■ *transitives Verb (Perf* hat gelassen*)*
1. **arrêter : lass das, du tust mir weh** arrête ! tu me fais mal
2. **laisser : nun lass ihn doch, wenn er das unbedingt machen will** mais laisse-le donc, s'il veut le faire absolument ; **ich kann die Kinder nicht so lange alleine lassen** je ne peux pas laisser les enfants seuls aussi longtemps
■ *intransitives Verb (Perf* hat gelassen*)*
➤ **lass mal!** laisse ! ; **lass mal ! ich mache das schon** laisse ! je m'en occupe

sich **lassen** *reflexives Verb (perf* hat lassen*)*
■ **se laisser : ich lasse mich von euch nicht ärgern** je ne me laisserai pas contrarier par vous.

lässig
■ *Adjektiv*
décontracté (décontractée) : seine lässige Art zu reden sa façon décontractée de parler
■ *Adverb*
1. **dans un style décontracté : sie ist lässig gekleidet** elle est habillée dans un style décontracté
2. *familiär* **facilement : das kann ich lässig heute noch schaffen** je peux encore faire ça facilement aujourd'hui.

lässt *Präsens* ➤ lassen.

die **Last** *(Plural* Lasten*)* ■ **la charge**
➤ **jemandem zur Last fallen** être une charge pour quelqu'un : **ich will euch nicht zur Last fallen** je ne veux pas être une charge pour vous.

lästern *Verb*
➤ **über jemanden lästern** dire du mal de quelqu'un : **wir haben über ihn gelästert** nous avons dit du mal de lui.

lästig *Adjektiv* ■ **pénible**.

der **Lastwagen** *(Plural* Lastwagen*)* ■ **le camion**.

das **Latein** ■ **le latin**.

Lateinamerika *Neutrum* ■ **l'Amérique latine** *(Femininum)*

Ländernamen werden im Französischen oft mit dem bestimmten Artikel verwendet.

lateinisch *Adjektiv* ■ **latin (latine).**

die **Laterne** *(Plural* Laternen*)*

1. la **lanterne : die Kinder sind mit ihren Laternen durch die Straßen gelaufen** les enfants ont marché à travers les rues avec leurs lanternes
2. le **réverbère : vor unserem Haus steht eine Laterne** il y a un réverbère devant notre maison.

die **Latte** *(Plural* Latten*)*

1. la **latte : in meinem Bett ist eine Latte durchgebrochen** une latte de mon sommier s'est cassée
2. la **barre transversale : der Ball traf die Latte** le ballon a touché la barre transversale.

das **Laub**

1. le **feuillage : ich mag das bunte Laub der Bäume im Herbst** j'aime le feuillage coloré des arbres à l'automne
2. les **feuilles mortes** *(Femininum Plural)* **: ich muss das Laub zusammenfegen** il faut que je balaye les feuilles mortes.

der **Lauf**

1. la **course : er ist mitten im Lauf gestürzt** il est tombé au beau milieu de la course
2. le **cours : man kann den Lauf der Geschichte nicht ändern** on ne peut pas changer le cours de l'histoire

➤ **im Laufe** *(+ G)* dans le courant de : **wir kommen im Laufe des Nachmittags an** nous arriverons dans le courant de l'après-midi.

laufen *(Präsens* läuft, *Präteritum* lief, *Perfekt* ist/hat gelaufen*)*

■ *intransitives Verb (Perfekt* ist gelaufen*)*

1. **courir : ich bin so schnell gelaufen, wie ich nur konnte** j'ai couru aussi vite que j'ai pu

> Bei manchen Bewegungsverben werden die zusammengesetzten Zeiten anders als im Deutschen mit **avoir** gebildet.

2. **marcher : ich konnte schon mit elf Monaten laufen** je savais déjà marcher à onze mois
3. *familiär* **aller voir : Egon läuft dauernd zum Lehrer und petzt** Egon va constamment voir le professeur pour cafter
4. **être allumé (allumée) : bei Micha läuft den ganzen Tag der Fernseher** chez Micha, la télé est allumée toute la journée
5. **couler : meine Nase läuft** j'ai le nez qui coule
6. **se passer : wie ist die Prüfung gelaufen** comment s'est passé l'examen ?
7. **passer : im Kino läuft ein interessanter Film** un film intéressant passe au cinéma

■ *transitives Verb*

courir : bist du schon mal einen Marathon gelaufen? as-tu déjà couru un marathon ?

➤ **Ski laufen** faire du ski

➤ **Schlittschuh laufen** faire du patin à glace

sich **laufen** *(Perfekt* hat gelaufen*) reflexives Verb*

➤ **sich warm laufen** s'échauffer.

laufend

■ *Adjektiv*

1. **courant (courante) : die laufenden Ausgaben** les dépenses courantes
2. **en marche : er stand mit laufendem Motor vor unserem Haus** il est resté avec le moteur en marche devant notre maison

➤ **auf dem Laufenden sein** être au courant

■ *Adverb*

constamment : Maximilian stört laufend den Unterricht Maximilian interrompt constamment le cours.

läuft *Präsens* ➤ laufen.

das **Laufwerk** *(Plural* Laufwerke*)* ■ **le lecteur** *(pour un ordinateur)*.

die **Laune** *(Plural* Launen*)*

1. l'**humeur** *(Femininum)* **: ich bin nicht in Laune, jetzt tanzen zu gehen** je ne suis pas d'humeur à aller danser maintenant
2. le **coup de tête : das hat sie aus einer Laune heraus entschieden** ça, elle l'a décidé sur un coup de tête

➤ **gute|schlechte Laune haben** être de bonne|mauvaise humeur.

laut

■ *Adjektiv*

1. **fort (forte) : die Musik ist zu laut** la musique est trop forte
2. **bruyant (bruyante) : wir wohnen in einer sehr lauten Straße** nous habitons dans une rue très bruyante

■ *Adverb*

fort : sprich bitte lauter parle plus fort, s'il te plaît.

läuten *Verb* ■ **sonner : das Telefon läutet** le téléphone sonne
➤ **es läutet** ça sonne.

lauter *Adverb* ■ **plein de : auf der Party waren lauter nette Leute** il y avait plein de gens sympas à cette fête

Nach Mengenangaben steht in der Regel nur **de** ohne Artikel.

der **Lautsprecher** (*Plural* Lautsprecher) ■ **le haut-parleur**.

lauwarm *Adjektiv* ■ **tiède : lauwarmer Kaffee schmeckt nicht** le café tiède, c'est mauvais.

die **Lawine** (*Plural* Lawinen) ■ **l'avalanche** (*Femininum*) **: zwei Skiläufer wurden von einer Lawine verschüttet** deux skieurs ont été ensevelis sous une avalanche.

leben *Verb* ■ **vivre : lebst du noch bei deinen Eltern?** est-ce que tu vis encore chez tes parents ?
➤ **gesund leben** mener une vie saine.

das **Leben** (*Plural* Leben) ■ **la vie : das Leben auf dem Land hat Vorteile** la vie à la campagne a des avantages
➤ **sich** (*D*) **das Leben nehmen** se suicider.

lebendig *Adjektiv*
1. **vivant (vivante) : eine Fliege ist ein lebendiges Wesen** une mouche est un être vivant
2. **plein (pleine) de vie : Karl ist ein lebendiges Kind** Karl est un enfant plein de vie.

der **Lebenslauf** (*Plural* Lebensläufe) ■ **le curriculum vitae, le CV : sie hat ihrer Bewerbung einen Lebenslauf beigelegt** elle a joint un CV à sa lettre de candidature.

das **Lebensmittel** (*Plural* Lebensmittel) ■ **le produit alimentaire**.

die **Leber** (*Plural* Lebern) ■ **le foie**.

das **Lebewesen** (*Plural* Lebewesen) ■ **l'être vivant** (*Maskulinum*).

lebhaft
■ *Adjektiv*
1. **plein (pleine) de vie : Peter ist ein lebhafter Junge** Pierre est un garçon plein de vie
2. **vif (vive) : wir hatten eine lebhafte Diskussion** nous avons eu une vive discussion
■ *Adverb*
1. **vivement : wir bedauern lebhaft, nicht mitkommen zu können** nous regrettons vivement de ne pas pouvoir vous accompagner
2. **tout à fait : ich kann mir lebhaft vorstellen, dass du dich da wohl gefühlt hast** je peux tout à fait m'imaginer que tu t'es bien senti là-bas.

lecken *Verb* ■ **lécher : er leckte sich die Finger** il s'est léché les doigts.

lecker
■ *Adjektiv*
délicieux (délicieuse) : heute gab es ein leckeres Essen aujourd'hui, le repas était délicieux
■ *Adverb*
➤ **lecker riechen** sentir très bon.

das **Leder** (*Plural* Leder) ■ **le cuir : aus Leder** en cuir.

ledig *Adjektiv* ■ **célibataire**.

leer *Adjektiv*
1. **vide : im Sommer ist die Stadt fast leer** pendant l'été, la ville est presque vide
2. **blanc (blanche) : sie gab ein leeres Blatt ab** elle a rendu une feuille blanche.

leeren *transitives Verb* ■ **vider**

sich **leeren** *reflexives Verb* ■ **se vider : nach dem Klingeln leerte sich das Klassenzimmer** après la sonnerie, la salle de classe s'est vidée.

legen *transitives Verb*
1. **poser : ich lege die Karte auf den Wohnzimmertisch** je pose la carte sur la table du salon
2. **coucher : sie hat das Baby auf den Bauch gelegt** elle a couché le bébé sur le ventre

sich **legen** *reflexives Verb*
1. **s'allonger : wir legten uns an den Strand** nous nous sommes allongés sur la plage

Zusammengesetzte Formen reflexiver Verben werden mit **être** gebildet.

2. **diminuer : so langsam legt sich meine Aufregung** petit à petit, mon agitation diminue.

der **Lehm** (*Plural* Lehme) ■ **l'argile** (*Femininum*).

lehnen

■ *transitives Verb*

➤ **etwas an** ODER **gegen etwas lehnen** poser quelque chose contre quelque chose : **er lehnte die Leiter gegen die Wand** il a posé l'échelle contre le mur

■ *intransitives Verb*

➤ **an** ODER **gegen etwas lehnen** être posé (posée) contre quelque chose : **das Fahrrad lehnt an der Wand** le vélo est posé contre le mur

sich **lehnen** *reflexives Verb*

1. **s'appuyer : sie lehnte sich gegen die Wand** elle s'est appuyée contre le mur
2. **se pencher : er lehnte sich aus dem Fenster** il s'est penché par la fenêtre

> Zusammengesetzte Formen reflexiver Verben werden mit **être** gebildet.

die **Lehre** (*Plural* Lehren)

1. **l'apprentissage** (*Maskulinum*) : **er macht eine Lehre bei einem Bäcker** il est en apprentissage chez un boulanger
2. **la leçon : das wird dir eine Lehre sein** ça te servira de leçon.

lehren *Verb* ■ **enseigner**.

der **Lehrer** (*Plural* Lehrer) ■ **le professeur**.

die **Lehrerin** (*Plural* Lehrerinnen) ■ **la professeur : in Französisch haben wir eine Lehrerin** en français, nous avons une professeur.

der **Lehrling** (*Plural* Lehrlinge) ■ **l'apprenti** (*Maskulinum*), **l'apprentie** (*Femininum*).

der **Lehrplan** (*Plural* Lehrpläne) ■ **le programme** (*scolaire*) : **das steht dieses Jahr auf dem Lehrplan** c'est au programme cette année.

lehrreich *Adjektiv* ■ **instructif (instructive)**.

die **Leiche** (*Plural* Leichen) ■ **le cadavre**.

leicht

■ *Adjektiv*

1. **léger (légère) : mein Koffer ist ganz leicht** ma valise est très légère
2. **facile : der Test war leicht** le contrôle était facile

■ *Adverb*

1. **légèrement : du bist zu leicht gekleidet** tu es habillé trop légèrement
2. **facilement : Bettina lernt leicht** Bettina apprend facilement
3. **facile : das ist leicht zu verstehen** c'est facile à comprendre.

die **Leichtathletik** ■ **l'athlétisme** (*Maskulinum*).

die **Leichtigkeit**

➤ **mit Leichtigkeit** facilement.

leichtsinnig *Adjektiv* ■ **imprudent (imprudente) : es war leichtsinnig von dir, so viel Geld mitzunehmen** c'était imprudent de ta part d'emporter autant d'argent.

das **Leid** ■ **le chagrin**

➤ **jemandem Leid tun** faire de la peine à quelqu'un : **du tust mir Leid** tu me fais de la peine

➤ **es tut mir Leid** je suis désolé.

leiden (*Präteritum* litt, *Perfekt* hat gelitten) *Verb*

1. **souffrir de : Arne leidet an Asthma** Arne souffre d'asthme
2. **endurer : sie mussten große Not leiden** ils devaient endurer une grande misère

➤ **jemanden|etwas nicht leiden können** ne pas pouvoir supporter quelqu'un|quelque chose.

die **Leidenschaft** (*Plural* Leidenschaften) ■ **la passion : Thomas sammelt mit Leidenschaft Briefmarken** Thomas collectionne les timbres avec passion.

leidenschaftlich *Adjektiv*

1. **passionné (passionnée) : er ist ein leidenschaftlicher Liebhaber** c'est un amant passionné
2. **enflammé (enflammée) : er hat ihr einen leidenschaftlichen Brief geschrieben** il lui a écrit une lettre enflammée.

leider *Adverb* ■ **malheureusement**.

leihen (*Präteritum* lieh, *Perfekt* hat geliehen) *Verb*

1. **prêter : kannst du mir dein Fahrrad leihen?** peux-tu me prêter ton vélo ?
2. **emprunter : ich habe mir von meiner Mutter 20 Euro geliehen** j'ai emprunté 20 euros à ma mère.

e **Leine** *(Plural* Leinen*)*
1. la **corde : häng bitte die Wäsche auf die Leine** étends le linge sur la corde, s'il te plaît
2. la **laisse : sie nahm den Hund an die Leine** elle tenait le chien en laisse.

e **Leinwand** *(Plural* Leinwände*)* ■ **l'écran** *(Maskulinum)*.

leise

■ *Adjektiv*
doux (douce) : aus ihrem Zimmer tönte leise Musik une musique douce venait de sa chambre

■ *Adverb*
doucement : sprich bitte leiser parle plus doucement, s'il te plaît.

leisten *Verb*
1. **accomplir : mein Vater hat viel geleistet** mon père a accompli beaucoup de choses

▸ **sich etwas leisten**
1. se payer quelque chose : **wir haben uns dieses Jahr einen Urlaub auf den Malediven geleistet** cette année, nous nous sommes payé des vacances aux Maldives
2. se permettre quelque chose : **du kannst es dir leisten, mal keine Hausaufgaben zu machen** tu peux te permettre de ne pas faire tes devoirs pour une fois

> Zusammengesetzte Formen reflexiver Verben werden mit **être** gebildet.

ie **Leistung** *(Plural* Leistungen*)* ■ le **résultat : seine schulische Leistungen lassen zu wünschen übrig** ses résultats scolaires laissent à désirer.

er **Leistungskurs** *(Plural* Leistungskurse*)* ■ *l'une des matières principales choisies pour le bac*

> **LEISTUNGSKURS**
>
> Ces cours font partie du dernier cycle du lycée. Contrairement aux Grundkurse, ils transmettent des connaissances approfondies dans un domaine. Au baccalauréat, on présente quatre matières parmi lesquelles il y a deux **Leistungskurse** dont le coefficient compte double. Un de ces cours fondamentaux doit forcément être choisi parmi les mathématiques, les langues vivantes ou une matière scientifique.

leiten *Verb*
1. **diriger : meine Mutter leitet ein Unternehmen** ma mère dirige une entreprise
2. **conduire : Draht leitet Strom** le fil de fer conduit l'électricité.

die **Leiter**[1] *(Plural* Leitern*)* ■ **l'échelle** *(Femininum)* **: ich bin von der Leiter gefallen** je suis tombé de l'échelle.

der **Leiter**[2] *(Plural* Leiter*)* ■ le **directeur : er ist der Leiter dieser Schule** il est le directeur de cette école.

die **Leiterin** *(Plural* Leiterinnen*)* ■ la **directrice**.

die **Leitung** *(Plural* Leitungen*)*
1. la **direction : ihm wurde die Leitung der Schule übertragen** la direction de l'école lui a été confiée
2. la **canalisation : in unserer Straße werden neue Leitungen verlegt** on installe de nouvelles canalisations dans notre rue
3. le **câble : er hat eine elektrische Leitung angebohrt** il a percé un câble électrique
4. la **ligne : die Leitung war besetzt** la ligne était occupée.

die **Lektion** *(Plural* Lektionen*)* ■ la **leçon : in dieser Lektion geht es ums Passiv** cette leçon porte sur le passif.

lenken *Verb*
1. **conduire : in dem Film lenkt ein Schimpanse ein Auto** dans le film, un chimpanzé conduit une voiture
2. **orienter : sie hat das Gespräch auf ein anderes Thema gelenkt** elle a orienté la conversation sur un autre thème.

lernen *Verb*
1. **apprendre : ich muss meine Vokabeln lernen** je dois apprendre mon vocabulaire ; **wir haben das Gedicht auswendig gelernt** nous avons appris le poème par cœur
2. **travailler** *(pour l'école)* **: ich kann nicht rauskommen, ich muss lernen** je ne peux pas sortir, je dois travailler
3. **être apprenti (apprentie) : Sebastian lernt Bäcker** Sebastian est apprenti boulanger
4. **être formé (formée) : er hat bei Porsche gelernt** il a été formé chez Porsche.

lesen *(Präsens* liest, *Präteritum* las, *Perfekt* hat gelesen*) Verb* ■ **lire : sei still, ich möchte lesen** tais-toi, je voudrais lire.

leserlich
■ *Adjektiv*
lisible : ich bitte um leserliche Schrift je vous demande une écriture lisible
■ *Adverb*
lisiblement : schreib bitte etwas leserlicher écris plus lisiblement, s'il te plaît.

letzte, r, s *Adjektiv* ■ **dernier (dernière) : es war der letzte Tag vor den Ferien** c'était le dernier jour avant les vacances.

die|der **Letzte** *(Plural* die Letzten*)* ■ **le dernier, la dernière : sie ist die Letzte der Klasse** c'est la dernière de la classe.

letztendlich *Adverb* ■ **en fin de compte : letztendlich hat er es dann verstanden** en fin de compte, il l'a compris.

leuchten *Verb* ■ **briller : die Augen der Kinder leuchteten** les yeux des enfants brillaient.

der **Leuchtstift** *(Plural* Leuchtstifte*)* ■ **le marqueur fluorescent**.

leugnen *Verb* ■ **nier : er hat die Tat geleugnet** il a nié les faits.

Leute *Plural*
1. les **gens** *(Maskulinum Plural)* **: heute waren viele Leute in der Stadt** il y avait beaucoup de gens en ville aujourd'hui
2. *abwertend* les **individus** *(Maskulinum Plural)* **: mit solchen Leuten will ich nichts zu tun haben** je ne veux rien avoir à faire avec ce genre d'individus.

das **Lexikon** *(Plural* Lexika ODER Lexiken*)* ■ **le dictionnaire encyclopédique**.

das **Licht** *(Plural* Lichter*)* ■ **la lumière : mach mal das Licht an** allume la lumière
➤ **jetzt geht mir ein Licht auf** je commence à y voir plus clair maintenant.

der **Lichtschutzfaktor** *(Plural* Lichtschutzfaktoren*)* ■ **l'indice de protection** *(Maskulinum)*.

das **Lid** *(Plural* Lider*)* ■ **la paupière**.

lieb *Adjektiv*
1. **gentil (gentille) : lieb von dir, dass d anrufst** c'est gentil de ta part d'appeler
2. **sage : die Kinder waren heute sehr lie** les enfants ont été très sages aujourd'hui
3. **cher (chère) : liebe Claudia** chère Claudia
➤ **jemanden lieb haben** aimer quelqu'un.

die **Liebe** ■ **l'amour** *(Maskulinum)* **: sie wa seine erste Liebe** elle a été son premie amour.

lieben *Verb* ■ **aimer : er liebt seine Enkel über alles** il aime son petit-fils pa dessus tout

sich **lieben** *reflexives Verb* ■ **s'aimer : mein Eltern lieben sich immer noch** mes parent s'aiment toujours.

liebenswürdig *Adjektiv* ■ **aimable : er ist immer sehr liebenswürdig zu älteren Menschen** il est toujours très aimabl avec les personnes âgées
➤ **so liebenswürdig sein, etwas zu tu** avoir la gentillesse de faire quelque chose.

der **Liebling** *(Plural* Lieblinge*)*
1. le **chéri**, la **chérie : Liebling, bringst d mir Blumen mit?** chéri, peux-tu me rappor ter des fleurs ?
2. le **chouchou**, la **chouchoute : sie ist de Liebling unserer Lehrerin** elle est la chou choute de notre professeur.

das **Lied** *(Plural* Lieder*)* ■ **la chanson**.

lief *Präteritum* ➤ laufen.

liefern *Verb*
1. **livrer : wir liefern auch nach Hause** nou livrons aussi à domicile
2. **fournir : die Polizei konnte den Bewei nicht liefern** la police ne pouvait pas fourn la preuve
➤ **geliefert sein** être fichu (fichue) **: wen ich noch mal eine schlechte Note schreibe, dann bin ich geliefert** si j'obtiens enco re une mauvaise note, je suis fichu.

die **Lieferung** *(Plural* Lieferungen*)* ■ l **livraison**.

liegen *(Präteritum* lag, *Perfekt* hat gelegen*) Verb*
1. **être couché (couchée) : Ludwig liegt au dem Sofa** Ludwig est couché sur le canapé

2. se trouver : **der Schlüssel liegt auf dem Tisch** la clé se trouve sur la table
3. **dépendre de : die Entscheidung liegt bei dir** la décision dépend de toi
4. **être : er liegt an erster Stelle** il est en première position

➤ **liegen bleiben**
1. rester couché : **sonntags bleibe ich immer länger liegen** le dimanche, je reste toujours couché plus longtemps
2. rester en souffrance : **während meiner Abwesenheit ist viel Arbeit liegen geblieben** pendant mon absence, beaucoup de travail est resté en souffrance

➤ **etwas liegen lassen** laisser quelque chose : **du hast dein Buch bei mir liegen lassen** tu as laissé ton livre chez moi.

lieh *Präteritum* ➤ leihen.

ließ *Präteritum* ➤ lassen.

lieber ➤ gern.

liest *Präsens* ➤ lesen.

der **Lift** *(Plural* Lifte*)* ■ **l'ascenseur** *(Maskulinum)* : **wir fuhren mit dem Lift in die 10. Etage** nous avons pris l'ascenseur pour aller au 10e étage.

lila *Adjektiv (unveränderlich)* ■ **mauve**.

die **Limonade** *(Plural* Limonaden*)* ■ **la limonade**.

das **Lineal** *(Plural* Lineale*)* ■ **la règle**.

die **Linie** *(Plural* Linien*)* ■ **la ligne : mein Heft hat Linien** mon cahier a des lignes ; **welche Linie fährt zum Bahnhof?** quelle est la ligne qui mène à la gare ?

➤ **auf die schlanke Linie achten** faire attention à sa ligne.

linke, r, s ■ **gauche : ich kann mit der linken Hand nicht schreiben** je ne sais pas écrire de la main gauche.

die **Linke**
1. la **main gauche : ich kann mit der Linken nicht schreiben** je ne sais pas écrire de la main gauche
2. la **gauche : die Linke wird diesem Gesetzentwurf nie zustimmen** la gauche n'approuvera jamais ce projet de loi.

links

■ *Adverb*
1. **à gauche : in Großbritannien fährt man links** en Grande-Bretagne, on roule à gauche
2. **à l'envers : du hast deinen Pulli links an** tu as mis ton pull à l'envers

➤ **etwas mit links machen** *familiär* faire quelque chose les doigts dans le nez

■ *Präposition (+ G)*

à gauche de : das Restaurant ist links der Oper le restaurant est situé à gauche de l'opéra.

die **Linse** *(Plural* Linsen*)* ■ la **lentille**.

die **Lippe** *(Plural* Lippen*)* ■ la **lèvre : ich habe raue Lippen** j'ai les lèvres gercées.

der **Lippenstift** *(Plural* Lippenstifte*)* ■ **le rouge à lèvres**.

lispeln *Verb* ■ **zézayer**.

die **Liste** *(Plural* Listen*)* ■ la **liste**.

listig

■ *Adjektiv*

astucieux (astucieuse) : das war ein listiger Plan c'était un plan astucieux

■ *Adverb*

astucieusement : er ist ganz listig vorgegangen il a agi très astucieusement.

der|das **Liter** *(Plural* Liter*)* ■ **le litre : was kostet der Liter Benzin?** combien coûte le litre d'essence ?

> Bei Maßangaben steht im Französischen **de** oder **d'**.

die **Literatur** ■ la **littérature : sie interessiert sich für französische Literatur** elle s'intéresse à la littérature française

> Wenn Gattungsnamen verallgemeinernd gebraucht werden, steht im Französischen der bestimmte Artikel.

litt *Präteritum* ➤ leiden.

das **Lob** *(Plural* Lobe*)* ■ le **compliment**.

loben *Verb* ■ **faire des compliments à : meine Lehrerin hat mich gelobt** mon professeur m'a fait des compliments.

das **Loch** *(Plural* Löcher*)* ■ le **trou** : **du hast ein Loch in der Hose** tu as un trou à ton pantalon
➤ **Löcher in die Luft gucken** bayer aux corneilles.

locken *Verb*
1. **attirer** : **wie können wir dich mal aus dem Haus locken?** comment peut-on t'attirer hors de la maison ?
2. **friser** : **der Friseur hat meine Haare gelockt** le coiffeur a frisé mes cheveux.

der **Löffel** *(Plural* Löffel*)* ■ la **cuillère**.

log *Präteritum* ➤ lügen.

die **Logik** ■ la **logique**.

logisch *Adjektiv* ■ **logique** : **für Mathematik braucht man logisches Denken** pour les mathématiques, il faut avoir un esprit logique.

der **Lohn** *(Plural* Löhne*)*
1. le **salaire** : **der Lohn wird am Monatsende ausbezahlt** le salaire est versé à la fin du mois
2. la **récompense** : **ist das der Lohn für all meine Mühe?** c'est ça, la récompense de tous mes efforts ?

sich **lohnen** *reflexives Verb* ■ **valoir la peine** : **die viele Arbeit hat sich gelohnt** ça a valu la peine de travailler beaucoup.

das **Lokal** *(Plural* Lokale*)* ■ le **café** : **wir haben meinen Geburtstag in einem netten Lokal gefeiert** nous avons fêté mon anniversaire dans un café sympa.

die **Lokomotive** *(Plural* Lokomotiven*)* ■ la **locomotive**.

los
■ *Adjektiv*
➤ **jemanden|etwas los sein** être débarrassé de quelqu'un|quelque chose : **nach der elften Klasse bin ich endlich Französisch los** après la première, je serai enfin débarrassé du français
➤ **los sein** se passer : **dort ist doch nichts los** pourtant, là-bas, il ne se passe rien
➤ **was ist los?** qu'est-ce qui se passe ?
■ *Adverb*
allez : **los, nun komme endlich!** mais allez, viens !

das **Los** *(Plural* Lose*)* ■ le **billet de loterie** : **ich habe ein Los gekauft, aber nichts gewonnen** j'ai acheté un billet de loterie, mais je n'ai rien gagné.

lose
■ *Adjektiv*
desserré (desserrée) : **die Schraube ist lose** la vis est desserrée
■ *Adverb*
en vrac : **man kann den Tee lose kaufen** on peut acheter le thé en vrac.

lösen *transitives Verb*
1. **défaire** : **schaffst du es, diesen Knoten zu lösen?** est-ce que tu arrives à défaire ce nœud ?
2. **résoudre** : **ich konnte die zweite Aufgabe nicht lösen** je n'ai pas pu résoudre le deuxième problème
3. **prendre** : **für die Rückfahrt muss ich noch einen Zuschlag lösen** je dois encore prendre un supplément pour le trajet du retour

sich **lösen** *reflexives Verb*
1. **se décoller** : **die Briefmarke hatte sich vom Umschlag gelöst** le timbre s'était décollé de l'enveloppe
2. **se résoudre** : **das Problem hat sich inzwischen gelöst** le problème s'est résolu entre temps

> Zusammengesetzte Formen reflexiver Verben werden mit **être** gebildet.

los|fahren *(Perfekt* ist losgefahren*) Verb* ■ **partir** *(dans un véhicule)* : **wir sind um fünf Uhr morgens losgefahren** nous sommes partis à 5 heures du matin.

los|gehen *(Perfekt* ist losgegangen*) Verb*
1. **partir** : **wir sind um sechs Uhr losgegangen** nous sommes partis à six heures
2. **commencer** : **wann geht der Film los** quand est-ce que le film commence ?

los|lassen *Verb* ■ **lâcher**.

löslich *Adjektiv* ■ **soluble**.

los|werden *(Perfekt* ist losgeworden*) Verb* ■ **se débarrasser de** : **wie werde ich bloß den lästigen Husten los?** mais comment vais-je me débarrasser de cette fichue toux ?

e **Lösung** *(Plural* Lösungen*)* ■ la **solution : endlich haben wir eine Lösung gefunden** nous avons enfin trouvé une solution.

Lothringen *Neutrum* ■ la **Lorraine**

> Namen von Regionen werden im Französischen oft mit dem bestimmten Artikel verwendet.

er **Löwe** *(Plural* Löwen*)*
1. le **lion : wir haben in Kenia viele Löwen gesehen** nous avons vu beaucoup de lions au Kenya
2. le **Lion : Manfred ist im Zeichen des Löwen geboren** Manfred est né sous le signe du Lion.

e **Lücke** *(Plural* Lücken*)* ■ **l'espace vide** *(Maskulinum)* **: füllt die Lücken im Text auf** remplissez les espaces vides du texte.

lud *Präteritum* ➤ laden.

e **Luft** *(Plural* Lüfte*)*
1. **l'air** *(Maskulinum)* **: ich muss mal an die frische Luft gehen** il faut que j'aille prendre l'air
2. le **souffle : der Taucher schnappte nach Luft** le plongeur cherchait à reprendre son souffle

➤ **Luft holen** respirer
➤ **in die Luft fliegen** voler en éclats.

lüften

■ *transitives Verb*
1. **aérer : lüftet mal euer Klassenzimmer!** aérez donc votre salle de classe !
2. **dévoiler : das Geheimnis ist gelüftet** le secret est dévoilé

■ *intransitives Verb*
aérer.

e **Luftmatratze** *(Plural* Luftmatratzen*)* ■ le **matelas pneumatique : du kannst auf der Luftmatratze schlafen** tu peux dormir sur le matelas pneumatique.

e **Lüge** *(Plural* Lügen*)* ■ le **mensonge**.

lügen *(Präteritum* log, *Perfekt* hat gelogen*)* *Verb* ■ **mentir**.

die **Lunge** *(Plural* Lungen*)* ■ le **poumon : Rauchen schadet der Lunge** fumer abîme les poumons.

die **Lupe** *(Plural* Lupen*)* ■ la **loupe : er sah sich die Briefmarke mit der Lupe an** il regardait les timbres à la loupe.

die **Lust**
1. **l'envie** *(Femininum)* **: ich habe Lust auf ein Eis** j'ai envie d'une glace
2. le **plaisir : sie hat schon immer viel Lust am Singen gehabt** elle a toujours pris beaucoup de plaisir à chanter.

lustig

■ *Adjektiv*
amusant (amusante) : das war ein lustiger Abend c'était une soirée amusante

➤ **sich über jemanden lustig machen** se moquer de quelqu'un

■ *Adverb*
de manière amusante : Heike hat die Geschichte sehr lustig erzählt Heike a raconté l'histoire de manière très amusante.

lutschen *Verb* ■ **sucer : sie lutschte ein Bonbon** elle suçait un bonbon.

Luxemburg *Neutrum* ■ le **Luxembourg**

> Ländernamen werden im Französischen mit dem bestimmten Artikel verwendet.

luxuriös

■ *Adjektiv*
luxueux (luxueuse) : meine Eltern haben sich einen luxuriösen Wohnwagen gekauft mes parents se sont acheté une luxueuse caravane

> Achtung ! **Luxuriös** wird mit **luxueux** übersetzt; **luxurieux** heißt **wolllüstig**.

■ *Adverb*
dans le luxe : in den Ferien haben wir nicht besonders luxuriös gewohnt pendant les vacances, nous n'avons pas particulièrement vécu dans le luxe.

der **Luxus** ■ le **luxe : den Luxus kann ich mir nicht leisten** je ne peux pas me permettre ce luxe.

m

machbar *Adjektiv* ■ **faisable**.

machen

■ *transitives Verb*

1. **faire : das mache ich nie wieder!** je ne ferai plus jamais ça ! ; **sie hat das Kleid selbst gemacht** elle a fait la robe elle-même ; **ich muss meine Hausaufgaben machen** je dois faire mes devoirs ; **zwei mal zwei macht vier** deux fois deux font quatre ; **die Katze macht miau** le chat fait miaou
2. **passer : mit 18 will sie den Führerschein machen** elle veut passer son permis de conduire à 18 ans
3. **suivre : ich mache einen Kurs an der Volkshochschule** je suis un cours à l'université populaire
4. **coûter : was macht das?** combien ça coûte ?
5. **rendre : das macht mich traurig** ça me rend triste
6. *familiär* **mettre : machst du immer so viel Zucker in den Kaffee?** mets-tu toujours autant de sucre dans ton café ?

➤ **jünger machen** rajeunir
➤ **da ist nichts zu machen** il n'y a rien à faire
➤ **das ist zu machen** c'est faisable
➤ **das macht nichts** ça ne fait rien
➤ **mach's gut!** porte-toi bien !

■ *intransitives Verb*

1. *familiär* **se grouiller : mach mal, sonst kommen wir zu spät** grouille-toi, sinon on va être en retard
2. **rendre : diese Musik macht traurig** cette musique rend triste
3. *familiär* **faire : das Baby hat in die Windel gemacht** le bébé a fait dans sa couche

sich **machen** *reflexives Verb*

1. *familiär* **faire des progrès : er hat sich in Englisch gemacht** il a fait des progrès en anglais
2. **se mettre : ich muss mich an das Refer[a] machen** il faut que je me mette à mon expos[é]
3. **aller : der grüne Pulli macht sich gut z[u] der grauen Hose** le pull vert va bien avec [le] pantalon gris.

die **Macht** *(Plural* Mächte*)*

1. **le pouvoir : wenn diese Partei an d[ie] Macht kommt, wird vieles anders werde[n]** si ce parti arrive au pouvoir, beaucoup [de] choses vont changer
2. **la puissance : nach dem Krieg haben d[ie] vier Mächte Deutschland aufgeteilt** apr[ès] la guerre, les quatre puissances ont partag[é] l'Allemagne.

mächtig

■ *Adjektiv*

1. **puissant (puissante) : die USA sind wel[t]weit das mächtigste Land** les États-Un[is] sont le pays le plus puissant du monde
2. **énorme : ich habe mächtigen Hunger** j'[ai] une énorme faim

■ *Adverb*

énormément : er hat sich mächtig ge[]freut il s'est énormément réjoui.

machtlos *Adjektiv* ■ **impuissant (im[]puissante) : gegen die Dummheit mein[er] Schüler bin ich machtlos** je suis impuissa[nt] face à la stupidité de mes élèves.

das **Mädchen** *(Plural* Mädchen*)* ■ **la fille[]** **wie viele Mädchen sind in eurer Klasse[?]** combien y a-t-il de filles dans votre classe ?

der **Mädchenname** *(Plural* Mädchenna[]men*)* ■ **le nom de jeune fille : sie ha[t] nach der Hochzeit ihren Mädchenname[n] behalten** elle a conservé son nom de jeun[e] fille après son mariage.

mag *Präsens* ➤ mögen.

der **Magen** *(Plural* Mägen ODER Mage[n]*)* ■ **l'estomac** *(Maskulinum)* **: man sollte d[ie] Tabletten nicht auf nüchternen Mage[n] einnehmen** on ne devrait pas prendre ce[s] cachets l'estomac vide

➤ **sich** *(D)* **den Magen verderben** se détr[a]quer l'estomac.

mager *Adjektiv* ■ **maigre**.

magersüchtig *Adjektiv* ■ **anorexiqu[e]**

der Magnet *(Plural* Magnete ODER Magneten*)* ■ **l'aimant** *(Maskulinum)*.

mähen

■ *transitives Verb*
tondre : mein Vater mäht zweimal die Woche den Rasen mon père tond la pelouse deux fois par semaine

■ *intransitives Verb*
bêler : die Schafe mähten les moutons bêlaient.

mahlen *(Präteritum* mahlte, *Perfekt* hat gemahlen*) Verb* ■ **moudre**.

die Mahlzeit *(Plural* Mahlzeiten*)* ■ **le repas : mittags essen wir eine warme Mahlzeit** à midi, nous mangeons un repas chaud

➤ **Mahlzeit!** bon appétit !

der Mai ■ **mai : im Mai** en mai

➤ **der Erste Mai** le Premier Mai

➤ September.

das Maiglöckchen *(Plural* Maiglöckchen*)* ■ **le muguet**.

der Main ■ **le Main**.

der Mais ■ **le maïs**.

mal *Adverb*

1. **fois : drei mal drei ist neun** trois fois trois font neuf
2. *familiär* **un de ces jours : Ich komme vielleicht mal bei dir vorbei** je ferais peut-être un saut chez toi un de ces jours

➤ **jetzt hör mir mal gut zu!** maintenant, écoute-moi bien !

➤ **schon mal** déjà : **warst du schon mal in Frankreich ?** est-ce que tu es déjà allé en France ?

das Mal *(Plural* Male*)*
la fois : das ist das vierte Mal, dass ich dir das erkläre c'est la quatrième fois que je t'explique ça

➤ **zum ersten Mal** pour la première fois.

malen *Verb* ■ **peindre**.

der Maler *(Plural* Maler*)* ■ **le peintre**.

die Malerin *(Plural* Malerinnen*)* ■ **la peintre**.

malerisch *Adjektiv* ■ **pittoresque : das ist ein malerisches Dorf im Elsass** c'est un village pittoresque en Alsace.

mal|nehmen *Verb* ■ **multiplier : ich habe diese Zahl mit zwanzig malgenommen** j'ai multiplié ce chiffre par vingt.

die Mama *(Plural* Mamas*)* ■ *familiär* **la maman : Mama, darf ich raus?** maman, est-ce que je peux sortir ?

man *Pronomen* ■ **on : man hat mir gesagt, Sie verkaufen auch DVDs** on m'a dit que vous vendiez aussi des DVD.

manche, r, s

■ *Pronomen*
certains, certaines : manche haben das anscheinend noch nicht verstanden certains ne l'ont apparemment pas encore compris

■ *Determinant*
certains, certaines : manche Schüler machen keine Hausaufgaben certains élèves ne font pas leurs devoirs.

manchmal *Adverb* ■ **parfois : manchmal haben wir auch nachmittags Schule** parfois, nous avons aussi école l'après-midi.

die Mandel *(Plural* Mandeln*)*

1. **l'amande** *(Femininum)* **: für den Kuchen brauche ich Mandeln** j'ai besoin d'amandes pour le gâteau
2. **l'amygdale** *(Femininum)* **: mir wurden die Mandeln rausgenommen** on m'a enlevé les amygdales.

der Mangel *(Plural* Mängel*)*

1. **le manque : ein Mangel an Fachkräften** un manque de personnel qualifié
2. **le défaut : wenn Sie Mängel feststellen, können Sie die Ware umtauschen** si vous constatez des défauts, vous pouvez échanger l'article.

mangelhaft *Adjektiv*

1. **médiocre : eine mangelhafte Vorbereitung** une préparation médiocre
2. **insuffisant (insuffisante) : in Zahlen ausgedrückt ist mangelhaft eine Fünf** la note « insuffisant » correspond en chiffres à un 6 sur 20.

der **Mann** (*Plural* Männer)
1. **l'homme** (*Maskulinum*) **: ein Mann hat nach dir gefragt** un homme t'a demandé
2. **le mari : sagen Sie einen schönen Gruß an Ihren Mann** saluez bien votre mari de ma part

➤ **Mann!** *familiär* oh, là, là ! **: Mann, die Arbeit war vielleicht schwer !** oh, là, là, qu'est-ce que le devoir sur table était dur !

➤ **alle Mann** *familiär* tout le monde.

männlich *Adjektiv* ■ **masculin (masculine) : das ist ein männliches Substantiv** c'est un substantif masculin.

die **Mannschaft** (*Plural* Mannschaften)
1. **l'équipe** (*Femininum*) **: gegen welche Mannschaft spielen wir?** contre quelle équipe jouons-nous ?
2. **l'équipage** (*Maskulinum*) **: der Kapitän befahl der Mannschaft das Schiff zu putzen** le capitaine a ordonné à l'équipage de nettoyer le bateau.

der **Mantel** (*Plural* Mäntel) ■ **le manteau**.

die **Mappe** (*Plural* Mappen)
1. **la chemise : ich habe eine Mappe mit Kunstdrucken** j'ai une chemise contenant des reproductions d'œuvres d'art
2. **la serviette : seit ich im Gymnasium bin, habe ich meine Schulsachen in einer Mappe** depuis que je suis au lycée, je mets mes affaires de classe dans une serviette.

das **Märchen** (*Plural* Märchen)
1. **le conte : kennst du das Märchen vom Rotkäppchen?** connais-tu le conte du Petit Chaperon rouge ?
2. **l'histoire** (*Femininum*) **: erzähle doch keine Märchen!** ne raconte pas d'histoires !

die **Margarine** ■ **la margarine**.

der **Marienkäfer** (*Plural* Marienkäfer) ■ **la coccinelle**.

die **Marke** (*Plural* Marken)
1. **la marque : ich kaufe nur diese Marke Kaffee** je n'achète que cette marque de café
2. **le timbre : was für eine Marke soll ich auf den Brief kleben?** quel timbre dois-je coller sur la lettre ?

markieren *Verb* ■ **surligner : sie hat eine Stelle im Buch mit Leuchtstift markiert** elle a surligné un passage du livre a marqueur fluorescent.

der **Markt** (*Plural* Märkte) ■ **le marché**.

die **Marmelade** (*Plural* Marmeladen) ■ **confiture**.

der **Marmor** ■ **le marbre**.

marokkanisch *Adjektiv* ■ **marocai (marocaine)**.

Marokko *Neutrum* ■ **le Maroc**

> Ländernamen werden im Französischen oft mit dem bestimmten Artikel verwendet.

marschieren (*Perfekt* ist marschier *Verb* ■ **marcher : wir sind heute 6 Stunde durch Paris marschiert** aujourd'hui, nou avons marché 6 heures dans Paris

> Bei manchen Bewegungsverben werden die zusammengesetzten Zeiten anders als im Deutschen mit **avoir** gebildet.

März ■ **mars : im März** en ma ➤ September.

das **Marzipan, Marzipan** (*Plural* Marzipane) ■ **la pâte d'amandes**.

die **Maschine** (*Plural* Maschinen)
1. **la machine : in der Fabrik standen vie Maschinen** il y avait de nombreuses mach nes dans l'usine ; **tu deine schmutzige Sachen in die Maschine** mets ton linge sa dans la machine
2. **l'avion** (*Maskulinum*) **: ich komme mit de letzten Maschine aus Hamburg** j'arrive d Hambourg par le dernier avion.

Masern *Plural* ■ **la rougeole : Franz ha Masern** Franz a la rougeole

> Namen von Krankheiten werden im Französischen anders als im Deutschen mit dem bestimmten Artikel verwendet.

die **Maske** (*Plural* Masken) ■ **le masque**

> Achtung ! Anders als das deutsche Wort **Maske** ist das französische Substantiv **masque** männlich.

h **maskieren** *reflexives Verb*
1. **se déguiser : im Karneval maskieren wir uns alle** nous nous déguisons tous pour le carnaval
2. **se masquer : der Einbrecher hatte sich maskiert** le cambrioleur s'était masqué.

maskulin, maskulin *Adjektiv* ■ **masculin (masculine)**.

s **Maskulinum** *(Plural* Maskulina*)* ■ **le masculin**.

maß *Präteritum* ➤ messen.

s **Maß** *(Plural* Maße*)*
1. **l'unité de mesure** *(Femininum)* **: das Gramm ist ein Maß zur Bestimmung des Gewichts** le gramme est une unité de mesure qui détermine le poids
2. **la dimension : kennst du die Maße des Schreibtisches?** est-ce que tu connais les dimensions du bureau ?

ie **Masse** *(Plural* Massen*)* ■ **la masse : du hast eine ganze Masse Fehler gemacht** tu as fait une masse d'erreurs
➤ **in Massen** en masse.

massieren *Verb* ■ *(Perfekt* hat massiert*)* **masser : er hat mir den Rücken massiert** il m'a massé le dos.

massiv *Adjektiv* ■ **massif (massive)**.

maßlos
■ *Adjektiv*
démesuré (démesurée) : er stellt maßlose Ansprüche ses exigences sont démesurées
■ *Adverb*
extrêmement : das hat ihn maßlos geärgert ça l'a extrêmement contrarié.

ie **Maßnahme** *(Plural* Maßnahmen*)* ■ **la mesure : welche Maßnahmen ergreift die Regierung zur Bekämpfung der Arbeitslosigkeit?** quelles mesures le gouvernement prend-il pour combattre le chômage ?

er **Maßstab** *(Plural* Maßstäbe*)*
1. **l'échelle** *(Femininum)* **: ich brauche eine Karte in einem größeren Maßstab** j'ai besoin d'une carte à une plus grande échelle
2. **le critère : er hat sehr strenge Maßstäbe zur Beurteilung unserer Leistung** il a des critères très sévères pour évaluer nos résultats.

der **Mast** *(Plural* Maste ODER Masten*)* ■ **le mât**.

das **Material** *(Plural* Materialien*)*
1. **la matière : aus welchem Material ist der Koffer?** cette valise est en quelle matière ?
2. **la documentation : ich sammle gerade Material für mein Referat** je suis en train de rassembler de la documentation pour mon exposé

> Um eine unbestimmte Menge eines Stoffes zu bezeichnen, verwendet man den partitiven Artikel **du, de la, de l'** vor einem Substantiv im Singular.

materiell *Adjektiv* ■ **matériel (matérielle) : für unsere materiellen Bedürfnisse ist gesorgt** nos besoins matériels sont couverts.

Mathe *(ohne Artikel)* ■ **les maths** *(Femininum Plural)* **: Mathe macht mir Spaß** j'adore les maths.

die **Mathematik, Mathematik** ■ **les mathématiques** *(Femininum Plural)*.

mathematisch
■ *Adjektiv*
mathématique : sie muss die mathematischen Formeln auswendig lernen elle doit apprendre les formules mathématiques par cœur
■ *Adverb*
mathématiquement : wir haben das mathematisch berechnet nous l'avons calculé mathématiquement.

die **Matratze** *(Plural* Matratzen*)* ■ **le matelas**.

matt *Adjektiv*
1. **faible : sie fühlt sich noch ziemlich matt** elle se sent encore assez faible
2. **mat (mate) : ich habe matte Abzüge machen lassen** j'ai fait faire des tirages mats
3. **mat** *(unveränderlich)* **: noch zwei Züge, und du bist matt!** encore deux coups et tu es mat !

die **Mauer** *(Plural* Mauern*)* ■ **le mur**.

das **Maul** (*Plural* Mäuler)
1. la **gueule** : **die Katze hatte eine Maus im Maul** le chat avait une souris dans la gueule
2. *salopp* la **gueule** : **halt dein Maul!** ferme ta gueule !

die **Maus** (*Plural* Mäuse) ■ la **souris**.

maximal
■ *Adjektiv*
maximal (maximale) : wir sind auf maximale Sicherheit bedacht nous veillons à une protection maximale
■ *Adverb*
au maximum : dafür brauche ich maximal einen Tag j'ai besoin d'un jour au maximum pour cela.

das **Maximum** (*Plural* Maxima) ■ le **maximum**.

der **Mechaniker** (*Plural* Mechaniker) ■ le **mécanicien**.

die **Mechanikerin** (*Plural* Mechanikerinnen) ■ la **mécanicienne**.

meckern *Verb*
1. **bêler : die Ziege meckert** la chèvre bêle
2. *familiär* **râler : müsst ihr eigentlich immer über das Essen meckern?** faut-il vraiment toujours que vous râliez contre la nourriture ?

Mecklenburg-Vorpommern *Neutrum*
■ le **Mecklembourg-Poméranie occidentale**

> Namen von Regionen werden im Französischen oft mit dem bestimmten Artikel verwendet.

die **Medaille** (*Plural* Medaillen) ■ la **médaille : er hat eine Medaille bekommen** il a reçu une médaille.

die **Medien** *Plural*
1. les **médias** (*Maskulinum Plural*) **: in den Medien wurde viel darüber berichtet** on en a beaucoup parlé dans les médias
2. les **supports** (*Maskulinum Plural*) **: unser Lehrer setzt audiovisuelle Medien ein** notre professeur utilise des supports audiovisuels.

das **Medikament** (*Plural* Medikament
■ le **médicament**.

die **Medizin** (*Plural* Medizinen)
1. la **médecine : Tobias möchte Medizi studieren** Tobias voudrait faire des étud de médecine
2. le **médicament : ich muss meine Medizi noch nehmen** j'ai encore mon médicame à prendre.

medizinisch
■ *Adjektiv*
1. **médical (médicale) : er macht eine medizinische Ausbildung** il suit une formatic médicale
2. **traitant (traitante) : das ist ein medizinisches Haarwaschmittel gegen Schuppe** c'est un shampooing traitant contre le pellicules
■ *Adverb*
médicalement : der Verletzte muss dringend medizinisch versorgt werden blessé doit être pris en charge médicalemer d'urgence.

das **Meer** (*Plural* Meere) ■ la **mer : wir fahren im Sommer ans Meer** l'été, nous allor à la mer

> Achtung ! Anders als das deutsche Wort **Meer** ist das französische Substantiv **mer** weiblich.

das **Mehl** ■ la **farine : für den Kuche brauche ich Mehl, Eier, Butter und Zucke** pour le gâteau, j'ai besoin de farine, d'œuf de beurre et de sucre.

mehr
■ *Pronomen*
plus de : du hast mehr Fehler gemacht a ich tu as fais plus de fautes que moi

> Nach Mengenangaben steht in der Regel nur **de** ohne Artikel.

➤ **keiner mehr** plus personne
➤ **nichts mehr** plus rien
■ *Adverb*
plus : er hat sich mehr angestrengt als d il a fait plus d'efforts que toi ; **sie war meh traurig als wütend** elle était plus triste qu furieuse

➤ **nicht mehr** ne ... plus : **ich liebe ihn nicht mehr** je ne l'aime plus
➤ **nie mehr** ne ... plus jamais : **das werde ich nie mehr tun** je ne le ferai plus jamais

> Die Verneinung wird im Französischen immer mit **ne** und einem zweiten Element ausgedrückt. **Ne** (oder **n'**) steht vor dem Verb bzw. dem Personalpronomen.

mehrdeutig *Adjektiv*
1. **ambigu (ambiguë) : er hat einen mehrdeutigen Witz erzählt** il a raconté une plaisanterie ambiguë
2. **polysémique : „Klasse" ist ein mehrdeutiges Wort** « classe » est un mot polysémique.

mehrere
■ *Determinant*
plusieurs : wir waren mehrere Wochen in Frankreich nous avons passé plusieurs semaines en France
■ *Pronomen*
plusieurs : hast du eine CD? – ich habe mehrere as-tu un CD ? – j'en ai plusieurs

> Wenn sich **mehrere** oder **mehreres** auf etwas bezieht, was vorher bereits erwähnt wurde, muss man im Französischen zusätzlich zu **plusieurs** das Pronomen **en** einfügen.

die **Mehrheit** *(Plural* Mehrheiten*)* ■ **la majorité : die Mehrheit war dafür** la majorité était pour.

mehrmals *Adverb* ■ **à plusieurs reprises : ich habe dich schon mehrmals angerufen** je t'ai déjà appelé à plusieurs reprises.

die **Mehrwertsteuer** ■ **la TVA.**

die **Mehrzahl**
1. **la majorité : die Mehrzahl der Schüler ist mit dem Unterricht zufrieden** la majorité des élèves sont satisfaits du cours
2. **le pluriel : wie heißt die Mehrzahl von „Mann"?** quel est le pluriel de « Mann » ?

mein, e *Determinant* ■ **mon, ma, mes : mein Vater und meine Mutter sind nicht zu Hause** mon père et ma mère ne sont pas à la maison

> Im Französischen richtet sich das Possessivdeterminant nach dem darauf folgenden Substantiv. Vor Substantiven im Singular, die mit einem Vokal oder einem stummen H beginnen, steht immer die männliche Form.

meine, r, s *Pronomen* ■ **le mien, la mienne, les miens, les miennes : ist das dein Kuli oder meiner?** est-ce que c'est ton stylo ou le mien ?

meinen
■ *transitives Verb*
1. **vouloir dire : so war meine Frage nicht gemeint** ce n'est pas ce que je voulais dire dans cette question
2. **penser : man sagt nicht immer, was man meint** on ne dit pas toujours ce que l'on pense
3. **s'adresser à : mit dieser Bemerkung war wohl sie gemeint** cette remarque s'adressait probablement à elle
➤ **das war nicht böse gemeint** ça n'était pas dit méchamment
■ *intransitives Verb*
vouloir : wie du meinst! comme tu veux !

die **Meinung** *(Plural* Meinungen*)* ■ **l'opinion** *(Femininum)* **: ich möchte gern deine Meinung dazu hören** je voudrais bien connaître ton opinion là-dessus
➤ **jemandes Meinung nach** selon quelqu'un : **meiner Meinung nach müsste man das ganz anders machen** selon moi, on devrait s'y prendre tout autrement
➤ **anderer Meinung sein** ne pas être de cet avis.

meist *Adverb* ■ **généralement : er hat meist gute Noten** il a généralement de bonnes notes
➤ **am meisten** surtout.

meiste
■ *Determinant*
la plupart de : die meiste Zeit la plupart du temps
■ *Pronomen*
➤ **das meiste** presque tout
➤ **die meisten** la plupart : **die meisten von euch** la plupart d'entre vous.

meistens *Adverb* ■ **la plupart du temps**.

der **Meister** *(Plural* Meister*)*
1. le **maître : nur ein Meister darf Lehrlinge ausbilden** seul un maître peut former les apprentis
2. le **champion : er ist deutscher Meister im Boxen** il est champion d'Allemagne en boxe.

die **Meisterin** *(Plural* Meisterinnen*)* ■ la **championne**.

die **Meisterschaft** *(Plural* Meisterschaften*)* ■ le **championnat**.

melden *transitives Verb*
1. **déclarer : sie hat den Einbruch sofort bei der Polizei gemeldet** elle a tout de suite déclaré le cambriolage à la police
2. **annoncer : das wurde gerade im Radio gemeldet** on vient de l'annoncer à la radio

➤ **nichts zu melden haben** ne pas avoir son mot à dire

sich **melden** *reflexives Verb*
1. **se manifester : wer an dem Ausflug teilnehmen will, soll sich bitte diese Woche noch melden** ceux qui veulent participer à l'excursion sont priés de se manifester cette semaine
2. **donner de ses nouvelles : melde dich mal wieder!** donne de tes nouvelles !
3. **répondre : ich habe angerufen, es hat sich aber niemand gemeldet** j'ai téléphoné, mais personne n'a répondu
4. **lever la main : sie meldet sich bei jeder Frage** elle lève la main à chaque question.

die **Melodie** *(Plural* Melodien*)* ■ la **mélodie**.

die **Melone** *(Plural* Melonen*)* ■ le **melon**.

die **Menge**
1. la **quantité : wir verbrauchen immer noch die gleiche Menge an Strom** nous consommons toujours la même quantité d'électricité
2. la **foule : der Dieb ist in der Menge untergetaucht** le voleur s'est dissimulé dans la foule

➤ **jede Menge** plein de : **ich habe zu Weihnachten jede Menge Geschenke bekommen** à Noël, j'ai reçu plein de cadeaux

➤ **eine ganze Menge** un tas de : **Lena hat eine ganze Menge Fehler gemacht** Lena a fait un tas de fautes

> Nach Mengenangaben steht in der Regel nur **de** ohne Artikel.

der **Mensch** *(Plural* Menschen*)*
1. **l'homme** *(Maskulinum)* **: der Mensch ist dem Tier nicht in allem überlegen** l'homme n'est pas supérieur à l'animal en tout point

> Die Verneinung wird im Französischen immer mit **ne** und einem zweiten Element ausgedrückt. **Ne** (oder **n'**) steht vor dem Verb bzw. dem Personalpronomen.

2. **l'être humain** *(Maskulinum)* **: Männer und Frauen sind Menschen** les hommes et les femmes sont des êtres humains

> **Mensch** im Sinne von „Typ von Mensch" wird mit **quelqu'un de** übersetzt.

➤ **ein netter Mensch** quelqu'un de gentil

➤ **Mensch!** *familiär* bon sang ! : **Mensch, streng dich mal ein bisschen an !** mais bon sang, fais un peu d'efforts !

die **Menschheit** ■ **l'humanité** *(Femininum)*.

menschlich *Adjektiv* ■ **humain (humaine) : Irren ist menschlich** l'erreur est humaine.

das **Menü** *(Plural* Menüs*)* ■ le **menu**.

merken *Verb* ■ **remarquer : er hat den Fehler sofort gemerkt** il a tout de suite remarqué la faute

➤ **sich** *(D)* **etwas merken** retenir quelque chose : **ich kann mir die Vokabeln nicht merken** je n'arrive pas à retenir le vocabulaire.

merkwürdig

■ *Adjektiv*
curieux (curieuse) : das war ein merkwürdiger Zufall c'était un curieux hasard

■ *Adverb*
curieusement : er hat sich heute so merkwürdig verhalten il s'est comporté très curieusement aujourd'hui.

die **Messe** *(Plural* Messen*)*
1. la **messe** : **am Sonntag gehen wir in die Messe** nous allons à la messe le dimanche
2. la **foire** : **in Frankfurt finden viele Messen statt** beaucoup de foires sont organisées à Francfort.

messen *(Präsens* misst, *Präteritum* maß, *Perfekt* hat gemessen*)*
■ *transitives Verb*
1. **mesurer** : **ich habe Höhe und Breite des Zimmers gemessen** j'ai mesuré la hauteur et la largeur de la chambre
2. **prendre** : **meine Mutter hat bei mir Fieber gemessen** ma mère a pris ma température
■ *intransitives Verb*
mesurer : **er misst 1,70 m** il mesure 1,70 m.

das **Messer** *(Plural* Messer*)* ■ le **couteau**.

das **Metall** *(Plural* Metalle*)* ■ le **métal** *(Plural* métaux*)*.

das **Meter** *(Plural* Meter*)* ■ le **mètre** : **für das Kleid brauche ich fünf Meter Stoff** j'ai besoin de cinq mètres de tissu pour cette robe

> Auf Maßangaben folgt immer **de**.

die **Methode** *(Plural* Methoden*)* ■ la **méthode** : **ich habe jetzt eine gute Methode gefunden, wie ich meine Vokabeln lerne** j'ai trouvé une bonne méthode pour apprendre mon vocabulaire.

methodisch
■ *Adjektiv*
méthodique : **sie ist sehr methodisch in ihrer Arbeit** elle est très méthodique dans son travail
■ *Adverb*
méthodiquement : **sie arbeitet sehr methodisch** elle travaille très méthodiquement.

der **Metzger** *(Plural* Metzger*)* ■ le **boucher**.

die **Metzgerei** *(Plural* Metzgereien*)* ■ la **boucherie**.

Mexiko *Neutrum* ■ le **Mexique**

> Ländernamen werden im Französischen oft mit dem bestimmten Artikel verwendet.

miauen *Verb* ■ **miauler**.

mich *Pronomen (Akkusativ von ich)*
1. **me, m', moi** : **hast du mich nicht erkannt?** ne m'as-tu pas reconnue ?

> In zusammengesetzten Zeiten richtet sich das Partizip nach dem direkten Objektpronomen: Ist es weiblich, wird ans Partizip ein –e angehängt.

2. **me, m'** : **ich habe mich geirrt** je me suis trompé.

die **Miene** *(Plural* Mienen*)* ■ la **mine**.

mies *Adjektiv* ■ *familiär abwertend* **pourri (pourrie)** : **heute ist mieses Wetter** il fait un temps pourri aujourd'hui
➤ **mies gelaunt sein** être mal luné (lunée).

die **Miete** *(Plural* Mieten*)* ■ le **loyer** : **wie viel Miete zahlst du?** combien paies-tu pour le loyer ?

mieten *Verb* ■ **louer**.

der **Mieter** *(Plural* Mieter*)* ■ le **locataire**.

die **Mieterin** *(Plural* Mieterinnen*)* ■ la **locataire**.

das **Mikrofon** *(Plural* Mikrofone*)* ■ le **micro** : **sie sprach ins Mikrofon** elle a parlé dans le micro.

das **Mikroskop** *(Plural* Mikroskope*)* ■ le **microscope**.

die **Mikrowelle** *(Plural* Mikrowellen*)* ■ le **micro-onde**.

die **Milch** ■ le **lait** : **ich trinke keine Milch** je ne bois pas de lait.

mild *Adjektiv*
1. **doux (douce)** : **heute ist es draußen sehr mild** il fait très doux dehors aujourd'hui
2. **indulgent (indulgente)** : **das war eine milde Strafe** c'était une punition indulgente.

das **Militär** ■ **l'armée** *(Femininum)* : **Oliver ist gerade beim Militär** Oliver est à l'armée en ce moment.

die **Milliarde** *(Plural* Milliarden*)* ■ le **milliard**.

die **Million** (*Plural* Millionen) ■ **le million**

Achtung ! Anders als das deutsche Wort **Million** ist das französische Substantiv **million** männlich.

der **Millionär** (*Plural* Millionäre) ■ **le millionnaire**.

die **Millionärin** (*Plural* Millionärinnen) ■ **la millionnaire**.

die **Minderheit** (*Plural* Minderheiten) ■ **la minorité : die Minderheit der Wähler war dagegen** une minorité d'électeurs étaient contre

➤ **in der Minderheit sein** être en minorité.

minderjährig *Adjektiv* ■ **mineur (mineure) : minderjährige Jugendliche dürfen nicht in die Disko** les adolescents mineurs n'ont pas le droit d'aller en discothèque.

mindern *Verb* ■ **diminuer : der Schaden hat den Wert des Autos gemindert** le dommage a diminué la valeur de la voiture.

mindeste, r, s *Adjektiv* ■ **le moindre : er hat nicht die mindesten Anstrengungen gemacht** il n'a pas fait le moindre effort

➤ **das war wohl auch das Mindeste** c'était bien la moindre des choses

➤ **nicht im Mindesten** pas le moins du monde.

mindestens *Adverb* ■ **au moins : ich habe es mindestens zehnmal klingeln lassen** j'ai laissé sonner au moins dix fois.

die **Mine** (*Plural* Minen) ■ **la mine**.

das **Mineralwasser** (*ohne Plural*) ■ **l'eau minérale : am liebsten trinke ich Mineralwasser** c'est l'eau minérale que je préfère.

minimal

■ *Adjektiv*

minimum : er hat das mit minimaler Anstrengung geschafft il a réussi cela avec un effort minimum

■ *Adverb*

un minimum : meine Noten haben sich minimal gebessert mes notes se sont améliorées un minimum.

das **Minimum** (*Plural* Minima) ■ **le minimum**.

der **Minister** (*Plural* Minister) ■ **le ministre : er wurde zum Minister ernannt** il a été nommé ministre.

die **Ministerin** (*Plural* Ministerinnen) ■ **la ministre**.

das **Ministerium** (*Plural* Ministerien) ■ **le ministère**.

minus

■ *Präposition (+ G)*

moins : das Gehalt beträgt 3 000 Euro minus der üblichen Abzüge le salaire s'élève à 3 000 euros moins les déductions habituelles

■ *Adverb*

moins : draußen ist es zehn Grad minus dehors, il fait moins dix ; **zehn minus vier gibt sechs** dix moins quatre font six.

das **Minus** ■ **le moins : vor der Zahl steht ein Minus** il y a un moins devant le chiffre

➤ **mein Konto steht im Minus** mon compte est à découvert.

die **Minute** (*Plural* Minuten) ■ **la minute**.

mir *Pronomen (Dativ von ich)* ■ **me, m', moi : er hat es mir nicht gesagt** il ne me l'a pas dit ; **verzeih mir** pardonne-moi.

mischen *transitives Verb* ■ **mélanger**

➤ **die Karten mischen** battre les cartes

sich **mischen** *reflexives Verb* ■ **se mêler : er mischte sich unter die Menschenmenge** il s'est mêlé à la foule

Zusammengesetzte Formen reflexiver Verben werden mit **être** gebildet.

➤ **sich in etwas** *(A)* **mischen** se mêler de quelque chose : **ich will mich nicht in deine Angelegenheiten mischen** je ne veux pas me mêler de tes affaires.

die **Mischung** (*Plural* Mischungen) ■ **le mélange**.

missbilligen (*Perfekt* hat missbilligt) *Verb* ■ **désapprouver**.

der **Missbrauch** (*Plural* Missbräuche) ■ **l'abus** *(Maskulinum)*.

der **Misserfolg** *(Plural* Misserfolge*)* ■ **l'échec** *(Maskulinum)*.

misslang *Präteritum* ➤ misslingen.

misslingen *(Präteritum* misslang, *Perfekt* ist misslungen*) Verb*
➤ **jemandem misslingt etwas** quelqu'un rate quelque chose : **der Kuchen ist mir misslungen** j'ai raté le gâteau.

misslungen *Partizip Perfekt* ➤ misslingen.

misst *Präsens* ➤ messen.

misstrauen *Verb* ■ **se méfier de : ich misstraue seinen Versprechungen** je me méfie de ses promesses.

das **Missverständnis** *(Plural* Missverständnisse*)* ■ **le malentendu**.

der **Mist**
➤ **so ein Mist!** mince alors !

mit
■ *Präposition (+ D)*
1. **avec : sie kommt mit ihrer Freundin** elle vient avec sa copine
2. **à : ich habe den Brief mit Füller geschrieben** j'ai écrit la lettre au stylo ; **sie trug ein Kleid mit roten Punkten** elle portait une robe à pois rouges

> Nicht vergessen. à + le = au und à + les = aux !

3. **en : seid ihr mit dem Auto gekommen?** êtes-vous venus en voiture ?
■ *Adverb*
aussi : er war mit dabei il y était aussi
➤ **er ist mit der Beste in der Klasse** il fait partie des meilleurs de la classe.

mit|bekommen *Verb (Perfekt* hat mitbekommen*)*
1. **comprendre : ich habe nicht mitbekommen, was er gesagt hat** je n'ai pas compris ce qu'il a dit
2. **remarquer : wir haben geschummelt, aber sie hat nichts mitbekommen** nous avons triché, mais elle n'a rien remarqué
3. **recevoir : wir haben alle belegte Brote mitbekommen** nous avons tous reçu des sandwichs.

mit|bringen *Verb*
1. **amener : kann ich meine Freundin mitbringen?** est-ce que je peux amener mon amie ?
2. **présenter : sie bringt die nötigen Voraussetzungen für diese Stelle mit** elle présente les qualités requises pour ce poste.

miteinander *Adverb* ■ **ensemble : wir sind gestern miteinander spazieren gegangen** hier, nous sommes allés nous promener ensemble
➤ **alle miteinander** tous ensemble.

mit|fahren *(Perfekt* ist mitgefahren*) Verb* ■ **venir** *(à bord d'un véhicule)* **: willst du mit mir mitfahren?** tu veux venir avec moi ?

mit|geben *Verb* ■ **donner : meine Eltern haben mir fünfzig Euro mitgegeben** mes parents m'ont donné cinquante euros.

das **Mitglied** *(Plural* Mitglieder*)* ■ **le membre : er ist Mitglied im Sportverein** il est membre de l'association sportive.

mit|kommen *(Perfekt* ist mitgekommen*) Verb*
1. **arriver à suivre : in Mathematik bin ich heute nicht mitgekommen** aujourd'hui, je ne suis pas arrivé à suivre en maths
2. **arriver : ein Teil der bestellten Produkte ist bei dieser Lieferung nicht mitgekommen** une partie des produits commandés n'est pas arrivée lors de cette livraison
➤ **mit jemandem mitkommen** accompagner quelqu'un : **wir gehen ins Kino, willst du nicht mit uns mitkommen ?** nous allons au cinéma, tu ne veux pas nous accompagner ?

das **Mitleid** ■ **la pitié : ich habe Mitleid mit ihr** j'ai pitié d'elle.

mit|machen
■ *transitives Verb*
1. **suivre : Anja macht jede Mode mit** Anja suit toutes les modes
2. **faire : ich wasche jetzt mein Auto, soll ich deins gleich mitmachen?** je vais laver ma voiture, est-ce que je fais aussi la tienne ?
3. **supporter : meine Nerven machen das nicht mehr mit** mes nerfs ne peuvent plus supporter cela

■ *intransitives Verb*
participer : wir spielen Karten, willst du mitmachen? nous jouons aux cartes, veux-tu participer ? ; **Uwe macht im Unterricht gut mit** Uwe participe bien en classe.

mit|nehmen *Verb*
1. **emmener : ich kann dich bis zum Bahnhof mitnehmen** je peux t'emmener jusqu'à la gare
2. **emporter : nimm deinen Schirm mit!** emporte ton parapluie !
3. **affecter : die Scheidung seiner Eltern hat ihn mitgenommen** le divorce de ses parents l'a affecté
4. **prendre : der Dieb hat den ganzen Schmuck mitgenommen** le voleur a pris tous les bijoux.

der **Mitschüler** *(Plural* Mitschüler*)* ■ **le camarade de classe**.

die **Mitschülerin** *(Plural* Mitschülerinnen*)* ■ **la camarade de classe**.

mit|spielen *Verb*
1. **jouer : wer hat bei dem Theaterstück mitgespielt?** qui a joué dans cette pièce de théâtre ?
2. **jouer un rôle : das hat bei meiner Entscheidung mitgespielt** ça a joué un rôle dans ma décision

➤ **mit jemandem mitspielen** jouer avec quelqu'un : **wir spielen Rommé, willst du mitspielen ?** on joue au rami, tu veux jouer avec nous ?

der **Mittag** *(Plural* Mittage*)* ■ **le midi : er kommt jeden Mittag nach Hause** il rentre tous les midis à la maison

➤ **zu Mittag essen** déjeuner

➤ **gestern Mittag** hier midi.

das **Mittagessen** *(Plural* Mittagessen*)* ■ **le déjeuner**.

mittags *Adverb* ■ **à midi**.

die **Mitte** *(Plural* Mitten*)* ■ **le milieu** *(Plural* milieux*)* **: in der Mitte des Klassenzimmers** au milieu de la salle de classe

➤ **Mitte dreißig** dans les trente-cinq ans.

mit|teilen *Verb* ■ **informer de : teilt uns bitte eure Ankunft mit** veuillez nous informer de votre arrivée.

das **Mittel** *(Plural* Mittel*)* ■ **le produit : ich brauche ein Mittel gegen Tintenflecke** j'ai besoin d'un produit contre les taches d'encre

➤ **mit allen Mitteln** par tous les moyens.

das **Mittelalter** ■ **le Moyen Âge**.

das **Mittelmeer** ■ **la Méditerranée**.

der **Mittelpunkt** *(Plural* Mittelpunkte*)* ■ **le centre : die Familie ist Mittelpunkt ihres Lebens** la famille est au centre de ses préoccupations.

mitten *Adverb* ■ **au milieu de : die Katze lag mitten auf dem Bett** le chat était allongé au milieu du lit.

die **Mitternacht** ■ **minuit** *(Maskulinum)*.

mittlere, r, s *Adjektiv*
1. **moyen (moyenne) : ich nehme die mittlere Größe** je prends la taille moyenne
2. **du milieu : sie wohnt in dem mittleren der drei Häuser** parmi les trois maisons, elle habite celle du milieu.

der **Mittwoch** *(Plural* Mittwoche*)* ■ **le mercredi** ➤ Samstag.

mittwochs *Adverb* ■ **le mercredi** ➤ samstags.

Möbel *Plural* ■ **les meubles** *(Maskulinum Plural)* **: wir haben in meinem Zimmer die Möbel umgestellt** on a déplacé les meubles dans ma chambre.

das **Mobiltelefon** *(Plural* Mobiltelefone*)* ■ **le téléphone mobile**.

mochte *Präteritum* ➤ mögen.

die **Mode** *(Plural* Moden*)* ■ **la mode : ich richte mich nicht nach der Mode** je ne suis pas la mode

➤ **in Mode** à la mode.

das **Modell** *(Plural* Modelle*)*
1. **le modèle : mein Vater will sich wieder einen Mercedes kaufen, diesmal aber ein anderes Modell** mon père veut se racheter une Mercedes, mais cette fois-ci un autre modèle
2. **la maquette : das ist das Modell eines Zuges** c'est la maquette d'un train.

das **Modem** *(Plural* Modems*)* ■ **le modem**.

modern
- *Adjektiv*
moderne : sie haben moderne Möbel in ihrer Wohnung ils ont des meubles modernes dans leur appartement
- *Adverb*
dans un style moderne : sie ist immer sehr modern gekleidet elle est toujours habillée dans un style très moderne.

modisch
- *Adjektiv*
à la mode : eine modische Frisur une coiffure à la mode
- *Adverb*
à la mode : sie ist immer sehr modisch gekleidet elle est toujours habillée très à la mode.

mogeln *Verb* ■ **tricher : Christoph mogelt beim Kartenspielen** Christoph triche aux cartes.

mögen *(Präsens* mag, *Präteritum* mochte, *Perfekt* hat gemocht, mögen*)*
- *transitives Verb (Perfekt* hat gemocht*)*
1. **aimer : ich mag klassische Musik** j'aime la musique classique
2. **vouloir : möchtest du ein Eis?** veux-tu une glace ?
➤ **ich möchte** je voudrais
- *intransitives Verb (perf* hat gemocht*)*
vouloir : ich möchte ja gern, aber ich darf nicht je voudrais bien, mais je n'ai pas la permission
- *Hilfsverb (Perf* hat mögen*)*
1. **vouloir : möchtest du etwas trinken?** veux-tu boire quelque chose ?
2. **pouvoir : das mag sein, ich weiß es aber nicht genau** ça se pourrait, mais je ne le sais pas exactement.

möglich
- *Adjektiv*
possible : das ist eine mögliche Lösung c'est une solution possible
➤ **alles Mögliche** tout son possible : **ich habe alles Mögliche versucht, aber ich kann mich einfach nicht verbessern** j'ai fait tout mon possible, mais je ne peux tout simplement pas m'améliorer
- *Adverb*
possible : komm so schnell wie möglich viens aussi vite que possible.

möglicherweise *Adverb* ■ **peut-être : er hat möglicherweise den Zug verpasst** il a peut-être raté son train.

die **Möglichkeit** *(Plural* Möglichkeiten*)* ■ **la possibilité : ich habe die Möglichkeit, ein Jahr in den USA zu leben** j'ai la possibilité de passer un an aux États-Unis.

möglichst *Adverb*
➤ **du musst möglichst heute noch damit fertig werden** tu dois faire tout ton possible pour terminer cela aujourd'hui
➤ **möglichst schnell** le plus vite possible.

die **Möhre** *(Plural* Möhren*)* ■ **la carotte**.

der **Moment** *(Plural* Momente*)* ■ **le moment : das ist jetzt nicht der richtige Moment** là, ce n'est pas le bon moment
➤ **im Moment** pour le moment
➤ **einen Moment, bitte** un instant, s'il vous plaît
➤ **jeden Moment** à tout moment : **er kann jeden Moment zurück sein** il peut revenir à tout moment.

momentan
- *Adjektiv*
actuel (actuelle) : meine momentanen schulischen Leistungen sind nicht so gut mes résultats scolaires actuels ne sont pas très bons
- *Adverb*
momentanément : ich habe momentan kein Geld für so etwas je n'ai momentanément pas d'argent pour cela.

der **Monat** *(Plural* Monate*)* ■ **le mois : in welchem Monat hast du Geburtstag?** ton anniversaire tombe quel mois ?
➤ **diesen Monat** ce mois-ci
➤ **nächsten Monat** le mois prochain.

monatlich
- *Adjektiv*
mensuel (mensuelle) : sein monatliches Einkommen beträgt 5 000 Euro ses revenus mensuels s'élèvent à 5 000 euros
- *Adverb*
mensuellement : die Miete wird monatlich bezahlt on paye le loyer mensuellement.

der **Mond** *(Plural* Monde*)* ■ **la lune**.

der **Montag** *(Plural* Montage*)* ■ **le lundi** ➤ Samstag.

montags *Adverb* ■ **le lundi**
➤ samstags.

der **Mord** *(Plural* Morde*)* ■ **le meurtre : er hat einen Mord begangen** il a commis un meurtre.

der **Mörder** *(Plural* Mörder*)* ■ **le meurtrier**.

die **Mörderin** *(Plural* Mörderinnen*)* ■ **la meurtrière**.

morgen *Adverb* ■ **demain : ich besuche dich morgen** je te rendrai visite demain
➤ **morgen früh** demain matin.

der **Morgen** *(Plural* Morgen*)* ■ **le matin : wir mussten schon früh am Morgen losfahren** nous avons dû partir tôt le matin
➤ **heute Morgen** ce matin
➤ **gestern Morgen** hier matin
➤ **guten Morgen!** bonjour !

morgens *Adverb* ■ **le matin : ich muss morgens immer früh aufstehen** je dois toujours me lever tôt le matin.

die **Mosel** ■ **la Moselle**.

der **Moslem** *(Plural* Moslems*)* ■ **le musulman**.

das **Motiv** *(Plural* Motive*)* ■ **le mobile : welches Motiv hatte der Täter?** quel était le mobile du coupable ?

der **Motor, Motor** *(Plural* Motoren*)* ■ **le moteur**.

das **Motorrad** *(Plural* Motorräder*)* ■ **la moto : er fährt gern Motorrad** il aime faire la moto ; **er kommt mit dem Motorrad** il vient en moto.

der **Motorradfahrer** *(Plural* Motorradfahrer*)* ■ **le motard**.

das **Motto** *(Plural* Mottos*)*
1. **la devise : das Motto der Fahrtfinder ist : „allzeit bereit"** la devise des scouts est : « toujours prêt »
2. **le thème : die Faschingsparty stand unter dem Motto: Wie im alten Rom** la fête du carnaval était sur le thème de la Rome antique.

das **Mountainbike** *(Plural* Mountainbikes*)* ■ **le V.T.T.**

müde *Adjektiv* ■ **fatigué (fatiguée) : ich bin müde** je suis fatigué.

die **Müdigkeit** ■ **la fatigue**.

die **Mühe** *(Plural* Mühen*)* ■ **la peine**
➤ **sich** *(D)* **Mühe geben** faire des efforts.

die **Mühle** *(Plural* Mühlen*)*
1. **le moulin : am Bach stand eine alte Mühle** il y avait un vieux moulin au bord du ruisseau
2. *jeu de société où, en alignant trois pions, on peut prendre un pion de l'adversaire :* **wir haben Mühle gespielt** nous avons joué au jeu des trois pions.

mühsam *Adjektiv* ■ **pénible**.

der **Müll** ■ **les ordures** *(Femininum Plural)*
die Stadt kümmert sich um die Entsorgung des Mülls la ville s'occupe du ramassage des ordures
➤ **in den Müll werfen** mettre à la poubelle.

der **Mülleimer** *(Plural* Mülleimer*)* ■ **la poubelle**.

multiplizieren *Verb* ■ **multiplier : du musst die Zahl mit fünf multiplizieren** tu dois multiplier le chiffre par cinq.

München *Neutrum* ■ **Munich**.

der **Mund** *(Plural* Münder*)* ■ **la bouche : er küsste sie auf den Mund** il l'a embrassée sur la bouche
➤ *familiär* **den Mund halten** la fermer : **halt den Mund, jetzt rede ich !** ferme-la, je suis en train de parler !

mündlich *Adjektiv* ■ **oral (orale) : sie hat Angst vor der mündlichen Prüfung** elle a peur de l'examen oral.

das **Münster** *(Plural* Münster*)* ■ **la cathédrale : das Ulmer Münster** la cathédrale d'Ulm.

munter
■ *Adjektiv*
éveillé (éveillée) : ich brauche einen Kaffee, um munter zu bleiben j'ai besoin d'un café pour rester éveillé
■ *Adverb*
➤ **munter machen** réveiller : **der Kaffee wird ihn munter machen** le café va le réveiller.

die **Münze** *(Plural* Münzen*)* ■ **la pièce de monnaie**.

murmeln *Verb* ■ **murmurer : sie murmelte ein Gebet** elle murmurait une prière.

mürrisch *Adjektiv* ■ **bougon (bougonne)**.

ie **Muschel** *(Plural* Muscheln*)*
1. la **moule : wir haben Muscheln gegessen** nous avons mangé des moules
2. le **coquillage : ich habe am Strand schöne Muscheln gefunden** j'ai trouvé de beaux coquillages sur la plage.

as **Museum** *(Plural* Museen*)* ■ le **musée**.

ie **Musik** ■ la **musique : Felix hört Musik** Felix écoute de la musique.

musikalisch *Adjektiv* ■ **musicien (musicienne) : Bettina ist sehr musikalisch** Bettina est très musicienne.

er **Musiker** *(Plural* Musiker*)* ■ le **musicien**.

ie **Musikerin** *(Plural* Musikerinnen*)* ■ la **musicienne**.

er **Muskel** *(Plural* Muskeln*)* ■ le **muscle**.

er **Muskelkater** ■ les **courbatures** *(Femininum Plural)* **: ich hatte furchtbaren Muskelkater** j'ai eu de terribles courbatures.

muss *Präsens* ➤ müssen.

müssen *(Präsens* muss, *Präteritum* musste, *Perfekt* hat gemusst, müssen*)*

■ *Hilfsverb (Perfekt* hat müssen*)*
devoir : ich muss jetzt gehen je dois partir maintenant ; **das muss gestern passiert sein** ça a dû se passer hier
➤ **etwas tun müssen** être obligé de faire quelque chose
➤ **muss das wirklich sein?** est-ce vraiment nécessaire ?

■ *transitives Verb (Perfekt* hat gemusst*)*
être obligé de : muss ich das wirklich? est-ce que j'y suis vraiment obligé ?

■ *intransitives Verb (Perfekt* hat gemusst*)*
devoir : ich muss heute früher in die Schule aujourd'hui, je dois aller à l'école plus tôt
➤ **mal müssen** *familiär* devoir aller au petit coin : **wenn du mal musst, die Toilette ist oben** si tu dois aller au petit coin, les toilettes sont en haut.

musste *Präteritum* ➤ müssen.

das **Muster** *(Plural* Muster*)*
1. le **modèle : beantwortet die Fragen nach dem angegebenen Muster** répondez au questions d'après le modèle donné
2. le **motif : ihr Kleid hat ein hübsches Muster** le motif de sa robe est joli.

der **Mut** ■ le **courage : meine Tante hat mir Mut gemacht** ma tante m'a donné du courage.

mutig *Adjektiv* ■ **courageux (courageuse) : ich bin nicht sehr mutig** je ne suis pas très courageux.

die **Mutter** *(Plural* Mütter*)* ■ la **mère**.

mütterlich *Adjektiv* ■ **maternel (maternelle) : sie ist sehr mütterlich zu den Nachbarskindern** elle est très maternelle avec les enfants des voisins.

die **Mutti** ■ la **maman**.

die **Mütze** *(Plural* Mützen*)* ■ le **bonnet**.

n

na *Interjektion* ■ **alors : na, wie geht's?** alors, comment ça va ?
➤ **na also!** alors, tu vois ! : **na also, du kannst es ja doch** alors, tu vois ! tu sais le faire
➤ **na ja** bof : **hat dir der Film gefallen ? – na ja, ich habe schon bessere Filme gesehen** est-ce que le film t'a plu ? – bof, j'en ai vu de meilleurs

➤ **na und?** et alors ? : **hast du gesehen, dass sie gepiercт ist ? – na und ? das sind doch heute viele** est-ce que tu as vu qu'elle avait un piercing ? – et alors ? beaucoup de gens en ont actuellement.

der **Nabel** *(Plural* Nabel*)* ■ **le nombril**.

nach *Präposition (+ D)*

1. **après : nach dem Abitur will ich studieren** après le bac, je veux faire des études ; **er ist kurz nach neun gekommen** il est arrivé peu après neuf heures
2. **en : wann fahrt ihr nach Frankreich?** quand allez-vous en France ?
3. **à : wann fährst du nach Berlin?** quand vas-tu à Berlin ?
4. **vers : alle sahen nach oben** ils regardaient tous vers le haut
5. **d'après : seiner Aussprache nach ist er aus Bayern** d'après son accent, il vient de Bavière

➤ **es ist fünf Minuten nach zehn** il est dix heures cinq.

der **Nachbar** *(Plural* Nachbarn*)* ■ **le voisin : unsere Nachbarn beschweren sich nie** nos voisins ne se plaignent jamais ; **er hat bei seinem Nachbarn abgeschrieben** il a copié sur son voisin.

die **Nachbarin** *(Plural* Nachbarinnen*)* ■ **la voisine**.

die **Nachbarschaft** ■ **le voisinage**.

nachdem *Konjunktion* ■ **après que : du kannst spielen nachdem du deine Hausaufgaben gemacht hast** tu pourras jouer après que tu auras fait tes devoirs

➤ **je nachdem** cela dépend : **gehst du jede Woche ins Schwimmbad ? – nein, je nachdem, wie das Wetter ist** tu vas à la piscine toutes les semaines ? – non, cela dépend du temps qu'il fait.

nach|denken *Verb* ■ **réfléchir : lass mich mal nachdenken** laisse-moi réfléchir.

nachdenklich *Adjektiv* ■ **songeur (songeuse) : sie machte ein nachdenkliches Gesicht** elle avait l'air songeur.

nacheinander *Adverb* ■ **l'un (l'une) après l'autre : wir wurden nacheinander befragt** on nous a interrogés les uns après les autres.

nach|geben *Verb* ■ **céder : keiner der beiden Streitenden wollte nachgeben** aucun des deux adversaires ne voulait céder.

nach|gehen *(Perfekt* ist nachgegangen*) Verb*

1. **suivre : geh einfach den Wegweisern nach** suis simplement les panneaux indicateurs
2. **retarder : meine Uhr geht nach** ma montre retarde.

nachher, nachher *Adverb*

1. **tout à l'heure : wir kommen nachher noch vorbei** nous repasserons tout à l'heure
2. **ensuite : zuerst machst du die Hausaufgaben, und nachher kannst du spielen** tu fais d'abord tes devoirs, ensuite, tu pourras jouer

➤ **bis nachher!** à tout à l'heure !

die **Nachhilfe** ■ **le cours de soutien : er gibt Nachhilfe in Französisch** il donne des cours de soutien en français.

nach|holen *Verb* ■ **rattraper : ich muss in der Schule viel nachholen** j'ai beaucoup de choses à rattraper à l'école.

nach|laufen *(Perfekt* ist nachgelaufen*) Verb*

1. **rattraper : er hat sein Buch vergessen lauf ihm schnell nach und gib es ihm** il a oublié son livre, rattrape-le vite et donne-le lui
2. *familiär* **courir après : warum läuft Felix eigentlich Anja nach? sie will doch nichts von ihm wissen** pourquoi est-ce que Felix court après Anja ? elle ne veut pourtant pas entendre parler de lui.

nach|machen *Verb*

1. **imiter : Oliver kann seinen Deutschlehrer nachmachen** Oliver sait imiter son professeur d'allemand
2. **retirer : kannst du die Urlaubsbilder für mich nachmachen lassen?** peux-tu me faire retirer les photos de vacances ?

der **Nachmittag** *(Plural* Nachmittage*)* ■ **l'après-midi** *(Maskulinum und Femininum)*

➤ **heute Nachmittag** cet après-midi

➤ **gestern Nachmittag** hier après-midi.

nachmittags *Adverb* ■ **l'après-midi** : **nachmittags mache ich immer zuerst meine Hausaufgaben** l'après-midi, je commence toujours par faire mes devoirs.

der **Nachname** *(Plural* Nachnamen*)* ■ le **nom de famille**.

die **Nachricht** *(Plural* Nachrichten*)*
1. la **nouvelle** : **ich habe eine gute Nachricht für dich** j'ai une bonne nouvelle pour toi
2. le **message** : **ich habe ihm eine Nachricht hinterlassen** je lui ai laissé un message

➤ **Nachrichten** les informations : **um 20 Uhr kommen die Nachrichten im Fernsehen** à 20 heures, il y a les informations à la télévision.

nach|schlagen

■ *intransitives Verb*
1. *(Perfekt* hat nachgeschlagen*)* **consulter** : **wenn ich etwas nicht weiss, schlage ich im Wörterbuch nach** quand je ne sais pas quelque chose, je consulte le dictionnaire
2. *(Perfekt* ist nachgeschlagen*)* **tenir de** : **meine Mutter sagt immer, ich schlage meinem Vater nach** ma mère dit toujours que je tiens de mon père

■ *transitives Verb (Perfekt* hat nachgeschlagen*)*
vérifier : **ich habe das Wort im Wörterbuch nachgeschlagen** j'ai vérifié le mot dans le dictionnaire.

der **Nachschub** ■ le **ravitaillement** : **für Nachschub sorgen** s'occuper du ravitaillement.

die **Nachspeise** *(Plural* Nachspeisen*)* ■ le **dessert**.

nächste, r, s *Adjektiv*
1. **prochain (prochaine)** : **in den nächsten Ferien fahren wir nach Griechenland** pour nos prochaines vacances, nous allons en Grèce
2. **suivant (suivante)** : **der erste Schüler wusste es nicht, also fragte sie den nächsten** le premier élève ne le savait pas, elle a donc demandé au suivant.

die **Nacht** *(Plural* Nächte*)* ■ la **nuit** : **ich habe die ganze Nacht nicht geschlafen** je n'ai pas dormi de la nuit

➤ **gestern Nacht** la nuit dernière

➤ **heute Nacht** cette nuit

➤ **gute Nacht!** bonne nuit !

der **Nachteil** *(Plural* Nachteile*)* ■ **l'inconvénient** *(Maskulinum)*.

der **Nachtisch** *(Plural* Nachtische*)* ■ le **dessert** : **was gibt es heute zum Nachtisch?** qu'est-ce qu'il y a comme dessert aujourd'hui ?

nächtlich *Adjektiv* ■ **nocturne**.

nachträglich *Adverb* ■ **après coup** : **ich habe erst nachträglich verstanden, was er damit gemeint hat** j'ai compris seulement après coup ce qu'il a voulu dire par là.

nachts *Adverb* ■ **la nuit** : **nachts ist hier nicht viel los** ici, la nuit, ce n'est pas très animé.

nackt *Adjektiv & Adverb* ■ **nu (nue)**.

die **Nadel** *(Plural* Nadeln*)* ■ **l'aiguille** *(Femininum)*.

der **Nagel** *(Plural* Nägel*)*
1. le **clou** : **sie hat einen Nagel in die Wand geschlagen** elle a planté un clou dans le mur
2. **l'ongle** *(Maskulinum)* : **sie hatte ihre Nägel lackiert** elle avait verni ses ongles.

nagen

■ *intransitives Verb*
ronger : **der Hund nagte an einem Knochen** le chien rongeait un os

■ *transitives Verb*
creuser : **Ratten haben ein Loch in das Holz genagt** les rats ont creusé un trou dans le bois.

nah, nahe *(Komparativ* näher, *Superlativ* nächste*)*

■ *Adjektiv*
1. **proche** : **der Prüfungstermin ist schon sehr nah** la date de l'examen est déjà très proche
2. *familiär* **court (courte)** : **dieser Weg ist näher als der andere** ce chemin est plus court que l'autre

■ *Adverb*
près de : wir wohnen ganz nahe am Bahnhof nous habitons tout près de la gare
➤ **etwas geht jemandem nahe** quelque chose se touche quelqu'un
➤ **jemandem zu nahe treten** froisser quelqu'un
■ *Präposition (+ G)*
près de : nahe der Grenze près de la frontière.

die **Nähe**
➤ **in der Nähe von** à proximité de : **wir wohnen in der Nähe des Bahnhofs** nous habitons à proximité de la gare
➤ **in greifbarer Nähe** très proche.

nähen
■ *transitives Verb*
1. **coudre : Johanna hat eine tolle Jacke genäht** Johanna a cousu une belle veste
2. **recoudre : die Wunde musste genäht werden** il fallait recoudre la plaie
■ *intransitives Verb*
coudre : ich kann nicht gut nähen je ne sais pas bien coudre.

näher
■ *Adjektiv*
1. **plus proche : die Bäckerei ist näher als die anderen Geschäfte** la boulangerie est plus proche que les autres commerces
2. **plus précis (précise) : nähere Auskünfte** des renseignements plus précis
■ *Adverb*
1. **plus près : er wohnt näher an der Innenstadt, als ich dachte** il habite plus près du centre-ville que je ne le pensais
2. **plus en détail : wir haben unsere Lehrerin gebeten, die Regel näher zu erklären** nous avons demandé à notre professeur de nous expliquer la règle plus en détail.

sich **nähern** *reflexives Verb*
1. **s'approcher de : er näherte sich dem Tiger** il s'est approché du tigre

> Zusammengesetzte Formen reflexiver Verben werden mit **être** gebildet.

2. **approcher : die Ferien nähern sich ihrem Ende** la fin des vacances approche.

nahm *Präteritum* ➤ nehmen.

die **Nahrung** ■ **la nourriture**.

das **Nahrungsmittel** *(Plural* Nahrungsmittel*)* ■ **l'aliment** *(Maskulinum)*.

der **Nahverkehr** ■ **les transports de banlieue** *(Maskulinum Plural)*.

das **Nähzeug** ■ **le nécessaire de couture**.

naiv *Adjektiv* ■ **naïf (naïve)**.

der **Name** *(Plural* Namen*)* ■ **le nom : mein Name ist Müller** mon nom, c'est Müller.

nannte *Präteritum* ➤ nennen.

die **Narbe** *(Plural* Narben*)* ■ **la cicatrice woher hast du die Narbe an der Stirn?** d'où te vient cette cicatrice sur le front ?

die **Narkose** *(Plural* Narkosen*)* ■ **l'anesthésie** *(Femininum)*.

naschen
■ *transitives Verb*
grignoter : sie nascht gerne Süßigkeiten elle aime bien grignoter des sucreries
■ *intransitives Verb*
prendre un petit morceau de : wer hat von dem Kuchen genascht? qui a pris un petit morceau de gâteau ?

die **Nase** *(Plural* Nasen*)* ■ **le nez : Caroline hat eine kleine Nase** Caroline a un petit nez
➤ **sich** *(D)* **die Nase putzen** se moucher
➤ **jemandem läuft die Nase** quelqu'un a le nez qui coule : **ich habe Schnupfen, darum läuft mir die Nase** je suis enrhumé, c'est pourquoi j'ai le nez qui coule
➤ *familiär* **die Nase voll haben** en avoir ras le bol.

nass *(Komparativ* nasser, *Superlativ* nasseste*)* *Adjektiv* ■ **mouillé (mouillée)**.

die **Nässe** ■ **l'humidité** *(Femininum)*.

national *Adjektiv* ■ **national (nationale)**.

die **Nationalität** *(Plural* Nationalitäten*)* ■ **la nationalité : welche Nationalität hat er?** de quelle nationalité est-il ?

der **Nationalsozialismus** ■ **le national-socialisme**.

die **Natur** ■ la **nature**

➤ **von Natur aus** de nature : **Doris ist von Natur aus neugierig** Doris est curieuse de nature.

natürlich

■ *Adjektiv*

naturel (naturelle) : ist das deine natürliche Haarfarbe? est-ce ta couleur de cheveux naturelle ?

■ *Adverb*

bien entendu : Andreas ist natürlich wieder zu spät gekommen bien entendu, Andreas est encore arrivé en retard.

die **Naturwissenschaft** *(Plural* Naturwissenschaften*)* ■ les **sciences physiques et naturelles** *(Femininum Plural)* : **in Naturwissenschaften ist Thomas gut** Thomas est bon en sciences physiques et naturelles.

der **Nazi** *(Plural* Nazis*)* ■ le **nazi**.

der **Nebel** *(Plural* Nebel*)* ■ le **brouillard**.

neben *Präposition*

1. *(+ A)* **à côté de : setz dich neben mich** assieds-toi à côté de moi
2. *(+ D)* **à côté de : sie saß neben mir** elle était assise à côté de moi
3. *(+ D)* **en dehors de : neben der Schule mache ich auch viel Sport** je fais aussi beaucoup de sport en dehors de l'école.

nebenan *Adverb* ■ **à côté : die Leute von nebenan machen viel Krach** les gens d'à côté font beaucoup de bruit.

nebenbei *Adverb*

1. **en plus de son travail : unsere Englischlehrerin macht nebenbei auch Übersetzungen** en plus de son travail, notre professeur d'anglais fait aussi des traductions
2. **en même temps : ich habe gebügelt und nebenbei ferngesehen** j'ai repassé et regardé la télé en même temps
3. **en passant : er hat nebenbei erwähnt, dass er geheiratet hat** il a mentionné en passant qu'il s'était marié.

nebeneinander *Adverb* ■ **côte à côte : wir sitzen in der Schule nebeneinander** à l'école, nous sommes assis côte à côte.

der **Nebensatz** *(Plural* Nebensätze*)* ■ la **proposition subordonnée**.

neblig, nebelig *Adjektiv* ■ **brumeux (brumeuse)**.

necken *transitives Verb* ■ **taquiner : er neckt seine kleine Schwester dauernd** il taquine sans arrêt sa petite sœur

sich **necken** *reflexives Verb* ■ **se taquiner : Verliebte necken sich gern** les amoureux aiment bien se taquiner.

der **Neffe** *(Plural* Neffen*)* ■ le **neveu**.

negativ

■ *Adjektiv*

négatif (négative) : das Testresultat war negativ le résultat du test était négatif ; **negative Zahlen schreibt man mit einem Minuszeichen** on écrit les chiffres négatifs avec un signe moins

■ *Adverb*

➤ **sich negativ auswirken** avoir des conséquences négatives.

nehmen *(Präsens* nimmt, *Präteritum* nahm, *Perfekt* hat genommen*) Verb*

1. **prendre : er nahm meine Hand** il m'a pris la main ; **ich nehme lieber den Zug als den Bus** je préfère prendre le train plutôt que le car ; **ich nehme das sehr ernst** je prends cela très au sérieux
2. **faire disparaître : die Tablette hat mir die Schmerzen genommen** le comprimé a fait disparaître ma douleur

➤ **etwas an sich** *(A)* **nehmen** confisquer quelque chose : **der Lehrer hat das Comicheft an sich genommen** le professeur a confisqué la bande dessinée.

der **Neid** ■ la **jalousie**.

neidisch *Adjektiv*

➤ **auf jemanden neidisch sein** envier quelqu'un : **ich bin neidisch auf dich** je t'envie.

neigen

■ *intransitives Verb*

avoir tendance à : sie neigt zu Übertreibungen elle a tendance à exagérer

■ *transitives Verb*

pencher : sie neigte ihren Kopf elle pencha la tête.

nein *Adverb* ■ **non : nein, ich will das nicht** non, je ne le veux pas
➤ **nein danke** non merci.

nennen *(Präteritum* nannte, *Perfekt* hat genannt*) transitives Verb*
1. **appeler : sie haben ihre Tochter Julia genannt** ils ont appelé leur fille Julia
2. **citer : nennt mir drei europäische Hauptstädte** citez-moi trois capitales européennes

sich **nennen** *reflexives Verb* ■ **s'appeler : das Restaurant nennt sich „Goldene Ente"** le restaurant s'appelle « Le canard doré ».

der **Nerv** *(Plural* Nerven*)* ■ le **nerf : er ist mit den Nerven am Ende** il est à bout de nerfs
➤ **er geht mir auf die Nerven** il me tape sur les nerfs.

nervlich *Adjektiv* ■ **nerveux (nerveuse).**

nervös
■ *Adjektiv*
nerveux (nerveuse) : ich war vor der Prüfung furchtbar nervös j'étais terriblement nerveux avant l'examen
■ *Adverb*
nerveusement : sie nagte nervös an ihrem Bleistift elle mordillait nerveusement son crayon.

das **Nest** *(Plural* Nester*)* ■ le **nid : auf meiner Terrasse hat eine Amsel ihr Nest gebaut** un merle a fait son nid sur ma terrasse.

nett *Adjektiv*
1. **sympathique : ich habe eine Menge netter Leute kennen gelernt** j'ai rencontré plein de gens sympathiques
2. *ironisch* **réjouissant (réjouissante) : das sind ja nette Aussichten!** quelles perspectives réjouissantes !

netto *Adverb* ■ **net.**

das **Netz** *(Plural* Netze*)*
1. le **filet : die Fischer reparieren ihre Netze** les pêcheurs réparent leurs filets
2. la **toile : ein Insekt hing im Netz der Spinne** un insecte était pris dans la toile de l'araignée
3. le **réseau** *(Plural* réseaux*)* **: wer selbst Strom erzeugt, kann diesen ins Netz einspeisen** celui qui produit lui-même de l'électricité peut alimenter le réseau
4. l'**Internet** *(Maskulinum)* **: ich wähle mich per Modem ins Netz ein** je me connecte à Internet avec un modem

> Ins Netz wird mit à **Internet** (ohne Artikel) übersetzt.

neu
■ *Adjektiv*
1. **neuf (neuve) : dieses Computerspiel ist ganz neu** ce jeu pour ordinateur est tout neuf

> **Neu** wird nur in der Bedeutung „neuwertig" mit **neuf** übersetzt.

2. **nouveau (nouvelle) : wir ziehen in eine neue Wohnung** nous emménageons dans un nouvel appartement
■ *Adverb*
récemment : das ist ein neu erschienenes Buch c'est un livre paru récemment
➤ **neu streichen** repeindre.

neugierig *Adjektiv* ■ **curieux (curieuse) : meine Mutter ist schrecklich neugierig** ma mère est terriblement curieuse.

die **Neuheit** *(Plural* Neuheiten*)* ■ la **nouveauté.**

die **Neuigkeit** *(Plural* Neuigkeiten*)* ■ la **nouvelle : ich habe eine Neuigkeit für dich** j'ai une nouvelle pour toi.

das **Neujahr** ■ le **nouvel an**
➤ **prost Neujahr!** bonne année !

neulich *Adverb* ■ **récemment : ich habe neulich mit ihm telefoniert** je lui ai téléphoné récemment.

neun *Numeral* ■ **neuf** ➤ sechs.

neunhundert *Numeral* ■ **neuf cents : der Computer hat neunhundert Euro gekostet** l'ordinateur a coûté neuf cents euros.

neunmal *Adverb* ■ **neuf fois.**

neunte, r, s *Adjektiv* ■ **le neuvième** ➤ sechste.

das **Neuntel** *(Plural* Neuntel*)* ■ le **neuvième** ➤ Sechstel.

neunzehn *Numeral* ■ **dix-neuf** ➤ sechs.

neunzig *Numeral* ■ **quatre-vingt-dix** ➤ sechs.

neutral *Adjektiv* ■ **neutre : die Schweiz ist ein neutrales Land** la Suisse est un pays neutre.

das **Neutrum** *(Plural* Neutra ODER Neutren*)* ■ **le neutre : „Haus" ist im Deutschen ein Neutrum** « Haus » est un neutre en allemand.

nicht *Adverb* ■ **ne ... pas : ich habe sie nicht gesehen** je ne l'ai pas vue

Die Verneinung wird im Französischen immer mit **ne** und einem zweiten Element ausgedrückt. **Ne** (oder **n'**) steht vor dem Verb beziehungsweise dem Personalpronomen.

➤ **nicht einmal** ne ... même pas : **sie hat sich nicht einmal bedankt** elle n'a même pas dit merci
➤ **nicht mehr** ne ... plus : **sie will nicht mehr in der Schule bleiben** elle ne veut plus rester à l'école
➤ **das Wetter ist toll, nicht?** le temps est super, non ?

die **Nichte** *(Plural* Nichten*)* ■ **la nièce**.

nichts *Pronomen* ■ **ne ... rien : ich habe ihm nichts erzählt** je ne lui ai rien raconté

Die Verneinung wird im Französischen immer mit **ne** und einem zweiten Element ausgedrückt. **Ne** (oder **n'**) steht vor dem Verb beziehungsweise dem Personalpronomen.

➤ **das macht nichts** ça ne fait rien
➤ **nichts als** ne ... que : **er hat nichts als Unsinn geredet** il n'a dit que des bêtises
➤ **nichts anderes** rien d'autre
➤ **nichts mehr** plus rien.

nicken *Verb* ■ **hocher : sie nickte mit dem Kopf** elle hocha la tête.

nie *Adverb* ■ **ne ... jamais : ich war noch nie in Marseille** je ne suis encore jamais allé à Marseille

Die Verneinung wird im Französischen immer mit **ne** und einem zweiten Element ausgedrückt. **Ne** (oder **n'**) steht vor dem Verb beziehungsweise dem Personalpronomen.

➤ **nie mehr** plus jamais.

die **Niederlage** *(Plural* Niederlagen*)* ■ **la défaite**.

Niederlande *Plural* ■ **les Pays-Bas** *(Maskulinum Plural)*.

niederländisch *Adjektiv* ■ **néerlandais (néerlandaise)**.

Niedersachsen *Neutrum* ■ **la Basse-Saxe**

Namen von Regionen werden im Französischen oft mit dem bestimmten Artikel verwendet.

niedlich *Adjektiv* ■ **adorable : die kleinen Kätzchen waren niedlich** les petits chatons étaient adorables.

niedrig

■ *Adjektiv*
bas (basse) : damals waren die Benzinpreise viel niedriger autrefois le prix de l'essence était beaucoup plus bas

■ *Adverb*
bas : das Flugzeug flog sehr niedrig l'avion volait très bas.

niemals *Adverb* ■ **ne ... jamais : so etwas würde er niemals tun!** il ne ferait jamais une chose pareille !

Die Verneinung wird im Französischen immer mit **ne** und einem zweiten Element ausgedrückt. **Ne** (oder **n'**) steht vor dem Verb beziehungsweise dem Personalpronomen.

niemand *Pronomen* ■ **personne : es war niemand zu Hause** il n'y avait personne à la maison.

die **Niere** *(Plural* Nieren*)*
1. le **rein : ihre Nieren funktionieren richtig** ses reins fonctionnent correctement
2. le **rognon : heute Mittag gibt es Nieren** il y a des rognons à midi.

nieseln *Verb* ■ **bruiner : es nieselt seit Stunden** il bruine depuis des heures.

niesen *Verb* ■ **éternuer**.

die **Niete** *(Plural* Nieten*)*
1. le **mauvais numéro : ich habe drei Nieten gezogen** j'ai tiré trois fois un mauvais numéro
2. *familiär* le **nul**, la **nulle : in Mathematik bin ich eine absolute Niete** je suis vraiment null nulle en maths.

der **Nikolaus** *(Plural* Nikoläuse*)* ■ **saint Nicolas**

> NIKOLAUS
>
> La tradition veut que tous les 6 décembre, saint Nicolas, un vieillard à barbe blanche vêtu de rouge, récompense les enfants obéissants en leur apportant des friandises. Son compagnon, le Père Fouettard, punit les enfants désobéissants en leur donnant des coups.

nimmt *Präsens* ➤ nehmen.

nirgends *Adverb* ■ **ne ... nulle part : ich konnte den Schlüssel nirgends finden** je n'ai pu trouver la clef nulle part

> Die Verneinung wird im Französischen immer mit **ne** und einem zweiten Element ausgedrückt. **Ne** (oder **n'**) steht vor dem Verb beziehungsweise dem Personalpronomen.

nirgendwo *Adverb* ➤ nirgends.

noch *Adverb* ■ **encore : ich habe noch zwanzig Euro** j'ai encore vingt euros ; **möchtest du noch einen Kaffee?** tu veux encore un café ?
➤ **noch einmal** encore une fois
➤ **noch immer** toujours
➤ **noch mehr** encore plus
➤ **weder ... noch** ni ... ni : **ich will weder das eine noch das andere** je ne veux ni l'un ni l'autre.

der **Nominativ** *(Plural* Nominative*)* ■ le **nominatif**.

norddeutsch *Adjektiv* ■ **d'Allemagne du Nord**.

der **Norden** ■ le **nord : wir fuhren in Richtung Norden** nous roulions en direction du nord ; **Lille liegt im Norden von Frankreich** Lille se situe dans le nord de la France.

nördlich
■ *Adjektiv*
septentrional (septentrionale) : im nördlichen Teil von Deutschland dans la partie septentrionale de l'Allemagne
■ *Präposition (+ G)*
au nord de : nördlich des Mains au nord du Main.

der **Nordosten** ■ le **nord-est**.

der **Nordpol** ■ le **pôle nord**.

Nordrhein-Westfalen *Neutrum* ■ la **Rhénanie du Nord-Westphalie**

> Namen von Regionen werden im Französischen oft mit dem bestimmten Artikel verwendet.

die **Nordsee** ■ la **mer du Nord**.

der **Nordwesten** ■ le **nord-ouest**.

die **Norm** *(Plural* Normen*)* ■ la **norme**.

normal *Adjektiv* ■ **normal (normale) : ich bin ein ganz normaler Mensch** je suis quelqu'un de tout à fait normal.

normalerweise *Adverb* ■ **normalement : wir fahren in den Ferien normalerweise nach Italien** normalement, nous allons en vacances en Italie.

Norwegen *Neutrum* ■ la **Norvège**

> Ländernamen werden im Französischen oft mit dem bestimmten Artikel verwendet.

norwegisch *Adjektiv* ■ **norvégien (norvégienne)**.

die **Not** *(Plural* Nöte*)*
1. le **besoin : nach dem Krieg haben viele Leute in Not gelebt** beaucoup de gens ont vécu dans le besoin après la guerre
2. la **misère : meine Freundin erzählt mir all ihre Nöte und Sorgen** ma copine me raconte toutes ses petites misères
➤ **mit knapper Not** de justesse.

die **Note** *(Plural* Noten*)* ■ la **note : Agnès hat lauter gute Noten** Agnès a plein de bonnes notes.

Notfall *(Plural* Notfälle*)* ■ le **cas d'urgence**.

notieren *Verb* ■ **noter : ich habe mir seine Telefonnummer notiert** j'ai noté son numéro de téléphone.

nötig *Adjektiv* ■ **nécessaire : für eine Reise nach Kanada fehlt mir das nötige Geld** il me manque l'argent nécessaire pour un voyage au Canada.

die **Notiz** *(Plural* Notizen*)* ■ la **note : am Rand des Kalenders stand eine Notiz** il y avait une note dans la marge du calendrier
➤ **Notizen machen** prendre des notes.

notwendig, notwendig *Adjektiv* ■ **nécessaire**.

November ■ **novembre : im November** en novembre ➤ September.

nüchtern

■ *Adjektiv*
1. **sobre : niemand war am Ende der Party noch nüchtern** à la fin de la fête, il n'y avait plus personne de sobre
2. **à jeun : bitte kommen Sie mit nüchternem Magen zur Untersuchung** présentez-vous à jeun à l'examen, s'il vous plait

■ *Adverb*
1. **à jeun : das Medikament soll nüchtern eingenommen werden** ce médicament doit être pris à jeun
2. **objectivement : ein Problem nüchtern betrachten** considérer un problème objectivement.

die **Nudel** *(Plural* Nudeln*)* ■ la **pâte : wir essen viel Nudeln** nous mangeons beaucoup de pâtes.

null *Numeral* ■ **zéro : ich hatte im Diktat null Fehler** j'ai fait zéro faute en dictée.

die **Null** *(Plural* Nullen*)*
1. le **zéro : das ist eine Zahl mit vier Nullen** c'est un nombre avec quatre zéros
2. *familiär abwertend* le **nul,** la **nulle : er ist eine Null** c'est un nul.

die **Nummer** *(Plural* Nummern*)* ■ le **numéro**.

nummerieren *Verb* ■ **numéroter**.

das **Nummernschild** *(Plural* Nummernschilder*)* ■ la **plaque d'immatriculation**

> NUMMERNSCHILD
>
> En Allemagne, la plaque d'immatriculation se compose de deux groupes de lettres et d'un chiffre. La première série de une à trois lettres indique le lieu d'immatriculation (**B** pour Berlin, **M** pour Munich). La seconde série et le chiffre correspondent à l'enregistrement administratif du véhicule. Cette plaque apporte également la preuve que le véhicule a été soumis au contrôle technique.

nun *Adverb* ■ **maintenant : das ist nun schon zwei Jahre her** ça fait maintenant deux ans.

nur *Adverb*
1. **seulement : hätte ich doch nur auf dich gehört!** si seulement je t'avais écouté
2. **surtout : sag ihm das nur nicht!** ne lui dis surtout pas !
➤ **nicht nur … sondern auch** non seulement … mais en plus : **Paul ist nicht nur dumm sondern auch noch frech** non seulement Paul est stupide mais en plus il est insolent.

die **Nuss** *(Plural* Nüsse*)* ■ la **noix,** la **noisette**

> Im Französischen gibt es keinen Oberbegriff wie **Nuss**, sondern man muss sich immer auf eine Sorte festlegen, zum Beispiel Walnuss, **noix**, oder Haselnuss **noisette**.

nutzen, nützen
- *transitives Verb*
profiter : ich habe die Gelegenheit genutzt j'ai profité de l'occasion
- *intransitives Verb*
être utile : die Nachhilfestunden haben genutzt les cours particuliers ont été utiles.

nützlich *Adjektiv* ■ **utile**.

O

ob *Konjunktion* ■ **si : ich weiß nicht, ob sie kommt** je ne sais pas si elle vient
➤ **als ob** comme si.

obdachlos *Adjektiv* ■ **sans abri**.

oben *Adverb*
1. **en haut : Vater ist oben im ersten Stock** papa est en haut au premier étage
2. **ci-dessus : Erklärung siehe oben** voir l'explication ci-dessus.

obere, r, s *Adjektiv* ■ **supérieur (supérieure) : die Schlafzimmer sind im oberen Stock** les chambres à coucher sont à l'étage supérieur.

die **Oberfläche** *(Plural* Oberflächen*)* ■ **la surface**.

oberflächlich *Adjektiv* ■ **superficiel (superficielle)**.

oberste, r, s *Adjektiv*
1. **d'en haut : das Buch steht auf dem obersten Regalbrett** le livre est sur l'étagère d'en haut
2. **suprême : der oberste Chef** le chef suprême

die **Oberstufe** *(Plural* Oberstufen*)* ■ **l**e **lycée**.

das **Objekt** *(Plural* Objekte*)* ■ **l'objet** *(Maskulinum)* **: bestimmt das direkte Objek**t **des Satzes** indiquez le complément d'obje**t** direct de la phrase.

das **Obst** ■ **les fruits** *(Maskulinum Plural)* **: wi**r **essen viel Obst** nous mangeons beaucou**p** de fruits.

obwohl *Konjunktion* ■ **bien que : ich gehe in die Schule, obwohl ich erkälte**t **bin** je vais à l'école, bien que je sois enrhum**é**

> Nach der Konjunktion **bien que** steht immer der **Subjonctif**.

oder *Konjunktion*
1. **ou : ich weiß nicht, ob ich mir den Pull**i **oder das Sweatshirt kaufen soll** je ne sai**s** pas si je dois m'acheter le pull ou le sweat shirt
2. *familiär* **n'est-ce pas : du kommst doch auch mit, oder?** tu viens avec nous, n'est-c**e** pas ?
➤ **entweder … oder** soit … soit **: entwede**r **du gehst jetzt sofort oder wir werfen dich raus** soit tu t'en vas tout de suite, soit on t**e** met dehors.

die **Oder** ■ **l'Oder** *(Maskulinum)*.

der **Ofen** *(Plural* Öfen*)* ■ **le four**.

offen
- *Adjektiv*
1. **ouvert (ouverte) : die Tür ist offen** la porte est ouverte
2. **franc (franche) : sie ist immer sehr offen** elle est toujours très franche
➤ **offen bleiben** rester ouvert
- *Adverb*
ouvertement : ich gebe offen zu, dass ich mich getäuscht habe j'admets ouvertement que je me suis trompé.

offenbar *Adverb* ■ **manifestement : e**r **ist offenbar schon nach Hause gegangen** il est manifestement déjà rentré à la maison.

offensichtlich

- *Adjektiv*
évident (évidente) : das war ein offensichtlicher Irrtum c'était une erreur évidente
- *Adverb*
de toute évidence : er hat offensichtlich gelogen de toute évidence, il a menti.

öffentlich *Adjektiv*
public (publique).

ie **Öffentlichkeit** ■ le **public**.

offiziell

- *Adjektiv*
officiel (officielle) : diese ist ein offizieller Besuch des Kanzlers c'est une visite officielle du chancelier
- *Adverb*
officiellement : diese Nachricht wurde offiziell bestätigt l'information a été confirmée officiellement.

öffnen *transitives Verb* ■ **ouvrir**

ch **öffnen** *reflexives Verb* ■ **s'ouvrir : die Tür öffnete sich** la porte s'est ouverte.

ie **Öffnung** *(Plural* Öffnungen*)* ■ **l'ouverture** *(Femininum)*.

Öffnungszeiten *Plural* ■ les **heures d'ouverture** *(Femininum Plural)*.

oft *(Komparativ* öfter, *Superlativ* am öftesten*) Adverb* ■ **souvent**.

öfter *Adverb* ■ **souvent**
➤ **immer öfter** de plus en plus.

ohne *Präposition (+ A)* ■ **sans : dieses Jahr fahre ich ohne meine Eltern in Ferien** cette année, je pars en vacances sans mes parents
➤ **nicht ohne sein** ne pas être aussi simple : **die Klassenarbeit war nicht ohne** le devoir sur table n'était pas aussi simple
➤ **ohne dass ...** sans que ... : **er ist gegangen, ohne dass es jemand bemerkt hätte** il est parti sans que personne ne s'en rende compte

> Nach der Konjunktion **sans que** steht immer der **Subjonctif**.

➤ **ohne zu** sans : **er sagte ja, ohne zu zögern** il a dit oui sans hésiter.

ohnmächtig *Adjektiv* ■ **évanoui (évanouie) : der Patient ist ohnmächtig geworden** le patient s'est évanoui.

das **Ohr** *(Plural* Ohren*)* ■ **l'oreille** *(Femininum)*.

die **Ohrfeige** *(Plural* Ohrfeigen*)* ■ la **gifle : mein Vater hat mir eine Ohrfeige gegeben** mon père m'a donné une gifle.

der **Ohrring** *(Plural* Ohrringe*)* ■ la **boucle d'oreille**.

ökologisch *Adjektiv* ■ **écologique**.

Oktober ■ **octobre : im Oktober** en octobre ➤ September.

das **Oktoberfest** ■ la **Fête de la bière**

> OKTOBERFEST
>
> Depuis 1811, Munich organise tous les ans au mois de septembre une immense fête foraine qui attire des millions de visiteurs venus du monde entier. À l'occasion de cette manifestation qui dure 16 jours, on installe des tentes où l'on consomme des spécialités bavaroises et de la bière servie en chopes d'un litre.

das **Öl** *(Plural* Öle*)*

1. l'**huile** *(Femininum)* : **wir machen den Salat mit Essig und Öl an** nous préparons la salade avec de l'huile et du vinaigre

> Um eine unbestimmte Menge eines Stoffes zu bezeichnen, verwendet man den partitiven Artikel **du, de la, de l'** vor einem Substantiv im Singular.

2. le **pétrole : das Öl hat der Küste verschmutzt** le pétrole a pollué la côte.

die **Olive** *(Plural* Oliven*)* ■ l'**olive** *(Femininum)*.

olympisch *Adjektiv* ■ **olympique : die Olympischen Spiele** les Jeux olympiques.

die **Oma** *(Plural* Omas*)* ■ la **mamie**.

der **Onkel** *(Plural* Onkel*)* ■ **l'oncle** *(Maskulinum)*.

der **Opa** *(Plural* Opas*)* ■ **le papi**.

die **Operation** *(Plural* Operationen*)* ■ **l'opération** *(Femininum)*.

operieren *Verb* ■ **opérer** : **meine Schwester wurde am Blinddarm operiert** ma sœur a été opérée de l'appendicite.

das **Opfer** *(Plural* Opfer*)* ■ **la victime** : **der Krieg forderte zahlreiche Opfer** la guerre a fait beaucoup de victimes.

orange *Adjektiv* ■ **orange**.

die **Orange** *(Plural* Orangen*)* ■ **l'orange** *(Femininum)*.

das **Orchester** *(Plural* Orchester*)* ■ **l'orchestre** *(Maskulinum)* : **Bettina spielt im Orchester unserer Schule** Bettina joue dans l'orchestre de notre école.

ordentlich

■ *Adjektiv*

1. **rangé (rangée) : Maximilians Zimmer ist immer ordentlich** la chambre de Maximilian est toujours rangée
2. **convenable : ein ordentliches Benehmen** un comportement convenable
3. **honorable : Lotte hat ein sehr ordentliches Zeugnis bekommen** Lotte a eu un bulletin très honorable
4. *familiär* **bon (bonne) : Klaus hat sich eine ordentliche Portion Pommes genommen** Klaus s'est servi une bonne portion de frites

■ *Adverb*

de façon soignée : schreib bitte etwas ordentlicher écris de façon plus soignée, s'il te plaît.

ordnen *Verb* ■ **classer**.

die **Ordnung** ■ **l'ordre** *(Maskulinum)*

➤ **etwas in Ordnung bringen** remettre quelque chose en ordre

➤ **in Ordnung!** d'accord !

das **Organ** *(Plural* Organe*)* ■ **l'organe** *(Maskulinum)*.

die **Organisation** *(Plural* Organisationen*)* ■ **l'organisation** *(Femininum)*.

organisieren *transitives Verb* ■ **organiser : wer organisiert die Reise?** qui organise le voyage ?

sich **organisieren** *reflexives Verb* ■ **s'organiser : die Arbeiter haben sich gewerkschaftlich organisiert** les travailleurs se sont organisés en syndicats

> Zusammengesetzte Formen reflexiver Verben werden mit **être** gebildet.

sich **orientieren** *reflexives Verb* ■ **s'orienter : ich versuche, mich in dieser Stadt zu orientieren** j'essaye de m'orienter dans cette ville.

die **Orientierungsstufe** ■ **le cycle d'orientation**

> ORIENTIERUNGSSTUFE
>
> Quelle que soit l'école que l'on fréquente, l'orientation se situe au niveau de la 5° et de la 6° classe, d'où le terme Orientierungsstufe. À ce niveau de la scolarité, l'élève peut passer sans problème d'une école à une autre puisque les programmes sont alignés. Ce sont des classes que l'on ne peut pas redoubler. En cas d'échec après la 6° classe, l'élève doit changer d'école pour passer par exemple d'un Gymnasium à une Gesamtschule ou une Hauptschule.

das **Original** *(Plural* Originale*)* ■ **l'original** *(Maskulinum)*.

der **Ort** *(Plural* Orte*)*

1. **l'endroit** *(Maskulinum)* **: dies ist der Ort, an dem der letzte König ermordet wurde** voici l'endroit où le dernier roi a été assassiné
2. **la localité : wir wohnen in einem kleinen Ort** nous habitons une petite localité

➤ **vor Ort** sur place.

der **Ossi** *(Plural* Ossis*)* ■ *familiär* **l'allemand de l'est** *(Maskulinum)*.

der **Osten**

1. **l'est** *(Maskulinum)* **: der Wind kommt aus Osten** le vent vient de l'est

2. **l'Est** *(Maskulinum)* : **Lothringen liegt im Osten** la Lorraine se trouve dans l'Est.

er **Osterhase** ■ **le lièvre de Pâques**

OSTERHASE

A Pâques, les petits Allemands reçoivent des œufs en chocolat ou des œufs peints. Selon la tradition, ceux-ci ont été déposés dans les jardins et les vergers par le lièvre de Pâques.

Ostern *(Plural* Ostern*)* **Pâques** *(Femininum Plural)*

➤ **frohe Ostern!** joyeuses Pâques.

Österreich *Neutrum* ■ **l'Autriche** *(Femininum)*

Ländernamen werden im Französischen oft mit dem bestimmten Artikel verwendet.

er **Österreicher** *(Plural* Österreicher*)* ■ **l'Autrichien** *(Maskulinum)*

Namen von Einwohnern werden großgeschrieben.

ie **Österreicherin** *(Plural* Österreicherinnen*)* ■ **l'Autrichienne**.

österreichisch *Adjektiv* ■ **autrichien (autrichienne)**.

östlich

■ *Adjektiv*

d'est : es wehte ein östlicher Wind il souffle un vent d'est

■ *Präposition (+ G)*

à l'est de : Deutschland liegt östlich des Rheins l'Allemagne se situe à l'est du Rhin.

ie **Ostsee** ■ la **mer Baltique**.

oval *Adjektiv* ■ **oval (ovale) : ich habe einen ovalen Wohnzimmertisch** j'ai une table de salon ovale.

er **Ozean** *(Plural* Ozeane*)* ■ **l'océan** *(Maskulinum)*.

as **Ozon** ■ **l'ozone** *(Maskulinum)*.

paar *Adjektiv* ■ **quelques : wegen der paar Fehler brauchst du dich doch nicht so aufzuregen** ce n'est pas la peine que tu t'énerves autant pour ces quelques fautes

➤ **ein paar** quelques : **ich habe nur ein paar Fehler gemacht** je n'ai fait que quelques fautes.

das **Paar** *(Plural* Paare ODER Paar*)*

1. *(Plural* **Paare***)* **le couple : die beiden sind ein unzertrennliches Paar** ces deux-là forment un couple inséparable
2. *(Plural* **Paar***)* **la paire : ich nehme drei Paar Socken mit** j'emporte trois paires de chaussettes

Achtung ! **Paar** wird nur bei zusammengehörigen Dingen oder Tieren mit **paire** übersetzt.

ein **paarmal** *Adverb* ■ **plusieurs fois : Marie war schon ein paarmal bei uns** Marie est déjà venue plusieurs fois chez nous.

das **Päckchen** *(Plural* Päckchen*)* ■ **le (petit) paquet : ich habe ihr zum Geburtstag ein Päckchen geschickt** je lui ai envoyé un paquet pour son anniversaire.

packen

■ *transitives Verb*

1. **faire : hast du schon den Koffer gepackt?** as-tu déjà fait ta valise ?
2. **emballer : die Gläser solltest du packen** tu devrais emballer les verres
3. **saisir : der Hund packte ihn am Arm** le chien l'a saisi au bras

■ *intransitives Verb*
faire ses bagages : ich habe noch nicht gepackt je n'ai pas encore fait mes bagages.

die **Packung** (*Plural* Packungen)
1. le **paquet : das ist meine letzte Packung Taschentücher** c'est mon dernier paquet de mouchoirs
2. la **boîte : wir haben ihr eine Packung Pralinen geschenkt** nous lui avons offert une boîte de chocolats
3. le **masque : einmal im Monat mache ich eine Packung auf meine Haare** je me fais un masque capillaire une fois par mois.

das **Paket** (*Plural* Pakete)
1. le **colis : der Postbote hat ein Paket für dich gebracht** le facteur a apporté un colis pour toi
2. le **paquet : ich muss ein Paket Waschpulver kaufen** il faut que j'achète un paquet de lessive.

der **Palast** (*Plural* Paläste) ■ le **palais**.

Palästina *Neutrum* ■ la **Palestine**

Ländernamen werden im Französischen oft mit dem bestimmten Artikel verwendet.

der **Palästinenser** (*Plural* Palästinenser) ■ le **Palestinien**

Namen von Einwohnern werden großgeschrieben.

die **Palästinenserin** (*Plural* Palästinenserinnen) ■ la **Palestinienne**.

palästinensisch *Adjektiv* ■ **palestinien (palestinienne)**.

die **Palme** (*Plural* Palmen) ■ le **palmier : vor dem Hotel ist ein Strand mit Palmen** devant l'hôtel se trouve une plage avec des palmiers

Achtung ! Das deutsche Wort **Palme** wird mit **palmier** übersetzt. Das französische Wort **palme** heißt nämlich **Palmenblatt**

➤ **jemanden auf die Palme bringen** mettre quelqu'un en colère.

die **Panik** ■ la **panique : bei dem Feue brach Panik aus** le feu a déclenché la panique.

panisch *Adjektiv* ■ **panique : meine Mutter hat panische Angst vor Mäusen** ma mère a une peur panique des souris
➤ **panisch reagieren** paniquer.

die **Panne** (*Plural* Pannen) ■ la **panne : wir hatten auf der Autobahn eine Panne** nous sommes tombés en panne sur l'autoroute
➤ **ohne Panne** sans incident : **die Veranstaltung verlief ohne jede Panne** la manifestation s'est déroulée sans le moindre incident.

der **Panzer** (*Plural* Panzer)
1. la **carapace : die Schildkröte hatte sich in ihrem Panzer verkrochen** la tortue s'était recroquevillée dans sa carapace
2. le **char : die Bundeswehr will neue Panzer anschaffen** l'armée allemande veut acquérir de nouveaux chars.

der **Papa** (*Plural* Papas) ■ *familiär* le **papa**.

der **Papagei** (*Plural* Papageien) ■ le **perroquet**.

das **Papier** (*Plural* Papiere) ■ le **papier**
➤ **Papiere** les papiers d'identité (*Maskulinum Plural*) : **Ihre Papiere bitte !** vos papiers, s'il vous plaît !

der **Papierkorb** (*Plural* Papierkörbe) ■ la **corbeille à papier**.

der **Paprika** (*Plural* Paprika ODER Paprikas)
1. le **paprika : das Gulasch wird mit Paprika gewürzt** on assaisonne le goulache avec du paprika
2. le **poivron : heute gibt es gefüllte Paprikas** aujourd'hui, il y a des poivrons farcis.

der **Papst** (*Plural* Päpste) ■ le **pape**.

das **Paradies** ■ le **paradis**.

die **Parallele** (*Plural* Parallelen)
1. la **parallèle : zieht eine Parallele zu dieser Geraden** tracez une parallèle à cette droite

2. **le parallèle : ich sehe keine Parallelen zwischen den beiden Fällen** je ne vois aucun parallèle entre ces deux cas

> Achtung ! In der konkreten Bedeutung „Linie" wird **die Parallele** mit **la parallèle** übersetzt. Meint man „Vergleich" oder „vergleichbaren Fall", heißt es **le parallèle.**

as **Pärchen** *(Plural* Pärchen*)* ■ le **couple**.

as **Parfüm** *(Plural* Parfüme ODER Parfüms*)* ■ le **parfum**.

er **Park** *(Plural* Parks*)* ■ le **parc**.

parken

■ *transitives Verb*

garer : du kannst dein Auto direkt vor unserem Haus parken tu peux garer ta voiture directement devant notre maison

■ *intransitives Verb*

1. **se garer : wo hast du geparkt?** où t'es-tu garé ?
2. **stationner : vor unserer Ausfahrt parkte ein Auto** une voiture stationnait devant notre sortie de garage.

as **Parlament** *(Plural* Parlamente*)* ■ le **parlement : das Parlament tagt noch** le parlement est encore en séance.

ie **Partei** *(Plural* Parteien*)* ■ le **parti : welche Partei hast du gewählt?** pour quel parti as-tu voté ?

> Achtung ! Anders als das deutsche Wort **Partei** ist das französische Substantiv **parti** männlich.

as **Partizip** *(Plural* Partizipien*)* ■ le **participe : wie heißt das Partizip Perfekt von singen?** quel est le participe passé du verbe chanter ? ; **das Partizip Präsens wird vom Infinitiv gebildet** le participe présent se forme à partir de l'infinitif.

er **Partner** *(Plural* Partner*)*

1. **le partenaire : ich spiele mit meinem Partner einmal in der Woche Tennis** je joue au tennis une fois par semaine avec mon partenaire
2. **le compagnon : kann ich meinen Partner mitbringen?** est-ce que je peux amener mon compagnon ?
3. **l'associé** *(Maskulinum)* **: einer der drei Partner ist aus dem Geschäft ausgestiegen** l'un des trois associés a quitté l'affaire.

die **Partnerin** *(Plural* Partnerinnen*)* ■ la **compagne : Franz und seine Partnerin suchen eine neue Wohnung** Frank et sa compagne cherchent un nouvel appartement.

die **Party** *(Plural* Partys*)* ■ la **fête : Sylvie macht am Samstag eine Party** Sylvie organise une fête samedi.

der **Pass** *(Plural* Pässe*)*

1. **le passeport : für Frankreich brauchst du keinen Pass** tu n'as pas besoin de passeport pour aller en France
2. **le col : der Pass ist im Winter gesperrt** le col est fermé pendant l'hiver
3. **la passe : er konnte den Pass zum Tor verwandeln** il pouvait transformer cette passe en but.

> Achtung ! Anders als das deutsche Wort **Pass** ist das französische Substantiv **passe** weiblich.

der **Passagier** *(Plural* Passagiere*)* ■ le **passager**

➤ **blinder Passagier** le passager clandestin.

die **Passagierin** *(Plural* Passagierinnen*)* ■ la **passagère**.

passen *Verb*

1. **aller : die Schuhe passen mir nicht** ces chaussures ne me vont pas
2. **convenir : passt dir Samstag?** est-ce que samedi te convient ?

passieren

■ *intransitives Verb (Perfekt* ist passiert*)*

1. **se produire : ein Unglück ist passiert** un malheur s'est produit
2. **arriver : mir ist etwas Schreckliches passiert** il m'est arrivé quelque chose d'affreux

■ *transitives Verb (Perfekt* hat passiert*)*

passer : sie haben ihn verhaftet, als er die Grenze passieren wollte ils l'ont arrêté lorsqu'il voulait passer la frontière

> Achtung ! **Passieren** wird nur in der Bedeutung „überqueren", „durchqueren" mit **passer** übersetzt.

passiv, passiv *Adjektiv* ■ **passif (passive)**
➤ **sich passiv verhalten** rester passif.

das **Passiv** *(Plural* Passive*)* ■ **le passif : setzt die folgenden Sätze ins Passiv** mettez les phrases suivantes au passif.

der **Pate** *(Plural* Paten*)* ■ le **parrain**.

das **Patenkind** *(Plural* Patenkinder*)* ■ le **filleul,** la **filleule**.

das **Patent** *(Plural* Patente*)* ■ le **brevet : mein Onkel hat ein Patent angemeldet** mon oncle a déposé un brevet.

der **Patient** *(Plural* Patienten*)* ■ le **patient**.

die **Patientin** *(Plural* Patientinnen*)* ■ la **patiente**.

die **Patin** *(Plural* Patinnen*)* ■ la **marraine**.

die **Pause** *(Plural* Pausen*)*
1. la **pause : wir machen eine kleine Pause** nous faisons une petite pause
2. la **récréation : in der Pause müssen wir alle auf den Schulhof** nous devons tous sortir dans la cour pendant la récréation.

der **PC** *(Plural* PC ODER PCs*)* *(Abkürzung für* Personal Computer*)* ■ l'**ordinateur** *(Maskulinum)*.

das **Pech** *(Plural* Peche*)* ■ la **malchance**
➤ **da haben wir Pech gehabt** on n'a pas eu de chance.

das **Pedal** *(Plural* Pedale*)* ■ la **pédale**

> Achtung ! Anders als das deutsche Wort **Pedal** ist das französische Substantiv **pédale** weiblich.

peinlich *Adjektiv* ■ **embarrassant (embarrassante) : das war eine peinliche Situation** la situation était très embarrassante.

der **Pelz** *(Plural* Pelze*)* ■ la **fourrure : er hat seiner Frau einen Pelz geschenkt** il a offert une fourrure à sa femme.

perfekt
■ *Adjektiv*
parfait (parfaite) : er ist der perfekte Gentleman c'est un parfait gentleman
■ *Adverb*
parfaitement : sie spricht perfekt Französisch elle parle parfaitement français.

das **Perfekt** *(Plural* Perfekte*)* ■ le **parfait setzen Sie dieses Verb ins Perfekt!** conjuguez ce verbe au parfait !

die **Perle** *(Plural* Perlen*)* ■ la **perle**.

die **Person** *(Plural* Personen*)*
1. la **personne : setzt das Verb in die erste Person Singular** conjuguez ce verbe à la première personne du singulier
2. le **personnage : alle Personen dieses Romans sind frei erfunden** tous les personnages de ce roman sont fictifs.

das **Personal** ■ le **personnel**.

der **Personalausweis** *(Plural* Personalausweise*)* ■ la **carte d'identité**.

die **Personalien** *Plural* ■ l'**identité** *(Femininum)* **: der Polizist hat meine Personalien aufgeschrieben** le policier a noté mon identité.

persönlich
■ *Adjektiv*
1. **personnel (personnelle) : das ist eine sehr persönliche Frage** c'est une question très personnelle
2. **privé (privée) : mische dich nicht in meine persönlichen Angelegenheiten** ne te mêle pas de mes affaires privées
■ *Adverb*
personnellement : ich möchte gern persönlich mit ihm sprechen j'aimerais lui parler personnellement.

die **Perücke** *(Plural* Perücken*)* ■ la **perruque : die Schauspieler hatten Perücken auf** les acteurs portaient une perruque.

pessimistisch *Adjektiv* ■ **pessimiste : was meine Noten angeht, bin ich pessimistisch** je suis pessimiste quant à mes résultats.

die **Pest** ■ la **peste** : **im Mittelalter sind viele Menschen an der Pest gestorben** au Moyen Âge, beaucoup de gens sont morts de la peste.

die **Petersilie** ■ le **persil**.

petzen *Verb* ■ *familiär* **cafter** : **Anette petzt immer beim Lehrer** Annette cafte sans arrêt au prof.

der **Pfadfinder** *(Plural* Pfadfinder*)* ■ le **scout** : **Daniel ist bei den Pfadfindern** Daniel est chez les scouts.

die **Pfadfinderin** *(Plural* Pfadfinderinnen*)* ■ la **scout**.

das **Pfand** *(Plural* Pfänder*)* ■ la **consigne** : **auf der Flasche ist ein Pfand** cette bouteille est consignée.

die **Pfanne** *(Plural* Pfannen*)* ■ la **poêle** : **ich schlage ein paar Eier in die Pfanne** je casse quelques œufs dans la poêle.

der **Pfannkuchen** *(Plural* Pfannkuchen*)* ■ la **crêpe** *(épaisse)*.

der **Pfarrer** *(Plural* Pfarrer*)*

1. le **pasteur** : **er ist evangelischer Pfarrer** c'est un pasteur
2. le **prêtre** : **katholische Pfarrer dürfen nicht heiraten** les prêtres n'ont pas le droit de se marier.

Achtung ! Der evangelische Pfarrer heißt **pasteur**, der katholische **prêtre**.

die **Pfarrerin** *(Plural* Pfarrerinnen*)* ■ la **femme pasteur**.

der **Pfeffer** ■ le **poivre** : **es war zu viel Pfeffer** il y avait trop de poivre.

die **Pfeife** *(Plural* Pfeifen*)*

1. la **pipe** : **Thomas raucht Pfeife** Thomas fume la pipe
2. le **sifflet** : **der Schiedsrichter blies in seine Pfeife** l'arbitre donna un coup de sifflet.

pfeifen *(Präteritum* pfiff, *Perfekt* hat gepfiffen*) Verb* ■ **siffler** : **die Zuschauer pfifften** les spectateurs sifflèrent.

der **Pfeil** *(Plural* Pfeile*)* ■ la **flèche** : **der Notausgang ist mit Pfeilen gekennzeichnet** la sortie de secours est indiquée par des flèches

das **Pferd** *(Plural* Pferde*)* ■ le **cheval** *(pluriel* chevaux*)* : **sie ist vom Pferd gefallen** elle est tombée de cheval ; **wir haben heute am Pferd geturnt** aujourd'hui, nous avons fait du cheval d'arçons.

der **Pferdeschwanz** *(Plural* Pferdeschwänze*)* ■ la **queue de cheval** : **Maike trug einen Pferdeschwanz** Maike portait une queue de cheval.

pfiff *Präteritum* ➤ pfeifen.

Pfingsten *(Plural* Pfingsten*) ohne Artikel* ■ la **Pentecôte** : **an Pfingsten haben wir eine Woche Ferien** nous avons une semaine de vacances à la Pentecôte.

der **Pfirsich** *(Plural* Pfirsiche*)* ■ la **pêche**.

die **Pflanze** *(Plural* Pflanzen*)* ■ la **plante** : **sie hat viele Pflanzen in ihrer Wohnung** elle a beaucoup de plantes dans son appartement.

das **Pflaster** *(Plural* Pflaster*)*

1. le **pansement** : **ich habe mich geschnitten und brauche ein Pflaster** je me suis coupé et j'ai besoin d'un pansement
2. le **pavé** : **die Straße wurde mit einem neuen Pflaster versehen** la rue a été revêtue d'un nouveau pavé.

die **Pflaume** *(Plural* Pflaumen*)* ■ la **prune** : **ich habe von den Pflaumen Durchfall bekommen** les prunes m'ont donné la diarrhée.

die **Pflege**

1. le **soin** : **der Patient braucht viel Pflege** le patient a besoin de beaucoup de soins
2. l'**entretien** *(Maskulinum)* : **dieses Mittel ist zur Pflege von Leder** ce produit sert à l'entretien du cuir.

pflegen *Verb*
1. **soigner** : **meine Mutter pflegt meinen kranken Opa** ma mère soigne mon grand-père malade
2. **entretenir** : **mein Vater pflegt sein Auto** mon père entretient sa voiture.

die **Pflicht** *(Plural* Pflichten*)* ■ le **devoir** : **es ist deine Pflicht, für die Schule zu arbeiten** c'est ton devoir de travailler pour l'école.

das **Pflicht|fach** *(Plural* Pflichtfächer*)* ■ la **matière obligatoire** : **Deutsch ist im Abitur Pflichtfach** l'allemand est une matière obligatoire au baccalauréat.

pflücken *Verb* ■ **cueillir** : **wir haben auf der Wiese einen Strauß gepflückt** nous avons cueilli un bouquet dans la prairie.

pfui *Interjektion* ■ **berk** : **pfui, hier stinkt's!** berk ! Ca pue, ici !

die **Pfütze** *(Plural* Pfützen*)* ■ la **flaque** : **ich bin in eine Pfütze getreten** j'ai marché dans une flaque.

Phantasie ➤ Fantasie.

phantastisch ➤ fantastisch.

philosophisch *Adjektiv* ■ **philosophique** : **das ist ein philosophisches Problem** c'est un problème philosophique.

die **Phonetik** ■ la **phonétique** : **die Phonetik steht in eckigen Klammern** la phonétique est indiquée entre crochets.

die **Physik** ■ la **physique** : **Physik ist Tobias' Lieblingsfach** la physique est la matière préférée de Tobias.

physikalisch *Adjektiv* ■ **physique** : **das ist ein physikalisches Gesetz** c'est une loi physique.

der **Pickel** *(Plural* Pickel*)* ■ le **bouton** : **was machst du gegen deine Pickel?** que fais-tu pour lutter contre les boutons ?

pikant *Adjektiv* ■ **épicé (épicée)** : **es gab Hähnchen in einer pikanten Soße** il y avait du poulet avec une sauce épicée
➤ **pikant gewürzt** bien épicé (épicée).

die **Pille** *(Plural* Pillen*)* ■ la **pilule** : **meine Freundin nimmt die Pille** ma copine prend la pilule.

der **Pilot** *(Plural* Piloten*)* ■ le **pilote**.

die **Pilotin** *(Plural* Pilotinnen*)* ■ la **femme pilote**.

der **Pilz** *(Plural* Pilze*)*
1. le **champignon** : **wir haben Pilze gesammelt** nous avons ramassé des champignons
2. la **mycose** : **der Hautarzt sagte, es sei ein Pilz** le dermatologue a dit que c'était une mycose.

pinkeln *Verb* ■ *familiär* **pisser** : **ich muss mal pinkeln** il faut que j'aille pisser.

der **Pinsel** *(Plural* Pinsel*)* ■ le **pinceau** : **ich brauche einen dünnen Pinsel** j'ai besoin d'un pinceau fin.

die **Piste** *(Plural* Pisten*)* ■ la **piste** : **das Flugzeug setzte auf der Piste auf** l'avion a atterri sur la piste.

die **Pistole** *(Plural* Pistolen*)* ■ le **pistolet**

> Achtung ! Anders als das deutsche Wort **Pistole** ist das französische Substantiv **pistolet** männlich.

das **Plakat** *(Plural* Plakate*)* ■ l'**affiche** *(Femininum)*.

der **Plan** *(Plural* Pläne*)*
1. le **plan** : **hast du einen Plan von Paris?** as-tu un plan de Paris ?

> Achtung ! **Plan** wird nur in der Bedeutung „Skizze", „Stadtplan" mit **plan** übersetzt.

2. le **projet** : **wie sehen deine Pläne für die großen Ferien aus?** quels sont tes projets pour les grandes vacances ?
➤ **nach Plan** comme prévu : **die Ferien verliefen ganz nach Plan** les vacances se sont déroulées exactement comme prévu.

planen *Verb* ■ **projeter** : **wir planen eine Reise nach Ägypten** nous projetons un voyage en Egypte.

der **Planet** *(Plural* Planeten*)* ■ la **planète**.

das **Plastik** ■ le **plastique** : **die Tischdecke war aus Plastik** la nappe était en plastique.

die **Platte** *(Plural* Platten*)*
1. la **dalle** : **die Terrasse war mit Platten aus Stein gepflastert** la terrasse était pavée de dalles en pierre
2. la **plaque** : **Vorsicht, die Platte ist heiß** attention, la plaque est chaude
3. le **disque** : **meine Tante hat viele Platten, aber fast keine CDs** ma tante a beaucoup de disques, mais pratiquement aucun CD
4. le **plateau** : **die Wurst war auf einer großen Platte angerichtet** la charcuterie était disposée sur un grand plateau.

der **Plattlfuß** *(Plural* Plattfüße*)* ■ *familiär* le **pneu à plat** : **mein Fahrrad hat einen Plattfuß** mon vélo a un pneu à plat.

der **Platz** *(Plural* Plätze*)*
1. la **place** : **sie treffen sich immer auf dem Platz vor der Kirche** ils se retrouvent toujours sur la place de l'église ; **ist der Platz hier frei?** est-ce que cette place est libre ?

> Achtung ! Anders als das deutsche Wort **Platz** ist das französische Substantiv **place** weiblich.

2. le **terrain** : **die Spieler kommen auf den Platz** les joueurs entrent sur le terrain

➤ **auf die Plätze, fertig, los!** à vos marques, prêts, partez !

platzen *(Perfekt* ist geplatzt*) Verb*
1. **éclater** : **der Luftballon ist geplatzt** le ballon a éclaté
2. *familiär* **tomber à l'eau** : **die Party ist geplatzt** la fête est tombée à l'eau.

pleite *Adjektiv* ■ *familiär* **fauché (fauchée)** : **ich kann nicht mit in die Disko, ich bin pleite** je ne peux pas venir en boîte avec vous, je suis fauché.

die **Pleite** *(Plural* Pleiten*)* ■ la **faillite** : **die Anzahl der Pleiten ist weiter gestiegen** le nombre des faillites a encore augmenté.

die **Plombe** *(Plural* Plomben*)* ■ le **plombage** : **mir ist eine Plombe rausgefallen** j'ai perdu un plombage.

plombieren *Verb* ■ **plomber** : **ein Zahn musste plombiert werden** il a fallu plomber une dent.

plötzlich

■ *Adjektiv*

soudain (soudaine) : **sie bekam einen plötzlichen Lachanfall** elle a été prise d'un fou rire soudain

■ *Adverb*

soudainement : **sie war ganz plötzlich verschwunden** elle avait soudainement disparu.

der **Plural** *(Plural* Plurale*)* ■ le **pluriel** : **wie heißt der Plural von Haus?** quel est le pluriel de maison ?

plus *Adverb* ■ **plus** : **die Temperaturen steigen auf 3 Grad plus** les températures remontent à plus 3 degrés ; **fünf plus fünf ist zehn** cinq plus cinq font dix.

das **Plusquamperfekt** *(Plural* Plusquamperfekte*)* ■ le **plus-que-parfait** : **setzt das Verb ins Plusquamperfekt** conjuguez le verbe au plus-que-parfait.

der **Pol** *(Plural* Pole*)* ■ le **pôle**.

Polen *Neutrum* ■ la **Pologne**

> Ländernamen werden im Französischen oft mit dem bestimmten Artikel verwendet.

die **Politik** ■ la **politique** : **Marion interessiert sich sehr für Politik** Marion s'intéresse beaucoup à la politique.

der **Politiker** *(Plural* Politiker*)* ■ l'**homme politique** *(Maskulinum)*.

die **Politikerin** *(Plural* Politikerinnen*)* ■ la **femme politique**.

politisch *Adjektiv* ■ **politique** : **wir haben eine politische Diskussion geführt** nous avons mené une discussion politique.

die **Polizei** ■ la **police**.

der **Polizist** *(Plural* Polizisten*)* ■ le **policier**.

die **Polizistin** *(Plural* Polizistinnen*)* ■ la **policière**.

polnisch *Adjektiv* ■ **polonais (polonaise).**

die **Pommes frites** *Plural* ■ **les frites** *(Femininum Plural).*

das **Pony** ¹*(Plural Ponys)* ■ **le poney : wir durften das Pony streicheln** nous avons eu la permission de caresser le poney.

der **Pony** ²*(Plural Ponys)* ■ **la frange : den Pony kürzer schneiden** couper la frange plus court.

die **Popmusik** ■ **la musique pop.**

der **Popo** *(Plural Popos)* ■ *familiär* **le derrière.**

die **Pore** *(Plural Poren)* ■ **le pore**

> Achtung ! Anders als das deutsche Wort **Pore** ist das französische Substantiv **pore** männlich.

die **Portion** *(Plural Portionen)* ■ **la portion : ich hätte gern eine Portion Pommes frites** je voudrais une portion de frites.

das **Porto** *(Plural Portos* ODER *Porti)* ■ **l'affranchissement** *(Maskulinum)* **: wie viel Porto kostet eine Postkarte nach Frankreich?** combien coûte l'affranchissement d'une carte postale pour la France ?

Portugal *Neutrum* ■ **le Portugal**

> Ländernamen werden im Französischen oft mit dem bestimmten Artikel verwendet.

portugiesisch *Adjektiv* ■ **portugais (portugaise).**

das **Porzellan** *(Plural Porzellane)* ■ **la porcelaine.**

positiv *Adjektiv* ■ **positif (positive).**

das **Possessivpronomen** *(Plural Possessivpronomen)* ■ **le pronom possessif.**

die **Post**

1. **la poste : mit der Post** par la poste ; **ich muss noch schnell zur Post** je dois encore faire un saut à la poste
2. **le courrier : es ist Post für dich gekommen** tu as reçu du courrier

> Um eine unbestimmte Menge eines Stoffes zu bezeichnen, verwendet man den partitiven Artikel **du, de la, de l'** vor einem Substantiv im Singular.

➤ **elektronische Post wird auch E-Mail genannt** le courrier électronique est aussi appelé e-mail.

der **Postbote** *(Plural Postboten)* ■ **le facteur.**

der|das **Poster** *(Plural Poster)* ■ **le poster.**

die **Postkarte** *(Plural Postkarten)* ■ **la carte postale.**

die **Postleitzahl** *(Plural Postleitzahlen)* ■ **le code postal.**

prächtig *Adjektiv*

1. **splendide : Versailles ist ein prächtiges Schloss** Versailles est un château splendide
2. **magnifique : wir hatten in den Ferien prächtiges Wetter** nous avons eu un temps magnifique pendant les vacances.

das **Prädikat** *(Plural Prädikate)* ■ **le prédicat : zerlegt den Satz in Subjekt, Objekt und Prädikat** divisez la phrase en sujet, objet et prédicat.

das **Praktikum** *(Plural Praktika)* ■ **le stage : ich mache nächstes Jahr ein Praktikum bei einer Zeitung** l'année prochaine je vais faire un stage dans un journal.

praktisch

■ *Adjektiv*

1. **pratique : es ist praktisch, dass wir so nahe an der Schule wohnen** c'est pratique pour nous d'habiter aussi près de l'école

■ *Adverb*

1. **de façon pratique : unsere Küche ist sehr praktisch eingerichtet** notre cuisine est aménagée de façon très pratique
2. **pratiquement : der Hund frisst praktisch alles** le chien mange pratiquement tout

➤ **etwas praktisch anwenden** mettre quelque chose en pratique

➤ **praktisch veranlagt sein** avoir l'esprit pratique.

die Praline *(Plural* Pralinen*)* ■ **le chocolat** : **eine Schachtel Pralinen** un paquet de chocolats.

die Präposition *(Plural* Präpositionen*)* ■ **la préposition** : **diese Präposition steht immer mit dem Dativ** cette préposition est toujours suivie du datif.

das Präsens ■ **le présent** : **wie lautet das Präsens von singen?** quel est le présent du verbe chanter ?

der Präsident *(Plural* Präsidenten*)* ■ **le président**.

die Präsidentin *(Plural* Präsidentinnen*)* ■ **la présidente**.

das Präteritum *(Plural* Präterita*)* ■ **le prétérit**.

die Praxis *(Plural* Praxen*)*
1. **la pratique** : **in Frankreich könnt ihr eure Sprachkenntnisse dann in der Praxis verwenden** en France, vous pourrez mettre en pratique vos connaissances linguistiques
2. **le cabinet** *(médical)* : **mein Arzt hat seine Praxis renoviert** mon médecin a rénové son cabinet.

predigen *transitives Verb* ■ **prêcher**.

die Predigt *(Plural* Predigten*)* ■ **le sermon**.

der Preis *(Plural* Preise*)* ■ **le prix**
➤ **um jeden Preis** à tout prix.

preiswert
■ *Adjektiv*
bon marché *(unveränderlich)* : **dieser große Supermarkt ist preiswert** ce grand supermarché est bon marché
■ *Adverb*
à bas prix : **dort kann man preiswert einkaufen** là-bas, on peut acheter à bas prix.

die Presse *(Plural* Pressen*)* ■ **la presse**.

pressen *Verb*
1. **presser** : **für ein Glas Saft habe ich drei Orangen gepresst** j'ai pressé trois oranges pour obtenir un verre de jus
2. **mettre** : **sie presste die Hand auf den Mund** elle a mis sa main sur sa bouche.

der Priester *(Plural* Priester*)* ■ **le prêtre**.

prima
■ *Adjektiv (unveränderlich) familiär* **super** : **das war ein prima Essen** c'était un super repas
■ *Adverb familiär* **super bien** : **das hat prima funktioniert** ça a super bien fonctionné.

primitiv *Adjektiv*
1. **primitif (primitive)** : **das Leben der primitiven Völker hat mich schon immer interessiert** la vie des peuples primitifs m'a toujours intéressé
2. *abwertend* **primaire** : **das ist doch eine ganz primitive Ausrede** c'est un discours bien primaire.

der Prinz *(Plural* Prinzen*)* ■ **le prince**.

die Prinzessin *(Plural* Prinzessinnen*)* ■ **la princesse**.

das Prinzip *(Plural* Prinzipien*)* ■ **le principe** : **ich habe meine Prinzipien** j'ai mes principes
➤ **aus Prinzip** par principe
➤ **im Prinzip** en principe.

privat
■ *Adjektiv*
privé (privée) : **das ist eine private Angelegenheit** c'est une affaire privée
■ *Adverb*
en privé : **kann ich dich mal privat sprechen?** est-ce que je peux te parler en privé ?

pro *Präposition (+ A)* ■ **par** : **pro Person kostet das 15 Euro** cela coûte 15 euros par personne.

die Probe *(Plural* Proben*)*
1. **l'échantillon** *(Maskulinum)* : **ich habe mir von der Ware eine Probe kommen lassen** je me suis fait livrer un échantillon de la marchandise
2. **la répétition** : **die Proben zum Theaterstück sind noch nicht beendet** les répétitions pour la pièce de théâtre ne sont pas encore terminées
➤ **auf Probe** à l'essai
➤ **jemanden auf die Probe stellen** mettre quelqu'un à l'épreuve.

probieren *(Perfekt* hat probiert*)*
■ *transitives Verb*
goûter : willst du die Soße mal probieren? veux-tu goûter la sauce ?
■ *intransitives Verb*
1. **goûter : das schmeckt lecker, willst du mal probieren?** c'est bon, tu veux goûter ?
2. **essayer : ich probiere mal, ob ich ihn telefonisch erreichen kann** je vais essayer de le joindre par téléphone.

das **Problem** *(Plural* Probleme*)* ■ le **problème : ich habe Probleme in der Schule und mit meinen Eltern** j'ai des problèmes à l'école et avec mes parents.

das **Produkt** *(Plural* Produkte*)* ■ le **produit**.

die **Produktion** *(Plural* Produktionen*)* ■ la **production**.

der **Professor** *(Plural* Professoren*)* ■ le **professeur : Herr Pätzold ist Professor an der Universität Kiel** monsieur Pätzold est professeur à l'université de Kiel.

die **Professorin** *(Plural* Professorinnen*)* ■ la **professeur**.

der **Profi** *(Plural* Profis*)*
1. le **professionnel,** la **professionnelle : an der Tour de France nehmen hauptsächlich Profis teil** ce sont essentiellement des professionnels qui participent au Tour de France
2. le **pro,** la **pro : sie tapeziert ein Zimmer wie ein Profi** elle tapisse une pièce comme une pro.

profitieren *Verb* ■ **profiter : ich habe von den Ferien in Frankreich sehr profitiert** j'ai beaucoup profité de mes vacances en France.

das **Programm** *(Plural* Programme*)*
1. le **programme : das Programm der heutigen Fernsehsendungen steht in der Zeitung** le programme télévisé d'aujourd'hui figure dans le journal ; **ich habe am Eingang ein Programm gekauft** j'ai acheté le programme à l'entrée ; **mit welchem Programm schreibst du deine Texte?** avec quel programme rédiges-tu ton texte ?
2. la **chaîne : in welchem Programm kommt der Film?** sur quelle chaîne passe le film ?

das **Projekt** *(Plural* Projekte*)* ■ le **projet**.

die **Projektwoche** ■ la **semaine de projet**

> **PROJEKTWOCHE**
>
> Durant une semaine, tous les élèves d'un même établissement scolaire participent à la « semaine de projet ». Pendant cette période, il n'y a pas de cours. Les professeurs encadrent des activités de groupe ayant un caractère plus pratique, tels que ateliers-photo, sport, fabrication de petits objets ou encore restauration de meubles anciens. Le but est de stimuler l'esprit d'initiative des jeunes et de leur faire découvrir des aptitudes jusque-là inexploitées.

das **Pronomen** *(Plural* Pronomen ODER Pronomina*)* ■ le **pronom**.

der **Propeller** *(Plural* Propeller*)* ■ l'**hélice** *(Femininum)*.

prosit, prost *Interjektion* ■ **à votre|ta santé !**
➤ **prost Neujahr** bonne année !

der **Prospekt** *(Plural* Prospekte*)* ■ le **prospectus**.

der **Protest** *(Plural* Proteste*)* ■ la **protestation : in der Klasse brach lauter Protest aus** une vive protestation éclata dans la classe.

der **Protestant** *(Plural* Protestanten*)* ■ le **protestant**.

die **Protestantin** *(Plural* Protestantinnen*)* ■ la **protestante**.

protestantisch *Adjektiv* ■ **protestant (protestante)**.

protestieren *Verb* ■ **protester**.

der **Provider** *(Plural* Provider*)* ■ le **fournisseur d'accès : ich habe einen neuen Internet-Provider** j'ai un nouveau fournisseur d'accès à Internet.

provisorisch *Adjektiv* ■ **provisoire**.

das **Prozent** *(Plural* Prozente ODER Prozent*)* ■ le **pour-cent**.

der **Prozess** *(Plural* Prozesse*)* ■ le **procès** : **meine Eltern haben den Prozess gewonnen** mes parents ont gagné le procès.

prüfen *Verb*
1. **contrôler** : **ich muss noch den Reifendruck prüfen** il faut encore que je contrôle la pression des pneus
2. **examiner** : **ich werde Ihren Vorschlag prüfen** je vais examiner votre proposition
➤ **in etwas geprüft werden** passer un examen de quelque chose.

die **Prüfung** *(Plural* Prüfungen*)* ■ l'**examen** *(Maskulinum)*
➤ **mündliche|schriftliche Prüfung** l'épreuve orale|écrite *(Femininum)* : **das Abitur besteht aus schriftlichen und mündlichen Prüfungen** le baccalauréat comporte des épreuves écrites et des épreuves orales.

der **Prügel** *(Plural* Prügel*) der*
➤ **Prügel bekommen** recevoir une raclée.

sich **prügeln** *reflexives Verb* ■ **se battre** : **die zwei Jungen haben sich auf dem Schulhof geprügelt** les deux garçons se sont battus dans la cour de l'école

> Zusammengesetzte Formen reflexiver Verben werden mit **être** gebildet.

der **Psychologe** *(Plural* Psychologen*)* ■ le **psychologue**.

die **Psychologie** ■ la **psychologie**.

die **Psychologin** *(Plural* Psychologinnen*)* ■ la **psychologue**.

psychologisch
■ *Adjektiv*
psychologique : **ein psychologisches Gutachten** une expertise psychologique
■ *Adverb*
psychologiquement : **sie war psychologisch bereit Mutter zu werden** psychologiquement, elle était prête à devenir mère.

die **Pubertät** ■ la **puberté** : **Maximilian ist mitten in der Pubertät** Maximilian est en pleine puberté.

das **Publikum** ■ le **public**.

der **Pudding** *(Plural* Puddinge ODER Puddings*)* ■ le **flan** *(non passé au four)*.

der **Pudel** *(Plural* Pudel*)* ■ le **caniche**.

der **Puder** *(Plural* Puder*)* ■ la **poudre**

> Achtung ! Anders als das deutsche Wort **Puder** ist das französische Substantiv **poudre** weiblich.

der **Pulli** *(Plural* Pullis*)* ■ *familiär* le **pull**.

der **Pullover** *(Plural* Pullover*)* ■ le **pullover**.

der **Puls** *(Plural* Pulse*)* ■ le **pouls** : **sie hat meinen Puls gemessen** elle a pris mon pouls.

das **Pulver** *(Plural* Pulver*)* ■ la **poudre** : **meine Mutter kauft das Waschmittel als Pulver** ma mère achète de la lessive en poudre.

die **Pumpe** *(Plural* Pumpen*)* ■ la **pompe**.

der **Punkt** *(Plural* Punkte*)*
1. le **point** : **am Ende des Satzes steht ein Punkt** il y a un point à la fin de la phrase ; **für Akzentfehler gibt es einen halben Punkt Abzug** pour les fautes d'accent, on retire un demi-point
2. le **pois** : **sie trug ein Kleid mit weißen Punkten** elle portait une robe à pois blancs
➤ **Punkt acht Uhr** à huit heures précises.

pünktlich
■ *Adjektiv*
ponctuel (ponctuelle) : **sie ist immer pünktlich** elle est toujours ponctuelle
■ *Adverb*
à l'heure : **kommt bitte pünktlich** soyez à l'heure, s'il vous plaît.

die **Pünktlichkeit** ■ la **ponctualité**.

die **Puppe** *(Plural* Puppen*)* ■ la **poupée** : **meine Schwester spielt noch mit Puppen** ma sœur joue encore à la poupée.

pur *Adverb* ■ **pur (pure)**.

putzen
■ *transitives Verb*
nettoyer : **am Samstag putzt mein Vater immer den Keller** le samedi, mon père nettoie toujours la cave

➤ **sich** *(D)* **die Nase putzen** se moucher
➤ **sich** *(D)* **die Zähne putzen** se laver les dents
■ *intransitives Verb*
faire le ménage : er putzt nicht gern il'aime pas faire le ménage

sich **putzen** *reflexives Verb* ■ **faire sa toilette : die Katze putzt sich** le chat fait sa toilette.

die **Putzfrau** *(Plural* Putzfrauen*)* ■ **la femme de ménage**.

die **Pyramide** *(Plural* Pyramiden*)* ■ **la pyramide : wir haben in Ägypten die Pyramiden besucht** en Égypte, nous avons visité les pyramides ; **die Grundfläche der Pyramide berechnen** calculer la surface de la pyramide.

Pyrenäen *Plural* ■ **les Pyrénées** *(Femininum Plural)*.

q

das **Quadrat** *(Plural* Quadrate*)* ■ **le carré**.

quadratisch *Adjektiv*
1. **carré (carrée) : der Tisch ist quadratisch** la table est carrée
2. **du second degré : wir behandeln gerade quadratische Gleichungen** nous étudions en ce moment les équations du second degré.

der **Quadratmeter** *(Plural* Quadratmeter*)* ■ **le mètre carré**.

quälen *transitives Verb* ■ **torturer : du sollst den Hund nicht quälen!** tu ne dois pas torturer ce chien !

sich **quälen** *reflexives Verb* ■ **souffrir : der Patient hat sich furchtbar gequält** le patient a terriblement souffert.

die **Qualität** *(Plural* Qualitäten*)* ■ **la qualité : das ist Ware von bester Qualität** c'est un produit d'excellente qualité.

qualmen *Verb* ■ **fumer : das Feuer qualmte** le feu fumait.

die **Quantität** ■ **la quantité**.

der **Quark** ■ **le fromage blanc**.

das **Quartier** *(Plural* Quartiere*)* ■ **l'hébergement** *(Maskulinum)* **: wer kann den französischen Schülern ein Quartier bieten?** qui peut proposer un hébergement aux élèves français ?

quasi *Adverb* ■ **quasiment : wir haben es quasi geschafft** nous avons quasiment réussi.

der **Quatsch** ■ *familiär* **les bêtises** *(Femininum Plural)* **: erzähl doch keinen Quatsch** ne dis pas de bêtises
➤ **Quatsch machen** faire des bêtises.

quatschen *Verb* ■ *familiär* **bavarder wer jetzt noch quatscht, dem nehme ich das Heft weg!** celui qui bavarde encore une fois, je lui confisque son cahier !

die **Quelle** *(Plural* Quellen*)* ■ **la source : eine Quelle, der heilende Wirkung zugesprochen wird** une source à laquelle on attribue des vertus thérapeutiques.

quer *Adverb* ■ **en travers : er lag quer auf dem Bett** il était allongé en travers du lit
➤ **quer durch etwas laufen** traverser quelque chose : **wir sind quer durch das Feld gelaufen** nous avons traversé le champ

Wenn im Deutschen ein Bewegungsverb zusammen mit einem Adverb (zum Beispiel **quer**) oder einer Präposition verwendet wird, steht im Französischen häufig nur ein Verb.

der Querschnitt *(Plural* Querschnitte*)*
1. l'**aperçu** *(Maskulinum)* : **dieses Buch ist ein Querschnitt durch die Kunstgeschichte des 20. Jahrhunderts** ce livre offre un aperçu de l'histoire de l'art du XXe siècle
2. la **coupe transversale** : **am Querschnitt des Baumes kann man das Alter erkennen** on peut savoir l'âge d'un arbre en étudiant sa coupe transversale.

die Quittung *(Plural* Quittungen*)* ■ le **reçu** : **lass dir eine Quittung geben** demande un reçu.

der Rabatt *(Plural* Rabatte*)* ■ la **réduction** : **bei Barbezahlung bekommen Sie einen Rabatt von 5%** en payant en espèces, vous obtiendrez une réduction de 5%.

die Rache ■ la **vengeance** : **er hat Rache geschworen** il a juré vengeance.

der Rachen *(Plural* Rachen*)* ■ la **gorge** : **mein Rachen ist entzündet** j'ai la gorge irritée.

rächen *transitives Verb* ■ **venger** : **diese Tat muss gerächt werden** il faut venger cet acte

sich rächen *reflexives Verb*
1. **se venger** : **er hat sich nach Jahren an seinem Rivalen gerächt** il s'est vengé de son rival des années plus tard

> Zusammengesetzte Formen reflexiver Verben werden mit **être** gebildet.

2. **avoir des conséquences fâcheuses** : **jetzt rächt es sich, dass du nie Vokabeln lernst** tu n'apprends jamais ton vocabulaire, et cela a maintenant des conséquences fâcheuses.

das Rad *(Plural* Räder*)*
1. la **roue** : **ich habe das vordere Rad abgemacht** j'ai retiré la roue avant
2. le **vélo** : **ich fahre mit dem Rad zur Schule** je vais à l'école en vélo

➤ **Rad fahren** faire du vélo
➤ **ein Rad schlagen** faire la roue.

der Radfahrer *(Plural* Radfahrer*)* ■ le **cycliste**.

die Radfahrerin *(Plural* Radfahrerinnen*)* ■ la **cycliste**.

der Radiergummi *(Plural* Radiergummis*)* ■ la **gomme**.

das Radieschen *(Plural* Radieschen*)* ■ le **radis** *(rose)*.

radikal

■ *Adjektiv*
radical (radicale) : **radikale Sparmaßnahmen greifen** prendre des mesures d'économie radicales ; **das ist eine radikale Partei** c'est un parti radical

■ *Adverb*
radicalement : **er hat sich radikal geändert** il a radicalement changé.

das Radio *(Plural* Radios*)* ■ la **radio**

➤ **Radio hören** écouter la radio

> Achtung ! Anders als das deutsche Wort **Radio** ist das französische Substantiv **radio** weiblich.

der Rahmen *(Plural* Rahmen*)*
1. le **cadre** : **ich suche einen Rahmen für dieses Bild** je cherche un cadre pour ce tableau ; **bei dem Sturz hat sich der Rahmen meines Fahrrads verzogen** lors de ma chute, le cadre de mon vélo s'est déformé
2. l'**encadrement** : **die Rahmen der Fenster müssen gestrichen werden** il faut repeindre l'encadrement des fenêtres.

die **Rakete** *(Plural* Raketen*)*
1. la **fusée : an Silvester werden immer viele Raketen abgefeuert** à la Saint-Sylvestre, on lance beaucoup de fusées
2. le **missile : entlang der Grenze wurden Raketen stationiert** il y avait des missiles stationnés le long de la frontière.

ran *Adverb* ■ *familiär* ➤ heran.

der **Rand** *(Plural* Ränder*)*
1. le **bord : das Glas war voll bis zum Rand** le verre était rempli à ras bord ; **wir standen am Rand des Kraters** nous nous tenions au bord du cratère
2. la **bordure : das Briefpapier hat einen blauen Rand** le papier à lettres a une bordure bleue
3. la **marge : am Rand des Buches waren viele Notizen** il y avait beaucoup d'annotations dans la marge du livre.

rang *Präteritum* ➤ ringen.

rann *Präteritum* ➤ rinnen.

rannte *Präteritum* ➤ rennen.

rasen *Verb*
1. *(Perfekt* ist gerast*)* **foncer : er ist mit 200 über die Autobahn gerast** il a foncé à 200 à l'heure sur l'autoroute

> Bei manchen Bewegungsverben werden die zusammengesetzten Zeiten anders als im Deutschen mit **avoir** gebildet.

2. *(Perfekt* hat gerast*)* **être déchaîné (déchaînée) : das Publikum raste vor Begeisterung** le public était déchaîné d'enthousiasme.

der **Rasen** *(Plural* Rasen*)* ■ la **pelouse : Betreten des Rasens verboten!** pelouse interdite !

der **Rasierapparat** *(Plural* Rasierapparate*)* ■ le **rasoir électrique**.

sich **rasieren** *reflexives Verb* ■ **se raser : Anna rasiert sich die Beine** Anna se rase les jambes ; **mein Vater rasiert sich elektrisch** mon père se rase au rasoir électrique.

die **Rasse** *(Plural* Rassen*)* ■ la **race : was für eine Rasse ist euer Hund?** quelle est la race de votre chien ?

rassistisch *Adjektiv* ■ **raciste**.

die **Rast** *(Plural* Rasten*)* ■ la **halte : wir haben Rast an einem See gemacht** nous avons fait une halte au bord d'un lac.

rasten *Verb* ■ **s'arrêter : wir haben an einem Fluss gerastet** nous nous sommes arrêtés au bord d'une rivière.

die **Raststätte** *(Plural* Raststätten*)* ■ le **restoroute : wir haben an einer Raststätte gehalten** nous nous sommes arrêtés dans un restoroute.

der **Rat** *(Plural* Räte*)* ■ le **conseil : du solltest den Rat des Arztes befolgen** tu devrais suivre le conseil du médecin.

rät *Präsens* ➤ raten.

die **Rate** *(Plural* Raten*)*
1. la **traite : ich habe die erste Rate bezahlt** j'ai payé la première traite
2. le **taux : die Rate der Geburten ist weiter zurückgegangen** le taux de natalité a continué à baisser

➤ **etwas auf Raten kaufen** acheter quelque chose à crédit.

raten *(Präsens* rät, *Präteritum* riet, *Perfekt* hat geraten*)*

■ *transitives Verb*
1. **deviner : er hat versucht, mein Sternzeichen zu raten** il a essayé de deviner mon signe astrologique
2. **conseiller : welches Modell würden Sie mir raten?** quel modèle me conseilleriez-vous ?

■ *intransitives Verb*
1. **deviner : rate mal, wie alt ich bin** devine quel âge j'ai
2. **conseiller : der Verkäufer hat mir zu einem schnurlosen Telefon geraten** le vendeur m'a conseillé un téléphone sans fil.

das **Rathaus** *(Plural* Rathäuser*)* ■ la **mairie**.

ratlos

■ *Adjektiv*
perplexe : ich bin völlig ratlos je suis totalement perplexe

■ *Adverb*
avec perplexité : er sah mich ratlos an il me regardait avec perplexité.

das **Rätsel** *(Plural* Rätsel*)*
1. **l'énigme** *(Femininum)* : **Sherlock Holmes hat dieses Rätsel gelöst** Sherlock Holmes a résolu cette énigme
2. **la devinette : er hat mir ein Rätsel aufgegeben** il m'a posé une devinette.

rätselhaft *Adjektiv* ■ **énigmatique**.

die **Ratte** *(Plural* Ratten*)* ■ **le rat**.

rau *Adjektiv*
1. **rugueux (rugueuse) : ich habe ganz raue Hände** j'ai les mains toutes rugueuses
2. **rude : das Klima in Lappland wäre mir zu rau** le climat de la Laponie serait trop rude pour moi
3. **enroué : vom vielen Reden habe ich eine raue Stimme** j'ai la voix enrouée à force d'avoir parlé.

der **Räuber** *(Plural* Räuber*)* ■ **le voleur**.

die **Räuberin** *(Plural* Räuberinnen*)* ■ **la voleuse**.

das **Raubtier** *(Plural* Raubtiere*)* ■ **le prédateur : im Zoo haben wir viele Raubtiere gesehen** au zoo, nous avons vu beaucoup de prédateurs.

der **Rauch**
1. **la fumée : aus den Schornsteinen stieg Rauch** de la fumée s'échappait de la cheminée
2. **la (fumée de) cigarette : du riechst nach Rauch, auf der Feier waren bestimmt viele Raucher** tu sens la cigarette, il y avait sûrement beaucoup de fumeurs à la fête.

rauchen *Verb* ■ **fumer : mein Opa raucht Zigarren** mon papy fume le cigare ; **er hat aufgehört zu rauchen** il a arrêté de fumer.

rauf *Adverb* ■ *familiär* ➤ **herauf**.

sich **raufen** *reflexives Verb* ■ **se bagarrer : die beiden rauften sich auf dem Schulhof** ils se bagarraient tous les deux dans la cour de l'école.

der **Raum** *(Plural* Räume*)*
1. **la pièce : unser Klassenzimmer ist ein großer rechteckiger Raum** notre salle de classe est une grande pièce rectangulaire
2. **la région : im Raum Köln kommt es zu Staus auf den Autobahnen** les autoroutes de la région de Cologne sont embouteillées.

räumen *Verb*
1. **ranger : räum bitte das Geschirr in den Schrank** range la vaisselle dans le placard, s'il te plaît
2. **libérer : ich muss meine Wohnung räumen** je dois libérer mon appartement
3. **évacuer : die Unfallstelle ist inzwischen geräumt** le lieu de l'accident a été évacué entre-temps.

die **Raumfahrt** ■ **la navigation spatiale**.

räumlich *Adverb* ■ **en trois dimensions : ich habe Probleme, mir Dinge räumlich vorzustellen** j'ai du mal à me représenter les choses en trois dimensions.

das **Raumschiff** *(Plural* Raumschiffe*)* ■ **le vaisseau spatial**.

raus *Adverb* ■ *familiär*
➤ **raus!** dehors !
➤ **raus dürfen** pouvoir sortir : **darf ich raus und mit Thomas spielen ?** je peux sortir pour aller jouer avec Thomas ? ➤ **heraus**.

der **Rausch** *(Plural* Räusche*)*
➤ **einen Rausch haben** être soûl (soûle).

das **Rauschgift** *(Plural* Rauschgifte*)* ■ **la drogue**.

rausfliegen *(Perfekt* ist rausgeflogen*) Verb* ■ *familiär* **être viré (virée) : Hugo ist aus der Schule rausgeflogen** Hugo a été viré de l'école.

rauskriegen *Verb* ■ *familiär* **découvrir : ich kriege schon noch raus, wer das an die Tafel geschrieben hat** je vais bien finir par découvrir qui a écrit ça au tableau.

sich **räuspern** *reflexives Verb* ■ **se racler la gorge**.

reagieren *Verb* ■ **réagir : wie hat dein Lehrer auf die Entschuldigung reagiert?** comment le professeur a-t-il réagi à ton excuse ?

die **Reaktion** *(Plural* Reaktionen*)* ■ la **réaction : diese Reaktion hatte ich nicht erwartet** je ne m'attendais pas à cette réaction.

realistisch *Adjektiv* ■ **réaliste : das ist eine sehr realistische Darstellung** c'est une représentation très réaliste.

die **Realschule** *(Plural* Realschulen*)* ■ **l'école d'enseignement secondaire de cycle court** *(Femininum)*

REALSCHULE

La Realschule prépare à l'apprentissage et au cycle court et s'arrête après la 10e classe. On y enseigne des matières générales, une seule langue vivante et des matières techniques.

rechnen

■ *intransitives Verb*

1. **calculer : Louise kann sehr gut rechnen** Louise sait très bien calculer
2. **s'attendre à : wir rechnen damit, mehr als 600 Euro für die Reparatur zu zahlen zu müssen** nous nous attendons à devoir payer plus de 600 euros pour les réparations

■ *transitives Verb*

calculer : das hast du nicht richtig gerechnet tu as mal calculé cela.

die **Rechnung** *(Plural* Rechnungen*)*

1. la **facture : wir müssen noch die Rechnung für die Reparatur bezahlen** nous devons encore régler la facture des réparations
2. l'**addition : der Kellner hat uns die Rechnung gebracht** le serveur nous a apporté l'addition.

recht

■ *Adjektiv*

1. **tellement : ich habe keine rechte Lust, auf die Party zu gehen** je n'ai pas tellement envie d'aller à cette fête
2. **bon (bonne) : das ist jetzt nicht der rechte Augenblick** ce n'est pas le bon moment

➤ **jemandem recht sein** convenir à quelqu'un

■ *Adverb*

vraiment : heute ist es recht heiß il fait vraiment chaud aujourd'hui

➤ **jemandem nichts recht machen können** ne pas pouvoir satisfaire quelqu'un.

das **Recht**

1. la **loi : wenn man fremdes Eigentum entwendet, verstößt das gegen das Recht** en volant les biens d'autrui, on enfreint la loi
2. le **droit : ich als deine Mutter habe ein Recht zu wissen, wo du abends hingehst** comme je suis ta mère, j'ai le droit de savoir où tu passes tes soirées

➤ **jemandem Recht geben** donner raison à quelqu'un

➤ **Recht haben** avoir raison

➤ **zu Recht** à juste titre.

rechte, r, s *Adjektiv*

1. **droit (droite) : meine rechte Hand ist geschickter als meine linke** je suis plus adroit de la main droite que de la main gauche
2. **de droite : eine rechte Partei** un parti de droite.

die **Rechte**

1. la **main droite : man gibt sich zur Begrüßung die Rechte** on se salue en se serrant la main droite
2. la **droite : die Rechte macht Stimmung gegen die Sozialpolitik der Linken** la droite fait de la propagande contre la politique sociale de la gauche.

das **Rechteck** *(Plural* Rechtecke*)* ■ le **rectangle**.

rechteckig *Adjektiv* ■ **rectangulaire**.

sich **rechtfertigen** *reflexives Verb* ■ **se justifier : wie kannst du dich für dieses Benehmen rechtfertigen?** comment justifies-tu ton comportement ?

rechtmäßig *Adjektiv* ■ **légitime : der rechtmäßige Besitzer** le propriétaire légitime.

rechts

■ *Adverb*

à droite : bieg an der Ampel rechts ab au feu, tourne à droite ; **meine Eltern wählen rechts** mes parents votent à droite

■ *Präposition (+ G)*

à droite : das Hotel liegt von hier aus gesehen rechts der Straße vu d'ici, l'hôtel se trouve à droite de la rue.

der **Rechtsanwalt** *(Plural* Rechtsanwälte*)* ■ l'**avocat** *(Maskulinum)*.

die **Rechtsanwältin** *(Plural* Rechtsanwältinnen*)* ■ **l'avocate** *(Femininum)*.

der **Rechtschreibfehler** *(Plural* Rechtschreibfehler*)* ■ la **faute d'orthographe**.

die **Rechtschreibung** *(Plural* Rechtschreibungen*)* ■ l'**orthographe** *(Femininum)*.

rechtwinklig, rechtwinkelig *Adjektiv* ■ **rectangle : zeichnet ein rechtwinkliges Dreieck** dessinez un triangle rectangle.

rechtzeitig *Adverb* ■ **à l'heure : wir sind rechtzeitig losgefahren** nous sommes partis à l'heure.

die **Rede** *(Plural* Reden*)* ■ le **discours : eine Rede halten** prononcer un discours ; **wir nehmen zurzeit die indirekte Rede durch** nous étudions actuellement le discours indirect.

reden
■ *intransitives Verb*
parler : ich habe mit deiner Lehrerin über deine Probleme geredet j'ai parlé de tes problèmes à ton professeur
■ *transitives Verb*
dire : red doch nicht so einen Unsinn ne dis pas des bêtises pareilles.

die **Redewendung** *(Plural* Redewendungen*)* ■ l'**expression** *(Femininum)*.

das **Referat** *(Plural* Referate*)* ■ l'**exposé** *(Maskulinum)* **: ich muss ein Referat über das Dritte Reich halten** je dois faire un exposé sur le troisième Reich.

reflexiv
■ *Adjektiv*
pronominal (pronominale) : „sich erinnern" ist ein reflexives Verb « sich erinnern » est un verbe pronominal
■ *Adverb*
de manière pronominale : das Verb „brechen" kann auch reflexiv gebraucht werden le verbe « brechen » peut aussi s'employer de manière pronominale.

das **Regal** *(Plural* Regale*)* ■ l'**étagère** *(Femininum)*.

die **Regel** *(Plural* Regeln*)*
1. la **règle : in Grammatik lernen wir viele Regeln** en grammaire, nous apprenons beaucoup de règles
2. les **règles** *(Femininum Plural)* **: sie hat ihre Regel** elle a ses règles.

regelmäßig
■ *Adjektiv*
régulier (régulière) : Camille hat eine sehr regelmäßige Schrift Camille a une écriture très régulière
■ *Adverb*
régulièrement : ich lerne regelmäßig meine Vokabeln j'apprends régulièrement mon vocabulaire.

der **Regen** ■ la **pluie**
➤ **saurer Regen** les pluies acides *(Femininum Plural)*.

der **Regenbogen** *(Plural* Regenbogen*)* ■ l'**arc en ciel** *(Maskulinum)*.

der **Regenschirm** *(Plural* Regenschirme*)* ■ le **parapluie**.

regieren *(Perfekt* hat regiert*)*
■ *transitives Verb*
être au pouvoir : welche Partei regiert zurzeit Deutschland? quel parti est actuellement au pouvoir en Allemagne ?
■ *intransitives Verb*
régner sur : das war zu der Zeit, als noch ein König in Württemberg regierte c'était à l'époque où un roi régnait encore sur le Wurtemberg.

die **Regierung** *(Plural* Regierungen*)* ■ le **gouvernement**.

der **Regisseur** *(Plural* Regisseure*)* ■ le **metteur en scène**.

regnen *Verb* ■ **pleuvoir : es regnet** il pleut
➤ **es regnete Konfetti** il pleuvait des confettis.

das **Reh** *(Plural* Rehe*)* ■ le **chevreuil**.

reiben *(Präteritum* rieb, *Perfekt* hat gerieben*) Verb*
1. **râper : kannst du bitte ein paar Karotten reiben?** peux-tu râper quelques carottes, s'il te plaît ?

2. **se frotter : warum reibst du dir die Augen?** pourquoi te frottes-tu les yeux ?

reich *Adjektiv*

1. **riche : dieses Land ist reich an Bodenschätzen** ce pays est riche en ressources naturelles
2. **abondant (abondante) : eine reiche Ernte** une récolte abondante.

das **Reich** *(Plural* Reiche*)* ■ **l'empire** *(Maskulinum)* **: das Reich der Römer** l'empire romain

➤ **das Dritte Reich** le troisième Reich.

reichen

■ *intransitives Verb*

suffire : das hat mir nicht gereicht cela ne m'a pas suffi

➤ **bis zu etwas reichen** aller jusqu'à quelque chose : **unser Grundstück reicht bis zum Fluss** notre terrain va jusqu'au fleuve

■ *transitives Verb*

passer : kannst du mir bitte mal das Salz reichen? peux-tu me passer le sel, s'il te plaît ?

der **Reichstag** ■ le **Reichstag : ich habe mir den Reichstag angesehen** j'ai visité le Reichstag

REICHSTAG

Parlement allemand construit à Berlin entre 1884 et 1894. L'incendie dont il fut victime le 27 février 1933 servit de prétexte aux nazis pour persécuter leurs adversaires politiques. Depuis la fin de la Seconde Guerre mondiale, le bâtiment n'avait quasiment plus servi. Après la réunification (1990), il a fait l'objet de grands travaux, parmi lesquels l'installation d'une coupole en verre. Le Bundestag y siège depuis 1999.

der **Reichtum** *(Plural* Reichtümer*)* ■ **la fortune**

➤ **der Reichtum an etwas** *(D)* la richesse en quelque chose : **dieses Land ist bekannt für seinen Reichtum an Gold** ce pays est célèbre pour sa richesse en or.

reif *Adjektiv*

1. **mûr (mûre) : die Äpfel sind noch nicht reif** les pommes ne sont pas encore mûres
2. **bon (bonne) : er ist reif fürs Irrenhaus** i[l] est bon pour l'asile.

der **Reifen** *(Plural* Reifen*)*

1. **le pneu : im Winter lasse ich immer andere Reifen montieren** je fais toujours monter d'autres pneus en hiver
2. **le serre-tête : sie trägt immer einen Reifen im Haar** elle porte toujours un serre-tête dans les cheveux.

die **Reihe** *(Plural* Reihen*)*

1. **le rang : stellt euch alle in einer Reihe auf** mettez-vous tous en rang ; **ich sitze im Kino nicht gern in der ersten Reihe** je n'aime pas être assis au premier rang au cinéma
2. **le tour : jetzt komme ich an die Reihe** c'est mon tour maintenant

➤ **der Reihe nach** dans l'ordre.

die **Reihenfolge** *(Plural* Reihenfolgen*)* ■ **l'ordre** *(Maskulinum)* **: in alphabetischer Reihenfolge** en ordre alphabétique.

rein

■ *Adjektiv*

1. **pur (pure) : die Bluse ist aus reiner Seide** ce chemisier est en pure soie
2. **tranquille : ich habe ein reines Gewissen** j'ai la conscience tranquille

➤ **ins Reine schreiben** écrire au propre

■ *Adverb*

1. **carrément : ich habe dabei rein gar nichts gelernt** je n'ai carrément rien appris
2. **purement : dieses Produkt ist rein pflanzlich** ce produit est purement végétal
3. *familiär* ➤ **herein**.

der **Reinfall** *(Plural* Reinfälle*)* ■ *familiär* **le bide : das Konzert war ein Reinfall** le concert a fait un bide.

rein|fallen *(Perfekt* ist reingefallen*)* *Verb* ■ *familiär* **tomber dans : er ist ins Wasser reingefallen** il est tombé dans l'eau

➤ **auf jemanden|etwas reinfallen** se faire avoir par quelqu'un|quelque chose : **auf diesen Betrüger und seine Tricks sind schon viele reingefallen** beaucoup se sont déjà fait avoir par cet escroc et ses ruses.

reinigen *Verb* ■ **nettoyer : ich habe den Pinsel mit Terpentin gereinigt** j'ai nettoyé le pinceau à la térébenthine

➤ **chemisch reinigen** nettoyer à sec.

rein|legen *Verb familiär*
1. **rouler : meine Freunde haben mich reingelegt** mes copains m'ont roulé
2. **mettre dans : du kannst deine Sachen bei mir ins Zimmer reinlegen** tu peux mettre tes affaires dans ma chambre.

der **Reis** ■ **le riz**.

die **Reise** *(Plural* Reisen*)* ■ **le voyage : wir machen eine Reise nach Frankreich** nous partons en voyage en France
➤ **gute Reise!** bon voyage !

reisen *(Perfekt* ist gereist*) Verb* ■ **voyager : er ist viel gereist** il a beaucoup voyagé

Bei manchen Bewegungsverben werden die zusammengesetzten Zeiten anders als im Deutschen mit **avoir** gebildet.

reißen *(Präteritum* riss, *Perfekt* ist|hat gerissen*)*
■ *intransitives Verb*
1. *(Perfekt* ist gerissen*)* **se casser : das Seil ist gerissen** la corde s'est cassée
2. *(Perfekt* hat gerissen*)* **tirer : er hat so lange am Seil gerissen, bis es freikam** il a tiré sur la corde jusqu'à ce qu'elle soit dégagée
■ *transitives Verb (Perfekt* hat gerissen*)*
1. **déchirer : er riss den Brief in tausend Fetzen** il déchira la lettre en mille morceaux
2. **arracher : sie riss eine Seite aus ihrem Heft** elle a arraché une page de son cahier.

der **Reißverschluss** *(Plural* Reißverschlüsse*)* ■ **la fermeture Éclair®** .

reiten *(Präteritum* ritt, *Perfekt* ist/hat geritten*)*
■ *intransitives Verb (Perfekt* ist geritten*)*
aller : er ritt im Galopp il allait au galop
➤ **auf einem Tier reiten** monter sur un animal : **ich bin schon mal auf einem Kamel geritten** je suis déjà monté sur un chameau
■ *transitives Verb*
1. *(Perfekt* hat geritten*)* **monter : sie reitet am liebsten den Schimmel** c'est le cheval blanc qu'elle préfère monter
2. *(Perfekt* sind geritten*)* **parcourir** *(sur un animal)* **: wir sind heute eine lange Strecke geritten** nous avons parcouru une longue distance aujourd'hui

Bei manchen Bewegungsverben werden die zusammengesetzten Zeiten anders als im Deutschen mit **avoir** gebildet.

der **Reiz** *(Plural* Reize*)*
1. **le charme : das ist der Reiz des Neuen** c'est le charme de la nouveauté
2. **l'irritation** *(Femininum)* **: die Säure verursacht einen Reiz auf der Haut** l'acidité provoque une irritation de la peau.

reizen *Verb*
1. **tenter : Ferien in Frankreich würden mich sehr reizen** des vacances en France, cela me tenterait bien
2. **provoquer : ihr reizt mich so lange, bis ich wütend werde** vous me provoquez jusqu'à ce que je me mette en colère.

reizend *Adjektiv* ■ **charmant (charmante) : vielen Dank für den reizenden Abend** merci beaucoup pour cette charmante soirée.

die **Reklame** *(ohne Plural)* ■ **la publicité : der neue Supermarkt macht viel Reklame** le nouveau supermarché fait beaucoup de publicité.

der **Rekord** *(Plural* Rekorde*)* ■ **le record : Konrad hat heute einen Rekord im Weitsprung aufgestellt** aujourd'hui, Konrad a battu un record au saut en longueur.

der **Rektor** *(Plural* Rektoren*)*
1. **le directeur : der Rektor der Grundschule geht in den Ruhestand** le directeur de l'école primaire prend sa retraite
2. **le recteur : er ist Rektor der Universität** il est recteur de l'université.

die **Rektorin** *(Plural* Rektorinnen*)*
1. **la directrice : die Grundschule bekommt eine neue Rektorin** une nouvelle directrice va diriger l'école primaire
2. **le recteur : sie ist Rektorin der Universität** elle est recteur de l'université.

relativ, relativ *Adverb* ■ **relativement : die Französischarbeit war relativ leicht** le devoir de français était relativement facile.

das **Relativpronomen** *(Plural* Relativpronomen*)* ■ **le pronom relatif**.

der **Relativsatz** (*Plural* Relativsätze) ■ la **proposition relative**.

die **Religion** (*Plural* Religionen)
1. la **religion** : **welcher Religion gehört ihr an?** quelle est votre religion ?
2. l'**instruction religieuse** (*Femininum*) : **in Religion hatte ich immer eine gute Note** j'avais toujours de bonnes notes en instruction religieuse.

religiös
■ *Adjektiv*
croyant (croyante) : **meine Mutter ist sehr religiös** ma mère est très croyante
■ *Adverb*
➤ **jemanden religiös erziehen** donner une éducation religieuse à quelqu'un.

rennen (*Präteritum* rannte, *Perfekt* ist gerannt) *Verb* ■ **courir** : **ich bin ganz schnell gerannt** j'ai couru très vite

Bei manchen Bewegungsverben werden die zusammengesetzten Zeiten anders als im Deutschen mit **avoir** gebildet.

die **Rente** (*Plural* Renten) ■ la **retraite** : **meine Großmutter bekommt nur eine kleine Rente** ma grand-mère ne touche qu'une petite retraite
➤ **in Rente gehen** prendre sa retraite : **Michelle geht dieses Jahr in Rente** Michelle prend sa retraite cette année.

der **Rentner** (*Plural* Rentner) ■ le **retraité**.

die **Rentnerin** (*Plural* Rentnerinnen) ■ la **retraitée**.

die **Reparatur** (*Plural* Reparaturen) ■ la **réparation** : **die Reparatur meines Computers war teuer** la réparation de mon ordinateur a coûté cher.

reparieren *Verb* ■ **réparer** : **ich muss mein Auto reparieren lassen** je dois faire réparer ma voiture.

die **Republik** (*Plural* Republiken) ■ la **république**.

reservieren *Verb* ■ **réserver** : **wir haben einen Tisch im Restaurant reserviert** nous avons réservé une table au restaurant.

der **Respekt** ■ le **respect** : **ich habe großen Respekt vor seinen schulischen Leistungen** j'ai beaucoup de respect pour ses résultas scolaires
➤ **sich Respekt verschaffen** se faire respecter : **unser Mathematiklehrer kann sich Respekt verschaffen** notre professeur de maths sait se faire respecter.

respektieren *Verb* ■ **respecter** : **ich respektiere deinen Wunsch** je respecte ton souhait ; **unser Klassenlehrer wird von allen respektiert** notre professeur principal est respecté de tous.

der **Rest** (*Plural* Reste) ■ le **reste** : **die Reste des Essens können wir heute Abend essen** nous pouvons manger les restes du repas ce soir ; **zuerst fahre ich eine Woche zu meinen Großeltern, den Rest der Ferien bin ich zu Hause** je vais d'abord une semaine chez mes grands-parents, puis je passe le reste des vacances à la maison.

das **Restaurant** (*Plural* Restaurants) ■ le **restaurant**.

retten *transitives Verb* ■ **sauver** : **mein Bruder hat einem Kind das Leben gerettet** mon frère a sauvé la vie à un enfant
➤ **bist du noch zu retten?** ça va pas la tête ? : **du willst von der Brücke springen ? Bist du noch zu retten ?** tu veux sauter du pont ? ça va pas la tête ?

sich **retten** *reflexives Verb* ■ **échapper** : **die meisten Menschen konnten sich vor dem Feuer retten** la plupart des gens ont pu échapper au feu.

der **Rettich** (*Plural* Rettiche) ■ le **radis** (*noir*) : **Rettiche sind größer als Radieschen** les radis noirs sont plus grands que les radis roses.

das **Rezept** (*Plural* Rezepte)
1. l'**ordonnance** (*Femininum*) : **der Arzt hat mir ein Rezept gegeben** le médecin m'a fait une ordonnance
2. la **recette** : **ich habe meine Schwiegermutter um das Rezept gebeten** j'ai demandé la recette à ma belle-mère

Achtung ! **Rezept** wird nur in der Bedeutung „Kochanleitung" mit **recette** übersetzt.

der **Rhein** ■ le **Rhin**.

Rheinland-Pfalz *Neutrum* ■ la **Rhénanie-Palatinat**

Namen von Regionen werden im Französischen oft mit dem bestimmten Artikel verwendet.

das **Rheuma** ■ les **rhumatismes** *(Maskulinum Plural)* : **meine Mutter leidet an Rheuma** ma mère souffre de rhumatismes.

der **Rhythmus** *(Plural* Rhythmen*)* ■ le **rythme** : **die Zuschauer klatschten im Rhythmus** les spectateurs applaudissaient en rythme ; **die Straßenbahnen verkehren in regelmäßigem Rhythmus** les tramways circulent à un rythme régulier.

richten

■ *transitives Verb*

1. **pointer** : **er richtete seine Waffe gegen sie** il pointa son arme sur elle
2. **adresser** : **ich richte diese Bitte an euch alle** j'adresse cette demande à vous tous

■ *intransitives Verb*

juger : **wir sollten nicht über ihn richten** nous ne devrions pas le juger

sich **richten** *reflexives Verb* ■ **être dirigé (dirigée)** : **diese Bemerkung richtete sich gegen mich** cette remarque était dirigée contre moi

➤ **sich nach jemandem richten** se conformer à quelqu'un : **ich richte mich ganz nach dir** je me conforme entièrement à toi

➤ **sich nach etwas richten** dépendre de quelque chose : **die Note richtet sich nach der erbrachten Leistung** la note dépend des efforts fournis.

der **Richter** *(Plural* Richter*)* ■ **le juge**.

die **Richterin** *(Plural* Richterinnen*)* ■ la **juge**.

richtig

■ *Adjektiv*

1. **exact (exacte)** : **das ist nicht das richtige Wort** ce n'est pas le mot exact
2. **bien** : **es ist nicht richtig, sich über Behinderte lustig zu machen** ce n'est pas bien de se moquer des handicapés
3. **véritable** : **es ist eine richtige Freude, sie Französisch sprechen zu hören** c'est un véritable plaisir de l'entendre parler français
4. **bon (bonne)** : **jetzt ist nicht der richtige Augenblick** ce n'est pas le bon moment
5. **vrai (vraie)** : **meine Eltern wollen, dass ich einen richtigen Beruf erlerne** mes parents veulent que j'apprenne un vrai métier ; **Hapé ist nicht sein richtiger Name, sondern sein Künstlername** Hapé n'est pas son vrai nom, c'est son nom d'artiste

■ *Adverb*

1. **vraiment** : **ich bin richtig froh, dass jetzt Ferien sind** je suis vraiment content qu'on soit en vacances ; **in den Ferien wirst du dich richtig erholen können** pendant les vacances, tu pourras vraiment te reposer
2. **effectivement** : **du heißt also Susanne? – richtig!** alors tu t'appelles Susanne ? – effectivement !
3. **correctement** : **du hast das Wort nicht richtig geschrieben** tu n'as pas écrit le mot correctement.

die **Richtung** *(Plural* Richtungen*)* ■ **la direction** : **er ging in eine andere Richtung** il est parti dans une autre direction ; **der Wind kam aus südlicher Richtung** le vent venait du sud

➤ **in umgekehrter Richtung** en sens inverse.

rieb *Präteritum* ➤ reiben

riechen *(Präteritum* roch*, Perfekt* hat gerochen*) Verb* ■ **sentir** : **das riecht gut!** ça sent bon !

rief *Präteritum* ➤ rufen.

der **Riese** *(Plural* Riesen*)* ■ **le géant** : **die Basketballspieler sind alle Riesen** les joueurs de basket sont tous des géants ; **das ist die Geschichte von einem Riesen** c'est l'histoire d'un géant.

riesengroß *Adjektiv* ■ **gigantesque** : **unsere Schule ist ein riesengroßes Gebäude** notre école est un bâtiment gigantesque.

riesig

■ *Adjektiv*

1. **gigantesque** : **vor unserem Haus steht eine riesige Tanne** devant notre maison, il y a un sapin gigantesque

2. *familiär* **génial (géniale) : das waren riesige Ferien** ces vacances étaient géniales
■ *Adverb*
familiär **vachement : ich habe mich über dein Geschenk riesig gefreut** ton cadeau m'a fait vachement plaisir.

riet *Präteritum* ➤ raten.

das **Rind** *(Plural* Rinder*)* ■ **le bœuf : wie viele Rinder sind an BSE erkrankt?** combien de bœufs ont été atteints par la maladie de la vache folle ?

die **Rinde** *(Plural* Rinden*)*
1. **l'écorce** *(Femininum)* **: Birken haben eine silberne Rinde** l'écorce des bouleaux est argentée
2. **la croûte : ich habe die Rinde vom Käse abgeschnitten** j'ai ôté la croûte du fromage.

das **Rindfleisch** ■ la **viande de bœuf**.

der **Ring** *(Plural* Ringe*)*
1. la **bague : mein Freund hat mir einen Ring geschenkt** mon petit ami m'a offert une bague
2. le **ring : der Boxer betrat den Ring** le boxeur est monté sur le ring
3. le **gang : die Polizei ist dem Ring der Drogendealer auf der Spur** la police est sur la piste du gang des dealers
4. le **cerne : sie hatte Ringe unter den Augen** elle avait des cernes sous les yeux.

ringen *(Präteritum* rang, *Perfekt* hat gerungen*) Verb* ■ **lutter : er hat mit seinem Gegner gerungen** il a lutté contre son adversaire ; **sie musste mit den Tränen ringen** elle devait lutter contre les larmes
➤ **nach Luft ringen** suffoquer : **sie war so schnell gelaufen, dass sie erst mal nach Luft ringen musste** elle avait marché tellement vite qu'elle suffoquait.

rinnen *(Präteritum* rann, *Perfekt* ist geronnen*) Verb* ■ **couler : Blut rinnt aus der Wunde** du sang coule de la blessure.

die **Rippe** *(Plural* Rippen*)* ■ la **côte : ich habe mir eine Rippe gebrochen** je me suis cassé une côte.

das **Risiko** *(Plural* Risiken*)* ■ le **risque : das Risiko ist mir zu groß** le risque est trop élevé pour moi.

riskant
■ *Adjektiv*
risqué (risquée) : das ist mir zu riskant c'est trop risqué pour moi
■ *Adverb*
en prenant des risques : er hat ziemlich riskant überholt il a doublé en prenant pas mal de risques.

riskieren *Verb*
1. **mettre en péril : du riskierst deinen guten Ruf, wenn du das machst** en faisant cela, tu mets en péril ta réputation
2. **risquer : er hat sein Leben riskiert, um das Kind zu retten** il a risqué sa vie pour sauver l'enfant.

riss *Präteritum* ➤ reißen.

der **Riss** *(Plural* Risse*)* ■ **l'accroc** *(Maskulinum)* **: du hast einen Riss in der Hose** tu as un accroc à ton pantalon.

rissig *Adjektiv* ■ **fissuré (fissurée) : die Wände in dem alten Gebäude sind rissig** les murs du vieux bâtiment sont fissurés.

ritt *Präteritum* ➤ reiten.

roch *Präteritum* ➤ riechen.

der **Rock** *(Plural* Röcke*)* ■ la **jupe : Marion trägt nicht gern Röcke** Marion n'aime pas mettre de jupes.

die **Rockmusik** ■ le **rock**.

der **Roggen** ■ le **seigle**.

roh
■ *Adjektiv*
1. **cru (crue) : ich esse gern rohes Gemüse** j'aime bien les légumes crus
2. **grossier (grossière) : Paul ist ein roher Mensch** Paul est quelqu'un de grossier
■ *Adverb*
1. **cru (crue) : sie isst fast alles roh** elle mange presque tout cru
2. **avec brutalité : die Gefangenen wurden roh behandelt** les prisonniers ont été traités avec brutalité.

das **Rohr** *(Plural* Rohre*)* ■ le **tuyau : im letzten Winter sind die Rohre eingefroren** les tuyaux ont gelé l'hiver dernier.

die **Rolle** *(Plural* Rollen*)*
1. le **rôle : er spielt die Rolle des Hamlet** il in-

terprète le rôle d'Hamlet ; **die Rolle der Frau hat sich gewandelt** le rôle de la femme a évolué

> Achtung ! Anders als das deutsche Wort **Rolle** ist das französische Substantiv **rôle** männlich.

2. la **roulette : an dem Bürostuhl sind unten Rollen** le fauteuil de bureau a des roulettes

➤ **die Rolle vorwärts** la roulade : **macht alle eine Rolle vorwärts !** faites tous une roulade !

➤ **die Rolle rückwärts** la culbute : **kannst du eine Rolle rückwärts ?** est-ce que tu sais faire la culbute ?

➤ **keine Rolle spielen** ne pas avoir d'importance : **es spielt keine Rolle, wann ihr kommt** venez quand vous voulez, cela n'a pas d'importance.

die **Rolltreppe** *(Plural* Rolltreppen*)* ■ les **escaliers roulants** *(Maskulinum Plural)*.

der **Roman** *(Plural* Romane*)*

1. le **roman : ich lese gerade einen spannenden Roman** je suis en train de lire un roman passionnant
2. *familiär* l'**histoire : erzähl mir doch keine Romane** ne me raconte pas d'histoires.

romanisch *Adjektiv* ■ **roman (romane) : Französisch ist eine romanische Sprache** le français est une langue romane ; **in Burgund gibt es wunderschöne romanische Kirchen** il y a de magnifiques églises romanes en Bourgogne.

romantisch *Adjektiv* ■ **romantique : Peter ist überhaupt nicht romantisch** Peter n'est pas du tout romantique.

römisch *Adjektiv*

1. **romain (romaine) : Caesar war ein römischer Kaiser** César était un empereur romain
2. **de Rome : auf den römischen Straßen herrscht meist chaotischer Verkehr** la circulation est souvent chaotique dans les rues de Rome.

röntgen *Verb* ■ **faire une radio de : wir müssen Ihr Bein röntgen** nous devons faire une radio de votre jambe.

rosa

■ *Adjektiv*

rose : sie trug eine rosa Bluse elle portait un chemisier rose

■ *Adverb*

en rose : sie war ganz rosa gekleidet elle était habillée tout en rose.

die **Rose** *(Plural* Rosen*)* ■ la **rose : er hat mir einen Strauß roter Rosen geschenkt** il m'a offert un bouquet de roses rouges.

der **Rosenkohl** ■ le **chou de Bruxelles**.

die **Rosine** *(Plural* Rosinen*)* ■ le **raisin sec**.

der **Rost** *(Plural* Roste*)*

1. la **rouille : ich muss den Rost an meinem Fahrrad entfernen** il faut que j'enlève la rouille de mon vélo
2. la **grille : leg den Rost auf den Grill und leg die Würstchen darauf** pose la grille sur le barbecue et mets les saucisses dessus.

rosten *(Perfekt* hat|ist gerostet*) Verb* ■ **rouiller : wenn du dein Fahrrad im Regen stehen lässt, fängt es an zu rosten** si tu laisses ton vélo sous la pluie, il va rouiller.

rostig *Adjektiv* ■ **rouillé (rouillée) : sie ist auf einen rostigen Nagel getreten** elle a marché sur un clou rouillé.

rot *(Komparativ* röter, roter, *Superlativ* röteste, roteste*)*

■ *Adjektiv*

1. **rouge : ich habe ein rotes Auto** j'ai une voiture rouge
2. **roux (rousse) : Petra hat rote Haare** Petra a les cheveux roux

➤ **rot werden** rougir : **wenn er lügt, wird er immer rot** il rougit toujours lorsqu'il ment

■ *Adverb*

en rouge : meine Mutter hat den Zaun rot angemalt ma mère a peint la clôture en rouge.

rothaarig *Adjektiv* ■ **roux (rousse)**.

der **Rotwein** *(Plural* Rotweine*)* ■ le **vin rouge**.

rüber *Adverb familiär*

1. ➤ herüber
2. ➤ hinüber.

der **Rücken** *(Plural* Rücken*)* ■ le **dos**

➤ **hinter jemandes Rücken** derrière le dos de quelqu'un.

die **Rückfahrkarte** *(Plural* Rückfahrkarten*)* ■ **l'aller et retour** *(Maskulinum)* : **bitte eine Rückfahrkarte Stuttgart-Straßburg** un aller et retour Stuttgart-Strasbourg, s'il vous plaît.

die **Rückfahrt** *(Plural* Rückfahrten*)* ■ **le retour** *(en véhicule)* : **auf der Rückfahrt haben wir in Lyon Halt gemacht** au retour, nous avons fait halte à Lyon.

die **Rückkehr** ■ **le retour**.

der **Rucksack** *(Plural* Rucksäcke*)* ■ **le sac à dos**.

die **Rücksicht** ■ **les égards** *(Maskulinum Plural)* : **du könntest etwas mehr Rücksicht auf mich nehmen** tu pourrais avoir un peu plus d'égards pour moi.

rückwärts *Adverb* ■ **à l'envers**
➤ **rückwärts einparken** se garer en marche arrière.

das **Ruderboot** *(Plural* Ruderboote*)* ■ **la barque**.

der **Ruf** *(Plural* Rufe*)* ■ **la réputation** : **unsere Schule hat einen guten Ruf** notre école a une bonne réputation.

rufen *(Präteritum* rief*, Perfekt* hat gerufen*)*
■ *intransitives Verb*
appeler : **der Patient rief nach der Schwester** le patient appela l'infirmière
■ *transitives Verb*
1. **appeler** : **rufen Sie schnell einen Krankenwagen!** appelez vite une ambulance !
2. **crier** : **die Zuschauer riefen „bravo!"** les spectateurs crièrent « bravo ! »
➤ **wie gerufen kommen** tomber à pic.

die **Ruhe**
1. le **silence** : **ich muss um etwas mehr Ruhe bitten** je demande davantage de silence
2. le **calme** : **der Kranke braucht noch viel Ruhe** le malade a encore besoin de beaucoup de calme
➤ **jemanden in Ruhe lassen** laisser quelqu'un tranquille
➤ **sich zur Ruhe setzen** prendre sa retraite.

ruhig
■ *Adjektiv*
1. **calme** : **das Meer war ganz ruhig** la mer était très calme
2. **tranquille** : **ein ruhiges Wochenende** un week-end tranquille
■ *Adverb*
1. **au calme** : **unser Haus liegt sehr ruhig** notre maison est au calme
2. **calmement** : **sie hat mir ruhig zugehört** elle m'a écoutée calmement.

sich **rühren** *reflexives Verb* ■ **bouger** : **rührt euch nicht von der Stelle!** ne bougez pas de là !

die **Ruine** *(Plural* Ruinen*)* ■ **la ruine**.

ruinieren *transitives Verb*
1. **ruiner** : **du ruinierst dir deine Gesundheit mit dem Rauchen** tu te ruines la santé en fumant
2. **abîmer** : **jetzt hast du deine schöne neue Hose ruiniert!** tu viens d'abîmer ton beau pantalon tout neuf !

sich **ruinieren** *reflexives Verb* ■ **se ruiner** : **bei dieser Spekulation hat er sich ruiniert** il s'est ruiné à cause de cette spéculation

> Zusammengesetzte Formen reflexiver Verben werden mit être gebildet.

rülpsen *Verb* ■ **roter**.

Rumänien *Neutrum* ■ la **Roumanie**

> Ländernamen werden im Französischen oft mit dem bestimmten Artikel verwendet.

rumänisch *Adjektiv* ■ **roumain (roumaine)**.

rumkriegen *Verb familiär*
1. **baratiner** : **ich habe meine Eltern rumgekriegt, mir einen Computer zu kaufen** j'ai baratiné mes parents pour qu'ils m'achètent un ordinateur
2. **meubler** : **die letzten paar Wochen vor den Ferien kriegen wir auch noch rum** nous allons bien réussir à meubler les quelques semaines qui restent avant les vacances.

rund
■ *Adjektiv*
rond (ronde) : **im Wohnzimmer stand ein**

runder Tisch il y avait une table ronde dans le salon

■ *Adverb*
environ : ich bleibe rund drei Wochen in Biarritz je reste environ trois semaines à Biarritz

➤ **rund um ...** autour de quelque chose : **rund ums Haus stehen Bäume** il y a des arbres tout autour de la maison.

die **Runde** (*Plural* Runden)
1. la **ronde : der Wächter macht seine Runde** le gardien fait sa ronde
2. le **round : der Kampf geht über 12 Runden** le combat dépasse les 12 rounds
3. le **cercle : wir waren eine fröhliche Runde** nous formions un joyeux cercle
4. la **tournée : ich zahle eine Runde** c'est ma tournée.

runter *Adverb familiär*
1. ➤ herunter
2. ➤ hinunter.

der **Russe** (*Plural* Russen) ■ le **Russe**

> Namen von Einwohnern werden großgeschrieben.

der **Rüssel** (*Plural* Rüssel) ■ la **trompe**.

die **Russin** (*Plural* Russinnen) ■ la **Russe**.

russisch *Adjektiv* ■ **russe**.

Russland *Neutrum* ■ la **Russie**

> Ländernamen werden im Französischen oft mit dem bestimmten Artikel verwendet.

rutschen (*Perfekt* ist gerutscht) *Verb*
■ **glisser : ich bin auf dem Eis gerutscht und hingefallen** j'ai glissé sur le verglas et je suis tombé ; **er rutschte langsam vom Stuhl** il glissait lentement de sa chaise.

> Bei manchen Bewegungsverben werden die zusammengesetzten Zeiten anders als im Deutschen mit **avoir** gebildet.

S

der **Saal** (*Plural* Säle) ■ la **salle**

> Achtung ! Anders als das deutsche Wort **Saal** ist das französische Substantiv **salle** weiblich.

das **Saarland** ■ la **Sarre**.

die **Sache** (*Plural* Sachen)
1. la **chose : über Sex und solche Sachen kann ich mit meinen Eltern nicht reden** je ne peux pas parler de sexe ni de ce genre de choses avec mes parents
2. l'**affaire** (*Femininum*) **: es ist eine Sache der Erziehung, dass man sich bedankt** savoir remercier est une affaire d'éducation

➤ **Sachen** les **affaires** (*Femininum Plural*) **: räum endlich deine Sachen weg !** débarrasse-moi enfin de tes affaires !

➤ **zur Sache kommen** en venir au fait

➤ **nicht bei der Sache sein** être distrait (distraite).

sachlich *Adverb* ■ **objectif (objective) : bleib bitte sachlich!** reste objectif, s'il te plaît !

der **Sachse** (*Plural* Sachsen) ■ le **Saxon**

> Namen von Einwohnern werden großgeschrieben.

Sachsen *Neutrum* ■ la **Saxe**.

Sachsen-Anhalt *Neutrum* ■ la **Saxe-Anhalt**.

die **Sächsin** (*Plural* Sächsinnen) ■ la **Saxonne**.

sächsisch *Adjektiv* ■ **saxon (saxonne)**.

der **Sack** (*Plural* Säcke ODER Sack) ■ le **sac**.

die **Sack|gasse** *(Plural* Sackgassen*)* ■ **l'impasse** *(Femininum)*.

der **Saft** *(Plural* Säfte*)*
1. le **jus de fruits** : **möchtest du ein Glas Saft?** veux-tu un verre de jus de fruits ?
2. *familiär* le **jus** : **die Batterie hat keinen Saft mehr** la batterie n'a plus de jus.

saftig *Adjektiv*
1. **juteux (juteuse)** : **die Orangen sind schön saftig** les oranges sont bien juteuses
2. *familiär* **carabiné (carabinée)** : **ich habe ihm eine saftige Ohrfeige gegeben** je lui ai flanqué une gifle carabinée.

die **Sage** *(Plural* Sagen*)* ■ la **légende**.

die **Säge** *(Plural* Sägen*)* ■ la **scie**.

sagen *Verb* ■ **dire** : **er hat mir nichts davon gesagt** il ne m'en a rien dit ; **was sagst du denn dazu?** qu'en dis-tu ?
➤ **sich** *(D)* **etwas sagen** se dire quelque chose
➤ **nichts zu sagen haben** ne pas avoir son mot à dire
➤ **das kann man wohl sagen** c'est le moins qu'on puisse dire
➤ **sag mal** dis donc
➤ **das Sagen haben** commander.

sägen *Verb* ■ **scier** : **er ist im Garten und sägt Holz** il scie du bois dans le jardin.

sagenhaft
■ *Adjektiv*
1. **légendaire** : **kennst du die Geschichte vom sagenhaften König Artus?** connais-tu l'histoire du légendaire roi Arthur ?
2. *familiär* **fabuleux (fabuleuse)** : **wir hatten sagenhaftes Wetter** nous avons eu un temps fabuleux
■ *Adverb*
extrêmement : **die Feier war sagenhaft gut organisiert** la fête était extrêmement bien organisée.

sah *Präteritum* ➤ sehen.

die **Sahne**
1. la **crème** : **bring bitte einen Becher saure Sahne mit** rapporte un pot de crème fraîche, s'il te plaît
2. la **Chantilly** : **möchtest du Sahne zum Kuchen?** veux-tu de la Chantilly avec ton gâteau ?

> Um eine unbestimmte Menge eines Stoffes zu bezeichnen, verwendet man den partitiven Artikel **du, de la, de l'** vor einem Substantiv im Singular.

der **Salat** *(Plural* Salate*)* ■ la **salade**.

das **Salz** ■ le **sel**.

salzen *(Perfekt* hat gesalzen*)* *Verb* ■ **saler**.

salzig *Adjektiv* ■ **salé (salée)**.

sammeln *transitives Verb* ■ **collectionner** : **Thomas sammelt Briefmarken** Thomas collectionne les timbres
➤ **Geld sammeln** faire une collecte : **wir haben Geld für die Flutopfer gesammelt** nous avons fait une collecte pour les victimes des inondations

sich **sammeln** *reflexives Verb* ■ **se rassembler** : **wir sammeln uns am Marktbrunnen** nous nous rassemblerons à la fontaine du marché.

der **Samstag** *(Plural* Samstage*)* ■ le **samedi** : **heute ist Samstag, der 5. Februar** nous sommes le samedi 5 février ; **mein Vater wäscht am Samstag immer sein Auto** mon père lave toujours sa voiture le samedi ; **er kommt jeden Samstag** il vient tous les samedis ; **Stephanie ist an einem Samstag geboren** Stephanie est née un samedi.

samstags *Adverb* ■ **le samedi** : **ich kaufe immer samstags ein** je fais toujours les courses le samedi.

der **Sand** ■ le **sable**.

die **Sandale** *(Plural* Sandalen*)* ■ la **sandale**.

sandte *Präteritum* ➤ senden.

sanft
■ *Adjektiv*
1. **doux (douce)** : **unser Hund ist ganz sanft** notre chien est très doux
2. **tendre** : **sie gab ihm einen sanften Kuss** elle lui a donné un tendre baiser
3. **léger (légère)** : **es wehte ein sanfter Wind** un vent léger soufflait
■ *Adverb*
1. **doucement** : **sie streichelte ihn sanft** elle le caressait doucement

2. **calmement : sie redete sanft mit dem Kind** elle parlait calmement à l'enfant
3. **légèrement : der Wind wehte sanft** le vent soufflait légèrement.

sang *Präteritum* ➤ singen.

der **Sänger** *(Plural* Sänger*)* ■ le **chanteur**.

die **Sängerin** *(Plural* Sängerinnen*)* ■ la **cantatrice**.

sank *Präteritum* ➤ sinken.

der **Sarg** *(Plural* Särge*)* ■ le **cercueil**.

saß *Präteritum* ➤ sitzen.

satt

■ *Adjektiv*

➤ **satt sein** ne plus avoir faim

➤ **satt machen** rassasier

■ *Adverb*

➤ **etwas satt haben** en avoir marre de quelque chose

➤ **sich satt essen** manger à sa faim.

der **Sattel** *(Plural* Sättel*)* ■ la **selle**.

der **Satz** *(Plural* Sätze*)*

1. la **phrase : am Ende eines Satzes steht ein Punkt** en fin de phrase, il y a un point
2. le **bond : er machte einen Satz, als der Luftballon zerplatzte** il a fait un bond quand le ballon a éclaté
3. le **set : er hat das Tennisspiel in fünf Sätzen gewonnen** il a gagné le match de tennis en cinq sets
4. le **théorème : wie lautet der Satz des Pythagoras?** quel est le théorème de Pythagore ?

der **Satzbau** ■ la **syntaxe**.

der **Satzteil** *(Plural* Satzteile*)* ■ l'**élément de phrase** *(Maskulinum)*.

das **Satzzeichen** *(Plural* Satzzeichen*)* ■ le **signe de ponctuation**.

sauber

■ *Adjektiv*

propre : der Teller ist nicht sauber l'assiette n'est pas propre

■ *Adverb*

proprement : schreib etwas sauberer écris plus proprement

➤ **sauber machen** nettoyer.

die **Sauberkeit** ■ la **propreté**.

sauer

■ *Adjektiv*

acide : der Apfel ist sauer la pomme est acide

➤ **auf jemanden sauer sein** en vouloir à quelqu'un : **bist du immer noch sauer auf mich ?** tu m'en veux toujours ?

➤ **die Milch ist sauer** le lait a tourné

■ *Adverb*

➤ **sauer schmecken** avoir un goût acide.

das **Sauerkraut** ■ la **choucroute**.

saugen

■ *transitives Verb*

passer l'aspirateur dans ODER **sur : nach der Party habe ich die ganze Wohnung gesaugt** j'ai passé l'aspirateur dans tout l'appartement après la fête

■ *intransitives Verb*

1. **téter : das Baby saugt nicht richtig** le bébé ne tète pas correctement
2. **passer l'aspirateur : hast du schon im Wohnzimmer gesaugt?** est-ce que tu as déjà passé l'aspirateur dans le salon ?

das **Säugetier** *(Plural* Säugetiere*)* ■ le **mammifère**.

der **Säugling** *(Plural* Säuglinge*)* ■ le **nourrisson**.

die **Säule** *(Plural* Säulen*)* ■ la **colonne**.

die **Säure** *(Plural* Säuren*)* ■ l'**acide** *(Maskulinum)*.

das **Schach** ■ les **échecs** *(Maskulinum Plural)* : **wir haben Schach gespielt** nous avons joué aux échecs

➤ **Schach und matt!** échec et mat !

die **Schachtel** *(Plural* Schachteln*)*

1. la **boîte : ich habe meiner Tante eine Schachtel Pralinen geschenkt** j'ai offert une boîte de chocolats à ma tante
2. le **paquet : eine Schachtel Zigaretten** un paquet de cigarettes.

schade *Adjektiv* ■ **dommage : das ist schade, dass ich das nicht gesehen habe** c'est dommage que je n'aie pas vu cela.

der **Schädel** *(Plural* Schädel*)*
1. le **crâne** : **im Naturkundemuseum ist auch der Schädel eines Mammuts zu sehen** au muséum d'histoire naturelle, on peut également voir le crâne d'un mammouth
2. *familiär* la **tête** : **ich habe mir den Schädel angeschlagen** je me suis cogné la tête.

schaden *Verb* ■ **nuire** : **Rauchen schadet der Gesundheit** fumer nuit à la santé
➤ **nichts schaden** ne pas faire de mal.

der **Schaden** *(Plural* Schäden*)* ■ le **dégât** : **bei dem Orkan entstanden große Schäden** l'ouragan a causé de graves dégâts.

schadenfroh
■ *Adjektiv*
➤ **schadenfroh sein** se réjouir du malheur d'autrui
■ *Adverb*
avec une joie maligne : **er grinste schadenfroh** il ricanait avec une joie maligne.

schädlich *Adjektiv* ■ **nocif (nocive)** : **Rauchen ist schädlich für die Gesundheit** fumer est nocif pour la santé.

das **Schaf** *(Plural* Schafe*)* ■ le **mouton**
➤ **das schwarze Schaf** la brebis galeuse.

schaffen [1]*Verb*
1. **arriver à finir** : **ich schaffe die Arbeit heute nicht mehr** je n'arriverai pas à finir le travail aujourd'hui
2. *familiär* **épuiser** : **die Hitze schafft einen** la chaleur, ça vous épuise
3. *familiär* **transporter** : **wir haben die alten Möbel auf den Speicher geschafft** nous avons transporté les vieux meubles au grenier
➤ **geschafft!** terminé !
➤ *familiär* **geschafft sein** être épuisé (épuisée)
➤ **mit jemandem nichts zu schaffen haben** ne rien avoir à faire avec quelqu'un.

schaffen [2]*(Präteritum* schuf, *Perfekt* hat geschaffen*)* *Verb* ■ **créer** : **es müssen neue Stellen geschaffen werden** il faut créer de nouveaux emplois.

der **Schal** *(Plural* Schals ODER Schale*)* ■ l'**écharpe** *(Femininum)*.

die **Schale** *(Plural* Schalen*)* ■ la **coupe** : **sie legte das Obst in eine Schale** elle a posé les fruits dans une coupe.

schälen *transitives Verb* ■ **éplucher**

sich **schälen** *reflexives Verb* ■ **peler** : **ich hatte einen Sonnenbrand, und jetzt schäle ich mich** j'ai attrapé un coup de soleil, et maintenant, je pèle.

die **Schallplatte** *(Plural* Schallplatten*)* ■ le **disque**.

schalten *Verb*
1. **changer les vitesses** : **ich habe noch Schwierigkeiten beim Schalten** j'ai encore du mal à changer les vitesses
2. **passer** : **kannst du bitte aufs zweite Progamm schalten?** tu peux passer sur la deuxième chaîne, s'il te plaît ?
3. *familiär* **réagir** : **als er das sagte, habe ich zuerst gar nicht geschaltet** lorsqu'il a dit ça, je n'ai pas réagi tout de suite.

der **Schalter** *(Plural* Schalter*)*
1. l'**interrupteur** : **der Schalter für die Lampe ist links neben der Tür** l'interrupteur de la lampe se trouve à gauche de la porte
2. le **guichet** : **ich kaufe meine Fahrkarte lieber am Schalter** je préfère acheter mon billet au guichet.

sich **schämen** *reflexives Verb* ■ **avoir honte** : **du solltest dich schämen!** tu devrais avoir honte !
➤ **sich für etwas schämen** avoir honte de quelque chose.

die **Schande** ■ la **honte**
➤ **jemandem Schande machen** faire honte à quelqu'un.

scharf *(Komparativ* schärfer, *Superlativ* schärfste*)*
■ *Adjektiv*
1. **coupant (coupante)** : **Vorsicht, das Messer ist sehr scharf** attention, le couteau est très coupant
2. **épicé (épicée)** : **indisches Essen ist scharf** la cuisine indienne est épicée
3. **net (nette)** : **die Fotos sind nicht scharf** les photos ne sont pas nettes

■ *Adverb*
1. **épicé (épicée) : meine Mutter kocht nicht sehr scharf** ma mère ne cuisine pas très épicé
2. **nettement : die Konturen heben sich scharf vom Hintergrund ab** les contours se détachent nettement de l'arrière-plan
3. **attentivement : da muss ich scharf nachdenken** il faut que j'y réfléchisse attentivement
4. **brutalement : er bremste scharf** il a pilé brutalement.

der Schatten *(Plural* Schatten*)* ■ **l'ombre** *(Femininum)* **: wir saßen im Schatten** nous étions assis à l'ombre.

der Schatz *(Plural* Schätze*)*
1. **le trésor : die Piraten haben ihren Schatz auf einer Insel vergraben** les pirates ont enterré leur trésor sur une île
2. *familiär* **le chéri, la chérie : Schatz, ich komme heute spät nach Hause** chéri, je rentrerai tard ce soir.

schätzen *Verb* ■ **estimer : wir haben den Wert des Bildes schätzen lassen** nous avons fait estimer la valeur de ce tableau ; **ich schätze diesen Kollegen sehr** j'estime beaucoup ce collègue
➤ **was schätzt du, wie lange das dauert?** ça va durer combien de temps, à ton avis ?
➤ **etwas zu schätzen wissen** savoir apprécier quelque chose.

schauen *Verb* ■ **regarder : sie schauten auf die Stadt** ils regardaient la ville
➤ **nach jemandem / etwas schauen** s'occuper de quelqu'un / quelque chose
➤ **schau mal!** tiens regarde !

die Schaufel *(Plural* Schaufeln*)* ■ **la pelle.**

das Schaufenster *(Plural* Schaufenster*)* ■ **la vitrine.**

die Schaukel *(Plural* Schaukeln*)* ■ **la balançoire.**

der Schaum *(Plural* Schäume*)* ■ **la mousse.**

der Schauspieler *(Plural* Schauspieler*)* ■ **l'acteur** *(Maskulinum)*.

die Schauspielerin *(Plural* Schauspielerinnen*)* ■ **l'actrice** *(Femininum)*.

der Scheck *(Plural* Schecks*)* ■ **le chèque : ich habe die Rechnung mit Scheck bezahlt** j'ai réglé la facture par chèque.

die Scheibe *(Plural* Scheiben*)*
1. **la vitre : an den Scheiben des Autos klebten lauter Insekten** les vitres de la voiture étaient couvertes d'insectes
2. **la tranche : möchtest du eine Scheibe Salami auf dein Brot** tu veux une tranche de salami sur ton pain ?

scheiden *(Präteritum* schied*, Perfekt* hat geschieden*) Verb* ■ **prononcer un divorce : die Richterin hat die Ehe geschieden** la juge a prononcé le divorce
➤ **geschieden sein** être divorcé (divorcée) : **meine Eltern sind geschieden** mes parents sont divorcés
➤ **sich scheiden lassen** divorcer : **meine Mutter will sich scheiden lassen** ma mère veut divorcer.

die Scheidung *(Plural* Scheidungen*)* ■ **le divorce : meine Eltern haben die Scheidung eingereicht** mes parents ont demandé le divorce.

der Schein *(Plural* Scheine*)*
1. **la lueur : er las im Schein seiner Taschenlampe** il lisait à la lueur de sa lampe de poche
2. **l'apparence** *(Femininum)* **: meine Eltern wollen den Schein einer intakten Familie wahren** mes parents veulent conserver l'apparence d'une famille unie
➤ **der Schein trügt** les apparences sont trompeuses.

scheinbar

■ *Adjektiv*
apparent (apparente) : ihr scheinbarer Reichtum war nur Schau leur apparente richesse n'était qu'illusion
■ *Adverb*
apparemment : er ist scheinbar sehr reich il est apparemment très riche.

scheinen *(Präteritum* schien*, Perfekt* hat geschienen*) Verb*
1. **briller : heute scheint die Sonne** le soleil brille aujourd'hui

2. **sembler : er scheint zufrieden zu sein** il semble être heureux

Bei bestimmten Verben, zum Beispiel **sembler**, wird der Infinitiv ohne Präposition angeschlossen.

scheinheilig
■ *Adjektiv*
hypocrite : er machte ein scheinheiliges Gesicht il avait un air hypocrite
■ *Adverb*
hypocritement : „das hat dich doch nicht geärgert?", fragte sie scheinheilig « cela ne t'a tout de même pas énervé ? », demanda-t-elle hypocritement.

der **Scheinwerfer** *(Plural* Scheinwerfer*)*
1. le **phare : die Scheinwerfer des entgegenkommenden Autos** les phares de la voiture d'en face
2. le **projecteur : die Scheinwerfer im Stadion waren an** les projecteurs du stade étaient allumés.

die **Scheiße** *vulgär*
1. la **merde : jetzt haben wir die Scheiße!** nous voilà maintenant dans la merde !
2. les **conneries** *(Femininum Plural)* **: Uwe hat nur Scheiße im Kopf** Uwe n'a que des conneries dans la tête.

scheißen *(Präteritum* schiss, *Perfekt* hat geschissen*) Verb* ■ *salopp* **chier : da hat ein Hund auf den Bürgersteig geschissen** un chien a chié sur le trottoir.

scheitern *(Perfekt* ist gescheitert*) Verb* ■ **échouer**.

der **Schenkel** *(Plural* Schenkel*)*
1. la **cuisse : er hat sich auf die Schenkel geschlagen** il s'est tapé les cuisses
2. le **côté : wie lang sind die Schenkel des Dreiecks?** combien mesurent les côtés du triangle ?

schenken *Verb* ■ **offrir : meine Eltern haben mir einen Fotoapparat geschenkt** mes parents m'ont offert un appareil photo.

die **Schere** *(Plural* Scheren*)*
1. la **paire de ciseaux : ich brauche eine Schere** j'ai besoin d'une paire de ciseaux
2. la **pince : der Hummer hat Scheren** le homard a des pinces.

der **Scherz** *(Plural* Scherze*)* ■ la **plaisanterie : über diesen Scherz hat unsere Nachbarin nicht gelacht** notre voisine n'a pas ri de cette plaisanterie.

scheußlich *abwertend*
■ *Adjektiv*
1. **épouvantable : heute ist scheußliches Wetter** il fait un temps épouvantable aujourd'hui
2. **affreux (affreuse) : das ist aber ein scheußliches Gebäude!** quel bâtiment affreux !
■ *Adverb*
1. **atrocement : das stinkt scheußlich!** ça pue atrocement !
2. **terriblement : heute ist es scheußlich kalt draußen** aujourd'hui, il fait terriblement froid dehors.

die **Schicht** *(Plural* Schichten*)*
1. la **couche : die Samen mit einer dünnen Schicht Erde bedecken** recouvrir les graines d'une fine couche de terre
2. le **milieu : er stammt aus der Schicht der Arbeiter** il est issu du milieu ouvrier.

schick
■ *Adjektiv*
chic : das ist ein schicker Pullover ce pull-over est chic
■ *Adverb*
avec élégance : sie ist immer schick angezogen elle est toujours habillée avec élégance.

schicken *Verb* ■ **envoyer : ich habe ihr eine E-Mail geschickt** je lui ai envoyé un e-mail.

das **Schicksal** *(Plural* Schicksale*)* ■ le **destin**.

schieben *(Präteritum* schob, *Perfekt* hat geschoben*) transitives Verb*
1. **pousser : wir mussten die Fahrräder schieben** nous avons dû pousser les vélos
2. **enfourner : er schob sich ein Stück Torte in den Mund** il a enfourné un morceau de tarte dans sa bouche
➤ **etwas auf jemanden schieben** mettre quelque chose sur le dos de quelqu'un.

schied *Präteritum* ➤ scheiden.

der **Schiedsrichter** *(Plural* Schiedsrichter*)* ■ **l'arbitre** *(Maskulinum)*.

schief
■ *Adjektiv*
1. **penché (penchée) : die Mauern des Hauses sind schief** les murs de la maison sont penchés
2. **faux (fausse) : seine Eltern haben ein schiefes Bild von den Franzosen** ses parents ont une fausse image des Français
■ *Adverb*
de travers : seine Zähne sind schief gewachsen ses dents ont poussé de travers
➤ **jemanden schief ansehen** regarder quelqu'un de travers
➤ **schief gehen** aller de travers.

schielen *Verb*
1. **loucher : Ruth schielt auf einem Auge** Ruth louche d'un œil
2. **lorgner : Gustav schielt immer nach den Mädchen** Gustav lorgne tout le temps sur les filles.

schien *Präteritum* ➤ scheinen.

schießen *(Präteritum* schoss, *Perfekt* hat|ist geschossen*)*
■ *intransitives Verb*
tirer : die Polizei hat auf den Geiselnehmer geschossen la police a tiré sur le preneur d'otages ; **Müller schießt und Tor!** Müller tire, et c'est le but !
■ *transitives Verb (Perfekt* hat geschossen*)*
1. **abattre : der Jäger hat ein Reh geschossen** le chasseur a abattu un chevreuil
2. **marquer : wer hat das Tor geschossen?** qui a marqué le but ?

das **Schiff** *(Plural* Schiffe*)* ■ **le bateau : mit dem Schiff nach Amerika fahren** aller en Amérique en bateau.

das **Schild** *(Plural* Schilder*)* ■ **le panneau : ich kann nicht lesen, was auf dem Schild steht** je n'arrive pas à lire ce qui est écrit sur le panneau.

schildern *Verb* ■ **décrire**.

die **Schildkröte** *(Plural* Schildkröten*)* ■ **la tortue**.

der **Schimmel** *(Plural* Schimmel*)*
1. **la moisissure : das Brot ist voller Schimmel** le pain est couvert de moisissures
2. **le cheval blanc : Christiane reitet am liebsten den Schimmel** c'est le cheval blanc que Christiane préfère monter.

schimmelig, schimmlig *Adjektiv* ■ **moisi (moisie) : die Marmelade ist schimmlig** la confiture est moisie.

der **Schimpanse** *(Plural* Schimpansen*)* ■ **le chimpanzé**.

schimpfen *Verb*
➤ **mit jemandem schimpfen** gronder quelqu'un : **meine Mutter hat mit mir geschimpft** m'a mère m'a grondé
➤ **über jemanden schimpfen** pester contre quelqu'un : **Schüler schimpfen immer über ihre Eltern** les élèves pestent toujours contre leurs parents.

der **Schinken** *(Plural* Schinken*)* ■ **le jambon : ich hätte gern ein Brötchen mit Schinken** je voudrais un sandwich au jambon.

der **Schirm** *(Plural* Schirme*)*
1. **le parapluie : nimm deinen Schirm mit, es könnte regnen** emporte ton parapluie, il se peut qu'il pleuve
2. **le parasol : es ist so heiß, setzen wir uns lieber unter den Schirm** il fait tellement chaud, asseyons-nous plutôt sous le parasol.

schiss *Präteritum* ➤ scheißen.

die **Schlacht** *(Plural* Schlachten*)* ■ **la bataille**.

der **Schlaf** ■ **le sommeil : ich brauche viel Schlaf** j'ai besoin de beaucoup de sommeil
➤ **etwas im Schlaf können** connaître quelque chose sur le bout des doigts.

schlafen *(Präsens* schläft, *Präteritum* schlief, *Perfekt* hat geschlafen*) Verb*
1. **dormir : hast du gut geschlafen?** as-tu bien dormi ?
2. **coucher : wir haben im Astoria geschlafen** nous avons couché à l'Astoria.

der **Schlaf|sack** *(Plural* Schlafsäcke*)* ■ **le sac de couchage : ich habe im Schlafsack geschlafen** j'ai dormi dans le sac de couchage.

schläft *Präsens* ➤ schlafen.

das **Schlafzimmer** *(Plural* Schlafzimmer*)* ■ la **chambre (à coucher)** : **das ist das Schlafzimmer meiner Eltern** c'est la chambre de mes parents.

der **Schlag** *(Plural* Schläge*)*

1. le **coup** : **der Schlag traf ihn am Kinn** le coup l'a atteint au menton ; **ich habe die Schläge der Turmuhr gezählt** j'ai compté les coups de l'horloge du clocher
2. *familiär* la **décharge électrique** : **ich bekam einen Schlag** j'ai reçu une décharge électrique.

schlagen *(Präsens* schlägt, *Präteritum* schlug, *Perfekt* hat|ist geschlagen*)*

■ *transitives Verb (Perfekt* hat geschlagen*)*

1. **battre** : **mein Vater hat mich noch nie geschlagen** mon père ne m'a encore jamais battu
2. **planter** : **ich habe den Nagel in die Wand geschlagen** j'ai planté un clou dans le mur
3. **sonner** : **die Kirchturmuhr schlägt jede volle Stunde** l'horloge du clocher sonne toutes les heures

■ *intransitives Verb*

1. *(Perfekt* ist geschlagen*)* **se cogner** : **er ist mit dem Kopf gegen die Scheibe geschlagen** il s'est cogné la tête contre la vitre
2. *(Perfekt* hat geschlagen*)* **taper** : **mein Vater schlug mir auf die Schulter** mon père m'a tapé sur l'épaule
3. *(Perfekt* hat geschlagen*)* **battre** : **sein Herz schlägt wieder regelmäßig** son cœur s'est remis à battre régulièrement
4. *(Perfekt* ist geschlagen*)* **jaillir** : **die Flammen schlugen aus dem oberen Stock** les flammes jaillissaient de l'étage supérieur

sich **schlagen** *reflexives Verb*

➤ **sich um etwas schlagen** se battre pour quelque chose : **die Käufer schlugen sich um die Sonderangebote** les acheteurs se battaient pour les articles en promotion.

der **Schlager** *(Plural* Schlager*)* ■ le **tube** : **ich habe mehrere Platten mit den Schlagern der Siebzigerjahre** j'ai plusieurs disques avec les tubes des années 70.

die **Schlagsahne** ■ la **(crème) Chantilly** : **willst du Schlagsahne zu deinem Eis?** tu veux de la Chantilly avec ta glace ?

schlägt *Präsens* ➤ schlagen.

die **Schlange** *(Plural* Schlangen*)*

1. le **serpent** : **Rudi ist von einer Schlange gebissen worden** Rudi s'est fait mordre par un serpent
2. la **queue** : **an der Kasse stand eine lange Schlange** il y avait une longue queue à la caisse

➤ **Schlange stehen** faire la queue.

schlank *Adjektiv* ■ **mince** : **meine Freundin ist schlank** mon amie est mince.

schlapp *Adjektiv familiär* ■ **flagada** : **ich fühle mich total schlapp** je me sens complètement flagada.

schlau *Adjektiv* ■ **rusé (rusée)** : **mein Bruder ist sehr schlau** mon frère est très rusé.

der **Schlauch** *(Plural* Schläuche*)* ■ le **tuyau** : **der Schlauch ist undicht** le tuyau n'est pas étanche.

schlecht

■ *Adjektiv*

1. **mauvais (mauvaise)** : **Peter hat lauter schlechte Noten** Peter n'a que des mauvaises notes ; **er hat schlechte Augen** il a une mauvaise vue

> Das Adjektiv **mauvais** steht grundsätzlich vor dem Substantiv.

2. **difficile** : **auf die Wirtschaft kommen schlechte Zeiten zu** l'économie va connaître des temps difficiles

➤ **jemandem wird schlecht** quelqu'un se sent mal

■ *Adverb*

1. **mal** : **ich habe schlecht geschlafen** j'ai mal dormi
2. **difficilement** : **du kannst jetzt schlecht absagen** maintenant, tu peux difficilement décommander

➤ **schlecht aussehen** avoir mauvaise mine : **du siehst schlecht aus** tu as mauvaise mine

➤ **schlecht riechen** sentir mauvais : **der Käse riecht sehr schlecht** le fromage sent très mauvais.

schleppen *Verb*

1. **traîner** : **ich musste meinen schweren Koffer zum Bahnhof schleppen** j'ai dû traîner ma lourde valise jusqu'à la gare

2. **remorquer : unser Auto wurde in die Werkstatt geschleppt** on a remorqué notre voiture jusqu'au garage.

Schleswig-Holstein *Neutrum* ■ **le Schleswig-Holstein**

> Namen von Regionen werden im Französischen oft mit dem bestimmten Artikel verwendet.

schleudern

■ *transitives Verb (Perfekt* hat geschleudert*)*
1. **lancer : Karl schleuderte das Buch auf den Boden** Karl a lancé le livre par terre
2. **essorer : die Wäsche wird gerade geschleudert** le linge est en train d'être essoré

■ *intransitives Verb (Perfekt* ist geschleudert*)*
déraper : wir sind auf der nassen Straße geschleudert on a dérapé sur la chaussée mouillée

> Bei manchen Bewegungsverben werden die zusammengesetzten Zeiten anders als im Deutschen mit **avoir** gebildet.

schlicht

■ *Adjektiv*
tout simple (toute simple) : sie trug eine schlichte weiße Bluse elle portait un chemisier blanc tout simple

■ *Adverb*
tout simplement : das war schlicht gelogen c'était tout simplement des mensonges.

schlief *Präteritum* ➤ schlafen.

schließen *(Präteritum* schloss*, Perfekt* hat geschlossen*)*

■ *transitives Verb*
1. **fermer : könntest du das Fenster schließen?** est-ce que tu pourrais fermer la fenêtre ? ; **das Geschäft ist über Mittag geschlossen** le magasin est fermé pendant la pause de midi
2. **terminer : wir schließen den Abend mit der Tagesschau** nous terminons la soirée avec le journal télévisé

■ *intransitives Verb*
1. **fermer : das Fenster schließt nicht richtig** la fenêtre ne ferme pas correctement
2. **déduire : ich schließe aus deinem Brief, dass es dir dort gut gefällt** je déduis de ta lettre que tu te plais bien là-bas.

schließlich *Adverb*
1. **finalement : Klara ist schließlich doch noch gekommen** finalement, Klara est venue malgré tout
2. **après tout : ich darf das doch sagen, ich bin ja schließlich deine Tante** j'ai le droit de dire cela, je suis ta tante après tout

➤ **schließlich etwas tun** finir par faire quelque chose : **schließlich hat sie ihn angerufen** elle a fini par l'appeler

> Manche Adverbien werden im Französischen mit einer Verbkonstruktion wiedergegeben.

schlimm *Adjektiv*
1. **grave : das war ein schlimmer Unfall** c'était un accident grave
2. **terrible : er hat schlimme Sachen gemacht** il a fait des choses terribles.

der **Schlitten** *(Plural* Schlitten*)*
➤ **Schlitten fahren** faire de la luge : **ich bin mit meinem Bruder Schlitten gefahren** j'ai fait de la luge avec mon frère.

der **Schlittschuh** *(Plural* Schlittschuhe*)* ■ **le patin à glace : Schlittschuh fahren** faire du patin.

schloss *Präteritum* ➤ schließen.

das **Schloss** *(Plural* Schlösser*)*
1. **le château : wir haben das Schloss in Versailles besichtigt** nous avons visité le château de Versailles
2. **la serrure : er steckte den Schlüssel ins Schloss** il a mis la clé dans la serrure.

schluchzen *Verb* ■ **sangloter : das kleine Mädchen schluchzte, weil sie ihren Teddybär verloren hatte** la petite fille sanglotait parce qu'elle avait perdu son nounours.

schlucken *Verb* ■ **avaler : du musst die Tablette schlucken und nicht lutschen** tu dois avaler le cachet, pas le sucer ; **ich kann kaum schlucken** j'ai du mal à avaler.

schlug *Präteritum* ➤ schlagen.

der **Schluss** *(Plural* Schlüsse*)*
1. la **fin** : **der Film hat einen traurigen Schluss** la fin du film est triste
2. la **conclusion** : **welche Schlüsse ziehst du daraus?** quelles conclusions en tires-tu ?

➤ **mit jemandem Schluss machen** se séparer de quelqu'un : **seine Freundin hat mit ihm Schluss gemacht** sa copine s'est séparée de lui

➤ **zum Schluss** finalement.

der **Schlüssel** *(Plural* Schlüssel*)*
1. la **clé** : **mein Tagebuch kann ich mit einem Schlüssel abschließen** je peux fermer à clé mon journal intime
2. la **solution** : **der Schlüssel zu der Übung ist am Ende des Buches** la solution de l'exercice se trouve à la fin du livre.

schmal *Adjektiv* ■ **étroit (étroite)** : **Mirjam hat ein schmales Gesicht** Mirjam a un visage étroit.

schmalzig *Adjektiv* ■ **mièvre** : **er singt schmalzige Lieder** il chante des chansons mièvres.

schmecken *Verb*

➤ **nach etwas schmecken** avoir le goût de quelque chose : **das schmeckt nach Vanille** ça a le goût de la vanille

➤ **etwas schmeckt jemandem** quelqu'un aime quelque chose *(qui se mange)* : **das Essen hat mir sehr gut geschmeckt** j'ai beaucoup aimé le repas

➤ **lasst es euch schmecken!** bon appétit !

schmeicheln *Verb* ■ **flatter**

➤ **jemandem schmeicheln** flatter quelqu'un.

schmeißen *(Präteritum* schmiss, *Perfekt* hat geschmissen*)* ***familiär*** *transitives Verb*
1. **lancer** : **er hat den Ball über den Zaun geschmissen** il a lancé le ballon par-dessus la clôture
2. **laisser tomber** : **er hat sein Studium geschmissen** il a laissé tomber ses études.

schmelzen *(Präsens* schmilzt, *Präteritum* schmolz, *Perfekt* ist|hat geschmolzen*)*

■ *intransitives Verb (Perfekt* ist geschmolzen*)* **fondre** : **der Schnee ist geschmolzen** la neige a fondu

> Bei manchen Verben des Wechsels werden die zusammengesetzten Zeiten anders als im Deutschen mit **avoir** gebildet.

■ *transitives Verb (Perfekt* hat geschmolzen*)* **faire fondre** : **die Heizung hat das Eis geschmolzen** le chauffage a fait fondre la glace.

der **Schmerz** *(Plural* Schmerzen*)* ■ la **douleur** : **ich habe Schmerzen im Bein** j'ai des douleurs dans la jambes.

der **Schmetterling** *(Plural* Schmetterlinge*)* ■ le **papillon** : **auf der Blume saß ein Schmetterling** un papillon était posé sur la fleur.

schmilzt *Präsens* ➤ schmelzen.

schminken *transitives Verb* ■ **maquiller** : **sie hat die Schauspielerin geschminkt** elle a maquillé la comédienne

sich **schminken** *reflexives Verb* ■ **se maquiller** : **Claudia schminkt sich fast nie** Claudia ne se maquille presque jamais.

schmiss *Präteritum* ➤ schmeißen.

schmolz *Präteritum* ➤ schmelzen.

der **Schmuck**
1. le **bijou** : **unsere Deutschlehrerin trägt viel Schmuck** notre professeur d'allemand porte beaucoup de bijoux
2. les **décorations** *(Femininum Plural)* : **ich habe neuen Schmuck für den Weihnachtsbaum gekauft** j'ai acheté de nouvelles décorations pour le sapin de Noël.

schmücken *Verb* ■ **décorer** : **wir schmücken den Weihnachtsbaum immer am 23. Dezember** nous décorons toujours le sapin de Noël le 23 décembre.

schmusen *Verb* ■ **faire des câlins à** : **ich habe gesehen, wie mein großer Bruder mit seiner Freundin geschmust hat** j'ai vu mon grand frère faire des câlins à sa copine.

der **Schmutz** ■ **la saleté : ich bekomme den Schmutz nicht von meinen Schuhen** je n'arrive pas à enlever la saleté de mes chaussures.

schmutzig *Adjektiv* ■ **sale : putz bitte die schmutzigen Schuhe ab** nettoie s'il te plaît ces chaussures sales

➤ **sich schmutzig machen** se salir.

der **Schnaps** *(Plural* Schnäpse*)* ■ **l'eau-de-vie** *(Femininum)*, le **schnaps**.

schnarchen *Verb* ■ **ronfler : wenn Werner schnarcht, kann ich nicht schlafen** quand Werner ronfle, je n'arrive pas à dormir.

die **Schnauze** *(Plural* Schnauzen*)*

1. le **museau : mein Hund hat eine kalte Schnauze** mon chien a le museau froid
2. *salopp abwertend* la **gueule : halt die Schnauze!** ferme ta gueule !

die **Schnecke** *(Plural* Schnecken*)* ■ **l'escargot** *(Maskulinum)*.

der **Schnee** ■ **la neige : im Gebirge liegt dieses Jahr nicht viel Schnee** cette année, il n'y a pas beaucoup de neige en montagne.

schneiden *(Präteritum* schnitt*, Perfekt* hat geschnitten*)*

■ *transitives Verb*

couper : ich muss mir die Nägel schneiden il faut que je me coupe les ongles

■ *intransitives Verb*

1. **faire un trou : ich habe in die Tischdecke geschnitten** j'ai fait un trou dans la nappe
2. **couper : das Messer schneidet nicht gut** le couteau ne coupe pas bien

ich **schneiden** *reflexives Verb*

1. **se couper : au, jetzt habe ich mich geschnitten!** aïe, je me suis coupé !

> Zusammengesetzte Formen reflexiver Verben werden mit **être** gebildet.

2. **se croiser : die Geraden schneiden sich an diesem Punkt** les droites se croisent en ce point.

der **Schneider** *(Plural* Schneider*)* ■ **le tailleur**.

die **Schneiderin** *(Plural* Schneiderinnen*)* ■ **la couturière : Wiltrud hat eine Lehre als Schneiderin gemacht** Wiltrud a fait un apprentissage de couturière.

schneien *Verb* ■ **neiger : hurra, es schneit!** génial, il neige !

schnell

■ *Adjektiv*

1. **rapide : er ist in seinem schnellen Auto über die Autobahn gebraust** il a foncé sur l'autoroute dans sa voiture rapide
2. **vif (vive) : Maren hat eine schnelle Auffassungsgabe** Maren a l'esprit vif

■ *Adverb*

1. **vite : ich bin ganz schnell gelaufen** j'ai couru très vite ; **Jens begreift schnell** Jens comprend vite
2. **en vitesse : ruf doch mal schnell da an** passe un coup de fil en vitesse
3. **rapidement : er erledigt seine Arbeit immer sehr schnell** il fait son travail toujours très rapidement

➤ **schnell machen** se dépêcher : **mach bitte schnell** dépêche-toi, s'il te plaît.

schnitt *Präteritum* ➤ schneiden.

das **Schnitzel** *(Plural* Schnitzel*)* ■ **l'escalope** *(Femininum)*.

der **Schnupfen** *(Plural* Schnupfen*)* ■ **le rhume : Edmund hat Schnupfen** Edmund a un rhume.

die **Schnur** *(Plural* Schnüre*)* ■ **la ficelle : sie hat das Paket mit einer Schnur zugebunden** elle a entouré le paquet d'une ficelle.

schob *Präteritum* ➤ schieben.

der **Schock** *(Plural* Schocks*)* ■ **le choc : der Patient steht unter Schock** le patient est en état de choc.

schockieren *Verb* ■ **choquer : diese brutalen Bilder haben mich schockiert** ces images violentes m'ont choquée.

die **Schokolade** *(Plural* Schokoladen*)* ■ **le chocolat : eine Tafel Schokolade** une tablette de chocolat

> Achtung ! Anders als das deutsche Wort **Schokolade** ist das französische Substantiv **chocolat** männlich.

➤ **die heiße Schokolade** le chocolat chaud.

schon *Adverb*

1. **déjà : was, du bist schon fertig?** quoi, tu es déjà prête ?

2. **si : gefällt dir die Jeans nicht? – schon, aber sie ist zu eng** ce jean ne te plaît pas ? – si, mais il est trop étroit
3. **vraiment : das war schon eine große Leistung** c'était vraiment un grand exploit
4. **bien : du wirst das schon hinkriegen** tu vas bien y arriver.

schön

■ *Adjektiv*

1. **beau (belle) : das war kein schöner Anblick** ce n'était pas un beau spectacle

Die Adjektive **beau** und **bon** stehen grundsätzlich vor dem Substantiv.

2. **bon (bonne) : wir wünschen euch schöne Ferien** nous vous souhaitons de bonnes vacances

➤ **schöne Grüße** meilleures salutations : **schöne Grüsse auch an deine Eltern !** passe le bonjour à tes parents !

■ *Adverb*

bien : sie war schön angezogen elle était bien habillée

➤ **sich schön machen** se faire beau (belle).

schonen *transitives Verb* ■ **ménager : Sie sollten Ihre Gesundheit schonen!** vous devriez ménager votre santé !

die **Schönheit** *(Plural* Schönheiten*)* ■ la **beauté : wir waren von der Schönheit der Landschaft begeistert** nous étions enthousiasmés par la beauté du paysage.

der **Schornstein** *(Plural* Schornsteine*)* ■ la **cheminée**.

schoss *Präteritum* ➤ schießen.

schräg

■ *Adjektiv*

incliné (inclinée) : mein Zimmer hat eine schräge Decke le plafond de ma chambre est incliné

■ *Adverb*

en biais : wenn du die Kiste schräg stellst, bekommst du sie durch die Tür si tu mets la caisse en biais, tu la passeras par la porte

➤ **schräg gegenüber** en face, sur la gauche/ sur la droite.

der **Schrank** *(Plural* Schränke*)*

1. **l'armoire** *(Femininum)* **: Gesine hat den ganzen Schrank voller Kleider** toute l'armoire de Gesine est pleine de vêtements
2. **le placard : in welchem Schrank sind die Teller?** dans quel placard sont rangées les assiettes ?

die **Schraube** *(Plural* Schrauben*)* ■ la **vis : die Schraube war verrostet** la vis était rouillée.

der **Schreck** ■ la **frayeur : ich habe vielleicht einen Schreck bekommen!** j'ai eu une de ces frayeurs !

schrecklich

■ *Adjektiv*

1. **horrible : sie haben schreckliche Bilder von dem Unglück gezeigt** ils ont passé des images horribles de la catastrophe
2. **terrible : ich habe schreckliche Angst vor dem Zahnarzt** j'ai une peur terrible du dentiste

■ *Adverb*

1. **terriblement : mein Freund ist schrecklich eifersüchtig** mon copain est terriblement jaloux.

der **Schrei** *(Plural* Schreie*)* ■ le **cri : wir hörten die Schreie** nous avons entendu les cris.

schreiben *(Präteritum* schrieb, *Perfekt* hat geschrieben*) Verb*

1. **écrire : ich habe meiner Brieffreundin einen langen Brief geschrieben** j'ai écrit une longue lettre à ma correspondante
2. **rédiger : Jürgen schreibt an seiner Doktorarbeit** Jürgen rédige sa thèse

➤ **wie schreibt man deinen Namen?** comment s'écrit ton nom ?

sich **schreiben** *reflexives Verb* ■ **s'écrire : Petra und ich schreiben uns** Petra et moi, nous nous écrivons

➤ **wie schreibt er sich?** comment s'écrit son nom ?

der **Schreibtisch** *(Plural* Schreibtische*)* ■ le **bureau** *(pour écrire) (Plural* **bureaux***)*.

schreien *(Präteritum* schrie, *Perfekt* hat geschrien*) Verb* ■ **crier : das Baby hat die ganze Nacht geschrien** le bébé a crié toute la nuit.

der **Schreiner** *(Plural* Schreiner*)* ■ le **menuisier**.

schrie *Präteritum* ➤ schreien.

schrieb *Präteritum* ➤ schreiben.

die **Schrift** *(Plural* Schriften*)* ■ **l'écriture** *(Femininum)* : **Maximilian hat eine schöne Schrift** Maximilian a une belle écriture.

schriftlich

■ *Adjektiv*

➤ **die schriftliche Prüfung** l'écrit

■ *Adverb*

par écrit : Roland hat sich schriftlich beworben Roland a posé sa candidature par écrit.

der **Schritt** ■ le **pas** : **meine Mutter erkennt mich an meinem Schritt** ma mère me reconnaît à mon pas

➤ **Schritt fahren** rouler au pas

➤ **Schritt für Schritt** pas à pas.

der **Schrott** *(Plural* Schrotte*)*

1. la **ferraille** : **der Schrott wird recycelt** on recycle la ferraille
2. *familiär* la **camelote** : **das Gerät ist absoluter Schrott!** cet appareil, c'est vraiment de la camelote !

die **Schublade** *(Plural* Schubladen*)* ■ le **tiroir** : **in welcher Schublade ist das Besteck?** dans quel tiroir sont les couverts ?

schüchtern *Adjektiv* ■ **timide** : **Karin ist furchtbar schüchtern** Karin est terriblement timide.

schuf *Präteritum* ➤ schaffen.

der **Schuh** *(Plural* Schuhe*)* ■ la **chaussure** : **ich habe mir ein Paar neue Schuhe gekauft** je me suis acheté une nouvelle paire de chaussures.

schuld *Adjektiv* ■ **responsable** : **du bist schuld, dass wir jetzt zu spät kommen** tu es responsable, si nous sommes en retard maintenant.

die **Schuld** *(Plural* Schulden*)* ■ la **culpabilité** : **die Polizei konnte ihm keine Schuld nachweisen** la police n'a pas pu prouver sa culpabilité

➤ **Schulden** les dettes : **viele Jugendliche haben wegen ihres Handys Schulden** beaucoup de jeunes ont des dettes à cause de leur portable.

schulden *Verb* ■ **jemandem etwas schulden** devoir quelque chose à quelqu'un : **ich schulde Paul noch zehn Euro** je dois encore dix euros à Paul.

schuldig

■ *Adjektiv*

coupable : der Angeklagte war schuldig l'accusé était coupable

■ *Adverb*

coupable : das Gericht hat den Angeklagten schuldig gesprochen le tribunal a reconnu l'accusé coupable.

die **Schule** *(Plural* Schulen*)* ■ **l'école** *(Femininum)* : **die Schule fällt heute aus** il n'y a pas d'école aujourd'hui ; **unsere Schule ist ein modernes Gebäude** notre école est un bâtiment moderne

➤ **Schule haben** avoir école : **samstags haben wir keine Schule** nous n'avons pas école le samedi.

der **Schüler** *(Plural* Schüler*)* ■ **l'élève** *(Maskulinum)* : **Alex ist ein guter Schüler** Alex est un bon élève.

der **Schüleraustausch** ■ **l'échange scolaire** *(Maskulinum)* : **Lars hat an einem Schüleraustausch teilgenommen** Lars a participé à un échange scolaire.

der **Schülerausweis** *(Plural* Schülerausweise*)* ■ **la carte scolaire**.

die **Schülerin** *(Plural* Schülerinnen*)* ■ **l'élève** *(Femininum)* : **Amelie ist eine gute Schülerin** Amelie est une bonne élève.

die **Schülervertretung** ■ les **délégués des élèves** *(Maskulinum Plural)*

> SCHÜLERVERTRETUNG
>
> Les élèves ont la possibilité d'exprimer leur opinion sur tout ce qui concerne la vie scolaire. Ils peuvent participer à l'organisation de fêtes et de voyages scolaires ou s'occuper de la rédaction d'un journal de classe. Par l'intermédiaire de leurs représentants qui participent aux conseils d'élèves et aux réunions de délégués, ils peuvent s'impliquer dans le projet d'établissement.

Schulferien *Plural* ■ les **vacances scolaires** *(Femininum Plural)*.

das **Schuljahr** *(Plural* Schuljahre*)*
1. **l'année scolaire** *(Femininum)* **: am Ende des Schuljahres gibt es Zeugnisse** à la fin de l'année scolaire, il y a les bulletins
2. **l'année** *(Femininum)* **: ab dem 7. Schuljahr hat Marcel Französisch** à partir de la quatrième, Marcel fait du français.

die **Schulter** *(Plural* Schultern*)* ■ **l'épaule** *(Femininum)* **: Andy hat breite Schultern** Andy a de larges épaules.

die **Schultüte** ■ *cornet-surprise offert à la première rentrée à l'école primaire*

> **SCHULTÜTE**
>
> C'est le grand cornet en papier que les enfants du cours préparatoire reçoivent en cadeau pour leur tout premier jour de classe. Il est rempli de friandises et de petits cadeaux. Les enfants l'emportent à l'école et déballent les paquets à la récréation.

schummeln *Verb* ■ **tricher : Kerstin hat in der Klassenarbeit geschummelt** Kerstin a triché pendant le devoir sur table.

die **Schuppe** *(Plural* Schuppen*)* ■ **l'écaille** *(Femininum)* **: mein Zierfisch hat schöne Schuppen** mon poisson d'aquarium a de belles écailles
➤ **Schuppen** les pellicules : **Schuppen haben** avoir des pellicules.

die **Schürze** *(Plural* Schürzen*)* ■ **le tablier : Jasmin band sich eine Schürze um** Jasmin s'est mis un tablier.

der **Schuss** *(Plural* Schüsse*)*
1. **le coup de feu : der Jäger erlegte den Hasen mit einem Schuss** le chasseur a tué le lièvre d'un coup de feu
2. **la dose : Björn trinkt am liebsten Cola mit einem Schuss Rum** Björn préfère le coca avec une dose de rhum
3. **le tir : der Schuss ging ins Tor** le tir est allé dans le but.

die **Schüssel** *(Plural* Schüsseln*)* ■ **le saladier : welche Schüssel nimmst du für den Salat?** tu prends quel saladier pour la salade ?

der **Schuster** *(Plural* Schuster*)* ■ **le cordonnier : ich habe meine Stiefel zum Schuster gebracht** j'ai apporté mes bottes chez le cordonnier.

schütteln *transitives Verb*
➤ **den Kopf schütteln** hocher la tête
➤ **vor Gebrauch schütteln** agiter avant l'emploi.

schütten *Verb* ■ **verser : die Bäuerin schüttete die Milch in die Kanne** la fermière a versé le lait dans le bidon.

der **Schutz**
1. **la protection : Greenpeace hat einen Aufruf zum Schutz der Wale verschickt** Greenpeace a lancé un appel à la protection des baleines
2. **l'abri** *(Maskulinum)* **: wir haben in einer Berghütte Schutz gesucht** nous nous sommes mis à l'abri dans un refuge
➤ **jemanden in Schutz nehmen** prendre la défense de quelqu'un.

der **Schütze** *(Plural* Schützen*)*
1. **le tireur : die Schützen veranstalten jedes Jahr einen Wettbewerb** les tireurs organisent chaque année un concours
2. **le Sagittaire : Saskia ist im Zeichen des Schützen geboren** Saskia est née sous le signe du Sagittaire.

schützen *transitives Verb* ■ **protéger : schützt die Wale!** protégez les baleines !
➤ **jemanden vor etwas** *(D)* **schützen** protéger quelqu'un de quelque chose : **die Polizei schützt uns vor Verbrechern** la police nous protège des criminels.

das **Schützenfest** *(Plural* Schützenfeste*)* ■ **le concours de tir**

> **SCHÜTZENFEST**
>
> C'est une grande fête populaire dans les villes et les campagnes. Un concours de tir, organisé par l'association locale des tireurs, en est le point culminant.

schwach *(Komparativ* schwächer, *Superlativ* schwächste*)*
■ *Adjektiv*
1. **faible : nach der langen Krankheit war sie ganz schwach** après sa longue maladie, elle était très faible ; **„sagen" ist ein schwaches Verb** « sagen » est un verbe faible

2. **médiocre : das war eine schwache Leistung** c'était une performance médiocre
3. **fragile : Raphael hat schwache Nerven** Raphael a les nerfs fragiles

➤ **schwach werden** craquer : **ich wollte kein Eis essen, aber dann bin ich doch schwach geworden** je ne voulais pas manger de glace, mais j'ai craqué

■ *Adverb*

1. **faiblement : sein Herz schlug sehr schwach** son cœur battait très faiblement
2. **à peine : ich erinnere mich schwach daran** je m'en souviens à peine.

die **Schwäche** *(Plural* Schwächen*)*

1. la **faiblesse : Unpünktlichkeit ist eine seiner Schwächen** l'inexactitude est une de ses faiblesses
2. Schwächen *(Plural)* des difficultés **Jörgo hat Schwächen in der Rechtschreibung** Jörgo a des difficultés en orthographe.

der **Schwager** *(Plural* Schwäger*)* ■ le **beau-frère** *(Plural* **beaux-frères***)*.

die **Schwägerin** *(Plural* Schwägerinnen*)* ■ la **belle-sœur** *(Plural* **belles-sœurs***)*.

schwamm *Präteritum* ➤ schwimmen.

der **Schwamm** *(Plural* Schwämme*)* ■ **l'éponge** *(Femininum)* : **Maike, nimm bitte den Schwamm und wisch die Tafel ab** Maike, prends l'éponge s'il te plaît et efface le tableau.

schwanger *Adjektiv* ■ **enceinte : meine Schwester ist im vierten Monat schwanger** ma sœur est enceinte de quatre mois.

die **Schwangerschaft** *(Plural* Schwangerschaften*)* ■ la **grossesse**.

schwanken *Verb*

1. *(Perfekt* hat geschwankt*)* **hésiter : ich schwanke noch zwischen Ferien in England und Frankreich** j'hésite encore entre des vacances en Angleterre ou en France
2. *(Perfekt* hat geschwankt*)* **fluctuer : die Preise für Benzin schwanken stark** les prix de l'essence fluctuent fortement.

der **Schwanz** *(Plural* Schwänze*)* ■ la **queue : der Hund wedelte mit dem Schwanz** le chien remuait la queue.

schwänzen *Verb* ■ **sécher : Anja hat noch nie die Schule geschwänzt** Anja n'a encore jamais séché l'école.

schwärmen *Verb*

➤ **für jemanden schwärmen** être fou (folle) de quelqu'un : **Maren schwärmt für ihren Musiklehrer** Maren est folle de son professeur de musique.

schwarz *(Komparativ* schwärzer*, Superlativ* schwärzeste*)*

■ *Adjektiv*

noir (noire) : sie trug ein schwarzes Sweatshirt elle portait un sweatshirt noir ; **meine Mutter trinkt den Kaffee schwarz** ma mère boit son café noir

■ *Adverb*

en noir : Sabrina hatte sich die Lippen schwarz geschminkt Sabrina s'était maquillé les lèvres en noir.

schwarz|fahren *Verb* ■ **voyager en fraude : wer beim Schwarzfahren erwischt wird, muss eine Strafe zahlen** celui qui est pris à voyager en fraude doit payer une amende.

der **Schwarzwald** ■ la **Forêt-Noire**.

schwatzen, schwätzen *Verb*

bavarder : meine Mutter schwatzt gern mit der Nachbarin ma mère aime bavarder avec la voisine.

Schweden *Neutrum* ■ la **Suède**

> Ländernamen werden im Französischen oft mit dem bestimmten Artikel verwendet, es sei denn, es steht ein **en** davor.

schwedisch *Adjektiv* ■ **suédois (suédoise)**.

schweigen *(Präteritum* schwieg*, Perfekt* hat geschwiegen*) Verb* ■ **se taire : kannst du schweigen?** peux-tu te taire ?

das **Schwein** *(Plural* Schweine*)*

1. le **cochon : der Bauer hält auch Schweine** le fermier élève aussi des cochons
2. le **porc : wir essen wenig Schwein** nous mangeons peu de porc.

das **Schweinefleisch** ■ la **viande de porc**.

die **Schweiz** ■ la **Suisse** : **ich fahre in die Schweiz zum Skifahren** je vais en Suisse pour faire du ski.

der **Schweizer** *(Plural* Schweizer*)*
■ le **Suisse** : **die Schweizer sind sehr stolz auf ihr Land** les Suisses sont très fiers de leur pays

Namen von Einwohnern werden großgeschrieben.

■ *Adjektiv (unveränderlich)*
suisse : **Uri ist ein Schweizer Kanton** Uri est un canton suisse.

das **Schweizerdeutsch** ■ le **dialecte suisse alémanique**.

die **Schweizerin** *(Plural* Schweizerinnen*)* ■ la **Suissesse** : **sie ist Schweizerin** c'est une Suissesse.

schweizerisch *Adjektiv* ■ **suisse** : **kennst du eine schweizerische Partei?** connais-tu un parti suisse ?

schwer
■ *Adjektiv*
1. **lourd (lourde)** : **mein Rucksack war schwer** mon sac à dos était lourd
2. **sévère** : **Markus liegt mit einer schweren Erkältung im Bett** Markus est au lit avec un rhume sévère
3. **difficile** : **Björn findet, dass Französisch schwer ist** Björn trouve que le français est difficile

➤ **schwer sein** peser : **er ist 95 kg schwer** il pèse 95 kg
■ *Adverb*
1. **très** : **unser Auto war schwer beladen** notre voiture était très chargée
2. **beaucoup** : **meine Tante muss schwer arbeiten für ihr Geld** ma tante doit beaucoup travailler pour gagner son argent
3. **difficile** : **der Text ist schwer zu verstehen** le texte est difficile à comprendre.

die **Schwester** *(Plural* Schwestern*)*
1. la **sœur** : **meine Schwester ist jünger als ich** ma sœur est plus jeune que moi
2. l'**infirmière** *(Femininum)* : **die Schwester hat meinen Puls gemessen** l'infirmière a pris mon pouls.

schwieg *Präteritum* ➤ schweigen.

Schwiegereltern *Plural* ■ les **beaux-parents** *(Maskulinum Plural)*.

die **Schwiegermutter** *(Plural* Schwiegermütter*)* ■ la **belle-mère** *(Plural* **belles-mères***)*.

der **Schwiegervater** *(Plural* Schwiegerväter*)* ■ le **beau-père** *(Plural* **beaux-pères***)*.

schwierig *Adjektiv* ■ **difficile** : **das war eine ganz schwierige Frage** c'était une question très difficile.

die **Schwierigkeit** *(Plural* Schwierigkeiten*)* ■ la **difficulté** : **die Klassenarbeit steckte voller Schwierigkeiten** le devoir sur table était truffé de difficultés

➤ **Schwierigkeiten machen** poser des difficultés : **wenn ein Schüler Schwierigkeiten macht, dann stört das den Unterricht** quand un élève pose des difficultés, ça gêne le cours.

das **Schwimmbad** *(Plural* Schwimmbäder*)* ■ la **piscine**.

schwimmen *(Präteritum* schwamm, *Perfekt* ist|hat geschwommen*) Verb (Perfekt* ist geschwommen*)*
1. **nager** : **gestern sind wir im Meer geschwommen** hier, on a nagé dans la mer

Bei manchen Bewegungsverben werden die zusammengesetzten Zeiten anders als im Deutschen mit **avoir** gebildet.

2. **flotter** : **auf dem Teich schwammen lauter Blätter** plein de feuilles flottaient sur la mare.

schwindelig, schwindlig *Adjektiv*
➤ **mir ist schwindelig** j'ai le vertige.

schwitzen *Verb* ■ **transpirer** : **bei der Wanderung haben wir ordentlich geschwitzt** nous avons bien transpiré pendant la randonnée.

schwül *Adjektiv* ■ **lourd (lourde)** : **heute ist es schrecklich schwül** il fait terriblement lourd aujourd'hui.

sechs
■ *Numeral*
six : zehn minus vier ist sechs dix moins quatre font six ; **ich bin heute um sechs Uhr aufgestanden** je me suis levé à six heures aujourd'hui
■ *Pronomen*
six : ich habe einen Tisch für sechs bestellt j'ai réservé une table pour six.

sechsfach
■ *Adjektiv*
six fois : wir brauchen die sechsfache Menge nous avons besoin de six fois cette quantité
■ *Adverb*
en six exemplaires : ich habe den Artikel sechsfach kopiert j'ai copié l'article en six exemplaires.

sechshundert *Numeral* ■ **six cents : es waren sechshundert Leute auf dem Fest** il y avait six cents personnes à la fête.

sechsmal *Adverb* ■ **six fois : das Telefon hat sechsmal geklingelt** le téléphone a sonné six fois.

zu **sechst** *Adverb* ■ **à six : wir sind zu sechst nach Frankreich gefahren** nous sommes partis en France à six.

sechste, r, s *Adjektiv*
1. **six : er hat am sechsten Januar Geburtstag** il a son anniversaire le six janvier
2. **sixième : wir wohnen im sechsten Stock** nous habitons au sixième étage.

das **Sechstel** *(Plural* Sechstel*)* ■ **le sixième : ich habe ein Sechstel des Kuchens bekommen** j'ai eu un sixième du gâteau.

sechzehn *Numeral* ■ **seize : sie ist sechzehn** elle a seize ans.

sechzig *Numeral* ■ **soixante : meine Oma ist sechzig geworden** ma mamie a eu soixante ans.

der **See**[1] *(Plural* Seen*)* ■ **le lac : der Bodensee ist der größte See Deutschlands** le Bodensee est le plus grand lac d'Allemagne.

die **See**[2] ■ **la mer : das Klima an der See ist gut für die Gesundheit** à la mer, le climat est bon pour la santé.

die **Seele** *(Plural* Seelen*)* ■ **l'âme** *(Femininum)* **: er glaubt an die unsterbliche Seele** il croit en l'âme éternelle.

das **Segel** *(Plural* Segel*)* ■ **la voile : das Boot hatte ein großes Segel** le bateau avait une grande voile.

segeln *Verb* ■ **faire de la voile : wir segeln in den Ferien im Mittelmeer** pendant les vacances, nous faisons de la voile en Méditerranée.

das **Segelboot** *(Plural* Segelboote*)* ■ **le bateau à voile** *(Plural* **bateaux***)*.

sehen *(Präsens* sieht, *Präteritum* sah, *Perfekt* hat gesehen*)*
■ *transitives Verb*
1. **voir : hast du die Sendung gestern im Fernsehen gesehen?** as-tu vu l'émission hier à la télévision ?
2. **envisager : wie sehen Sie das?** comment envisagez-vous cela ?
➤ **sich sehen lassen** se montrer : **lass dich mal wieder sehen** montre-toi encore
■ *intransitives Verb*
voir : ich sehe nicht gut bei Nacht je ne vois pas bien la nuit
➤ **kommst du mit ins Kino? – mal sehen** viens-tu avec nous au cinéma ? – je vais voir
➤ **siehst du** tu vois : **siehst du, ich habe es dir doch gesagt** tu vois, je te l'avais bien dit
➤ **sieh mal** tiens donc : **sieh mal, das ist doch deine Lehrerin da drüben** tiens donc, c'est bien ta professeur là-bas

sich **sehen** *reflexives Verb* ■ **se voir : wir sehen uns nicht mehr so oft wie früher** nous ne nous voyons plus aussi souvent qu'auparavant.

die **Sehenswürdigkeit** *(Plural* Sehenswürdigkeiten*)* ■ **les curiosités** *(Femininum Plural)* **: wir haben uns die Sehenswürdigkeiten von Nancy angesehen** nous avons visité les curiosités de Nancy.

sich **sehnen** *reflexives Verb*
➤ **sich nach etwas sehnen** aspirer à quelque chose : **ich sehne mich nach Ruhe** j'aspire au calme
➤ **ich sehne mich so nach dir** tu me manques tellement.

die **Sehnsucht** *(Plural* Sehnsüchte*)* ■ **la nostalgie : er hat Sehnsucht nach seiner Heimat** il a la nostalgie de son pays natal.

sehr *Adverb*
1. **très : sie ist sehr klug** elle est très intelligente
2. **beaucoup : danke sehr, dass Sie mir geholfen haben** merci beaucoup de m'avoir aidé

➤ **sehr viel** beaucoup : **sie haben sehr viel Geld** ils ont beaucoup d'argent

> Nach Mengenangaben steht in der Regel nur **de** ohne Artikel.

➤ **zu sehr** trop : **er hat sich zu sehr beeilt** il s'est trop dépêché.

seid *Präsens* ➤ sein.

die **Seife** *(Plural* Seifen*)* ■ **le savon.**

das **Seil** *(Plural* Seile*)* ■ **la corde : wir haben uns mit einem Seil hinuntergelassen** nous sommes descendus à l'aide d'une corde.

sein *(Präsens* ist, *Präteritum* war, *Perfekt* ist gewesen*)*
■ *Hilfsverb*
1. **être : Alfred ist in Heidenheim geboren** Alfred est né à Heidenheim

> Die zusammengesetzten Formen der meisten Bewegungsverben sowie einiger anderer intransitiver Verben, zum Beispiel **naître**, werden mit **être** gebildet.

Ariane und ihre Schwester sind spät nach Hause gekommen Ariane et sa sœur sont rentrées tard

> In mit **être** zusammengesetzten Zeiten richtet sich das Partizip nach dem Subjekt.

2. **avoir : ich bin noch nie von meinen Eltern geschlagen worden** je n'ai encore jamais été battu par mes parents

> Die zusammengesetzten Formen des Verbs **être** werden mit **avoir** gebildet.

■ *intransitives Verb*
1. **être : Sebastian ist im Kindergarten** Sebastian est au jardin d'enfants ; **Brigitte ist Lehrerin** Brigitte est professeur ; **die Statue ist aus Marmor** la statue est en marbre ; **es ist Frühling** c'est le printemps ; **es ist zehn Uhr** il est dix heures
2. **avoir : mir ist kalt** j'ai froid
3. **faire : es ist schon dunkel** il fait déjà sombre ; **heute ist es kalt** il fait froid aujourd'hui

➤ **was ist?** qu'est-ce qu'il y a ?
➤ **aus ... sein** venir de : **Marie-Claire ist aus Frankreich** Marie-Claire vient de France
➤ **es sei denn ...** à moins que ... : **wir gehen zu zweit, es sei denn, du willst auch mitkommen** nous partons à deux, à moins que tu ne veuilles venir avec nous

> Nach **à moins que** steht der **Subjonctif**.

➤ **es war einmal ...** il était une fois
➤ **etwas sein lassen** laisser tomber quelque chose : **zuerst wollte ich mich beschweren, dann habe ich es aber sein lassen** au début, j'ai voulu me plaindre, puis en fait j'ai laissé tomber
➤ **wie wäre es mit einem Eis?** qu'est-ce que tu dirais d'une glace ?

sein, e *Determinant* ■ **son, sa**

> Im Französischen richtet sich das Possessivpronomen nach dem darauf folgenden Substantiv. Vor Substantiven im Singular, die mit einem Vokal oder einem stummen H beginnen, steht immer die männliche Form.

ich habe meinen Bruder und seine Frau getroffen j'ai rencontré mon frère et sa femme ; **sie freut sich sehr über seine Einladung** elle est très contente de son invitation.

seine, r, s *Pronomen* ■ **le sien, la sienne : ist das dein Kuli oder seiner?** est-ce que c'est ton stylo ou bien le sien ? ; **das rote Auto ist seins** la voiture rouge est la sienne.

seit
■ *Präposition (+ D)*
depuis : er ist seit gestern krank il est malade depuis hier
➤ **seit wann?** depuis quand ?
➤ **seit langem** depuis longtemps
■ *Konjunktion*
depuis que : seit ich Französisch lerne, bin ich in Englisch schlechter geworden depuis que j'apprends le français, je suis devenu plus mauvais en anglais.

seitdem

■ *Adverb*
depuis : ich war vor einem Jahr in Frankreich, und seitdem macht mir Französisch Spaß il y a un an, je suis allé en France, et depuis, le français me plaît

■ *Konjunktion*
depuis que : seitdem er weg ist, geht es mir besser ça va mieux depuis qu'il est parti.

die **Seite** (*Plural* Seiten)

1. la **page : schlagt eure Bücher auf Seite 25 auf** ouvrez vos livres à la page 25
2. le **côté : ich bin ganz auf deiner Seite** je suis tout à fait de ton côté
3. l'**aspect** (*Maskulinum*) **: wir haben das Problem von allen Seiten betrachtet** nous avons examiné le problème sous tous ses aspects

➤ **sich von seiner besten Seite zeigen** se montrer sous son meilleur jour : **heute habt ihr euch von eurer besten Seite gezeigt** aujourd'hui, vous vous êtes montrés sous votre meilleur jour

➤ **zur Seite gehen** se mettre sur le côté : **geh mal zur Seite, damit die anderen auch etwas sehen** mets-toi sur le côté de façon à ce que les autres voient aussi quelque chose.

seither *Adverb* ■ **depuis : ich habe seither nichts mehr von ihr gehört** je n'ai plus eu de nouvelles d'elle depuis.

die **Sekundarstufe** (*Plural* Sekundarstufen) ■ le **second cycle**

SEKUNDARSTUFE

Au Gymnasium, on distingue la Sekundarstufe I qui va de la 5e à la 10e classe et la Sekundarstufe II (que l'on appelle aussi Oberstufe) qui mène au bac. Dans ce dernier cycle, les élèves choisissent des matières principales et des options. On commence la première langue en 5e, la deuxième en 7e et on peut en ajouter une troisième en 9e.

die **Sekunde** (*Plural* Sekunden) ■ la **seconde : eine Sekunde bitte, ich komme sofort!** une seconde, s'il vous plaît, j'arrive tout de suite !

selbst

■ *Pronomen (unveränderlich)*
moi-même, toi-même, lui-même, elle-même, etc. : ich habe den Weihnachtsschmuck selbst gemacht j'ai fait les décorations de Noël moi-même

■ *Adverb*
même : selbst die geduldigste Lehrerin verliert mal die Geduld même la professeur la plus patiente perd parfois patience

➤ **selbst gemacht** fait (faite) maison : **am liebsten mag ich selbst gemachte Marmelade** c'est la confiture faite maison que je préfère

➤ **selbst wenn** même si : **selbst wenn ich wollte, ich könnte dir nicht helfen** même si je voulais, je ne pourrais pas t'aider

➤ **von selbst** de soi-même : **die Türen öffnen sich von selbst** les portes s'ouvrent d'elles-mêmes.

selbstständig

■ *Adjektiv*
indépendant (indépendante) : meine Tante arbeitet als selbstständige Journalistin ma tante travaille en tant que journaliste indépendante

■ *Adverb*
tout seul : du solltest deine Aufgaben selbstständig machen tu devrais faire tes devoirs tout seul.

selbstverständlich

■ *Adjektiv*
naturel (naturelle) : es ist für mich selbstverständlich, dass ich meinen Freunden helfe pour moi, c'est naturel d'aider mes amis

■ *Adverb*
évidemment : ich komme selbstverständlich mit je viens évidemment avec vous

➤ **selbstverständlich!** naturellement !

selten

■ *Adjektiv*
rare : du bist hier ein seltener Gast ici, tu es un client rare

■ *Adverb*
rarement : wir sehen uns in letzter Zeit selten nous nous voyons rarement ces derniers temps.

seltsam

■ *Adjektiv*
étrange : Micha hat seltsame Ansichten Micha a des opinions étranges

■ *Adverb*
bizarrement : du benimmst dich so seltsam tu te conduis bizarrement.

das **Semikolon** (*Plural* Semikolons ODER Semikola) ■ le **point-virgule**.

senden (*Präteritum* sendete ODER sandte, *Perfekt* hat gesendet ODER gesandt)

■ *transitives Verb*
1. **retransmettre : das Spiel wird morgen um 18 Uhr gesendet** le match sera retransmis demain à 18 heures
2. **envoyer : er sandte mir Grüße aus Rom** il m'a envoyé son bonjour de Rome

■ *intransitives Verb*
émettre : Antenne eins sendet auf 101,7 le premier canal émet sur 101,7.

der **Senf** (*Plural* Senfe) ■ la **moutarde : möchten Sie Senf zu Ihrem Würstchen?** voulez-vous de la moutarde avec votre saucisse ?

senkrecht

■ *Adjektiv*
d'aplomb : die Mauer ist nicht senkrecht le mur n'est pas d'aplomb

■ *Adverb*
à pic : der Felsen fällt senkrecht ins Meer ab la falaise tombe à pic dans la mer.

der **September** (*Plural* September) ■ **septembre** *(Maskulinum) (ohne Artikel)* **: sie hat im September Geburtstag** son anniversaire est en septembre ; **heute ist der 12. September** on est le douze septembre aujourd'hui ; **wir kommen Anfang September aus den Ferien zurück** nous rentrons de vacances début septembre ; **wir haben bis Mitte September Ferien** nous sommes en vacances jusqu'à la mi-septembre ; **das muss bis Ende September fertig sein** tu dois avoir fini à la fin septembre.

Serbien *Neutrum* ■ la **Serbie**

> Ländernamen werden im Französischen immer mit dem bestimmten Artikel verwendet, es sei denn, es steht ein **en** davor.

serbisch *Adjektiv* ■ **serbe**.

die **Serie** (*Plural* Serien) ■ **la série : es kam zu einer Serie von Unfällen** il s'est produit une série d'accidents ; **im Fernsehen läuft eine neue Serie über antike Städte** ils passent une nouvelle série à la télé sur les villes antiques.

servieren *Verb* ■ **servir : der Kellner servierte zuerst die Getränke** le serveur a servi d'abord les boissons.

die **Serviette** (*Plural* Servietten) ■ **la serviette : in feineren Restaurants gibt es Servietten aus Stoff** dans les restaurants raffinés, il y a des serviettes en tissu.

der **Sessel** (*Plural* Sessel) ■ le **fauteuil**.

setzen

■ *transitives Verb*
1. **asseoir : sie setzte das Kind auf den Stuhl** elle assit l'enfant sur la chaise
2. **miser : wie viel hat er beim Pferderennen gesetzt?** combien a-t-il misé lors de la course hippique ?

■ *intransitives Verb*
miser : mein Vater hat beim Pferderennen auf die Nummer 13 gesetzt mon père a misé sur le numéro 13 lors de la course hippique

sich **setzen** *reflexives Verb*
1. **s'asseoir : setzen Sie sich!** asseyez-vous !

seufzen *Verb* ■ **soupirer : warum seufzt du denn so?** pourquoi soupires-tu comme ça ?

der **Sex**
1. la **sexualité : in der Schule wird heutzutage früh über Sex gesprochen** de nos jours, on parle tôt de la sexualité à l'école
2. **l'amour** *(Maskulinum)* **: hast du Sex mit ihm gehabt?** as-tu fait l'amour avec lui ?

sexy *familiär Adjektiv (unveränderlich)* ■ **sexy : sie trug einen sexy Bikini** elle portait un bikini sexy.

das **Shampoo** (*Plural* Shampoos) ■ le **shampoing : das ist ein Shampoo gegen Schuppen** c'est un shampoing antipelliculaire.

shoppen *Verb* ■ **faire du shopping : sie geht tagelang shoppen** elle passe des journées entières à faire du shopping.

sich *Pronomen*

1. **se : sie hat sich das anders vorgestellt** elle se l'est imaginé autrement ; **sie geben sich die Hand** ils se donnent la main ; **Sarah hat sich schon gewaschen** Sarah s'est déjà lavée ; **sie haben sich geküsst** ils se sont embrassés

> In zusammengesetzten Zeiten richtet sich das Partizip nach dem direkten Objektpronomen: Ist es weiblich, wird ein –e angehängt; steht es im Plural, endet das Partizip auf –s.

2. **sie wünscht sich ein Fahrrad** elle voudrait un vélo ; **er fürchtet sich vor der Dunkelheit** il a peur du noir ; **das lohnt sich** ça vaut la peine

> Manche reflexiven Verben werden im Französischen mit transitiven Verben, Wendungen oder unpersönlichen Ausdrücken wiedergegeben.

sicher

■ *Adjektiv*

1. **sûr (sûre) : die Brücke ist nicht mehr sicher** le pont n'est plus sûr
2. **assuré (assurée) : sie hat ein sicheres Auftreten** elle a une conduite assurée

➤ **sicher sein** être sûr : **ich bin nicht sicher, dass er das gesagt hat** je ne suis pas sûr qu'il ait dit ça

> Nach **n'être pas sûr que** steht der **Subjonctif.**

➤ **sich** *(D)* **einer Sache** *(+ G)* **sicher sein** être sûr de quelque chose : **bist du dir dessen auch ganz sicher ?** est-ce que tu es bien sûr de cela ?

■ *Adverb*

1. **avec assurance : Monika übersetzt sehr sicher** Monika traduit avec beaucoup d'assurance
2. **certainement : wir werden sicher gewinnen** nous allons certainement gagner.

die **Sicherheit**

1. **la sécurité : die Sicherheit im Straßenverkehr ist uns ein Anliegen** la sécurité routière nous tient à cœur
2. **la certitude : ich kann es Ihnen mit Sicherheit sagen** je peux vous le dire avec certitude

➤ **in Sicherheit sein** être en sécurité.

sichtbar *Adjektiv*

visible : dieser Stern ist mit bloßem Auge sichtbar cette étoile est visible à l'œil nu.

sie *Pronomen*

1. *(Singular, Nominativ)* **elle : sie ist die Beste in der Klasse** elle est la première de la classe
2. *(Singular, Akkusativ)* **la : ich habe sie nicht eingeladen** je ne l'ai pas invitée

> In zusammengesetzten Zeiten richtet sich das Partizip nach dem direkten Objektpronomen: Ist es weiblich, wird ans Partizip ein –e angehängt.

3. *(Plural, Nominativ)* **ils : sie waren sehr nett zu mir** ils étaient très gentils avec moi
4. **elles : sie sind zu spät gekommen** elles sont arrivées trop tard
5. *(Plural, Akkusativ)* **les : hast du sie benachrichtigt?** est-ce que tu les as prévenus ?

> In zusammengesetzten Zeiten richtet sich das Partizip nach dem direkten Objektpronomen: Steht es im Plural, wird ans Partizip ein –s angehängt.

Sie *Pronomen* ■ **vous : möchten Sie sonst noch etwas?** est-ce que vous désirez autre chose ? ; **guten Morgen, Herr und Frau Bauer, haben Sie gut geschlafen?** bonjour, monsieur et madame Bauer, avez-vous bien dormi ? ; **Frau Kling, ich habe Sie gestern angerufen** madame Kling, je vous ai appelée hier

> In zusammengesetzten Zeiten richtet sich das Partizip nach dem direkten Objektpronomen.

sieben *Numeral* ■ **sept** ➤ sechs.

siebenfach *Adjektiv* ■ **sept fois**.

siebenhundert *Numeral* ■ **sept cents : das hat siebenhundert Euro gekostet** ça a coûté sept cents euros.

siebenmal *Adverb* ■ **sept fois**.

siebte, siebente, r, s *Adjektiv* ■ **le septième** ➤ sechste.

das **Siebtel** *(Plural* Siebtel*)* ■ **le septième** ➤ Sechstel.

siebzehn *Numeral* ■ **dix-sept**
➤ sechs.

siebzig *Numeral* ■ **soixante-dix**
➤ sechs.

der **Sieg** *(Plural* Siege*)* ■ **la victoire : die SPD freute sich über ihren Sieg bei den Wahlen** le SPD s'est réjoui de sa victoire aux élections.

siegen *Verb* ■ **gagner : ich bin sicher, dass wir siegen werden** je suis sûr que nous allons gagner.

sieht *Präsens* ➤ sehen.

siezen *transitives Verb* ■ **vouvoyer : in Deutschland werden Schüler ab 16 Jahren gesiezt** en Allemagne, on vouvoie les élèves à partir de 16 ans.

die **Silbe** *(Plural* Silben*)* ■ **la syllabe : ich suche ein Wort mit fünf Silben** je cherche un mot de cinq syllabes.

das **Silber** ■ **l'argent** *(Maskulinum)* **: der Ring ist aus Silber** la bague est en argent.

der | das **Silvester** *(Plural* Silvester*)* ■ **la Saint-Sylvestre : an Silvester gibt es viele Feuerwerke** il y a beaucoup de feux d'artifice pour la Saint-Sylvestre

SILVESTER

Pour la Saint-Sylvestre, les Allemands ont l'habitude de faire, à minuit pile, un feu d'artifice à partir de leur balcon, de leur jardin ou dans la rue. Ils ont également conservé une coutume qui consiste à faire fondre du plomb, le jeter dans l'eau et à prédire leur avenir en fonction des figures obtenues.

sind *Präsens* ➤ sein.

singen *(Präteritum* sang, *Perfekt* hat gesungen*)*

■ *intransitives Verb*

chanter : Katharina singt sehr schön Katharina chante très bien

■ *transitives Verb*

1. **chanter : wir haben einen Kanon gesungen** nous avons chanté en canon
2. **avoir une voix de : Walter singt Bass** Walter a une voix de basse.

der **Singular** *(Plural* Singulare*)* ■ **le singulier : das Verb steht im Singular** le verbe est au singulier.

sinken *(Präteritum* sank, *Perfekt* ist gesunken*) Verb*

1. **sombrer : der Tanker ist vor der spanischen Küste gesunken** le tanker a sombré au large des côtes espagnoles

Bei manchen Bewegungsverben werden die zusammengesetzten Zeiten anders als im Deutschen mit **avoir** gebildet.

2. **décroître : langsam sinkt das Hochwasser** l'inondation décroît lentement
3. **baisser : wir hoffen alle, dass die Arbeitslosenzahlen sinken** nous espérons tous que le nombre de chômeurs va baisser.

der **Sinn** *(Plural* Sinne*)* ■ **le sens : was ist der Sinn des Lebens?** quel est le sens de la vie ?
➤ **die fünf Sinne** les cinq sens
➤ **das hat doch keinen Sinn!** ça ne rime à rien !

sinnlos *Adjektiv* ■ **absurde : es ist doch sinnlos, das zu fragen** c'est absurde de demander ça.

sinnvoll *Adjektiv*

1. **sensé (sensée) : kannst du nicht etwas Sinnvolleres mit deiner Zeit anfangen?** tu ne peux pas occuper ton temps à quelque chose de plus sensé ?
2. **raisonnable : es wäre sinnvoll, die unregelmäßigen Verben zu wiederholen** il serait raisonnable de réviser les verbes irréguliers.

sitzen *(Präteritum* saß, *Perfekt* hat gesessen*) Verb*

1. **être assis : wir saßen auf dem Sofa** nous étions assis sur le canapé
2. **être perché : auf dem Baum saß eine Eule** une chouette était perché dans l'arbre
3. **aller à quelqu'un : die Jeans sitzt perfekt** le jean te va parfaitement

➤ **sitzen bleiben** *familiär* redoubler : **Christoph ist in der elften Klasse sitzen geblieben** Christoph a redoublé la seconde.

der **Ski** *(Plural* Ski ODER Skier*)* ■ **le ski : ich habe mir neue Skier gekauft** je me suis acheté de nouveaux skis

➤ **Ski fahren** skier : **im Februar gehe ich immer Ski fahren** je vais toujours skier en février.

er **Skorpion** *(Plural* Skorpione*)*
1. le **scorpion : in der Wüste gibt es Skorpione** dans le désert, il y a des scorpions
2. le **Scorpion : Manuel ist im Zeichen des Skorpion geboren** Manuel est né sous le signe du Scorpion.

Slowenien *Neutrum* ■ la **Slovénie**

Ländernamen werden im Französischen oft mit dem bestimmten Artikel verwendet, es sei denn, es steht ein **en** davor.

so

■ *Adverb*
1. **comme ça : sieh mal, so musst du es machen** regarde donc, c'est comme ça que tu dois faire
2. **aussi : im November war es noch nie so warm** il n'a encore jamais fait aussi chaud en novembre
3. **si : die Schlange war so lang und so dick!** le serpent était si long et si gros !
4. **voilà : so, jetzt sind wir fertig!** voilà, maintenant nous sommes prêts !
5. **vraiment : sie hat sich so gefreut** elle s'est vraiment réjouie
6. **allons : so beeil dich doch ein bisschen!** allons, presses-toi un peu !

➤ **so ein** quel : **so ein Idiot !** quel idiot !
➤ **so ... wie** aussi ... que : **ich komme so bald wie möglich** je viens aussi vite que possible
➤ **so ist es!** c'est exact !

■ *Konjunktion*
1. **aussi : Horst ist gekommen so schnell er konnte** Horst est venu aussi vite qu'il a pu ; **so traurig es auch ist, es ist nicht zu ändern** aussi triste que ce soit, on ne peut rien y faire

Nach **aussi** + Adjektiv oder Adverb + **que** steht immer der **Subjonctif**.

2. **si : Margarete hat so laut geredet, dass alle es gehört haben** Margarete a parlé si fort que tout le monde a entendu.

sobald *Konjunktion* ■ **dès que : ich rufe dich an, sobald ich mit der Arbeit fertig bin** je t'appelle dès que j'ai terminé mon travail.

die **Socke** *(Plural* Socken*)* ■ la **chaussette : sie trägt grüne Socken** elle porte des chaussettes vertes.

das **Sofa** *(Plural* Sofas*)* ■ le **canapé : sie saßen auf dem Sofa** ils étaient assis sur le canapé.

sofort *Adverb*
1. **immédiatement : mach das bitte sofort** fais-ça immédiatement, je te prie
2. **tout de suite : ich komme sofort, ich schreibe nur diesen Brief zu Ende** je viens tout de suite, je finis juste d'écrire cette lettre.

sogar *Adverb* ■ **même : er hat sich diesmal sogar bedankt!** il a même dit merci cette fois-ci !

die **Sohle** *(Plural* Sohlen*)* ■ la **semelle : die Schuhe haben Sohlen aus Gummi** les chaussures ont des semelles en caoutchouc.

der **Sohn** *(Plural* Söhne*)* ■ le **fils : ich habe zwei Söhne und eine Tochter** j'ai deux fils et une fille.

solange *Konjunktion* ■ **tant que : du gehst nicht nach draußen, solange du deine Aufgaben nicht gemacht hast** tu ne sors pas tant que tu n'as pas fait tes devoirs.

solche, r, s *Determinant*
1. **pareil (pareille) à : ich hätte gern solche Lautsprecher wie du sie hast** j'aimerais bien avoir des haut-parleurs pareils aux tiens
2. **tel (telle) : ich habe solche Angst!** j'ai une telle peur !

der **Soldat** *(Plural* Soldaten*)* ■ le **soldat**.

sollen

■ *Hilfsverb (Perfekt* hat sollen*)*
1. **vouloir : sollen wir ins Kino gehen?** veux-tu que nous allions au cinéma ?

Nach Ausdrücken der Willensäußerung wie **vouloir que** steht der **Subjonctif**.

2. **pouvoir : das hättest du früher sagen sollen!** tu aurais pu le dire plus tôt !
3. **paraître que : Pauline soll sehr nett sein** il paraît que Pauline est très gentille

4. *(konjunktivisch)* **sollte Johanna anrufen, dann sag ihr, ich sei gegen drei wieder da** si jamais Johanna appelait, alors dis-lui que je rentre vers trois heures

➤ **was soll das heißen?** qu'est-ce que ça veut dire ?

■ *transitives Verb (Perfekt* hat gesollt*)* *(konjunktivisch)* **devoir : sollte ich das nicht?** ne devrais-je pas le faire ?

➤ **was soll das?** qu'est-ce que tu fais ? : **he, was soll das, lass meinen Computer in Ruhe !** eh, qu'est-ce que tu fais, laisse mon ordinateur tranquille !

der **Sommer** *(Plural* Sommer*)* ■ **l'été** *(Maskulinum)* **: im Sommer fahren wir nach Nizza** cet été, nous allons à Nice.

Sommerferien *Plural* ■ **les vacances d'été** *(Femininum Plural)* **: heute beginnen in Bayern die Sommerferien** en Bavière, les vacances d'été commencent aujourd'hui.

sonderbar

■ *Adjektiv*

étrange : er hat sonderbare Ansichten il a des opinions étranges

■ *Adverb*

curieusement : Sven hat sich heute so sonderbar benommen Sven s'est comporté très curieusement aujourd'hui.

sondern *Konjunktion* ■ **mais : wir haben Frau Weigle nicht in Deutsch, sondern in Biologie** nous n'avons pas madame Weigle en allemand, mais en biologie.

der **Sonnabend** *(Plural* Sonnabende*)* ■ **le samedi** ➤ Samstag.

sonnabends *Adverb* ■ **le samedi** ➤ samstags.

die **Sonne** ■ **le soleil : heute scheint die Sonne** aujourd'hui, le soleil brille.

der **Sonnenbrand** *(Plural* Sonnenbrände*)* ■ **le coup de soleil : nimm diese Creme, damit du keinen Sonnenbrand bekommst** prends cette crème pour ne pas attraper de coups de soleil.

der **Sonntag** *(Plural* Sonntage*)* ■ **le dimanche** ➤ Samstag.

sonntags *Adverb* ■ **le dimanche** ➤ samstags.

sonst *Adverb*

1. sinon : sonst nichts sinon rien

2. à part ça : was sonst? quoi d'autre ? **sonst noch was?** et avec ça ?

sooft *Konjunktion* ■ **à chaque fois que : sooft ich ihn treffe, erzählt er mir, wie schlecht es ihm geht** à chaque fois que je le rencontre, il me raconte combien il va mal.

sorgfältig

■ *Adjektiv*

soigné (soignée) : das war eine sorgfältige Arbeit! c'était un travail soigné !

■ *Adverb*

avec soin : mein Vater hat die Hemden sorgfältig zusammengelegt mon père a plié les chemises avec soin.

die **Sorte** *(Plural* Sorten*)* ■ **la variété : haben Sie auch noch andere Sorten Äpfel?** avez-vous encore d'autres variétés de pommes ?

sowieso *Adverb* ■ **de toute façon : ich komme sowieso** je viens de toute façon.

sowohl *Konjunktion* ■

➤ **sowohl ... als auch** non seulement... mais encore... : **Torsten ist sowohl in Mathematik als auch in Physik gut** Torsten est bon non seulement en mathématiques mais encore en physique.

sozusagen *Adverb* ■ **pour ainsi dire : ich bin sozusagen schon weg** je suis pour ainsi dire déjà parti.

Spanien *Neutrum* ■ **l'Espagne** *(Femininum)*

> Ländernamen werden im Französischen oft mit dem bestimmten Artikel verwendet, es sei denn, es steht ein **en** davor.

der **Spanier** *(Plural* Spanier*)* ■ **l'Espagnol** *(Maskulinum)*

> Namen von Einwohnern werden großgeschrieben.

die **Spanierin** *(Plural* Spanierinnen*)* ■ **l'Espagnole** *(Femininum)*.

spanisch *Adjektiv* ■ **espagnol (espagnole)**.

spannend
■ *Adjektiv*
palpitant (palpitante) : ich lese gerade einen spannenden Krimi je lis un polar palpitant en ce moment
■ *Adverb*
avec passion : Herbert kann spannend erzählen Herbert sait raconter avec passion.

die **Spannung** *(Plural* Spannungen*)* ■ **la tension : die Spannung stieg** la tension montait ; **Vorsicht, das Kabel steht unter Spannung** attention, le câble est sous tension.

sparen *Verb*
1. **économiser : wir sollten Energie sparen** nous devrions économiser de l'énergie
2. **épargner : ich habe schon 200 Euro gespart** j'ai déjà épargné 200 euros.

sparsam *Adjektiv* ■ **économe**
➤ **mit etwas sparsam sein** être avare de quelque chose : **Frau Weiske ist sparsam mit Lob** madame Weiske est avare de compliments.

der **Spaß** *(Plural* Späße*)* ■ **la plaisanterie : ich kann über deine Späße nicht lachen** tes plaisanteries ne me font pas rire
➤ **Spaß haben** s'amuser : **wir hatten viel Spaß** nous nous sommes bien amusés
➤ **jemandem Spaß machen** plaire à quelqu'un
➤ **viel Spaß!** amusez-vous bien !

spät
■ *Adjektiv*
tard : wir sind erst am späten Abend zurückgekommen nous ne sommes revenus que tard dans la soirée
➤ **wie spät ist es?** quelle heure est-il ?
➤ **zu spät** trop tard : **es ist jetzt zu spät, um dort anzurufen** il est trop tard maintenant pour les appeler
■ *Adverb*
tard : ich bin gestern spät ins Bett gegangen je me suis couché tard hier
➤ **zu spät** en retard : **Ingo kommt doch immer zu spät** Ingo est toujours en retard.

später *Adverb* ■ **plus tard : ich rufe dich später an** je t'appelle plus tard
➤ **bis später** à plus tard.

spätestens *Adverb* ■ **au plus tard : ich bin spätestens um zehn wieder da** je rentre au plus tard à dix heures.

spazieren gehen *Verb* ■ **se promener : wir sind im Park spazieren gegangen** nous nous sommes promenés dans le parc.

der **Spaziergang** *(Plural* Spaziergänge*)* ■ **la promenade**.

die **Spende** *(Plural* Spenden*)* ■ **le don : wir bitten um eine kleine Spende** nous sollicitons vos dons.

spenden *Verb* ■ **donner : hast du schon mal Blut gespendet?** as-tu déjà donné ton sang ? ; **Angelika hat für den Tierschutz gespendet** Angelika a donné de l'argent pour la protection des animaux.

spendieren *Verb* ■ **offrir : ich spendiere euch ein Eis** je vous offre une glace.

sperren *Verb*
1. **enfermer : sie hat den Hund in ihr Zimmer gesperrt** elle a enfermé le chien dans sa chambre
2. **barrer : die Straße ist gesperrt** la route est barrée.

der **Spiegel** *(Plural* Spiegel*)*
la glace : sieh dich doch mal im Spielgel an! regarde-toi donc dans la glace !

das **Spiel** *(Plural* Spiele*)*
1. **le jeu** *(Plural* **jeux***)* **: wir haben uns die Zeit mit Spielen vertrieben** nous avons tué le temps avec des jeux
2. **les jeux** *(Maskulinum Plural)* **: Hans hat sein Geld beim Spiel verloren** Hans a perdu son argent aux jeux
3. **le match : das Spiel endete unentschieden** ils ont fait match nul
➤ **auf dem Spiel stehen** être en jeu.

spielen
■ *intransitives Verb*
1. **jouer : die Kinder spielen im Sandkasten** les enfants jouent dans le bac à sable ; **unsere Mannschaft hat schlecht gespielt** notre équipe a mal joué
2. **se passer : das Stück spielt in Rom** la pièce se passe à Rome

■ *transitives Verb*
1. **jouer : Hannes hat den Romeo gespielt** Hannes a joué Roméo
2. **jouer à : wir haben Karten gespielt** nous avons joué aux cartes ; **Kim spielt Tennis** Kim joue au tennis
3. **jouer de : Carolin spielt Cello** Caroline joue du violoncelle ; **Beate spielt am liebsten Mozart** Beate joue du Mozart de préférence.

das **Spielzeug** (*Plural* Spielzeuge) ■ **le jouet : Laura hat viel Spielzeug** Laura a beaucoup de jouets.

der **Spinat** (*Plural* Spinate) ■ **les épinards** (*Maskulinum Plural*).

die **Spinne** (*Plural* Spinnen) ■ **l'araignée** (*Femininum*).

spitz *Adjektiv*
1. **taillé (taillée) : dein Bleistift ist nicht spitz** ton crayon à papier n'est pas taillé
2. **aigu (aiguë) : das ist ein spitzer Winkel** c'est un angle aigu.

die **Spitze** (*Plural* Spitzen)
1. **la tête : wer liegt bei der Tour de France an der Spitze?** qui est en tête du Tour de France ?
2. *familiär* **top : Daniel findet Angelika Spitze** Daniel trouve Angelika top.

spitzen *Verb* ■ **tailler : ich muss meinen Bleistift spitzen** je dois tailler mon crayon à papier.

der **Sport** ■ **le sport : Laura treibt viel Sport** Laura fait beaucoup de sport.

sportlich *Adjektiv* ■ **sportif (sportive) : Urs ist nicht sehr sportlich** Urs n'est pas très sportif.

sprach *Präteritum* ➤ sprechen.

die **Sprache** (*Plural* Sprachen)
1. **la langue : wie viele Sprachen kannst du?** combien de langues parles-tu ?
2. **le langage : die Sprache der Taubstummen hat mich schon immer fasziniert** le langage des sourds et muets me fascine depuis toujours.

Sprachkenntnisse *Plural* ■ **les connaissances en langues** (*Femininum Plural*).

sprang *Präteritum* ➤ springen.

sprechen (*Präsens* spricht, *Präteritum* sprach, *Perfekt* hat gesprochen)
■ *intransitives Verb*
1. **parler : sprich bitte etwas lauter** parle un peu plus fort, s'il te plaît ; **wir haben eben von dir gesprochen** nous venons juste de parler de toi
2. **être à l'appareil : ja hallo, wer spricht da bitte?** oui bonjour, qui est à l'appareil je vous prie ?

■ *transitives Verb*
1. **parler : Ursula spricht Italienisch** Ursula parle italien
2. **parler à : hier ist Anke, kann ich mal bitte Florian sprechen?** c'est Anke à l'appareil, est-ce-que je peux parler à Florian, s'il vous plaît ?

spricht *Präsens* ➤ sprechen.

springen (*Präteritum* sprang, *Perfekt* ist|hat gesprungen) *Verb*
1. (*Perfekt* ist gesprungen) **sauter : er sprang über den Graben** il a sauté par dessus le fossé

> Bei manchen Bewegungsverben werden die zusammengesetzten Zeiten anders als im Deutschen mit **avoir** gebildet.

2. (*Perfekt* ist gesprungen) **voler en éclats : das Glas ist gesprungen** le verre a volé en éclats.

die **Spritze** (*Plural* Spritzen)
1. **la piqûre : der Zahnarzt hat mir eine Spritze gegeben** le dentiste m'a fait une piqûre
2. **la seringue : Drogensüchtige infizieren sich oft an einer Spritze** les toxicomanes se contaminent souvent avec une seringue.

spucken *Verb*
cracher : Rolf hat die Kirschkerne auf den Boden gespuckt Rolf a craché les noyaux de cerise par terre.

spülen
■ *transitives Verb*
1. **laver : ich spüle jetzt die Gläser** maintenant, je lave les verres

■ *intransitives Verb*
1. **faire la vaisselle : Olav spült nicht gern** Olav n'aime pas faire la vaisselle

2. **tirer la chasse d'eau : jemand hat auf der Toilette nicht gespült** quelqu'un n'a pas tiré la chasse d'eau.

die **Spülmaschine** *(Plural* Spülmaschinen*)* ■ **le lave-vaisselle**.

spüren *Verb* ■ **sentir : Margret spürt die Kälte nicht** Margret ne sent pas le froid.

der **Staat** *(Plural* Staaten*)* ■ **l'État** *(Maskulinum)* **: der Präsident steht an der Spitze des Staates** le Président est au sommet de l'État.

staatlich *Adjektiv* ■ **public (publique) : ich gehe auf eine staatliche Schule** je suis dans une école publique.

die **Staatsangehörigkeit** *(Plural* Staatsangehörigkeiten*)* ■ **la nationalité : welche Staatsangehörigkeit hat Dragan?** de quelle nationalité est Dragan ?

das **Staatsexamen** *(Plural* Staatsexamen*)* ■ *examen de fin d'études* .

stach *Präteritum* ➤ stechen.

das **Stadion** *(Plural* Stadien*)* ■ **le stade**.

die **Stadt** *(Plural* Städte*)*
1. **la ville : Freiburg ist eine schöne Stadt** Fribourg est une jolie ville
2. la **municipalité : mein Vater arbeitet bei der Stadt** mon père travaille pour la municipalité.

stahl *Präteritum* ➤ stehlen.

der **Stahl** *(Plural* Stähle*)* ■ **l'acier** *(Maskulinum)*.

der **Stall** *(Plural* Ställe*)*
1. **l'étable** *(Femininum)* **: die Kühe sind im Stall** les vaches sont à l'étable
2. **l'écurie** *(Femininum)* **: in dem Stall sind Boxen für fünf Pferde** dans l'écurie, il y a des box pour cinq chevaux.

der **Stammtisch** ■ la **table des habitués**

STAMMTISCH

Ce terme désigne à la fois la table des habitués dans un café ou un restaurant et le groupe d'amis qui s'y réunit régulièrement.

stand *Präteritum* ➤ stehen.

der **Stand** *(Plural* Stände*)*
1. **le stand : das habe ich an einem Stand auf dem Weihnachtsmarkt gefunden** j'ai trouvé ça sur un stand du marché de Noël
2. **l'état** *(Maskulinum)* **: er hat mich über den Stand der Dinge informiert** il m'a informé de l'état des choses.

ständig

■ *Adjektiv*
continuel (continuelle) : deine ständigen Klagen gehen mir auf die Nerven tes plaintes continuelles m'agacent

■ *Adverb*
sans arrêt : Olivia ruft ständig bei mir an Olivia me téléphone sans arrêt.

stank *Präteritum* ➤ stinken.

starb *Präteritum* ➤ sterben.

stark *(Komparativ* stärker, *Superlativ* stärkste*)*

■ *Adjektiv*
1. **fort (forte) : ich bin so stark, dass ich die 20 Kilo heben kann** je suis tellement fort que je peux soulever ces 20 kilos ; **sterben ist ein starkes Verb** "sterben" est un verbe fort
2. *familiär* **génial (géniale) : der Film war echt stark** ce film était vraiment génial

■ *Adverb*
1. **beaucoup : Wilhelm hustet stark** Wilhelm tousse beaucoup
2. **très : diese Straße ist stark befahren** cette rue est très fréquentée.

die **Stärke** *(Plural* Stärken*)*
1. la **force : für diese sehr schwere Arbeit fehlt dir die Stärke** tu n'as pas assez de force pour faire ce travail très dur
2. le **point fort : Sprachen sind Cornelias Stärke** les langues sont le point fort de Cornelia.

starren *Verb* ■ **fixer : er starrte gedankenverloren ins Feuer** il fixait le feu, perdu dans ses pensées.

starten

■ *intransitives Verb (Perfekt* ist gestartet*)*
1. **prendre le départ : jetzt sind die Rennwagen gestartet** les voitures de course viennent de prendre le départ

2. **partir : mein Flugzeug startet um 4 Uhr** mon avion part à 4 heures

■ *transitives Verb (Perfekt* hat gestartet*)*
démarrer : der Wagen wollte nicht starten la voiture ne voulait pas démarrer.

statt

■ *Konjunktion*
au lieu de : statt Computerspiele zu machen, solltest du lieber Hausaufgaben machen au lieu de jouer sur l'ordinateur, tu ferais mieux de faire tes devoirs

■ *Präposition*
(+ G) **à la place de : ich bin statt meiner Mutter ins Konzert gegangen** je suis allé au concert à la place de ma mère.

statt|finden *Verb* ■ **avoir lieu : in dieser Halle finden Ausstellungen statt** dans cette salle, ont lieu des expositions.

der **Stau** *(Plural* Staus ODER Staue*)* ■ **l'embouteillage** *(Maskulinum)* **: wir standen eine Stunde im Stau** nous avons été coincés une heure dans un embouteillage.

der **Staub** ■ la **poussière : auf dem Regal liegt eine dicke Schicht Staub** l'étagère est recouverte d'une épaisse couche de poussière

➤ **Staub wischen** faire la poussière.

staubig *Adjektiv* ■ **poussiéreux (poussiéreuse) : das Regal ist staubig** l'étagère est poussiéreuse.

staubsaugen

■ *intransitives Verb*
passer l'aspirateur : kannst du bitte im Wohnzimmer staubsaugen? tu peux passer l'aspirateur dans le salon ?

■ *transitives Verb*
passer l'aspirateur sur : ich habe den Teppich gestaubsaugt j'ai passé l'aspirateur sur le tapis.

der **Staubsauger** *(Plural* Staubsauger*)* ■ **l'aspirateur** *(Maskulinum)*.

staunen *Verb* ■ **être étonné (étonnée) : meine Französischlehrerin hat gestaunt, dass ich das wusste** ma professeur de français a été étonnée que je connaisse ça.

stechen *(Präsens* sticht, *Präteritum* stach, *Perfekt* hat gestochen*) Verb*
■ **piquer : mich hat eine Wespe gestochen** j'ai été piqué par une guêpe

sich **stechen** *reflexives Verb* ■ **se piquer : ich habe mich mit der Nadel in den Finger gestochen** je me suis piqué le doigt avec l'aiguille.

stecken

■ *transitives Verb*
mettre : steck den Brief bitte in den Briefkasten mets cette lettre dans la boîte, s'il te plaît ; **ich habe mein ganzes Geld in ein neues Auto gesteckt** j'ai mis tout mon argent dans une voiture neuve

■ *intransitives Verb*
être : der Schlüssel steckt im Schloss la clé est dans la serrure

➤ **wo steckt ...?** *familiär* où est passé (passée) ... ? : **wo steckt denn Helmut wieder ?** où est encore passé Helmut ?

der **Stecker** *(Plural* Stecker*)* ■ la **prise** *(mâle)*.

stehen *(Präteritum* stand, *Perfekt* hat gestanden*) Verb*

1. **être : das Auto steht in der Garage** la voiture est au garage ; **das Verb steht im Futur** le verbe est au futur
2. **être debout : der Lehrer steht vor der Klasse** le professeur est debout face à la classe
3. **être arrêté (arrêtée) : das Fließband steht** la chaîne est arrêtée

➤ **die kurzen Haare stehen dir gut** les cheveux courts te vont bien

➤ **auf etwas** *(D)* **stehen** indiquer quelque chose : **das Termometer steht auf minus 10 Grad** le thermomètre indique moins 10 degrés

➤ **auf etwas** *(A)* **stehen** *familiär* adorer quelque chose : **Sarah steht auf Rap** Sarah adore le rap

➤ **mit etwas stehen** être suivi (suivie) de quelque chose : **diese Präposition steht mit dem Dativ** cette préposition est suivie du datif

➤ **stehen bleiben**

1. s'arrêter : **meine Uhr ist stehen geblieben** ma montre s'est arrêtée
2. rester debout : **die Bahn war so voll, dass ich stehen bleiben musste** le train était tellement bondé que j'ai dû rester debout

➤ **was steht heute in der Zeitung ?** qu'y a-t-il aujourd'hui dans le journal ?
➤ **wie steht das Spiel?** où en est la partie ?
➤ **es steht 3:1** le score est de 3 buts à 1.

stehlen *(Präsens* stiehlt, *Präteritum* stahl, *Perfekt* hat gestohlen*) transitives Verb* ■ **voler : er hat 10 Euro aus meinem Geldbeutel gestohlen** il a volé 10 euros dans mon porte-monnaie.

steif *Adjektiv*
1. **rigide : der Karton ist zu steif, er lässt sich nicht biegen** ce carton est trop rigide, on n'arrive pas à le plier
2. **ankylosé (ankylosée) : nach dem langen Sitzen war ich ganz steif** j'étais tout ankylosé d'être resté assis aussi longtemps
3. **raide : Frank ist ein steifer Tänzer** Frank est raide quand il danse.

steigen *(Präteritum* stieg, *Perfekt* ist gestiegen*) Verb*
1. **descendre : Lorenz stieg vom Pferd** Lorenz est descendu de cheval
2. **monter : die Spannung stieg** la tension a monté

Bedeutet das Verb **monter** „zunehmen", werden die zusammengesetzten Zeiten oft mit **avoir** gebildet.

3. **grimper : die Preise steigen weiter** les prix continuent de grimper
➤ **auf etwas** *(A)* **steigen** grimper sur quelque chose : **steig auf dem Stuhl, um die Birne auszuwechseln** grimpe sur la chaise pour changer l'ampoule
➤ **in etwas** *(A)* **steigen** monter dans quelque chose : **steig in den Zug, er fährt sonst ohne dich !** monte dans le train, sinon, il va partir sans toi !
➤ **aus etwas steigen** descendre de quelque chose : **ich sah Christa aus der Straßenbahn steigen** j'ai vu Christa descendre du tram.

steil
■ *Adjektiv*
1. **raide : der Abhang war sehr steil** la pente était très raide
2. **fulgurant (fulgurante) : eine steile Karriere** une carrière fulgurante
■ *Adverb*
➤ **steil ansteigen**
1. monter en pente raide : **der Weg steigt steil an** le chemin monte en pente raide
2. monter en flèche : **die Zahl der Obdachlosen ist steil angestiegen** le nombre des SDF est monté en flèche.

der **Stein** *(Plural* Steine*)*
1. **la pierre : was ist das für ein Stein in deinem Ring?** c'est quoi comme pierre sur ta bague ?
2. **le caillou** *(Plural* **cailloux***)* **: ich habe am Strand schöne Steine gefunden** j'ai trouvé de beaux cailloux sur la plage
3. **le noyau : er spuckte den Stein der Pflaume aus** il a craché le noyau de la prune.

der **Steinbock** *(Plural* Steinböcke*)* ■ **le Capricorne : Adam ist Steinbock** Adam est Capricorne.

die **Stelle** *(Plural* Stellen*)*
1. **l'endroit** *(Maskulinum)* **: das ist eine gute Stelle zum Anhalten** c'est un bon endroit pour s'arrêter
2. **l'emploi** *(Maskulinum)* **: hat sie eine Stelle gefunden?** est-ce qu'elle a trouvé un emploi ?
3. **le service : welche Stelle ist für Führerscheine zuständig?** quel service s'occupe des permis de conduire ?
4. **le chiffre : das ist eine Zahl mit sechs Stellen** c'est un nombre à six chiffres
5. **la position : der Ferrari liegt an zweiter Stelle** la Ferrari est en deuxième position
➤ **an jemandes Stelle** à la place de quelqu'un : **ich bin an Evas Stelle gekommen** je suis venu à la place d'Eva.

stellen *transitives Verb*
1. **mettre : wohin soll ich meinen Koffer stellen?** où faut-il que je mette ma valise ?
2. **mettre debout : die Flaschen solltest du am besten nicht stellen sondern legen** il vaut mieux coucher les bouteilles plutôt que de les mettre debout
➤ **eine Frage stellen** poser une question : **darf ich eine Frage stellen ?** je peux poser une question ?

sich **stellen** *reflexives Verb* ■ **se mettre : sie stellte sich vor den Spiegel** elle s'est mise devant le miroir
➤ **sich dumm stellen** faire l'idiot : **jetzt stellt er sich wieder dumm** le voilà de nouveau qui fait l'idiot.

stempeln *Verb* ■ **oblitérer : die Briefmarke war nicht gestempelt** le timbre n'était pas oblitéré.

sterben *(Präsens* stirbt, *Präteritum* starb, *Perfekt* ist gestorben*)* *Verb* ■ **mourir : Waltraud ist an Krebs gestorben** Waltraud est morte du cancer.

der **Stern** *(Plural* Sterne*)* ■ **l'étoile** *(Femininum)* **: wir haben die Sterne beobachtet** nous avons observé les étoiles ; **das Hotel hat drei Sterne** l'hôtel a trois étoiles.

das **Sternzeichen** *(Plural* Sternzeichen*)* ■ **le signe : welches Sternzeichen bist du?** de quel signe es-tu ?

das **Steuer**[1] *(Plural* Steuer*)* ■ **le volant : wer saß am Steuer des Autos?** qui était au volant de la voiture ?

die **Steuer**[2] *(Plural* Steuern*)* ■ **l'impôt** *(Maskulinum)* **: wir müssen so viele Steuern zahlen** nous devons payer tant d'impôts.

der **Stich** *(Plural* Stiche*)*

1. la **piqûre : ich hatte viele Stiche an den Beinen** j'avais beaucoup de piqûres aux jambes
2. la **nuance : die Fotos hatten einen Stich ins Grüne** les photos avaient une nuance de vert
3. le **point : sie befestigte den Knopf mit ein paar Stichen** elle a consolidé le bouton avec quelques points
4. le **point de suture : die Wunde wurde mit drei Stichen genäht** la plaie a été recousue avec trois points de suture
5. l'**estampe** *(Femininum)* **: an der Wand hing ein Stich von Dürer** sur le mur était accrochée une estampe de Dürer.

sticht *Präsens* ➤ stechen.

der **Stiefel** *(Plural* Stiefel*)* ■ **la botte : Lola trug hohe Stiefel** Lola portait des bottes hautes.

die **Stiefmutter** *(Plural* Stiefmütter*)* ■ **la belle-mère** *(Plural* **belles-mères***)*.

der **Stiefvater** *(Plural* Stiefväter*)* ■ **le beau-père** *(Plural* **beaux-pères***)*.

stieg *Präteritum* ➤ steigen.

stiehlt *Präsens* ➤ stehlen.

der **Stier** *(Plural* Stiere*)* ■ **le taureau : der Stier spießte den Torero mit seinen Hörnern auf** le taureau a embroché le torero avec ses cornes ; **Brigitte ist Stier** Brigitte est Taureau.

stieß *Präteritum* ➤ stoßen.

der **Stil** *(Plural* Stile*)* ■ **le style : der Aufsatz wird auch nach Stil bewertet** la rédaction a été aussi évaluée d'après le style.

still

■ *Adjektiv*

1. **calme : Rita ist ein stiller Mensch** Rita est une personne calme
2. **paisible : der See war still** le lac était paisible
3. **silencieux (silencieuse) : sie war in ein stilles Gebet versunken** elle était absorbée dans une prière silencieuse

■ *Adverb*

1. **silencieusement : die Klasse hat still gearbeitet** la classe a travaillé silencieusement
2. **en silence : er litt still vor sich hin** il a souffert en silence.

die **Stille** ■ **le silence : ich genieße die Stille der Natur** je profite du silence de la nature.

die **Stimme** *(Plural* Stimmen*)* ■ **la voix : Bianca hat eine leise Stimme** Bianca a une voix douce ; **Alice und ich singen die zweite Stimme** Alice et moi chantons la deuxième voix.

die **Stimmung** *(Plural* Stimmungen*)*

1. l'**humeur** *(Femininum)* **: ich bin nicht in der Stimmung zu tanzen** je ne suis pas d'humeur à danser
2. l'**ambiance** *(Femininum)* **: die Stimmung zu Hause ist gerade schlecht** l'ambiance à la maison est mauvaise en ce moment.

stinken *(Präteritum* stank, *Perfekt* hat gestunken*)* *Verb* ■ *abwertend* **puer : deine Füße stinken!** tes pieds puent !

➤ **jemandem stinkt es** *familiär* quelqu'un en a ras le bol : **mir stinkt's, ich gehe** j'en ai ras le bol, je m'en vais.

stirbt *Präsens* ➤ sterben.

die **Stirn** *(Plural* Stirnen*)* ■ **le front : du hast ja eine ganz heiße Stirn** tu as le front tout chaud.

der **Stock¹** (*Plural* Stöcke) ■ la **canne** : **mein Opa geht am Stock** mon papi marche avec une canne.

der **Stock²** (*Plural* Stock) ■ **l'étage** (*Maskulinum*) : **in welchem Stock wohnt ihr?** à quel étage habitez-vous ?

der **Stoff** (*Plural* Stoffe)
1. le **tissu** : **das ist ein warmer Stoff** c'est un tissu chaud
2. la **matière** : **die Ferien haben mir viel Stoff für mein Tagebuch gegeben** les vacances m'ont donné beaucoup de matière pour mon journal intime
3. la **substance** : **der Körper scheidet giftige Stoffe aus** le corps élimine les substances toxiques.

stöhnen *Verb* ■ **se lamenter** : **die Schüler stöhnen über die vielen Hausaufgaben** les élèves se lamentent parce qu'ils ont trop de devoirs.

stolpern *Verb* ■ **trébucher** : **er ist über einen Stein gestolpert** il a trébuché sur une pierre.

stolz
■ *Adjektiv*
fier (fière) : **Felix, ich bin stolz auf dich** Felix, je suis fier de toi
■ *Adverb*
fièrement : **Maximilian zeigte mir stolz sein Zeugnis** Maximilian m'a montré fièrement son bulletin.

stören
■ *transitives Verb*
1. **déranger** : **dürfte ich Sie wohl einen Moment stören?** pourrais-je vous déranger un moment ?
2. **gêner** : **mich stört an ihm, dass er so unordentlich ist** ce qui me gêne chez lui, c'est qu'il soit si désordonné
3. **brouiller** : **der Empfang ist gestört** la réception est brouillée
■ *intransitives Verb*
déranger : **störe ich?** je vous dérange ?

stoßen (*Präsens* stößt, *Präteritum* stieß, *Perfekt* hat/ist gestoßen)
■ *transitives Verb (Perfekt* hat gestoßen)
1. **pousser** : **er hat sie ins Wasser gestoßen** il l'a poussée dans l'eau
2. **lancer** : **wie weit kannst du die Kugel stoßen?** jusqu'où peux-tu lancer la boule ?
■ *intransitives Verb*
1. (*Perfekt* ist gestoßen) **heurter** : **ich bin gegen die Tür gestoßen** j'ai heurté la porte
2. (*Perfekt* ist gestoßen) **être contigu (contiguë)** : **unser Grundstück stößt an das der Schlupps** notre terrain est contigu à celui des Schlupp
3. (*Perfekt* ist gestoßen) **tomber sur** : **ich bin beim Aufräumen auf alte Liebesbriefe gestoßen** en rangeant, je suis tombée sur de vieilles lettres d'amour

sich **stoßen** *reflexives Verb* ■ **se cogner** : **ich habe mir den Kopf gestoßen** je me suis cogné la tête

> Zusammengesetzte Formen reflexiver Verben werden mit **être** gebildet.

stößt *Präsens* ➤ stoßen.

stottern *Verb* ■ **bégayer** : **Frank stottert erst seit kurzem** Frank ne bégaie que depuis peu.

die **Strafe** (*Plural* Strafen)
1. la **punition** : **ich musste zur Strafe die Lektion abschreiben** comme punition, j'ai dû recopier la leçon
2. la **peine** : **er hat seine Strafe verbüßt und ist wieder frei** il a purgé sa peine et il est de nouveau libre.

der **Strand** (*Plural* Strände) ■ la **plage** : **wir haben den ganzen Tag am Strand gelegen** nous somme restés allongés sur la plage toute la journée.

die **Straße** (*Plural* Straßen)
1. la **rue** : **er führte die alte Frau über die Straße** il a fait traverser la rue à la vieille dame
2. la **route** : **die Straße nach Gerlingen ist gesperrt** la route pour aller à Gerlingen est barrée.

der **Strauß¹** (*Plural* Sträuße) ■ le **bouquet** : **wir haben einen Strauß Blumen mitgebracht** nous avons apporté un bouquet de fleurs.

der **Strauß²** (*Plural* Strauße) ■ **l'autruche** (*Femininum*) : **in Südafrika werden Strauße gezüchtet** en Afrique du Sud, on élève des autruches.

die Strecke *(Plural* Strecken*)*
1. l'**itinéraire** *(Maskulinum)* : **diese Strecke bin ich noch nie gefahren** je n'ai encore jamais pris cet itinéraire
2. la **voie** : **der Zug blieb mitten auf der Strecke stehen** le train est resté immobilisé sur la voie.

streicheln *Verb* ■ **caresser** : **darf ich den Hund mal streicheln?** est-ce que je peux caresser le chien ?

streichen *(Präteritum* strich, *Perfekt* hat gestrichen*)*
■ *transitives Verb*
1. **peindre** : **Vorsicht, der Zaun ist frisch gestrichen** attention, la clôture vient d'être peinte
2. **rayer** : **ich streiche den Satz lieber wieder** je préfère rayer de nouveau la phrase
■ *intransitives Verb*
passer : **sie strich mit der Hand über den Stoff** elle passa la main sur le tissu.

das Streichholz *(Plural* Streichhölzer*)* ■ l'**allumette** *(Femininum)*.

streiken *Verb* ■ **faire grève** : **im öffentlichen Dienst wird gerade gestreikt** la fonction publique fait justement grève.

der Streit ■ la **dispute** : **ich habe Streit mit meinen Eltern** je me dispute avec mes parents.

sich streiten *(Präteritum* stritt, *Perfekt* hat gestritten*) reflexives Verb* ■ **se disputer** : **meine Eltern streiten sich dauernd** mes parents se disputent en permanence.

streng
■ *Adjektiv*
1. **sévère** : **unser Französischlehrer ist sehr streng** notre professeur de français est très sévère
2. **âpre** : **der Käse hat einen strengen Geschmack** le fromage a un goût âpre
3. **rigoureux (rigoureuse)** : **wir hatten einen strengen Winter** nous avons eu un hiver rigoureux
■ *Adverb*
1. **sévèrement** : **sie hat die Arbeit streng zensiert** elle a noté sévèrement ce devoir
2. **fort** : **irgendetwas riecht hier streng** quelque chose sent fort ici
3. **rigoureusement** : **meine Eltern haben mir das streng verboten** mes parents me l'ont rigoureusement interdit.

der Stress ■ le **stress** : **mein Vater hat viel Stress in seinem Beruf** mon père a beaucoup de stress dans son travail
➤ **im Stress sein** être débordé.

strich *Präteritum* ➤ streichen.

der Strich *(Plural* Striche*)* ■ le **trait** : **die Kinder zogen mit Kreide einen Strich** les enfants ont tracé un trait avec de la craie.

stricken *Verb* ■ **tricoter** : **meine Tante Rosa hat mir Socken gestrickt** ma tante Rosa m'a tricoté des chaussettes.

stritt *Präteritum* ➤ streiten.

der Strom *(Plural* Ströme*)*
1. le **courant** : **der Strom ist ausgefallen** il y a eu une panne de courant
2. le **fleuve** : **der Mississipi ist der größte Strom Nordamerikas** le Mississipi est le plus grand fleuve d'Amérique du Nord.

der Strumpf *(Plural* Strümpfe*)*
1. le **bas** : **sie trägt Strümpfe** elle porte des bas
2. la **chaussette** : **du hast ein Loch im Strumpf** tu as un trou à ta chaussette.

die Strumpfhose *(Plural* Strumpfhosen*)* ■ le **collant**.

das Stück *(Plural* Stücke ODER Stück*)*
1. *(Plural* **Stücke***)* la **part** : **willst du noch ein Stück Kuchen?** veux-tu encore une part de gâteau ?
2. *(Plural* **Stück***)* le **morceau** : **er tut sich drei Stück Zucker in den Tee** il met trois morceaux de sucre dans son thé
3. le **bout de chemin** : **ich begleite dich ein Stück** je t'accompagne un bout de chemin
4. *(Plural* **Stücke***)* la **pièce** : **wir haben uns gestern ein Stück von Brecht angesehen** nous avons vu hier une pièce de Brecht
5. *(Plural* **Stücke***)* le **morceau** : **sie hat uns ein Stück von Ravel vorgespielt** elle nous a joué un morceau de Ravel.

der Student *(Plural* Studenten*)* ■ l'**étudiant** *(Maskulinum)*.

die **Studentin** *(Plural* Studentinnen*)* ■ **l'étudiante** *(Femininum)*.

studieren *transitives Verb* **faire des études de : meine Tante hat Medizin studiert** ma tante a fait des études de médecine.

das **Studium** *(Plural* Studien*)* ■ **les études** *(Femininum Plural)* : **während meines Studiums habe ich auch noch als Verkäuferin gearbeitet** pendant mes études, j'ai travaillé aussi comme vendeuse.

die **Stufe** *(Plural* Stufen*)* ■ **la marche : Vorsicht, Stufe!** attention à la marche !

der **Stuhl** *(Plural* Stühle*)* ■ **la chaise : setzt euch auf eure Stühle!** asseyez-vous sur vos chaises !

stumm

■ *Adjektiv*

1. **muet (muette) : Fische sind stumm** les poissons sont muets

■ *Adverb*

1. **sans dire un mot : er hörte mir stumm zu** il m'a écouté sans dire un mot.

stumpf *Adjektiv*

1. **émoussé (émoussée) : das Messer ist stumpf** le couteau est émoussé
2. **obtus (obtuse) : das ist ein stumpfer Winkel** c'est un angle obtus.

die **Stunde** *(Plural* Stunden*)* ■ **l'heure** *(Femininum)* : **ich habe für die Hausaufgaben drei Stunden gebraucht** j'ai mis trois heures pour faire mes devoirs

➤ **schöne Stunden mit jemandem verbringen** passer de bons moments avec quelqu'un.

der **Stundenplan** *(Plural* Stundenpläne*)* ■ **l'emploi du temps** *(Maskulinum)*.

der **Sturm** *(Plural* Stürme*)*

1. la **tempête : die schweren Stürme haben Schäden angerichtet** les grosses tempêtes ont causé des dégâts
2. la **prise : wann war der Sturm auf die Bastille?** quand a eu lieu la prise de la Bastille ?

stürzen

■ *intransitives Verb (Perfekt* ist gestürzt*)*

1. **tomber : sie ist vom Pferd gestürzt** elle est tombée de cheval
2. **se précipiter : sie stürzte zum Telefon** elle s'est précipitée sur le téléphone

■ *transitives Verb (Perfekt* hat gestürzt*)* **renverser : die Regierung wurde gestürzt** le gouvernement a été renversé

sich **stürzen** *reflexives Verb* ■ **se jeter : die Gäste stürzten sich aufs Büfett** les invités se sont jetés sur le buffet

> Zusammengesetzte Formen reflexiver Verben werden mit **être** gebildet.

stützen *transitives Verb*

1. **soutenir : die baufällige Mauer muss gestützt werden** le mur délabré doit être soutenu
2. **se tenir : sie stützte den Kopf auf die Hände** elle s'est tenu la tête entre les mains.

das **Subjekt** *(Plural* Subjekte*)* ■ le **sujet : welches ist das Subjekt des Satzes?** quel est le sujet de la phrase ?

das **Substantiv** *(Plural* Substantive*)* ■ le **substantif**.

subtrahieren *Verb* ■ **faire des soustractions : Maximilian lernt in der Schule subtrahieren** Maximilian apprend à faire des soustractions à l'école.

suchen *Verb* ■ **chercher : ich suche meine Schlüssel** je cherche mes clés ; **mein Bruder sucht Arbeit** mon frère cherche du travail.

süchtig *Adjektiv* ■ **dépendant (dépendante) : Nikotin macht süchtig** la nicotine rend dépendant.

Südafrika *Neutrum* ■ **l'Afrique du Sud**

> Ländernamen werden im Französischen oft mit dem bestimmten Artikel verwendet, es sei denn, es steht ein **en** davor.

Südamerika *Neutrum* ■ **l'Amérique du Sud**.

süddeutsch *Adjektiv* ■ **d'Allemagne du Sud**.

der **Süden** ■ le **sud : der Wind kommt aus Süden** le vent vient du sud ; **der Süden Spaniens gefällt mir besonders gut** le sud de l'Espagne me plaît beaucoup.

südlich
■ *Adjektiv*
méridional (méridionale) : in dieser Region herrscht ein südliches Klima un climat méridional prédomine dans cette région
■ *Präposition (+ G)*
au sud de : ich war noch nie südlich des Äquators je ne suis encore jamais allé au sud de l'Équateur
■ *Adverb*
au sud : München liegt südlich von Stuttgart Munich se trouve au sud de Stuttgart.

der **Südpol** ■ le **pôle Sud : am Südpol gibt es Pinguine** au pôle Sud, il y a des pingouins.

die **Summe** *(Plural* Summen*)* ■ la **somme : eine so hohe Summe kann ich nicht zahlen** je ne peux pas payer une somme si élevée.

super *familiär*
■ *Adjektiv*
(unveränderlich) **super : Ute ist eine super Tänzerin** Ute est une super danseuse
■ *Adverb*
super bien : er kann super Ski fahren il sait super bien skier
➤ **super!** super !

der **Superlativ** *(Plural* Superlative*)* ■ le **superlatif**.

die **Suppe** *(Plural* Suppen*)* ■ la **soupe : Kaspar mag keine Suppe** Kaspar n'aime pas la soupe.

surfen *intransitives Verb*
1. *(Perfekt* ist gesurft*)* **surfer : wir sind auf einer ganz großen Welle gesurft** nous avons surfé sur une très grosse vague

> Bei manchen Bewegungsverben werden die zusammengesetzten Zeiten anders als im Deutschen mit **avoir** gebildet.

2. *(Perfekt* hat gesurft*)* **naviguer : gestern habe ich stundenlang im Internet gesurft** hier, j'ai navigué pendant des heures sur internet.

süß *Adjektiv*
1. **sucré (sucrée) : der Kaffee ist zu süß** le café est trop sucré
2. **doux (douce) : der Wein ist mir zu süß** je trouve le vin trop doux
3. **mignon (mignonne) : die kleinen Kätzchen waren so süß!** les petits chatons étaient si mignons !

die **Süßigkeiten** les **friandises** *(Femininum Plural)*.

das **Sweatshirt** *(Plural* Sweatshirts*)* ■ le **sweatshirt : sie trug ein Sweatshirt** elle portait un sweatshirt.

sympathisch *Adjektiv* ■ **sympathique : ich finde deinen Freund sympathisch** je trouve ton ami sympathique.

das **System** *(Plural* Systeme*)* ■ le **système : nach welchem System hast du deine Vokabelkarten sortiert?** selon quel système as-tu trié tes fiches de vocabulaire ?

die **Szene** *(Plural* Szenen*)* ■ la **scène : das war eine tolle Szene, wo plötzlich der Dinosaurier auftaucht** c'était une super scène, et tout à coup le dinosaure a surgi.

t

der **Tabak, Tabak** *(Plural* Tabake*)* ■ le **tabac**.

die **Tabelle** *(Plural* Tabellen*)*
1. le **tableau : ich habe in die Datei eine Tabelle eingefügt** j'ai introduit un tableau dans le fichier
2. le **classement : wer führt zurzeit die Tabelle an?** que donne le classement pour le moment ?

die **Tablette** *(Plural* Tabletten*)* ■ le **comprimé**.

die **Tafel** *(Plural* Tafeln*)* ■ le **tableau** *(Plural* **tableaux***)* : **er schrieb das Wort an die Tafel** il a écrit le mot au tableau
➤ **die Tafel Schokolade** la tablette de chocolat.

der **Tag** *(Plural* Tage*)*
1. le **jour** : **wir waren für drei Tage in Paris** nous avons passé trois jours à Paris
2. la **journée** : **ich habe den ganzen Tag mein Zimmer aufgeräumt** j'ai passé toute la journée à ranger ma chambre

> **Tag** wird mit **journée** übersetzt, wenn die Dauer oder der Verlauf betont wird.

der **Tag der Deutschen Einheit** ■ *fête nationale allemande*

> TAG DER DEUTSCHEN EINHEIT
>
> Il s'agit de la fête nationale allemande. Elle commémore le jour de la réunification (3 octobre 1990). Le 3 octobre est un jour férié.

täglich
■ *Adjektiv*
quotidien (quotidienne) : **morgens erledigt sie die täglichen Arbeiten** le matin, elle expédie les tâches quotidiennes
■ *Adverb*
tous les jours : **diese Übung muss ich täglich machen** je dois faire cet exercice tous les jours
➤ **dreimal täglich** trois fois par jour.

tagsüber *Adverb* ■ **pendant la journée** : **tagsüber ist hier nicht viel los** pendant la journée, il ne se passe pas grand-chose ici.

das **Tal** *(Plural* Täler*)* ■ la **vallée**.

der **Tank** *(Plural* Tanks*)* ■ le **réservoir** : **der Tank ist bald leer** le réservoir sera bientôt vide.

tanken
■ *intransitives Verb*
prendre de l'essence : **wir müssen tanken, bevor wir losfahren** nous devons prendre de l'essence avant de partir
■ *transitives Verb*
prendre : **ich tanke Super** je prends du super.

die **Tanne** *(Plural* Tannen*)* ■ le **sapin**.

die **Tante** *(Plural* Tanten*)* ■ la **tante** : **meine Tante gibt mir Nachhilfe in Französisch** ma tante me donne des cours de soutien en français.

der **Tanz** *(Plural* Tänze*)*
1. la **danse** : **wie heißt dieser Tanz?** comment s'appelle cette danse ?

> Achtung ! Anders als das deutsche Wort **Tanz** ist das französische Substantiv **danse** weiblich.

2. le **bal** : **am Samstagabend ist Tanz im Gemeindehaus** le samedi soir, il y a un bal à la maison paroissiale
➤ **jemanden zum Tanz auffordern** inviter quelqu'un à danser.

tanzen *Verb* ■ **danser** : **Marina tanzt gern** Marina aime bien danser ; **wir haben einen Walzer getanzt** nous avons dansé une valse.

die **Tanzstunde** ■ le **cours de danse**

> TANZSTUNDE
>
> En Allemagne et en Autriche, à partir de l'âge de 12 ans, la plupart des élèves fréquentent le cours de danse, où sont enseignées les danses de salon (rock, valse ...). Il existe des cours pour débutants et pour danseurs confirmés. Le cours pour débutants s'achève par l'**Abschlussball**, auquel sont également invités les parents.L'élection des trois meilleurs couples de danseurs représente le clou de la soirée.

die **Tapete** *(Plural* Tapeten*)* ■ le **papier peint**.

tapfer *Adjektiv* ■ **courageux (courageuse)** : **Stephan war beim Zahnarzt ganz tapfer** Stéphane a été très courageux chez le dentiste.

die **Tasche** *(Plural* Taschen*)*
1. le **sac** : **ihre Tasche war voller Einkäufe** son sac était rempli de provisions ; **ich habe immer einen Lippenstift in meiner Tasche** j'ai toujours du rouge à lèvres dans mon sac
2. la **poche** : **nimm die Hände aus der Tasche, wenn du mit mir sprichst!** sors les mains de tes poches quand tu me parles !
➤ **aus eigener Tasche** de sa poche.

das **Taschengeld** ■ **l'argent de poche** *(Maskulinum)* : **wie viel Taschengeld bekommst du in der Woche?** combien d'argent de poche reçois-tu par semaine ?

das **Taschentuch** *(Plural* Taschentücher*)* ■ **le mouchoir**.

die **Tasse** *(Plural* Tassen*)* ■ **la tasse** : **ich trinke morgens zwei Tassen Kaffee** le matin, je bois deux tasses de café.

die **Tastatur** *(Plural* Tastaturen*)* ■ **le clavier**.

die **Taste** *(Plural* Tasten*)* ■ **la touche** : **er drückte auf den Tasten seines Handys herum** il pianotait sur les touches de son portable.

tat *Präteritum* ➤ tun.

die **Tat** *(Plural* Taten*)* ■ **l'action** *(Femininum)* : **Pfadfinder tun jeden Tag eine gute Tat** les scouts font tous les jours une bonne action.

der **Täter** *(Plural* Täter*)* ■ **le coupable** : **die Polizei hat den Täter verhaftet** la police a arrêté le coupable.

die **Tatsache** *(Plural* Tatsachen*)* ■ **le fait** : **es ist eine Tatsache, dass Rauchen schädlich ist** c'est un fait que fumer est nocif.

tatsächlich, tatsächlich

■ *Adjektiv*
réel (réelle) : **das ist eine tatsächliche Begebenheit** c'est un événement réel

■ *Adverb*
réellement : **er hat das tatsächlich gemacht** il l'a réellement fait.

taub *Adjektiv*

1. **sourd (sourde)** : **mein Großvater ist auf einem Ohr taub** mon grand-père est sourd d'une oreille
2. **engourdi (engourdie)** : **mein ganzer Arm ist taub** tout mon bras est engourdi.

taufen *Verb* ■ **baptiser** : **die Ministerpräsidentin hat das Schiff getauft** la ministre-présidente a baptisé le bateau.

taugen *Verb* ■ **valoir** : **dieser Kuli taugt nichts** ce stylo-bille ne vaut rien.

tauschen

■ *transitives Verb*
échanger : **wir haben die Plätze getauscht** nous avons échangé nos places

■ *intransitives Verb*
➤ **nicht mit jemandem tauschen mögen** ne pas vouloir être à la place de quelqu'un.

täuschen

■ *transitives Verb*
tromper : **als du das sagtest, wolltest du mich täuschen** en disant cela, tu as voulu me tromper

■ *intransitives Verb*
être trompeur (trompeuse) : **das täuscht, sie ist viel älter als sie aussieht** c'est trompeur, elle fait beaucoup moins que son âge

sich **täuschen** *reflexives Verb* ■ **se tromper** : **da muss ich mich wohl getäuscht haben** là, j'ai vraiment dû me tromper.

tausend *Numeral* ■ **mille** : **für tausend Euro bekommst du noch kein Laptop** avec mille euros, tu n'as pas encore de quoi t'acheter un ordinateur portable ➤ sechs.

das **Taxi** *(Plural* Taxis*)* ■ **le taxi**.

die **Technik** *(Plural* Techniken*)*

1. la **technologie** : **wir sind immer auf dem neuesten Stand der Technik** nous sommes toujours à la pointe de la technologie
2. la **technique** : **das ist eine bewährte Technik zum Vokabellernen** cette technique pour apprendre le vocabulaire a fait ses preuves.

der **Techniker** *(Plural* Techniker*)* ■ **le technicien**.

technisch *Adjektiv* ■ **technique** : **die technischen Probleme sind noch nicht gelöst** les problèmes techniques ne sont pas encore résolus.

der **Tee** *(Plural* Tees*)*

1. **le thé** : **dieser Tee schmeckt gut** ce thé est bon

> Achtung ! Nur schwarzer Tee heißt **thé**.

2. **la tisane** : **das ist ein Tee aus verschiedenen Kräutern** c'est une tisane à base de différentes plantes.

der **Teich** *(Plural* Teiche*)* ■ **l'étang** *(Maskulinum)*.

der **Teig** *(Plural* Teige*)* ■ la **pâte** : **der Teig muss eine Stunde ruhen** la pâte doit reposer une heure.

der **Teil**[1] *(Plural* Teile*)* ■ la **partie** : **ich habe einen Teil meiner Schulden bezahlt** j'ai payé une partie de mes dettes.

das **Teil**[2] *(Plural* Teile*)*
1. la **pièce** : **hier werden die einzelnen Teile der Maschine zusammengesetzt** c'est ici que sont assemblées les pièces détachées de la machine
2. la **part** : **wir erben zu gleichen Teilen** nous héritons à parts égales

➤ **zum Teil** en partie : **zum Teil war es unsere Schuld** c'était en partie de notre faute.

teilen *Verb* ■ **partager** : **wir haben den Kuchen in acht Stücke geteilt** nous avons partagé le gâteau en huit ; **Sebastian teilt nicht gern** Sébastien n'aime pas partager

ich **teilen** *reflexives Verb* ■ **se diviser** : **hier teilt sich der Weg** le chemin se divise ici.

der **Teilnehmer** *(Plural* Teilnehmer*)* ■ le **participant**.

die **Teilnehmerin** *(Plural* Teilnehmerinnen*)* ■ la **participante**.

teilweise *Adverb* ■ **en partie** : **da hast du teilweise Recht** là, tu as en partie raison.

das **Telefon, Telefon** *(Plural* Telefone*)* ■ le **téléphone** : **das Telefon steht im Wohnzimmer** le téléphone se trouve dans le salon ; **Marco, Telefon für dich!** Marco, téléphone pour toi !

➤ **am Telefon** au téléphone : **da ist ein Mann am Telefon, der mit dir sprechen möchte** il y a un monsieur au téléphone qui voudrait te parler

➤ **Telefon haben** avoir le téléphone : **meine Oma hat kein Telefon** ma grand–mère n'a pas le téléphone.

telefonieren *Verb* ■ **téléphoner** : **ich habe gestern mit ihr telefoniert** je lui ai téléphoné hier.

die **Telefonnummer** *(Plural* Telefonnummern*)* ■ le **numéro de téléphone**.

der **Teller** *(Plural* Teller*)* ■ **l'assiette** *(Femininum)* : **wir brauchen tiefe und flache Teller** nous avons besoin d'assiettes creuses et plates ; **möchtest du noch einen Teller Suppe?** veux-tu encore une assiette de soupe ?

die **Temperatur** *(Plural* Temperaturen*)* ■ la **température** : **heute Nacht sinken die Temperaturen unter Null** cette nuit, les températures vont descendre en dessous de zéro ; **du hast erhöhte Temperatur** tu as un peu de température.

das **Tempo** *(Plural* Tempos*)*
1. la **vitesse** : **hier müssen die Autos mit dem Tempo runter** ici, les voitures doivent réduire leur vitesse
2. le **tempo** : **der Schlagzeuger konnte das Tempo nicht halten** le batteur n'a pas pu tenir le tempo.

das **Tennis** ■ le **tennis** : **seit wann spielst du Tennis?** depuis quand joues-tu au tennis ?

der **Teppich** *(Plural* Teppiche*)* ■ le **tapis** : **im Wohnzimmer liegen orientalische Teppiche** il y a des tapis orientaux dans le salon.

der **Teppichboden** *(Plural* Teppichböden*)* ■ la **moquette**.

der **Termin** *(Plural* Termine*)* ■ le **rendez-vous** : **wann ist dein Termin beim Zahnarzt?** c'est quand, ton rendez-vous chez le dentiste ?

die **Terrasse** *(Plural* Terrassen*)* ■ la **terrasse** : **wir saßen auf der Terrasse in der Sonne** nous étions assis sur la terrasse au soleil.

der **Terroranschlag** *(Plural* Terroranschläge*)* ■ **l'attentat terroriste** *(Maskulinum)*.

der **Terrorist** *(Plural* Terroristen*)* ■ le **terroriste**.

die **Terroristin** *(Plural* Terroristinnen*)* ■ la **terroriste**.

der **Test** *(Plural* Teste ODER Tests*)*
1. le **test** : **die Bewerber haben einen psychologischen Test gemacht** les candidats ont passé un test psychologique

2. le **contrôle : heute hatten wir einen Test in Englisch** aujourd'hui, nous avons eu un contrôle d'anglais.

das **Testament** *(Plural* Testamente*)* ■ le **testament : meine Mutter hat ihr Testament gemacht** ma mère a rédigé son testament

➤ **das Alte|Neue Testament** l'Ancien|le Nouveau Testament *(Maskulinum)*.

testen *Verb* ■ **tester : ich habe sein Reaktionsvermögen getestet** j'ai testé sa capacité de réaction ; **mein Onkel testet Autos** mon oncle teste des voitures.

teuer

■ *Adjektiv*

coûteux (coûteuse) : Reisen ist ein teures Hobby voyager est un hobby coûteux

■ *Adverb*

cher (chère) : ich musste das teuer bezahlen j'ai dû le payer cher.

der **Teufel** *(Plural* Teufel*)* ■ le **diable : mein Bruder ist ein kleiner Teufel** mon frère est un petit diable

➤ **der Teufel ist los** *familiär* c'est la panique.

der **Text** *(Plural* Texte*)* ■ le **texte : ich habe den Text mit dem Computer geschrieben** j'ai écrit le texte à l'ordinateur.

die **Textverarbeitung** *(Plural* Textverarbeitungen*)* ■ le **traitement de texte**.

das **Theater** *(Plural* Theater*)*

1. le **théâtre : Werner und ich gehen oft ins Theater** Werner et moi allons souvent au théâtre
2. *familiär* le **cirque : das war ein Theater bis wir das Visum hatten!** ça a été un cirque pour obtenir le visa !

➤ **das wird Theater geben** ça va barder.

die **Theke** *(Plural* Theken*)*

1. le **bar : er saß an der Theke und trank ein Bier** assis au bar, il buvait une bière
2. le **comptoir : die Verkäuferin hinter der Theke lächelte mir zu** la vendeuse derrière le comptoir m'a souri.

das **Thema** *(Plural* Themen*)* ■ le **sujet : über welches Thema habt ihr gesprochen?** de quel sujet avez-vous parlé ?

theoretisch *Adverb* ■ **théoriquement : theoretisch könnte das passieren** théoriquement, cela pourrait arriver.

die **Theorie** *(Plural* Theorien*)* ■ la **théorie : in der Theorie mag das ja gehen, aber in der Praxis nicht!** en théorie, cela peut marcher, mais en pratique, non !

das **Thermometer** *(Plural* Thermometer*)* ■ le **thermomètre**.

der **Thron** *(Plural* Throne*)* ■ le **trône : der Onkel von Elizabeth II. hat auf den Thron verzichtet** l'oncle d'Elisabeth II a renoncé au trône.

der **Thunfisch** *(Plural* Thunfische*)* ■ le **thon**.

Thüringen *Neutrum* ■ la **Thuringe**

Namen von Regionen werden im Französischen oft mit dem bestimmten Artikel verwendet, es sei denn, es steht ein **en** davor.

ticken *Verb* ■ **faire tic-tac : eine Digitaluhr tickt nicht** une montre à affichage numérique ne fait pas tic-tac.

tief

■ *Adjektiv*

1. **profond (profonde) : wir haben ein tiefes Loch gegraben** nous avons creusé un trou profond ; **Marius hat einen tiefen Schlaf** Marius a le sommeil profond
2. **bas (basse) : die Temperaturen sind nachts tiefer als am Tag** les températures sont plus basses la nuit que le jour

➤ **30 Zentimeter tief sein** faire 30 centimètres de profondeur : **der Schrank ist 30 Zentimeter tief** l'armoire fait 30 centimètres de profondeur

■ *Adverb*

1. **profondément : und jetzt bitte tief einatmen!** et maintenant, s'il vous plaît, inspirez profondément !
2. **bas : stell die Heizung etwas tiefer** mets le chauffage un peu plus bas
3. **tard : wir haben bis tief in die Nacht gefeiert** nous avons fait la fête jusque tard dans la nuit.

das **Tier** *(Plural* Tiere*)* ■ **l'animal** *(Maskulinum)* : **wir haben uns die Tiere im Zoo angeguckt** nous sommes allés voir les animaux au zoo.

der **Tiger** *(Plural* Tiger*)* ■ **le tigre**.

die **Tinte** *(Plural* Tinten*)* ■ **l'encre** *(Femininum)* : **Veronika schreibt am liebsten mit lila Tinte** Veronika préfère écrire à l'encre violette.

der **Tipp** *(Plural* Tipps*)* ■ **le tuyau** : **unser Lehrer hat uns ein paar Tipps für die Arbeit gegeben** notre professeur nous a donné quelques tuyaux pour le devoir sur table.

tippen *Verb*

1. **parier** : **ich habe darauf getippt, dass die SPD gewinnt** j'ai parié sur la victoire du SPD
2. *familiär* **taper** *(sur un clavier)* : **ich habe den Brief auf dem Computer getippt** j'ai tapé la lettre sur l'ordinateur.

Tirol *Neutrum* ■ **le Tyrol**

Namen von Regionen werden im Französischen oft mit dem bestimmten Artikel verwendet.

der **Tisch** *(Plural* Tische*)* ■ **la table** : **im Wohnzimmer steht ein runder Tisch** il y a une table ronde dans le salon ; **an dem Tisch arbeite ich** je travaille sur cette table

➤ **den Tisch decken** mettre la table.

das **Tischtennis** ■ **le ping-pong, le tennis de table**.

der **Titel** *(Plural* Titel*)* ■ **le titre** : **ich habe den Titel des Buches vergessen** j'ai oublié le titre du livre ; **sie hat ihren Titel erfolgreich verteidigt** elle a défendu son titre avec succès.

der **Toast** [to:st] *(Plural* Toaste ODER Toasts*)* ■ **le toast** : **zum Frühstück gibt es Toast mit Marmelade** pour le petit déjeuner, il y a des toasts avec de la confiture.

toben *Verb*

1. *(Perfekt* hat getobt*)* **être en rage** : **dein Vater wird toben, wenn er das erfährt** ton père sera en rage quand il l'apprendra
2. *(Perfekt* ist getobt*)* **chahuter** : **hör auf zu toben!** arrêtez de chahuter !

die **Tochter** *(Plural* Töchter*)* ■ **la fille** : **ich habe zwei Töchter** j'ai deux filles.

der **Tod** *(Plural* Tode*)* ■ **la mort** : **ihr Tod hat uns sehr getroffen** sa mort nous a beaucoup touchés

➤ **jemanden zum Tode verurteilen** condamner quelqu'un à mort.

die **Toilette** *(Plural* Toiletten*)* ■ **les toilettes** *(Femininum Plural)* : **wo ist die Toilette?** où sont les toilettes ?

Achtung ! Anders als das Deutsche Wort **Toilette** wird das französische Substantiv **toilettes** immer im Plural gebraucht

tolerant *Adjektiv* ■ **tolérant (tolérante)** : **meine Eltern sind sehr tolerant** mes parents sont très tolérants.

toll *familiär Adjektiv*

1. **super** : **ihr habt eine tolle Wohnung** vous avez un appartement super
2. **sacré (sacrée)** : **von dir hört man ja tolle Geschichten** on entend de sacrées histoires à ton sujet

➤ **toll aussehen** être super beau (belle) : **ich finde, er sieht toll aus** je trouve qu'il est super beau.

die **Tomate** *(Plural* Tomaten*)* ■ **la tomate** : **Rudi mag keine Tomaten** Rudi n'aime pas les tomates.

der **Ton** *(Plural* Töne*)*

1. **le son** : **stellst du bitte mal den Ton leiser?** peux-tu baisser le son, s'il te plaît ?
2. **la note** : **den hohen Ton kann ich nicht singen** je ne peux pas chanter cette note aiguë

➤ **keinen Ton sagen** ne pas dire un mot.

der **Topf** *(Plural* Töpfe*)*

1. **la casserole** : **stell bitte einen Topf mit Wasser auf den Herd** mets une casserole d'eau à chauffer, s'il te plaît
2. **le pot** : **ich habe die Tomaten in einen Topf gepflanzt** j'ai mis les tomates dans un pot.

das **Tor** *(Plural* Tore*)*

1. **la porte** : **die Tore der Städte wurden früher nachts geschlossen** autrefois, les portes des villes étaient fermées la nuit

2. le **portail : in den Park kommt man durch ein großes Tor** on entre dans le parc en franchissant un grand portail
3. le **but : Erwin hat ein Tor geschossen** Erwin a marqué un but

➤ **im Tor stehen** être dans les buts.

die **Torte** *(Plural* Torten*)* ■ le **gâteau**.

der **Torwart** *(Plural* Torwarte*)* ■ le **gardien de but**.

tot

■ *Adjektiv*
mort (morte) : meine Katze ist schon lange tot mon chat est mort depuis longtemps

■ *Adverb*
mort (morte) : er fiel tot um il est tombé raide mort.

der **Tote** *(Plural* Toten*)* ■ le **mort**.

die **Tote** *(Plural* Toten*)* ■ la **morte**.

töten *transitives Verb* ■ **tuer : der Jäger hat das Reh getötet** le chasseur a tué le chevreuil.

sich **tot|lachen** *reflexives Verb* ■ *familiär* **être mort (morte) de rire : sie hat sich über diesen blöden Witz totgelacht** elle était morte de rire en entendant cette blague stupide.

der **Tourist** *(Plural* Touristen*)* ■ le **touriste**.

die **Touristin** *(Plural* Touristinnen*)* ■ la **touriste**.

die **Tradition** *(Plural* Traditionen*)* ■ la **tradition : das ist eine Tradition unserer Familie** c'est une tradition dans notre famille.

traf *Präteritum* ➤ treffen.

tragen *(Präsens* trägt, *Präteritum* trug, *Perfekt* hat getragen*) Verb*

1. **porter : Friedrich hat meinen Koffer getragen** Friedrich a porté ma valise ; **seit wann trägt Ulla eine Brille?** depuis quand Ulla porte-t-elle des lunettes ? ; **Jutta trägt meist Hosen** Jutta porte des pantalons la plupart du temps
2. **donner : der Baum trägt dieses Jahr viele Äpfel** cette année, l'arbre donne beaucoup de pommes
3. **supporter : der Staat trägt die Kosten für Schulen** l'État supporte les coûts des écoles

➤ **etwas bei sich tragen** avoir quelque chose sur soi : **ich trage den Ausweis immer bei mir** j'ai toujours ma carte d'identité sur moi.

tragisch *Adjektiv* ■ **tragique : er spielt immer die tragischen Rollen** il joue toujours des rôles tragiques.

trägt *Präsens* ➤ tragen.

trainieren

■ *transitives Verb*
entraîner : Herr Wirt trainiert die Jugendmannschaft monsieur Wirt entraîne l'équipe junior

■ *intransitives Verb*
s'entraîner : ich habe in letzter Zeit viel trainiert ces derniers temps, je me suis beaucoup entraîné.

trampen *Verb* ■ **faire du stop : der Bus ist fort, jetzt müssen wir trampen** le bus est parti, nous allons devoir faire du stop.

die **Träne** *(Plural* Tränen*)* ■ la **larme : Tränen liefen ihm über das Gesicht** des larmes lui coulaient sur le visage

➤ **in Tränen ausbrechen** fondre en larmes : **als sie das hörte, brach sie in Tränen aus** quand elle a entendu cela, elle a fondu en larmes.

trank *Präteritum* ➤ trinken.

transitiv *Adjektiv* ■ **transitif (transitive) : „lernen" ist ein transitives Verb** « apprendre » est un verbe transitif.

transportieren *Verb*
transporter : die meisten Güter werden auf der Straße transportiert la plupart des marchandises sont transportées par la route.

trat *Präteritum* ➤ treten.

die **Traube** *(Plural* Trauben*)*

1. le **raisin : ich mag weiße Trauben lieber als rote** je préfère le raisin blanc au raisin noir
2. le **grain de raisin : die Käseplatte ist mit Trauben dekoriert** le plateau de fromages est décoré avec des grains de raisin.

trauen
■ *intransitives Verb*
➤ **jemandem|etwas trauen** avoir confiance en quelqu'un|quelque chose : **traust du diesem Verkäufer ?** est-ce que tu as confiance en ce vendeur ?
■ *transitives Verb*
marier : dieser Pfarrer hat meine Tochter getraut ce prêtre a marié ma fille

sich **trauen** *reflexives Verb* ■ **oser : ich traue mich nicht, ihm das zu sagen** je n'ose pas le lui dire

> Bei bestimmten Verben, zum Beispiel oser, wird der Infinitiv ohne Präposition angeschlossen.

der **Traum** *(Plural* Träume*)* ■ **le rêve : Ferien in Peru, das ist mein Traum** des vacances au Pérou, c'est mon rêve.

träumen
■ *intransitives Verb*
rêver : ich habe von dir geträumt j'ai rêvé de toi ; **pass doch auf oder träumst du?** fais attention, tu rêves ou quoi ?
■ *transitives Verb*
➤ **etwas Schönes träumen** faire de beaux rêves : **hast du etwas Schönes geträumt ?** as-tu fait de beaux rêves ?

traurig *Adjektiv* ■ **triste : ich habe eine traurige Nachricht für dich** j'ai une triste nouvelle à t'annoncer ; **sei nicht traurig** ne sois pas triste.

treffen *(Präsens* trifft*, Präteritum* traf*, Perfekt* hat|ist getroffen*) transitives Verb (Perfekt* hat getroffen*)*
1. **rencontrer : ich habe gestern Reinhold in der Stadt getroffen** hier, j'ai rencontré Reinhold en ville
2. **atteindre : der Pfeil hat die Zielscheibe getroffen** la flèche a atteint la cible
➤ **etwas nicht treffen** rater quelque chose : **er hat die Zielscheibe nicht getroffen** il a raté la cible

sich **treffen** *reflexives Verb*
1. **se réunir : wir sollten uns mal zum Kaffee treffen** nous devrions nous réunir autour d'un café
2. **se retrouver : sie haben sich um vier Uhr in der Stadt getroffen** ils se sont retrouvés en ville à quatre heures

> Zusammengesetzte Formen reflexiver Verben werden mit **être** gebildet.

➤ **sich mit jemanden treffen** rencontrer quelqu'un.

das **Treffen** *(Plural* Treffen*)* ■ la **rencontre : das Treffen war gut organisiert** la rencontre était bien organisée.

der **Treffpunkt** *(Plural* Treffpunkte*)* ■ **le lieu de rendez-vous : wir müssen noch einen Treffpunkt vereinbaren** nous devons encore convenir d'un lieu de rendez-vous.

treiben *(Präteritum* trieb*, Perfekt* hat|ist getrieben*)*
■ *transitives Verb (Perfekt* hat getrieben*)*
mener : der Bauer treibt die Herde auf die Weide le paysan mène le troupeau au pâturage
➤ **Unfug treiben** faire des bêtises
■ *intransitives Verb (Perfekt* ist getrieben*)*
dériver : sieh mal, da treibt ein leeres Boot regarde, il y a un bateau vide qui dérive.

trennen *transitives Verb*
1. **séparer : im Krieg wurden viele Familien getrennt** pendant la guerre, beaucoup de familles ont été séparées ; **das Regal trennt das Zimmer in zwei Hälften** l'étagère sépare la pièce en deux
2. **couper : wie trennt man das Wort?** comment coupe-t-on ce mot ?

sich **trennen** *reflexives Verb* ■ **se séparer : sie haben sich nach fünf Jahren Ehe getrennt** ils se sont séparés après cinq ans de mariage

> Zusammengesetzte Formen reflexiver Verben werden mit **être** gebildet.

die **Trennung** *(Plural* Trennungen*)*
1. la **séparation : Fritz leidet sehr unter der Trennung seiner Eltern** Fritz souffre beaucoup de la séparation de ses parents
2. la **coupe : in diesem Wörterbuch ist auch die Trennung angegeben** ce dictionnaire indique aussi les coupes.

die **Treppe** *(Plural* Treppen*)* ■ **l'escalier** *(Maskulinum)* **: Ludwig rannte die Treppe hinunter** Ludwig a descendu l'escalier en courant.

treten *(Präsens* tritt, *Präteritum* trat, *Perfekt* hat|ist getreten*)*

■ *transitives Verb (Perfekt* hat getreten*)*

➤ **jemanden treten** donner un coup de pied à quelqu'un

■ *intransitives Verb*

➤ **in|auf etwas** *(A)* **treten** marcher dans|sur quelque chose : **er ist auf eine Glasscherbe getreten** il a marché sur un morceau de verre : **sie ist in eine Pfütze getreten** elle a marché dans une flaque d'eau

➤ **auf die Bremse treten** piler : **als er das Kind sah, trat er auf die Bremse** lorsqu'il vit l'enfant, il pila.

treu *Adjektiv* ■ **fidèle : er ist seinen Prinzipien immer treu geblieben** il est toujours resté fidèle à ses principes.

der **Trick** *(Plural* Tricks*)*

1. la **combine : auf sein Trick falle ich nicht rein!** je ne me ferai pas avoir par sa combine !
2. **l'astuce** *(Femininum)* **: mit einem kleinen Trick geht das ganz einfach und schnell** avec une petite astuce, c'est très simple et rapide.

trieb *Präteritum* ➤ treiben.

trifft *Präsens* ➤ treffen.

trinken *(Präteritum* trank, *Perfekt* hat getrunken*) Verb* ■ **boire : wir haben in Frankreich viel Wein getrunken** nous avons bu beaucoup de vin en France ; **die Kamele trinken in der Oase** les chameaux boivent à l'oasis ; **als er sie sitzen ließ, fing sie an zu trinken** quand il l'a laissé tomber, elle s'est mise à boire.

tritt *Präsens* ➤ treten.

der **Tritt** *(Plural* Tritte*)*

1. le **coup de pied : Reinhold hat mir unter dem Tisch einen Tritt gegeben** Reinhold m'a donné un coup de pied sous la table
2. le **pas : die Stufen knarren bei jedem Tritt** les marches craquent à chaque pas.

trocken *Adjektiv* ■ **sec (sèche) : die Wäsche ist trocken** le linge est sec ; **Hildegard hat trockene Haut** Hildegard a la peau sèche.

trocknen

■ *transitives Verb (Perfekt* hat getrocknet*)* **sécher : sie trocknet sich die Haare mit einem Föhn** elle se sèche les cheveux avec un sèche-cheveux

■ *intransitives Verb (Perfekt* ist getrocknet*)* **sécher : die Wäsche ist aber schnell getrocknet** le linge a vite séché.

trödeln *Verb*

1. *(Perfekt* hat getrödelt*)* **traîner : Marina trödelt bei den Hausaufgaben** Marina traîne en faisant ses devoirs
2. *(Perfekt* ist getrödelt*)* **traîner : ich bin langsam von der Schule nach Hause getrödelt** j'ai traîné pour aller de l'école à la maison

> Bei manchen Bewegungsverben werden die zusammengesetzten Zeiten anders als im Deutschen mit **avoir** gebildet.

die **Trommel** *(Plural* Trommeln*)* ■ **le tambour : Robert hat eine Trommel geschenkt bekommen** Robert a reçu un tambour en cadeau.

die **Trompete** *(Plural* Trompeten*)* ■ **la trompette : Benjamin spielt Trompete** Benjamin joue de la trompette.

der **Tropfen** *(Plural* Tropfen*)* ■ **la goutte : der Regen fiel in dicken Tropfen** la pluie tombait à grosses gouttes.

trösten *transitives Verb* ■ **consoler : ich habe versucht, den Kleinen zu trösten** j'ai essayé de consoler le petit

sich **trösten** *reflexives Verb* ■ **se consoler : tröste dich, meine Noten sind auch nicht besser** console-toi, moi non plus, je n'ai pas de bonnes notes.

trotz *Präposition (+ G)* ■ **malgré : wir haben trotz des Regens einen Spaziergang gemacht** nous avons fait une promenade malgré la pluie.

trotzdem *Adverb* ■ **quand même : ich habe es ihr verboten, sie hat es aber trotzdem getan** je le lui ai interdit, mais elle l'a quand même fait.

trüb, trübe *Adjektiv*
1. **trouble : das Wasser des Sees war trüb** l'eau du lac était trouble
2. **gris (grise) : es war ein trüber Novembertag** c'était un jour gris de novembre.

der **Trubel** ■ **l'animation** *(Femininum)* : **in der Stadt herrschte großer Trubel** il y avait beaucoup d'animation en ville.

trug *Präteritum* ➤ tragen.

Tschechien *Neutrum* ■ **la République tchèque**

Ländernamen werden im Französischen oft mit dem bestimmten Artikel verwendet, es sei denn, es steht ein **en** davor.

tschechisch *Adjektiv* ■ **tchèque**.

die **Tschechische Republik** ■ **la République tchèque**.

tschüs, tschüss *Interjektion* ■ *familiär* **salut : tschüss, bis morgen!** salut, à demain !

das **T-Shirt** *(Plural* T-Shirts*)* ■ **le tee-shirt**.

die **Tube** *(Plural* Tuben*)* ■ **le tube**

Achtung ! Anders als das deutsche Wort **Tube** ist das französische Substantiv **tube** männlich.

bringst du mir bitte eine Tube Zahnpasta mit? peux-tu me rapporter un tube de dentifrice, s'il te plaît ?

das **Tuch** *(Plural* Tücher*)*
1. **le chiffon : hast du ein Tuch zum Staubwischen?** as-tu un chiffon pour essuyer la poussière ?
2. **le foulard : sie trug ein schönes Tuch** elle portait un beau foulard.

tüchtig
■ *Adjektiv*
bon (bonne) : sie ist eine sehr tüchtige Übersetzerin c'est une très bonne traductrice
■ *Adverb*
1. **beaucoup : wenn du tüchtig lernst, dann schaffst du das Abitur sicher** si tu travailles beaucoup, tu auras certainement ton bac
2. *familiär* **sacrément : das hat tüchtig weh getan** ça a fait sacrément mal.

die **Tugend** *(Plural* Tugenden*)* ■ **la vertu : Pünktlichkeit ist nicht eine von ihren Tugenden** la ponctualité ne fait pas partie de ses vertus.

die **Tulpe** *(Plural* Tulpen*)* ■ **la tulipe**.

tun *(Präsens* tut*, Präteritum* tat*, Perfekt* hat getan*)*
■ *transitives Verb*
1. **faire : ich weiß nicht, was ich tun soll** je ne sais pas ce que je dois faire ; **Reinhold tut überhaupt nichts für die Schule** Reinhold ne fait absolument rien pour l'école
2. **mettre : tu das Geld lieber in den Geldbeutel!** il vaudrait mieux que tu mettes ton argent dans ton porte-monnaie !
3. *familiär* **fonctionner : jetzt tut es mein Computer wieder!** mon ordinateur s'est remis à fonctionner !

➤ **etwas für jemanden tun können** pouvoir faire quelque chose pour quelqu'un : **sag Bescheid, wenn ich etwas für dich tun kann** si je peux faire quelque chose pour toi, dis-le-moi

➤ **mit jemandem|etwas nichts zu tun haben wollen** ne pas vouloir avoir affaire à quelqu'un|quelque chose : **mit solchen Leuten und ihren Machenschaften will ich nichts zu tun haben** je ne veux pas avoir affaire à ce genre d'individus et leurs magouilles

■ *intransitives Verb*
➤ **so tun, als ob** faire semblant : **sie ist nicht wirklich ärgerlich, sie tut nur so, als ob** elle n'est pas vraiment fâchée, elle fait juste semblant

➤ **zu tun haben** avoir à faire : **ich kann jetzt nicht mit dir spielen, ich habe zu tun** je ne peux pas jouer avec toi maintenant, j'ai à faire

sich **tun** *reflexives Verb* ■ **se passer : in dieser Angelegenheit hat sich bis jetzt noch nichts getan** dans cette affaire, il ne s'est encore rien passé jusqu'à maintenant

Zusammengesetzte Formen reflexiver Verben werden mit **être** gebildet.

Tunesien *Neutrum* ■ **la Tunisie**

Ländernamen werden im Französischen oft mit dem bestimmten Artikel verwendet, es sei denn, es steht ein **en** davor.

tunesisch *Adjektiv* ■ **tunisien (tunisienne)**.

der **Tunnel** *(Plural* Tunnel*)* ■ **le tunnel : der Tunnel durch den Montblanc ist sehr lang** le tunnel du Mont–Blanc est très long.

die **Tür** *(Plural* Türen*)*

1. la **porte : er klopfte an die Tür** il a frappé à la porte ; **die Tür meines Schranks klemmt** la porte de mon armoire est coincée
2. la **portière : die hinteren Türen haben eine Kindersicherung** les portières à l'arrière ont une sécurité enfants.

der **Türke** *(Plural* Türken*)* ■ **le Turc**

> Namen von Einwohnern werden großgeschrieben.

die **Türkei** ■ **la Turquie**.

die **Türkin** *(Plural* Türkinnen*)* ■ **la Turque**.

türkis *Adjektiv (unveränderlich)* ■ **turquoise**.

türkisch *Adjektiv* ■ **turc (turque)**.

der **Turm** *(Plural* Türme*)* ■ **la tour : die Burg hat vier riesige Türme** le château fort a quatre énormes tours.

das **Turnen** ■ **la gymnastique : im Turnen hat Erika eine Zwei** en gymnastique, Erika a eu 16 sur 20.

der **Turnschuh** *(Plural* Turnschuhe*)* ■ **la chaussure de sport**.

tut *Präsens* ➤ tun.

die **Tüte** *(Plural* Tüten*)*

1. le **sac : die Bäckerin packte die Brötchen in eine Tüte** la boulangère a mis les petits pains dans un sac
2. le **sachet : eine Tüte Bonbons** un sachet de bonbons

➤ **kommt nicht in die Tüte!** *familiär* pas question !

der **TÜV** [tyf] *(Abkürzung für* Technischer Überwachungsverein*)* ■ **le contrôle technique : ich muss mein Auto zum TÜV bringen** je dois apporter ma voiture au contrôle technique.

der **Typ** *(Plural* Typen*)*

1. le **modèle : dieses Auto ist der neueste Typ** cette voiture est le modèle le plus récent
2. *familiär* le **mec : dieser Typ ist wirklich komisch** ce mec est vraiment bizarre

➤ **ein ruhiger Typ sein** être quelqu'un de calme.

typisch

■ *Adjektiv*
caractéristique : das ist ein ganz typischer Fehler, den du da gemacht hast tu as fait là une faute très caractéristique
➤ **das ist typisch für Marianne, dass sie zu spät kommt!** arriver en retard, c'est Marianne tout craché !

■ *Adverb*
typiquement : Carmen sieht typisch spanisch aus Carmen est typiquement espagnole

■ *Interjektion*
typiquement : typisch Mann! typiquement masculin !

u

die **U-Bahn** *(Plural* U-Bahnen*)* ■ **le métro : wir sind mit der U-Bahn gefahren** nous avons pris le métro.

übel

■ *Adjektiv*
mauvais (mauvaise) : in einem üblen Zustand sein être en mauvais état
➤ **jemandem ist|wird übel** quelqu'un se sent mal : **ist dir übel ?** tu te sens mal ?

■ *Adverb*
➤ **übel riechen** sentir mauvais : **hier riecht es wirklich übel !** ça sent vraiment mauvais ici !

➤ **jemandem etwas übel nehmen** en vouloir à quelqu'un de quelque chose : **die Bemerkung habe ich ihm übel genommen** je lui en ai voulu de cette remarque
➤ **übel aussehen** ne pas être beau (belle) à voir : **ihre Wunde sieht wirklich übel aus** sa plaie n'est vraiment pas belle à voir.

üben *Verb* ■ **travailler**.

über

■ *Präposition*

1. *(+ A)* **au-dessus de : Rosa hat das Bild über ihr Bett gehängt** Rosa a accroché le tableau au-dessus de son lit
2. *(+ A)* **en passant par : ich bin über Grenoble in die Provence gefahren** je suis allé en Provence en passant par Grenoble
3. *(+ A)* **sur : wir schreiben eine Arbeit über die Gedichte Baudelaires** nous faisons une dissertation sur les poèmes de Baudelaire
4. *(+ A)* **plus de : das kostet über 100 Euro** cela coûte plus de 100 euros
5. *(+ A)* **par : das hab ich über meine Mutter erfahren** je l'ai appris par ma mère
6. *(+ A)* **de : ich habe ihr einen Scheck über 250 Euro ausgestellt** je lui ai fait un chèque de 250 euros
7. *(+ D)* **au-dessus de : meine Noten liegen über dem Durchschnitt** mes notes sont au-dessus de la moyenne

➤ **über etwas** *(A)* **gehen** traverser quelque chose : **er ist über die Straße gegangen** il a traversé la rue

Wenn im Deutschen ein Bewegungsverb zusammen mit einem Adverb oder einer Präposition (zum Beispiel **über**) verwendet wird, steht im Französischen häufig nur ein Verb.

■ *Adverb*

1. **plus de : seit über drei Tagen regnet es** il pleut depuis plus de trois jours
2. **pendant : den Sommer über waren wir in Frankreich** on était en France pendant l'été

➤ **den ganzen Tag über** toute la journée

■ *Adjektiv*
familiär

➤ **jemand hat etwas über** il reste quelque chose à quelqu'un : **du kannst ein Stück haben, ich habe noch einige über** tu peux en prendre un morceau, il m'en reste encore plusieurs.

überall, überall *Adverb* ■ **partout : ich habe überall nachgesehen** j'ai regardé partout.

der **Überblick** *(Plural* Überblicke*)*

1. **la vue : von diesem Turm aus hat man einen wunderbaren Überblick über die ganze Gegend** de cette tour, on a une vue magnifique sur toute la région
2. **la vue d'ensemble : ich muss mir erst einen Überblick verschaffen** je dois d'abord avoir une vue d'ensemble.

überbot *Präteritum* ➤ überbieten.

überboten *Partizip Perfekt* ➤ überbieten.

überdacht *Partizip Perfekt* ➤ überdenken.

überdachte *Präteritum* ➤ überdenken.

überdenken *(Präteritum* überdachte, *Perfekt* hat überdacht*) Verb* ■ **réfléchir à : geben Sie mir Zeit, Ihren Vorschlag zu überdenken** donnez-moi du temps pour réfléchir à votre proposition.

überein|stimmen *Verb* ■ **concorder : die Aussagen der Zeugen stimmen nicht überein** les déclarations des témoins ne concordent pas

➤ **mit jemandem übereinstimmen** être d'accord avec quelqu'un : **ich stimme mit deiner Mutter überein** je suis d'accord avec ta mère

überfahren *(Präsens* überfährt, *Präteritum* überfuhr, *Perfekt* hat überfahren*)* *Verb*

1. **écraser : Christine hat eine Katze überfahren** Christine a écrasé un chat
2. **griller : sie hat die rote Ampel überfahren** elle a grillé le feu rouge.

überfährt *Präsens* ➤ überfahren.

der **Überfall** *(Plural* Überfälle*)* ■ **l'attaque** *(Femininum)* **: das ist der zweite Überfall auf diese Bank innerhalb eines Monats** c'est la deuxième attaque de cette banque en l'espace d'un mois.

überfallen *(Präsens* überfällt, *Präteritum* überfiel, *Perfekt* hat überfallen*) Verb*
■ **attaquer : sie haben eine alte Dame überfallen** ils ont attaqué une vieille dame
➤ **eine Bank überfallen** braquer une banque.

überfällt *Präsens* ➤ überfallen.

überfiel *Präteritum* ➤ überfallen.

der **Überfluss** ■ **l'abondance** *(Femininum)*
➤ **etwas im Überfluss haben** avoir quelque chose en abondance : **mein Onkel hat Geld im Überfluss** mon oncle a de l'argent en abondance
➤ **zu allem Überfluss** pour couronner le tout.

überflüssig *Adjektiv* ■ **superflu (superflue)**.

überfragt *Adjektiv*
➤ **da bin ich überfragt** là, tu m'en demandes trop : **wie alt sie ist ? da bin ich überfragt** quel âge elle a ? là, tu m'en demandes trop.

überfuhr *Präteritum* ➤ überfahren.

übergab *Präteritum* ➤ übergeben.

die **Übergabe** *(Plural* Übergaben*)* ■ **la remise : er wurde bei der Übergabe des Lösegelds verhaftet** il a été arrêté au moment de la remise de la rançon.

der **Übergang** *(Plural* Übergänge*)* ■ **la passerelle : ich nehme lieber den Übergang als die Unterführung** je préfère prendre la passerelle plutôt que le passage souterrain.

übergeben *(Präsens* übergibt, *Präteritum* übergab, *Perfekt* hat übergeben*)* *transitives Verb*
1. **remettre : der Direktor übergibt die Preise** le directeur remet les prix
2. **transmettre : er übergibt die Firma seinem Sohn** il transmet l'entreprise à son fils

sich **übergeben** *reflexives Verb* ■ **vomir**.

das **Übergewicht**
➤ **jemand hat Übergewicht** quelqu'un pèse trop lourd
➤ **etwas hat Übergewicht** quelque chose est trop lourd (lourde).

übergibt *Präsens* ➤ übergeben.

überhaupt *Adverb*
1. **de toute façon : Heike hat in Französisch eine Zwei und ist überhaupt sehr gut in der Schule** Heike a 16 sur 20 en français et est de toute façon très bonne à l'école
2. **vraiment : hast du das überhaupt verstanden?** as-tu vraiment compris cela ?
3. **absolument : überhaupt keiner ist gekommen** absolument personne n'est venu.

überheblich *Adjektiv* ■ **arrogant (arrogante) : ich mag ihren Bruder nicht, weil er sehr überheblich ist** je n'aime pas son frère parce qu'il est très arrogant.

überholen *(Perfekt* hat überholt*) Verb*
■ **doubler : ich will den Lastwagen vor mir überholen** je veux doubler le camion qui est devant moi.

überlegen
■ *transitives Verb*
réfléchir à : ich muss mir das noch überlegen je dois encore y réfléchir
➤ **es sich** *(D)* **anders überlegen** changer d'avis
■ *intransitives Verb*
réfléchir : lass mich mal überlegen laisse-moi réfléchir.

übermorgen *Adverb* ■ **après-demain**.

übernachten *Verb* ■ **passer la nuit : du kannst gern bei uns übernachten** tu peux volontiers passer la nuit chez nous.

überraschen *Verb* ■ **surprendre**.

die **Überraschung** *(Plural* Überraschungen*)* ■ **la surprise : da haben wir eine böse Überraschung erlebt** nous avons eu une mauvaise surprise.

überreden *Verb* ■ **convaincre : wir haben sie überredet, nach Lyon zu fahren** nous l'avons convaincue d'aller à Lyon.

überrumpeln *Verb*
prendre par surprise : der Dieb wurde von den Polizisten überrumpelt le voleur a été pris par surprise par les policiers.

überschätzen *transitives Verb* ■ **surestimer : ich habe sie offensichtlich überschätzt** je l'ai manifestement surestimée sich **überschätzen** *reflexives Verb* ■ **se surestimer.**

überschlagen *(Präsens* überschlägt, *Präteritum* überschlug, *Perfekt* hat überschlagen*) transitives Verb*
1. **évaluer : wir haben die Kosten überschlagen** nous avons évalué les coûts
2. **sauter : das nächste Kapitel können wir überschlagen** nous pouvons sauter le prochain chapitre

sich **überschlagen** *reflexives Verb*
1. **faire un tonneau : das Auto überschlug sich** la voiture a fait un tonneau
2. **se précipiter : die Ereignisse überschlagen sich** les événements se précipitent.

überschlägt *Präsens* ➤ überschlagen.

überschlug *Präteritum* ➤ überschlagen.

die **Überschrift** *(Plural* Überschriften*)* ■ **le titre.**

überschwemmen *Verb* ■ **inonder : der Fluss überschwemmte die Altstadt** le fleuve a inondé la vieille ville.

die **Überschwemmung** *(Plural* Überschwemmungen*)* ■ **l'inondation** *(Femininum).*

übersetzen *Verb* ■ **traduire : ich habe den Text ins Französische übersetzt** j'ai traduit le texte en français.

die **Übersetzung** *(Plural* Übersetzungen*)* ■ **la traduction : diese Übersetzung ins Französische ist schwierig** cette traduction vers le français est difficile.

die **Übersicht** *(Plural* Übersichten*)* ■ **l'aperçu** *(Maskulinum)* **: das ist eine Übersicht über die Themen, die wir abhandeln wollen** c'est un aperçu des thèmes que nous allons traiter.

übersichtlich

■ *Adjektiv*
1. **clair (claire) : das ist eine sehr übersichtliche Darstellung der Ereignisse** c'est une présentation très claire des événements
2. **dégagé (dégagée) : diese Kreuzung ist nicht sehr übersichtlich** ce carrefour n'est pas très dégagé

■ *Adverb*
clairement : das ist sehr übersichtlich gegliedert c'est très clairement structuré.

übertreiben *Verb* ■ **exagérer : jetzt übertreibst du aber gewaltig!** là, tu exagères beaucoup !

übertrieb *Präteritum* ➤ übertreiben.

überwand *Präteritum* ➤ überwinden.

überweisen *(Präteritum* überwies, *Perfekt* hat überwiesen*) Verb*
1. **virer : ich habe Ihnen das Geld gestern überwiesen** je vous ai viré l'argent hier
2. **envoyer : mein Hausarzt hat mich an einen Spezialisten überwiesen** mon médecin de famille m'a envoyé chez un spécialiste.

überwies *Präteritum* ➤ überweisen.

überwiesen *Partizip Perfekt* ➤ überweisen.

überwinden *(Präteritum* überwand, *Perfekt* hat überwunden*) transitives Verb*
surmonter : sie hat ihre Angst überwunden elle a surmonté sa peur.

überwunden *Partizip Perfekt* ➤ überwinden.

überzeugen *Verb* ■ **convaincre.**

üblich *Adjektiv* ■ **habituel (habituelle) : heute Morgen war wieder der übliche Stau** ce matin, il y avait une fois de plus l'embouteillage habituel
➤ **es ist bei uns so üblich...** chez nous, on a l'habitude de...

das **U-Boot** *(Plural* U-Boote*)* ■ **le sous-marin.**

übrig

■ *Adjektiv*
restant (restante), qui reste : der übrige Müll kommt in die graue Tonne les ordures qui restent vont dans la poubelle grise
➤ **übrig sein** rester **: ist noch etwas vom Essen übrig ?** reste-t-il encore quelque chose du repas ?

■ *Adverb*
➤ **für jemanden|etwas nichts übrig haben** ne pas s'intéresser à quelqu'un|quelque chose : **für Französisch hat Volker nichts übrig** Volker ne s'intéresse pas au français ; **für diesen Jungen hat sie viel übrig** elle a un faible pour ce garçon.

übrigens *Adverb* ■ **d'ailleurs : weißt du übrigens, dass wir nächste Woche wegfahren?** d'ailleurs, tu sais que nous partons la semaine prochaine ?

die **Übung** *(Plural* Übungen*)* ■ **l'exercice** *(Maskulinum)* **: macht bitte die Übungen 5 und 6** veuillez faire les exercices 5 et 6
➤ **aus der Übung sein** manquer d'entraînement.

das **Ufer** *(Plural* Ufer*)*
1. le **bord : ein Angler saß am Ufer des Flusses** un pêcheur était assis au bord de la rivière
2. la **rive : ich wohne am rechten Ufer des Flusses** j'habite sur la rive droite du fleuve.

die **Uhr** *(Plural* Uhren*)*
1. la **montre : Heiner sah auf seine Uhr** Heiner regarda sa montre
2. l'**horloge** *(Femininum)* **: die Uhr am Bahnhof geht sicher richtig** l'horloge de la gare est certainement à l'heure
3. l'**heure** *(Femininum)* **: um wie viel Uhr fängt die Schule an?** à quelle heure commence l'école ? ; **die Geschäfte öffnen um neun Uhr** les magasins ouvrent à neuf heures
➤ **rund um die Uhr** 24 heures sur 24.

die **Uhrzeit** *(Plural* Uhrzeiten*)* ■ **l'heure** *(Femininum)* **: haben Sie die genaue Uhrzeit bitte?** avez-vous l'heure exacte, s'il vous plaît ?

um

■ *Präposition (+ A)*
1. **autour de : wir saßen um den Tisch** nous étions assis autour de la table
2. **aux environs de : ich komme so um die Weihnachtszeit** je viens aux environs de Noël
3. **dans : das kostet um die 30 Euro** cela coûte dans les 30 euros
4. **à : die Schule beginnt um acht** l'école commence à huit heures
5. **de : der Preis ist um 20 Euro gestiegen** le prix a augmenté de 20 euros ; **wer kümmert sich um die Kinder?** qui s'occupe des enfants ?

> Nicht vergessen: **de + le = du** und **de + les = des** !

6. **pour : ich mache mir Sorgen um dich** je me fais du souci pour toi
➤ **um etwas herum gehen** faire le tour de quelque chose
➤ **um sieben herum** autour de sept heures

■ *Konjunktion*
pour : wir gehen in die Stadt, um einzukaufen nous allons en ville pour faire les courses.

um|drehen

■ *transitives Verb (Perfekt* hat umgedreht*)*
1. **retourner : dreh mal das Bild um** retourne la photo
2. **tourner : Ulrich dreht den Schlüssel immer zweimal um** Ulrich tourne toujours la clé deux fois

■ *intransitives Verb (Perfekt* ist umgedreht*)*
faire demi-tour : als wir merkten, dass wir etwas vergessen hatten, sind wir umgedreht quand on a remarqué qu'on avait oublié quelque chose, on a fait demi-tour

sich **umdrehen** *reflexives Verb* ■ **se retourner : sie drehte sich nach mir um** elle s'est retournée vers moi

> Zusammengesetzte Formen reflexiver Verben werden mit **être** gebildet.

um|fallen *(Perfekt* ist umgefallen*) intransitives Verb*
1. **tomber : der Baum ist umgefallen** l'arbre est tombé
2. **se renverser : pass auf, dass die Flasche nicht umfällt!** fais attention que la bouteille ne se renverse pas.

der **Umfang** *(Plural* Umfänge*)*
1. le **tour : kennst du den Umfang deiner Taille?** connais–tu ton tour de taille ?
2. l'**ampleur** *(Femininum)* **: Arbeiten dieses Umfangs dauern lange** des travaux de cette ampleur durent longtemps
➤ **in vollem Umfang** entièrement.

umfangreich *Adjektiv* ■ **d'envergure : das ist ein umfangreiches Projekt** c'est un projet d'envergure.

die **Umgangssprache** ■ **le langage familier**.

umgekehrt
■ *Adjektiv*
➤ **nein, es ist gerade umgekehrt!** non, c'est justement l'inverse !
■ *Adverb*
dans l'autre sens : du musst das umgekehrt anfangen tu dois le commencer dans l'autre sens.

um|kehren
■ *intransitives Verb (Perfekt* ist umgekehrt*)*
faire demi-tour : wir sollten umkehren nous devrions faire demi-tour
■ *transitives Verb (Perfekt* hat umgekehrt*)*
inverser : die Reihenfolge wurde umgekehrt l'ordre a été inversé.

um|kommen *(Perfekt* ist umgekommen*) Verb*
1. **périr : 18 Menschen sind in den Flammen umgekommen** 18 personnes ont péri dans les flammes
2. *familiär* **crever : ich komme um vor Hitze!** je crève de chaud !

der **Umlaut** *(Plural* Umlaute*)* ■ le **tréma**.

die **Umleitung** *(Plural* Umleitungen*)* ■ **la déviation : wir mussten eine Umleitung fahren** nous avons dû prendre une déviation.

ums *Präposition (um + das)*
➤ **ums Haus gehen** faire le tour de la maison
➤ **ums Leben kommen** trouver la mort.

sich **um|sehen** *reflexives Verb*
1. **jeter un coup d'œil : ich will mich nur mal umsehen** je veux juste jeter un coup d'œil
2. **chercher : ich muss mich nach einer neuen Wohnung umsehen** je dois chercher un nouvel appartement.

umsonst
■ *Adjektiv*
gratuit (gratuite) : der Eintritt ist umsonst l'entrée est gratuite
■ *Adverb*
1. **inutilement : jetzt habe ich mich umsonst beeilt** je me suis dépêché inutilement
2. **gratuitement : ich habe diese Uhr umsonst bekommen** j'ai eu cette montre gratuitement
➤ **nicht umsonst** pas sans raison : **ich habe dich nicht umsonst gewarnt** je ne t'ai pas prévenu sans raison

> Die Verneinung wird im Französischen immer mit **ne** und einem zweiten Element ausgedrückt. **Ne** (oder **n'**) steht vor dem Verb bzw. dem Personalpronomen.

umständlich *Adjektiv* ■ **compliqué (compliquée)**.

das **Umstandswort** *(Plural* Umstandswörter*)* ■ **l'adverbe** *(Maskulinum)*.

um|steigen *(Perfekt* ist umgestiegen*) Verb* ■ **changer : Sie müssen in Mannheim umsteigen** vous devez changer à Mannheim.

um|tauschen *Verb*
1. **échanger : ich möchte den Pulli umtauschen** je voudrais échanger ce pull
2. **changer : ich muss Euros in Dollar umtauschen** je dois changer des euros en dollars.

der **Um|weg** *(Plural* Umwege*)* ■ **le détour : wir sind einen Umweg gefahren** nous avons fait un détour.

die **Umwelt**
1. **l'environnement** *(Maskulinum)* **: diese Fabrik verschmutzt die Umwelt** cette usine pollue l'environnement
2. **l'entourage** *(Maskulinum)* **: du solltest mehr Rücksicht auf deine Umwelt nehmen** tu devrais avoir plus d'égards pour ton entourage.

umweltfreundlich *Adjektiv* ■ **écologique**.

der **Umweltschutz** ■ la **protection de l'environnement**.

die **Umweltverschmutzung** *(Plural* Umweltverschmutzungen*)* ■ la **pollution**.

um|werfen *Verb* ■ **renverser : er hat seinen Stuhl umgeworfen** il a renversé sa chaise
➤ **sich (D) etwas umwerfen** se jeter quelque chose sur les épaules.

umǀziehen (*Perfekt* ist umgezogen) *intransitives Verb* ■ **déménager : wir sind in eine andere Stadt umgezogen** nous avons déménagé dans une autre ville

Bei manchen Bewegungsverben werden die zusammengesetzten Zeiten anders als im Deutschen mit **avoir** gebildet.

sich **umziehen** *reflexives Verb* ■ **se changer : ich muss mich umziehen** je dois me changer.

unabhängig

■ *Adjektiv*
indépendant (indépendante) : ich will unabhängig sein je veux être indépendant
■ *Adverb*
indépendamment : die beiden Schüler haben unabhängig voneinander dasselbe gesagt les deux élèves ont dit la même chose indépendamment l'un de l'autre.

unangenehm

■ *Adjektiv*
désagréable : dieser Geruch ist wirklich unangenehm cette odeur est vraiment désagréable
➤ **etwas ist jemandem unangenehm** quelque chose gêne quelqu'un : **es ist mir sehr unangenehm, dass ich Sie das fragen muss** cela me gêne beaucoup de devoir vous demander cela
■ *Adverb*
➤ **unangenehm auffallen** faire mauvaise impression.

unanständig *Adjektiv* ■ **indécent (indécente) : unanständige Witze** des plaisanteries indécentes.

unartig *Adjektiv* ■ **pas sage : Florian ist unartig** Florian n'est pas sage.

unaufmerksam *Adjektiv* ■ **inattentif (inattentive)**.

unausstehlich, unausstehlich *Adjektiv* ■ **insupportable**.

unbedingt *Adverb* ■ **absolument**.

unbefriedigend *Adjektiv* ■ **peu satisfaisant (satisfaisante) : dieser Job ist unbefriedigend** ce travail est peu satisfaisant.

unbekannt *Adjektiv* ■ **inconnu (inconnue) : dieser Autor ist noch unbekannt** cet auteur est encore inconnu.

unbeliebt *Adjektiv* ■ **peu apprécié (appréciée) : dieser Lehrer ist bei seinen Schülern unbeliebt** ce professeur est peu apprécié par ses élèves
➤ **sich unbeliebt machen** se rendre impopulaire.

unbequem *Adjektiv* ■ **inconfortable : diese Schuhe sind unbequem** ces chaussures sont inconfortables.

unbestimmt *Adjektiv* ■ **indéfini (indéfinie) : hier musst du den unbestimmten Artikel benutzen** ici, il faut que tu emploies l'article indéfini.

unbewusst *Adjektiv* ■ **inconscient (inconsciente) : im Traum kommen manchmal unbewusste Erinnerungen hoch** des souvenirs inconscients resurgissent parfois dans nos rêves.

und *Konjunktion*

1. **et : Petra und Birte sind zusammen weggegangen** Petra et Birte sont sorties ensemble ; **drei und drei ist sechs** trois et trois font six
2. **donc : es hat geregnet, und wir blieben zu Hause** il a plu, nous sommes donc restés à la maison

➤ **und wie!** et comment ! : **hat deine Mutter geschimpft ? – und wie !** ta mère a-t-elle rouspété ? – et comment !

undankbar *Adjektiv* ■ **ingrat (ingrate) : warum sind meine Kinder so undankbar?** pourquoi mes enfants sont-ils si ingrats ?

unendlich

■ *Adjektiv*
infini (infinie) : das Universum ist unendlich l'univers est infini
■ *Adverb*
infiniment : ich dir bin unendlich dankbar je te suis infiniment reconnaissant.

unentschieden

■ *Adjektiv*
incertain (incertaine) : noch ist das Spiel unentschieden l'issue du match est encore incertaine

■ *Adverb*
➤ **unentschieden ausgehen** faire match nul.

unerfreulich *Adjektiv* ■ **peu réjouissant (réjouissante) : das war eine unerfreuliche Nachricht** c'était une nouvelle peu réjouissante.

unerhört *Adjektiv*
1. **scandaleux (scandaleuse) : euer Benehmen ist unerhört!** votre comportement est scandaleux !
2. **insensé (insensée) : sie verlangen unerhörte Preise** ils pratiquent des prix insensés.

unfähig *Adjektiv* ■ **incapable**.

unfair *Adjektiv*
➤ **das ist unfair** ce n'est pas juste.

der **Unfall** *(Plural* Unfälle*)* ■ **l'accident** *(Maskulinum)* **: auf der Autobahn gab es einen schweren Unfall** il y a eu un grave accident sur l'autoroute.

unfreundlich
■ *Adjektiv*
peu aimable : die Verkäuferin war unfreundlich la vendeuse était peu aimable
■ *Adverb*
➤ **jemanden unfreundlich behandeln** ne pas être gentil (gentille) avec quelqu'un.

ungarisch *Adjektiv* ■ **hongrois (hongroise)**.

Ungarn *Neutrum* ■ la **Hongrie**

Ländernamen werden im Französischen oft mit dem bestimmten Artikel verwendet, es sei denn, es steht ein **en** davor.

ungeduldig *Adjektiv* ■ **impatient (impatiente) : er ist ein ungeduldiger Mensch** c'est quelqu'un d'impatient.

ungefähr, ungefähr *Adverb* ■ **environ**.

ungenügend
■ *Adjektiv*
insuffisant (insuffisante) : wegen der ungenügenden Planung ist das Fest chaotisch verlaufen à cause de l'organisation insuffisante, la fête a été un désastre
■ *Adverb*
insuffisamment : du warst ungenügend vorbereitet tu étais insuffisamment préparé.

ungerecht
■ *Adjektiv*
injuste : die Strafe war ungerecht la punition était injuste
■ *Adverb*
de manière injuste : ich finde, unser Musiklehrer benotet ungerecht je trouve que notre professeur de musique note de manière injuste.

ungern *Adverb* ■ **à contrecœur : ich gehe nur sehr ungern** je pars vraiment à contrecœur.

ungeschickt *Adjektiv* ■ **maladroit (maladroite)**.

ungewöhnlich *Adverb*
1. **étrangement : er war ungewöhnlich schnell mit seinen Hausaufgaben fertig** il a terminé ses devoirs étrangement vite
2. **exceptionnellement : heute war es ungewöhnlich heiß** aujourd'hui, il a fait exceptionnellement chaud.

unglaublich, unglaublich
■ *Adjektiv*
incroyable : das ist ja eine unglaubliche Geschichte! mais c'est une histoire incroyable !
■ *Adverb*
incroyablement : sie waren unglaublich frech ils étaient incroyablement culottés.

das **Unglück** *(Plural* Unglücke*)*
1. le **malheur : sei vorsichtig, sonst gibt es ein Unglück!** fais attention, sinon, il va arriver un malheur !
2. la **malchance : ich bin vom Unglück verfolgt!** je suis poursuivi par la malchance !
➤ **Unglück bringen** porter malheur.

unglücklich
■ *Adjektiv*
malheureux (malheureuse) : ich bin so unglücklich! je suis si malheureux !
■ *Adverb*
de façon malheureuse
➤ **unglücklich stürzen** faire une mauvaise chute.

unheimlich, unheimlich

■ *Adjektiv*

1. **inquiétant (inquiétante) : ich habe ein unheimliches Geräusch gehört** j'ai entendu un bruit inquiétant
2. *familiär* **terrible : ich habe unheimlichen Durst** j'ai une soif terrible

■ *Adverb*

familiär **énormément : er hat unheimlich viele Fehler gemacht** il a fait énormément de fautes

➤ **unheimlich sein** donner le frisson : **diese Geschichte ist wirklich unheimlich** cette histoire donne vraiment le frisson.

unhöflich

■ *Adjektiv*

impoli (impolie) : mein Nachbar ist sehr unhöflich mon voisin est très impoli

■ *Adverb*

avec impolitesse : er hat mir unhöflich geantwortet il m'a répondu avec impolitesse.

die **Universität** *(Plural* Universitäten*)*

■ **l'université** *(Femininum)*.

unmöglich, unmöglich

■ *Adjektiv*

impossible : es ist unmöglich, das heute zu machen c'est impossible de le faire aujourd'hui

■ *Adverb*

➤ **sich unmöglich benehmen** *familiär* avoir un comportement impossible.

unnötig *Adjektiv* ■ **inutile : diese Ausgaben waren unnötig** ces dépenses étaient inutiles.

unordentlich

■ *Adjektiv*

désordonné (désordonnée) : Maximilian ist unordentlich Maximilien est désordonné

■ *Adverb*

en désordre : sein Zimmer sieht immer unordentlich aus sa chambre est toujours en désordre.

unpersönlich

■ *Adjektiv*

impersonnel (impersonnelle) : im Deutschen heißt das unpersönliche Fürwort „man" en allemand, le pronom impersonnel est « man »

■ *Adverb*

à la forme impersonnelle : das deutsche Verb „regnen" wird nur unpersönlich gebraucht le verbe allemand « regnen » s'emploie uniquement à la forme impersonnelle.

unpraktisch *Adjektiv*

1. **qui n'a pas l'esprit pratique : sie ist sehr unpraktisch** elle n'a pas du tout l'esprit pratique
2. **peu pratique : der alte Herd ist unpraktisch** l'ancienne cuisinière est peu pratique.

unregelmäßig

■ *Adjektiv*

irrégulier (irrégulière) : er lernt die unregelmäßigen Verben auswendig il apprend les verbes irréguliers par cœur

■ *Adverb*

de manière irrégulière : er zahlt seinen Beitrag sehr unregelmäßig il paye sa cotisation de manière très irrégulière

➤ **unregelmäßig gesteigert werden** avoir une déclinaison irrégulière.

uns *Pronomen (Akkusativ und Dativ von wir)*

■ **nous : das Paket scheint für uns zu sein** le colis semble être pour nous.

unschuldig

■ *Adjektiv*

innocent (innocente) : sie sah mich mit einem unschuldigen Blick an elle m'a regardé d'un air innocent

■ *Adverb*

1. **à tort : man hat ihn unschuldig verurteilt** on l'a condamné à tort
2. **innocemment : ich habe ganz unschuldig gefragt** j'ai posé la question tout à fait innocemment.

unser, e *Determinant* ■ **notre, nos : unser Sohn ist jetzt 10, unsere Tochter 12** notre fils a maintenant 10 ans, et notre fille 12 ; **unsere Eltern sind heute Abend im Theater** nos parents sont au théâtre ce soir.

unsere, r, s *Pronomen* ■ **le nôtre, la nôtre, les nôtres : euer Haus ist nicht sehr groß, unseres ist viel größer** votre maison n'est pas très grande, la nôtre est beaucoup plus grande.

unsicher
■ *Adjektiv*
1. **incertain (incertaine) : es ist noch unsicher, ob er überhaupt kommt** sa venue est encore incertaine
2. **risqué (risquée) : ohne Seil zu klettern, das ist mir zu unsicher** escalader sans corde, cela me semble trop risqué
3. **peu sûr (sûre) : die Innenstadt ist nachts unsicher** le centre-ville est peu sûr la nuit

■ *Adverb*
peu sûr (sûre) de soi : ich fühle mich in Französisch sehr unsicher je suis très peu sûr de moi en français
➤ **etwas unsicher machen** semer le trouble dans quelque chose : **Skinheads machen die Innenstadt unsicher** les skinheads sèment le trouble dans le centre-ville.

der **Unsinn** ■ **les bêtises** *(Femininum Plural)* : **was redet er da für einen Unsinn?** qu'est-ce qu'il raconte comme bêtises ?
➤ **Unsinn machen** faire des bêtises.

unten *Adverb* ■ **en bas : ich bin unten im Keller** je suis en bas, à la cave
➤ **von unten** d'en bas
➤ **weiter unten** plus bas.

unter *Präposition*
1. *(+ D)* **sous : der Hund liegt unter dem Tisch** le chien est couché sous la table
2. *(+ D)* **dans : unter diesen Voraussetzungen kann ich das nicht machen** dans ces conditions, je ne peux pas le faire
3. *(+ D)* **parmi : unter meinen Freunden gibt es auch viele Ausländer** parmi mes amis, il y a aussi beaucoup d'étrangers
4. *(+ A)* **sous : meine Oma legt ihre Ersparnisse unter die Matratze** ma grand–mère met ses économies sous son matelas
5. *(+ A)* **en dessous de : wenn das Fieber unter 38 gefallen ist, darfst du wieder aufstehen** si la fièvre tombe en dessous de 38, tu pourras te lever
➤ **unter null** en dessous de zéro
➤ **unter uns** entre nous
➤ **Jugendliche unter 18 haben keinen Zutritt** entrée interdite aux moins de 18 ans.

unterbrach *Präteritum* ➤ unterbrechen.

unterbrechen *(Präsens* unterbricht*, Präteritum* unterbrach*, Perfekt* hat unterbrochen*) Verb* ■ **interrompre**.

unterbricht *Präsens* ➤ unterbrechen.

unterbrochen *Partizip Perfekt* ➤ unterbrechen.

untere, r, s *Adjektiv* ■ **du bas : die Schlüssel liegen in der unteren Schublade** les clés sont dans le tiroir du bas.

untereinander *Adverb*
1. **entre nous, entre vous, entre eux, entre elles : macht das untereinander aus** décidez de cela entre vous
2. **l'un au-dessous de l'autre, l'une au-dessous de l'autre, les uns au-dessous des autres, les unes au-dessous des autres : Eva hat die Bilder untereinander gehängt** Eva a accroché les tableaux les uns au-dessous des autres.

unter|gehen *(Perfekt* ist untergegangen*) Verb*
1. **se coucher : wann geht heute die Sonne unter?** à quelle heure le soleil se couche-t-il aujourd'hui ?
2. **couler : der Tanker ist untergegangen** le pétrolier a coulé.

unterhalb *Präposition (+ G)* ■ **au-dessous de : Schläge unterhalb der Gürtellinie sind verboten** les coups au-dessous de la ceinture sont interdits.

der **Unterhalt**
1. la **pension alimentaire : mein Vater muss Unterhalt zahlen** mon père doit verser une pension alimentaire
2. **l'entretien** *(Maskulinum)* **: der Unterhalt eines alten Hauses ist teuer** l'entretien d'une vieille maison coûte cher.

unterhält *Präsens* ➤ unterhalten.

unterhalten *(Präsens* unterhält*, Präteritum* unterhielt*, Perfekt* hat unterhalten*) transitives Verb*
1. **entretenir : die beiden Völker unterhalten gute Beziehungen** les deux peuples entretiennent de bonnes relations

2. **divertir : Andrea unterhält immer die ganze Klasse mit ihren Geschichten** Andrea divertit toujours toute la classe avec ses histoires

sich **unterhalten** *reflexives Verb* ■ **s'amuser : wir haben uns bei dem Kabarett blendend unterhalten** nous nous sommes beaucoup amusés au spectacle de cabaret

Zusammengesetzte Formen reflexiver Verben werden mit **être** gebildet.

➤ **sich lange mit jemandem unterhalten** avoir une longue conversation avec quelqu'un.

die **Unterhaltung** *(Plural* Unterhaltungen*)* ■ la **conversation : das habe ich bei meiner Unterhaltung mit deinem Englischlehrer erfahren** je l'ai appris au cours de ma conversation avec ton professeur d'anglais

➤ **zur Unterhaltung der Gäste hat er Witze erzählt** il a raconté des blagues pour divertir les invités.

das **Unterhemd** *(Plural* Unterhemden*)* ■ le **maillot de corps**.

unterhielt *Präteritum* ➤ unterhalten.

die **Unterhose** *(Plural* Unterhosen*)* ■ le **caleçon**, le **slip**.

die **Unterkunft** *(Plural* Unterkünfte*)* ■ l'**hébergement** *(Maskulinum)*.

unternahm *Präteritum* ➤ unternehmen.

unternehmen *(Präsens* unternimmt, *Präteritum* unternahm, *Perfekt* hat unternommen*)* *Verb* ■ **faire : was wollt ihr heute unternehmen?** que voulez-vous faire aujourd'hui ?

das **Unternehmen** *(Plural* Unternehmen*)* ■ l'**entreprise** *(Femininum)* **: mein Vater arbeitet in einem großen Unternehmen** mon père travaille dans une grosse entreprise.

unternimmt *Präsens* ➤ unternehmen.

unternommen *Partizip Perfekt* ➤ unternehmen.

der **Unterricht** *(Plural* Unterrichte*)* ■ le **cours : Ilona gibt Unterricht in Französisch** Ilona donne des cours de français.

unterrichten *Verb* ■ **enseigner : er unterrichtet Englisch am Gymnasium** il enseigne l'anglais au lycée.

die **Unterrichtsstunde** *(Plural* Unterrichtsstunden*)* ■ l'**heure de cours** *(Femininum)*.

unterscheiden *(Präteritum* unterschied, *Präteritum* hat unterschieden*)*

■ *transitives Verb*

distinguer : diese beiden Begriffe muss man genau unterscheiden on doit bien distinguer ces deux termes

■ *intransitives Verb*

faire une distinction : zwischen diesen Begriffen muss man unterscheiden on doit faire une distinction entre ces termes

sich **unterscheiden** *reflexives Verb* ■ **se distinguer : die beiden Schwestern unterscheiden sich in ihrem Äußeren** les deux sœurs se distinguent par leur physique.

unterschied *Präteritum* ➤ unterscheiden.

der **Unterschied** *(Plural* Unterschiede*)* ■ la **différence : was ist der Unterschied zwischen diesen beiden Computern?** quelle est la différence entre ces deux ordinateurs ?

unterschieden *Partizip Perfekt* ➤ unterscheiden.

unterschiedlich *Adjektiv* ■ **différent (différente) : die beiden Schwestern sind sehr unterschiedlich** les deux sœurs sont très différentes.

unterschreiben *(Präteritum* unterschrieb, *Perfekt* hat unterschrieben*)* *Verb* ■ **signer : Sie müssen hier unterschreiben** vous devez signer ici.

unterschrieb *Präteritum* ➤ unterschreiben.

unterschrieben *Partizip Perfekt* ➤ unterschreiben.

die **Unterschrift** *(Plural* Unterschriften*)* ■ la **signature**.

unterstreichen *(Präteritum* unterstrich, *Perfekt* hat unterstrichen*)* *transitives Verb* ■ **souligner** : **unterstreicht alle Verben in dem Text** soulignez tous les verbes du texte.

unterstrich *Präteritum* ➤ unterstreichen.

unterstrichen *Partizip Perfekt* ➤ unterstreichen.

die **Unterstufe** *(Plural* Unterstufen*)* ■ les **classes inférieures** *(Femininum Plural)*.

unterstützen *Verb* ■ **soutenir** : **meine Eltern unterstützen mich finanziell** mes parents me soutiennent financièrement.

untersuchen *Verb* ■ **examiner** : **der Arzt hat mich untersucht** le médecin m'a examiné.

die **Unterwäsche** ■ les **sous-vêtements** *(Maskulinum Plural)*.

unterwegs *Adverb* ■ **en route** : **wir haben unterwegs gepicknickt** nous avons pique-niqué en route
➤ **viel unterwegs sein** beaucoup voyager.

unveränderlich
■ *Adjektiv*
invariable : **dieses Wort ist unveränderlich** ce mot est invariable
■ *Adverb*
invariablement : **das Wetter ist unveränderlich schön** il fait invariablement beau.

unverschämt
■ *Adjektiv*
1. **insolent (insolente)** : **das war eine unverschämte Antwort** c'était une réponse insolente
2. **honteux (honteuse)** : **in diesem Restaurant verlangen sie unverschämte Preise** dans ce restaurant, ils pratiquent des prix honteux
■ *Adverb*
avec impertinence : **frag nicht so unverschämt** ne pose pas de questions avec tant d'impertinence.

unwahrscheinlich
■ *Adjektiv*
1. **invraisemblable** : **glaubst du ihm diese unwahrscheinliche Geschichte?** est–ce que tu crois à son histoire invraisemblable ?
2. *familiär* **sacré (sacrée)** : **er hat unwahrscheinliches Glück gehabt** il a eu un sacré bol
■ *Adverb*
familiär **vachement** : **seine Frau ist unwahrscheinlich nett** sa femme est vachement sympa
➤ **sich unwahrscheinlich anstrengen** se donner un mal de chien.

unwichtig *Adjektiv* ■ **sans importance**.

unwohl *Adverb*
➤ **sich unwohl fühlen** ne pas se sentir bien.

unzufrieden *Adjektiv* ■ **mécontent (mécontente)** : **Toni ist mit seinen Noten unzufrieden** Toni est mécontent de ses notes.

unzuverlässig *Adjektiv*
➤ **jemand ist unzuverlässig** on ne peut pas compter sur quelqu'un.

der **Urlaub** *(Plural* Urlaube*)* ■ les **vacances** *(Femininum Plural)* : **der Urlaub in Südfrankreich war sehr schön** nos vacances dans le midi on été très agréables
➤ **Urlaub machen** prendre ses congés
➤ **im Urlaub sein** être en vacances.

die **Ursache** *(Plural* Ursachen*)* ■ la **cause** : **der Arzt konnte die Ursache für ihre Erkrankung nicht feststellen** le médecin n'a pas pu déterminer la cause de sa maladie
➤ **keine Ursache** je vous/t'en prie ! : **vielen Dank für deine Hilfe ! – keine Ursache !** merci beaucoup pour ton aide ! – je t'en prie !

ursprünglich
■ *Adjektiv*
premier (première) : **mein ursprüngliches Gefühl war richtig** ma première impression était la bonne

■ *Adverb*
au début : ursprünglich wollten wir ans Meer fahren, dann haben wir uns aber doch für die Berge entschieden au début, nous voulions aller à la mer, et puis finalement, nous nous sommes décidés pour la montagne.

das **Urteil** (*Plural* Urteile) ■ le **jugement** : **wann wird der Richter das Urteil verkünden?** quand le juge va-t-il prononcer son jugement ?
➤ **sich ein Urteil bilden** se faire une opinion.

der **Urwald** (*Plural* Urwälder) ■ la **forêt vierge**.

V

die **Vase** (*Plural* Vasen) ■ le **vase**

> Achtung ! Anders als das deutsche Wort **Vase** ist das französische Substantiv **vase** männlich.

der **Vater** (*Plural* Väter) ■ le **père**, le **papa** : **mein Vater ist mit mir einverstanden** mon père est d'accord avec moi ; **Werner wird bald Vater** Werner sera bientôt papa.

der **Vegetarier** (*Plural* Vegetarier) ■ le **végétarien**.

die **Vegetarierin** (*Plural* Vegetarierinnen) ■ la **végétarienne**.

sich **verabreden** *reflexives Verb*
➤ **sich mit jemandem verabreden** prendre rendez-vous avec quelqu'un : **ich habe mich mit Klaus verabredet** j'ai pris rendez-vous avec Klaus.

verabschieden (*Perfekt* hat verabschiedet) *transitives Verb* ■ **dire au revoir à : sie hat uns persönlich verabschiedet** elle nous a personnellement dit au revoir

sich **verabschieden** *reflexives Verb*
➤ **sich von jemandem verabschieden**
1. dire au revoir à quelqu'un : **wenn ihr euch von ihnen verabschiedet habt, können wir gehen** quand vous leur aurez dit au revoir, nous pourrons y aller
2. faire ses adieux à quelqu'un : **Judith hat sich unter Tränen von ihren Freunden verabschiedet** Judith a fait ses adieux à ses amis en pleurant.

verändern (*Perfekt* hat verändert) *transitives Verb* ■ **changer : der Aufenthalt im Ausland hat ihn sehr verändert** le séjour à l'étranger l'a beaucoup changé

sich **verändern** *reflexives Verb* ■ **changer : in Glasgow hat sich viel verändert seit ich das letzte Mal dort war** Glasgow a beaucoup changé depuis la dernière fois que j'y suis allé

> Zusammengesetzte Formen reflexiver Verben werden mit **être** gebildet.

die **Veränderung** (*Plural* Veränderungen) ■ la **modification : ich habe an diesem Text noch ein paar Veränderungen vorgenommen** j'ai encore fait quelques modifications sur ce texte.

die **Veranstaltung** (*Plural* Veranstaltungen)
1. la **manifestation : kulturelle Veranstaltungen** des manifestations culturelles
2. l'**organisation** (*Femininum*) : **die Eltern kümmern sich um die Veranstaltung des Schulfestes** les parents s'occupent de l'organisation de la fête de l'école.

verantwortlich *Adjektiv*
➤ **für jemanden|etwas verantwortlich sein** être responsable de quelqu'un|quelque chose
➤ **jemanden für etwas verantwortlich machen** rendre quelqu'un responsable de quelque chose.

die **Verantwortung** *(Plural* Verantwortungen*)* ■ la **responsabilité**.

verarbeiten *(Perfekt* hat verarbeitet*) Verb*
➤ **etwas zu etwas verarbeiten** transformer quelque chose en quelque chose : **die Milch wird zu Käse verarbeitet** le lait est transformé en fromage.

das **Verb** *(Plural* Verben*)* ■ le **verbe** : **„singen" ist ein starkes Verb** « singen » est un verbe fort.

der **Verband** *(Plural* Verbände*)*
1. le **pansement** : **der Arzt erneuerte den Verband** le médecin a changé le pansement
2. l'**association** *(Femininum)* : **sie trat dem neuen Verband bei** elle a adhéré à la nouvelle association.

verband *Präteritum* ➤ verbinden.

verbarg *Präteritum* ➤ verbergen.

verbergen *(Präsens* verbirgt, *Präteritum* verbarg, *Perfekt* hat verborgen*) transitives Verb*
➤ **etwas vor jemandem verbergen** cacher quelque chose à quelqu'un
➤ **nichts zu verbergen haben** n'avoir rien à cacher

sich **verbergen** *reflexives Verb* ■ **se cacher** : **der Flüchtling verbarg sich in einem abgelegenen Haus** le réfugié s'était caché dans une maison isolée

> Zusammengesetzte Formen reflexiver Verben werden mit **être** gebildet.

verbessern *(Perfekt* hat verbessert*) transitives Verb*
1. **améliorer** : **wir versuchen laufend, unseren Service zu verbessern** nous essayons constamment d'améliorer notre service
2. **corriger** : **ich habe die Fehler verbessert** j'ai corrigé les fautes

sich **verbessern** *reflexives Verb*
1. **faire des progrès** : **sie hat sich in Französisch verbessert** elle a fait des progrès en français
2. **se corriger** : **als er merkte, dass er das Wort falsch ausgesprochen hatte, verbesserte er sich sofort** quand il a remarqué qu'il avait mal prononcé le mot, il s'est tout de suite corrigé.

verbieten *(Präteritum* verbot, *Perfekt* hat verboten*) Verb* ■ **interdire** : **meine Mutter hat mir verboten, am Computer zu spielen** ma mère m'a interdit de jouer à l'ordinateur.

verbinden *(Präteritum* verband, *Perfekt* hat verbunden*) Verb*
1. **panser** : **meine Mutter hat meinen Arm verbunden** ma mère a pansé mon bras
2. **relier** : **die Autobahn verbindet den Flughafen mit der Innenstadt** l'autoroute relie l'aéroport au centre-ville
3. **combiner** : **wir konnten den Ausflug mit einem Besuch bei meinen Großeltern verbinden** nous avons pu combiner l'excursion avec une visite chez mes grands-parents
4. **associer** : **mit Frankreich verbinde ich gutes Essen** j'associe la France à la bonne cuisine
➤ **jemandem die Augen verbinden** bander les yeux de quelqu'un
➤ **einen Moment bitte, ich verbinde Sie!** un instant, s'il vous plaît, je vous lella passe !

die **Verbindung** *(Plural* Verbindungen*)*
1. le **lien** : **zwischen den beiden Ereignissen besteht eine Verbindung** il y a un lien entre les deux événements
2. le **contact** : **wir stehen mit unserem Korrespondenten in Moskau in dauernder Verbindung** nous sommes en contact permanent avec notre correspondant à Moscou.

verbirgt *Präsens* ➤ verbergen.

verblüffen *Verb* ■ **épater** : **du verblüffst mich immer wieder** tu ne cesses de m'épater.

verborgen *Partizip Perfekt* ➤ verbergen.

verbot *Präteritum* ➤ verbieten.

das **Verbot** *(Plural* Verbote*)* ■ l'**interdiction** *(Femininum)*.

verboten
■ *Partizip Perfekt* ➤ verbieten

■ *Adjektiv*

1. **interdit (interdite)** : **Rauchen ist hier streng verboten** il est strictement interdit de fumer ici
2. *familiär* **pas possible** : **er hat eine verbotene Frisur** il a une coiffure pas possible.

verbracht *Partizip Perfekt* ➤ verbringen.

verbrachte *Präteritum* ➤ verbringen.

verbrannt *Partizip Perfekt* ➤ verbrennen.

verbrannte *Präteritum* ➤ verbrennen.

verbrauchen *(Perfekt* hat verbraucht*) transitives Verb* ■ **consommer**.

das **Verbrechen** *(Plural* Verbrechen*)* ■ le **crime**.

verbreiten *(Perfekt* hat verbreitet*) transitives Verb* ■ **faire courir** : **wer hat denn dieses Gerücht verbreitet?** qui a donc fait courir ce bruit ?

➤ **weit verbreitet** largement répandu (répandue)

sich **verbreiten** *reflexives Verb*

1. **se répandre** : **der Geruch hat sich im ganzen Gebäude verbreitet** l'odeur s'est répandue dans tout le bâtiment
2. **se propager** : **die Krankheit hat sich schnell verbreitet** la maladie s'est propagée rapidement

> Zusammengesetzte Formen reflexiver Verben werden mit **être** gebildet.

verbrennen *(Präteritum* verbrannte, *Perfekt* hat|ist verbrannt*)*

■ *transitives Verb (Perfekt* hat verbrannt*)*

brûler : **sie hat all ihre Liebesbriefe verbrannt** elle a brûlé toutes ses lettres d'amour

■ *intransitives Verb (Perfekt* ist verbrannt*)*

1. **consumer** : **das Holz ist verbrannt** le bois est consumé
2. **brûler** : **der Kuchen ist verbrannt** le gâteau a brûlé

> Bei manchen Verben des Wechsels werden die zusammengesetzten Zeiten anders als im Deutschen mit **avoir** gebildet.

sich **verbrennen** *reflexives Verb* ■ **se brûler** : **er hat sich an der heißen Platte verbrannt** il s'est brûlé sur la plaque chaude

> Zusammengesetzte Formen reflexiver Verben werden mit **être** gebildet.

verbringen *(Präteritum* verbrachte, *Perfekt* hat verbracht*) Verb* ■ **passer** : **er will ein Jahr im Ausland verbringen** il veut passer un an à l'étranger.

verbunden *Partizip Perfekt* ➤ verbinden.

der **Verdacht** *(Plural* Verdachte*)* ■ le **soupçon**.

verdächtig

■ *Adjektiv*

suspect (suspecte) : **die Stille im Kinderzimmer ist verdächtig** le silence dans la chambre des enfants est suspect

■ *Adverb*

de manière suspecte : **er hat sich so verdächtig verhalten** il s'est comporté de manière très suspecte.

verdächtigen *Verb* ■ *(Perfekt* hat verdächtigt*)* **soupçonner**.

verdammt *familiär*

■ *Adjektiv*

1. *abwertend* **maudit (maudite)** : **dieser verdammte Zahn tut schrecklich weh** cette maudite dent me fait terriblement mal
2. **sacré (sacrée)** : **da hast du aber verdammtes Glück gehabt!** alors là, tu as eu une sacrée chance !

■ *Adverb*

vachement : **das tut verdammt weh** ça fait vachement mal

■ *Interjektion*

➤ **verdammt!** nom de Dieu !

verdarb *Präteritum* ➤ verderben.

verdauen *(Perfekt* hat verdaut*) Verb* ■ **digérer**.

die **Verdauung** ■ la **digestion**.

verderben *(Präsens* verdirbt, *Präteritum* verdarb, *Perfekt* hat|ist verdorben*)*
■ *intransitives Verb (Perfekt* ist verdorben*)*
➤ **verdorben sein** être avarié (avariée) : **die Wurst ist verdorben** la saucisse est avariée
■ *transitives Verb (Perfekt* hat verdorben*)*
gâcher : seine schlechte Laune hat mir den Abend verdorbern sa mauvaise humeur m'a gâché la soirée
➤ **sich die Augen verderben** s'esquinter la vue.

verdienen *(Perfekt* hat verdient*)*
■ *transitives Verb*
1. **gagner : sie verdient 2000 Euro pro Monat** elle gagne 2000 euros par mois
2. **mériter : sein Referat verdient großes Lob** son exposé mérite des éloges
■ *intransitives Verb*
gagner : Inga verdient sehr gut in dieser Firma Inga gagne très bien dans cette entreprise.

der **Verdienst** *(Plural* Verdiensten*)* ■ **le salaire : von einem monatlichen Verdienst von 1000 Euro kann ich nicht leben** je ne peux pas vivre avec un salaire mensuel de 1000 euros.

verdirbt *Präsens* ➤ verderben.

verdorben *Partizip Perfekt* ➤ verderben.

der **Verein** *(Plural* Vereine*)* ■ **l'association** *(Femininum)* **: Marga ist in keinem Verein** Marga ne fait partie d'aucune association.

vereinbaren *Verb*
1. **convenir : ich habe mit ihr vereinbart, dass wir am Eingang auf sie warten** j'ai convenu avec elle que nous l'attendions à l'entrée
2. **concilier : wie kann Ida nur die Schule mit all ihren Hobbys vereinbaren?** comment Ida peut-elle concilier l'école avec tous ses hobbies ?

sich **verfahren** *reflexives Verb* ■ **se perdre** *(en conduisant)* **: ich weiß nicht wo ich bin, ich habe mich verfahren** je ne sais pas où je suis, je me suis perdue.

verfährt *Präsens* ➤ verfahren.

die **Verfassung** *(Plural* Verfassungen*)*
1. **la Constitution : laut Verfassung sind alle Menschen gleich** d'après la Constitution, tous les hommes sont égaux
2. **l'état : ich bin nicht in der Verfassung, mit euch darüber zu debattieren** je ne suis pas en état d'en débattre avec vous.

verfolgen *transitives Verb*
1. **poursuivre : der Polizeiwagen verfolgt das Verbrecherauto** le véhicule de police poursuit la voiture des criminels
2. **persécuter : in diesem Land werden Minderheiten verfolgt** les minorités de ce pays sont persécutées
3. **suivre : er verfolgt mit Interesse das politische Geschehen in unserem Land** il suit avec intérêt les événements politiques de notre pays.

verfuhr *Präteritum* ➤ verfahren.

verführen *Verb* ■ **séduire**.

vergab *Präteritum* ➤ vergeben.

vergangen
■ *Partizip Perfekt* ➤ vergehen
■ *Adjektiv*
dernier (dernière) : im vergangenen Jahr l'année dernière.

die **Vergangenheit** ■ **le passé : das Verb steht in der Vergangenheit** ce verbe est au passé.

vergaß *Präteritum* ➤ vergessen.

vergeben *(Präsens* vergibt, *Präteritum* vergab, *Perfekt* hat vergeben*)*
■ *intransitives Verb*
pardonner : kannst du mir noch einmal vergeben? peux-tu me pardonner encore une fois ?
■ *transitives Verb*
1. **pardonner : meine Mutter hat mir diese Lüge vergeben** ma mère m'a pardonné ce mensonge
2. **décerner : am Ende des Wettkampfs werden die Preise vergeben** à la fin de la compétition, les prix sont décernés
3. **laisser passer : du hast da eine einmalige Chance vergeben** tu as laissé passer là une chance unique.

vergeblich
- *Adjektiv*
inutile : meine Bemühungen, eine bessere Note zu bekommen, waren vergeblich mes efforts pour obtenir une meilleure note ont été inutiles
- *Adverb*
en vain : ich habe vergeblich versucht, sie umzustimmen j'ai essayé en vain de la faire changer d'avis.

vergehen (*Präteritum* verging, *Perfekt* ist|hat vergangen) *Verb* ■ (*Perfekt* ist vergangen) **passer**.

vergessen (*Präsens* vergisst, *Präteritum* vergaß, *Perfekt* hat vergessen) *Verb* ■ **oublier**
➤ **vergiss es!** *familiär* laisse tomber !

vergeuden *Verb* ■ **gaspiller**.

vergewaltigen *Verb* ■ **violer : er hat eine Frau vergewaltigt** il a violé une femme.

vergib *Präsens* ➤ vergeben.

vergiften *Verb* ■ **empoisonner**.

vergisst *Präsens* ➤ vergessen.

vergleichen (*Präteritum* verglich, *Perfekt* hat verglichen) *Verb* ■ **comparer : ich hasse es, wenn man mich mit meiner Schwester vergleicht** je déteste qu'on me compare à ma sœur.

verglich *Präteritum* ➤ vergleichen.

verglichen *Partizip Perfekt* ➤ vergleichen.

das **Vergnügen** (*Plural* Vergnügen) ■ **le plaisir**
➤ **mit Vergnügen** avec plaisir.

vergrößern (*Perfekt* hat vergrößert)
- *transitives Verb*
agrandir : ich habe das Foto vergrößern lassen j'ai fait agrandir la photo
- *intransitives Verb*
grossir : diese Lupe vergrößert enorm cette loupe grossit énormément

sich **vergrößern** *reflexives Verb* ■ **s'agrandir : unsere Klasse hat sich um drei Schüler vergrößert** notre classe s'est agrandie de trois élèves

> Zusammengesetzte Formen reflexiver Verben werden mit **être** gebildet.

verhaften *transitives Verb* ■ (*Perfekt* hat verhaftet) **arrêter**.

sich **verhalten** *reflexives Verb*
➤ **sich ruhig verhalten** se tenir tranquille
➤ **nicht wissen, wie man sich verhalten soll** ne pas savoir quelle attitude adopter.

das **Verhältnis** (*Plural* Verhältnisse)
1. le **rapport : das Preis-Leistungs-Verhältnis ist korrekt** le rapport qualité-prix est correct
2. la **liaison : er hat ein Verhältnis mit einer verheirateten Frau** il a une liaison avec une femme mariée

➤ **ein gutes Verhältnis zu jemandem haben** être en bons termes avec quelqu'un
➤ **Verhältnisse**
1. la situation : **die Verhältnisse in diesem Land werden immer schlimmer** la situation de ce pays ne cesse de se dégrader
2. les conditions : **nach dem Krieg haben sie in schwierigen Verhältnissen gelebt** après la guerre, ils ont vécu dans des conditions difficiles

➤ **über seine Verhältnisse leben** vivre au-dessus de ses moyens.

verheilen (*Perfekt* ist verheilt) *Verb* ■ **guérir**.

verheiratet *Adjektiv* ■ **marié (mariée) : sie ist eine verheiratete Frau** c'est une femme mariée
➤ **mit jemandem verheiratet sein** être marié avec quelqu'un.

verhielt *Präteritum* ➤ verhalten.

verhindern *Verb* ■ **empêcher : die zahlreichen Demonstrationen konnten den Krieg nicht verhindern** les nombreuses manifestations n'ont pas pu empêcher la guerre.

verhungern (*Perfekt* ist verhungert) *Verb* ■ **mourir de faim**.

das **Verhütungsmittel** *(Plural* Verhütungsmittel*)* ■ le **contraceptif**.

sich **verirren** *reflexives Verb* ■ **se perdre** : **Hänsel und Gretel hatten sich im Wald verirrt** Hänsel et Gretel s'étaient perdus dans la forêt

> Zusammengesetzte Formen reflexiver Verben werden mit **être** gebildet.

der **Verkauf** *(Plural* Verkkäufe*)* ■ la **vente**.

verkaufen *transitives Verb* ■ **vendre** : **wir verkaufen keinen Alkohol an Jugendliche** nous ne vendons pas d'alcool aux jeunes

➤ **zu verkaufen** à vendre

sich **verkaufen** *reflexives Verb* ■ **se vendre**.

der **Verkäufer** *(Plural* Verkäufer*)* ■ le **vendeur**.

die **Verkäuferin** *(Plural* Verkäuferinnen*)* la **vendeuse**.

der **Verkehr** ■ la **circulation** : **auf der Autobahn herrscht dichter Verkehr** sur l'autoroute, il y a une circulation dense

➤ **etwas aus dem Verkehr ziehen** retirer quelque chose de la circulation.

das **Verkehrsmittel** *(Plural* Verkehrsmittel*)* ■ le **moyen de transport**

➤ **die öffentlichen Verkehrsmittel** les transports en commun.

der **Verkehrsunfall** *(Plural* Verkehrsunfälle*)* ■ **l'accident de la route** *(Maskulinum)*.

verkehrt

■ *Adjektiv*

mauvais (mauvaise) : **er hat mir eine verkehrte Adresse gesagt** il m'a donné une mauvaise adresse

■ *Adverb*

mal : **Dennis hat die Aufgabe verkehrt verstanden** Dennis a mal compris le problème

➤ **verkehrt herum** à l'envers.

sich **verkleiden** *reflexives Verb* ■ **se déguiser** : **an Faschingsdienstag verkleiden wir uns alle** nous nous déguisons tous pour mardi gras.

verkleinern *transitives Verb* ■ **réduire**.

verlangen *Verb*

1. **demander** : **Manuel verlangt dich am Telefon** Manuel te demande au téléphone
2. **exiger** : **unser Englischlehrer verlangt viel von uns** notre professeur d'anglais exige beaucoup de nous.

verlängern *transitives Verb*

1. **rallonger** : **ich habe den Rock verlängert** j'ai rallongé la jupe
2. **prolonger** : **wir konnten unseren Aufenthalt verlängern** nous avons pu prolonger notre séjour

sich **verlängern** *reflexives Verb* ■ **se prolonger** : **die Mitgliedschaft verlängert sich automatisch** l'adhésion se prolonge automatiquement.

verlassen *(Präsens* verlässt, *Präteritum* verließ, *Perfekt* hat verlassen*) transitives Verb* ■ **quitter**

sich **verlassen** *reflexives Verb*

➤ **sich auf jemanden|etwas verlassen** compter sur quelqu'un|quelque chose : **auf Klaus kann man sich verlassen** on peut compter sur Klaus.

verlässt *Präsens* ➤ verlassen.

verlaufen *(Präsens* verläuft, *Präteritum* verlief, *Perfekt* ist|hat verlaufen*) intransitives Verb (Perfekt* ist verlaufen*)*

1. **longer** : **der Weg verläuft am Fluss entlang** le chemin longe la rivière
2. **se passer** : **die Prüfung ist gut verlaufen** l'examen s'est bien passé

sich **verlaufen** *reflexives Verb* ■ *(Perfekt* hat verlaufen*)* **se perdre** : **die Kinder hatten sich in der Stadt verlaufen** les enfants s'étaient perdus dans la ville

> Zusammengesetzte Formen reflexiver Verben werden mit **être** gebildet.

verläuft *Präsens* ➤ verlaufen.

verlegen1 *Verb*

1. **égarer** : **ich habe meine Brille verlegt** j'ai égaré mes lunettes
2. **remettre** : **wir müssen den Termin leider verlegen** malheureusement, nous devons remettre le rendez-vous

3. **transférer : sie haben die Produktion ins Ausland verlegt** ils ont transféré la production à l'étranger
4. **poser : mein Bruder hat mir geholfen, den Teppichboden zu verlegen** mon frère m'a aidé à poser la moquette.

verlegen² *Adjektiv* ■ **embarrassé (embarrassée) : als ich ihn nach seiner Freundin fragte, wurde Markus ganz verlegen** lorsque je lui ai demandé des nouvelles de sa copine, Markus est devenu très embarrassé.

verlernen *Verb* ■ **oublier : ich habe mein ganzes Spanisch verlernt** j'ai oublié tout mon espagnol.

verletzen *transitives Verb*
1. **blesser : ein Mitspieler wurde verletzt** un coéquipier a été blessé
2. **offenser : jetzt hast du sie aber zutiefst verletzt** tu l'as profondément offensée

sich **verletzen** *reflexives Verb* ■ **se blesser : Gabriele hat sich bei dem Sturz verletzt** Gabriele s'est blessée en tombant

Zusammengesetzte Formen reflexiver Verben werden mit **être** gebildet.

die **Verletzung** *(Plural* Verletzungen*)* ■ la **blessure**.

sich **verlieben** *reflexives Verb* ■ **tomber amoureux (amoureuse) : Ute hat sich in Ernst verliebt** Ute est tombée amoureuse de Ernst.

verlief *Präteritum* ➤ verlaufen.

verlieh *Präteritum* ➤ verleihen.

verliehen *Partizip Perfekt* ➤ verleihen.

verlieren *(Präteritum* verlor, *Perfekt* hat verloren*) Verb* ■ **perdre : Erich hat seine Schlüssel verloren** Erich a perdu ses clés ; **sie hat gegen Annabel verloren** elle a perdu contre Annabel

sich **verlieren** *reflexives Verb*
1. **se perdre : sie hatten sich im Gedränge verloren** elles s'étaient perdues dans la bousculade

Zusammengesetzte Formen reflexiver Verben werden mit **être** gebildet.

2. **disparaître : seine Schüchternheit wird sich bald verlieren** sa timidité va bientôt disparaître.

der **Verlierer** *(Plural* Verlierer*)* ■ le **perdant : er ist ein schlechter Verlierer** c'est un mauvais perdant.

verließ *Präteritum* ➤ verlassen.

verlor *Präteritum* ➤ verlieren.

verloren
- *Partizip Perfekt* ➤ verlieren
- *Adjektiv*

perdu (perdue) : ohne dich komme ich mir hier verloren vor sans toi, je me sens perdu ici

➤ **verloren gehen** se perdre.

der **Verlust** *(Plural* Verluste*)* ■ la **perte**.

vermeiden *(Präteritum* vermied, *Perfekt* hat vermieden*) Verb* ■ **éviter**.

vermied *Präteritum* ➤ vermeiden.

vermieden *Partizip Perfekt* ➤ vermeiden.

vermieten *Verb* ■ **louer : meine Tante vermietet Zimmer an Studenten** ma tante loue des chambres aux étudiants.

der **Vermieter** *(Plural* Vermieter*)* ■ le **propriétaire : unser Vermieter hat uns gekündigt** notre propriétaire nous a donné notre congé.

die **Vermieterin** *(Plural* Vermieterinnen*)* ■ la **propriétaire**.

vermissen *Verb* ■ **ne pas retrouver : ich vermisse meinen Regenschirm** je ne retrouve pas mon parapluie

➤ **jemand vermisst jemanden** quelqu'un manque à quelqu'un : **mein Schatz, ich vermisse dich so** mon chéri, tu me manques tant.

vermuten *Verb* ■ **supposer**.

vernachlässigen *Verb* ■ **négliger** : **ich denke, dass du deine Hausaufgaben in letzter Zeit vernachlässigst** je pense que ces derniers temps, tu négliges tes devoirs.

verneinen *Verb*
1. **répondre par la négative** : **Ruth hat meine Frage verneint** Ruth a répondu par la négative à ma question
2. **mettre à la forme négative** : **das Wort „nicht" verneint einen Satz** le mot « non » met une phrase à la forme négative.

vernichten *Verb* ■ **détruire**.

die **Vernunft** ■ **le bon sens**
➤ **jemanden zur Vernunft bringen** faire entendre raison à quelqu'un
➤ **zur Vernunft kommen** revenir à la raison.

vernünftig *Adjektiv*
1. **sensé (sensée)** : **er hat ein paar ganz vernünftige Vorschläge gemacht** il a fait quelques propositions très sensées
2. **convenable** : **ich brauche endlich mal eine vernünftige Skiausrüstung** j'ai besoin d'un équipement de ski convenable.

die **Verpackung** *(Plural* Verpackungen*)* ■ **l'emballage** *(Maskulinum)*.

verpassen *Verb*
1. **rater** : **ich habe meinen Bus verpasst** j'ai raté mon bus
2. *familiär* **flanquer** : **er hat mir eine Ohrfeige verpasst** il m'a flanqué une gifle.

die **Verpflegung** ■ **la nourriture** : **eine Cateringfirma übernimmt die Verpflegung der Teilnehmer** un traiteur se charge des repas des participants.

verprügeln *Verb* ■ **rouer de coups**.

verrät *Präsens* ➤ verraten.

verraten *(Präsens* verrät, *Präteritum* verriet, *Perfekt* hat verraten*) transitives Verb*
1. **livrer** : **Arnold hat mir das Geheimnis verraten** Arnold m'a livré le secret
2. **dévoiler** : **Jasmin will ihre Gefühle nicht verraten** Jasmin ne veut pas dévoiler ses sentiments

sich **verraten** *reflexives Verb* ■ **se trahir** : **dadurch, dass er rot geworden ist, hat er sich verraten** il s'est trahi en rougissant

> Zusammengesetzte Formen reflexiver Verben werden mit **être** gebildet.

sich **verrechnen** *reflexives Verb*
se tromper : **der Kellner hatte sich um drei Euro verrechnet** le serveur s'était trompé de trois euros

> Zusammengesetzte Formen reflexiver Verben werden mit **être** gebildet.

verreisen *(Perfekt* ist verreist*) Verb* ■ **partir en voyage**.

verriet *Präteritum* ➤ verraten.

verrückt
■ *Adjektiv*
1. **fou (folle)** : **der Mann muss verrückt sein** l'homme doit être fou
2. **absurde** : **Yvonne hat immer so verrückte Ideen** Yvonne a toujours des idées tellement absurdes
➤ **nach etwas verrückt sein** raffoler de quelque chose
■ *Adverb*
de manière extravagante : **sie zieht sich immer ziemlich verrückt an** elle s'habille toujours de manière plutôt extravagante.

der, die **Verrückte** *(Plural* Verrückten*)* ■ **le fou, la folle**.

die **Versammlung** *(Plural* Versammlungen*)* ■ **l'assemblée** *(Femininum)* : **im Rathaus wird morgen eine Versammlung abgehalten** demain, une assemblée se tiendra à la mairie.

der **Versand** ■ **l'expédition** *(Femininum)* : **die Ware wird vor dem Versand genau geprüft** la marchandise est vérifiée avec précision avant l'expédition.

versandt *Partizip Perfekt* ➤ versenden.

versandte *Präteritum* ➤ versenden.

verschenken *Verb* ■ **faire cadeau de** : **Ich habe mein Mountainbike verschenkt** j'ai fait cadeau de mon V.T.T.

verschieben *(Präteritum* verschob, *Perfekt* hat verschoben*)* *transitives Verb* ■ **reporter : Frau Pfenning hat die Klassenarbeit verschoben** madame Pfenning a reporté le devoir sur table

sich **verschieben** *reflexives Verb* ■ **être reporté (reportée) : meine Reise hat sich verschoben** mon voyage a été reporté.

verschieden *Adjektiv*

1. **différent (différente) : wir sind da offensichtlich verschiedener Meinung** nous sommes là manifestement d'un avis différent
2. **plusieurs** *(unveränderlich)* **: verschiedene Schüler haben das anscheinend noch nicht begriffen** plusieurs élèves ne l'ont apparemment pas encore compris.

verschlafen *(Präsens* verschläft, *Präteritum* verschlief, *Perfekt* hat verschlafen*)* *Verb* ■ **oublier de se réveiller : ich habe völlig verschlafen** j'ai complètement oublié de me réveiller.

verschlechtern *transitives Verb* ■ **aggraver : dass er gelogen hatte, hat seine Lage noch verschlechtert** d'avoir menti a encore aggravé sa position

sich **verschlechtern** *reflexives Verb* ■ **empirer : seine schulischen Leistungen haben sich verschlechtert** ses résultats scolaires ont empiré.

sich **verschlimmern** *reflexives Verb* ■ **s'aggraver : die Lage am Arbeitsmarkt hat sich weiter verschlimmert** les conditions du marché du travail se sont encore aggravées

> Zusammengesetzte Formen reflexiver Verben werden mit **être** gebildet.

verschlucken *transitives Verb* ■ **avaler : Sandra hat den Kirschkern verschluckt** Sandra a avalé le noyau de cerise

sich **verschlucken** *reflexives Verb* ■ **avaler de travers : ich habe mich verschluckt** j'ai avalé de travers.

verschob *Präteritum* ➤ verschieben.

verschoben *Partizip Perfekt* ➤ verschieben.

verschwand *Präteritum* ➤ verschwinden.

verschweigen *(Präteritum* verschwieg, *Perfekt* hat verschwiegen*)* *Verb* ■ **passer sous silence**.

verschwenden *Verb* ■ **gaspiller**.

verschwieg *Präteritum* ➤ verschweigen.

verschwiegen *Partizip Perfekt* ➤ verschweigen.

verschwinden *(Präteritum* verschwand, *Perfekt* ist verschwunden*)* *Verb* ■ **disparaître : mein Buch ist verschwunden** mon livre a disparu

> Bei manchen Bewegungsverben werden die zusammengesetzten Zeiten anders als im Deutschen mit **avoir** gebildet.

verschwunden *Partizip Perfekt* ➤ verschwinden.

das **Versehen** *(Plural* Versehen*)* ■ **l'erreur** *(Femininum)*

➤ **aus Versehen** par inadvertance.

versehentlich

■ *Adjektiv*

involontaire : das war eine versehentliche Verwechslung c'était une erreur involontaire

■ *Adverb*

par mégarde : sie nahm versehentlich den Koffer eines Fremden mit elle a pris par mégarde la valise d'un inconnu.

versenden *(Präteritum* versandte ODER versendete, *Perfekt* hat versandt ODER versendet*)* *Verb* ■ **expédier**.

versetzen *Verb*

1. **passer : Denise wird in die nächste Klasse versetzt** Denise passe dans la classe supérieure
2. **déplacer : ich werde das Buch an einen anderen Platz versetzen** je vais déplacer le livre à un autre endroit
3. *familiär* **poser un lapin à : das war das letzte Mal, dass du mich versetzt hast!** c'était la dernière fois que tu me posais un lapin !

die **Versetzung** *(Plural* Versetzungen*)*
1. la **passage** : **Achims Versetzung ist gefährdet** le passage d'Achim est compromis
2. la **mutation** : **mein Vater ist über seine Versetzung nach Blaubeuren nicht erfreut** mon père ne se réjouit pas de sa mutation à Blaubeuren.

verseuchen *Verb* ■ **contaminer**.

versichern *transitives Verb* ■ **assurer** : **er hat mir versichert, dass er das nicht getan hat** il m'a assuré qu'il ne l'a pas fait ; **mein Auto ist versichert** ma voiture est assurée

sich **versichern** *reflexives Verb* ■ **s'assurer** : **wir haben uns gegen Diebstahl versichert** nous nous sommes assurés contre le vol

> Zusammengesetzte Formen reflexiver Verben werden mit **être** gebildet.

die **Versicherung** *(Plural* Versicherungen*)* ■ **l'assurance** *(Femininum)* : **wir haben eine Versicherung gegen Feuer abgeschlossen** nous avons contracté une assurance contre le feu.

versorgen *Verb (Perfekt* hat versorgt*)*
1. **approvisionner** : **seine Mutter hat uns mit belegten Broten versorgt** sa mère nous a approvisionné en sandwiches
2. **s'occuper de** : **Ann versorgt meine Blumen, wenn ich in Urlaub bin** Ann s'occupe de mes fleurs quand je suis en vacances
3. **subvenir aux besoins de** : **er hat schließlich eine Frau und fünf Kinder zu versorgen** il a quand même à subvenir aux besoins d'une femme et de cinq enfants.

sich **verspäten** *reflexives Verb* ■ **être en retard**.

die **Verspätung** *(Plural* Verspätungen*)* ■ **le retard** : **der Zug aus Paris hat Verspätung** le train en provenance de Paris a du retard.

versprach *Präteritum* ➤ versprechen.

versprechen *(Präsens* verspricht, *Präteritum* versprach, *Perfekt* hat versprochen*) transitives Verb* ■ **promettre** : **meine Eltern haben mir ein Pony versprochen** mes parents m'ont promis un poney

sich **versprechen** *reflexives Verb*
➤ **Entschuldigung, da habe ich mich versprochen** pardon, ma langue a fourché.

das **Versprechen** *(Plural* Versprechen*)* ■ la **promesse** : **seine Versprechen muss man halten** on doit tenir ses promesses.

verspricht *Präsens* ➤ versprechen.

versprochen *Partizip Perfekt* ➤ versprechen.

der **Verstand** ■ la **raison** : **noch ganz bei Verstand sein** avoir encore toute sa raison
➤ **den Verstand verlieren** perdre la tête
➤ **jemanden um den Verstand bringen** rendre quelqu'un fou (folle).

verständigen *transitives Verb* ■ **informer** : **wir müssen die Eltern verständigen** nous devons informer les parents

sich **verständigen** *reflexives Verb* ■ **se faire comprendre** : **ich kann mich auf Französisch so einigermaßen verständigen** je peux relativement bien me faire comprendre en français.

verständlich

■ *Adjektiv*
1. **intelligible** : **sie hat eine sehr verständliche Aussprache** elle a une prononciation très intelligible
2. **compréhensible** : **deine Angst ist verständlich** ta peur est compréhensible

➤ **jemandem etwas verständlich machen** faire comprendre quelque chose à quelqu'un
➤ **sich verständlich machen** se faire comprendre
➤ **leicht|schwer verständlich** facile|difficile à comprendre

■ *Adverb*
clairement : **kannst du dich bitte etwas verständlicher ausdrücken?** peux-tu s'il te plaît t'exprimer un peu plus clairement ?

das **Verständnis** ■ la **compréhension**.

verständnisvoll

■ *Adjektiv*
compréhensif (compréhensive) : **meine Eltern sind sehr verständnisvoll** mes parents sont très compréhensifs

■ *Adverb*
d'un air compréhensif : er hat verständnisvoll genickt, als ich es ihm erklärte il a hoché la tête d'un air compréhensif quand je lui ai expliqué cela.

verstauchen *Verb*
➤ **sich etwas verstauchen** se fouler quelque chose : **ich habe mir den Knöchel verstaucht** je me suis foulé la cheville

> Zusammengesetzte Formen reflexiver Verben werden mit **être** gebildet.

das **Versteck** (*Plural* Verstecke) ■ **la cachette**.

verstecken *transitives Verb* ■ **cacher : wir haben Ostereier versteckt** nous avons caché des œufs de Pâques

sich **verstecken** *reflexives Verb* ■ **se cacher : die Kinder haben sich versteckt** les enfants se sont cachés

> Zusammengesetzte Formen reflexiver Verben werden mit **être** gebildet.

verstehen (*Präteritum* verstand, *Perfekt* hat verstanden)
■ *transitives Verb*
comprendre : Sie müssen lauter sprechen, ich verstehe Sie sehr schlecht! il faut que vous parliez plus fort, je vous comprends très mal ! ; **ich verstehe diese Grammatikregel nicht** je ne comprends pas cette règle de grammaire
■ *intransitives Verb*
comprendre : ich verstehe nicht, sprechen Sie bitte lauter je ne comprends pas, parlez plus fort, s'il vous plaît ; **ich verstehe, du hast also dazu keine Lust** je comprends, tu n'en as donc pas envie

sich **verstehen** *reflexives Verb* ■ **s'entendre : Stefanie und Timo verstehen sich sehr gut** Stefanie et Timo s'entendent très bien
➤ **das versteht sich von selbst** cela va de soi.

verstopfen *Verb* ■ **boucher**.

der **Versuch** (*Plural* Versuche)
1. la **tentative : ich mache noch einen Versuch** je fais encore une tentative
2. **l'expérience** (*Femininum*) **: wir haben heute im Physikunterricht einen Versuch gemacht** aujourd'hui, en cours de physique, nous avons fait une expérience.

versuchen (*Perfekt* hat versucht) *Verb*
■ **essayer : Julia versucht, bessere Noten zu bekommen** Julia essaie d'obtenir de meilleurs notes.

verteidigen (*Perfekt* hat verteidigt) *transitives Verb* ■ **défendre : deine Mutter verteidigt dich doch immer** ta mère te défend toujours

sich **verteidigen** *reflexives Verb* ■ **se défendre : er wurde angegriffen, hat sich aber verteidigt** on l'a attaqué, mais il s'est défendu

> Zusammengesetzte Formen reflexiver Verben werden mit **être** gebildet.

verteilen *transitives Verb* (*Perfekt* hat verteilt)
1. **distribuer : Maximilian verteilt Werbebroschüren** Maximilian distribue des brochures publicitaires
2. **étaler : verteile die Creme auf dem ganzen Körper** étale la crème sur tout le corps

sich **verteilen** *reflexives Verb* ■ **se disperser : die Gäste verteilten sich im ganzen Haus** les invités se sont dispersés dans toute la maison

> Zusammengesetzte Formen reflexiver Verben werden mit **être** gebildet.

der **Vertrag** (*Plural* Verträge) ■ **le contrat : ich habe den Vertrag noch nicht unterschrieben** je n'ai pas encore signé le contrat.

vertrat *Präteritum* ➤ vertreten.

vertrauen *Verb*
➤ **jemandem vertrauen** faire confiance à quelqu'un : **vertraue mir, ich mache das schon** fais-moi confiance, je m'en charge.

das **Vertrauen** ■ **la confiance : sie hat das Vertrauen zu ihrem Sohn verloren** elle n'a plus confiance en son fils.

der **Vertrauenslehrer** (*Plural* Vertrauenslehrer) ■ **le professeur médiateur**

VERTRAUENSLEHRER

Les élèves de chaque niveau (cycle d'orientation, cycle moyen, fin d'études) élisent un professeur qui devient leur interlocuteur privilégié (**der Vertrauenslehrer** ou **der Verbindungslehrer**). Ce professeur a pour mission de conseiller les élèves qui le lui demandent mais aussi de défendre les intérêts des écoliers face à l'institution scolaire.

die **Vertrauenslehrerin** *(Plural* Vertrauenslehrerinnen*)* ■ **l'enseignante médiatrice**.

vertraulich

■ *Adjektiv*

confidentiel (confidentielle) : das ist eine vertrauliche Information c'est une information confidentielle

■ *Adverb*

en toute confidentialité : einen Fall vertraulich behandeln traiter une affaire en toute confidentialité.

vertreiben *(Präteritum* vertrieb, *Perfekt* hat vertrieben*) Verb* ■ **chasser : Christoph vertreibt immer die Katzen aus seinem Garten** Christophe chasse toujours les chats de son jardin

➤ **sich die Zeit mit etwas vertreiben** faire quelque chose pour passer le temps : **wir haben uns die Zeit mit Spielen vertrieben** nous avons joué pour passer le temps.

vertreten *(Präsens* vertritt, *Präteritum* vertrat, *Perfekt* hat vertreten*) Verb* ■ **remplacer : sie wird heute eure Deutschlehrerin vertreten** elle va remplacer aujourd'hui votre professeur d'allemand.

vertrieb *Präteritum* ➤ vertreiben.

vertrieben *Partizip Perfekt* ➤ vertreiben.

vertritt *Präsens* ➤ vertreten.

verunglücken *Verb* ■ *(Perfekt* ist verunglückt*)* **avoir un accident**.

verursachen *Verb* ■ **causer**.

verurteilen *Verb* ■ **condamner : er wurde zu zwei Jahren Gefängnis verurteilt** il a été condamné à deux ans de prison.

sich **verwählen** *reflexives Verb* ■ **se tromper de numéro** *(de téléphone)* **: Entschuldigung, ich habe mich verwählt** excusez-moi, je me suis trompé de numéro.

verwalten *Verb* ■ **gérer : mein Bruder verwaltet mein Vermögen** mon frère gère ma fortune.

verwandt

■ *Partizip Perfekt* ➤ verwenden

■ *Adjektiv*

parent (parente) : ich bin mit Katrin verwandt Katrin et moi sommes parentes

➤ **verwandte Seelen** des âmes sœurs.

verwandte *Präteritum* ➤ verwenden.

der **Verwandte** *(Plural* Verwandten*)* ■ **le parent**.

die **Verwandte** *(Plural* Verwandten*)* ■ **la parente**.

die **Verwandtschaft**

1. **la famille : zu Weihnachten trifft sich die ganze Verwandtschaft** à Noël, toute la famille se réunit
2. **la parenté : er ist sehr stolz auf seine Verwandtschaft mit dem Kanzler** il est très fier de sa parenté avec le Chancelier

verwechseln *transitives Verb* ■ **confondre : ich habe die beiden Brüder miteinander verwechselt** j'ai confondu les deux frères.

verwenden *(Präteritum* verwendete ODER verwandte, *Perfekt* hat verwendet ODER verwandt*) Verb*

1. **utiliser : ich verwende diese Methode zum ersten Mal** c'est la première fois que j'utilise cette méthode
2. **consacrer : sie hat viel Zeit auf die Erziehung der Kinder verwendet** elle a consacré beaucoup de temps à l'éducation de ses enfants.

verwirklichen *(Perfekt* hat verwirklicht*) transitives Verb* ■ **réaliser : endlich kann ich meinen Traum verwirklichen** je peux enfin réaliser mon rêve sich **verwirklichen** *reflexives Verb* ■ **se concrétiser : meine Befürchtung hat sich verwirklicht** mes craintes se sont concrétisées

Zusammengesetzte Formen reflexiver Verben werden mit **être** gebildet.

verwirren *transitives Verb*
1. **emmêler : jetzt hast du die Wolle verwirrt** maintenant, tu as emmêlé la laine
2. **déconcerter : die Fragen haben mich völlig verwirrt** les questions m'ont complètement déconcerté

sich **verwirren** *reflexives Verb* ■ **s'emmêler : das Garn hat sich verwirrt** le fil s'est emmêlé

Zusammengesetzte Formen reflexiver Verben werden mit **être** gebildet.

verwöhnen *Verb* ■ **gâter : meine Gastfamilie hat mich verwöhnt** ma famille d'accueil m'a gâté.

verwunden *Verb* ■ **blesser**.

der **Verwundete** *(Plural* Verwundeten*)* ■ le **blessé**.

die **Verwundete** *(Plural* Verwundeten*)* ■ la **blessée**.

sich **verzählen** *reflexives Verb* ■ **se tromper dans ses calculs**.

das **Verzeichnis** *(Plural* Verzeichnisse*)*
1. la **liste : hinten im Buch ist ein Verzeichnis aller Vokabeln** à la fin du livre, il y a une liste de tous les mots de vocabulaire
2. le **répertoire : in welchem Verzeichnis hast du die Datei?** dans quel répertoire as-tu mis le fichier ?

verzeihen *(Präteritum* verzieh, *Perfekt* hat verziehen*) Verb* ■ **pardonner : ich kann ihm diese Lüge nicht verzeihen** je ne peux pas lui pardonner ce mensonge
➤ **verzeihen Sie bitte** excusez-moi : **verzeihen Sie bitte die Störung** excusez-moi de vous déranger.

die **Verzeihung** ■ le **pardon : ich habe ihn um Verzeihung gebeten** je lui ai demandé pardon
➤ **Verzeihung** excusez-moi : **Verzeihung, können Sie mir bitte sagen, wie spät es ist ?** excusez-moi, pourriez-vous me dire quelle heure il est ?

verzieh *Präteritum* ➤ verzeihen.

verziehen
■ *Partizip Perfekt* ➤ verzeihen
■ *transitives Verb (Präteritum* verzog, *Perfekt* hat verzogen*)*
mal élever : du verziehst das Kind tu élèves mal cet enfant
➤ **den Mund verziehen** faire la moue
■ *intransitives Verb (Perfekt* ist verzogen*)*
déménager : sie sind nach München verzogen ils ont déménagé à Munich

Bei manchen Bewegungsverben werden die zusammengesetzten Zeiten anders als im Deutschen mit **avoir** gebildet.

verzieren *Verb* ■ **décorer : sie hat die Torte verziert** elle a décoré le gâteau.

verzog *Präteritum* ➤ verziehen.

verzogen *Partizip Perfekt* ➤ verziehen.

verzögern *transitives Verb* ■ **retarder : er hat die Abreise immer wieder verzögert** il n'a cessé de retarder le départ

sich **verzögern** *reflexives Verb* ■ **être retardé (retardée) : die Lieferung hat sich verzögert** la livraison a été retardée.

verzweifeln *(Perfekt* ist verzweifelt*) Verb* ■ **se désespérer : Felix verzweifelt, weil er die Aufgabe nicht lösen kann** Felix se désespère parce qu'il n'arrive pas à résoudre le problème.

der **Vetter** *(Plural* Vettern*)* ■ le **cousin**.

das **Video** *(Plural* Videos*)*
1. *familiär* le **film vidéo : wir haben im Urlaub ein paar Videos gemacht** nous avons fait quelques films vidéo pendant les vacances
2. la **vidéo : die Bank wird per Video überwacht** la banque est surveillée par vidéo.

das **Videogerät** *(Plural* Videogeräte*)* ■ le **magnétoscope**.

die **Videokamera** *(Plural* Videokameras*)* ■ le **Caméscope** ®.

der **Videorekorder** *(Plural* Videorekorder*)* ■ le **magnétoscope**.

viel *(Komparativ* mehr, *Superlativ* meiste*)*

■ *Adjektiv*

1. **beaucoup de : Maren hat viele CDs** Maren a beaucoup de CD

> Nach Mengenangaben steht in der Regel nur **de** ohne Artikel.

2. **tout le, toute la : schade um die viele Arbeit, die du reingesteckt hast** dommage pour tout le travail que tu y as consacré
3. **nombreux : nimm das Kleid mit den vielen Knöpfen** prends la robe avec les nombreux boutons

➤ **vieles** beaucoup de choses : **in Frankreich hat mir vieles gefallen** en France, beaucoup de choses m'ont plu

■ *Determinant*

1. **beaucoup de**

> Nach Mengenangaben steht in der Regel nur **de** ohne Artikel.

sie haben viele Kinder ils ont beaucoup d'enfants ; **hast du Bücher von Sartre? – ja, viele** as-tu des livres de Sartre ? – oui, j'en ai beaucoup

> Wenn sich **viel** oder **viele** auf etwas bezieht, was vorher bereits erwähnt wurde, muss man im Französischen zusätzlich zu **beaucoup** das Pronomen **en** einfügen.

2. **beaucoup : vielen Dank!** merci beaucoup !

■ *Adverb*

1. **beaucoup : Veronika arbeitet sehr viel** Veronika travaille beaucoup
2. **très : sie ist als Spezialistin viel gefragt** en tant que spécialiste, elle est très demandée

➤ **viel zu viel** beaucoup trop

➤ **viel zu viele** beaucoup trop de monde.

vielleicht *Adverb* ■ **peut-être**.

vier *Numeral* ■ **quatre : wir sind vier Kinder** nous sommes quatre enfants ➤ sechs

➤ **auf allen vieren** à quatre pattes.

das **Viereck** *(Plural* Vierecke*)* ■ le **rectangle**.

viereckig *Adjektiv* ■ **rectangulaire**.

vierfach

■ *Adjektiv*

quadruple

➤ **die vierfache Menge** quatre fois cette quantité

■ *Adverb*

en quatre exemplaires : ich habe die Briefmarke vierfach j'ai ce timbre en quatre exemplaires.

vierhundert *Numeral* ■ **quatre cents**.

viermal *Adverb* ■ **quatre fois**.

zu **viert** *Adverb* ■ **à quatre : wir wollen zu viert nach Portugal fahren** nous voulons aller au Portugal à quatre.

vierte, r, s *Adjektiv* ■ **quatrième** ➤ sechste.

das **Viertel** *(Plural* Viertel*)*

1. le **quart : von dem Kuchen ist noch ein Viertel übrig** il reste encore un quart de gâteau ; **es ist jetzt Viertel nach zwei** il est deux heures et quart ; **ich komme um Viertel vor drei** je viendrai à trois heures moins le quart
2. le **quartier : wir wohnen in einem ruhigen Viertel** nous habitons dans un quartier calme

das **Vierteljahr** *(Plural* Vierteljahre*)* ■ le **trimestre**.

die **Viertelstunde** *(Plural* Viertelstunden*)* ■ le **quart d'heure**.

vierzehn *Numeral* ■ **quatorze** ➤ sechs.

vierzig *Numeral* ■ **quarante** ➤ sechs.

violett *Adjektiv* ■ **violet (violette)**.

der | das **Virus** *(Plural* Viren*)* ■ le **virus**.

das **Visum** *(Plural* Visa ODER Visen*)* ■ le **visa**.

das **Vitamin** *(Plural* Vitamine*)* ■ la **vitamine : Orangen haben viel Vitamin C** les oranges contiennent beaucoup de vitamine C

> Achtung ! Anders als das deutsche Wort **Vitamin** ist das französische Substantiv **vitamine** weiblich.

der **Vogel** *(Plural* Vögel*)* ■ **l'oiseau** *(Maskulinum)*.

die **Vokabel** *(Plural* Vokabeln*)* ■ le **mot** *(d'une langue étrangère)*
➤ **seine Vokabeln lernen** apprendre son vocabulaire.

das **Vokabular** *(Plural* Vokabulare*)* ■ le **vocabulaire**.

der **Vokal** *(Plural* Vokale*)* ■ la **voyelle**.

das **Volk** *(Plural* Völker*)*
1. le **peuple** : **er gehört zum Volk der Kurden** il fait partie du peuple kurde
2. la **population** : **das Volk hat gewählt** la population a voté.

die **Volkshochschule** *(Plural* Volkshochschulen*)* ■ **l'université populaire** *(Femininum)*.

voll
■ *Adjektiv*
plein (pleine) : **er hat den Kopf voll neuer Ideen** il a la tête pleine de nouvelles idées
➤ **jemanden nicht für voll nehmen** ne pas prendre quelqu'un au sérieux
➤ **die Nase gestrichen voll haben** *familiär* en avoir ras le bol
■ *Adverb*
entièrement : **ich kann dem voll zustimmen** je suis entièrement de son avis.

vollenden *transitives Verb* ■ *(Perfekt* hat vollendet*)* **achever**.

voller *Adjektiv* ■ *(unveränderlich)* **plein (pleine) de** : **der Text ist voller Fehler** le texte est plein de fautes

Nach Mengenangaben steht in der Regel nur **de** ohne Artikel.

der **Volleyball** *(Plural* Volleybälle*)*
1. le **volley(-ball)** : **seit wann spielst du Volleyball?** depuis quand joues-tu au volley ?
2. le **ballon de volley** : **worin unterscheidet sich ein Volleyball von einem Fußball?** quelle est la différence entre un ballon de volley et un ballon de foot ?

völlig
■ *Adjektiv*
complet (complète) : **du erzählst völligen Unsinn** c'est complètement idiot ce que tu racontes
■ *Adverb*
complètement : **ich bin von der CD völlig begeistert** je suis complètement emballé par ce CD.

volljährig *Adjektiv* ■ **majeur (majeure)** : **mit 18 wird man volljährig** on devient majeur à 18 ans.

vollkommen
■ *Adjektiv*
parfait (parfaite) : **es war ein vollkommener Abend** c'était une soirée parfaite
■ *Adverb*
tout à fait : **das ist vollkommen unmöglich** c'est tout à fait impossible.

das **Vollkornbrot** *(Plural* Vollkornbrote*)* ■ le **pain complet**.

vollständig
■ *Adjektiv*
complet (complète) : **jetzt ist meine Sammlung vollständig** maintenant, ma collection est complète
■ *Adverb*
complètement : **das Gebäude wurde vollständig neu aufgebaut** le bâtiment a été complètement reconstruit.

vom *Präposition*
1. *(von + dem)* **du, de la** : **das kommt vom Alkohol** cela vient de l'alcool
2. *(untrennbar)* **à cause du, à cause de la** : **ich bin müde vom Arbeiten** je suis fatigué à cause de mon travail.

von *Präposition (+ D)*
1. **de** : **dort steht der Mann von Anna** là-bas, il y a le mari d'Anna ; **ich habe einen Brief von meiner Brieffreundin bekommen** j'ai reçu une lettre de ma correspondante ; **er ist von der Brücke gesprungen** il a sauté du pont

Nicht vergessen: **de + le = du** und **de + les = des** !

2. **par** : **das Pferd wird von meiner Freundin geritten** le cheval est monté par mon amie
3. **à cause de** : **von dem zu fetten Essen war ihm schlecht** il se sentait mal à cause du repas trop gras
4. **avec** : **von dem Geld machen wir uns einen schönen Tag** avec cet argent, nous allons nous offrir une belle journée

➤ **von mir aus** moi, je suis d'accord
➤ **von … an** à partir de
➤ **von … aus** de : **ich habe vom Fenster aus alles gesehen** j'ai tout vu de la fenêtre
➤ **von … bis** de... jusqu'à : **wir sind von Juli bis September weg** nous ne serons pas là de juillet à septembre
➤ **von … nach** de... à : **ich fliege von Frankfurt nach Chicago** je vais de Francfort à Chicago en avion.

vor

■ *Präposition*
1. *(+ D)* **devant : er stand vor der Tür** il se tenait devant la porte
2. *(+ D)* **il y a : das haben wir doch vor einem Jahr schon gelernt** ça, nous l'avons appris il y a un an
3. *(+ D)* **avant : putz dir vor dem Schlafengehen bitte die Zähne** lave-toi les dents avant de te coucher, s'il te plaît
4. *(+ D)* **de : vor Nervosität brachte Nick kein Wort heraus** de nervosité, Nick n'a pas pu prononcer un seul mot
5. *(+ A)* **devant : die Demonstranten zogen vor das Ministerium** les manifestants se sont rendus devant le ministère

➤ **es ist fünf vor zehn** il est dix heures moins cinq

■ *Adverb*
en avant : kommen Sie bitte einen Schritt vor veuillez faire un pas en avant
➤ **vor allem** surtout.

voran|kommen *Verb (unregelmäßig) (Perfekt* ist vorangekommen*)*
avancer : ich bin heute mit der Arbeit gut vorangekommen aujourd'hui, j'ai bien avancé dans mon travail

Bei manchen Bewegungsverben werden die zusammengesetzten Zeiten anders als im Deutschen mit **avoir** gebildet.

die **Voraussetzung** *(Plural* Voraussetzungen*)* ■ **la condition : Marc erfüllt alle Voraussetzungen für die Teilnahme an dem Wettkampf** Marc remplit toutes les conditions nécessaires pour pouvoir participer à la compétition
➤ **unter der Voraussetzung, dass** à condition que : **ich stimme zu unter der Voraussetzung, dass du deinen Bruder mitnimmst** je suis d'accord à condition que tu emmènes ton frère

Nach der Konjunktion **à condition que** steht immer der **Subjonctif**.

voraussichtlich *Adverb* ■ **probablement.**

vorbei *Adverb*
➤ **vorbei sein**
1. être terminé (terminée) : **nun sind die Ferien schon vorbei** les vacances sont déjà terminées
2. être passé (passée) : **die Straßenbahn ist vorbei** le tramway est passé.

vor|bereiten *Verb* ■ **préparer : Lars muss sein Referat vorbereiten** Lars doit préparer son exposé

sich **vorbereiten** *reflexives Verb* ■ **se préparer : ich muss mich auf die Mathematikprüfung vorbereiten** il faut que je me prépare à l'examen de maths.

das **Vorbild** *(Plural* Vorbilder*)* ■ **le modèle : mein großer Bruder war immer mein Vorbild** mon grand frère a toujours été mon modèle.

vorbildlich *Adverb* ■ **de façon exemplaire : sie hat sich vorbildlich verhalten** elle s'est comportée de façon exemplaire.

vordere, r, s *Adjektiv*
1. **premier (première) : ich sitze in der vorderen Reihe** je suis assise au premier rang
2. **avant : das vordere Rad ist verbogen** la roue avant est voilée.

die **Vorfahrt** ■ **la priorité.**

die **Vorführung** *(Plural* Vorführungen*)* ■ **la projection : wann beginnt die Vorführung?** à quelle heure commence la projection ?

vor|gehen *(Perfekt* ist vorgegangen*)* *Verb (unregelmäßig)*
1. **partir** *(avant quelqu'un)* **: geh schon mal vor, ich komme gleich nach** pars, je te rejoins tout de suite
2. **se passer : was geht hier vor?** qu'est–ce qui se passe ici ?
3. **avancer : meine Uhr geht vor** ma montre avance

4. **prendre des mesures : wir werden gegen Schüler, die Drogen nehmen, unerbittlich vorgehen** nous allons prendre des mesures implacables contre les élèves qui se droguent.

vorgestern *Adverb* ■ **avant-hier**.

vor|haben *Verb (unregelmäßig)*

➤ **etwas vorhaben** avoir quelque chose de prévu : **was habt ihr am Wochenende vor ?** qu'est-ce que vous avez de prévu ce week-end ?

vorhanden *Adjektiv*

➤ **vorhanden sein** il y a : **es sind genügend Vorräte vorhanden** il y a assez de provisions.

der **Vorhang** *(Plural* Vorhänge*)* ■ **le rideau**.

vorher *Adverb* ■ **avant : das hättest du vorher sagen sollen** tu aurais dû le dire avant.

vorher|sehen *Verb (unregelmäßig)* ■ **prévoir**.

vorhin, vorhin *Adverb* ■ **tout à l'heure : sie war vorhin noch hier** elle était encore là tout à l'heure.

vor|kommen *(Perfekt* ist vorgekommen*) Verb (unregelmäßig)*

1. **arriver : solch ein Fehler kann vorkommen** une faute comme celle-ci, cela peut arriver
2. **se trouver : diese Echsen kommen nur auf den Galapagosinseln vor** ces sauriens ne se trouvent que dans les îles Galápagos

➤ **es kommt jemandem vor, als ob** quelqu'un a l'impression que

➤ **zur Tafel vorkommen** passer au tableau.

vorläufig

■ *Adjektiv*

provisoire : das ist erst ein vorläufiges Ergebnis ce n'est qu'un résultat provisoire

■ *Adverb*

provisoirement : vorläufig bleibe ich jedenfalls noch hier provisoirement, en tout cas, je reste encore ici.

vor|lesen *Verb (unregelmäßig)*

➤ **jemandem etwas vorlesen** lire quelque chose à quelqu'un.

vorletzte, r, s *Adjektiv* ■ **avant-dernier (avant-dernière)**.

die **Vorliebe** *(Plural* Vorlieben*)* ■ **la préférence : meine Oma hat eine Vorliebe für Kitschromane** ma grand-mère a une préférence pour les romans kitsch.

vor|machen *transitives Verb* ■ *familiär* **montrer : er hat uns vorgemacht, wie wir das machen sollen** ils nous a montré comment on devait faire

➤ **sich nichts vormachen lassen** ne pas se laisser embobiner.

der **Vormittag** *(Plural* Vormittage*)*

1. **le matin : gestern Vormittag hatten wir keine Schule** hier matin, nous n'avions pas école
2. **la matinée : ich habe den ganzen Vormittag gelesen** j'ai passé toute la matinée à lire

> **Vormittag** wird mit **matinée** übersetzt, wenn die Dauer oder der Verlauf betont wird.

vormittags *Adverb* ■ **le matin : dieses Geschäft ist vormittags nicht geöffnet** cette boutique n'est pas ouverte le matin.

vorn, vorne *Adverb* ■ **au premier rang : Martin sitzt ganz vorn** Martin est assis au tout premier rang

➤ **von vorn** depuis le début.

der **Vorname** *(Plural* Vornamen*)* ■ **le prénom**.

vornehm

■ *Adjektiv*

chic *(unveränderlich)* **: das ist ein ganz vornehmes Viertel von Paris** c'est un quartier très chic de Paris

■ *Adverb*

avec élégance : meine Tante kleidet sich sehr vornehm ma tante s'habille avec beaucoup d'élégance.

der **Vorrat** *(Plural* Vorräte*)* ■ **les provisions** *(Femininum Plural)* **: wir haben einen großen Vorrat an Getränken eingekauft** nous avons fait de grosses provisions de boissons.

vor|schlagen *Verb* *(unregelmäßig)*
■ **proposer : sie hat mir vorgeschlagen, mit ihr in Urlaub zu fahren** elle m'a proposé de partir en vacances avec elle.

die **Vorsicht** ■ **la précaution : sie hat die Vase mit großer Vorsicht ausgepackt** elle a sorti le vase de son emballage avec beaucoup de précaution
➤ **Vorsicht Stufe!** attention à la marche !

vorsichtig
■ *Adjektiv*
prudent (prudente) : Annette ist ein vorsichtiger Mensch Annette est quelqu'un de prudent
■ *Adverb*
prudemment : Barbara fährt vorsichtig Auto Barbara conduit prudemment.

vorsichtshalber *Adverb* ■ **par mesure de précaution**.

die **Vorsilbe** *(Plural* Vorsilben*)* ■ **le préfixe**.

die **Vorspeise** *(Plural* Vorspeisen*)* ■ **le hors-d'œuvre**.

der **Vorsprung** *(Plural* Vorsprünge*)*
1. **l'avance** *(Femininum)* **: der Läufer gewann mit einem Vorsprung von zehn Sekunden** le coureur a gagné avec une avance de dix secondes
2. **la saillie : Fritz hat sich bis zum Vorsprung des Felsens vorgewagt** Fritz a osé s'avancer jusqu'à la saillie du rocher.

vor|stellen *transitives Verb*
1. **présenter : darf ich Ihnen meine Eltern vorstellen?** puis-je vous présenter mes parents ?
2. **avancer : im Frühling wird die Uhr um eine Stunde vorgestellt** au printemps, on avance les pendules d'une heure
➤ **sich** *(D)* **etwas vorstellen** s'imaginer quelque chose

sich **vorstellen** *reflexives Verb*
1. **se présenter : ich habe mich seinen Eltern vorgestellt** je me suis présenté à ses parents.

die **Vorstellung** *(Plural* Vorstellungen*)*
■ **la représentation : die nächste Vorstellung beginnt um 18 Uhr** la prochaine représentation commence à 18 heures.

vor|täuschen *Verb*
➤ **jemandem etwas vortäuschen** faire croire quelque chose à quelqu'un : **sie hat ihrem Mann Müdigkeit vorgetäuscht** elle a fait croire à son mari qu'elle était fatiguée.

der **Vorteil** *(Plural* Vorteile*)* ■ **l'avantage** *(Maskulinum)*
➤ **zu jemandes Vorteil** à l'avantage de quelqu'un
➤ **jemandem gegenüber im Vorteil sein** être avantagé (avantagée) par rapport à quelqu'un.

der **Vortrag** *(Plural* Vorträge*)* ■ **la conférence**.

vorüber *Adjektiv* ■ **passé (passée) : sobald dieser Stress vorüber ist, gehen wir mal schön essen** dès que ce stress sera passé, nous irons manger dans un bon restaurant.

vorübergehend
■ *Adjektiv*
provisoire : das ist nur eine vorübergehende Regelung ce n'est qu'un règlement provisoire
■ *Adverb*
provisoirement : die Öffnungszeiten haben sich vorübergehend geändert les horaires d'ouverture ont changé provisoirement.

das **Vorurteil** *(Plural* Vorurteile*)* ■ **le préjugé : sie hat Vorurteile gegenüber Moslems** elle a des préjugés contre les musulmans.

die **Vorwahl** *(Plural* Vorwahlen*)* ■ **l'indicatif** *(Maskulinum)*.

vorwärts *Adverb* ■ **en avant : vorwärts!** en avant !
➤ **vorwärts gehen** avancer : **das Projekt geht gut vorwärts** le projet avance bien

> Wenn im Deutschen ein Bewegungsverb zusammen mit einem Adverb (zum Beispiel **vorwärts**) oder einer Präposition verwendet wird, steht im Französischen häufig nur ein Verb.

das **Vorwort** *(Plural* Vorworte*)* ■ la **préface**.

der **Vorwurf** *(Plural* Vorwürfe*)* ■ le **reproche : mach mir doch nicht immer Vorwürfe!** arrête de me faire sans arrêt des reproches !

vor|ziehen *Verb (unregelmäßig)*

1. **préférer : ich ziehe es vor, mit dem Zug zu fahren** je préfère voyager en train
2. **fermer : zieh bitte die Vorhänge vor!** s'il te plaît, ferme les rideaux !
3. **avancer : zieh doch den Tisch etwas vor!** avance un peu la table !

➤ **jemanden jemandem vorziehen** préférer quelqu'un à quelqu'un : **immer zieht seine Mutter seine Schwester ihm vor** sa mère lui préfère toujours sa sœur.

W

die **Waage** *(Plural* Waagen*)*

1. la **balance : sie stellt sich jeden Morgen auf die Waage** tous les matins, elle monte sur sa balance
2. la **Balance : Ulla ist im Zeichen der Waage geboren** Ulla est née sous le signe de la Balance
3. **Balance** *(Femininum)* **: Ulla ist Waage** Ulla est Balance.

waagerecht, waagrecht

■ *Adjektiv*

horizontal (horizontale) : 12 waagerecht: Grautier mit vier Buchstaben 12 horizontalement : animal gris en quatre lettres

■ *Adverb*

à l'horizontale : du musst das Tablett waagrecht halten il faut que tu tiennes le plateau à l'horizontale.

wach *Adjektiv*

1. **réveillé (réveillée) : Felix, bist du wach?** Felix, es-tu réveillé ?
2. **éveillé (éveillée) : das Kind hat einen wachen Verstand** l'enfant a l'esprit éveillé.

das **Wachs** [vaks] *(Plural* Wachse*)* ■ la **cire**.

wachsen *(Präsens* wächst, *Präteritum* wuchs, *Perfekt* ist gewachsen*) Verb*

1. **pousser : deine Haare wachsen schnell** tes cheveux poussent vite
2. **augmenter : die Zahl der Verkehrstoten ist gewachsen** le nombre des morts sur la route a augmenté

> Bei manchen Bewegungsverben werden die zusammengesetzten Zeiten anders als im Deutschen mit **avoir** gebildet.

wächst *Präsens* ➤ wachsen.

das **Wachstum** ■ la **croissance**.

wackeln *Verb* ■ **bouger**.

die **Waffe** *(Plural* Waffen*)* ■ **l'arme** *(Femininum)*.

wagen *transitives Verb* ■ **oser : ich wage es nicht, ihm zu widersprechen** je n'ose pas le contredire

> Bei bestimmten Verben, zum Beispiel **oser**, wird der Infinitiv ohne Präposition angeschlossen.

sich **wagen** *reflexives Verb* ■ **se risquer : man kann sich nachts ja nicht mehr auf die Straße wagen** on ne peut plus se risquer la nuit dans la rue.

der **Wagen** *(Plural* Wagen*)* ■ la **voiture : er fährt mit dem Wagen zur Arbeit** il va travailler en voiture.

die **Wahl** *(Plural* Wahlen*)*

1. le **choix : die Wahl ist mir nicht leicht gefallen** le choix n'a pas été facile pour moi
2. **l'élection** *(Femininum)* **: in Hessen sind bald Wahlen** il y aura bientôt des élections dans la Hesse

➤ **die Wahl haben** avoir le choix.

wählen

■ *transitives Verb*

1. **choisir : welche CD hast du gewählt?** quel CD as-tu choisi ?
2. **composer : ich habe Alexanders Nummer gewählt** j'ai composé le numéro d'Alexander
3. **voter pour : welche Partei würdest du wählen?** pour quel parti voterais-tu ?

■ *intransitives Verb*

1. **choisir : Sie können zwischen drei Menüs wählen** vous avez le choix entre trois menus
2. **composer un numéro : du musst zuerst wählen und dann OK drücken** il faut d'abord que tu composes un numéro et ensuite que tu appuies sur OK
3. **voter : Max darf dieses Jahr zum ersten Mal wählen** cette année, Max pourra voter pour la première fois.

der **Wähler** *(Plural* Wähler*)* ■ **l'électeur** *(Maskulinum)*.

die **Wählerin** *(Plural* Wählerinnen*)* ■ **l'électrice** *(Femininum)*.

das **Wahlfach** *(Plural* Wahlfächer*)* ■ **la matière facultative**.

der **Wahnsinn** ■ la **folie**.

wahnsinnig

■ *Adjektiv*

fou (folle)

➤ **jemanden wahnsinnig machen** rendre quelqu'un fou (folle)

➤ **wie wahnsinnig** comme un fou (une folle)

■ *Adverb*

familiär **drôlement : dein Brief hat mich wahnsinnig gefreut** ta lettre m'a drôlement fait plaisir.

wahr *Adjektiv*

1. **vrai (vraie) : das ist eine wahre Geschichte** c'est une histoire vraie
2. **véritable : er ist ein wahrer Freund** c'est un véritable ami

➤ **etwas wahr machen** réaliser quelque chose

➤ **das darf doch nicht wahr sein!** c'est pas vrai !

➤ **nicht wahr?** n'est-ce pas ?

während

■ *Konjunktion*

1. **pendant que : während wir spazieren waren, hat er bei uns angerufen** pendant que nous nous promenions, il a téléphoné chez nous
2. **tandis que : die meisten Schüler hören Popmusik, während ich mehr an klassischer Musik interessiert bin** la plupart des élèves écoutent de la musique pop, tandis que moi, je m'intéresse davantage à la musique classique

■ *Präposition (+ G)*

pendant : während der Ferien habe ich keinen Strich für die Schule getan pendant les vacances, je n'ai rien fait du tout pour l'école.

wahrhaben *Verb* ■ **admettre**.

die **Wahrheit** *(Plural* Wahrheiten*)* ■ **la vérité**.

wahrscheinlich

■ *Adjektiv*

vraisemblable : es ist nicht sehr wahrscheinlich, dass er noch kommt il est peu probable qu'il vienne

■ *Adverb*

vraisemblablement : Lars fällt dieses Jahr wahrscheinlich durch Lars va vraisemblablement échouer cette année.

die **Wahrscheinlichkeit** *(Plural* Wahrscheinlichkeiten*)* ■ la **probabilité : die Wahrscheinlichkeit, dass das passiert, ist gering** la probabilite que cela se produise est faible

Nach Ausdrücken des Zweifels wie **la probabilité que** steht der **Subjonctif**.

die **Währung** *(Plural* Währungen*)* ■ **la monnaie**.

der **Wal** *(Plural* Wale*)* ■ la **baleine**.

der **Wald** *(Plural* Wälder*)* ■ la **forêt**.

das **Wallis** ■ le **Valais**.

die **Walnuss** ■ la **noix**.

die **Wand** *(Plural* Wände*)*

1. le **mur : die Burg hat sehr dicke Wände** le château fort a des murs très épais
2. la **cloison : sie hängte sein Bild an die Wand** elle a accroché son portrait à la cloison.

wandern *Verb* ■ *(Perfekt* ist gewandert*)* **faire de la randonnée**.

die **Wanderung** *(Plural* Wanderungen*)* ■ **la randonnée : wir haben in den Ferien schöne Wanderungen gemacht** pendant les vacances, nous avons fait de belles randonnées.

wandte *Präteritum* ➤ wenden.

die **Wange** *(Plural* Wangen*)* ■ **la joue**.

wann *Adverb* ■ **quand : wann kommst du an? am Montag oder Dienstag?** quand arrives-tu ? lundi ou mardi ?

➤ **bis wann**

1. pour quand : **bis wann muss das fertig sein ?** pour quand cela doit-il être terminé ?
2. jusqu'à quand : **bis wann bleibst du ?** jusqu'à quand restes-tu ?

➤ **seit wann** depuis quand.

war *Präteritum* ➤ sein.

warb *Präteritum* ➤ werben.

die **Ware** *(Plural* Waren*)* ■ **la marchandise**.

warf *Präteritum* ➤ werfen.

warm *(Komparativ* wärmer, *Superlativ* wärmste*)*

■ *Adjektiv*

1. **chaud (chaude) : in der Sonne ist es schön warm** au soleil, il fait bien chaud
2. **chaleureux (chaleureuse) : ich möchte Ihnen meinen wärmsten Dank aussprechen** j'aimerais vous exprimer mes remerciements les plus chaleureux

➤ **jemandem ist warm** quelqu'un a chaud

■ *Adverb*

chaudement : zieh dich warm an habille-toi chaudement.

die **Wärme** ■ **la chaleur**.

warnen *transitives Verb* ■ **mettre en garde : ich habe dich vor diesem Fehler gewarnt** je t'ai mis en garde contre cette faute.

die **Warnung** *(Plural* Warnungen*)* ■ **l'avertissement** *(Maskulinum)*.

warten

■ *intransitives Verb*

attendre : ich habe eine halbe Stunde auf dich gewartet je t'ai attendu une demi-heure

■ *transitives Verb*

entretenir : die Maschinen werden regelmäßig gewartet les machines sont entretenues régulièrement.

warum *Adverb* ■ **pourquoi : warum bist du nicht gekommen?** pourquoi n'es-tu pas venu ?

➤ **warum nicht?** pourquoi pas ?

was

■ *Pronomen*

1. **qu'est-ce qui, qu'est-ce que : was geht hier vor?** qu'est-ce qui se passe ? ; **was suchst du?** qu'est-ce que tu cherches ?

> Ist **was** das Subjekt des Satzes, wird es mit **(qu'est-)ce qui** übersetzt; ist es ein direktes Objekt, nimmt man **(qu'est-)ce que** oder **(qu'est-)ce qu'**.

2. **ce qui, ce que : man kann nicht immer machen, was man will** on ne peut pas toujours faire ce qu'on veut
3. **que : sie schreibt etwas, was ich nicht verstehe** elle écrit quelque chose que je ne comprends pas
4. **combien : was bin ich Ihnen schuldig?** combien je vous dois ?
5. *(nachgestellt)* **n'est-ce pas : das Essen war gut, was?** le repas était bon, n'est-ce pas ?
6. *umgangssprachlich* **quelque chose : kann ich dich was fragen?** je peux te demander quelque chose ?

➤ **was für** quel (quelle) : **was für ein Handy hast du ?** quel portable as-tu ?

■ *Interjektion*

quoi : was? ich verstehe kein Wort! quoi ? je ne comprends rien !

die **Wäsche** *(Plural* Wäschen*)*

1. *(ohne Plural)* **le linge : ich stecke schnell die Wäsche in die Maschine** je me dépêche de mettre le linge dans la machine
2. *(ohne Plural)* **les sous-vêtements** *(Maskulinum Plural)* **: ich wechsle täglich die Wäsche** je change de sous-vêtements tous les jours
3. **la lessive : samstags ist bei uns große Wäsche** le samedi, chez nous, on fait une grande lessive.

waschen *(Präsens* wäscht, *Präteritum* wusch, *Perfekt* hat gewaschen*) transitives Verb* ■ **laver : wasch dir bitte die Hände** lave-toi les mains, s'il te plaît

sich waschen *reflexives Verb* ■ **se laver : wasch dich, bevor du ins Bett gehst** lave-toi avant d'aller au lit.

die Waschmaschine *(Plural* Waschmaschinen*)* ■ **la machine à laver**.

wäscht *Präsens* ➤ waschen.

das Wasser *(Plural* Wässer*)* ■ **l'eau** *(Femininum)*

➤ **ins Wasser fallen** tomber à l'eau : **die Party ist ins Wasser gefallen** la fête est tombée à l'eau

> WASSER
>
> Les Allemands boivent surtout de l'eau gazeuse (**Sprudel**). Même l'eau dite **ohne Kohlensäure** est légèrement salée et piquante. Pour obtenir de l'eau plate, il faut demander de la **Tafelwasser** ou **Leitungswasser** (eau du robinet). Mais les Allemands boivent peu d'eau pendant les repas.

wasserdicht *Adjektiv* ■ **étanche**.

der Wasserhahn *(Plural* Wasserhähne*)* ■ **le robinet**.

der Wassermann *(Plural* Wassermänner*)*

1. *(ohne Plural)* **le Verseau : Ralf ist im Zeichen des Wassermanns geboren** Ralf est né sous le signe du Verseau
2. **Verseau : Ralf ist Wassermann** Ralf est Verseau.

die Wassermelone *(Plural* Wassermelonen*)* ■ **la pastèque**.

die Watte *(ohne Plural)* ■ **le coton hydrophile**.

die Webseite [websaitə] *(Plural* Webseiten*)* ■ **la page web**.

wechseln

■ *transitives Verb (Perfekt* hat gewechselt*)*

1. **changer de : ich glaube, wir sollten das Thema wechseln** je crois que nous devrions changer de sujet
2. **échanger : sie wechselten viel sagende Blicke** ils ont échangé des regards éloquents
3. **faire la monnaie sur : kannst du mir einen 50-Euro-Schein wechseln?** tu peux me faire la monnaie sur un billet de 50 euros ?
4. **changer : ich habe Euro in Dollar gewechselt** j'ai changé des euros en dollars

■ *intransitives Verb (Perfekt* ist gewechselt*)* **changer : Robert ist an eine andere Universität gewechselt** Robert a changé d'université

> Bei manchen Bewegungsverben werden die zusammengesetzten Zeiten anders als im Deutschen mit **avoir** gebildet.

wecken *transitives Verb*

1. **réveiller : kannst du mich morgen um 7 Uhr wecken?** peux-tu me réveiller demain matin à 7 heures ?
2. **éveiller : das hat meine Neugier geweckt** ça a éveillé ma curiosité.

der Wecker *(Plural* Wecker*)* ■ **le réveil**

➤ **jemandem auf den Wecker gehen** *umgangssprachlich* taper sur les nerfs de quelqu'un.

weder ... noch *Konjunktion* ■ **ni... ni : er möchte weder etwas essen noch etwas trinken** il ne veut ni manger ni boire.

weg *Adverb* ■ **parti (partie) : der Bus ist schon weg** le bus est déjà parti

➤ **weg damit!** *familiär* direction poubelle !

➤ **nichts wie weg!** *familiär* tirons-nous !

➤ **über etw** *(A)* **weg sein** *familiär* avoir surmonté quelque chose.

der Weg *(Plural* Wege*)*

1. **le chemin : der Weg um den See herum** le chemin autour du lac
2. **le trajet : Piet hat einen weiten Weg zur Schule** Piet doit parcourir un long trajet jusqu'à l'école
3. **la voie : dies ist der beste Weg zum Erfolg** c'est la meilleure voie vers le succès

➤ **jemanden nach dem Weg fragen** demander son chemin à quelqu'un

➤ **jemandem aus dem Weg gehen** éviter quelqu'un

➤ **sich auf den Weg machen** se mettre en route
➤ **jemandem im Weg sein** gêner quelqu'un.

wegen *Präposition*
1. *(+ G)* **à cause de : der Ausflug wurde wegen des schlechten Wetters abgesagt** l'excursion a été annulée à cause du mauvais temps

> Nicht vergessen: **de + le = du** und **de + les = des** !

2. *(+ D) familiär* **à cause de : wegen dir müssen wir schon so früh fahren** à cause de toi, il faut qu'on parte très tôt.

weg|fahren *(Perfekt* ist weggefahren*) Verb* ■ **partir** *(en véhicule)* **: sie sind gestern weggefahren** ils sont partis hier.

weg|gehen *(Perfekt* ist weggegangen*) Verb*
1. **partir : wann ist sie weggegangen?** quand est-elle partie ?
2. **disparaître : ich hoffe, dass die Pickel bald weggehen** j'espère que mes boutons vont bientôt disparaître
3. **s'en aller : der Fleck geht nicht mehr weg** la tache ne s'en va plus.

weg|lassen *Verb*
1. **laisser tomber : ihr könnt die letzte Übung weglassen** vous pouvez laisser tomber le dernier exercice
2. **laisser partir : die Kinder wollten ihre Großmutter gar nicht mehr weglassen** les enfants ne voulaient plus laisser partir leur grand-mère.

weg|laufen *(Perfekt* ist weggelaufen*) Verb*
➤ **von zu Hause weglaufen** faire une fugue.

weg|nehmen *Verb* ■ **confisquer : der Lehrer hat Richard den Comic weggenommen** le professeur a confisqué la bande dessinée de Richard.

weg|tun *Verb* ■ **jeter : das Brot ist schlecht, das müssen wir wegtun** le pain est rassis, il faut qu'on le jette.

weg|werfen *Verb* ■ **jeter**.

sich **wehren** *reflexives Verb* ■ **se défendre : er ist doch so klein, er kann sich doch nicht wehren** voyons, il est tout petit, il ne peut pas se défendre.

wehtun *(Präteritum* tat weh*, Perfekt* hat wehgetan*) intransitives Verb* ■ **faire mal : die Spritze hat nicht wehgetan** la piqûre ne m'a pas fait mal

sich **wehtun** *reflexives Verb* ■ **se faire mal : sie hat sich wehgetan** elle s'est fait mal.

weiblich *Adjektiv*
1. **femelle : wir haben ein weibliches Meerschweinchen** nous avons un cobaye femelle
2. **féminin (féminine) : Renate ist sehr weiblich** Renate est très féminine.

weich
■ *Adjektiv*
1. **mou (molle) : die Matratze ist mir zu weich** le matelas est trop mou pour moi
2. **tendre : Amelie hat ein weiches Herz** Amélie a un cœur tendre
➤ **weich werden** se laisser attendrir
■ *Adverb*
➤ **ein weich gekochtes Ei** un œuf à la coque.

sich **weigern** *reflexives Verb* ■ **refuser : die Schüler haben sich geweigert, den Test zu schreiben** les élèves ont refusé de faire l'interrogation écrite.

Weihnachten *(Plural* Weihnachten*) (ohne Artikel)* ■ **Noël** *(Maskulinum)* **: Weihnachten feiere ich mit meiner Familie** je fête Noël en famille
➤ **fröhliche Weihnachten** joyeux Noël

> WEIHNACHTEN
>
> En Allemagne, Noël est la fête familiale par excellence. Lors du **Heiligabend**, le soir du 24 décembre, on offre les cadeaux et on allume les bougies du sapin de Noël. C'est le 25 décembre à midi qu'a lieu le grand repas de famille. Le 25 (**erster Weihnachtstag**) et le 26 décembre (**zweiter Weihnachtstag**) sont des jours fériés.

der **Weihnachtsbaum** *(Plural* Weihnachtsbäume*)* ■ **le sapin de Noël**.

das **Weihnachtsgeschenk** (*Plural* Weihnachtsgeschenke) ■ le **cadeau de Noël**.

das **Weihnachtslied** (*Plural* Weihnachtslieder) ■ le **chant de Noël**.

der **Weihnachtsmann** (*Plural* Weihnachtsmänner) ■ le **père Noël**.

der **Weihnachtsmarkt** (*Plural* Weihnachtsmärkte) ■ le **marché de Noël**

> WEIHNACHTSMARKT
>
> Ce marché forain organisé dans de nombreuses villes d'Allemagne commence le premier dimanche de l'Avent et dure jusqu'à Noël. On y vend des décorations de Noël, de l'artisanat, des pâtisseries et des confiseries. Il marque le début d'une période de forte consommation où se mêlent tradition et folklore.

weil *Konjunktion* ■ **parce que : ich frage, weil ich es nicht weiß** je pose la question parce que je ne le sais pas.

die **Weimarer Republik** (*ohne Plural*) ■ la **République de Weimar**

> WEIMARER REPUBLIK:
>
> Première république allemande, proclamée à Weimar par les sociaux-démocrates après l'abdication de l'Empereur en novembre 1918. Tenu pour responsable de la défaite, fragilisé par la crise économique et combattu par les partis extrémistes, ce régime ne sut pas éviter l'instabilité politique qui permit l'arrivée au pouvoir d'Hitler en 1933.

der **Wein** (*Plural* Weine) ■ le **vin : wir haben in Frankreich viel Wein getrunken** nous avons bu beaucoup de vin en France.

der **Weinberg** (*Plural* Weinberge) ■ le **vignoble**.

weinen *Verb* ■ **pleurer : sie weint vor Glück** elle pleure de joie.

die **Weintraube** (*Plural* Weintrauben) ■ le **raisin**.

die **Weise** (*Plural* Weisen) ■ la **manière**
- **auf diese Weise** de cette manière
- **auf seine Weise** à sa façon : **ich mache das auf meine Weise** je fais cela à ma façon.

weiß¹ *Präsens* ➤ wissen.

weiß²
- *Adjektiv*
  blanc (blanche) : die Braut trug ein weißes Kleid la mariée portait une robe blanche
- *Adverb*
  en blanc : alle Wände waren weiß gestrichen tous les murs étaient peints en blanc.

das **Weißbrot** (*Plural* Weißbrote) ■ le **pain blanc**.

der **Weißwein** (*Plural* Weißweine) ■ le **vin blanc**.

weit
- *Adjektiv*
  1. **long (longue) : das ist ein weiter Weg** c'est un long chemin

  > Das Adjektiv **long** steht grundsätzlich vor dem Substantiv.

  2. **large : die Hose ist mir zu weit** le pantalon est trop large pour moi
  - **so weit sein** être prêt : **wenn du so weit bist, können wir gehen** quand tu seras prêt, nous pourrons y aller
- *Adverb*
  loin : so weit kann ich nicht schwimmen je ne peux pas nager aussi loin
  - **das geht zu weit!** ça va trop loin !
  - **von weitem** de loin : **ich habe ihn schon von weitem erkannt** je l'ai reconnu de loin.

weiter *Adverb*
1. **encore : wir müssen noch zwei Stationen weiter** nous devons faire encore deux stations
2. **ensuite : was geschah weiter?** que s'est-il passé ensuite ?
- **immer weiter** toujours plus : **wir entfernen uns immer weiter von unserem Thema** nous nous éloignons toujours plus de notre sujet
- **und so weiter** et cetera
- **weiter nichts** rien de plus : **er hat guten Tag gesagt und weiter nichts** il a dit bonjour et rien de plus.

weiter|arbeiten *Verb* ■ **continuer à travailler : obwohl es klingelte, haben wir weitergearbeitet** même si ça sonnait, nous avons continué à travailler.

die **Weiterbildung** ■ la **formation continue : das Arbeitsamt hat mir eine Weiterbildung bezahlt** l'agence pour l'emploi m'a payé une formation continue.

weitere, r, s *Adjektiv* ■ **autre : habt ihr noch weitere Fragen?** avez-vous encore d'autres questions ?
- **alles Weitere** tout le reste : **alles Weitere besprechen wir dann später** tout le reste, nous en discuterons plus tard
- **bis auf weiteres** jusqu'à nouvel ordre
- **ohne weiteres** sans problèmes.

weiter|gehen *Verb (Perfekt* ist weitergegangen*)*
1. **continuer son chemin : der Polizist forderte uns auf weiterzugehen** le policier nous a demandé de continuer notre chemin
2. **durer : so kann das nicht weitergehen** ça ne peut pas durer comme ça.

weiter|machen *Verb* ■ **continuer : Ann will nach der elften Klasse mit Französisch weitermachen** Ann veut continuer le français après la première.

der **Weizen** *(ohne Plural)* ■ le **blé**.

welche, r, s *Pronomen*
1. **quel, quelle : welcher Film hat dir am besten gefallen?** quel film as-tu préféré ? ; **welche Lehrerin magst du am liebsten?** quelle professeur préfères-tu ?
2. **en : die Äpfel waren lecker, kann ich noch welche haben?** les pommes étaient délicieuses, puis-je en avoir encore ?

die **Welle** *(Plural* Wellen*)* ■ la **vague : eine hohe Welle wusch über das Deck** une grosse vague a lavé le pont.

der **Wellensittich** *(Plural* Wellensittiche*)* ■ la **perruche**.

die **Welt** *(Plural* Welten*)* ■ le **monde : um die ganze Welt reisen** faire le tour du monde
- **alle Welt** tout le monde
- **die Dritte Welt** le tiers-monde
- **auf der Welt** au monde
- **auf die Welt kommen** venir au monde
- **nicht um alles in der Welt** pour rien au monde.

das **Weltall** *(ohne Plural)* ■ **l'univers** *(Maskulinum)*.

der **Weltkrieg** *(Plural* Weltkriege*)* ■ la **Guerre mondiale : mein Großvater ist im Ersten und mein Vater im Zweiten Weltkrieg gefallen** mon grand-père est mort pendant la Première Guerre mondiale et mon père pendant la Deuxième.

der **Weltmeister** *(Plural* Weltmeister*)* ■ le **champion du monde**.

die **Weltmeisterin** *(Plural* Weltmeisterinnen*)* ■ la **championne du monde**.

der **Weltraum** *(ohne Plural)* ■ **l'espace** *(Maskulinum)*.

wem *Pronomen (Dativ von wer)*
1. **à qui : wem gehört die Tasche?** à qui est ce sac ?
2. **à qui : wem ich das gesagt habe, geht dich doch nichts an** à qui je l'ai dit, cela ne te regarde pas
3. **qui : mit wem kommst du morgen?** avec qui viens-tu demain ?

wen *Pronomen (Akkusativ von wer)*
1. **qui : wen hast du angerufen?** qui as-tu appelé ?
2. **celui (celle) que : wen ich aufrufe, der tritt bitte vor** que celui que j'appelle s'avance, s'il vous plaît.

die **Wende** *(Plural* Wenden*)*
1. le **changement : dieses Wahlergebnis bewirkte eine Wende in seiner politischen Karriere** ce résultat des élections a provoqué un changement dans sa carrière politique
2. le **tournant : ich habe die Wende zum 21. Jahrtausend miterlebt** j'ai assisté au tournant du XXIe siècle
3. le **virage : nach der Wende lag die deutsche Schwimmerin vorn** après le virage, la nageuse allemande était en tête.

wenden *(Präteritum* wendete ODER wandte*, Perfekt* hat gewendet ODER gewandt*) Verb*

1. **faire demi-tour : es wird nicht leicht sein, auf dem engen Weg zu wenden** cela ne sera pas facile de faire demi-tour sur ce chemin étroit
2. **tourner : bitte den Kopf zur Seite wenden** s'il vous plaît, tournez la tête

➤ **bitte wenden** tournez, s'il vous plaît !

sich **wenden** *reflexives Verb*

1. **tourner : es hat sich dann doch alles zum Guten gewendet** tout cela a finalement bien tourné
2. **s'adresser : für Informationen wenden Sie sich bitte an Frau Wengel** pour des informations, adressez-vous s'il vous plaît à madame Wengel.

wenig

■ *Determinant*

peu de : ich habe wenig Zeit j'ai peu de temps

> Nach Mengenangaben steht in der Regel nur **de** ohne Artikel.

➤ **ein wenig** un peu de : **es ist noch ein wenig Kaffee da** il reste encore un peu de café

■ *Adverb*

peu : Anna beteiligt sich wenig am Unterricht Anna participe peu au cours

➤ **zu wenig** trop peu.

wenige

■ *Determinant*

quelque : nur wenige Schüler zeigten Interesse an dem Angebot quelques élèves seulement ont montré un intérêt pour cette offre

■ *Pronomen*

peu de gens : wenige haben das gewusst peu de gens le savaient.

wenigste *Adjektiv* ■ **le moins de : Volker verdient von uns allen das wenigste Geld** de nous tous, c'est Volker qui gagne le moins d'argent

> Nach Mengenangaben steht in der Regel nur **de** ohne Artikel.

wenigstens *Adverb* ■ **au moins : du hättest dich wenigstens entschuldigen können** tu aurais pu au moins t'excuser.

wenn *Konjunktion*

1. **quand : wenn ich arbeite, will ich nicht gestört werden** quand je travaille, je ne veux pas être dérangé

> Drückt **wenn** einen zeitlichen Bezug aus, wird es mit **quand** übersetzt. Leitet es einen Bedingungssatz ein, verwendet man **si**.

2. **si : wenn du eine Zwei in Mathematik bekommst, schenke ich dir eine DVD** si tu obtiens un 16 sur 20 en math, je t'offre un DVD.

wer *Pronomen*

1. **qui : wer hat das gesagt?** qui a dit cela ?
2. **celui qui, celle qui : wer keine Lust hat, bleibt eben hier** celui qui n'a pas envie reste ici.

werben *(Präsens* wirbt*, Präteritum* warb*, Perfekt* hat geworben*) Verb* ■ **faire de la publicité : für dieses Produkt wird viel geworben** on fait beaucoup de publicité pour ce produit.

die **Werbung** *(Plural* Werbungen*)* ■ **la publicité : Alfred ist in der Werbung tätig** Alfred travaille dans la publicité.

werden *(Präsens* wird*, Präteritum* wurde*, Perfekt* ist geworden ODER worden*)*

■ *intransitives Verb (Perfekt ist geworden)*

1. **ich werde müde** je fatigue ; **Renate ist Oma geworden** Renate est grand-mère ; **Monika wird dieses Jahr 18** Monika va avoir 18 ans cette année

> Für **werden** + Eigenschaftswort steht im Französischen häufig nur ein Verb.

warum wirst du rot? pourquoi rougis-tu ? ; **er ist alt geworden** il a vieilli

> Bei manchen Verben des Wechsels werden die zusammengesetzten Zeiten anders als im Deutschen mit **avoir** gebildet.

2. **devenir : Hildegard möchte Ärztin werden** Hildegard voudrait devenir médecin
3. **arriver : es wird bald Frühling** le printemps arrive bientôt

4. *familiär* **s'arranger : keine Sorge, das wird schon wieder** ne t'en fais pas, ça va s'arranger
➤ **jemanden wird ...** quelqu'un commence ... : **mir wird schlecht** je commence à me sentir mal
➤ **aus jemanden wird etwas** quelqu'un deviendra quelque chose : **aus ihr ist eine hübsche junge Frau geworden** elle est devenue une jolie jeune femme

■ *Hilfsverb*

1. *(zur Bildung des Futurs)*

> Das Futur wird im Französischen entweder mit einer konjugierten Form von **aller** + Infinitiv gebildet („futur proche") oder mit einer eigenen Verbform („futur simple").

wirst du nach dem Abitur eine Ausbildung machen? vas-tu faire une formation après le bac ?, feras-tu une formation après le bac ?

> Drückt das Futur eine Vermutung aus, verwendet man das „futur proche".

er wird so etwa 40 Jahre alt sein il va avoir à peu près 40 ans

2. *(zur Bildung des Konditionals)* **an Ihrer Stelle würde ich das nicht tun** à votre place, je ne le ferais pas

3. *(zur Bildung des Passivs)*

> Das Passiv wird im Französischen mit einer konjugierten Form von **être** + Partizip Perfekt gebildet.

être : wir wurden für den Streich bestraft nous avons été punis pour ce tour
➤ **würdest du ...** voudrais-tu ... : **würdest du bitte die Tür zumachen?** voudrais-tu fermer la porte, s'il te plaît ?
➤ **würden Sie ...** voudriez-vous ... : **würden Sie bitte morgen noch einmal anrufen?** voudriez-vous rappeler demain, s'il vous plaît ?

werfen *(Präsens* wirft, *Präteritum* warf, *Perfekt* hat geworfen*)*

■ *transitives Verb*

1. lancer : er hat den Schneeball an die Wand geworfen il a lancé la boule de neige sur le mur

2. marquer : sie hat ein Tor geworfen elle a marqué un but

■ *intransitives Verb*

lancer : die Zuschauer warfen mit Tomaten les spectateurs ont lancé des tomates

sich **werfen** *reflexives Verb* ■ **se jeter : er hat sich vor einen Zug geworfen** il s'est jeté sous un train

> Zusammengesetzte Formen reflexiver Verben werden mit **être** gebildet.

das **Werk** *(Plural* Werke*)*

1. l'œuvre *(Femininum)* **: diese Graffiti sind sicher das Werk von Jugendlichen** ces graffitis sont sûrement l'œuvre des jeunes

2. l'usine *(Femininum)* **: in diesem Werk arbeiten 100 Leute** 100 personnes travaillent dans cette usine.

die **Werkstatt** *(Plural* Werkstätten*)*

1. le garage : ich muss das Auto in die Werkstatt bringen je dois amener la voiture au garage

2. l'atelier *(Maskulinum)* **: er hat im Keller seine eigene Werkstatt** il a son propre atelier dans sa cave.

der **Werktag** *(Plural* Werktage*)* ■ **le jour ouvrable**.

werktags *Adverb* ■ **en semaine : dieser Bus verkehrt nur werktags** ce bus ne circule qu'en semaine.

das **Werkzeug** *(Plural* Werkzeuge*)* ■ **l'outil** *(Maskulinum)*.

wert *Adjektiv*

➤ **wert sein**

1. valoir : **es ist 2 Euro wert** cela vaut 2 euros.

2. tenir à quelqu'un : **du bist mir viel wert** je tiens beaucoup à toi.

der **Wert** *(Plural* Werte*)* ■ **la valeur : der Wert einer Briefmarke** la valeur d'un timbre
➤ **auf etwas** *(A)* **Wert legen** attacher de l'importance à quelque chose.

wertlos *Adjektiv* ■ **sans valeur : die meisten Aktien sind fast wertlos geworden** la plupart des actions sont maintenant sans valeur.

wertvoll *Adjektiv* ■ **de valeur : das war eine sehr wertvolle Information** c'était une information de grande valeur.

das **Wesen** *(Plural* Wesen*)*
1. *(ohne Plural)* la **nature : Gisela hat ein sehr freundliches Wesen** Gisela a une très bonne nature
2. la **créature : Wesen von einem anderen Stern** des créatures d'une autre planète.

weshalb *Adverb* ■ **pourquoi : weshalb hast du mir nicht schon gestern Bescheid gesagt?** pourquoi ne m'as-tu pas prévenu hier ?

die **Wespe** *(Plural* Wespen*)* ■ la **guêpe**.

wessen *Pronomen (Genitiv von wer)*
1. **à qui : wessen Tasche ist das hier?** à qui est ce sac ?
2. **celui|celle dont : egal, wessen Handy da klingelt, es sollte sofort abgeschaltet werden** peu importe celui dont le portable sonne, il devrait aussitôt l'éteindre.

der **Wessi** *(Plural* Wessis*) familiär* ■ *surnom désignant les habitants de l'Allemagne de l'Ouest.*

der **Westen** *(ohne Plural)* ■ **l'ouest** *(Maskulinum)* **: der Wind kommt aus Westen** le vent vient de l'ouest.

westlich
■ *Adjektiv*
de l'Ouest : Chur liegt in der westlichen Schweiz Chur se trouve en Suisse de l'Ouest
■ *Präposition (+ G)*
à l'ouest : Deutschland liegt größtenteils westlich des Rheins l'Allemagne se trouve en grande partie à l'ouest du Rhin
■ *Adverb*
à l'ouest de : unser Dorf liegt westlich von Augsburg notre village se trouve à l'ouest de Augsbourg.

weswegen *Adverb* ■ **pourquoi**.

der **Wettbewerb** *(Plural* Wettbewerbe*)*
1. le **concours : in Frankreich werden Wettbewerbe zur Rechtschreibung veranstaltet** en France sont organisés des concours d'orthographe
2. la **concurrence : in dieser Branche ist der Wettbewerb groß** dans cette branche, la concurrence est grande.

die **Wette** *(Plural* Wetten*)* ■ le **pari : ich habe mit Kathrin eine Wette abgeschlossen** j'ai fait un pari avec Kathrin
➤ **um die Wette laufen** faire la course.

wetten *Verb* ■ **parier**
➤ **wetten, dass ?** on parie ?

das **Wetter** ■ le **temps : das Wetter war wunderschön** le temps était magnifique.

der **Wetterbericht** *(Plural* Wetterberichte*)* ■ la **météo**.

der **Wettkampf** *(Plural* Wettkämpfe*)* ■ la **compétition**.

wich aus *Präteritum* ➤ ausweichen.

wichtig *Adjektiv* ■ **important (importante) : ich habe morgen einen wichtigen Termin** demain, j'ai un rendez-vous important
➤ **wichtig nehmen** prendre au sérieux.

der **Widder** *(Plural* Widder*)*
1. le **bélier : in der Herde waren auch zwei Widder** dans le troupeau, il y avait aussi deux béliers
2. le **Bélier : Dörte ist im Zeichen des Widders geboren** Dörte est née sous le signe du Bélier ; **Dörte ist Widder** Dörte est Bélier.

widerlich *Adjektiv abwertend* ■ **dégoûtant (dégoûtante) : das Essen in der Kantine ist widerlich** la nourriture de la cantine est dégoûtante.

widersprach *Präteritum* ➤ widersprechen.

widersprechen *(Präsens* widerspricht, *Präteritum* widersprach, *Perfekt* hat widersprochen*) intransitives Verb* ■ **contredire : musst du mir immer widersprechen?** dois-tu toujours me contredire ?

widerspricht *Präsens* ➤ widersprechen.

widersprochen *Partizip Perfekt* ➤ widersprechen.

wie

■ *Adverb*

1. **comment : wie geht es dir?** comment vas-tu ?
2. **quel, quelle : wie groß sind Sie?** quelle taille faites-vous ?
3. **comme : wie schön!** comme c'est beau !

➤ **wie viel** combien : **wie viel hat das gekostet ?** combien ça a coûté ?

➤ **wie viele** combien : **wie viele Fehler hast du gemacht?** combien de fautes as-tu faites ?

➤ **wie war's?** comment c'était ?

➤ **wie bitte?** comment ?

■ *Konjunktion*

comme : sie ist so groß wie ich elle est aussi grande que moi.

wieder *Adverb*

1. **ich habe wieder angefangen, Klavier zu spielen** j'ai recommencé à jouer du piano ; **wir fahren in diesem Jahr wieder nach Italien** nous retournons en Italie cette année

> **Wieder** wird häufig mit **re-** am Anfang eines Verbs übersetzt.

2. **encore : was ist denn jetzt schon wieder?** qu'est-ce qui se passe encore ?

➤ **wieder verwerten** recycler : **Papier und Glas kann man wieder verwerten** on peut recycler le papier et le verre

➤ **nie wieder** ne ... plus jamais : **ich fahre nie wieder nach Syrien** je n'irai plus jamais en Syrie

> Die Verneinung wird im Französischen immer mit **ne** und einem zweiten Element ausgedrückt. **Ne** (oder **n'**) steht vor dem Verb beziehungsweise dem Personalpronomen.

wiederholen *(Perfekt* hat wiederholt*) transitives Verb*

1. **répéter : könnten Sie die Frage bitte wiederholen?** pourriez-vous répéter la question s'il vous plaît ?
2. **redoubler : Sven muss die Klasse wiederholen** Sven doit redoubler
3. **réviser : ich muss diese Lektion vor der Arbeit wiederholen** je dois réviser cette leçon avant le devoir sur table

sich **wiederholen** *reflexives Verb* ■ **se répéter : du wiederholst dich, das hast du schon zweimal gesagt** tu te répètes, tu l'as déjà dit deux fois.

die **Wiederholung** *(Plural* Wiederholungen*)*

1. **la révision : ich empfehle euch die Wiederholung dieser Lektion** je vous conseille la révision de cette leçon
2. **la rediffusion : im Fernsehen werden doch dauernd Wiederholungen gezeigt** à la télévision, on passe en permanence des rediffusions.

wieder|kommen *(Präteritum* kam wieder, *Perfekt* ist wiedergekommen*) Verb* ■ **revenir : wann kommst du wieder?** quand reviens-tu ?

wiedersehen *transitives Verb* ■ **revoir : ich würde dich gern wiedersehen** j'aimerais bien te revoir.

die **Wiedervereinigung** ■ **la réunification**

> WIEDERVEREINIGUNG
>
> En mars 1990, la majorité des Allemands de l'Est se prononça pour l'adhésion à la République fédérale. Le 1er juillet 1990 fut réalisée l'unité économique, monétaire et sociale. La réunification devint officielle le 3 octobre 1990.

wiegen *(Präteritum* wog, *Perfekt* gewogen*) transitives Verb* ■ **peser : Irene wiegt 50 Kilo** Irène pèse 50 kilos ; **ich habe den Brief gewogen** j'ai pesé la lettre.

wies auf *Präteritum* ➤ aufweisen.

die **Wiese** *(Plural* Wiesen*)* ■ **le pré : wir habe auf der Wiese gepicknickt** nous avons pique-niqué dans le pré.

wies hin *Präteritum* ➤ hinweisen.

wieso *Adverb* ■ **pourquoi**.

wievielt *Adjektiv* ■ **quel (quelle) : den wievielten Platz hat er belegt?** quelle place a-t-il occupée ?

➤ **den Wievielten haben wir heute?** le combien sommes-nous aujourd'hui ?

➤ **zu wievielt** à combien : **zu wievielt seid ihr nach Frankreich gefahren ?** à combien êtes-vous allés en France ?

wild *Adjektiv*
1. **sauvage : wir haben in Kenia viele wilde Tiere gesehen** nous avons vu beaucoup d'animaux sauvages au Kenya
2. **épouvantable : es gab ein wildes Durcheinander** il y avait une pagaille épouvantable
➤ **wild werden** devenir furieux
➤ **halb so wild** pas grave.

das **Wildschwein** *(Plural* Wildschweine*)* ■ **le sanglier**.

will *Präsens* ➤ wollen.

willkommen *Adjektiv* ■ **bienvenu (bienvenue) : du bist uns immer willkommen** tu es toujours bienvenu chez nous.

wimmeln *intransitives Verb* ■ **grouiller : es wimmelte von Ameisen** ça grouillait de fourmis.

die **Wimper** *(Plural* Wimpern*)* ■ **le cil**.

die **Wimperntusche** ■ **le mascara**.

der **Wind** *(Plural* Winde*)* ■ **le vent : heute weht ein starker Wind** aujourd'hui souffle un vent fort.

windig *Adjektiv* ■ **venteux (venteuse)**.

winken *Verb*
1. **faire signe : als sie ihn auf der anderen Straßenseite entdeckte, winkte sie ihm** quand elle l'a aperçu de l'autre côté de la rue, elle lui a fait signe
2. **attendre : dem Gewinner winkt ein beachtlicher Geldpreis** une importante somme d'argent attend le gagnant.

der **Winter** *(Plural* Winter*)* ■ **l'hiver** *(Maskulinum)* **: im Winter fahren wir in die Berge** en hiver, nous allons à la montagne.

der **Wintersport** ■ **les sports d'hiver** *(Maskulinum Plural)*.

winzig *Adjektiv & Adverb* ■ **minuscule**.

wir *Pronomen*
1. **nous : hallo, wir sind's!** salut, c'est nous !
2. **on : gestern waren wir im Kino** hier, on est allés au cinéma

> Für **wir** wird häufig **on** verwendet. In den zusammengesetzten Zeiten wird an das Partizip dann ein –s angehängt.

die **Wirbelsäule** *(Plural* Wirbelsäulen*)* ■ **la colonne vertébrale**.

wirbt *Präsens* ➤ werben.

wird *Präsens* ➤ werden.

wirft *Präsens* ➤ werfen.

wirken *intransitives Verb*
1. **paraître : er wirkt sehr jung** il paraît très jeune
2. **faire de l'effet : die Kopfschmerztablette hat gewirkt** l'aspirine a fait de l'effet.

wirklich
■ *Adjektiv*
véritable : du bist ein wirklicher Freund! tu es un véritable ami !
■ *Adverb*
vraiment : das war wirklich nicht nett von dir ça n'était vraiment pas gentil de ta part.

die **Wirklichkeit** *(Plural* Wirklichkeiten*)* ■ **la réalité**
➤ **in Wirklichkeit** en réalité.

wirksam *Adjektiv* ■ **efficace**.

wirr *Adjektiv* ■ **confus (confuse) : er hat nur wirres Zeug geredet** il ne disait que des choses confuses.

der **Wirt** *(Plural* Wirte*)* ■ **le patron (de café)**.

die **Wirtin** *(Plural* Wirtinnen*)* ■ **la patronne (de café)**.

die **Wirtschaft** *(Plural* Wirtschaften*)* ■ **l'économie** *(Femininum)* **: die deutsche Wirtschaft klagt über schlechte Zahlen** l'économie allemande se plaint des mauvais chiffres.

wischen *Verb* ■ **essuyer : nach dem Essen wischte sie die Krümel vom Tisch** après le repas, elle a essuyé les miettes sur la table.

wissen *(Präsens* weiß, *Präteritum* wusste, *Perfekt* hat gewusst*)*
■ *transitives Verb*
1. **connaître : weißt du Aninas Handynummer?** connais-tu le numéro de portable d'Anina ?
2. **savoir : ich weiß nicht, wie man das Programm bedient** je ne sais pas utiliser ce programme

➤ **was weiß ich?** *familiär* j'en sais rien !
■ *intransitives Verb*
savoir : du hast einen Fleck auf deinem Pulli – ich weiß tu as une tache sur ton pull – je sais
➤ **man kann nie wissen** on ne sait jamais
➤ **ich weiß nicht** j'en sais rien
➤ **soviel ich weiß** autant que je sache
➤ **nicht, dass ich wüsste** pas que je sache.

das **Wissen** ■ **le savoir**
➤ **meines Wissens** à ma connaissance.

die **Wissenschaft** *(Plural* Wissenschaften*)* ■ **la science : die Gentechnologie ist eine relativ junge Wissenschaft** la génétique est une science relativement récente.

wissenschaftlich *Adjektiv* ■ **scientifique**.

wissenswert *Adjektiv* ■ **intéressant (intéressante) : ich habe da ein paar wissenswerte Neuigkeiten für dich** j'ai là quelques nouveautés intéressantes pour toi.

der **Witz** *(Plural* Witze*)* ■ **la blague : Ulrich erzählt Witze** Ulrich raconte des blagues.

witzig *Adjektiv* ■ **drôle**.

wo
■ *Adverb*
où : wo wohnst du? où habites-tu ?
■ *Pronomen*
là où : dort, wo Sie den Wagen sehen, biegen Sie ab là-bas, là où vous voyez la voiture, tournez.

die **Woche** *(Plural* Wochen*)* ■ **la semaine**.

das **Wochenende** *(Plural* Wochenenden*)* ■ **le week-end**
➤ **schönes Wochenende** bon week-end.

der **Wochentag** *(Plural* Wochentage*)* ■ **le jour ouvrable**.

wöchentlich
■ *Adjektiv*
hebdomadaire : es ist Zeit für den wöchentlichen Anruf bei Oma c'est l'heure du coup de téléphone hebdomadaire à grand-mère
■ *Adverb*
toutes les semaines : die Mülleimer werden wöchentlich geleert les poubelles sont vidées toutes les semaines.

wodurch, wodurch *Pronomen* ■ **comment : wodurch hat er sich verraten?** comment s'est-il trahi ?

wofür, wofür *Pronomen* ■ **pour quoi : wofür hat er den Preis bekommen?** pour quoi a-t-il reçu le prix ?

wog *Präteritum* ➤ **wiegen**.

wogegen, wogegen
■ *Pronomen*
contre quoi : wogegen soll das helfen ? contre quoi cela doit-il agir ?
■ *Konjunktion*
alors que : ich liebe Tomatensalat, wogegen ich Tomatensuppe verabscheue j'adore la salade de tomates, alors que je déteste la soupe de tomates.

woher, woher *Pronomen*
1. **d'où : woher kommst du ?** d'où viens-tu ?
2. **de là où : er ging dorthin zurück, woher er gekommen war** il est reparti là-bas, de là où il était venu.

wohin, wohin *Pronomen* ■ **où : wohin fährt er?** où va-t-il ?

wohl *Adverb* ■ **bien**
➤ **sich wohl fühlen** se sentir bien
➤ **wohl oder übel** bon gré, mal gré
➤ **ob ... wohl** je me demande si... : **ob Tiere wohl träumen ?** je me demande si les animaux rêvent

wohnen *intransitives Verb* ■ **habiter : ich wohne immer noch bei meinen Eltern** j'habite toujours chez mes parents.

die **Wohnung** *(Plural* Wohnungen*)* ■ **l'appartement** *(Maskulinum)*.

der **Wohnwagen** *(Plural* Wohnwagen*)* ■ **la caravane : sie fahren mit dem Wohnwagen in Urlaub** ils partent en vacances en caravane.

das **Wohnzimmer** *(Plural* Wohnzimmer*)* ■ **le salon**.

der **Wolf** *(Plural* Wölfe*)* ■ **le loup**.

die **Wolke** *(Plural* Wolken*)* ■ le **nuage**
➤ **aus allen Wolken fallen** tomber des nues.

die **Wolle** ■ la **laine**.

wollen *(Präsens* will, *Präteritum* wollte *Perfekt* hat wollen|gewollt*)*
■ *Hilfsverb (Perf hat wollen)*
vouloir : ich wollte dich gerade anrufen je voulais justement t'appeler
■ *intransitives Verb (Perf hat gewollt)*
vouloir : ich will nach Hause je veux rentrer ; **er will, dass ich nach Paris fahre** il veut que j'aille à Paris

Nach Ausdrücken der Willensäußerung wie **vouloir que** steht der Subjonctif.

➤ **wie du willst** comme tu veux
■ *transitives Verb (Perf hat gewollt)*
vouloir : ich will meine Ruhe je veux être tranquille
➤ **etwas von jemandem wollen** vouloir quelque chose de quelqu'un : **er hat angerufen, hat aber nicht gesagt, was er wollte** il a appelé mais n'a pas dit ce qu'il voulait.

wollte *Präteritum* ➤ wollen.

womit *Pronomen* ■ **avec quoi**.

das **Wort** *(Plural* Wörter ODER Worte*)*
1. *(Plural* **Wörter***)* le **mot** : **wie wird dieses Wort ausgesprochen?** comment prononce-t-on ce mot ?
2. *(Plural* **Worte***)* les **mots** *(Maskulinum Plural)* : **der Direktor wird ein paar Worte sprechen** le directeur prononcera quelques mots
3. la **parole** : **du hast mir dein Wort gegeben!** tu m'as donné la parole !
➤ **Wort für Wort** mot à mot.

das **Wörterbuch** *(Plural* Wörterbücher*)* ■ le **dictionnaire**.

wörtlich
■ *Adjektiv*
littéral (littérale) : eine wörtliche Übersetzung une traduction littérale
■ *Adverb*
au pied de la lettre : er hat die Einladung wörtlich genommen il a pris l'invitation au pied de la lettre.

worüber *Pronomen* ■ **de quoi : worüber lachst du?** de quoi ris-tu ?

worum *Pronomen* ■ **à quel sujet : worum geht es bei dem Streit?** à quel sujet y a-t-il cette dispute ?

worunter *Pronomen* ■ **de quoi : worunter hat er am meisten gelitten?** de quoi a-t-il souffert le plus ?

wovor, wovor *Pronomen* ■ **de quoi : wovor hast du Angst?** de quoi as-tu peur ?

wozu *Pronomen*
1. **à quoi : wozu dient dieser Schalter?** à quoi sert cet interrupteur ?
2. **pourquoi : wozu hast du sie denn eingeladen, wenn sie dir unsympathisch ist?** pourquoi donc l'as-tu invité si elle t'est antipathique ?

wuchs *Präteritum* ➤ wachsen.

die **Wunde** *(Plural* Wunden*)* ■ la **plaie**.

das **Wunder** *(Plural* Wunder*)* ■ le **miracle**.

wunderbar
■ *Adjektiv*
1. **merveilleux (merveilleuse) : es waren wunderbare Ferien** c'étaient des vacances merveilleuses
2. **miraculeux (miraculeuse) : er wurde auf wunderbare Weise gerettet** il a été sauvé d'une manière miraculeuse
■ *Adverb*
merveilleusement : sie kann wunderbar singen elle sait chanter merveilleusement.

wundern *transitives Verb* ■ **étonner : es wundert mich nicht, dass er das nicht weiß** ce ne m'étonne pas qu'il ne le sache pas

Nach Ausdrücken des subjektiven Empfindens wie **étonner que** steht der **Subjonctif.**

sich **wundern** *reflexives Verb* ■ **être surpris (surprise) : ich wundere mich über sein Verhalten** je suis surpris par son comportement.

wunderschön
■ *Adjektiv*
magnifique : sie haben ein wunderschönes Haus ils ont une maison magnifique

■ *Adverb*
à merveille : **sie hat den Weihnachtsbaum wunderschön geschmückt** elle a décoré le sapin de Noël à merveille.

der **Wunsch** *(Plural* Wünsche*)* ■ le **désir**.

wünschen *transitives Verb*
1. **vouloir** : **Kirstin wünscht sich ein neues Handy** Kirstin veut un nouveau portable
2. **souhaiter** : **meine Tante hat mir viel Glück bei der Prüfung gewünscht** ma tante m'a souhaité bonne chance pour l'examen
3. **désirer** : **wünschen Sie sonst noch etwas?** avec cela, vous désirez ?

wurde *Präteritum* ➤ werden.

der **Wurf** *(Plural* Würfe*)*
1. le **lancer** : **das war ein weiter Wurf** c'était un long lancer
2. la **portée** : **der Wurf unserer Katze besteht aus acht Jungen** la portée de notre chatte se compose de huit chatons.

der **Würfel** *(Plural* Würfel*)* ■ le **dé** : **der Würfel zeigt eine Drei** le dé montre un trois
➤ **in Würfel schneiden** couper en dés.

würfeln *Verb* ■ **lancer les dés** : **hast du schon gewürfelt?** as-tu déjà lancé les dés ?

der **Wurm** *(Plural* Würmer*)* ■ le **ver**.

die **Wurst** *(Plural* Würste*)* ■ la **charcuterie** : **möchtest du lieber Wurst oder Käse?** préférerais-tu de la charcuterie ou bien du fromage ?

Um eine unbestimmte Menge eines Stoffes zu bezeichnen, verwendet man den partitiven Artikel **du, de la, de l'** vor einem Substantiv im Singular.

WURST

L'Allemagne est connue pour la grande variété de ses produits charcutiers. Les nombreuses spécialités régionales sont un élément de la richesse gastronomique de chaque Land. Le nom d'un produit peut changer selon la province. Les saucisses se dégustent chaudes (grillées ou cuites) ou bien froides.

das **Würstchen** *(Plural* Würstchen*)* ■ la **saucisse**.

die **Wurzel** *(Plural* Wurzeln*)*
1. la **racine** : **der Baum hat lange Wurzeln** l'arbre a de longues racines
2. la **racine carrée** : **weißt du, wie man die Wurzel aus 24 zieht?** sais-tu comment on extrait la racine carrée de 24 ?

wusch *Präteritum* ➤ waschen.

wusste *Präteritum* ➤ wissen.

die **Wüste** *(Plural* Wüsten*)* ■ le **désert**.

die **Wut** ■ la **fureur**
➤ **eine Wut auf jemanden haben** être furieux contre quelqu'un.

wütend *Adjektiv* ■ **furieux (furieuse)**
➤ **jemanden wütend machen** mettre quelqu'un en colère
➤ **auf jemanden wütend sein** être furieux contre quelqu'un.

xy

X-Beine *Plural* ■ les **genoux cagneux** *(Maskulinum Plural)*.

x-beliebig *Adjektiv* ■ *familiär* **n'importe quel, n'importe quelle** : **du kannst dir eine x-beliebige CD raussuchen** tu peux choisir n'importe quel CD.

das **Yoga** ■ le **yoga** : **Ursula macht Yoga** Ursula fait du yoga.

Z

zäh *Adjektiv* ■ **dur (dure) : das Fleisch war zäh** la viande était dure.

die **Zahl** *(Plural* Zahlen*)* ■ le **nombre : denk dir eine Zahl zwischen eins und hundert** pense à un nombre entre un et cent.

zahlen *Verb* ■ **payer : wie viel hast du für dein Handy gezahlt?** combien as-tu payé ton portable ?

➤ **bitte zahlen** l'addition, s'il vous plaît !

zählen

■ *transitives Verb*

1. **compter : ich habe mein Geld gezählt** j'ai compté mon argent
2. **valoir : das Ass zählt 20 Punkte** l'as vaut 20 points

➤ **jemanden zu seinen Freunden zählen** compter quelqu'un parmi ses amis

■ *intransitives Verb*

compter : der Kleine kann schon bis zwanzig zählen le petit sait déjà compter jusqu'à vingt ; **dieser Treffer zählt nicht** ce but ne compte pas

➤ **zu etwas zählen** compter parmi quelque-chose

➤ **auf jemanden zählen** compter sur quelqu'un.

zahlreich

■ *Adjektiv*

nombreux (nombreuse) : dafür gibt es zahlreiche Beispiele il y a de nombreux exemples de cela

■ *Adverb*

en grand nombre : die Eingeladenen sind zahlreich erschienen les invités sont venus en grand nombre.

die **Zahlung** *(Plural* Zahlungen*)* ■ le **paiement**.

das **Zahlwort** *(Plural* Zahlwörter*)* ■ le **numéral**.

zahm *Adjektiv* ■ **apprivoisé (apprivoisée) : sie haben einen zahmen Tiger zu Hause** ils ont un tigre apprivoisé chez eux.

der **Zahn** *(Plural* Zähne*)* ■ la **dent : mir tut ein Zahn weh** j'ai mal à une dent

➤ **sich** *(D)* **die Zähne putzen** se brosser les dents.

der **Zahnarzt** *(Plural* Zahnärzte*)* ■ le **dentiste**.

die **Zahnärztin** *(Plural* Zahnärztinnen*)* ■ la **dentiste**.

die **Zahnbürste** *(Plural* Zahnbürsten*)* ■ la **brosse à dents**.

die **Zahnklammer** *(Plural* Zahnklammern*)* ■ **l'appareil dentaire** *(Maskulinum)*.

die **Zahnpasta** *(Plural* Zahnpasten*)* ■ le **dentifrice**.

Zahnschmerzen *Plural* ■ le **mal de dents**

➤ **Zahnschmerzen haben** avoir mal aux dents.

die **Zahnspange** *(Plural* Zahnspangen*)* ■ **l'appareil dentaire** *(Maskulinum)*.

die **Zange** *(Plural* Zangen*)* ■ la **tenaille : ich habe den Nagel mit der Zange herausgezogen** j'ai enlevé le clou avec la tenaille.

sich **zanken** *reflexives Verb* ■ **se disputer : musst du dich immer mit deinem Bruder zanken?** dois-tu toujours te disputer avec ton frère ?

zappeln *Verb* ■ **gigoter**.

zart *Adjektiv* ■ **tendre : das Fleisch war ganz zart** la viande était très tendre.

zärtlich

■ *Adjektiv*

tendre : Dietmar ist ein zärtlicher Liebhaber Dietmar est un amant tendre

■ *Adverb*

tendrement : Wulf küsste Milena zärtlich Wulf a embrassé Milena tendrement.

die **Zärtlichkeit** *(Plural* Zärtlichkeiten*)* ■ la **tendresse**.

der **Zauberer** *(Plural* Zauberer*)* ■ le **magicien**.

die **Zauberin** *(Plural* Zauberinnen*)* ■ la **magicienne**.

zaubern

■ *intransitives Verb*
faire des miracles : ich kann doch nicht zaubern! je ne peux pas faire de miracle !

■ *transitives Verb*
➤ **etwas aus etwas zaubern** faire sortir quelquechose de quelquechose par magie : **er zauberte ein Kaninchen aus dem Hut** il a fait sortir un lapin de son chapeau par magie.

der **Zaun** *(Plural* Zäune*)* ■ la **clôture**.

das **Zebra** *(Plural* Zebras*)* ■ le **zèbre**.

der **Zebrastreifen** *(Plural* Zebrastreifen*)* ■ le **passage piétons**.

der **Zeh** *(Plural* Zehen*)* ■ le **doigt de pied**
➤ **der große Zeh** le gros orteil.

die **Zehe** *(Plural* Zehen*)*
1. l'**orteil** *(Maskulinum)* : **er hat sich eine Zehe gebrochen** il s'est cassé l'orteil
2. la **gousse : eine Zehe Knoblauch in die Soße geben** mettre une gousse d'ail dans la sauce.

die **Zehenspitze** *(Plural* Zehenspitzen*)* ■ la **pointe des pieds : auf Zehenspitzen** sur la pointe des pieds ; **sie ging auf Zehenspitzen ins Kinderzimmer** elle est allée dans la chambre des enfants sur la pointe des pieds.

zehn *Numeral* ■ **dix** ➤ sechs.

zehnmal *Adverb* ■ **dix fois**.

zehnt **zu zehnt** *Adverb* ■ **à dix : sie kamen zu zehnt** ils sont venus à dix.

zehnte, r, s *Adjektiv* ■ **dixième** ➤ sechste.

das **Zehntel** *(Plural* Zehntel*)* ■ le **dixième** ➤ Sechstel.

das **Zeichen** *(Plural* Zeichen*)*
1. le **signe : Georg gab mir ein Zeichen, dass ich jetzt kommen kann** Georg m'a fait signe que je pouvais venir maintenant
2. le **symbole : das ist ein mathematisches Zeichen** c'est un symbole mathématique.

der **Zeichenblock** *(Plural* Zeichenblöcke ODER Zeichenblocks*)* ■ le **bloc de papier à dessin**.

die **Zeichensetzung** ■ la **ponctuation**.

der **Zeichentrickfilm** *(Plural* Zeichentrickfilme*)* ■ le **dessin animé**.

zeichnen *Verb* ■ **dessiner**.

der **Zeichner** *(Plural* Zeichner*)* ■ le **dessinateur**.

die **Zeichnerin** *(Plural* Zeichnerinnen*)* ■ la **dessinatrice**.

die **Zeichnung** *(Plural* Zeichnungen*)* ■ le **dessin**.

der **Zeigefinger** *(Plural* Zeigefinger*)* ■ l'**index** *(Maskulinum)*.

zeigen

■ *transitives Verb*
1. **montrer : zeig mir dein Fotoalbum** montre-moi ton album photos
2. **faire voir : Felix hat mir gezeigt, wie das Handy funktioniert** Felix m'a fait voir comment fonctionne le téléphone portable

■ *intransitives Verb*
1. **indiquer : das Schild zeigt zum Ausgang** le panneau indique la sortie
2. **désigner : Paul hat auf mich gezeigt** Paul m'a désigné

sich **zeigen** *reflexives Verb*
1. **se montrer : da hat sich dein Vater aber großzügig gezeigt** ton père s'est montré généreux

> Zusammengesetzte Formen reflexiver Verben werden mit être gebildet.

2. **apparaître : Wolken zeigen sich am Horizont** des nuages apparaissent à l'horizon
➤ **es wird sich zeigen** on va voir : **nun wird es sich ja zeigen, ob ihr etwas gelernt habt** et maintenant, on va voir si vous avez appris quelque chose.

der **Zeiger** (*Plural* Zeiger) ■ **l'aiguille** (*Femininum*).

die **Zeile** (*Plural* Zeilen) ■ la **ligne**.

die **Zeit** (*Plural* Zeiten)

1. le **temps** : **wie viel Zeit haben wir für diese Aufgabe?** combien de temps avons-nous pour ce devoir ?
2. l'**époque** : **die Zeit meines Studiums war herrlich** l'époque de mes études était superbe

➤ **die Zeiten** les temps : **die Zeiten sind schlecht** les temps sont durs

➤ **sich Zeit lassen** prendre son temps

➤ **von Zeit zu Zeit** de temps en temps.

der **Zeitpunkt** (*Plural* Zeitpunkte) ■ le **moment** : **dies ist nicht der richtige Zeitpunkt für Diskussionen** cela n'est pas le bon moment pour discuter.

der **Zeitraum** (*Plural* Zeiträume) ■ la **période**.

die **Zeitschrift** (*Plural* Zeitschriften) ■ la **revue**.

die **Zeitung** (*Plural* Zeitungen) ■ le **journal**.

die **Zeitverschwendung** ■ la **perte de temps**.

die **Zelle** (*Plural* Zellen) ■ la **cellule**.

das **Zelt** (*Plural* Zelte) ■ la **tente** : **wir haben im Zelt geschlafen** nous avons couché sous la tente.

zelten *Verb* ■ **faire du camping** : **ich gehe in den Ferien zelten** pendant les vacances, je vais faire du camping.

das **Zeltlager** (*Plural* Zeltlager) ■ le **camp**.

der **Zeltplatz** (*Plural* Zeltplätze) ■ le **terrain de camping**.

zensieren

■ *transitives Verb*

1. **noter** : **wie wurde dein Referat zensiert?** ton exposé a été noté combien ?
2. **censurer** : **diese Stelle zensiert alle Filme und Videos** cet organisme censure tous les films et vidéos

■ *intransitives Verb*

noter : **unser Lehrer zensiert streng** notre professeur note sévèrement.

die **Zensur** (*Plural* Zensuren)

1. la **note** : **Jörg hat lauter gute Zensuren** Jörg a beaucoup de bonnes notes
2. la **censure** : **in diesem Land unterliegen Filme der Zensur** les films sont soumis à la censure dans ce pays

> Achtung ! **Zensur** wird nur in der Bedeutung „Kontrolle" mit **censure** übersetzt.

der **Zentimeter** (*Plural* Zentimeter) ■ le **centimètre**.

der **Zentner** (*Plural* Zentner) ■ le **demi-quintal** : **in Deutschland wiegt ein Zentner 50 Kilo, in der Schweiz und in Österreich 100** en Allemagne, un demi-quintal pèse 50 kilos, en Suisse et en Autriche, 100.

die **Zentralheizung** (*Plural* Zentralheizungen) ■ le **chauffage central**.

das **Zentrum** (*Plural* Zentren) ■ le **centre** : **wir wohnen im Zentrum** nous habitons dans le centre.

zerbrach *Präteritum* ➤ zerbrechen.

zerbrechen (*Präsens* zerbricht, *Präteritum* zerbrach, *Perfekt* ist|hat zerbrochen)

■ *intransitives Verb* (*Perfekt* ist zerbrochen)

se casser : **die Vase ist zerbrochen** le vase s'est cassé

■ *transitives Verb* (*Perfekt* hat zerbrochen)

casser : **Jörgen hat einen Teller zerbrochen** Jörgen a cassé une assiette.

zerbrechlich *Adjektiv* ■ **fragile**.

zerbricht *Präsens* ➤ zerbrechen.

zerbrochen *Partizip Perfekt* ➤ zerbrechen.

zerkleinern *Verb* ■ **couper en morceaux** : **sie hat das Gemüse zerkleinert** elle a coupé les légumes en morceaux.

zerkratzen *Verb* ■ **griffer** : **die Katze hat ihr den Arm zerkratzt** le chat lui a griffé le bras.

zerlegen *Verb* ■ **démonter** : **er hat sein Auto in seine Einzelteile zerlegt** il a démonté sa voiture en pièces détachées.

zerreißen *(Präteritum* zerriss, *Perfekt* hat|ist zerrissen*)*
■ *transitives Verb (Perfekt* hat zerrissen*)*
déchirer : wütend zerriss sie den Brief elle a déchiré la lettre avec fureur
■ *intransitives Verb (Perfekt* ist zerrissen*)*
se déchirer : dieser Stoff zerreißt schnell ce tissu se déchire vite.

zerren
■ *Verb*
tirer : Pauline zerrte mich am Ärmel Pauline m'a tiré par la manche
➤ **sich etwas zerren** se froisser quelque chose : **Michael hat sich einen Muskel gezerrt** Michael s'est froissé un muscle
■ *intransitives Verb*
tirer.

zerriss *Präteritum* ➤ zerreißen.

zerrissen *Partizip Perfekt* ➤ zerreißen.

zerstören *Verb*
1. **détruire : die Lagerhalle wurde vollständig zerstört** le hangar a été complètement détruit
2. **ruiner : du hast all meine Hoffnungen zerstört** tu as ruiné tous mes espoirs.

zerstreuen *transitives Verb* ■ **éparpiller : der Wind hat die Blätter im Garten zerstreut** le vent a éparpillé les feuilles dans le jardin

sich **zerstreuen** *reflexives Verb* ■ **se disperser : die Menschenmenge hat sich schnell zerstreut** la foule s'est vite dispersée

> Zusammengesetzte Formen reflexiver Verben werden mit **être** gebildet.

zerstreut *Adjektiv* ■ **distrait (distraite) : du bist in letzter Zeit so zerstreut** tu es bien distrait ces derniers temps.

zertrümmern *Verb* ■ **écraser : der Felsbrocken hat mehrere Autos zertrümmert** le bloc de roche a écrasé plusieurs voitures.

der **Zettel** *(Plural* Zettel*)* ■ **le bout de papier**.

das **Zeug** ■ *familiär* **les affaires** *(Maskulinum Plural)* : **räum bitte dein Zeug weg** range tes affaires, s'il te plaît
➤ **dummes Zeug** des bêtises : **er hat nur dummes Zeug geredet** il n'a dit que des bêtises.

der **Zeuge** *(Plural* Zeugen*)* ■ **le témoin**.

die **Zeugin** *(Plural* Zeuginnen*)* ■ **le témoin**.

das **Zeugnis** *(Plural* Zeugnisse*)*
1. **le bulletin : wie ist dein Zeugnis ausgefallen?** que donne ton bulletin ?
2. **le certificat de travail : ich habe mir von meinem Arbeitgeber ein Zeugnis geben lassen** j'ai obtenu un certificat de travail de mon employeur.

die **Ziege** *(Plural* Ziegen*)* ■ **la chèvre : die Ziegen meckerten** les chèvres bêlaient.

der **Ziegel** *(Plural* Ziegel*)*
1. **la brique : die Mauern sind mit Ziegeln gebaut** les murs sont construits en briques
2. **la tuile : der Sturm hat ein paar Ziegel vom Dach geweht** la tempête a emporté quelques tuiles du toit.

ziehen *(Präteritum* zog, *Perfekt* hat|ist gezogen*)*
■ *transitives Verb (Perfekt* hat gezogen*)*
1. **tirer : zieh einen Strich unter die Zahlenreihe** tire un trait sous la série de chiffres
2. **arracher : der Zahnarzt hat den Zahn gezogen** le dentiste a arraché la dent
3. **sortir : er zog seinen Geldbeutel aus der Tasche** il a sorti son porte-monnaie de sa poche
➤ **die Aufmerksamkeit auf sich ziehen** attirer l'attention sur soi
■ *intransitives Verb*
1. *(Perfekt* hat gezogen*)* **tirer : Evelyne hat mich an den Haaren gezogen** Evelyne m'a tiré les cheveux
2. *(Perfekt* ist gezogen*)* **déménager : die Kellers sind nach Berlin gezogen** les Keller ont déménagé à Berlin

> Bei manchen Bewegungsverben werden die zusammengesetzten Zeiten anders als im Deutschen mit **avoir** gebildet.

3. *(Perfekt* ist gezogen*)* **sillonner : die Fußballfans zogen grölend durch die Stadt** les fans de football ont sillonné la ville en braillant
4. *(Perfekt* ist gezogen*)* **se répandre : ein leckerer Duft zog durchs ganze Haus** un délicieux parfum se répandait à travers toute la maison
5. *(Perfekt* hat gezogen*)* **infuser : der Tee muss noch ziehen** le thé doit encore infuser
6. *(Perfekt* hat gezogen*)* *familiär* **prendre : diese Ausrede zieht bei ihm nicht** ce prétexte ne prend pas avec lui

➤ **mach die Tür zu, es zieht** ferme la porte, il y a des courants d'air

sich **ziehen** *reflexives Verb* ■ **traîner en longueur : die Lateinstunde hat sich heute wieder gezogen!** le cours de latin a encore traîné en longueur aujourd'hui !

das **Ziel** *(Plural* Ziele*)*

1. la **destination : das Ziel unserer Radtour ist Holland** la destination de notre tour à vélo est la Hollande
2. la **ligne d'arrivée : die beiden Läuferinnen kamen gleichzeitig ins Ziel** les deux coureuses ont atteint en même temps la ligne d'arrivée
3. le **but : was ist das Ziel dieser Umfrage?** quel est le but de ce sondage ?

die **Zielscheibe** *(Plural* Zielscheiben*)* ■ la **cible : diese Blechdose dient als Zielscheibe** cette boîte en fer blanc sert de cible.

ziemlich *Adverb* ■ **plutôt : Frederick war ziemlich wütend** Frédéric était plutôt en colère

➤ **ziemlich viel** pas mal : **Friedhelm hat ziemlich viel gegessen** Friedhelm a pas mal mangé

➤ **ziemlich viele** pas mal de : **Leo hat ziemlich viele Fehler gemacht** Leo a fait pas mal de fautes

> Nach Mengenangaben steht in der Regel nur **de** ohne Artikel.

die **Ziffer** *(Plural* Ziffern*)* ■ le **chiffre**

> Achtung ! Anders als das deutsche Wort **Ziffer** ist das französische Substantiv **chiffre** männlich.

zig *Adjektiv (unveränderlich)* ■ *familiär* **des tas de : es haben sich schon zig Leute um die Stelle beworben** des tas de gens ont déjà postulé pour ce poste.

die **Zigarette** *(Plural* Zigaretten*)* ■ la **cigarette**.

die **Zigarre** *(Plural* Zigarren*)* ■ le **cigare**

> Achtung ! Anders als das deutsche Wort **Zigarre** ist das französische Substantiv **cigare** männlich.

zigmal *Adverb* ■ *familiär* **un nombre incroyable de fois : ich habe zigmal versucht, bei dir anzurufen** j'ai essayé un nombre incroyable de fois de t'appeler.

das **Zimmer** *(Plural* Zimmer*)* ■ la **chambre**.

das **Zinn** ■ **l'étain** *(Maskulinum)*.

der **Zins** *(Plural* Zinsen*)* ■ le **taux d'intérêt**.

der **Zirkel** *(Plural* Zirkel*)* ■ le **compas**.

der **Zirkus** *(Plural* Zirkusse*)* ■ le **cirque**.

zischen *Verb*

1. *(Perfekt* hat gezischt*)* **siffler : die Schlange zischte** le serpent sifflait
2. **crépiter : das heiße Fett zischte** la graisse chaude crépitait.

zitieren *Verb* ■ **citer**

➤ **jemanden zu jemandem zitieren** convoquer quelqu'un chez quelqu'un : **Rolf wurde zum Direktor zitiert** Rolf a été convoqué chez le directeur.

die **Zitrone** *(Plural* Zitronen*)* ■ le **citron**

> Achtung ! Anders als das deutsche Wort **Zitrone** ist das französische Substantiv **citron** männlich.

zittern *Verb* ■ **trembler : ich zittere schon jetzt vor der nächsten Mathearbeit** je tremble déjà devant le prochain devoir de math.

der **Zivildienst** ■ le **service civil**.

zog *Präteritum* ➤ ziehen.

zögern *Verb* ■ **hésiter**.

der **Zoll** *(Plural* Zölle*)*
1. le **droit de douane : musstet ihr Zoll bezahlen?** avez-vous dû payer un droit de douane ?
2. la **douane : wir mussten lange beim Zoll warten** nous avons dû attendre longtemps à la douane.

der **Zollbeamte** *(Plural* Zollbeamten*)* ■ le **douanier**.

die **Zollbeamtin** *(Plural* Zollbeamtinnen*)* ■ la **douanière**.

der **Zoo** *(Plural* Zoos*)* ■ le **zoo**.

der **Zopf** *(Plural* Zöpfe*)* ■ la **natte**.

der **Zorn** ■ la **colère : ich habe einen Zorn auf meinen Chef** je suis en colère contre mon chef.

zornig *Adjektiv* ■ **plein de colère : er warf mir einen zornigen Blick zu** il m'a jeté un regard plein de colère.

zu

■ *Präposition (+ D)*
1. **chez : ich muss zum Friseur** je dois aller chez le coiffeur
2. **à : zu Hause** à la maison ; **sie lud mich zu ihrem Geburtstag ein** elle m'a invité à son anniversaire ; **sie haben CDs zu 15 Euro** ils ont des CD à 15 euros
3. **pour : zum Backen braucht man Mehl** on a besoin de farine pour faire de la pâtisserie
4. **avec : wir haben Wein zum Essen getrunken** nous avons bu du vin avec le repas

➤ **zu dritt** à trois

➤ **zu Fuß gehen** aller à pied

➤ **das Spiel steht 3 zu 2** le score du match est de 3 à 2

■ *Adverb*

trop : du bist noch zu klein tu es encore trop petit

➤ **zu sehr** trop

➤ **zu haben** être fermé : **die Post hat schon zu** la poste est déjà fermée

■ *Konjunktion*
1. **à : es begann zu schneien** il a commencé à neiger
2. **de : es ist schön, dich zu sehen** c'est sympa de te voir.

das **Zubehör** *(Plural* Zubehöre*)* ■ **les accessoires** *(Maskulinum Plural)*.

zu|bekommen *Verb* ■ **arriver à fermer : ich bekomme den Koffer nicht zu** je n'arrive pas à fermer la valise.

zu|bereiten *Verb* ■ **préparer : wie bereitest du den Salat zu?** comment prépares-tu la salade ?

züchten *Verb* ■ **cultiver : Onkel Theobald züchtet Rosen** oncle Theobald cultive des roses.

der **Zucker** *(Plural* Zucker*)* ■ le **sucre : nimmst du Zucker in den Kaffee?** prends-tu du sucre avec ton café ?

> Um eine unbestimmte Menge eines Stoffes zu bezeichnen, verwendet man den partitiven Artikel **du, de la, de l'** vor einem Substantiv im Singular.

zu|decken *Verb* ■ **couvrir : ich habe die Kleine zugedeckt** j'ai couvert la petite.

zu|drehen *Verb* ■ **fermer : Tommy hat den Wasserhahn nicht richtig zugedreht** Tommy n'a pas bien fermé le robinet

➤ **jemandem den Rücken zudrehen** tourner le dos à quelqu'un.

zueinander *Adverb* ■ **ensemble : Ekkehard und Lotte passen gut zueinander** Ekkehard et Lotte vont bien ensemble.

zuerst *Adverb*
1. **en premier : ich war zuerst da** j'étais là en premier
2. **d'abord, au début : zuerst gefiel ihm seine Arbeit, aber jetzt hat er gekündigt** d'abord, son travail lui plaisait, mais maintenant, il a démissionné.

der **Zufall** *(Plural* Zufälle*)* ■ le **hasard : so ein Zufall, dass ich dich hier treffe!** quel hasard de te rencontrer ici !

➤ **durch Zufall** par hasard.

zufällig

■ *Adjektiv*

fortuit (fortuite) : es war eine zufällige Begegnung c'était une rencontre fortuite

■ *Adverb*

par hasard : ich habe das zufällig im Internet gefunden je l'ai trouvé par hasard sur internet.

zufrieden
- *Adjektiv*
satisfait (satisfaite) : er ist mit deinen Leistungen zufrieden il est satisfait de tes résultats
- *Adverb*
avec satisfaction : sie lächelte zufrieden elle souriait avec satisfaction
- ➤ **sich mit etwas zufrieden geben** se contenter de quelque chose.

zu|fügen *Verb* ■ **causer : er hat der Firma schweren Schaden zugefügt** il a causé de sérieux dégâts à l'entreprise.

der **Zug** *(Plural* Züge*)*
1. le **train : ich fahre mit dem Zug nach Frankreich** je vais en France en train
2. le **coup : Emanuel war in zehn Zügen matt** en dix coups, Emanuel était échec et mat
3. le **trait : Gregor leerte sein Glas in einem Zug** Gregor a vidé son verre d'un trait
4. la **bouffée : er nahm einen Zug von seiner Zigarette** il prenait une bouffée de cigarette
5. le **courant d'air : ich habe Zug bekommen und habe jetzt einen steifen Hals** j'étais dans un courant d'air et maintenant, j'ai un torticolis

➤ **jemand ist am Zug** c'est à quelqu'un de jouer.

zu|geben *Verb*
1. **reconnaître : Jan wollte seinen Fehler nicht zugeben** Jan ne voulait pas reconnaître sa faute
2. **ajouter : gib noch etwas Salz zu** ajoute encore un peu de sel.

zu|gehen *(Perfekt* ist zugegangen*)* *Verb*
1. **fermer : der Koffer geht nicht zu** la valise ne ferme pas
2. **s'avancer : Jutta ging langsam auf Bernhard zu** Jutta s'avançait lentement vers Bernhard.

zu|greifen *Verb* ■ **se servir : greifen Sie zu, es ist genügend da!** servez-vous, il y en a assez !

zugrunde *Adverb*
- ➤ **zugrunde gehen** mourir : **das Tier ist in der Falle zugrunde gegangen** l'animal est mort dans le piège
- ➤ **zugrunde richten** ruiner : **er hat die Firma seines Vaters zugrunde gerichtet** il a ruiné l'entreprise de son père.

zugunsten *Präposition (mit Genitiv)* ■ **en faveur de : der Schiedsrichter entschied zugunsten der gegnerischen Mannschaft** l'arbitre a tranché en faveur de l'équipe adverse.

die **Zugverbindung** *(Plural* Zugverbindungen*)* ■ la **correspondance**.

zu|haben *Verb* ■ *familiär* **être fermé : das Restaurant hat montags immer zu** le restaurant est toujours fermé le lundi.

das **Zuhause** ■ le **chez-soi : sein Zuhause ist immer noch in Berlin** son chez-soi est toujours à Berlin.

zu|hören *Verb* ■ **écouter : hör mir bitte zu** s'il te plaît, écoute-moi.

die **Zukunft**
1. l'**avenir** *(Maskulinum)* **: ich sehe zuversichtlich in die Zukunft** j'envisage l'avenir avec confiance
2. le **futur : wie wird die Zukunft von „aller" gebildet?** comment construit-on le futur de « aller » ?

➤ **in Zukunft** à l'avenir.

zuletzt *Adverb* ■ **en dernier : zur Post gehen wir zuletzt** nous irons à la poste en dernier

➤ **bis zuletzt** jusqu'au dernier moment.

zuliebe *Präposition* ■ **pour : tu es mir zuliebe** fais-le pour moi.

zum *Präposition*
1. *(zu + dem)* **à, au, à l' : ich fahre zum Supermarkt** je vais au supermarché
2. **chez : Monika muss zum Arzt gehen** Monika doit aller chez le médecin
3. *(untrennbar)* **à : wir gehen zum Tanzen** nous allons à la danse.

zu|machen *Verb* ■ **fermer : mach bitte das Fenster zu** s'il te plaît, ferme la fenêtre ; **wann macht der Bäcker zu?** à quelle heure ferme le boulanger ?

zumindest *Adverb* ■ **au moins : du hättest es ja zumindest probieren können** tu aurais au moins pu le goûter.

die **Zündung** *(Plural* Zündungen*)* ■ **l'allumage : ich muss die Zündung an meinem Auto einstellen lassen** je dois faire régler l'allumage de ma voiture.

zu|nehmen

■ *intransitives Verb*
grossir : ich habe schon wieder zugenommen j'ai encore grossi

■ *transitives Verb*
prendre : Benedikt hat in Frankreich fünf Kilo zugenommen Benedikt a pris cinq kilos en France.

die **Zuneigung** ■ **l'attachement** *(Maskulinum)* **: seine Zuneigung zu Christiane ist offensichtlich** son attachement pour Christiane est manifeste.

die **Zunge** *(Plural* Zungen*)* ■ **la langue : er streckte mir die Zunge heraus** il m'a tiré la langue.

zunichte *Adjektiv*

➤ **etwas zunichte machen** réduire à néant quelque chose.

zur *Präposition*

1. *(zu + der)* **à : ich gehe zur Apotheke** je vais à la pharmacie
2. *(zu + der)* **chez : ich muss zur Fußpflegerin** je dois aller chez la pédicure.

sich **zurecht|finden** *reflexives Verb* ■ **s'orienter : ich finde mich in der Stadt schon ganz gut zurecht** je m'oriente déjà très bien dans la ville.

zurecht|machen *transitives Verb* ■ **préparer : ich mache euch schnell eine Kleinigkeit zu essen zurecht** je vous prépare vite un petit quelque chose à manger

sich **zurechtmachen** *reflexives Verb* ■ **se faire beau (belle) : Doris hat sich für die Disko zurechtgemacht** Doris s'est faite belle pour aller en boîte

Zusammengesetzte Formen reflexiver Verben werden mit **être** gebildet.

zurück *Adverb* ■ **de retour : er wird abends zurück sein** il sera de retour ce soir.

zurück|bekommen *Verb* ■ **récupérer : hast du das geliehene Buch zurückbekommen?** as-tu récupéré le livre que tu avais prêté ?

zurück|bringen *Verb* ■ **rapporter : ich habe das Buch zurückgebracht** j'ai rapporté le livre.

zurück|fahren

■ *intransitives Verb (Perfekt* ist zurückgefahren*)*

1. **rentrer : wir sind am gleichen Tag zurückgefahren** nous sommes rentrés le même jour
2. **reculer : könntest du ein Stück zurückfahren?** pourrais-tu reculer un peu ?

■ *transitives Verb (Perfekt* hat zurückgefahren*)*
ramener : ich werde die Kinder dann zurückfahren je ramènerai les enfants après.

zurück|geben *Verb* ■ **rendre : Oskar hat mir das Buch nie zurückgegeben** Oskar ne m'a jamais rendu le livre.

zurück|gehen *Verb (Perfekt* ist zurückgegangen*)*

1. **rentrer : ich möchte gern allein zurückgehen** je préfère rentrer seul
2. **reculer : geh ein paar Schritte zurück** recule de quelques pas
3. **désenfler : die Schwellung ist zurückgegangen** la boursouflure a désenflé.

zurück|halten *transitives Verb*

1. **retenir : ich konnte das Kind gerade noch zurückhalten, sonst wäre es in das Auto gelaufen** j'ai pu retenir l'enfant à temps, sinon il aurait heurté la voiture
2. **cacher : warum hast du diese Information zurückgehalten?** pourquoi as-tu caché cette information ?

sich **zurückhalten** *reflexives Verb* ■ **se retenir : ich musste mich zurückhalten, um es ihm nicht zu sagen** je devais me retenir pour ne pas le lui dire.

zurückhaltend *Adjektiv* ■ **réservé (réservée) : Thomas ist ein zurückhaltender Mensch** Thomas est quelqu'un de réservé.

zurück|kehren *Verb*

1. **retourner : ich bin dorthin nie wieder zurückgekehrt** je n'y suis jamais retourné
2. **revenir : er ist aus dem Urlaub zurückgekehrt** il est revenu de vacances.

zurück|kommen *Verb* ■ **revenir : wann kommst du heute Abend zurück?** à quelle heure reviens-tu ce soir ?

➤ **auf etwas zurückkommen** revenir sur quelque chose.

zurück|legen *Verb*

1. **mettre de côté : Reiner legt einen Teil seines Taschengelds zurück** Reiner met de côté une partie de son argent de poche
2. **mettre en arrière : sie legt den Kopf zurück und schaut in den Himmel** elle met la tête en arrière et regarde le ciel
3. **réserver : die Verkäuferin hat mir das Sweatshirt zurückgelegt** la vendeuse m'a réservé le sweat-shirt
4. **parcourir : die Hälfte der Strecke haben wir schon zurückgelegt** nous avons déjà parcouru la moitié du trajet.

zurück|nehmen *Verb*

1. **reprendre : die Verkäuferin hat das Kleid nicht zurückgenommen** la vendeuse n'a pas repris la robe
2. **retirer : ich nehme alles, was ich gesagt habe, zurück** je retire tout ce que j'ai dit.

zurück|schrecken *Verb* ■ **reculer : sie schreckte zurück, als sie die Spinne sah** elle a reculé quand elle a vu l'araignée

➤ **vor nichts zurückschrecken** ne reculer devant rien.

zurück|treten *Verb*

1. **reculer : treten Sie bitte zurück!** reculez s'il vous plaît !
2. **démissionner : der Minister ist gestern zurückgetreten** le ministre a démissionné hier.

zu|sagen

■ *transitives Verb*
promettre : die Stelle wurde mir zugesagt on m'a promis le poste

■ *intransitives Verb*

1. **accepter : Anna hat zugesagt, sie kommt mit einer Freundin** Anna a accepté, elle vient avec une amie
2. **plaire : dieses Kleid sagt mir sehr zu** cette robe me plaît beaucoup.

zusammen *Adverb*

1. **ensemble : wir wollen zusammen nach Rom fahren** nous voulons aller ensemble à Rome
2. **en tout : das macht zusammen 23 Euro** cela fait en tout 23 euros.

zusammen|arbeiten *Verb*

➤ **mit jemandem zusammenarbeiten** travailler avec quelqu'un.

zusammen|brechen *(Perfekt* ist zusammengebrochen*) Verb*

1. **s'écrouler : die Brücke ist zusammengebrochen** le pont s'est écroulé
2. **s'effondrer : sie ist ohnmächtig zusammengebrochen** elle s'est effondrée sans connaissance.

zusammen|fassen *Verb* ■ **résumer : ich fasse noch einmal kurz zusammen, worüber wir gesprochen haben** je résume encore une fois brièvement ce dont nous avons parlé.

die **Zusammenfassung** *(Plural* Zusammenfassungen*)* ■ **le résumé**.

zusammen|gehören *Verb* ■ **faire la paire : diese Socken gehören nicht zusammen** ces chaussettes ne font pas la paire.

zusammen|halten

■ *intransitives Verb*
être solidaire : wir sollten zusammenhalten, dann haben die anderen keine Chance nous devrions être solidaires, ainsi, les autres n'auront aucune chance

■ *transitives Verb*
tenir ensemble : ein Gummiband hält die Briefe zusammen un élastique tient les lettres ensemble.

der **Zusammenhang** *(Plural* Zusammenhänge*)* ■ **le lien : ich verstehe den Zusammenhang zwischen den beiden Aussagen nicht** je ne comprends pas le lien entre les deux déclarations.

sich **zusammennehmen** *reflexives Verb* ■ **se reprendre : nimm dich zusammen!** reprends-toi !

zusammen|passen *Verb* ■ **aller ensemble : der Rock und die Bluse passen nicht zusammen** cette jupe et ce corsage ne vont pas ensemble.

zusammen|rechnen *Verb* ■ **faire le total de : ich habe alle Ausgaben zusammengerechnet** j'ai fait le total de toutes les dépenses.

zusammen|setzen *transitives Verb* ■ **assembler : ich habe alle Puzzleteile zusammengesetzt** j'ai assemblé tous les morceaux du puzzle

sich **zusammensetzen** *reflexives Verb*
1. **se composer : das Medikament setzt sich aus folgenden Bestandteilen zusammen** le médicament se compose des éléments suivants
2. **se réunir : wir sollten uns mal zusammensetzen, um über das Problem zu reden** nous devrions nous réunir pour parler de ce problème.

zusammen|stoßen *Verb* ■ **entrer en collision : auf dieser Kreuzung ist gestern ein Auto mit der Straßenbahn zusammengestoßen** hier, à ce carrefour, une voiture est entrée en collision avec le tram.

zusammen|zählen *Verb* ■ **additionner : du musst die Ergebnisse zusammenzählen** tu dois additionner les résultats.

zusätzlich *Adjektiv* ■ **supplémentaire : wir haben jetzt eine zusätzliche Stunde Französisch** nous avons à présent une heure de français supplémentaire.

der **Zuschauer** *(Plural* Zuschauer*)* ■ **le spectateur**.

die **Zuschauerin** *(Plural* Zuschauerinnen*)* ■ **la spectatrice**.

zu|schicken *Verb* ■ **envoyer : wir schicken Ihnen gern unseren Katalog zu** nous vous enverrons notre catalogue avec plaisir.

der **Zuschlag** *(Plural* Zuschläge*)* ■ **le supplément : für den ICE muss man einen Zuschlag zahlen** pour le ICE on doit payer un supplément.

zu|schließen *Verb* ■ **fermer à clé : ich schließe immer die Haustür zu, wenn ich gehe** je ferme toujours la porte de la maison à clé quand je sors ; **hast du zugeschlossen?** as-tu fermé à clé ?

zu|sehen *Verb* ■ **regarder : ich habe den Kindern beim Spielen zugesehen** j'ai regardé les enfants jouer
➤ **zusehen, dass ...** veiller à ce que ... : **sieh zu, dass das nicht noch einmal passiert** veille à ce que cela ne se reproduise pas.

der **Zustand** *(Plural* Zustände*)* ■ **l'état** *(Maskulinum)* **: in diesem Zustand gehörst du ins Bett** dans cet état, tu devrais être au lit.

zustande *Adverb*
➤ **etwas zustande bringen** réussir à faire quelque chose.

zuständig *Adjektiv* ■ **compétent (compétente) : Führerscheine müssen Sie auf dem zuständigen Amt beantragen** vous devez demander les permis de conduire au service compétent.

zu|stehen *Verb* ■ **avoir le droit à : mir steht die Hälfte zu** j'ai le droit à la moitié.

zu|stimmen *Verb* ■ **approuver : da kann ich dir nur zustimmen** là, je ne peux que t'approuver.

zu|stoßen
■ *transitives Verb (Perfekt* hat zugestoßen*)* **fermer : er hat die Tür mit dem Fuß zugestoßen** il a fermé la porte avec le pied
■ *intransitives Verb*
1. *(Perfekt* hat zugestoßen*)* **frapper : er hat dreimal mit dem Messer zugestoßen** il a frappé trois fois avec un couteau
2. *(Perfekt* ist zugestoßen*)* **arriver : ich hoffe, ihr ist nichts zugestoßen** j'espère qu'il ne lui est rien arrivé.

Zutaten *Plural* ■ **les ingrédients** *(Maskulinum Plural)* **: welche Zutaten braucht man für den Kuchen?** de quels ingrédients on a besoin pour le gâteau ?

zu|trauen *Verb*
➤ **jemandem etwas zutrauen** croire quelqu'un capable de quelque chose : **das traue ich ihm zu** je crois qu'il en est capable.

zutraulich *Adjektiv* ■ **confiant (confiante) : der Hund ist ganz zutraulich** le chien est très confiant.

zuverlässig
■ *Adjektiv*
fiable : er ist zuverlässig il est fiable
■ *Adverb*
consciencieusement : sie arbeitet sehr zuverlässig elle travaille très consciencieusement.

zuversichtlich *Adjektiv* ■ **confiant (confiante) : ich bin zuversichtlich, dass ich meine Noten verbessern kann** je suis confiant de pouvoir améliorer mes notes.

zuvor *Adverb* ■ **d'abord : du kannst spielen, aber zuvor machst du deine Hausaufgaben** tu peux jouer mais, d'abord, fais tes devoirs.

zu|ziehen *(Perfekt* hat zugezogen*) Verb* ■ **tirer : zieh bitte die Vorhänge zu** s'il te plaît, tire les rideaux
➤ **sich eine Erkältung zuziehen** attraper un rhume.

zuzüglich *Präposition (+ G)* ■ **plus : 120 Euro zuzüglich Mehrwertsteuer** 120 euros plus la T.V.A.

zwang *Präteritum* ➤ zwingen.

zwanzig *Numeral* ■ **vingt** ➤ sechs.

zwanzigste, r, s *Adjektiv* ■ **vingtième** ➤ sechste.

der **Zweck** *(Plural* Zwecke*)* ■ **le but : was ist der Zweck deiner Reise?** quel est le but de ton voyage ?
➤ **für einen guten Zweck** pour une bonne cause
➤ **es hat keinen Zweck** cela ne sert à rien.

zwecklos *Adjektiv* ■ **inutile**.

zwei *Numeral* ■ **deux** ➤ sechs.

zweideutig *Adjektiv*
1. **ambigu (ambiguë) : das Orakel machte immer zweideutige Ausssagen** l'oracle faisait toujours des déclarations ambiguës
2. **équivoque : Fritz erzählte zweideutige Witze** Fritz racontait des blagues équivoques.

zweifach
■ *Adjektiv*
➤ **das Zweifache** le double
➤ **die zweifache Menge** deux fois plus
■ *Adverb*
en double : das Formular muss zweifach eingereicht werden le formulaire doit être déposé en double.

der **Zweifel** *(Plural* Zweifel*)* ■ **le doute**.

zweifellos *Adverb* ■ **sans aucun doute : du hast zweifellos Recht** tu as raison sans aucun doute.

zweifeln *intransitives Verb* ■ **douter : manchmal zweifle ich an deinem Verstand** quelquefois je doute de ton intelligence.

der **Zweig** *(Plural* Zweige*)* ■ **la branche**.

zweihundert *Numeral* ■ **deux cents : ich habe zweihundert Euro dabei** j'ai deux cents euros sur moi.

zweimal *Adverb* ■ **deux fois : Brian war schon zweimal bei uns** Brian est déjà venu deux fois chez nous.

zweisprachig
■ *Adjektiv*
bilingue : das Gebiet um Biel ist zweisprachig la région autour de Bienne est bilingue
■ *Adverb*
bilingue : Petra ist zweisprachig aufgewachsen Petra a grandi dans un milieu bilingue.

zweite, r, s *Adjektiv* ■ **deuxième** ➤ sechste.

zweitens *Adverb* ■ **deuxièmement : erstens habe ich keine Lust und zweitens kein Geld** premièrement, je n'ai pas envie et deuxièmement, je n'ai pas d'argent.

der **Zwerg** *(Plural* Zwerge*)* ■ le **nain**.

der **Zwieback** *(Plural* Zwiebäcke ODER Zwiebacke*)* ■ la **biscotte**.

die **Zwiebel** *(Plural* Zwiebeln*)* ■ l'**oignon** *(Maskulinum)*.

der **Zwilling** *(Plural* Zwillinge*)*
1. le **jumeau**, la **jumelle** : **Uta und Petra sind zweieiige Zwillinge** Uta et Petra sont de fausses jumelles
2. les **Gémeaux** *(Maskulinum Plural)* : **Alexander ist Zwilling** Alexander est Gémeaux.

zwingen *(Präteritum* zwang, *Perfekt* hat gezwungen*) transitives Verb* ■ **forcer** : **ich zwinge dich nicht, dort hinzugehen** je ne te force pas à aller là-bas

sich **zwingen** *reflexives Verb* ■ **s'efforcer** : **sie zwang sich, freundlich und aufmerksam zu bleiben** elle s'est efforcée de rester aimable et attentionnée

> Zusammengesetzte Formen reflexiver Verben werden mit **être** gebildet.

zwinkern *intransitives Verb* ■ **cligner des yeux**.

zwischen *Präposition*
1. *(+ D)* **entre** : **Berta isst nichts zwischen den Mahlzeiten** Berta ne mange rien entre les repas
2. *(+ A)* **entre** : **stell dich zwischen Uwe und Jens** mets-toi entre Uwe et Jens.

der **Zwischenfall** *(Plural* Zwischenfälle*)* ■ l'**incident** *(Maskulinum)*.

die **Zwischenzeit** ■ l'**intervalle** *(Maskulinum)*
➤ **in der Zwischenzeit** entre-temps.

zwölf *Numeral* ■ **douze** ➤ sechs.

zwölfte, r, s *Adjektiv* ■ **douzième** ➤ sechste.

das **Zwölftel** *(Plural* Zwölftel*)* ■ le **douzième** ➤ Sechstel.

der **Zylinder** *(Plural* Zylinder*)*
1. le **haut-de-forme** : **der Bräutigam trug einen Zylinder** le marié portait un haut-de-forme
2. le **cylindre** : **sein Auto hat sechs Zylinder** sa voiture a six cylindres.